점역
표번

補註 譯注 三國史記

삼국사기

표점
번역

標點飜譯三國史記

삼국사기

김부식 지음
정인갑 표점·번역

경진출판

서 문

중국은 1919년 5·4운동 전후부터 현대식 표점부호를 쓰기 시작하다가 1920년에 교육부로부터 반포한 신식 표점부호를 써야 한다는 결정에 따라 신식 표점부호의 사용을 제도화하여 이미 100년이 넘었다. 그때 반포한 의안(議案)에 제시한 표점부호는 '句號、點號、分號、冒號、問號、驚歎號、引號、破折號、刪節號、夾註號、私名號、書號' 등 12종이며 지금 쓰고 있는 표점부호와 거의 같다.

중국은 1958년부터 1978년까지 중국의 고서정리를 전문 담당하는 기관—중화서국(中華書局)의 주관 하에 100여 명의 최고급 학자를 동원하여 이십사사(二十四史) 및 『청사고(淸史稿)』에 현대식 표점부호를 찍어 공식 출판하였다. 또한 2007년에 시작하여 이미 정리된 이십사사 및 『청사고』를 다시 수정하여 이미 절반쯤 공식 출판하였으며 2025년경에 완성할 계획이다.

한문은 고대중국어이므로 고대중국어를 투철히 잘 아는 중국인이 찍은 표점부호가 당연 적절할 것이다. 게다가 위에서 말한 바와 같이 신식 표점부호를 사용한 역사가 길고 또한 고적에 표점부호를 찍은 경험이 풍부하다.

한국의 고서정리는 본래 띄어쓰기, 구두점(句讀點) 찍기만 하다가 2010년 5월부터 비로서 표점부호 찍기를 시작하였으니 이 일을 한 지 14년밖에 안 된다. 각 출판업체에서 표점부호를 찍은 책을 다소 출판하였지만 그 수준이 들쭉날쭉하며 잘못 찍은 것이 너무나 많다.

그중 한국고적번역원에서 출판한 표점부호를 찍은 책이 가장 수준이 높지만 중국 고서정리의 표점부호를 찍는 것과는 아직 거리가 좀 있다. 필자는 고서정리의 인재를 전문 배양하는 북경대학 중문학과 고전문헌전공(古典文獻專攻)을 졸업하고 한국의 국사편집위원회와 같은 일을 하는 중화서국에 발령받아 평생(28년) 근무하고 은퇴하였다. 한국 한문에 중국 고서정리의 표준과 일치한 표점부호를 찍은 책을 출판하는 것이 소원이었다. 이런 염원을 실현하는 일환으로 한국의 가장 주요한 역사서 『삼국사기』에 표점부호를 찍어서 출판하는 바이다. 책명을 『표점 번역 삼국사기』라고 한다.

　『삼국사기』는 이미 한국학중앙연구원에서 정리하여 『역주 삼국사기』라는 책명으로 출판되었다. 여러모로 보아 비교적 잘 정리된 책이라고 평가할 수 있지만 띄어쓰기만 하고 표점부호를 찍지 않은 것이 유감이다. 마침 본인의 본 작품으로 이 유감이 해소되기 바란다. 『역주 삼국사기』의 번역도 오류가 비일비재하다. 필자의 『표점 번역 삼국사기』는 표점부호를 찍는 것을 주요 과제로 하였지만 표점부호를 찍는 김에 『역주 삼국사기』의 번역 오류도 시정하였으며 필요시 주해를 달아 설명하곤 하였다. 무릇 번역 오류를 시정한 내용 중 필요하다고 생각되는 것은 한문 원문과 번역문에 블록으로 표시하였다.

　고서에 표점부호를 올바로 찍는 것, 올바로 번역하는 것은 쉬운 일이 아니다. 필자가 평생 중화서국에서 근무하였지만 완벽하게 장악하였다고 장담할 수 없다. 독자들로부터 기탄없는 비평이 있기를 바란다.

2024년 3월

정인갑

1. 본 『표점 번역 삼국사기』는 중국 고서정리 규범과 거의 일치하며 표점부호를 찍는 데 역점을 두었다.

2. 본 정리본은 조선 中宗 7년(1512)의 壬申간본을 底本으로 하고 한국학중앙연구원 『역주 삼국사기』(이하 '중앙본'으로 약칭함)의 교감과 주석을 많이 참조하였다.

3. 한자체는 中日韓 통일한자 'CLEAR FILE40'의 자체를 표준으로 하였으며 異體字, 古今字, 俗正字, 簡繁字는 설명 없이 직접 번체규범자로 대체하였다. 예:

   稻而不納 → 怪而不納   一国臣民 → 一國臣民

4. 고유명사(人名, 字號, 爵名, 地名, 國名, 年號 등)는 밑에 선을 그었다. 예:

   百濟始祖溫祚立   高僧道證自唐廻   是歲始行中國 永徽年號

5. 책명, 작품명은 밑에 곡선을 그었다. 예:

   唐 令狐澄新羅記曰   其高僧傳   花郎世記   樂本   漢山記猶存

6. 중앙본의 일부 오역의 한문과 번역문에 블록을 가하고 주해로 설명하였다. 예:

   戴白: 허연머리
   〈주해〉 戴白: 중앙본 '흰 모자를 쓰고'.
   卷土: 땅을 휩쓸며
   〈주해〉 卷土: 땅을 석권하다, 휩쓸다. 중앙본 '잃은 영토를 다시 찾기 위해'.

7. 편폭을 절약하기 위하여 교정어를 쓰지 않고 많이는 아래와 같은 방법으로 표시하였다.

   a. 옛날 '大'와 '太'를 혼돈해 썼다. '大祖', '大宗', '大后', '大守' 등은 설명 없이 직접 '太祖', '太宗', '太后', '太守' 등으로 고쳤다. '高麗'도 설명 없이 직접 '高句麗'로 고쳤다.

b. 뚜렷하고 쉽게 이해할 수 있는 오자는 小字로 圓括弧 안에 넣고 정자를 그 뒤의 方括弧 안에 넣었다. 예:

『新羅本紀・始祖』五十三年 寡君問南韓有聖人出 → 寡君(問)[聞]南韓有聖人出

『新羅本紀・婆娑尼師今』五年:南新縣夌連歧 → 南新縣(夌)[麥]連歧

c. 疑似자는 小字 '(△)'로 표시하고 정자를 그 뒤의 방괄호 큰 자로 표시했다. 예:

『新羅本紀・婆娑尼師今』。妃金氏…*婁 葛文王之女也 → (△)[許]婁 葛文王之女也。

d. 餘白缺刻자는 [ ] 안에 넣어 보충하고 결각자는 끼워 넣었다. 예:

『新羅本紀・始祖』六十一年:在巖寺北 → 在[曇]巖寺北(餘白결각자)

『新羅本紀・阿達羅尼師今』二年:春正月親祀祖廟 → 春正月親祀[始]祖廟

e. 衍字는 원괄호 안에 넣고 2호 작게 썼다. 예:

『新羅本紀・法興王』15년 而殺不古辜 → 而殺不(古)辜

『신라본기・법흥왕』 4년 王與妃嬪宗戚遊(鮑)鮑石亭宴娛

8. 개별적 설명이 필요한 오자는 교정문을 달아 설명하였다. 예:

『百濟本紀・義慈王』三年 欲取新羅 党項城

중앙본은 '党'을 '黨'으로 교정하였으나 지명에는 '党'자를 써야 맞다는 교정어를 달아 설명하였다.

차례

三國史記卷第十三~二十二　高句麗本紀
(삼국사기 권제13~22 고구려본기)

三國史記卷第二十九~三十一 年表
(삼국사기 권제29~31 연표)

三國史記卷第三十二~四十 雜志
(삼국사기 권제32~40 잡지)

三國史記卷第一~十二
新羅本紀
(삼국사기 권제1~12 신라본기)

三國史記卷第一

(삼국사기 권제1)

[輸忠定難靖國贊化同德功臣、開府儀同三司、檢校太師、守太保、門下侍中、判尙書吏禮部事集賢殿太學士、監修國史、上柱國致仕臣金富軾奉]宣撰[1]

수충정난정국찬화동덕공신, 개부의동삼사, 검교태사, 수태보, 문하시중, 판상서이례부사집현전대학사, 감수국사, 상주국으로부터 은퇴한 소신 김부식이 임금의 명령을 받들어 편찬함.

新羅本紀第一(신라본기 제1)

始祖赫居世居西干、南解次次雄、儒理尼師今、脫解尼師今、婆娑尼師今、祗摩尼師今、逸聖尼師今

시조 혁거세 거서간, 남해 차차웅, 유리 이사금, 탈해 이사금, 파사 이사금, 지마 이사금, 일성 이사금

---

1) '輸忠定難…金富軾奉宣撰'은 목록과 각 권마다 나타나기도 하고 안 나타나기도 하는데 본 제1권에만 기록하고 나머지는 일률 생략한다.

○始祖姓朴氏諱赫居世。前漢 孝宣帝 五鳳元年甲子四月丙辰一日正
月十五日即位。號居西干。時年十三,國號徐那伐。先是,朝鮮遺民分居山
谷之間爲六村。一曰閼川 楊山村、二曰突山 高墟村、三曰觜山 珍支
村或云干珍村、四曰茂山 大樹村、五曰金山 加利村、六曰明活山 高耶村,
是爲辰韓六部。高墟村長 蘇伐公望楊山麓蘿井傍林間,有馬跪而嘶,
則往觀之,忽不見馬,只有大卵。剖之,有嬰兒出焉,則收而養之。及年
十餘歲,岐嶷然夙成。六部人以其生神異推尊之,至是立爲君焉。辰人
謂瓠爲朴,以初大卵如瓠,故以朴爲姓。居西干,辰言王或云呼貴人之稱。

시조의 성은 박씨며 이름은 혁거세다. 서한 효선제 오봉 원년 갑자
4월 병진일왈 정월 15일에 즉위하였다. 왕호는 거서간이다. 이때 열세 살
이었으며 국호는 서나벌이다. 옛날 조선의 유민들이 산골에 분산되어
살면서 여섯 마을을 이루고 있었다. 첫째 알천 양산촌, 둘째 돌산 고허
촌, 셋째 취산 진지촌왈 간진촌, 넷째 무산 대수촌, 다섯째 금산 가리촌,
여섯째 명활산 고야촌이며 이것이 진한 6부다. 고허촌장 소벌공이 양산
기슭 나정옆의 숲 사이를 바라보니 말이 꿇어 앉아 울고 있어 가보니
말은 갑자기 보이지 않고 큰 알만 있었다. 그것을 쪼개자 어린아이가
나와 그 아이를 수양하였다. 나이 여남은 살이 되자 똑똑하고 숙성되었
다. 6부 사람들이 그의 출생을 기이하게 여겨 받들며 존경하였는데
이때에 이르러 임금으로 세웠다. 진한 사람들은 박(瓠)을 박朴이라고
하였는데 처음의 큰 알이 박 모양과 비슷하다 여겨져 성을 박이라 하였
다. 거서간은 진한 말로 왕이란 뜻이다왈 귀인을 칭하는 말이다.

四年 夏四月辛丑朔,日有食之。

4년. 여름 4월 초하루 신축에 일식이 있었다.

五年 春正月龍見於閼英井,右脇誕生女兒。老嫗見而異之,收養之,以
井名名之。及長,有德容,始祖聞之,納以爲妃。有賢行,能內輔,時人謂
之二聖。

5년. 봄 정월 용이 알영정에서 나타나서 오른쪽 옆구리로 여자아이를

낳았다. 한 노파가 이를 보고 이상하게 여겨 수양하였으며 우물 이름으로 이름을 지었다. 자라면서 덕행과 용모를 갖추어 시조가 듣고 왕비로 받아들였다. 행실이 어질고 내조가 훌륭하여 당시 사람들은 그들을 두 성인이라고 하였다.

八年 倭人行兵,欲犯邊,聞始祖有神德,乃還。

8년. 왜인이 군사를 풀어 변경을 침범하려다가 시조에게 신명스러운 덕행이 있다는 말을 듣고 돌아갔다.

九年 春三月有星孛于王良。

9년. 봄 3월 왕량성좌에 살별이 나타났다.

十四年 夏四月有星孛于參。

14년. 여름 4월 삼성좌에 살별이 나타났다.

十七年 王巡撫六部,妃閼英從焉。勸督農桑,以盡地利。

17년. 왕이 6부를 순행하며 위문하였으며 왕비 알영도 따라갔다. 백성들에게 농사와 양잠을 격려하고 농토를 충분히 이용하도록 하였다.

十九年 春正月卞韓以國來降。

19년. 봄 정월 변한이 나라를 바치며 항복해 왔다.

二十一年 築京城,號曰金城。是歲高句麗始祖東明立。

21년. 경성을 쌓고 금성이라 불렀다. 이해에 고구려 시조 동명이 왕위에 올랐다.

二十四年 夏六月壬申晦日有食之。

24년. 여름 6월 그믐 임신에 일식이 있었다.

二十六年 春正月營宮室於金城。

26년. 봄 정월 금성에 궁실을 지었다.

三十年 夏四月己亥晦日有食之。樂浪人將兵來侵,見邊人夜戶不扃,露積被野,相謂曰:"此方民不相盜,可謂有道之國。吾儕潛師而襲之,無異於盜,得不愧乎?"乃引還。

30년. 여름 4월 그믐 기해에 일식이 있었다. 낙랑 사람이 군사를 거느리고 와서 침범하려다가 변방 사람들이 밤에도 문을 잠그지 않으며 노적가리가 들에 펼쳐 있는 것을 보고 서로 왈: "이 지방 사람들은 서로 도둑질을 하지 않으니 도가 있는 나라라 할 만하다. 우리가 군사로 몰래 습격하는 것은 도둑과 다름없으니 부끄러운 일이 아닌가?" 군사를 이끌고 돌아갔다.

三十二年 秋八月乙卯晦日有食之。

32년. 가을 8월 그믐 을묘에 일식이 있었다.

三十八年 春二月遣瓠公聘於馬韓,馬韓王讓瓠公曰:"辰、卞二韓爲我屬國,比年不輸職貢,事大之禮其若是乎?"對曰:"我國自二聖肇興,人事修,天時和,倉庾充實,人民敬讓,自辰韓遺民以至卞韓、樂浪、倭人無不畏懷。而吾王謙虛,遣下臣修聘,可謂過於禮矣。而大王赫怒,劫之以兵,是何意耶?"王憤欲殺之,左右諫止,乃許歸。前此中國之人苦秦亂,東來者衆,多處馬韓東,與辰韓雜居,至是寖盛,故馬韓忌之,有責焉。瓠公者,未詳其族姓。本倭人,初以瓠繫腰渡海而來,故稱瓠公。

38년. 봄 2월 호공을 보내 마한을 방문하였다. 마한왕이 호공을 꾸짖으며 왈: "진한과 변한은 우리의 속국인데 근년에는 공물을 보내오지 않았는데 대국을 섬기는 예절이 이와 같은가?" 답 왈: "우리나라에 두 분의 성인이 일어나면서 사회가 다스려지고 천시가 조화를 이루어 창고가 가득 차고 백성들은 공경과 겸양을 알게 되었으며 진한의 유민들로부터 변한, 낙랑, 왜인에 이르기까지 우리를 두려워하고 그리워하지 않는 자가 없습니다. 그러나 우리 임금이 겸손하여 소신을 보내 예방하니 지나친 예절이라 할 수 있습니다. 그런데 대왕께서 크게 성을 내고 군사로 위협하니 무슨 뜻입니까?" 왕이 분노하여 그를 죽이려 하였으나 측근들이 간하여 귀국을 허락하였다. 옛날 중국인들이 진의 난리가 괴로워 동쪽으로 온 사람들이 많았고 대부분은 마한 동쪽의 진한 사람들과 잡거했는데 이때는 점점 많아져 마한이 이가 싫어 책망한 것이다. 호공의 집안과 성씨는 자세하게 알려져 있지 않다. 본래 왜인이었는데 당초에 박을 허리에 매고 바다를 건너왔기 때문에 호공이라고 불렀다.

三十九年 馬韓王薨。或說上曰:"西韓王前辱我使,今當其喪征之,其國不足平也。"上曰:"幸人之災,不仁也。"不從,乃遣使弔慰。

39년. 마한왕이 사망하였다. 혹자가 왕을 달래어 왈: "서한왕이 이전에 우리 사신을 모욕했으니 지금 국상을 당한 기회에 공격하면 그 나라는 평정할 나위도 없습니다." 왕 왈: "다른 사람의 재난을 행운으로 여기는 것은 어질지 못한 짓이다." 그의 말을 듣지 않고 사신을 보내 조문하였다.

四十年 百濟始祖溫祚立。

40년. 백제 시조 온조가 왕위에 올랐다.

四十三年 春二月乙酉晦,日有食之。

43년. 봄 2월 그믐 을유에 일식이 있었다.

五十三年 東沃沮使者來,獻良馬二十匹,曰:"寡君(問)[聞]南韓有聖人出,2) 故遣臣來享。"

53년. 동옥저의 사신이 와서 좋은 말 20필을 바치며 왈: "우리 임금이 남한에 성인이 났다는 말을 들었기에 소신을 보내 바치게 하였습니다."

五十四年 春二月己酉星孛於河鼓。

54년. 봄 2월 기유에 살별이 하고 성좌에 나타났다.

五十六年 春正月辛丑朔日有食之。

56년. 봄 정월 초하루 신축에 일식이 있었다.

五十九年 秋九月戊申晦日有食之。

59년. 가을 9월 그믐 무신에 일식이 있었다.

六十年 秋九月二龍見於金城井中。暴雷雨,震城南門。

60년. 가을 9월 두 마리의 용이 금성 우물 안에 나타났다. 갑자기 우레가

---

2) 南韓: 동옥저의 남쪽, 사로국을 일컫는다.

치고 비가 오더니 남문에 벼락이 쳤다.

六十一年 春三月居西幹升遐,葬蛇陵,在[曇]巖寺北。

61년. 봄 3월 거서간이 승하하여 담암사 북쪽의 사릉에 장사지냈다.

○**南解次次雄**立。次次雄或云慈充。金大問云:"方言謂巫也。世人以巫事鬼神,尙祭祀,故畏敬之,遂稱尊長者爲慈充。"赫居世嫡子也。身長大,性沈厚,多智略。母閼英夫人,妃雲帝夫人一云阿婁夫人。繼父即位,稱元。

남해 차차웅이 왕위에 올랐다차차웅 혹왈 자충. 김대문 왈: '방언으로 무당을 일컫는다. 무당이 귀신을 섬기고 제사를 숭상하므로 사람들은 무당을 두려워하고 존경하므로 존경받는 어른을 자충이라고 부른다'. 혁거세의 적자이다. 체격이 장대하고 성품이 침착하고 후하며 지략이 많았다. 모친은 알영부인이고 왕비는 운제부인이다일왈 아루부인. 부친을 이어 왕위에 즉위했으며 이 해를 원년으로 하였다.

論曰:人君即位,踰年稱元,其法詳於春秋,此先王不(刑)[刊]之典也。伊訓曰:"成湯既沒,太甲元年。"正義曰:"成湯既沒,其歲即太甲元年。"然孟子曰:"湯崩,太丁未立,外丙二年、仲壬四年。"則疑若尙書之脫簡,而正義之誤說也。或曰:"古者,人君即位,或踰月稱元年,或踰年而稱元年。"踰月而稱元年者,成湯既沒,太甲元年,是也。孟子云"太丁未立"者,謂太丁未立而死也。"外丙二年、仲壬四年"者,皆謂太丁之子太甲二兄,或生二年,或生四年而死,太甲所以得繼湯耳。史記便謂此仲壬、外丙爲二君,誤也。由前,則以先君終年即位稱元,非是。由後,則可謂得商人之禮者矣。

논평하여 왈: 임금이 즉위하면 다음 해를 원년이라고 하는 법은 『춘추』에 상세히 있으며 이는 선왕의 고칠 수 없는 법이다. 『상서尙書·이훈伊訓』편 왈: '성탕이 죽었으니 태갑 원년이다.' 『정의』왈: '성탕이 죽은 그해가 곧 태갑 원년이다.' 그러나 『맹자』 왈: '탕왕이 가붕하고 태정이 아직 즉위하지 못한 채 외병 2년이요, 중임 4년이다.' 아마 『상서·이훈』

에 탈간 됐고 『정의』도 틀린 듯하다. 혹자 왈: '옛날에는 임금이 즉위하면 달을 넘겨 원년이라고 일컫기도 했고 또는 해를 넘겨 원년이라고 했다.' 달을 넘겨 원년이라고 부른 경우로는 '성탕이 죽었으니 태갑 원년이다'가 그것이다. 『맹자』에서 말한 '태정이 즉위하지 않았다'라는 것은 태정이 즉위하지 못한 채 죽었다는 것이다. '외병 2년, 중임 4년이다'고 한 것은 모두 태정의 아들인 태갑의 두 형이 태어난 지 2년 혹은 4년 만에 죽었으므로 태갑이 탕의 뒤를 이을 수 있었던 것이다. 『사기』가 중임과 외병을 두 임금으로 본 것은 오류이다. 전자에 의하면 남해 차차웅이 선왕이 죽은 해를 즉위 원년이라 불렀으니 이는 옳지 않으며 후자에 의하면 상나라 사람의 예절이 맞았다고 말할 수 있다.

元年 秋七月樂浪兵至,(國)[圍]金城數重。王謂左右曰:"二聖棄國,孤以國人推戴謬居於位,危懼若涉川水。今隣國來侵,是孤之不德也。爲之若何?"左右對曰:"賊幸我有喪,(妾)[妄]以兵來,天必不祐,不足畏也。"賊俄而退歸。

원년. 가을 7월 낙랑군이 들어와 금성을 여러 겹으로 포위하였다. 왕이 측근에게 왈: "두 성인이 나라를 버렸고 과인이 나라 사람들의 추대로 왕위에 잘못 올라앉았으니 강물 건너는 것처럼 두렵다. 지금 이웃 나라가 침범해 왔으니 이는 과인에게 덕이 없는 탓이다. 이를 어찌 하면 좋겠는가?" 측근들 답하여 왈: "적은 우리나라에 국상이 난 것을 다행으로 여기고 함부로 군사를 풀어왔으니 하늘이 절대 돕지 않을 것이니 두려워할 것 없습니다." 적은 조금 지나 물러갔다.

三年 正月立始祖廟。冬十月丙辰朔日有食之。

3년. 봄 정월 시조사당을 건립하였다. 겨울 10월 초하루 병진에 일식이 있었다.

五年 春正月王聞脫解之賢,以長女妻之。

5년. 봄 정월 왕은 탈해가 어질다는 소문을 듣고 맏딸을 그에게 시집보냈다.

七年 秋七月以脫解爲大輔,委以軍國政事。

7년. 가을 7월 탈해를 대보로 하고 군사와 나라의 정사를 맡겼다.

八年 春夏旱。

8년. 봄과 여름에 가물었다.

十一年 倭人遣兵船百餘艘掠海邊民戶,發六部勁兵以禦之。樂浪謂
內虛,(求)[來]攻金城甚急。夜有流星墜於賊營。衆懼而退,屯於閼川之
上,造石堆二十而去。六部兵一千人追之,自吐含山東至閼川。見石堆
知賊衆,乃止。

11년. 왜인이 병선 백여 척을 보내 해변의 민가를 약탈하였다. 6부의
정병을 보내 방어하였다. 낙랑이 우리나라 내부가 비었다 여기며 금성
을 급히 공격하였다. 밤에 유성이 적의 진영에 떨어졌다. 적병은 두려워
하며 퇴각하여 알천가에 주둔하고 돌무더기 20개를 쌓아놓고 물러갔
다. 6부의 군사 천 명이 토함산 동쪽으로부터 알천까지 추격하다가
돌무더기를 보고 적병이 많은 것으로 알고 그만두었다.

十三年 秋七月戊子晦日有食之。

13년. 가을 7월 그믐 무자에 일식이 있었다.

十五年 京城旱。秋七月蝗。民饑,發倉廩救之。

15년. 경성이 가물었다. 가을 7월 황충해를 입었다. 백성이 굶주리므로
창고를 풀어 구제하였다.

十六年 春二月北溟人耕田得濊王印,獻之。

16년. 봄 2월 북명 사람이 밭을 갈다가 예왕의 도장을 주워서 바쳤다.

十九年 大疫,人多死。冬十一月無冰。

19년. 역병이 크게 돌아 사람이 많이 죽었다. 겨울 11월 얼음이 얼지
않았다.

二十年 秋太白入太微。

20년. 가을에 금성이 태미성좌에 들어갔다.

二十一年 秋九月蝗。王薨,葬蛇陵園內。

21년. 가을 9월 황충해를 입었다. 왕이 사망하여 사릉원 안에 장사지냈다.

○**儒理尼師今**立。南解太子也。母雲帝夫人,妃日知葛文王之女也或
云妃姓朴,許婁王之女。初南解薨,儒理當立,以大輔脫解素有德望,推讓其位。
脫解曰:"神器大寶非庸人所堪。吾聞聖智人多齒,試以餠噬之。"儒理
齒理多,乃與左右奉立之,號尼師今。古傳如此。金大問則云:"尼師今
方言也,謂齒理。昔南解將死,謂男儒理、壻脫解曰:'吾死後汝朴、昔二
姓以年長而嗣位焉。'其後金姓亦興,三姓以齒長相嗣,³⁾故稱尼師今。"

유리 이사금이 왕위에 올랐다. 남해의 태자다. 모친은 운제부인이고
왕비는 일지 갈문왕의 딸이다혹왈 왕비의 성은 박씨고, 허루왕의 딸이다. 당초
남해가 사망했을 때 유리가 당연히 왕위에 올라야 하는데 대보 탈해가
덕망이 높다며 왕위를 사양하였다. 탈해 왈: "신기의 큰 자리는 용렬한
사람이 감당할 수 있는 것이 아니다. 성스럽고 지혜로운 사람은 이가
많다고 저는 들었으니 떡을 깨물어 보자." 유리의 잇금이 많았으므로
즉시 측근들과 함께 그를 받들어 세우고 이사금이라 하였다. 옛부터
전해 오는 말이 이와 같았다. 김대문 왈: "이사금은 방언이고 잇금이란
말이다. 이전에 남해가 죽음을 앞두고 아들 유리와 사위 탈해에게 왈:
'내가 죽은 뒤에는 너희들 박과 석 두 성을 가진 사람 중에 나이 많은
자가 왕위를 이어라.' 후에 김씨 성이 또한 흥기하였으므로 세 성씨들
중에 나이 많은 자를 선택하여 왕위를 잇도록 한 이유로 왕을 이사금이
라고 불렀다."

二年 春二月親祀始祖廟,大赦。

2년. 봄 2월 직접 시조사당에 제사지내고 대사면하였다.

五年 冬十一月王巡行國內,見一老嫗飢凍將死,曰:"予以眇身居上,
不能養民,(吏)[使]老幼至於此極,是予之罪也。"解衣以覆之,推食以食
之。仍命有司在處存問鰥寡孤獨老病不能自活者,給養之。於是隣國

---

3) 相嗣: '일방통행'의 '相'이므로 '서로'라 번역할 수 없다. 정본 '서로 왕위를 이었던
까닭에'.

百姓聞而來者衆矣。是年民俗歡康,始製兜率歌。此歌樂之始也。

5년. 겨울 11월 왕이 국내를 순행하다가 어떤 노파가 굶주림과 추위로 죽어가는 것을 보고 왈: "내가 보잘것없는 몸으로 위에 있으며 백성을 살릴 수 없고 노인과 어린이를 이토록 극한 처지에 이르게 하였으니 나의 죄이다." 옷을 벗어 덮어주고 밥을 먹여주었다. 그리고 관계부문에 명하여 곳곳의 홀아비, 과부, 고아, 독고자, 늙고 병들어 제 힘으로 살아갈 수 없는 자들을 먹고 살게 하였다. 하여 이웃 나라의 백성들이 이 소식을 듣고 오는 자들이 많았다. 이 해에 백성들의 생활이 즐겁고 편안하여 처음으로 『도솔가』를 지었다. 이것이 가악의 시작이다.

九年 春改六部之名,仍賜姓。楊山部爲梁部姓李,高墟部爲沙梁部姓崔,大樹部爲漸梁部一云牟梁姓孫,(于)[干]珍部爲本彼部姓鄭,加利部爲漢祇部姓裴,明活部爲習比部姓薛。又設官,有十七等:一伊伐湌、二伊尺湌、三迊湌、四波珍湌、五大阿湌、六阿湌、七一吉湌、八沙湌、九級伐湌、十大奈麻、十一奈麻、十二大舍、十三小舍、十四起士、十五大烏、十六小烏、十七造位。王既定六部,中分爲二,使王女二人各率部內女子分朋造黨。自秋七月既望,每日早集大部之庭績麻,乙夜而罷。至八月十五日,考其功之多小,負者置酒食以謝勝者。於是歌舞百戲皆作,謂之嘉俳。是時負家一女子起舞嘆曰:"會蘇、會蘇!"其音哀雅,後人因其聲而作歌,名會蘇曲。

9년. 봄에 6부의 이름을 고치고 성을 하사하였다. 양산부를 양부로 고쳤고 성은 이, 고허부는 사량부로 고쳤고 성은 최, 대수부는 점량부일왈 모량로 고쳤고 성은 손, 간진부는 본피부로 고쳤고 성은 정, 가리부는 한기부로 고쳤고 성은 배, 명활부는 습비부로 고쳤고 성은 설로 하였다. 또 관직을 17등급으로 설치하였다: 1. 이벌찬, 2. 이척찬, 3. 잡찬, 4. 파진찬, 5. 대아찬, 6. 아찬, 7. 일길찬, 8. 사찬, 9. 급벌찬, 10. 대나마, 11. 나마, 12. 대사, 13. 소사, 14. 길사, 15. 대오, 16. 소오, 17. 조위 등이다. 왕은 6부를 정하고 절반씩 나누고 두 왕의 딸을 시켜 각각 부속의 여자들을 거느려 편을 짰다. 가을 7월 16일부터 매일 아침부터 밤 10시까지 큰 부의 뜰에 모여 밤 열 시까지 삼베를 짰다. 8월 15일에 이르러 공적의 많고 적음을 심사하고 진편에서 술과 음식을 차려 이긴 편에 사례하였다. 이때 가무와 여러 가지의 오락을 하였으며 이를 가배라고 하였다. 그때 진편의 한 여자가 일어나 춤을 추며 "회소, 회소!"라고 한탄하였다. 그 소리가 슬프고도 우아하여 뒷날 사람들이 그 소리에 가사를 붙이어 『회소곡』이라 하였다.

十一年 京都地裂泉湧。夏六月大水。

11년. 경성에 땅이 갈라지고 샘이 솟았다. 여름 6월 홍수가 났다.

十三年 秋八月樂浪犯北邊,攻陷朶山城。

13년. 가을 8월 낙랑이 북쪽 변경을 침범하여 타산성을 점령하였다.

十四年 高句麗王 無恤襲樂浪滅之。其國人五千來投,分居六部。

14년. 고구려왕 무휼이 낙랑을 습격하여 멸망시켰다. 그 나라 사람 5천 명이 찾아와 6부에 나누어 살게 하였다.

十七年 秋九月華麗、不耐二縣人連謀,率騎兵犯北境。貊國渠帥以兵要曲河西,敗之。王喜,與貊國結好。

17년, 가을 9월 화려, 불내 두 현 사람이 공모하여 기병을 거느리고 북쪽 변경을 침범하였다. 맥국의 우두머리가 군사로 곡하 서쪽에서 요격하여 패배시켰다. 왕이 기뻐하며 맥국과 친교를 맺었다.

十九年 秋八月,貊帥獵得禽獸,獻之。

19년. 가을 8월 맥국의 우두머리가 사냥을 하여 새와 짐승을 잡아 바쳤다.

三十一年 春二月星孛於紫宮。

31년. 봄 2월 살별이 자미성좌에 나타났다.

三十三年 夏四月龍見金城井,有頃暴雨自西北來。五月大風拔木。

33년. 여름 4월 금성의 우물에 용이 나타났는데 잠시 후에 폭우가 서북쪽에서 몰려왔다. 5월 큰 바람에 나무가 뽑혔다.

三十四年 秋九月王不豫,謂臣寮曰:"脫解身聯國戚,位處輔臣,屢著功名。朕之二子,其才不及遠矣。吾死之後,俾即大位,以無忘我遺訓。”
冬十月王薨,葬蛇陵園內。

34년. 가을 9월 왕이 몸이 불편하여 신하들에게 왈: "탈해는 임금의
친척이고 지위가 재상 자리에 있으며 여러 번 공명을 나타냈었다. 짐의
두 아들의 재능은 그에게 많이 못 미친다. 내가 죽은 후 탈해를 왕위에
오르게 하며 나의 유훈을 잊지 말라." 겨울 10월 왕이 사망하여 사릉원
안에 장사지냈다.

○脱解尼師今立一云吐解。時年六十二。姓昔,妃阿孝夫人。脱解本多婆
那國所生也,其國在倭國東北一千里。初其國王娶女國王女爲妻,有
娠七年,乃生大卵。王曰:"人而生卵,不祥也,宜棄之。"其女不忍,以帛
裹卵,幷寶物置於櫝中,浮於海,任其所往。初至金官國海邊,金官人怪
之不取;又至辰韓阿珍浦口,是始祖赫居世在位三十九年也。時海邊
老母以繩引,繫海岸,開櫝見之,有一小兒在焉,其母取養之。及壯,身長
九尺,風神秀朗,知識過人。或曰:"此兒不知姓氏,初櫝來時有一鵲飛
鳴而隨之,宜省鵲字,以昔爲氏。又解韞櫝而出,宜名脱解。"脱解始以
漁釣爲業,供養其母,未嘗有懈色。母謂曰:"汝非常人,骨相殊異,宜從
學以立功名。"於是專精學問,兼知地理。望楊山下瓠公宅,以爲吉地,
設詭計以取而居之,其地後爲月城。至南解王五年,聞其賢,以其女妻
之。至七年,登庸爲大輔,委以政事。儒理將死,曰:"先王顧命曰:'吾死
後,無論子婿,以年長且賢者繼位。'是以寡人先立,今也宜傳其位焉。"

탈해 이사금일왈 토해이 왕위에 올랐다. 그때 62세였다. 성은 석이고 왕
비는 아효부인이다. 탈해는 본래 다파나국에서 태어났고 이 나라는
왜국의 동북쪽 1천 리에 있다. 당초 그 나라 왕은 여국왕의 딸을 아내로
삼았는데 임신한 지 7년 만에 큰 알을 낳았다. 왕 왈: "사람이 알을
낳았으니 상서롭지 못하다. 마땅히 버려야 한다." 그 여인은 차마 버리
지 못하고 비단으로 싸서 보물과 함께 나무상자에 넣어 바다에 띄워

갈대로 가게 하였다. 처음 금관국 해변에 닿았으나 금관 사람은 괴이하게 여겨 줍지 않았고 또 진한 아진포 어구에 닿았는데 이때가 곧 시조 혁거세 재위 39년이었다. 그때 해변에 사는 노파가 끈으로 끌어올려 해안에 매어 놓고 열어 보니 한 아기가 있어 데려다 길렀다. 자라자 키가 9자이며 풍채가 있고 말쑥하며 지식이 남보다 뛰어났다. 혹자 왈: "이 아이는 성씨를 알 수 없으나 처음 상자가 도착하였을 때 까치 한 마리가 울면서 날며 따랐으니 마땅히 까치 작鵲을 줄여 석昔으로 성을 삼고 또 닫힌 상자를 풀고 나왔으니 마땅히 탈해로 이름을 짓는 것이 좋겠다." 탈해는 처음에는 고기잡이를 업으로 하며 모친을 봉양하였으며 게으름을 피운 적이 없었다. 모친 왈: "너는 보통 사람이 아니다. 골상이 특이하니 마땅히 학문을 하여 공명을 세워라." 그러므로 그는 학문에 전념하였고 동시에 지리도 겸사로 알게 되었다. 양산 아래에 있는 호공의 집을 보고 그곳이 길하다고 여겨 계략을 써서 그 터를 얻어 살았으며 그 땅은 뒷날 월성으로 되었다. 남해왕 5년에 이르러 남해왕은 그가 어질다는 소문을 듣고 딸을 그에게 시집보냈다. 7년에 그를 대보로 등용하고 정사를 맡겼다. 유리가 죽음을 앞두고 왈: "선왕은 임종 때 '내가 죽은 후에 아들과 사위를 막론하고 나이가 많고 현명한 자로 하여금 왕위를 잇게 하라'고 명령하였으므로 내가 먼저 왕위에 올랐다. 지금은 마땅히 왕위를 물려주어야겠다."

二年 春正月拜瓠公爲大輔。二月親祀始祖廟。

2년. 봄 정월 호공을 대보로 모셨다. 2월 직접 시조사당에 제사지냈다.

三年 春三月王登吐含山,有玄雲如蓋,浮王頭上,良久而散。夏五月與倭國結好交聘。六月有星孛于天船。

3년. 봄 3월 왕이 토함산에 올라가니 검은 구름이 덮개처럼 왕의 머리 위에 한참 떠 있다가 흩어졌다. 여름 5월 왜국과 친교를 맺고 사신을 교환하였다. 6월 천선성좌에 살별이 나타났다.

五年 秋八月馬韓將孟召以覆巖城降。

5년. 가을 8월 마한 장수 맹소가 복암성을 바치며 투항하였다.

七年 冬十月百濟王拓地至娘子穀城,遣使請會,王不行。

7년. 겨울 10월 백제왕이 국토를 낭자곡성까지 넓히고 사신을 보내 만나기를 요청했으나 왕은 가지 않았다.

八年 秋八月百濟遣兵攻蛙山城。冬十月又攻狗壤城,王遣騎二千擊走之。十二月地震,無雪。

8년. 가을 8월 백제가 군사를 풀어 와산성을 공격하였다. 겨울 10월 또 구양성을 공격하자 왕은 기병 2천 명을 보내 공격해 쫓아버렸다. 12월 지진이 일어났으며 눈이 내리지 않았다.

九年 春三月王夜聞金城西始林樹間有鷄鳴聲。黎明遣瓠公視之,有金色小櫝掛樹枝,白鷄鳴於其下。瓠公還告,王使人取櫝開之,有小男兒在其中,姿容奇偉。上喜謂左右曰:"此豈非天遺我以令胤乎?"乃收養之。及長,聰明多智略。乃名閼智,以其出於金櫝,姓金氏,改始林名鷄林,因以爲國號。

9년. 봄 3월 왕이 밤에 금성 서쪽 시림의 나무 사이에서 닭 우는 소리를 들었다. 동틀 무렵 호공을 보내 살펴보니 나무 가지에 금빛 나는 작은 상자가 걸려 있었고 흰 닭이 그 아래에서 울고 있었다. 호공이 돌아와 알리자 왕은 사람을 보내 그 상자를 가져와 열게 하니 어린 사내 아기가 들어 있었고 자태와 용모가 뛰어났다. 왕이 기뻐하며 측근들에게 "이것이 어찌 하늘이 나에게 후계자로 준 것이 아니겠는가!"라며 수양하였다. 자라면서 총명하고 지략이 많았다. 이름을 알지라고 하고 금궤에서 나왔기 때문에 성을 김씨라고 하였으며 시림을 계림이라 고쳐 부르고 국호로 하였다.

十年 百濟攻取蛙山城,留二百人居守,尋取之。

10년. 백제가 와산성을 점령하고 2백 명을 남겨 수비하게 하였으나 얼마 되지 않아 다시 빼앗았다.

十一年 春正月以朴氏貴戚分理國內州郡,號爲州主、郡主。二月以順貞爲伊伐湌,委以政事。

11년. 봄 정월 박씨의 귀척으로 나라 안의 주·군을 나누어 다스리게 하였다. 그 직위를 주주와 군주라고 불렀다. 2월 순정을 이벌찬으로 하고 정사를 맡겼다.

十四年 百濟來侵。

14년. 백제가 침범하여 왔다.

十(一)[七]年 倭人侵木出島。王遣角干羽烏禦之,不克,羽烏△[死]之。

17년. 왜인이 목출도를 침범하였다. 왕이 각간 우오를 보내 막도록 하였으나 이기지 못하고 우오는 죽었다.

十八年 秋八月百濟寇邊,遣兵拒之。

18년. 가을 8월 백제가 변경을 약탈하므로 군사를 보내 막았다.

十九年 大旱民饑,發倉賑給。冬十月百濟攻西鄙蛙山城,拔之。

19년. 크게 가물어 백성들이 굶주리므로 창고를 풀어 구제하였다. 겨울 10월 백제가 서쪽 변경의 와산성을 진공하여 점령하였다.

二十年 秋九月遣兵伐百濟,復取蛙山城,自百濟來居者二百餘人,盡殺之。

20년. 가을 9월 군사를 파견해 백제를 징벌하여 와산성을 다시 찾았으며 백제로부터 와서 살고 있던 2백여 명을 모두 죽였다.

二十一年 秋八月阿湌吉門與加耶兵戰於黃山津口,獲一千餘級。以吉門爲波珍湌,賞功也。

21년. 가을 8월 아찬 길문이 가야군과 황산진 어구에서 싸워 천여 명을 죽였다. 길문을 파진찬으로 하며 포상하였다.

二十三年 春二月彗星見東方,又見北方,二十日乃滅。

23년. 봄 2월 혜성이 동쪽에 나타났다가 또 북쪽에 나타나더니 20일 만에 사라졌다.

二十四年 夏四月京都大風,金城東門自壞。秋八月王薨,葬城北壤井丘。

24년. 여름 4월 경성에 큰 바람이 불었고 금성 동문이 저절로 무너졌다. 가을 8월 왕이 사망하여 성북 양정구에 장사지냈다.

○婆娑尼師今立。儒理王第二子也或云儒理⁽第⁾[弟]奈老之子也。妃金氏 史省夫人,(△)[許]婁 葛文王之女也。初脫解薨,臣僚欲立儒理太子 逸聖,或謂"逸聖雖嫡嗣,而威明不及婆娑",遂立之。婆娑節儉省用而愛民,國人嘉之。

파사이사금이 왕위에 올랐다. 유리왕의 차자다혹왈 유리의 동생 나로의 아들이다. 왕비 김씨는 사성부인이고 갈문왕 허루의 딸이다. 당초 탈해가 죽었을 때 신하들은 유리왕의 태자 일성을 왕위에 올려놓으려 하였으나 혹자가 "일성이 비록 적자로서 이을 사람이지만 위엄과 총명함이 파사만 못하다"고 하여 파사를 세웠다. 파사는 검소하며 백성을 사랑하므로 나라 사람들이 칭찬하였다.

二年 春二月親祀始祖廟。三月巡撫州郡,發倉賑給,慮獄囚,非二罪悉原之。

2년. 봄 2월 직접 시조사당에 제사지냈다. 3월 주군을 순행 위무하며 창고를 풀어 구제하고 옥 중 죄수를 조사하여 이중 죄가 아니면 모두 놓아주었다.

三年 春正月下令曰:"今倉廩空匱,戎器頑鈍。儻有水旱之災、邊鄙之警,其何以禦之?宜令有司勸農桑,練兵(△)[革],以備不虞。"

3년. 봄 정월 명령을 내렸다: "지금 창고가 비었고 병기는 무디어졌다. 수재, 한재가 나거나, 변방에 변고가 생기면 무엇으로 대처하겠는가? 마땅히 관계부문에 명령하여 농사와 양잠을 권장하고 병기를 정비하여 의외의 상황에 대비하라."

五年 春二月以明宣爲伊飡,允良爲波珍飡。夏五月古陁郡主獻青牛。⁴⁾

---

4) 青牛: 검은 소. 중앙본 '푸른 소'.

南新縣(麥)[麥]連歧。大有年,行者不齎糧。

5년. 봄 2월 명선을 이찬으로, 윤량을 파진찬으로 하였다. 여름 5월 고타군주가 검은 소를 바쳤다. 남신현에서는 보리 줄기에 가지가 쳤다. 크게 풍년이 들어 출행하는 사람이 양식을 가지고 다니지 않았다.

六年 春正月百濟犯邊。二月以吉元爲阿湌。夏四月客星入紫微。

6년. 봄 정월 백제가 변경을 침범하였다. 2월 길원을 아찬으로 하였다. 여름 4월 객성이 자미성좌에 들어갔다.

八年 秋七月下令曰:"朕以不德有此國家。西隣百濟,南接加耶,德不能綏,威不足畏,宜繕葺城壘,以待侵軼。"是月築加召、馬頭二城。

8년. 가을 7월 명령을 내렸다: "내가 부덕함에도 불구하고 나라를 맡았으며 서쪽으로 백제와 이웃하고 남쪽으로 가야에 접하나 그들을 덕망으로 안무하지 못하고 위엄으로 두렵게 하지 못하니 마땅히 성루를 수리하여 침략에 대비하여야 한다." 이 달에 가소, 마두 두 성을 쌓았다.

十一年 秋七月分遣使十人廉察州郡主,不勤公事、致田野多荒者,貶黜之。

11년. 가을 7월 사신 열 명을 나누어 파견하여 주군의 주들을 사찰하고 공무에 힘쓰지 않거나 농토를 많이 황폐하게 한 자의 관직을 강등 또는 파출했다.

十四年 春正月拜(凡)[允]良爲伊湌,啓其爲波珍湌。二月巡幸古所夫里郡,親問高年賜穀。冬十月京都地震。

14년. 봄 정월 윤량을 이찬, 계기를 파진찬으로 모셨다. 2월 고소부리군에 순행하여 연로자를 위문하며 곡식을 하사하였다. 겨울 10월 경성에 지진이 일어났다.

十五年 春二月加耶賊圍馬頭城,遣阿湌吉元將騎一千擊走之。秋八月閱兵於閼川。

15년. 봄 2월 가야의 적들이 마두성을 포위하자 아찬 길원을 보내 기병 천 명을 거느리고 공격하여 쫓아내었다. 가을 8월 알천에서 열병하였다.

十七年 秋七月暴風自南,拔金城南大樹。九月加耶人襲南鄙,遣加城主長世拒之,爲賊所殺。王怒,率勇士五千出戰,敗之,虜獲甚多。

17년. 가을 7월 남쪽으로부터 폭풍이 불어와 금성 남쪽의 큰 나무가 뽑혔다. 9월 가야인이 남쪽 변경을 습격하여 가성주 장세를 보내 항거하였으나 적에게 살해당하였다. 왕이 노하여 용사 5천을 거느리고 출전하여 패배시키고 매우 많이 포로 하였다.

十八年 春正月擧兵欲伐加耶,其國主遣使請罪,乃止。

18년. 봄 정월 군사를 풀어 가야를 정벌하려 하였으나 그 나라 임금이 사신을 보내 사죄하였으므로 그만두었다.

十九年 夏四月京都旱。

19년. 여름 4월 경성에 가물었다.

二十一年 秋七月雨雹,飛鳥死。冬十月京都地震,倒民屋,有死者。

21년. 가을 7월 우박이 내려 날아가던 새가 죽었다. 겨울 10월 경성에 지진이 일어나 민가가 무너지고 죽은 자가 생겼다.

二十二年 春二月築城,名月城。秋七月王移居月城。

22년. 봄 2월 성을 쌓고 월성이라 이름 지었다. 가을 7월 왕이 월성으로 옮겨 거처하였다.

二十三年 秋八月音汁伐國與悉直谷國爭彊,詣王請決。王難之,謂"金官國首露王年老多智識",召問之。首露立議,以所爭之地屬音汁伐國。於是王命六部,會饗首露王。五部皆以伊湌爲主,唯漢祇部以位卑者主之。首露怒,命奴耽下里殺漢祇部主保齊而歸。奴逃,依音汁伐主陁鄒干家。王使人索其奴,陁鄒不送。王怒,以兵伐音汁伐國,其主與衆自降。悉直、押督二國王來降。冬十月㈜[桃]李華。

23년. 가을 8월 음즙벌국과 실직곡국이 변경 문제로 다투다가 왕에게 와서 해결해주기를 요구하였다. 왕이 난처하여 "금관국 수로왕이 나이가 많고 아는 것이 많을 것"이라며 불러 물었다. 수로가 즉시 의논한 후 다투던 땅을 음즙벌국에 속하도록 하였다. 이에 왕은 6부가 모여 수로왕을 대접하도록 명하였다. 다섯 개 부는 모두 이찬이 주최하였으나 한기부만은 직위가 낮은 자가 주최하였다. 수로가 노하여 종 탐하리를 시켜 한기부의 두목 보제를 죽이고 돌아갔다. 종이 도망하여 음즙벌국의 두목 타추간의 집에 의탁하였다. 왕이 사람을 보내 그 종을 달라고 했으나 타추가 돌려보내지 않았다. 왕이 노하여 군사를 풀어 음즙벌국을 정벌하니 두목과 무리가 스스로 항복하였다. 실직, 압독 두 나라 왕이 항복해 왔다. 겨울 10월 복숭아나무와 오얏나무에 꽃이 피었다.

二十五年 春正月衆星隕如雨,不至地。秋七月悉直叛,發兵討平之,徙其餘衆於南鄙。

25년. 봄 정월 많은 별이 비 오듯 떨어졌으나 땅에 이르지는 않았다. 가을 7월 실직이 배반하여 군사를 풀어 평정하고 남은 무리를 남쪽 변경으로 이사시켰다.

二十六年 春正月百濟遣使請和。二月京都雪三尺。

26년. 봄 정월 백제가 사신을 보내 화해를 요청하였다. 2월 경성에 석 자 깊이의 눈이 내렸다.

二十七年 春正月幸押督賑貧窮,三月至自押督。秋八月命馬頭城主伐加耶。

27년. 봄 정월 압독에 행차하여 가난한 자들을 구제하고 3월 압독으로부터 돌아왔다. 가을 8월 마두성주에게 명령하여 가야를 정벌하였다.

二十九年 夏五月大水民飢,發使十道,開(食)[倉]賑給。遣兵伐比只國、多伐國、草八國,幷之。

29년. 여름 5월 홍수가 나 백성들이 굶주리므로 10개 방향으로 사신을 보내 창고를 열어 진휼하였다. 군사를 보내 비지국, 다벌국, 초팔국을 정벌하여 겸병하였다.

三十年 秋七月蝗害穀。王遍祭山川,以(△)[祈]禳之,蝗滅,有年。

30년. 가을 7월 황충이 곡식을 해쳤다. 왕이 산천에 두루 제사지내고 기도를 올려 황충이 없어지고 풍년이 들었다.

三十二年 夏四月城門自毀。自五月至秋七月不雨。

32년. 여름 4월 성문이 저절로 무너졌다. 5월부터 가을 7월까지 비가 내리지 않았다.

三十三年 冬十月王薨,葬蛇陵(圉)[園]內。

33년. 겨울 10월 왕이 사망하여 사릉원 안에 장사지냈다.

○祇摩尼師今立或云祇味。婆娑王嫡子。母史省夫人,妃金氏 愛禮夫人,葛文王摩帝之女也。初婆娑王獵於楡湌之澤,太子從焉。獵後過韓歧部,伊湌許婁饗之。酒酣,許婁之妻(△)[攜]少女子出舞。摩帝伊湌之妻亦引出其女,太子見而悅之,許婁不悅。王謂許婁曰:"此地名大庖,公於此盛饌美醞以宴衎之,宜位酒多,在伊湌之上。"以摩帝之女配太子焉。酒多後云角干。

지마 이사금혹왈 지미이 왕위에 올랐다. 파사왕의 적자다. 모친은 사성부인이고 왕비 김씨는 애례부인이며 갈문왕 마제의 딸이다. 당초 파사왕이 유찬 못가에서 사냥할 때 태자도 따라갔다. 사냥한 뒤 한기부를 지날 때 이찬 허루가 음식 대접을 하였다. 술이 얼근하자 허루의 아내가 어린 딸을 데리고 나와 춤을 추었다. 마제 이찬의 부인도 역시 자기의 딸을 데리고 나왔는데 태자가 보고 좋아 하니 허루가 언짢았다. 왕이 허루에게 "이곳 땅 이름이 대포(큰 부엌)인데 공이 이곳에서 푸짐한 음식과 좋은 술로 잔치를 베풀어 즐겁게 해주니 마땅히 작위를 주다로 하고 이찬 위에 두어야 하겠다."라고 말하고 마제의 딸을 태자의 배필로 삼았다. 주다는 뒤에 각간이라고 불렀다.

二年 春二月親祀始祖廟。拜昌永爲伊湌,以參政事。玉權爲波珍湌,申權爲一吉湌,順宣爲級湌。三月百濟遣使來聘。

2년. 봄 2월 직접 시조사당에 제사지냈다. 창영을 이찬으로 모시고 정사에 참여시켰다. 옥권을 파진찬으로, 신권을 일길찬으로, 순선을 급찬으로 하였다. 3월 백제가 사신을 보내 예방했다.

三年 春三月雨雹,麥苗傷。夏四月大水。慮囚,除死罪餘悉原之。

3년. 봄 3월 우박이 내려 보리 싹이 상하였다. 여름 4월 홍수가 났다. 죄수들을 심사하여 사형수를 제외하고 나머지는 모두 풀어주었다.

四年 春二月加耶寇南邊。秋七月親征加耶,帥步騎度黃山河,加耶人伏兵林薄以待之。王不覺直前,伏發,圍數重。王揮軍奮擊,決圍而退。

4년. 봄 2월 가야가 남쪽 변경을 노략하였다. 가을 7월 가야를 몸소 공격하여 보병과 기병을 거느리고 황산하를 지날 때 가야인들이 수풀 속에 병사를 매복하고 기다렸다. 왕은 모르고 곧바로 전진하다가 복병이 나와 여러 겹으로 포위하였다. 왕은 군사를 지휘하여 분발하여 포위를 뚫고 퇴각하였다.

五年 秋八月遣將侵加耶,王帥精兵一萬以繼之,加耶嬰城固守。會久雨,乃還。

5년. 가을 8월 장수를 보내 가야를 침범하고 왕은 정병 1만 명을 거느리고 뒤를 이었고 가야는 성을 돌며 굳게 지켰다. 마침 비가 오래 내렸으므로 돌아왔다.

九年 春二月大星墜月城西,聲如雷。三月京都大疫。

9년. 봄 2월 큰 별이 월성 서쪽에 떨어졌으며 소리가 우레와 같았다. 3월 경성에 역병이 크게 돌았다.

十年 春正月以翌宗爲伊湌,昕連爲波珍湌,林權爲(河)[阿]湌。二月築大甑山城。夏四月倭人侵東邊。

10년. 봄 정월 익종을 이찬으로, 흔련을 파진찬으로, 임권을 아찬으로 하였다. 2월 대증산성을 쌓았다. 여름 4월 왜인이 동쪽 변경을 침범하였다.

十一年 夏四月大風東來,折木飛瓦,至夕而止。都人訛言倭兵大來,爭遁山谷。王命伊湌翌宗等諭止之。秋七月飛蝗害穀,年饑多盜。

11년. 여름 4월 큰 바람이 동쪽에서 불어와 나무가 꺾이고 기와를 날렸으며 저녁이 되어서야 멎었다. 경성인은 왜군이 크게 쳐들어온다는 헛소문을 퍼뜨리며 다투어 산골짜기로 피난하였다. 왕은 이찬 익종 등을 시켜 타일러 제지시켰다. 가을 7월 황충이 날아와 곡식을 해쳤고 기근이 들어 도둑이 많았다.

十二年 春三月與倭國講和。夏四月隕霜。五月金城東民屋陷爲(他)[池]，芙蕖生。

12년. 봄 3월 왜국과 화해하였다. 여름 4월 서리가 내렸다. 5월 금성 동쪽 민가가 내려 앉아 못이 되었고 연이 자랐다.

十三年 秋九月庚申晦日有食之。

13년. 가을 9월 그믐 경신에 일식이 있었다.

十四年 春正月靺鞨大入北境，殺掠吏民。秋七月又襲大嶺柵，過於泥河。王移書百濟請救，百濟遣五將軍助之，賊聞而退。

14년. 봄 정월 말갈이 북쪽 변경을 대거 침입해 관리와 백성들을 죽이고 약탈했다. 가을 7월 또 대령책을 습격하고 이하를 넘어왔다. 왕은 백제에 편지를 보내 구원을 요청하였고 백제가 다섯 장군을 보내 도우니 적들은 듣고 물러갔다.

十六年 秋七月甲戌朔日有食之。

16년. 가을 7월 초하루 갑술에 일식이 있었다.

十七年 秋八月長星竟天。冬十月國東地震。十一月雷。

17년. 가을 8월 꼬리가 긴 별이 하늘 끝까지 뻗쳤다. 겨울 10월 나라 동쪽에 지진이 일어났다. 11월 우레가 울렸다.

十八年 秋伊湌昌永卒，以波珍湌玉權爲伊湌，以參政事。

18년. 이찬 창영이 죽어 파진찬 옥권을 이찬으로 하고 정사에 참여시켰다.

二十年 夏五月大雨，漂沒民戶。

20년. 여름 5월 큰 비가 내려 민가가 떠내려가거나 잠겼다.

二十一年 春二月宮南門災。

21년. 봄 2월 궁궐 남문에 불이 났다.

二十三年 春夏旱。秋八月王薨，無子。

23년. 봄과 여름에 가물었다. 가을 8월 왕이 사망하였으나 아들이 없었다.

○**逸聖尼師今**立,**儒理王**長子或云日知葛文王之子。妃**朴氏** **支所禮王**之女。

일성 이사금이 왕위에 올랐다. 유리왕의 장자다혹왈 일지갈문왕의 아들이다. 왕비 박씨는 지소례왕의 딸이다.

元年 九月大赦。

원년. 9월 대사면을 행하였다.

二年 春正月親祀始祖廟。

2년. 봄 정월 직접 시조사당에 제사지냈다.

三年 春正月拜雄宣爲伊湌,兼知內外兵馬事,近宗爲一吉湌。

3년. 봄 정월 웅선을 이찬으로 모시고 중앙과 지방의 군사 일을 겸하게 하였으며 근종을 일길찬으로 하였다.

四年 春二月靺鞨入塞,燒長嶺五柵。

4년. 봄 2월 말갈이 변방에 진입하여 장령의 목책 다섯 곳을 불태웠다.

五年 春二月置政事堂於金城。秋七月大閱閼川西。冬十月北巡,親祀太白山。

5년. 봄 2월 금성에 정사당을 설치하였다. 가을 7월 알천 서쪽에서 큰 열병식을 하였다. 겨울 10월 북쪽을 순행하고 태백산에 직접 제사지냈다.

六年 秋七月隕霜殺菽。八月靺鞨襲長嶺,虜掠民口。冬十月又來,(△)[雪]甚乃退。

6년. 가을 7월 서리가 내려 콩을 죽였다. 8월 말갈이 장령을 습격하고 주민을 노략하였다. 겨울 10월 또 왔으나 눈이 심하게 내려 물러갔다.

七年 春二月立柵長嶺,以防靺鞨。

7년. 봄 2월 장령에 목책을 세워 말갈을 방어하였다.

八年 秋九月辛亥晦日有食之。

8년. 가을 9월 그믐 신해에 일식이 있었다.

九年 秋七月召群公議征靺鞨。伊湌雄宣上言不可,乃止。

9년. 가을 7월 대신들을 불러 말갈을 정벌할 것을 논의하였다. 이찬 웅선이 안 된다고 진언하여 그만두었다.

十年 春二月修葺宮室。夏六月乙丑熒惑犯鎭星。冬十一月雷。

10년. 봄 2월 궁실을 수리하였다. 여름 6월 을축에 화성이 토성을 범했다. 겨울 11월 우레가 울렸다.

十一年 春二月下令："農者政本, 食惟民天, 諸州郡修完堤坊, 廣闢田野。"又下令, 禁民間用金銀、珠玉。

11년. 봄 2월 명령을 내렸다: "농사는 정치의 근본이고 먹는 것은 백성에게 하늘처럼 중요하므로 주군들에서는 제방을 수리, 보완하고 밭을 넓혀라." 또 민간인의 금은과 주옥의 사용을 금지시키는 명령을 내렸다.

十二年 春夏旱, 南地最甚。民飢, 移其粟賑給之。

12년. 봄과 여름에 가물었으며 남쪽이 가장 심하였다. 백성들이 굶주렸으므로 곡식을 운반하여 구제하였다.

十三年 冬十月押督叛, 發兵討平之, 徙其餘衆於南地。

13년. 겨울 10월 압독이 반란을 일으켜 군사를 풀어 평정하고 남은 무리들을 남쪽 땅으로 이사시켰다.

十四年 秋七月命臣寮各擧智勇堪爲將帥者。

14년. 가을 7월 신하들에게 지용이 있어 장수될 만한 자를 천거하라 명하였다.

十五年 封朴阿道爲葛文王新羅追封王, 皆稱葛文王, 其義未詳。

15년. 박아도를 갈문왕에 봉했다신라는 추봉한 왕을 모두 갈문왕이라 하는데 의미 미상이다.

十六年 春正月以得訓爲沙湌, 宣忠爲奈麻。(秋)[秋]八月有星孛於天市。冬十一月雷, 京都大疫。

16년. 봄 정월 득훈을 사찬, 선충을 나마로 하였다. 가을 8월 살별이 천시성좌에 나타났다. 겨울 11월 우레가 울렸고 경성에 역병이 크게 돌았다.

十七年 自夏四月不雨,至秋七月乃雨。

17년. 여름 4월부터 비가 내리지 않다가 가을 7월에야 비가 내렸다.

十八年 春二月伊湌雄宣卒,以大宣爲伊湌,兼知內外兵馬事。三月雨雹。

18년. 봄 2월 이찬 웅선이 죽어 대선을 이찬으로 하고 중앙과 지방의 군사 일을 겸하게 하였다. 3월 우박이 내렸다.

二十年 冬十月宮門災,彗星見東方,又見東北方。

20년. 겨울 10월 궁문에 불이 났다. 혜성이 동쪽에 나타났다가 또 동북에 나타났다.

二十一年 春二月王薨。

21년. 봄 2월 왕이 사망하였다.

三國史記卷第二

(삼국사기 권제2)

新羅本紀第二(신라본기 제2)

阿達羅尼師今、伐休尼師今、奈解尼師今、助賁尼師今、沾解尼師今、
味鄒尼師今、儒禮尼師今、基臨尼師今、訖解尼師今

　　아달라 이사금, 벌휴 이사금, 나해 이사금, 조분 이사금, 첨해 이사금,
　　미추 이사금, 유례 이사금, 기림 이사금, 흘해 이사금

○阿達羅尼師今立,逸聖長子也。身長七尺,豊準,有奇相。母朴氏 支
所禮王之女;妃朴氏 內禮夫人,祇摩王之女也。

　　아달라 이사금이 왕위에 올랐고 일성의 장자다. 키가 7자고 코가 크며
　　형상이 기이하다. 모친 박씨는 지소례왕의 딸이고 왕비 박씨는 내례부
　　인이며 지마왕의 딸이다.

元年 三月以繼元爲伊湌,委軍國政事。

　　원년. 3월 계원을 이찬으로 하고 군사와 국정을 맡겼다.

二年 春正月親祀[始]祖廟,大赦。以興宣爲一吉湌。

　　2년. 봄 정월 직접 시조사당에 제사지내고 대사면을 행하였다. 흥선을
　　일길찬으로 하였다.

三年 夏四月隕霜。開鷄立嶺路。[5]

3년. 여름 4월 서리가 내렸다. 계립령에 길을 닦았다.

四年 春二月始置甘勿、馬山二縣。三月巡幸長嶺鎭,勞戌卒,各賜征袍。

4년. 봄 2월 감물, 마산 두 현을 설치하였다. 3월 장령진에 순행하여 수졸들을 위로하고 각자에게 군복을 하사하였다.

五年 春三月開竹嶺。倭人來聘。

5년. 봄 3월 죽령이 개통되었다. 왜인이 예방해 왔다.

七年 夏四月暴雨,閼川水溢,漂流人家,金城北門自毀。

7년. 여름 4월 폭우로 알천이 넘쳐 인가가 표류하고 금성북문이 저절로 무너졌다.

八年 秋七月蝗害穀,海魚多出死。

8년. 가을 7월 황충이 곡식을 해치고 바다의 물고기가 많이 나와 죽었다.

九年 巡幸沙道城,勞戌卒。

9년. 사도성을 순행하며 수졸들을 위로하였다.

十一年 春二月龍見京都。

11년. 봄 2월 경성에 용이 나타났다.

十二年 冬十月阿湌吉宣謀叛發覺,懼誅,亡入百濟。王移書求之,百濟不許。王怒,出師伐之。百濟嬰城守,不出,我軍糧盡乃歸。

12년. 겨울 10월 아찬 길선이 반역을 도모하다 발각되자 처형이 두려워 백제로 도망갔다. 왕이 편지를 보내 요구했으나 백제가 수락하지 않았다. 왕이 노하여 출사하여 정벌했다. 백제가 성을 지키며 나오지 않자 아군은 양식이 떨어져 돌아왔다.

十三年 春正月辛亥朔日有食之。

13년. 봄 정월 초하루 신해에 일식이 있었다.

十四年 秋七月百濟襲破國西二城,虜獲民口一千而去。八月命一吉

5) 開…路: 길을 닦았다. 현대한어. 중앙본: '길을 열었다.'

浿興宣領兵二萬伐之,王又率騎八千自漢水臨之。百濟大懼,還其所
掠男女乞和。

14년. 가을 7월 백제가 나라 서쪽의 두 성을 함락하고 주민 1천 명을
잡아갔다. 8월 일길찬 흥선에게 명하여 군사 2만을 거느리고 정벌케
하고 왕 또한 기병 8천 명을 거느리고 한수로부터 그곳에 도착하였다.
백제는 크게 두려워 잡아 갔던 남녀를 돌려주며 화친을 요구하였다.

十五年 夏四月伊浿繼元卒,以興宣爲伊浿。

15년. 여름 4월 이찬 계원이 죽자 흥선을 이찬으로 하였다.

十七年 春二月重修始祖廟。秋七月京師地震,霜雹害穀。冬十月百濟
寇邊。

17년. 봄 2월 시조사당을 다시 수리하였다. 가을 7월 경성에 지진이
일어나고 서리와 우박이 곡식을 해쳤다. 겨울 10월 백제가 변경을 노략
하였다.

十八年 春穀貴,民飢。

18년. 봄에 곡식이 귀해 백성이 굶주렸다.

十九年 春正月以仇道爲波珍浿,仇須兮爲[一]吉浿。二月有事始祖
廟,京都大疫。

19년. 봄 정월 구도를 파진찬, 구수혜를 일길찬으로 하였다. 2월 시조사
당에 사건이 있었고 경성에 역병이 크게 돌았다.

二十年 夏五月倭女王卑彌乎遣使來聘。

20년. 여름 5월 왜국 여왕 비미호가 사신을 보내 예방했다.

二十一年 春正月雨(王)[土]。二月旱,井泉竭。6)

21년. 봄 정월 흙비가 내렸다. 2월 가물어 우물이 말랐다.

三十一年 春三月王薨。

31년. 봄 3월 왕이 사망하였다.

---

6) 중앙본은 '㳍'자를 '渴'자로 교정하였는데 '渴'자는 '竭'자의 고자古字이다.

○伐休一作發暉尼師今立。姓昔,脫解王子仇鄒角干之子也。母姓金氏,只珍內禮夫人。阿達羅薨,無子,國人立之。王占風雲,預知水旱及年之豊儉,又知人邪正,人謂之聖。

벌휴일왈 발휘이사금이 왕위에 올랐다. 성은 석씨고 탈해왕의 아들 각간 구추의 아들이다. 모친의 성은 김씨고 지진내례부인이다. 아달라가 죽었으나 아들이 없으므로 나라사람들이 그를 왕으로 세웠다. 왕은 풍운을 점쳐 홍수와 가뭄, 풍년과 흉년을 예지하며 또 사람의 사악과 정직을 알므로 사람들은 그를 성인이라고 하였다.

二年 春正月親祀始祖廟,大赦。二月拜波珍湌仇道、一吉湌仇須兮爲左右軍主,伐召文國。軍主之名始於此。

2년. 봄 정월 시조사당에 직접 제사지내고 대사면을 행하였다. 2월 파진찬 구도와 일길찬 구수혜를 좌우군주로 모시고 소문국을 정벌하였다. 군주라는 명칭이 이로부터 시작되었다.

三年 春正月巡幸州郡,觀察風俗。夏五月壬申晦日有食之。秋七月南新縣進嘉禾。

3년. 봄 정월 왕이 주군을 순행하며 풍속을 관찰하였다. 여름 5월 그믐 임신에 일식이 있었다. 가을 7월 남신현에서 상서로운 벼를 바쳤다.

四年 春三月下令州郡無作土木之事,以奪農時。冬十月北地大雪,深一丈。

4년. 봄 3월 주군에 토목공사로 농사철을 빼앗지 말라는 명령을 내렸다. 겨울 10월 북쪽에 한 길 깊이의 큰 눈이 내렸다.

五年 春二月百濟來攻母山城,命波珍湌仇道出兵拒之。

5년. 봄 2월 백제가 모산성을 공격해와 파진찬 구도를 시켜 출병하여 막았다.

六年 秋七月仇道與百濟戰於狗壤,勝之,殺獲五百餘級。

6년. 가을 7월 구도가 백제와 구양에서 싸워 이기고 5백여 명을 죽이거나 포로 하였다.

七年 秋八月百濟△[襲]西境圓山鄉,又進圍缶谷城。仇道率勁騎五百擊之,百濟兵佯走。仇道追及蛙山,爲百濟所敗。王以仇道失策,貶爲缶谷城主,以薛支爲左軍主。

7년. 가을 8월 백제가 서쪽 국경 원산향을 습격하고 또 진공하여 부곡성을 포위하였다. 구도가 정예 기병 5백 명을 거느리고 공격하자 백제군이 거짓으로 달아났다. 구도가 와산까지 추격하다가 백제에게 패배당했다. 왕은 구도가 실수했다며 부곡성주로 강등시키고 설지를 좌군주로 하였다.

八年 秋九月蚩尤旗見於角、亢。

8년. 가을 9월 살별 치우기가 각성-항성 성좌에 나타났다.

九年 春正月拜國良爲阿湌,述明爲一吉湌。[三]月京都雪深三尺。夏五月大水,山崩十餘所。

9년. 봄 정월 국량을 아찬, 술명을 일길찬으로 모셨다. 3월 경성에 눈이 석 자 깊이 내렸다. 여름 5월 홍수가 나서 산 10여 곳이 무너졌다.

十年 春正月甲寅朔日有食之。三月漢祇部女一産四男一女。六月倭人大饑,來求食者千餘人。

10년. 봄 정월 초하루 갑인에 일식이 있었다. 3월 한기부 여인이 단번에 아들 넷과 딸 하나를 출산하였다. 6월 왜인 1천여 명이 대기근으로 먹이를 구하러 왔다.

十一年 夏六月乙巳晦日有食之。

11년. 여름 6월 그믐 을사에 일식이 있었다.

十三年 春二月重修宮室。三月旱。夏四月震宮南大樹,又震金城東門。王薨。

13년. 봄 2월 궁실을 다시 수리하였다. 3월 가물었다. 여름 4월 궁궐 남쪽 큰 나무에 벼락이 치고 또 금성 동문에도 벼락이 쳤다. 왕이 사망하였다.

○奈解尼師今立。伐休王之孫也。母內禮夫人,妃昔氏 助賁王之妹。
容儀雄偉,有俊才。前王太子骨正及第二(十)[子]伊買先死,大孫尙幼
少,乃立伊買之子,是爲奈解尼師今。是年自正月至四月不雨,及王卽
位之日大雨,百姓歡慶。

나해 이사금이 왕위에 올랐다. 벌휴왕의 손자다. 모친은 내례부인이고
왕비 석씨는 조분왕의 여동생이다. 용모가 훤칠하고 재주가 뛰어났다.
앞 왕의 태자 골정과 차자 이매가 먼저 죽고 맏손자가 아직 어리므로
이매의 아들을 왕으로 세웠고 이 사람이 나해 이사금이다. 이해 봄
정월부터 4월까지 비가 내리지 않다가 왕이 즉위하는 날 큰 비가 내렸
으므로 백성들이 기뻐 경축했다.

二年 春正月謁始祖廟。

2년. 봄 정월 시조사당을 참배하였다.

三年 夏四月始祖廟前臥柳自起。五月國西大水,免遭水州縣一年租
調。秋七月遣使撫問。

3년. 여름 4월 시조사당 앞의 쓰러졌던 버드나무가 저절로 일어났다.
5월 나라 서쪽에 홍수가 나 수재를 입은 주현에 1년의 곡물세와 부역을
면제해주었다. 가을 7월 사신을 보내 위문하였다.

四年 秋七月百濟侵境。

4년. 가을 7월 백제가 변경을 침범하였다.

五年 秋七月太白晝見,隕霜殺草。九月庚午朔日有食之。大(△)[閱]於
閼川。

5년. 가을 7월 금성이 낮에 나타났고 서리가 내려 풀을 죽였다. 9월
초하루 경오에 일식이 있었다. 알천에서 큰 열병식을 가졌다.

六年 春二月加耶國請和。三月丁卯朔日有食之。大旱,錄內外繫囚,原
輕罪。

6년. 봄 2월 가야국이 화친을 청했다. 3월 초하루 정묘에 일식이 있었다.
크게 가물어 경성과 지방의 죄수들을 조사하고 경한 죄수를 석방하였다.

八年 冬十月靺鞨犯境。桃李華,人大疫。

8년. 겨울 10월 말갈이 국경을 침범하였다. 복숭아나무와 오얏나무에
꽃이 피고 역병이 크게 돌았다.

十年 春二月拜眞忠爲一伐飡,以參國政。秋七月霜雹殺穀,太白犯月。
八月狐鳴金城及始祖廟庭。

10년. 봄 2월 진충을 일벌찬으로 모시고 국정에 참여시켰다. 가을 7월
서리와 우박이 곡식을 죽이고 금성이 달을 범했다. 8월 여우가 금성과
시조사당의 뜰에서 울었다.

十二年 春正月拜王子利音或云奈音爲伊伐飡,兼知內外兵馬事。

12년. 봄 정월 왕자 이음혹왈 나음을 이벌찬으로 모시고 중앙과 지방의
군사 일을 겸하여 맡겼다.

十三年 春二月西巡郡邑,浹旬而返。夏四月倭人犯境,遣伊伐飡利音
將兵拒之。

13년. 봄 2월 서쪽의 군읍을 순찰하고 열흘 만에 돌아왔다. 여름 4월
왜인이 변경을 침범하므로 이벌찬 이음을 시켜 군사를 거느려 막았다.

十四年 秋七月浦上八國謀侵加羅,加羅王子來請救,王命太子于老
與伊伐飡利音將六部兵往救之,擊殺八國將軍,奪所虜六千人還之。

14년. 가을 7월 포상의 여덟 나라가 가라를 침범하려 모의하자 가라
왕자가 와서 구원을 요청했다. 왕이 태자 우로와 일벌찬 이음을 시켜
6부의 군사를 거느리고 가서 구원하여 여덟 나라 장군을 죽이고 포로
6천 명을 빼앗아 돌려주었다.

十五年 春夏旱。發使錄郡邑獄囚,除二死餘悉原之。

15년. 봄과 여름에 가물었다. 사신을 보내 군읍 감옥의 죄수들을 조사
하여 두 가지 사형죄를 제외한 나머지는 모두 석방하였다.

十六年 春正月拜萱堅爲伊飡,允宗爲一吉飡。

16년. 봄 정월 훤견을 이찬으로, 윤종을 일길찬으로 모셨다.

十七年 春三月加耶△[送]王子爲質。夏五月大雨,漂毀民屋。

17년. 봄 3월 가야가 왕자를 인질로 보내왔다. 여름 5월 큰 비로 민가가
표류하고 허물어졌다.

十九年 春三月大風折(才)[木]。秋七月百濟來攻國西腰車城,殺城主
薛夫。王命伊伐湌利音率精兵六千伐百濟,破沙峴城。冬十二月雷。

19년. 봄 3월 큰 바람에 나무가 꺾였다. 가을 7월 백제가 나라 서쪽의
요거성을 공격하여 성주 설부를 죽였다. 왕이 이벌찬 이음을 시켜 정예
병 6천 명을 거느리고 백제를 정벌하여 사현성을 함락하였다. 겨울
12월 우레가 울렸다.

二十三年 秋七月武庫兵物自出。百濟人來(國)[圍]獐山城,王親率兵
出擊,走之。

23년. 가을 7월 무기고의 병기가 저절로 밖으로 나왔다. 백제인이 와서
장산성을 포위하였으므로 왕이 직접 군사를 거느리고 공격하여 쫓아
보냈다.

二十五年 春三月伊伐湌利音卒,以忠萱爲伊伐湌,兼知兵馬事。秋七
月大閱楊山西。

25년. 봄 3월 이벌찬 이음이 죽어 충훤을 이벌찬으로 하고 군사의 일을
겸하여 맡겼다. 가을 7월 양산 서쪽에서 큰 열병식을 가졌다.

二十七年 夏四月雹傷(△)[菽]麥。南新縣人死,歷月復活。冬十月百濟
兵入牛頭州,伊伐湌忠萱將兵拒之。至熊谷爲賊所敗,單騎而返,貶爲
鎭主。以連珍爲伊伐湌,兼知兵馬事。

27년. 여름 4월 우박에 콩과 보리가 상했다. 남신현 사람이 죽었다가
한 달 지나 다시 살아났다. 겨울 10월 백제군이 우두주에 들어왔으므로
이벌찬 충훤이 군사를 거느리고 막았다. 웅곡에 이르러 적에게 패하고
단기로 돌아왔으므로 진주로 강등시켰다. 연진을 이벌찬으로 하여 군
사 일을 겸해 맡겼다.

二十九年 秋七月伊伐湌連珍與百濟戰烽山下,破之,殺獲一千餘級。
八月築烽山城。

29년. 가을 7월 이벌찬 연진이 백제와 봉산 아래에서 싸워 격파하고 1천여 명을 죽이거나 포로하였다. 8월 봉산성을 쌓았다.

三十一年 春不雨,至秋七月乃雨。民飢,發倉廩賑給。冬十月錄內外獄囚,原輕罪。

31년. 봄에 비가 내리지 않다가 가을 7월에 이르러서야 비가 내렸다. 백성들이 굶주리므로 창고를 풀어 구제하였다. 겨울 10월 경성과 지방 옥의 죄수를 조사하고 경한 죄수를 석방하였다.

三十二年 春二月巡狩西南郡邑,三月還。拜波珍飡康萱爲伊飡。

32년. 봄 2월 서남쪽 군읍을 돌다가 3월에 돌아왔다. 파진찬 강훤을 이찬으로 모셨다.

三十四年 夏四月蛇鳴南庫三日。秋九月地震。冬十月大雪,深五尺。

34년. 여름 4월 뱀이 남쪽 창고에서 사흘 동안 울었다. 가을 9월 지진이 일어났다. 겨울 10월 다섯 자 깊이의 큰 눈이 내렸다.

三十五年 春三月王薨。

35년. 봄 3월 왕이 사망하였다.

○助賁尼師今立一云諸貴。姓昔氏,伐休尼師今之孫也。父骨正一作忽爭葛文王,母金氏 玉帽夫人,仇道葛文王之女。妃阿爾兮夫人 奈解王之女也。前王將死,遺言以婿助賁繼位。王身長,美儀(未)[表],臨事明斷,國人畏敬之。

조분 이사금일왈 제귀이 왕위에 올랐다. 성이 석씨고 벌휴 이사금의 손자다. 부친은 갈문왕 골정일왈 홀쟁이고 모친 김씨 옥모부인은 갈문왕 구도의 딸이다. 왕비 아이혜 부인은 나해왕의 딸이다. 앞의 왕이 죽음을 앞두고 사위 조분이 왕위를 잇게끔 유언하였다. 왕은 키가 크고 의표가 아름다우며 일이 생기면 명석한 판단을 내렸으므로 나라 사람들은 그를 경외하였다.

元年 拜連忠爲伊飡,委軍國事。秋七月謁(△)[始]祖廟。

원년. 연충을 이찬으로 모시고 군사와 국정을 맡겼다. 가을 7월 시조사당을 참배하였다.

二年 秋七月以伊湌于老爲大將軍,討破甘文國,以其地爲郡。

2년. 가을 7월 이찬 우로를 대장군으로 하여 감문국을 토벌하고 그 땅을 군으로 하였다.

三年 夏四月倭人猝至圍金城。王親出戰,賊潰走。遣輕騎追擊之,殺獲一千餘級。

3년. 여름 4월 왜인이 갑자기 들어와 금성을 포위하였다. 왕이 직접 나가 싸웠으며 적이 흩어져 도주하였다. 경기병으로 추격하여 1천여 명을 죽이거나 포로하였다.

四年 夏四月大風飛屋瓦。五月倭兵寇東邊。秋七月伊湌(干)[于]老與倭人戰沙道,乘風縱火焚舟,賊赴水死盡。

4년. 여름 4월 큰 바람이 기와를 날렸다. 5월 왜병이 동쪽 변경을 약탈하였다. 가을 7월 이찬 우로가 왜인과 사도에서 싸워 바람을 이용하여 불을 질러 배를 불태워 적은 모두 물에 빠져 죽었다.

六年 春正月東巡撫恤。

6년. 봄 정월 동쪽을 돌며 무휼하였다.

七年 春二月骨伐國王阿音夫率衆來降,賜第宅、田莊安之,以其地爲郡。

7년. 봄 2월 골벌국왕 아음부가 무리를 거느리고 항복해 와 집과 밭을 주어 안치하고 그 땅을 군으로 하였다.

八年 秋八月蝗害穀。

8년. 가을 8월 황충이 곡식을 해쳤다.

十一年 百濟侵西邊。

11년. 백제가 서쪽 변경을 침범하였다.

十三年 秋大有年,古陁郡進嘉禾。

13년. 가을에 대풍년이 들었고 고타군에서 상서로운 벼를 진상하였다.

十五年 春正月拜伊飡于老爲舒弗邯,兼知兵馬事。

　15년. 봄 정월 이찬 우로를 서불한으로 모시고 군사의 일을 겸해 맡겼다.

十六年 冬十月高句麗侵北邊,于老將兵出擊之,不克,退保馬頭柵。其夜苦寒,于老勞士卒,躬燒柴暖之,群心感激。

　16년. 겨울 10월 고구려가 북쪽 변경을 침범하여 우로가 군사를 이끌고 출격하였으나 이기지 못하고 물러나 마두책을 수비하였다. 그날 밤 날씨가 몹시 추워 우로가 사졸들을 위로하고 직접 불을 피워 따뜻이 하여 주어 사졸들은 감격하였다.

十七年 冬十月東南有白氣如匹練。7)十一月京都地震。

　17년. 겨울 10월 동남에 흰 기운이 ‖흰 비단‖ 같았다. 11월 경성에 지진이 일어났다.

十八年 夏五月王薨。

　18년. 여름 5월 왕이 사망하였다.

○**沾解尼師今**立。助賁王同母弟也。

　첨해 이사금이 왕위에 올랐다. 조분왕의 동생이다.

元年 秋七月謁始祖廟。封父骨正爲世神葛文王。

　원년. 가을 7월 시조사당을 참배하였다. 부친 골정을 세신 갈문왕으로 봉했다.

論曰:漢宣帝即位,有司奏:“爲人後者爲之子也,故降其父母不得祭。尊祖之義也。是以帝所生父稱親,諡曰悼,母曰悼后,比諸侯王。”此合經義,爲萬世法。故後漢光武帝、宋英宗法而行之。新羅自王親入繼大統之君,無不封崇其父稱王。非特如此而已,封其外舅者亦有之。此非禮,固不可以爲法也。

　논평하여 왈: 한선제가 즉위했을 때 관계부문이 상주하였다: ‘남의 뒤

---

7) 匹練: 흰 비단, 흰 명주. 여기서 ‘匹’은 양사가 아니다. 중앙본 ‘한 필의 베’.

를 잇는 자는 그 사람의 아들이 되는 것이므로 그의 부모를 낮추어 제사를 지내지 말아야 합니다. 조상을 높인다는 뜻입니다. 그러므로 황제를 낳은 부친을 친이라 부르고 시호는 도라 하며 모친은 도후라고 불러서 제후왕의 지위와 같게 합니다.' 이는 경전의 뜻과 합치되며 만세의 법이다. 그러므로 후한광무제와 송영종은 이를 본받아 실행하였다. 신라는 왕의 친족신분으로서 왕통을 이은 임금이 자신의 부친을 왕으로 추봉하지 않은 일이 없다. 뿐만 아니라 자신의 장인까지 봉한 일도 있다. 이는 예에 맞지 않으므로 본래 본받아서는 안 된다.

二年 春正月以伊湌長萱爲舒弗邯,以參國政。二月遣使高句麗結和。

2년. 봄 정월 이찬 장훤을 서불한으로 하여 나라 정사에 참여 시켰다. 2월 고구려에 사신을 보내 화친을 맺었다.

三年 夏四月倭人殺舒弗邯於老。秋七月作南堂於宮南南堂或云都堂。以良夫爲伊湌。

3년. 여름 4월 왜인이 서불한 우로를 죽였다. 가을 7월 남당을 궁궐 남쪽남당 혹왈 도당에 지었다. 양부를 이찬으로 하였다.

五年 春正月始聽政於南堂。漢祇部人夫道者,家貧無諂,工書算,著名於時。王徵之爲阿湌,委以物藏庫事務。

5년. 봄 정월 남당에서 정사를 보기 시작하였다. 한기부인 부도는 집이 가난하나 아첨하지 않고 글씨와 산술에 능하여 당시에 이름났다. 왕이 그를 불러 아찬으로 하고 물장고 업무를 맡겼다.

七年 夏四月龍見宮東池,金城南臥柳自起。自五月至七月不雨,禱祀祖廟及名山,乃雨。年饑,多盜賊。

7년. 여름 4월 용이 궁궐 동쪽 못에 나타나고 금성 남쪽에 쓰러져 있던 버드나무가 저절로 일어났다. 5월부터 7월까지 비가 오지 않으므로 선조사당과 명산에 빌며 제사지내니 비가 내렸다. 이해에 기근이 들어 도적이 많았다.

九年 秋九月百濟來侵,一伐湌翊宗逆戰於(△)[槐]谷西,爲賊所殺。冬十月百濟攻烽山城,不下。

9년. 가을 9월 백제가 침범해 오자 일벌찬 익종이 괴곡 서쪽에서 맞아 싸우다가 적에게 죽임을 당하였다. 겨울 10월 백제가 봉산성을 공격했으나 점령하지 못했다.

十年 春三月國東海出大魚三,長三丈,高丈有二尺。冬十月晦日有食之。

10년. 봄 3월 나라 동쪽 바다에서 큰 물고기 세 마리가 나왔다. 길이는 세 길,높이는 한 길 두 자였다. 겨울 10월 그믐에 일식이 있었다.

十三年 秋七月旱、蝗、年荒多盜。

13년. 가을 7월 가물고 황충해를 입었고 흉년이 들어 도둑이 많았다.

十四年 夏大雨,山崩四十餘所。秋七月星孛于東方,二十五日而滅。

14년. 여름에 큰 비가 내려 산 40여 곳이 무너졌다. 가을 7월 살별이 동쪽에 나타났다가 25일 만에 사라졌다.

十五年 春二月築達伐城,以奈麻克宗爲城主。三月百濟遣使請和,不許。冬十二月二十八日王暴疾薨。

15년. 봄 2월 달벌성을 쌓고 나마 극종을 성주로 하였다. 3월 백제가 사신을 보내 화친을 청하였으나 동의하지 않았다. 겨울 12 월 28일 왕이 폭질로 사망하였다.

○味鄒尼師今立一云味照。姓金。母朴氏葛文王伊柒之女,妃昔氏 光明夫人,助賁王之女。其先閼智出於雞林,脫解王得之,養於宮中,後拜爲大輔。閼智生勢漢,勢漢生阿道,阿道生首留,首留生郁甫,郁甫生仇道,仇道則味鄒之考也。沾解無子,國人立味鄒,此金氏有國之始也。

미추 이사금일왈 미조이 왕위에 올랐다. 성은 김씨다. 모친 박씨는 갈문왕 이칠의 딸이고 왕비 석씨는 광명부인이며 조분왕의 딸이다. 그의 선조 알지는 계림에서 태어난 후 탈해왕이 주어 궁중에서 키웠고 뒤에 대보로 모셨다. 알지가 세한을 낳았고 세한이 아도를 낳았으며 아도가

수류를 낳았고 수류가 욱보를 낳았으며 욱보가 구도를 낳았고 구도가
곧 미추의 사망한 부친이다. 첨해가 아들이 없으므로 나라사람들은
미추를 왕으로 세웠으니 이것이 김씨가 나라를 갖게 된 시초다.

元年 春三月龍見宮東池。秋七月金城西門災,延燒人家三百餘區。

원년. 봄 3월 용이 궁궐 동쪽 못에 나타났다. 가을 7월 금성 서문에
불이 났고 인가 삼백여 채가 잇달아 불탔다.

二年 春正月拜伊湌良夫爲舒弗邯,兼知內外兵馬事。二月親祀國祖
廟,大赦。封考仇道爲葛文王。

2년. 봄 정월 이찬 양부를 서불한으로 모시고 중앙과 지방의 군사의
일을 겸하게 하였다. 2월 국조사당에 직접 제사지내고 대사면을 행하였
다. 사망한 부친 구도를 갈문왕으로 추봉하였다.

三年 春二月東巡幸望海。三月幸黃山,問高年及貧不能自存者,賑恤
之。

3년. 봄 2월 동쪽을 행차하여 망해제를 지냈다. 3월 황산을 행차하며
연로자 및 가난하여 스스로 살 수 없는 자들을 위문하고 진휼하였다.

五年 秋八月百濟來攻烽山城,城主直宣率壯士二百人出擊之,賊敗
走。王聞之,拜直宣爲一吉湌,厚賞士卒。

5년. 가을 8월 백제가 봉산성을 공격해 와 성주 직선이 장사 2백 명을
거느리고 출격하여 적이 패주하였다. 왕이 듣고 직선을 일길찬으로
모시고 병졸들에게 후하게 포상하였다.

七年 春夏不雨。會群臣於南堂,親問政刑得失,又遣使五人巡問百姓
苦患。

7년. 봄과 여름에 비가 내리지 않았다. 신하들을 남당에 모아놓고 직접
정사와 형벌의 득실을 물었고 또 사신 다섯을 파견하여 순회하면서
백성의 질고를 물었다.

十一年 春二月下令凡有害農事者一切除之。秋七月霜雹害穀。冬十
一月百濟侵邊。

11년. 봄 2월 무릇 농사에 해가 되는 일은 모두 없애라는 명령을 내렸다. 가을 7월 서리와 우박이 곡식을 해쳤다. 겨울 11월 백제가 변경을 침범하였다.

十五年 春二月臣寮請改作宮室,上重勞人,不從。

15년. 봄 2월 신하들이 궁실 고치기를 청하였으나 왕은 백성을 힘겹게 한다며 따르지 않았다.

十七年 夏四月暴風拔木。冬十月百濟兵來圍槐谷城,命(彼)[波]珍湌正源領兵拒之。

17년. 여름 4월 폭풍에 나무가 뽑혔다. 겨울 10월 백제군이 괴곡성을 포위하였다. 파진찬 정원을 시켜 군사를 이끌고 막았다.

十九年 夏四月旱,錄囚。

19년. 여름 4월 가물었다. 죄수들을 심사하였다.

二十年 春正月拜弘權爲伊湌,良質爲一吉湌,光謙爲沙湌。二月謁[祖]廟。秋九月大閱楊山西。

20년. 봄 정월 홍권을 이찬, 양질을 일길찬, 광겸을 사찬으로 모셨다. 2월 선조사당을 참배하였다. 가을 9월 양산 서쪽에서 큰 열병식을 가졌다.

二十二年 秋九月百濟侵邊。冬十月圍槐谷城,命一吉湌良質領兵禦之。

22년. 가을 9월 백제가 변경을 침범하였다. 겨울 10월 괴곡성을 포위하여 일길찬 양질을 시켜 군사를 이끌고 막았다.

二十三年 春二月巡撫國西諸城。冬十月王薨,葬大陵一云(廿)[竹]長陵。

23년. 봄 2월 나라 서쪽 성들을 순행하며 위로하였다. 겨울 10월 왕이 사망하여 대릉일왈 죽장릉에 장사지냈다.

○儒禮尼師今立古記第三、第十四二王同諱。儒理,或云儒禮,未知孰是。助賁王長子。母(村)[朴]氏葛文王奈音之女。嘗夜行,[8]星光入口,因有娠,載誕之夕異香滿室。

유례 이사금고기에는 제3대, 제14대 두 왕의 이름이 같다. 유리 혹왈 유례. 어느 것이 옳은지 알 수 없다.이 왕위에 올랐다. 조분왕의 장자다. 모친 박씨는 갈문왕 나음의 딸이다. 밤길을 가다가 별빛이 입으로 들어온 적이 있었는데 이로 인하여 임신이 되었고 태어나던 날 저녁에 이상한 향기가 방에 가득 찼다.

二年 春正月謁始祖廟。二月拜伊湌弘權爲舒弗邯,委以機務。

2년. 봄 정월 시조사당을 참배하였다. 2월 이찬 홍권을 서불한으로 모시고 요무를 맡겼다.

三年 春正月百濟遣使請和。三月旱。

3년. 봄 정월 백제가 사신을 파견하여 화친을 요청하였다. 3월 가물었다.

四年 夏四月倭人襲一禮部,縱火燒之,虜人一千而去。

4년. 여름 4월 왜인이 일례부를 습격하여 불태우고 1천 명을 잡아갔다.

六年 夏五月聞倭兵至,理舟楫,繕甲兵。

6년. 여름 5월 왜병이 온다는 소문을 듣고 선박과 병기를 정비하였다.

七年 夏五月大水,月城頹毀。

7년. 여름 5월 홍수가 나서 월성이 무너졌다.

八年 春正月拜末仇爲伊伐湌。末仇忠貞有智略,王常訪,問政要。

8년. 봄 정월 말구를 이벌찬으로 모셨다. 말구는 충직하고 지략이 있어 왕이 늘 방문하며 정요에 대해 자문하였다.

九年 夏六月倭兵攻陷沙道城,命一吉湌大谷領兵救完之。秋七月旱、蝗。

9년. 여름 6월 왜병이 사도성을 함락하자 일길찬 대곡에게 명령하여 군사를 이끌고 가서 구원하고 보완하였다. 가을 7월 가물고 황충해를

---

8) 甞: '…적이 있다'. '일찍기'가 아니다. 중앙본에 '일찍이…'로 번역한 데가 많으나 더 언급 안한다.

입었다.

十年 春二月改築沙道城,移沙伐州豪民八十餘家。

10년. 봄 2월 사도성을 개축하고 사벌주의 부호민 80여 가구를 이주시켰다.

十一年 夏倭兵來攻長峰城,不克。秋七月多沙郡進嘉禾。

11년. 여름 왜병이 장봉성을 공격했으나 이기지 못하였다. 가을 7월 다사군에서 상서로운 벼를 진상하였다.

十二年 春王謂臣下曰:"倭人屢犯我城邑,百姓不得安居,吾欲與百濟謀,一時浮海入擊其國,如何?"舒弗邯弘權對曰:"吾人不習水戰,冒險遠征,恐有不測之危。況百濟多詐,常有吞噬我國之心,亦恐難與同謀。"王曰:"善。"

12년. 봄에 왕이 신하들에게 왈: "왜인이 자주 우리 성읍을 침범하여 백성들이 편안할 수 없다. 나는 백제와 함께 모의하여 같이 바다를 건너 그 나라를 공격하고자 하는데 어떠한가?" 서불한 홍권 답 왈: "우리는 수전에 익숙하지 못하므로 모험하며 원정을 하면 예상 밖의 위험이 있을까 염려됩니다. 더구나 백제는 사기가 많고 항상 우리나라를 삼키려는 마음을 품고 있으므로 또한 아마 함께 도모하기도 어려울 겁니다." 왕 왈: "옳다."

十四年 春正月以智良爲伊湌,長昕爲一吉湌,順宣爲沙湌。伊西古國來攻金城,我大擧兵防禦,不能攘。忽有異兵來,其數不可勝紀,人皆珥竹葉,與我軍同擊賊,破之。後不知其所歸,人或見竹葉數萬積於竹長陵。由是國人謂先王以陰兵助戰也。

14년. 봄 정월 지량을 이찬, 장흔을 일길찬, 순선을 사찬으로 하였다. 이서고국이 금성을 공격해 왔으며 아군이 크게 동원하여 방어하였으나 물리칠 수 없었다. 갑자기 이상한 병사들이 부지기수로 왔고 그들은 모두 대나무 잎을 귀에 달고 아군과 함께 적군을 공격하여 쳐 부셨다. 연후에는 돌아간 곳을 알 수 없었고 어떤 사람이 수만 개의 대나무

잎이 죽장릉에 쌓여 있는 것을 보았다. 이로 인하여 나라 사람들은
선왕께서 음병으로 전쟁을 도왔다 하였다.

十五年 春二月京都大霧,不辨人,五(月)[日]而霽。冬十二月王薨。

15년. 봄 2월 경성에 안개가 심하여 사람을 분별할 수 없다가 닷새
만에 개였다. 겨울 12월 왕이 사망하였다.

○基臨一云基(丘)[立]尼師今立。助賁尼師今之孫也。父乞淑(用)[伊]飡一云
乞淑,助賁之孫也。性寬厚,人皆稱之。

기림일왈 기립이사금이 왕위에 올랐다. 조분 이사금의 손자다. 부친은
이찬 걸숙이다일왈 걸숙은 조분의 손자다. 성격이 후하여 사람들은 모두 그
를 칭송하였다.

二年 春正月拜長昕爲伊飡,兼知內外兵馬事。二月祀始祖廟。

2년. 봄 정월 장혼을 이찬으로 모시고 중앙과 지방의 군사 일을 겸하여
맡게 하였다. 2월 시조사당에 제사지냈다.

三年 春正月與倭國交聘。二月巡幸比列忽,親問高年及貧窮者,賜穀
有(△)[差]。三月至牛頭州望祭太白山。樂浪、帶方兩國歸服。

3년. 봄 정월 왜국과 사신을 교환하였다. 2월 비열홀에 순행하여 연로
자와 가난한 자를 직접 위문하고 차등을 두어 곡식을 하사하였다. 3월
우두주에 이르러 태백산에 망제를 지냈다. 낙랑과 대방 두 나라가 귀순
했다.

五年 春夏旱。

5년. 봄과 여름에 가물었다.

七年 秋八月地震,泉湧。九月京都地震,壞民屋,有死者。

7년. 가을 8월 지진이 일어났으며 샘물이 솟아올랐다. 9월 경성에 지진
이 일어나 민가가 무너지고 죽은 자가 생겼다.

十年 復國號新羅。

10년. 국호를 신라로 회복하였다.

十三年 夏五月王寢疾彌(△)[留],赦內外獄囚。六月王薨。

13년. 여름 5월 왕이 병석에서 미류하자 중앙과 지방 옥중의 죄수들을
사면하였다. 6월 왕이 사망하였다.

○訖解尼師今立。奈解王孫也。父于老角干,母命元夫人,助賁王女也。
㈜[于]老事君有功,累爲舒弗邯。見訖解狀貌俊異,心膽明敏,爲事異
於常流,乃謂諸(候)[侯]曰:"興吾家者必此兒也。"至是基臨薨,無子。群
臣議曰:"訖解幼有老成之德。"乃奉立之。

흘해 이사금이 왕위에 올랐다. 나해왕의 손자다. 부친은 각간 우로고
모친 명원부인은 조분왕의 딸이다. 우로는 임금을 섬기는데 공로가
있으므로 여러 번 서불한이 되었다. 흘해의 용모가 뛰어나고 두뇌가
영민하여 일을 처리함에 보통 사람과 다르므로 제후들에게 왈: "우리
가문을 흥하게 할 자는 반드시 이 아이일 것이다." 이때 기림이 사망하
고 아들이 없었다. 신하들이 "흘해가 어리지만 노숙한 덕을 지녔다"라
고 의논하며 왕으로 세웠다.

二年 春正月以急利爲阿湌,委以政要,兼知內外兵馬事。二月親(杞)
[祀]始祖廟。

2년. 봄 정월 급리를 아찬으로 하고 정치 요직 및 중앙과 지방의 군사
일을 겸하여 맡겼다. 2월 시조사당에 직접 제사지냈다.

三年 春三月倭國王遣使爲子求婚,以阿湌急利女送之。

3년. 봄 3월 왜왕이 사신을 보내 아들 혼사를 청하여 아찬 급리의 딸을
보냈다.

四年 秋七月旱、蝗,民飢,發使救恤之。

4년. 가을 7월 가물고 황충재가 들어 백성이 굶주리자 사절을 보내
구휼했다.

五年 春正月拜阿湌急利爲伊湌。二月重修宮闕,不雨乃止。

5년. 봄 정월 아찬 급리를 이찬으로 모셨다. 2월 궁궐을 다시 수리하다

가 비가 오지 않으므로 그만두었다.

八年 春夏旱,王親錄囚,多原之。

8년. 봄과 여름에 가물었다. 왕이 직접 죄수를 심사하여 많이 놓아주었다.

九年 春二月下令:"向以旱災,年不順成。今則土膏脈起,農事方始,凡所勞民之事皆停之"。

9년. 봄 2월 왕이 명령을 내렸다: "이전에는 한재로 농사가 순조롭지 못하였다. 지금은 땅이 기름지고 생기가 돌아 농사가 바로 시작되니 무릇 백성들을 수고롭게 하는 일은 모두 중단하라."

二十一年 始開碧骨池,岸長一千八百步。

21년. 벽골지를 만들기 시작하였다. 둑의 길이가 1천 8백보다.

二十八年 春二月遣使聘百濟。三月雨雹。夏四月隕霜。

28년. 봄 2월 사신을 보내 백제를 예방하였다. 3월 우박이 내렸다. 여름 4월 서리가 내렸다.

三十五年 春二月倭國遣使請婚,辭以女既出嫁。夏四月暴風拔宮南大樹。

35년. 봄 2월 왜국이 사신을 보내 청혼하였으나 딸이 이미 출가하였다는 이유로 사절하였다. 여름 4월 폭풍에 궁궐 남쪽의 큰 나무가 뽑혔다.

三十六年 春正月拜康世爲伊伐湌。二月倭王移書絶交。

36년. 봄 정월 강세를 이벌찬으로 모셨다. 2월 왜왕이 편지를 보내 절교하였다.

三十七年 倭兵猝至風島,抄掠邊戶,又進金城急攻。王欲出兵相戰,伊伐湌康世曰:"賊遠至,其鋒不可當,不若緩之,待其師老。"王然之,閉門不出。賊食盡將退,命康世率勁騎追擊,走之。

37년. 왜병이 갑자기 풍도에 와서 변경의 민가를 약탈하고 또 금성을 급히 공격하였다. 왕은 출병하여 싸우려 하였으나 이벌찬 강세 왈: "적이 멀리서 왔으니 그 예봉을 당할 수 없습니다. 시간을 늦추어 군사가 피로하기를 기다리는 것만 못합니다." 왕이 그렇다 생각하여 성문을 닫고 나가지 않았다. 적은 식량이 떨어져 퇴각하려 할 때 강세를 시켜 강한 기병을 이끌고 추격하여 쫓아 보냈다.

三十九年 宮井水暴溢。

39년. 궁궐의 우물물이 세게 솟아 넘쳤다.

四十一年 春三月鸛巢<u>月城</u>隅。夏四月大雨浹旬,平地水三四尺,漂沒官、私屋舍,山崩十三所。

41년. 봄 3월 황새가 월성 모퉁이에 둥지를 틀었다. 여름 4월 큰 비가 열흘 동안 내려 평지에 물이 서너 자나 고이고 공가와 개인의 집이 물에 뜨거나 잠기고 산 열세 곳이 무너졌다.

四十七年 夏四月王薨。

47년. 여름 4월 왕이 사망하였다.

三國史記卷第三

(삼국사기 권제3)

新羅本紀第三(신라본기 제3)

奈勿尼師今、實聖尼師今、訥祇麻立干、慈悲麻立干、(照)[炤]知麻立干
나물 이사금, 실성 이사금, 눌지 마립간, 자비 마립간, 소지 마립간

○奈勿一云那密尼師今立。姓金,仇道葛文王之孫也。父末仇角(于)[干],
母金氏,休禮夫人,妃金氏 味鄒王女。訖解薨,無子,奈勿繼之末仇,(未)[味]
鄒尼師(泰)[今]兄弟也。

　나물일왈 나밀 이사금이 왕위에 올랐다. 성은 김씨고 구도 갈문왕의 손자
다. 부친은 각간 말구고 모친 김씨는 휴례부인이며 왕비 김씨는 미추왕
의 딸이다. 흘해가 사망하고 아들이 없으므로 나물이 이었다말구는 미추
이사금의 동생이다.

論曰:取妻不取同姓,以厚別也。是故魯公之取於吳、晉侯之有四姬,[9]
陳司敗、鄭子産深譏之。若新羅,則不止取同姓而已,兄弟子、姑姨從
姊妹皆聘爲妻,雖外國各異俗,責之以中國之禮,則大悖矣。若匈奴之

---

9) 魯公,吳,晉侯는 모두 주나라 왕실 姬씨 성이므로 다 동성 통혼이다.

烝母報子,10)則又甚於此矣。

논평하여 왈: 처를 얻을 때 동성을 얻지 않음은 차별을 크게 두기 위함이다. 하여 노공이 오나라의 처를 얻었고 진후가 희씨 성의 네 여자를 처로 삼은 것을 진사패와 정자산은 몹시 비웃었다. 신라의 경우 동성뿐만 아니라 형제의 자식이나 고종, 이종 자매까지도 모두 처로 삼았다. 비록 외국은 각기 풍속이 다르지만 중국 예법으로 따지면 대단히 잘못된 일이다. 흉노의 모자 상간相姦은 이보다 더욱 심하다.

二年 春發使撫問鰥寡孤獨,各賜穀三斛。孝悌有異行者,賜職一級。

2년. 봄에 사절을 보내 홀아비, 과부, 고아, 독고 노인을 위문하고 각각 곡식 세 섬씩 하사하였다. 효제로서 특이한 덕행이 있는 자에게는 직위를 한 등급 하사하였다.

三年 春二月親(祀)[祀]始祖廟。紫雲盤旋廟上,神雀集於廟庭。

3년. 봄 2월 직접 시조사당에 제사지냈다. 자주색 구름이 사당 위에 감돌고 신기한 새가 사당의 뜰에 모였다.

七年 夏四月始祖廟庭樹連理。

7년. 여름 4월 시조사당의 뜰에 있는 두 나무 가지가 한데 붙었다.

九年 夏四月倭兵大至。王聞之,恐不可敵,造草偶人數千,衣衣持兵,列立吐含山下,伏勇士一千於斧峴東原。倭人恃眾直進,伏發擊其不意,倭人大敗走,追擊殺之幾盡。

9년. 여름 4월 많은 왜병이 대거 들어왔다. 왕이 듣고 아마 대적할 수 없다고 근심되어 풀로 허수아비 수천 개를 만들어 옷을 입히고 병기를 들게 하여 토함산 아래에 줄 세워놓고 용사 1천 명을 부현 동쪽 벌에 매복시켰다. 왜인은 병력이 많음을 믿고 직진해 왔고 복병이 불의에 공격하니 대패하여 도주하였으며 추격하여 거의 다 죽였다.

十一年 春三月百濟人來(△)[聘]。夏四月大水,山崩十三所。

---

10) 훗 어미와 아들이 간통함을 '報子'라 하고 아들이 훗 어미와 간통함을 '烝母'라 한다.

11년. 봄 3월 백제인이 예방하여왔다. 여름 4월 홍수가 나 산 열세 곳이
무너졌다.

十三年 春百濟遣使進良馬二匹。

13년. 봄에 백제가 사신을 보내 좋은 말 두 필을 진상하였다.

十七年 春夏大旱,年荒民飢,多流亡,發使開倉廩賑之。

17년. 봄과 여름에 크게 가물었다. 흉년이 들어 백성이 굶주리고 유랑
자가 많이 생겨 사절을 보내 창고를 풀어 구제하였다.

十八年 百濟 禿山城主率人三百來投,王納之,分居六部。百濟王移書
曰:"兩國和好,約爲兄弟,今大王納我逃民,甚乖和親之意,非所望於
天王也,11)請還之。"答曰:"民者無常心,故思則來,斁則去,固其所也。
大王不患民之不安,而責寡人,何其甚乎?"百濟聞之,不復言。夏五月
京都雨魚。

18년. 백제 독산성주가 3백 명을 끌고 귀순하여 와 왕은 받아들여 6부
에 나누어 살게 하였다. 백제왕이 편지를 보내 왈: '두 나라가 화목하여
형제로 되기를 약속하였는데 지금 대왕은 우리의 도망간 백성을 받아
들이니 화친의 뜻에 크게 어긋나며 이는 대왕에게 바라는 바가 아니니
돌려보내기 바랍니다.' 답 왈: "백성은 항심이 없으므로 그리우면 찾아
오고 싫으면 떠나감이 본래의 마음가짐입니다. 대왕은 백성의 불안을
걱정하지 않고 어찌 이토록 심하게 과인을 책망합니까?" 백제가 듣고
다시 말하지 못했다. 여름 5월 경성에 물고기가 비에 섞여 떨어졌다.

二十一年 秋七月夫沙郡進一角鹿。大有年。

21년. 가을 7월 부사군에서 뿔이 하나인 사슴을 진상하였다. 대풍년이
들었다.

二十四年 夏四月楊山有小雀生大鳥。

24년. 여름 4월 양산에서 작은 참새가 큰 새를 낳았다.

---

11) 非所望於大王也: 중앙본 '이는 대왕이 바라는 바가 아닐 것입니다'. 주객이 전도되었다.

二十六年 春夏旱,年荒民飢。遣衛頭入㈠(符△)[苻秦]貢方物。㈠(符)[苻]堅
問衛頭曰:"卿言海東之事與古不同,何耶?"答曰:"亦猶中國,時代變
革,名號改易。今焉得同?"

26년. 봄과 여름에 가물어 흉년이 들어 백성이 굶주렸다. 위두를 부진
나라에 보내 토산물을 바쳤다. 부견이 위두에게 물었다: "당신이 말한
해동의 사정이 옛날과 같지 않으니 무슨 까닭인가?" 답 왈: "역시 중국
처럼 시대가 변혁되면 이름이 바뀝니다. 지금이 어디 이전과 같겠습니
까?"

三十三年 夏四月京都地震。六月又震。冬無冰。

33년. 여름 4월 경성에 지진이 일어났다. 6월 또 지진이 일어났다. 겨울
에 물이 얼지 않았다.

三十四年 春正月京都大疫。二月雨土。秋七月蝗,穀不登。

34년. 봄 정월 경성에 역병이 크게 돌았다. 2월 흙비가 내렸다. 가을
7월 황충 재해를 입어 곡식이 여물지 않았다.

三十七年 春正月高句麗遣使。王以高句麗強盛,送伊湌大西知子實
聖爲質。

37년. 봄 정월 고구려가 사신을 보내 왔다. 왕은 고구려가 강하기 때문
에 이찬 대서지의 아들 실성을 인질로 보냈다.

三十八年 夏五月倭人來圍金城,五日不解,將士皆請出戰。王曰:"今
賊棄舟深入,在於死地,鋒不可當。"乃閉城門,賊無功而退。王先遣勇
騎二百遮其歸路,又遣步卒一千追於獨山夾擊,大敗之,殺獲甚衆。

38년. 여름 5월 왜인이 와서 금성을 포위하고 닷새 동안 풀지 않으니
장병들이 모두 출전하기를 요청하였다. 왕 왈: "지금 적이 배를 버리고
깊이 들어와서 죽음을 각오한 땅에 있으니 그 예봉을 당할 수 없다."
성문을 닫으니 적은 성과 없이 물러갔다. 왕은 먼저 용맹한 기병 2백
명을 보내 퇴로를 막고 또 보병 1천 명을 보내 독산까지 추격,협공하여
대파하였다. 죽거나 잡힌 적병이 아주 많았다.

四十年 秋八月靺鞨侵北邊,出師,大敗之於悉直之原。

40년. 가을 8월 말갈이 북쪽 변경을 침범하므로 출병해 실직 벌에서 대파하였다.

四十二年 秋七月北邊何瑟羅旱、蝗,年荒民飢。曲赦囚徒,[12]復一年租調。

42년. 가을 7월 북쪽 변방 하슬라에 가물고 황충 재해를 입어 흉년이 들고 백성이 굶주렸다. 죄수를 특사하고 1년간의 세금과 부역을 면제하여 주었다.

四十四年 秋七月飛蝗蔽野。

44년. 가을 7월 황충이 날아와 들을 덮었다.

四十五年 秋八月星孛于東方。冬十月王所嘗禦內廐馬跪膝流(△)[淚]哀鳴。

45년. 가을 8월 살별이 동쪽에 나타났다. 겨울 10월 왕이 탄 적이 있은 궁중 마구간의 말이 무릎을 꿇고 눈물을 흘리며 슬프게 울었다.

四十六年 春夏旱。秋七月高句麗質子實聖還。

46년. 봄과 여름에 가물었다. 가을 7월 고구려에 인질로 갔던 실성이 돌아왔다.

四十七年 春二月王薨。

47년. 봄 2월 왕이 사망하였다.

○實聖尼師今立。閼智裔孫,大西知伊湌之子,母伊利夫人伊一作(△)[企],昔登保阿干之女,妃味鄒王女也。實聖身長七尺五寸,明達有遠識。奈勿薨,其子幼少,國人立實聖繼位。

실성 이사금이 왕위에 올랐다. 알지의 후손이고 이찬 대서지의 아들이며 모친 이리 부인'伊' 일왈 '企'은 아간 석등보의 딸이고 왕비는 미추왕의

---

12) 曲赦: 특사.

딸이다. 실성은 키가 7자 5치고 사리에 밝고 통달하며 앞날을 내다보는
식견이 있다. 나물왕이 사망할 때 아들이 어리기 때문에 나라 사람들이
실성을 세워 왕위를 이었다.

元年 三月與倭國通好,以奈勿王子未斯欣爲質。

원년. 3월 왜국과 우호 관계를 맺고 나물왕의 아들 미사흔을 인질로
하였다.

二年 春正月以未斯品爲舒弗邯,委以軍國之事。秋七月百濟侵邊。

2년. 봄 정월 미사품을 서불한으로 하고 군사와 국정을 맡겼다. 가을
7월 백제가 변경을 침범하였다.

三年 春二月親謁始祖廟。

3년. 봄 2월 직접 시조사당을 참배하였다.

四年 夏四月倭兵來攻明活城,不克而歸。王率騎兵要之獨山之南,再
戰,破之,殺獲三百餘級。

4년. 여름 4월 왜병이 명활성을 공격했으나 이기지 못하고 돌아갔다.
왕이 기병을 거느리고 독산 남쪽에서 요격하였으며 두 번 싸워 격파하
고 3백여 명을 죽이거나 포로 했다.

五年 秋七月國西蝗害穀。冬十月京都地震。十一月無冰。

5년. 가을 7월 나라 서쪽에서 황충이 곡식을 해쳤다. 겨울 10월 경성에
지진이 일어났다. 11월 물이 얼지 않았다.

六年 春三月倭人侵東邊。夏六月又侵南邊,奪掠一百人。

6년. 봄 3월 왜인이 동쪽 변경을 침범하였다. 여름 6월 또 남쪽 변경을
침범하여 100명을 노략했다.

七年 春二月王聞倭人於對馬島置營,貯以兵革資糧,以謀襲我。我欲
先其未發揀精兵擊破兵儲。舒弗邯 未斯品曰:"臣聞'兵,兇器;戰,危事。'
況涉巨浸以伐人?[13]萬一失利,則悔不可追。不若依險設關,來則禦之,

---

13) 巨浸: 큰 바다.

使不得侵猾,[14]便則出而禽之。此所謂致人而不致於人,策之上也。"
王從之。

7년. 봄 2월 왕은 왜인이 대마도에 병영을 설치하고 무기, 물자와 양식을 저축하고 우리를 습격하려는 말을 들었다. 아군은 그들이 출병하기 전에 선손 써 정병을 뽑아 적군 병영의 비축을 격파하려 하였다. 서불한 미사품이 말했다: "소신이 알기로는 '무기는 흉기이고 싸움은 위험한 일입니다'. 하물며 큰 바다를 건너 사람을 공격하는 일이겠습니까? 만일 실수하면 후회막급입니다. 차라리 험한 지형에 의지하여 요새를 설치하고 오면 막아 침범하지 못하게 하다가 편리할 때 출전하여 사로잡는 것이 나을 것입니다. 이것이 소위 내가 남을 당하게 할지언정 남에게 당하지 않는 것이니 책략 중에도 상책일 것입니다." 왕이 이 말을 따랐다.

十一年 以奈勿王子卜好質於高句麗。

11년. 나물왕의 아들 복호를 고구려에 인질로 보냈다.

十二年 秋八月雲起狼山,望之如樓閣,香氣郁然,久而不歇。王謂是必仙靈降遊,應是福地,從此後禁人斬伐樹木。新成平壤州大橋。

12년. 가을 8월 낭산에 구름이 피어올라 누각처럼 보였고 향기가 그윽하여 오래도록 사라지지 않았다. 왕이 "이는 틀림없이 신선이 내려와 노는 것이니 응당 복스러운 땅이다"라며 그 후부터 벌목하지 못하게 하였다. 평양주 대교를 신축했다.

十四年 秋七月大閱於穴城原,又御金城南門觀射。八月與倭人戰於風島,克之。

14년. 가을 7월 혈성 벌에서 큰 열병식을 하고 또 금성 남문에 행차하여 활쏘기를 관람하였다. 8월 왜인과 풍도에서 싸워 이겼다.

十五年 春三月東海邊獲大魚,有角,其大盈車。夏五月吐含山崩,泉水

---

14) 猾: 침범하다. 교란하다.

湧,高三丈。

15년. 봄 3월 동해변에서 뿔이 나고 수레에 가득 찰 만한 큰 물고기를 잡았다. 여름 5월 토함산이 무너지고 샘물이 세 길 높이로 솟아올랐다.

十六年 夏五月王薨。

16년. 여름 5월 왕이 사망하였다.

○訥祇麻立幹立。金大問云：“麻立者方言謂橛也，橛謂誡操。[15](准)[準]位而置，則王橛爲主，臣橛列於下，因以名之。”奈勿王子也。母保反夫人一云內禮吉怖，味鄒王女也，妃實聖王之女。奈勿王三十七年以實聖質於高句麗，及實聖還爲王，怨奈勿質己於外國，欲害其子以報怨。遣人招在高句麗時相知人，因密告見訥祇則殺之。遂令訥祇往，逆於中路。麗人見訥祇形神爽雅，有君子之風，遂告曰：“爾國王使我害君，今見君，不忍賊害。”乃歸。訥祇怨之，反弑王自立。

눌지 마립간이 왕위에 올랐다. 김대문 왈: '마립은 방언으로 말뚝을 말하는데 말뚝은 곧 표적을 뜻한다. 직위에 기준하여 설치하는바 왕의 말뚝이 주요 위치에 있고 신하의 말뚝은 밑의 위치에 나열되므로 이를 빌어 왕의 명칭으로 삼았다.' 나물왕의 아들이다. 모친 보반부인일왈 내례길포은 미추왕의 딸이고 왕비는 실성왕의 딸이다. 나물왕 37년에 실성을 고구려에 인질로 보냈는데 실성이 돌아와 왕이 되고나서 나물이 자기를 외국에 인질로 보낸 것을 원망하여 그의 아들을 죽임으로써 원한을 풀려 하였다. 사람을 보내 고구려에 있을 때 알고 지내던 사람을 불러 은밀히 눌지를 보거든 죽이라고 말했다. 그리고 눌지를 보내 도중에서 마주치도록 하였다. 고구려 사람이 눌지를 보니 인물과 정신이 통쾌하고 우아하며 군자의 기풍을 갖추고 있어서 "당신 나라 왕이 나더러 당신을 죽이라고 하였지만 지금 당신을 보니 차마 죽일 수 없구나"라고 말하고 돌아갔다. 눌지는 이를 원망하

---

15) 誡操함조: 의미 미상. 『삼국유사』, 『삼국사 절요』 등을 참조하여 '표적'으로 번역한다.

여 도리어 왕을 시해하고 스스로 왕위에 올랐다.

二年 春正月親謁始祖廟。王弟卜好自高句麗與堤上奈麻還來。秋王弟未斯欣自倭國逃還。

2년. 봄 정월 시조사당을 직접 참배하였다. 왕의 동생 복호가 고구려에서 나마 제상과 함께 돌아왔다. 가을에 왕의 동생 미사흔이 왜국으로부터 도망쳐 왔다.

三年 夏四月牛谷水涌。

3년. 여름 4월 우곡에서 물이 솟구쳐 올랐다.

四年 春夏大旱。秋七月隕霜殺穀,民飢,有賣子孫者。慮囚原罪。

4년. 봄과 여름에 크게 가물었다. 가을 7월 서리가 내려 곡식을 죽여 백성이 굶주려 자손을 파는 자가 있었다. 죄수를 심사하여 용서해주었다.

七年 夏四月養老於南堂,王親執食,賜穀帛有差。

7년. 여름 4월 남당에서 노인들을 접대하였는데 왕이 직접 음식을 집어주고 곡식과 비단을 차등 있게 하사하였다.

八年 春二月遣使高句麗修聘。

8년. 봄 2월 고구려에 사신을 보내 예방하였다.

十三年 新築矢堤,岸長二千一百七十步。

13년. 둑의 길이가 2,170보인 시제를 신축하였다.

十五年 夏四月倭兵來侵東邊,圍明活城,無功而退。秋七月霜雹殺穀。

15년. 여름 4월 왜군이 동쪽 변경을 침범하고 명활성을 포위하였으나 성과 없이 물러갔다. 가을 7월 서리와 우박이 곡식을 죽였다.

十六年 春穀貴,人食松樹皮。

16년. 봄에 곡식이 귀하여 사람들이 소나무 껍질을 먹었다.

十七年 夏五月未斯欣卒,贈舒弗邯。秋七月百濟遣使請和,從之。

17년. 여름 5월 미사흔이 죽자 서불한 작위를 추증하였다. 가을 7월 백제가 사신을 보내 화친을 요청하였으며 응하였다.

十八年 春二月百濟王送良馬二匹。秋九月又送白鷹。冬十月王以黃金、明珠報聘百濟。

18년. 봄 2월 백제왕이 좋은 말 두 필을 보내왔다. 가을 9월 또 흰 매를 보내왔다. 겨울 10월 왕이 황금과 야광주로 백제에 답례하였다.

十九年 春正月大風拔木。二月修葺(△△△)[歷代園]陵。夏四月祀始祖廟。

19년. 봄 정월 큰 바람에 나무가 뽑혔다. 2월 역대의 능원을 수리하였다. 여름 4월 시조사당에 제사지냈다.

二十年 夏四月雨雹。慮囚。

20년. 여름 4월 우박이 내렸다. 죄수를 심사하였다.

二十二年 夏四月牛頭郡山水暴至,漂流五十餘家。京都大風雨雹。教民牛車之法。

22년. 여름 4월 우두군 산의 물이 갑자기 들이닥쳐 집 50여 채가 표류하였다. 경성에 큰 바람이 불고 우박이 내렸다. 백성에게 우차 쓰는 방법을 가르쳤다.

二十四年 倭人侵南邊,掠取生口而去。夏六月又侵東邊。

24년. 왜인이 남쪽 변경을 침범하여 사람을 붙잡아갔다. 여름 6월 또 동쪽 변경을 침범하였다.

二十五年 春二月史勿縣進長尾白雉,王嘉之,賜縣吏穀。

25년. 봄 2월 사물현에서 흰 빛깔에 꼬리가 긴 꿩을 진상하였다. 왕이 가상히 여겨 현의 관리에게 곡식을 하사하였다.

二十八年 夏四月倭兵圍金城十日,糧盡乃歸。王欲出兵追之,左右曰:"兵家之說曰:'窮寇勿追。'王其舍之。"不聽,率數千餘騎追(反)[及]於獨山之東,合戰,爲賊所敗,將士死者過半。王蒼黃棄馬上山,賊圍之數重。忽昏霧,不辨咫尺。賊謂有陰助,收兵退歸。

28년. 여름 4월 왜군이 금성을 열흘 동안 포위했다가 식량이 떨어져 돌아갔다. 왕이 출병하여 추격하려 하자 측근들 왈: "병가의 말에 '궁지에 몰린 도적을 뒤쫓지 말라' 하였으니 왕께서는 내버려 두십시오."

왕은 듣지 않고 천여 명의 기병을 거느리고 추격하여 독산 동쪽에서 따라잡았다. 접전하였다가 적에게 패하여 죽은 장병이 절반이 넘었다. 왕은 당황하여 말을 버리고 산으로 올라가니 적이 여러 겹으로 포위하였다. 갑자기 어두운 안개가 끼어 지척을 분별할 수 없게 되었다. 적은 음병의 도움이 있다고 여기고 군사를 거두어 물러갔다.

三十四年 秋七月高句麗邊將獵於悉直之原,何瑟羅城主三直出兵掩殺之。麗王聞之,怒,使來告曰:"孤與大王修好至歡也,今出兵殺我邊將,是何義耶?"乃興師侵我西邊。王卑辭謝之,乃歸。

34년. 가을 7월 고구려 변방 장수가 실직 벌에서 사냥을 하는데 하슬라 성주 삼직이 출병하여 불의에 습격하여 죽였다. 고구려왕이 듣고 분노하여 사신을 보내 왈: "내가 대왕과 우호 관계를 맺어 매우 기뻐하였는데 이번에 출병하여 우리 변방의 장수를 죽였으니 무슨 의리인가?" 군사를 동원하여 우리나라의 서쪽 변경을 침입하였다. 왕이 겸손한 말로 사과하자 돌아갔다.

三十六年 秋七月大山郡進嘉禾。

36년. 가을 7월 대산군에서 상서로운 벼를 진상하였다.

三十七年 春夏旱。秋七月群狼入始林。

37년. 봄과 여름에 가물었다. 가을 7월 승냥이 떼가 시림에 들어왔다.

三十八年 秋七月霜雹害穀。八月高句麗侵北邊。

38년. 가을 7월 서리와 우박이 곡식을 해쳤다. 8월 고구려가 북쪽 변경을 침범하였다.

三十九年 冬十月高句麗侵百濟,王遣兵救之。

39년. 겨울 10월 고구려가 백제를 침범하므로 왕이 군사를 보내 구원하였다.

四十一年 春二月大風拔木。夏四月隕霜傷麥。

41년. 봄 2월 큰바람에 나무가 뽑혔다. 여름 4월 서리가 내려 보리가 상하였다.

四十二年 春二月地震, 金城南門自毀。秋八月王薨。

　42년. 봄 2월 지진이 일어났고 금성남문이 저절로 무너졌다. 가을 8월 왕이 사망하였다.

○**慈悲麻立干**立。訥祗王長子。母金氏, 實聖之女也。

　자비 마립간이 왕위에 올랐다. 눌지왕의 장자다. 모친 김씨는 실성왕의 딸이다.

二年 春二月謁始祖廟。夏四月倭人以兵船百餘艘襲東邊, 進圍月城, 四面矢石如雨。王城守, 賊將退。[16] 出兵擊敗之, 追北至海口, 賊溺死者過半。

　2년. 봄 2월 시조사당을 참배하였다. 여름 4월 왜인이 병선 100여 척으로 동쪽 변경을 습격하고 들어와 월성을 포위하니 사면에 화살과 돌이 비 오 듯하였다. 왕성이 지켜지자 적은 퇴각하려 하였다. 출병하여 적을 격파하고 북쪽 바다 어구까지 추격하였다. 적은 절반 이상이 물에 빠져죽었다.

四年 春二月王納舒弗邯未斯欣女爲妃。夏四月龍見金城井中。

　4년. 봄 2월 왕이 서불한 미사흔의 딸을 왕비로 받아들였다. 여름 4월 금성의 우물에서 용이 나타났다.

五年 夏五月倭人襲破活開城, 虜人一千而去。

　5년. 여름 5월 왜인이 활개성을 함락하고 1천 명을 노략해 갔다.

六年 春二月倭人侵(歆)[歃]良城, 不克而去。王命伐智、德智領兵伏候於路要擊, 大敗之。王以倭屢侵疆埸, 緣邊築二城。秋七月大閱。

　6년. 봄 2월 왜인이 삽량성을 침범하였으나 이기지 못하고 돌아갔다. 왕은 벌지와 덕지를 시켜 군사를 거느리고 길에 매복, 요격하여 대패시

---

16) 賊將退: 중앙본 '적이 장차 물러가려고 하다'. '장차'는 필요 없는 군더더기다. '將'을 '…려…'로만 번역해도 충분하다.

컸다. 왜인이 자주 영토를 침범하므로 왕은 변경에 두 성을 쌓았다.
가을 7월 큰 열병식을 가졌다.

八年 夏四月大水,山崩一十七所。五月沙伐郡蝗。

8년. 여름 4월 홍수가 나 산 17곳이 무너졌다. 5월 사벌군에 황충해를
입었다.

十年 春命有司修理戰艦。秋九月天赤,大星自北流東南。

10년. 봄 관계부문에 명령하여 군함을 수리하였다. 가을 9월 하늘이
붉었고 큰 별이 북에서 동남으로 흘러갔다.

十一年 春高句麗與靺鞨襲北邊悉直城。秋九月徵何瑟羅人年十五
已上,築城於泥河泥河一名泥川。

11년. 봄에 고구려와 말갈이 북쪽 변경의 실직성을 습격하였다. 가을
9월 하슬라인 15세 이상을 징발하여 이하이하 일왈 이천에 성을 쌓았다.

十二年 春正月定京都坊里名。夏四月國西大水,漂毁民戶。秋七月王
巡撫經水州郡。

12년. 봄 정월 경성의 방과 리의 이름을 정하였다. 여름 4월 나라 서쪽에
홍수가 나 민가가 떠내려가고 무너졌다. 가을 7월 왕이 홍수가 거친
주군을 순행하며 위문하였다.

十三年 築三年山城三年者,自興役始,終三年訖功,故名之。

13년. 삼년산성을 쌓았다. 삼년은 공사를 시작한지 삼년 만에 완공하여 지은 이름이다.

十四年 春二月築芼老城。三月京都地裂,廣袤二丈,濁水湧。冬十月大
疫。

14년. 봄 2월 모로성을 쌓았다. 3월 경성의 땅이 가로 세로 두 길이나
갈라지고 혼탁한 물이 솟아올랐다. 겨울 10월 큰 역병이 돌았다.

十六年 春正月以阿湌伐智、級湌德智爲左右將軍。秋七月葺明活城。

16년. 봄 정월 아찬 벌지와 급찬 덕지를 좌우 장군으로 하였다. 가을
7월 명활성을 수리하였다.

十七年 築一牟、沙尸、廣石、沓達、仇禮、坐羅等城。秋七月高句麗王

巨連親率兵攻百濟。百濟王慶遣子文周求援,王出兵救之,未至,百濟
已陷,慶亦被害。

17년. 일모, 사시, 광석, 답달, 구례, 좌라 등 성을 쌓았다. 가을 7월
고구려왕 거련이 직접 군사를 거느리고 백제를 공격했다. 백제왕 경이
아들 문주를 보내 원조를 청구하였다. 왕이 출병하여 구원했으나 도착
하기 전에 백제가 이미 함락 되었고 경도 살해당했다.

十八年 春正月王移居明活城。

18년. 봄 정월 왕이 명활성으로 옮겨 거주했다.

十九年 夏六月倭人侵東邊,王命將軍德智擊敗之,殺虜二百餘人。

19년. 여름 6월 왜인이 동쪽 변경을 침범하여 왕이 장군 덕지를 시켜
격패했으며 200여 명을 죽이거나 포로 했다.

二十年 夏五月倭人擧兵五道來侵,竟無功而還。

20년. 여름 5월 왜인이 군사를 풀어 다섯 길로 침범했으나 성과 없이
돌아갔다.

二十一年 春二月夜赤光如匹練,自地至天。冬十月京都地震。

21년. 봄 2월 밤에 붉은 빛이 명주처럼 땅에서 하늘까지 뻗쳤었다. 겨울
10월 경성에 지진이 일어났다.

二十二年 春二月三日王薨。

22년. 봄 2월 3일 왕이 사망하였다.

○炤知一云毗處麻立干立。慈悲王長子。母金氏舒弗邯未斯欣之女,妃
善兮夫人乃宿伊伐湌女也。炤知幼有孝行,謙恭自守,人咸服之。

조지일왈 비처 마립간이 왕위에 올랐다. 자비왕의 장자다. 모친 김씨는
서불한 미사흔의 딸이고 왕비 선혜부인은 이벌찬 내숙의 딸이다. 소지
는 어릴 때 효성이 있었고 겸손하며 공손함을 스스로 지켰으므로 사람
들이 모두 탄복하였다.

元年 大赦,賜百官爵一級。

원년. 크게 사면하고 모든 관리들에게 관작을 한 급씩 올려주었다.

二年 春二月祀始祖廟。夏五月京都旱。冬十月民飢,出倉穀賑給之。
十一月靺鞨侵北邊。

2년. 봄 2월 시조상당에 제사지냈다. 여름 5월 경성에 가물었다. 겨울
10월 백성이 굶주리므로 창고 곡식을 풀어 진휼하였다. 11월 말갈이
북쪽 변경을 침입하였다.

三年 春二月幸比列城,存撫軍士,賜征(枹)[袍]。三月高句麗與靺鞨入
北邊,取狐鳴等七城,又進軍於彌秩夫。我軍與百濟、加耶援兵分道禦
之。賊敗退,追擊,破之泥河西,斬首千餘級。

3년. 봄 2월 비열성에 행차하여 병사들을 위문하고 군복을 하사하였다.
3월 고구려와 말갈이 북쪽 변경에 들어와 호명 등 일곱 성을 빼앗고
또 미질부로 진군하였다. 아군은 백제, 가야의 구원병과 함께 길을 나누
어 막았다. 적이 패하여 퇴각하자 추격하여 이하 서쪽에서 격파하고
1천여 명을 참수했다.

四年 春二月大風拔木,金城南門火。夏四月久雨,命內外有司慮囚。五
月倭人侵邊。

4년. 봄 2월 큰 바람에 나무가 뽑혔고 금성 남문에 불이 났다. 여름
4월 오랫동안 비가 내려 경성과 지방의 관계부문에 명령하여 죄수를
심사하였다. 5월 왜인이 변경을 침입하였다.

五年 夏四月大水。秋七月大水。冬十月幸一善界,存問遭災百姓,賜穀
有差。十一月雷,京都大疫。

5년. 여름 4월 홍수가 났다. 가을 7월 홍수가 났다. 겨울 10월 일선
지계에 행차하여 이재민을 위문하고 차등을 두어 곡식을 하사하였다.
11월 우레가 울렸고 경성에 큰 역병이 돌았다.

六年 春正月以烏含爲伊伐湌。三月土星犯月,雨雹。秋七月高句麗侵
北邊,我軍與百濟合擊於母山城下,大破之。

6년. 봄 정월 오함을 이벌찬으로 하였다. 3월 토성이 달을 범하고 우박

이 내렸다. 가을 7월 고구려가 북쪽 변경을 침범하므로 아군은 백제와 함께 모산성 아래에서 공격하여 대파하였다.

七年 春二月築仇伐城。夏四月親祀始祖廟,增置守廟二十家。五月百濟來聘。

7년. 봄 2월 구벌성을 쌓았다. 여름 4월 시조사당에 직접 제사지냈으며 사당지기 20호를 증가했다. 5월 백제가 예방해 왔다.

八年 春正月拜伊飡實竹爲將軍。徵一善界丁夫三千,改築三年、屈山二城。二月以乃宿爲伊伐飡,以參國政。夏四月倭人犯邊。秋八月大閱於狼山之南。

8년. 봄 정월 이찬 실죽을 장군으로 모셨다. 일선 지역의 장정 3천 명을 징발하여 삼년산성, 굴산성 두 성을 개축하였다. 2월 내숙을 이벌찬으로 하여 국정에 참여시켰다. 여름 4월 왜인이 변경을 침범하였다. 가을 8월 낭산 남쪽에서 큰 열병식을 가졌다.

九年 春二月置神宮於奈乙。奈乙,始祖初生之處也。三月始置四方郵驛,命所司修理官道。秋七月葺月城。冬十月雷。

9년. 봄 2월 나을에 신궁을 설치하였다. 나을은 시조가 태어난 곳이다. 3월 처음으로 사방에 우편역을 설치하고 관계 부문으로 하여금 관도를 수리하게 하였다. 가을 7월 월성을 수리하였다. 겨울 10월 우레가 쳤다.

十年 春正月王移居月城。二月幸一善郡,存問鰥寡孤獨,賜穀有差。三月至自一善,所歷州郡獄囚除二死悉原之。夏六月東陽獻六眼龜,腹下有文字。秋七月築刀那城。

10년. 봄 정월 왕이 월성으로 옮겨 거처하였다. 2월 일선군에 행차하여 홀아비, 과부, 독고노인을 위문하고 차등을 두어 곡식을 하사하였다. 3월 일선에서 돌아오는 도중 주군 옥중의 두 가지 사형수 외를 모두 풀어주었다. 여름 6월 동양에서 눈이 여섯 개인 거북을 헌납하였는데 배에 글자가 있었다. 가을 7월 도나성을 쌓았다.

十一年 春正月驅游食百姓歸農。秋九月高句麗襲北邊至戈峴,冬十月陷狐山城。

11년. 봄 정월 떠돌며 먹는 백성을 쫓아 귀농시켰다. 가을 9월 고구려가 북쪽 변경을 습격하여 과현에 이르렀고 겨울 10월 호산성을 점령하였다.

十二年 春二月重(△)[築]鄙羅城。三月龍見鄒羅井。初開京師市[肆], 以通四方之貨。

12년. 봄 2월 비라성을 다시 쌓았다. 3월 추라정에 용이 나타났다. 처음으로 경성에 시장을 개설하여 사방의 물자를 유통시켰다.

十四年 春夏旱,王責己,減常膳。

14년. 봄과 여름에 가물자 왕이 자책하며 평소에 먹던 음식을 줄였다.

十五年 春三月百濟王牟大遣使請婚,王以伊伐湌比智女送之。秋七月置臨海、長嶺二鎭,以備倭賊。

15년. 봄 3월 백제왕 모대가 사신을 보내 청혼하였는데 왕은 이벌찬 비지의 딸을 보냈다. 가을 7월 임해, 장령 두 읍을 설치하여 왜적을 방비하였다.

十六年 夏四月大水。秋七月將軍實竹等與高句麗戰薩水之原,不克,退保犬牙城。高句麗兵圍之,百濟王牟大遣兵三千救,解圍。

16년. 여름 4월 홍수가 났다. 가을 7월 장군 실죽 등이 살수 벌에서 고구려와 싸웠으나 이기지 못하고 퇴각하여 견아성을 지켰다. 고구려군이 견아성을 포위했으나 백제왕 모대가 3천 병력을 보내 구원하여 포위를 풀었다.

十七年 春正月王親祀神宮。秋八月高句麗圍百濟雉壤城,百濟請救。王命將軍德智率兵以救之。高句麗衆潰,百濟王遣使來謝。

17년. 봄 정월 왕이 신궁에 직접 제사지냈다. 가을 8월 고구려가 백제의 치양성을 포위하자 백제가 구원을 요청하였다. 왕이 장군 덕지를 시켜 군사를 거느리고 구원하였다. 고구려 무리는 붕궤되었고 백제왕이 사신을 보내 사례하였다.

十八年 春二月加耶國送白雉,尾長五尺。三月重修宮室。夏五月大雨,
閼川水漲,漂沒二百餘家。秋七月高句麗來攻牛山城,將軍實竹出擊
泥河上,破之。八月幸南郊觀稼。

18년. 봄 2월 가야국이 꼬리가 다섯 자인 흰 꿩을 보내왔다. 3월 궁실을
다시 수리하였다. 여름 5월 큰 비가 내려 알천의 물이 불어 2백여 인가
가 떠내려가거나 잠겼다. 가을 7월 고구려가 우산성을 공격해와 장군
실죽이 출격하여 니하에서 격파하였다. 8월 남쪽 교외에 행차하여 농작
물을 돌아보았다.

十九年 夏四月倭人犯邊。秋七月旱、蝗。命群官舉才堪牧民者各一人。
八月高句麗攻陷牛山城。

19년. 여름 4월 왜인이 변경을 침범하였다. 가을 7월 가물고 황충 재해
를 입었다. 관리들에게 명하여 능력이 있어 백성을 다스릴 만한 자를
한 명씩 천거하도록 하였다. 8월 고구려가 우산성을 함락하였다.

二十二年 春三月倭人攻陷長峰鎮。夏四月暴風拔木,龍見金城井,京
都黃霧四塞。秋九月王幸捺(巳)[已]郡。郡人波路有女子,名曰碧花,年
十六歲,眞國色也。其父衣之以錦繡,置轝,冪以色絹獻王。王以爲饋
食,開見之,斂然(△)[幼]女,怪而不納。及還宮,思念不已,再三微行,往
其家幸之。路經古陁郡,宿於老嫗之家。因問曰:"今之人以國王爲何
如主乎?"對曰:"衆以爲聖人,妾獨疑之。何者?竊聞王幸捺(巳)[已]之
女,屢微服而來。夫龍爲魚服,爲漁者所制。今王以萬乘之位,不自愼重。
此而爲聖,孰非聖乎?"王聞之大慙,則潛逆其女,置於別室,至(圭)[生]一
子。冬十一月王薨。

22년. 봄 3월 왜인이 장봉진을 점령하였다. 여름 4월 폭풍에 나무가
뽑혔고 용이 금성의 우물에 나타났으며 경성 사방에 누런 안개가 자욱
했다. 가을 9월 왕이 날이군에 행차하였다. 이 군의 파로에게 딸이 있었
는데 이름은 벽화고 나이는 열여섯 살이며 실로 국색이었다. 부친이
비단 옷을 입혀 수레에 태우고 채색 명주를 덮어 왕에게 바쳤다. 왕은

음식을 주는 것으로 여기고 열어 보니 얌전한 소녀였다. 이상하게 여기고 받지 않았다. 궁궐에 돌아온 후 그리움을 멈출 수 없어 재삼 몰래 그 집을 찾아가 동침했다. 고타군을 지나다가 한 노파의 집에 묵게 되어 물었다: "지금 사람들은 국왕을 어떤 군주라고 여기는가?" 답왈: "사람들은 성인으로 여기지만 유독 소인은 의심합니다. 왜냐 하면 듣건대 왕은 날이의 여자와 동침하려 여러 번 변복하고 온다고 합니다. 용이 물고기의 옷을 입으면 어부에게 잡히게 됩니다. 지금 왕은 만승의 지위에 있으면서도 스스로 신중하지 못합니다. 이런 사람이 성인이라면 누가 성인이 아니겠습니까?" 왕은 듣고 몹시 부끄러워 몰래 그녀를 맞아들여 별실에 두고 아들 하나 낳기에 이르렀다. 겨울 11월 왕이 사망하였다.

三國史記卷第四

(삼국사기 권제4)

新羅本紀第四(신라본기 제4)

智證麻立干、法興王、眞興王、眞智王、眞平王

　지증 마립간, 법흥왕, 진흥왕, 진지왕, 진평왕

○**智證麻立干立**。姓金氏,諱智大路或云智度路,又云智哲老。[奈]勿王之曾
孫、習寶葛文王之子、(照)[炤]知王之再從弟也。母金氏 鳥生夫人 訥祇
王之女,妃朴氏 延帝夫人 登欣伊湌女。王體鴻大,(瞻)[膽]力過人。前王
薨,無子,故繼位,時年六十四歲。

　　지증 마립간이 왕위에 올랐다. 성은 김씨고 이름은 지대로다혹왈 지도로
또는 지철로. 나물왕의 증손이고 습보 갈문왕의 아들,소지왕의 재종 동생
이다. 모친 김씨 조생부인은 눌지왕의 딸이고 왕비 박씨 연제부인은
이찬 등흔의 딸이다. 왕은 체격이 장대하고 담력이 뛰어났다. 전 왕이
사망하고 아들이 없으므로 나이 64세에 왕위를 이었다.

論曰:新羅王稱居西干者一,次次雄者一,尼師今者十六,麻立干者四。
羅末名儒崔致遠作帝王年代曆皆稱某王,不言居西干等。豈以其言鄙
野不足稱也?曰左、漢中國史書也,猶存楚語穀於菟、[17] 匈奴語撑犂孤

塗等。18)今記新羅事,其存方言亦宜矣。

논평하여 왈: 신라의 왕 중 거서간이라 칭한 자가 한 사람, 차차웅이라 칭한 자가 한 사람, 이사금이라 칭한 자가 열여섯 사람, 마립간이라 칭한 자가 네 사람이다. 신라 말기의 명유 최치원이 지은 『제왕연대력』에서는 모두 아무 왕이라고 불렀고 거서간 등으로는 부르지 않았다. 그런 칭호가 촌스러워 부를 만한 것이 못된다고 여긴 것인지?『좌전』과 『한서』는 중국의 사서인데도 초나라 말 곡어도와 흉노 말 탱리고도 등도 보존되어 있다. 지금 신라의 사적을 기록함에 있어서도 방언을 그대로 기록해 두는 것이 또한 옳다고 생각한다.

三年 春(三)[二]月下令禁殉葬。前國王薨,則殉以男女各五人,至是禁焉。親祀神宮。三月分命州郡主勸農。始用牛耕。

3년. 봄 2월 순장을 금하는 명령을 내렸다. 이전에 국왕이 죽으면 남녀 각각 다섯 명씩 순장하였는데 이때에 와서 금지 되었다. 직접 신궁에 제사지냈다. 3월 주군의 주인에게 각각 명령하여 농사를 권장토록 하였다. 소로 밭을 갈기 시작하였다.

四年 冬十月群臣上言:"始祖創業已來國名未定,或稱斯羅,或稱斯盧,或言新羅。臣等以爲新者德業日新,羅者網羅四方之義,則其爲國號宜矣。又觀自古有國家者皆稱帝稱王,自我始祖立國至今二十二世,但稱方言,未正尊號,今群臣一意謹上號新羅國王。"王從之。

4년. 겨울 10월 신하들이 왕에게 왈: "시조가 창업한 이래 국명을 정하지 못한 채 사라라고도 하고, 사로라고도 하였으며 신라라고도 하였습니다. 소신들은 신은 덕업이 나날이 새로워진다는 뜻이고 나는 사방을 망라한다는 뜻이므로 이를 나라 이름으로 하는 것이 적절하다고 여깁

17) 穀於菟: 초나라 말로 '穀'은 '젖'이고 '於菟'는 '호랑이'다. 楚 令尹 子文이 불륜관계로 태어나 버려지더니 호랑이가 젖을 먹여 살렸으므로 '穀於菟'라 부른 것이다.

18) 撑犁孤塗: 흉노 말로 '撑犁'는 '하늘'이고 '孤塗'는 '아들'이다. '천자'라는 뜻의 '單于'를 흉노 말로 이렇게 불렀다.

니다. 또 살펴보면 예로부터 나라를 가진 자는 모두 제나 왕이라 칭하였는데 우리 시조가 나라를 창건하고 지금까지 22대가 되도록 오직 방언만을 썼고 존호를 정립하지 못했으니 지금 소신들이 한 뜻으로 삼가 신라 국왕이라는 칭호를 올립니다." 왕이 이를 따랐다.

五年 夏四月制喪服法頒行。秋九月徵役夫築波里、彌實、珍德、骨火等十二城。

5년. 여름 4월 상복법을 제정하여 반포, 시행하였다. 가을 9월 역부를 징발하여 파리, 미실, 진덕, 골화 등 12개 성을 쌓았다.

六年 春二月王親定國內州郡縣。置悉直州,以異斯夫爲軍主。軍主之名始於此。冬十一月始命所司藏冰,又制舟楫之利。

6년. 봄 2월 왕이 직접 국내의 주군현을 정하였다. 실직주를 설치하고 이사부를 군주로 하였다. 군주라는 칭호는 이로부터 시작했다. 겨울 11월 처음으로 관계 부문에 명하여 얼음을 저장하게 하고 또 선박의 이로움을 취하는 제도를 만들었다.

七年 春夏旱,民饑,發倉賑救。

7년. 봄과 여름에 가물어 백성이 굶주리자 창고를 풀어 구제하였다.

十年 春正月置京都東市。三月設檻穽,以除猛獸之害。秋七月隕霜殺菽。

10년. 봄 정월 경성의 동시장을 설치하였다. 3월 함정을 설치해 맹수의 피해를 없앴다. 가을 7월 서리가 내려 콩을 죽였다.

十一年 夏五月地震壞人屋,有死者。冬十月雷。

11년. 여름 5월 지진에 인가가 허물어지고 죽은 사람이 있다. 겨울 10월 우레가 울렸다.

十三年 夏六月于山國歸服,歲以土宜爲貢。于山國在溟州正東海島,或名鬱陵島,地方一百里,恃險不服。伊湌異斯夫爲何瑟羅州軍主,謂:"于山人愚悍,難以威來,可以計服"。乃多造木偶師子,分載戰船,㈵[抵]其國海岸,誑告曰:"汝若不服,則放此猛獸踏殺之。"國人恐懼,則降。

13년. 여름 6월 우산국이 귀순하여 해마다 토산물을 공물로 바쳤다. 우산국은 명주의 정동쪽 바다에 있는 섬인데 혹은 울릉도라고도 하며 사방 백 리인데 험한 지세를 믿고 복종하지 않았었다. 이찬 이사부가 하슬라주의 군주를 할 때 왈: "우산 사람들은 우둔하고도 사나우므로 위세로 끌어오기는 어려우나 계략으로 복종시킬 수는 있다." 하여 나무 사자를 많이 만들어 병선에 나누어 싣고 그 나라의 해안에 다가가 거짓으로 고하였다: "너희들이 만약 복종하지 않는다면 이 맹수를 풀어 밟아 죽이겠다." 나라 사람들은 두려워하며 곧 항복하였다.

十五年 春正月置小京於阿尸村,秋七月徙六部及南地人戶充實之。王薨,諡曰智證。新羅諡法始於此。

15년. 봄 정월 아시촌에 소경을 설치하고 가을 7월 6부와 남쪽 지방의 인가를 옮겨 그곳을 채웠다. 왕이 사망하여 시호를 지증이라 하였다. 신라의 시호법이 이로부터 시작되었다.

○法興王立。諱原宗冊府元龜姓募名(秦)[秦],智證王元子。母延帝夫人,妃朴氏 保刀夫人。王身長七尺,寬厚愛人。

법흥왕이 왕위에 올랐다. 이름은 원종『책부원귀』에는 성은 모, 이름은 진으로 되어 있다이며 지증왕의 장자다. 모친은 연제부인이고 왕비 박씨는 보도부인이다. 왕은 키가 7자고 후하며 사람을 사랑한다.

三年 春正月親祀神宮。龍見楊山井中。

3년. 봄 정월 직접 신궁에 제사지냈다. 양산의 우물에서 용이 나타났다.

四年 夏四月始置兵部。

4년. 여름 4월 처음으로 병부를 설치하였다.

五年 春二月築株山城。

5년. 봄 2월 주산성을 건축하였다.

七年 春正月頒示律令,始制百官公服、朱紫之秩。

7년. 봄 정월 법령을 반포하고 처음으로 관리의 복장과 붉은 색, 자주색의 등급을 제정하였다.

八年 遣使於梁,貢方物。

8년. 양에 사신을 보내어 토산물을 조공하였다.

九年 春三月加耶國王遣使請婚,王以伊湌比助夫之妹送之。

9년. 봄 3월 가야국왕이 사신을 보내 청혼하여 이찬 비조부의 여동생을 보냈다.

十一年 秋九月王出巡南境拓地,加耶國王來會。

11년. 가을 9월 남쪽 국경의 개척지를 순찰하였고 가야국왕이 회동하였다.

十二年 春二月以大阿湌伊登爲沙伐州軍主。

12년. 봄 2월 대아찬 이등을 사벌주 군주로 하였다.

十五年 肇行佛法。初訥祇王時,沙門墨胡子自高句麗至一善郡,郡人毛禮於家中作窟室安置。於時梁遣使賜衣着香物,君臣不知其香名與其所用。遣人賚香遍問,墨胡子見之,稱其名目,曰:"此焚之則香氣芬馥,所以達誠於神聖。所謂神聖未有過於三寶,一曰佛陁,二曰達摩,三曰僧伽。若燒此發願,則必有靈應。"時王女病革,王使胡子焚香表誓,王女之病尋愈。王甚喜,餽贈尤厚。胡子出見毛禮,以所得物贈之,因語曰:"吾今有所歸,請辭。"俄而不知所歸。至毗處王時有阿道—作我道和尚與侍者三人亦來毛禮家,儀表似墨胡子,住數年,無病而死。其侍者三人留住,講讀經律,往往有信奉者。至是王亦欲興佛教,群臣不信,喋喋騰口舌,王難之。

15년. 불교 시행이 시작되었다. 당초 눌지왕 때 승려 묵호자가 고구려로부터 일선군에 왔을 때 군 사람 모례가 집안에 굴 실을 만들어 있게 했다. 그때 양에서 사신을 보내 의복과 향을 주었으나 임금이나 신하들이 그 향의 이름과 용도를 알지 못했다. 사람을 파견해 향을 가지고 여러 곳을 다니며 문의하니 묵호자가 보고 이름을 알리면서 왈: "이것을 태우면 향기가 나는데 정성이 성령에게 도달하는데 쓰입니다. 소위 성령이란 삼보를 초월하지 않으니 첫째는 불타, 둘째는 달마, 셋째는 승가입니다. 이것을 태우며 기원하면 반드시 영험이 있습니다." 그때 왕 딸의 병이 위독했다. 왕은 묵호자를 시켜 향을 태우며 소원을 표달하게 하니 왕 딸의 병이 이내 나았다. 왕이 매우 기뻐하여 선물을 후하게 주었다. 묵호자가 물러 나와 모례를 만나 받은 예물을 주면서 왈: "나는 지금 갈 데가 있어 작별합니다." 잠시 후 그가 간 곳을 알 수 없었다. 비처왕 때가 되어 아도阿道, 일왈 我道라는 승려가 시중드는 세 사람과 같이 또 모례의 집으로 왔는데 모습이 묵호자와 비슷하였으며 몇 년 동안 살다가 병도 없이 죽었다. 그의 시중들던 세 사람은 머무르면서 불경과 계율을 강독하니 때때로 불법을 신봉하는 자가 나타났다. 이때에 이르러 왕도 역시 불교를 흥하려 하였으나 신하들이 믿지 않으며 말이 많으므로 왕도 난처해졌다.

近臣異次頓或云處道奏曰: "請斬小臣, 以定衆議." 王曰: "本欲興道, 而殺不(古)辜, 非也." 答曰: "若道之得行, 臣雖死無憾." 王於是召群臣問之, 僉曰: "今見僧徒, 童頭異服, 議論奇詭, 而非常道. 今若縱之, 恐有後悔, 臣等雖即重罪, 不敢奉詔." 異次頓獨曰: "今群臣之言非也. 夫有非常之人, 然後有非常之事. 今聞佛教淵奧, 恐不可不信." 王曰: "衆人之言牢不可破, 汝獨異言, 不能兩從." 遂下吏將誅之. 異次頓臨死曰: "我爲法就刑, 佛若有神, 吾死必有異事." 及斬之, 血從斷處湧, 色白如乳. 衆怪之, 不復非毀佛事此據金大問雞林雜傳所記書之.(與)[與]韓奈麻金用行所撰我道和尙碑所(綠)[錄]殊異.[19]

근신 이차돈혹왈 처도 상주 왈: "청컨대 소신의 목을 베어 사람들의 말썽을 진정시킵시다." 왕 왈: "본래 불도를 흥하게 하려는 것인데 무고한 사람을 죽일 것이 아니다." 답 왈: "만약 불도가 시행될 수 있다면 소신

___

19) 韓奈麻: 대나마. '韓'은 크다는 뜻.

이 죽더라도 유감이 없습니다." 하여 왕은 신하들을 불러 의견을 물으니 모두 왈: "지금의 승도를 보니 대머리에 이상한 옷을 입고 논리가 기괴하니 심상한 도가 아닙니다. 지금 방치했다가 후회될까 걱정되므로 소신들은 비록 중죄를 당할지라도 감히 명령을 받들 수 없습니다." 유독 이차돈 왈: "지금 대신들의 말은 옳지 않습니다. 비상한 사람이 있은 후에야 비상한 일이 있기 마련입니다. 지금 듣건대 불교가 심오하다고 하므로 아마 믿지 않을 수 없을 것입니다." 왕 왈: "여러 사람들의 의견이 확고하므로 무너뜨릴 수는 없고 당신 혼자만 다른 말을 하고 있으니 두 편을 모두 따를 수는 없다." 형리로 하여금 그의 목을 베려 하였다. 이차돈이 죽음에 임하여 왈: "나는 불법을 위하여 형벌을 받습니다. 만일 부처의 영험이 있다면 내가 죽으면 반드시 기이한 일이 있을 것입니다." 목을 베자 벤 곳에서 솟구쳐 나온 피가 유백색이었다. 사람들은 괴이하게 여겨 다시는 불교를 헐뜯지 않았다. 이는 김대문의 『계림잡전』의 기록에 의해 베낀 것이다. 한나마 김용행이 지은 『아도화상비』의 기록과는 많이 다르다.

十六年 下令禁殺生。

16년. 명령을 내려 살생을 금지시켰다.

十八年 春三月命有司修理堤防。夏四月拜伊湌哲夫爲上大等, 總知國事。上大等官始於此, 如今之宰相。

18년. 봄 3월 관계부문에 명하여 제방을 수리하였다. 여름 4월 이찬 철부를 상대등으로 모시고 국사를 총괄하게 하였다. 상대등 관직이 이때부터 시작되었으며 지금의 재상과 같다.

十九年 金官國主金仇亥與妃及三子—長曰奴宗, 仲曰武德, 季曰武力—以國帑寶物來降。王禮待之, 授位上等, 以本國爲食邑。子武力仕至角干。

19년. 금관국 임금 김구해가 왕비 및 세 아들—맏이 노종, 둘째 무덕, 막내 무력—과 같이 국고의 보물을 가지고 항복하여 왔다. 왕이 예의로 대우하여 상등 직위를 주고 본국을 그의 식읍으로 하였다. 아들 무력은 벼슬이 각간까지 이르렀다.

二十一年 上大等哲夫卒。

21년. 상대등 철부가 죽었다.

二十三年 始稱年號,云建元元年。

23년. 처음으로 연호를 칭하여 건원 원년이라 하였다.

二十五年 春正月敎許外官攜家之任。

25년. 봄 정월 교서를 내려 지방관이 가족을 데리고 부임할 수 있도록 허락하였다.

二十七年 秋七月王薨,諡曰法興,葬於哀公寺北峰。

27년. 가을 7월 왕이 사망하였다. 시호를 '법흥'이라 하였고 애공사 북쪽 봉우리에 장사지냈다.

○**眞興王**立。諱彡麥宗或作深麥夫,時年七歲。法興王弟、葛文王 立宗之子也。母夫人金氏 法興王之女,妃朴氏 思道夫人。王幼少,王太后攝政。

진흥왕이 왕위에 올랐다. 이름은 삼맥종혹왈 심맥부이고 이때 나이가 일곱 살이다. 법흥왕의 동생, 갈문왕 입종의 아들이다. 모친 김씨는 법흥왕의 딸이고 왕비 박씨는 사도부인이다. 왕이 어리므로 왕태후가 섭정하였다.

元年 八月大赦,賜文武官爵一級。冬十月地震,桃李華。

원년. 8월 크게 사면하고 문무관의 작위를 한 급씩 올려주었다. 겨울 10월 지진이 일어났고 복숭아나무와 오얏나무에 꽃이 피었다.

二年 春三月雪一尺。拜異斯夫爲兵部令,掌內外兵馬事。百濟遣使請和,許之。

2년. 봄 3월 눈이 한 자나 내렸다. 이사부를 병부령으로 모시고 중앙과 지방의 군사 업무를 맡겼다. 백제가 사신을 보내 화친을 청하여 허락하였다.

五年 春二月<u>興輪寺</u>成。三月許人出家爲僧尼奉佛。

5년. 봄 2월 흥륜사가 준공되었다. 3월 사람들이 출가하여 승려가 되어 불교를 받드는 것을 허락하였다.

六年 秋七月伊湌<u>異斯夫</u>奏曰：“國史者記君臣之善惡,示褒貶於萬代。不有修撰,後代何觀?” 王深然之,命大阿湌<u>居柒夫</u>等廣集文士,俾之修撰。

6년. 가을 7월 이찬 이사부 상주 왈: "국사는 임금과 신하의 선과 악을 기록하여 포폄의 뜻을 만대에 보여주는 것입니다. 편찬하지 않으면 후손이 무엇을 보겠습니까?" 왕이 확실히 그렇다며 대아찬 거칠부 등에게 명하여 선비들을 널리 모아 편찬하게 하였다.

九年 春二月<u>高句麗</u>與穢人攻<u>百濟</u> 獨山城,<u>百濟</u>請救。王遣將軍朱玲領勁卒三千擊之,殺獲甚衆。

9년. 봄 2월 고구려가 예인과 함께 백제의 독산성을 공격하여 백제가 구원을 요청하였다. 왕은 장군 주령을 보내 군센 병사 3천을 거느리고 공격하여 죽이고 포로한 자가 매우 많았다.

十年 春<u>梁</u>遣使與入學僧<u>覺德</u>(逸)[送]佛舍利,王使百官奉迎<u>興輪寺</u>前路。

10년. 봄에 양이 사신과 입학 승려 각덕 편에 부처의 사리를 보내 와 왕은 백관을 시켜 흥륜사 앞길에서 받들어 맞이하였다.

十一年 春正月<u>百濟</u>拔<u>高句麗</u> 道薩城,三月<u>高句麗</u>陷<u>百濟</u> 金峴城。王乘兩國兵疲命伊湌<u>異斯夫</u>出兵擊之,取二城增築,留甲士一千戌之。

11년. 봄 정월 백제가 고구려 도살성을 점령했고 3월 고구려가 백제의 금현성을 함락했다. 왕은 두 나라 군사가 피로한 틈을 타서 이찬 이사부를 시켜 출병, 공격하여 두 성을 빼앗아 증축하고 병사 천명을 두어 수비하였다.

十二年 春正月改元<u>開國</u>。三月王巡守次<u>娘城</u>,聞(于)[于]<u>勒</u>及其弟子<u>尼</u>

文知音樂,特喚之。王駐河臨宮,令奏其樂,二人各製新歌奏之。先是加
耶國 嘉悉王製十二弦琴,以象十二月之律。乃命于勒製其曲。及其國
亂,操樂器投我,其樂名加耶琴。王命居柒夫等侵高句麗,乘勝取十郡。

12년. 봄 정월 연호를 개국으로 바꾸었다. 3월 왕이 순행 차 낭성에
묵으며 우륵과 그의 제자 이문이 음악을 안다는 소문을 듣고 특히 불렀
다. 왕은 하림궁에 머무르며 그들에게 음악을 연주하게 하니 두 사람은
각각 새 노래를 지어 연주하였다. 옛날 가야국의 가실왕이 열두 달을
음률로 상징하는 12현금을 만들었다. 그리고 우륵에게 시켜 악곡을
지었다. 가야국이 혼란스러워지자 그들은 악기를 가지고 우리나라로
귀순하였다. 그 악기의 이름은 가야금이다. 왕이 거칠부 등을 시켜 고구
려를 침범하고 이긴 기세를 타고 열개의 군을 빼앗았다.

十三年 王命階古、法知、萬德三人學樂於于勒。于勒量其人之所能,
敎階古以琴,敎法知以歌,敎萬德以舞。業成,王命奏之,曰:"與前娘城
之音無異。"厚賞焉。

13년. 왕이 계고, 법지, 만덕 세 사람을 시켜 우륵에게서 음악을 배웠다.
우륵은 그들의 재질에 따라 계고에게는 악기를, 법지에게는 노래를,만
덕에게는 춤을 가르쳤다. 학업이 완성되자 왕이 연주하게 하고 "전일
낭성에서 듣던 소리와 다름이 없다"라고 말하며 후하게 포상하였다.

十四年 春二月王命所司築新宮於月城東。黃龍見其地,王疑之,改爲
佛寺,賜號曰皇龍。秋七月取百濟東北鄙,置新(興)[州],以阿湌武力爲
軍主。冬十月娶百濟王女爲小妃。

14년. 봄 2월 왕이 관계 부문에게 명하여 월성 동쪽에 새 궁궐을 짓게
하였다. 그 터에서 황룡이 나타났으므로 왕이 의심스럽게 여겨져 고쳐
절을 짓고 황룡이라는 이름을 하사하였다. 가을 7월 백제의 동북 변경
을 빼앗아 신주를 설치하고 아찬 무력을 군주로 하였다. 겨울 10월
백제 왕의 딸을 소비로 삼았다.

十五年 秋七月修築明活城。百濟王 明禮與加良來攻管山城,軍主角

幹于德、伊湌耽知等逆戰失利。新州軍主金武力以州兵赴之。及交戰，
裨將三年山郡高(干)[干]都刀急擊，殺百濟王。於是諸軍乘勝，大克之，
斬佐平四人、士卒二萬九千六百人，匹馬無反者。

15년. 가을 7월 명활성을 수축하였다. 백제왕 명농이 가량과 함께 관산
성을 공격해와 군주 각간 우덕과 이찬 탐지 등이 영전하였으나 불리하
게 되었다. 신주의 군주 김무력이 주의 군사를 이끌고 갔다. 교전하자
비장 삼년산군의 고간 도도가 급히 공격하여 백제왕을 죽였다. 이에
군사들이 승세를 타고 싸워 대승하여 좌평 네 사람과 사졸 29,600명을
참수하였고 말 한 필도 돌아가지 못했다.

十六年 春正月置完山州於比斯伐。冬十月王巡幸北漢山，拓定封疆。
十一月至自北漢山，教所經州郡復一年租調，曲赦，除二罪皆原之。

16년. 봄 정월 비사벌에 완산주를 설치하였다. 겨울 10월 왕이 북한산
을 순행하며 국경을 확장하여 정하였다. 11월 북한산으로부터 돌아와
교서를 내려 순행했던 주군에 1년간 조세와 부역을 면제해주고 특별
사면을 하여 두 가지 죄를 진 자를 제외하고 모두 석방하였다.

十七年 秋七月置比列忽州，以沙湌成宗爲軍(王)[主]。

17년. 가을 7월 비열홀주를 설치하고 사찬 성종을 군주로 하였다.

十八年 以國原爲小京。廢沙伐州，置甘文州，以沙湌起宗爲軍主。廢
新州，置北漢山州。

18년. 국원을 소경으로 하였다. 사벌주를 폐지하고 감문주를 설치하였
으며 사찬 기종을 군주로 하였다. 신주를 폐지하고 북한산주를 설치하
였다.

十九年 春二月徙貴戚子弟及六部豪民以實國原。奈麻身得作炮弩
上之，置之城上。

19년. 봄 2월 귀족의 자제들과 6부의 부호들을 이사시켜 국원을 충실히
하였다. 나마 신득이 포노를 만들어 진상하여 성 위에 설치하였다.

二十三年 秋七月百濟侵掠邊戶，王出師拒之，殺獲一千餘人。九月加

耶叛,王命異斯夫討之,斯多含副之。斯多含領五千騎先馳入栴檀門
立白旗,城中恐懼,不知所爲。異斯夫引兵臨之,一時盡降。論功,斯多
含爲最,王賞以良田及所虜二(△△)[百口]。斯多含三讓,王強之,乃受其
生口,放爲良人,田分與戰士。國人美之。

23년. 가을 7월 백제가 변경을 침범하고 주민을 약탈하여 왕은 군사를
보내 항거하여 천여 명을 죽이거나 사로잡았다. 9월 가야가 반란을
일으켜 왕은 이사부를 시켜 토벌하며 사다함을 부장으로 하였다. 사다
함이 기병 5천을 거느리고 먼저 전단문으로 들어가 흰 기를 세우자
성 안 사람들은 두려워서 어쩔 바를 몰랐다. 이사부가 군사를 인솔하여
도착하자 모두 일시에 항복하였다. 공로를 평가하여 사다함이 으뜸이
었기에 왕이 좋은 밭과 포로 2백 명을 상으로 주었다. 사다함은 세
번이나 사양하였으나 왕이 억지로 주므로 포로를 받아 양민으로 풀어
주고 밭은 전사들에게 나누어주었다. 나라 사람들은 그를 찬미했다.

二十五年 遣使北齊朝貢。

25년. 사신을 북제에 보내 조공하였다.

二十六年 春二月北齊 武成皇帝詔,以王爲使持節、東夷校尉、樂浪郡
公、新羅王。秋八月命阿湌春賦出守國原。九月廢完山州,置大耶州。
陳遣使劉思與僧明觀來聘,送釋氏經論千七百餘卷。

26년. 봄 2월 북제 무성황제가 조서를 내려 왕을 사지절, 동이교위,
낙랑군공, 신라왕으로 하였다. 가을 8월 아찬 춘부를 시켜 나아가 국원
을 지켰다. 9월 완산주를 폐지하고 대야주를 설치하였다. 진이 사신
유사와 승려 명관을 보내 예방하고 불경 경론 1,700여 권을 보내주었다.

二(一)[十]七年 春二月(祇)[祇]園、實際二寺成。立王子銅輪爲王太子。
遣使於陳貢方物。皇龍寺畢功。

27년. 봄 2월 기원사와 실제사 두 절이 준공되었다. 왕자 동륜을 왕태자
로 세웠다. 사신을 진에 보내 토산물을 바쳤다. 황룡사가 준공되었다.

二十八年 春三月遣使於陳貢方物。

28년. 봄 3월 진에 사신을 보내 토산물을 바쳤다.

二十九年 改元太昌。夏六月遣使於陳貢方物。冬十月廢北漢山州, 置南川州。又廢比列忽州, 置達忽州。

29년. 연호를 태창으로 고쳤다. 여름 6월 진에 사신을 보내 토산물을 바쳤다. 겨울 10월 북한산주를 폐지하고 남천주를 설치하였다. 또 비열홀주를 폐지하고 달홀주를 설치하였다.

三十一年 夏六月遣使於陳獻方物。

31년. 여름 6월 진에 사신을 보내 토산물을 바쳤다.

三十二年 遣使於陳貢方物。

32년. 진에 사신을 보내 토산물을 바쳤다.

㈁[三]十三年 春正月改元鴻濟。三月王太子銅輪卒。遣使北齊朝貢。冬十月二十日爲戰死士卒設八關筵會於外寺, 七日罷。

33년. 봄 정월 연호를 홍제로 고쳤다. 3월 왕태자 동륜이 죽었다. 북제에 사신을 보내 조공하였다. 겨울 10월 20일 전사한 사졸을 위하여 지방의 절에서 팔관잔치를 열어 7일 만에 끝냈다.

三十五年 春三月鑄成皇龍寺丈六像。銅重三萬五千七斤, 鍍金重一萬一百九十八分。

35년. 봄 3월 황룡사 장륙상의 주조됐다. 구리의 중량이 35,007근이고 도금한 금의 중량이 10,198푼이다.

三十六年 春夏旱, 皇龍寺丈六像出淚至踵。

36년. 봄과 여름에 가물었고 황룡사 장륙상의 눈물이 발꿈치까지 흘렀다.

三十七年 春始奉源花。初君臣病無以知人, 欲使類聚群遊, 以觀其行義, 然後舉而用之。遂簡美女二人, 一曰南毛, 二曰俊貞, 聚徒三百餘人。二女爭娟相妬, 俊貞引南毛於私第, 强勸酒至醉, 曳而投河水以殺之。俊貞伏誅, 徒人失和罷散。其後更取美貌男子粧飾之, 名花郎以奉之, 徒衆雲集。或相磨以道義, 或相悅以歌樂, 遊娛山水, 無遠不至。因此知其人邪正, 擇其善者薦之於朝。故金大問花郎世記曰: "賢佐忠臣從此而秀,良將勇卒由是而生。"

37년. 봄에 여자 화랑―원화를 받들기 시작했다. 이전부터 임금과 대신은 인재를 알아볼 방법이 없어 걱정하다가 비슷한 사람들이 무리지어 놀게 하며 그들의 행동을 살펴본 후에 천거하여 임용하였다. 남모와 준정이라는 미녀 둘을 선발하고 3백여 명의 무리를 모았다. 두 여인이 미모를 다투어 서로 질투하다가 준정이 남모를 자기 집으로 유인하여 술을 억지로 권하여 취하자 끌어다 강물에 던져 죽였다. 준정은 처형당하고 무리들은 화목하지 못하여 해산하였다. 그 후 다시 미남을 뽑아 단장시켜 화랑이라 부르며 받드니 많은 사람들이 구름처럼 모여들었다. 혹은 도의로 서로 연마하고 혹은 가무로 서로 즐기면서 산수를 유람하여 먼 곳이라도 이르지 않은 곳이 없었다. 이로 인하여 인품의 옳고 그름을 알게 되고 훌륭한 자를 택하여 조정에 추천하였다. 그러므로 김대문 『화랑세기』왈: '어진 보필과 충신은 이에서 뽑혔고 훌륭한 장수와 용감한 병사는 이에서 생겼다.'

<u>崔致遠鸞郎碑序</u>曰: "國有玄妙之道,曰風流。設敎之源,備詳仙史,實乃包含三敎,接化群生。且如入則孝於家,出則忠於國,魯司寇之旨也。[20] 處無爲之事,行不言之敎,周柱史之宗也。[21]諸惡莫作,諸善奉行,(△)[竺]乾太子之化也。"[22]<u>唐 令狐澄新羅國記</u>曰: "擇貴人子弟之美者,傅粉粧飾之,名曰花郞,國人皆尊事之也。"<u>安弘法師</u>入隋求法,與胡僧<u>毗摩羅</u>等二僧廻,上稜伽、勝鬘經及佛舍利。秋八月王薨,諡曰<u>眞興</u>,葬於<u>哀公寺</u>北峰。王幼年卽位,一心奉佛,至末年祝髮被僧衣,自號<u>法雲</u>,以終其身。王妃亦效之爲尼,住<u>永興寺</u>。及其薨也,國人以禮葬之。

최치원의 『난랑비서』왈: '나라에 현묘한 도가 있으니 풍류라 한다.

---

20) 魯司寇: 사구직을 한 적이 있는 魯의 孔子를 지칭한다. 사구는 형옥을 맡은 관료다.

21) 周柱史: 周柱下史의 약칭, 장서실을 맡아보는 관직을 담당한 적이 있는 노자를 일컫는다.

22) 竺乾太子: 축건은 인도 카필라국왕의 태자인 석가모니를 지칭한다.

교화의 내원은 선사에 자세히 갖춰져 있는데 실은 유교, 불교, 도교 세 종교를 포섭하여 접목시켜 사람을 교화한다. 집안에서는 효하고 나아가서는 나라에 충성함은 노사구의 가르침이다. 무위를 숭상하며 말없는 가르침을 행함은 주나라 주하사의 종지다. 악행을 하는 자가 없고 선행을 실천함은 축건태자의 교화다.' 당 영고징의 『신라국기』 왈: '귀족의 자제 중 멋진 자를 선발하여 분을 발라 화장시켜 화랑이라 이름하고 나라 사람들이 모두 받들어 섬겼다.' 안홍법사가 수에 들어가 불법을 배우고 서역의 비마라 등 두 승려와 함께 돌아와 『능가경』과 『승만경』 및 부처의 사리를 바쳤다. 가을 8월 왕이 사망하였다. 시호를 진흥이라 하고 애공사 북쪽 봉우리에 장사지냈다. 왕은 어려서 즉위하고 전념하여 불교를 받들었으며 말년에는 삭발하고 가사입고 법운이라 스스로 부르다가 생애를 마쳤다. 왕비도 역시 본받아 비구니가 되어 영흥사에 머물렀다. 그녀가 사망하자 나라 사람들은 예의를 갖추어 장사지냈다.

〇眞智王立。諱舍輪或云金輪,眞興王次子。母思道夫人,妃知道夫人。太子早卒,故眞智立。

진지왕이 왕위에 올랐다. 이름은 사륜혹왈 금륜이고 진흥왕의 차자다. 모친은 사도부인이고 왕비는 지도부인이다. 태자가 일찍 죽었으므로 진지를 세웠다.

元年 以伊湌居柒夫爲上大等,委以國事。

원년. 이찬 거칠부를 상대등으로 하고 국정을 맡겼다.

二年 春二月王親祀神宮,大赦。冬十月百濟侵西邊州郡,命伊湌世宗出師擊破之於一善北,斬獲三千七百級。築内利西城。

2년. 봄 2월 왕이 직접 신궁에 제사지내고 대사면을 행하였다. 겨울 10월 백제가 서쪽 변경의 주군을 침범하여 이찬 세종을 시켜 출사하여 일선 북쪽에서 격파하였으며 참살하고 포로한 자가 3,700명이다. 내리서성을 쌓았다.

三年 秋七月遣使於陳,以獻方物。與百濟 閼也山城。[23]

3년. 가을 7월 진에 사신을 보내 토산물을 바쳤다. 백제에게 알야산성을 주었다.

四年 春二月百濟築熊峴城、松述城,以梗薪山城、麻知峴城、內利西城之路。秋七月十七日王薨,諡曰眞智,葬于永敬寺北。

4년. 봄 2월 백제가 웅현성과 송술성을 쌓아 산산성, 마지현성, 내리서성의 통로를 막았다. 가을 7월 17일 왕이 사망하여 시호를 진지라 하고 영경사 북쪽에 장사지냈다.

○**眞平王**立。諱白淨,眞興王 太子 銅輪之子也。母金氏,萬呼一云萬內夫人,葛文王立宗之女;妃金氏,摩耶夫人,葛文王福勝之女。王生有奇相,身體長大,志識沈毅明達。

진평왕이 왕위에 올랐다. 이름은 백정이고 진흥왕의 태자 동륜의 아들이다. 모친 김씨는 만호일왈 만내부인이고 갈문왕 입종의 딸이며 왕비 김씨는 마야부인이고 갈문왕 복승의 딸이다. 왕은 태어나면서부터 생김이 기이하고 체격이 장대하며 지식이 깊고 의지가 강익하며 활달하였다.

元年 八月以伊飡弩里夫爲上大等,封母弟伯飯爲眞正葛文王,國飯爲眞安葛文王。

원년. 8월 이찬 노리부를 상대등으로 하고 동생 백반을 진정갈문왕으로, 국반을 진안 갈문왕으로 봉했다.

二年 春二月親祀神宮。以伊飡后稷爲兵部令。

---

23) 與百濟 閼也山城: 당시 閼也山城이 백제의 땅인데 신라가 주었다는 것은 어불성설이다. 與를 이병도 『국역 삼국사기』는 '侵'의 오자, 북한의 『삼국사기』는 '攣'의 오자로 보았다.

2년. 봄 2월 신궁에 직접 제사지냈다. 이찬 후직을 병부령으로 하였다.

三年 春正月始置位和府,如今吏部。

3년. 봄 정월 위화부를 설치하기 시작하였는데 지금의 이부다.

五年 春正月始置船府署,大監、弟監各一員。

5년. 봄 정월 선부서를 설치하기 시작하고 대감과 제감을 각각 한 명씩 두었다.

六年 春二月改元建福。三月置調府令一員,掌貢賦;乘府令一員,掌車乘。

6년. 봄 2월 연호를 건복으로 고쳤다. 3월 조부령 한 명을 두어 부역에 관한 사무를 맡게 하고 승부령 한 명을 두어 수레에 관한 일을 맡게 하였다.

七年 春三月旱,王避正殿,減常饍,御南堂親錄囚。秋七月高僧智明入陳求法。

7년. 봄 3월 가물어 왕이 정전을 피하고 평소의 음식을 줄였으며 남당에 가서 죄수를 직접 심사하였다. 가을 7월 고승 지명이 불법을 배우러 진에 갔다.

八年 春正月置禮部令二員。夏五月雷震,星殞如雨。

8년. 봄 정월 예부령 두 명을 두었다. 여름 5월 우레와 벼락이 치더니 별이 비 오듯 떨어졌다.

九年 秋七月大世、仇柒二人適海。大世,奈勿王七世孫、伊湌冬臺之子也。資俊逸,少有方外志。與交遊僧淡水曰:"在此新羅山谷之間以終一生,則何異池魚、籠鳥不知滄海之浩大、山林之寬閑乎!吾將乘桴泛海,以至吳、越,侵尋追師,訪道於名山。若凡骨可換、神仙可學,則飄然乘風於沉寥之表,此天下之奇遊壯觀也。子能從我乎?"淡水不肯,大世退而求友。適遇仇柒者,耿介有奇節,遂與之遊南山之寺。忽風雨落葉,泛於庭潦。大世與仇柒言曰:"吾有與君西遊之志,今各取一葉爲之舟,以觀其行之先後。"俄而大世之葉在前。大世笑曰:"吾其行乎!"仇柒勃然曰:"(子)[予]亦男兒也,豈獨不能乎?"大世知其可與,密言其志。仇柒曰:“此吾願也。”遂相與爲友,自南海乘舟而去,後不知其所往。

9년. 가을 7월 대세와 구칠 두 사람이 바다로 갔다. 대세는 나물왕의 7세손이고 이찬 동대의 아들이다. 자질이 뛰어나고 어려서부터 바깥 세상에 뜻을 품었었다. 사귄 승려 담수에게 왈:“이 신라 산골에서 일생을 마친다는 것은 못의 물고기가 바다의 넓음을 모르고 새장의 새가 산림의 넓은 여유를 모르는 것과 무엇이 다른가? 나는 뗏목을 타고 바다를 떠돌며 오, 월로 가서 차차 스승을 찾고 명산에서 도인을 방문하련다. 만약 속된 몸을 바꿀 수 있고 신선을 배울 수 있다면 바람타고 휠휠 넓은 공간을 날아다닐 것이니 이것이야말로 천하의 신기한 유람이고 장관일 것이다. 당신은 나를 따를 수 있는가?” 담수가 수긍하지 않자 대세는 물러나 친구를 찾았다. 마침 구칠이라는 사람을 만나 사람됨이 곧고 절조가 뛰어났으므로 함께 남산의 절을 유람하였다. 갑자기 비바람에 잎이 떨어져 정원의 고인 물에 떴다. 대세가 구칠에게 왈:“나는 당신과 함께 서쪽으로 유람할 생각이 있는데 지금 각각 잎 하나씩 주어 배로 삼아 가는 선후를 보자.” 조금 후에 대세의 잎이 앞서자 대세가 웃으면서 왈:“내가 갈까 보다!” 구칠은 발끈하며 왈:“나 역시 사나이다. 나만 갈 수 없단 말인가!” 대세는 같이 행동할 만한 사람임을 알고 은밀히 자신의 뜻을 말했다. 구칠 왈:“그것이 바로 내 소원이다.” 마침내 서로 친구가 되어 남해로부터 배를 타고 떠났지만 그 후 그들이 간 곳을 알 수 없었다.

十年 冬十二月上大等弩里夫卒,以伊飡首乙夫爲上大等。

10년. 겨울 12월 상대등 노리부가 죽었다. 이찬 수을부를 상대등으로 하였다.

十一年 春三月圓光法師入陳求法。秋七月國西大水,漂沒人戶三萬三百六十,死者二百餘人,王發使賑恤之。

11년. 봄 3월 원광법사가 불법을 배우러 진에 들어갔다. 가을 7월 나라 서쪽에 홍수가 나 떠내려가거나 잠긴 인가가 30,360호이고 사망자가

2백여 명이었으며 왕이 사신을 보내 진휼하였다.

十三年 春二月置領客府令二員。秋七月築南山城,週二千八百五十四步。

13년. 봄 2월 영객부령 두 명을 두었다. 가을 7월 남산성을 쌓았는데 둘레가 2,854보다.

十五年 秋七月改築明活城,週三千步;西兄山城,周二千步。

15년. 가을 7월 개축한 명활성은 둘레가 3천 보고 서형산성은 둘레가 2천 보다.

十六年 隋帝詔,拜王爲上開府、樂浪郡公、新羅王。

16년. 수황제가 조서를 내려 왕을 상개부, 낙랑군공, 신라왕으로 모셨다.

十八年 春三月高僧曇育入隋求法。遣使如隋貢方物。冬十月永興寺火,延燒三百五十家,王親臨救之。

18년. 봄 3월 고승 담육이 불법을 배우러 수에 갔다. 수에 사신을 보내 토산물을 바쳤다. 겨울 10월 영흥사에 불이 나 350가구가 잇따라 탔으며 왕이 직접 가서 구제하였다.

十九年 三郎寺成。

19년. 삼랑사가 낙성되었다.

二十二年 高僧圓光隨朝聘使奈麻諸文、大舍橫川還。

22년. 고승 원광이 조빙사 나마 제문과 대사 횡천을 따라 돌아왔다.

二十四年 遣使大奈麻上軍入隋進方物。秋八月百濟來攻阿莫城,王使將士逆戰,大敗之,貴山、箒項死之。九月高僧智明隨入朝使上軍還。王尊敬明公戒行爲大德。

24년. 대나마 상군을 사신으로 수에 보내 토산물을 진상하였다. 가을 8월 백제가 아막성을 공격하여 왕이 장병을 시켜 영전하여 대패하였으며 귀산과 추항이 죽었다. 9월 고승 지명이 수에 사신으로 갔던 상군을 따라 돌아왔다. 왕이 지명의 계행을 존경하여 대덕으로 하였다.

二十五年 秋八月高句麗侵北漢山城,王親率兵一萬以拒之。

25년. 가을 8월 고구려가 북한산성을 침범하여 왕이 직접 병력 1만 명을 거느리고 항거하였다.

二十六年 秋七月遣使大奈麻萬世、惠文等朝隋。廢南川州,還置北漢山州。

26년. 가을 7월 대나마 만세와 혜문 등을 수에 사절로 보내 조공하였다. 남천주를 폐지하고 북한산주를 다시 설치하였다.

二十七年 春三月高僧曇育隨入朝使惠文還。秋八月發兵侵百濟。

27년. 봄 3월 고승 담육이 수에 사절로 갔던 혜문을 따라 돌아왔다. 가을 8월 군사를 보내 백제를 침공하였다.

三十年 王患高句麗屢侵封場,欲請隋兵以征高句麗,命圓光修乞師表。光曰:"求自存而滅他,非沙門之行也,貧道在大王之土地食大王之水草,敢不惟命是從?"乃述以聞。二月高句麗侵北境,虜獲八千人。四月高句麗拔牛鳴山城。

30년. 왕은 고구려가 자주 국토를 침범함을 걱정하여 수군을 청하여 고구려를 정벌하려고 원광을 시켜 걸사표를 쓰게 하였다. 원광 왈: "자기가 살기 위하여 남을 멸하는 것은 불가의 소행이 아니지만 빈도는 대왕의 땅에서 대왕의 물과 풀을 먹고 있으니 어찌 감히 명령을 좇지 않겠습니까?" 이에 글을 지어 올렸다. 2월 고구려가 북쪽 변경을 침범하여 8천 명을 잡아갔다. 4월 고구려가 우명산성을 점령하였다.

三十一年 春正月毛只嶽下地燒,廣四步,長八步,深五尺,至十月十五日滅。

31년. 봄 정월 모지악 아래 땅에 넓이 4보, 길이 8보, 깊이 5자의 불이 타다가 10월 15일에 이르러서야 꺼졌다.

三十三年 王遣使隋奉表請師,隋煬帝許之。行兵事在高句麗紀。冬十月百濟兵來圍椵岑城百日,縣令贊德固守,力竭死之,城沒。

33년. 왕이 수에 사신을 보내 표문을 올려 군사를 요구하니 수양제가 허락하였다. 군사에 관한 사실은 『고구려기 본기』에 있다. 겨울 10월 백제군이 가잠성을 100일간 포위하였으며 현령 찬덕이 굳게 지켰으나 힘이 진하여 죽고 성은 함락되었다.

三十五年 春旱,夏四月降霜。秋七月<u>隋使王世儀</u>至<u>皇龍寺</u>設百高座, 邀<u>圓光</u>等法師說經。

35년. 봄에 가물었고 여름 4월 서리가 내렸다. 가을 7월 수 사신 왕세의 가 황룡사에 와서 백고좌회를 설치하고 원광 등 법사를 초청하여 불경을 강설하였다.

三十六年 春二月廢<u>沙伐州</u>,置<u>一善州</u>,以一吉湌<u>日夫</u>爲軍主。<u>永興寺</u>塑佛自壞,未幾<u>眞興王</u>妃比丘尼死。

36년. 봄 2월 사벌주를 폐지하고 일선주를 설치하였으며 일길찬 일부를 군주로 하였다. 영흥사의 빚은 불상이 저절로 훼손되고 얼마 안 돼 진흥왕비 비구니가 죽었다.

三十七年 春二月賜大酺三日。冬十月地震。

37년. 봄 2월 큰 잔치를 사흘 동안 베풀었다. 겨울 10월 지진이 일어났다.

三十八年 冬十月<u>百濟</u>來攻<u>母山城</u>。

38년. 겨울 10월 백제가 모산성을 공격하였다.

四十年 <u>北漢山州</u>軍(主)[主]<u>邊品</u>謀復<u>椵岑城</u>,發兵與<u>百濟</u>戰,<u>奚論</u>從軍赴敵力戰,死之。<u>論</u>,贊德之子也。

40년. 북한산주 군주 변품이 가잠성을 수복하려고 군사를 풀어 백제와 싸웠으나 해론이 종군하여 적과 힘껏 싸우다가 죽었다. 해론은 찬덕의 아들이다.

四十三年 秋七月王遣使<u>大唐</u>朝貢方物。<u>高祖</u>親勞問之,遣通直散騎常侍<u>庾文素</u>來聘,賜以璽書及畵、屛風、錦綵三百段。

43년. 가을 7월 왕이 사신을 당에 보내 토산물을 조공하였다. 고조가 직접 위로하고 통직산기상시 유문소를 파견하면서 조서, 그림, 병풍 및 비단 300단을 보내왔다.

四十四年 春正月王親幸<u>皇龍寺</u>。二月以伊湌<u>龍樹</u>爲內省私臣。初王七年大宮、梁宮、沙梁宮三所各置私臣,至是置內省私臣一人,兼掌三宮。

44년. 봄 정월 왕이 직접 황룡사에 행차했다. 2월 이찬 용수를 내성의 사신으로 하였다. 당초 왕은 즉위 7년 때 대궁, 양궁, 사량궁 세 곳에 각각 사신을 두었는데 이때에 이르러 내성에 사신 1인을 두어 3궁을 통틀어 관장하게 하였다.

四十五年 春正月置兵部大監二員。冬十月遣使大唐朝貢。百濟襲勒弩縣。

45년. 봄 정월 병부 대감 두 명을 두었다. 겨울 10월 당에 사신을 보내 조공하였다. 백제가 늑노현을 습격하였다.

四十六年 春正月置侍衛府大監六員、賞賜署大正一員、大道署大正一員。三月唐高祖降使,冊王爲柱國、樂浪郡公、新羅王。冬十月百濟兵來圍我速含、櫻岑、歧岑、烽岑、旗縣、穴柵等六城。於是三城或沒或降。級湌訥催合烽岑、櫻岑、旗懸三城兵堅守,不克,死之。

46년. 봄 정월 시위부 대감 6명, 상사서 대정 1명, 대도서 대정 1명을 두었다. 3월 당고조가 사신을 내려 보내 왕을 주국, 낙랑군공, 신라왕으로 책봉하였다. 겨울 10월 백제군이 우리의 속함, 앵잠, 기잠, 봉잠, 기현, 혈책 등 여섯 성을 포위하였다. 이때 세 성이 함락되거나 항복하였다. 급찬 눌최가 봉잠, 앵잠, 기현 세 성의 병력을 합쳐 굳게 지키다가 이기지 못하고 죽었다.

四十七年 冬十一月遣使大唐朝貢。因訟高句麗塞路,使不得朝且數侵入。

47년. 겨울 11월 당에 사신을 보내 조공하였다. 그 김에 고구려가 길을 막고 조공할 수 없게 하며 또 자주 침범한다고 고소하였다.

四十八年 秋七月遣使大唐朝貢。唐高祖遣朱子奢來,詔諭與高句麗連和。八月百濟攻主在城,城主東所拒戰,死之。築高墟城。

48년. 가을 7월 당에 사신을 보내 조공하였다. 당고조가 주자사를 보내 와 고구려와 화친할 것을 조서로 타일렀다. 8월 백제가 주재성을 공격하여 성주 동소가 항전하다가 죽었다. 고허성을 쌓았다.

四十九年 春三月大風雨土過五日。夏六月遣使<u>大唐</u>朝貢。秋七月<u>百濟</u>將軍<u>沙乞</u>拔西鄙二城, 虜男女三百餘口。八月隕霜殺穀。冬十一月遣使<u>大唐</u>朝貢。

49년. 봄 3월 큰 바람에 흙비가 닷새 넘게 내렸다. 여름 6월 당에 사신을 보내 조공하였다. 가을 7월 백제 장군 사걸이 서쪽 변경의 두 성을 점령하고 남녀 300여 명을 잡아갔다. 8월 서리가 내려 곡식을 죽였다. 겨울 11월 당에 사신을 보내 조공하였다.

五十年 春二月<u>百濟</u>圍<u>椵岑城</u>, 王出師擊破之。夏大旱, 移市, 畵龍祈雨。秋冬民飢賣子女。

50년. 봄 2월 백제가 가잠성을 포위하자 왕이 출사하여 격파하였다. 여름에 크게 가물어 시장을 옮기고 용을 그려 비를 빌었다. 가을과 겨울에 백성이 굶주려 자녀를 팔았다.

五十一年 秋八月王遣大將軍<u>龍春</u>、<u>舒玄</u>、副將軍<u>庾信</u>侵<u>高句麗 娘臂城</u>。麗人出城列陣, 軍勢甚盛。我軍望之懼, 殊無鬥心。<u>庾信</u>曰:"吾聞'振領而裘正, (△)[提]綱而網張', 吾其爲綱領乎!"乃跨馬拔劍, 向敵陣直前, 三入三出。每入或斬將, 或搴旗。諸軍乘勝鼓噪進擊, 斬殺五千餘級, 其城乃降。九月遣使<u>大唐</u>朝貢。

51년. 가을 8월 왕이 대장군 용춘, 서현과 부장군 유신을 보내 고구려 낭비성을 침공하였다. 고구려 사람이 성 밖에 나와 진을 쳤는데 기세가 아주 드높았다. 아군은 이를 보고 겁내며 싸울 생각을 전혀 할 수 없었다. 유신왈: "'깃을 흔들면 옷이 반듯해지고, 벼리를 쳐들면 그물이 펴진다'는 말을 나는 들었다. 내가 벼리와 깃이 되는가보다!" 즉시 말에 올라 칼을 빼들고 적진을 향하여 돌진하여 삼입삼출 하였다. 번마다 적장의 목을 베거나 깃발을 뽑아왔다. 군사들이 승세를 타고 북을 치고 함성을 지르면서 진격하여 5천여 명을 참살하여 그 성이 항복하였다. 9월 당에 사신을 보내 조공하였다.

五十二年 大宮庭地裂。

52년. 대궐 뜰의 땅이 갈라졌다.

五十三年 春二月白狗上(干)[于]宮墻。夏五月伊飡柒宿與(伊)[阿]飡石
品謀叛。王覺之,捕捉柒宿,斬之東市,幷夷九族。阿飡石品亡至百濟國
境,思見妻子,晝伏夜行,還至叢山。見一樵夫,脫衣(檢)[換]樵夫敝衣衣
之,負薪潛至於家,被捉伏刑。秋七月遣使大唐獻美女二人,魏徵以爲
不宜受。上喜曰:"彼林邑獻鸚鵡,猶言苦寒,思歸其國,況二女遠別親
戚乎!"付使者歸之。白虹飮于宮井,土星犯月。

53년. 봄 2월 흰 개가 대궐의 담장에 올라갔다. 여름 5월 이찬 칠숙과
아찬 석품이 반역을 도모하였다. 왕이 알고 칠숙을 잡아 동쪽 시장에서
참수하고 구족을 함께 처형하였다. 아찬 석품은 백제 국경까지 도망하
였으나 처자가 보고 싶어 낮에는 숨고 밤이면 걸어서 총산까지 돌아왔
다. 나무꾼을 만나 그의 헤어진 옷과 바꾸어 입은 채 나무를 지고 몰래
집에 돌아왔으나 곧 체포되어 처형당했다. 가을 7월 당에 사신을 보내
미녀 두 명을 헌납했으나 위징이 받음이 마땅치 않다고 말하였다. 황제
도 기뻐하는 심정으로 왈: "임읍에서 바친 앵무새도 추위의 고통을
말하며 자기 나라로 돌아갈 생각을 하는데 하물며 가족을 멀리 이별하
고 온 두 여자이랴!" 사신에게 맡겨 돌려보냈다. 흰 무지개가 궁궐의
우물물을 마셨고 토성이 달을 범했다.

五十四年 春正月王薨,諡曰眞平,葬於漢只。唐太宗詔贈左光祿大夫,
賻物段二百古記云:"貞觀六年(△)[壬]辰正月卒。"而新唐書、資(遺)[治]通鑑皆云:"貞觀五年辛卯
羅王眞平卒。"豈其誤耶?

54년. 봄 정월 왕이 사망하였고 시호를 진평이라 하였으며 한지에 장사
지냈다. 당태종이 조서로 좌광록대부를 추증하고 부의로 2백 단을 부조
하였다. 고기에는 '정관 6년 정월 임진에 졸'로 기록되어 있다. 그러나 『신당서』와 『자치
통감』에는 모두 '정관 5년 신묘에 신라왕 진평이 졸'로 기록되어 있다. 틀린 것일까?

三國史記卷第五

(삼국사기 권제5)

新羅本紀第五(신라본기 제5)

善德王、眞德王、太宗[武烈]王
　선덕왕, 진덕왕, 태종무렬왕

○**善德王**立。諱德曼,眞平王長女也。母金氏,摩[耶]夫人。德曼性寬仁明敏。王薨,無子,國人立德曼,上號聖祖皇姑。前王時得自唐來牡丹花圖幷花子,以示德曼。德曼曰:"此[花雖絶艶,必是無香]氣。"王笑曰:"爾何以[知之?"對曰:"畵花而無蝶,故知]之。大抵女有國色,[男隨之;花有香氣,蜂蝶隨之]故也。此花絶艶,而圖畵又無蜂蝶,是必無香花。"種植之,果如所言。其先識如此。

　선덕왕이 왕위에 올랐다. 이름은 덕만이고 진평왕의 맏딸이다. 모친 김씨는 마야부인이다. 덕만은 성품이 너그럽고 어질고 영리하다. 왕이 사망하고 아들이 없자 나라 사람들은 덕만을 왕으로 세우고 성조황고라는 칭호를 올렸다. 전 임금 때 당에서 얻어온 모란꽃 그림과 씨앗을 덕만에게 보였다. 덕만 왈: "이 꽃은 비록 대단히 아름답지만 틀림없이 향기가 없을 것입니다." 왕이 웃으면서 왈: "네가 어떻게 아느냐?" 답

왈: "꽃을 그렸으나 나비가 없기에 알았습니다. 대체로 여자가 국색을 갖추면 남자가 따르고 꽃에 향기가 있으면 벌과 나비가 따르기 때문입니다. 이 꽃이 무척 아름다운데도 그림에 벌과 나비가 없으니 이는 틀림없이 향기가 없는 꽃입니다." 심었는데 과연 말한 것과 같았다. 그녀의 앞을 보는 식견이 이와 같다.

元年 二月以大臣乙祭總持國政。夏五月旱,至六月乃雨。冬十月遣使撫問國內鰥寡孤獨不能自存者,賑恤之。十二月遣使入唐朝貢。

원년. 2월 대신 을제로 국정을 총괄하게 하였다. 여름 5월 가물다가 6월에 이르러서야 비가 왔다. 겨울 10월 사절을 보내 자체의 힘으로 생존하기 어려운 국내의 홀아비, 과부, 고아, 독고노인을 무휼하였다. 12월 당에 사신을 보내 조공하였다.

二年 春正月親祀神宮,大赦,復諸州郡一年(祖)[租]調。二月京都地震。秋七月遣使大唐朝貢。八月百濟侵西邊。

2년. 봄 정월 직접 신궁에 제사지내고 대사면을 하였으며 주군의 조세와 부역을 1년 면제해주었다. 2월 경성에 지진이 일어났다. 가을 7월 당에 사신을 보내 조공하였다. 8월 백제가 서쪽 변경을 침범하였다.

三年 春正月改元仁平。芬皇寺成。三月雹,大如栗。

3년. 봄 정월 연호를 인평으로 고쳤다. 분황사가 낙성되었다. 3월 밤알처럼 큰 우박이 내렸다.

四年 唐遣使持節冊命王爲柱國、樂浪郡公、新羅王,以襲父封。靈廟寺成。冬十月遣伊湌水品、龍樹一云龍春巡撫州縣。

4년. 당 사신이 부절을 가지고 와서 왕을 주국, 낙랑군공, 신라왕으로 책봉하여 부친의 작위를 세습케 하였다. 영묘사가 낙성되었다. 겨울 10월 이찬 수품과 용수일 용춘를 보내 주현을 돌며 위문하였다.

五年 春正月拜伊湌水品爲上大等。三月王疾,醫禱無效,於皇龍寺設百高座,集僧講仁王經,許度僧一百人。夏五月蝦蟆大集宮西玉門池。王聞之,謂左右曰:"蝦蟆怒目,兵士之相也。吾嘗聞西南邊亦有地名

玉門谷者,[意或有隣國兵]潛入其中乎?"乃命將軍閼川、[弼呑率兵往
搜之],果百濟將軍於召欲襲獨山城,率甲士五百人來伏其處。閼川掩
擊盡殺之。慈藏法師入唐求法。

5년. 봄 정월 이찬 수품을 상대등으로 모셨다. 3월 왕에게 병이 났으나
치료와 기도에 효험이 없으므로 황룡사에서 백고좌회를 열고 승려를
모아 『인왕경』을 강론하고 100명이 승려가 되는 것을 허락하였다. 여
름 5월 두꺼비가 궁궐 서쪽 옥문지에 많이 모였다. 왕이 듣고 측근들에
게 왈: "두꺼비의 성난 눈은 병사의 모습이다. 서남쪽 변경에 옥문곡이
라는 지명을 가진 곳이 있다고 들은 적이 있는데 혹시 이웃 나라 군사가
그곳에 잠입한 것이 아닌지?" 장군 알천과 필탄을 시켜 군사를 거느리
고 가서 수색하여 과연 백제 장군 우소가 독산성을 습격하려고 병사
5백 명을 이끌고 와서 그곳에 숨어 있었다. 알천이 갑자기 공격하여
모두 죽였다. 자장 법사가 불법을 배우러 당에 갔다.

六年 春正月拜伊湌思眞爲舒弗邯。秋七月拜閼川爲大將軍。

6년. 봄 정월 이찬 사진을 서불한으로 모셨다. 가을 7월 알천을 대장군
으로 모셨다.

七年 春三月七重城南大石自移三十五步。秋九月雨黃花。冬十月高
句麗侵北邊七重城,百姓驚擾入山谷。王命大將軍閼川安集之。十一
月閼川與高句麗兵戰於七重城外,克之,殺虜甚衆。

7년. 봄 3월 칠중성 남쪽의 큰 돌이 저절로 35보 이동하였다. 가을 9월
누런 꽃비가 내렸다. 겨울 10월 고구려가 북쪽 변경의 칠중성을 침범하
여 백성들이 놀라 산골짜기로 들어갔다. 왕이 대장군 알천을 시켜 안심
시켰다. 11월 알천이 고구려 군사와 칠중성 밖에서 싸워 이기고 죽이거
나 사로잡은 자가 매우 많았다.

八年 春二月以何瑟羅州爲北小京,命沙湌眞珠鎭之。秋七月東海水
赤且熱,魚鼈死。

8년. 봄 2월 하슬라주를 북소경으로 하고 사찬 진주를 시켜 수비하였다.

가을 7월 동해의 물이 붉게 변하며 더워져서 물고기와 자라가 죽었다.

九年 夏五月王遣子弟於<u>唐</u>,請入國學。是時<u>太宗</u>大徵天下名儒爲學官,數幸國子監,使之講論。學生能明一大經已上皆得補官。增築學舍千二百間,增學生滿三千二百六十員,於是四方學者雲集京師。於是<u>高句麗</u>、<u>百濟</u>、高[昌]、<u>吐</u>蕃亦遣子弟入學。

9년. 여름 5월 왕이 자제들을 당에 보내 국학에 입학하기를 청구하였다. 이때 태종은 천하의 이름난 유학자를 대대적으로 불러 학관으로 하고 국자감에 자주 행차하여 그들더러 강론하게 하였다. 대경 한 가지 이상 아는 학생에게 모두 관직을 주었다. 학사 1,200칸을 증축하고 학생을 3,260명으로 증원하여 사방의 학자들이 경성으로 운집하였다. 이때 고구려, 백제, 고창, 토번도 자제들을 보내 입학시켰다.

十一年 春正月遣使<u>大唐</u>獻方物。秋七月<u>百濟王</u> <u>義慈</u>大舉兵攻取國西四十餘城。八月又與<u>高句麗</u>謀,欲取<u>党項城</u>,以絶歸唐之路。王遣使告急<u>太宗</u>。是月<u>百濟</u>將軍<u>允忠</u>領兵攻拔<u>大耶城</u>,都督伊湌<u>品釋</u>、舍知<u>竹竹</u>、<u>龍石</u>等死之。冬王將伐<u>百濟</u>,以報<u>大耶</u>之役,乃遣伊湌<u>金春秋</u>於<u>高句麗</u>,以請師。初<u>大耶</u>之敗也,都督<u>品釋</u>之妻死焉。是<u>春秋</u>之女也。<u>春秋</u>聞之,倚柱而立,終日不瞬,人物過前而不之省。既而言曰:"嗟乎! 大丈夫豈不能吞<u>百濟</u>乎?"便詣王曰:"臣願奉使<u>高句麗</u>請兵,以報怨於<u>百濟</u>。"王許之。

11년. 봄 정월 당에 사신을 보내 토산물을 헌납했다. 가을 7월 백제왕 의자가 군사를 크게 풀어 나라 서쪽의 40여 성을 점령하였다. 8월 또 고구려와 공모하여 당항성을 빼앗고 당으로 가는 길을 막으려 하였다. 왕이 사신을 보내 태종에게 급한 사정을 알렸다. 이달 백제 장군 윤충이 군사를 거느리고 대야성을 함락하여 도독 이찬 품석과 사지 죽죽, 용석 등이 죽었다. 겨울에 왕이 백제를 공격하고 대야성의 패배를 보복하려 이찬 김춘추를 고구려에 보내 군사를 요청하였다. 당초 대야성이 패할 때 도독 품석의 아내가 죽었다. 그녀는 춘추의 딸이다. 춘추는 이 소식을 듣고 온종일 기둥에 기대여 서서 눈도 깜빡이지 않은 채 사람이나 물체가 앞을 지나가도 알아보지 못했다. 이윽고 "슬프도다! 대장부로서 그래 백제도 삼킬 수 없단 말인가!" 하고는 곧 왕을 찾아가 왈: "소신은 고구려에 사절로 가서 군사를 요청하여 백제에 원수를 갚겠습니다." 왕은 허락하였다.

高句麗王高臧素聞春秋之名,嚴兵衛而後見之。春秋進言曰:"今百濟無道,爲長蛇封豕,[24]以侵軼我封疆。寡君願得大國兵馬,以洗其恥,乃使下臣致命於下執事。"麗王謂曰:"竹嶺本是我地分,汝若還竹嶺西北之地,兵可出焉。"春秋(△)[對]曰:"臣奉君命乞師,大王無意救患以善隣,(△)但威劫行人,以[要歸]地,臣有死而已,不知其他。"臧怒其言之[不遜,囚]之別館,春秋潛使人告本國王。王命大將軍金庾信領死士一萬人赴之。庾信行軍過漢江,入高句麗南境,麗王聞之,放春秋以還。拜庾信爲押梁州軍主。

고구려왕 고장은 평소 춘추에 대한 명성을 알고 있었으므로 경호를 엄하게 한 뒤에 그를 만났다. 춘추가 진언하여 왈: "지금 백제는 무도하여 긴 뱀과 큰 돼지가 되어 우리 국토를 침범하고 있습니다. 우리 임금이 대국의 군사를 얻어 치욕을 씻고자 하여 소신을 보내어 임금님의 귀하에게 명을 아뢴 것입니다." 고구려왕 왈: "죽령은 본래 우리 땅인데 그대가 만약 죽령 서북의 땅을 돌려준다면 군사를 파견할 수 있다." 춘추 답 왈: "소신은 임금의 명령을 받들어 군사를 빌리고자 하나 대왕께서는 환난을 구원하여 이웃과 잘 지낼 뜻은 없고 다만 사신을 위협하여 땅을 돌려주기를 요구하니 소신은 죽을지언정 다른 것은 모르겠습니다." 고장은 공손하지 않은 그의 말에 분노하여 별관에 가두니 춘추는 비밀리에 사람을 시켜 본국 왕에게 알렸다. 왕은 대장군 김유신을 시켜 결사대 1만 명을 거느리고 고구려로 갔다. 유신이 행군하여 한강

---

24) 長蛇封豕: 『春秋·左傳·定公四年』에 申包胥가 吳의 영토 탐욕을 비유한 말.

을 건너 고구려 남쪽 변경으로 들어가자 고구려왕이 이를 듣고 춘추를
석방하여 돌려보냈다. 유신을 압량주의 군주로 모셨다.

十二年 春正月遣使大唐獻方物。三月入唐求法高僧慈藏還。秋九月
遣使大唐上言：“高句麗、百濟侵淩臣國，累遭攻襲數十城。兩國連兵，
期之必取，將以今玆九月大擧，下國社稷必不獲全，謹遣陪臣歸命大國，
願乞偏師以存救援。”㈤[帝]謂使人曰：“我實哀爾爲二國所侵，所以頻
遣使人和爾三國。高句麗、百濟旋(△△)[踵翻]悔，意在吞滅而分爾土宇。
爾國設何奇謀，以免顚越？”使人曰：“吾王事窮計盡，唯告急大國，冀以
全之。”

12년. 봄 정월 당에 사신을 보내 토산물을 헌납하였다. 3월 당에 들어가
불법을 배우던 고승 자장이 돌아왔다. 가을 9월 당에 사신을 보내 왈:
“고구려와 백제가 소신의 나라를 침범하여 수십 개의 성이 누차 공습
당했습니다. 두 나라 군사가 연합하여 필히 빼앗으려 하며 이번 9월
대거 일으키려 하니 우리나라의 사직이 보전될 수 없을 것이므로 소신
저를 보내 삼가 대국에 운명을 맡기니 적은 군사라도 구걸하여 구원을
받아 보존되기를 바랍니다.” 황제가 사신에게 왈: “당신네가 두 나라의
침략을 받는 것을 나는 정말 슬프게 여기므로 자주 사신을 보내 너희
세 나라를 화해시키려 하였다. 고구려와 백제는 돌아서자마자 번복하
곤 하고 그대 나라를 빼앗아 삼켜 나누어 가지려 한다. 그대 나라는
무슨 특별한 대책이라도 있어 전복을 면할 수 있는가?” 사신 왈: “우리
임금께서는 궁지에 몰리고 대책이 없어 오직 급한 사정을 대국에 알려
나라의 보전을 바랄 뿐입니다.”

帝曰：“我少發邊兵，總契丹、靺鞨直入遼東，爾國自解，可緩爾一年之
圍。此後知無繼兵，還肆侵侮，四國俱擾，於爾未安。此爲一策。我又能
給爾數千朱袍、丹幟，二國兵至，建而陳之，彼見者以爲我[兵]，必皆奔
走。此爲二策。百濟國恃海之險，不修機械，男女紛雜，互相燕聚。我以
數十百船載以甲卒，銜枚泛海，直襲其地。爾國以婦人爲主，爲隣國輕

侮。失主延寇,靡歲休寧。我遣一宗支,與爲爾國主。而自不可獨王,當遣兵營護,待爾國安,任爾自守。此爲三策。爾宜思之,將從何事?"使人(△)[但]唯而無對。帝嘆其庸鄙,非乞師告急之才也。

황제 왈: "내가 변방군을 조금 보내어 거란, 말갈을 거느리고 곧장 요동을 치면 그대 나라는 저절로 풀려 1년간은 포위가 느슨해질 것이다. 그 후에 군사를 계속 보내지 못함을 알면 도리어 함부로 침략하여 네 나라가 모두 소란해지고 그대의 나라도 편하지 못할 것이다. 이것이 첫째 계책이다. 내가 또 그대 나라에 수천 개의 붉은 옷과 붉은 기를 주어 두 나라 군사가 올 때 세워놓으면 그들은 아군으로 여기고 반드시 모두 도주할 것이다. 이것이 두 번째 계책이다. 백제는 험한 바다를 믿고 병기를 수리하지 않은 채 남녀가 뒤섞여 모여 먹고 논다. 내가 수십 수백 척의 배에 무장한 병사를 싣고 소리 없이 바다를 건너 바로 그 땅을 습격하려다. 그대 나라는 여자가 임금을 하므로 이웃 나라로부터 경멸을 당한다. 주인의 위풍을 잃어 도적이 찾아드니 편안한 해가 없다. 내가 종친 한 사람을 보내 당신네 나라의 임금을 하련다. 그러나 혼자 왕 노릇을 할 수는 없을 것이므로 마땅히 군사를 파견하여 보호하며 그대 나라가 안정되면 당신네에게 맡겨 스스로 지키도록 할 것이다. 이것이 세 번째 계책이다. 어느 계책을 따르겠는지 그대는 잘 생각하여 보라." 사신은 다만 "예" 할 뿐 대답을 하지 못했다. 황제는 그의 사람됨이 용렬하며 군사를 요청하고 급한 상황을 알릴 만한 인재가 못됨을 개탄하였다.

十三年 春正月遣使大唐獻方物。太宗遣司農丞相里玄奬齎璽書賜高句麗,曰:"新羅委命國家,朝貢不闕,爾與百濟宜卽戢兵。若更攻之,明年當出師擊爾國矣。"蓋蘇文謂玄奬曰:"高句麗、新羅怨隙已久。往者隋室相侵,新羅乘釁奪高句麗五百里之地,城邑皆據有之。非返地還城,此兵恐未能已。"玄奬曰:"已往之事,焉可追論?"蘇文竟不從。秋九月王命庾信爲大將軍,領兵伐百濟,大克之,取城七。

13년. 봄 정월 당에 사신을 보내 토산물을 헌납했다. 태종이 사농승 상리현장을 보내 조서를 고구려에 주며 왈: "신라는 운명을 당에 맡기고 조공을 빠뜨리지 않으니 당신네와 백제는 마땅히 전쟁을 그만두어야 한다. 만약 다시 공격하면 내년에는 출사하여 그대 나라를 공격할 것이다." 연개소문 현장에게 왈: "고구려와 신라는 원한으로 사이가 벌어진지 오래 된다. 과거 수나라가 침범할 때 신라는 그 틈을 타서 고구려 땅 5백 리를 빼앗았고 성읍을 모두 차지하였다. 그 땅과 성읍을 돌려주지 않으면 이 전쟁은 아마 그치지 못할 것이다." 현장 왈: "지난 일을 어찌 추론할 수 있겠는가?" 연개소문은 끝내 수긍하지 않았다. 가을 9월 왕이 유신을 대장군으로 하여 군사를 거느리고 백제를 정벌하여 크게 이기고 일곱 성을 빼앗았다.

十四年 春正月遣使大唐,貢獻方物。庾信自伐百濟還,未見王,百濟大軍復來寇邊。王命[拒之],遂不至家,往伐破之,斬首二千[級]。□□□還命]於王,未得歸家,又[急]報百濟復來侵。王以事急,乃曰:"國之存亡,繫公一身,庶不憚勞,往其圖之。"庾信又不歸家,晝夜鍊兵。西行,道過宅門,一家男女瞻望涕泣,公不顧而歸。三月創造皇龍寺塔,從慈藏之請也。夏五月太宗親征高句麗,王發兵三萬以助之。百濟乘虛襲取國西七城。冬十一月拜伊湌毗曇爲上大等。

14년. 봄 정월 당에 사신을 보내 토산물을 조공하였다. 유신은 백제를 치고 돌아와서 아직 왕도 만나지 못했는데 백제의 대군이 다시 변경을 노략하였다. 왕이 대적할 것을 명령하여 유신은 집에 가지도 못한 채 가서 격파하고 2천 명을 참수했다. 돌아와 왕에 복명하고 아직 집에 돌아가지 못했는데 백제가 다시 침략해 온다는 급보가 왔다. 왕은 사정이 급하다며 왈: "나라의 존망이 공의 한 몸에 매었으니 노고를 마다하고 가서 도모해주시오." 유신은 또 집에 돌아가지 못하고 밤낮으로 군사를 훈련시켰다. 서쪽으로 가는 도중 집 문 앞을 지나는데 온 집안 남녀 식구들이 바라보며 눈물지었으나 공은 돌아보지도 않고 왔다.

3월 황룡사탑을 창건하였는데 자장의 요청에 따른 것이었다. 여름 5월
당태종이 직접 고구려를 정벌하였으며 왕은 3만 병력을 동원하여 도왔
다. 백제가 틈을 타서 나라 서쪽의 일곱 성을 습격하여 빼앗았다. 겨울
11월 이찬 비담을 상대등으로 모셨다.

十六年 春正月毗曇、廉宗等謂女主不能善理,因謀叛擧兵,不克。八日
王薨,諡曰善德,葬于狼山唐書云貞觀二十一年卒。通鑑云二十⑤[二]年卒。"以本史考之,
通鑑誤也。

16년. 봄 정월 비담과 염종 등이 여왕이 잘못 다스린다며 반역을 도모하
여 군사를 동원하였으나 이기지 못했다. 8일 왕이 사망하였다. 시호를
선덕이라 하고 낭산에 장사 지냈다『당서』왈: '정관 21년 졸.' 『통감』왈: '22년
졸.' 본 책의 고증에 의하면 『통감』이 틀렸다.

論曰: 臣聞之,古有女媧氏,非正是天子,佐伏犧理九州耳。至若呂雉、
武曌値幼弱之主,臨朝稱制,史書不得公然稱王,但書高皇后呂氏,則
天皇後武氏。以天言之,則陽剛而陰柔;以人言之,則男尊而女卑,豈可
許姥嫗出閨房斷國家之政事乎?新羅扶起女子,處之王位,誠亂世之
事。國之不亡,幸也。書云:"(△)[牝]鷄之晨",易[云]:"[羸豕孚]蹢躅"。其
可不爲之戒哉?

논평하여 왈: 소신이 듣건대 옛날 여와 씨가 있었으나 바로 천자가 아니
라 복희를 도와 구주를 다스렸을 뿐이다. 여치와 무조 같은 사람은 어리
고 나약한 임금을 만났기에 조정에 나와 임금을 대신해 정사를 보았으
므로 역사서에서는 공공연히 임금이라 일컫지 못하고 다만 고황후 여
씨, 측천황후 무씨로만 기록하였다. 하늘의 도리로 말하면 양은 굳고
음은 부드러우며 인간의 윤리로 말하면 남자는 존귀하고 여자는 비천한
데 어찌 노파가 규방을 나와 국가 정사를 결단할 수 있겠는가? 신라는
여자를 부추겨 왕위에 앉게 하였으니 실로 세상을 어지럽힐 일이다.
나라가 망하지 않은 것이 다행이다. 『상서』 왈: '암탉이 새벽을 알린다.'
『주역』왈: '암돼지가 들떠 꾸물거린다.' 경계하지 않을 수 있겠는가?

○**眞德王**立。名**勝曼**,**眞平王**母弟**國飯**一云國芬**葛文王**之女也。母**朴氏**,
月明夫人。**勝曼**姿質豊麗,長七尺,垂手過膝。

진덕왕이 왕위에 올랐다. 이름은 승만이고 진평왕의 동생 갈문왕 국반
일왈 국분의 딸이다. 모친 박씨는 월명부인이다. 승만은 자태가 풍만하고
예쁘며 키가 7자이고 손을 드리우면 무릎을 넘었다.

元年 正月十七日誅**毗曇**,坐死者三十人。二月拜伊湌**閼川**爲上大等,
大阿湌**守勝**爲**牛頭州**軍主。**唐太宗**遣使持節追贈前王爲光（樣）[祿]大
夫,仍冊命王爲柱國,封**樂浪郡王**。秋七月遣使入唐謝恩,改元太和。八
月彗星出於南方,又衆星北流。冬十月**百濟**兵圍**茂山**、**甘勿**、**桐岑**三
城,王遣**庾信**率步騎一萬以拒之,苦戰氣竭。**庾信**麾下**丕寧子**及其子
擧眞入敵陣急格,死之,衆皆奮擊,斬首三千餘級。十一月王親祀**神宮**。

원년. 봄 정월 17일 비담을 처형하였으며 연좌되어 죽은 자가 30명이다.
2월 이찬 알천을 상대등으로, 대아찬 수승을 우두주 군주로 모셨다.
당태종이 지절사를 보내 전 왕을 광록대부로 추증하고 왕을 주국, 낙랑
군왕으로 책봉하였다. 가을 7월 당에 사신을 보내 사례하고 연호를
태화로 고쳤다. 8월 혜성이 남쪽에 나타나고 또 많은 별들이 북쪽으로
흘러갔다. 겨울 10월 백제군이 무산, 감물, 동잠 3성을 포위하였다. 왕
은 유신을 파견하여 보병과 기병 1만 명을 거느리고 대적하다가 고전
끝에 기운이 진하였다. 유신의 부하 비녕자와 그의 아들 거진이 적진에
들어가 격렬하게 싸우다 죽으니 병사들은 분발하여 공격해 3천여 명을
참수했다. 11월 왕이 직접 신궁에 제사지냈다.

二年 春正月遣使**大唐**朝貢。三月**百濟**將軍**義直**侵西邊,陷**腰車**等一
十餘城。王患之,命押**督州**都督**庾信**以謀之。**庾信**於是訓勵士卒,將以
發行,**義直**拒之。**庾信**分軍爲三道,夾[擊之,**百濟**]兵敗走。**庾信**追北,殺
之幾盡。王悅,賞[賜士卒有]差。冬使**邯帙許**朝唐。太宗勅御史問:"**新
羅**臣事大朝,何以別稱年號?"**帙許**言:"曾是天朝未頒正朔,是故先祖
法興王以來私有紀年。若（太）[大]朝有命,小國又何敢焉?"**太宗**然之。

遣伊飡金春秋及其子文王朝唐,太宗遣光祿卿柳亨郊勞之。既至,見春秋儀表英偉,厚待之。春秋請詣國學觀釋奠及講論,太宗許之。仍賜御製溫湯及晉祠碑幷新撰晉書。嘗召燕見,賜以金帛尤厚。問曰:"卿有所懷乎?"

2년. 봄 정월 당에 사신을 보내 조공하였다. 3월 백제 장군 의직이 서쪽 변경을 침범하여 요거 등 10여 성을 점령하였다. 왕이 걱정하여 압독주 도독 유신에게 도모하도록 명령하였다. 유신은 사졸들을 훈련, 격려한 후 거느리고 출발하니 의직이 저항하였다. 유신이 군사를 세 갈래로 나누어 협공하자 백제군이 패주하였다. 유신은 추격하여 거의 다 죽였다. 왕이 기뻐 사졸들에게 차등 있게 포상하였다. 겨울에 한질허를 당에 보내 조회하였다. 당태종이 어사를 시켜 물었다: "신라가 신하로서 대국을 섬기면서 어찌하여 별도로 연호를 칭하는가?" 질허는 답했다: "천자의 조정에서 정삭을 반포한 적이 없으므로 선조 법흥왕 이래 사사로이 기년한 것입니다. 만약 대국 조정의 명령이 있었다면 소국이 감히 그랬겠습니까?" 태종이 수긍하였다. 이찬 김춘추와 그의 아들 문왕을 당에 파견하여 조회하니 태종은 광록경 유형을 교외까지 보내 위로하였다. 도착하자 춘추의 풍모가 영특하고 늠름함을 보고 후하게 대하였다. 춘추는 국학에 가서 석전과 강론을 참관하기를 요청하니 태종이 허락 하였다. 또한 황제가 지은 『온탕비』『진사비』 및 새로 지은 『진서』를 하사하였다. 잔치에 불러 황금과 비단을 후하게 하사한 적이 있다. 문: "그대는 품은 바가 있는가?"

春秋跪奏曰:"臣之本國僻在海隅,伏事天朝積有歲年。而百濟強猾,屢肆侵淩,況往年大擧深入,攻陷數十城,以塞朝宗之路。若陛下不借天兵,剪除凶惡,則敝邑人民盡爲所虜,則梯航述職無復望矣。"太宗深然之,許以出師。春秋又請改其章服,以從中華制。於是內出珍服賜春秋及其從者。詔授春秋爲特進,文王爲左武衛將軍。還國,詔(令)[令]三品已上燕餞之,優禮甚備。春秋奏曰:"臣有七子,願使不離聖明[宿]衛。"

乃命其子文(注)[王]與大監□□。[春秋還,至海上],遇高句麗邏兵。春秋
從者溫君解高冠大衣,坐於船上。邏兵見,以爲春秋,捉殺之。春秋乘小
船至國。王聞之嗟痛,追贈君解爲大阿湌,優賞其子孫。

　　춘추가 꿇어앉아 상주했다: "소신의 나라는 바다 구석에 있으며 천조
를 섬긴 지 여러 해가 되었습니다. 그러나 강하고 교활한 백제의 기탄없
는 침략을 여러 번 받았으며 심지어 지난해에는 대대적으로 깊이 침입
하여 수십 개의 성을 점령하여 종주국 조회의 길까지 막았습니다. 만약
폐하께서 천병을 빌려주어 흉악한 무리들을 없애지 않는다면 우리나라
백성은 모두 잡혀갈 것이며 육로와 수로를 거쳐 술직하는 일도 다시
기대할 수 없습니다." 태종이 심히 동감하고 출사를 승낙하였다. 춘추
는 또 관리들의 휘장과 의상을 바꾸어 중화의 제도를 따르겠다고 청했
다. 이에 내전의 진귀한 의복을 춘추와 수행원들에게 하사하였다. 조칙
을 내려 춘추를 특진, 문왕을 좌무위장군으로 제수하였다. 귀국할 때
조칙으로 3품 이상의 관리들이 전송 잔치를 베풀고 우대의 예의를 극진
히 하였다. 춘추 상주 왈: "소신의 아들은 일곱인데 원컨대 그들이 성상
의 곁을 떠나지 않는 숙위가 되게 하여 주십시오." 태종은 곧 그의 아들
문왕과 대감을 숙위로 임명하였다. 춘추가 귀국하는 도중 바다에서
고구려 순라병을 만났다. 춘추의 수행 온군해가 대인이 쓰는 모자와
입는 옷을 입고 배 위에 앉아 있었다. 순라병은 그를 춘추로 여기고
잡아 죽였다. 춘추는 작은 배를 타고 나라로 돌아왔다. 왕이 이 소식을
듣고 슬퍼하며 온군해를 대아찬으로 추증하고 그의 자손들에게 후하게
포상하였다.

三年 春正月始服中朝衣冠。秋八月百濟將軍殷相率衆來攻陷石吐
等七城。王命(太)[大]將軍庾信、將軍陳春、竹旨、天存等出(相)[拒]之。
轉鬥經旬不解,進屯於道薩城下。庾信謂衆曰:"今日必有百濟人來諜,
汝等佯不知,勿敢誰何!"乃(△狗)[使徇]於軍中曰:"堅壁不動,明日待援
軍,然後決戰。"諜者聞之,歸報殷相。相等謂有加兵,不能不疑懼。於是

庾信等進擊,大敗之,殺虜將士一百人,斬軍卒八千九百八十級,獲戰馬一萬匹。至若兵仗,不可勝數。

3년. 봄 정월 중국의 의관을 착용하기 시작하였다. 가을 8월 백제 장군 은상이 군사를 거느리고 와서 석토 등 일곱 성을 점령하였다. 왕은 대장군 유신과 장군 진춘, 죽지, 천존 등에게 항거하도록 명령하였다. 전전하며 열흘 동안 싸웠으나 물리치지 못하고 도살성 밑에 진을 쳤다. 유신은 사람들에게 말했다: "오늘은 틀림없이 백제인이 와서 정탐할 것이다. 너희들은 짐짓 모르는 체 해야지 누구인가를 함부로 묻지 말라!" 이내 사람을 시켜 "방어벽을 굳세게 하고 움직이지 말라. 내일 구원병이 오기를 기다려 결전할 터이다."라는 말을 군중에 퍼뜨렸다. 첩자가 듣고 돌아가 은상에게 보고하였다. 은상 등은 병력이 증가될 것이라 생각되어 두려워하지 않을 수 없었다. 이때 유신 등이 진격하여 크게 패배시키고 장병 백 명을 죽이거나 사로잡았으며 군졸 8,980명을 참수하고 군마 1만 필을 노획하였다. 노획한 병기 따위는 헤아릴 수 없이 많았다.

四年 夏四月下敎,以眞骨在位者執牙笏。六月遣使大唐,告破百濟之衆。王織錦作五言(太平)[太平]頌,遣春秋子法敏以獻唐皇帝。其辭曰:"[大唐開]洪業,巍(△)[巍]皇猷昌。止戈戎衣定,修文[繼百王。統]天崇雨施,理物體含章。深仁諧(曰用)[日月],撫運邁時康。幡旗何赫赫,鉦鼓何鍠鍠。外夷違命者,剪覆被天殃。淳風(疑)[凝]幽顯,遐邇競呈祥。四時和玉燭,七曜巡萬方。維嶽降宰輔,維帝任忠良。五三成一德,昭我唐家皇。"高宗嘉焉,拜法敏爲太府卿以還。是歲始行中國永徽年號。

4년. 여름 4월 교서를 내려 진골로서 현직에 있는 자는 상아홀을 들게 하였다. 6월 당에 사신을 보내 백제를 이긴 사실을 고하였다. 왕은 비단을 짜 5언시 『태평송』을 써서 춘추의 아들 법민을 시켜 당황제에게 바쳤다. 그 글은 다음과 같다.

"당이 큰 왕업을 열었으니/ 드높은 황제의 포부가 번창하다/ 전쟁을 끝마치고 갑옷을 벗었으니/ 문치로 바뀌어져 백대에 이어진다/ 천하 합쳐치고 성스런 비 뿌리니/ 만물은 다스려져 광체가 빛나도다/ 깊은 어짊은 일월과 어울리고/ 운과 때 따라 나아가고 매진한다/ 깃발은 저렇게 혁혁히 휘날리고/ 징, 북 소리는 얼마나 쟁쟁한가/ 외방 오랑캐들 명령을 거역하면/ 망하고 전복되어 천벌을 받는다/ 순박한 덕풍민풍 곳곳에 드러나고/ 좋은 일 다퉈가며 도처에 나타난다/ 사철이 옥촉에 어울리고/ 해와 달이 만방에 돈다/ 산악이 보필을 내려주고/ 황제는 충량을 위임한다/ 삼황과 오제 덕이 하나를 이루니/ 빛나리 우리 당나라의 광채가"

당고종이 가상히 여기고 법민을 태부경으로 제수하여 돌려보냈다. 이 해에 중국의 연호 영휘를 사용하기 시작했다.

論曰:三代更正朔,後代稱年號,皆所以大一統,新百姓之視聽者也。是故苟非乘時並起、兩立而爭天下,與夫姦雄乘間而作、覬覦神器,則偏方小國臣屬天子之邦者,固不可以私名年。若新羅以一意事中國,使航貢篚相望於道。而法興自稱年號,惑矣。厥後承愆襲繆,多歷年所,聞太宗之誚讓,猶且因循至是,然後奉行唐號。雖出於不得已,而(柳)[抑]可謂過而能改者矣。

논평하여 왈: 삼대가 정삭을 고치고 후대에 연호를 일컫는 것은 모두 통일을 크게 이룩하는 것으로써 백성들의 이목을 새롭게 하기 위해서다. 그러므로 시대를 타고 나란히 일어나서 양립하여 천하를 다투는 경우와 간웅이 기회를 타고 일어나 임금의 자리를 노리는 경우가 아니면 주변 소국으로서 천자 나라에 속한다면 본래 사사로이 연호를 이름지을 수 없다. 신라의 경우 한 맘으로 중국을 섬기며 사신들이 탄 배와 공물 꾸러미가 길에 연이었었다. 그런데 법흥왕이 제멋대로 연호를 사용한 것은 미련하다. 그 뒤에도 여러 해 지나도록 잘못을 이어 답습하고 태종의 견책을 듣고도 이때까지 구습을 따르다가 후에야 당의 연호

를 받들어 행하였다. 비록 마지못하여 한 일이기는 하지만 또한 잘못한 후 고칠 수 있는 자라고 말할 수 있다.

五年 春正月朔王御朝元殿,受百官正賀,賀正之禮始於此。二月改稟 主爲執事部,仍拜波珍湌竹旨爲執事中侍,以掌機密事務。□□□[遣] 波珍湌金仁問入唐朝貢,仍留宿衛。

5년. 봄 정월 초하루 왕이 조원전에 가서 백관의 신년하례를 받았고 신년하례의 예가 이로부터 시작되었다. 2월 품주를 집사부로 고치고 여전히 파진찬 죽지를 집사중시로 모셔 기밀업무를 관장하게 하였다. 파진찬 김인문을 당에 보내 조공하고 여전히 숙위로 머물게 하였다.

六年 春正月以波珍湌天曉爲左理方府令。遣使大唐朝貢。三月京都 大雪。王宮南門無故自毁。

6년. 봄 정월 파진찬 천효를 좌리방부령으로 하였다. 당에 사신을 보내 조공하였다. 3월 경성에 큰 눈이 내렸다. 왕궁의 남문이 이유 없이 저절 로 무너졌다.

七年 冬十一月遣使大唐獻金總布。

7년. 겨울 11월 당에 사신을 보내 금총포를 헌납하였다.

八年 春三月王薨,諡曰眞德,葬沙梁部。唐高宗聞之,爲擧哀於永光門, 使太常丞張文收持節弔祭之,贈開府儀同三司,賜綵段三百。國人謂 始祖赫居世至眞德二十八王謂之聖骨,自武烈至(永)[末]王謂之眞骨。 唐令狐澄新羅記曰:"其國王族謂之第一骨,餘貴族第二骨。"

8년. 봄 3월 왕이 사망하였고 시호를 진덕이라 하였으며 사량부에 장사 지냈다. 당고종이 듣고 영광문에서 애도를 표시하였으며 태상승 장문 수를 시켜 부절을 가지고 와서 조문하였고 개부의동삼사를 추증하고 비단 3백단을 하사했다. 나라 사람들은 시조 혁거세로부터 진덕왕까지 28대 왕을 성골이라 불렀고 무열왕으로부터 마지막 임금까지를 진골 이라 불렀다. 당 영호징의 『신라기』왈: "그 나라는 왕족을 제1골이라 부르고 나머지 귀족을 제2골이라 부른다."

○**太宗 武烈王**立。諱春秋,眞智王子伊湌龍春—云龍樹之子也唐書以爲眞德之弟,誤也。母天明夫人 眞平王女,妃文明夫人 舒玄角湌女也。王儀表英偉,幼有濟世志。事眞德,位歷伊湌,唐帝授以特進。及眞德薨,群臣請閼川伊湌攝政,閼川固讓曰:"臣老矣,無德行可稱。今之德望崇重,莫若春秋公,實可謂濟世英傑矣。"遂奉爲王,春秋三讓,不得已而就位。

태종 무열왕이 왕위에 올랐다. 이름은 춘추고 진지왕의 아들 이찬 용춘 일왈 용수의 아들이다『당서』에 진덕의 동생이라고 하였으나 오류다. 모친 천명부인은 진평왕의 딸이고 왕비 문명부인은 각찬 서현의 딸이다. 왕은 풍모가 영특하고 늠름하며 어릴 때 세상을 다스릴 뜻이 있었다. 진덕왕을 섬겨 이찬의 직위를 지냈으며 당황제가 특진을 제수하였다. 진덕이 사망하자 신하들이 이찬 알천에게 섭정을 청하였으나 알천은 굳이 사양하며 왈: "소신은 늙었고 인정할 만한 덕행도 없습니다. 지금 덕망이 높기로는 춘추공만한 이가 없고 그이는 실로 세상을 다스릴 영걸이라고 할 수 있습니다." 이로서 왕으로 받들 때 춘추는 세 번 사양하다가 마지못하여 왕위에 올랐다.

元年 夏四月追封王考爲文興大王,母爲文貞太后,大赦。五月命理方府令良首等詳酌律令,修定理方府格六十餘條。唐遣使持節備禮,冊命爲開府儀同三司、新羅王。王遣使入唐表謝。

원년. 여름 4월 왕의 사망한 부친을 문흥대왕, 모친을 문정태후로 추봉하고 대사면을 행하였다. 5월 이방부령 양수 등을 시켜 법령을 상세히 검토하여 이방부격 60여 조로 수정하였다. 당에서 지절사를 보내 예절을 갖추어 왕을 개부의동삼사, 신라왕으로 책봉하였다. 왕이 당에 사신을 보내 감사를 표하였다.

二年 春正月拜伊湌金剛爲上大等,波珍湌文忠爲中侍。高句麗與百濟、靺鞨連兵侵軼我北境,取三十三城。王遣使入唐求援。三月唐遣營州都督程名振、左右衛中郎將蘇定方發兵擊高句麗。立元子法敏爲太子,庶子文王爲伊湌,老且爲海湌,仁泰爲角湌,智鏡、愷元各爲伊湌。

冬十月牛首州獻白鹿。屈弗郡進白猪,一首二身八足。王女智照下嫁大角湌庾信。立鼓樓月城內。

2년. 봄 정월 이찬 금강을 상대등, 파진찬 문충을 중시로 모셨다. 고구려가 백제 및 말갈 군과 연합하여 우리의 북쪽 변경을 침범하여 33개의 성을 빼앗았다. 왕은 당에 사신을 보내 구원을 요청하였다. 3월 당이 영주도독 정명진과 좌우위중랑장 소정방을 파견하여 군사를 풀어 고구려를 공격하였다. 장자 법민을 태자로 세우고 서자 문왕을 이찬, 노차를 해찬, 인태를 각찬, 지경과 개원을 각각 이찬으로 하였다. 겨울 10월 우수주에서 흰 사슴을 헌납하였다. 굴불군에서 머리는 하나, 몸체는 둘, 발은 여덟 개인 흰 돼지를 진상하였다. 왕의 딸 지조를 대각찬 유신에게 하가시켰다. 월성 안에 고루를 세웠다.

三年 金仁問自唐歸,遂任軍主,監築獐山城。秋七月遣子(右)[左]武衛將軍文王朝唐。

3년. 김인문이 당에서 돌아오자 군주로 임명되어 장산성의 건축을 감독하였다. 가을 7월 아들 좌무위장군 문왕을 당에 보내 조회하였다.

四年 秋七月一善郡大水,溺死者三百餘人。東吐含山地燃三年而滅。興輪寺門自壞。□□□北巖崩碎爲米,食之如陳倉米。

4년. 가을 7월 일선군에 홍수가 나 300여 명이 익사하였다. 동쪽 토함산의 땅이 3년간 불붙다가 꺼졌다. 흥륜사의 문이 저절로 무너졌다. □□□ 북쪽 바위가 무너지고 부서져 쌀로 되었는데 먹어 보니 창고의 묵은 쌀과 같았다.

五年 春正月中侍文忠改爲伊湌,文王爲中侍。三月王以何瑟羅地連靺鞨,人不能安,罷京爲州,置都督以鎭之。又以悉直爲北鎭。

5년. 봄 정월 중시 문충을 이찬으로 바꾸고 문왕을 중시로 하였다. 3월 왕이 하슬라 지역이 말갈과 연접돼 있어 백성들이 편안할 수 없다고 여겨 경성을 폐지하여 주로 하고 도독을 두어 수비하였다. 또 실직을 북진으로 하였다.

六年 夏四月百濟頻犯境,王將伐之,遣使入唐乞師。秋八月以阿湌眞珠爲兵部令。九月何瑟羅州進白鳥。公州 基郡江中大魚出死,長百尺,食者死。冬十月王坐朝,以請兵於唐不報憂形於色。忽有人於王前若先臣長春、罷郎者,言曰:"臣雖枯骨,猶有報國之心,昨到大唐,認得皇帝命大將軍蘇定方等領兵,以來年五月來伐百濟。以大王勤佇如此,故玆控告。"言畢而滅。王大驚異之,厚賞兩家子孫,仍命所司創漢山州 莊義寺,以資冥福。

6년. 여름 4월 백제가 자주 국경을 침범하므로 왕이 공격하려고 당에 사신을 보내 군사를 요청하였다. 가을 8월 아찬 진주를 병부령으로 하였다. 9월 하슬라주에서 흰 새를 진상하였다. 공주 기군의 강에서 길이 백자의 큰 물고기가 나와 죽었으며 그것을 먹은 사람이 죽었다. 겨울 10월 조정에 앉아 있는 왕의 얼굴에는 당에 파병을 요청한데 대한 회답이 없어 걱정이 어려 있었다. 갑자기 선대의 대신 장춘과 파랑 같은 사람이 앞에 나타나 왈: "소신은 비록 백골이지만 아직 나라에 보답할 마음이 있어 어제 당에 갔었는데 당황제가 대장군 소정방 등에게 명하여 내년 5월 군사를 거느리고 와서 백제를 치도록 하였음을 알았습니다. 대왕께서 이토록 애타게 기다리고 있으므로 이렇게 알려 드립니다." 말을 마치자 사라졌다. 왕이 크게 놀라고 이상히 여겨 두 집안 자손들에게 후하게 상을 주고 또 관계 부문에 명령하여 한산주에 장의사를 지어 명복을 빌게 하였다.

七年 春正月上大等金剛卒,拜伊湌金庾信爲上大等。三月唐高宗命左武衛大將軍蘇定方爲神丘道行軍大總管,金仁問爲副大總管,帥左驍衛將軍劉伯英等水陸十三萬□□[伐百]濟。敕王爲嵎夷道行軍總管,(何)[使]將兵[爲之聲援]。夏五月二十六日王與庾信、眞珠、天存等領兵出京,六月十八日次南川停。定方發自萊州,舳艫千里,隨流東下。二十一日王遣太子法敏領兵船一百艘迎定方於德物島。定方謂法敏曰:"吾欲以七月十日至百濟南,與大王兵會,屠破義慈都城。"法敏曰:"大王立待大軍,如聞大將軍來,必蓐食而至。"定方喜,還遣法敏徵新羅兵馬。法敏至,言定方軍勢甚盛,王喜不自勝。又命太子與大將軍庚信、將軍品日、欽春春或作純等,率精兵五萬應之,王次今突城。秋七月九日庚信等進軍於黃山之原。

7년. 봄 정월 상대등 금강이 죽어 이찬 김유신을 상대등으로 모셨다. 3월 당고종이 좌무위대장군 소정방을 신구도행군사총관으로, 김인문을 부대총관으로 하여 좌효위장군 유백영 등 수군과 육군 13만을 거느리고 백제를 치도록 명령하였다. 칙명을 내려 왕을 우이도행군총관으로 하여 군사를 거느리고 응원하도록 하였다. 여름 5월 26일 왕이 유신, 진주, 천존 등과 함께 군사를 거느리고 경성을 출발하여 6월 18일 남천정에 주둔했다. 소정방은 내주에서 출발하여 천리를 잇는 배로 흐름을 따라 동쪽으로 내려왔다. 21일 왕이 태자 법민을 시켜 병선 100척을 거느리고 덕물도에 가서 소정방을 맞이하였다. 소정방이 법민에게 왈: "나는 7월 10일 백제 남쪽에 도착하여 대왕의 군사와 만나 의자의 도성을 몰살하려 한다." 법민 왈: "대왕께서는 지금 대군이 오기를 초조하게 기다리고 있습니다. 만일 대장군의 도착 소식을 들으면 틀림없이 잠자리에서 식사하고라도 달려올 것입니다." 정방은 기뻐하며 법민을 돌려보내 신라의 병마를 징발하게 하였다. 법민이 돌아와 정방의 군세가 매우 성대하다고 말하니 왕은 기쁨을 이기지 못하였다. 또 태자와 대장군 유신, 장군 품일, 흠춘春 혹왈 純 등을 시켜 정예군 5만을 거느려 응원하게 하고 왕은 금돌성에 주둔했다. 가을 7월 9일 유신 등이 황산의 벌로 진군하였다.

百濟將軍階伯擁兵而至,先據險設三營以待。庚信等分軍爲三道,四戰不利,士卒力竭。將軍欽純謂子盤屈曰:"爲臣莫若忠,爲子莫若孝,見危致命,忠孝兩全。"盤屈曰:"謹聞命矣。"乃入陣力戰死。左將軍品日喚子官狀一云官昌立於馬前,指諸將曰:"吾兒年纔十六,志氣頗勇,今日之役能爲三軍標的乎?"□□[官狀]曰:"唯!"以甲馬單槍徑赴敵陣,

爲賊所[擒,生致堦]伯,堦伯俾脫冑,愛其少且勇,不忍加害,乃嘆曰:"新
羅不可敵也。少年尙如此,況壯士乎!"乃許生還。官狀告父曰:"吾入敵
中不能斬將搴旗者,非畏死也。"言訖,以手掬井水飮之,更向敵陣疾鬥。
堦伯擒斬,首繫馬鞍以送之。品曰執其首,流血濕袂,曰:"吾兒面目如
生。能死於王事,幸矣!"三軍見之,慷慨有死志,鼓噪進擊,百濟衆大敗。
階伯死之,虜佐平忠常、常永等二十餘人。

백제 장군 계백은 군사를 거느리고 와서 먼저 험한 지형을 차지하고
세 곳에 군영을 설치한 채 기다리고 있었다. 유신 등은 군사를 세 갈래
로 나누어 네 번 싸웠으나 불리해지고 사졸들도 힘이 빠졌다. 장군
흠순이 아들 반굴에게 왈: "신하로서는 충성만한 것 없고 자식으로서
는 효도만한 것 없으니 위기에 목숨을 바친다면 충과 효 두 가지를
모두 갖추는 것이다." 반굴 왈: "삼가 명령을 알아 들었습니다." 곧 적진
으로 달려들어 힘써 싸우다가 죽었다. 좌장군 품일이 아들 관장일왈
관창을 불러 말 앞에 세우고 장수들에게 가리키며 왈: "내 아들이 나이
겨우 열여섯이지만 기백이 자못 용감하다. 오늘의 전투에서 삼군의
본보기가 될 수 있을까?" 관장은 "예!" 하며 갑옷 입고 말 타고 창 한
자루 들고 곧바로 적진에 달려들었다가 적군에게 포로 되어 산채로
계백에게 보내지니 계백이 투구를 벗기게 하고 나이가 어림에도 불구
하고 용감한 그를 아깝게 여겨 차마 가해하지 못하고 감탄하면서 "신라
와는 대적할 수 없겠구나. 소년조차 이러한데 하물며 장정들이겠나!"
라며 살려 보내도록 하였다. 관장이 부친에게 고하였다: "제가 적진에
들어가서 장수의 목을 베지 못하고 깃발을 뽑아 오지 못한 것은 죽음이
겁나서가 아닙니다." 말을 마치자 손으로 우물물을 퍼 마시고 다시 적
진으로 나아가 날쌔게 싸웠다. 계백은 붙잡아 참수하고 머리를 말안장
에 매달아 보냈다. 품일이 그 머리를 쳐들어 흐르는 피로 소매를 적시며
왈: "내 아이의 얼굴이 살아있는 것 같구나. 임금의 일을 위하여 죽을
수 있었으니 다행이로다!" 삼군이 이를 보고 강개하여 죽음을 각오하고

북치고 함성 울리며 진격하여 백제군을 대패시켰다. 계백은 죽었고
좌평 충상, 상영 등 20여 명을 포로 하였다.

是日定方與副總管金仁問等到伎伐浦,遇百濟兵逆擊,大敗之。庚信
等至唐營,定方以庚信等後期,將斬新羅督軍金文穎或作永於軍門。庚
信言於衆曰:"大將軍不見黃山之役,將以後期爲罪,吾不能無罪而受
辱,必先與唐軍決戰,然後破百濟。"乃杖鉞軍門,怒髮如植,其腰間寶
劍自躍出鞘。定方右將董寶亮躡足曰:"新羅兵將有變也。"定方乃釋
文穎之罪。百濟王子使佐平覺伽移書於唐將軍,哀乞退兵。十二日唐
羅軍□□□[圍]義慈都城,進於所夫里之原。定方有所[忌,不能]前[25],
庚信說之,二軍勇敢,四道齊振。百濟王子又使上佐平致饗餉豊腆,定
方卻之。王庶子躬與佐平六人(謂)[詣]前乞罪,又揮之。十三日義慈率
左右夜遁走,保熊津城,義慈子隆與大佐平千福等出降。法敏跪隆於
馬前,(△)[唾]面罵曰:"向者汝父枉殺我妹,埋之獄中,使我二十年間痛
心疾首,今日汝命在吾手中!"隆伏地無言。十八日義慈率太子及熊津
方領軍等自熊津城來降。

　이날 정방이 부총관 김인문 등과 함께 기벌포에 도착하여 백제군과
마주친 전투에서 크게 패배시켰다. 유신 등이 당 군영에 도착하니 정방
은 유신 등이 약속 기일보다 늦었다며 군문에서 신라 독군 김문영穎
혹왈 永을 참수하려 하였다. 유신은 무리들에게 "대장군은 황산 전역을
보지도 않고 기일에 늦었다며 죄주려 한다. 나는 죄 없이 모욕당할
수 없으니 반드시 먼저 당군과 결전한 후에 백제를 쳐부시겠다"라고
말하고 곧 군문에서 도끼를 드니 노기에 두발이 뻗뻗히 서고 허리에
찬 보검이 칼집에서 저절로 튀어 나왔다. 정방의 우장 동보량은 발을
구르며 왈: "신라군이 변란을 일으킬 것 같습니다." 정방은 비로소 문영

---

25) 새가 소정방의 진영 위에 날아다니니 점쟁이가 元帥가 다칠 것이라고 하여 소병방이
　　싸움을 취소하려 하였다. 이에 김유신이 칼로 그 새를 쳐서 떨어뜨렸다.

의 죄를 풀어주었다. 백제 왕자가 좌평 각가를 시켜 당 장군에게 편지를 보내 철군할 것을 애걸하였다. 12일 당-라 군이 의자왕의 도성을 포위하여 소부리의 벌로 진격하였다. 정방은 꺼리는 바가 있는지 진격하지 않으므로 유신이 설득시키고 두 나라 군사가 용감하게 네 방향으로 일제히 진격하였다. 백제 왕자가 다시 상좌평을 시켜 많은 선물을 보내 왔으나 정방은 거절하였고 왕의 서자가 몸소 좌평 여섯 사람과 함께 정방의 앞에 나아가 용서를 빌었으나 또 뿌리쳤다. 13일 의자는 좌우측 근들을 데리고 밤을 틈타 도주하여 웅진성을 지켰고 의자의 아들 융은 대좌평 천복 등과 함께 나와 항복하였다. 법민이 융을 말 앞에 꿇어앉히고 얼굴에 침을 뱉으며 꾸짖었다. "예전에 네놈의 부친이 억울하게 내 누이동생을 죽여 옥중에 묻어 20년 동안 나의 마음과 골치를 아프게 했으나 오늘은 네 목숨이 내 손에 달렸다!" 융은 땅에 엎드려 말이 없다. 18일 의자는 태자와 웅진 방령군 등을 거느리고 웅진성에서 나와 항복하였다.

王聞義慈降,二十九日自今突城至所夫里城,遣弟監天福,露布於大唐。八月二日大置酒勞將(土)[士]。王與定方及諸將坐於堂上,坐義慈及子隆於堂下。或使義慈行酒,百濟佐平等群臣莫不鳴咽流涕。是日捕斬毛尺。毛尺本新羅人,亡入百濟,與大耶城 黔日同謀陷城,故斬之。又捉黔日數曰:"汝在大耶城與毛尺謀,引百濟之兵燒亡倉庫,令一城乏食致敗,罪一也。逼殺品釋夫妻,罪二也。與百濟來攻本國,罪三也。"以[四]支解,投其尸於江水。百濟[餘]賊[據]南岑、貞峴□□□城,又佐平正武聚衆屯豆尸原嶽,抄掠唐、羅人。二十六日攻任存大柵,兵多地險,不能克,但攻破小柵。九月三日郞將劉仁願以兵一萬人留鎭泗沘城,王子仁泰與沙湌日原、級湌吉那以兵七千副之。

왕은 의자의 항복 소식을 듣고 29일 금돌성으로부터 소부리성에 도착하여 제감 천복을 보내 당에 승전보를 보냈다. 8월 2일 주연을 크게 베풀어 장병들을 위로하였다. 왕과 정방 및 장수들은 대청 위에 앉고 의자와 아들 융을 마루 아래에 앉혔다. 누군가가 의자더러 술을 따르라고 하니 백제의 좌평 등 신하들은 목이 메어 흐느끼지 않은 자가 없었다. 이날 모척을 잡아 참수하였다. 모척은 본래 신라 사람이었으나 백제로 도망가서 대야성의 검일과 공모하여 성을 함락시켰기 때문에 참수한 것이다. 또 검일을 잡아 죄목을 헤아렸다: "네가 대야성에서 모척과 공모하여 백제군을 끌어들여 창고를 불 질러 없애 성 안의 식량이 모자라게 하여 패배하였다. 이것이 첫 번째 죄이다. 품석의 부부를 협박하며 죽였으니 두 번째 죄이다. 백제와 함께 와서 본국을 공격했으니 세 번째 죄이다." 사지를 해체하고 시체를 강물에 던졌다. 백제의 남은 적병이 남잠, 정현, □□□성에 웅거 하였고 또 좌평 정무는 무리를 모아 두시원악에 진을 치고 당-라 사람들을 노략하였다. 26일 임존의 큰 목책을 공격했으나 병력이 많고 지세가 험준하여 이기지 못하고 다만 작은 목책만 격파하였다. 9월 3일 낭장 유인원이 1만 명의 병력을 거느리고 사비성에 남아 지키고 왕자 인태와 사찬 일원, 급찬 길나가 병력 7천으로 보좌하였다.

定方以百濟王及王族臣寮九十三人、百姓一萬二千人自泗沘乘船廻唐。金仁問與沙湌儒敦、大奈麻中知等偕行。二十三日百濟餘賊入泗沘,謀掠生降人,留守仁願出唐、羅人擊走之。賊退,上泗沘南嶺,竪四五柵屯聚,伺隙抄掠城邑,百濟人叛而應者二十餘城。唐皇帝遣左衛中郎將王文度爲熊津都督。二十八日至三年山城傳詔,文度面東立,大王面西立。錫命後文度欲以宣物授王,忽疾作便死,從者攝位畢事。十月九日王率太子及諸軍攻尒禮城。十八日取其城,置官守,百濟二十餘城震懼皆降。三十日攻泗沘南嶺軍柵,斬首一千五百人。十一月一日高句麗侵攻七重城,軍[主]匹夫死之。五日王行,渡雞灘,攻王興寺岑城,七日乃克,斬首七百人。二十二日王來自百濟論功,以罽衿卒宣服爲級湌,軍師豆迭爲高(于)[干],戰死儒史知、未知活、寶弘伊、屑儒等四人許職有差。百濟人員并量才任用,佐平忠常、常永、達率自簡授

位一吉湌,充職總管;恩率武守授位大奈麻,充職大監;恩率仁守授位
大奈麻,充職弟監。

정방은 백제왕, 왕족, 대신 93명과 백성 12,000명을 데리고 사비에서
배로 당으로 돌아갔다. 김인문이 사찬 유돈, 대나마 중지 등과 함께
동행하였다. 23일 백제의 잔적들이 사비에 들어와 살아남은 항복한
사람들을 약탈하려 하여 유수 인원이 당-라 사람들을 출동시켜 쫓아버
렸다. 적들은 퇴각하여 사비의 남령에 올라가 네댓 곳에 목책을 세워
주둔하면서 기회를 노려 성읍을 노략하였으며 백제의 20여 성이 배반하
고 호응하였다. 당황제가 좌위중랑장 왕문도를 웅진도독으로 보냈다.
28일 삼년산성에 도착하여 조서를 전달하였는데 문도는 동향으로, 대왕
은 서향으로 섰다. 칙명을 전달한 후 문도가 칙명 문서를 왕에게 주려다
가 갑자기 병이 발작하여 죽었으며 시종들이 대신하여 의식을 마쳤다.
10월 9일 왕이 태자와 군사들을 거느리고 이례성을 공격하였다. 18일
그 성을 점령하고 관리를 두어 수비하게 하자 백제의 20여 성이 두려워
하며 모두 항복하였다. 30일 사비남령 군책을 공격하여 1천 5백 명을
참수했다. 11월 1일 고구려가 칠중성을 침공하다가 군주 필부가 죽었다.
5일 왕이 계탄을 건너 왕흥사 잠성을 공격하여 7일 만에 함락하고 700명
을 참수했다. 22일 왕이 백제에서 돌아와 전공을 논하여 계금졸 선복을
급찬으로, 군사 두질을 고간으로 하였으며 전사한 유사지, 미지활, 보홍
이, 설유 등 네 사람에게는 차등을 두어 관직을 주었다. 백제 사람도
더불어 재능에 따라 임용하였는데 좌평 충상, 상영과 달솔 자간에게는
일길찬 직을 제수하여 총관의 직위를 충당시켰고 은솔 무수에게는 대나
마의 직을 제수하여 대감의 관직을 충당시켰으며 은솔 인수에게는 대내
마의 직위를 제수하여 제감의 관직에 충당시켰다.

八年 春二月百濟殘賊來攻泗沘城。王命伊湌品日為大幢將軍,迊湌
文王、大阿湌良圖、阿湌忠常等副之;迊湌文忠爲上州將軍,阿湌眞王
副之;阿湌義服爲下州將軍,武欻、旭川等爲南川大監;文品爲誓幢將

軍,義光爲郞幢將軍,往救之。三月五日至中路,品日分麾下軍先行,往
豆良尹一作伊城南相營地。百濟人望陣不整,猝出,急擊不意,我軍驚駭
潰北。十二日大軍來屯古沙比城外,進攻豆良尹城,一朔有六日不克。
夏四月十九日班師,大幢、誓幢先行,下州軍殿後,至賓骨壤遇百濟軍,
相鬥,敗退。死者雖小,(先)[失]亡兵械、輜重甚多。上州、郞幢遇賊於角
山而進擊,克之,遂入百濟屯堡,斬獲二千級。王聞軍敗,大驚,遣將軍金
純、眞欽、天存、竹旨,濟師救援。至加屍兮津,聞軍退至加召川,乃還。
王以諸將敗績,論罰有差。

8년. 봄 2월 백제의 잔적이 사비성을 공격해 왔다. 왕은 이찬 품일을
대당 장군으로 하고 잡찬 문왕, 대아찬 양도와 아찬 충상 등이 그를
보좌하게 하였으며 잡찬 문충을 상주 장군으로 하고 아찬 진왕이 그를
보좌하게 하였으며 아찬 의복을 하주 장군, 무훌, 욱천 등을 남천 대감,
문품을 서당 장군, 의광을 낭당 장군으로 하여 구원하게 하였다. 3월
5일 도중에 이르자 품일이 휘하의 일부 군사를 나누어 먼저 보내 두량
윤尹 혹왈 伊성의 남쪽에 가서 진 칠 곳을 찾아보았다. 백제 사람들은
진영이 정리되지 않은 것을 보고 갑자기 출동하여 예상하지 못한 급습
을 해 왔으며 아군은 놀라 흩어져 달아났다. 12일 대군이 고사비성
밖에 와 주둔하고 두량윤성을 공격하였으나 한 달 엿새가 되도록 이기
지 못하였다. 여름 4월 19일 군사를 철수하면서 대당과 서당을 먼저
보내고 하주의 군사를 맨 뒤에 따라 오게 하여 빈골양에 이르러 백제군
을 만나 싸웠으나 패하여 퇴각하였다. 사망자는 비록 적으나 병기와
군수품을 매우 많이 잃었다. 상주와 낭당은 각산에서 적을 만나 공격하
여 이기고 이내 백제의 진중으로 들어가 2천 명을 참수하고 포로하였
다. 왕은 군사가 패배했다는 소식을 듣고 크게 놀라서 장군 김순, 진흠,
천존, 죽지를 보내 군력을 합쳐 구원하게 하였다. 가시혜진에 도착했을
때 군사가 가소천까지 퇴각하였다는 소식을 듣고 되돌아왔다. 왕은
장수들이 패전하였으므로 책임을 물어 차등을 두어 벌을 주었다.

五月九日—云十一日高句麗將軍惱音信與靺鞨將軍生偕合軍來攻述川城,不克,移攻北漢山城。列抛車飛石,所當陴屋輒壞。城主大舍冬陁川使人擲鐵蒺藜於城外,人馬不能行。又破安養寺廩廥,輸其材,隨城壞處即構爲樓櫓。結絙網,懸牛馬皮綿衣,內設弩炮以守。時城內只有男女二千八百人,城主冬陁川能激勵少弱,以敵强大之賊凡二十餘日。然糧盡力疲,至誠告天,忽有大星落於賊營,又雷雨以震,賊疑懼,解圍而去。王嘉奬冬陁川,擢位大奈麻。移押督州於大耶,以阿湌宗貞爲都督。六月大官寺井水爲血,金馬郡地流血廣五步。王薨,諡曰武烈,葬永敬寺(比)[北],上號太宗。高宗聞訃,擧哀於洛城門。

5월 9일일월 11일 고구려 장군 뇌음신이 말갈 장군 생해와 병력을 합쳐 술천성을 공격해 왔으나 이기지 못하고 옮겨 북한산성을 공격하였다. 포차를 벌여 놓고 돌을 날리니 성 위의 담비는 맞는 대로 무너졌다. 성주 대사 동타천은 사람을 시켜 성 밖에 마름쇠를 던져 사람과 말이 다니지 못하게 하였다. 또 안양사 창고를 헐어 그 재목을 가져다가 성의 무너진 곳마다 즉시 망루를 만들었다. 굵은 밧줄로 그물을 얽고 마소의 가죽과 솜옷을 걸어 매고 그 안쪽에 노포를 설치하여 성을 지켰다. 당시 성안에 남녀 2,800명뿐이었는데 성주 동타천이 어린이와 약자들을 격려하여 20여 일 동안이나 강한 적과 대치할 수 있었다. 그러나 식량이 떨어지고 지쳐서 정성을 다하여 하늘에 기도하였다. 돌연 큰 별이 적진에 떨어지고 우레 울리고 소나기가 내리며 벼락까지 치니 적들은 의심에 겁을 먹고 포위를 풀고 돌아갔다. 왕은 동타천을 표창하고 대나마로 발탁하였다. 압독주를 대야로 옮기고 아찬 종정을 도독으로 하였다. 6월 대관사의 우물물이 피로 되고 금마군 땅에 피가 5보 넓이로 흘렀다. 왕이 사망하여 시호를 무열이라 하고 영경사 북쪽에 장사지냈으며 태종이라는 묘호를 올렸다. 당고종이 부고를 듣고 낙성문에서 애도식을 거행하였다.

三國史記卷第六

(삼국사기 권제6)

新羅本紀第六(신라본기 제6)

文武王上(문무왕 상)

○**文武王**立。諱**法敏**,**太宗王**之元子。母**金氏 文明王后**,蘇判**舒玄**之季女、**庾信**之妹也。其(妹)[姉]夢登**西兄山**頂坐旋,流遍**國**内。26) 覺與季言夢,季戲曰:"予願買兄此夢。"因與錦裙爲直。後數日**庾信**與**春秋**公蹴鞠,因踐落**春秋**衣紐。**庾信**曰:"[吾家幸]近,請往綴紐。"因與俱往宅,置酒,從容喚[**寶姬**持]針綫來縫。其姉有故不進,其季進前縫綴。淡粧輕服,光艶照人。**春秋**見而悅之,乃請婚。成禮則有娠,生男,是謂**法敏**。妃**慈儀王后**,波珍湌**善品**之女也。**法敏**姿表英特,聰明多智略。**永徽**初如**唐**,**高宗**授以太府卿。**太宗**元年以波珍湌爲兵部令,尋封爲太子。**顯慶**五年**太宗**與**唐**將**蘇定方**平**百濟**,**法敏**從之,有大功,至是即位。

　문무왕이 왕위에 올랐다. 이름은 법민이고 태종왕의 장자다. 모친 김씨 문명왕후는 소판 서현의 막내딸, 유신의 여동생이다. 그의 언니가 꿈에

---

26) 國: 경성. 중앙본 '온 나라'.

서형산 꼭대기에 올라가 앉아 오줌을 누었는데 흘러서 [경성] 안에 펴졌
다. 깨어나 동생에게 꿈 이야기를 하니 동생은 농담으로 "내가 언니의
이 꿈을 사고 싶다."라고 말하고 비단치마를 값으로 주었다. 며칠 뒤에
유신이 춘추공과 축국을 하다가 춘추의 옷고름을 밟아 떨어졌다. 유신
이 "다행히 우리 집이 가까우니 가서 옷고름을 답시다."라고 말하고
함께 집으로 가서 술을 차려 놓고 여유롭게 보희를 불러 바늘과 실을
가지고 와서 꿰매게 하였다. 언니는 일이 있어 들어오지 않고 동생이
들어와 꿰매달았다. 옅은 화장과 가볍게 입은 옷차림에 광채롭고 눈부
셨다. 춘추가 보고 기뻐했고 곧 청혼하였다. 혼인식을 올리고 이윽고
임신하여 아들을 낳았으며 그가 법민이다. 왕비 자의왕후는 파진찬
선품의 딸이다. 법민은 외모가 영특하고 총명하며 지략이 많았다. 영휘
초 당에 갔을 때 고종이 태부경을 주었다. 태종 원년에 파진찬으로서
병부령이 되었다가 얼마 안 되어 태자로 책봉되었다. 현경 5년 태종이
당 장수 소정방과 백제를 평정할 때 법민이 종군하여 큰 공을 세웠고
이때에 이르러 왕위에 올랐다.

元年 六月入唐宿衛仁問、儒敦等至,告王:"皇帝已遣蘇定方領水陸
三十五道兵伐高句麗,遂命王舉兵相應。雖在服,重違皇帝敕命"。[27]
秋七月十七日以金庾信爲大將軍,仁問、眞珠、欽突爲大幢將軍,天存、
竹旨、天品爲貴幢總管,品日、忠常、義服爲上州總管,眞欽、衆臣、自
簡爲下州總管,軍官、藪世、高純爲南川州總管,述實、達官、文穎爲首
若州總管,文訓、眞純爲河西州總管,眞福爲誓幢總管,義光爲郎幢總
管,慰知爲罽衿大監。八月大王領諸將至始飴谷停留。□□使來告曰:
"百濟殘賊(△)[據]甕山[城遮路,不可前]。大]王先遣使諭之,不服。

원년. 6월 당에 들어가 숙위하던 인문과 유돈 등이 돌아와 왕에게 왈:
"황제가 이미 소정방을 시켜 35도의 수륙군을 거느리고 고구려를 치니

---

27) 重: 책임지다. 중앙본 '무거운…어렵다'.

왕께서 군사를 파견하여 응원하라고 명령하였습니다. 비록 상복을 입고 있는 중이지만 황제의 칙명을 어겼다가는 책임지시오.” 가을 7월 17일 김유신을 대장군으로, 인문·진주·흠돌 등을 대당 장군으로, 천존·죽지·천품을 귀당 총관으로, 품일·충상·의복을 상주 총관으로, 진흠·중신·자간을 하주 총관으로, 군관·수세·고순을 남천주 총관으로, 술실·달관·문영을 수약주 총관으로, 문훈·진순을 하서주 총관으로, 진복을 서당 총관으로, 의광을 낭당 총관으로, 위지를 계금대감으로 하였다.
8월 대왕이 장수들을 거느리고 시이곡정에 가 머물렀다. 사자가 와서 고하여 왈: “백제의 잔적이 옹산성에 의지하여 길을 막고 있으니 전진할 수 없습니다.” 대왕이 먼저 사람을 보내 타일렀으나 불복하였다.

九月十九日大王進次熊峴停,集諸總管大監,親臨誓之。二十五日進軍圍甕山城。至二十七日先燒大柵,斬殺數千人,遂降之。論功,賜角幹、伊湌爲總管者劍,迊(湌)[湌]、波珍湌、大阿湌爲總管者戟,已下各一品位。築熊峴城。上州總管品日與一牟山郡太守大幢、沙尸山郡太守哲川等率兵攻雨述城,斬首一千級。百濟達率助服、恩率波伽與衆謀降。賜位助服級湌,仍授古陁耶郡太守;波伽級湌,兼賜田宅衣物。冬十月二十九日大王聞唐皇帝使者至,遂還京。唐使弔慰,兼敕祭前王,贈羅彩[28]五百段。庾信等休兵待後命,含資道總管劉德敏至,傳敕旨,輸平壤軍糧。

9월 19일 대왕이 웅현정에 진주하여 총관과 대감들을 모아 놓고 직접 가서 선서하였다. 25일 진군하여 옹산성을 포위했다. 27일에 이르러 먼저 큰 목책을 불사르고 수천 명을 참수하고 항복시켰다. 공로를 논하여 총관 각간, 이찬에게는 검을 주고 총관 잡찬, 파진찬, 대아찬에게는 창을 주고 그 이하는 각각 관위 1품씩 올려주었다. 웅현성을 쌓았다. 상주 총관 품일이 일모산군 태수 대당과 사시산군 태수 철천 등과 함께

---

28) 羅彩: 잡색 천. 중앙본 ‘여러 가지 채색 비단’.

군사를 거느리고 우술성을 공격하여 1천 명을 참수하였다. 백제의 달솔 조복과 은솔 파가가 사람들과 모의하여 항복하였다. 조복에게 급찬의 직위를 주어 고타야군 태수를 계속 하게 하고 파가에게는 급찬에 밭, 집과 옷을 하사했다. 겨울 10월 29일 대왕이 당황제의 사신이 왔다는 소식을 듣고 경성으로 돌아왔다. 당 사신이 조문하고 조칙에 따라 이전 임금에게 제사도 지냈으며 잡색 천 5백 필을 기증하였다. 유신 등은 군사를 쉬우면서 다음 명령을 기다리고 있었는데 당 함자도 총관 유덕민이 와서 평양으로 군량을 보내라는 칙지를 전달하였다.

二年 春正月唐使臣在館,至是冊命王爲開府儀同三司、上柱國、樂浪郡王、新羅王。拜伊飡文訓爲中侍。王命庾信,與仁問、良圖等九將軍以車二千餘兩載米四千石、租二萬二千餘石,赴平壤。十八日宿風樹村,冰滑道險,車不得行,並載以牛馬。二十三日渡七重河,至蒜壤。貴幢弟監星川、軍師述川等遇賊兵於梨峴,擊殺之。二月一日庾信等至(△)[獐]塞,距平壤三萬六千步。先遣步騎監裂起等十五人赴唐營。是日風雪寒沍,人馬多凍死。六日至楊隩,庾信遣阿飡良圖、大監仁仙等致軍糧,贈定方以銀五千七百分、細布三十匹、頭髮三十兩、牛黃十九兩。定方得軍糧,便罷還。庾信等聞唐兵歸,亦還渡瓠川。高句麗兵追之,廻軍對戰,斬首一萬餘級,虜小兄阿達兮等,得兵械萬數。論功,中分本彼宮財貨、田莊、奴僕,以賜庾信、仁問。

2년. 봄 정월 당 사신이 여관에 머물고 있다가 이때에 이르러 왕을 개부의동삼사, 상주국, 낙랑군왕, 신라왕으로 책명하였다. 이찬 문훈을 중시로 모셨다. 왕은 유신에게 명령하여 인문, 양도 등 아홉 장군과 함께 수레 2천여 대에 쌀 4천 섬과 벼 2만 2천여 섬을 싣고 평양으로 갔다. 18일 풍수촌에 묵었는데 얼음이 미끄럽고 길이 험하여 수레가 갈 수 없으므로 모두 소와 말에 실었다. 23일 칠중하를 건너 산양에 이르렀다. 귀당 제감 성천과 군사 술천 등이 이현에서 적병을 만나 공격하여 죽였다. 2월 1일 유신 등이 장새에 도착했는데 평양까지 3만

6천보 거리였다. 먼저 보기감 열기 등 15명을 당 군영에 보냈다. 이날은 눈보라가 일어 몹시 추워 사람과 말이 많이 얼어 죽었다. 6일 양오에 도착하여 유신이 아찬 양도와 대감 인선 등을 보내 군량을 전달하고 정방에게는 은 5천 7백 푼, 세포 30필, 두발 30량, 우황 19량을 선물하였다. 정방은 군량을 얻고 곧 그만두고 돌아갔다. 유신 등도 당군이 돌아갔다는 말을 듣고 역시 군사를 되돌려 과천을 건넜다. 고구려군이 추격하자 군사를 되돌려 대적하여 1만여 명을 참수하고 소형 아달혜 등을 사로잡았으며 병기 1만 개 정도 노획하였다. 공로를 평가하여 본피궁의 재물과 토지 및 노복을 절반씩 나누어 유신과 인문에게 주었다.

靈廟寺災。耽羅國主佐平<u>徒冬音律</u>—作津來降。<u>耽羅自武德以來臣屬百濟</u>,故以佐平爲官號,至是降爲屬國。三月大赦。王以既平<u>百濟</u>,命所司設大酺。秋七月遣伊湌<u>金仁問</u>入<u>唐</u>貢方物。八月<u>百濟</u>殘賊屯聚<u>内斯只城</u>作惡,遣欽純等十九將軍討破之。大幢總管<u>眞珠</u>、<u>南川州</u>總管<u>眞欽</u>詐稱病閑放,不恤國事,遂誅之,幷夷其族。沙湌<u>如冬</u>打母,天雷雨震死,身上題"須△堂"三字。[29]<u>南川州</u>獻白鵲△字未詳。

영묘사에 불이 났다. 탐라국주 좌평 도동음률律 일왈 津이 항복해 왔다. 탐라는 무덕 이래로 백제에 예속해 있었기 때문에 좌평을 관직명으로 하였는데 이때에 항복하여 속국이 되었다. 3월 대사면을 행하였다. 이미 백제를 평정하였으므로 왕은 관계 부문을 시켜 큰 주연을 베풀었다. 가을 7월 이찬 김인문을 당에 보내 토산물을 바쳤다. 8월 백제의 잔적이 내사지성에 모여 악행을 저지르므로 흠순 등 19명의 장군을 보내 토벌해버렸다. 대당 총관 진주와 남천주 총관 진흠이 꾀병으로 빈둥거리며 국사를 돌보지 않아 참수하고 그 일족을 멸하였다. 사찬 여동이 모친을 때려 하늘에서 소나기 내리며 벼락 쳐 죽었다. 몸에 '須△堂' 세 글자가 쓰여 있었다. 남천주에서 흰 까치를 헌납했다△자는 미상이다.

---

29) △: 입'口'자 두 개 밑에 임금 '王'자이다. 컴퓨터에 없는 글자이므로 '△'로 표시한다.

三年 春正月作長倉於南山新城,築富山城。二月欽純、天存領兵攻取
百濟 居列城,斬首七百餘級。又攻居勿城、沙平城,降之,又攻德安城,
斬首一千七十級。夏四月大唐以我國爲鷄林大都督府,以王爲鷄林州
大都督。五月震靈廟寺門。百濟故將福信及浮圖道琛迎故王子扶餘
豐立之,圍留鎭郎將劉仁願於熊津城。唐皇帝詔仁軌檢校帶方州刺
(使)[史],統前都督王文度之衆,與我兵向百濟營轉鬥陷(陳)[陣],所向無
前。信等釋仁願圍,退保任存城。既而福信殺道琛,(丼)[幷]其衆,招還
(△)[叛]亡,勢甚張。仁軌與仁願合,解甲休士,乃請益兵。詔遣右威衛將
軍孫仁師,率兵四十萬至德物島,就熊津府城。王領金庾信等二十八一
云三十將軍,與之合,攻豆陵—作良尹城、周留城等諸城,皆下之。扶餘豐脫
身走,王子忠勝、忠志等率其衆降,獨遲受信據任存城,不下。自冬十月
二十一日攻之,不克,至十一月四日班師,至舌—作后利停。論功行賞有
差。大赦。製衣裳,給留鎭唐軍。

3년. 봄 정월 남산신성에 장창을 지었고 부산성을 쌓았다. 2월 흠순과
천존이 군사를 거느리고 백제의 거열성을 함락하고 700여 명을 참수했
다. 또 거물성과 사평성을 쳐서 항복시켰고 덕안성을 쳐서 1,070명을
참수했다. 여름 4월 당이 아국을 계림 대도독부로 하고 왕을 계림주
대도독으로 하였다. 5월 영묘사 문에 벼락이 쳤다. 백제의 옛 장군 복신
과 승려 도침이 전 왕자 부여풍을 맞아 왕으로 세우고 주둔군 낭장
유인원을 웅진성에서 포위하였다. 당황제는 조칙을 내려 인궤를 검교
대방주자사로 하고 전 도독 왕문도의 인마를 통솔하여 아군과 함께
백제군영으로 향하여 연이어 적진을 함락시키니 앞을 막을 자가 없었
다. 복신 등은 인원에 대한 포위를 풀고 퇴각하여 임존성을 수비하였다.
이윽고 복신은 도침을 죽이고 그의 인마를 병합하고 또한 반역하려는
유민을 불러들여 세력이 대단히 커졌다. 인궤는 인원과 합친 후 갑옷을
벗고 병사를 쉬우면서 병력의 증원을 청하였다. 조서를 내려 우위위
장군 손인사를 시켜 40만 병력을 거느리고 덕물도에 도착하였으며 웅

진부성으로 근접하였다. 왕은 김유신 등 28명일왈 30명의 장군을 거느리고 그들과 합쳐 두릉陵 일왈 良윤성, 주류성 등 성들을 공격하여 모두 항복시켰다. 부여풍은 몸을 빼어 도주하고 왕자 충승과 충지 등은 그의 인마를 끌고 항복하였으나 지수신만은 임존성에 의지하므로 항복시키지 못하였다. 겨울 10월 21일부터 공격을 시작하였으나 이기지 못하고 11월 4일에 이르러 철회하여 설舌 일왈 后리정으로 왔다. 공로별 차등 두어 포상하였다. 대사면을 행하였다. 의복을 만들어 머물러 지키는 당군에게 주었다.

四年 春正月金庾信請老,不允,賜几杖。以阿湌軍官爲漢山州都督。下教婦人亦服中朝衣裳。二月命有司徙民於諸王陵園,各二十戶。角干金仁問、伊湌天存與唐敕使劉仁願、百濟扶餘隆同盟于熊(律)[津]。三月百濟殘衆據泗沘山城叛,熊(州)[津]都督發兵攻破之。地震。遣星川、丘日等二十八人於府城學唐樂。秋七月王命將軍仁問、品日、軍官、文穎等率一善、漢山二州兵與府城兵馬攻高句麗突沙城,滅之。八月十四日地震,壞民屋,南方尤甚。禁人擅以財貨、田地施佛寺。

4년. 봄 정월 김유신이 고령으로 은퇴를 요청하였으나 허락하지 않고 안석과 지팡이를 하사하였다. 아찬 군관을 한산주 도독으로 하였다. 교서를 내려 부인들도 중국의 의복을 입게 하였다. 2월 관계부문에 명하여 왕릉들에 각각 20호씩 이사시켰다. 각간 김인문과 이찬 천존이 당 칙사 유인원, 백제 부여륭과 웅진에서 맹약을 맺었다. 3월 백제의 잔적 무리가 사비산성에 의지하여 반란을 일으키자 웅진도독이 군사를 보내 격파하였다. 지진이 일어났다. 성천과 구일 등 28명을 부성에 보내 당 음악을 배우게 하였다. 가을 7월 왕이 장군 인문, 품일, 군관, 문영 등에게 명령하여 일선주와 한산주의 군사를 거느리고 부성의 군사와 함께 고구려 돌사성을 진공하여 멸하였다. 8월 14일 지진이 일어나 민가가 무너졌으며 남방이 더욱 심하였다. 재물과 토지를 함부로 절에 시주함을 금하였다.

五年 春二月中侍文訓致仕,以伊飡眞福爲中侍。伊飡文王卒,以王子
禮葬之。唐皇帝遣使來弔,兼進贈紫衣一襲、腰帶一條、彩綾羅一百匹、
綃二百匹。王贈唐使者金帛尤厚。秋八月王與敕使劉仁願、熊津都
(叔)[督]扶餘隆盟于熊津 就利山。初百濟自扶餘璋與高句麗連和,屢
(△)[侵]伐封場,我遣使入朝求救,相望于路。及蘇定方既平百濟,軍廻,
餘衆又叛。王與鎭守使劉仁願、劉仁軌等經略數年,漸平之。高宗詔扶
餘隆歸撫餘衆及令與我和好。至是刑白馬而盟,先祀神祇及川谷之
神,而後歃血。

5년. 봄 2월 중시 문훈이 은퇴하여 이찬 진복을 중시로 하였다. 이찬
문왕이 죽어 왕자의 예의로 장사지냈다. 당황제가 사신을 보내 조문하
고 동시에 자줏빛 옷 한 벌과 허리띠 하나, 채릉라 100필, 생초 2백
필을 기증했다. 왕은 당 사신에게 금과 비단을 더욱 후하게 주었다.
가을 8월 왕이 칙사 유인원, 웅진도독 부여륭과 웅진 취리산에서 맹약
하였다. 당초 백제는 부여장 때부터 고구려와 연합하여 자주 우리 국
토를 침범하였다. 우리는 당에 사신을 보내 구원을 요청하는 사절이
길에 이었다. 소정방이 백제를 평정하고 돌아간 후 남은 무리들은 또
반란을 일으켰다. 왕이 진수사 유인원, 유인궤 등과 함께 수년간 경략
하여 점차 평정되었다. 당고종은 부여륭에게 조칙을 내려 귀국하여
남은 무리를 무마하고 우리와 화친하도록 했다. 이때에 이르러 흰 말
을 잡아 맹세하였으며 먼저 하늘과 땅 및 강과 골짜기 신에 제사지내
고 다음 삽혈하였다.

其盟文(日)[曰]:"往者百濟先王迷於逆順,30)不敦隣好,不睦親姻,結托
高句麗,交通倭國兵爲殘暴,侵削新羅,剽邑屠城,略無寧歲。天子憫一
物之失所,憐百姓之無辜,頻命行人,遣其和好。負險恃遠,侮慢天經。
皇赫斯怒,龔行弔伐,旌旗所指,一戎大定。固可(瀀)[潴]宮(衧)[汙]宅,作

---

30) 逆順: 반역. '逆'의미의 偏義辭. '順'은 무의미의 들러리. 중앙본 '반역과 순종'.

誠來裔;塞源拔本,垂訓後昆。然懷柔伐叛,前王之令典;興亡繼絶,往哲之通規。事必師古,傳諸曩冊。故立前百濟大司稼正卿扶餘隆爲熊津都督,守其祭祀,保其桑梓。依倚新羅,長爲與國;各除宿憾,結好和親;各承詔命,永爲藩服。

맹약문은 이러하다: '지난 날 백제의 전왕은 반역에 미혹되어 인국과 좋게 지낼 줄, 인척간에 화목할 줄 몰라 고구려와 결탁하고 왜국 군과 내통하여 함께 잔폭한 일을 감행하여 신라를 침략하고 성읍을 약탈, 도륙하여 편안한 세월이 거의 없었다. 천자는 물건 하나라도 제자리를 잃는 것을 가련히 여기고 죄 없는 백성을 불쌍히 여겨 자주 사신을 보내 화친하게 하였다. 백제는 지세가 험하고 거리가 먼 것을 믿고 천자의 가르침에 오만하였다. 황제가 대노하였고 손수 정벌하여 깃발이 향하는 곳마다 단판 싸움에 완전히 평정하였다. 정말 궁궐과 집을 못으로 만들고 후손을 경계하며 근원을 막고 뿌리를 뽑아 후손에게 교훈을 남길 수 있다. 그러나 복종하는 자를 껴안고 배반하는 자는 정벌함은 선왕의 좋은 법이며 망한 자를 일구어세우고 끊어진 대를 잇게 함은 옛 성인의 공통된 규칙이다. 옛 것을 본받아야 함은 이전 책에 전해져 있다. 그러므로 전 백제 대사가정경 부여륭을 웅진도독으로 하여 조상에 제사하고 옛 고장을 보전케 한다. 신라에 의지하여 영원토록 우방이 되고 각자 묵은 유감을 버리고 우호 관계로 화친하며 각자는 조칙을 받들고 영원히 번국으로 복종하자.

"仍遣使人右威衞將軍魯城縣公劉仁願親臨勸誘,寔宣成旨。約之以婚姻,申之以盟誓。刑牲歃血,共敦終始。分災恤患,恩若弟兄。祇奉綸言,不敢失墜。旣盟之後,共保歲寒。若有背盟、二三其德,興兵動衆,侵犯邊陲,明神監之,百殃是降。子孫不育,㈳[社]稷無守。禋祀磨滅,罔有遺餘。故作金書鐵券,藏之宗廟,子孫萬代無敢違㈲[犯]。神之聽之,是饗是福。"劉仁軌之辭也。歃訖,埋牲幣於壇之壬地,藏其書於我之宗廟。於是仁軌領我使者及百濟、耽羅、倭人四國使浮海西還,以會祠泰山。立王子政明爲太子,大赦。冬以一善、居列二州民輸軍資於河西州。絹布舊以十尋爲一匹,改以長七步廣二尺爲一匹。

'사신 우위위 장군, 노성현공 유인원을 보내 직접 권유하고 황제 뜻을 선포한다. 혼인을 약속하고 맹세를 거듭한다. 짐승을 잡아 삽혈하고 시종 돈독히 지낸다. 재난을 함께하고 형제와 같이 은혜롭게 지낸다. 황제를 받들고 어기지 않는다. 맹세를 마친 뒤 절조를 지킨다. 만일 맹세를 저버리거나 변덕이 생기거나 전쟁을 일으키거나 변경을 침범하면 신명이 굽어보고 많은 재앙이 내려진다. 자손을 기르지 못하고 사직을 보전하지 못한다. 사당이 없어지고 후손이 끊어진다. 하여 금가루로 철권을 써 종묘에 간직하고 자손만대에 감히 어기지 못한다. 신령께서 듣고 흠향하며 복을 베풀어 달라.' 유인궤의 글귀이다. 삽혈이 끝난 후 희생과 제물을 제단의 북쪽 땅에 묻었으며 문서는 우리 종묘에 간직했다. 유인궤는 우리 사신과 백제, 탐라, 왜 등 네 나라 사신을 거느리고 바다를 건너 서쪽으로 돌아가 태산에 모여 제사지냈다. 왕자 정명을 태자로 하고 대사면을 행하였다. 겨울에 일선, 거열 두 주의 백성들을 동원하여 군수품을 하서주로 운반하였다. 이전에는 명주와 베 열 순을 한 필로 했는데 길이 일곱 보, 너비 두 자를 한 필로 개정하였다.

六年 春二月京都地震。夏四月靈廟寺災。大赦。天存之子漢林、庾信之子三光皆以奈麻入唐宿衛。王以既平百濟,欲滅高句麗,請兵於唐。冬十二月唐以李勣爲遼東道行軍大總管,以司列少常伯安陸 郝處俊副之,以擊高句麗。高句麗貴臣淵淨土以城十二、戶七百六十三、口三千五百四十三來投。淨土及從官二十四人給衣物、糧料、家舍,安置王都及州府。其八城完[並]遣士卒鎭守。

6년. 봄 2월 경성에 지진이 일어났다. 여름 4월 영묘사에 불이 났다. 대사면을 행하였다. 천존의 아들 한림, 유신의 아들 삼광이 모두 나마로서 당에 들어가 숙위하였다. 왕은 이미 백제를 평정하였으므로 고구려를 멸하고자 당에 군사를 청하였다. 겨울 12월 당은 이적을 요동도행군대총관으로 하고 사열소상백 안륙현 학처준을 부관으로 하여 고구려를 공격했다. 고구려 권귀 대신 연정토가 12성, 763호, 3,543명의 인구를 바치며 투항하였다. 정토와 수종 24명에게 의복, 식량, 가택을 주며 경성과 주부에 안주시켰다. 온전한 8개 성은 모두 군사를 파견하여 수비토록 하였다.

七年 秋七月大酺三日。唐皇帝敕以智鏡、愷元爲將軍,赴遼東之役。王即以智鏡爲波珍飡,愷元爲大阿飡。又皇帝敕以日原大阿飡爲雲麾將軍,王命於宮庭受命。遣大奈麻汁恒世入唐朝貢。高宗命劉仁願、金仁泰從卑列道,又徵我兵從多谷、海谷二道以會平壤。秋八月王領大角干金庾信等三十將軍出京。九月至漢城停以待英公。冬十月二日英公到平壤城北二百里,差遣尒同兮村主大奈麻江深,率契丹騎兵八十餘人,歷阿珍含城至漢城,移書以督兵期,大王從之。十一月十一日至獐塞,聞英公歸,王兵亦(遇)[還]。仍授江深位級飡,賜粟五百石。十二月中侍文訓卒。唐留鎮將軍劉仁願傳宣天子敕命,助征高句麗,仍賜王大將軍旌節。

7년. 가을 7월 사흘 동안 큰 잔치를 베풀었다. 당황제가 칙령으로 지경과 개원을 장군으로 하여 요동 전투에 참전시켰다. 왕은 즉시 지경을 파진찬, 개원을 대아찬으로 하였다. 또 황제가 칙령으로 대아찬 일원을 운휘 장군으로 하니 왕은 궁궐의 뜰에서 그 명령을 받도록 하였다. 대나마 즙항세를 당에 보내 조공하였다. 당고종은 유인원, 김인태가 비열도로부터 평양으로 향하고 또 아군을 징발하여 다곡, 해곡 두 길을 따라 평양에서 합류하도록 명하였다. 가을 8월 왕이 대각간 김유신 등 30명의 장군을 거느리고 경성을 출발하였다. 9월 한성정에 도착하여 영공을 기다렸다. 겨울 10월 2일 영공이 평양성 북쪽 2백 리에 도착하여 이동혜 촌주 대나마 강심을 시켜 거란 기병 80여 명을 거느리고 아진함성을 경유하여 한성에 이르러 군사의 동원 기일을 독촉하는 편지를 보내와 왕이 이에 응하였다. 11월 11일 장새에 도착하여 영공이 돌아갔다는 소식을 듣고 왕의 군사도 돌아왔다. 강심에게 급찬의 작위와 곡식 5백 섬을 주었다. 12월 중시 문훈이 죽었다. 당 유진 장군 유인원이 고구려 정벌을 도우라는 천자의 칙명을 전달하고 왕에게 대장군의 정절을 주었다.

八年 春阿麻來服。遣元器與淨土入唐,淨土留不歸,元器還。有敕此後禁獻女人。三月拜波珍湌智鏡爲中侍。置比列忽州,仍命波珍湌龍文爲總管。夏四月彗星守天船。六月十二日遼東道安撫副大使、遼東行軍副大總管兼熊津道安撫大使、行軍總管、(左)[右]相、檢校太子左中護、上柱國、樂城縣開國男劉仁軌奉皇帝敕旨,與宿衛沙湌金三光到党項津。王使角(干)[干]金仁問(△)[延]迎之以大禮。於是右相約束訖,向泉岡。

8년. 봄 아마가 와서 항복하였다. 원기와 정토를 당에 보냈는데 정토는 머물며 돌아오지 않았고 원기는 돌아왔다. 이후 여인의 헌납을 금한다는 칙명이 내렸다. 3월 파진찬 지경을 중시로 모셨다. 비열홀주를 설치하고 파진찬 용문을 총관으로 하였다. 여름 4월 혜성이 천선 성좌를 지켰다. 6월 12일 요농도안무부대사, 요동행군부대총관 겸 웅진도안무대사, 행군총관, 우상, 검교태자좌중호, 상주국, 낙성현개국남 유인궤가 황제의 칙지를 받들고 숙위 사찬 김삼광과 함께 당항진에 도착하였다. 왕이 각간 김인문을 보내 성대한 예의로 영접하였다. 이에 우상은 약속을 끝내고 천강으로 향했다.

二十一日以大角(干)[干]金庾信(大幢爲)[爲大幢]大總管,角(干)[干]金仁問、欽純、天存、文忠、迊湌眞福、波珍湌智鏡、大阿湌良圖、愷元、欽突爲大幢總管,伊湌陳純一作春、竹旨爲京停總管,伊湌品日、迊湌文訓、(天)[大]阿湌天品爲貴幢總管,伊湌仁泰爲卑列道總管,迊湌軍官、大阿湌都儒、阿湌龍長爲漢城州行軍總管,迊湌崇信、大阿湌文穎、阿湌福世爲卑列城州行軍總管,波珍湌宣光、阿湌長順、純長爲河西州行軍總管,波珍湌宜福、阿湌天光爲誓幢總管,阿湌(曰)[日]原、興元爲罽衿幢總管。

21일 대각간 김유신을 대당 대총관, 각간 김인문·흠순·천존·문충, 잡찬 진복·파진찬 지경·대아찬 양도·개원·흠돌을 대당 총관, 이찬 진순純 혹왈 春·죽지를 경정 총관, 이찬 품일·잡찬 문훈·대아찬 천품을 귀당 총관, 이찬 인태를 비열도 총관, 잡찬 군관·대아찬 도유·아찬 용장을 한성주 행군총관, 잡찬 숭신·대아찬 문영·아찬 복세를 비열성주 행군 총관, 파진찬 선광·아찬 장순·순장을 하서주 행군총관, 파진찬 의복·아 찬 천광을 서당 총관, 아찬 일원·홍원을 계금당 총관으로 하였다.

二十二日府城劉仁願遣貴(干)[干]未肹告高句麗 大谷口、漢城等二郡 十二城歸服,王遣一吉飡眞功稱賀。仁問、天存、都儒等領一善州等七 郡及漢城州兵馬赴唐軍營。二十七日王發京赴唐兵,二十九日諸道總 管發行。王以庚信病風留京。仁問等遇英公,進軍於嬰留山下嬰留山在今 西京北二十里。秋七月十六日王行次漢城州,教諸總管往會大軍。文穎等 遇高句麗兵於蛇川之原,對戰,大敗之。九月二十一日與大軍合圍平 壤,高句麗王先遣(泉)[淵]男産等詣英公請降。31)於是英公以王寶臧、 王子福男、德男、大臣等二十餘萬口廻唐。角(干)[干]金仁問、大阿飡助 州隨英公歸,仁泰、義福、藪世、天光、興元隨行。初大軍平高句麗,王 發漢城指平壤,次肹次壤,聞唐諸將已歸,還至漢城。

22일 부성의 유인원이 귀간 미힐을 보내 고구려 대곡성, 한성 등 두 군 12성이 귀순하였음을 알렸고 왕은 일길찬 진공을 보내 치하하였다. 인문, 천존, 도유 등이 일선주 등 일곱 개 군과 한성주 병마를 거느리고 당 군영으로 갔다. 27일 왕이 경성을 떠나 당군으로 갔으며 29일 각 도들의 총관이 출발하였다. 왕은 유신이 고뿔로 앓으므로 경성에 머물 게 하였다. 인문 등이 영공을 만나 영류산 아래영류산은 지금의 서경 북쪽 20리에 있다까지 진군하였다. 가을 7월 16일 왕이 한성주에 행차하여 총

---

31) (泉)[淵]男産: 연개소문은 연씨이지만 당고조 李淵을 피휘하여 '泉'으로 썼다.

관들에게 대군에 집결하도록 교시하였다. 문영 등이 사천의 벌에서
고구려군과 마주쳐 싸워 대패시켰다. 9월 21일 대군과 같이 평양을
포위하였고 고구려왕은 우선 연남산 등을 영공에게 보내 항복을 청구
하였다. 이때 영공이 왕 보장과 왕자 복남, 덕남과 대신 등 20여만 명을
데리고 당으로 돌아갔다. 각간 김인문과 대아찬 조주가 영공을 따라갔
고 인태, 의복, 수세, 천광, 흥원도 수행하였다. 당초 대군이 고구려를
평정하려 할 때 왕은 한성을 떠나 평양으로 향하다가 힐차양에 머물렀
다가 당 장수들이 이미 귀국하였다는 말을 듣고 한성으로 돌아왔다.

冬十月二十二日賜庾信位太大角(干)[干], 仁問大角干, 已外伊湌、將
軍等並爲角干。蘇判已下並增位一級。大幢少監本得 蛇川戰功第一;
漢山州少監朴京漢 平壤城內殺軍主述脫功第一;黑嶽令 宣極 平壤
城大門戰功第一,並授位一吉湌,賜租一千石。誓幢幢主金遁山 平壤
軍營戰功第一,授位沙湌,賜租七百石。軍師南漢山 北渠 平壤城北門
戰功第一,授位述干,賜粟一千石。軍師斧壤 仇杞 平壤南橋戰功第一,
授位述干,賜粟七百石。假軍師比列忽 世活 平壤 少城戰功第一,授位
高干,賜粟五百石。漢山州少監金相京 蛇川戰死,功第一,贈位一吉湌,
賜租一千石。牙述沙湌求律 蛇川之戰就橋下涉水出,與賊鬪,大勝,以
無軍令,自入危道,功雖第一而不錄,憤恨欲經死,旁人救之,不得死。

겨울 10월 22일 유신에게 태대각간, 인문에게 대각간을 하사하고 이
밖에 이찬, 장군 등은 모두 각간으로 하였으며 소판 이하에게는 모두
위품 한 급씩을 올려주었다. 대당소감 본득은 사천 전투에서 전공이
으뜸이고, 한산주소감 박경한은 평양성 안에서 군주 술탈을 죽여 전공
이 으뜸이며, 흑악령 선극은 평양성 대문 싸움에서 전공이 으뜸이므로
모두 일길찬의 직위를 제수하고 벼 1천 섬을 하사하였다. 서당당주
김둔산은 평양 군영 전투에서 전공이 으뜸이므로 사찬의 직위와 벼
7백 섬을 하사하였다. 군사 남한산의 북거는 평양성 북문 전투에서
전공이 으뜸이므로 술간의 직위와 조 1천 섬을 하사하였다. 군사 부양

인 구기는 평양 남교 전투에서 전공이 으뜸이므로 술간의 직위와 조 7백 섬을 하사하였다. 가군사 비열홀인 세활은 평양 소성 전투에서 전공이 으뜸이므로 고간의 직위와 조 5백 섬을 하사하였다. 한산주 소감 김상경은 사천 전투에서 전사하였고 전공이 으뜸이므로 일길찬의 직위를 추증하고 벼 1천 섬을 하사하였다. 아술인 사찬 구율은 사천 전투에서 다리 아래로 내려가 물을 건너서 적과 싸워 크게 이겼으나 군령 없이 자의로 위험한 길로 들어갔으므로 전공은 비록 으뜸이나 등록되지 못해 분하고 한스러워 목매어 죽으려 하였으나 옆 사람이 구하여 죽지 못하였다.

二十五日王還國,次褥突驛。國原仕臣龍長大阿湌私設筵,饗王及諸侍從。及樂作,奈麻緊周子能晏年十五歲,呈加耶之舞。王見容儀端麗,召前撫背,以金盞勸酒,賜幣帛頗厚。十一月五日王以所虜高句麗人七千入京。六日率文武臣寮朝謁先祖廟,告曰:"祗承先志,與大唐同擧義兵,問罪於百濟、高句麗,元兇伏罪,國步泰靜,敢玆控告,神之聽之。"十八日賚死事者少監已上十□□匹,從者二十匹。十二月靈廟寺災。

25일 왕은 귀경길에 욕돌역에 묵었다. 국원의 사신 대아찬 용장이 개인 적으로 잔치를 베풀어 왕과 시종들을 대접하였다. 음악이 시작되자 나이 15세인 나마 긴주의 아들 능안이 가야의 춤을 선보였다. 왕이 단정하고도 예쁜 그의 얼굴을 보고 앞으로 불러 등을 어루만지면서 금잔으로 술을 권하고 폐백을 후하게 주었다. 11월 5일 왕이 고구려 포로 7천 명을 끌고 경성에 들어왔다. 6일 문무 대신들을 거느리고 선조의 사당을 참배하며 고하였다: "삼가 선조의 뜻을 이어 당과 함께 정의의 군사를 동원하여 백제와 고구려에게 문죄하고 괴수를 굴복시켰습니다. 국운이 태평하여져 감히 고하오니 신이여 들으시오." 18일 전사자 소감 이상에게 십□□필, 종자에게는 20필을 주었다. 12월 영묘사에 불이 났다.

九年 春正月以信惠法師爲政官大書省。唐僧法安來,傳天子命,求磁

石。二月二十一日大王會群臣下敎:"往者新羅隔於兩國,北伐西侵,
暫無寧歲。戰士曝骨,積於原野,身首分於庭界。先王愍百姓之殘害,忘
千乘之貴重,越海入朝請兵絳闕。本欲平定兩國,永無戰鬪,雪累代之
深讐,全百姓之殘命。百濟雖平,高麗未滅。寡人承克定之遺業,終已成
之先志。今兩敵既平,四隅靜泰。臨陣立功者,並已酬賞;戰死幽魂者,
追以冥資。但囹圄之中不被泣辜之恩;枷鎖之苦未蒙更新之澤。言念
此事,寢食未安。可赦國內。自總章二年二月二十一日昧爽已前,犯五
逆罪死已下,今見囚禁者,罪無小大,悉皆放出。其前赦已後犯罪奪爵者,
並令依舊。盜賊人但放其身,更無財物可還者,不在徵限。32)其百姓貧
寒取他穀米者在不熟之地者,子母俱不須還;若在熟處者,至今年收
熟,只還其本,其子不須還。□□三十日爲限,所司奉行!"

9년. 봄 정월 신혜법사를 정관대서성으로 하였다. 당승 법안이 와서
천자의 명령을 전달하며 자석을 청구하였다. 2월 21일 대왕이 신하들
을 모아 놓고 교시를 하였다: '이전에 신라는 두 나라와 접경하고 북벌
서침하여 잠시도 편안한 해가 없었다. 병사의 해골은 벌판에 쌓였고
몸과 머리가 갈라져 변방에 버려졌다. 선왕께서는 백성들의 참상을
불쌍히 여겨 천승의 귀한 신분을 잊고 바다 건너 입조하여 궁궐에 지원
군을 청하였다. 본래는 두 나라를 평정하여 영원히 전쟁을 없애고 역대
에 쌓인 깊은 원수를 갚고 백성들의 남은 목숨을 보전하자는 것이었다.
백제는 비록 평정되었으나 고구려가 아직 멸하지 않아 평정의 유업을
과인이 계승하여 끝내 선왕의 뜻을 이루었다. 지금 두 적이 이미 평정되
어 사방이 안정되고 태평해졌다. 전쟁터에서 공을 세운 자에게는 이미
모두 상을 주었고 전사한 영혼에게는 명복의 재물을 추증하였다. 다만
옥 안의 자들은 가엾게 여겨 울어주는 은혜를 입지 못하고 칼 쓰고
쇠고랑에 묶여 고통 받는 자는 갱신의 혜택을 받지 못하고 있다. 이

---

32) 不在徵限: 징수의 범위에 넣지 말라. 중앙본 '징수의 기한을 두지 말라'.

일을 생각하면 침식이 편할 수 없다. 국내의 죄수들을 사면할 수 있다. 총장 2년 2월 21일 새벽 이전 5역의 사형 죄를 받은 이하로서 현재 구금 중인 자는 죄의 대소를 막론하고 모두 석방하라. 이전에 사면 받은 이후에 죄를 범하여 관작을 빼앗겼던 자는 모두 이전대로 하라. 도적질한 자는 몸만 풀어주고 배상할 재물이 더 없는 자는 징수의 범위 에 넣지 말라. 가난하여 남의 곡식을 빌려 먹은 자로서 풍년 든 곳에 살지 않는 자는 본 곡과 이자를 모두 갚지 않아도 되고 풍년 든 곳에 사는 자는 금년 곡식이 익을 때에 본 곡만 갚고 이자는 갚지 않아도 된다. □□30일 안으로 관계부문이 받들어 집행하라.'

夏五月泉(共)[井]、比[列忽、各]連等三郡民饑, 發倉賑恤。遣祇珍山級 湌等入唐獻磁石二箱。又遣欽純角干、良圖波珍湌入唐謝罪。冬唐使 到, 傳詔, 與弩師仇珍川沙湌廻。命造木弩, 放箭三十步。帝問曰: "聞在 爾國造弩射一千步, 今纔三十步, 何也?" 對曰: "材不良也。若取材本 國, 則可以作之。" 天子降使求之, 即遣福漢大奈麻獻木。乃命改造, 射 至六十步。問其故, 答曰: "臣亦不能知其所以然, 殆木過海, 爲濕氣所 侵者歟?" 天子疑其故不爲, 劫之以重罪, 而終不盡呈其能。頒馬阹(九) [凡]一百七十四所, 屬所內二十二, 官十。賜庾信太大角干六, 仁問太 角干五, 角干七人各三,(供)[伊]湌五人各二, 蘇判四人各二, 波珍湌六 人、大阿湌十二人各一。以下七十四所, 隨宜賜之。

여름 5월 천정, 비열홀, 각련 등 세 군 백성이 기근 들어 창고를 풀어 구제하였다. 급찬 기진산 등을 당에 보내 자석 두 상자를 헌납하였다. 또 각간 흠순과 파진찬 양도를 당에 보내 사죄하였다. 겨울에 당 사신이 와서 조서를 전하고 쇠뇌 기술자 사찬 구진천과 같이 돌아갔다. 명령을 내려 나무 쇠뇌를 만들어 화살을 쏘니 30보 나갔다. 황제가 물어 왈: "그대 나라에서 만든 쇠뇌는 쏘면 천보 나간다고 들었는데 지금 겨우 30보 나가니 왠가?" 답 왈: "재목이 좋지 않습니다. 만약 우리나라의 재목을 쓰면 만들 수 있습니다." 천자는 사신을 내려 보내 재목을 구하므로 곧바로 대내마 복한을 보내 재목을 헌납했다. 명하여 다시 만들어 쏘니 60보 나갔다. 그 이유를 물으니 답 왈: "소신도 그 이유를 알 수 없습니다. 아마 나무가 바다를 건너며 습기가 배어들었기 때문이겠지요." 천자는 고의로 만들지 않는다고 의심하여 중죄로 위협하였으나 끝내 자신의 재능을 다 발휘하지 못했다. 말 목장 모두 174개소를 나누어주었다. 22개를 소내에, 10개를 관청에 귀속시켰다. 태대각간 유신에게 6개소, 태각간 인문에게 5개소, 각간 7인에게 각각 3개소, 이찬 5인에게 각각 2개소, 소판 4인에게 각각 2개소, 파진찬 6인과 대아찬 12인에게 각각 1개소 하사하고 나머지 74개는 적당하게 하사하였다.

十年 春正月高宗許欽純還國,留囚良圖,終死(干)[于]圓獄。以王擅取百濟土地、遺民,皇帝責怒,再留使者。三月沙湌薛烏儒與高句麗太[大兄高]延武各率精兵一萬,度鴨淥江,至屋骨□□□,靺鞨兵先至皆敦壤待之。夏四月四日對戰,我兵大克之,斬獲不可勝計。唐兵繼至,我兵退保白城。六月高句麗 水臨城人(年)[牟]岑大兄收合殘民,自窮牟城至浿江南,殺唐官人及僧法安等,向新羅。行[至]西海史冶島,見高句麗大臣淵淨土之子安勝,迎致漢城中,奉以爲君。遣小兄多式等哀告曰:"興滅國,繼絶世,天下之公義也,(推)[惟]大國是望。我國先王(日)[以]失道見滅,今臣等得國貴族安勝,奉以爲君,願作藩屛,永世盡忠。"王處之國西金馬渚。

10년. 봄 정월 당고종이 흠순의 귀국을 허락하고 양도는 억류하여 가두어 끝내 감옥에서 죽었다. 왕이 마음대로 백제의 토지와 유민을 빼앗아 차지하였다는 이유로 황제가 노하여 사신을 두 번이나 억류한 것이다. 3월 사찬 설오유가 고구려 대형 고연무와 각각 정병 1만 명을 거느리고 압록강을 건너 옥골□□□에 이르렀다. 말갈군이 먼저 개돈양에 와서 기다리고 있었다. 여름 4월 4일 맞받아 싸워 아군이 크게 이기고 참수하고 포로한 적병이 부지기수다. 당 군사가 잇달아 도착하자 아군은 물러나 백성을 지켰다. 6월 고구려 수림성 대형 모잠이 유민을 모아 궁모성으로부터 패강 남쪽에 도착하여 당 관리와 승려 법안 등을 죽이고 신라로 향하였다. 서해 사야도에 이르러 고구려 대신 연정토의 아들 안승을 만나 한성 안으로 맞아 들여 임금으로 받들었다. 소형 다식 등을 보내 애고하여 왈: "망한 나라를 일으키고 끊어진 세대를 잇는 것은 천하의 공리이므로 오직 대국에 바랄 뿐입니다. 우리나라 선왕이 도를 잃어 멸망되었으나 지금 소신 등은 본국의 귀족 안승을 찾아 임금으로 받들고 속국이 되어 영원히 충성을 다할 것입니다." 왕은 그들을 나라 서쪽 금마저에 거처하게 하였다.

漢祇部女人一産三男一女,賜粟二百石。秋七月王疑百濟殘衆反覆,遣大阿湌儒敦於熊津都督府請和,不從,乃遣司馬(稱)[禰]軍窺覘。王知謀我,止(稱)[禰]軍不送,擧兵討百濟。品日、文忠、衆臣、義官、天官等攻取城六十三,徙其人於内地。天存、竹旨等取城七,斬首二千。軍官、文穎取城十二,擊狄兵,斬首七千級,獲戰馬兵械甚多。王還,以衆臣、義官、達官、興元等□□□寺營退卻,罪當死,赦之免職。倉吉于□□□□一,各授位級湌,賜租有差。遣沙湌須彌山封安勝爲高句麗王。其冊曰:

한기부 여자가 한 배에 아들 셋과 딸 하나를 낳았으므로 조 2백 섬을 하사하였다. 가을 7월 왕은 백제잔적의 번복을 의심하여 대아찬 유돈을 웅진도독부에 보내 화친을 요청하였으나 응하지 않고 곧 사마 예군을 보내 정탐하였다. 왕이 우리를 도모하려는 것을 알고 예군을 억류하여 보내지 않고 군사를 동원하여 백제를 토벌했다. 품일, 문충, 중신, 의관, 천관 등이 63개의 성을 탈취하고 그곳 사람들을 내지로 이사시켰다. 천존, 죽지 등은 7개 성을 빼앗고 2천 명을 참수했다. 군관, 문영은 12개 성을 빼앗고 북적北狄 군을 공격하여 7천 명을 참수했으며 군마와 병기를 많이 노획했다. 왕이 돌아와 중신, 의관, 달관, 흥원 등이 □□□ 사 군영에서 퇴각하였으므로 마땅히 죽을 죄지만 사면하고 면직만 시켰다. 창길우□□□□일에게 각각 급찬의 작위를 주고 차등을 두어 벼를

하사하였다. 사찬 수미산을 보내 안승을 고구려왕에 봉하였다. 책명문
은 다음과 같다:

"維咸享元年歲次庚午秋八月一日辛丑,新羅王致命高句麗嗣子安勝。
公太祖中牟王積德㊀[北]山,立功南海,威風振於靑丘,仁敎被於玄菟。
子孫相繼,本支不絶;開地千里,年將八百。至於㊀[建]、産兄弟,禍起
蕭墻,釁成骨肉;家國破亡,宗社(△)[湮]滅。生人波蕩,無所托心。公避
危難於山野,投單身於隣國,遊離辛苦。跡同晉文,更興亡國,事等衛侯。
夫百姓不可以無主,皇天必有以眷命。先王正嗣唯公而已,主於祭祀,
非公而誰?謹遣使一吉湌金須彌山等,就披策,命公爲高句麗王。公宜
撫集遺民,紹興舊緖,永爲隣國,事同昆弟。敬哉敬哉。兼送粳米二千石、
甲具馬一匹、綾五匹、絹‧細布各十匹、綿十五稱,王其領之!"

'함형 원년 경오 가을 8월 1일 신축에 신라왕은 고구려 후계자 안승에게
책명을 보낸다. 공의 태조 중모왕이 북산에 덕을 쌓고 남해에 공을
세워 위풍이 청구에 떨쳤고 어진 교화를 현도에 입혔다. 자손이 잇고
본계와 지계가 끊이지 않았으며 천리를 개척했고 햇수는 800년 되려
한다. 남건, 남산 형제에 이르러 화가 집안에 일어나 골육이 갈라지고
가문과 나라가 망하고 종묘와 사직이 없어졌다. 백성들은 떠돌며 마음
붙일 곳이 없다. 공은 산야에서 위험과 곤란을 피하다가 홀몸으로 이웃
나라에 귀순하였다. 유랑의 고통은 진문공과 같고 망한 나라를 다시
일으키는 사적은 위선공衛宜公과 같다. 백성은 임금이 없을 수 없고 하늘
은 반드시 운명을 돌보아준다. 선왕의 정통후계자는 오직 공뿐이며
제주祭主는 공이 아니면 누구겠는가? 삼가 일길찬 김수미산 등을 사신
으로 보내어 책명을 펼치고 공을 고구려왕으로 명한다. 공은 마땅히
유민들을 모아 위로하고 옛 업적을 이어 영원토록 인국이 되어 형제와
같이 지내야 할 것이다. 공경하고 공경하라. 더불어 멥쌀 2천 섬, 갑옷
갖춘 말 한 필, 능직 다섯 필, 견직과 베 각각 열 필, 면화 15칭을 보내니
왕은 이를 받아라!'

十二月土星入月,京都地震。中侍智鏡退。倭國更號日本,自言近日所出以爲名。漢城州總管藪世取百濟□□□□□國,適彼,事覺。遣大阿湌眞珠誅之[33]十二□□□責書所六□□僅事同異可□。

12월 토성이 달에 들어가고 경성에 지진이 일어났다. 중시 지경이 물러났다. 왜국이 이름을 일본으로 고치고 해 돋는 곳과 가까우므로 이렇게 지었다고 스스로 말한다. 한성주 총관 수세가 백제□□□□□나라를 취하고 그쪽으로 가려다가 일이 발각되었다. 대아찬 진주를 보내 그를 참수하였다十二□□□責書所六 □□僅事同異可□.

---

33) 한성주 총관 수세가 백제의 옛 땅에 가서 신라를 배반하려다 참수당한 듯하다.

三國史記卷第七

(삼국사기 권제7)

新羅本紀第七(신라본기 제7)

文武王下(문무왕 하)

○十一年 春正月拜伊湌禮元爲中侍。發兵侵百濟,戰於熊津南,幢主
夫果死之。靺鞨兵來圍舌口城,不克,將退,出兵擊之,斬殺三百餘人。
聞唐兵欲來(△)[救]百濟,遣大阿湌眞功、阿湌□□□□兵守甕浦。白魚
躍入□□□□□□□□□一寸。夏四月震興輪寺南門。六月遣將軍
竹旨等領兵踐百濟 加林城禾,遂與唐兵戰於石城,斬首五千三百級,
獲百濟將軍二人、唐果毅六人。秋七月二十六日大唐總管薛仁貴使
琳潤法師寄書曰:

11년. 봄 정월 이찬 예원을 중시로 모셨다. 군사를 발동하여 백제를
침공하여 웅진 남쪽에서 싸우다가 당주 부과가 죽었다. 말갈군이 와서
설구성을 포위했으나 이기지 못 하고 퇴각하려 하자 출격하여 300여
명을 참수했다. 당군이 백제를 구원하러 온다는 말을 듣고 대아찬 진공
과 아찬 □□□□을 보내 옹포를 수비하였다. 흰 물고기가 □□□□□
□□□□에 뛰어 들었는데 한 치였다. 여름 4월 흥륜사 남문에 벼락

이 쳤다. 6월 장군 죽지 등을 보내 군사를 거느려 백제 가림성의 벼를
짓밟았다. 마침 당 군과 석성에서 싸워 5,300명을 참수했으며 백제 장
군 두 사람과 당과의 여섯 사람을 포로 하였다. 가을 7월 26일 당 총관
설인귀가 임륜법사를 시켜 편지를 보내왔다:

"行軍總管薛仁貴致書新羅王:清風萬里、大海三千, 天命有期, 行遵此
境。奉承機心稍動,34)窮武邊城, 去由也之片言,35)失侯生之一諾。36)兄
爲逆首, 弟作忠臣, 遠分花萼之陰, 空照相思之月。興言彼此, 良增歎詠。
先王開府謀猷一國, 展轉百城, 西畏百濟之侵, 北警高麗之寇。地方千
里數處爭鋒, 蠶女不及桑時, 耘人失其疇序。年將耳順, 楡景日侵, 不懼
船海之危, 遠涉陽侯之險,37)瀝心華境。頓顙天門, 具陳孤弱, 明論侵擾。
情之所露, 聽不勝悲。

'행군총관 설인귀는 신라왕께 편지를 보냅니다: 청풍 만리, 해로 삼천
리에 황제 명령의 기약으로 이 땅에 왔습니다. 삼가 듣건대 왕은 나쁜
마음이 점점 발작하여 변경에 무력을 마구 쓴다고 하니 중유의 한 마디
말을 버리고 후생의 한 번의 약속을 잃어버린 것입니다. 형은 역적의
우두머리가 되고 동생은 충신이 되었다면 꽃과 꽃 뿌리의 그늘이 멀리
떨어지고 상사의 달빛이 헛되이 비치게 됩니다. 피차간 말해 봤댔자
실로 탄식만 많아질 뿐입니다. 무렬왕 개부께서는 신라를 위하여 온갖
지역을 전전하며 서쪽으로는 백제의 침범을 두려워하고 북쪽으로는
고구려 약탈을 경계하였습니다. 천리 땅 여러 곳에서 전쟁이 벌어져
양잠의 여인과 농사꾼은 계절을 놓쳤습니다. 60이 거의 된 황혼기에도
뱃길의 위험을 무릅쓰고 먼 풍랑을 건너는 위험도 마다하고 마음을
중화의 땅에 쏟아 부었습니다. 천궁 대문에 머리를 조아리며 외롭고

---

34) 稍: 점점. 중앙본 '조금'.
35) 片言: 공자의 제자 仲由(子路)는 한 마디 말로 옥사를 결정할 수 있다는 뜻.
36) 후생: 信陵君에게 비법을 알려주고 비밀을 누설하지 않는 보증으로 자살함.
37) 陽侯: 중국 전설 중 파도의 신.

나약함을 하소연하여 침략을 당한 사실을 명확히 거론하였습니다. 피로한 그 정을 듣고 슬픔을 이길 수가 없었습니다.

"太宗 文皇帝氣雄天下, 神王宇宙, 若盤古之九變, 同巨靈之一掌, 扶傾救弱, 日不暇給。哀納先君, 矜收所請。輕車、駿馬、美衣、上藥, 一日之內頻遇殊私。亦既承恩, 對揚軍事, 契同魚水, 明於金石。鳳鑰千重, 鶴關萬戶, 留連酒德, 讌笑金除。參論兵馬, 分期聲援, 一朝大擧, 水陸交鋒。於時塞草分花, 楡星上莢。駐驆之戰文帝親行, 弔人恤隱, 義之深也。既而山海異形, 日月廻薄, 聖人下武, 王亦承家。嚴葛因依, 聲塵共擧, 38) 洗兵刷馬, 咸遵先志。

'태종 문황제는 기개가 천하에 떨쳤고 정신은 우주에 군림하여 반고의 변화나 거령의 손바닥으로 쓰러지는 자와 약한 자를 부축, 구원하기에 날마다 겨를이 없었습니다. 애처로운 심정으로 선왕을 받아들이고 요청을 신중히 수긍하였습니다. 가벼운 수레, 빠른 말, 좋은 의상, 훌륭한 약품으로 하루에 여러 번 만나주며 특별히 총애하였습니다. 은혜를 입자 서로 군사에 관해 여쭈었고 투합은 고기와 물의 관계처럼 되었으며 친분은 금석문처럼 분명해졌습니다. 봉황 자물쇠, 학 대문이 천 겹만 겹인 궁궐 안에서 주연에 빠지고 금빛 계단에서 담소하였습니다. 군사의 일을 의논하여 응원을 기약하였고 일조에 대거 출병하여 수륙에서 싸움이 붙었습니다. 바로 변방의 풀에 꽃이 피고 느릅나무에 열매가 달리기 시작할 때였습니다. 주필산 전투에는 문제가 직접 참가하여 백성을 위로하고 불쌍한 자들을 구제하였으니 깊은 의리를 보여주었습니다. 곧 강산이 변하고 일월이 빛을 잃었으며 새 황제로 바뀌었고 왕도 가업을 잇게 되었습니다. 바위와 칡처럼 서로 의지하고 명성도 함께 날리며 무기를 정비하고 말을 훈련시키며 모두 선대의 뜻을 따랐습니다.

---

38) 聲塵: 명성. 중앙본 '토벌의 군사'.

"數十年外中國疲勞,帑藏時開,飛芻日給。以蒼島之地,起黃圖之兵,貴於有益,貪於無用。豈不知止?恐失先君之信也。今強寇已清,仇人喪國,士馬玉帛王亦有之。當應心膂不移,中外相輔。銷鏑而化虛室,[39] 爲情自然。貽厥孫謀,以燕翼子。良史之贊,豈不休哉?今王去安然之基,厭守常之策。遠乖天命,近棄父言。侮暴天時,侵欺鄰好。一隅之地、僻左之陬,率戶徵兵,連年舉斧。嫠姬輓粟,稚子屯田。守無所支,進不能拒。以得裨喪,以存補亡,大小不侔,逆順乖敘。亦由持彈而往,暗於枯井之危;捕蟬而前,不知黃雀之難。此王之不知量也。

'수십 년 동안 중국은 피로하였으나 때때로 국고를 열어 양초를 날마다 급속히 운송하여 주었습니다. 신라를 위하여 중국의 군사를 일으키니 타국에 이로운 일을 귀히 여기고 자국에 무용한 일에 탐닉했습니다. 어찌 그만둘 줄을 몰랐겠습니까? 선왕의 신의를 저버릴까 염려해서였습니다. 지금 강한 적은 이미 숙청되었고 원수들은 나라를 잃었으며 병마와 재물을 왕이 또한 차지하였습니다. 마땅히 마음과 등을 돌리지 말고 안팎이 서로 도와야 합니다. 병기를 녹이고 마음을 비워 인정상 자연스러워야 합니다. 후손에게 국책을 주고 자손을 편안하게 해주어야 합니다. 역사의 칭찬을 받는 것이 어찌 좋은 일이 아니겠습니까? 지금 왕은 편안한 기반을 버리고 상리를 지키는 방책을 싫어합니다. 멀리는 황제의 명령을 어기고 가까이는 부친의 말을 저버립니다. 천시를 마구 모독하고 친선의 이웃을 속입니다. 구석진 지역, 한쪽 모퉁이에서 집집마다 군인을 징발하고 해마다 전쟁을 일으킵니다. 과부가 군량을 나르고 어린이가 둔전을 합니다. 지키자니 의지할 곳 없고 진격하자니 대적할 수 없습니다. 얻은 거로 잃은 것을 보충하고 있는 거로 없어진 거를 채우려 하니 수지가 맞지 않고 순리가 역리로 어긋납니다. 또 탄궁을 가지고 가다가 마른 우물에 빠질 위험을 모르고 매미 잡으려

---

39) 虛室: 마음을 비우다. 중앙본 '허술한 나라 안을 다스리다'.

는 버마재비가 자기를 노리는 참새의 난을 모릅니다. 이는 왕이 자량을
모르는 것입니다.

"先王在日,早蒙天眷。審懷險誠之心,假以披誠之禮,從己私欲,貪天
至功,苟希前惠,圖爲後逆,此先君之不長者也。40)必其誓河若帶,義分
如霜。違君之命不忠,背父之心非孝,一身二名,何以自寧?王之父子一
朝振立,此並天情遠及,威力相持,方州連郡,遂爲盤錯。從此遞蒙冊命,
拜以稱臣。坐治經書,備詳詩禮。聞義不從,見善而輕,聽縱橫之說,煩
耳目之神,忽高門之基,延鬼瞰之責。先君盛業奉而異圖,內潰疑臣,41)
外招強陣,豈爲智也?又高麗 安勝年尙幼沖,遺壑殘郛,生人減半,自懷
去就之疑,匪堪襟帶之重。仁貴樓船竟翼風帆連旗,巡於北岸,矜其舊
日傷弓之羽,未忍加兵。恃爲外援,斯何謬也?

'선왕은 살아 계실 때 일찍이 황제의 배려를 받았습니다. 정말 음험한
마음을 품고 정성스런 예절로 가장하며 자기의 사욕을 위하여 황제의
큰 공을 차지하려 하고 앞에서는 구차하게 은혜를 바라고 훗날의 반역
을 도모했다면 이는 선왕의 장점이 아닙니다. 맹세는 반드시 황하가
띠처럼 좁아질 때까지 지키고 의리의 명분을 추상같이 지켜야 합니다.
임금의 명령을 어기면 불충이고 부친의 뜻을 어기면 불효이니 한 몸에
두 죄명을 지니면 어찌 마음이 편할 수 있습니까? 왕의 부자가 일조에
떨쳐 설 수 있는 것은 다 황제의 정분이 멀리 미쳤고 그 위력의 도움으
로 주와 군이 이어지고 한데 엉키어졌기 때문입니다. 이로부터 연이어
책명을 받고 황제를 모시며 신하로 자처하였습니다. 앉아서 경서를
읽으며 시와 예를 상세히 갖추었습니다. 정의를 알고도 따르지 않고
착함을 보고도 가볍게 여기며 권모술수를 듣고 눈과 귀가 번거러워졌으
며 고귀한 가문의 기틀을 소홀히 여기면 귀신이 엿보는 책망을 초래합니

---

40) 此先君之不長者也: 長: 장점, 우점. 중앙본 '이는 선왕을 못난 사람으로 만드는 것'.
41) 內潰疑臣: 潰: 피동형 동사. 중앙본 '안으로는 의심스러운 신하를 죽이고'.

다. 선왕의 성대한 업적을 받든다 하며 엉뚱한 생각을 품으면 안으로는
회의를 품은 신하에 의하여 무너지고 밖으로는 강대한 군사와의 전쟁
을 초래하니 슬기롭다 할 수 있겠습니까? 또한 고구려 안승은 아직
나이가 어리며 골짜기와 변두리에 남은 인구가 반뿐이므로 자신의 거
취에 대해 의심을 품으며 유민을 공제하는 중임을 감당할 수 없습니다.
본 설인귀의 병선은 깃발이 연이은 돛을 펴고 북쪽 해안을 순시하면서
도 예전에 화살에 맞은 새 깃의 신세가 된 안승을 불쌍히 여기며 차마
무력을 쓰지 않습니다. 그대는 안승을 외부 응원 세력으로 의지하니
이는 얼마나 큰 잘못입니까?

"皇帝德澤無涯, 仁風遠泊, 愛同日景, 炤若春華。遠聞消息, 悄然不信,
爰命下臣, 來觀由委。而王不能行人相問、牛酒犒師。遂便隱甲雀陂,
藏兵江口, 蚑行林薄, 喘息萊丘。潛生自噬之鋒, 而無相持之氣。大軍未
出, 遊兵具行, 望海浮江, 魚驚鳥竄。以此形況, 人事可求, 沈迷猖惑, 幸
而知止。夫擧大事者, 不貪小利; 杖高節者, 寄以英奇。必其鸞鳳不馴,
(△)豺狼有顧。[42]

'황제의 덕택은 끝없고 어진 교화는 멀리 미치며 사랑은 햇볕 같고
빛은 봄꽃 같습니다. 먼 소문 듣고 좀처럼 믿지 않고 소신에게 명령하여
와서 연유를 살피게 하였습니다. 그러나 왕은 사신을 보내 위문도, 술과
고기로 대접도 안했습니다. 군사를 언덕에 숨기고 병기를 강 어구에
감추며 벌레처럼 수림 속으로 기어 다니며 황야에서 헐떡이고 있습니다.
후회할 칼날을 몰래 내었으나 버틸 기력은 없을 것입니다. 대군이 출동하
기 전에 소군사가 먼저 바다와 강물에 떴는데 물고기는 놀라고 새들은
도망칩니다. 이러한 상황을 볼 때 사람으로서 해야 할 바를 찾을 수
있으니 미혹에 빠진 망령된 행위를 다행히 그만둘 줄 알지어라. 큰일을
하려는 자는 작은 이익을 탐하지 않고 높은 절개를 가진 자는 영특한

---

42) 豺狼有顧: 중앙본 '승냥이와 이리 같은 사악한 마음이 일어나다'.

행위에 기탁합니다. 난새와 봉황도 길들이지 않으면 $\boxed{\text{승냥이와 이리가}}$ $\boxed{\text{엿보게 됩니다}}$.

"高將軍之漢騎、李謹行之蕃兵、吳楚棹歌、幽幷惡少,四面雲合,方舟而下,依險築戍,闢地耕田,此王之膏(肓)[肓]也。王若勞者歌,事屈而頓申。具論所由,明陳彼此。仁貴夙陪大駕,親承委寄,錄狀聞奏,事必昭蘇。何苦忽忽,自相縈擾?嗚呼!昔爲忠義,今乃逆臣,恨始吉而終凶,怨本同而末異。風高氣切,葉落年悲。憑山遠望,有傷懷抱。王以機(晤)[悟]清明,風神爽秀,歸以流謙之義,存於順迪之心,血食依時,茅苴不易,占休納祐,王之策也。嚴鋒之間行人來往,今遣王所部僧琳潤齎書,佇布一二。"

'고간高侃 장군의 한인 기병, 이근행의 말갈 군사, 오초의 수군, 유주·병주의 사나운 군사 등이 사방에서 운집하여 배를 나란히 하고 내려가 험한 곳에 의지하여 진지를 쌓고 땅을 개간하여 농사를 짓는다면 이는 왕의 속병이 될 것입니다. 왕이 만약 지친 자에게 노래 부르게 하면 꼬였던 일이 단번에 펴질 수 있습니다. 사유를 죄다 이야기하고 가타부타를 명확히 밝히세요. 인귀는 일찍이 황제의 행차를 모시며 직접 위임을 받았으니 상황을 기록하여 상주하면 반드시 밝게 해명될 것입니다. 분주히 돌며 스스로 일을 뒤엉키게 할 필요가 있습니까. 아하! 옛날에는 충의하다가 지금은 역신이 되었고 처음에 잘하다가 나중에 나빠진 것이 유감이고 근본은 같았는데 말단이 달라진 것이 원망스럽도다. 바람은 높고 한기는 애절하며 나뭇잎은 떨어지고 한 해 마감에 슬픕니다. 산에 올라 멀리 바라보니 마음이 쓸쓸합니다. 왕은 마음이 밝고 풍채가 준수합니다. 겸손한 자세로 돌아가고 도의에 순종하는 마음을 가지면 제향을 제때에 받고 사직을 바꾸지 않으며 행운을 선택하고 복을 받아들일 것이며 이것이 바로 왕의 대책이겠습니다. 삼엄한 군진 사이로도 사절은 내왕할 수 있으니 지금 왕의 휘하 승려 임윤에게 편지를 보내 두어 가지 말씀 드립니다.'

大王報書云:"先王貞觀二十二年入朝面奉,太宗 文皇帝恩敕:'朕今伐高麗,非有他故,憐你新羅攝乎兩國,每被侵陵,靡有寧歲。山川土地非我所貪,玉帛子女是我所有。我平定兩國,平壤已南百濟土地並乞你新羅,永爲安逸。'垂以計會,賜以軍期。新羅百姓具聞恩敕,人人畜力,家家待用。大事未終,文帝先崩,今帝踐祚。復繼前恩,頻蒙慈造,有踰往日。兄弟及兒懷金拖紫,榮寵之極敻古未有。粉身碎骨,望盡驅馳之用;肝腦塗原,仰報萬分之一。

대왕은 답장하여 왈: '선왕께서 정관 22년에 입조하여 태종 문황제를 뵐 때 은혜로운 조칙을 받았습니다: "내가 지금 고구려를 치려는 것은 다른 까닭이 아니라 너희 신라가 두 나라 사이에 끼어 침해를 받을 때마다 편안한 날이 없음을 가련히 여기기 때문이다. 산천도 토지도 내가 탐하는 것이 아니며 재물도 자녀도 내가 가지고 있는 것들이다. 내가 두 나라를 평정하면 평양이남 백제의 토지를 모두 너희 신라에게 주어 영원토록 편안하게 하련다." 계획을 내려주고 군사 행동 기일을 정하여 주었습니다. 신라백성은 모두 은혜로운 조칙을 듣고 사람마다 힘을 기르고 집집마다 동원되기를 기다렸습니다. 대업이 끝나기 전에 문제가 먼저 세상을 떠나고 지금의 황제가 즉위하였습니다. 선대 황제의 은혜가 이어져 자주 혜택을 입었으며 지난날을 초월하였습니다. 저의 형제와 아들이 금인을 차고 자주색 인끈을 달았으니 영광스러운 총애는 옛날에 없을 정도로 지극하였습니다. 이 몸이 부서지고 뼈가 가루가 되도록 시키는 일을 다 하려 하였으며 간과 뇌를 들에 뿌려서라도 만 분의 일이나마 보답코자 하였습니다.

"至顯慶五年聖上感先志之未終,成曩日之遺緒,泛舟命將,大發船兵。先王年衰力弱,不堪行軍,追感前恩,勉强至於界首,遣某領兵,應接大軍。東西唱和,水陸俱進。船兵纔入江口,陸軍已破大賊。兩軍俱到王都,共平一國。平定已後,先王遂共蘇大總管平章留漢兵一萬,新羅亦遣弟仁泰領兵七千,同鎮熊津。大軍廻後,賊臣福信起於江西,取集餘

燼,圍逼府城。先破外柵,總奪軍資,復攻府城,幾將陷沒。又於府城側
近四處作城圍守,於此府城不得出入。某領兵往赴解圍,四面賊城並
皆打破,先救其危。復運糧食,遂使一萬漢兵免虎吻之危難,留鎮餓軍
無易子而相食。

'현경 5년에 이르러 황제는 선대 임금의 뜻이 이루어지지 못함을 유감
으로 여기시고 이전에 남겨 둔 대업을 이루시기 위하여 배를 띄우고
장수들에게 명령하여 수군을 크게 출동하였습니다. 선왕은 늙으시고
기력이 약해져 군사를 거느릴 수 없었으나 예전의 은혜를 추모하시는
감정으로 가까스로 국경까지 나오셨으며 소인을 보내 군사를 이끌고
대군을 영접하였습니다. 동서가 호응하고 수륙 양군이 함께 진격하였
습니다. 수군이 겨우 백강 어구에 들어올 즈음에 육군은 이미 대적을
격파하였습니다. 두 나라 군사가 함께 백제의 수도에 이르러 백제를
평정하였습니다. 평정한 후에 선왕은 소정방 대총관과 의논하여 당군
1만 명을 머물게 하고 신라도 동생 인태에게 7천 병력을 주어 함께
웅진을 지키게 하였습니다. 대군이 돌아간 뒤 적신 복신이 강서에서
발기하여 잔적을 모아 웅진부성을 포위, 핍박하였습니다. 먼저 바깥
성책을 부수어 군수품을 모두 탈취하고 다시 부성을 공격하여 거의
함락에 이르렀습니다. 또 부성부근 네 곳에 성을 쌓아 부성을 포위한
채 지키고 있었으므로 부성에 출입할 수가 없었습니다. 소인이 군사를
거느리고 가서 포위를 풀고 사방에 설치된 적의 성을 모두 부수고 우선
위험에서 벗어나게 하였습니다. 또 군량을 수송하여 1만 명의 당군으로
하여금 범에게 먹히는 위험을 모면하게 하였으며 남아 수비하던 굶주
린 병사들은 자식을 바꾸어 잡아먹는 일이 없게 하였습니다.

"至六年福信徒黨漸多,侵取江東之地,熊津漢兵一千往打賊徒,(△)
[被]賊摧破,一人不歸。自敗已來,熊津請兵日夕相繼。新羅多有疫病,
不可徵發兵馬,苦請難違,遂發兵衆,往圍周留城。賊知兵小,遂即來打,
大損兵馬,失利而歸。南方諸城一時總叛,並屬福信,福信乘勝復圍府

城。因即熊津道斷,絕於鹽豉,即募(律)[健]兒,偸道送鹽,救其乏困。

　'현경 6년에 이르러 복신의 도당이 점점 많아져 강동의 땅을 침범하여 웅진의 당군 1천 명이 적을 공격하다가 적에게 격파당하여 한 사람도 돌아오지 못하였습니다. 패배 이후 웅진으로부터 구원병 요청이 조석으로 계속되었습니다. 신라에는 역병이 많이 돌아 군마를 징발할 수가 없었으나 애타는 청을 거절하기 어려워 많은 군사를 파견하여 주류성을 포위하였습니다. 적은 아군의 병력이 적음을 알고 나와 공격하여 크게 손상당했고 득이 없이 돌아왔습니다. 남쪽의 여러 성들이 일시에 총 반란을 일으켜 모두 복신에게 예속되니 복신이 승세를 타고 다시 웅진부성을 포위하였습니다. 이에 따라 웅진으로 가는 길이 즉시 차단되어 소금과 된장이 떨어졌으므로 건장한 청년들을 모집하여 몰래 소금을 보내 곤경에서 구원하였습니다.

至六月先王薨,送葬纔訖,喪服未除,不能應赴,敕旨發兵北歸。含資道總管劉德敏等至,奉敕遣新羅供運平壤軍糧。此時熊津使人來,具陳府城孤危。劉總管與某平章,自云:'若先送平壤軍糧,即恐熊津道斷,熊津若其道斷,留鎮漢兵即入賊手。'劉總管遂共某相隨,先打(兗)甕山城。既拔(△)[甕]山,仍於熊津造城,開通熊津道路。至十二月熊津糧盡。先(△)[運]熊津,恐違敕旨;若送平壤,即恐熊津絕糧。所以差遣老弱運送熊津,強健精兵擬向平壤。熊津送糧路上逢雪,人馬死盡,百不一歸。

　6월에 이르러 선왕이 사망하자 장례를 겨우 끝냈고 상복도 미처 벗지 못했으므로 응하여 갈 수 없었으나 칙서를 내려 군사를 북방으로 보내라고 하였습니다. 함자도 총관 유덕민 등이 와서 칙명으로 신라를 시켜 평양으로 군량을 운반하게 하였습니다. 이때 웅진에서 사람을 보내와 부성이 고립되어 위태롭다는 사정을 자세히 진술하였습니다. 유 총관이 소인과 상의할 때 소인 왈: "만약 먼저 평양으로 군량을 보낸다면 웅진 길이 차단될 것이 걱정이고 웅진 길이 차단된다면 주둔하고 있는 당군이 바로 적의 손아귀에 들어갈 것입니다." 유 총관은 소인과 동행하여 먼저 웅산성을 공격하였습니다. 웅산을 점령하고 이어 웅진에 성을 쌓고 웅진 길을 개통시켰습니다. 12월에 이르러 웅진의 군량이 단절되었습니다. 먼저 웅진으로 군량을 보낸다면 칙령을 어김이 걱정이고 평양으로 군량을 보낸다면 웅진의 군량이 끊김이 걱정입니다. 하여 노약자를 시켜 웅진으로 군량을 운반하고 건장한 장병은 평양으로 향하도록 하였습니다. 웅진으로의 군량 수송 도중에 눈이 내려 사람과 말이 모두 죽어서 백 명에 한 명도 돌아오지 못하였습니다.

"至龍朔二年正月, 劉總管共新羅 兩河道總管金庾信等同送平壤軍糧. 當時陰雨連月, 風雪極寒, 人馬凍死, 所將兵糧不能勝致. 平壤大軍又欲歸還, 新羅兵馬糧盡亦廻. 兵士饑寒, 手足凍瘃, 路上死者不可勝數. 行至瓠瀘河, 高麗兵馬尋後來趁, 岸上列陣. 新羅兵士疲乏日久, 恐賊遠趁, 賊未渡河, 先渡交刃. 前鋒暫交, 賊徒瓦解, 遂收兵歸來. 此兵到家未經一月, 熊津府城頻索種子, 前後所送數萬餘斛. 南運熊津, 北供平壤, 蕞小新羅分供兩所, 人力疲極, 牛馬死盡. 田作失時, 年穀不熟, 所貯倉糧漕運並盡. 新羅百姓草根猶自不足, 熊津 漢兵糧食有餘. 又留鎭漢兵離家日久, 衣裳破壞, 身無全褐. 新羅勸課百姓, 送給時服. 都護劉仁願遠鎭孤城, 四面皆賊, 恒被百濟侵圍, 常蒙新羅解救. 一萬漢兵四年衣食新羅, 仁願已下․兵士已上皮骨雖生漢地, 血肉俱是新羅. 國家恩澤雖復無涯, 新羅效忠亦足矜憫.

'용삭 2년 정월에 이르러 유 총관은 신라 양하도 총관 김유신 등과 함께 평양으로 군량을 운송했습니다. 이때 궂은비가 한 달 연이어 내리고 눈보라에 날씨가 몹시 추워 사람과 말이 얼어 죽어 가져간 군량을 모두 보낼 수 없었습니다. 평양의 대군은 또한 귀국하려 했고 신라군도 양식이 떨어져 역시 돌아왔습니다. 병사들은 굶주리고 손발이 얼어 도중에 죽은 자를 이루 헤아릴 수 없었습니다. 호로하에 이르자 고구려군이 뒤를 따라와 노리다가 강 언덕에 진을 쳤습니다. 신라군은 오래도록 피곤하였으나 적이 멀리까지 따라 올까 염려하여 적이 강을 건너기

전에 먼저 강을 건너가서 접전을 벌였습니다. 선봉이 갑자기 접어들자 적이 와해됐으므로 군사를 거두어 돌아왔습니다. 이 군사가 돌아 온지 한 달도 못되어 웅진 부성에서는 자주 곡식을 요청하였습니다. 전후로 보낸 곡식이 수만여 섬이었습니다. 남으로는 웅진, 북으로는 평양으로 조그만 신라가 두 곳에 나누어 공급하니 인력은 극도로 피로하고 소와 말은 모두 죽었습니다. 농사의 철도 놓쳐서 곡식이 잘 여물지 못하였고 저축해 두었던 창고의 양식은 수송으로 모두 없어졌습니다. 신라의 백성은 풀뿌리도 모자랐는데 웅진의 당군은 식량이 남아돌았습니다. 또 유수하는 당군은 집 떠난 지 오래되어 옷이 헤어져 몸에 걸칠 성한 의복이 없었습니다. 신라는 백성들에게 부담시켜 철에 맞는 의복을 지어 보냈습니다. 도호 유인원은 멀리 고립된 성을 수비하는데 사면이 모두 적이어서 항상 백제의 포위를 당하였으므로 항상 신라의 구원을 받았습니다. 1만 명의 당군이 4년 동안 신라의 식량을 먹고 신라의 의복을 입었으니 유인원 이하, 사병 이상은 가죽과 뼈는 비록 중국 땅에서 났으나 피와 살은 모두 신라 소양所養입니다. 당의 은택이 비록 한이 없지만 신라가 바친 충성심도 또한 가엽게 여길 만합니다.

"至龍朔三年,總管孫仁師領兵來救府城,新羅兵馬亦發同征,行至周留城下,此時倭國船兵來助百濟。倭船千艘停在白(沙)[江],百濟精騎岸上守船。新羅驍騎爲漢前鋒,先破岸陣,周留失膽,遂即降下。南方已定,廻軍北伐,任存一城執迷不降。兩軍并力共打一城,固守拒捍,不能打得。新羅即欲廻還,杜大夫云:'準敕:既平已後,共盟會。任存一城雖未降下,即可共盟誓。'新羅以爲:準敕,既平已後共相盟會,任存未降,不可以爲既平;又且百濟姦詐百端,反覆不恒,今雖共相盟會,於後恐有噬臍之患。43)奏請停盟。

---

43) 噬臍之患: 『春秋左傳』에서 인용된 장고, 자기의 배꼽을 자기가 물 수 없으므로 만회 할 수 없는 후환이라는 비유어로 쓰인다.

'용삭 3년에 이르러 총관 손인사가 군사를 거느리고 와서 부성을 구원할 때 신라의 병마도 역시 같이 정벌하여 주류성 아래에 이르렀으며 이때 왜국의 수군이 와서 백제를 도왔습니다. 왜선 1천 척이 백강에 머물러 있었고 백제의 정예 기병이 강가에서 배를 수비하였습니다. 신라의 정예 기병이 당군의 선봉이 되어 먼저 강가의 진지를 격파하니 주류성은 사기를 잃고 마침내 항복하였습니다. 남쪽이 평정되자 군사를 돌려 북벌하는데 임존성 한 곳만이 깨닫지 못하고 항복하지 않았습니다. 두 군사가 힘을 합쳐 성 하나를 공격하였으나 굳게 지키며 반항하므로 이길 수 없었습니다. 신라가 즉시 회군하고자 하였으나 두상杜爽 대부 왈: "칙령에 의하면 평정한 후에 함께 맹약을 맺게 되어 있다. 비록 임존 하나가 항복하지 않더라도 모여 맹세할 수 있다." 신라의 이해는 칙령대로라면 평정한 후에 같이 맹약을 맺을 수 있지만 임존이 항복하지 않았으므로 평정되었다고 볼 수 없고, 또 백제는 간사 다단하며 항심 없이 번복이 많으므로 비록 지금 맹약을 맺더라도 뒤에 가서 배꼽을 깨물 후환이 생길 것입니다. 그러므로 맹약을 그만둘 것을 상주하였습니다.

"至麟德元年, 復降嚴勑, 責不盟誓, 即遣人於熊嶺, 築壇共相盟會。仍於盟處遂爲兩界。盟會之事雖非所願, 不敢違勑。又於就利山築壇, 對勑使劉仁願歃血相盟:山河爲誓, 畵界立封, 永爲(畫)[疆]界, 百姓居住, 各營産業。至乾封二年, 聞大總管英國公征遼, 某往漢城州, 遣兵集於界首。新羅兵馬不可獨入, 先遣細作三度, 船相次發遣, 覘候大軍。細作廻來並云:'大軍未到平壤。'且打高麗七重城, 開通道路, 佇待大軍來至。其城垂垂欲破, 英公使人江深來云:'奉大總管處分, 新羅兵馬不須打城, 早赴平壤, 即給兵糧, 遣令赴會。'行至水谷城, 聞大軍已廻, 新羅兵馬遂即抽來。

'인덕 원년에 이르러 다시 엄칙이 내려 맹약하지 않음을 질책하므로 즉시 사신을 웅령으로 파견하여 제단을 쌓고 함께 맹약을 하였습니다.

맹약한 지역을 두 나라의 경계로 하였습니다. 맹약은 비록 원한 바는 아니었지만 감히 칙령을 어길 수 없었습니다. 또 취리산에 제단을 쌓고 칙사 유인원과 마주하여 삽혈하며 서로 맹세 하였습니다: 산과 물 앞에서 맹약하고 경계를 긋는 봉석을 세우고 영원한 국경으로 하여 백성이 거주하고 각자의 생업을 영위하도록 하였습니다. 건봉 2년에 이르러 대총관 영국공이 요동을 공격한다는 말을 듣고 소신은 한성주에 갔으며 군사를 국경에 집합시켰습니다. 신라군이 단독으로 들어가서는 안 되겠기에 먼저 세 번에 거쳐 정탐을 보내고 배를 잇달아 보내 당군의 상황을 알아보았습니다. 정탐이 돌아와서 왈: "당군이 아직 평양에 도착하지 않았다." 우선 고구려 칠중성을 공격하여 길을 열어 놓고 당군이 오기를 기다렸습니다. 그 성이 거의 함락되려 할 때 영공의 사절 강심이 와서 왈: "대총관의 처분에 따라 신라군은 성을 공격할 수 없고 평양으로 조속히 군사를 파견하여 군량을 공급하며 모이자." 수곡성에 이르렀을 때 당군이 이미 회군하였다는 말을 듣고 신라군도 즉시 빠져 나왔습니다.

"至乾封三年,遣大監金寶嘉入海,取英公進止。奉處分,新羅兵馬赴集平壤。至五月劉右相來,發新羅兵馬同赴平壤,某亦往漢城州,檢校兵馬。此時蕃、漢諸軍總集蛇水,男建出兵,欲決一戰。新羅兵馬獨爲前鋒,先破大陣,平壤城中挫鋒縮氣。於後英公更取新羅驍騎五百人,先入城門,遂破平壤,克成大功。於此新羅兵士並云：'自征伐已經九年,人力殫盡,終始平兩國,累代長望今日乃成。必當國蒙盡忠之恩,人受效力之賞。'英公漏云：'新羅前失軍期,亦須計定。'新羅兵士得聞此語,更增怕懼。又立功軍將並錄入朝,已到京下,即云：'今新羅無功。'夫軍將歸來,百姓更加怕懼。又卑列之城本是新羅,高麗打得三十餘年,新羅還得此城,移配百姓,置官守捉。又取此城,還與高麗。且新羅自平百濟迄定高麗,盡忠效力,不負國家。未知何罪,一朝遺棄。雖有如此冤枉,終無反叛之心。

'건봉 3년에 이르러 대감 김보가를 시켜 해로로 가서 영공의 분부를 받아오도록 하였습니다. 받은 처분에 따르면 신라군은 평양으로 가서 모이자는 겁니다. 5월에 이르러 유우상이 와서 신라군이 함께 평양으로 가게끔 징발하여 소신도 한성주로 가서 군사를 검열하였습니다. 이때 번군, 당군 군사들이 사수에 집결하였고 남건도 출병하여 단판에 결전하려 하였습니다. 신라군이 단독으로 선봉이 되어 먼저 큰 진을 격파하니 평양성 안의 예봉이 꺾이고 기세가 위축되었습니다. 그 후 영공이 다시 신라의 정예 기병 5백 명을 선발하여 먼저 성문으로 들어가 마침내 평양을 함락하고 큰 공을 세웠습니다. 이에 신라 병사들이 모두 왈: "정벌을 시작한지 이미 9년이 지나 인력은 소진되었으나 끝내 두 나라를 평정하였으며 누대에 걸친 숙원을 오늘에야 이루었다. 필연코 나라는 충성을 다한 은혜를 입고 백성은 힘을 다한 상을 받게 될 것이다." 영공이 "신라군이 이전에 기일을 지키지 않았으니 반드시 알아서 결정할 일이다"고 말한 소문이 새어나왔습니다. 신라 병사들이 이 소문을 듣고 다시 두려운 마음이 생겼습니다. 또 공을 세운 장군들이 모두 기록되어 당나라 조정에 들어갔는데 경성에 도착하자 "지금 신라는 공로가 없다"는 말이 나왔습니다. 군장들이 돌아오자 백성들의 공포심은 더하였습니다. 또 비열성은 본래 신라 땅을 고구려가 쳐서 빼앗아간 지 30여 년 만에 신라가 이 성을 다시 회복하여 백성들을 이주시키고 관리를 두어 수비했으나 이 성을 다시 빼앗아 고구려에 돌려주었습니다. 신라가 백제를 평정할 때부터 고구려를 평정할 때까지 충성을 다하고 힘을 바쳤으며 조정을 거역하지 않았습니다. 무슨 죄가 있기에 하루 아침에 버림을 당하는지 모를 일입니다. 비록 이와 같은 억울한 일을 당하였지만 끝내 배반할 마음은 없었습니다.

"至總章元年, 百濟於盟會處移封易標, 侵取田地, 誑我奴婢, 誘我百姓, 隱藏內地, 頻從索取, 至竟不還. 又通消息云:'國家修理船艘, 外托征伐倭國, 其實欲打新羅.'百姓聞之, 驚懼不安. 又將百濟婦女嫁與新羅

漢城都督朴都儒,同謀合計,偸取新羅兵器,襲打一州之地,賴得事覺,
即斬都儒,所謀不成。至咸亨元年六月,高麗謀叛,總殺漢官。新羅即欲
發兵,先報熊津云:'高麗既叛,不可不伐。彼此俱是帝臣,理須同討凶
賊,發兵之事須有平章,請遣官人來此,共相計會。'百濟司馬禰軍來此,
遂共平章云:'發兵已後即恐彼此相疑,宜令兩處官人互相交質。'即遣
金儒敦及府城百濟主簿首彌、長貴等向府,平論交質之事。百濟雖許
交質,城中仍集兵馬,到彼城下,夜即來打。

'총장 원년에 이르러 백제는 맹약했던 곳에서 국경과 표말을 옮기고
농토를 침탈 하였으며 우리의 노비를 꼬이고 백성을 유혹하여 내지에
숨겨 놓고 여러 번 찾아도 끝내 돌려주지 않았습니다. 또 "당이 배를
수리하며 겉으로는 왜국을 정벌한다지만 사실은 신라를 공격하련다."
라는 소문이 들려오니 백성들이 듣고 두려워하며 불안해졌습니다. 또
백제 여자를 신라의 한성 도독 박도유에게 시집보내 공모하여 신라의
병기를 훔쳐 어느 한 주를 습격하려 하다가 다행히 일이 발각되어 즉시
도유를 참수하였기에 음모가 성사되지 못하였습니다. 함형 원년 6월에
이르러 고구려가 모반하여 당 관리를 모두 죽였습니다. 신라가 즉시
군사를 출동시키고자 먼저 웅진에 보고하여 왈: "고구려가 반란을 일
으켰으므로 정벌하지 않을 수 없다. 피차 모두 황제의 신하이니 반드시
함께 흉적을 토벌하는 것이 이치에 맞으니 군사의 출동은 상호 토의해
야 하므로 관리를 이곳에 파견하여 함께 계획하여 보자." 백제의 사마
예군이 이곳에 와서 의논하며 왈: "군사를 동원한 뒤에 서로 의심 할까
걱정되니 응당 쌍방의 관료가 상호 인질을 교환하자." 김유돈과 부성의
백제 주부 수미, 장귀 등이 웅진부로 파견되어 인질 교환의 문제를
의논하였습니다. 백제는 인질의 교환에 찬성하기는 하였으나 성 안에
는 여전히 군사를 모아놓고 있다가 성 아래에 도착하자 밤이 되면 나와
서 공격하곤 했습니다.

"至七月入朝使金欽純等至。將畫界地案圖披撿,百濟舊地總令割還。

黃河未帶,太山未礪44),三四年間一與一奪,新羅百姓皆失本望,並云:
'新羅·百濟累代深讐,今見百濟形況,別當自立一國,百年已後子孫必
見吞滅。新羅既是國家之州,不可分爲兩國。願爲一家,長無後患。'去
年九月具錄事狀,發使奏聞,被漂卻來。更發遣使,亦不能達。於後風寒
浪急,未及聞奏。百濟構架奏云:'新羅反叛。'新羅前失貴臣之志,後被
百濟之譖,進退見咎,未申忠款。似是之讒日經聖聽,不貳之(患)[忠]曾
無一達。45)使人琳潤至,辱書仰承。總管犯冒風波,遠來海外,理須發
使郊迎,致其牛酒。遠居異城,未獲致禮,時闕迎接,請不爲怪。46)

'7월에 이르러 조정에 갔던 사신 김흠순 등이 돌아왔습니다. 경계 지역
을 획분하는 도안을 펼쳐 검사하니 백제의 옛 국토를 모두 돌려주라고
했습니다. 황하가 아직 마르지 않았고 태산이 아직 달아 없어지지 않았
는데 3, 4년 사이에 주었다가 빼앗으니 신라 백성들은 모두 실망하며
왈: "신라와 백제는 누대에 걸친 깊은 원수인데 지금 백제의 상황을
보면 스스로 별도의 국가를 세우고 있으니 백년 후에는 자손들이 기필
코 먹혀 없어질 것이다. 신라는 당의 한 개 주인 이상 두 나라로 나눌
수 없다. 원컨대 이를 한 나라로 만들어 영원히 후환을 없애야 한다."
작년 9월 사정을 상세히 기록하여 사신을 보내 상주하고자 하였으나
바다에서 표류돼 돌아오고 말았습니다. 다시 사신을 파견하였으나 역
시 도착할 수 없었습니다. 그 후에도 바람이 차고 파도가 심하여 미처
상주하지 못했습니다. 백제는 "신라가 반역한다"라는 말을 꾸며 상주
하였습니다. 신라는 앞서는 당 고관의 뜻을 잃었고 뒤에는 백제의 참소
를 당하여 어떻게 행동하든 책망만 당하므로 충성심을 펼 길이 없습니
다. 이와 같은 참소가 날마다 황제의 귀에 들리니 변함없는 충성심이

---

44) 太山未礪: 礪는 명사를 동사로 썼음. 중앙본 '태산이 아직 숫돌같이 되지 않았는데'.
45) 曾無一達: '曾'은 '…적이 있다'다. 중앙본 '일찍이 한 번도 통할 수 없었다'.
46) 怪: 책망하다, 탓하다. 중앙본 '괴이하게 여기다'.

한 번도 황제에게 전달된 적이 없습니다. 사신 임윤이 와서야 혜서를 우러러 보았습니다. 총관께서는 풍파를 무릅쓰고 먼 해외에 왔는데 도리상 사신을 교외에 파견하여 영접하고 쇠고기와 술로 대접했어야 했었습니다. 다른 지역에 멀리 떨어져 있으므로 드리는 예의를 받지 못하게 됐으며 제때에 영접을 못했으니 탓하지 마십시오.

"披讀總管來書,專以新羅已爲叛逆,旣非本心,惕然驚懼。數自功夫, 恐被斯辱之譏;緘口受責,亦入不弔之數。今略陳寃枉,具錄無叛。國 家不降一介之使,垂問元由,卽遣數萬之衆,傾覆巢穴。樓船滿於滄海, 艫舳連於江口。數彼熊(律)[津]47),伐此新羅。嗚呼!兩國未定平,蒙指蹤 之驅馳,野獸今盡,反見烹宰之侵逼。賊殘百濟(皮)[反]蒙雍齒之賞;48) 殉漢新羅,已見丁公之誅。49)大陽之曜雖不廻光,葵藿本心猶(懷)[懷] 向日。總管稟英雄之秀氣,抱將相之高材。七德兼備,九流涉獵。恭行 天罰,濫加非罪?天兵未出,先問元由。緣此來書,敢陳不叛。請總管審 自商量,具狀申奏。鷄林州大都督、左衛大將軍、開府儀同三司、上柱 國、新羅王金法敏白。"

'총관의 편지를 펼쳐보면 전적으로 신라가 이미 반역한 것으로 여겨졌 으나 이는 본심이 아니니 놀랍고 두렵습니다. 자기의 공로를 헤아리면 욕된 비방이나 들을까 걱정되고 입을 다물고 질책을 받으면 또한 용서 해주는 셈에 들지 못할까 염려됩니다. 지금 억울한 사정을 대략이라도 설명하여 반역할 뜻이 없음을 상세하게 적었습니다. 당은 사신 한 명 보내어 사유를 물은 적 없이 곧바로 수만의 병력을 파견하여 우리의 보금자리를 뒤엎고자 하고 있습니다. 병선은 창해를 덮었고 배의 수미 가 강 어구에 줄지었습니다. 웅진을 가까이 하고 신라를 정벌하고 있습

---

47) 數彼熊津: 數shuò: 가까이 하다. 중앙본 '저 웅진을 생각하여'.
48) 雍齒: 한고조를 배반한 적이 있으나 인심을 사기 위해 한고조가 심방후로 봉한 사람.
49) 丁公: 항우의 장수, 유방을 도왔으나 유방이 승리한 후 오히려 그를 처형하였다.

니다. 아하! 두 나라가 평정되기 전에는 마음대로 심부름시켜 부리더니 지금 야수가 없어졌으니 도리어 팽되어 먹히는 핍박을 당하고 있습니다. 잔적 백제는 오히려 옹치의 상을 받고 당나라에 희생한 신라는 이미 정공의 죽음을 당합니다. 태양이 비치지 않건마는 해바라기와 콩잎의 본심은 여전히 해를 향하는 마음을 품고 있습니다. 총관은 영웅의 기상을 품고 장수와 재상의 높은 재질을 갖추었습니다. 칠덕을 겸비하였으며 구류의 학문을 섭렵하였습니다. 삼가 천벌을 가함에 함부로 죄 없는 자에게 죄를 주렵니까? 천병이 출동하기 전에 먼저 이유를 물었어야 할 것입니다. 보내온 편지를 계기로 배반하지 않은 사정을 감히 진술합니다. 바라건대 총관께서는 자세히 검토한 후 문서를 갖추어 황제께 상주하십시오. 계림주 대도독, 좌위 대장군, 개부의동삼사, 상주국, 신라왕 김법민 백.'

置所夫里州,以阿湌眞王爲都督。九月唐將軍高侃等率蕃兵四萬到平壤,深溝高壘,侵帶方。冬十月六日擊唐漕船七十餘艘,捉郞將鉗耳大侯、士卒百餘人,其淪沒死者不可勝數。級湌當千功第一,授位沙湌。

소부리주를 설치하고 아찬 진왕을 도독으로 하였다. 9월 당 장군 고간 등이 번군 4만을 거느리고 평양에 도착하여 도랑을 깊이 파고 보루를 높이 쌓고 대방을 침범하였다. 겨울 10월 6일 당 운수선 70여 척을 공격하여 낭장 겸이대후와 사졸 백여 명을 사로잡았으며 물에 빠져 죽은 자는 이루 셀 수 없다. 급찬 당천의 공로가 으뜸이므로 사찬의 직위를 주었다.

十二年 春正月王遣將攻百濟古省城,克之。二月攻百濟加林城,不克。秋七月唐將高(保)[侃]率兵一萬,李謹行率兵三萬,一時至平壤,作八營留屯。八月攻韓始城、馬邑城,克之,進兵,距白水城五百許步作營。我兵與高句麗兵逆戰,斬首數千級。高(保)[侃]等退,追至石門,戰之,我兵敗績,大阿湌曉川、沙湌義文、山世、阿湌能申、豆善、一吉湌安那含、良臣等死之。築漢山州晝長城,週四千三百六十步。九月彗星七出北方。王以向者百濟往訴於唐,請兵侵我,事勢急迫,不獲申奏,出兵討之,由是獲罪大朝。遂遣級湌原川、奈麻邊山及所留兵船郎將鉗耳大侯、萊州司馬王藝、本烈州長史王益、熊州都督府司馬(儞)[禰]軍、曾山司馬法聰、軍士一百七十人,上表乞罪,曰:

12년. 봄 정월 왕이 장군을 보내 백제 고성성을 공격하여 이겼다. 2월 백제 가림성을 공격하였으나 이기지 못했다. 가을 7월 당 장수 고간이 병력 1만 명을, 이근행이 병력 3만 명을 거느리고 동시에 평양에 와서 여덟 개의 군영을 짓고 주둔하였다. 8월 당군이 한시성과 마읍성을 공격하여 이기고 진군하여 백수성에서 5백여 보 가량 떨어진 곳에 군영을 설치하였다. 아군과 고구려군이 그들과 맞아 싸워 수천 명을 참수했다. 고간 등이 퇴각하자 석문까지 추격하여 싸웠으나 아군이 패배하고 대아찬 효천, 사찬 의문·산세, 아찬 능신·두선, 일길찬 안나함·양신 등이 죽었다. 한산주에 둘레가 4,360보인 주장성을 쌓았다. 9월 혜성이 일곱 번 북방에 나타났다. 이전에 백제가 당에 호소하고 군사를 청해 우리를 침범하자 정세가 급하여 황제에게 알리지 못하고 출병, 토벌하여 조정에 죄를 지었다. 급찬 원천, 나마 변산과 억류했던 병선낭장 겸이대후, 내주사마 왕예, 본열주 장사 왕익, 웅주도독부 사마 예군, 증산 사마 법총 및 병사 170명을 보내면서 표문을 올려 죄를 빌며 왈:

"臣某死罪謹言。昔臣危急,事若倒懸,遠蒙拯救,得免屠滅。粉身糜骨,未足上報鴻恩;碎首灰塵,何能仰酬慈造?然深仇百濟逼近臣蕃,告引天兵滅臣雪恥。臣忙破滅,自欲求存,枉被凶逆之名,遂入難赦之罪。臣恐事意未申,先從刑戮;生爲逆命之臣,死爲背恩之鬼,謹錄事狀,冒死奏聞。伏願少垂神聽,照審元由。

'소신은 죽을죄를 짓고 삼가 말씀 드립니다. 예전에 소신은 거꾸로 매달린 것 같이 위급한 일로 먼 곳의 구원을 입어 멸망을 면했습니다. 몸과 뼈가 가루로 되어도 큰 은혜에 보답하기가 부족할 것이며 머리를 부수어 재와 먼지가 되더라도 어찌 그 자비의 덕을 갚을 수 있겠습니까?

그러나 원한 깊은 백제가 우리의 가까이까지 핍박하고 황제에게 청병하여 우리를 죽이고 치욕을 씻어버리려 하였습니다. 소신은 파멸을 당함에 당황하여 스스로 살길을 찾으려다가 억울하게 흉악한 역적의 누명을 쓰게 되었으며 용서 받기 어려운 죄에 빠져들었습니다. 소신은 사건의 내용을 말하지 못한 채 먼저 형벌로 죽는다면 살아서는 명령을 거역한 신하가 되고 죽어서는 은혜를 배반한 귀신이 될까 염려되어 삼가 사실을 기록하여 죽음을 무릅쓰고 아룁니다. 삼가 바라건대 조금이라도 귀를 기울여주시고 사유를 밝게 살펴주기를 원합니다.

"臣前代已來朝貢不絶,近爲<u>百濟</u>再虧職貢,遂使聖朝出言,命將討臣之罪,死有餘刑。<u>南山</u>之竹不足書臣之罪,<u>褒斜</u>之林未足作臣之械。潴池宗社,屠裂臣身,事聽敕裁,甘心受戮。臣櫬轝在側,泥首未乾,泣血待朝,伏聽刑命。伏惟:皇帝陛下明同日月,容光並蒙曲照,德合乾坤,動植咸被亭毒,50)好生之德遠被昆蟲;惡殺之仁爰流翔泳。儻降服捨之宥,賜全腰領之恩,雖死之年猶生之日。非所希冀,敢陳所懷,不勝伏劍之志。謹遣<u>原川</u>等拜表謝罪,伏聽敕旨。某頓首頓首,死罪死罪。"兼進貢銀三萬三千五百分、銅三萬三千分、針四百枚、牛黃百二十分、金百二十分、四十升布六匹、三十升布六十匹。是歲穀貴人飢。

'소신은 선대 이래로 조공을 끊은 적이 없으나 근래는 백제 때문에 두 번 조공을 빠뜨려 마침내 조정의 구설수에 올라 소신의 죄를 성토하려 하였으니 죽었어도 받을 형벌이 남아 있습니다. 남산의 대나무도 소신의 죄를 적기에 부족하고 포야의 수림으로도 소신의 형틀을 만드는 데 부족합니다. 종묘를 못으로 만들고 소신의 몸을 찢어 죽여도 사정을 듣고 판단하여 주신다면 기꺼이 형벌을 받겠습니다. 소신의 관과 상여를 옆에 두고 진흙 묻은 머리가 마르지 않은 채로 피눈물을 흘리면서 조정의 처분을 기다리며 삼가 형벌의 명령을 따르고자 합니

---

50) 亭毒: '成熟' 두 자의 音變.

다. 삼가 생각하건대 황제 폐하의 밝으심이 해와 달 같아서 포용의
빛이 구석까지 비추시며 덕은 천지와 융합되고 동식물이 모두 그 덕을
입고 성숙되며 생명을 사랑하는 덕은 멀리 곤충에게도 미치고 죽이기
를 싫어하는 어진 마음은 날짐승과 물고기에게도 미치고 있습니다.
만일 복종하면 놓아주는 용서를 내려 머리와 허리를 온전하게 하는
은혜를 하사하신다면 죽는 해가 태어난 날과 같을 것입니다. 바라는
바는 아니나 생각한 바를 감히 아뢰며 칼에 엎드린 심정을 이기지 못합
니다. 삼가 원천 등을 보내 표문을 올려 사죄하며 칙명을 따르고자
합니다. 소신은 머리를 조아리고 또 조아리며 죽고 또 죽어 마땅합니
다.' 겸하여 은 33,500푼, 구리 33,000푼, 바늘 400개, 우황 120푼, 금
120푼, 40승포 6필, 30승포 60필을 진상하였다. 이해 곡식이 귀하여
사람들이 굶주렸다.

十三年 春正月大星隕皇龍寺、在城中間。拜强首爲沙湌,歲賜租二百
石。二月增築西兄山城。夏六月虎入大宮庭,殺之。秋七月一日庚信卒。
阿湌大吐謀叛付唐,事泄伏誅,妻孥充賤。八月以波珍湌天光爲中侍。
增築沙熱山城。九月築國原城古薍長城、北兄山城、召文城、耳山城、首
若州 走壤城一名迭巖城、達含郡 主岑城、居烈州 萬興寺山城、歃良州 骨
爭峴城。王遣大阿湌徹川等領兵船一百艘鎭西海。唐兵與靺鞨、契丹
兵來侵北邊,凡九戰,我兵克之,斬首二千餘級。唐兵溺瓠瀘、王逢二
河,死者不可勝計。冬唐兵攻高句麗 牛岑城,降之。契丹、靺鞨兵攻大
楊城、童子城,滅之。始置外司正,州二人、郡一人。初太宗王滅百濟,罷
戍兵,至是復置。

13년. 봄 정월 큰 별이 황룡사와 재성 사이에 떨어졌다. 강수를 사찬으로
모시고 해마다 벼 2백 섬을 하사했다. 2월 서형산성을 증축하였다. 여름
6월 범이 대궁 뜰에 들어오자 죽였다. 가을 7월 1일 유신이 죽었다.
아찬 대토가 반역하여 당에 붙으려다가 누설되어 참수당하고 처와 자식
은 천인으로 충당됐다. 8월 파진찬 천광을 중시로 하였다. 사열산성을

증축하였다. 9월 국원성예전의 난장성, 북형산성, 소문성, 이산성, 수약주의 주양성일왈 질암성, 달함군의 주잠성, 거열주의 만흥사산성, 삽량주의 골쟁현성을 쌓았다. 왕이 대아찬 철천 등을 보내 병선 100척을 거느리고 서해를 수비하게 하였다. 당군이 말갈, 거란군과 함께 북쪽 변경을 침범하였는데 무릇 아홉 번 전투에서 아군이 이겼고 2천 명을 참수했다. 호로, 왕봉 두 강에 빠져 죽은 당군은 이루 헤아릴 수 없었다. 겨울에 당군이 고구려 우잠성을 쳐서 항복시켰다. 거란군과 말갈군이 대양성과 동자성을 쳐서 멸망시켰다. 주에 2인, 군에 1인씩 외사정을 두기 시작했다. 애초에 태종왕이 백제를 멸하고 수자리 병사를 없앴던 것을 이때 다시 두었다.

十四年 春正月入唐宿衛大奈麻德福傳學曆術還,改用新曆法。王納高句麗叛衆,又據百濟故地,使人守之。唐高宗大怒,詔削王官爵。王弟右驍衛員外大將軍、臨海郡公仁問在京師,立以爲新羅王,使歸國,以左庶子、同中書門下三品劉仁軌爲雞林道大總管,衛尉卿李弼、右領軍大將軍李謹行副之,發兵來討。二月宮内穿池造山,種花草,養珍禽奇獸。秋七月大風毁皇龍寺佛殿。八月大閱於西兄山下。九月命義安法師爲大書省,封安勝爲報德王。十年封安勝 高句麗王,今再封,不知報德之言若歸名等耶?或地名耶?幸靈廟寺前路閲兵,觀阿湌薛秀眞六陣兵法。

14년. 봄 정월 당에 갔던 숙위 대나마 덕복이 역술을 전수받고 돌아와 새 역법으로 고쳐 사용하였다. 왕이 고구려 반란 무리를 받아들이고 또 백제의 옛 땅을 점거하여 사람을 시켜 수비하게 하였다. 당고종이 대노하여 조서를 내려 왕의 관작을 깎아 없앴다. 당 경성에 있는 왕의 동생 우효위원외 대장군, 임해 군공 인문을 신라왕으로 세워 귀국시키고 좌서자, 동중서문하삼품 유인궤를 계림도 대총관으로 하고 위위경 이필과 우령군대장군 이근행을 부관으로 하여 군사를 발동하여 신라를 토벌해 왔다. 2월 궁궐에 연못을 파고 산을 만들어 화초를 심었으며 진기한 새와 짐승들을 길렀다. 가을 7월 큰 바람에 황룡사 불전이 무너졌다. 8월 서형산 아래에서 큰 열병식을 거행하였다. 9월 의안법사를 대서성으로 하고 안승을 보덕왕으로 책봉하였다. 10년 안승을 고구려왕으로 책봉하였는데 지금 두 번째 책봉하였으니 보덕이라는 이름이 귀순과 같은 뜻인지, 혹은 지명인지 모르겠다. 영묘사 앞길에 행차하여 열병식을 거행하고 아찬 설수 진의 육진병법을 관람하였다.

十五年 春正月以銅鑄百司及州郡印,頒之。二月劉仁軌破我兵於七重城。仁軌引兵還,詔以李謹行爲安東鎭撫大使,以經略之。王乃遣使入貢且謝罪,帝赦之,復王官爵。金仁問中路而還,改封臨海郡公。然多取百濟地,遂(△)[抵]高句麗南境爲州郡。聞唐兵與契丹、靺鞨兵來侵,出九軍待之。秋九月薛仁貴以宿衛學生風訓之父金眞珠伏誅於本國,引風訓爲鄕導,來攻泉城。我將軍文訓等逆戰,勝之,斬首一千四百級,取兵船四十艘。

15년. 봄 정월 관청과 주군의 도장을 구리로 주조하여 반포하였다. 2월 유인궤가 아군을 칠중성에서 격파하였다. 인궤는 군사를 이끌고 돌아가고 조서를 내려 이근행을 안동 진무대사로 하여 경략하게 하였다. 왕이 사신을 보내 조공하고 또한 사죄하니 황제가 용서하고 왕의 관작을 회복시켜 주었다. 김인문은 중도에서 돌아갔으며 임해 군공으로 바꾸어 봉하였다. 그러나 백제의 땅을 많이 빼앗아 국경이 고구려 남쪽 지방에 이르기까지 주군으로 만들었다. 당군과 거란, 말갈군이 침범해 온다는 소문을 듣고 아홉 개 군사를 출동시켜 대비하였다. 가을 9월 설인귀가 숙위학생 풍훈의 부친 김진주가 본국에서 사형 당함을 이용하여 풍훈을 길잡이로 삼아 천성을 공격하였다. 우리 장군 문훈 등이 접전하여 이기고 1,400명을 참수하였으며 병선 40척을 빼앗았다.

仁貴解圍退走,得戰馬一千匹。二十九日李謹行率兵二十萬屯買肖城,我軍擊走之,得戰馬三萬三百八十匹,其餘兵仗稱是。遣使入唐貢方物。緣安北河設關、城,又築鐵關城。靺鞨入阿達城劫掠,城主素那逆戰,死之。唐兵與契丹、靺鞨兵來圍七重城,不克,小守儒冬死之。靺輟又圍赤木城,滅之,縣令脫起率百姓拒之,力竭俱死。唐兵又圍石峴城,拔之,縣令仙伯、悉毛等力戰,死之。又我兵與唐兵大小十八戰,皆勝之,斬首六千四十七級,得戰馬二百匹。

인귀가 포위를 뚫고 퇴각할 때 전마 1천 필을 얻었다. 29일 이근행이 병사 20만을 거느리고 매초성에 주둔하자 아군이 공격하여 쫓아버리고 전마 30,380필과 이에 상당하는 병기도 노획하였다. 사신을 당에 보내 토산물을 바쳤다. 안북하 연안에 관문과 성을 설치하고 또 철관성을 쌓았다. 말갈이 아달성에 들어와 약탈하였으며 성주 소나가 맞서 싸우다가 죽었다. 당군과 거란 및 말갈군이 함께 칠중성을 포위하였으나 이기지 못하고 소수 유동이 죽었다. 말갈이 또 적목성을 포위하고 멸망시켰으며 현령 탈기가 백성을 이끌고 대항하다가 힘이 진하여 모두 죽었다. 당군이 또 석현성을 포위하고 함락하여 현령 선백과 실모 등이 힘껏 싸우다가 죽었다. 또 아군이 당군과 크고 작은 열여덟 번의 전투에서 모두 이기고 6,047명을 참수하고 전마 2백 필을 얻었다.

十六年 春二月高僧義相奉旨創浮石寺。秋七月彗星出北河、積水之間,長六七許步。唐兵來攻道臨城,拔之,縣令居屍知死之。作壞宮。冬十一月沙飡施得領船兵與薛仁貴戰於所夫里州 伎伐浦,敗績。又進大小二十二戰,克之,斬首四千餘級。宰相陳純乞致仕,不允,賜几杖。

16년. 봄 2월 고승 의상이 왕명을 받들어 부석사를 창건하였다. 가을 7월 북하와 적수 두 별 사이에 길이가 6~7보 가량 되는 혜성이 나타났다. 당군이 도림성을 점령하여 현령 거시지가 죽었다. 양궁을 구축하였다. 겨울 11월 사찬 시득이 수군을 이끌고 설인귀와 소부리주의 기벌포에서 싸워 패하였다. 또 크고 작은 22회의 전투에 진격하여 이기고 4천여 명을 참수했다. 재상 진순이 은퇴를 요청하였으나 허락하지 않고 안석과 지팡이를 하사하였다.

十七年 春三月觀射於講武殿南門。始置左司祿館。所夫里州獻白鷹。

17년. 봄 3월 강무전 남문에서 활쏘기를 구경하였다. 좌사록관 설치를 시작했다. 소부리주에서 흰 매를 헌납했다.

十八年 春正月置船府令一員,掌船楫事。加左、右理方府卿各一員。置北原小京,以大阿湌吳起守之。三月拜大阿湌春長爲中侍。夏四月阿湌天訓爲武珍州都督。五月北原獻異鳥,羽翮有文,脛有毛。

18년. 봄 정월 선부령 한 명을 두어 선박 사무를 담당하게 하였다. 좌,우 이방부경 각각 1명을 증원하였다. 북원소경을 설치하고 대아찬 오기가 수비하게 했다. 3월 대아찬 춘장을 중시로 모셨다. 여름 4월 아찬 천훈을 무진주 도독으로 하였다. 5월 북원에서 깃에 무늬가 있고 다리에 털이 난 이상한 새를 상납했다.

十九年 春正月中侍春長病免,舒弗邯天存爲中侍。二月發使略耽羅國。重修宮闕,頗極壯麗。夏四月熒惑守羽林。六月太白入月,流星犯參大星。秋八月太白入月。角干天存卒。創造東宮,始定内外諸門額號。四天王寺成,增築南山城。

19년. 봄 정월 중시 춘장이 병으로 그만두어 서불한 천존을 중시로 하였다. 2월 사신을 보내 탐라국을 경략하였다. 궁궐을 다시 수리하였는데 자못 웅장하고 아름다웠다. 여름 4월 화성이 우림성좌를 지켰다. 6월 태백성이 달에 들어가고 유성이 삼대성좌를 침범하였다. 가을 8월 태백성이 달에 들어갔다. 각간 천존이 죽었다. 동궁을 짓고 안팎 문의 액들에 이름들을 달기 시작했다. 사천왕사가 낙성되었고 남산성을 증축하였다.

二十年 春二月拜伊湌金軍官爲上大等。三月以金銀器及雜綵百段賜報德王 安勝,遂以王妹妻之一云迊湌金義官之女也。下教書曰:"人倫之本夫婦攸先,王化之基繼嗣爲主。王鵲巢位曠,雞鳴在心。不可久空内輔之儀,永闕起家之業。今良辰吉日率順舊章,以寡人妹女爲伉儷。王宜共敦心義,式奉宗祧,克茂子孫,永豐盤石。豈不盛歟,豈不美歟!"

20년. 봄 2월 이찬 김군관을 상대등으로 모셨다. 3월 보덕왕 안승에게 금은으로 만든 그릇과 잡색 천 100단을 하사 하고 왕의 여동생을 아내로 삼게 하였다일왈 잡찬 김의관의 딸. 교서를 내렸다: '인륜의 근본은 부부가 우선이고 왕화의 기초는 후대를 잇는 것이 위주다. 왕의 까치둥지 자리가 비어 있고 닭 울음을 알려줄 사람이 마음에 있을 것이다. 예의상 내조할 자리를 오래도록 비워 두거나 가문 흥성의 업을 영원토록 결여시키면 안 된다. 지금 길한 날 옛 예의에 따라 과인 여동생의 딸을 배필로 주련다. 왕은 의리를 두터이 하고 조상의 제사를 받들며 자손을 융성케 하여 영원토록 반석같이 번성하라. 어찌 장하고 아름답지 않겠는가!'

夏五月高句麗王使大將軍延武等上表曰:"臣安勝言:大阿湌金官長至,奉宣敎旨,幷賜敎書,以外生(公)[女]爲下邑內主。仍以四月十五日至此,喜懼交懷,罔知攸置。竊以帝女降嬀,王姬適齊,本揚聖德,匪關凡才。臣本庸流,行能無筭。幸逢昌運,沐浴聖化,每荷殊澤,欲報無階。重蒙天寵,降此姻親,遂卽穠華表慶,肅雝成德。吉月令辰言歸弊館,億載難遇。一朝獲申,事非望始,喜出意表。豈惟一二父兄實受其賜?其自先祖已下實寵喜之。臣未蒙敎旨,不敢直朝,無任悅豫之至,謹遣臣大將軍太大兄延武奉表以聞。"加耶郡置金官小京。

여름 5월 고구려왕이 대장군 연무 등을 시켜 표문을 올렸다: '소신 안승은 아룁니다: 대아찬 김관장이 와서 교지를 받들어 전하고 동시에 교서를 내려 왕의 생질녀를 우리 고을의 안주인으로 삼아준다고 하셨습니다. 4월 15일 이곳에 도착하였으며 기쁘고 두려움이 엇갈려 몸 둘 바를 모르겠습니다. 생각하면 요임금은 딸을 규에게 시집보내고 주왕은 딸을 제에 시집보냈으니 이는 본래 성스런 덕을 고양시키는 것이지 평범한 사람에게 차려지는 것이 아닙니다. 소신은 본래 용렬한 사람이여 행동이나 능력상 별거 아닙니다. 다행히 좋은 운명을 만나 성인의 교화에 물젖었으며 남다른 은혜를 받을 때마다 갚으려 해도 갚을 길이 없습니다. 왕의 총애를 거듭 입어 왕의 인척을 내려주시니 화려한 꽃이 경사를 나타내고 숙녀의 덕을 이루게 하셨습니다. 길한 날에 폐사로 시집오시니 1억 년을 살아도 만나기 어렵습니다. 하루아침에 얻게 되었으니 애초에 생각지 못했던 일, 뜻 밖의 기쁨입니다. 어찌 한둘의 부형만이 받은 은사겠습니까? 실로 조상 이하 모두를 총애로 기쁘게 할 일입니다. 소신은 왕의 칙령을 받지 못하여 감히 바로 가서 뵙지 못하지만 지극한 기쁨을 이기지 못하며 삼가 소신의 대장군 태대형 연무를 보내 표문을 바쳐 아룁니다.' 가야군에 금관 소경을 설치하였다.

二十一年 春正月朔終日黑暗如夜。沙湌武仙精兵三千以戌比列忽。置右司祿館。夏五月地震,流星犯參大星,六月天狗落坤方。王欲新京城,問浮屠義相,對曰:"雖在草野茅屋,行正道則福業長,苟爲不然,雖勞人作城,亦無所益。"王乃止役。秋七月一日王薨,謚曰文武。群臣以遺言葬東海口大石上。俗傳王化爲龍,仍指其石爲大王石。遺詔曰:"寡人運屬紛紜,時當爭戰。西征北討,克定疆封,伐叛招攜,聿寧遐邇。上慰宗祧之遺顧,下報父子之宿冤,追賞遍於存亡,疏爵均於內外。鑄兵戈爲農器,驅黎元於仁壽。薄賦省徭,家給人足。民間安堵,域內無虞。倉廩積於丘山,囹圄成於茂草。可謂無愧於幽顯,無負於士人。

21년. 봄 정월 초하루 종일 밤처럼 어두웠다. 사찬 무선이 정병 3천을 거느리고 비열홀을 지켰다. 우사록관을 설치하였다. 여름 5월 지진이 일어나고 유성이 삼대성을 범하였으며 6월 천구가 서남쪽에 떨어졌다. 왕이 경성을 새롭게 하려고 스님 의상에게 물으니 답 왈: "비록 벌판의 초막이어도 바른 길을 걸으면 복업이 오래 갈 것이고 만약 그렇게 못하다면 사람을 힘들게 하여 성을 만들어도 유익한 점이 없을 것입니다." 왕은 공사 일을 그만두었다. 가을 7월 1일 왕이 사망하였으며 시호를 문무라 하였다. 신하들은 유언에 따라 동해 어구의 큰 바위에 장사지냈다. 민간에 왕이 용으로 변하였다고 전하며 그 바위를 대왕석이라 부른다. 유조 왈: '과인은 운이 어지러웠고 자주 전쟁에 부딪혔다. 서쪽을 정벌하고 북쪽을 토벌하여 강토를 안정시켰고 반란자를 정벌하고 협력자를 불러들여 원근을 안정시켰다. 위로는 조상의 남은 염려를 위로하고 아래로는 부자의 오랜 원수를 갚았다. 살아남은 자와 죽은 자에게 모두 상을 추증하였고 중앙과 지방에 고르게 관작을 나누어주었다. 병기를 녹여 농기구를 만들었고 백성을 어질고 장수하게 이끌었다. 납세와 요역을 줄여 집집마다 넉넉하고 사람마다 풍족하여졌다. 백성은 편하게 거주하고 나라에는 근심이 없다. 창고의 곡식은 산처럼 쌓였고 감옥은 풀이 무성하다. 신령과 인간에 부끄럽지 않고 관리와 백성을 저버리지 않았다.

"自犯冒風霜[51], 遂成痼疾;憂勞政敎, 更結沈痾。運往名存, 古今一揆, 奄歸大夜, 何有恨焉!太子早蘊離輝, 久居震位, 上從群宰, 下至庶寮, 送往之義勿違, 事居之禮莫闕。宗廟之主不可暫空, 太子即於柩前, 嗣立王位。且山谷遷貿, 人代(椎)[推]移。吳王北山之墳, 詎見金鳧之彩;[52]魏主西陵之望, 唯聞銅雀之名。[53]昔日萬機之英, 終成一封之土, 樵牧歌其上, 狐兔穴其旁。徒費資財, 貽譏簡牘;空勞人力, 莫濟幽魂。静而思之, 傷痛無已。如此之類非所樂焉。屬纊之後十日, 便於庫門外庭, 依西國之式以火燒葬。服輕重自有常科, 喪制度務從儉約。其邊城鎭遏及州縣課稅於事非要者, 並宜量廢。律令格式有不便者, 即便改張。佈告遠近, 令知此意, 主者施行!"

바람과 한기를 맞아서부터 고질에 걸렸고 정사의 로고로 병이 더욱 중하게 되었다. 운명이 끝나면 이름만 남는 것은 고금의 통칙이니 홀연 긴긴 밤으로 돌아간들 무슨 유감이 있으랴! 태자는 일찍부터 나의 은덕을 입었고 오랫동안 동궁의 자리에 있었으니 위의 재상과 아래의 관리에 이르기까지 죽은 자를 보내는 의리를 어기지 말고 산 자를 섬기는 예의를 결여시키지 말라. 종묘의 주인은 잠시라도 비어서는 안 되므로

---

51) 自犯冒風霜: 중앙본 '스스로 온갖 어려운 고생을 무릅쓰다가'.

52) 吳王…金鳧…: 오왕 闔閭의 장사 때 血池를 만들고 황금주옥의 鳧鷹을 띄웠다고 한다.

53) 魏主……銅雀臺: 조조가 죽은 후 銅雀臺에서 부귀영하를 누리련다는 유언을 말함.

태자는 나의 관 앞에서 곧 왕위를 계승하라. 그리고 산과 골짜기도 변하여 바뀌고 인간의 세대도 바뀌면 변한다. 오왕의 북산 무덤에서 어찌 채색 금오리를 볼 수 있으며 위왕 서릉의 망루에는 단지 '동작'이라는 이름만 들릴 뿐이다. 옛날 만사를 처리하던 영웅도 나중에는 한 무더기의 흙이 되어 나무꾼과 목동들이 그 위에서 노래하고 여우와 토끼가 그 옆에 굴을 판다. 헛되이 재물을 낭비하면 서책에 비방이 남을 것이고 헛되이 인력을 들인들 혼백에 도움 되지 못한다. 묵묵히 생각하면 슬프고 마음 아프기 그지없다. 이런 따위는 즐길 바가 아니다. 운명 열흘 후 고문 바깥의 뜰에서 서천의 법식으로 화장하라. 상복의 등급은 상례의 규정이 있으며 장례의 격식은 반드시 검소하게 하라. 변경의 성읍을 지키는 일과 주군의 과세는 실로 필요하지 않은 것은 마땅히 양껏 폐지하라. 법령 중 불편한 격식은 즉시 바꾸라. 원근에 포고하여 그 뜻을 알게 하고 주관자는 이를 시행하라!'

三國史記卷第八

(삼국사기 권제8)

新羅本紀第八(신라본기 제8)

神文王、孝昭王、聖德王
　신문왕, 효소왕, 성덕왕

○<u>神文王</u>立。諱政明^{明之字曰昭}，<u>文武大王</u>長子也。母<u>慈儀</u>^{一作義}王后，妃
<u>金氏</u>，蘇判<u>欽突</u>之女。王爲太子時納之，久而無子。後坐父作亂，出宮。
<u>文武王</u>五年立爲太子，至是繼位。<u>唐高宗</u>遣使冊立爲<u>新羅王</u>，仍襲先
王官爵。

　신문왕이 왕위에 올랐다. 이름은 정명이고^{명의 자는} 일초 문무대왕의 장
자다. 모친은 자의^{儀 일왈 義}왕후고 왕비 김씨는 소판 흠돌의 딸이다.
왕이 태자일 때 맞아 들였는데 오래도록 아들이 없었다. 뒤에 그녀
부친의 반란에 연좌되어 궁 밖으로 쫓겨났다. 문무왕 5년에 태자로
세워졌으며 이때에 이르러 왕위를 계승하였다. 당고종이 사신을 보내
신라왕으로 책봉하고 선왕의 관작을 여전히 이어받았다.

元年 八月拜舒弗邯<u>眞福</u>爲上大等。八日蘇判<u>金欽突</u>、波珍飡<u>興元</u>、大
阿飡<u>眞功</u>等謀叛_(伏)[伏]誅。十三日<u>報德王</u>遣使小兄<u>首德</u>皆賀平逆賊。

十六日下教曰:"賞有功者,往聖之良規;誅有罪者,先王之令典。寡人以眇躬涼德,嗣守崇基,廢食(志)[忘]餐,晨興晏寢,庶與股肱共寧邦家,豈圖繾綣之內亂起京城?賊首欽突、興元、眞功等位非才進,職實恩升。不能克愼始終,保全富貴,而乃不仁不義,作福作威,侮慢官寮,欺淩上下。比(口)[日]逞其無厭之志,肆其暴虐之心。招納凶邪,交結近竪。禍通內外,同惡相資。剋日定期,欲行亂逆。寡人上賴天地之祐,下蒙宗廟之靈。欽突等惡積罪盈,所謀發露。此乃人神之所共棄,覆載之所不容。犯義傷風,莫斯爲甚。是以追集兵衆,欲除梟(鏡)[獍],或逃竄山谷,或歸降闕庭。然尋枝究葉,幷已誅夷,三四日間囚首蕩盡。事不獲已,驚動士人,憂愧之懷豈忘旦夕!今旣妖徒廓淸,遐邇無虞。所集兵馬宜速放歸,布告四方,令知此意。"

원년. 8월 서불한 진복을 상대등으로 하였다. 8일 소판 김흠돌, 파진찬 흥원, 대아찬 진공 등이 반역을 도모하다가 처형되었다. 13일 보덕왕이 사신 소형 수덕개를 보내 역적평정을 치하했다. 16일 교서를 내렸다: '유공자에게 상을 주는 것은 예전 성인들의 좋은 법규고 죄인을 주살하는 것은 선왕의 훌륭한 법이다. 과인은 보잘것없는 몸과 박덕으로 숭고한 왕업을 이었기에 식사를 잊고 일찍 일어나고 늦게 자면서 대신들과 함께 나라를 편안케 하려는데 상중에 경성에서 반란을 도모한단 말인가? 역적의 괴수 흠돌, 홍원, 진공 등은 재능으로 직위에 오른 것이 아니며 관직도 실은 은혜를 받아 오른 것이다. 시종 신중하며 부귀를 보전하지 못하고 인의를 저버리고 복과 권세를 부리고 관료들을 업신여기며 상하급을 속이고 압제하였다. 날마다 탐욕스런 생각을 함부로 드러내고 포학한 심보로 횡행하였다. 흉악하고 사악한 자들을 끌어들이고 내시들과 결탁하였다. 화가 안팎으로 통하고 악의 무리들이 서로 도왔다. 날짜와 기일을 정하여 반역을 일으키려 하였다. 과인은 위로 천지의 도움을 받고 아래로 조상의 영험을 입었다. 흠돌 등의 죄악이 쌓이고 음모가 탄로 되었다. 이는 곧 사람과 신이 모두 버리는 바이고 천하에 용납될 수 없는 행위이다. 도의를 침범하고 풍기를 짓밟음에 이보다 더 심한 것이 없다. 이러하여 군사를 모아 효경 같은 자들을 제거하려 하니 혹자는 산골로 도망하고 혹자는 궁궐에 돌아와 항복하였다. 이렇게 가지나 잎사귀 같은 놈들을 모두 처형하였고 3~4일간에 괴수들을 소탕해버렸다. 부득이한 조치였으나 관리와 사람을 놀라게 하였으니 불안하고 부끄러운 마음을 어찌 일조일석에 잊을 수 있으랴! 지금 요귀의 무리들은 숙청되었고 원근에 걱정이 없어졌다. 소집하였던 병마를 조속히 돌려보내고 사방에 포고하여 이 뜻을 알게 하라!'

二十八日誅伊湌軍官,教書曰:"事上之規盡忠爲本,居官之義不二爲宗。兵部令伊湌軍官因緣班序,遂升上位,不能拾遺補闕,效素節於朝廷;授命忘軀,表丹誠於社稷。乃與賊臣欽突等交涉,知其逆事,曾不告言。既無憂國之心,更絶徇公之志。何以重居宰輔,濫濁憲章?宜與衆棄,以懲後進。軍官及嫡子一人可令自盡。布告遠近,使共知之!"冬十月罷侍衛監,置將軍六人。

28일 이찬 군관을 처형하고 교서를 내렸다: '임금을 섬기는 법도는 충성을 다함을 근본으로 하고 관직에 있는 의리는 딴 마음을 가지지 않는 것이 기본이다. 병부령 이찬 군관은 반열의 순서에 따라 높은 지위에 올랐으나 임금이 미처 생각하지 못한 것을 미봉해주는 것으로 결백한 절조를 조정에 바치지 못했고 임금의 명을 받들기 위해 제 몸을 희생하는 것으로 사직에 붉은 마음을 나타내지도 못하였다. 오히려 역신 흠돌 등과 사귀면서 그들의 반역 사실을 알고도 고발한 적이 없다. 나라를 걱정하는 마음도, 공사에 헌신할 뜻도 없었다. 어찌 재상의 중직을 맡겨 국가의 헌장을 흐리게 할 수 있겠는가? 마땅히 무리들과 함께 버려 후진들에게 경계를 삼게 하리라. 군관과 친아들 한 명을 자결하게 하라. 원근에 포고하여 모두가 알도록 하라.' 겨울 10월 시위감을 없애고 장군 6인을 두었다.

二年 春正月親祀神宮,大赦。夏四月置位和府令二人,掌選擧之事。五月太白犯月。六月立國學,置卿一人。又置工匠府監一人,彩典監一人。

2년. 봄 정월 직접 신궁에 제사지내고 대사면을 행하였다. 여름 4월 위화부령 2인을 두어 선거 업무를 맡게 하였다. 5월 태백성이 달을 범하였다. 6월 국학을 세우고 경 1인을 두었다. 또 공장부감 1인과 채전감 1인을 두었다.

三年 春二月以順知爲中侍。納一吉湌金欽(歕)運少女爲夫人。先差伊湌文穎、波珍湌三光定期,以大阿湌智常納采。幣帛十五轝,米、酒、油、蜜、醬、豉、脯、(醢)[醢]一百三十五轝、租一百五十車。夏四月平地雪一尺。五月七日遣伊湌文穎、愷元抵其宅,冊爲夫人。其日卯時遣波珍湌大常、孫文、阿湌坐耶、吉叔等各與妻娘及梁、沙梁二部嫗各三十人迎來。夫人乘車,左右侍從,官人及娘嫗甚盛。至王宮北門下車入內。冬十月徵報德王安勝爲蘇判,賜姓金氏,留京都,賜甲第、良田。彗星出五車。

3년. 봄 2월 순지를 중시로 하였다. 일길찬 김흠운의 작은 딸을 부인으로 맞아들였다. 먼저 이찬 문영과 파진찬 삼광을 보내 기일을 정하고 대아찬 지상을 보내 납채하였다. 폐백은 15들것이고, 쌀·술·기름·꿀·간장·된장·포·젓갈이 135들것, 벼가 150수레였다. 여름 4월 평지에 눈이 한 자나 내렸다. 5월 7일 이찬 문영과 개원을 그 집에 보내 부인으로 책봉하였다. 그날 묘시에 파진찬 대상, 손문과 아찬 좌야, 길숙 등을 시켜 각각 그들의 아내와 양부, 사량부 두 부의 부녀 각각 30명과 함께 맞아오게 하였다. 부인은 수레에 탔고 좌우의 시중꾼, 관원들과 부녀들이 매우 많았다. 왕궁 북문에 이르러 수레에서 내려 궁궐로 들어왔다. 겨울 10월 보덕왕 안승을 불러 소판으로 하고 김씨 성을 하사했으며 경성에 머물게 하고 좋은 집과 좋은 밭을 하사하였다. 혜성이 오거성좌에 나타났다.

四年 冬十月自昏及曙流星縱橫。十一月安勝族子將軍大文在金馬

渚謀叛,事發伏誅。餘人見<u>大文</u>誅死,殺害官吏,據邑叛。王命將士討
之,逆鬥,幢主逼<u>實</u>死之。陷其城,徙其人於國南州郡,以其地爲<u>金馬郡</u>
<u>大文</u>或云悉伏。

4년. 겨울 10월 저녁부터 새벽까지 유성이 가로 세로 날아다녔다. 11월
안승의 조카-장군 대문이 금마저에서 반역을 시도하다가 발각되어
처형당했다. 잔적들은 대문의 처형을 보고 관리들을 죽이고 읍을 차지
한 채 반역하였다. 왕이 장병들에게 명령하여 토벌하니 맞서 싸워 당주
핍실이 죽었다. 그 성을 점령하고 그 지방 사람들을 남쪽의 주군에
이사시켰으며 그곳을 금마군으로 하였다대문 혹왈 실복.

五年 春復置<u>完山州</u>,以<u>龍元</u>爲總管。挺居列州,以置菁州,始備九州,
以大阿湌<u>福世</u>爲總管。三月置<u>西原小京</u>,以阿湌<u>元泰</u>爲仕臣。置<u>南原</u>
<u>小京</u>,徙諸州郡民戶分居之。奉聖寺成,夏四月望德寺成。

5년. 봄에 다시 완산주를 설치하고 용원을 총관으로 하였다. 거열주를
승격하여 청주를 설치해 비로소 구주가 완비되어 대아찬 복세를 총관
으로 하였다. 3월 서원소경을 설치하고 아찬 원태를 사신으로 하였다.
남원소경을 설치하고 여러 주군의 백성들을 나누어 그곳에 옮겨 살게
하였다. 봉성사가 낙성 되었고 여름 4월 망덕사가 낙성되었다.

六年 春正月以伊湌<u>大莊</u>一作將爲中侍。置例作府卿二人。二月置<u>石山</u>、
<u>馬山</u>、<u>孤山</u>、<u>沙平</u>四縣。以<u>泗沘州</u>爲郡,熊川郡爲州;<u>發羅州</u>爲郡,<u>武珍</u>
<u>郡</u>爲州。遣使入<u>唐</u>,奏請<u>禮記</u>幷文章,<u>則天</u>令所司寫<u>吉凶要禮</u>,幷於<u>文</u>
<u>館詞林</u>採其詞<u>涉規誡者</u>,[54]勒成五十卷,賜之。

6년. 봄 정월 이찬 대장莊 혹왈 將을 중시로 하였다. 예작부에 경 두 사람
을 두었다. 2월 석산, 마산, 고산, 사평 등 네 현을 설치하였다. 사비주를
군으로, 웅천군을 주로, 발라주를 군으로, 무진군을 주로 하였다. 당에
사신을 보내 『예기』와 문장을 요청하니 측천이 관계 부문에 명령하여

---

54) 涉規誡者: 중앙본 '모범으로 삼을 만한 글'.

『길흉요례』를 베끼고 또『문관사림』 중에서 훈계와 관계되는 글을 골
라 50권을 만들어 하사하였다.

七年 春二月元子生。是日陰沈昧暗,大雷電。三月罷一善州,復置沙伐
州,以波珍湌官長爲總管。夏四月改音聲署長爲卿。遣大臣於祖廟致
祭曰:"王某稽首再拜,謹言太祖大王、眞智大王、文興大王、太宗大王、
文武大王之靈。某以虛薄嗣守崇基,寤寐憂勤,未遑寧處。奉賴宗廟
(獲)[護]持,乾坤降祿,四(過)[邊]安静,百姓雍和,異域來賓航琛奉職。刑
清訟息,以至於今。比者,道喪君臨,義乖天鑒;怪成星象,火宿沈輝;55)
戰戰(慓慓)[慄慄],若墜淵谷。謹遣使某官某,奉陳不腆之物,以虔如在之
靈。伏望:炤察微誠,矜恤眇末;以順四時之候,無愆五事之徵;禾稼豐
而疫癘消,衣食足而禮義備;表裏清謐,盜賊消亡;垂裕後昆,永膺多福。
謹言。"五月教賜文(虎)[武]官僚田有差。56)秋築沙伐、歃良二州城。

7년. 봄 2월 왕의 장자가 출생하였다. 이날 날씨가 음침하고 어둡고
우레와 번개가 심하였다. 3월 일선주를 폐지하고 다시 사벌주를 설치하
였으며 파진찬 관장을 총관으로 하였다. 여름 4월 음성서의 장을 경으로
고쳤다. 대신을 보내 조상사당에 제문을 올렸다: "왕인 저는 머리를
숙여 두 번 절하며 삼가 태조대왕, 진지대왕, 문흥대왕, 태종대왕, 문무
대왕 영전에 아룁니다. 저는 천박한 자질로 숭고한 유업을 이어받아
지키며 자나 깨나 걱정하고 노력하며 편안하게 지낼 틈이 없습니다.
종묘의 돌봄과 하늘과 땅이 내려주는 복에 힘입어 사방이 안정되고
백성이 화목하며 이역 내빈이 찾아와 보물을 바치고 정무를 받듭니다.
형벌은 청명하고 송사가 없이 오늘에 이르렀습니다. 근래에 임금에게
법도가 사라지고 의리가 하늘의 감시에 어긋났는지 별의 형상에 괴변이
생기고 불씨가 빛을 잃으니 몸이 떨리며 마치 깊은 골짜기에 떨어진

---

55) 火宿沈輝: 불씨가 빛을 잃고, 옛날 성냥이 없어 불씨를 썼다. 중앙본 '해는 빛을 잃고'.
56) 文(虎)[武]官僚: '文武官僚'인데 문무왕을 피휘하여 '武'를 '虎'로 고쳐 썼다.

감입니다. 모모 관직에 있는 모모를 삼가 보내 변변치 못한 제물을 차려 살아 계신 듯한 신령에게 드립니다. 삼가 바라옵건대 미미한 정성을 밝게 살피시고 하찮은 몸을 불쌍히 여기시며 사철 기후를 순조롭게 하시고 오사의 징후가 틀리지 않게 하시며 농사가 잘되고 역병이 없어지며 의식을 풍족하게, 예의가 갖춰지게 하시며 안팎이 편안하고 도적이 사라지며 후손들에게 넉넉함을 남겨주시고 길이 다복하게 해주십시오. 삼가 아룁니다." 5월 교서를 내려 문무관료들에게 차등을 두어 밭을 주었다. 가을에 사벌,삽량 두 주의 성을 쌓았다.

八年 春正月中侍大莊卒,伊湌元師爲中侍。二月加船府卿一人。

8년. 봄 정월 중시 대장이 죽고 이찬 원사를 중시로 하였다. 2월 선부에 경 한 사람을 증원하였다.

九年 春正月下教罷內外官祿邑,逐年賜租有差,以爲恒式。秋閏九月二十六日幸獐山城。築西原京城。王欲移都達句伐,未果。

9년. 봄 정월 교시를 내려 경성과 지방 관리의 녹읍을 폐지하고 매년 차등을 두어 벼를 주는 것을 고정된 법으로 하였다. 가을 윤 9월 26일 왕이 장산성에 행차했다. 서원경성을 쌓았다. 왕이 달구벌로 경성을 옮기려 했으나 실현되지 못했다.

十年 春二月中侍元師病免,阿湌仙元爲中侍。冬十月置轉也山郡。

10년. 봄 2월 중시 원사가 병으로 면직하여 아찬 선원을 중시로 하였다. 겨울 10월 전야산군을 설치하였다.

十一年 春三月一日封王子理洪爲太子,十三日大赦。沙火州獻白雀。築南原城。

11년. 봄 3월 1일 왕자 이홍을 태자로 책봉하고 13일 대사면을 행하였다. 사화주에서 흰 참새를 상납했다. 남원성을 쌓았다.

十二年 春竹(祐)[枯]。唐中宗遣使口敕曰:"我太宗文皇帝神功聖德超出千古,故上僊之日廟號太宗。汝國先王金春秋與之同號,尤爲僭越,須急改稱。"王與群臣同議,對曰:"小國先王春秋諡號偶與聖祖廟號

相犯,敕令改之,臣敢不惟命是從?然念先王春秋頗有賢德,生前得良
臣金庾信,同心爲政,一統三韓,其爲功業不爲不多。捐館之際一國臣
民不勝哀慕,追尊之號不覺與聖祖相犯。今聞教敕,不勝恐懼。伏望使
臣復命闕庭,以此上聞。"後更無別敕。秋七月王薨,諡曰神文,葬狼山
東。

12년. 봄에 대나무가 말랐다. 당중종이 사신을 보내 구두칙명을 전했
다: "우리 태종 문황제는 신성한 공덕이 천고에 뛰어났으므로 죽을
때 묘호를 태종이라 하였다. 그대 나라 선왕 김춘추도 같은 묘호를
썼는데 매우 참람한 일이니 마땅히 빨리 고쳐 불러라." 왕이 신하들과
의논한 후에 대답하였다: "소국 선왕 춘추의 시호가 우연히 성조의
묘호와 저촉되어 칙령으로 고치라 하니 소신이 감히 명령을 따르지
않을 수 있겠습니까? 그러나 생각건대 선왕 춘추도 자못 덕이 어지며
생전에 훌륭한 신하 김유신을 얻어 한 마음으로 정치를 하여 삼한을
통일하였으니 그의 공로도 많지 않다고 할 수 없습니다. 별세하던 때에
온 나라의 신민이 추모하고 애도하는 심정을 이기지 못하여 추존한
시호가 성조의 묘호에 저촉됨을 깨닫지 못하였습니다. 지금 교칙을
듣고 송구스러움을 금할 수 없습니다. 바라건대 사신께서 대궐에 가
복명할 때 이대로 아뢰어주시오." 그 후에 다시 다른 칙명이 없었다.
가을 7월 왕이 사망하였다. 시호를 신문이라 하고 낭산 동쪽에 장사지
냈다.

○孝昭王立。諱理洪一作恭,神文王太子。母姓金氏,神穆王后,一吉湌
金欽運一云雲女也。唐則天遣使弔祭,仍冊王爲新羅王、輔國大將軍、行
左豹韜尉大將軍、雞林州都督。改左、右理方府爲左、右議方府。理犯
諱故也。

효소왕이 왕위에 올랐다. 이름은 이홍洪 일왈 恭이고 신문왕의 태자다.
모친 김씨는 신목왕후고 일길찬 김흠운運 일왈 雲의 딸이다. 당 측천이

사신을 보내 조문하고 제사지냈으며 여전히 왕을 신라왕, 보국 대장군, 행좌표도위대장군, 계림주도독으로 책봉하였다. 좌·우리방부를 좌·우의방부로 고쳤다. 理자가 왕의 휘를 범한 원인이다.

元年 八月以大阿湌元宣爲中侍。高僧<u>道證</u>自<u>唐</u>廻, 上<u>天文圖</u>。

원년. 8월 대아찬 원선을 중시로 하였다. 고승 도증이 당으로부터 돌아와 『천문도』를 상납했다.

三年 春正月親祀<u>神宮</u>, 大赦。以<u>文穎</u>爲上大等。<u>金仁問</u>在<u>唐</u>卒, 年六十六。冬築<u>松岳</u>、<u>牛岑</u>二城。

3년. 봄 정월 직접 신궁에 제사지내고 대사면을 행하였다. 문영을 상대등으로 하였다. 김인문이 당에서 66세로 죽었다. 겨울에 송악, 우잠두 성을 쌓았다.

四年 以立子月爲正。拜<u>愷元</u>爲上大等。冬十月京都地震。中侍<u>元宣</u>退老。置西南二市。

4년. 자월을 정월로 하였다. 개원을 상대등으로 모셨다. 겨울 10월 경성에 지진이 일어났다. 중시 원선이 연로하여 은퇴하였다. 서시, 남시두 시장을 설치하였다.

五年 春正月伊湌幢元爲中侍。夏四月國西旱。

5년. 봄 정월 이찬 당원을 중시로 하였다. 여름 4월 나라 서쪽에 가뭄이들었다.

六年 秋七月<u>完山州</u>進嘉禾, 異畝同穎。九月宴群臣於<u>臨海殿</u>。

6년. 가을 7월 완산주에서 상서로운 벼를 진상하였다. 밭고랑이 다른두 이삭이 하나로 합쳐진 것이다. 9월 임해전에서 대신들에게 잔치를베풀어주었다.

七年 春正月以伊湌<u>體元</u>爲<u>牛頭州總管</u>。二月京都地動, 大風折木。中侍<u>幢元</u>退老, 大阿湌<u>順元</u>爲中侍。三月<u>日本國</u>使至, 王引見於<u>崇禮殿</u>。秋七月京都大水。

7년. 봄 정월 이찬 체원을 우두주 총관으로 하였다. 2월 경성에 지진이 일어났고 큰 바람에 나무가 꺾였다. 중시 당원이 연로하여 은퇴하여 대아찬 순원을 중시로 하였다. 3월 일본국 사신이 왔으므로 왕이 숭례전에서 접견하였다. 가을 7월 경성에 홍수가 났다.

八年 春二月白氣竟天,星孛于東。遣使朝唐貢方物。秋七月東海水血色,五日復舊。九月東海水戰,聲聞王都。兵庫中鼓角自鳴。<u>新村人美肹</u>得黃金一枚,重百分,獻之,授位南邊第一,賜租一百石。

8년. 봄 2월 흰 기운이 하늘에 뻗쳤고 동쪽에 살별이 나타났다. 사신을 당에 보내 조회하고 토산물을 바쳤다. 가을 7월 동해의 물이 핏빛으로 변했다가 5일 만에 회복되었다. 9월 동해의 물이 떨었으며 그 소리가 경성까지 들렸다. 병기고에서 북과 뿔나발이 저절로 울렸다. 신촌 사람 미힐이 무게 백 푼 되는 황금 한 개를 주워서 헌납했으므로 그에게 남변제일의 위품과 벼 백 섬을 주었다.

九年 復以立寅月爲正。夏五月伊飡慶永_{永一作玄}謀叛,伏誅,中侍順元緣坐罷免。六月歲星入月。

9년. 다시 인월을 정월로 하였다. 여름 5월 이찬 경영永_{일왈 玄}이 모반하다가 처형되고 중시 순원이 연좌되어 파면되었다. 6월 세성이 달에 들어갔다.

十年 春二月彗星入月。夏五月<u>靈巖郡</u>太守一吉飡<u>諸逸</u>背公營私,刑一百杖,入島。

10년. 봄 2월 혜성이 달에 들어갔다. 여름 5월 영암군 태수 일길찬 제일이 공익을 위배하고 개인 이익을 도모하였으므로 곤장 100을 때리고 섬으로 귀양 보냈다.

十一年 秋七月王薨,諡曰孝昭,葬於<u>望德寺</u>東。[觀][舊]唐書云:"長安二年理洪卒。" 諸古記云:"壬寅七月二十七日卒。"而通鑑云:"大足三年卒。"則通鑑誤。

11년. 가을 7월 왕이 사망하였다. 시호를 효소라 하고 망덕사 동쪽에 장사지냈다『구당서』에는 '장안 2년 이홍 졸'로 기록되어 있고 여러 고기에도 '임인 7월 27일 졸'로 기록되어 있는데『자치통감』에는 '대족 3년 졸'이라고 기록되어 있으니『통감』

이 오류다.

○**聖德王**立。諱興光。本名隆基,與玄宗諱同,先天中改焉。<small>唐書言金志誠</small>
神文王第二子,孝昭同母弟也。孝昭王薨,無子,國人立之。唐則天聞
孝昭薨,爲之擧哀,輟朝二日。遣使吊慰,冊王爲新羅王,仍襲兄將軍、
都督之號。

　　성덕왕이 왕위에 올랐다. 이름은 흥광이다. 본명은 융기였으나 당현종
　　의 휘와 같기 때문에 선천 연간에 고쳤다『당서』왈 김지성. 신문왕의 차자
　　며 효소왕의 동생이다. 효소왕이 사망하고 아들이 없으므로 나라 사람
　　들이 그를 세웠다. 당 측천은 효소왕이 사망했다는 말을 듣고 그를
　　위해 애도하며 2일간 조회를 폐하였다. 사신을 보내 조문하며 왕을
　　신라왕으로 책봉하고 장군과 도독이라는 형의 칭호를 여전히 이어받게
　　하였다.

元年 九月大赦。增文武官爵一級,復諸州郡一年租稅。以阿湌元訓爲
中侍。冬十月歃良州櫟實變爲栗。

　　원년. 9월 대사면을 행하였다. 문무관에게 관작 한 급씩 올려주고 주군
　　의 1년간 조세를 면제하여 주었다. 아찬 원훈을 중시로 하였다. 겨울
　　10월 삽량주의 도토리가 밤으로 변했다.

二年 春正月親祀神宮。遣使入唐貢方物。秋七月靈廟寺災。京都大
水,溺死者衆。中侍元訓退,阿湌元文爲中侍。日本國使至,總二百四人。
遣阿湌金思讓朝唐。

　　2년. 봄 정월 직접 신궁에 제사를 지냈다. 당에 사신을 보내 토산물을
　　바쳤다. 가을 7월 영묘사에 불이 났다. 경성에 홍수가 나서 익사자가
　　많았다. 중시 원훈이 은퇴하자 아찬 원문을 중시로 하였다. 일본국 사신
　　총 204명이 왔다. 아찬 김사양을 당에 보내 조회하였다.

三年 春正月熊川州進金芝。三月入唐 金思讓廻,獻最勝王經。夏五月
納乘府令蘇(㲰)[判]金元泰之女爲妃。

3년. 봄 정월 웅천주에서 금빛 영지를 진상하였다. 3월 당에 갔던 김사양이 돌아와서 『최승왕경』을 헌납했다. 여름 5월 승부령 소판 김원태의 딸을 왕비로 삼았다.

四年 春正月中侍元文卒,以阿湌信貞爲中侍。三月遣使入唐朝貢。夏五月旱。秋八月賜老人酒食。九月下敎禁殺生。遣使如唐獻方物。冬十月國東州郡饑,人多流亡,發使賑恤。

4년. 봄 정월 중시 원문이 죽어 아찬 신정을 중시로 하였다. 3월 사신을 당에 보내 조공하였다. 여름 5월 가물었다. 가을 8월 노인들에게 술과 음식을 하사하였다. 9월 살생을 금하는 교서를 내렸다. 사신을 당에 보내 토산물을 헌납하였다. 겨울 10월 국동의 주군에 기근이 들어 사람들이 많이 유랑하여 사신을 보내 진휼하였다.

五年 春正月伊湌仁品爲上大等。國內饑,發倉廩賑之。三月衆星西流。夏四月遣使入唐貢方物。秋八月中侍信(眞)[貞]病免,以大阿湌文良爲中侍。遣使入唐貢方物。穀不登。冬十月遣使入唐貢方物。十二月大赦。

5년. 봄 정월 이찬 인품을 상대등으로 하였다. 나라에 기근이 들어 창고를 열어 구제하였다. 3월 별들이 서쪽으로 흘러갔다. 여름 4월 당에 사신을 보내 토산물을 바쳤다. 가을 8월 중시 신정이 병으로 면직하여 대아찬 문량을 중시로 하였다. 당에 사신을 보내 토산물을 바쳤다. 곡식이 여물지 않았다. 겨울 10월 당에 사신을 보내 토산물을 바쳤다. 12월 대사면을 행하였다.

六年 春正月民多饑死,給粟人一日三升至七月。二月大赦。賜百姓五穀種子有差。冬十二月 遣使入唐貢方物。

6년. 봄 정월 많은 백성이 아사하여 한 사람에게 하루 조 3되씩 7월까지 주었다. 2월 대사면을 행하였다. 백성들에게 5곡의 종자를 차등 두어 나누어주었다. 겨울 12월 사신을 당에 보내 토산물을 바쳤다.

七年 春正月沙伐州進瑞芝。二月地震。夏四月鎭星犯月。大赦。

7년. 봄 정월 사벌주에서 상서로운 영지를 진상하였다. 2월 지진이 일어났다. 여름 4월 토성이 달을 범하였다. 대사면을 행하였다.

八年 春三月菁州獻白鷹。夏五月旱。六月遣使入唐貢方物。秋八月赦罪人。

8년. 봄 3월 청주에서 흰 매를 헌납하였다. 여름 5월 가물었다. 6월 사신을 당에 보내 토산물을 바쳤다. 가을 8월 죄수들을 사면하였다.

九年 春正月天狗隕三郎寺北。遣使入唐貢方物。地震,赦罪人。

9년. 봄 정월 삼랑사 북쪽에 별 천구가 떨어졌다. 사신을 당에 보내 토산물을 바쳤다. 지진이 일어났으며 죄수들을 사면하였다.

十年 春三月大雪。夏五月禁屠殺。冬十月巡狩國南州郡。中侍文良卒。十一月王製百官箴示群臣。十二月遣使入唐貢方物。

10년. 봄 3월 큰 눈이 내렸다. 여름 5월 짐승의 도살을 금하였다. 겨울 10월 왕이 국남 주군을 순행하였다. 중시 문량이 죽었다. 11월 왕이 『백관잠』을 지어서 대신들에게 보였다. 12월 사신을 당에 보내 토산물을 바쳤다.

十一年 春二月遣使入唐朝貢。三月以伊湌魏文爲中侍。大唐遣使盧元敏敕改王名[57]。夏四月駕幸溫水。秋八月封金庾信妻爲夫人,歲賜穀一千石。

11년. 봄 2월 사신을 당에 보내 조공하였다. 3월 이찬 위문을 중시로 하였다. 당에서 사신 노원민을 보내 왕명을 고치라는 칙명을 내렸다. 여름 4월 온수에 행차하였다. 가을 8월 김유신의 처를 부인으로 봉하고 해마다 곡식 1천 섬을 하사하였다.

十(一)[二]年 春二月置典祀署。遣使入唐朝貢,玄宗御樓門以見之。冬十月入唐使金貞宗廻,降詔書封王爲驃騎將軍、特進、行左威衛大將軍、使持節、大都督雞林州諸軍事、雞林州刺史、上柱國、樂浪郡公、新

---

57) 신라왕 융기가 당현종의 이름과 같으므로 고치라는 명령을 내린 것이다.

羅王。冬十月中侍魏文請老,從之。十二月大赦。築開城。

12년. 봄 2월 전사서를 설치하였다. 사신을 당에 보내 조공하니 현종이 문루에 나와 접견하였다. 겨울 10월 당에 갔던 사신 김정종이 귀국할 때 조서를 내려 왕을 표기장군, 특진, 행좌위위대장군, 사지절, 대도독 계림주제군사, 계림주자사, 상주국, 낙랑군공, 신라왕으로 책봉하였다. 겨울 10월 중시 위문이 연로로 은퇴를 요청하므로 받아주었다. 12월 대사면을 행하였다. 개성을 쌓았다.

十三年 春正月伊湌孝貞爲中侍。二月改詳文(司)[師]爲通文博士,以掌書表事。遣王子金守忠入唐宿衛,玄宗賜宅及帛以寵之,賜宴于朝堂。閏二月遣級(食)[湌]朴裕入唐賀正,賜朝散大夫、員外奉御還之。夏旱,人多疾疫。秋歃良州山橡實化爲栗。冬十月唐玄宗宴我使者于內殿,敕宰臣及四品已上淸官預焉。

13년. 봄 정월 이찬 효정을 중시로 하였다. 2월 상문사를 통문박사로 고치고 표문을 쓰는 일을 관장하게 하였다. 왕자 김수충을 당에 보내 숙위케 하니 당현종이 집과 비단을 주며 총애하였고 조당에서 잔치를 베풀어주었다. 윤2월 급찬 박유를 당에 보내 신년하례를 하였는데 그에게 조산대부, 원외봉어 직을 주어 돌려보냈다. 여름에 가물었고 역병에 걸린 사람이 많았다. 가을에 삽량주 산의 도토리가 밤으로 변했다. 겨울 10월 당현종이 내전에서 우리 사신에게 잔치를 베풀어주고 재상과 4품 이상의 귀족 관리들이 참석하도록 하였다.

十四年 春三月遣金楓厚入唐朝貢。夏四月菁州進白雀。五月赦。六月大旱,王召河西州龍鳴嶽居士理曉祈雨於林泉寺池上,則雨浹旬。秋九月太白掩庶子星。冬十月流星犯紫微。十二月流星自天倉入太微。赦罪人。封王子重慶爲太子。

14년. 봄 3월 김풍후를 당에 보내 조공하였다. 여름 4월 청주에서 흰 참새를 진상하였다. 5월 사면하였다. 6월 크게 가물어 왕이 하서주 용명악의 거사 이효를 불러 임천사 못에서 기우를 하여 비가 열흘 동안 내렸다. 가을 9월 태백성이 서자성을 가리었다. 겨울 10월 유성이 자미성좌를 범하였다. 12월 유성이 천창으로부터 태미로 들어갔다. 죄수들을 사면하였다. 왕자 중경을 태자로 봉하였다.

十五年 春正月流星犯月,月無光。三月遣使[入]唐獻方物。出成貞—云嚴貞王后,賜彩五百匹、田二百結、租一萬石、宅一區,宅買康申公舊居賜之。大風拔木飛瓦,崇禮殿毁。入唐賀正使金楓厚欲歸國,授員外郎還之。夏六月旱,又召居士理曉祈禱,則雨。赦罪人。

15년. 봄 정월 유성이 달을 범하여 달이 빛을 잃었다. 3월 사신을 당에 보내 토산물을 헌납했다. 성정일왈 엄정 왕후를 궁궐에서 내보내며 채색비단 5백 필, 밭 2백 결, 벼 1만 석, 저택 한 채—강신공의 옛 집을 사서 주었다. 큰 바람에 나무가 뽑히고 기와가 날려갔으며 숭례전이 무너졌다. 당에 하정사로 갔던 김풍후가 귀국하려 하니 원외랑 관작을 주어 돌려보냈다. 여름 6월 가물어 또 거사 이효를 불러 기우하자 곧 비가 왔다. 죄수들을 사면하였다.

十六年 春二月置醫博士、算博士各一員。三月創新宮。夏四月地震。六月太子重慶卒,諡曰孝殤。秋九月入唐大監守忠廻,獻文宣王、十哲、七十二弟子圖,卽置於大學。

16년. 봄 2월 의박사와 산박사 각각 한 명씩 두었다. 3월 새 궁궐을 지었다. 여름 4월 지진이 일어났다. 6월 태자 중경이 죽어 시호를 효상이라 하였다. 가을 9월 당에 갔던 대감 수충이 돌아와『문선왕』『10철』『72제자도』등의 화상畵像을 바쳐 곧 대학에 두었다.

十七年 春正月中侍孝貞退,波珍湌思恭爲中侍。二月王巡撫國西州郡,親問高年及鰥寡孤獨,賜物有差。三月地震。夏六月震皇龍寺塔。始造漏刻。遣使入唐朝貢,授守中郎將還之。冬十月流星自昴入於奎,衆小星隨之,天狗隕艮方。築漢山州都督管內諸城。

17년. 봄 정월 중시 효정이 은퇴하여 파진찬 사공을 중시로 하였다. 2월 왕이 국서의 주군을 순행 위문하여 연로자, 홀아비, 과부, 고아,

독고노인들을 직접 위문하고 차등 두어 물품을 하사하였다. 3월 지진이 일어났다. 여름 6월 황룡사 탑에 벼락이 쳤다. 누각을 만들기 시작했다. 사신을 당에 보내 조공하니 수중랑장의 관작을 주어 돌려보냈다. 겨울 10월 유성이 묘성성좌로부터 규성성좌로 들어갔으며 작은 별들이 이를 따라 들어갔고 천구성이 동북방에 떨어졌다. 한산주 도독 관할 내의 여러 곳에 성을 쌓았다.

十八年 春正月遣使入唐賀正。秋九月震金馬郡 彌勒寺。

18년. 봄 정월 사신을 당에 보내 신년하례를 하였다. 가을 9월 금마군 미륵사에 벼락이 쳤다.

十九年 春正月地震。上大等仁品卒,大阿湌裴賦爲上大等。三月納伊 湌順元之女爲王妃。夏四月大雨,山崩十三所,雨雹傷禾苗。五月命有 司埋骸骨。完山州進白鵲。六月冊王妃爲王后。秋七月熊川州獻白鵲。 蝗蟲害穀。中侍思恭退,波珍湌文林爲中侍。

19년. 봄 정월 지진이 일어났다. 상대등 인품이 죽어 대아찬 배부를 상대등으로 하였다. 3월 이찬 순원의 딸을 왕비로 받아들였다. 여름 4월 큰 비가 내려 산이 13곳이나 무너졌으며 우박이 내려 볏모가 상하였다. 5월 관계부문에 명령하여 해골을 묻었다. 완산주에서 흰 까치를 진상하였다. 6월 왕비를 왕후로 책봉하였다. 가을 7월 웅천주에서 흰 까치를 진상하였다. 황충이 곡식을 해쳤다. 중시 사공이 관직에서 물러나자 파진찬 문림을 중시로 하였다.

二十年 秋七月徵何瑟羅道丁夫二千築長城於北境。冬無雪。

20년. 가을 7월 하슬라 지역의 장정 2천 명을 징발하여 북쪽 국경에 장성을 쌓았다. 겨울에 눈이 내리지 않았다.

二十一年 春正月中侍文林卒,伊湌宣宗爲中侍。二月京都地震。秋八 月始給百姓丁田。冬十月遣大奈麻金仁壹入唐賀正,幷獻方物。築毛 伐郡城,以遮日本賊路。

21년. 봄 정월 중시 문림이 죽어 이찬 선종을 중시로 하였다. 2월 경성에 지진이 일어났다. 가을 8월 백성에게 정전을 주기 시작했다. 겨울 10월 대나마 김인일을 당에 보내 신년하례를 하며 토산물을 헌납했다. 모벌 군성을 쌓아 일본 도적의 길을 막았다.

二十二年 春三月王遣使入唐,獻美女二人,一名抱貞,父天承奈麻;一名貞菀,父忠訓大舍。給以衣著、器具、奴婢、車馬,備禮資遣之。玄宗曰:"女皆王姑姊妹,違本屬,別本國,朕不忍留。"厚賜還之。貞菀碑云"孝成六年─天寶元年歸唐",未知孰是。夏四月遣使入唐獻果下馬一匹,58)牛黃、人蔘、美髢、朝霞紬、魚牙紬、鏤鷹鈴、海豹皮、金、銀等。上表曰:"臣鄉居海曲,地處遐陬, 元無泉客之珍,59) 本乏賓人之貨,敢將方産之物塵漬天官,駑蹇之才滓穢龍廐,竊方燕豕敢類楚雞。深覺靦顔,彌增戰汗。"地震。

22년. 봄 3월 왕이 사신을 당에 보내 미녀 두 명을 헌납했는데 한 명은 포정, 부친은 나마 천승이고 한 명은 정완, 부친은 대사 충훈이다. 의복, 기구, 노비, 거마 등 예장을 갖추어 보냈다. 현종 왈: "너희들이 모두 왕의 고종 자매로서 친척과 조국을 이별하고 왔으니 짐은 차마 남겨둘 수가 없다." 후하게 선물을 주어 돌려보냈다. 『정완비』에 '효성 6년 (천보 원년)에 당에 가다'라고 되어 있으니 어느 것이 옳은지 알 수 없다. 여름 4월 사신을 당에 보내 과하마 한 필, 우황, 인삼, 가발, 조하주, 어아주, 누응령, 해표피, 금, 은 등을 헌납했다. 올린 표문 왈: '소신의 고향은 바다의 한 구석 먼 벽지에 있어 원래 인어(人魚)와 같은 진품 이나 남만인이 바치는 보물 같은 것이 없으므로 감히 토산물로 천제의 관청을 더럽히고 둔한 절름발이 말로 마굿간을 더럽혔으며 감히 연의 돼지 같은 것을 초의 닭에 대등시킨 격입니다. 대단히 부끄럽고 떨리며

---

58) 果下馬: 키가 작아 과수나무 밑으로 타고 다닐 수 있으므로 생긴 이름.

59) 無泉客之珍: 물 안에서 사는 사람(人魚)인데 눈물도 구슬이라는 전설이 있다. 본래 '淵客'인데 당고조 李淵을 피휘하여 '泉客'이라 함. 중앙본 '천주 상인의 진귀한 보배'.

진땀이 납니다.' 지진이 일어났다.

二十三年 春立王子承慶爲太子。大赦。熊川州進瑞芝。二月遣金武勳入唐賀正。武勳還，玄宗降書曰："卿每承正朔，朝貢闕庭，言念所懷，深可嘉尙。又得所進雜物等幷踰越滄波，跋涉草莽，物旣精麗，深表卿心。今賜卿錦袍、金帶及綵(素)[素]共二千匹，以答誠獻，至宜領也。"冬十二月遣使入唐獻方物。炤德王妃卒。

23년. 봄에 왕자 승경을 태자로 세웠다. 대사면을 행하였다. 웅천주에서 상서로운 영지를 진상하였다. 2월 김무훈을 당에 보내 신년하례를 하였다. 무훈이 돌아올 때 현종이 편지를 내려보냈다: '경은 정월 초하루를 맞이할 때마다 궁궐에 조공하며 가슴에 품은 뜻을 말하니 진실로 가상하다. 또 진상한 여러 가지 물건은 모두 푸른 바다를 거치고 풀밭을 건너왔건만 정교하고 아름다워 경의 뜻을 충분히 나타내고 있다. 지금 경에게 금포, 금띠, 채색·흰 비단을 합쳐 2천 필을 주어 성의껏 바친 예물에 답례하니 도착되면 잘 받아라.' 겨울 12월 사신을 당에 보내 토산물을 바쳤다. 소덕왕비가 죽었다.

二十四年 春正月白虹見。三月雪。夏四月雹。中侍宣宗退，伊湌允忠爲中侍。冬十月地動。

24년. 봄 정월 흰 무지개가 나타났다. 3월 눈이 내렸다. 여름 4월 우박이 내렸다. 중시 선종이 관직에서 물러나자 이찬 윤충을 중시로 하였다. 겨울 10월 지진이 일어났다.

二十五年 夏四月遣金忠臣入唐賀正。五月遣王弟金釿質入唐朝貢，授郞將還之。

25년. 여름 4월 김충신을 당에 보내 신년하례를 하였다. 5월 왕의 동생 김근질을 당에 보내 조공하였으며 관작 낭장을 주어 돌려보냈다.

二十六年 春正月赦罪人。遣使入唐賀正。夏四月以一吉湌魏元爲大阿湌，級湌大讓爲沙湌。冬十二月修永昌宮。上大等裴賦請老，不許，賜几杖。

26년. 봄 정월 죄수를 사면하였다. 사신을 당에 보내 신년하례를 하였다. 여름 4월 일길찬 위원을 대아찬, 급찬 대양을 사찬으로 하였다. 겨울 12월 영창궁을 수리하였다. 상대등 배부가 연로로 은퇴를 청하였으나 허락하지 않고 안석과 지팡이를 하사하였다.

二十七年 秋七月遣王弟金嗣宗入唐獻方物,兼表請子弟入國學,詔許之。授嗣宗果毅,仍留宿衛。上大等裴賦請老,從之,以伊飡思恭爲上大等。

27년. 가을 7월 왕의 동생 김사종을 당에 보내 토산물을 바치고 겸하여 표문을 올려 자제들의 국학 입학을 청하였으며 조칙으로 허가하였다. 사종에게 과의의 관작을 주고 여전히 숙위로 머무르게 하였다. 상대등 배부가 연로로 은퇴를 청하여 허락하고 이찬 사공을 상대등으로 하였다.

二十八年 春正月遣使入唐賀正。秋九月遣使入唐朝貢。

28년. 봄 정월 사신을 당에 보내 신년하례를 하였다. 가을 9월 사신을 당에 보내 조공하였다.

二十九年 春二月遣王族志滿朝唐,獻小馬五匹、狗一頭、金二千兩、頭髮八十兩、海豹皮十張。玄宗授志滿太僕卿,賜絹一百匹、紫袍、錦細帶,仍留宿衛。冬十月遣使朝唐貢獻方物,玄宗賜物有差。

29년. 봄 2월 왕족 지만을 당에 보내 조회하며 작은 말 다섯 필, 개 한 마리, 금 2천 냥, 두발 80냥, 해표피 열 장을 헌납하였다. 현종이 지만에게 태복경 관작을 주고 명주 100필, 자포, 금세대를 주었고 숙위에 머무르게 하였다. 겨울 10월 사신을 당에 보내 조공하고 토산물을 바치니 현종이 차등을 두어 선물을 하사하였다.

三十年 春二月遣金志良入唐賀正,玄宗授太僕少卿員外置,賜(△)[帛]六十匹,放還,降詔書曰："所進牛黃及金銀等物省表具之。卿二明慶(秭)祚,[60]三韓善隣,時稱仁義之鄕,世著勳賢之業。文章禮樂闡君子之

---

60) 二明: 해와 달. 여기서는 신라왕의 부부를 비유했다.

風,納款輸忠效勤王之節。固藩維之鎮衛,諒忠義之儀表。豈殊方(憬)
[悍]俗可同年而語耶?加以慕義克勤,述職愈謹,梯山航海無倦於阻
脩,獻幣貢琛有常於歲序。守我王度,垂諸國章。乃眷懇誠,深可嘉尚。
朕每晨興佇念,宵衣待賢。想見其人,以光啓沃。俟卿覲止,允副所懷。
今使至,知嬰疾苦,不遂抵命。言念遐闊,用增憂勞。時候暄和,想痊復
也。今賜卿綾綵五百匹、帛二千五百匹,宜即領取。"夏四月赦。賜老人
酒食。<u>日本國</u>兵船三百艘越海襲我東邊,王命將出兵大破之。秋九月
命百官會<u>的門</u>,觀射車弩。

30년. 봄 2월 김지량을 당에 보내 신년하례를 하였고 현종은 태복소경
원외치 관작을 주고 비단 60필을 주어 돌려보내면서 조서를 내렸다:
'우황과 금은 등 보내준 것을 표문을 보니 갖추어져 있다. 경의 내외
두 분은 복 받았고 삼한은 사이좋은 이웃이어 인의지향이라 불리고
세상에 업적과 현덕으로 이름났다. 문장과 예악은 군자의 기풍을 보여
주고 귀순의 충성은 나라를 위하는 절조를 바쳤다. 진실로 나라를 보위
하는 변방 요새지고 확실히 충의의 본보기다. 어찌 먼 지방의 사나운
풍속과 같이 운운할 수 있겠는가? 게다가 의리를 따름에 근면하고 술직
을 더욱 조심스럽게 하며 산과 바다의 먼 장애의 피로도 마다하고 폐백
과 보물을 바침에 세월이 지나도 변함없다. 우리 왕법을 그대 나라의
법으로 써넣었다. 간곡한 정성은 실로 가상한 일이다. 짐은 매일 새벽에
일어나 생각하며 밤에도 옷을 입은 채 현명한 사람을 기다린다. 그런
사람을 만나서 밝은 가르침 받고 싶다. 그대를 만나 회포를 나눌까
한다. 이번에 사신이 와서야 그대가 병에 시달려 명을 받들지 못함을
알았다. 멀리 떨어져 있으니 걱정만 더해진다. 날씨가 온화하여지면
병이 회복 되리라 생각한다. 지금 그대에게 채색능직 5백 필과 비단
2,500필을 주노니 받기 바란다.' 여름 4월 사면령을 내렸다. 노인들에게
술과 음식을 하사하였다. 일본국 병선 3백 척이 바다를 건너 동쪽
변경을 습격하므로 왕이 장령을 출동시켜 대파하였다. 가을 9월 백관들

을 적문에 모이게 하여 거뇌의 사격을 관람하였다.

三十一年 冬十二月以角幹思恭、伊湌貞宗、允忠、思仁各爲將軍。

31년. 겨울 12월 각간 사공과 이찬 정종, 윤충, 사인을 각각 장군으로 하였다.

三十二年 秋七月唐玄宗以渤海靺鞨越海入寇登州,遣太僕員外卿金思蘭歸國,仍加授王爲開府儀同三司、寧海軍使,發兵擊靺鞨南鄙。會大雪丈餘,山路阻隘,士卒死者過半,無功而還。金思蘭本王族,先因入朝恭而有禮,因留宿衛,及是委以出疆之任。冬十二月遣王姪志廉朝唐謝恩。初帝賜王白鸚鵡雄雌各一隻及紫羅繡袍、金銀細器物、瑞紋錦、五色羅綵共三百餘段。王上表謝曰:"伏惟:陛下執象開元。聖文神武,應千齡之昌運,致萬物之嘉祥。風雲所通咸承至德,日月所照共被深仁。臣地隔蓬、壺,天慈洽遠,鄕睽華夏,睿渥覃幽。伏視瓊文,跪披玉匣,含九霄之雨露,帶五彩之鵁鶄。辯惠靈禽,素蒼兩妙。或稱長安之樂,或傳聖主之恩。羅錦彩章、金銀寶鈿,見之者爛目,聞之者驚心。原其獻款之功,實由先祖,錫此非常之寵,延及末孫。微效似塵,重恩如嶽。循涯揣分,何以上酬?"詔饗志廉內殿,賜以束帛。

32년. 가을 7월 발해말갈이 바다를 건너 등주를 침범하므로 당현종이 태복원외경 김사란을 귀국시키면서 왕에게 개부의동삼사, 영해군사의 작위를 더하여 주고 군사를 풀어 말갈의 남부 변방을 공격하도록 하였다. 마침 큰 눈이 한 길 넘게 내리고 산길이 막혀 사졸이 절반 이상 죽어 전공을 세우지 못한 채 돌아왔다. 김사란은 원래 왕족이었는데 앞서 당에 들어갔을 때 공손하고 예의가 바르므로 숙위로 머물러 있다가 이번에 변경을 나서는 임무를 맡은 것이다. 겨울 12월 왕은 조카 지렴을 당에 보내 조회하고 사은하였다. 당초 황제가 왕에게 흰 앵무새 암수 각각 한 마리, 자라수포, 금은세기물, 상서로운 무늬가 있는 비단, 금·은으로 세공한 그릇, 상서로운 무늬가 있는 비단 및 오색라채 모두 3백여 단을 주었다. 왕은 표문을 올려 감사드렸다: '삼가 생각하건대 폐하는 법도에 의해 나라를 창건하였습니다. 문무에 신성하고 천년의 창성한 운에 응하여 만물의 상서로움을 이루었습니다. 풍운이 통하는 곳마다, 해와 달이 비치는 곳마다 덕과 인을 입게 하였습니다. 소신이 사는 곳은 봉래산과 방호산에 막혀 있지만 천제의 자비는 먼 데까지 미치므로 중화와 떨어진 향리에 은혜가 깊은 데까지 뻗쳤습니다. 경건히 조서를 읽으며 무릎 꿇어 옥 상자를 열어 보니 하늘의 비와 이슬에 젖어 있고 채색의 신기한 봉황과 난새가 들어 있습니다. 말 잘하고 영리한 영물 새는 흰색과 푸른색으로 신묘합니다. 장안의 낙을 이야기하기도 하고 황제의 은혜를 전해주기도 합니다. 비단의 채색 무늬와 보물의 금은 장식은 보는 자의 눈을 부시게 하고 듣는 자의 마음을 놀라게 합니다. 당에 정성을 바친 공을 따지면 사실은 선조들이 이룬 것인데 이처럼 과분한 은총을 내려 말대 자손까지 미칠 것입니다. 미미한 충성은 티끌처럼 작은데 은혜는 산 같이 무겁습니다. 소신 능력의 한계 안에서 분수를 따져보니 무엇으로 보답할 수 있겠습니까.' 조서를 내려 지렴을 내전에서 음식 대접하고 비단 묶음을 하사하였다.

三十三年 春正月敎百官親入北門奏對。入唐宿衛左領軍衛員外將軍金忠信上表曰："臣所奉進止, 令臣執節本國, 發兵馬討除靺鞨, 有事續奏者。臣自奉聖旨誓將致命。當此之時爲替人金孝方身亡, 便留臣宿衛。臣本國王以臣久侍天庭, 遣使從姪志廉代臣。今已到訖, 臣卽合還。每思前所奉進(上)[止], 無忘夙夜。陛下先有制, 加本國王興光寧海軍大使, 錫之旌節, 以討凶殘。皇威載臨, 雖遠猶近; 君則有命, 臣敢不祗? 蠢爾夷俘計已悔禍。然除惡務本, 布憲惟新。故出師義貴乎三捷, 縱敵患貽於數代。伏望陛下因臣還國, 以副使假臣, 盡將天旨再宣殊裔。豈(稚)[惟]斯怒益振, 固亦武夫作氣, 必傾其巢穴, 靜此荒隅。遂夷臣之小誠, 爲國家之大利。臣等復乘桴滄海, 獻捷丹闈, 效毛髮之功, 答雨露之施, 臣所望也。伏惟陛下圖之。"帝許焉。

33년. 봄 정월 백관이 직접 북문으로 들어와 상주하고 답하도록 교서를 내렸다. 당에 가서 숙위하는 좌령군위원외장군 김충신이 표문을 올렸다: '소신이 받은 분부는 부절을 가지고 본국에 가서 군사를 풀어 말갈을 물리치고 용무가 있으면 계속 상주하는 것입니다. 소신은 명령을 받고부터 목숨을 바치려고 맹세하였습니다. 이때 저를 대신할 김효방이 죽었기 때문에 저를 숙위로 남겨두었습니다. 소신 본국의 왕은 제가 오래간 조정을 모셨으므로 종질 지렴을 사신으로 보내와 저를 대신하도록 하였습니다. 지금 그가 이미 도착했으니 저는 곧 돌아가는 것이 합당합니다. 전에 받은 황제의 분부를 생각할 때마다 밤낮 잊을 수 없습니다. 폐하께서는 예전에 본국왕 홍광에게 영해군대사의 직위를 가하고 정절을 주어 흉악한 잔적을 토벌케 하였습니다. 황제의 위엄이 닿으면 먼 곳도 가까운 곳 같고 황제의 명령이 내리면 소신은 감히 받들지 않겠습니까? 어리석은 야만인 포로들은 자신이 저지른 화의 잘못을 후회하고 있을 것입니다. 그러나 악을 제거함에는 반드시 뿌리까지 뽑아야 하고 법령을 선포함에는 새것을 도모해야 합니다. 그러므로 군사의 출동은 세 번의 승리보다도 정의가 더욱 귀중하며 적을 방임하면 후환이 몇 세대에 끼치게 됩니다. 삼가 바라건대 폐하께서는 소신의 귀국을 기회로 소신에게 부사의 직을 임시로 맡겨주시어 천제의 뜻을 먼 곳에 재삼 선포하십시오. 어찌 황제의 위엄만 더욱 떨칠 뿐이겠습니까? 병사들이 분발하여 기필코 적의 둥지까지 뒤엎어 거친 변방을 안정시키게 하십시오. 변방 소신의 작은 정성이 국가의 큰 이익으로 변하게 하소서. 소신 등이 다시 창해에 배를 띄우고 승리의 보고를 궁궐에 바치며 솜털 같은 공로라도 세워 감로 같은 은덕에 보답하는 것이 소신의 소망입니다. 폐하께서 삼가 이 뜻을 염두에 두십시오.' 황제는 허락하였다.

夏四月遣大臣<u>金端竭丹</u>入唐賀正。帝宴見於內殿,授衛尉少卿,賜緋襴袍、平漫銀帶及絹六十匹。先時遣王姪志廉謝恩,獻小馬兩匹、狗三頭、金五百兩、銀二十兩、布六十匹、牛黃二十兩、人蔘二百斤、頭髮一百兩、海豹皮一十六張。及是授志廉鴻臚少卿員外置。

　여름 4월 대신 김단갈단을 당에 보내 신년하례를 하였다. 황제는 내전에서 잔치를 베풀어 접견하고 위위소경의 관작을 주었으며 비색난포, 평만은대 및 명주 60필을 하사하였다. 이보다 앞서 왕의 조카 지렴을 보내 사은하고 작은 말 2필, 개 3마리, 금 500냥, 은 20냥, 베 60필, 우황 20냥, 인삼 200근, 두발 100냥, 해표피 16장을 헌납했다. 이때 지렴에게 홍려소경원외치의 관작을 주었다.

三十四年 春正月熒惑犯月。遣金義忠入唐賀正。二月副使金榮在唐身死,贈光祿少卿。義忠廻,敕賜浿江以南地。

　34년. 봄 정월 화성이 달을 범하였다. 김의충을 당에 보내 신년하례를 하였다. 2월 부사 김영이 당에서 죽어 광록소경 관작을 추증하였다. 의충이 돌아올 때 패강 이남의 땅을 하사한다는 조칙을 내렸다.

三十五年 夏六月遣使入唐賀正,仍附表陳謝曰:"伏奉恩敕,賜浿江以南地境。臣生居海裔,沐化聖朝,雖丹素爲心,而功無可效;以忠貞爲事,而勞不足賞。陛下降雨露之恩,發日月之詔,錫臣土境,廣臣邑居,遂使墾闢有期,農桑得所。臣奉絲綸之旨,荷榮寵之深,粉骨(糜)[糜]身,無由上答。"冬十一月遣從弟大阿湌金相朝唐,死于路。帝深悼之,贈衛尉卿。遣伊湌允忠、思仁、英述檢察平壤、牛頭二州地勢。狗登在城鼓樓吠三日。

　35년. 여름 6월 사신을 당에 보내 신년하례를 하고 아울러 사례 표문을 붙였다: '패강 이남의 땅을 하사한다는 은혜로운 칙서를 삼가 받았습니다. 소신이 바다의 먼 곳에 태어나 조정의 거룩한 교화를 입었으니 비록 붉고 깨끗한 마음을 품고 있으나 보답할 만한 공적은 없으며 충성의 정절을 염두에 두었으나 상을 받을 만한 공로는 없습니다. 폐하께서는 감로와 같은 은혜를 베푸시고 일월과 같은 조서를 내리셔 소신에게 토지를 주어 소신이 거주할 읍을 넓혀주었으니 땅을 개간할 희망이 생겼고 농사지을 터전을 얻게 되었습니다. 소신은 조서의 뜻을 받들어

깊은 영광의 은총을 입었으니 분골쇄신해도 보답할 길이 없습니다.'
겨울 11월 종제 대아찬 김상을 당에 조회하러 보냈으나 도중에 죽었다.
황제는 매우 슬퍼하여 그에게 위위경의 관작을 추증하였다. 이찬 윤충,
사인, 영술을 보내 평양주와 우두주의 지세를 조사하였다. 개가 재성
고루에 올라가 사흘 동안 짖었다.

三十六年 春二月遣沙湌金抱質入唐賀正(旦)[且]獻方物。王薨,諡曰
聖德,葬移車寺南。

36년. 봄 2월 사찬 김포질을 당에 보내 신년하례를 하고 아울러 토산물
을 헌납하였다. 왕이 사망하였다. 시호를 '성덕'이라 하고 이거사 남쪽
에 장사지냈다.

三國史記卷第九

(삼국사기 권제9)

新羅本紀第九(신라본기 제9)

孝成王、景德王、惠恭王、宣德王

효성왕, 경덕왕, 혜공왕, 선덕왕

○**孝成王**立。諱承慶,聖德王第二子,母炤德王后。大赦。三月改司正
[府]丞及左、右議方府丞,並爲佐。以伊飡貞宗爲上大等,阿飡義忠爲
中侍。夏五月地震。秋九月流星入太微。冬十月入唐沙飡抱質廻。十二
月遣使入唐獻方物。

　효성왕이 왕위에 올랐다. 이름은 승경이고 성덕왕의 차자며 모친은
소덕왕후다. 대사면을 행하였다. 3월 사정부의 승과 좌·우 의방부의
승을 고쳐 모두 좌로 하였다. 이찬 정종을 상대등, 아찬 의충을 중시로
하였다. 여름 5월 지진이 일어났다. 가을 9월 유성이 태미 성좌에 들어
갔다. 겨울 10월 당에 갔던 사찬 포질이 돌아왔다. 12월 사신을 당에
보내 토산물을 헌납했다.

二年 春二月唐玄宗聞聖德王薨,悼惜久之,遣左贊善大夫邢璹以鴻
臚少卿往吊祭,贈太子太保,且冊嗣王爲開府儀同三司、新羅王。璹將

發,帝製詩序,太子已下百寮咸賦詩以送。帝謂璹曰:"新羅號爲君子之國,頗知書記,有類中國。以卿惇儒,故持節往,宜演經義,使知大國儒教之盛。"又以國人善碁,詔率府、兵曹參軍楊季膺爲副,國高奕皆出其下。61)於是王厚贈璹等金寶藥物。唐遣使詔冊王妃朴氏。三月遣金元玄入唐賀正。夏四月唐使臣邢璹以老子道德經等文書獻于王。白虹貫日,所夫里郡河水變血。

2년. 봄 2월 당현종은 성덕왕이 사망했다는 소식을 듣고 오랫동안 슬퍼하다가 좌찬선대부 형숙을 홍려소경의 자격으로 파견하여 조문, 제사하고 태자태보의 관작을 추증하고 또 계승한 왕을 개부의동삼사, 신라 왕으로 책봉하였다. 형숙이 떠나려 할 때 황제가 시의 서문을 짓고 태자 이하 백관이 모두 시를 지어 보냈다. 황제가 형숙에게 왈:"신라는 군자의 나라라고 불리고 책과 글을 자못 알고 있으며 중국과 비슷하다. 그대는 돈후한 선비이므로 부절을 가지고 가서 마땅히 경서의 뜻을 상의하여 대국에 유교가 성함을 알게 하라." 또 우리나라 사람이 바둑을 잘 두므로 조칙을 내려 솔부, 병조참군 양계응을 부관으로 하였으며 우리나라 바둑 고수들이 모두 그의 수준 이하였다. 이에 왕이 형숙 등에게 금보물, 약 등을 후하게 주었다. 당이 사신을 보내 조서를 내려 박씨를 왕비로 책봉하였다. 3월 김원현을 당에 보내 신년하례를 하였다. 여름 4월 당 사신 형숙이 노자의 『도덕경』 등 책을 왕에게 헌납하였다. 흰 무지개가 해를 관통하고 소부리군의 강물이 핏빛으로 변하였다.

三年 春正月拜祖考廟。中侍義忠卒,以伊湌信忠爲中侍。善天宮成。賜邢璹黃金三十兩、布五十匹、人蔘一百斤。二月拜王弟憲英爲波珍湌。三月納伊湌順元女惠明爲妃。夏五月封波珍湌憲英爲太子。秋九

---

61) 國高奕皆出其下: 중앙본 '우리나라 바둑의 고수는 보두 그 밑에서 나왔다'. 양계응이 신라에서 바둑학원을 꾸린 것도 아니고 출장길에 바둑을 몇 판 두어 이겼을 뿐이다. 대국에서 온 바둑 고수의 체면을 살려주기 위하여 우정 지어줬을 가능성도 많다.

月完山州獻白鵲。狐鳴月城宮中,狗咬殺之。

3년. 봄 정월 조부와 부친의 사당을 참배하였다. 중시 의충이 죽어 이찬 신충을 중시로 하였다. 선천궁이 낙성되었다. 형숙에게 황금 30냥과 베 50필, 인삼 100근을 주었다. 2월 왕의 동생 헌영을 파진찬으로 모셨 다. 3월 이찬 순원의 딸 혜명을 왕비로 하였다. 여름 5월 파진찬 헌영을 태자로 책봉하였다. 가을 9월 완산주에서 흰 까치를 헌납했다. 여우가 월성궁 안에서 우는데 개가 물어 죽였다.

四年 春三月唐遣使冊夫人金氏爲王妃。夏五月鎭星犯軒轅大星。秋 七月有一緋衣女人自隷橋下出,謗朝政,過孝信公門忽不見。八月波 珍飡永宗謀叛,伏誅。先是永宗女入後宮,王絶愛之,恩渥日甚。王妃嫉 妬,與族人謀殺之。永宗怨王妃宗黨,因此叛。

4년. 봄 3월 당에서 사신을 보내 부인 김씨를 왕비로 책봉하였다. 여름 5월 토성이 헌원대성을 범하였다. 가을 7월 붉은 옷을 입은 여자 한 사람이 예교 밑에서 나와 나라의 정치를 비방하다가 효신공의 문을 지나서 갑자기 보이지 않았다. 8월 파진찬 영종이 반역을 도모하다가 처형되었다. 당초 영종의 딸이 후궁으로 들어오자 왕이 그를 몹시 사랑 하여 은총이 날로 심하여졌다. 왕비는 질투하여 종친과 모의하여 죽였 다. 영종이 왕비 종친 당파에 원한을 품고 반역한 것이다.

五年 夏四月命大臣(員)貞宗、思仁閱弩兵。

5년. 여름 4월 대신 정종, 사인에게 명하여 노병을 검열하였다.

六年 春二月東北地震,有聲如雷。夏五月流星犯參大星。王薨,諡曰孝 成。以遺命燒柩於法流寺南,散骨東海。

6년. 봄 2월 동북쪽에서 지진이 일어났으며 소리가 우레 같았다. 여름 5월 유성이 삼성성좌의 큰 별을 범하였다. 왕이 사망하였으며 시호를 효성이라 하였다. 유언에 따라 관을 법류사 남쪽에서 태우고 유골을 동해에 뿌렸다.

○**景德王**立。諱憲英,**孝成王**同母弟。**孝成**無子,立憲英爲太子,故得
嗣位。妃伊飡順貞之女也。

경덕왕이 왕위에 올랐다. 이름은 헌영이고 효성왕의 동생이다. 효성왕
이 아들이 없어 헌영을 태자로 삼았으므로 왕위를 이을 수 있었다.
왕비는 이찬 순정의 딸이다.

元年 冬十月日本國使至,不納。

원년. 겨울 10월 일본국 사신이 왔으나 받아들이지 않았다.

二年 春三月主力公宅牛一産三犢。唐玄宗遣贊善大夫魏曜來弔祭。
仍冊王爲新羅王,襲先王官爵。制曰:"故開府儀同三司、使持節、大都
督鷄林州諸軍事兼持節寧海軍使、新羅王金承慶弟憲英,奕(業)[菜]
懷仁,率心常禮,大賢風教,條理尤明,中夏軌儀衣冠素襲。馳海琛而遣
使,準雲呂而通朝,代爲純臣,累效忠節。頃者兄承土宇,沒而絶嗣,弟膺
繼及,抑惟常經。是用賓懷,優以冊命,宜用舊業,承藩長之名。仍加殊
禮,載錫漢官之號,可襲兄新羅王、開府儀同三司、使持節、大都督鷄
林州諸軍事兼充持節寧海軍使。"幷賜御注孝經一部。夏四月納舒弗
邯金義忠女爲王妃。秋八月地震。冬十二月遣王弟入唐賀正,授左清
道率府、員外長史,賜綠袍銀帶放還。

2년. 봄 3월 주력공 집의 소가 한꺼번에 송아지 세 마리를 낳았다. 당현
종이 찬선대부 위요를 보내 조문, 제사지냈다. 아울러 왕을 신라왕으로
책봉하고 선왕의 관작을 세습케 하였다. 책봉문 왈: '고 개부의동삼사,
사지절, 대도독계림주제군사 겸 지절영해군사, 신라왕 김승경의 동생
헌영은 대대로 어짊을 품고 올바른 예의에 힘 다하며 위대한 현인의
풍속과 교화의 조리는 더욱 밝아졌고 중국 제도와 의관도 줄곧 이어받
았다. 사신을 보내 바다의 보물을 가져오고 구름 타고 조정에 왕래하여
대대로 순진한 신하가 되어 여러 번 충절을 나타냈다. 이전에 형이
나라를 이었으나 죽고 후계가 근절돼 동생이 받아 이으니 또한 상례에
맞다. 이에 빈례로 우대하여 책명 하노니 마땅히 옛 왕업을 지켜 번국

수장의 명예를 계승하기 바란다. 여전히 특별한 예우를 가하여 중국 관작의 칭호를 주어 형의 관작 신라왕, 개부의동삼사, 사지절, 대도독계림주제군사 겸 충지절영해군사를 세습하여라.' 더불어 황제가 주를 단 『효경』 한 질을 하사하였다. 여름 4월 서불한 김의충의 딸을 왕비로 받아들였다. 가을 8월 지진이 일어났다. 겨울 12월 왕의 동생을 당에 보내 신년하례를 하였고 그에게 좌청도솔부, 원외장사의 관작, 녹포, 은대를 주어 돌려보냈다.

三年 春正月以伊湌惟正爲中侍。閏二月遣使入唐賀正,幷獻方物。夏四月親祀神宮。遣使入唐獻馬。冬(妖)[妖]星出中天,大如五斗器,浹旬乃滅。

3년. 봄 정월 이찬 유정을 중시로 하였다. 윤 2월 당에 사신을 보내 신년하례를 하고 아울러 토산물을 헌납했다. 여름 4월 직접 신궁에 제사지냈다. 사신을 당에 보내 말을 헌납했다. 겨울에 요사스런 별이 중천에 나타났으며 크기가 다섯 말 들이 그릇만 하고 열흘 만에 사라졌다.

四年 春正月拜伊湌金思仁爲上大等。夏四月京都雹,大如鷄子。五月旱。中侍惟正退,伊湌大正爲中侍。秋七月葺東宮。又置司正府、少年監典、穢宮典。

4년. 봄 정월 이찬 김사인을 상대등으로 모셨다. 여름 4월 경성에 계란만한 우박이 내렸다. 5월 가물었다. 중시 유정이 물러나자 이찬 대정을 중시로 하였다. 가을 7월 동궁을 수리하였다. 또 사정부, 소년감전과 예궁전을 설치하였다.

五年 春二月遣使入唐賀正,幷獻方物。夏四月大赦。賜大酺,度僧一百五十人。

5년. 봄 2월 당에 사신을 보내 신년하례를 하고 더불어 토산물을 헌납했다. 여름 4월 대사면령을 행했다. 큰 잔치를 베풀고 승려 150명에게 도첩을 주었다.

六年 春正月改中侍爲侍中。置國學諸業博士、助敎。遣使入唐賀正，
幷獻方物。三月震眞平王陵。秋旱,冬無雪,民饑且疫,出使十道安撫。

6년. 봄 정월 중시를 시중으로 고쳤다. 국학 업무에 박사와 조교를 두
었다. 사신을 당에 보내 신년하례를 하고 더불어 토산물을 헌납했다.
3월 진평왕릉에 벼락이 쳤다. 가을에 가물고 겨울에 눈이 내리지 않았
으며 기근과 역병이 돌아 10개 방면으로 사절을 보내 안정시키고 위로
하였다.

七年 春正月天狗落地。秋八月太后移居永明新宮。始置貞察一員,糾
正百官。遣阿湌貞節等檢察北邊。始置大谷城等十四郡縣。

7년. 봄 정월 천구별이 땅에 떨어졌다. 가을 8월 태후가 영명신궁으로
옮겨 거처하였다. 정찰 한 명을 두기 시작하여 관리들을 규찰하여 바로
잡았다. 아찬 정절 등을 파견하여 북쪽 변경을 시찰하였다. 대곡성 등
14개의 군현을 두기 시작했다.

八年 春(三)[二]月暴風拔木。三月置天文博士一員、漏刻博士六員。

8년. 봄 2월 폭풍에 나무가 뽑혔다. 3월 천문박사 1명과 누각박사 6명을
두었다.

九年 春正月侍中大正免,伊湌朝良爲侍中。二月置御龍省奉御二員。

9년. 봄 정월 시중 대정을 면직시키고 이찬 조량을 시중으로 하였다.
2월 어룡성에 봉어 2명을 두었다.

十一年 春三月以級湌原神、龍方爲大阿湌。秋八月置東宮衙官。冬十
月加置倉部史三人。

11년. 봄 3월 급찬 원신과 용방을 대아찬으로 하였다. 가을 8월 동궁아
관을 두었다. 겨울 10월 창부사 3명을 더 두었다.

十二年 秋八月日本國使至,慢而無禮,王不見之,乃廻。武珍州獻白雉。

12년. 가을 8월 일본국 사신이 왔는데 오만무례하므로 왕이 만나주지
않자 곧 돌아갔다. 무진주에서 흰 꿩을 헌납했다.

十三年 夏四月京都雹,(太)[大]如鷄卵。五月立聖德王碑。牛頭州獻瑞

芝。秋七月王命官修葺永興、元延二寺。八月旱，蝗。侍中朝良退。

13년. 여름 4월 경성에 계란 크기의 우박이 내렸다. 5월 성덕왕의 비석을 세웠다. 우두주에서 상서로운 영지를 헌납했다. 가을 7월 왕이 관원을 시켜 영흥, 원연 두 절을 수리하였다. 8월 가뭄이 들고 황충해를 입었다. 시중 조량이 관직에서 물러났다.

十四年 春穀貴民饑。熊川州 向德貧，無以爲養，割股肉飼其父。王聞，賜賚頗厚，仍使旌表門閭。望德寺塔動。唐 令狐澄新羅國記曰：“其國爲唐立此寺，故以爲名。”兩塔相對，高十三層。忽震動開合，如欲傾倒者數日。其年祿山亂，疑其應也。夏四月遣使入唐賀正。秋七月赦罪人，存問老疾鰥寡孤獨，賜穀有差。以伊湌金耆爲侍中。

14년. 봄에 곡식이 귀하여 백성이 굶주렸다. 웅천주의 향덕이라는 사람이 가난으로 봉양할 수 없어 허벅다리의 살을 베어 부친에게 먹였다. 왕이 듣고 그에게 선물을 후히 주고 마을에 정문을 세워 표창하였다. 망덕사의 탑이 흔들렸다. 당 영호징의 『신라국기』 왈: ‘그 나라가 당을 위하여 이 절을 세운 까닭에 이름을 이렇게 지었다.’ 두 탑은 마주 보며 높이는 13층이다. 갑자기 흔들리면서 열렸다 닫혔다 하며 며칠간 넘어질 듯하였다. 이 해에 안록산의 난이 일어났는데 그 효험인지 의심이 간다. 여름 4월 사신을 당에 보내 신년하례를 하였다. 가을 7월 죄수들을 사면하고 늙은이, 병든 자, 홀아비, 과부, 고아, 독고 노인들을 위문하고 차등을 두어 곡식을 하사하였다. 이찬 김기를 시중으로 하였다.

十五年 春二月上大等金思仁以比年災異屢見，上疏極論時政得失，王嘉納之。王聞玄宗在蜀，遣使入唐。泝江至成都朝貢。玄宗御製御書五言十韻詩賜王，曰：“嘉新羅王歲修朝貢，克踐禮樂名義，賜詩一首”：

　‘四維分景緯，萬象含中樞。玉帛遍天下，梯航歸上都。緬懷阻靑陸，歲月勤黃圖。漫漫窮地際，蒼蒼連海隅。興言名義國，豈謂山河殊。使去傳風敎，人來習典謨。衣冠知奉禮，忠信識尊儒。誠矣天其鑑，賢哉德不孤。擁旄同作牧，厚貺比生蒭。益重靑靑志，風霜恒不渝。’

5년. 봄 2월 상대등 김사인이 근년에 재해와 이상한 일이 자주 일어나므로 상소하여 시국 정치의 득실을 극론하니 왕이 좋게 받아들였다. 왕은 당현종이 촉에 있다는 말을 듣고 당에 사신을 보냈다. 장강을 거슬러 올라가 성도에 이르러 조공하였다. 현종은 5언 10운 시를 직접 지어 왕에게 주며 왈: "신라왕이 해마다 조공하고 예악 및 대의명분을 실행에 잘 옮김을 가상히 여겨 시 한 수를 지어주노라":

'우주는 해와 별로 나뉘어 있고, 세상 만물은 중축에 물려 있다.

옥과 비단은 천하에 널려 있지만, 산 넘어 물 건너 帝都로 찾아든다.

생각하면 동방은 막혀 있지만, 오랜 세월 중국을 힘써 섬겼다.

아득히 먼 땅 끝 구석이지만, 푸른 바다로 이어져 있다.

예의 명분 지킨 나라이니, 산과 물이 다르다 할 소냐.

사신들이 찾아가 교화를 전해주고, 사람들은 찾아와 법도를 배워간다.

의관을 예절에 맞출 줄 알고, 충성과 신의는 학문에 맞춘다.

성실함은 하늘이 굽어보고, 현명한 덕행은 외롭지 않다.

깃발 들고 같이 백성을 다스리고, 후한 선물 대단한 정성이다.

푸른 지조 더욱 소중히 하여, 풍상 맞아도 영원히 변치 않는다.'

帝幸蜀時新羅能不遠千里朝聘行在所,故嘉其至誠,賜之以詩。其云: '益重青青志,風霜恒不渝'者,豈古詩'疾風知勁草,(叛)[板]蕩識貞臣'之意乎?宣和中入朝使臣金富儀將刻本入汴京,示舘伴學士李邴。李邴上皇帝,因宣示兩府及諸學士訖,傳宣曰:"進奉侍郎所上詩眞明皇書。"嘉嘆不已。夏四月大雹。大永郞獻白狐,授位南邊第一。

황제가 촉에 행차할 때 신라가 천리 길을 마다하고 행재소까지 찾아가 조회했으므로 그 지성을 가상히 여겨 시를 지어준 것이다. 시 중의 '푸른 지조 더욱 소중히 하여 풍상 맞아도 영원히 변치 않는다.'라고 한 것은 옛 시 구절 '강한 바람이 불어야만 굳센 풀을 알게 되고 정치가 문란한 뒤에야 지조 있는 신하를 알 수 있다'라는 의미가 아니겠는가.

선화 연간에 송에 사신으로 갔던 김부의가 이 시의 각본을 가지고 변경에 가서 접대원으로 있던 학사 이병에게 보였다. 이병은 황제에게 바쳤는데 황제는 양부와 여러 학사들에게 돌려 보인 후 황제의 의견을 전하기를 "진봉시랑이 바친 시는 진짜 명황의 글씨이다"라고 하면서 감탄해 마지않았다. 여름 4월 큰 우박이 내렸다. 대영랑이 흰 여우를 헌납했으므로 남변제일의 직위를 주었다.

十六年 春正月上大等思仁病免,伊湌信忠爲上大等。三月除內外群官月俸,復賜祿邑。秋七月重修永昌宮。八月加調府史二人。冬十二月改沙伐州爲尙州,領州一、郡十、縣三十;歃良州爲良州,領州一、小京一、郡十二、縣三十四;菁州爲康州,領州一、郡十一、縣二十七;漢山州爲漢州,領州一、小京一、郡二十七、縣四十六;首若州爲朔州,領州一、小京一、郡十一、縣二十七;熊川州爲熊州,領州一、小京一、郡十三、縣二十九;河西州爲溟州,領州一、郡九、縣二十五;完山州爲全州,領州一、小京一、郡十、縣三十一;武珍州爲武州,領州一、小京一、郡十四、縣四十四良州一作梁州。

16년. 봄 정월 상대등 사인이 병으로 면직하여 이찬 신충을 상대등으로 하였다. 3월 경성과 지방 관리들의 월봉을 폐지하고 다시 녹읍을 하사하였다. 가을 7월 영창궁을 다시 수리하였다. 8월 조부에 사 2명을 더 두었다. 겨울 12월 사벌주를 상주로 고치고 1주, 10군, 30현을 거느리게 하였다. 삽량주를 양주로 고치고 1주, 1소경, 12군, 34현을 거느리게 하였다. 청주를 강주로 고치고 1주, 11군, 27현을 거느리게 하였다. 한산주를 한주로 고치고 1주, 1소경, 27군, 46현을 거느리게 하였다. 수약주를 삭주로 고치고 1주, 1소경, 11군, 27현을 거느리게 하였다. 웅천주를 웅주로 고치고 1주, 1소경, 13군, 29현을 거느리게 하였다. 하서주를 명주로 고치고 1주, 9군, 25현을 거느리게 하였다. 완산주를 전주로 고치고 1주, 1소경, 10군, 31현을 거느리게 하였다. 무진주를 무주로 고치고 1주, 1소경, 14군, 44현을 거느리게 하였다良州 일왈 梁州.

十七年 春正月侍中金耆卒,伊湌廉相爲侍中。二月下敎:"內外官請暇滿六十日者聽解官。"夏四月選醫官精究者充內供奉。置律令博士二員。秋七月二十三日王子生。大雷電,震佛寺十六所。八月遣使入唐朝貢。

17년. 봄 정월 시중 김기가 죽어 이찬 염상을 시중으로 하였다. 2월 '내외의 관료로서 60일 휴식한 자는 해직으로 받아들인다.'는 교서를 내렸다. 여름 4월 의술을 깊이 연구한 의관을 선발하여 내공봉을 맡도록 하였다. 율령박사 두 명을 두었다. 가을 7월 23일 왕자가 출생했다. 우레와 번개가 크게 쳤고 절 16곳이 벼락에 맞았다. 8월 사신을 당에 보내 조공하였다.

十八年 春正月改兵部、倉部卿、監爲侍郞,大舍爲郞中,改執事舍知爲執事員外郞,執事史爲執事郞。改調府、禮部、乘府、船府、領客府、左右議方府、司正、位和府、例作典、大學監、大道署、永昌宮等大舍爲主簿。賞賜署、典祀署、音聲署、工匠府、彩典等大舍爲主書。二月改禮部舍知爲司禮,調府舍知爲司庫,領客府舍知爲司儀,乘府舍知爲司牧,船府舍知爲(同)[司]舟,例作府舍知爲司例,兵部弩舍知爲司兵,倉部租舍知爲司倉。三月彗星見,至秋乃滅。

18년. 봄 정월 병부와 창부의 경과 감을 시랑으로, 대사를 낭중으로, 집사사지를 집사원외랑으로, 집사사를 집사랑으로 개명하였다. 조부, 예부, 승부, 선부, 영객부, 좌우의방부, 사정, 위화부, 예작전, 대학감, 대도서, 영창궁 등의 대사를 주부로 개명하였다. 상사서, 전사서, 음성서, 공장부, 채전 등의 대사를 주서로 개명하였다. 2월 예부 사지를 사례로, 조부 사지를 사고로, 영객부 사지를 사의로, 승부 사지를 사목으로, 선부 사지를 사주로, 예작부 사지를 사례로, 병부 노사지를 사병으로, 창부 조사지를 사창으로 개명하였다. 3월 혜성이 나타나 가을이 되어서야 사라졌다.

十九年 春正月都城寅方有聲如伐鼓,衆人謂之鬼鼓。二月宮中穿大

池,又於宮南蚊川之上起月淨、春陽二橋。夏四月侍中廉相退,伊湌金
邕爲侍中。秋七月封王子乾運爲王太子。

19년. 봄 정월 경성 동쪽에서 북치는 듯한 소리가 들렸는데 사람들은
귀신의 북이라 하였다. 2월 궁궐 안에 큰 못을 팠고 또 궁궐 남쪽 문천
위에 월정교, 춘양교 두 다리를 놓았다. 여름 4월 시중 염상이 물러나자
이찬 김옹을 시중으로 하였다. 가을 7월 왕자 건운을 왕태자로 봉하였다.

二十年 春正月朔虹貫日,日有珥。夏四月彗星出。

20년. 봄 정월 초하루 무지개가 해를 관통하였고 해에 귀고리 같은
것이 생겼다. 여름 4월 혜성이 나타났다.

二十一年 夏五月築五谷、鵂巖、漢城、獐塞、池城、德谷六城,各置太
守。秋九月遣使入唐朝貢。

21년. 여름 5월 오곡, 휴암, 한성, 장새, 지성, 덕곡 등 여섯 성을 쌓고
각각 태수를 두었다. 가을 9월 사신을 당에 보내 조공하였다.

二十二年 夏四月遣使入唐朝貢。秋七月京都大風飛瓦拔樹。八月(△)
[桃]李再花。上大等信忠、侍中金邕免。大奈麻李純爲王寵臣,忽一旦
避世入山,累徵不就,剃髮爲僧,爲王創立斷俗寺居之。後聞王好樂,即
詣宮門諫奏曰:"臣聞昔者桀、紂荒於酒色,淫樂不止。由是政事淩遲,
國家敗滅。覆轍在前,後車宜戒。伏望大王改過自新,以永國壽。"王聞
之感歎,爲之停樂,便引之正室,聞說道妙以及理世之方,數日乃止。

22년. 여름 4월 사신을 당에 보내 조공하였다. 가을 7월 경성에 큰 바람
으로 기와가 날리고 나무가 뽑혔다. 8월 복숭아나무와 오얏나무에 꽃이
두 번째로 피었다. 상대등 신충과 시중 김옹이 면직되었다. 대나마 이순
은 왕의 총신인데 하루아침에 갑자기 세상을 피하여 산으로 들어갔으
며 여러 번 불렀으나 나오지 않고 머리 깎고 승려가 되어 왕을 위하여
단속사를 세우고 거처하였다. 후에 왕이 풍악을 즐긴다는 말을 듣고
궁문으로 찾아가 상주하였다: "소신이 듣건대 옛날 걸과 주가 주색에
빠져 음탕한 음악을 그칠 줄 몰랐답니다. 이로 인하여 정치가 문란해지

고 나라가 패멸되었습니다. 앞 수레가 엎어지면 뒷수레는 마땅히 경계
하여야 합니다. 삼가 바라건대 대왕께서 과오를 고치고 새롭게 되어
나라의 수명을 길게 하소서." 왕은 듣고 감탄하여 풍악을 그치고 그를
정실로 안내하여 도리의 오묘함과 세상 다스리는 방법을 며칠 동안이
나 듣고 그쳤다.

二十三年 春正月伊湌萬宗爲上大等,阿湌良相爲侍中。三月星孛于
東南。龍見楊山下,俄而飛去。冬十二月十一日流星或大或小,觀者不
能數。

23년. 봄 정월 이찬 만종을 상대등으로, 아찬 양상을 시중으로 하였다.
3월 살별이 동남쪽에 나타났다. 용이 양산 밑에 나타났다가 이내 날아
갔다. 겨울 12월 11일 크고 작은 유성이 나타났는데 보는 사람들이
셀 수 없었다.

二十四年 夏四月地震。遣使入唐朝貢,帝授使者檢校禮部尚書。六月
流星犯心。是月王薨,諡曰景德,葬毛祇寺西岑。古記云:"永泰元年乙巳卒。"而舊
唐書及資⑼[治]通鑑皆云:"大曆二年新羅王憲英卒。"豈其誤耶?

24년. 여름 4월 지진이 일어났다. 사신을 당에 보내 조공하니 황제가
사신에게 검교예부상서 관작을 수여하였다. 6월 유성이 심성 성좌를
범하였다. 이달에 왕이 사망하여 시호를 경덕이라 하고 모지사 서쪽
작은 산에 장사지냈다고기왈: '영태 원년 을사 졸.' 『구당서』와 『자치통감』 모두 왈:
'대력 2년에 신라왕 헌영 졸.' 잘못된 것이 아닌지?.

○惠恭王立。諱乾運,景德王之嫡子。母金氏,滿月夫人,舒弗邯義忠
之女。王即位時年八歲,太后攝政。

혜공왕이 왕위에 올랐다. 이름은 건운이고 경덕왕의 적자다. 모친 김씨
는 만월부인이고 서불한 의충의 딸이다. 왕이 즉위할 때 여덟 살이므로
태후가 섭정하였다.

元年 大赦。幸太學,命博士講尙書義。

원년. 대사면을 행하였다. 태학에 행차하여 박사에게 『상서의』를 강의
하게 하였다.

二年 春正月二日並出。大赦。二月王親祀新宮。良里公家牝牛生犢,
五腳,一腳向上。康州地陷成池,縱廣五十餘尺,水色靑黑。冬十月天有
聲如鼓。

2년. 봄 정월 해 두 개가 함께 나타났다. 대사면을 행하였다. 2월 왕이
신궁에 직접 제사지냈다. 양리공 집의 암소가 다섯 다리에 한 다리는
위로 향하는 송아지를 낳았다. 강주에서 땅이 내려앉아 못이 되었는데
넓이와 길이가 각각 50여 자고 검푸른 물빛이었다. 겨울 10월 하늘에서
북치는 것 같은 소리가 났다.

三年 夏六月地震。秋七月遣伊湌金隱居入唐貢方物,仍請加冊命。帝
御紫(震)[宸]殿宴見。三星隕王庭,相擊,其光如火迸散。九月金浦縣禾
實皆米。

3년. 여름 6월 지진이 일어났다. 가을 7월 이찬 김은거를 당에 보내
토산물을 바치고 책봉해주기를 요청하였다. 황제가 자신전에서 연회를
베풀며 접견하였다. 별 세 개가 궁궐의 뜰에 떨어져 부딪쳤는데 그
빛이 불꽃 같이 튕겼다가 흩어졌다. 9월 김포현의 벼가 모두 쌀이었다.

四年 春彗星出東北。唐代宗遣倉部郞中歸崇敬兼御史中丞,持節,齎
冊書,冊王爲開府儀同三司、新羅王。兼冊王母金氏爲大妃。夏五月赦
殊死已下罪。六月京都雷雹傷草木。大星隕皇龍寺南,地震聲如雷,泉
井皆渴。虎入宮中。秋七月一吉湌大恭與弟阿湌大廉叛,集衆圍王宮
三十三日。王軍討平之,誅九族。九月遣使入唐朝貢。冬十月以伊湌神
猷爲上大等,伊湌金隱居爲侍中。

4년. 봄에 혜성이 동북쪽에 나타났다. 당대종이 창부낭중 귀숭경에게
어사중승을 겸직시켜 황제의 부절과 책봉서를 가지고 와서 왕을 개부
의동삼사, 신라왕으로 책봉하고 동시에 왕의 모친 김씨를 대비로 책봉
하였다. 여름 5월 참형斬刑 이하의 죄를 사면하였다. 6월 우레와 우박에

경성의 초목이 상하였다. 큰 별이 황룡사 남쪽에 떨어졌는데 땅이 진동
하는 소리가 우레 같았고 샘과 우물이 모두 말랐다. 범이 궁궐에 들어왔
다. 가을 7월 일길찬 대공이 동생 아찬 대렴과 함께 반란을 일으키고
무리를 모아 33일간 왕궁을 포위하였다. 왕의 군사가 토벌하여 평정하
고 9족을 처형하였다. 9월 사신을 당에 보내 조공하였다. 겨울 10월
이찬 신유를 상대등으로 하고 이찬 김은거를 시중으로 하였다.

五年 春三月燕群臣於臨海殿。夏五月蝗,旱。命百官各擧所知。冬十
一月雉岳縣鼠八十許向平壤。無雪。

5년. 봄 3월 임해전에서 신하들에게 잔치를 베풀어주었다. 여름 5월
황충해를 입었고 가물었다. 백관에게 각자 아는 인물을 천거하게 하였
다. 겨울 11월 치악현에서 쥐 80마리 정도가 평양 방향으로 이동하였다.
눈이 내리지 않았다.

六年 春正月王幸西原京,曲赦所經州縣繫囚。三月雨土。夏四月王至
自西原。五月十一日彗星出五(章)[車]北,至六月十二日滅。二十九日
虎入執事省,捉殺之。秋八月大阿湌金融叛,伏誅。冬十一月京都地震。
十二月侍中隱居退,伊湌正門爲侍中。

6년. 봄 정월 왕이 서원경에 행차하였는데 도중 주현의 죄수들을 특사
하였다. 3월 흙비가 내렸다. 여름 4월 왕이 서원에서 돌아왔다. 5월
11일 혜성이 오거성좌 북쪽에 나타났다가 6월 12일 사라졌다. 29일
범이 집사성에 들어왔고 잡아 죽였다. 가을 8월 대아찬 김융이 반역
하다가 처형당하였다. 겨울 11월 경성에 지진이 일어났다. 12월 시중
은거가 관직에서 물러나자 이찬 정문을 시중으로 하였다.

八年 春正月遣伊湌金標石朝唐賀正。代宗授衛尉員外少卿放還。

8년. 봄 정월 이찬 김표석을 당에 보내 신년하례를 하였다. 당대종이
위위원외소경의 관작을 주어 귀국시켰다.

九年 夏四月遣使如唐賀正,獻金、銀、牛黃、魚牙紬、朝霞等方物。六
月遣使如唐謝恩,代宗引見於延英殿。

9년. 여름 4월 당에 사신을 보내 신년하례를 하고 금은, 우황, 어아주, 조하 등 토산물을 바쳤다. 6월 사신을 당에 보내 사은하니 대종이 연영전에서 접견하였다.

十年 夏四月遣使如唐朝貢。秋九月拜伊飡良相爲上大等。冬十月遣使如唐賀正,見于延英殿,授員外衛尉卿遣之。

10년. 여름 4월 사신을 당에 보내 조공하였다. 가을 9월 이찬 양상을 상대등으로 모셨다. 겨울 10월 사신을 당에 보내 신년하례를 하였다. 연영전에서 접견하고 원외위위경 관작을 수여하며 귀국시켰다.

十一年 春正月遣使如唐朝貢。三月以伊飡金順爲侍中。夏六月遣使朝唐。伊飡金隱居叛,伏誅。秋八月伊飡廉相與侍中正門謀叛,伏誅。

11년. 봄 정월 사신을 당에 보내 조공하였다. 3월 이찬 김순을 시중으로 하였다. 여름 6월 사신을 당에 보내 조공하였다. 이찬 김은거가 반역하다가 처형당하였다. 가을 8월 이찬 염상이 시중 정문과 반역을 도모하다가 처형당하였다.

十二年 春正月下敎百官之(講)[號]盡合復舊。幸感恩寺望海。二月幸國學聽(號)[講]。三月加倉部史八人。秋七月遣使朝唐獻方物。冬十月遣使入唐朝貢。

12년. 봄 정월 교서를 내려 백관의 관직 이름을 모두 이전대로 복구하였다. 감은사에 행차하여 망해제를 지냈다. 2월 국학에 행차하여 강의를 들었다. 3월 창부사 8 명을 더 두었다. 가을 7월 사신을 당에 보내 조공하며 토산물을 바쳤다. 겨울 10월 사신을 당에 보내 조공하였다.

十三年 春三月京都地震,夏四月又震。上大等良相上疏極論時政。冬十月伊飡周元爲侍中。

13년. 봄 3월 경성에 지진이 일어났고 여름 4월 또 일어났다. 상대등 양상이 상소문을 올려 시국정치를 극론하였다. 겨울 10월 이찬 주원을 시중으로 하였다.

十五年 春三月京都地震,壞民屋,死者百餘人。太白入月。設百座法會。

15년. 봄 3월 경성에 지진이 일어나 민가가 무너지고 100여 명이 죽었다. 금성이 달에 들어갔다. 백좌법회를 열었다.

十六年 春正月黃霧。二月雨土。王幼少即位, 及壯, 淫于聲色, 巡遊不度。綱紀紊亂, 災異屢見, 人心反側, 社稷杌隉。伊湌志貞叛, 聚衆圍犯宮闕。夏四月上大等金良相與伊湌敬信擧兵誅志貞等, 王與后、妃爲亂兵所害。良相等謚王爲惠恭王。元妃新寶王后伊湌維誠之女, 次妃伊湌金璋之女, 史失入宮歲月。

16년. 봄 정월 누런 안개가 끼었다. 2월 흙비가 내렸다. 왕이 어려서 즉위했으며 장성하자 음색에 빠져 절제 없이 놀러 다녔다. 기강이 문란하고 재난과 이변이 자주 생겼으며 인심이 안착되지 못하고 나라가 곤경에 빠져들었다. 이찬 김지정이 반란을 일으켜 무리를 모아 궁궐을 포위 공격하였다. 여름 4월 상대등 김양상이 이찬 경신과 함께 군사를 일으켜 지정 등을 죽였으나 왕, 왕후, 왕비는 반란군에 살해되었다. 양상 등은 왕의 시호를 혜공왕이라 하였다. 대비 신보왕후는 이찬 유성의 딸이고 차비는 이찬 김장의 딸이며 사서에는 그늘의 입궁 연월이 빠져 있다.

○**宣德王**立。姓金氏諱良相, 奈勿王十世孫也。父海湌孝芳；母金氏四炤夫人 聖德王之女也；妃具足夫人, 角干良品之女也一云義恭阿湌之女。大赦。追封父爲開聖大王, 尊母金氏爲貞懿太后, 妻爲王妃。拜伊湌敬信爲上大等, 阿湌義恭爲侍中。改御龍省奉御爲卿, 又改卿爲監。

선덕왕이 왕위에 올랐다. 성은 김씨이고 이름은 양상이며 나물왕의 10대손이다. 부친은 해찬 효방이고 모친 김씨 사소부인은 성덕왕의 딸이며 왕비 구족부인은 각간 양품의 딸이다일왈 아찬 의공의 딸. 대사면을 행하였다. 부친을 개성대왕으로 추봉하였고 모친 김씨를 정의태후로 추존하였으며 처를 왕비로 하였다. 이찬 경신을 상대등으로 모시고 아찬 의공을 시중으로 하였다. 어룡성의 봉어를 경으로 고쳤다가 경을 또 감으로 고쳤다.

㈢[二]年 春二月親祀神宮。秋七月發使安撫浿江南州郡。

2년. 봄 2월 직접 신궁에 제사지냈다. 가을 7월 사신을 보내 패강 남쪽의
주군을 위문하였다.

三年 春閏正月遣使入唐朝貢。二月王巡幸漢山州, 移民戶於浿江鎭。
秋七月大閱於始林之原。

3년. 봄 윤정월 사신을 당에 보내 조공하였다. 2월 왕이 한산주를 순행
하고 백성을 패강진으로 이사시켰다. 가을 7월 시림의 벌에서 큰 열병
식을 거행하였다.

四年 春正月以阿湌體信爲大谷鎭軍主。二月京都雪三尺。

4년. 봄 정월 아찬 체신을 대곡진 군주로 하였다. 2월 경성에 눈이 3자
내렸다.

五年 夏四月王欲遜位, 群臣三上表諫, 乃止。

5년. 여름 4월 왕이 왕위를 양보하려 했으나 신하들이 세 번이나 표문을
올려 간하여 그만두었다.

六年 春正月唐德宗遣戶部郎中蓋塤, 持節, 冊命王爲檢校太尉、雞林
州刺史、寧海軍使、新羅王。是月王寢疾彌留, 乃下詔曰: "寡人本惟菲
薄, 無心大寶, 難逃推戴, 作其卽位。居位以來年不順成, 民用窮困。此
皆德不符民望, 政未合(大)[天]心。常欲禪讓, 退居于外, 群官百辟, 每以
誠止, 未果如意, 因循至今。忽覩疾疹, 不寤不興。死生有命, 顧復何恨?
死後依佛制燒火, 散骨東海!" 至十三日薨, 諡曰宣德。

6년. 봄 정월 당덕종이 호부낭중 개훈을 지절사로 보내 왕을 검교태위,
계림주자사, 영해군사, 신라왕으로 책봉하였다. 이달에 왕이 병석에서
미류하며 조서를 내렸다: "과인은 본래 재능이 천박하여 왕위에 마음
이 없었으나 추대를 피하기 어려워 왕위에 올랐다. 왕위에 오른 후
풍작을 거두지 못하고 백성의 생활이 곤궁하여졌다. 이는 모두 덕이
백성의 소망에 부합되지 않고 정치가 천심에 합치되지 않기 때문이다.

항상 왕위를 양보하고 밖에 나가 살고자 하였으나 신하들이 백방으로 반박하며 그때마다 지성에 말려 그만둘 수 없이 지금까지 주저하게 됐다. 갑자기 병이 나서 자는지 마는지 하고 있다. 죽고 사는 것은 천명에 달렸으니 돌이켜 본들 또한 무슨 유감이 있겠는가? 죽은 후에는 불교의 법식대로 불태우고 뼈를 동해에 뿌려라." 13일에 이르러 사망하였다. 시호를 선덕이라 하였다.

三國史記卷第十

(삼국사기 권제10)

新羅本紀第十(신라본기 제10)

元聖王、昭聖王、哀莊王、憲德王、興德王、僖康王、閔哀王、神武王

원성왕, 소성왕, 애장왕, 헌덕왕, 흥덕왕, 희강왕, 민애왕, 신무왕

○元聖王立。諱敬信,奈勿王十二世孫。母朴氏,繼烏夫人;妃金氏,神述角干之女。初惠恭王末年叛臣跋扈,宣德時爲上大等,首唱除君側之惡。敬信預之,平亂有功,洎宣德即位,(邦)[即]爲上大等。及宣德薨,無子,群臣議後欲立王之族子周元。周元宅於京北二十里,會大雨,閼川水漲,周元不得渡。或曰:"即人君大位,固非人謀。[62] 今日暴雨,天其或者不欲立周元乎?今上大等敬信前王之弟,德望素高,有人君之體。" 於是衆議翕然,立之繼位。既而雨止,國人皆呼萬歲。

　　원성왕이 왕위에 올랐다. 이름은 경신이고 나물왕의 12대 손이다. 모친 박씨는 계오부인이고 왕비 김씨는 각간 신술의 딸이다. 당초 혜공왕 말년에 역신이 발호할 때 선덕은 상대등으로 있으며 임금 측근의 악당

---

62) 即人君大位: 即, 동사, 즉위. 중앙본 '임금의 큰 직위란'.

들을 제거할 것을 맨 먼저 창도하였다. 경신도 이에 참여하여 반란을 평정하는 데 공을 세웠으므로 선덕이 왕위에 오르자 곧 상대등으로 되었다. 선덕이 사망하였으나 아들이 없으므로 신하들이 의논한 후 왕의 족질 주원을 왕으로 세우려 하였다. 주원의 집은 경성 북쪽 20리 되는 곳에 있었는데 큰비가 내려 알천의 물이 불어나 주원이 건너올 수 없었다. 어떤 사람 왈: "임금 큰 자리의 즉위는 본래 사람이 꾀할 수 없다. 오늘 폭우가 내리니 하늘이 혹시 주원을 왕으로 세우지 않으려 는 것이 아닌가? 상대등 경신은 전 임금의 동생으로서 덕망이 줄곧 높고 임금의 체통을 가졌다." 이에 여러 사람들의 의견이 일치하여 그 를 계승시켰다. 그러자 비가 그치니 나라 사람들은 모두 만세를 불렀다.

二月追封高祖大阿湌法宣爲玄聖大王,曾祖伊湌義寬爲神英大王,祖 伊湌魏文爲興平大王,考一吉湌孝讓爲明德大王,母朴氏爲昭文太后, 立子仁謙爲王太子。毀聖德大王、開聖大王二廟,以始祖大王、太宗大 王、文武大王及祖興平大王、考明德大王爲五廟。增文武百官爵一級, 拜伊湌兵部令忠廉爲上大等,伊湌悌恭爲侍中。悌恭免,伊湌世强爲 侍中。三月出前妃具足王后於外宮,賜租三萬四千石。浿江鎭進赤烏。 改總管爲都督。

2월. 왕의 고조부 대아찬 법선을 현성대왕으로, 증조부 이찬 의관을 신영대왕으로, 조부 이찬 위문을 흥평대왕으로, 죽은 부친 일길찬 효양 을 명덕대왕으로, 모친 박씨를 소문태후로 추봉하고 아들 인겸을 왕태 자로 세웠다. 성덕대왕과 개성대왕 두 사당을 헐고 시조대왕, 태종대왕, 문무대왕 및 조부 흥평대왕과 부친 명덕대왕을 5묘로 하였다. 문무백관 의 관작을 한 급씩 올려주고 이찬 병부령 충렴을 상대등으로, 이찬 제공 을 시중으로 모셨다. 제공이 면직되자 이찬 세강을 시중으로 하였다. 3월 전 왕비 구족왕후를 궁외로 내보내고 벼 3만 4천 섬을 하사하였다. 패강진에서 붉은 까마귀를 진상하였다. 총관을 도독으로 고쳤다.

二年 夏四月國東雨雹,桑麥皆傷。遣金元全入唐進奉方物。德宗下詔書曰："敕新羅王金敬信。金元全至，省表及所進奉具悉。卿俗敦信義，志秉貞純。夙奉邦家，克遵聲教。撫玆藩服，皆稟儒風。禮法興行，封部寧乂。而竭誠向闕，述職無虧。累遣使臣，聿修貢獻。雖溟渤遐廣，道路悠長，贄幣往來，率循舊(興)[典]。忠效益著，嘉歎良深。朕君臨萬方，作人父母，自中及外，合軌同文，期致大和，共躋仁壽。卿宜保安封內，勤恤蒼生，永作藩臣，以寧海裔。今賜卿羅錦綾綵等三十匹、衣一副、銀榼一口，至宜領之。妃錦綵綾羅等二十匹、押金線繡羅裙衣一副、銀椀一、大宰相一人衣一副、銀椀一、次宰相二人各衣一副、銀椀各一。卿宜領受分給。夏中盛熱，卿比平安好，宰相已下并存問之。遣書指不多及。"

2년. 여름 4월 나라 동쪽에 우박이 내려 뽕나무와 보리가 모두 상하였다. 김원전을 당에 보내 토산물을 바쳤다. 당덕종이 조서를 내렸다: '신라왕 김경신에게 칙령을 내린다. 김원전이 와서 바친 표문과 진상한 물건을 살펴보고 모두 알았다. 그대 나라의 풍속은 신의를 돈독히 하고 지조는 바르고 순진하다. 일찍부터 나라를 받들고 교화를 따랐다. 먼 변방을 진무할 수 있은 것은 모두 유교의 풍화를 받들었기 때문이다. 예법을 흥성시키고 나라가 평안히 다스려졌다. 조정에 정성껏 향하고 술직에 빠지지 않았다. 여러 번 사신을 보내 조공과 진상을 해 왔다. 비록 바다와 육로가 멀지만 폐백의 왕래에 옛 법을 따랐다. 충성은 더욱 드러나니 가상히 여기며 감탄한다. 짐은 만방에 군림하여 인민의 부모가 되어 안으로부터 바깥까지 법도와 문화를 같게 하여 대 화락을 이루어 함께 인의와 장수에 오르고자 한다. 그대는 마땅히 국내를 안정시키고 백성들을 꾸준히 구휼하며 길이 변방의 신하가 되어 바다 변방을 평안케 하라. 이제 비단, 능직, 채단 등 30필과 옷 한 벌, 은합 한 개를 주니 도착되면 받아라. 왕비에게 비단, 채단, 능직 등 20필과 금실로 수놓은 비단 치마 한 벌과 은쟁반 한 개를, 대재상 한 사람에게 옷 한 벌과 은쟁반 한 개를, 차재상 두 사람에게는 각각 옷 한 벌과 은쟁반 한 개씩을 준다. 그대는 이를 받아서 나누어주라. 여름 철 더위

의 근래에 그대는 평안하기 바라며 재상 이하 모두에게도 안부를 묻는
다. 보내는 편지에 많은 것을 언급하지 못한다.'

秋七月旱。九月王都民饑,出粟三萬三千二百四十石以賑給之。冬十
月又出粟三萬三千石以給之。大舍<u>武烏</u>獻<u>兵法</u>十五卷、<u>花鈴圖</u>二卷,
授以屈(牁)[<u>押</u>]縣令。

가을 7월 가물었다. 9월 경성에 기근이 들어 조 33,240섬을 내어 구제하
였다. 겨울 10월 또 조 33,000섬을 주었다. 대사 무오가 『병법』 15권과
『화령도』 2권을 헌납했고 그에게 굴압현령을 제수하였다.

三年 春二月京都地震。親祀<u>神宮</u>。大赦。夏五月太白晝見。秋七月蝗
害穀。八月辛巳朔日有食之。

3년. 봄 2월 경성에 지진이 일어났다. 직접 신궁에 제사지냈다. 대사면
을 행하였다. 여름 5월 금성이 낮에 나타났다. 가을 7월 황충이 곡식을
해쳤다. 8월 초하루 신사에 일식이 있었다.

四年 春始定讀書三品以出身。讀<u>春秋左氏傳</u>、若<u>禮記</u>、若<u>文選</u>而能通
其義,兼明<u>論語</u>、<u>孝經</u>者爲上;讀<u>曲禮</u>、<u>論語</u>、<u>孝經</u>者爲中;讀<u>曲禮</u>、<u>孝
經</u>者爲下。若博通五經、三史、諸子百家書者,超擢用之。前秖以弓箭
選人,至是改之。秋國西旱、蝗,多盜賊,王發使安撫之。

4년. 봄에 처음으로 독서삼품과로 벼슬을 주기로 결정하였다. 『춘추좌
씨전』 혹은 『예기』 혹은 『문선』을 읽어 그 뜻을 능히 알고 겸하여 『논어』
와 『효경』에 밝은 자를 상등으로 하고, 『곡례』 『논어』 『효경』을 읽은
자를 중등으로 하며, 『곡례』와 『효경』을 읽은 자를 하등으로 한다. 5경,
3사, 제자백가 책에 모두 능통한 자는 특출하게 등용한다. 예전에는
활쏘기만으로 인재를 선발하던 것을 이때에 와서 고쳤다. 가을에 나라
서쪽에 가물고 황충재를 입어 도적이 많이 생겼으므로 왕이 사신을
보내 위문하고 안착시켰다.

五年 春正月甲辰朔日有食之。<u>漢山州</u>民饑,出粟以賙。秋七月隕霜傷
穀。九月以<u>子玉</u>爲<u>楊根縣</u>小守,執事史<u>毛肖</u>駁言:"<u>子玉</u>不以文籍出身,

不可委分憂之職。"侍中議云:"雖不以文籍出身,曾入大唐爲學生,不亦可用耶?"王從之。

5년. 봄 정월 초하루 갑진에 일식이 있었다. 한산주 백성이 굶주리므로 조를 내어 구제하였다. 가을 7월 서리가 내려 곡식을 해쳤다. 9월 자옥을 양근현 소수로 하니 집사사 모초가 반박하였다: "자옥은 학문으로 출세한 사람이 아니므로 지방 관료를 맡길 수 없습니다." 시중 왈: "비록 학문 출신은 아니지만 당에 가서 학생이 되었던 적이 있으니 역시 등용할 수 있지 않겠는가?" 왕이 이를 수긍하였다.

○論曰:惟學焉然後聞道,惟聞道然後灼知事之本末。故學而後仕者,其於事也先本而末自正。譬如擧一綱,萬目從而皆正。不學者反此。不知事有先後、本末之序,但區區弊精神於枝末,或斂以爲利,或苛察以相高。雖欲利國安民,而反害之。是故學記之言終於"務本",而書亦言"不學牆面,莅事惟煩",則執事毛肖一言可爲萬世之模範者焉。

논평하여 왈: 오직 배워야 도리를 알게 되고 도리를 알고 난 이후에야 사물의 근본과 말단을 똑똑히 알 수 있다. 그러므로 배운 뒤에 벼슬을 한 자는 처사 때 우선 사물의 근본에 착안하므로 그 뒤가 저절로 바르게 된다. 이를테면 그물의 벼리 하나를 들면 만 개의 그물 구멍이 모두 바르게 된다. 배우지 못한 자는 이와 반대된다. 사물의 선후 본말의 순서를 모르고 다만 어리석게 지엽적인 데만 정신을 몰두하여 혹은 거두어들임을 이익으로 삼고 혹은 각박한 사찰로 디디고 오르려 한다. 비록 나라를 이롭게 하고, 백성을 안정시키려 하지만 도리어 해치게 된다. 그러므로 『학기』는 '근본에 힘써라'는 말로 끝을 맺었고 『상서』에도 또한 '배우지 않으면 벽에 얼굴을 마주 하고 처사에 답답할 뿐이다'고 하였으니 집사 모초의 한 마디는 만대의 사범이 될 만하다고 할 수 있다.

六年 春正月以宗基爲侍中。增築碧骨堤,徵全州等七州人興役。熊川州進赤烏。三月以一吉湌伯魚使北國。大旱。夏四月太白、辰星聚于東井。五月出粟賑漢山、熊川二州饑民。

6년. 봄 정월 종기를 시중으로 하였다. 벽골제를 증축하려고 전주 등 일곱 주의 사람을 징발하여 역사를 일으켰다. 웅천주에서 붉은 까마귀를 진상하였다. 3월 일길찬 백어를 북국에 사신으로 보냈다. 크게 가물었다. 여름 4월 금성과 진성이 동정성좌에 모였다. 5월 조를 내어 한산, 웅천 두 주의 기근민을 구제하였다.

七年 春正月王太子卒,諡曰惠忠。伊湌悌恭叛,伏誅。熊川州 向省大舍妻一産三男。冬十月京都雪三尺,人有凍死。侍中宗基免,大阿湌俊邕爲侍中。十一月京都地震。内省侍郎金言爲三重阿湌。

7년. 봄 정월 왕태자가 죽어 시호를 혜충이라 하였다. 이찬 제공이 반역하다가 처형당했다. 웅천주 대사 향성의 아내가 한 배에 아들 셋을 낳았다. 겨울 10월 경성에 눈이 3자 내리고 얼어 죽은 사람이 있다. 시중 종기가 면직되어 대아찬 준옹을 시중으로 하였다. 11월 경성에 지진이 일어났다. 내성시랑 김언을 3중아찬으로 하였다.

八年 秋七月遣使入唐獻美女金井蘭。其女國色,身香。八月封王子義英爲太子。上大等忠廉卒,伊湌世强爲上大等。侍中俊邕病免,伊湌崇斌爲侍中。冬十一月壬子朔日有食之。

8년. 가을 7월 사신을 당에 보내 미녀 김정란을 헌납했다. 그녀는 국색이며 몸에서 향내가 났다. 8월 왕자 의영을 태자로 봉하였다. 상대등 충렴이 죽어 이찬 세강을 상대등으로 하였다. 시중 준옹이 병으로 면직되자 이찬 숭빈을 시중으로 하였다. 겨울 11월 초하루 임자에 일식이 있었다.

九年 秋八月大風折木偃禾。奈麻金惱獻白雉。

9년. 가을 8월 큰 바람에 나무가 꺾이고 벼가 쓰러졌다. 나마 김뇌가 흰 꿩을 헌납했다.

十年 春二月地震。太子義英卒,諡曰憲平。侍中崇斌免,以迊湌彦昇爲侍中。秋七月始創奉恩寺。漢山州進白鳥。起望恩樓於宮西。

10년. 봄 2월 지진이 일어났다. 태자 의영이 죽어 시호를 헌평이라 하였다. 시중 숭빈이 면직되어 잡찬 언승을 시중으로 하였다. 가을 7월 봉은사를 창설했다. 한산주에서 흰 새를 진상하였다. 망은루를 궁궐 서쪽에 세웠다.

十一年 春正月封惠忠太子之子俊邕爲太子。夏四月旱,親錄囚。至六月乃雨。秋八月隕霜害穀。

11년. 봄 정월 혜충 태자의 아들 준옹을 태자로 책봉하였다. 여름 4월 가물어 직접 죄수를 심사하였다. 6월에 이르러 비로소 비가 내렸다. 가을 8월 서리가 내려 곡식을 해쳤다.

十二年 春京都飢疫,王發倉廩賑恤之。夏四月侍中彦昇爲兵部令,伊湌智原爲侍中。

12년. 봄에 경성에 기근과 역병이 돌아 왕이 창고를 풀어 진휼하였다. 여름 4월 시중 언승을 병부령으로 하고 이찬 지원을 시중으로 하였다.

十三年 秋九月國東蝗害穀,大水山崩。侍中智原免,阿湌金三朝爲侍中。

13년. 가을 9월 나라 동쪽에 황충이 곡식을 해치고 홍수에 산이 무너졌다. 시중 지원이 면직되어 아찬 김삼조를 시중으로 하였다.

十四年 春三月宮南樓橋災。望德寺二塔相擊。夏六月旱。屈自郡石南烏大舍妻一産三男一女。冬十二月二十九日王薨,謚曰元聖,以遺命擧柩燒於奉德寺南。唐書云:"貞元十四年敬信死。"通鑑云:"貞元十六年敬信死。"以本史[考]之,通鑑誤。

14년. 봄 3월 궁궐 남쪽의 누교에 화재가 났다. 망덕사의 두 탑이 서로 부딪쳤다. 여름 6월 가물었다. 굴자군 대사 석남오의 아내가 한 배에 아들 셋과 딸 하나를 낳았다. 겨울 12월 29일 왕이 사망하였다. 시호를 원성이라 하고 유언에 따라 관을 봉덕사 남쪽에서 불태웠다. 『당서』 왈: '정원 14년 경신에 죽었다.' 『통감』 왈: '정원 16년 경신에 죽었다.' 본 『사기』로 고증하면 『통감』이 오류다.

○昭聖或云昭成王立。諱俊邕,元聖王太子仁謙之子也。母金氏;妃金氏,桂花夫人,大阿湌叔明女也。元聖大王元年封子仁謙爲太子,至七年卒,元聖養其子於宮中。五年奉使大唐,受位大阿湌。六年以波珍湌爲宰相,七年爲侍中,八年爲兵(府)[部]令,十一年爲太子。及元聖薨,繼位。

소성왕혹왈 昭成이 왕위에 올랐다. 이름은 준옹이고 원성왕의 태자 인겸의 아들이다. 모친은 김씨이고 왕비 김씨는 계화부인이며 대아찬 숙명의 딸이다. 원성대왕 원년에 아들 인겸을 태자로 봉하였으나 7년에 이르러 죽었으므로 원성이 태자의 아들을 궁중에서 길렀다. 5년 사신으로 당에 갔으며 대아찬에 제수됐다. 6년 파진찬으로서 재상이 되었고 7년 시중이 되었으며 8년 병부령이 되었고 11년 태자로 되었다. 원성이 사망하자 왕위를 계승하였다.

元年 春三月以菁州居老縣爲學生祿邑。冷井縣令廉哲進白鹿。夏五月追封考惠忠太子爲惠忠大王。牛頭州都督遣使奏言:“有異獸若牛,身長且高,尾長三尺許,無毛,長鼻,自峴城川向烏食壤去。”秋七月得人蔘,九尺。甚異之,遣使如唐進奉,德宗謂非人蔘,不受。八月追封母金氏爲聖穆太后。漢山州獻白烏。

원년. 봄 3월 청주의 거로현을 학생의 녹읍으로 정하였다. 냉정현령 염철이 흰 사슴을 진상하였다. 여름 5월 사망한 부친 혜충태자를 혜충대왕으로 추봉하였다. 우두주 도독이 사신을 보내 상주했다: “소와 비슷한 이상한 짐승인데 몸은 길고 높으며 꼬리가 3자 쯤 되고 털은 없으며 코가 긴데 현성천에서 오식양을 향하여 갔습니다.” 가을 7월 길이가 아홉 자인 인삼을 얻었다. 매우 기이하게 여겨져 사신을 시켜 당에 바치니 덕종이 인삼이 아니라며 받지 않았다. 8월 모친 김씨를 성목태후로 추봉하였다. 한산주에서 흰 까마귀를 헌납했다.

二年 春正月封妃金氏爲王后,以忠芬爲侍中。夏四月暴風折木蜚瓦,瑞蘭殿簾蜚不知處,臨海、仁化二門壞。六月封王子爲太子。王薨,謚曰昭聖。

　2년. 봄 정월 왕비 김씨를 왕후로 봉하고 충분을 시중으로 하였다. 여름 4월 폭풍에 나무가 부러지고 기와가 날렸으며 서란전의 발이 어디론가 날려갔고 임해, 인화 두 문이 무너졌다. 6월 왕자를 태자로 봉하였다. 왕이 사망하여 시호를 소성이라 하였다.

○哀莊王立。諱淸明,昭聖王太子也。母金氏,桂花夫人。即位時年十三歲,阿湌兵部令彦昇攝政。初元聖之薨也,唐德宗遣司封郎中兼御史中丞韋丹持節吊慰,且冊命王俊邕爲開府儀同三司、檢校太尉、新羅王。丹至鄆州,聞王薨,乃還。秋七月王更名重熙。八月授前入唐宿衛學生梁悅 豆肹小守。初德宗幸奉天,悅從難有功,帝授右贊善大夫還之,故王擢用之。

　애장왕이 왕위에 올랐다. 이름은 청명이고 소성왕의 태자이다. 모친 김씨는 계화부인이다. 즉위할 때 13세였으므로 아찬 병부령 언승이 섭정하였다. 앞서 원성이 죽었을 때 당덕종이 사봉낭중 겸 어사중승 위단을 지절사로 보내 조문하고 왕 준옹을 개부의동삼사, 검교태위, 신라왕으로 책봉하려 하였다. 위단이 운주에 도착했을 때 왕이 사망했다는 말을 듣고 돌아갔다. 가을 7월 왕이 이름을 중희로 고쳤다. 8월 이전에 당에 가서 숙위했던 학생 양열에게 두힐현의 소수 관작을 주었다. 예전에 덕종이 봉천으로 피신했을 때 양열이 따라다니며 난리 중에 공을 세워 황제가 우찬선대부 관작을 주어 귀국시켰기 때문에 왕이 그를 발탁하여 쓴 것이다.

二年 春二月謁始祖廟。別立太宗大王、文武大王二廟,以始祖大王及王高祖明德大王、曾祖元聖大王、皇祖惠忠大王、皇考昭聖大王爲五廟。以兵部令彦昇爲御龍省私臣,未幾爲上大等。大赦。夏五月壬戌朔,日當食不食。秋九月熒惑入月,星隕如雨。武珍州進赤烏,牛頭州進白雉。冬十月大寒,松竹皆死。耽羅國遣使朝貢。

2년. 봄 2월 시조사당을 참배하였다. 태종대왕과 문무대왕 두 묘를 별
도로 세우고 시조대왕 및 왕의 고조부 명덕대왕, 증조부 원성대왕, 조부
혜충대왕, 부친 소성대왕을 5묘로 하였다. 병부령 언승을 어룡성의 사
신으로 했다가 이윽고 상대등으로 하였다. 대사면을 행하였다. 여름
5월 초하루 임술에 일어나야 할 일식이 일어나지 않았다. 가을 9월
형옥이 달에 들어가고 별이 비 오듯 떨어졌다. 무진주에서 붉은 까마귀
를, 우두주에서는 흰 꿩을 진상하였다. 겨울 10월 매우 추워 소나무와
대나무가 모두 죽었다. 탐라국에서 사신을 보내 조공하였다.

三年 春正月王親祀神宮。夏四月以阿湌金宙碧女入後宮。秋七月地
震。八月創加耶山 海印寺。歃良州進赤烏。冬十二月授均貞大阿湌,
爲假王子,欲以質倭國,均貞辭之。

3년. 봄 정월 왕이 직접 신궁에 제사지냈다. 여름 4월 아찬 김주벽의
딸을 후궁에 입궁시켰다. 가을 7월 지진이 일어났다. 8월 가야산 해인
사를 창건하였다. 삽량주에서 붉은 까마귀를 진상하였다. 겨울 12월
균정에게 대아찬을 제수하고 가짜 왕자로 하여 왜국에 인질로 보내려
하였으나 균정이 사절하였다.

四年 夏四月王幸南郊觀麥。秋七月與日本國交聘結好。冬十月地震。

4년. 여름 4월 왕이 남쪽 교외로 행차하여 보리를 시찰하였다. 가을
7월 일본국과 사신을 교환하고 우호관계를 맺었다. 겨울 10월 지진이
일어났다.

五年 春正月以伊湌秀昇爲侍中。夏五月日本國遣使進黃金三百兩。
秋七月大閱於閼川之上。歃良州進白鵲。重修臨海殿,新作東宮 萬壽
房。牛頭州 蘭山縣伏石起立。熊川州 蘇大縣 釜浦水變血。九月望德
寺二塔戰。

5년. 봄 정월 이찬 수승을 시중으로 하였다. 여름 5월 일본국이 사신을
보내 황금 3백 냥을 진상했다. 가을 7월 알천 강가에서 큰 열병식을
가졌다. 삽량주에서 흰 까치를 진상하였다. 임해전을 다시 수리하고

동궁의 만수방을 새로 지었다. 우두주 난산현에서 누워 있던 돌이 일어났다. 웅천주 소대현 부포의 물이 핏빛으로 변하였다. 9월 망덕사의 두 탑이 떨었다.

六年 春正月封母金氏爲大王后,妃朴氏爲王后。是年唐德宗崩,順宗遣兵部郎中兼御史大夫元季方告哀,且冊王爲開府儀同三司、檢校太尉、使持節、大都督鷄林州諸軍事、鷄林州刺史兼持節充寧海軍使、上柱國、新羅王,其母叔氏爲大妃王母父叔明 奈勿王十三世孫,則母姓金氏。以父名爲叔氏,誤也,妻朴氏爲妃。秋八月頒示公式二十餘條。冬十一月地震。

6년. 봄 정월 모친 김씨를 대왕후로, 왕비 박씨를 왕후로 책봉하였다. 이해에 당덕종이 가붕하고 순종이 병부낭중 겸 어사대부 원계방을 보내 부고를 전하고 또 왕을 개부의동삼사·검교태위·사지절·대도독계림주제군사·계림주자사 겸 지절충영해군사·상주국·신라왕으로, 그의 모친 숙씨를 대비로왕 모친의 부친 숙명은 나물왕 13대손이므로 모친의 성은 김씨다. 부친의 이름을 따라 숙씨라고 한 것은 잘못이다, 아내 박씨를 왕비로 책봉하였다. 가을 8월 공식 20여 조를 반포하였다. 겨울 11월 지진이 일어났다.

七年 春三月日本國使至,引見朝元殿。下教:"禁新創佛寺,唯許修葺。又禁以錦繡爲佛事,金銀爲器用。宜令所司普告施行。"唐憲宗放宿衛王子金獻忠歸國,仍加試秘書監。秋八月遣使入唐朝貢。

7년. 봄 3월 일본국 사신이 왔으며 조원전에서 접견하였다. 교서를 내렸다: '새로 절을 짓는 것을 금하고 수리하는 것만 허락한다. 또 수놓은 비단을 불교에 사용하는 것과 금은 그릇의 사용을 금한다. 반드시 관계 부분에 명령하여 널리 알려 시행하도록 하라.' 당헌종이 숙위하던 왕자 김헌충을 귀국시키며 시비서감 직을 더하여 주었다. 가을 8월 사신을 당에 보내 조공하였다.

八年 春正月伊飡金憲昌—作貞爲侍中。二月王坐崇禮殿觀樂。秋八月大雪。

8년. 봄 정월 이찬 김헌창昌 일왈 정을 시중으로 하였다. 2월 왕이 숭례전에 앉아 음악을 감상하였다. 가을 8월 큰 눈이 내렸다.

九年 春二月日本國使至,王厚禮待之。遣金力奇入唐朝貢。力奇上言:"貞元十六年詔冊臣故主金俊邕爲新羅王,母申氏爲大妃,妻叔氏爲王妃。冊使韋丹至中路聞王薨却廻,其冊在中書省。今臣還國,伏請授臣以歸。"敕:"金俊邕等冊宜令鴻臚寺於中書省受領,至寺宣授與金力奇,令奉歸國。"仍賜王叔彦昇及其弟仲恭等門戟,令本國准例給之。申氏,金神述之女,以神字同韻,申爲氏,誤也。發使十二道,分定諸郡邑疆境。秋七月辛巳朔日有食之。

9년. 봄 2월 일본국 사신이 왔으며 왕이 후한 예의로 대접하였다. 김력기를 당에 보내 조공하였다. 역기가 황제에게 상주했다: "정원 16년 조서로 소신의 전 임금 김준옹을 신라왕으로, 모친 신씨를 대비로, 아내 숙씨를 왕비로 책봉하였습니다. 책봉 사신 위단이 도중에서 왕이 사망했다는 말을 듣고 되돌아갔으며 그 책문이 중서성에 있습니다. 지금 소신이 귀국하는 김에 그것을 소신에게 주어 돌아가도록 하여 주시오" 칙령이 내렸다: "김준옹 등의 책문은 응당 홍려시에 명하여 중서성에서 받아오며 홍려시에 이르면 김역기에게 주어 가지고 귀국 하도록 하라." 이어 왕의 숙부 언승과 그의 동생 중공 등에게 문극을 하사하되 본국의 기준에 맞추어주도록 하였다申씨는 김神술의 딸인데 神과 申이 같아 申씨라 한 것은 오류이다. 12방면으로 사절을 보내 군읍들의 경계를 획정하였다. 가을 7월 초하루 신사에 일식이 있었다.

十年 春正月月犯畢。夏六月西兄山城鹽庫鳴,聲如牛。碧寺蝦蟆食蛇。秋七月遣大阿湌金陸珍入唐謝恩,兼進奉方物。大旱。王叔父彦昇與弟伊湌悌邕將兵入內作亂,弑王。王弟體明侍衛王,幷害之。追諡王爲哀莊。

10년. 봄 정월 달이 필성성좌를 범하였다. 여름 6월 서형산성의 소금 창고에서 소 우는 소리가 들렸다. 벽사에서 두꺼비가 뱀을 잡아먹었다. 가을 7월 대아찬 김육진을 당에 보내 사은 겸 토산물을 진상했다. 크게 가물었다. 왕의 숙부 언승이 동생 이찬 제옹과 함께 군사를 거느리고 궁중에 들어가 반란을 일으켜 왕을 죽였다. 왕의 동생 체명이 왕을 경호하다가 함께 죽었다. 왕의 시호를 애장으로 추증하였다.

○**憲德王**立。諱**彦昇**,**昭聖王**同母弟也。**元聖王**六年奉使大**唐**,受位大阿飡,七年誅逆臣爲迊飡,十年爲侍中,十一年以伊飡爲宰相,十二年爲兵部令。**哀莊王**元年爲角干,二年爲御龍省私臣,未幾爲上大等,至是即位。妃**貴勝夫人**,**禮英**角干女也。以伊飡**金崇斌**爲上大等。秋八月大赦。遣伊飡**金昌南**等入**唐**告哀。**憲宗**遣職方員外郞攝御史中<u>丞**崔廷**</u>,以其質子**金士信**副之,持節吊祭。冊立王爲開府儀同三司、檢校太尉、持節大都督**鸡林州**諸軍事兼持節充**寧海軍使**、上柱國、**新羅王**,冊妻**貞氏**爲妃,賜大宰相**金崇斌**等三人門戟。按:王妃**禮英**角干女也,今云**貞氏**,未詳。

헌덕왕이 왕위에 올랐다. 이름은 언승이며 소성왕의 동생이다. 원성왕 6년 사신으로 당에 갔으며 대아찬의 관작을 받았고 7년 역신을 처형하여 잡찬이 되었으며 10년 시중으로 되었고 11년 이찬으로서 재상이 되었으며 12년 병부령이 되었다. 애장왕 원년에 각간이 되었고,2년에 어룡성 사신이 되었으며 얼마 안 되어 상대등이 되었다가 이때에 와서 즉위했다. 왕비 귀승부인은 각간 예영의 딸이다. 이찬 김숭빈을 상대등으로 하였다. 가을 8월 대사면을 행하였다. 이찬 김창남 등을 당에 보내 부고를 전했다. 헌종은 직방원외랑, 섭어사중승 최정을 파견하면서 인질로 가 있던 신라인 김사신을 부사로 하여 부절을 지니고 가서 조의를 표하고 제사지냈다. 왕을 개부의동삼사, 검교태위, 지절대도독계림주제군사 겸 지절충영해군사, 상주국, 신라왕으로, 아내 정씨를 왕비로 책봉하고 대재상 김숭빈 등 3명에게 문극을 하사하였다.살펴 보면 왕비는 각간 예영의 딸인데 지금 정씨라 했으니 미상이다.

二年 春正月以波珍飡**亮宗**爲侍中。**河西州**進赤(鳥)[烏]。二月王親祀<u>神宮</u>。發使修葺國內堤防。秋七月流星入紫微。**西原京**進白雉。冬十

月遣王子金憲章入唐獻金銀佛像及佛經等,上言:"爲順宗祈福。"流
星入王良。

2년. 봄 정월 파진찬 양종을 시중으로 하였다. 하서주에서 붉은 까마귀
를 진상하였다. 2월 왕이 직접 신궁에 제사지냈다. 사신을 보내 국내의
제방을 수리하였다. 가을 7월 유성이 자미성좌에 들어갔다. 서원경에
서 흰 꿩을 진상하였다. 겨울 10월 왕자 김헌장을 당에 보내 금은불상과
불경 등을 진상하고 "순종의 명복을 빕니다"고 상언하였다. 유성이 왕
량성좌에 들어갔다.

三年 春正月侍中亮宗以病免,伊湌元興爲侍中。二月以伊湌雄元爲
完山州都督。夏四月始御平議殿聽政。

3년. 봄 정월 시중 양종이 병으로 면직하여 이찬 원흥을 시중으로 하였
다. 2월 이찬 웅원을 완산주 도독으로 하였다. 여름 4월 평의전에서
정사를 보기 시작했다.

四年 春以均貞爲侍中,以伊湌忠永年七十,賜几杖。秋九月遣級湌崇
正使北國。

4년. 봄에 균정을 시중으로 하였다. 이찬 충영이 나이 70세가 되었으므
로 안석과 지팡이를 하사하였다. 가을 9월 급찬 숭정을 북국에 사신으
로 보냈다.

五年 春正月以伊湌憲昌爲武珍州都督。二月謁始祖廟。玄德門火。

5년. 봄 정월 이찬 헌창을 무진주 도독으로 하였다. 2월 시조사당을
참배하였다. 현덕문에 불이 났다.

六年 春三月宴群臣於崇禮殿,樂極,王鼓琴,伊湌忠榮起舞。夏五月國
西大水,發使撫問經水州郡人民,復一年租調。秋八月京都風、霧如夜。
武珍州都督憲昌入爲侍中。冬十月黔牟大舍妻一産三男。

6년. 봄 3월 숭례전에서 신하들에게 잔치를 베풀어주었는데 즐거움이
극도에 달하자 왕은 거문고를 연주하고 이찬 충영은 춤을 추었다. 여름
5월 나라 서쪽에 홍수가 나 사절을 보내 수재를 당한 주군의 백성들을

위문하고 1년간 조세와 부역을 면제하여주었다. 가을 8월 경성에 바람이 불고 안개가 끼어 밤과 같았다. 무진주 도독 헌창이 입궁하여 시중으로 되었다. 겨울 10월 대사 검모의 아내가 한 배에 아들 셋을 낳았다.

七年 春正月遣使朝唐,憲宗引見,宴,賜有差。夏五月下雪。秋八月己亥朔,日有食之。西邊州郡大飢,盜賊蜂起,出軍討平之。大星出翼軫間,指庚,芒長六許尺,廣二許寸。

7년. 봄 정월 당에 사신을 보내 조회하였고 헌종이 접견하며 잔치를 베풀어주었고 차등을 두어 선물을 하사하였다. 여름 5월 눈이 내렸다. 가을 8월 초하루 기해에 일식이 있었다. 서쪽 변방의 주군에 큰 기근이 들어 도적이 봉기하므로 군사를 파견하여 평정하였다. 큰 별이 익성성좌와 진성성좌 사이에 나타나서 서쪽을 향하였으며 빛의 길이가 6자 정도, 폭이 두 치가량이었다.

八年 春正月侍中憲昌出爲菁州都督,璋如爲侍中。年荒民飢,抵浙東求食者一百七十人。漢山州 唐恩縣石長十尺,廣八尺,高三尺五寸,自移一百餘步。夏六月望德寺二塔戰。

8년. 봄 정월 시중 헌창이 나아가 청주 도독이 되었고 장여가 시중으로 되었다. 흉년과 기근으로 당 절동 지방으로 가서 먹이를 구하는 자가 170명이었다. 한산주 당은현에서 길이 10자, 넓이 8자, 높이 3자 5치 되는 돌이 저절로 백여 보 이동하였다. 여름 6월 망덕사의 두 탑이 떨었다.

九年 春正月以伊湌金忠恭爲侍中。夏五月不雨,遍祈山川,至秋七月乃雨。冬十月人多飢死,敎州郡發倉穀存恤。遣王子金張廉入唐朝貢。

9년. 봄 정월 이찬 김충공을 시중으로 하였다. 여름 5월 비가 내리지 않아 산천에 두루 기도하였으며 가을 7월이 되어서야 비가 내렸다. 겨울 10월 굶어 죽은 사람이 많아 주군에 교서를 내려 창고 곡식을 풀어 구제하였다. 왕자 김장렴을 당에 보내 조공하였다.

十年 夏六月癸丑朔日有食之。

10년. 여름 6월 초하루 계축에 일식이 있었다.

十一年 春正月以伊湌眞元年七十,賜几杖。以伊湌憲貞病不能行,年未七十,賜金飾紫檀杖。二月上大等金崇斌卒,伊湌金秀宗爲上大等。三月草賊遍起,命諸州郡都督、太守捕捉之。秋七月唐鄆州節度使李師道叛。憲宗將欲討平,詔遣楊州節度使趙恭徵發我兵馬。王奉敕旨,命順天軍將軍金雄元率甲兵三萬以助之。

11년. 봄 정월 이찬 진원이 나이 70세가 되어 안석과 지팡이를 하사하였다. 이찬 헌정이 병으로 걷지 못하므로 나이 70세가 안되었으나 금으로 장식한 자단 지팡이를 하사하였다. 2월 상대등 김숭빈이 죽어 이찬 김수종을 상대등으로 하였다. 3월 초적들이 도처에서 일어나므로 주군들의 도독 및 태수에게 명하여 붙잡게 하였다. 가을 7월 당 운주 절도사 이사도가 반란을 일으켰다. 헌종이 토벌하려고 조칙을 내려 양주 절도사 조공을 보내 아군을 징발하였다. 왕은 조칙을 받들어 순천군 장군 김웅원을 시켜 3만 병력을 거느리고 도왔다.

十二年 春夏旱,冬飢。十一月遣使入唐朝貢,穆宗召見麟德殿宴,賜有差。

12년. 봄과 여름에 가물었고 겨울에 기근이 들었다. 11월 당에 사신을 보내 조공하니 목종이 인덕전에서 접견하고 잔치를 베풀고 차등을 두어 물품을 하사했다.

十三年 春民饑,賣子孫自活。夏四月侍中金忠恭卒,伊湌永恭爲侍中。菁州都督憲昌改爲熊川州都督。秋七月浿江、南川二石戰。[63]冬十二月二十九日大雷。

13년. 봄에 백성이 굶주려 자손을 팔아 목숨을 붙였다. 여름 4월 시중

---

63) 浿江、南川二石戰: 중앙본 '패강과 남천의 두 돌이 서로 싸웠다'. 경한 지진으로 두 강의 돌이 떤데 불과하다. '戰'에 '떤다'는 뜻이 있다: 전율(戰慄). 지금도 경주 지역에 경한 지진이 일어나며 이는 2천 년 전까지 거슬러올라갈 수 있다. 『고구려 본기』와 『백제 본기』에는 이런 기사가 전혀 없다.

김충공이 죽어 이찬 영공을 시중으로 하였다. 청주 도독 헌창을 웅천주 도독으로 옮겼다. 가을 7월 패강과 남천의 두 돌이 떨었다. 겨울 12월 29일 우레가 크게 쳤다.

十四年 春正月以母弟秀宗爲副君[64], 入月池宮 秀宗或云秀升。二月雪五尺, 樹木枯。三月熊川州都督憲昌以父周元不得爲王反叛, 國號長安, 建元慶雲元年。脅武珍、完山、菁、沙伐四州都督, 國原、西原、金官仕臣及諸郡縣守令以爲己屬。菁州都督向榮脫身走推火郡, 漢山、牛頭、歃良、浿江、北原等先知憲昌逆謀, 擧兵自守。十八日完山長史崔雄、助阿湌正連之子令忠等遁走王京告之。王即授崔雄位級湌、速含郡太守, 令忠位級湌。遂差員將八人守王都八方, 然後出師。一吉湌張雄先發, 迊湌衛恭、波珍湌悌凌繼之, 伊湌均貞、迊湌雄元、大阿湌祐徵等掌三軍徂征。角干忠恭、迊湌允膺守蚊火關門。明基、安樂二郎各請從軍, 明基與徒衆赴黃山, 安樂赴施彌知鎭。於是憲昌遣其將據要路以待。

14년. 봄 정월 동생 수종을 부군으로 하여 월지궁에 들어오도록 하였다 秀宗 혹왈 秀升. 2월 눈이 5자 내리고 나무가 말랐다. 3월 웅천주 도독 헌창은 부친 주원이 왕이 되지 못하여 반역하여 국호를 장안이라 하고 경운 원년이라 하였다. 무진, 완산, 청, 사벌 네 주의 도독 및 국원, 서원, 금관의 관료와 군현의 수령들을 위협하여 자기 소속으로 삼았다. 청주 도독 향영이 몸을 빼어 추화군으로 도주하고 한산, 우두, 삽량, 패강, 북원 등은 헌창의 반역 음모를 미리 알고 군력으로 자수하였다. 18일 완산 장사 최웅과 조아찬 정련의 아들 영충 등이 경성으로 도주하여 알렸다. 왕은 곧 최웅에게 급찬과 속함군 태수의 직위를, 영충에게는 급찬의 직위를 제수하였다. 이내 장수 8명을 시켜 경성의 8면을 지키게 한 다음 출사하였다. 일길찬 장웅이 먼저 출발하고 잡찬 위공과 파진찬

---

64) 副君: 태자의 별칭.

제릉이 뒤를 잇고 이찬 균정과 잡찬 웅원, 대아찬 우징 등이 삼군을 장악하여 출정하였다. 각간 충공과 잡찬 윤응은 문화 관문을 지켰다. 명기와 안락 두 화랑이 각기 종군을 청하였는데 명기는 무리들과 함께 황산으로 가고 안락은 시미지진으로 갔다. 이때 헌창은 그의 장수를 보내 요충지를 의지하며 기다렸다.

張雄遇賊兵於道冬峴擊敗之。衛恭、悌凌合張雄軍攻三年山城,克之,進兵俗離山擊賊兵,滅之。均貞等與賊戰星山,滅之。諸軍共到熊津,與賊大戰,斬獲不可勝計。憲昌僅以身免,入城固守。諸軍圍攻浹旬,城將陷,憲昌知不免,自死。從者斷首,與身各藏。及城陷,得其身於古塚,誅之,戮宗族黨與凡二百三十九人,縱其民。後論功爵賞有差。阿湌祿眞授位大阿湌,辭不受。以歃良州屈自郡近賊,不污於亂,復七年。先是,菁州太守廳事南池中有異鳥,身長五尺,色黑,頭如五歲許兒,喙長一尺五寸,目如人,嗉如受五升許器。三日而死,憲昌敗望兆也。聘角干忠恭之女貞嬌爲太子妃。浿江山谷間顚木生蘗,一夜高十三尺,圍四尺七寸。夏四月十三日月色如血。秋七月十二日日有黑暈,指南北。冬十二月遣柱弼入唐朝貢。

장웅이 적병을 도동현에서 만나 격파하였다. 위공과 제릉은 장웅의 군사와 연합하여 삼년산성을 공격하여 이기고 속리산으로 진군하여 적병을 공격하여 소멸하였다. 균정 등은 성산에서 적과 싸워 소멸하였다. 군사들은 함께 웅진에 도착하여 적과 크게 싸워 죽이거나 생포한 숫자가 헤아릴 수 없다. 헌창이 겨우 홀몸으로 죽음을 면하고 성으로 들어가 굳게 수비하였다. 군사들은 열흘 정도 포위 공격하여 성이 함락되려 하자 헌창은 패배를 모면할 수 없음을 알고 자결하였다. 추종자들의 머리를 베어 몸과 따로 묻었다. 성이 함락되자 그의 몸을 옛 무덤에서 찾아내어 다시 베고 친족과 도당 도합 239명을 죽이고 백성들은 놓아주었다. 후에 전공을 논하여 차등을 두어 작위와 상을 주었다. 아찬 녹진에게 대아찬의 작위를 주었으나 사양하며 받지 않았다. 삽량주의 굴자군은 적군과 근접한 곳에 있었으나 반란에 휩쓸리지 않았으므로 7년의 조세를 면제해주었다. 이에 앞서 청주 태수가 일보는 청사 남쪽 못에 몸길이는 5자이고 검은 색에 머리는 다섯 살 정도 아이의 머리만 하며 부리의 길이는 한 자 다섯 치고 눈은 사람 눈과 같으며 소낭은 다섯 되들이 그릇 정도의 이상한 새가 있었다. 사흘 만에 죽었는데 헌창이 패망할 징조였다. 각간 충공의 딸 정교를 태자비로 하였다. 패강 산골짜기의 쓰러진 나무에서 새싹이 돋아나 하룻밤에 높이 13자, 둘레 4자 7치나 자랐다. 여름 4월 13일 달빛이 핏빛 같았다. 가을 7월 12일 검은 햇무리가 남북 방향으로 끼었다. 겨울 12월 주필을 당에 보내 조공하였다.

十五年 春正月五日<u>西原京</u>有蟲從天而墮。九日有白黑赤三種蟲冒雪能行,見陽而止。<u>元順</u>、<u>平原</u>二角干七十告老,賜几杖。二月合<u>水城郡</u>、<u>唐恩縣</u>。夏四月十二日流星起天市,犯帝座,過天市東北垣、織女、王良至閣道,分爲三,聲如擊鼓而滅。秋七月雪。

15년. 봄 정월 5일 서원경의 하늘에서 벌레가 떨어졌다. 9일 흰색, 검은 색, 붉은색의 세 가지 벌레가 눈밭을 기어 다니다가 햇빛을 보자 그쳤다. 원순, 평원 두 각간이 70세가 되어 은퇴하여 안석과 지팡이를 하사하였다. 2월 수성군과 당은현을 합쳤다. 여름 4월 12일 유성이 천시성좌에서 나와 제좌를 범하고 천시성좌 동북쪽의 원성좌, 직녀성좌, 왕량성좌를 지나 각도성에 이르러 세 몫으로 갈라졌는데 북치는 소리를 내면서 사라졌다. 가을 7월 눈이 내렸다.

十七年 春正月<u>憲昌</u>子<u>梵文</u>與<u>高達山</u>賊<u>壽神</u>等百餘人同謀叛,欲立都於<u>平壤</u>,攻<u>北漢山州</u>。都督<u>聰明</u>率兵捕殺之_{<u>平壤今楊州也</u>,<u>太祖製庄義寺齋文</u>有}‘<u>高麗舊壤平壤名山</u>’之句。三月<u>武珍州</u> <u>馬彌知縣</u>女人産兒,二頭二身四臂,産時天大雷。夏五月遣王子<u>金昕</u>入<u>唐</u>朝貢,遂奏言:"先在<u>大學生崔利貞</u>、<u>金叔貞</u>、<u>朴季業</u>等請放還蕃,其新赴朝<u>金允夫</u>、<u>金立之</u>、<u>朴亮之</u>等一十二人請留宿衛。仍請配國子監習業,鴻臚寺給資粮。"從之。秋<u>歃良州</u>

獻白烏。牛頭州 大楊管郡 黃知奈麻妻一産二男二女, 賜租一百石。

17년. 봄 정월 헌창의 아들 범문이 고달산의 적 수신 등 백여 명과 함께 반역을 꾀하며 평양에 도읍을 세우려 북한산주를 공격했다. 도독 총명이 군사를 풀어 그를 잡아 처형하였다. 평양은 지금의 양주인데 태조가 지은 『장의사 재문』에 '고려의 옛 땅 평양 명산'이라는 글귀가 있다. 3월 무진주 마미지현의 부녀가 머리 둘, 몸 둘, 팔 넷인 아이를 낳았으며 낳을 때 하늘에서 우레 소리가 크게 울렸다. 여름 5월 왕자 김흔을 당에 보내 조공하며 상주했다: "이전에 와있는 대학생 최리정, 김숙정, 박계업 등을 본국으로 돌려보내주고 새로 온 김윤부, 김립지, 박양지 등 12명을 숙위로 머물도록 해주십시오. 그들을 여전히 국자감에 배치하여 공부하게 하고 홍려사에서 물자와 식량을 공급하여 주십시오." 이를 수긍하였다. 가을에 삽량주에서 흰 까마귀를 헌납했다. 우두주 대양관군 나마 황지의 아내가 한 배에 아들 둘, 딸 둘을 낳아 벼 100섬을 하사하였다.

十八年 秋七月命牛岑太守 白永徵漢山北諸州郡人一萬, 築浿江長城三百里。冬十月王薨, 諡曰憲德, 葬于泉林寺北。古記云:"在位十八年, 寶曆二年丙午四月卒。"新唐書云:"長慶、寶曆間羅王 彦昇卒。"而資(理)[治]通鑑及舊唐書皆云:"太和五年卒。"豈其誤耶?

18년. 가을 7월 우잠 태수 백영을 시켜 한산 북쪽 주군들의 1만 명을 징발하여 패강에 장성 300리를 쌓았다. 겨울 10월 왕이 사망하였다. 시호를 헌덕이라 하고 천림사 북쪽에 장사지냈다. 고기 왈: '재위 18년, 보력 2년 4월 병오 졸.' 『신당서』 왈: '장경, 보력 연간 신라왕 언승 졸.' 그러나 『자치통감』과 『구당서』에 모두 왈: '태화 5년 졸.' 잘못된 것일까?

○興德王立。諱秀宗, 後改爲景徽, 憲德王同母弟也。冬十二月妃章和夫人卒, 追封爲定穆王后。王思不能忘, 悵然不樂。群臣表請再納妃, 王曰:"隻鳥有喪匹之悲, 況失良匹, 何忍無情遽再娶乎?"遂不從, 亦不親近女侍。左右使令唯宦竪而已章和姓金氏, 昭聖王之女也。

홍덕왕이 왕위에 올랐다. 이름은 수종이고 후에 경휘로 고쳤으며 헌덕왕의 동생이다. 겨울 12월 왕비 장화부인이 죽자 정목왕후로 추봉하였다. 왕은 왕비 생각을 잊지 못하고 슬퍼하며 쾌락하지 못하였다. 신하들이 표문을 올려 다시 왕비를 맞아들이기를 청하였다. 왕 왈: "외짝 새도 짝을 잃은 슬픔이 있거늘 하물며 좋은 배필을 잃고 어찌 차마 무정하게 이내 다시 얻겠는가?" 수긍하지 않고 시녀들조차 가까이 하지 않았다. 좌우의 시중꾼은 오직 환관뿐이었다장화의 성은 김씨고 소성왕의 딸이다.

二年 春正月親祀<u>神宮</u>。<u>唐文宗</u>聞王薨,廢朝,命太子左諭德兼御史中丞<u>源寂</u>持節吊祭。仍冊立嗣王爲開府儀同三司、檢校太尉、使持節、大都督雞林州諸軍事兼持節充<u>寧海軍使</u>、<u>新羅王</u>,母<u>朴氏</u>爲大妃,妻<u>朴氏</u>爲妃。三月<u>高句麗</u>僧丘德入<u>唐</u>,賚經至。王集諸寺僧徒出迎之。夏五月降霜。秋八月太白晝見,京都大旱。侍中<u>永恭</u>退。

2년. 봄 정월 직접 신궁에 제사지냈다. 당문종은 왕이 사망했다는 말을 듣고 조회를 폐지하고 태자좌유덕 겸 어사중승 원적을 지절사로 보내 조문하며 제사지냈다. 이어 새로 오른 왕을 개부의동삼사, 검교태위, 사지절, 대도독계림주제군사 겸 지절충영해군사, 신라왕으로, 모친 박씨를 대비로, 처 박씨를 왕비로 책봉하였다. 3월 고구려 승려 구덕이 당에 갔다가 불경을 가지고 왔다. 왕이 절의 승도들을 소집하여 그를 마중 나갔다. 여름 5월 서리가 내렸다. 가을 8월 금성이 낮에 나타나고 경성에 크게 가물었다. 시중 영공이 사퇴하였다.

三年 春正月大阿湌<u>金祐徵</u>爲侍中。二月遣使入<u>唐</u>朝貢。三月雪深三尺。夏四月<u>清海</u>大使<u>弓福姓張氏</u>一名保皐入<u>唐</u> <u>徐州</u>,爲軍中小將,後歸國謁王,以卒萬人鎮<u>清海</u>今之莞島。<u>漢山州</u> <u>瓢川縣</u>妖人自言有速富之術,衆人頗惑之。王聞之,曰:"執左道以惑衆者刑之,先王之法也。"投畀其人遠島。冬十二(日)[月]遣使入<u>唐</u>朝貢。<u>文宗</u>召對于<u>麟德殿</u>宴,賜有差。入<u>唐</u>廻使<u>大廉</u>持茶種子來,王使植地<u>理山</u>。茶自<u>善德王</u>時有之,至於此盛焉。

3년. 봄 정월 대아찬 김우징을 시중으로 하였다. 2월 사신을 당에 보내 조공하였다. 3월 눈이 3자나 내렸다. 여름 4월 성이 장씨인 청해 대사 궁복일명 보고이 당 서주에 건너가 군중소장이 되었다가 후에 귀국하여 왕을 알현하고 군졸 1만 명을 이끌고 청해현 완도를 수비하였다. 한산주 표천현의 요인이 빨리 부자가 되는 술수가 있다고 하며 많은 사람들이 미혹되었다. 왕은 이 말을 듣고 왈: "그릇된 도로 사람들을 미혹시키는 자에게 벌을 주는 것이 선왕의 법도다." 그 자를 먼 섬으로 쫓아 버렸다. 겨울 12월 사신을 당에 보내 조공하였다. 당문종이 인덕전에서 접견하고 잔치를 베풀어주며 차등을 두어 물품을 하사하였다. 당에 갔다가 귀국한 사신 대렴이 차나무 종자를 가지고 와 왕은 지리산에 심게 하였다. 차는 선덕왕 때부터 있었으나 이때에 이르러 성행하였다.

四年 春二月以唐恩郡爲唐城鎭, 以沙湌極正往守之。

4년. 봄 2월 당은군을 당성진으로 하고 사찬 극정을 보내 수비하게 하였다.

五年 夏四月王不豫, 祈禱, 仍許度僧一百五十人。冬十二月遣使入唐朝貢。

5년. 여름 4월 왕의 몸이 편치 않아 기도를 드리고 승려 150명에게 도첩을 주었다. 겨울 12월 사신을 당에 보내 조공하였다.

六年 春正月地震。侍中祐徵免, 伊湌允芬爲侍中。二月遣王子金能儒并僧九人朝唐。秋七月入唐進奉使能儒等一行人廻次溺海。冬十一月遣使入唐朝貢。

6년. 봄 정월 지진이 일어났다. 시중 우징이 면직되어 이찬 윤분을 시중으로 하였다. 2월 왕자 김능유와 승려 아홉 명을 당에 조회하러 보냈다. 가을 7월 당에 갔던 진봉사 능유 등 일행이 귀국하다가 바다에서 익사하였다. 겨울 11월 사신을 당에 보내 조공하였다.

七年 春夏旱, 赤地。王避正殿, 減常膳, 赦內外獄囚。秋七月乃雨。八月飢荒, 盜賊遍起。冬十月王命使安撫之。

7년. 봄과 여름에 가물어 경작지가 뻘겋게 드러날 정도이다. 왕은 정전에 나가지 않고 평소의 음식을 줄였으며 중앙과 지방 옥중의 죄수들을 사면하였다. 가을 7월에야 비가 내렸다. 8월 흉년 기근이 들어 도적이 곳곳에서 일어났다. 겨울 10월 왕은 사절을 파견하여 위로하였다.

八年 春國內大飢。夏四月王謁始祖廟。冬十月桃李再華,民多疫死。十一月侍中允芬退。

8년. 봄에 나라에 대기근이 들었다. 여름 4월 왕이 시조사당을 참배하였다. 겨울 10월 복숭아나무와 오얏나무에 두 번째 꽃이 피었고 역병으로 죽은 백성이 많았다. 11월 시중 윤분이 사퇴하였다.

九年 春正月祐徵復爲侍中。秋九月王幸西兄山下大閱,御武平門觀射。冬十月巡幸國南州郡,存問耆老及鰥寡孤獨,賜穀布有差。

9년. 봄 정월 우징을 다시 시중으로 하였다. 가을 9월 왕이 서형산 밑에 행차하여 큰 열병식을 가졌고 무평문에서 활쏘기를 관람하였다. 겨울 10월 나라 남쪽의 주군을 순행하면서 노인과 홀아비, 과부, 고아, 독고 노인들을 위문하고 차등을 두어 곡식과 베를 하사하였다.

十年 春二月拜阿湌金均貞爲上大等。侍中祐徵以父均貞入相,表乞解職,大阿湌金明爲侍中。

10년. 봄 2월 아찬 김균정을 상대등으로 하였다. 시중 우징이 부친 균정이 재상이 된 이유로 표문을 올려 해직을 청하였으므로 대아찬 김명을 시중으로 하였다.

十一年 春正月辛丑朔日有食之。遣王子金義琮如唐謝恩兼宿衛。夏六月星孛于東。秋七月太白犯月。冬十二月王薨,諡曰興德,朝廷以遺言合葬章和王妃之陵。

11년. 봄 정월 초하루 신축에 일식이 있었다. 왕자 김의종을 당에 보내 사은하고 아울러 숙위하게 하였다. 여름 6월 살별이 동쪽에 나타났다. 가을 7월 금성이 달을 범하였다. 겨울 12월 왕이 사망하였다. 시호를 흥덕이라 하고 조정은 유언에 따라 장화왕비의 능에 합장하였다.

○僖康王立。諱悌隆一云悌顯，元聖大王孫、伊湌憲貞一云草奴之子也。母包道夫人，妃文穆夫人葛文王忠恭之女。初興德王之薨也，其堂弟均貞、堂弟之子悌隆皆欲爲君。於是侍中金明、阿湌利弘、裴萱伯等奉悌隆，阿湌祐徵與姪禮徵及金陽奉其父均貞，一時入內相戰。金陽中箭，與祐徵等逃走，均貞遇害。而後悌隆乃得即位。

희강왕이 왕위에 올랐다. 이름은 제융일왈 제융이며 원성대왕의 손자, 이찬 헌정일왈 초노의 아들이다. 모친은 포도부인이고 왕비 문목부인은 갈문왕 충공의 딸이다. 당초 흥덕왕이 사망할 때 종제 균정과 다른 종제의 아들 제융이 모두 임금이 되려고 하였다. 이때 시중 김명, 아찬 이홍과 아찬 배훤백 등은 제융을 받들었고 아찬 우징과 조카 예징 및 김양은 그의 부친 균정을 받들었으므로 동시에 궁궐로 들어가 서로 싸웠다. 김양은 화살에 맞은 후 우징 등과 함께 도주하였고 균정은 살해당했다. 그런 연후에 제융이 비로소 즉위하였다.

二年 春正月大赦獄囚(誅)[殊]死已下。追封考爲翌成大王，母朴氏爲順成太后。拜侍中金明爲上大等，阿湌利弘爲侍中。夏四月唐文宗放還宿衛王子金義琮。阿湌祐徵以父均貞遇害出怨言，金明、利弘等不平。五月祐徵懼禍及，與妻子奔黃山津口，乘舟往依於淸海鎭大使弓福。六月均貞妹婿阿湌禮徵與阿湌良順亡投於祐徵。唐文宗賜宿衛金忠信等錦綵有差。

2년. 봄 정월 참수형 이하 옥중 죄수들에게 대사면을 행하였다. 왕의 죽은 부친을 익성대왕, 모친 박씨를 순성태후로 추봉하였다. 시중 김명을 상대등으로, 아찬 이홍을 시중으로 모셨다. 여름 4월 당문종은 숙위하던 왕자 김의종을 돌려보냈다. 아찬 우징은 부친 균정이 피살된 이유로 원망의 말을 하므로 김명과 이홍 등이 불만스럽게 생각하였다. 5월 우징은 화가 미칠까 봐 두려워 처자와 함께 황산진 어구로 도주하여 배를 타고 가서 청해진 대사 궁복에게 의탁하였다. 6월 균정의 매부 아찬 예징이 아찬 양순과 함께 도주하여 우징을 찾아갔다. 당문종이 숙위 김충신 등에게 차등을 두어 비단을 주었다.

三年 春正月上大等<u>金明</u>、侍中<u>利弘</u>等興兵作亂,害王左右。王知不能
自全,乃縊於宮中。諡曰<u>僖康</u>,葬于<u>蘇山</u>。

3년. 봄 정월 상대등 김명과 시중 이홍 등이 군사를 일으켜 반란하여
왕의 측근들을 죽였다. 왕은 신변이 무사할 수 없음을 알고 궁중에서
목매어 자결하였다. 시호를 희강이라 하고 소산에 장사지냈다.

○<u>閔哀王</u>立。姓<u>金</u>氏諱<u>明</u>,<u>元聖大王</u>之曾孫也,大阿飡<u>忠恭</u>之子。累官
爲上大等,與侍中<u>利弘</u>逼王,殺之,自立爲王。追諡考爲<u>宣康大王</u>,母<u>朴</u>
<u>氏</u> <u>貴寶夫人</u>爲<u>宣懿太后</u>,妻<u>金</u>氏爲<u>允容王后</u>。拜伊飡<u>金貴</u>爲上大等,
阿飡<u>憲崇</u>爲侍中。二月<u>金陽</u>募集兵士入<u>淸海鎭</u>謁<u>祐徵</u>。阿飡<u>祐徵</u>在
<u>淸海鎭</u>聞<u>金明</u>(簒)[簒]位,謂鎭大使<u>弓福</u>曰:"<u>金明</u>弑君自立,<u>利弘</u>枉殺
君、父,不可共戴天也。願仗將軍之兵以報君、父之讎。"<u>弓福</u>曰:"古人
有言,見義不爲無勇,吾雖庸劣,唯命是從。"遂分兵五千人與其友<u>鄭年</u>
曰:"非子不能平禍亂。"冬十二月<u>金陽</u>爲平東將軍,與<u>閻長</u>、<u>張弁</u>、<u>鄭</u>
<u>年</u>、<u>駱金</u>、<u>張建榮</u>、<u>李順行</u>統軍,至<u>武州</u> 鐵(治)[冶]縣。王使大監<u>金敏周</u>
出軍迎戰,遣<u>駱金</u>、<u>李順行</u>以馬軍三千突擊,殺傷殆盡。

민애왕이 왕위에 올랐다. 성은 김씨고 이름은 명이며 원성대왕의 증손
이고 대아찬 충공의 아들이다. 여러 관직을 거쳐 상대등이 되었으며
시중 이홍과 함께 왕을 핍박하여 죽이고 스스로 왕이 됐다. 죽은 부친을
선강대왕으로 추존하고, 모친 박씨 귀보부인을 선의태후로, 처 김씨를
윤용왕후로 하였다. 이찬 김귀를 상대등으로, 아찬 헌숭을 시중으로
모셨다. 2월 김양은 군사를 모집하여 청해진으로 들어가 우징을 알현하
였다. 아찬 우징은 청해진에서 김명이 왕위를 찬탈했다는 소문을 듣고
청해진 대사 궁복에게 왈: "김명은 왕을 시해하고 스스로 왕이 되었고
이홍은 임금과 부친을 억울하게 살해하였으니 불공대천입니다. 원컨
대 장군의 군사를 빌어서 임금과 부친의 원수를 갚고자 합니다." 궁복

왈: "옛사람의 말에 정의에 응하지 않는 자는 용기가 없는 자라고 하였습니다. 내 비록 용렬하나 명령에 따르겠습니다." 이윽고 군사 5천을 친구 정년에게 갈라주면서 왈: "자네가 아니면 난을 평정하지 못할거다." 겨울 12월 김양이 평동 장군이 되어 염장, 장변, 정년, 낙금, 장건영, 이순행 등과 함께 군사를 거느리고 무주 철야현에 도착하였다. 왕은 대감 김민주를 시켜 출병하여 맞서 싸웠으나 낙금과 이순행에게 기병 3천을 주어 돌격하여 거의 모두 살상시켰다.

二年 春閏正月晝夜兼行,十九日至于<u>達伐</u>之丘。王聞兵至,命伊湌<u>大昕</u>、大阿湌<u>允璘</u>、<u>嶷勛</u>等將兵拒之。又一戰大克,王軍死者過半。時王在西郊大樹之下。左右皆散,獨立,不知所爲,奔入<u>月遊宅</u>,兵士尋而害之。群臣以禮葬之,謚曰閔哀。

2년. 봄 윤정월 주야로 행군하여 19일 달벌의 산마루에 도착하였다. 왕은 군사가 도착하였다는 소식을 듣고 이찬 대흔과 대아찬 윤린, 의훈 등을 시켜 군사를 거느리고 대항하였다. 또 한 번 싸워 대승하여 왕의 군사가 절반 이상 죽었다. 이때 왕은 서쪽 교외의 큰 나무 밑에 있었다. 측근들이 모두 흩어져 혼자 서서 어쩔 바를 모르다가 월유택으로 도주하였으며 병사들이 찾아 죽였다. 신하들은 예의를 갖추어 장사지내고 시호를 민애라 하였다.

○<u>神武王</u>立。諱祐徵,<u>元聖大王</u>孫、均貞上大等之子,<u>僖康王</u>之從弟也。禮徵等既清宮禁,備禮迎之即位。追尊祖伊湌禮英一云孝眞爲惠康大王,考爲<u>成德大王</u>。母朴氏眞矯夫人爲憲穆太后,立子慶膺爲太子。封<u>清海鎮</u>大使<u>弓福</u>爲感義軍使,食實封二千戶。利弘懼,棄妻子遁山林,王遣騎士追捕殺之。秋七月遣使如<u>唐</u>,遺<u>淄青</u>節度使奴婢。帝聞之,矜遠人,詔令歸國。王寢疾,夢利弘射中背。既寤,瘡發背。至是月二十三日薨,謚(白)[曰]<u>神武</u>,葬于<u>弟兄山</u>西北。

신무왕이 왕위에 올랐다. 이름은 우징이고 원성대왕의 손자, 상대등 균정의 아들이며 희강왕의 종제다. 예징 등이 이미 궁중을 숙청하고 예의를 갖추어 맞이하여 즉위시켰다. 조부 이찬 예영일왈 효진을 혜강대왕으로, 죽은 부친을 성덕대왕으로 추존하였다. 모친 박씨 진교부인을 헌목태후라 하고 아들 경응을 태자로 세웠다. 청해진 대사 궁복을 감의군사로 봉하고 식읍 2천 호를 주었다. 이홍은 두려워 처자를 버리고 산림으로 도주하였으나 왕이 기병을 보내 추격하여 잡아 죽였다. 가을 7월 당에 사신을 보내 치청 절도사에게 노비를 주었다. 황제가 이를 듣고 먼 지방 사람이라 불쌍히 여기며 칙령으로 그들을 귀국시켰다. 왕이 병석에 누워 꾼 꿈에 이홍이 활을 쏘아 왕의 등을 맞췄다. 깨어나 보니 등에 종기가 났다. 이달 23일 왕이 사망하였다. 시호를 신무라 하고 제형산 서북쪽에 장사지냈다.

○論曰:歐陽子之論曰:"魯桓公弑隱公而自立者,宣公弑子赤而自立者,鄭厲公逐世子忽而自立者,衛公孫剽逐其君衎而自立者。聖人於春秋皆不絶其爲君,各傳其實,而使後世信之。則四君之罪不可得而掩耳。則人之爲惡,庶乎其息矣。"羅之彦昇弑哀莊而即位,金明弑僖康而即位,祐徵弑閔哀而即位。今皆書其實,亦春秋之志也。

논평하여 왈: 구양수歐陽修가 논하였다: '노환공은 은공을 죽이고 스스로 왕이 된 자고 노선공은 자적을 죽이고 스스로 왕이 된 자이며 정여공은 세자 홀을 쫓아내고 스스로 왕이 된 자고 위 공손표는 그의 임금 간을 쫓아내고 스스로 왕이 된 자이다. 성인이 『춘추』에 그들이 임금된 것을 모두 없애지 않고 그 사실을 각각 전한 것은 후세로 하여금 믿게 하기 위해서다. 그렇다면 네 임금의 죄는 귀를 가릴 수 없다. 그렇게 하여 사람들이 행한 악이 없어지길 바랐다.' 신라의 언승은 애장왕을 죽이고 즉위하였고 김명은 희강왕을 죽이고 즉위하였으며 우징은 민애왕을 죽이고 즉위하였다. 지금 그 사실을 모두 기록하는 것도 또한 『춘추』의 뜻이겠다.

三國史記卷第十一

(삼국사기 권제11)

新羅本紀第十一(신라본기 제11)

文聖王、憲安王、景文王、憲康王、定康王、眞聖王

　문성왕, 헌안왕, 경문왕, 헌강왕, 정강왕, 진성왕

○<u>文聖王</u>立。諱慶膺,<u>神武王</u>太子,母貞繼夫人_{一云定宗太后}。八月大赦,
敎曰:"<u>淸海鎭</u>大使<u>弓福</u>嘗以兵助神考,滅先朝之巨賊,其功烈可忘
耶?"乃拜爲<u>鎭海將軍</u>,兼賜章服。

　문성왕이 왕위에 올랐다. 이름은 경응이고 신무왕의 태자며 모친은
정계부인이다_{일왈 정종태후}. 8월 대사면하며 교시를 내렸다: "청해진 대
사 궁복이 군사를 거느리고 작고한 부친을 도와 앞 조정의 대적을 소멸
한 적이 있는데 그의 공로를 잊을 수 있겠는가?" 곧 진해 장군으로
모시고 아울러 장복을 하사하였다.

二年 春正月以<u>禮徵</u>爲上大等,<u>義琮</u>爲侍中,<u>良順</u>爲伊飡。自夏四月至
六月不雨。<u>唐文宗</u>敕<u>鴻臚寺</u>放還質子及年滿合歸國學生共一百五人。
冬饑。

　2년. 봄 정월 예징을 상대등, 의종을 시중, 양순을 이찬으로 하였다.

여름 4월부터 6월까지 비가 내리지 않았다. 당문종이 홍려사에 조칙을 내려 인질 및 귀국 기한이 된 학생 총 105명을 돌려보내냈다. 겨울에 기근이 들었다.

三年 春京都疾疫。一吉湌弘弼謀叛，事發逃入海島，捕之不獲。秋七月唐武宗敕歸國新羅官前入新羅宣慰副使、充兗州都督府司馬、賜緋魚袋金雲卿可淄州長史，仍爲使，冊王爲開府儀同三司、檢校太尉、使持節、大都督鷄林州諸軍事兼持節充寧海軍使、上柱國、新羅王，妻朴氏爲王妃。

3년. 봄 경성에 역병이 돌았다. 일길찬 홍필이 반역을 도모하다가 발각되자 섬으로 도주했으며 체포하지 못했다. 가을 7월 당무종이 신라에 귀국할 관리—이전에 신라에 갔던 선위부사, 충연주도독부사마로서 비어대를 받은 김운경을 치주장사로 하고 사신으로 보내 왕을 개부의 동삼사, 검교태위, 사지절, 대도독계림주제군사 겸 지절충영해군사, 상주국, 신라왕으로 책봉하고 처 박씨를 왕비로 책봉하였다.

四年 春三月納(伷)[伊]湌魏昕之女爲妃。

4년. 봄 3월 이찬 위흔의 딸을 왕비로 받아들였다.

五年 春正月侍中義琮病免，伊湌良順爲侍中。秋七月五虎入神宮園。

5년. 봄 정월 시중 의종이 병으로 면직하여 이찬 양순을 시중으로 하였다. 가을 7월 범 다섯 마리가 신궁의 뜰에 들어왔다.

六年 春二月甲寅朔日有食之。太白犯鎭星。三月京都雨雹。侍中良順退，大阿湌金茹爲侍中。秋八月置穴口鎭，以阿湌啓弘爲鎭頭。

6년. 봄 2월 초하루 갑인에 일식이 있었다. 금성이 토성을 범하였다. 3월 경성에 우박이 내렸다. 시중 양순이 사퇴하여 대아찬 김여를 시중으로 하였다. 가을 8월 혈구진을 설치하고 아찬 계홍을 진두로 하였다.

七年 春三月欲娶清海鎭大使弓福女爲次妃。朝臣諫曰：“夫婦之道人之大倫也。故夏以塗山興，殷以娎氏昌，周以褒姒滅，晉以驪姬亂。則國之存亡於是乎在，其可不愼乎？今弓福，海島人也，其女豈可以配王室乎?"王從之。冬十一月雷,無雪。十二月朔三日并出。

7년. 봄 3월 청해진 대사 궁복의 딸을 둘째 왕비로 삼으려 했다. 조정 대신들이 간하였다: "부부의 도는 인간의 큰 윤리입니다. 그러므로 하 임금은 도산씨를 얻어 흥하였고 은임금은 신씨를 맞아 창성하였으며 주임금은 포사 때문에 망하였고 진임금은 여희 때문에 혼란해졌습니다. 나라의 존망은 여기에 있는데 신중하지 않을 수 있겠습니까? 지금 궁복은 섬사람인데 그의 딸을 왕실의 배필로 정할 수 있겠습니까?" 왕은 수긍하였다. 겨울 11 월 우레가 치고 눈이 내리지 않았다. 12월 초하루 해가 세 개 나란히 나타났다.

八年 春清海 弓福怨王不納女,據鎭叛。朝廷將討之,則恐有不測之 患;將置之,則罪不可赦,憂慮不知所圖。武州人閻長者以勇壯聞於時。 來告曰:"朝廷幸聽臣,臣不煩一卒,持空拳以斬弓福以獻。"王從之。閻 長伴叛國,投清海。弓福愛壯士,無所猜疑,引爲上客,與之飮極歡。及 其醉,奪弓福劍斬訖,召其衆說之,伏不敢動。

8년. 봄에 청해진의 궁복이 왕이 딸을 받아들이지 않는다고 원망하며 진을 거점으로 반란하였다. 조정에서 토벌자니 예상치 못한 환이 생길 까 염려되고, 두자니 죄를 용서할 수 없어 어쩔 바를 몰라 걱정하였다. 무주인 염장은 장사로 소문났다. 찾아와 왈: "조정에서 다행히 소신의 청을 들어준다면 한 명의 병졸도 수고시키지 않고 빈주먹으로 궁복의 목을 베어 바치겠습니다." 왕이 수긍하였다. 염장은 거짓으로 나라를 배반한 척하며 청해에 찾아갔다. 궁복은 장사를 아끼므로 의심 없이 상객으로 삼고 함께 술을 마시며 극도로 즐기었다. 그가 술에 취하자 궁복의 칼을 빼앗아 목을 벤 후 그의 무리를 불러 설득하니 엎드려 감히 움직이지 못하였다.

九年 春二月重修平議、臨海二殿。夏五月伊湌良順、波珍湌興宗等叛, 伏誅。秋八月封王子爲王太子。侍中金茹卒,伊湌魏昕爲侍中。

9년. 봄 2월 평의, 임해 두 전각을 다시 수리하였다. 여름 5월 이찬 양순과 파진찬 홍종 등이 반란을 일으켰다가 처형당하였다. 가을 8월 왕자를 왕태자로 책봉하였다. 시중 김여가 죽어 이찬 위흔을 시중으로 하였다.

十年 春夏旱。侍中魏昕退，波珍湌金啓明爲侍中。冬十月天有聲如雷。

10년. 봄과 여름에 가물었다. 시중 위흔이 사퇴하여 파진찬 김계명을 시중으로 하였다. 겨울 10월 하늘에서 우레와 같은 소리가 났다.

十一年 春正月上大等禮徵卒，伊湌義正爲上大等。秋九月伊湌金式、大昕等叛，伏誅，大阿湌昕鄰緣坐罪。

11년. 봄 정월 상대등 예징이 죽어 이찬 의정을 상대등으로 하였다. 가을 9월 이찬 김식, 대흔 등이 반란을 일으켰다가 처형당하고 대아찬 흔린이 연좌되었다.

十二年 春正月土星入月，京都雨土，大風拔木。赦獄囚㊟[殊]死已下。

12년. 봄 정월 토성이 달에 들어갔고 경성에 흙비가 내렸으며 큰 바람에 나무가 뽑혔다. 사형죄 이하의 옥중 죄수를 사면하였다.

十三年 春二月罷淸海鎭，徙其人於碧骨郡。夏四月隕霜。入唐使阿湌元弘齎佛經幷佛牙來，王出郊迎之。

13년. 봄 2월 청해진을 없애고 그곳 사람들을 벽골군으로 이사시켰다. 여름 4월 서리가 내렸다. 당에 갔던 사신 아찬 원홍이 불경과 불아를 가지고 왔으며 왕이 교외로 나가 맞이하였다.

十四年 春二月波珍湌眞亮爲熊州都督。調府火。秋七月重修鳴鶴樓。冬十一月王太子卒。

14년. 봄 2월 파진찬 진량을 웅주 도독으로 하였다. 조부에 불이 났다. 가을 7월 명학루를 다시 수리하였다. 겨울 11월 왕태자가 죽었다.

十五年 夏六月大水。秋八月西南州郡蝗。

15년. 여름 6월 홍수가 났다. 가을 8월 서남의 주군에 황충재를 입었다.

十七年 春正月發使撫問西南百姓。冬十二月珍閣省災。土星入月。

17년. 봄 정월 사신을 보내 서남 지방의 백성을 위문하였다. 겨울 12월 진각성에 화재를 입었다. 토성이 달에 들어갔다.

十九年 秋九月王不豫, 降遺詔曰: "寡人以眇末之資處崇高之位, 上恐獲罪於天鑑, 下慮失望於人心。夙夜兢兢, 若涉淵冰。賴三事大夫、百辟卿士左右挾維, 不墜重器。今者忽染疾疹, 至于旬日, 怳惚之際恐先朝露。惟祖宗之大業不可以無主, 軍國之萬機不可以暫廢。顧惟舒弗邯誼靖先皇之令孫、寡人之叔父。孝友明敏, 寬厚仁慈。久處(古)[台]衡, 挾贊王政。上可以祇奉宗廟, 下可以撫育蒼生。爰釋重負, 委之賢德。付托得人, 夫復何恨!况生死始終物之大期, 壽夭脩短命之常分。逝者可以達理, 存者不必過哀。伊爾多士竭力盡忠, 送往事居, 罔或違禮。布告國內, 明知朕懷。"越七日王薨, 諡曰文聖, 葬于孔雀(△)[趾]。

19년. 가을 9월 왕이 병에 걸리자 유조를 내렸다: '과인은 미미한 자질로 높은 자리에 있으며 위로는 하늘의 감시에 죄 지을까 두렵고 아래로는 인심에 실망을 줄까 염려된다. 밤낮 긍긍하며 깊은 물과 살얼음을 건너는 듯하다. 신하들이 옆에서 도와주는 덕분에 왕위에서 떨어지지 않았다. 지금 갑자기 병에 걸려 일흘이 됐으며 성신이 혼몽하니 아침 이슬 먼저 사라질까 걱정된다. 선조로부터 내려온 대업은 주인이 없을 수 없고 군사와 나라의 많은 사무는 갑자기 폐지할 수 없다. 생각하면 서불한 의정은 선왕의 손자, 과인의 숙부다. 효우에다 명민하고 후하며 인자하다. 오래도록 재상에 있으면서 왕정을 도와왔다. 위로는 종묘를 받들 수 있고 아래로는 창생을 기를 만하다. 무거운 짐을 벗어 덕자에게 맡기려 한다. 부탁할 적임자를 얻었으니 또한 무슨 유감이랴? 하물며 생사, 시종은 만물의 기약이고 장수와 요절은 천명의 분수다. 죽음은 이치에 따르는 것이니 산 사람이 지나치게 슬퍼하지 말라. 그대 대신들은 힘껏 충성하며 죽은 사람을 보내고 산 사람을 섬김에 예의를 어기지 말라. 나라 안에 포고하여 짐의 뜻을 분명히 알게 하라!' 7일이 지나 왕이 사망하였다. 시호를 문성이라 하고 공작지에 장사지냈다.

○**憲安王**立。諱誼靖－云祐靖，神武王之異母弟也。母照明夫人，宣康王之女。以文聖顧命即位。大赦。拜伊飡金安爲上大等。

헌안왕이 왕위에 올랐다. 이름은 의정일왈 우정이고 신무왕의 이복동생이다. 모친 조명부인은 선강왕의 딸이다. 문성왕의 유언에 따라 즉위하였다. 대사면을 행하였다. 이찬 김안을 상대등으로 모셨다.

二年 春正月親祀神宮。夏四月降霜。自五月至秋七月不雨。唐城郡南河岸有大魚出，長四十步，高六丈。

2년. 봄 정월 직접 신궁에 제사지냈다. 여름 4월 서리가 내렸다. 5월부터 가을 7월까지 비가 내리지 않았다. 당성군 남쪽 강변에서 길이 40보, 높이 여섯 길의 큰 물고기가 나왔다.

三年 春穀貴，人饑，王遣使賑救。夏四月教修完堤防，勸農。

3년. 봄에 곡식이 귀하여 굶주리므로 왕이 사절을 보내 구제하였다. 여름 4월 교서를 내려 제방을 수리 보완하게 하고 농사를 권장하였다.

四年 秋九月王會群臣於臨海殿，王族膺廉年十五歲，預坐焉。王欲觀其志，忽問曰："汝游學有日矣，得無見善人者乎？"答曰："臣嘗見三人，竊以爲有善行也。"王曰："何如？"曰："一高門子弟，其與人也，不自先而處於下。一家富於財，可以侈衣服，而常以麻絍自喜。一有勢榮，而未嘗以其勢加人。臣所見如此。"

4년. 가을 9월 왕이 임해전에서 신하들을 모았을 때 왕족 응렴이 열다섯의 나이로 참석하였다. 왕이 그의 뜻을 알고자 불현듯 문: "너는 한동안 돌아다니며 배웠는데 훌륭한 자를 본 적이 없는가?" 답 왈: "소신은 세 사람을 본 적이 있는데 그들이 착하다는 생각이 듭니다." 왕 왈: "어떤데?" 왈: "한 사람은 귀한 가문의 자제로서 사람과 사귐에 자신을 내세우지 않고 남의 아래에 처하려 합니다. 한 사람은 집에 재물이 많아 사치스러운 옷을 입을 만한데도 언제나 베옷 입음을 기쁘게 여깁니다. 한 사람은 세도와 영화를 누리면서 남에게 세도를 부린 적이 없습니다. 소신이 본 것은 이와 같습니다."

王聞之默然,與王后耳語曰:"朕閱人多矣,無如膺廉者。"意以女妻之,顧謂膺廉曰:"願郎自愛。朕有息女,使之薦枕。"更置酒同飲,從容言曰:"吾有二女,兄今年二十歲,弟十九歲。惟郎所娶!"膺廉辭不獲,起拜謝,便歸家告父母。父母言:"聞王二女容色兄不如弟,若不得已,宜娶其弟。"然尙疑未決,乃問興輪寺僧。僧曰:"娶兄則有三益,弟則反是,有三損。"膺廉乃奏:"臣不敢自決,惟王命是從。"於是王長女出降焉。

왕이 듣고 잠자코 있다가 왕후에게 귓속말로 왈: "짐이 사람을 많이 겪었지만 응렴 같은 자는 없다." 딸을 그의 처로 삼을 생각으로 응렴을 돌아보며 왈: "그대는 자애하라. 내게 딸자식이 있는데 그대의 잠자리를 모시게 하련다." 다시 술상을 차리고 함께 마시면서 침착하게 말했다: "내게 딸이 둘 있는데 언니는 금년에 스무 살이고 동생은 열아홉 살이다. 오직 그대의 마음대로 처로 삼아라!" 응렴이 사양할 수 없어 일어나 절을 하며 감사의 뜻을 표하고 집으로 돌아와 부모에게 알렸다. 부모 왈: "듣건대 왕의 두 딸의 인물은 형이 동생만 못하다고 하니 만약 어쩔 수 없으면 동생에게 장가 드는 것이 좋겠구나." 그러나 주저하며 결정짓지 못하다가 홍륜사 승려에게 물었다. 승려 왈: "언니에게 장가들면 세 가지 이익이 있고 동생이면 반대로 세 가지 손해가 있다." 응렴이 곧 "소신의 마음대로 결정을 못하겠으니 다만 왕의 명령에 따르겠습니다."라고 하였다. 이에 왕은 큰 딸을 시집보냈다.

五年 春正月王寢疾彌留,謂左右曰:"寡人不幸,無男子,有女。吾邦故事,雖有善德、眞德二女主,然近於牝雞之晨,不可法也。甥膺廉年雖幼少,有老成之德。卿等立而事之,必不墜祖宗之令緖,則寡人死且不朽矣。"是月二十九日薨,諡曰憲安,葬于孔雀趾。

5년. 봄 정월 왕이 병석에서 미류에 처하자 측근들에게 말했다: "과인은 불행하게 아들은 없고 딸이 있다. 우리나라는 고사에 선덕, 진덕 두 여왕이 있었지만 암탉이 새벽 회를 치는 것과 비슷한 일로써 본받을 수 없다. 사위 응렴은 비록 어리지만 노련하고 성숙한 덕성을 갖추고 있다. 그대들이 임금으로 세워 섬긴다면 반드시 조상의 훌륭한 업을 잃지 않을 것이니 그러면 과인은 죽어도 영원할 것이다." 그 달 29일 왕이 사망하였다. 시호를 헌안이라 하고 공작지에 장사지냈다.

○**景文王**立。諱膺廉膺一作疑，僖康王子、啓明阿湌之子也。母曰光和一云光義夫人，妃金氏，寧花夫人。

경문왕이 왕위에 올랐다. 이름은 응렴膺 일왈 疑이며 희강왕의 아들인 아찬 계명의 아들이다. 모친은 광화일왈 광의 부인이고 왕비 김씨는 영화부인이다.

元年 三月王御武平門大赦。

원년. 3월 왕이 무평문에 나가 대사면을 반포하였다.

二年 春正月以伊湌金正爲上大等，阿湌魏（珍）[珍]爲侍中。二月王親祀神宮。秋七月遣使如唐貢方物。八月入唐使阿湌富良等一行人溺沒。

2년. 봄 정월 이찬 김정을 상대등, 아찬 위진을 시중으로 하였다. 2월 왕이 직접 신궁에 제사지냈다. 가을 7월 당에 사신을 보내 토산물을 바쳤다. 8월 입당 사신 아찬 부량 등 일행이 익사하였다.

三年 春二月王幸國學，令博士已下講論經義，賜物有差。冬十月桃李華。十一月無雪。納寧花夫人弟爲次妃。異（曰）[日]王問（輿）[興]輪寺僧曰："師前所謂三益者何也?"對曰："當時王及王妃喜其如意，寵愛浸深，一也；因此得繼大位，二也；卒得娶嚮所求季女，三也。"王大笑。

3년. 봄 2월 왕이 국학에 행차하여 박사 이하를 시켜 경서의 뜻을 강론케 하고 차등을 두어 선물을 주었다. 겨울 10월 복숭아꽃과 오얏꽃이 피었다. 11월 눈이 내리지 않았다. 영화부인의 여동생을 차비로 받아들였다. 어느 날 왕이 홍륜사 승려에게 물었다: "스님이 전에 말했던 세 가지 이익이란 무엇입니까?" 답하여 왈: "당시 왕과 왕비의 뜻대로 되어 총애가 점점 깊어지니 이것이 첫째 이익이고 이로 인하여 왕위를 잇게 되니 둘째 이익이며 결국은 처음 원하던 둘째 딸을 취하게 되었으니 셋째 이익입니다." 왕이 크게 웃었다.

四年 春二月王幸感恩寺望海。夏四月日本國使至。

4년. 봄 2월 왕이 감은사에서 망해제를 지냈다. 여름 4월 일본국 사신이 왔다.

五年 夏四月唐懿宗降使太子右諭德、御史中丞胡歸厚、使副光祿主簿兼監察御史裴光等弔祭先王,兼賻贈一千匹,冊立王爲開府儀同三司、檢校太尉、持節大都督雞林州諸軍事、上柱國、新羅王。仍賜王官誥一道、旌節一副、錦綵五百匹、衣二副、金銀器七事。賜王妃錦綵五十匹、衣一副、銀器二事。賜王太子錦綵四十匹、衣一副、銀器一事。賜大宰相錦綵三十匹、衣一副、銀器一事。賜次宰相錦綵二十匹、衣一副、銀器一事。

5년. 여름 4월 당의종이 사신 태자우유덕, 어사중승 호귀후와 부사 광록주부 겸 감찰어사 배광 등을 보내 선왕에게 조문, 제사지내고 동시에 1천 필을 부의로 주고 왕을 개부의동삼사, 검교태위, 시절대도독계림주제군사, 상주국, 신라왕으로 봉하였다. 왕에게 관고 한 통, 정절 한 벌, 금채 5백 필, 옷 두 벌, 금은 그릇 7개를 주었다. 왕비에게는 금채 50필, 옷 한 벌, 은그릇 2개를 주었다. 왕태자에게는 금채 40필, 옷 한 벌, 은그릇 1개를 주었다. 대재상에게는 금채 30필, 옷 한 벌, 은그릇 1개를 주었다. 차재상에게는 금채 20필, 옷 한 벌, 은그릇 1개를 주었다.

六年 春正月封王考爲懿恭大王,母朴氏光和夫人爲光懿王太后,夫人金氏爲文懿王妃,立王子晸爲王太子。十五日幸皇龍寺看燈,仍賜燕百寮。冬十月伊湌允興與弟叔興、季興謀逆,事發覺,走岱山郡。王命追捕斬之,夷一族。

6년. 봄 정월 왕의 죽은 부친을 의공대왕으로, 모친 박씨 광화부인을 광의왕태후로, 부인 김씨를 문의왕비로, 왕자 정을 왕태자로 책봉하였다. 15일 황룡사에 행차하여 등불을 보고 백관에게 잔치를 베풀어주었

다. 겨울 10월 이찬 윤흥이 동생 숙흥, 계흥과 함께 반역을 모의하다가
발각되어 대산군으로 도주하였다. 왕이 명을 내려 잡아 참수하고 일족
을 멸하였다.

七年 春正月重修臨海殿。夏五月京都疫。秋八月大水, 穀不登。冬十
月發使分道撫問。十二月客星犯太白。

7년. 봄 정월 임해전을 다시 수리하였다. 여름 5월 경성에 역병이 돌았
다. 가을 8월 홍수가 나고 곡식이 여물지 않았다. 겨울 10월 사신을
나누어 파견하여 위문하였다. 12월 객성이 금성을 범하였다.

八年 春正月伊飡金銳、金鉉等謀叛, 伏誅。夏六月震皇龍寺塔。秋八
月重修朝元殿。

8년. 봄 정월 이찬 김예, 김현 등이 반란을 도모하다가 처형당하였다.
여름 6월 황룡사 탑에 벼락이 쳤다. 가을 8월 조원전을 다시 수리하였다.

九年 秋七月遣王子蘇判金胤等入唐謝恩, 兼進奉馬二匹、麩金一百
兩、銀二百兩、牛黃十五兩、人蔘一百斤、大花魚牙錦一十匹、小花魚
牙錦一十匹、朝霞錦二十匹、四十升白氎布四十匹、三十升紵衫段四
十匹、四尺五寸頭髮百五十兩、三尺五寸頭髮三百兩、金釵頭五色綦
帶幷班胸各一十條、鷹金鎖鏇子幷紛鐕紅幍二十副、新樣鷹金鎖鏇
子紛鐕五色幍三十副、鷹銀鎖鏇子紛鐕紅幍二十副、新樣鷹銀鎖鏇
子紛鐕五色幍三十副、鷂子金鎖鏇子紛鐕紅幍二十副、新樣鷂子金
鎖鏇子紛鐕五色幍三十副、鷂子銀鎖鏇子紛鐕紅幍二十副、新樣鷂
子銀鎖鏇子紛鐕五色幍三十副、金花鷹鈴子二百顆、金花鷂子鈴子
二百顆、金鏤鷹尾筒五十雙、金鏤鷂子尾筒五十雙、銀鏤鷹尾筒五十
雙、銀鏤鷂子尾筒五十雙、繫鷹緋纈皮一百雙、繫鷂子緋纈皮一百雙、
瑟瑟鈿金針筒三十具、金花銀針筒三十具、針一千五百。又遣學生李
同等三人隨進奉使金胤入唐習業, 仍賜買書銀三百兩。

9년. 가을 7월 왕자 소판 김윤 등을 당에 보내 사은하고 더불어 말
2필, 부금 100냥, 은 200냥, 우황 15냥, 인삼 100근, 대화어아금 10필,

소화어아금 10필, 조하금 20필, 사십승백첩포 40필, 삼십승저삼단 40
필, 4자 5촌 두발 150냥, 3자 5촌 두발 300냥, 금비녀오색댕기 및 반흉
각각 10조, 응금쇄선자 및 분삽홍도 20벌, 신양응금쇄선자분삽오색도
30벌, 응은쇄선자분삽홍도 20벌, 신양응은쇄선자분삽오색도 30벌, 요
자금쇄선자분삽홍도 20벌, 신양요자금쇄선자분삽오색도 30벌, 요자은
쇄선자분삽홍도 20벌, 신양요자은쇄선자분삽오색도 30벌, 금화응령자
200과, 금화요자령자 200과, 금루응미통 50쌍, 금루요자미통 50쌍, 은
루응미통 50쌍, 은루요자미통 50쌍, 계응비힐피 100쌍, 계요자비힐피
100쌍, 슬슬전금침통 30구, 금화은침통 30구, 침 1,500개를 진상하였다.
또한 파견된 학생 이동 등 3인이 진봉사 김윤을 수행하여 당에 가 학업
을 배우게 하고 책 살 비용 은 3백 냥을 하사하였다.

十年 春二月遣沙湌金因入唐宿衛。夏四月京都地震。五月王妃卒。秋
七月大水。冬無雪,國人多疫。

10년. 봄 2월 사찬 김인을 당에 보내 숙위하게 하였다. 여름 4월 경성에
지진이 일어났다. 5월 왕비가 죽었다. 가을 7월 홍수가 났다. 겨울에
눈이 내리지 않았으며 나라 사람들이 역병에 많이 걸렸다.

十一年 春正月王命有司改造皇龍寺塔。二月重修月上樓。

11년. 봄 정월 왕이 관계부문에 명령하여 황룡사 탑을 개축하였다. 2월
월상루를 다시 수리하였다.

十二年 春二月親祀神宮。夏四月京師地震。秋八月國内州郡蝗害。

12년. 봄 2월 직접 신궁에 제사지냈다. 여름 4월 경성에 지진이 일어났
다. 가을 8월 국내의 주군이 황충해를 입었다.

十三年 春民饑且疫,王發使賑救。秋九月皇龍寺塔成,九層,高二十二
丈。

13년. 봄에 백성이 굶주리고 또 역병이 돌므로 왕이 사절을 보내 구제하
였다. 가을 9월 9층에 높이 22길의 황룡사 탑이 낙성되었다.

十四年 春正月上大等金正卒,以侍中魏珍爲上大等,藺興爲侍中。夏

四月唐僖宗降使宣諭。五月伊飡近宗謀逆犯闕,出禁軍擊破之。近宗
與其黨夜出城,追獲之,車裂。秋九月重修月正堂。崔致遠在唐登科。

14년. 봄 정월 상대등 김정이 죽어 시중 위진을 상대등, 인흥을 시중으
로 하였다. 여름 4월 당희종이 사신을 내려 보내 칙명을 선포하였다.
5월 이찬 근종이 모반하여 궁궐을 침범하므로 궁궐 근위군을 출동시켜
격파하였다. 근종이 그의 무리와 함께 밤에 성 밖으로 도주하는 것을
추격, 체포하여 수레에 매어 찢어 죽였다. 가을 9월 월정당을 다시 수리
하였다. 최치원이 당에서 과거에 급제하였다.

十五年 春二月京都及國東地震。星孛于東,二十日乃滅。夏五月龍見
王宮井,須臾雲霧四合,飛去。秋七月八日王薨,諡曰景文。

15년. 봄 2월 경성과 국동에 지진이 일어났다. 살별이 동쪽에 나타났다
가 20일 만에 없어졌다. 여름 5월 용이 왕궁의 우물에 나타났는데 잠시
후 구름과 안개가 모여 들더니 날아갔다. 가을 7월 8일 왕이 사망하였
다. 시호를 경문이라 하였다.

○憲康王立。諱晸,景文王之太子。母文懿王后,妃懿明夫人。王性聰
敏,愛看書,目所一覽,皆誦於口。即位,拜伊飡魏弘爲上大等,大阿飡乂
謙爲侍中。大赦內外殊死已下。

헌강왕이 왕위에 올랐다. 이름은 정이고 경문왕의 태자다. 모친은 문의
왕후고 왕비는 의명부인이다. 왕은 성품이 명민하고 책보기를 좋아하
였는데 눈으로 한 번 보면 모두 입으로 외웠다. 즉위하고 이찬 위홍을
상대등으로, 대아찬 예겸을 시중으로 모셨다. 중앙과 지방의 사형죄
이하의 죄수들을 대사면하였다.

二年 春二月皇龍寺齋僧,設百高座講經,王親幸聽之。秋七月遣使入
唐貢方物。

2년. 봄 2월 황룡사에서 승려에게 재를 베풀고 백고좌를 열어 불경을
강론하는데 왕이 직접 가서 들었다. 가을 7월 당에 사신을 보내 토산물

을 바쳤다.

三年 春正月我太祖大王生於松岳郡。

3년. 봄 정월 우리 태조대왕이 송악군에서 태어났다.

四(月)[年] 夏四月唐僖宗降使冊封王爲使持節、開府儀同三司、檢校太尉、大都督雞林州諸軍事、新羅王。秋七月遣使朝唐,聞黃巢賊起,乃止。八月日本國使至,王引見於朝元殿。

4년. 여름 4월 당희종이 사신을 내려 보내 왕을 사지절, 개부의동삼사, 검교태위, 대도독계림주제군사, 신라왕으로 책봉하였다. 가을 7월 당에 사신을 보내 조회하려다가 황소 적이 일어났다는 소문을 듣고 그만 두었다. 8월 일본국 사신이 와 왕이 조원전에서 접견하였다.

五年 春二月幸國學,命博士已下講論。三月巡幸國東州郡,有不知所從來四人,詣駕前歌(歌)[舞],形容可駭,衣巾詭異,時人謂之山海精靈古記謂王即位元年事。夏六月一吉湌信弘叛,伏誅。冬十月御遵禮門觀射。十一月獵穴城原。

5년. 봄 2월 왕이 국학에 행차하여 박사 이하를 시켜 강론하였다. 3월 국동 주군을 순행하다가 어디서 왔는지 모를 사람 넷이 어가 앞에 와서 노래 부르고 춤추었다. 모양이 무섭고 옷과 두건이 괴이하여 사람들은 그들을 산해정령이라 하였다. 고기에는 왕 즉위 원년의 일이다고 하였다. 여름 6월 일길찬 신홍이 모반하다가 처형당하였다. 겨울 10월 준례문에서 활쏘기를 구경하였다. 11월 혈성 벌에서 사냥하였다.

六年 春二月太白犯月。侍中乂謙退,伊湌敏恭爲侍中。秋八月熊州進嘉禾。九月九日王與左右登月上樓四望,京都民屋相屬,歌吹連聲。王顧謂侍中敏恭曰:"孤聞今之民間覆屋以瓦不以茅,炊飯以炭不以薪。有是耶?"敏恭對曰:"臣亦嘗聞之如此。"因奏曰:"上即位以來,陰陽和,風雨順,歲有年,民足食,邊境謐静,市井歡娛,此聖德之所致也。"王欣然曰:"此卿等輔佐之力也,朕何德焉?"

6년. 봄 2월 금성이 달을 범하였다. 시중 예겸이 관직에서 물러나자 이찬 민공을 시중으로 하였다. 가을 8월 웅주에서 상서로운 벼를 바쳤다. 9월 9일 왕이 측근들과 월상루에 올라가 사방을 바라보니 경성에 민가가 즐비하고 노래와 주악 소리가 연이어 들렸다. 왕이 시중 민공을 돌아보면서 왈: "내가 듣건대 지금 민간에서는 짚이 아닌 기와로 지붕을 덮고 나무가 아닌 숯으로 밥 짓는다 하니 그러한가?" 민공 답 왈: "소신도 그렇다는 말을 들은 적이 있습니다." 이어서 상주하였다: "임금께서 즉위하신 이후 음양이 조화를 이루고 바람과 비가 순조로워 해마다 풍년이 들고 백성들은 먹을 것이 넉넉하며 변경이 안정되고 시가지는 즐거워하니 이는 어진 덕으로 이루어진 것입니다." 왕이 기뻐하며 왈: "이는 그대들의 도움 때문이지 짐에게 무슨 덕이 있겠는가?"

七年 春三月燕群臣於臨海殿。酒酣，上鼓琴，左右各進歌詞，極歡而罷。

7년. 봄 3월 임해전에서 신하들에게 잔치를 베풀어주었다. 술기운이 오르자 왕은 거문고를 타고 신하들은 각각 가사를 지어 올리면서 마음껏 즐기다가 그쳤다.

八年 夏四月日本國王遣使進黃金三百兩、明珠一十箇。冬十二月枯彌縣女一産三男。

8년. 여름 4월 일본국 왕이 사신을 보내 황금 300냥과 야광주 10개를 바쳤다. 겨울 12월 고미현의 여자가 한 배에 아들 셋을 낳았다.

九年 春二月王幸三郎寺，命文臣各賦詩一首。

9년. 봄 2월 왕이 삼랑사에 행차하여 문신들에게 시 한 수씩 짓게 하였다.

十一年 春二月虎入宮庭。三月崔致遠還。冬十月壬子太白晝見。遣使入唐賀破黃巢賊。

11년. 봄 2월 범이 궁궐에 들어왔다. 3월 최치원이 돌아왔다. 겨울 10월 임자에 금성이 낮에 나타났다. 당에 사신을 보내 황소도적을 격파한 것을 축하하였다.

十二年 春北鎭奏"狄國人入鎭，以片木掛樹而歸"，遂取以獻。其木書十五字云："寶露國與黑水國人共向新羅國和通。"夏六月王不預，赦國內獄囚, 又於皇龍寺設百高座講經。秋七月五日薨, 諡曰憲康, 葬菩提寺東南。

12년. 봄에 북진에서 "적국인이 읍에 들어와 판자 쪽을 나무에 걸어 놓고 돌아갔습니다."고 상주하면서 그것을 가져다 바쳤다. 그 판자 쪽에는 "보로국과 흑수국 사람이 같이 신라국과 통하며 화친하겠다"는 열다섯 자가 쓰여 있었다. 여름 6월 왕이 앓자 옥중의 죄수들을 사면하고 또 황룡사에서 백고좌를 열어 불경을 강론하였다. 가을 7월 5일 왕이 사망하였다. 시호를 헌강이라 하고 보리사 동남쪽에 장사지냈다.

○定康王立。諱晃, 景文王之第二子也。八月拜伊湌俊興爲侍中。國西旱且荒。

정강왕이 왕위에 올랐다. 이름은 황이고 경문왕의 차자다. 8월 이찬 준흥을 시중으로 모셨다. 나라 서쪽에 가물고 흉년이 들었다.

二年 春正月設百座於皇龍寺, 親幸聽講。漢州伊湌金蕘叛, 發兵誅之。夏五月王疾病, 謂侍中俊興曰："孤之病革矣, 必不復起。不幸無嗣子。然妹曼天資明銳, 骨法似丈夫, 卿等宜仿善德、眞德古事立之, 可也。"秋七月五日薨。諡曰定康, 葬菩提寺東南。

2년. 봄 정월 황룡사에서 백고좌를 열고 직접 행차하여 강론을 들었다. 한주 이찬 김요가 모반하여 군사를 보내 처형하였다. 여름 5월 왕이 병들자 시중 준흥에게 말했다："나의 병이 위급하여 필히 다시 일어나지 못할 것이다. 불행하게도 이을 자식이 없다. 그러나 여동생 만은 천성이 명민하고 골격이 남자와 비슷하니 그대들은 마땅히 선덕왕과 진덕왕의 고사를 본받아 그를 왕위에 올려놓으면 되겠다." 가을 7월 5일 왕이 사망하였다. 시호를 정강이라 하고 보리사 동남쪽에 장사지냈다.

○眞聖王立。諱曼, 憲康王之女弟也崔致遠文集第二卷謝追贈表云："臣坦言：伏奉制旨, 追贈亡父臣凝爲太師, 亡兄臣晸爲太傅。"又納旌節(ﾞ)[表]云："臣長兄國王晸以去光啓三年七月五日奄御聖代,臣姪男嶢生未周晬,臣仲兄晃權統藩垣,又﹝未﹞經朞月遠謝明時。"以此言之,景文王諱凝,本紀則云膺廉,眞聖王諱﹝坦﹞,本紀則云曼。又定康王晃以光啓三年薨,本紀謂二年薨,皆不知孰是。大赦。復諸州郡一年租稅。設百座皇龍寺,親幸聽法。冬無雪。

진성왕이 왕위에 올랐다. 이름은 만이고 헌강왕의 여동생이다. 『최치원문집』 제2권 『사추증표』 왈: '소신 탄은 말합니다: 삼가 칙명을 받들어 죽은 부친 신 응을 태사로, 죽은 형 신정을 태부로 하였습니다.' 또 『납정절표』 왈: '소신의 맏형 국왕 정이 지난 광계 3년 7월 5일 갑자기 성스러운 시대를 버렸고 소신의 조카 요는 태어 난지 한 돌도 되지 않았으므로 소신의 둘째 형 황이 임시로 번국을 다스리다가 또 1년을 넘기지 못하고 밝은 세상을 멀리 떠났습니다.' 이렇게 보면 경문왕의 이름이 凝인데 『본기』에는 膺廉이라 하였고 진성왕의 이름이 坦인데 『본기』에는 曼이라 하였다. 또 정강왕 황은 광계 3년에 사망하였는데 본기에는 2년에 사망하였다고 하니 모두 어느 것이 옳은지 알 수 없다. 대사면령을 내렸다. 주군들의 1년의 조세를 면제하여주었다. 황룡사에 서 백좌회를 열고 왕이 직접 행차하여 설법을 들었다. 겨울에 눈이 내리지 않았다.

二年 春二月少梁里石自行。王素與角干魏弘通,至是常入內用事。仍命與大矩和尚修集鄉歌,謂之三代目云。及魏弘卒,追諡爲惠成大王。此後潛引少年美丈夫兩三人淫亂,仍授其人以要職,委以國政。由是佞倖肆志,貨賂公行,賞罰不公,紀綱壞弛。時有無名子欺謗時政構辭,榜於朝路。王命人搜索,不能得。或告王曰:"此必文人不得志者所爲,殆是大耶州隱者巨仁耶?"王命拘巨仁京獄,將刑之。巨仁憤怨,書於獄壁曰:"于公慟哭三年旱,鄒衍含悲五月霜。今我幽愁還似古,皇天無語但蒼蒼。"其夕忽雲霧、震雷、雨雹。王懼,出巨仁放歸。三月戊戌朔日有食之。王不豫,錄囚徒,赦殊死已下,許度僧六十人,王疾乃瘳。夏五月旱。

2년. 봄 2월 소량리의 돌이 저절로 이동하였다. 왕은 이전부터 각간 위홍과 사통하였는데 이때에 이르러서는 늘 궁내에 들어와 일을 보게 하였다. 그리고 그에게 명령하여 승려 대구와 함께 향가를 편찬하였으며 이를『삼대목』이라고 불렀다. 위홍이 죽자 혜성대왕이라는 시호를 추증하였다. 이후 젊은 미남자 두세 명을 몰래 불러들여 음란하고 그들에게 요직을 주어 국정을 맡겼다. 이로 하여 아첨하고 총애를 받는 자들이 방자하여지고 뇌물 수수가 공공연해졌으며 상과 벌이 공평하지 못하고 기강이 무너지고 느슨해졌다. 이때 이름 모를 사람이 시정을 모독, 비방하는 말을 만들어 조회하러 가는 길에 붙여놓았다. 왕이 수색케 하였으나 찾을 수 없었다. 누군가가 왕에게 왈: "이것은 필시 뜻을 이루지 못한 문인의 소행이니 아마 대야주에 은거하고 있는 거인일 겁니다." 왕이 명령을 내려 거인을 체포하여 경성 감옥에 가두고 처벌하려 하자 거인이 분하고 원통하여 감옥의 벽에 글을 썼다:

우공이 통곡하니 3년이나 가물었고, 추연이 슬퍼하니 5월 서리 왔다.
지금 나의 깊은 슬픔 옛 일과 같건만, 넓은 하늘은 말없이 푸르기만 하구나.

그날 저녁에 갑자기 구름과 안개, 번개와 우레, 비와 우박이 겹쳤다. 왕이 두려워 거인을 석방하여 돌려보냈다. 3월 초하루 무술에 일식이 있었다. 왕이 병에 들어 죄수들을 조사하여 사형수 이하를 사면하고 승려 60명에게 도첩을 주니 왕의 병이 드디어 나았다. 여름 5월 가물었다.

三年 國內諸州郡不輸貢賦,府庫虛竭,國用窮乏,王發使督促,由是所在盜賊蜂起。於是元宗、哀奴等據沙伐州叛。王命奈麻令奇捕捉,令奇望賊壘畏不能進,村主祐連力戰,死之。王下敕斬令奇,祐連子年十餘歲,嗣爲村主。

3년. 국내 주군들에서 공물과 조세를 바치지 않아 창고가 비고 국가 재정이 어려워져 왕이 사절을 파견하여 독촉하니 이로 인하여 도처에서 도적이 봉기하였다. 이때 원종, 애노 등이 사벌주를 거점으로 반란을 일으켰다. 왕이 나마 영기에게 명령하여 체포하게 하였으나 영기는 반란자의 보루를 보고 두려워하며 진군하지 못하고 촌주 우련이 힘껏 싸우다가 죽었다. 왕이 칙명을 내려 영기를 참수하고 나이가 10여 세인 우연의 아들로 촌주를 잇게 하였다.

四年 春正月日暈五重。十五日幸皇龍寺看燈。

4년. 봄 정월 햇무리가 다섯 겹으로 나타났다. 15일 황룡사에 행차하여 연등燃燈을 구경하였다.

五年 冬十月北原賊帥梁吉遣其佐弓裔,領百餘騎,襲北原東部落及溟州管內酒泉等十餘郡縣。

5년. 겨울 10월 북원의 도적두목 양길이 그의 부하 궁예를 파견하여 기병 백여 명을 거느리고 북원 동쪽 부락과 명주 관할 내의 주천 등 10여 개 군현을 습격하였다.

六年 完山賊甄萱據州自稱後百濟,武州東南郡縣降屬。

6년. 완산의 도적 견훤이 주를 거점으로 하여 후백제라고 자칭하니 무주 동남쪽의 군현이 투항하여 그에게 귀속하였다.

七年 遣兵部侍郎金處誨如唐納旌節,沒於海。

7년. 병부시랑 김처회를 정절을 바치려 당에 보냈는데 바다에서 익사했다.

八年 春二月崔致遠進時務一十餘條。王嘉納之,拜致遠爲阿湌。冬十月弓裔自北原入何瑟羅。衆至六百餘人,自稱將軍。

8년. 봄 2월 최치원이 시국에 관해 십여 조목을 바쳤다. 왕이 기쁘게 받아들이고 치원을 아찬으로 모셨다. 겨울 10월 궁예가 북원으로부터 하슬라에 들어왔다. 무리가 6백여 명에 달하며 장군이라고 자칭하였다.

九年 秋八月弓裔擊取猪(是)[足]、狌川二郡,又破漢州管內夫若、鐵圓等十餘郡縣。冬十月立憲康王庶子嶢太子。初憲康王觀獵,行道傍見一女子,姿質佳麗。王心愛之,命後車載,到帷宮野合,即有娠而生子。及長,體貌魁傑,名曰嶢。眞聖聞之,喚入內,以手撫其背曰:"孤之兄(第)

[弟]姉妹骨法異於人,此兒背上兩骨隆起,眞憲康王之子也。"仍命有司備禮封崇。

9년. 가을 8월 궁예가 저족, 성천 두 군을 탈취하고 또 한주 관내의 부약, 철원 등 10여 군현을 함락했다. 겨울 10월 헌강왕의 서자 요를 태자로 세웠다. 당초 헌강왕이 사냥 구경을 하다가 길가에서 한 여인을 보았는데 자태가 아름다웠다. 왕은 그녀를 사랑하여 명령하여 뒷 수레에 태우고 행재소에 와서 야합하여 바로 임신 되어 아들을 낳았다. 그가 장성하자 체격이 크고 용모가 걸출하였으며 이름을 요라고 하였다. 진성왕이 듣고 안에 불러들여 손으로 등을 어루만지면서 왈: "나의 형제자매의 골격은 다른 사람들과 다른데 이 아이는 등에 두 뼈가 솟아 있으니 정말 헌강왕의 아들이다." 곧 관계 부문에 명하여 예를 갖추어 책봉하고 높이 받들었다.

十年 賊起國西南,赤其袴以自異,人謂之赤袴賊。屠害州縣,至京西部牟梁里劫掠人家而去。

10년. 도적이 나라 서남쪽에서 일어났고 바지를 붉게 달리 하였기 때문에 사람들은 그들을 적고적이라 불렀다. 주현을 도륙하고 경서 모량리까지 와서 인가를 약탈하여 갔다.

十一年 夏六月王謂左右曰:"近年以來百姓困窮,盜賊蜂起,此孤之不德也。避賢讓位,吾意決矣。"禪位於太子嶢。於是遣使入唐表奏曰:"臣某言,居羲仲之官非臣素分,守延陵之節是臣良圖。[65]以臣姪男嶢,是臣亡兄晸息。年將志學,器可興宗,不假外求,爰從內擧。近已俾權藩寄,用靖國災。"冬十二月乙巳王薨於北宮,諡曰眞聖,葬于黄山。

11년. 여름 6월 왕이 측근들에게 왈: "근래 백성이 곤궁해지고 도적이

---

65) 羲仲……延陵: 요 임금 때 동방을 다스리던 羲仲으로 진성왕 자신을 비유하였고 춘추시대 오나라의 왕위를 선양받아 延陵에 머물렀던 季札로 진성왕의 조카 요를 비유했다.

봉기하니 이는 내가 덕이 없기 때문이다. 현명한 이에게 왕위를 양보할 나의 뜻이 결정 되었다." 왕위를 태자 요에게 선양하였다. 그리고 당에 사신을 보내 표문을 올렸다: '소신 저는 아룁니다. 희중의 관직은 소신의 본분이 아니며 연릉의 절조를 지키는 것이 소신의 좋은 바람입니다. 소신의 조카 요는 죽은 오빠 정의 자식입니다. 그는 나이가 곧 열댓 살이 되어가고 종실을 흥성케 할 자질이 있기에 밖에서 구하지 않고 안에서 뽑으렵니다. 근일에 이미 대권을 맡겨 국가의 재난을 안정시키고 있습니다.' 겨울 12월 을사에 왕이 북궁에서 사망하였다. 시호를 '진성'이라 하고 황산에 장사지냈다.

三國史記卷第十二

(삼국사기 권제12)

新羅本紀第十二(신라본기 제12)

孝恭王、神德王、景明王、景哀王、敬順王

　효공왕, 신덕왕, 경명왕, 경애왕, 경순왕

○**孝恭王**立。諱嶢。憲康王之庶子，母金氏。大赦。增文武百官爵一級。

　효공왕이 왕위에 올랐다. 이름은 요고 헌강왕의 서자며 모친은 김씨다.
　대사면을 행하였다. 문무백관의 작위를 한 급씩 올려주었다.

二年 春正月尊母金氏爲義明王太后，以舒弗邯俊興爲上大等，阿湌
繼康爲侍中。秋七月弓裔取浿西道及漢山州管內三十餘城，遂都於松
岳郡。

　2년. 봄 정월 왕의 모친 김씨를 의명왕태후로 추존하고 서불한 준흥을
　상대등으로, 아찬 계강을 시중으로 하였다. 가을 7월 궁예가 패서도와
　한산주 관할 내의 30여 성을 빼앗고 송악군에 도읍을 정하였다.

三年 春三月納伊湌乂謙之女爲妃。秋七月北原賊帥梁吉忌弓裔貳
己，與國原等十餘城主謀攻之，進軍於非惱城，梁吉兵潰走。

　3년. 봄 3월 이찬 예겸의 딸을 왕비로 받아들였다. 가을 7월 북원의

도적 두목 양길은 궁예가 자기와 딴 마음을 가짐을 꺼려 국원 등 10여

성주들과 함께 궁예를 공격하기로 모의하고 비뇌성까지 진군하였으나

양길군이 패주하였다.

四年 冬十月國原、㈜[靑]州、槐壤賊帥淸吉、莘萱等擧城㈜[投]於弓

裔。

4년. 겨울 10월 국원, 청주, 괴양의 도적 두목 청길과 신훤 등이 궁예에

게 성을 바치며 투항하였다.

五年 弓裔稱王。秋八月後百濟王甄萱攻大耶城,不下,移軍錦城之南,

奪掠沿邊部落而歸。

5년. 궁예가 왕이라 칭하였다. 가을 8월 후백제왕 견훤이 대야성을 공

격하였으나 이기지 못하고 금성 남쪽으로 군사를 옮기면서 주변의 부

락을 약탈하고 돌아갔다.

六年 春三月降霜。以大阿湌孝宗爲侍中。

6년. 봄 3월 서리가 내렸다. 대아찬 효종을 시중으로 하였다.

七年 弓裔欲移都到鐵圓、斧壤。

7년. 궁예가 도읍을 철원, 부양으로 옮기려고 산수를 둘러보았다.

八年 弓裔設百官,依新羅制所制官號雖因羅制,㈜[多]有㈜[異]者。國號摩震,年

號武泰元[年]。浿江道十餘州縣降於弓裔。

8년. 궁예가 백관을 설치하였는데 신라의 제도를 따랐다제정한 관직 칭호

는 비록 신라제도를 따랐으나 같지 않은 것도 많다. 국호를 마진이라 하고 연호를

무태 원년이라 하였다. 패강도의 10여 주현이 궁예에게 투항하였다.

九年 春二月星隕如雨。夏四月降霜。秋七月弓裔移都於鐵圓。八月弓

裔行兵侵奪我邊邑,以至竹嶺東北。王聞疆場日削,甚患,然力不能禦,

命諸城主愼勿出戰,堅壁固守。

9년. 봄 2월 별이 비 오듯 떨어졌다. 여름 4월 서리가 내렸다. 가을

7월 궁예가 철원으로 도읍을 옮겼다. 8월 궁예가 군사를 움직여 우리변

방의 읍을 침략하여 죽령 동북까지 이르렀다. 왕은 국토가 날로 줄어들

어 매우 근심하였으나 방어할 힘이 없으므로 성주들에게 명하여 함부
로 나가 싸우지 말고 성을 굳게 수비하도록 하였다.

十年 春正月以波珍湌金成爲上大等。三月前入唐及第金文蔚官至
工部員外郞、沂王府諮議叅軍，充冊命使而還。自夏四月至五月不雨。

10년. 봄 정월 파진찬 김성을 상대등으로 하였다. 3월 이전에 당에 들어
가 과거에 급제한 김문울의 관직이 공부원외랑, 기왕부자의참군에 이
르렀으며 책명사가 되어 돌아왔다. 여름 4월부터 5월까지 비가 내리지
않았다.

十一年 春夏無雨。一善郡以南十餘城盡爲甄萱所取。

11년. 봄과 여름에 비가 내리지 않았다. 일선군 남쪽 10여 개 성을 전부
견훤에게 빼앗겼다.

十二年 春二月星孛于東。三月隕霜。夏四月雨雹。

12년. 봄 2월 살별이 동쪽에 나타났다. 3월 서리가 내렸다. 여름 4월
우박이 내렸다.

十三年 夏六月弓裔命將領兵船降珍島郡，又破皐夷島城。

13년. 여름 6월 궁예가 장수들에게 명하여 병선을 거느리고 가서 진도
군을 항복시키고 또 고이도성을 격파하였다.

十四年 甄萱躬率步騎三千圍羅州城，經旬不解。弓裔發水軍襲擊之，
萱引軍而退。

14년. 견훤이 직접 보병과 기병 3천 명을 거느려 나주성을 포위하고
열흘 동안 풀지 않았다. 궁예가 수군을 출동시켜 습격하니 견훤이 군사
를 이끌고 퇴각하였다.

十五年 春正月丙戌朔日有食之。王嬖於賤妾，不恤政事。大臣殷影諫，
不從，影執其妾殺之。弓裔改國號泰封，年號水德萬歲。

15년. 봄 정월 초하루 병술 일식이 있었다. 왕이 천한 첩을 총애하며
정사를 돌보지 않았다. 대신 은영이 간해도 듣지 않자 은영은 그 첩을
잡아 죽였다. 궁예가 국호를 태봉으로 고치고 연호를 수덕만세라 하였다.

十六年 夏四月王薨,諡曰孝恭,葬于師子寺北。

16년. 여름 4월 왕이 사망하였다. 시호를 효공이라 하고 사자사 북쪽에
장사지냈다.

○神德王立。姓朴氏諱景暉,阿達羅王遠孫。父乂兼－云銳謙,事定康大
王爲大阿湌。母貞和夫人,妃金氏 憲康大王之女。孝恭王薨,無子,爲
國人推戴即位。

신덕왕이 왕위에 올랐다. 성은 박씨고 이름은 경휘며 아달라왕의 먼
후손이다. 부친은 예겸일왈 銳謙이고 정강대왕을 섬겨 대아찬 직을 하였
다. 모친은 정화부인이고 왕비 김씨는 헌강대왕의 딸이다. 효공왕이
사망하였으나 아들이 없으므로 나라사람들에게 추대되어 즉위하였다.

元年 五月追尊考爲宣聖大王,母爲貞和太后,妃爲義成王后,立子昇
英爲王太子。拜伊湌繼康爲上大等。

원년. 5월 죽은 부친을 선성대왕으로 추존하고 모친을 정화태후, 왕비
를 의성왕후라 하며 아들 승영을 왕태자로 하였다. 이찬 계강을 상대등
으로 모셨다.

二年 夏四月隕霜,地震。

2년. 여름 4월 서리가 내리고 지진이 일어났다.

三年 春三月隕霜。弓裔改水德萬歲 爲政開元年。

3년. 봄 3월 서리가 내렸다. 궁예가 수덕만세를 정개 원년으로 고쳤다.

四年 夏六月塹浦水與東海水相擊,浪高二十丈許,三日而止。

4년. 여름 6월 참포의 물과 동해의 물이 서로 부딪쳐 물결 높이가 20길
가량이며 사흘 만에 멈추었다.

五年 秋八月甄萱攻大耶城,不克。冬十月地震,聲如雷。

5년. 가을 8월 견훤이 대야성을 공격하였으나 이기지 못했다. 겨울 10
월 지진이 일어났는데 소리가 우레 같았다.

六年 春正月太白犯月。秋七月王薨,諡曰神德,葬于竹城。

6년. 봄 정월 금성이 달을 범하였다. 가을 7월 왕이 사망하였고 시호를
신덕이라 하였으며 죽성에 장사지냈다.

○景明王立。諱昇英,神德王之太子。母義成王后。

경명왕이 왕위에 올랐다. 이름은 승영이고 신덕왕의 태자다. 모친은
의성왕후다.

元年 八月拜王弟伊飡魏膺爲上大等,大阿飡裕廉爲侍中。

원년. 8월 왕의 동생 이찬 위응을 상대등으로, 대아찬 유렴을 시중으로
모셨다.

二年 春二月一吉飡玄昇叛,伏誅。夏六月弓裔麾下人心忽變,推戴太
祖,弓裔出奔,爲下所殺。太祖即位稱元。秋七月尙州賊帥阿兹盖遣使
降於太祖。

2년. 봄 2월 일길찬 현승이 반역하다가 처형당했다. 여름 6월 궁예 부하
들의 인심이 갑자기 변하여 태조를 추대하니 궁예가 도주하다가 부하
에게 살해되었다. 태조가 즉위하고 원년을 일컬었다. 가을 7월 상주
도적 두목 아자개가 사신을 보내 태조에게 항복하였다.

三年 四天王寺塑像所執弓弦自絶,壁畫狗子有聲若吠者。以上大等
金成爲角飡,侍中彦邕爲沙飡。我太祖移都松岳郡。

3년. 사천왕사의 소상이 쥐고 있던 활시위가 저절로 끊어지고 벽화의
개가 짖는 듯한 소리를 내었다. 상대등 김성을 각찬, 시중 언옹을 사찬
으로 하였다. 우리 태조가 송악군으로 도읍을 옮겼다.

四年 春正月王與太祖交聘修好。二月康州將軍閏雄降於太祖。冬十
月後百濟主甄萱率步騎一萬攻陷大耶城,進軍於進禮,王遣阿飡金律
求援於太祖。太祖命將出師救之,萱聞乃去。

4년. 봄 정월 왕이 사신을 보내 태조와 우호관계를 맺었다. 2월 강주
장군 윤웅이 태조에게 항복하였다. 겨울 10월 후백제 군주 견훤이 보병
과 기병 1만 명을 거느리고 대야성을 점령한 후 진례로 진군하여 왕이

아찬 김율을 태조에게 보내 구원을 청하였다. 태조가 장령에게 명하여 출사하여 구원하니 견훤이 물러갔다.

五年 春正月金律告王曰:"臣往年奉使高麗,麗王問臣曰:'聞新羅有 ㊀[三]寶,所謂丈六尊像、九層塔幷聖帶也。像塔、猶存,不知聖帶今猶 在耶?'臣不能答。"王聞之,問群臣曰:"聖帶是何寶物耶?"無能知者。 時有皇龍寺僧年過九十者曰:"予嘗聞之,寶帶是眞平大王所服也,歷 代傳之,藏在南庫。"王遂令開庫,不能得見。乃以別日齋祭,然後見之。 其帶(△)[粧]以金玉,甚長,非常人所可束也。

5년. 봄 정월 김율이 왕에게 고했다: "소신이 지난해 고려에 사신으로 갔을 때 고려왕이 소신에게 문 왈: '신라에 세 가지 보물이 있으니 소위 장륙불상, 9층탑과 성대라고 들었다. 불상과 탑은 지금도 있지만 성대도 지금 있는지 모르겠다.' 소신은 답하지 못했습니다." 왕이 듣고 신하들에게 문: "성대란 어떠한 보물인가?" 아는 자가 없었다. 이때 나이 90이 넘은 황룡사의 승려 왈: "보배 띠는 진평대왕이 쓰던 것인데 여러 대를 전해 오면서 남쪽 창고에 보관되어 있다 들은 적이 있습니다." 왕이 창고를 열어 찾게 하였으나 보이지 않았다. 다른 날을 받아 재계, 제사를 한 뒤에야 발견되었다. 그 띠는 금, 옥으로 장식되었고 매우 길어 보통 사람은 맬 수가 없다.

論曰:古者坐明堂,執傳國璽,列九鼎,其若帝王之盛事者也。而韓公論 之曰:"歸天人之心,興太平之基,決非三器之所能也。竪三器而爲重 者,其誇者之詞耶?"況此新羅所謂三寶亦出於人爲之侈而已,爲國家 何須此耶?孟子曰:"諸侯之寶三,土地、人民、政事。"楚書曰:"楚國無 以爲寶,惟善以爲寶。"若此者,行之於內,足以善一國;推之於外,足以 澤四海,又何外物之足云哉?太祖聞羅人之說而問之耳,非以爲可尚 者也。

논평하여 왈: 옛날 명당에 앉아서 나라를 이어받은 옥새를 쥐고 아홉 개의 솥을 진열하면 마치 제왕의 대단한 일처럼 여겨졌다. 허나 한퇴지

논 왈: '하늘과 백성들의 마음이 돌아오게 하고 태평 성세의 기틀을 홍성시키는 것은 결코 세 가지 기물이 할 수 있는 일이 아니다. 세 가지 기물을 세워놓고 소중하다고 한 것은 과장된 말이 아니겠는가?' 더구나 신라의 소위 세 가지 보물은 또한 인위적인 과장에서 생겼을 뿐이니 나라를 위함에 이들이 어찌 필요한 것이겠는가? 『맹자』 왈: '제후의 보배는 세 가지니 곧 토지, 인민, 정치다.' 『초서』 왈: '초나라에는 보물이라 여길 만한 것이 없고 오직 선을 보배로 삼는다.' 이런 것은 나라 안에서 행하면 족히 한 나라를 좋게 할 것이고 나라 밖으로 행하면 족히 천하를 윤택하게 할 수 있나니 이밖에 또 무엇을 족히 말할 수 있겠는가! 태조는 신라 사람들의 설을 듣고 물었을 뿐이지 그것을 숭상할 만한 것으로 생각하지는 않았을 것이다.

二月靺鞨別部達姑衆來寇北邊。時太祖將堅權鎭朔州,率騎擊,大破之,匹馬不還。王喜,遣使移書謝於太祖。夏四月京都大風拔樹。秋八月蝗,旱。

2월 말갈의 별부 날고의 무리가 북쪽 변경을 노략하였다. 이때 태조의 장수 견권이 삭주를 지키고 있다가 기병을 이끌고 공격하여 대파하니 한 필의 말도 돌아가지 못하였다. 왕이 기뻐하여 사신을 보내 편지로 사례하였다. 여름 4월 큰 바람에 경성의 나무가 뽑혔다. 가을 8월 황충해가 생기고 가물었다.

六年 春正月下枝城將軍元逢、溟州將軍順式降於太祖。太祖念其歸順,以元逢本城爲順州,賜順式姓曰王。是月眞寶城將軍洪述降於太祖。

6년. 봄 정월 하지성 장군 원봉과 명주 장군 순식이 태조에게 항복하였다. 태조는 그들의 귀순을 생각코 원봉의 본 성을 순주라 하고 순식에게는 왕씨 성을 하사하였다. 이 달에 진보성 장군 홍술이 태조에게 항복하였다.

七年 秋七月命旨城將軍城達、京山府將軍良文等降於太祖。王遣倉部侍郎金樂、錄事參軍金幼卿朝後唐,貢方物。莊宗賜物有差。

7년. 가을 7월 명지성 장군 성달과 경산부 장군 양문 등이 태조에게
항복하였다. 왕이 창부시랑 김락과 녹사참군 김유경을 보내 후당에
조회하고 토산물을 바쳤다. 장종이 차등을 두어 선물을 하사하였다.

八年 春正月遣使入後唐朝貢。泉州節度使王逢規亦遣使貢方物。夏
六月遣朝散大夫、倉部侍郎金岳入後唐朝貢,莊宗授朝議大夫、試衛
尉卿。秋八月王薨,謚曰景明,葬于黃福寺(比)[北]。太祖遣使弔祭。

8년. 봄 정월 후당에 사신을 보내 조공하였다. 천주 절도사 왕봉규도
사신을 보내 토산물을 바쳤다. 여름 6월 조산대부, 창부시랑 김악을
후당에 보내 조공하니 장종이 그에게 조의대부, 시위위경을 주었다.
가을 8월 왕이 사망하였고 시호를 경명이라 하였으며 황복사 북쪽에
장사지냈다. 태조가 사신을 보내 조문하고 제사지냈다.

○**景哀王**立。諱魏膺,景明王同母弟也。

경애왕이 왕위에 올랐다. 이름은 위응이며 경명왕의 동생이다.

元年 九月遣使聘於太祖。冬十月親祀神宮,大赦。

원년. 9월 태조에게 사신을 보내 예방하였다. 겨울 10월 직접 신궁에
제사지내고 대사면을 행하였다.

二年 冬十月高鬱府將軍能文投於太祖,勞諭還之,以其城迫近新羅
王都故也。十一月後百濟主甄萱以姪眞虎質於高麗。王聞之,使謂太
祖曰:"甄萱反覆多詐,不可和親。"太祖然之。

2년. 겨울 10월 고울부 장군 능문이 태조에게 투항하니 위로하고 타일
러 돌려보냈다. 그 성이 신라의 경성과 가깝기 때문이다. 11월 후백제
의 임금 견훤이 조카 진호를 고려에 인질로 보냈다. 왕이 듣고 사신을
보내 태조에게 왈: "견훤은 변덕스럽고 사기가 많으므로 화친해서는
안 됩니다." 태조도 그렇게 생각했다.

三年 夏四月眞虎暴死,萱謂高麗人故殺,怒擧兵,進軍於熊津。太祖命

諸城堅壁不出。王遣使曰:"甄萱違盟擧兵,天必不祐。若大王奮一鼓之威,甄萱必自破矣。"太祖謂使者曰:"吾非畏萱,俟惡盈而自(彊)[殭]耳。"

3년. 여름 4월 진호가 폭사하였다. 견훤은 고려 사람이 고의로 죽였다고 여기며 분개하여 군사를 동원하여 웅진까지 진군하였다. 태조는 성들에게 방비를 굳게 하고 나가지 않도록 명하였다. 왕은 사신을 보내 왈: "견훤은 맹약을 어기고 군사를 일으켰으므로 하늘이 반드시 돕지 않을 것입니다. 만약 대왕께서 한번 분발하여 위풍을 보이면 견훤은 필히 스스로 무너질 것입니다." 태조는 사신에게 왈: "내가 견훤을 두려워하는 것이 아니라 죄악이 넘쳐서 저절로 죽기를 기다릴 뿐이다."

四年 春正月太祖親征百濟,王出兵助之。二月遣兵部侍郎張芬等入後唐朝貢。唐授張芬檢校工部尙書,副使兵部郎中朴術洪兼御史中丞,判官倉部員外郎李忠式兼侍御史。三月皇龍寺塔搖動北傾。太祖親破近巖城。唐明宗以權知康州事王逢規爲懷化大將軍。夏四月知康州事王逢規遣使林彦入後唐朝貢,明宗召對中興殿,賜物。康州所管突山等四鄉歸於太祖。秋九月甄萱侵我軍於高鬱府,王請救於太祖,命將出勁兵一萬往救。甄萱以救兵未至,以冬十一月掩入王京。王與妃嬪宗戚遊(鮑)石亭宴娛,不覺賊兵至,倉猝不知所爲。王與妃奔入後宮,宗戚及公卿大夫士女四散奔走逃竄。其爲賊所虜者無貴賤皆駭汗匍匐,乞爲奴僕而不免。萱又縱其兵剽掠公私財物略盡,入處宮闕,乃命左右索王。王與妃妾數人在後宮拘致軍中。逼令王自盡,强淫王妃,縱其下亂其妃妾。乃立王之族弟權知國事,是爲敬順王。

4년. 봄 정월 태조가 직접 백제를 공격하자 왕이 출병하여 도왔다. 2월 병부시랑 장분 등을 후당에 보내 조공하였다. 후당은 장분에게 검교공부상서의 관작을 제수하고 부사 병부낭중 박술홍은 어사중승을 겸하게 하였으며 판관, 창부원외랑 이충식은 시어사를 겸하게 하였다. 3월 황룡사 탑이 흔들려 북쪽으로 기울어졌다. 태조가 직접 근암성을 격파하

였다. 당명종이 권지강주사 왕봉규를 회화대장군으로 하였다. 여름 4
월 지강주사 왕봉규가 사신 임언을 후당에 보내 조공하니 명종이 중흥
전에 불러 대화하고 선물을 주었다. 강주 관할 하의 돌산 등 4개 향이
태조에게 귀순하였다. 가을 9월 견훤이 고울부에서 아군을 공격하므로
왕이 태조에게 구원을 청하니 장수에게 명령하여 정병 1만 명을 출동시
켜 구원하여 주었다. 견훤은 구원병이 도착하기 전인 겨울 11월 갑자기
경성에 들어갔다. 왕은 왕비, 후궁, 친척들을 데리고 포석정에서 잔치를
베풀며 놀고 있었으므로 적병이 오는 것을 모르고 있다가 창졸간에
어찌할 줄을 몰랐다. 왕은 왕비와 함께 후궁으로 뛰어 들어가고 왕친과
공경대부 및 사녀들은 사방으로 흩어져 달아나 숨었다. 적에게 붙잡힌
자들은 귀천을 불문하고 모두 놀라고 진땀을 흘리며 엎드려 기면서
노복이 되기를 구걸하였으나 화를 면하지 못했다. 견훤은 또한 병사들
을 방임하여 공과 사의 재물을 모두 약탈하고 궁궐에 들어가 거처하며
측근들을 시켜 왕을 찾게 하였다. 왕과 비첩 몇은 후궁에서 붙잡혀
군영으로 끌려갔다. 견훤은 왕을 협박하여 자살하게 하고 왕비를 강간
하고 부하들로 하여금 마구 궁녀들을 강간하게 하였다. 그리고 왕의
족제로 하여금 임시로 국사를 맡게 하였다. 이 사람이 경순왕이다.

○**敬順王**立。諱傳, 文聖大王之裔孫, 孝宗伊湌之子也, 母桂娥太后。
爲甄萱所擧卽位。擧前王屍殯於西堂, 與群下慟哭。上諡曰景哀, 葬南
山 蟹目嶺, 太祖遣使弔祭。

경순왕이 왕위에 올랐다. 이름은 부이고 문성대왕의 후손이며 이찬
효종의 아들이고 모친은 계아태후다. 견훤의 천거로 즉위하였다. 전
왕의 시체를 들어다 서쪽 대청에 모시고 신하들과 함께 통곡하였다.
시호를 경애라 올리고 남산 해목령에 장사지냈으며 태조가 사신을 보
내 조문하고 제사지냈다.

元年 十一月追尊考爲神興大王, 母爲王太后。十二月甄萱侵大木郡,

燒盡田野積聚。

원년. 11월 왕의 부친을 신흥대왕으로 추존하고 모친을 왕태후로 하였다. 12월 견훤이 대목군에 침입하여 논밭의 노적을 모두 불태웠다.

二年 春正月高麗將金相與草八城賊興宗戰,不克,死之。夏五月康州將軍有文降於甄萱。六月地震。秋八月甄萱命將軍官昕築城於陽山,太祖命命旨城將軍王忠率兵擊走之。甄萱進屯於大耶城下,分遣軍士芟取大木郡禾稼。冬十月甄萱攻陷武谷城。

2년. 봄 정월 고려장수 김상이 초팔성의 도적 홍종과 싸우다가 이기지 못하고 죽었다. 여름 5월 강주 장군 유문이 견훤에게 항복하였다. 6월 지진이 일어났다. 가을 8월 견훤이 장군 관흔을 시켜 양산에 성을 쌓자 태조가 명지성의 장군 왕충에게 명하여 군사를 거느리고 쫓아버렸다. 견훤이 대야성 밑에 주둔하고 병사들을 나누어 보내 대목군의 곡식을 베어 갔다. 겨울 10월 견훤이 무곡성을 점령하였다.

三年 夏六月天竺國三藏摩睺羅抵高麗。秋七月甄萱攻義(成)[城]府城,高麗將洪述山戰,不克,死之。順州將軍元逢降於甄萱。太祖聞之,怒,然以元逢前功宥之,(△)[但]改順州爲縣。冬十月甄萱圍加恩縣,不克而歸。

3년. 여름 6월 천축국의 삼장 마후라가 고려에 왔다. 가을 7월 견훤이 의성부성을 공격하여 고려장수 홍술이 출전하여 이기지 못하고 죽었다. 순주 장군 원봉이 견훤에게 항복하였다. 태조가 듣고 노했으나 원봉의 전공을 생각하여 용서하고 순주를 현으로 고쳤다. 겨울 10월 견훤이 가은현을 포위했다가 이기지 못하고 돌아갔다.

四年 春正月載巖城將軍善弼降高麗,太祖厚禮待之,稱爲尙父。初太祖將通好新羅,善弼引導之,至是降也,念其有功且老,故寵褒之。太祖與甄萱戰古昌郡瓶山之下,大捷,殺虜甚衆。其永安、河曲、直明、松生等三十餘郡縣相次降於太祖。二月太祖遣使告捷,王報聘,兼請相會。秋九月國東沿海州郡部落盡降於太祖。

4년. 봄 정월 재암성 장군 선필이 고려에 투항하여 태조가 예우하며 상보라 불렀다. 당초 태조가 신라와 우호관계를 맺으려 할 때 선필이 안내를 해주었는데 이때에 이르러 항복해 오자 공로와 연로함을 참작하여 은총을 베풀고 높이 대했다. 태조는 고창군 병산 아래에서 견훤과 싸워 크게 이기고 죽이거나 사로잡은 자가 매우 많았다. 영안, 하곡, 직명, 송생 등 30여 군현이 선후로 태조에게 투항하였다. 2월 태조가 사신을 보내 승전한 소식을 전해주자 왕이 사신을 답례 예방하고 만날 것을 청하였다. 가을 9월 나라 동쪽 해변 주군의 부락이 모두 태조에게 투항하였다.

五年 春二月太祖率五十餘騎至京畿通謁,王與百官郊迎,入宮相對,曲盡情禮。置宴於臨海殿,酒酣,王言曰:"吾以不天,寖致禍亂。甄萱恣行不義,喪我國家,何痛如之。"因泫然涕泣,左右無不嗚咽,太祖亦流涕慰藉。因留數旬廻駕,王送至穴城,以堂弟裕廉爲質,隨駕焉。太祖麾下軍士肅正,不犯秋毫,都人士女相慶曰:"昔甄氏之來也,如逢豺虎;今王公之至也,如見父母。"秋八月太祖遣使遺王以錦彩、鞍馬,幷賜群僚將士布帛有差。

5년. 봄 2월 태조가 기병 50여 명을 거느리고 경성 부근에 와서 배알을 요청하니 왕은 백관과 함께 교외에서 영접하여 궁궐로 들어와 마주앉아 정분과 예우를 극진히 하였다. 임해전에서 잔치를 베풀어 술이 얼근하자 왕이 "내가 하늘의 도움을 얻지 못하여 점점 환란이 닥쳐왔다. 견훤이 불의의 행동을 자행하여 나의 나라를 망치고 있으니 어떠한 통분인들 이와 같겠는가?"라며 눈물을 줄줄 흘리며 흐느껴 우니 좌우에서 목이 메어 흐느끼지 않는 자가 없었고 태조도 또한 눈물을 흘리면서 위로하였다. 이렇게 수십 일 체류 하다가 어가를 돌리니 왕이 혈성까지 배웅하고 종제 유렴을 인질로 삼아 어가를 따르게 하였다. 태조의 군사는 정숙하고 추호도 저지르지 않으니 경성의 남녀가 경하하면서 왈: "이전에 견훤이 왔을 때는 마치 이리나 범을 만난 것 같았는데

지금 왕공이 왔을 때는 부모를 만난 것 같았다." 가을 8월 태조가 사신
을 보내 왕에게 비단과 안장을 갖춘 말을 주고 동시에 관료와 장병들에
게도 차등을 두어 베와 비단을 주었다.

六年 春正月地震。夏四月遣(便)[使]執事侍郞金昢、副使司賓卿李儒
(人)[入]唐朝貢。

6년. 봄 정월 지진이 일어났다. 여름 4월 집사시랑 김불과 부사 사빈경
이유를 당에 보내 조공하였다.

七年 唐明宗遣使高麗錫命。

7년. 당명종이 고려에 사신을 보내 책명을 주었다.

八年 秋九月老人星見。運州界三十餘郡縣降於太祖。

8년. 가을 9월 노인성이 나타났다. 운주 경내의 30여 군현이 태조에게
투항하였다.

九年 冬十月王以四方土地盡爲他有,國弱勢孤,不能自安,乃與群下
謀,擧土降太祖。群臣之議,或以爲可,或以爲不可。王子曰:"國之存亡,
必有天命,只合與忠臣義士收合民心,自固力盡而後已,豈宜以一千
年社稷,一旦輕以與人?"王曰:"孤危若此, 勢不能全。66)既不能強,又
不能弱,至使無辜之民肝腦塗地,吾所不能忍也。"乃使侍郞金封休,賫
書請降於太祖。王子哭泣辭王,徑歸皆骨山。倚巖爲屋,麻衣草食,以終
其身。十一月太祖受王書,送大相王鐵等迎之。王率百寮發自王都,歸
于太祖。香車寶馬連亘三十餘里,道路塡咽,觀者如堵,太祖出郊迎勞。
賜宮東甲第一區,以長女樂浪公主妻之。

9년. 겨울 10월 왕은 사방의 국토가 모두 타인의 소유로 되고 국세가
약하고 고립되어 스스로 안정시킬 수 없으므로 신하들과 국토를 바쳐
태조에게 항복할 것을 의논하였다. 신하들은 의논 중 된다는 사람도,
안 된다는 사람도 있었다. 왕자 왈: "나라의 존망은 반드시 천명에 달

---

66) 勢不能全: 중앙본 '형세를 보존할 수 없다'. 이런 경우의 '勢'는 무시해도 될 퇴색어.

려 있으니 다만 충신, 의사들과 함께 민심을 수습하여 자체로 지키다가 힘을 다한 뒤에 끝내는 것이지 어찌 천년의 사직을 하루아침에 경솔히 남에게 주겠습니까?" 왕 왈: "고립되고 위태로움이 이와 같아서는 보전할 수 없다. 강해질 수도, 약해지지도 않으면서 무고한 백성들이 참혹하게 죽도록 하는 것은 나로서는 차마 할 수 없는 일이다." 곧 시랑 김봉휴를 시켜 편지를 보내 태조에게 항복을 청구하였다. 왕자는 울면서 왕과 사별하고 바로 개골산으로 들어갔다. 바위를 집으로 의지하고 베옷에 풀 먹으며 일생을 마쳤다. 11월 태조가 왕의 편지를 받고 대상 왕철 등을 보내 영접하였다. 왕은 백관을 거느리고 경성을 출발하여 태조에게 귀순하였다. 향나무 수레와 구슬로 장식한 말들이 30여 리에 이어졌다. 길이 막히고 구경꾼이 담처럼 몰렸다. 태조가 교외에 나가 영접하며 위로하였다. 왕궁 동쪽의 가장 좋은 집 한 채를 주고 맏딸 낙랑공주를 아내로 삼게 하였다.

十二月封爲正(承)[丞]公,位在太子之上,給祿一千石,侍從員將皆錄用之。改新羅爲慶州,以爲公之食邑。初,新羅之降也,太祖(其)[甚]喜,既待之以厚禮,使告曰:"今王以國與寡人,其爲賜大矣。願結昏於宗室,以永甥舅之好。"答曰:"我伯父億廉匝干知大耶郡事,其女子德容雙美,非是,無以備內政。"太祖遂取之,生子。是顯宗之考,追封爲安宗。至景宗獻和大王,聘正丞公女納爲王妃,仍正丞公爲尙父令。公至大宋興國四年戊寅薨,謚曰敬順一云孝哀。國人自始祖至此,分爲三代。自初至眞德二十八王謂之上代,自武烈至惠恭八王謂之中代,自宣德至敬順二十王謂之下代云。

12월 왕을 정승공으로 봉하여 태자보다 높은 지위에 두었고 녹봉으로 1천 섬을 주었으며 시종하던 관원과 장수들을 모두 채용케 하였다. 신라를 경주라 개명하고 정승공의 식읍으로 하였다. 당초 신라가 항복할 때 태조는 매우 기뻐하였으며 후하게 예우하였고 사자를 보내 고하였다: "지금 왕이 과인에게 나라를 주었으니 이는 큰 선물입니다. 원컨대 저의 종실과 혼인하여 사위-장인의 좋은 관계를 영원히 합시다." 왕이 답했다: "나의 백부 잡간 억렴이 대야군의 일을 맡고 있는데 그의 딸이 덕행과 인물이 다 좋으니 그 외에는 궁내 정사를 충분히 다룰 자가 없을 것입니다." 태조는 그 여자와 결혼하여 아들을 낳았다. 이 사람이 곧 현종의 부친이며 안종으로 추봉되었다. 경종 헌화대왕 때에 이르러 정승공의 딸을 왕비로 받아들이고 정승공을 상보령으로 하였다. 공은 송 흥국 4년 무인에 사망했으며 호를 경순일왈 효애이라 하였다. 나라 사람들은 시조부터 이때까지를 3대로 구분한다. 초대부터 진덕왕까지 28왕을 상대라 하고 무열왕부터 혜공왕까지 8왕을 중대라 하며 선덕왕부터 경순왕까지 20왕을 하대라 한다.

○論曰﹕新羅 朴氏﹑昔氏皆自卵生。金氏從天入金櫃而降,或云乘金車。此尤詭怪不可信。然世俗相傳,爲之實事。政和中我朝遣尚書李資諒入宋朝貢,臣富軾以文翰之任輔行,詣佑神舘,見一堂設女仙像。舘伴學士王黼曰﹕"此貴國之神,公等知之乎?"遂言曰﹕"古有帝室之女,不夫而孕,爲人所疑,乃泛海抵辰韓生子,爲海東始主。帝女爲地仙,長在仙桃山,此其像也。"臣又見大宋國信使王襄祭東神聖母文,有"娠賢肇邦"之句,乃知東神則仙桃山神聖者也。然而不知其子王於何時,今但原厥初。在上者,其爲己也儉,其爲人也寬;其設官也略,其行事也簡。以至誠事中國,梯航朝聘之使相續不絶。常遣子弟造朝而宿衛,入學而講習,于以襲聖賢之風化,革鴻荒之俗,爲禮義之邦。又憑王師之威靈,平百濟﹑高句麗,取其地郡縣之。可謂盛矣。

논평하여 왈: 신라의 박씨, 석씨는 모두 알에서 났다. 김씨는 하늘로부터 금궤에 들어갔다가 내려왔거나 혹은 금수레를 탔다고 한다. 이는 매우 괴이하여 믿을 수 없다. 그러나 세속에 전해 오며 사실로 여긴다. 정화 연간에 우리나라가 상서 이자량을 송에 보내 조공할 때 소신 부식은 문한의 임무를 맡고 보좌로 가 우신관 한 집의 선녀의 화상을 보았다. 접대를 맡은 학사 왕보가 "이는 귀국의 신인데 당신들은 아는가?"

라 하며 왈: "옛날에 어떤 제왕의 딸이 남편 없이 잉태하자 남들에게 의심을 받게 되어 바다를 건너 진한으로 가서 아들을 낳았는데 해동의 첫 임금이 되었다. 제왕의 딸은 땅의 신선이 되어 오래도록 선도산에 살았으니 이것이 그의 화상이다." 소신은 또 송 사신 왕양이 지은 동신성모제문을 보았는데 "어진 이를 임신해 나라를 창건하였다"는 구절을 보고 이 동방의 신이 곧 선도산의 신성임을 알았다. 그러나 그 아들이 언제 왕을 하였는지는 알 수 없고 지금 다만 그 시초를 파본다. 위의 사람은 자기에게 검소하고 남에게 너그러웠으며 관직과 처사를 간편하게 하였다. 지성으로 중국을 섬기며 산과 바다를 넘어 조회하는 사신이 끊이지 않았다. 항상 자제들을 보내 조정에 찾아와 숙위하고 국학에 들어가 배우며 성현의 교화를 받고 거칠은 풍속을 바꾸어 예의지방으로 만들었다. 또 중국 군력의 위세를 빌어 백제와 고구려를 평정하고 그 지역을 군현으로 만들었다. 가히 융성하다고 할 수 있다.

而奉浮屠之法,不知其弊。至使閭里比其塔廟,齊民逃於緇褐。兵農浸小而國家日衰,則幾何其不亂且亡也哉?於是時也,景哀加之以荒樂,與宮人左右出遊鮑石亭,置酒燕衎,不知甄萱之至,與夫門外韓擒虎、樓頭張麗華無以異矣。[67] 若敬順之歸命太祖,雖非獲已,亦可嘉矣。向若力戰守死,以抗王師,至於力屈勢窮,則必覆其宗族,害及于無辜之民。而乃不待告命,封府庫、籍郡縣以歸之,其有功於朝廷,有德於生民甚大。昔錢氏以吳越入宋,蘇子瞻謂之忠臣,今新羅功德過於彼遠矣。我太祖妃嬪衆多,其子孫亦繁衍,而顯宗自新羅外孫,即寶位,此後繼統者,皆其子孫。豈非陰德之報者歟!

그러나 불가의 법을 받들며 그 폐단을 깨닫지 못하였다. 마을에는 탑과 절이 즐비한 데 이르렀고 백성들이 도피하여 승려가 되었다. 병사와

---

67) 韓擒虎……張麗華: 隋 장군 韓擒虎가 陳 군주 叔寶와 그의 애첩 張麗華를 붙잡아간 고사.

농사꾼이 점점 줄어들어 나라는 날로 쇠퇴하게 되었으니 어찌 나라가 문란하고 멸망하지 않겠는가? 이때에 게다가 경애왕은 황음하여 궁인과 근신을 데리고 포석정에 나가 놀면서 술을 마시며 잔치를 벌이다가 견훤이 오는 줄도 몰랐으니 문 밖의 한금호, 누각 위의 장려화와 다를 바 없다. 경순왕이 태조에게 귀순한 것은 비록 부득이 한 일이지만 또한 칭찬할 만하다. 만약 목숨을 걸고 힘껏 싸워 왕의 군사와 대항하다가 힘이 빠지고 세력이 곤궁해졌다면 필히 종실이 망하고 무고한 백성들에게도 해가 미쳤을 것이다. 그러나 살려달라고 빌기에 앞서 나라의 창고를 봉하고 군현을 등록하며 귀순하였으니 고려 조정에 대한 공로와 백성들에게 입힌 은덕이 매우 크다. 옛날 전씨가 오월의 국토로 송에 가입한 것을 두고 소식(蘇軾)은 그를 충신이라고 하였으니 지금 신라의 공덕은 그를 훨씬 초월한다. 우리 태조는 비와 빈이 많고 자손들 역시 번창하였는데도 현종은 신라의 외손으로서 왕위에 올랐고 그 후 왕통을 계승한 자들이 모두 그의 자손이었다. 어찌 음덕의 보답이 아니겠는가?

三國史記卷第十三~二十二
高句麗本紀

(삼국사기 권제13~22 고구려본기)

三國史記卷第十三

(삼국사기 권제13)

高句麗本紀第一(고구려본기 제1)

始祖東明聖王、琉璃[明]王

　시조 동명성왕, 유리명왕

○**始祖東明聖王**,姓高氏諱朱蒙一云鄒[牟],一云象[衆]解。先是扶餘王 解夫
婁老無子,祭山川求嗣。其所御馬至鯤淵,見大石相對流淚。王怪之,使
人轉其石,有小兒,金色蛙形蛙一作蝸。王喜曰:"此乃天賚我令胤乎!"乃
收而養之,名曰金蛙。及其長,立爲太子。後其相阿蘭弗曰:"日者天降
我曰:'將使吾子孫立國於此,汝其避之。東海之濱有地,號曰迦葉原。
土壤膏腴,宜五穀,可都也。'"阿蘭弗遂勸王移都於彼,國號東扶餘。其
舊都有人,不知所從來,自稱天帝子解慕漱來都焉。及解夫婁薨,金蛙
嗣位。於是時得女子於太白山南優渤水,問之,曰:"我是河伯之女,名
柳花。與諸弟出遊,時有一男子自言天帝子解慕漱,誘我於熊心山下
鴨淥邊室中私之,即往不返。父母責我無媒而從人,遂謫居優渤水。"

　시조 동명성왕은 성이 고씨고 이름은 주몽일왈 주모, 중해. 이전에 부여왕
해부루가 늙도록 아들이 없어 산천에 제사지내 이을 자를 요구하였다.

그가 탄 말이 곤연에 이르러 큰 돌을 보고 맞대고 눈물을 흘렸다. 왕이 이상히 여기고 사람을 시켜 그 돌을 굴려보니 금빛 개구리蛙 일왈 蝸 모양의 어린아이가 있었다. 왕이 기뻐하며 "이 아이가 바로 하늘이 주는 훌륭한 후대구나!"라고 말하고 수양하며 금와라고 이름 지었다. 그가 장성하자 태자로 세웠다. 훗날 재상 아란불이 말했다: "어느 날 하느님이 나에게 내려와 '나의 자손으로 하여금 이곳에 나라를 세우려 하니 너는 여기를 피하라. 동쪽 바닷가에 가섭원이라는 땅이 있다. 기름져서 오곡에 적합하니 도읍으로 정할 수 있다'고 하였습니다." 아란불은 왕에게 권하여 그곳으로 도읍을 옮기고 나라 이름을 동부여라 하였다. 옛 도읍에는 사람이 있었는데 어디서 왔는지 모르며 천제의 아들 해모수라고 자칭하면서 그곳에 도읍을 정하였었다. 해부루가 사망하자 금와가 왕위를 이었다. 이때 태백산 남쪽 우발수에서 한 여자를 만나 물으니 왈: "나는 하백의 딸, 이름은 유화입니다. 동생들을 데리고 나가 놀다가 한 남자가 천제의 아들 해모수 자칭하면서 나를 유혹하여 웅심산 아래 압록강 가의 집에서 사통하고 이내 떠나가고 돌아오지 않았습니다. 부모는 내가 중매도 없이 사람을 따랐다고 꾸짖으며 우발수에서 귀양살이를 하게 하였습니다."

<u>金蛙</u>異之,幽閉於室中。爲日所炤,引身避之,日影又逐而炤之。因而有孕,生一卵,大如五升許。王棄之,與犬、豕,皆不食;又棄之路中,牛馬避之。後棄之野,鳥覆翼之。王欲剖之,不能破,遂還其母。其母以物裹之,置於暖處,有一男兒破殼而出,骨表英奇。年甫七歲,嶷然異常,自作弓矢射之,百發百中。扶餘俗語善射爲朱蒙,故以名云。<u>金蛙</u>有七子,常與<u>朱蒙</u>遊戲,其伎能皆不及<u>朱蒙</u>。其長子<u>帶素</u>言於王曰:"<u>朱蒙</u>非人所生,其爲人也勇。若不早圖,恐有後患,請除之。"王不聽,使之養馬。<u>朱蒙</u>知其駿者而減食令瘦,駑者善養令肥。王以肥者自乘,瘦者給<u>朱蒙</u>。後獵于野,以<u>朱蒙</u>善射,與其矢(小)[少],而<u>朱蒙</u>殪獸甚多。王子及諸臣又謀殺之。<u>朱蒙</u>母陰知之,告曰:"國人將害汝。以汝才略何往而不可?與其

遲留而受辱,不若遠適以有爲。"

금와가 이상히 여기고 방에 가두어 두었는데 햇빛이 비쳤고 몸을 피하면 햇빛이 또 따라 가면서 비쳤다. 이로 인하여 잉태가 되어 다섯 되들이만한 큰 알을 낳았다. 왕이 버려 개와 돼지에게 주었으나 모두 먹지 않았으며 또 길 가운데 버렸으나 소와 말이 피하였다. 후에 들에 버렸으나 새가 날개로 덮어주었다. 왕이 그것을 쪼개려 하였으나 깨뜨릴 수가 없어 그의 모친에게 돌려주었다. 모친이 그것을 감싸서 따뜻한 곳에 두니 한 사내아이가 껍질을 깨뜨리고 나왔는데 골격과 외모가 영특하고 기이하였다. 나이 겨우 7살인데 매우 비상하였으며 스스로 활과 화살을 만들어 쏘았는데 백발백중이다. 부여 말에 활을 잘 쏘는 사람을 '주몽'이라 하기 때문에 이로써 이름을 지었다. 금와의 아들 일곱은 늘 주몽과 함께 놀았는데 그들의 재주와 능력이 모두 주몽을 따르지 못하였다. 장자 대소가 왕에게 말했다: "주몽은 인간이 낳지 않았으며 됨됨이가 용맹합니다. 만일 일찍 처치하지 않으면 후환이 있을까 걱정되니 없애버립시다." 왕이 듣지 않고 주몽더러 말을 기르라고 하였다. 주몽은 그가 알아낸 준마는 먹이를 적게 주어 여위게 하고 둔한 말은 잘 길러 살찌게 하였다. 왕은 살찐 말은 자기가 타고 여윈 말은 주몽에게 주었다. 훗날 들에서 사냥을 하는데 주몽은 활을 잘 쏘므로 화살을 적게 주었으나 죽인 짐승이 매우 많았다. 왕자와 신하들은 또 주몽을 죽이려 모의하였다. 주몽의 모친은 이를 몰래 알아내고 알렸다: "나라사람들이 너를 해치려 한다. 너의 재능과 지략이라면 어디 간들 안 되겠느냐. 여기에서 지체하며 욕을 보느니 차라리 먼데 가서 출로를 찾는 것이 낫으리라."

朱蒙乃與(鳥)[烏]伊、摩離、陜父等三人爲友,行至淹㴲水一名蓋斯水,在今鴨(綠)[淥]東北。欲渡無梁,恐爲追兵所迫,告水曰:"我是天帝子,(何)[河]伯外孫。今日逃走,追者垂及,如何?"於是魚鼈浮出成橋。朱蒙得渡,魚鼈乃解,追騎不得渡。朱蒙行至毛屯谷魏書云"至(普)[普]述水",遇三人。其一人着麻衣,一人着衲衣,一人着水藻衣。朱蒙問曰:"子等何許人也?何姓何名乎?"麻衣者曰名再思,衲衣者曰名武骨,水藻衣者曰名默居,而不言姓。朱蒙賜再思姓克氏,武骨 仲室氏,默居 少室氏。乃告於衆曰:"我方承景命,欲啓元基,而適遇此三賢,豈非天賜乎?"遂揆其能,各任以事,與之俱至卒本川魏書云"至紇升骨城"。觀其土壤肥美,山河險固,遂欲都焉。

주몽은 오이, 마리, 협보 등 세 사람과 벗이 되어 엄시수일왈 개사수, 현재의 압록 동북에 있음에 이르렀다. 건너려 하였으나 다리가 없었고 추격병들이 다가올 걱정이 되어 강을 향하여 말했다: "나는 천제의 아들이며 하백의 외손이다. 오늘 도망가는데 쫓는 자들이 다가오니 어찌해야 할까?" 이때 물고기와 자라가 물위로 떠올라 다리를 만들었다. 주몽이 건너자 물고기와 자라가 흩어져 뒤쫓던 기병들이 건너지 못하였다. 주몽이 모둔곡에 이르러『위서』왈: '普述水에 이르렀다.' 세 사람을 만났다. 한 사람은 베옷을 입었고 한 사람은 승려복을 입었으며 한 사람은 마름옷을 입었다. 주몽이 물었다: "그대들은 어떤 사람들이며 성과 이름이 무엇이오?" 베옷을 입은 자는 이름이 재사라 대답했고 승려복을 입은 자는 이름이 무골이라고 대답했으며 마름옷을 입은 자는 이름이 묵거라고 대답 했으나 성은 말하지 않았다. 주몽은 재사에게는 극씨, 무골에게는 중실씨, 묵거에게는 소실씨라는 성을 하사하였다. 곧 그들에게 말했다: "내가 지금 큰 명을 받아 기틀을 개척하려 하는데 마침 세 현인을 만났으니 어찌 하늘이 준 것이 아니겠는가?" 곧 그들의 재능을 가늠하여 각각 일을 맡기고 그들과 함께 졸본천에 이르렀다『위서』 왈: '흘승골성에 이르렀다'. 토지가 비옥하고 산하가 준험한 것을 보고 그곳에 도읍을 정하려 하였다.

而未遑作宮室,但結廬於沸流水上居之。國號高句麗,因以高爲氏一云"朱蒙至卒本扶餘,王無子,見朱蒙知非常人,以其女妻之。王薨,朱蒙嗣位"。時朱蒙年二十二歲,是漢 孝元帝 建昭二年、新羅始祖赫居世二十一年甲申歲也。四方聞之,來附者衆。其地連靺鞨部落,恐侵盜爲害,遂攘斥之,靺鞨畏服,不敢犯焉。王見沸流水中有菜葉逐流下,知有人在上流者。因以獵往尋,至沸流國。其國王松讓出見曰:"寡人僻在海隅,未嘗得見君子,今日

邂逅相遇,不亦幸乎?然不識吾子自何而來。"答曰:"我是天帝子,來都
於某所。"松讓曰:"我累世爲王,地小不足容兩主,君立都日淺,爲我附
庸可乎?"王忿其言,因與之鬥辯,亦相射以校藝,松讓不能抗。

그러나 미쳐 궁실을 짓지 못하여 비류수 가에 초막을 짓고 살았다.
국호를 고구려라 하고 따라서 고를 성씨로 하였다. 일왈: '주몽이 졸본부여에
이르렀을 때 그곳 왕에게는 아들이 없었는데 주몽이 비상한 사람임을 알아보고 그의 딸을
처로 삼게 하였다. 왕이 사망하자 주몽이 왕위를 이었다.' 이때 주몽의 나이 22세였
으며 한 효원제 건소 2년(신라 시조 혁거세 21년) 갑신이었다. 사방에서
소문을 듣고 찾아드는 자가 많았다. 그곳은 말갈 부락과 인접하여 있었
으며 침범과 노략의 피해를 염려하여 배격하니 말갈이 두려워하여 감
히 건드리지 못하였다. 왕은 비류수에 채소 잎이 떠내려 오는 것을
보고 상류에 사람이 산다는 것을 알았다. 사냥하며 그곳을 찾아가 비류
국에 이르렀다. 그 나라 임금 송양이 나와 보며 왈: "과인이 바닷가
한 구석에 살므로 군자를 본 적이 없는데 오늘 만나게 되었으니 또한
다행이 아닌가! 그러나 그대는 어디로부터 왔는지 모르겠소." 답 왈:
"저는 천제의 아들로서 모처에 와서 도읍을 정하였습니다." 송양 왈:
"나는 누대에 걸쳐 왕 노릇을 하였고 또한 땅이 좁아 두 임금을 용납할
수 없소. 그대는 도읍을 정한지가 얼마 되지 않았으니 나의 속국이
되는 것이 어떻소?" 왕이 그의 말에 분노하여 그와 논쟁을 벌이다가
활쏘기로 재주를 비교하였는데 송양은 당할 수 없었다.

二年 夏六月松讓以國來降。以其地爲多勿都,封松讓爲主。麗語謂復
舊土爲多勿,故以名焉。

2년. 여름 6월 송양이 나라를 바치며 항복했다. 그곳을 다물도로 하고
송양을 주인으로 봉했다. 고구려 말로 옛 땅을 회복함을 다물이라 하기
에 그렇게 이름 지었다.

三年 春三月黃龍見於鶻嶺。秋七月慶雲見鶻嶺南,其(昌)[色]青赤。

3년. 봄 3월 황룡이 골령에 나타났다. 가을 7월 복의 구름이 골령 남쪽에

나타났다. 빛이 청적색이었다.

四年 夏四月雲霧四起,人不辨色七日。秋七月營作城郭宮室。

4년. 여름 4월 구름과 안개가 사방에서 일어나 사람들이 7일 동안 색깔
을 분별하지 못했다. 가을 7월 성곽과 궁실을 건축하였다.

六年 秋八月神雀集宮庭。冬十月王命<u>烏伊</u>、<u>扶芬奴</u>伐<u>太白山</u>東南<u>荇</u>
<u>人國</u>,取其地爲城邑。

6년. 가을 8월 신작이 궁정에 모여들었다. 겨울 10월 왕이 오이와 부분
노를 시켜 태백산 동남의 행인국을 정벌하고 그 땅을 빼앗아 성읍으로
하였다.

十年 秋九月鸞集於王臺。冬十一月王命<u>扶尉厭</u>伐<u>北沃沮</u>,滅之,以其
地爲城邑。

10년. 가을 9월 난새가 왕대에 모였다. 겨울 11월 왕이 부위염을 시켜
북옥저를 정벌하여 멸하고 그 지역을 성읍으로 하였다.

十四年 秋八月王母<u>柳花</u>薨於<u>東扶餘</u>。其王<u>金蛙</u>以太后禮葬之,遂立
神廟。冬十月遣使<u>扶餘</u>饋方物,以報其德。

14년. 가을 8월 왕의 모친 유화가 동부여에서 사망하였다. 왕 금와가
태후의 예로 장례지내고 사당을 세웠다. 겨울 10월 사신을 부여에 보내
토산물을 주며 은덕에 보답하였다.

十九年 夏四月王子<u>類利</u>自<u>扶餘</u>與其母逃歸。王喜之,立爲太子。秋九
月王升遐,時年四十歲。葬<u>龍山</u>,號<u>東明聖王</u>。

19년. 여름 4월 왕자 유리가 부여로부터 모친과 함께 도망해 왔다. 왕은
기뻐하며 태자로 세웠다. 가을 9월 왕이 40세로 승하하였다. 용산에
장사지내고 호를 동명성왕이라 하였다.

○^(瑠)[琉]<u>璃明王</u>立。諱<u>類利</u>_{或云孺留},<u>朱蒙</u>元子,母<u>禮氏</u>。初<u>朱蒙</u>在<u>扶餘</u>
娶<u>禮氏</u>女,有娠。<u>朱蒙</u>歸後乃生,是爲<u>類利</u>。幼年出遊陌上,彈雀,誤破
汲水婦人瓦器。婦人罵曰：“此兒無父,故頑如此。”<u>類利</u>慚,歸問母氏：

"我父何人?今在何處?"母曰:"汝父非常人也,不見容於國,逃歸南地,開國稱王。歸時謂予曰:'汝若生男子,則言我有遺物,藏在七⒇[棱]石上松下,若能得此者,乃吾子也。'"類利聞之,乃往山谷索之,不得,倦而還。一旦在堂上聞柱礎間若有聲,就而見之,礎石有七⒇[棱]。乃搜於柱下,得斷劍一段。遂持之,與屋智、句鄒、都祖等三人行至卒本,見父王,以斷劍奉之。王出己所有斷劍合之,連爲一劍。王悅之,立爲太子,至是繼位。

유리명왕이 왕위에 올랐다. 이름은 유리혹왈 유류고 주몽의 장자며 모친은 예씨다. 이전에 주몽이 부여에 있을 때 예씨의 딸에게 장가 들었으며 처는 임신하였다. 주몽이 떠난 뒤에 아이를 낳았는데 그가 유리다. 유리는 어렸을 때 거리에 나가 놀면서 참새를 쏘다가 잘못 쏘아 물 긷는 부인의 물동이를 깨뜨렸다. 그 부인이 꾸짖어 왈: "이 아이는 애비가 없어서 이렇게 짓궂다." 유리가 부끄러워 돌아와 모친에게 물었다: "나의 아버지는 어떤 사람이며 지금 어디에 계십니까?" 모친이 대답하였다: "너의 아버지는 비상한 사람이어서 나라에서 용납하지 못 하기에 남쪽 지방으로 도망하여 나라를 세우고 왕이라 불린다. 떠날 때 나에게 왈: '만약 아들을 낳으면 나의 유물이 칠각형의 돌 위에 있는 소나무 밑에 숨겨져 있다고 말하시오. 이것을 얻어낸 자는 곧 나의 아들이오.'" 유리가 그 말을 듣고 바로 산골로 들어가 찾았으나 찾지 못하고 지쳐 돌아왔다. 어느 날 아침 마루의 기둥과 주춧돌 사이에서 무슨 소리가 들리는 듯하여 다가가 보니 주춧돌이 칠각형이었다. 곧 기둥 밑을 뒤져 부러진 칼 토막을 찾아냈다. 그는 이것을 가지고 옥지, 구추, 도조 등 세 사람과 함께 졸본으로 가서 부왕을 만나 부러진 칼을 바쳤다. 왕이 자기가 가지고 있던 부러진 칼을 꺼내어 맞추니 하나의 칼로 이어졌다. 왕이 기뻐하여 그를 태자로 세웠으며 이때에 와서 왕위를 이었다.

二年 秋七月納多勿侯 松讓之女爲妃。九月西狩獲白獐。冬十月神雀集王庭。百濟始祖溫祚立。

2년. 가을 7월 다물후 송양의 딸을 왕비로 받아들였다. 9월 서쪽에서 사냥하다 흰 노루를 잡았다. 겨울 10월 신작이 궁정에 모였다. 백제시조 온조가 왕위에 올랐다.

三年 秋七月作離宮於鶻川。冬十月王妃松氏薨。王更娶二女以繼室, 一曰禾姬, 鶻川人之女也; 一曰雉姬, 漢人之女也。二女爭寵不相和。王於(△)[凉]谷造東西二宮, 各置之。後王田於箕山, 七日不返。二女爭鬪, 禾姬罵雉姬曰: "汝漢家婢妾, 何無禮之甚乎?" 雉姬慙恨亡歸。王聞之, 策馬追之, 雉姬怒不還。王嘗息樹下, 見黃鳥飛集, 乃感而歌曰: "翩翩黃鳥, 雌雄相依。念我之獨, 誰其與歸?"

3년. 가을 7월 골천에 별궁을 지었다. 겨울 10월 왕비 송씨가 사망하였다. 왕이 다시 두 여자에게 장가를 들어 후처로 삼았는데 하나는 화희, 골천인의 딸이고 다른 하나는 치희, 한인의 딸이다. 두 여자는 사랑받으려 다투며 서로 화목하지 못했다. 왕은 양곡에 동궁과 서궁을 지어 각기 살게 하였다. 그 후 왕이 기산으로 사냥을 떠나 7일 동안 돌아오지 않았다. 두 여인은 다투다가 화희가 치희를 욕하며 말했다: "너는 한인 집 출신의 비첩으로서 어찌 이토록 심하게 무례한가?" 치희는 부끄럽고 한스러워 도망갔다. 왕이 듣고 말에 채찍질하며 쫓아갔으나 치희는 분해하며 돌아오지 않았다. 왕은 나무 밑에서 쉬면서 꾀꼬리가 날아드는 것을 보고 느끼는 바 있어 노래를 부른 적이 있다: "훨훨 나는 꾀꼬리도 암수가 서로 의지하는데, 외로운 나는 누구와 함께 돌아갈까?"

十一年 夏四月王謂群臣曰: "鮮卑恃險, 不我和親, 利則出抄, 不利則入守, 爲國之患。若有人能折此者, 我將重賞之。" 扶芬奴進曰: "鮮卑, 險固之國。人勇而愚, 難以力鬪, 易以謀屈。" 王曰: "然則爲之奈何?" 答曰: "宜使人反間入彼, 僞說我國小而兵弱, 怯而難動, 則鮮卑必易我, 不爲之備。臣俟其隙, 率精兵從間路, 依山林以望其城。王使人以羸兵出其城南, 彼必空城而遠追之。臣以精兵走入其城, 王親率勇騎挾擊之, 則可克矣。" 王從之。鮮卑果開門出兵追之, 扶芬奴將兵走入其城, 鮮卑望之,大驚還奔。扶芬奴當關拒戰,斬殺甚多。王舉旗鳴鼓而前,鮮卑首尾受敵,計窮力屈,降爲屬國。王念扶芬奴功,賞以食邑。辭曰:"此王之德也,臣何功焉。"遂不受。王乃賜黃金三十斤、良馬一十匹。

11년. 여름 4월 왕이 신하들에게 말했다: "선비가 험한 지세를 믿고 우리와 화친하지 않으며 이로우면 나와서 약탈하고 불리하면 들어가 수비하니 나라의 환이다. 만약 누가 이들을 굴복시킬 수 있다면 내가 큰 상을 주겠다." 부분노가 진언했다: "선비는 지세가 험준한 나라입니다. 용감하고 우직하므로 힘으로 싸우기는 어렵지만 꾀로 굴복시키기는 쉽습니다." 왕 왈: "그렇다면 어떻게 하겠는가?" 부분노가 대답했다: "사람을 간첩으로 들여보내 '우리나라는 작고 군력이 약하므로 겁이 나서 어쩌지 못한다.'고 거짓말을 퍼뜨리면 선비가 반드시 우리를 깔보고 대비하지 않을 것입니다. 소신이 그 허점을 기다렸다가 정예군을 거느리고 외딴 지름길로 들어가 산림에 의지하여 그 성을 엿보고 있겠습니다. 왕께서 약한 군사를 시켜 적의 성 남쪽에 나타나면 그들은 틀림없이 성을 비우고 먼 곳까지 추격해 올 것입니다. 소신이 정병을 거느리고 그 성으로 달려 들어가고 왕께서 친히 용감한 기병을 거느리고 협공하면 이길 수 있습니다." 왕이 따랐다. 선비는 과연 성문을 열고 군사를 출동시켜 추격해 오고 부분노가 군사를 거느리고 성으로 달려 들어가니 선비가 보고 크게 놀래어 되돌아 달려왔다. 부분노는 관문을 지키며 싸워 수없이 참수했다. 왕은 깃발을 들고 북을 울리며 진격하니 선비가 앞뒤로 적을 맞이하여 방도도 없고 힘도 진하여 항복하여 속국이 되었다. 왕이 부분노의 공로를 생각하여 상으로 식읍을 주었다: "이는 왕의 덕이지 소신에게 무슨 공이 있습니까?"라고 사양하며 받지 않았다. 왕은 황금 30근과 좋은 말 열 필을 하사하였다.

十三年 春正月熒惑守心星。

13년. 봄 정월 화성이 심성성좌를 지켰다.

十四年 春正月扶餘王帶素遣使來聘,請交質子,王憚扶餘强大,欲以太子都切爲質。都切恐不行,帶素恚之。冬十一月帶素以兵五萬來侵,大雪,人多凍死,乃去。

14년. 봄 정월 부여왕 대소가 사신을 보내와 방문하고 인질 교환을 청하자 왕은 부여의 강대함이 두려워 태자 도절을 인질로 보내려 하였다. 도절이 두려워하며 가지 않자 대소가 화를 내었다. 겨울 11월 대소가 5만 병력을 거느리고 침범하였으나 큰 눈이 내려 많은 사람이 얼어 죽고 돌아갔다.

十九年 秋八月郊豕逸,王使托利、斯卑追之,至長屋澤中得之,以刀斷其脚筋。王聞之,怒曰:"祭天之牲,豈可傷也?"遂投二人坑中殺之。九月王疾病,巫曰:"托利、斯卑爲(崇)[祟]。"王使謝之,即愈。

19년. 가을 8월 교제에 쓸 돼지가 달아나자 왕이 탁리와 사비를 시켜 쫓아가 장옥 늪에 이르러 붙잡아 칼로 다리의 힘줄을 잘랐다. 왕이 듣고 노하여 말했다: "하늘에 제사지낼 희생을 어찌 상하게 할 수 있는가?" 두 사람을 구덩이 속에 던져 죽였다. 9월 왕이 병에 걸렸다. 무당이 "탁리, 사비의 귀신이 작간을 부린다"고 하였다. 왕이 사람을 시켜 사과하니 병이 곧 나았다.

二十年 春正月太子都切卒。

20년. 봄 정월 태자 도절이 죽었다.

二十一年 春三月郊豕逸。王命掌牲薛支逐之。至國内尉那巖得之,拘於國内人家養之。返見王曰:"臣逐豕,至國内尉那巖,見其山水深險,地宜五穀,又多麋鹿魚鼈之産。王若移都,則不唯民利之無窮,又可免兵革之患也。"夏四月王田于尉中林。秋八月地震。九月王如國内觀地勢,還,至沙勿澤見一丈夫坐澤上石。謂王曰:"願爲王臣。"王喜許之,因賜名沙勿,姓位氏。

21년. 봄 3월 교제에 쓸 돼지가 달아났다. 왕이 희생을 관장하는 설지를 시켜 쫓았다. 국내 위나암에 이르러서 붙잡아 국내 사람의 집에 가두어 기르게 하였다. 돌아와 왕에게 말했다: "소신이 돼지를 따라 국내 위나암에 갔는데 그곳은 물이 깊고 산이 험하며 땅은 오곡에 적합하고 또한 산짐승과 물고기 등 출산물이 많음을 보았습니다. 왕께서 도읍을 옮긴다면 백성들에게 이득이 무궁할 뿐만 아니라 또한 전쟁의 우환도 피면할 수 있을 겁니다." 여름 4월 왕이 위중림에서 사냥을 하였다. 가을 8월 지진이 일어났다. 9월 왕이 국내의 지세를 보고 돌아오다가 사물의 못에 이르러 한 사나이가 못 위의 돌에 앉아 있는 것을 보았다. 왕에게 왈: "왕의 신하가 되기를 원합니다." 왕이 흔쾌히 허락하고 사물 이름과 위씨 성을 하사하였다.

二十二年 冬十月王遷都於國內,築尉那巖城。十二月王田于質山陰,五日不返。大輔陜父諫曰:"王新移都邑,民不安堵。宜孜孜焉刑政之是恤,而不念此,馳騁田獵,久而不返。若不改過自新,臣恐政荒民散,先王之業墜地。"王聞之震怒,罷陜父職,俾司官園。陜父憤,去之南韓。

22년. 겨울 10월 왕이 국내로 도읍을 옮기고 위나암성을 쌓았다. 12월 왕이 질산 북쪽에서 사냥하며 닷새 동안 돌아오지 않았다. 대보 섭보가 간했다: "왕께서 새로 도읍을 옮겨 백성들이 아직 안정되지 못했습니다. 응당 열심히 형사와 행정을 보살펴야 하는데 이를 염두에 두지 않고 말달려 사냥하며 오랫동안 돌아오지 않았습니다. 만일 잘못을 고쳐 자신을 새롭게 하지 않으면 소신은 정치가 황폐해지고 민심이 흩어져 선왕의 업적이 추락될까 두렵습니다." 왕이 듣고 크게 노하여 섭보의 관직을 파면하고 관가의 장원을 관리하게 하였다. 협보는 분개하여 남한으로 떠나버렸다.

二十三年 春二月立王子解明爲太子,大赦國內。

23년. 봄 2월 왕의 아들 해명을 태자로 하고 국내에 대사면을 행하였다.

二十四年 秋九月王田于箕山之野,得異人,兩腋有羽。登之朝,賜姓羽氏,俾尙王女。

24년. 가을 9월 왕이 기산의 들에서 사냥하다가 양쪽 겨드랑이에 날개가 있는 이상한 사람을 얻었다. 그를 조정에 등용하여 우씨 성을 하사하고 왕의 딸을 아내로 삼게 하였다.

二十七年 春正月王太子解明在古都。有力而好勇。黃龍國王聞之,遣使以强弓爲贈。解明對其使者挽而折之,曰:"非予有力,弓自不勁耳。"黃龍王慙。王聞之,怒,告黃龍[王]曰:"解明爲子不孝,請爲寡人誅之。"三月黃龍王遣使請太子相見。太子欲行,人有諫者,曰:"今隣國無故請見,其意不可(則)[測]也。"太子曰:"天之不欲殺我,黃龍王其如我何?"遂行。黃龍王始謀殺之,及見,不敢加害,禮送之。

27년. 봄 정월 왕태자 해명이 옛 도읍에 있었다. 그는 힘이 세고 무용武勇을 좋아했다. 황룡국왕이 소문을 듣고 사신을 보내 강한 활을 선물하였다. 해명이 그 사신 앞에서 활을 당겨 꺾으면서 왈: "내 힘이 센 것이 아니라 활자체가 질리지 않소." 황룡국왕은 부끄러워하였다. 왕이 듣고 노하여 황룡국왕에게 왈: "해명은 자식으로 효성이 없으니 과인을 위하여 죽여주오." 3월 황룡국왕이 사신을 보내 태자와 만나기를 청하였다. 태자가 가려 하니 어떤 사람이 간하였다: "지금 이웃 나라에서 이유없이 만나자고 하니 그 심보를 알 수가 없습니다." 태자는 "하늘이 나를 죽이려 하지 않는다면 황룡국왕이 나를 어찌겠소?"라면서 갔다. 황룡국왕이 처음에는 그를 죽이고자 하였으나 만나보고는 감히 해치지 못하고 예의를 갖추어 돌려보냈다.

二十八年 春三月王遣人謂解明曰:"吾遷都,欲安民以固邦業。汝不我隨,而恃剛力結怨於隣國。爲子之道其若是乎?"乃賜劍使自裁。太子即欲自殺,或止之曰:"大王長子已卒,太子正當爲後。今使者一至而自殺,安知其非詐乎?"太子曰:"嚮黃龍王以强弓遺之,我恐其輕我國家,故挽折而報之,不意見責於父王。今父王以我爲不孝,賜劍自裁,父之命其可逃乎?"乃往礪津東原,以槍揷地,走馬觸之而死,時年二十一歲。以太子禮葬於東原,立廟,號其地爲槍原。

28년. 봄 3월 왕이 사람을 보내 해명에게 말했다: "내가 천도한 것은 백성을 안정시켜 국가의 업을 다지려는 것이다. 네가 나를 따르지 않고

강익한 성격과 힘센 것을 믿고 이웃 나라와 원한을 맺었다. 자식 된
도리가 이럴 수 있는가?" 그리고 칼을 주며 자결하게 하였다. 태자가
즉시 자살하려 하니 어떤 사람이 말리면서 말했다: "대왕의 장자가
이미 죽었으므로 태자께서 바로 후계자가 될 것입니다. 지금 왕의 사자
가 오자마자 자결한다면 왕의 지시가 거짓이 아님을 어떻게 알겠습니
까?" 태자가 말했다: "전번에 황룡국왕이 강한 활을 주었는데 나는
그들이 우리나라를 업신여길까 걱정되어 일부러 활을 잡아 당겨 꺾음
으로써 응한 것인데 뜻밖에 부왕의 견책을 당하게 되었소. 지금 부왕이
나를 불효하다고 생각하여 칼을 내려 자결케 하니 부친의 명령을 거역
할 수 있겠소?" 여진 동쪽 벌로 가서 창을 땅에 꽂아 놓고 말을 타고
달려가 그 창에 찔려 죽었다. 이때 나이가 21세였다. 태자의 예식으로
동원에 장사지내고 사당을 세우고 그 땅을 창원이라 하였다.

論曰:孝子之事親也,當不離左右以致孝,若文王之爲世子。解明在於
別都,以好勇聞,其於得罪也,宜矣。又聞之,傳曰:"愛子,敎之以義方,
弗納於邪。"今王始未嘗敎之,及其惡成,疾之已甚,殺之而後已。可謂
父不父、子不子矣。

논평하여 왈: 효자가 어버이를 섬김에 마땅히 문왕이 세자일 때처럼
곁을 떠나지 않으며 효해야 한다. 해명은 딴 도읍에 살면서 무용을
좋아한다고 소문났으니 죄를 얻음은 당연하다. 또한 『춘추·좌전』에
'자식을 사랑하거든 옳은 방법으로 가르쳐 그릇된 길에 빠지지 말게
해야 한다'고 하였다. 왕이 당초에 가르친 적이 없다가 악하게 되니
지나치게 미워하며 죽여 버리고 말았으니 그야말로 애비는 애비답지
못하고 자식은 자식답지 못하다고 할 수 있다.

秋八月扶餘王 帶素使來讓王曰:"我先王與先君東明王相好,而誘我
臣逃至此,欲完聚以成國家。夫國有大小,人有長幼。以小事大者,禮
也;以幼事長者,順也。今王若能以禮順事我,則天必佑之,國祚永終。
不然則欲保其社稷,難矣。"於是王自謂:"立國日淺,民屢兵弱,勢合忍

耻屈服,以圖後效。"乃與群臣謀,報曰:"寡人僻在海隅,未聞禮義。今承大王之教,敢不惟命之從?"時王子無恤年尚幼少。聞王欲報扶餘言,自見其使曰:"我先祖神靈之孫賢而多才。大王妬害,讒之父王,辱之以牧馬,故不安而出。今大王不念前愆,但恃兵多,輕蔑我邦邑,請使者歸報大王:'今有累卵於此,若大王不毀其卵,則臣將事之,不然則否。'"扶餘王聞之,遍問群下。有一老嫗對曰:"累卵者危也,不毀其卵者安也。其意曰,王不知己危,而欲人之來,不如易危以安而自(理)[治]也。"

가을 8월 부여왕 대소의 사신이 와서 왕을 꾸짖으며 왈: "우리 선왕이 그대의 선왕 동명왕과 서로 의좋게 지냈는데 우리 신하들을 도망해 오도록 유인하고 성을 쌓고 그들을 모아 나라를 세우려 합니다. 나라는 대국과 소국이 있고 사람도 어른과 아이가 있습니다. 소국이 대국을 섬기는 것은 예의이고 아이가 어른을 섬기는 것은 순리입니다. 왕이 만약 예절과 순리로써 우리를 섬긴다면 하늘이 반드시 도와 나라의 운명이 영원할 것입니다. 그렇지 않으면 사직을 보존하기 어려울 것입니다." 이에 왕은 "나라를 세운 역사가 짧으며 백성과 군사가 약하므로 치욕을 참고 굴복하여 후일의 성과를 도모함이 마땅하다"고 스스로 생각하며 신하들과 모의하여 부여왕에게 "과인은 바다 구석에 살므로 예의를 듣지 못하였습니다. 지금 대왕의 교시를 받았으니 감히 명령을 따르지 않을 수 있겠습니까?"고 회답하려 하였다. 이때 왕자 무휼은 나이가 아직 어렸다. 왕이 부여에 회답하려 한다는 말을 듣고 스스로 사신을 보고 말했다: "나의 선조는 신령의 자손으로서 현명하고 재주가 많습니다. 대왕이 질투하고 모해하며 부왕에게 말이나 기르게 하는 직위를 주도록 참소하여 욕을 보인 까닭에 불안하여 탈출해 왔습니다. 지금 대왕이 전날의 잘못은 생각하지 않고 오직 군사가 많음을 믿고 우리나라를 멸시하고 있으니 사신은 돌아가서 대왕에게 보고하세요. 이곳에 알을 쌓아 놓았으니 만약 대왕이 그 알을 무너뜨리지 않으면 소신은 왕을 섬길 것이고 그렇지 않으면 섬기지 못하겠다고." 부여왕이 듣고 신하들에게 그 뜻을 두루 물었다. 한 노파가 대답했다: "쌓아놓은 알은 위태로우나 그 알을 무너뜨리지 않는 자는 편안합니다. 그 뜻은 왕이 자신에게 위기가 왔음을 알지 못하고 오히려 남이 찾아오기를 바라니 이는 스스로 위기를 안정으로 바꾸며 잘 다스리는 것만 못하다 는 뜻입니다."

二十九年 夏六月<u>矛川</u>上有黑蛙與赤蛙群鬥，黑蛙不勝，死。議者曰: "黑，北方之色，<u>北扶餘</u>破滅之徵也。"秋七月作離宮於<u>豆谷</u>。

29년. 여름 6월 모천에서 검은 개구리와 붉은 개구리가 떼 지어 싸우다 가 검은 개구리가 이기지 못하고 죽었다. 의논자 왈: "검은 것은 북방의 색깔이니 북부여가 망할 징조입니다." 가을 7월 두곡에 이궁을 지었다.

三十一年 <u>漢</u> <u>王莽</u>發我兵伐胡。吾人不欲行，强迫遣之，皆亡出塞，因犯法爲寇。<u>遼西</u>大尹<u>田譚</u>追擊之，爲所殺，州郡歸咎於我。<u>嚴尤</u>奏言: "<u>貊</u>人犯法，宜令州郡且慰安之。今猥被以大罪，恐其遂叛。<u>扶餘</u>之屬必有和者。<u>匈奴</u>未克，<u>扶餘</u>、<u>穢貊</u>復起，此大憂也。"<u>王莽</u>不聽，詔<u>尤</u>擊之。<u>尤</u>誘我將<u>延丕</u>(斬)[斬]之，傳首京師兩漢書及南北史皆云: "誘<u>句麗侯</u>(騶)[騶]斬之。"<u>莽</u>悅之，更名吾王爲<u>下句麗侯</u>，布告天下，令咸知焉。於是寇<u>漢</u>邊地愈其。

31년. 한 왕망이 아군을 발동하여 호를 징벌하고자 하였다. 우리가 가 기를 원하지 않자 강제로 보내어 모두 새외로 도망하여 법을 어기며 도적이 되었다. 요서 대윤 전담이 추격하다가 그들에 의해 죽으니 한의 주군에서는 우리 잘못으로 돌렸다. 엄우가 왕망에게 상주했다: "맥인 이 법을 범했으나 마땅히 주군이 그들을 위무하여 안착시켜야 합니다. 지금 함부로 큰 죄를 씌우면 반란을 일으킬까 걱정됩니다. 부여의 족속 중 그들에 호응하는 자가 있을 것입니다. 흉노를 이기지 못한데다가 부여, 예맥이 또 일어나면 이는 큰 걱정거리입니다." 왕망은 듣지 않고 엄우에게 공격하라는 조칙을 내렸다. 엄우가 우리 장수 연비를 꾀어내 어 참수하고 머리를 경성으로 보냈다. 두 『한서』와 『남·북사』에는 모두 왈: '구려후 추를 꾀어 참수했다.' 왕망이 기뻐하며 우리 왕을 하구려후로 개명하고 천하에 포고하여 모두 알게 하였다. 그리하여 고구려가 한 변경을 노략하는 일이 더욱 심해졌다.

三十二年 冬十一月扶餘人來侵。王使子無恤率師禦之。無恤以兵(小)[少],恐不能敵,設奇計,親率軍伏於山谷以待之。扶餘兵直至鶴盤嶺下,伏兵發,擊其不意,扶餘軍大敗,棄馬登山。無恤縱兵盡殺之。

32년 겨울 11월 부여가 침범해 왔다. 왕이 아들 무휼을 시켜 군사를 이끌고 방어하였다. 무휼은 병력이 적어 대적할 수 없음을 염려하여 기묘한 계책을 내어 손수 군사를 거느리고 산골짜기에 숨어 기다렸다. 부여군이 곧바로 학반령 아래에 이르자 복병을 출동시켜 불의에 공격하니 부여군이 크게 패하여 말을 버리고 산으로 올라갔다. 무휼이 군사를 풀어 전부 죽였다.

三十三年 春正月立王子無恤爲太子,委以軍國之事。秋八月王命(鳥)[烏]伊、摩離領兵二萬西伐梁貊,滅其國,進兵襲取漢 高句麗縣縣屬玄菟郡。

33년. 봄 정월 왕자 무휼을 태자로 세우고 군사와 국정에 관한 일을 맡겼다. 가을 8월 왕이 오이, 마리를 시켜 2만 병력을 거느리고 서쪽 양맥을 정벌하여 멸망시키고 진군하여 한의 고구려현현은 현토군에 속한다을 습격하여 빼앗았다.

三十七年 夏四月王子如津溺水死。王哀慟,使人求屍,不得。後沸流人祭須得之,以聞,遂以禮葬於王骨嶺,賜祭須金十斤、田十頃。秋七月王幸豆谷。冬十月薨於豆谷離宮,葬於豆谷東原,號爲琉璃明王。

37년. 여름 4월 왕자 여진이 물에 빠져 죽었다. 왕이 슬퍼하며 사람을 시켜 시체를 찾았으나 찾지 못하였다. 그 후 비류인 제수가 찾고 알려와 비로서 예식을 갖추어 왕골령에 장사지내고 제수에게 금 10근과 밭 10경을 주었다. 가을 7월 왕이 두곡에 행차하였다. 겨울 10월 왕이 두곡 별궁에서 사망하여 두곡 동쪽 벌에 장사지내고 호를 유리명왕이라 하였다.

三國史記卷第十四

(삼국사기 권제14)

高句麗本紀第二(고구려본기 제2)

大武神王、閔中王、慕本王

　대무신왕, 민중왕, 모본왕

○**大武神王**立或云大解朱留王。諱**武恤**,琉璃王第三子。生而聰慧,壯而雄傑,有大略。琉璃王在位三十三年甲戌立爲太子,時年十一歲,至是即位。母松氏 多勿國王 松讓女也。

　대무신왕이 왕위에 올랐다.혹왈 대해주류왕. 이름은 무휼이고 유리왕의 셋째 아들이다. 나면서부터 총명하고 지혜로우며 장성하여서는 호걸스럽고 큰 지략이 있었다. 유리왕 재위 33년 갑술에 태자로 세웠고 그때 나이 11세였으며 이때에 이르러 즉위하였다. 모친 송씨는 다물국왕 송양의 딸이다.

二年 春正月京都震。大赦。百濟民一千餘戶來投。

　2년. 봄 정월 경성에 지진이 일어났다. 대사면을 행하였다. 백제의 백성 1천여 호가 귀의해 왔다.

三年 春三月立東明王廟。秋九月王田骨句川,得神馬,名駏䮫。冬十月

扶餘王 帶素遣使送赤烏,一頭二身。初扶餘人得此烏獻之王,或曰:
"烏者黑也,今變而爲赤,又一頭二身,并二國之徵也,王其兼高句麗
乎?" 帶素喜,送之,兼示或者之言。王與群臣議,荅曰:"黑者,北方之色,
今變而爲南方之色。又赤烏,瑞物也,君得而不有之,以送於我,兩國存
亡未可知也。" 帶素聞之,驚悔。

3년. 봄 3월 동명왕사당을 세웠다. 가을 9월 왕이 골구천에서 사냥하다
가 신마를 얻어 거루라 이름 지었다. 겨울 10월 부여왕 대소가 사신을
시켜 머리 하나, 몸 둘인 붉은 까마귀를 보내왔다. 당초 부여인이 이
까마귀를 얻어서 왕에게 바칠 때 어떤 사람이 말했다: "까마귀는 검은
데 붉게 변했고 또한 머리 하나, 몸 둘이니 두 나라를 병합할 징조인데
왕께서는 고구려를 겸병할 것입니까?" 대소가 기뻐 보내면서 그 사람
의 말도 제시하였다. 왕이 신하들과 의논하니 신하들이 답하였다: "검
은 색은 북방의 색인데 변하여 남방의 색이 되었습니다. 또한 붉은
까마귀는 상서로운 것인데 그대가 얻어 가지지 않고 나에게 보냈으니
두 나라의 존망을 알 수 없습니다!" 대소가 듣고 놀라며 후회하였다.

四年 冬十二月王出師伐扶餘,次沸流水上,望見水涯若有女人异鼎
游戲。就見之,只有鼎。使之炊,不待火自熱,因得作食,飽一軍。忽有一
壯夫曰:"是鼎吾家物也,我妹失之。王今得之,請負以從。" 遂賜姓負鼎
氏。抵利勿林宿,夜聞金聲。向明,使人尋之,得金璽、兵物等。曰:"天賜
也。" 拜受之。上道,有一人身長九尺許,面白而目有光。拜王曰:"臣是
北溟人怪由。竊聞大王北伐扶餘,臣請從行,取扶餘王頭。" 王悅,許之。
又有人曰:"臣赤谷人麻盧,請以長矛爲導。" 王又許之。

4년. 겨울 12월 왕이 출사하여 부여를 정벌하러 가며 비류수에 머무르
며 어떤 여인이 물가에서 솥을 들고 노는 것 같은 것을 보았다. 가까이
가보니 솥만 있었다. 그것으로 밥을 지으니 불을 때기도 전에 스스로
뜨거워져 밥을 지을 수 있어 전 군사가 배불리 먹었다. 갑자기 한 건장
한 사나이가 나타나 왈: "이 솥은 우리 집 물건인데 여동생이 잃었습니

다. 왕께서 얻었으니 지고 따라가게 해주십시오." 그에게 부정씨라는 성을 하사하였다. 이물림에 이르러 묵었는데 밤에 쇳소리가 들렸다. 동틀 무렵 사람을 시켜 찾다가 금도장과 병기 등을 얻었다. "하늘이 주는 것이다"라고 말하며 절하고 가졌다. 길을 떠나는데 키가 9자 가량이며 얼굴이 희고 눈에서 광채가 나는 한 사람이 나타났다. 그는 왕에게 절하며 왈: "소신은 북명인 괴유입니다. 듣건대 대왕께서 북쪽 부여를 정벌한다니 소신이 따라가서 부여왕의 머리를 베어오게 해주십시오." 왕이 기뻐하며 승낙하였다. 또 어떤 사람이 나타나 왈: "소신은 적곡인 마로입니다. 긴 창을 들고 길을 인도하게 해주십시오."라고 말했다. 왕은 또 승낙하였다.

五年 春二月王進軍於扶餘國南。其地多泥塗,王使擇平地爲營,解鞍休卒,無恐懼之態。扶餘王擧國出戰。欲掩其不備,策馬以前,陷濘不能進退。王於是揮怪由,怪由拔劍號吼擊之,萬軍披靡不能支,直進執扶餘王斬頭。扶餘人既失其王,氣力摧折,而猶不自屈圍數重。王以糧盡士饑,憂懼不知所爲。乃乞靈於天,忽大霧,咫尺不辨人物七日。王令作草偶人,執兵立營內外爲疑兵,從間道潛軍夜出。失骨句川神馬、沸流源大鼎。至利勿林,兵飢不興,得野獸以給食。王既至國,乃會群臣飮至,曰:"孤以不德輕伐扶餘。雖殺其王,未滅其國,而又多失我軍資,此孤之過也。"遂親吊死問疾,以存慰百姓。是以國人感王德義,皆許殺身於國事矣。

5년. 봄 2월 왕이 부여국 남쪽으로 진군하였다. 그곳은 진흙 길이 많으므로 왕은 평지를 선택하여 군영을 만들고 말안장을 풀고 병졸들을 쉬게 하니 두려워하는 기색이 없었다. 부여왕이 전국을 동원하여 출전하였다. 고구려가 대비하지 않는 틈을 노려 기습하고자 말에 채찍질하며 진군하다가 진흙 수렁에 빠져서 진퇴양난이었다. 왕이 이때 괴유에게 지시하자 괴유가 칼을 뽑아 들고 고함지르며 공격해가니 부여의 1만여 군사가 쓰러져서 버틸 수 없었으며 괴유는 곧바로 진격하여 부여

왕을 붙잡아 참수했다. 부여인들은 왕을 잃고 기세가 꺾였으나 그래도 굴복하지 않고 고구려군을 여러 겹 포위하였다. 군량이 없어졌고 병사들이 굶주리니 고구려왕은 두려워하며 어쩔 바를 몰랐다. 하늘에 영험을 빌자 갑자기 큰 안개가 끼어 7일 동안 지척에서도 사람과 물체를 분별할 수 없었다. 왕은 풀로 허수아비를 만들고 병기를 쥐어 주어 병영 안팎에 세워서 의병을 꾸며놓고 외딴 길로 밤을 빌어 몰래 빠져나왔다. 골구천에서 얻은 신마와 비류원에서 얻은 큰 솥을 잃어버렸다. 이물림에 이르러 병사들이 배고파 기운이 나지 않아 야수를 잡아 먹였다. 왕이 경성에 돌아와서 신하들을 모아놓고 연회를 거행하면서 왈: "내가 부덕하여 경솔하게 부여를 징벌하였다. 비록 왕을 죽였으나 그 나라를 멸망시키지 못하였으며 또한 우리 병사와 물자를 많이 잃었으니 이는 나의 잘못이다." 곧바로 직접 전사자를 조문하고 부상자를 문병하며 백성들을 위로 하였다. 그러므로 나라 사람들은 왕의 덕행과 의리에 감동되어 모두 나라 일에 생명을 바치기로 다짐하였다.

三月神馬駏䮫將扶餘馬百匹俱至鶴盤嶺下車廻谷。夏四月扶餘王帶素弟至曷思水濱立國稱王。是扶餘王金蛙季子,史失其名。初帶素之見殺也,知國之將亡,與從者百餘人至鴨淥谷,見海頭王出獵,遂殺之,取其百姓。至此始都,是爲曷思王。秋七月扶餘王從弟謂國人曰:"我先王身亡國滅,民無所依,王弟逃竄,都於曷思。吾亦不肖,無以興復。"乃與萬餘人來投。王封爲王,安置(椽)[掾]那部。以其背有絡文,賜姓絡氏。冬十月怪由卒。初疾革,王親臨存問。怪由言:"臣北溟微賤之人,屢蒙厚恩,雖死猶生,不敢忘報。"王善其言,又以有大功勞,葬於北溟山陽,命有司以時祀之。

3월 신마 거루가 부여의 말 100필을 데리고 같이 학반령 아래 차회곡에 왔다. 여름 4월 부여왕 대소의 동생이 갈사수 가에 이르러 나라를 세우고 왕을 칭하였다. 그는 부여왕 금와의 막내아들인데 사서에 이름이 전해지지 않는다. 당초에 대소가 살해되자 나라가 망할 것을 알고 따르는 자 100여 명을 데리고 압록곡에 이르렀다가 사냥 나온 해두왕을 죽이고 그의 백성을 빼앗았다. 이때에 이르러 도읍을 정하였으니 그가 곧 갈사왕이다. 가을 7월 부여왕의 종제가 백성에게 "우리 선왕이 별세하고 나라가 멸망하여 백성들이 의지할 곳이 없고 왕의 동생은 도망하여 갈사에 도읍을 정하였소. 나 역시 불초하여 다시 부흥시킬 수 없소"라고 말하고 1만여 명과 함께 귀순하여 왔다. 왕이 그를 왕으로 봉하여 연나부에 안치하였다. 그의 등에 그물 형의 무늬가 있으므로 낙씨 성을 하사하였다. 겨울 10월 괴유가 죽었다. 처음 그의 병이 위급해졌을 때 왕이 직접 가서 문병하였다. 괴유 왈: "소신은 북명의 미천한 사람으로서 두터운 은혜를 여러 번 입었으므로 비록 죽더라도 살아 있는 것과 같으며 은혜에 보답할 것을 감히 잊지 못하겠습니다." 왕이 그의 말을 착하게 여기고 또한 그가 큰 공을 세웠기 때문에 북명산 남쪽에 장사지내고 관계 부문에 명령하여 제때에 제사지내게 하였다.

八年 春二月拜乙豆智爲右輔,委以軍國之事。

8년. 봄 2월 을두지를 우보로 모시고 군사와 국정에 관한 일을 맡겼다.

九年 冬十月王親征蓋馬國,殺其王,慰安百姓,毋虜掠,但以其地爲郡縣。十二月句茶國王聞蓋馬滅,懼害及己,擧國來降。由是拓地浸廣。

9년. 겨울 10월 왕이 직접 개마국을 정벌하여 왕을 죽이고 백성을 위로하였으며 약탈하지 못하게 하고 다만 그 지역을 군현으로 하였다. 12월 구다국왕이 개마가 멸했다는 소식을 듣고 자기에게 화가 미칠까 두려워 나라를 바치며 항복해 왔다. 이에 따라 개척지가 점점 넓어졌다.

十年 春正月拜乙豆智爲左輔,松屋句爲右輔。

10년. 봄 정월 을두지를 좌보로, 송옥구를 우보로 모셨다.

十一年 秋七月漢遼東太守將兵來伐。王會群臣問戰守之計。右輔松屋句曰:"臣聞恃德者昌,恃力者亡。今中國荒儉,盜賊蜂起,而兵出無名。此非君臣定策,必是邊將規利,擅侵吾邦。逆天違人,師必無功。憑險出奇,破之必矣。"左輔乙豆智曰:"小敵之强,大敵之禽也。臣度大王

之兵孰與漢兵之多, 可以謀伐, 不可力勝." 王曰: "謀伐若何?" 對曰:
"今漢兵遠鬥, 其鋒不可當也。大王㈜[閉]城自固, 待其師老, 出而擊之
可也。"王然之, 入尉那巖城固守數旬, 漢兵圍不解。

11년. 가을 7월 한 요동 태수가 군사를 거느리고 정벌해 왔다. 왕이
신하들을 모아놓고 공격과 방어에 대한 계책을 물었다. 우보 송옥구가
말했다: "소신이 듣건대 덕에 의지하는 자는 창성하고 힘에 의지하는
자는 망합니다. 지금 중국은 흉년이 들어 도적이 봉기하고 있으나 명목
없이 군사를 출동했습니다. 이는 임금과 대신이 결정한 방책이 아니고
필시 변방의 장수가 이익을 채우려 우리나라를 제멋대로 침범한 것입
니다. 하늘의 이치에 위배되고 인간의 도리에 어긋나므로 그 군사는
결코 성공하지 못합니다. 험한 지형에 의지하여 기발한 대책을 취하면
반드시 이길 수 있습니다." 좌보 을두지가 말했다: "수가 적은 편이
강하다 할지라도 수가 많은 편에게 먹힙니다. 소신은 대왕의 병력과
한군의 병력 중 어느 편이 많은가를 가늠해 보았습니다. 모략으로 정벌
할 수 있지 힘으로는 이길 수 없습니다." 왕 왈: "모략으로 정벌하려면
어떻게 해야 하는가?" 답 왈: "지금 한군은 멀리 와서 싸우니 그 예봉을
당해낼 수 없습니다. 대왕께서는 성문을 닫고 굳게 지키다가 적군이
피로해지기를 기다린 후에 나아가 공격하면 됩니다." 왕이 수긍하고
위나암성에 들어가서 수십일 동안 굳게 수비했으나 한군은 포위를 풀
지 않았다.

王以力盡, 兵疲, 謂豆智曰: "勢不能守, 爲之奈何?" 豆智曰: "漢人謂我
巖石之地無水泉, 是以長圍, 以待吾人之困。宜取池中鯉魚, 包以㈜
[水]草, 兼旨酒若干, 致犒漢軍。"王從之, 貽書曰: "寡人愚昧, 獲罪於上
國, 致令將軍帥百萬之軍暴露弊境。無以將厚意,[68]輒用薄物致供於

---

68) 無以將厚意: 후의를 가져가지 못하다. 將, 동사, 가져가다. 중앙본 '후의를 감당할
길 없으니'.

左右。"於是漢將謂城內有水,不可猝拔。乃報曰:"我皇帝不以臣駑,下令出師,問大王之罪。及境踰旬,未得要領,今聞來旨,言順且恭,敢不藉口以報皇帝?"遂引退。

아군의 힘이 진하고 군사가 피로해졌으므로 두지에게 물었다: "더 이상 수비할 수 없으니 어떻게 할까?" 두지가 말했다: "한인은 우리 암석 지대에 샘이 없다며 오랫동안 포위하여 우리가 곤궁에 처하기를 기다립니다. 연못의 잉어를 잡아서 수초로 싸고 약간의 맛 좋은 술을 더해 한군에게 보내 대접하는 것이 마땅합니다." 왕이 이에 따랐으며 편지를 보냈다: "과인이 우매하여 상국에 죄를 지어 장군으로 하여금 백만의 대군을 거느리고 우리의 경내에서 노숙케 하였습니다. 후의를 가져갈 수는 없어 보잘것없는 물품이나마 옆 사람들에게 보냅니다." 하여 한의 장수는 성 안에 물이 있으니 빠른 시간 내에 점령할 수는 없다고 여기며 곧 회답하였다: "우리 황제가 소신을 어리석다고 여기지 않고 출사 명령을 내려 대왕의 죄를 묻게 하였습니다. 국경에 온지 열흘이 넘도록 요령을 얻지 못했는데 보내온 뜻을 보니 말이 순리에 맞고 공손하니 감히 이를 구실로 황제에게 보고하지 않을 수 있겠습니까?" 마침내 군사를 이끌고 물러갔다.

十三年 秋七月買溝谷人尙須與其弟尉須及堂弟于刀等來投。

13년. 가을 7월 매구곡인 상수가 그의 동생 위수 및 사촌동생 우도 등을 데리고 귀순해 왔다.

十四年 冬十一月有雷無雪。

14년. 겨울 11월 우레가 울렸으나 눈은 내리지 않았다.

十五年 春三月黜大臣仇都、逸苟、焚求等三人爲庶人。此三人爲沸流部長,資貪鄙、奪人妻妾、牛馬、財貨,(△)[恣]其所欲。有不與者即鞭之,人皆忿怨。王聞之,欲殺之,以東明舊臣,不忍致極法,黜退而已。遂使南部使者鄒勃素代爲部長。勃素既上任,別作大室以處,以仇都等罪人不令升堂。仇都等詣前告曰:"吾儕小人故犯王法,不勝愧悔。願公赦過, 以令自新, 則死無恨矣." <u>勃素</u>引上之, 共坐, 曰: "人不能無過, 過而能改, 則善莫大焉." 乃與之爲友. <u>仇都</u>等感愧, 不復爲惡. 王聞之曰: "<u>勃素</u>不用威嚴, 能以智懲惡, 可謂能矣." 賜姓曰<u>大室</u>氏.

15년. 봄 3월 대신 구도, 일구, 분구 등 세 사람을 파직시켜 서인으로 하였다. 이 세 사람은 비류 부장으로 있으며 자질이 탐욕스럽고 비루하며 남의 처첩, 우마와 재물을 빼앗으며 욕망대로 했다. 주지 않는 자는 곧 채찍으로 매질하였으므로 사람들이 모두 분개하며 원망하였다. 왕이 듣고 처형하려 하였으나 동명의 옛 신하들이므로 차마 극형에 처할 수 없어 축출만 했을 뿐이다. 남부 사자 추발소를 대신 부장으로 하였다. 발소가 부임한 후 별도로 큰 집을 짓고 살면서 구도 등 죄인을 마루에 오르지 못하게 하였다. 구도 등이 앞에 와서 고했다: "우리들 소인은 이미 왕법을 위반하였으므로 부끄럽고 후회하는 심정을 이기지 못하겠습니다. 공이 우리들의 과오를 용서하여 스스로 새 사람이 되게 해주시면 죽어도 한이 없겠습니다." 발소가 그들을 끌어올려 같이 앉히며 왈: "사람이란 잘못이 없을 수 없고 잘못한 후 고칠 수 있다면 이보다 더 좋은 일이 없소." 그들과 벗으로 되었다. 구도 등은 수치심을 느끼고 다시는 나쁜 짓을 하지 않았다. 왕이 듣고 "발소는 위엄이 아닌 지혜로써 악한 사람을 바로 잡았으니 유능하다고 할 수 있다"라 하고 발소에게 대실씨 성을 하사하였다.

<u>夏四月王子好童</u>遊於<u>沃沮</u>。<u>樂浪王</u> <u>崔理</u>出行, 因見之, 問曰: "觀君顔色, 非常人, 豈非<u>北國神王</u>之子乎?" 遂同歸, 以女妻之。後<u>好童</u>還國, 潛遣人告<u>崔</u>氏女曰: "若能入而國武庫, 割破鼓角, 則我以禮迎, 不然則否。" 先是<u>樂浪</u>有鼓角, 若有敵兵則自鳴, 故令破之。於是<u>崔</u>女將利刀潛入庫中割鼓面、角口, 以報<u>好童</u>。<u>好童</u>勸王襲<u>樂浪</u>。<u>崔理</u>以鼓角不鳴, 不備, 我兵掩至城下。然後知鼓角皆破, 遂殺女子出降_{或云欲滅樂浪, 遂請婚, 娶}其女爲子妻, 後使歸本國壞其兵物。

여름 4월 왕자 호동이 옥저를 유람하였다. 낙랑왕 최리가 출행하다가

그를 보고 물었다: "그대의 얼굴을 보니 보통 사람이 아니로구나. 북국 신왕의 아들이 아닌지요?" 마침내 그를 데리고 돌아가서 딸을 처로 삼게 하였다. 그 후 호동이 본국에 돌아와서 몰래 사람을 보내 최씨의 딸에게 말했다: "만약 너의 나라 무기고에 들어가서 북을 째고 나팔을 부수면 내가 예의를 갖추어 맞이할 것이고 그렇지 않으면 안 될 것이오." 이전부터 낙랑에는 북과 나팔이 있었는데 적병이 오면 저절로 소리를 내기 때문에 째어버리게 한 것이었다. 하여 최씨의 딸은 예리한 칼을 들고 몰래 무기고에 들어가서 북과 나팔의 입을 벤 후 호동에게 알렸다. 호동이 왕에게 권하여 낙랑을 습격하였다. 최리는 북과 나팔이 울리지 않아 방비하지 않았고 아군은 돌연히 성 밑까지 이르게 되었다. 낙랑은 북과 나팔이 모두 망가진 것을 알고 딸을 죽이고 나와서 항복하였다. 혹왈 낙랑을 없애기 위하여 청혼하고 그의 딸을 데려다가 며느리를 삼은 다음 그녀를 본국에 돌려보내 병기를 부수게 하였다는 설도 있다.

冬十一月王子好童自殺。好童,王之次妃曷思王孫女所生也。顏容美麗,王甚愛之,故名好童69)。元妃恐(△)[奪]嫡爲太子,乃讒於王曰:"好童不以禮待妾,殆欲亂乎?"王曰:"若以他兒憎疾乎?"妃知王不信,恐禍將及,乃涕泣而告曰:"請大王密候,若無此事,妾自伏罪。"於是大王不能不疑,將罪之。或謂好童曰:"子何不自釋乎?"答曰:"我若釋之,是顯母之惡,貽王之憂,可謂孝乎?"乃伏劍而死。

겨울 11월 왕자 호동이 자살하였다. 호동은 왕의 둘째 왕비 갈사왕 손녀의 소생이었다. 얼굴이 예뻐 왕이 매우 사랑하므로 이름을 호동이라 지었다. 첫째 왕비는 호동이 적자의 지위를 빼앗아 태자가 될 것을 염려하여 왕에게 참언하였다: "호동은 나를 무례하게 대한다. 아마 나와 음란하려는 건지?" 왕이 대답하였다: "당신은 다른 사람의 소생이므

---

69) '好'의 원 의미는 '예쁘다'이다. 『說文解字』: "好,美也。从女、子。徐鍇曰:'子者,男子之美稱。"

로 미워하느냐?" 왕비는 왕이 자기를 믿지 않음을 알고 화가 자기에게 미칠 것이 두려워 울면서 말했다: "대왕께서 몰래 엿보기 바랍니다. 만약 이런 일이 없으면 내가 죄를 받겠습니다." 이렇게 되자 대왕이 의심하지 않을 수 없어 호동에게 죄를 주려하였다. 어떤 사람이 호동에게 말했다: "그대는 왜 스스로 해명하지 않습니까?" 호동이 대답하였다: "내가 만일 해명한다면 모친의 죄악을 드러내어 왕에게 근심을 주는 것이니 효라 할 수 있겠소?" 곧 칼로 자결하여 죽었다.

論曰:今王信讒言,殺無辜之愛子,其不仁不足道矣。而好童不得無罪。何則?子之見責於其父也,宜若舜之於瞽(瞍)[瞍],小杖則受,大杖則走,期不陷父於不義。好童不知出於此而死非其所,可謂執於小謹而昧於大義。其公子申生之譬耶。70)

논평하여 왈: 왕은 참소하는 말을 믿고 사랑하는 아들을 무고하게 죽였으니 그의 어질지 못함은 말할 것도 없다. 호동에게도 죄가 없는 것은 아니다. 왜 그런가? 자식이 부친에게서 책망을 들었을 때는 마땅히 순이 고수에게 했듯이 작은 매면 맞고 큰 매면 피하여 부친을 불의에 빠지지 않게 하여야 한다. 호동은 이럴 줄 모르고 죽지 않을 일로 죽었으니 가히 작은 조심에 집착하며 대의에 어두웠다고 말할 수 있다. 이는 옛날의 공자 신생에 비유할 만하다.

十二月立王子解憂爲太子。遣使入漢朝貢,光(虎)[武]帝復其王號,是(立)[建]武八年也。71)

12월 왕자 해우를 태자로 세웠다. 한에 사신을 보내 조공하니 광무제가 고구려 왕호를 회복시켜 주었다. 그 해가 건무 8년이었다.

---

70) 申生: 춘추시대 晉獻公의 장자. 진헌공이 부인 驪姬가 자기가 난 아들 奚齊를 왕위에 올려놓으려고 신생을 모함하자 신생은 자살하였다.

71) 왕망이 고구려왕을 하구려후로 격하시킨 것을 광무제가 고구려왕으로 회복시켰다. 고려 혜종 王武를 피휘하여 광호라, 고려 태조 王建을 피휘하여 입무라 한 것을 바로잡았다.

二十年 王襲樂浪滅之。

20년. 왕이 낙랑을 습격하여 멸망시켰다.

二十四年 春三月京都雨雹。秋七月隕霜殺穀。八月梅花發。

24년. 봄 3월 경성에 우박이 내렸다. 가을 7월 서리가 내려 곡식을 죽였다. 8월 매화가 피었다.

二十七年 秋九月漢光武帝遣兵渡海伐樂浪,取其地爲郡縣,薩水已南屬漢。冬十月王薨,葬於大獸村原,號爲大武神王。

27년. 가을 9월 한광무제가 군사를 보내 바다를 건너 낙랑을 치고 그 땅을 빼앗아 군현으로 하였기에 살수 이남이 한에 속했다. 겨울 10월 왕이 사망하여 대수촌 벌에 장사 지내고 호를 '대무신왕'이라 하였다.

○閔中王諱解色朱,大武神王之弟也。大武神王薨,太子幼少,不克即政,於是國人推戴以立之。冬十一月大赦。

민중왕의 이름은 해색주이며 대무신왕의 동생이다. 대무신왕이 사망할 때 태자가 어려 정사에 임할 수 없으므로 나라 사람들이 그를 추대하여 세웠다. 겨울 11월 대사면을 행하였다.

二年 春三月宴群臣。夏五月國東大水,民饑,發倉賑給。

2년. 봄 3월 신하들에게 잔치를 베풀어주었다. 여름 5월 나라 동쪽에 홍수가 나서 백성이 굶으므로 창고를 풀어 구제하였다.

三年 秋七月王東狩獲白獐。冬十一月星孛于南二十日而滅。十二月京都無雪。

3년. 가을 7월 왕이 동쪽 지방에서 사냥을 하다가 흰 노루를 잡았다. 겨울 11월 살별이 남쪽에 나타났다가 20일 만에 사라졌다. 12월 경성에 눈이 내리지 않았다.

四年 夏四月王田於閔中原。秋七月又田,見石窟,顧謂左右曰:"吾死必葬於此,不須更作陵墓。"九月東海人高朱利獻鯨魚,目夜有光。冬十月蠶(友)[支]落部大家戴升等一萬餘家詣樂浪投漢。後漢書云:"大加戴升等萬餘口。"

4년. 여름 4월 왕이 민중원에서 사냥하였다. 가을 7월 또 사냥을 하다가 석굴을 보고 측근들을 돌아보며 말했다: "내가 죽거든 반드시 여기에 장사지낼 것이며 별도로 능묘를 만들지 말라!" 9월 동해인 고주리가 눈이 밤에 빛나는 고래를 바쳤다. 겨울 10월 잠지락부의 대가 대승 등 1만여 호가 낙랑으로 가서 한에 귀순하였다. 『후한서』왈: '대가 대승 등 1만여 명.'

五年 王薨。王后及群臣重違遺命,乃葬於石窟,號爲<u>閔中王</u>。

5년. 왕이 사망하였다. 왕후와 신하들이 왕의 유언을 어기기 어려워 석굴에 장사지내고 호를 민중왕이라 하였다.

○**慕本王**諱解憂_{一云解愛婁},<u>大武神王</u>元子。<u>閔中王</u>薨,繼而卽位。爲人暴戾不仁,不恤國事,百姓怨之。

모본왕의 이름은 해우_{일왈 해애루}고 대무신왕의 장자다. 민중왕이 죽자 뒤를 이어 왕위에 올랐다. 사람됨이 사납고 어질지 못하며 국사를 돌보지 않기 때문에 백성들이 원망하였다.

元年 秋八月大水,山崩二十餘所。冬十月立王子<u>翊</u>爲王太子。

원년. 가을 8월 홍수가 나서 20여 곳의 산이 무너졌다. 겨울 10월 왕자 익을 왕태자로 하였다.

二年 春遣將襲漢 <u>北平</u>、<u>漁陽</u>、<u>上谷</u>、<u>太原</u>。而<u>遼東</u>太守_(蔡肜)[祭肜]以恩信待之,乃復和親。三月暴風拔樹。夏四月殞霜雨雹。秋八月發使賑恤國內饑民。

2년. 봄에 장수를 보내 한의 북평, 어양, 상곡, 태원을 습격하였다. 그러나 요동 태수 제융은 은혜와 신의로써 대하므로 다시 화친하였다. 3월 폭풍에 나무가 뽑혔다. 여름 4월 서리와 우박이 내렸다. 가을 8월 사신을 보내 국내의 굶주리는 백성들을 진휼하였다.

四年 王日增暴虐,居常坐人,臥則枕人。人或動搖,殺無赦。臣有諫者,彎弓射之。

4년. 왕이 날이 갈수록 포학하여 항상 사람을 깔고 앉고 베고 눕는다. 사람이 혹시 움직이면 용서 없이 죽였으며 신하 중에 간하는 자가 있으면 활을 당겨 쏘았다.

六年 冬十一月杜魯弑其君。杜魯,慕本人,侍王左右,慮其見殺,乃哭。或曰：“大丈夫何哭爲？古人曰：‘撫我則后,虐我則讎。’今王行虐以殺人,百姓之讎也,爾其圖之。”杜魯藏刀以進王前,王引而坐,於是拔(力)[刀]害之。遂葬於慕本原,號爲慕本王。

6년. 겨울 11월 두로가 임금을 시해했다. 두로는 모본인으로서 왕의 신변에서 시중하였는데 왕이 죽임을 당할 염려로 울었다. 어떤 사람이 “대장부가 왜 우는가? 옛 사람 왈：‘나를 사랑하면 임금이고 나를 학대하면 원수다.’ 지금 왕이 포악한 짓을 하여 사람을 죽이니 백성의 원수이다. 그대는 도모해 보아라.” 두로가 칼을 품고 왕 앞으로 가니 왕이 그를 깔고 앉았다. 이때 칼을 빼어 왕을 죽였다. 모본 벌에 장사지내고 호를 모본왕이라 하였다.

三國史記卷第十五

(삼국사기 권제15)

高句麗本紀第三(고구려본기 제3)

太祖大王、次大王

　태조대왕, 차대왕

○**太祖大王**或云國祖王諱宮小名於漱,琉璃王子古鄒加 再思之子也。母
太后扶餘人也。慕本王薨,太子不肖,不足以主社稷,國人迎宮繼立。王
生而開目能視,幼而(岐)[岐]嶷。以年七歲太后垂簾聽政。

　태조대왕혹왈 국조왕의 이름은 궁이고 아명은 어수며 유리왕의 아들 고추
가 재사의 아들이다. 모친 태후는 부여인이다. 모본왕이 사망하였으나
태자가 불초하여 나라를 맡음에 부족하므로 백성들이 궁을 맞이하여
왕을 잇게 하였다. 왕은 태어나면서 눈을 뜨고 볼 수 있었으며 어린
나이에도 뛰어나게 총명하였다. 나이 7세였기 때문에 태후가 수렴청정
하였다.

三年 春二月築遼西十城,以備漢兵。秋八月國南蝗害穀。

　3년. 봄 2월 요서에 10개 성을 쌓아서 한군을 대비하였다. 가을 8월
나라 남쪽에서 황충이 곡식을 해쳤다.

四年 秋(±)[七]月伐東沃沮,取其土地爲城邑拓境,東至滄海,南至薩水。

4년. 가을 7월 동옥저를 정벌하여 그 땅을 빼앗아 성읍을 만들어 국경을 개척하니 동으로는 창해, 남으로는 살수에 이르렀다.

七年 夏四月王如孤岸淵觀魚,釣得赤翅白魚。秋七月京都大水,漂沒民屋。

7년. 여름 4월 왕이 고안연에 가서 물고기를 구경하다가 붉은 날개가 달린 흰 물고기를 낚았다. 가을 7월 경성에 홍수가 나서 민옥이 물에 떠내려가고 잠겼다.

十年 秋八月東獵得白鹿。國南飛蝗害穀。

10년. 가을 8월 동쪽 지방에서 사냥하여 흰 사슴을 잡았다. 나라 남쪽에 황충이 날아 곡식을 해쳤다.

十六年 秋八月曷思王孫都頭以國來降。以都頭爲于台。冬十月雷。

16년. 가을 8월 갈사왕의 손자 도두가 나라를 바치며 항복해 왔다. 도두를 우태로 하였다. 겨울 10월 우레가 울렸다.

二十年 春二月遣貫那部沛者達賈伐藻那,虜其王。夏四月京都旱。

20년. 봄 2월 관나부 패자 달가를 보내 조나를 정벌하고 왕을 사로잡았다. 여름 4월 경성에 가물었다.

二十二年 冬十月王遣桓那部沛者薛儒伐朱那,虜其王子乙音爲古鄒加。

22년. 겨울 10월 왕이 환나부 패자 설유를 보내 주나를 정벌하고 왕자 을음을 사로잡아 고추가로 하였다.

二十五年 冬十月扶餘使來,獻三角鹿、長尾(免)[兎],王以爲瑞物,大赦。十一月京都雪三尺。

25년. 겨울 10월 부여의 사신이 와서 뿔 세 개의 사슴과 긴 꼬리의 토끼를 바쳤다. 왕이 상서로운 것이라 여기며 대사면을 행하였다. 11월 경성에 눈이 3자 내렸다.

四十六年 春三月王東巡柵城,至柵城西罽山獲白鹿。及至柵城,與群臣宴飲,賜柵城守吏物段有差。遂紀功於巖,乃還。冬十月王至自柵城。

46년. 봄 3월 왕이 동쪽 책성을 순찰하다가 책성 서쪽 계산에 이르러 흰 사슴을 잡았다. 책성에 도착하여 신하들과 잔치를 베풀어 마시고 책성을 수비하는 관리들에게 물품을 차등을 두어 하사하였다. 공적을 바위에 새기고 돌아왔다. 겨울 10월 왕이 책성에서 돌아왔다.

五十年 秋八月,遣使安撫柵城。

50년. 가을 8월 사신을 보내 책성을 위무하였다.

五十三年 春正月扶餘使來獻虎,長丈二,毛色甚明而無尾。王遣將入漢遼東,奪掠六縣。太守耿夔出兵拒之,王軍大敗。秋九月耿夔擊破貊人。

53년. 봄 정월 부여 사신이 와서 길이가 한 길 2자고 털 색깔이 매우 맑으며 꼬리가 없는 범을 바쳤다. 왕이 한의 요동에 장수를 보내 여섯 개의 현을 약탈하였다. 태수 경기가 출병 대항하여 아군이 크게 패하였다. 가을 9월 경기가 맥인을 격파하였다.

五十(六)[五]年 秋九月王獵質山陽,獲紫獐。冬十月東海谷守獻朱豹,尾長九尺。

55년. 가을 9월 왕이 질산 남쪽에서 사냥하다가 자줏빛 노루를 잡았다. 겨울 10월 동해곡의 수령이 꼬리가 9자인 붉은 표범을 헌납했다.

五十六年 春大旱,至夏赤地民饑,王發使賑恤。

56년. 봄에 크게 가물어 여름에 이르러 경작지가 붉게 타고 백성들이 굶주리므로 왕이 사신을 파견하여 진휼하였다.

五十七年 春正月遣使如漢賀安帝加元服。

57년. 봄 정월 한에 사신을 보내 안제의 행관례行冠禮를 축하하였다.

五十九年 遣使如漢貢獻方物,求屬玄菟通鑑言:"是年三月麗王宮與穢貊寇玄菟。" 不知或求屬、或寇耶?抑一誤耶?

59년. 한에 사신을 보내 토산물을 헌납하고 현도에 소속되기를 청구하였다. 『통감』曰: '이해 3월 고구려왕 궁이 예맥과 함께 현도를 침범하였다.' 혹은 속하기를 원하고, 혹은 침범한 것인지 알 수 없다. 또는 어느 한 쪽을 잘못 기록한 것인지?

六十二年 春三月日有食之。秋八月王巡守南海。冬十月至自南海。

62년. 봄 3월 일식이 있었다. 가을 8월 왕이 남해를 순행하였다. 겨울 10월 남해에서 돌아왔다.

六十四年 春三月日有食之。冬十二月雪五尺。

64년. 봄 3월 일식이 있었다. 겨울 12월 눈이 5자 내렸다.

六十六年 春二月地震。夏六月王與穢貊襲漢 玄菟,攻華麗城。秋七月蝗、雹害穀。八月命所司擧賢良孝順,問鰥寡孤獨及老不能自存者,給衣食。

66년. 봄 2월 지진이 일어났다. 여름 6월 왕이 예맥과 함께 한의 현도를 습격하여 화려성을 공격하였다. 가을 7월 황충과 우박이 곡식을 해쳤다. 8월 관계부문에 명령하여 선량하고 효성스런 사람을 천거하게 하고 홀아비, 과부, 고아, 독고노인 및 자기 힘으로 살 수 없는 노인을 위문하고 옷과 음식을 주었다.

六十九年 春漢 幽州刺史馮煥、玄菟太守姚光、遼東太守蔡諷等將兵來侵,擊殺穢貊渠帥,盡獲兵馬財物。王乃遣弟遂成領兵二千餘人,逆煥、光等。遂成遣使詐降,煥等信之。遂成因據險以遮大軍,潛遣三千人攻玄菟、遼東二郡,焚其城郭,殺獲二千餘人。夏四月王與鮮卑八千人往攻遼隧縣。遼東太守蔡諷將兵出於新昌戰,沒。功曹掾龍端、兵馬掾公孫酺以身扞諷,俱沒於陣,死者百餘人。冬十月王幸扶餘,(祀)[祀]太后廟,存問百姓窮困者,賜物有差。肅愼使來獻紫狐裘及白鷹、白馬,王宴勞以遣之。十一月王至自扶餘。王以遂成統軍國事。十二月王率馬韓、穢貊一萬餘騎進圍玄菟城。扶餘王遣子尉仇台領兵二萬與漢兵幷力拒戰,我軍大敗。

69년. 봄에 한 유주 자사 풍환, 현도 태수 요광, 요동 태수 채풍 등이 군사를 거느리고 침입하여 예맥의 우두머리를 죽이고 병마와 재물을 모두 노획하였다. 왕이 동생 수성을 시켜 2천 병력으로 풍환, 요광 등과 맞받아 싸우게 하였다. 수성이 사신을 보내 거짓 항복하니 풍환 등은 믿었다. 수성은 곧 험한 곳에 의지하여 대군을 숨기는 한편 비밀리에 3천 병력을 보내 현도, 요동 두 군을 공격하여 성곽에 불 지르고 2천여 명을 죽이거나 사로잡았다. 여름 4월 왕이 선비의 8천 명과 함께 요수현을 공격하였다. 요동 태수 채풍이 군사를 거느리고 신창에 나와 싸우다가 죽었다. 공조연 용단과 병마연 공손포는 자신의 몸으로 채풍을 엄호하다가 함께 진영에서 죽었으며 100여 명이 죽었다. 겨울 10월 왕이 부여에 행차하여 태후사당에 제사 지내고 가난한 백성들을 위문하고 차등을 두어 물품을 하사하였다. 숙신의 사신이 와서 자줏빛 여우 가죽옷, 흰 매와 흰 말을 헌납하였으며 왕이 잔치를 베풀어 위로하고 보냈다. 11월 왕이 부여에서 돌아왔다. 왕이 수성으로 하여금 군사와 국정일을 통솔하게 하였다. 12월 왕이 마한과 예맥의 기병 1만여 명을 거느리고 나아가 현도성을 포위하였다. 부여왕이 아들 위구태를 시켜 2만 병력을 거느리고 한군과 힘을 합쳐 대항하여 아군이 크게 패하였다.

七十年 王與馬韓、穢貊侵遼東,扶餘王遣兵(△)[救],破之。馬韓以百濟溫祚王二十七年滅,今與麗王行兵者,蓋滅而復興者歟?

70년. 왕이 마한, 예맥과 함께 요동을 침범하니 부여왕이 군사를 파견하여 구원하고 아군을 격파하였다. 마한은 백제 온조왕 27년에 멸망하였는데 지금 고구려왕과 함께 군사 행동을 하였으니 멸망하였다가 다시 일어난 것인가?

七十一年 冬十月以沛者穆度婁爲左輔,高福(△)[章]爲右輔,令與遂成參政事。

71년. 겨울 10월 패자 목도루를 좌보로 하고 고복장을 우보로 하여 수성과 함께 정사에 참여하게 하였다.

七十二年 秋九月庚申晦日有食之。冬十月遣使入漢朝貢。十一月京都地震。

72년. 가을 9월 그믐 경신에 일식이 있었다. 겨울 10월 한에 사신을 보내 조공하였다. 11월 경성에 지진이 일어났다.

八十年 秋七月遂成獵於倭山,與左右宴。於是貫那于台彌儒、桓那于台菸支留、沸流那皂衣陽△[神]等陰謂遂成曰:"初慕本之薨也,太子不(肯)[肖],群寮欲立王子再思,再思以老讓子者,欲使兄老弟及。今王既已老矣,而無讓意,惟吾子計之。"遂成曰:"承襲必嫡,天下之常道也。王今雖老,有嫡子在,豈敢覬覦乎?"彌儒曰:"以弟之賢承兄之後,古亦有之,子其勿疑。"於是左輔沛者穆度婁知遂成有異心,稱疾不仕。

80년. 가을 7월 수성이 왜산에서 사냥하다 근신들과 잔치를 베풀었다. 이때 관나의 우태 미유, 환나의 우태 어지류와 비류나의 조의 양신 등이 음밀히 수성에게 왈: "당초 모본왕이 사망할 때 태자가 불초하여 대신들이 왕자 재사를 왕으로 세우려 하였으나 재사가 늙었다며 아들에게 양보하였습니다. 이는 형이 늙으면 동생에게 계승케 하자는 것이었습니다. 지금 왕이 이미 늙었으나 양보할 뜻이 없으니 그대는 궁리해 보십시오." 수성 왈: "세습을 받는 자는 반드시 장자여야 함은 천하상도요. 왕이 지금 비록 늙었지만 장자가 있는데 어찌 감히 넘겨볼 수 있겠소?" 미유 왈: "동생이 현명하면 형의 뒤를 잇는 일이 옛날에도 있었으니 그대는 의심치 마십시오." 이때 좌보 패자 목도루는 수성에게 다른 심보가 있음을 알고 꾀병으로 벼슬을 그만두었다.

八十六年 春三月遂成獵於質陽,七日不歸,戲樂無度。秋七月又獵箕丘,五日乃反。其弟伯固諫曰:"禍福無門,惟人所召。今子以王弟之親爲百寮之首,位已極矣,功亦盛矣。宜以忠義存心,禮讓克己,上同王德,下得民心。然後富貴不離於身,而禍亂不作矣。今不出於此,而貪樂忘憂,竊爲足下危之。"答曰:"凡人之情誰不欲富貴而歡樂者哉?而得之者萬無一耳。今吾居可樂之勢,而不能肆志,將焉用哉?"遂不從。

86년. 봄 3월 수성이 질산 남쪽에서 사냥하며 7일 동안 돌아오지 않고 절제 없이 즐겼다. 가을 7월 또 기구에 사냥 가서 5일 만에 돌아왔다. 동생 백고가 간했다: "화와 복은 문이 따로 있는 것이 아니라 오직 사람이 불러들이는 것입니다. 지금 당신은 왕의 동생이라는 친족에 백관의 최고이며 지위는 이미 지극히 높고 공로도 또한 큽니다. 마땅히 충성과 의리를 마음에 간직하고 예의와 겸양으로 자기를 억제하여 위로는 왕의 덕과 같아야 하고 아래로는 민심을 얻어야 합니다. 그런 후에야 부귀가 몸을 떠나지 않고 화란이 일어나지 않습니다. 지금 이렇게 하지 않고 향락에 빠져 걱정을 모르니 나는 당신이 위험하다고 여깁니다." 수성 답 왈: "무릇 인간의 정으로 누구인들 부귀와 환락을 원하지 않겠소? 다만 이것을 얻는 자는 만 명에 하나도 없소. 내가 지금 향락을 누릴 수 있는 지위에 있는데 뜻대로 할 수 없다면 어디에 쓰겠소?" 듣지 않았다.

九十年 秋九月丸都地震。王夜夢一豹齧斷虎尾。覺而問其吉凶, 或曰: "虎者百獸之長, 豹者同類而小者也。意者王之族類殆有謀絶大王之後者乎?" 王不悅, 謂右輔高福章曰: "我昨夢有所見, 占者之言如此, 爲之奈何?" 答曰: "作不善則吉變爲凶, 作善則災反爲福。今大王憂國如家, 愛民如子, 雖有小異, 庸何傷乎?"

90년. 가을 9월 환도에 지진이 일어났다. 밤에 왕의 꿈에 표범이 범의 꼬리를 물어 끊었다. 깨어나 길흉을 물으니 어떤 사람 왈: "범은 백수의 으뜸이고 표범은 같은 종류로서 작은 것입니다. 왕족 가운데 대왕의 후대를 끊으려고 모의하는 자가 있는 뜻일까요?" 왕이 불쾌하여 우보 고복장에게 왈: "내가 어제 밤 꿈에 본 것이 있는데 점치는 자의 말이 이러한데 어떻게 하면 좋을까?" 답 왈: "나쁜 일을 하면 길도 흉으로 변하고 착한 일을 하면 재앙도 도리어 복으로 변할 수 있습니다. 지금 대왕께서 나라를 집처럼 걱정하며 백성을 자식처럼 사랑하는데 사소한 변덕이 있은들 무슨 걱정거리가 되겠습니까?"

九十四年 秋七月遂成獵於倭山之下, 謂左右曰: "大王老而不死, 吾齒即將暮矣, 不可待也。惟願左右爲我計之。" 左右皆曰: "敬從命矣。" 於是一人獨進曰: "向王子有不祥之言, 而左右不能直諫, 皆曰敬從命者, 可謂姦且諛矣。吾欲直言, 未知尊意如何?" 遂成曰: "子能直言, 藥石也,何疑之有?"其人對曰:"今大王之賢,內外無異心,子雖有功,率群下姦諛之人,謀廢明上,此何異將以單縷繫萬鈞之重而倒曳乎?雖復愚人,猶知其不可也。若(王)子改圖易慮,孝順事上,則大王深知(王)子之善,必有揖讓之心,不然則禍將及也。"

94년. 가을 7월 수성이 왜산 아래서 사냥하면서 근신들에게 말했다: "대왕이 늙었으나 죽지 않고 나의 나이도 곧 무덤으로 가게 되니 기다릴 수 없소. 그대들이 나를 위하여 궁리해주기 바라오." 근신들이 모두 왈: "삼가 명에 따르겠습니다." 이때 유독 한 사람이 진언하였다: "아까 그대가 상서롭지 못한 말을 하였는데 근신들이 올바른 직설로 간하지 않고 모두 삼가 명령에 따르겠다고 하였으니 간사하고 아첨하다고 할 수 있습니다. 내가 직언하려는데 당신의 뜻이 어떠한지 모르겠습니다." 수성 왈: "그대가 직언한다면 약과 침이 될 터인데 무슨 의심을 하겠소?" 그 사람이 대답하였다: "지금 우리 대왕이 현명하여 안팎으로 딴 마음을 품은 자가 없는데 당신이 비록 공로가 있지만 간사스럽고 아첨하는 아랫사람들을 데리고 현명한 임금을 폐위시키려고 모의하니 이것이 한 오리의 실로 만 균의 물건을 거꾸로 매달려는 것과 무엇이 다릅니까? 어리석은 사람이라도 불가능함을 압니다. 만일 당신께서 생각을 바꾸어 효순으로 대왕을 섬기면 대왕께서는 당신의 어진 마음을 깊이 알고 반드시 당신에게 양보할 마음을 가질 것이며 그렇지 않으면 앞으로 화가 미칠 것입니다."

遂成不悅。左右妬其直,讒於遂成曰:"(王)子以大王年老,[72]恐國祚之危,欲爲後圖。此人妄言如此,我等惟恐漏洩,以致患也,宜殺以滅口。"遂成從之。秋八月王遣將襲漢 遼東 西安平縣,殺帶方令,掠得樂浪太守妻子。冬十月右輔高福章言於王曰:"遂成將叛,請先誅之。"王曰:"吾既老矣,遂成有功於國,吾將禪位,子無煩慮!"福章曰:"遂成之爲人

---

72) 向(王)子有不祥之言: 수성이 왕의 동생인데 '王子'라 할 수 없다. '王'字는 衍字이다.

也,忍而不仁。今日受大王之禪,則明日害大王之子孫。大王但知施惠於不仁之弟,不知貽患於無辜之子孫,願大王熟計之。"

수성은 불쾌하였다. 근신들은 그의 곧음을 질투하여 수성에게 참언하였다: "그대는 대왕의 나이가 많아 대권의 운명이 위태로울까 염려하여 후사에 대한 대책을 도모하려는 것입니다. 이 사람이 이와 같이 망령된 말을 하였으며 우리는 비밀이 누설되어 화를 초래할까 염려되니 응당 죽여 입을 막아야 합니다." 수성이 이 말을 따랐다. 가을 8월 왕이 장수를 보내 한의 요동 서안평현을 습격하여 대방령을 죽이고 낙랑 태수의 처와 자식을 빼앗아 왔다. 겨울 10월 우보 고복장이 왕에게 말했다: "수성이 반란을 일으키려 하니 먼저 처형하기 바랍니다." 왕이 말했다: "내가 이미 늙었고 수성은 나라에 공로가 있으니 내가 왕위를 양보하려 하니 그대는 번거롭게 염려하지 말라!" 복장이 말했다: "수성은 사람됨이 잔인하고 어질지 못합니다. 지금 대왕의 양보를 받으면 후일에 대왕의 자손을 해칠 것입니다. 대왕은 다만 어질지 못한 동생에게 은혜를 베푸는 것만 알고 죄 없는 자손들에게 화가 미칠 것을 알지 못하니 대왕께서는 깊이 살피기 바랍니다."

十二月王謂遂成曰:"吾既老,倦於萬機,天之曆數在汝躬。況汝内參國政,外總軍事,久有社稷之功,允塞臣民之望,吾所付托可謂得人。作其即位,永孚于休!"乃禪位,退老於別宮,稱爲太祖大王後漢書云:"安帝 建光元年高句麗王宮死,(干)[弟]遂成立。玄菟太守姚光上言:'欲因其喪發兵擊之。'議者皆以爲可許。尚書陳忠曰:'宮前桀黠,光不能討,死而擊之,非義也。宜遣吊問,因責讓前罪,赦不加誅,(△)[取]其後善。'安帝從之。明年遂成還漢生口。"案海東古記:"高句麗 國祖王 高宮以後漢 建武二十九年癸巳即位,時年七歲,國母攝政。至孝桓帝 本初元年丙戌遜位,讓母弟遂成,時宮年一百歲,在位九十四年。"則建光元年是宮在位第六十九年。則漢書所記與古記抵(㭊)[捂]不相符合,豈漢書所記誤耶?

12월 왕이 수성에게 말했다: "나는 이미 늙어서 정사에 피곤하고 하늘의 운수가 자네 몸에 있다. 하물며 자네가 안으로는 국정에 참여하고 밖으로는 군사에 대한 일을 총괄하여 오랫동안 사직에 공로를 쌓아 대신과 백성들의 기대를 채웠으니 내가 의지하고 맡길 적임자를 얻었다고 할 수 있다. 즉위하여 길이 아름답게 빛날 지어다!" 곧 왕위를 선양하고 별궁으로 물러나 '태조대왕'이라 칭하였다. 『후한서』왈: '안제 건광 원년에 고구려 왕 궁이 죽고 동생 수성이 왕위에 올랐다. 현도 태수 요광이 "상을 기회로 군사를 출동하여 치고 싶습니다"고 말했다. 의논한 자들이 모두 허락할 만 하다고 하였다. 상서 진충이 말했다: "이전에 궁이 교활할 때는 요광이 토벌하지 못하다가 죽은 기회로 치는 것은 의롭지 못합니다. 마땅히 사자를 보내 조문하고 예전의 죄과를 묻되 용서하여 죽이지 말고 뒤의 좋은 후과를 얻읍시다." 안제가 이 말대로 하였다. 이듬해에 수성이 한의 포로를 돌려보냈다.' 『해동고기』왈: '고구려 국조왕 고궁은 후한 건무 29년 계사에 즉위하였다. 이때 나이가 7세였기 때문에 모친이 섭정하였다. 효환제 본초 원년 병술에 이르러 동생 수성에게 왕위를 양보했는데 이때 궁의 나이가 백세로서 94년 재위했다. 건광 원년은 곧 궁의 재위 69년째에 해당된다.' 『한서』의 기록과 고기가 서로 저촉되니 혹시 『한서』의 기록이 틀린 것이 아닌지?

○<u>次大王</u>諱遂成, <u>太祖大王</u>同母弟也。勇壯有威嚴, 小仁慈。受<u>太祖大王</u>推讓即位, 時年七十六。

차대왕의 이름은 수성이며 태조대왕의 동생이다. 용감하고 건장하며 위엄이 있으나 인자함은 적다. 태조대왕의 선양을 받아 즉위하였다. 이때 나이 76세였다.

二年 春二月拜<u>貫那沛者</u> <u>彌儒</u>爲左輔。三月誅右輔<u>高福章</u>。<u>福章</u>臨死嘆曰: "痛哉, 寃乎! 我當時爲先朝近臣, 其可見賊亂之人默然不言哉? 恨先君不用吾言, 以至於此。今君甫陟大位, 宜新政敎以示百姓, 而以不義殺一忠臣。吾與其(主)[生]於無道之時, 不如死之速也。" 乃即刑。遠近聞之, 莫不憤惜。秋七月左輔<u>穆度婁</u>稱疾退老, 以[桓]<u>那于台</u>(△△)[菸支]<u>留</u>爲左輔, 加爵爲大主簿。冬十月<u>沸流那</u> <u>陽神</u>爲中畏大夫, 加爵爲于台, 皆王之故舊。十一月地震。

2년. 봄 2월 관나 패자 미유를 좌보로 모셨다. 3월 우보 고복장을 죽였다. 복장이 죽을 때 탄식하며 말했다: "슬프도다, 원통하도다! 내가 당초에 선왕의 근신으로 있으며 어찌 반역을 도모하는 역적을 보고도 묵묵히 말을 하지 않을 수 있으랴? 전 왕이 나의 말을 듣지 않아서 이 지경의 한에 이르렀구나. 지금 당신이 막 권좌에 올랐으니 마땅히 새로운 정치와 교화를 백성에게 보여야 할 것인데 의리에 어긋나게 한 충신을 죽인다. 나는 무도한 때에 사느니 차라리 빨리 죽는 것이 낫겠다." 곧 형을 받았다. 원근의 사람들은 이 말을 듣고 분노하고 애석하게 여기지 않은 자가 없다. 가을 7월 좌보 목도루가 병을 구실로 은퇴하자 환나의 우태 어지류를 좌보로 하고 작위를 올려 대주부라 하였다. 겨울 10월 비류나의 양신을 중외대부로 하고 작위를 올려 우태라 하였는데 모두 왕의 친구다. 11월 지진이 일어났다.

三年 夏四月王使人殺太祖大王元子莫勤,其弟莫德恐禍連及自縊。

3년. 여름 4월 왕이 사람을 시켜 태조대왕의 장자 막근을 죽이자 그의 동생 막덕은 화가 미칠까 두려워 스스로 목매었다.

論曰:昔宋宣公不立其子與夷,而立其弟繆公,小不忍亂大謀,以致累世之亂,故春秋"大居正"。今太祖王不知義,輕大位以授不仁之弟,禍及一忠臣、二愛子,可勝歎耶。

논평하여 왈: 옛날 송선공이 그의 아들 여이를 왕으로 세우지 않고 동생 목공을 세웠으므로 작은 것을 못 참다가 큰일을 망쳤으며 여러 세대에 거친 난을 초래했기 때문에 『춘추』에 '적자嫡子를 앉히는 것을 큰 문제로 본다'라고 하였다. 태조왕이 예의를 알지 못하고 중대한 왕위를 가볍게 여기며 어질지 못한 동생에게 줌으로써 화가 한 충신, 두 사랑하는 아들에게 미쳤으니 탄식을 이길 수 있으랴?

秋七月王田于平儒原,白狐隨而鳴。王射之,不中。問於師巫,曰:"狐者,妖獸,非吉祥。況白其色,尤可怪也。然天不能諄諄其言,故示以妖怪者,欲令人君恐懼修省以自新也。君若修德,則可以轉禍爲福。"王曰:"凶則爲凶,吉則爲吉,爾既以爲妖,又以爲福,何其誣耶?"遂殺之。

가을 7월 왕이 평유원에서 사냥하는데 흰 여우가 따라 오면서 울었다. 왕이 쏘았으나 맞추지 못하였다. 무당에게 물으니 왈: "여우는 요사스러운 짐승이므로 상서롭지 않습니다. 게다가 빛이 희니 더욱 괴이합니다. 그러나 하늘이 간절한 뜻을 말로 전할 수 없으므로 요괴로 보여줌은 임금으로 하여금 두려워할 줄 알고 반성할 줄 알며 스스로 새 사람이 되도록 하려는 것입니다. 만약 임금이 덕을 닦으면 화를 복으로 바꿀 수 있습니다." 왕 왈: "흉하면 흉하다, 길하면 길하다 할 것이지 당신은 요사스러운 것이라고 말해놓고 다시 복이 된다고 하니 얼마나 엉터리인가?" 무당을 죽였다.

四年 夏四月丁卯晦日有食之。五月五星聚於東方。日者畏王之怒, 誣告曰: "是君之德也, 國之福也。" 王喜。冬十二月無冰。

4년. 여름 4월 그믐 정묘에 일식이 있었다. 5월 오성(금·목·수·화·토성)이 동방에 모였다. 천문관은 왕이 노할까 두려워 거짓으로 "이는 임금의 덕이며 나라의 복이다"라고 말하였다. 왕은 기뻐하였다. 겨울 12월 얼음이 얼지 않았다.

八年 夏六月隕霜。冬十二月雷, 地震。晦客星犯月。

8년. 여름 6월 서리가 내렸다. 겨울 12월 우레가 울리고 지진이 일어났다. 그믐날 객성이 달을 범하였다.

十三年 春二月星孛于北斗。夏五月甲戌晦日有食之。

13년. 봄 2월 살별이 북두에 나타났다. 여름 5월 그믐 갑술에 일식이 있었다.

二十年 春正月晦日有食之。三月太祖大王薨於別宮, 年百十九歲。冬十月椽那皂衣明臨荅夫因民不忍, 弑王。號爲次大王。

20년. 봄 정월 그믐에 일식이 있었다. 3월 태조대왕이 별궁에서 119세로 사망하였다. 겨울 10월 연나 조의 명림답부가 백성들이 견디지 못하므로 왕을 시해하였다. 호를 차대왕이라 하였다.

三國史記卷第十六

(삼국사기 권제16)

高句麗本紀第四(고구려본기 제4)

新大王、故國川王、山上王
　신대왕, 고국천왕, 산상왕

〇<u>新大王</u>諱伯固固一作句、<u>太祖大王</u>之季弟。儀表英特,性仁恕。初<u>次大王</u>無道,臣民不親附,恐有禍亂,害及於己,遂遁於山谷。及<u>次大王</u>被弑,左輔<u>菸支留</u>與群公議,遣人迎致。及至,<u>菸支留</u>獻國璽曰："先君不幸棄國,雖有子,不克有國家。夫人之心歸于至仁,謹拜稽首,請即尊位。"於是俯伏三讓而後即位。時年七十七歲。

　신대왕의 이름은 백고固 혹왈 句이며 태조대왕의 막내 동생이다. 의표가 영특하고 성품이 인자하며 너그럽다. 당초 차대왕이 무도하여 신하와 백성이 가까이 하지 않았기 때문에 환란이 생기면 자기에게 해가 미칠 것을 염려하여 산속에 숨었었다. 차대왕이 시해되자 좌보 어지류가 대신들과 의논하여 사람을 보내 맞이하여 왔다. 백고가 돌아오자 어지류가 옥새를 바치면서 말했다："선왕이 불행하게 나라를 버리고 비록 아들이 있으나 나라를 맡을 수 없습니다. 인심은 지극히 어진 이에게 돌아가므로 삼가 절하며 머리를 조아리오니 존위에 오르십시오." 이에 엎드려 세 번 사양한 뒤에 즉위하였다. 이때 나이가 77세였다.

二年 春正月下令曰：“寡人生忝王親,本非君德,向屬友于之政,頗乖貽厥之謨。畏害難安,離群遠遁,洎聞凶(訃)[訃],但極哀摧。豈謂百姓樂推,群公勸進?謬以眇(未)[末],據于崇高,不敢遑寧,如涉(△)[淵]海。宜推恩而及遠,遂與衆而自新。可大赦國内。” 國人既聞赦令,無不歡呼慶抃,曰：“大哉,新大王之德澤也!” 初明臨荅(天)[夫]之難次大王 太子(△)[鄒]安(△)[逃]竄,及聞嗣王赦令,即詣王門,告曰：“嚮國有災禍,臣不能死,遁于山谷。今聞新政,敢以罪告。若大王據法定罪,棄之市朝,惟命是聽;若賜以不死,放之遠方,則生死肉骨之惠也。臣所願也,非敢望也。” 王即賜狗山瀨、婁豆(△)[谷]二所,仍封爲讓國君。拜荅夫爲國相,加爵爲(△)[沛]者,令知内外兵馬兼領梁貊部落。改左右輔爲國相始於此。

2년. 봄 정월 명령을 내렸다: “과인은 분에 넘치게 왕의 근친으로 태어났으나 본래 임금의 덕성이 아니며 지난날 태조대왕이 형제간에 정권을 맡겼으나 왕위를 넘겨주는 법도에 자못 어긋난다. 나는 화를 입을까 마음이 편치 못했으며 사람을 피해 먼 곳에 은둔했다가 흉보를 듣고 다만 극도로 슬퍼했다. 그래 백성들이 기꺼이 추대하고 대신들이 왕위에 오르라고 권했다고 말할 수 있으랴! 보잘것없는 몸으로 그릇되게 높은 자리에 앉게 되니 조금도 감히 편안할 수 없고 마치 깊은 바다를 건너는 것과 같다. 마땅히 은혜를 먼 곳까지 펴야 할 것이며 백성과 더불어 스스로 새롭게 되어야 할 것이다. 나라 안을 대사면한다!” 백성들은 사면령을 듣고 손뼉 치며 환호하지 않은 자가 없다: “크도다! 새 임금의 은덕이여!” 당초 명림답부의 난이 일어났을 때 차대왕의 태자 추안이 도망하였다가 새 왕의 사면령을 듣고 곧 궁문에 이르러 고하였다: “이전에 나라에 재난이 있을 때 소신은 죽지 못하고 산속에 숨었다가 지금 새 정치를 한다는 말을 듣고 감히 저의 죄를 아룁니다. 만약 대왕께서 법에 의하여 죄를 정하여 주면 시체를 저자에 버리는 형벌이라도 명을 따르겠습니다. 만약 죽음을 면하게 하여 먼 곳으로 추방해도 죽은 목숨을 살리고 뼈에 살이 돋게 하는 은혜입니다. 이는 저가 원하는 바이나 감히 기대할 수는 없습니다." 왕이 곧 구산뢰, 누두곡 두 곳을 주고 양국군으로 봉하였다. 답부를 국상으로 모시고 작위를 패자로 올려주었으며 중앙과 지방의 군사를 맡게 함과 동시에 양맥 부락을 거느리게 하였다. 좌우보를 국상으로 고친 것이 이로부터 시작이다.

三年 秋九月王如<u>卒本</u>(祀)[祀]<u>始祖廟</u>。冬十月王至自<u>卒本</u>。

3년. 가을 9월 왕이 졸본에 가서 시조사당에 제사지냈다. 겨울 10월 왕이 졸본으로부터 돌아왔다.

四年 漢<u>玄菟郡</u>太守<u>耿臨</u>來侵,殺我軍數百人。王自降,乞屬<u>玄菟</u>。

4년. 한의 현도군 태수 경림이 와서 침입하여 아군 수백 명을 죽였다. 왕이 자진 항복하고 현도에 속하기를 빌었다.

五年 王遣大加<u>優居</u>、主簿<u>然人</u>等將兵助<u>玄菟</u>太守<u>公孫度</u>討<u>富山</u>賊。

5년. 왕이 대가 우거와 주부 연인 등을 보내 군사를 거느리고 현도 태수 공손도를 도와 부산의 적을 토벌하였다.

八年 冬十一月<u>漢</u>以大兵嚮我。王問群臣戰守孰便。衆議曰:"<u>漢</u>兵恃衆輕我,若不出戰,彼以我爲怯,數來。且我國山險而路隘,此所謂'一夫當關,萬夫莫當'者也。<u>漢</u>兵雖衆,無如我何,請出師禦之。"<u>荅夫</u>曰:"不然。<u>漢</u>國大民衆。今以强兵遠鬥,其鋒不可當也。而又兵衆者宜戰,兵少者宜守,兵家之常也。今<u>漢</u>人千里轉糧,不能持久。若我深溝高壘,清野以待之,彼必不過旬月,饑困而歸。我以勁卒薄之,可以得志。"王然之,嬰城固守。<u>漢</u>人攻之不克,士卒饑餓,引還。<u>荅夫</u>帥數千騎追之,戰於<u>坐原</u>,<u>漢</u>軍大敗,匹馬不反。王大悅,賜<u>荅夫</u> <u>坐原</u>及<u>質山</u>爲食邑。

8년. 겨울 11월 한이 대군을 풀어 우리를 향하여 왔다. 왕이 대신들에게 공격과 수비의 어느 쪽이 좋은가를 물었다. 사람들이 의논하여 왈: "한 군은 수가 많은 것을 믿고 우리를 깔보니 만약 나아가 싸우지 않으면 우리를 겁쟁이라 하며 자주 올 것입니다. 우리나라는 산이 험하고 길이

줍으니 그야말로 '한 사람이 관문을 지키면 만 사람도 당할 자가 없다'
입니다. 한군의 수가 많을지라도 우리를 어찌할 수 없으니 군사를 출동
시켜 막읍시다." 답부 왈: "그렇지 않습니다. 한은 나라가 크고 인구가
많습니다. 지금 강한 병력으로 멀리 쳐들어왔으니 그 예봉을 당할 수
없습니다. 또한 병력이 큰 자는 마땅히 싸우고 병력이 작은 자는 마땅히
수비해야 하는 것이 병가의 상식입니다. 지금 한은 천리 밖에서 군량미
를 수송해야 하므로 오래 갈 수 없습니다. 만약 우리가 도랑을 깊이
파고 보루를 높이 쌓고 들판을 비우고 기다리면 그들은 반드시 열흘
내지 한 달을 넘기지 못하고 굶주림과 피곤으로 돌아갈 것입니다. 이때
우리가 강한 병력으로 압박하면 뜻대로 될 수 있습니다." 왕이 수긍하
고 성을 닫고 굳게 수비하였다. 한인은 공격하다가 이기지 못하고 사졸
들이 굶주려 돌아갔다. 답부가 수천의 기병을 거느리고 추격하여 좌원
에서 전투를 벌여 한군은 크게 패하여 한 필의 말도 돌아가지 못하였다.
왕이 크게 기뻐하며 답부에게 좌원과 질산을 식읍으로 하사하였다.

十二年 春正月群臣請立太子。三月立王子<u>男武</u>爲王太子。

12년. 봄 정월 대신들이 태자를 정할 것을 청하였다. 3월 왕자 남무를
왕태자로 세웠다.

十四年 冬十月丙子晦日有食之。

14년. 겨울 10월 그믐 병자에 일식이 있었다.

十五年 秋九月國相<u>答夫</u>卒, 年百十三歲。王自臨慟, 罷朝七日。乃以禮
葬於<u>質山</u>, 置守墓二十家。冬十二月王薨, 葬於<u>故國谷</u>, 號爲<u>新大王</u>。

15년. 가을 9월 국상 답부가 113세로 죽었다. 왕이 직접 가서 애통해하
며 7일간 조회를 중지하였다. 예의를 갖추어 질산에 장사지내고 20호
의 묘지기를 두었다. 겨울 12월 왕이 사망하였다. 고국곡에 장사 지내
고 호를 신대왕이라 하였다.

○<u>故國川王</u><small>或云國襄</small>諱<u>男武</u><small>或云伊夷模</small>, <u>新大王</u><u>伯固</u>之第二子。<u>伯固</u>薨, <u>國</u>

人以長子拔奇不肖,共立伊夷謨爲王。漢獻帝 建安初拔奇怨爲兄而不得立,與消奴加各將下戶三萬餘口詣公孫康降,還住沸流水上。王身長九尺,姿表雄偉,力能扛鼎,莅事聽斷,寬猛得中。

고국천왕혹왈 국양의 이름은 남무혹왈 이이모이고 신대왕 백고의 차자다. 백고가 사망할 때 나라사람들이 장자 발기가 불초하다며 함께 이이모를 왕으로 세웠다. 한헌제 건안 초 발기는 형으로서 왕위에 오르지 못한 것을 원망하여 소노가와 함께 각각 문하의 민호 3만여 명을 거느리고 공손강에게 가서 항복하고 비류수가로 돌아와 살았다. 왕은 키가 9자이고 풍채가 웅장하며 정鼎을 들 정도로 힘이 세었고 남의 말을 듣고 과단성 있게 일처리하며 관용과 위엄이 적중하다.

二年 春二月立妃于氏爲王后。后提那部 于素之女也。秋九月王如卒本(杞)[祀]始祖廟。

2년. 봄 2월 왕비 우씨를 왕후로 하였다. 왕후는 제나부 우소의 딸이다. 가을 9월 왕이 졸본에 가서 시조사당에 제사지냈다.

四年 春三月甲寅夜赤氣貫於太微如蛇。秋(△)[七]月星孛于太微。

4년. 봄 3월 갑인 밤에 붉은 기운이 태미 성좌를 뱀처럼 관통하였다. 가을 7월 살별이 태미성좌에 나타났다.

六年 漢 遼東太守興師伐我。王遣王子罽須拒之,不克。王親帥精騎往,與漢軍戰於坐原,敗之,斬首山積。

6년. 한 요동 태수가 군사를 풀어 우리를 정벌하였다. 왕이 왕자 계수를 파견하여 대항했으나 이기지 못했다. 왕이 직접 정예 기병을 거느리고 가서 한군과 좌원에서 싸워 이기고 참수한 시체가 산더미처럼 쌓였다.

八年 夏四月乙卯熒惑守心。五月壬辰晦日有食之。

8년. 여름 4월 을묘에 형혹성이 심성성좌에 머물렀다. 5월 그믐 임진에 일식이 있었다.

十二年 秋九月京都雪六尺。中畏大夫沛者於畀留、評者左可慮皆以王后親戚執國權柄。其子弟并恃勢驕侈,掠人子女,(△)[奪]人田宅,國人怨憤。王聞之,怒欲誅之,<u>左可慮</u>等與四橡那謀叛。

12년. 가을 9월 경성에 눈이 6자 내렸다. 중외대부 패자 어비류와 평자 좌가려는 모두 왕후의 친척으로서 권력을 잡고 있었다. 그 자제들이 모두 세도를 믿고 교만하고 사치하며 다른 사람의 자녀를 겁탈하고 토지와 주택을 갈취하여 백성들이 원망하고 분개해하였다. 왕이 듣고 노하여 처형하려 하자 좌가려 등이 네 연나와 반란을 모의하였다.

十三年 夏四月聚衆攻王都。王徵(幾)[畿]内兵馬平之,遂下令(曰)[曰]: "近者官以寵授,位非德進,毒流百姓,動我王家,此寡人不明所致也。 令汝四部各擧賢良在下者。"於是四部共擧東部<u>晏留</u>。王徵之,委以國 政。<u>晏留</u>言於王曰:"微臣庸愚,固不足以參大政。<u>西鴨淥谷</u> <u>左勿村</u> <u>乙 巴素</u>者,<u>琉璃王</u>大臣<u>乙素</u>之孫也,性質剛毅,智慮淵深。不見用於世,力 田自給。大王若欲理國,非此人則不可。"王遣使,以卑辭重禮聘之,拜 中畏大夫,加爵爲于台,謂曰:"孤叨承先業,處臣民之上,德薄才短,未 濟於理。先生藏用晦明,窮處草澤者久矣。今不我棄,幡然而來,非獨孤 之喜幸,社稷生民之福也。請安承敎,公其盡心!"

13년. 여름 4월 무리를 모아 경성을 공격했다. 왕은 경기 내의 병력을 징발하여 진압하고 명령을 내렸다: "근래 관직은 총애에 의해 제수하 고 직위는 덕행에 의해 승진 되지 않아 해독이 백성들에게 미치고 왕실 을 동요시켰다. 이는 과인이 명석하지 못하여 생긴 것이다. 당신네 4부 는 각각 아래에 있는 현명한 자들을 천거하라!" 이에 4부는 모두 동부의 안류를 천거하였다. 왕이 그를 발탁하여 국정을 맡겼다. 안류가 왕에게 왈: "미천한 소신은 용렬하고 어리석어 실로 중대한 국정에 참여할 수 없습니다. 서압록곡 좌물촌의 을파소라는 사람은 유리왕의 대신 을소의 손자인데 성질이 강직하고 지혜로우며 사려 깊은 사람입니다. 세상에 등용 되지 못하고 힘으로 농사지어 자급합니다. 대왕께서 나라 를 다스리려면 이 사람이 아니면 안 됩니다." 왕이 사신을 보내 겸손한 말과 후한 예물로써 초빙하여 중외대부로 임명하고 우태의 작위를 주

며 왈: "나는 외람되게 선대의 왕업을 이어 신민의 윗자리에 있으나 덕과 재주가 부족해 관리를 잘 못하오. 선생은 능력과 총명을 감추고 초야에 궁색하게 있은 지 오래됐소. 이젠 나를 버리지 않고 마음을 돌려 왔으니 이는 나의 기쁨과 행운일 뿐만 아니라 사직과 백성의 복이요. 가르침 받고자 하니 공이 힘껏 해주기 바라오."

巴素意雖許國,謂所受職不足以濟事。乃對曰: "臣之駑蹇,不敢當嚴命,願大王選賢良授高官,以成大業。" 王知其意,乃除爲國相,令知政事。於是朝臣國戚謂素以新間舊,疾之。王有敎曰: "無貴賤,苟不從國相者族之。" 素退而告人曰: "不逢時則隱,逢時則仕,士之常也。今上待我以厚意,其可復念舊隱乎?" 乃以至誠奉國。明政敎,愼賞罰,人民以安,內外無事。冬十月王謂晏留曰: "若無子之一言,孤不能得巴素以共理。今庶績之(疑)[凝],子之功也。" 乃拜爲大使者。

파소는 마음으로는 비록 나라 일에 동의하였으나 맡은 직위가 일을 하기에 충분하지 않다고 여기며 대답하였다: "우둔한 저로서는 감히 왕의 엄명을 감당하기 어려우니 대왕께서 현량한 사람을 뽑아 높은 관직을 주어 대업을 이룩하기 바랍니다." 왕이 그 뜻을 알고 곧 국상으로 임명하여 정사를 맡겼다. 이에 조정의 대신들과 왕실의 친척들은 을파소가 새로 들어와 구신들을 이간질한다 하며 미워하였다. 왕이 교서를 내렸다: "귀천을 막론하고 국상에게 복종하지 않는 자는 멸족시킨다." 을파소는 물러나와 사람들에게 "때를 만나지 못하면 은거하고 때를 만나면 벼슬을 하는 것은 선비의 상례요. 지금 왕께서 나를 후하게 대하니 어찌 다시 전일의 은거를 생각하겠소!"라고 말하고 성의껏 나라에 봉사하였다. 정치와 교화를 똑똑히 하고 상과 벌을 신중하게 하니 백성들이 안정해지고 안팎이 무사해졌다. 겨울 10월 왕이 안류에게 왈: "만일 그대의 말이 없었다면 내가 을파소를 얻어 함께 다스리지 못했을 것이요. 지금 많은 성과가 쌓이게 된 것은 그대의 공로요." 안류를 대사자로 모셨다.

論曰:古先哲王之於賢者也,立之無方,用之不惑。若殷高宗之傅說、蜀先主之孔明、秦㈜[苻]堅之王猛。然後賢在位,能在職,政教修明而國家可保。今王決然獨斷,拔巴素於海濱,不撓衆口,置之百官之上,而又賞其舉者,可謂得先王之法矣。

논평하여 왈: 옛날 명철한 임금은 현명한 자를 등용함에 구애를 받지 않았고 일단 등용하면 의심하지 않았다. 은고종의 부열, 촉 유비의 공명, 진 부견의 왕맹처럼이다. 그런 후에라야 현명하고 유능한 자가 응분의 직위에 등용될 수 있으며 정치와 교화가 밝아지고 국가를 보존할 수 있다. 이번에 왕이 홀로 결단을 내려 을파소를 바닷가에서 발탁하여 중론에 구애 받지 않고 백관의 윗자리에 올려놓았으며 또한 천거한 자에게까지 상을 주었으니 가히 옛 임금의 법도를 체득했다 할 수 있다.

十六年 秋七月墮霜殺穀。民饑,開倉賑給。冬十月王畋于質陽,路見坐而哭者。問:"何以哭爲?"對曰:"臣貧窮,常以傭力養母。今歲不登,無所傭作,不能得升斗之食,是以哭耳。"王曰:"嗟呼!孤爲民父母,使民至於此極,孤之罪也。"給衣食以存撫之。仍命內外所司,博問鰥寡孤獨老病貧乏不能自存者,救恤之。命有司每年自春三月至秋七月,出官穀,以百姓家口多少,賑貸有差,至冬十月還納,以爲恒式。內外大悅。

16년. 가을 7월 서리가 내려 곡식을 죽였다. 백성이 굶주리므로 창고를 열어 구제하였다. 겨울 10월 왕이 질산 남쪽에서 사냥하다가 길가에 앉아 우는 자를 보고 "왜 우느냐?" 물으니 답 왈: "소신은 빈궁하여 늘 품팔로 어머님을 봉양하였습니다. 금년은 흉년이 들어 품 팔 데가 없고 되, 말의 곡식도 얻을 수 없기에 웁니다." 왕 왈: "아하! 내가 백성의 부모가 되어 백성을 이 극도의 지경으로 만들었으니 나의 죄이다." 옷과 음식을 주어 위로하였다. 이어서 경성과 지방의 관계부문에 명령하여 홀아비, 과부, 고아, 독고노인, 병들고 가난하여 제 힘으로 살 수 없는 자를 널리 탐문하여 구제하였다. 관계 부문에 명령하여 매년 봄 3월부터 가을 7월까지 관곡을 풀어 식구의 다소에 따라 차등을 두어 구제 곡식을 빌려주었다가 겨울 10월에 갚는 것을 상례로 하였다. 경성과 지방이 크게 기뻐하였다.

十九年 中國大亂,漢人避亂來投者甚多,是漢獻帝 建安二年也。夏五月王薨,葬于故國川原,號爲故國川王。

19년. 중국에 큰 난리가 일어나 피난하여 귀순하는 한인이 매우 많았다. 이때가 한헌제 건안 2년이다. 여름 5월 왕이 사망하여 고국천원에 장사 지내고 호를 '고국천왕'이라 하였다.

○山上王諱延優一名位宮,故國川王之弟也。魏書云:"朱蒙裔孫宮,生而開目能視,是爲太祖。今王是太祖曾孫,亦生而視人,似曾祖宮。高句麗呼相似爲位,故名位宮云。"故國川王無子,故延優嗣立。初故國川王之薨也,王后于氏秘不發喪,夜往王弟發歧宅,曰:"王無後,子宜嗣之。"發歧不知王薨,對曰:"天之曆數有所歸,不可輕議。況婦人而夜行,豈禮云乎?"后慚,便往延優之宅。優起,衣冠,迎門入座宴飮。王后曰:"大王薨,無子,發歧作長當嗣,而謂妾有異心,暴慢無禮。是以見叔。"於是延優加禮,親自操刀割肉,誤傷其指。后解裙帶裹其傷指。將歸,謂延優曰:"夜深恐有不虞,子其送我至宮。"延優從之,王后執手入宮。

산상왕의 이름은 연우일왈 위궁고 고국천왕의 동생이다. 『위서』왈: '주몽의 후손 궁은 태어나면서부터 눈을 뜨고 능히 볼 수 있었는데 그가 태조다. 지금의 왕은 태조의 증손으로서 역시 태어나면서부터 사람을 보는 것이 증조 궁을 닮았다. 고구려에서 서로 닮았다는 말을 위라 하므로 위궁으로 이름을 지었다.' 고국천왕이 아들이 없으므로 연우가 뒤를 이어 즉위하였다. 당초 고국천왕의 별세를 비밀로 하여 발상하지 않고 밤에 왕의 동생 발기의 집에 가서 말했다: "왕이 아들이 없으니 그대가 왕의 뒤를 이어야 하오." 발기는 왕이 죽은 것을 알지 못하고 대답하였다: "하늘의 운수는 귀속하는 데가 있으므로 경솔하게 논의할 수 없습니다. 하물며 부인으로서 밤에 출입하는 것을 어찌 예라 말할 수 있습니까?" 왕후는 부끄러워하며 곧 연우의 집으로 갔다. 연우는 일어나 의관을 정제하고 문에서 맞아들여 자리에 앉히고 주연을 베풀었다. 왕후가 말했다: "대왕이 돌아갔는데 아들이 없으니 발기가 우이니 마땅히 뒤를 이어야 되겠으나 나에게 딴 마음을 품었다 생각하며 난폭, 거만하고 무례하므로 동생을 뵈러 온 것이요." 그러니 연우는 예절을 더욱 갖추어 직접 칼로 고기를 베다가 자칫 손가락을 다쳤다. 왕후가 치마끈을 풀어 다친 손가락을 싸주었다. 환궁하려 할 때 연우에게 왈: "밤이 깊어 뜻하지 않은 일이 생길까 염려되니 그대가 나를 궁궐까지 데려다주시오." 연우가 그렇게 하니 왕후는 연우의 손을 잡고 궁궐로 들어갔다.

至翌日質明, 矯先王命, 令群臣立<u>延優</u>爲王。<u>發岐</u>聞之大怒, 以兵圍王宮, 呼曰: "兄死弟及, 禮也。汝越次篡奪, 大罪也。宜速出, 不然則誅及妻孥。"<u>延優</u>閉門三日, 國人又無從<u>發</u>者。<u>發岐</u>知難, 以妻子奔<u>遼東</u>, 見太守<u>公孫度</u>, 告曰: "某<u>高句麗</u>王<u>男武</u>之母弟也。<u>男武</u>死, 無子, 某之弟<u>延優</u>與嫂<u>于</u>氏謀卽位, 以廢天倫之義。是用憤恚, 來投上國, 伏願假兵三萬, 令擊之, 得以平亂。"<u>公孫度</u>從之。<u>延優</u>遣弟<u>罽須</u>, 將兵禦之, <u>漢</u>兵大敗。<u>罽須</u>自爲先鋒追北, <u>發岐</u>告<u>罽須</u>曰: "汝今忍害老兄乎?"<u>罽須</u>不能無情於兄弟, 不敢害之, 曰: "<u>延優</u>不以國讓, 雖非義也, 爾以一時之憤, 欲滅宗國, 是何意耶? 身沒之後何面目以見先人乎?"<u>發岐</u>聞之, 不勝慚悔, 奔至<u>裴川</u>自刎死。<u>罽須</u>哀哭, 收其屍草葬, 訖而還。

이튿날 동틀 무렵 선왕의 유명으로 꾸며 대신들을 시켜 연우를 왕으로 세웠다. 발기가 이 소식을 듣고 크게 노하여 군사로 왕궁을 포위하고 외쳤다: "형이 죽으면 동생에게 차려지는 것이 예의인데 네가 차례를 넘어 찬탈하였으니 큰 죄다. 빨리 나오지 않으면 처자들까지 죽이겠다." 연우는 3일간 문을 닫고 있었고 나라 사람들도 발기를 따르는 자가 없었다. 발기는 어려움을 알고 처자들과 함께 요동으로 달려가서 태수 공손도를 보고 고했다: "나는 고구려왕 남무의 동생입니다. 남무가 죽고 아들이 없는데 나의 동생 연우가 형수 우씨와 공모하고 즉위하여 천륜의 예의를 어겼습니다. 이에 분개하여 상국으로 귀순하여 왔으니 3만 병력을 빌려 주어 공격하여 난을 평정하게 해주시오." 공손도가 들어주었다. 연우는 동생 계수를 보내 군사를 거느리고 막으니 한군이 크게 패하였다. 계수가 스스로 선봉이 되어 패전병을 추격하니 발기가 계수에게 말했다: "네가 오늘 참아 형을 죽이겠는가?" 계수가 형제간의 정을 버릴 수 없어 감히 죽이지 못하고 말했다: "연우가 왕위를 사양하지 않은 것은 비록 의로운 행동은 아니지만 형이 일시의 분을 못 이겨 조상의 나라를 멸망시키려 함은 무슨 뜻입니까? 죽은 후에 무슨 면목으로 선조들을 뵙겠습니까?" 발기가 듣고 부끄러움과 뉘우침을 이길 수 없어 배천으로 도주하여 스스로 목을 베어 자결하였다. 계수가 슬피 울고 시체를 거두어 대충 묻고 돌아왔다.

王悲喜,引罽須內中宴見以家人之禮,且曰:"發岐請兵異國,以侵國家,罪莫大焉。今子克之,縱而不殺,足矣。及其自死,哭甚哀,反謂寡人無道乎?"罽須愀然銜淚而對曰:"臣今請一言而死。"王曰:"何也?"罽須曰:"王后雖以先王遺命立大王,大王不以禮讓之,曾無兄弟友恭之義。臣欲成大王之美,故收屍殯之,豈圖緣此逢大王之怒乎?大王若以仁忘惡,以兄喪禮葬之,孰謂大王不義乎?臣既以言之,雖死猶生。請出受(△)[誅]有司。"王聞其言,前席而坐,溫顏慰諭曰:"寡人不肖,不能無惑,今聞子之言,誠知過矣。願子無責。"王(子)[弟]拜之,王亦拜之,盡歡而罷。秋九月命有司奉迎發岐之喪,以王禮葬於裴嶺。王本因于氏得位,不復更娶,立于氏爲后。

왕은 슬퍼하면서도 기뻐하고 계수를 궁내로 불러 들여 주연을 베풀며 집안사람의 예로 대하면서 말했다: "발기가 타국에 청병하여 국가를 침범하였으니 죄가 이보다 더 클 수 없다. 자네가 이기고도 놓아주고 죽이지 않은 것만도 족한 일인데 그의 죽음에 너무 슬피 우니 도리어 나를 무도하다고 하는 것인가?" 계수가 슬프게 눈물을 머금으며 대답

하였다: "소신은 지금 한 마디 말을 하고 죽기를 바랍니다." 왕이 "무슨 말인가?" 하고 물으니 계수가 말했다: "왕후가 비록 선왕의 유명으로 대왕을 세웠으나 대왕께서 예의로 사양하며 형제우애 공경의 뜻을 표시한 적이 없었습니다. 소신은 대왕의 미덕을 이루고자 시체를 거두어 처치했는데 이것으로 대왕의 노여움을 바랐겠습니까? 대왕께서 만약 어진 마음을 베풀어 악을 잊고 형에 대한 상례로 장례지내 준다면 누가 대왕을 불의하다고 하겠습니까? 소신은 할 말을 하였으니 죽어도 산 것과 같습니다. 나아가 관계 부문의 처형을 받게 해주시오." 왕이 그 말을 듣고 앞으로 다가 앉으며 따뜻한 표정으로 위로하여 말했다: "과 인이 불초하여 의혹을 품지 않을 수 없었는데 지금 자네의 말을 들으니 진실로 나의 잘못을 알게 되었다. 그대는 책망하지 말기 바란다." 왕의 동생이 절하고 왕도 절한 후 마음껏 즐기다가 헤어졌다. 가을 9월 관계 부문에 명하여 발기를 상례로 받아오고 왕의 예의로써 배령에 장사지 냈다. 왕은 우씨 때문에 왕위를 얻게 되었으므로 다시 부인을 얻지 않고 우씨를 왕후로 삼았다.

二年 春二月築丸都城。夏四月赦國內二罪已下。

2년. 봄 2월 환도성을 건축했다. 여름 4월 두 가지 죄 이하의 죄수를 사면하였다.

三年 秋九月王畋于質陽。

3년. 가을 9월 왕이 질산 남쪽에서 사냥하였다.

七年 春三月王以無子,禱於山川。是月十五夜夢,天謂曰:"吾令汝少 后生男,勿憂。"王覺,語群臣曰:"夢天語我,諄諄如此,而無少后,奈何?" 巴素對曰:"天命不可測,王其待之。"秋八月國相乙巴素(촉)[卒],國人 哭之慟。王以高優婁爲國相。

7년. 봄 3월 왕이 아들이 없어 산천에 기도하였다. 이달 보름 밤 꿈에 하늘이 왕에게 왈: "내가 너의 젊은 부인으로 하여금 아들을 낳게 할 것이니 걱정하지 말라." 왕이 잠을 깨어 대신들에게 "꿈에 하늘이 나에

게 여차여차 간곡하게 말하였는데 젊은 부인이 없으니 어쩔까?” 하니
을파소 왈: “천명이란 예측할 수 없으니 왕께서는 기다리십시오.” 가을
8월 국상 을파소가 죽어 백성이 통곡하였다. 왕이 고우루를 국상으로
하였다.

十二年 冬十一月郊豕逸,掌者追之,至<u>酒桶村</u>躑躅不能捉。有一女子
年二十許,色美而艷,笑而前執之,然後追者得之。王聞而異之,欲見其
女,微行,夜至女家。使侍人說之,其家知王來,不敢拒。王入室,召其女,
欲御之,女告曰:“大王之命不敢避,若幸而有子,願不見遺。”王(△)[諾]
之。至丙夜王起,還宮。

12년. 겨울 11월 교제에 쓸 돼지가 달아나 책임자가 쫓아가 주통촌에
이르러 머뭇거리며 잡지 못하였다. 나이 20세가량 된 예쁜 한 여자가
웃으면서 앞으로 걸어와 붙잡아 쫓던 자가 잡을 수 있었다. 왕이 듣고
이상하게 여겨져 그 여자가 보고 싶어 암행하여 밤에 여자의 집에 갔다.
시종을 시켜 설득하니 그 집에서 왕이 온 줄 알고 감히 거절하지 못하였
다. 왕이 방으로 들어가 그 여자를 불러 차지하려 하니 그 여자 왈:
“대왕의 명령을 감히 피할 수 없으나 만약 요행 아이가 생기면 버리지
말기 바랍니다.” 왕이 승낙하였다. 자정이 되자 왕이 일어나 환궁하였다.

十三年 春三月王后知王幸<u>酒桶村</u>女,妬之,陰遣兵士殺之。其女聞知,
衣男服逃走。追及,欲害之,其女問曰:“爾等今來殺我,王命乎,王后命
乎?今妾腹有子,實王之遺體也。殺妾身可也,亦殺王子乎?”兵士不敢
害,來以女所言告之。王后怒,必欲殺之而未果。王聞之,乃復幸女家,
問曰:“汝今有娠,是誰之子?”對曰:“妾平生不與兄弟同席,況敢近異
姓男子乎?今在腹之子實大王之遺體也。”王慰藉,贈與甚厚。乃還告
王后,竟不敢害。秋九月<u>酒桶</u>女生男。王喜曰:“此天賚予嗣胤也。”始
自郊豕之事,得以幸其母,乃名其子曰<u>郊彘</u>,立其母爲小后。初小后母
孕未產,巫卜之曰:“必生王后。”母喜,及生,名曰<u>后女</u>。冬十月王移都
於(九)[丸]都。

13년. 봄 3월 왕이 주통촌 여자와 관계한 사실을 왕후가 알고 질투하여 몰래 병사를 보내 죽이려 하였다. 그 여자가 듣고 알게 되어 남장을 하고 도주하였다. 따라잡아 죽이려 하니 그 여자가 물었다: "너희들이 지금 나를 죽이려 하는데 왕의 명령이냐, 왕후의 명령이냐? 지금 나의 뱃속에 아들이 있으며 이 아들은 사실 왕이 남긴 몸이다. 내 몸을 죽이는 것은 되나 왕자도 죽일 것인가?" 병사들이 감히 죽이지 못하고 돌아와 그 여자의 말을 보고하였다. 왕후가 노하여 기어코 죽이려 하였으나 성공하지 못하였다. 왕이 듣고 다시 그 여자의 집에 가서 "네가 지금 임신한 것이 누구의 아들이냐?"라고 물으니 그 여자 왈: "제가 평생 형제와도 같이 앉지 않았는데 황차 이성의 다른 남자와 가까이 했겠습니까? 지금 뱃속의 아들은 진실로 대왕이 남긴 몸입니다." 왕이 위로하고 선물을 후하게 주었다. 곧 돌아와 왕후에게 말하니 결국 그 여자를 결국 죽이지 못하였다. 가을 9월 주통촌 여자가 남자 아이를 낳았다. 왕이 기뻐하며 왈: "이는 하늘이 나에게 준 후계자이다." 교제에 잡을 돼지로 말미암아 그의 모친과 잠자리를 같이 하였으므로 아들의 이름을 교체라 하고 아이 어미를 소후로 세웠다. 당초 소후의 모친이 그녀를 배어 낳기 전에 무당이 점을 치고 "반드시 왕후를 낳으리라" 하여 모친은 기뻐하였고 아이를 낳자 후녀라 이름 지었었다. 겨울 10월 왕이 환도로 도읍을 옮겼다.

十七年 春正月立郊彘王太子。

17년. 봄 정월 교체를 왕태자로 세웠다.

二十一年 秋八月漢 平州人夏瑤以百姓一千餘家來投, 王納之, 安置柵城。冬十月雷、地震。星(孛)[字]于東北。

21년. 가을 8월 한의 평주인 하요가 백성 천여 호를 데리고 귀순해와 왕이 받아들여 책성에 안치하였다. 겨울 10월 우레가 치고 지진이 일어났다. 살별이 동북쪽에 나타났다.

二十三年 春二月壬子晦日有食之。

23년. 봄 2월 그믐 임자에 일식이 있었다.

二十四年 夏四月異鳥集于王庭。

24년. 여름 4월 이상한 새들이 궁궐 뜰에 모였다.

二十八年 王孫然弗生。

28년. 왕의 손자 연불이 태어났다.

三十一年 夏五月王薨,葬於山上陵,號爲山上王。

31년. 여름 5월 왕이 사망하여 산상릉에 장사지내고 호를 산상왕이라 하였다.

三國史記卷第十七

(삼국사기 권제17)

高句麗(國)本紀第五(고구려본기 제5)

東川王、中川王、西川王、烽上王、美川王

　동천왕, 중천왕, 서천왕, 봉상왕, 미천왕

○**東川王**或云東襄諱憂位居,少名郊彘,<u>山上王</u>之子。母酒桶村人,入爲
<u>山上小后</u>,史失其族姓。前王十七年立爲太子,至是嗣位。王性寬仁。
王后欲試王心,候王出遊,使人截王路馬鬣。王還曰:"馬無鬣可憐!"又
令侍者進食時陽覆羹於王衣,亦不怒。

　　동천왕혹왈 동양의 이름은 우위거고 아명은 교체며 산상왕의 아들이다.
모친은 주통촌인으로서 입궁하여 산상왕의 소후가 되었는데 사료에는
그의 가족과 성씨가 기록돼 있지 않다. 전왕 17년에 태자가 되었고
이때에 이르러 왕위를 이었다. 왕은 성격이 너그럽고 인자하였다. 왕후
가 왕의 마음을 떠보기 위해 왕이 밖으로 나간 짬에 사람을 시켜 왕이
타는 말의 갈기를 잘랐다. 왕이 돌아와서 왈: "말의 갈기가 없으니 가련
하구나." 또 시중드는 사람을 시켜 밥을 올릴 때 왕의 옷에 국을 엎지르
게 꾸몄는데 역시 성내지 않았다.

二年 春二月如卒本祀始祖廟。大赦。三月封于氏爲王太后。

2년. 봄 2월 졸본에 가서 시조사당에 제사지내고 대사면을 행하였다. 3월 우씨를 왕태후로 봉했다.

四年 秋七月國相高優婁卒,以于台明臨於漱爲國相。

4년. 가을 7월 국상 고우루가 죽어 우태의 명림어수를 국상으로 하였다.

八年 魏遣使和親。秋九月太后于氏薨。太后臨終遺言曰："妾失行,將何面(日)[目]見國壤於地下？若群臣不忍擠於溝壑,則請葬我於山上王陵之側。"遂葬之如其言。巫者曰："國壤降於予曰：'昨見于氏歸于(川)[山]上,不勝憤恚,遂與之戰。退而思之,顔厚,不忍見國人。爾告於朝,遮我以物。'"是用植松七重於陵前。

8년. 위가 사신을 보내와 화친하였다. 가을 9월 태후 우씨가 사망하였다. 태후가 임종 때 유언 왈："내 행실에 실수가 있었으니 무슨 면목으로 지하에서 국양을 보겠는가？ 만약 신하들이 차마 구렁텅이에 나의 시신을 버리지 못하겠거든 산상왕릉 옆에 묻어주시오." 유언대로 장사지냈다. 무당이 말했다："국양이 나에게 내려와서 왈：'어제 우씨가 산상왕에게 가는 것을 보고 분을 참지 못하여 그와 싸웠소. 물러나 생각하니 낯이 두꺼워도 차마 나라 사람들을 볼 수 없소. 자네가 조정에 알려서 물건으로 나를 가리게 하오.'" 이 때문에 능 앞에 일곱 겹으로 소나무를 심었다.

十年 春二月吳王孫權遣使者胡衛通和。王留其使,至秋七月斬之,傳首於魏。

10년. 봄 2월 오왕 손권이 사신 호위를 보내 화친을 청하였다. 왕이 그 사신을 억류했다가 가을 7월 참수하고 머리를 위에 전하였다.

十一年 遣使如魏,賀改年號。是景初元年也。

11년. 위에 사신을 보내 연호를 바꾼 것을 축하하였다. 이 해가 경초 원년이다.

十二年 魏太傅司馬宣王率衆討公孫淵。王遣主簿大加將兵千人助之。

12년. 위 태부 사마선왕이 군사를 거느리고 공손연을 토벌했다. 왕이
주부 대가를 시켜 1천 명의 병력으로 도왔다.

十六年 王遣將襲破遼東 西安平。

16년. 왕이 장수를 보내 요동 서안평을 격파하였다.

十七年 春正月立王子然弗爲王太子,赦國囚。

17년. 봄 정월 왕자 연불을 왕태자로 세우고 나라의 죄수들을 사면하였다.

十九年 春三月東海人獻美女,王納之後宮。冬十月出師侵新羅北邊。

19년. 봄 3월 동해 사람이 미녀를 헌납했고 왕이 후궁으로 맞아들였다.
겨울 10월 군사를 출동하여 신라 북쪽 변방을 침공하였다.

二十年 秋八月魏遣幽州刺史毌丘儉將萬人出玄菟來侵。王將步騎
二萬人逆戰於沸流水上,敗之,斬首三千餘級。又引兵再戰於梁貊之
谷,又敗之,斬獲三千餘人。王謂諸將曰:"魏之大兵反不如我之小兵。
毌丘儉者魏之名將,今日命在我掌握之中乎?"乃領鐵騎五千進而擊
之。儉爲方陣,決死而戰,我軍大潰,死者一萬八千餘人。王以一千餘騎
奔鴨淥原。冬十月儉攻陷丸都城,屠之。乃遣將軍王頎追王。王奔南
(△)[沃]沮,至于竹嶺,軍士分散殆盡。唯東部密友獨在側,謂王曰:"今
追兵甚迫,勢不可脫。臣請決死而禦之,王可遁矣。"遂募死士與之赴
敵力戰。

20년. 가을 8월 위가 유주 자사 관구검을 보내 1만 명을 거느리고 현도
로부터 침범하여 왔다. 왕이 보병과 기병 2만 명을 거느리고 비류수에
서 맞아 싸워 패배 시키고 3천여 명을 참수했다. 또 군사를 이끌고
양맥 골짜기에서 다시 싸워 패배시키고 3천여 명을 참수하거나 생포했
다. 왕이 장수들에게 말했다: "위의 대군이 오히려 우리의 소군만도
못하구나. 관구검이란 자는 위의 명장이지만 오늘 목숨이 나의 손에
달려 있을까?" 곧 철기 5천 명을 거느리고 진격하였다. 관구검이 방진
을 치고 결사적으로 싸워 아군이 대패하여 18,000여 명이 죽었다. 왕은

기병 1천여 기를 거느리고 압록원으로 도주하였다. 겨울 10월 관구검이 환도성을 함락시키고 도륙하였다. 그리고 장군 왕기를 보내 왕을 추격하였다. 왕은 남옥저로 도주하며 죽령에 이르렀을 때 병사들은 흩어져 거의 없어졌다. 다만 동부의 밀우 혼자 옆에 있다가 왕에게 말했다: "지금 추격병이 박두하여 탈피할 수 없게 되었습니다. 소신이 결사적으로 막으면 왕께서 도주할 수 있습니다." 이내 결사대를 모아 함께 적군에 들어가 힘껏 싸웠다.

王間行脫而去,依山谷聚散卒自衛,謂曰:"若有能取密友者,厚賞之。" 下部劉屋句前對曰:"臣試往焉。"遂於戰地見密友伏地,乃負而至。王枕之以股,久而乃蘇。王間行轉輾至南(△)[沃]沮,魏軍追不止。王計窮勢屈,不知所爲。東部人紐由進曰:"勢其危迫,不可徒死。臣有愚計,請以飮食往犒魏軍,因伺隙刺殺彼將。若臣計得成,則王可奮擊決勝矣。" 王曰:"諾。"紐由入魏軍詐降曰:"寡君獲罪於大國,逃至海濱,措躬無地,將以請降於陣前,歸死司寇。先遣小臣致不腆之物,爲從者羞。"魏將聞之,將受其降。紐由隱刀食器,進前,拔刀刺魏將胸,與之俱死,魏軍遂亂。王分軍爲三道,急擊之。魏軍擾亂不能(陳)[陣],[73]遂自樂浪而退。

왕은 몰래 빠져나가 산골짜기에 의지하여 흩어진 병사들을 모아 자위하며 말했다: "밀우를 찾아올 수 있는 자면 후한 상을 주겠다." 하부 유옥구가 나서서 "소신이 가보겠습니다"라고 말하고 전장에서 땅에 엎어져 있는 밀우를 발견하고 업어왔다. 왕이 넓적다리 위에 눕히니 한참 지나 깨어났다. 왕은 몰래 전전하며 남옥저에 이르렀으나 위군은 추격을 멈추지 않았다. 왕은 계책도 없고 기세가 꺾이어 어찌할 바를 몰랐다. 동부인 유유가 진언했다: "형세가 매우 위급하지만 헛되이 죽을 수는 없습니다. 소신에게 우둔한 계책이 있는데 음식을 가지고 가서 위군을 위로하다가 기회를 엿보아 적장을 찔러 죽이게 해주시오. 만약 소신의

---

73) (陳)[陣]: 내용상으로 보아 '陳'이 통하지 않으므로 '陣'으로 교정한다.

계책이 성사되면 왕께서 적을 맹렬히 공격하여 결승할 수 있을 것입니다." 왕이 "좋다"고 하였다. 유유가 위군에 들어가 항복을 가장하며 말했다: "우리 임금이 대국에 죄를 지고 바닷가로 도망하였으나 몸둘 곳이 없으므로 진영 앞에서 항복하고 형옥에게 죽음을 맡기려 합니다. 소신을 먼저 보내 변변치 못한 음식으로 병사들을 대접하게 하였습니다." 위장은 이 말을 듣고 항복을 받으려 하였다. 유유가 식기에 칼을 감추어 가지고 들어가서 칼을 뽑아 위장의 가슴을 찌르고 그와 함께 죽으니 위군은 곧 혼란에 빠졌다. 왕은 군사를 세 길로 나누어 급히 공격하였다. 위군은 혼란에 빠져 군진을 이루지 못하므로 마침내 낙랑에서 퇴각하였다.

王復國論功,以密友、紐由爲第一,賜密友巨谷、青木(△)[谷],賜屋句鴨淥、杜訥河原以爲食邑。追贈紐由爲九使者,又以其子多優爲大使者。是役也,魏將到肅愼南界刻石紀功,又到丸都山銘不耐城而歸。初其臣得來見王侵叛中國,數諫,王不從。得來嘆曰:"立見此地將生蓬蒿。"遂不食而死。毌丘儉令諸軍不壞其墓,不伐其樹,得其妻子皆放遣之。括地志云:"不耐城即國內城也,城累石爲之。"此即丸都山與國內城相接。梁書:"以司馬懿討公孫淵,王遣將襲西安平,毌丘儉來侵。"通鑑:"以得來諫王,爲王位宮時事。"誤也。

왕은 귀경하여 공적을 평가하여 밀우와 유유가 으뜸이므로 밀우에게 거곡과 청목곡을 하사하고 옥구에게는 압록원과 두눌하원을 하사하여 식읍으로 하였다. 유유에게는 구사자 직을 추증하고 또 유유의 아들 다우를 대사자로 하였다. 이번 전쟁에 위장은 숙신 남쪽 경계에 이르러 돌에 전공을 새기고 또 환도산에 이르러 불내성에 명문을 새기고 돌아갔다. 당초에 왕의 신하 득래는 왕이 중국을 침범하고 배반하는 것을 보고 수차례 간하였으나 왕은 듣지 않았다. 득래는 탄식하며 "이 땅이 앞으로 쑥대밭이 되는 것을 곧 보게 될 것이다"라고 말하면서 금식하다가 죽었다. 관구검이 병사들에게 그의 무덤을 헐지 말고 나무를 베지 말며 처자들이 잡히면 모두 풀어주라고 명하였다. 『괄지지』왈: '불내성은 곧 국내성이며 돌을 쌓아 만들었다.' 즉 환도산과 국내성은 서로 접해 있음을 일컫는다. 『양서』왈: '사마의가 공손연을 토벌할 때 고구려왕이 장령을 보내 서안평을 습격하였으므로 관구검이 와서 침략한 것이다.'『통감』에 '득래가 왕에게 간한 것을 고구려왕 위궁 때의 사실'이라고 한 것은 오류다.

二十一年 春二月王以丸都城經亂, 不可復都, 築平壤城, 移民及廟社。

平壤者,本仙人王儉之宅也。或云王之都王險。

21년. 봄 2월 왕은 환도성이 난리를 겪어 다시 도읍이 될 수 없다 여기며 평양성을 쌓고 백성과 사당을 옮겼다. 평양은 본래 선인 왕검의 택지였다. 혹왈 왕의 도읍 왕험이다.

二十二年 春二月新羅遣使結和。秋九月王薨, 葬於柴原, 號曰東川王。國人懷其恩德, 莫不哀傷。近臣欲自殺以殉者衆, 嗣王以爲非禮, 禁之。至葬日, 至墓自死者甚多。國人伐柴以覆其屍, 遂名其地曰柴原。

22년. 봄 2월 신라가 사신을 보내와 화친을 맺었다. 가을 9월 왕이 사망하여 시원에 장사지내고 호를 동천왕이라 하였다. 백성들이 왕의 은덕을 생각하며 슬퍼하지 않는 자가 없다. 근신 중에는 자살하여 순장되기를 바라는 자가 많았으나 새 왕이 예의가 아니라며 금지시켰다. 장례일에 무덤에 와서 자살한 자가 아주 많았다. 백성들이 나무를 베어 시체를 덮었기 때문에 그곳을 시원이라고 부른다.

○中川王或云中壤諱然弗, 東川王之子。儀表俊爽, 有智略。東川十七年立爲王太子, 二十二年秋九月王薨, 太子即位。冬十月立(椽)[椽]氏爲王后。十一月王弟預物、奢句等謀叛, 伏誅。

중천왕혹왈 중양의 이름은 연불이고 동천왕의 아들이다. 외모가 준수, 통쾌하고 지략이 있다. 동천왕 17년 왕태자가 되었다가 22년 가을 9월 왕이 사망하자 태자로서 즉위하였다. 겨울 10월 연씨를 왕후로 세웠다. 11월 왕의 동생 예물, 사구 등이 반역을 도모하다가 처형당했다.

三年 春二月王命相明臨於漱兼知內外兵馬事。

3년. 봄 2월 왕이 재상 명림어수가 중앙과 지방의 군사를 겸해 맡도록
명하였다.

四年 夏四月王以**貫那夫人**置革囊, 投之西海。貫那夫人顔色佳麗, 髮
長九尺, 王愛之, 將立以爲小后。王后椽氏恐其專寵, 乃言於王曰:"妾
聞西**魏**求長髮, 購以千金。昔我先王不致禮於**中國**, 被兵出奔, 殆喪社
稷。今王順其所欲, 遣一個行李, 以進長髮美人, 則彼必欣納, 無復侵伐
之事。"王知其意, 默不答。夫人聞之, 恐其加害, 反讒后於王曰:"王后
常罵妾曰:'田舍之女安得在此? 若不自歸, 必有後悔。'意者后欲伺大
王之出, 以害於妾, 如之何?"後王獵于**箕丘**而還, 夫人將革囊迎哭曰:
"后欲以妾盛此, 投諸海, 幸大王賜妾微命, 以返於家。何敢更望侍左右
乎?"王問知其詐。怒謂夫人曰:"汝要入海乎?"使人投之。

4년. 여름 4월 왕이 관나부인을 가죽 주머니에 넣어 서해에 던졌다.
관나부인은 얼굴이 예쁘고 머리칼이 9자나 되어 왕이 사랑하였고
소후로 세우려 하였다. 왕후 연씨는 그녀가 왕의 사랑을 독차지할까
걱정되어 왕에게 말했다: "제가 듣건대 서쪽 위에서 긴 두발을 구하며
천금을 주고 산다고 합니다. 옛날 우리 선대 임금은 중국에 예물을
보내지 않아 병란을 당하여 쫓겨 다녔으며 나라를 거의 잃을 뻔했습니
다. 지금 왕께서 그들의 욕망에 따라 사신 한 사람을 보내 장발미인을
진상하면 그들은 반드시 흔쾌히 받아들일 것이며 다시는 침범하는 일
이 없을 것입니다." 왕은 그 의도를 짐작하고 묵묵히 대답하지 않았다.
관나부인이 이 말을 듣고 자기에게 해가 미칠까 겁내어 도리어 왕에게
왕후를 참언하였다: "왕후가 항상 나를 '시골 계집이 어찌 여기에 있느
냐? 만약 스스로 돌아가지 않으면 반드시 후회하리라.'고 욕합니다.
대왕이 나가는 기회에 왕후가 나를 해칠 의도이니 어찌할까요?" 그
후 왕이 기구에서 사냥 하고 돌아오자 관나부인이 가죽 주머니를 들고
왕을 맞이하며 울면서 말했다: "왕후가 나를 여기에 담아 바다에 버리
려 하니 대왕께서 미천한 목숨을 돌보아 다행히 집으로 돌아가게 해주

시오. 어찌 이 이상 대왕을 옆에서 모시기를 감히 바라겠습니까?" 왕은 물어보아 거짓말임을 알았다. 노하여 부인에게 말했다: "네가 바다에 들어가려냐?" 사람을 시켜 바다에 던졌다.

七年 夏四月國相明臨於漱卒,以沸流沛者陰友爲國相。秋七月地震。

7년. 여름 4월 국상 명림어수가 죽어 비류의 패자 음우를 국상으로 하였다. 가을 7월 지진이 일어났다.

八年 立王子藥盧爲王太子,赦國內。

8년. 왕자 약로를 왕태자로 세우고 국내에 사면령을 내렸다.

九年 冬十一月以(椽)[掾]那 明臨笏覩尚公主,爲駙馬都尉。十二月無雪,大疫。

9년. 겨울 11월 연나 명림홀도를 공주에게 장가들이고 부마도위로 하였다. 12월 눈이 내리지 않고 큰 역병이 돌았다.

十二年 冬十二月王畋于杜訥之谷。魏將尉遲[楷]名犯長陵諱將兵來伐。[74]王簡精騎五千戰於梁貊之谷,敗之,斬首八千餘級。

12년. 겨울 12월 왕이 두눌의 골짜기에서 사냥을 하였다. 위장 위지해이름이 장릉의 휘에 저촉됨가 군사를 거느리고 침입하여 왔다. 왕이 정예 기병 5천 명을 뽑아 양맥 골짜기에서 싸워 이기고 8천여 명을 참수했다.

十三年 秋九月王如卒本祀始祖廟。

13년. 가을 9월 왕이 졸본에 가서 시조사당에 제사지냈다.

十五年 秋七月王獵箕丘,獲白獐。冬十一月雷,地震。

15년. 가을 7월 왕이 기구에서 사냥하다가 흰 노루를 잡았다. 겨울 11월 우레가 울리고 지진이 일어났다.

二十三年 冬十月王薨,葬於中川之原,號曰中川王。

23년. 겨울 10월 왕이 사망하여 중천의 벌에 장사지내고 호를 중천왕이

---

74) 名犯長陵諱: 長陵에 매장한 고려 仁宗의 이름 王楷와 저촉되어 '楷'자를 결각시킨 것이다.

라 하였다.

○**西川王**或云西壤諱藥盧一云若友,**中川王**第二子。性聰悟而仁,國人愛敬
之。**中川王**八年立爲太子,二十三年冬十月王薨,太子卽位。

서천왕혹왈 서양의 이름은 약로일왈 약우고 중천왕의 차자다. 성품이 총명
하고 어질므로 백성들이 그를 사랑하고 존경하였다. 중천왕 8년 태자로
세워졌고 23년 겨울 10월 왕이 사망하자 태자로서 즉위하였다.

二年 春正月立西部大使者**于漱**之女爲王后。秋七月國相**陰友**卒,九
月以**尙婁**爲國相。**尙婁** 陰友子也。冬十二月地震。

2년. 봄 정월 서부 대사자 우수의 딸을 왕후로 하였다. 가을 7월 국상
음우가 죽자 9월 상루를 국상으로 하였다. 상루는 음우의 아들이다.
겨울 12월 지진이 일어났다.

三年 夏四月隕霜害麥。六月大旱。

3년. 여름 4월 서리가 내려 보리를 해쳤다. 6월 크게 가물었다.

四年 秋七月丁酉朔日有食之。民饑,發倉賑之。

4년. 가을 7월 1일 정유에 일식이 있었다. 백성이 굶주려 창고를 풀어
구제하였다.

七年 夏四月王如**新城**或云新城,國之東北大鎭也,獵獲白鹿。秋八月王至自**新
城**。九月神雀集宮庭。

7년. 여름 4월 왕이 신성혹왈 신성은 나라 동북지방의 큰 읍이다에 가서 흰 사슴을
잡았다. 가을 8월 왕이 신성에서 돌아왔다. 9월 신작이 궁궐의 뜰에
모였다.

十一年 冬十月**肅愼**來侵,屠害邊民。王謂群臣曰:"寡人以眇(未)[末]之
(膈)[軀]謬襲邦基,德不能綏,威不能震,致此鄰敵猾我疆域。思得謀臣
猛將以折遐衝,咨爾群公各擧奇謀異略才堪將帥者。"群臣皆曰:"王
弟**達賈**勇而有智略,堪爲大將。"王於是遣**達賈**往伐之。**達賈**出奇掩
擊,拔**檀盧城**,殺酋長,遷六百餘家於**扶餘**南**烏川**,降部落六七所,以爲

附庸。王大悅,拜達賈爲安國君,知內外兵馬事,兼統梁貊、肅愼諸部落。

11년. 겨울 10월 숙신이 침입하여 변방 백성을 도륙하였다. 왕이 신하들에게 왈: "과인은 보잘것없는 몸으로 나라를 잘못 이어받아 덕으로 편하게 할 수 없고 위엄으로 떨치지도 못하여 인근 적들의 우리 강토의 침범을 초래하였다. 지략 있는 신하와 용감한 장수를 얻어 먼 외적을 부수고자 생각하니 너희들은 각각 특출한 계략을 지닌 장수가 될 만한 인재를 천거하라." 신하들이 모두 말했다: "왕의 동생 달가는 용맹하고 지략이 있어 대장이 될 만합니다." 왕은 곧 달가를 보내 정벌하게 하였다. 달가는 뛰어난 계략으로 엄습하여 단로성을 함락하고 추장을 죽였으며 6백 여 호를 부여 남쪽 오천으로 옮기고 6~7개소의 부락을 항복시켜 부용으로 하였다. 왕이 크게 기뻐하며 달가를 안국군으로 모시고 중앙과 지방의 군사 업무를 맡겼으며 겸하여 양맥, 숙신 등 부락들을 통솔하게 하였다.

十七年 春二月王弟逸友、素勃等二人謀叛,詐稱病,往溫湯,與黨類戲樂無節,出言悖逆。王召之,僞許拜相。及其至,令力士執而誅之。

17년. 봄 2월 왕의 동생 일우, 소발 등 둘이 반역을 모의하려 꾀병으로 온탕에 가서 자기 무리들과 놀음에 방종하며 반역의 말을 하였다. 왕이 국상으로 모신다며 거짓으로 불렀다. 그들이 오자 힘장사를 시켜 잡아 죽였다.

十九年 夏四月王幸新城。海谷太守獻鯨魚,目夜有光。秋八月王東狩,獲白鹿。九月地震。冬十一月王至自新城。

19년. 여름 4월 왕이 신성에 행차했다. 해곡 태수가 밤에 눈에서 광채 나는 고래를 바쳤다. 가을 8월 왕이 동쪽 지방에서 사냥하다가 흰 사슴을 잡았다. 9월 지진이 일어났다. 겨울 11월 왕이 신성으로부터 돌아왔다.

二十三年 王薨,葬於西川之原,號曰西川王。

23년. 왕이 사망하여 서천 벌에 장사지내고 호를 서천왕이라 하였다.

○烽上王一云雉葛諱相夫或云歃矢婁,西川王之太子也。幼驕逸,多疑忌。西川王二十三年薨,太子即位。

봉상왕일왈 치갈의 이름은 상부혹왈 삽시루고 서천왕의 태자다. 어려서 교만하고 방탕하며 의심과 시기가 많다. 서천왕이 재위 23년에 사망하자 태자로서 즉위하였다.

元年 春三月殺安國君 達賈。王以賈在諸父之行,有大功業,爲百姓所瞻望,故疑之,謀殺。國人曰:"微安國君,民不能免梁貊、肅愼之難。今其死矣,其將焉托?"無不揮涕相弔。秋九月地震。

원년. 봄 3월 안국군 달가를 죽였다. 왕은 달가가 부친의 항렬이고 큰 공적이 있으며 백성들의 우러러보자 의심하여 모살했다. 나라 사람들은 말했다: "안국군이 아니었다면 백성들이 양맥과 숙신의 환난을 면치 못했을 것이다. 이젠 그가 죽었으니 앞으로 누구에게 의지할 것인가?" 눈물을 뿌리며 조문하지 않는 자가 없었다. 가을 9월 지진이 일어났다.

二年 秋八月慕容廆來侵。王欲往新城避賊,行至鵠林,慕容廆知王出,引兵追之,將及,王懼。時新城宰北部小兄高奴子領五百騎迎王,逢賊奮擊之,廆軍敗退。王喜,加高奴子爵爲大兄,兼賜鵠林爲食邑。九月王謂其弟咄固有異心,賜死。國人以咄固無罪,哀慟之。咄固子乙弗出遁於野。

2년. 가을 8월 모용외가 침범해 왔다. 왕은 신성으로 가서 적을 피하려고 곡림에 이르렀을 때 모용외가 왕이 나간 것을 알고 군사를 이끌고 추격하여 거의 붙잡히려 하니 왕은 두려워하였다. 그때 신성재 북부 소형 고노자가 기병 5백 명을 거느리고 왕을 맞으러 나갔다가 적군과 만나 전투를 벌여 모용외군이 패배하여 퇴각하였다. 왕이 기뻐하여 고노자의 작위를 대형으로 높이고 겸하여 곡림을 식읍으로 하사하였다. 9월 왕은 그의 동생 돌고가 딴 마음을 가지고 있다며 죽음을 하사하였다. 백성들은 돌고에게 죄가 없으므로 애통해하였다. 돌고의 아들

을불은 도주하여 민가에 잠적하였다.

三年 秋九月國相尙婁卒。以南部大使者倉助利爲國相,進爵爲大主簿。

3년. 가을 9월 국상 상루가 죽었다. 남부 대사자 창조리를 국상으로 하고 작위를 대주부로 올려주었다.

五年 秋八月慕容廆來侵,至故國原,見西川王墓,使人發之。役者有暴死者,亦聞壙內有樂聲,恐有神,乃引退。王謂群臣曰:"慕容氏兵馬精强,屢犯我疆場,爲之奈何?"相國倉助利對曰:"北部大兄高奴子賢且勇。大王若欲禦寇安民,非高奴子無可用者。"王以高奴子爲新城太守。善政,有威聲,慕容廆不復來寇。

5년. 가을 8월 모용외가 침입하여 고국원에 이르러 서천왕의 무덤을 발견하자 사람을 시켜 파헤쳤다. 일꾼 중에 갑자기 폭사자가 생기고 또 광중에서 음악 소리가 들려 귀신이 있을까 두려워 군사를 이끌고 퇴각하였다. 왕이 신하들에게 물었다: "모용씨는 군력이 강하여 우리 강토를 여러 차례 침범하였다. 그를 어찌할까?" 상국 창조리가 대답하였다: "북부 대형 고노자는 어질고 용감합니다. 대왕께서 만약 적을 방어하고 백성을 편안하게 하려면 고노자가 아니면 쓸 만 한 자가 없습니다." 왕이 고노자를 신성 태수로 하였다. 그가 정치를 잘하고 명성이 높으니 모용외는 다시 침범하지 않았다.

七年 秋九月霜、雹殺穀,民饑。冬十月王增營宮室,頗極侈麗。民饑且困,群臣驟諫,不從。十一月王使人索乙弗殺之,不得。

7년. 가을 9월 서리와 우박이 곡식을 해쳤고 백성이 굶주렸다. 겨울 10월 왕이 궁실을 증축하였는데 자못 극도로 사치하고 화려하였다. 백성이 굶주리고 곤핍하므로 대신들이 여러 번 간하였지만 듣지 않았다. 11월 왕이 사람을 시켜 을불을 찾아 죽이려 하였으나 이루지 못하였다.

八年 秋九月鬼哭于(△)[烽]山。客星犯月。冬十二月雷,地震。

8년. 가을 9월 귀신이 봉산에서 울었다. 객성이 달을 범하였다. 겨울

12월 우레가 울리고 지진이 일어났다.

九年 春正月地震。自二月至秋七月不雨, 年饑, 民相食。八月王發國內男女十五已上, 修理宮室。民乏於食, 困於役, 因之以流亡。倉助利諫曰:"天災荐至, 年穀不登, 黎民失所。壯者流離四方, 老幼轉乎溝壑。此誠畏天憂民、恐懼修省之時也。大王曾是不思, 駈饑餓之人, 困木石之役, 甚乖爲民父母之意。而況比鄰有强梗之敵, 若乘吾弊以來, 其如社稷生民何?願大王熟計之。"

9년. 봄 정월 지진이 일어났다. 2월부터 가을 7월까지 비가 오지 않고 흉년이 들어 백성이 서로 잡아먹었다. 8월 왕이 국내 15세 이상의 남녀를 징발하여 궁실을 수리하였다. 백성은 식량의 결핍과 부역의 고통으로 유랑하였다. 창조리가 간하였다: "천재가 연속 발생하고 흉년이 들어 백성은 살 곳을 잃었습니다. 장정은 사방으로 흩어지고 노인과 어린아이는 구렁텅이에서 헤맵니다. 지금은 정말 하늘을 두려워하고 백성을 걱정하며 무서워하고 반성할 때입니다. 대왕께서 이것을 생각한 적이 없고 굶주린 백성을 부려 토목공사에 시달리게 하니 백성의 부모된 뜻에 크게 어긋납니다. 게다가 주위에는 강한 적이 있는데 만약 우리가 피폐한 기회를 이용하여 온다면 사직과 백성을 어떻게 하겠습니까? 대왕께서는 이를 깊이 생각하기 바랍니다."

王慍曰:"君者百姓之所瞻望也, 宮室不壯麗, 無以示威重。今國相蓋欲謗寡人, 以干百姓之譽也?"助利曰:"君不恤民, 非仁也;臣不諫君, 非忠也。臣既承乏國相, 不敢不言, 豈敢干譽乎?"王笑曰:"國相欲爲百姓死耶?冀無後言。"助利知王之不悛, 且畏及害, 退與群臣同謀廢之, 迎乙弗爲王。王知不免, 自經, 二子亦從而死。葬於烽山之原, 號曰烽上王。

왕이 노하여 말했다: "임금이란 백성이 우러러 보는 자린데 궁실이 웅장하고 화려하지 않으면 위엄을 나타낼 수 없다. 지금 국상은 아마 과인을 비방하는 것으로 백성들의 칭송을 얻고자 하는 것 같구만." 조

리가 말했다: "임금이 백성을 돌보지 않으면 어질지 못한 것이고 신하가 임금에게 간하지 않으면 충성치 못한 것입니다. 소신이 이미 국상의 자리를 맡고 있으니 말을 안 할 수 없는 것이지 어찌 감히 칭송을 얻자는 것이겠습니까?" 왕이 웃으며 말했다: "국상은 백성을 위하여 죽으려는가? 이후는 말하지 말기 바란다." 조리는 왕이 잘못을 고치지 않으련다는 것을 알았고 또한 해가 미칠 것이 두려워 물러나와 대신들과 의논하여 왕을 폐위시키고 을불을 맞이하여 왕으로 하였다. 왕은 화를 면할 수 없음을 알고 스스로 목매어 죽고 두 아들도 따라 죽었다. 봉산의 벌에 장사지내고 호를 봉상왕이라 하였다.

○美川王一云好壤王諱乙弗或云憂弗, 西川王之子古鄒加咄固之子。初烽上王疑(弗)[弟]咄固有異心, 殺之, 子乙弗畏害出遁。始就水室村人陰牟家傭作。陰牟不知其何許人, 使之甚苦。其家側草澤蛙鳴, 使乙弗夜投瓦石, 禁其聲。晝日督之樵採, 不許暫息。不勝艱苦, 周年乃去, 與東村人再牟販鹽。乘舟抵鴨淥, 將鹽下,[75] 寄江東思收村人家。其家老嫗請鹽, 許之斗許, 再請, 不與, 其嫗恨恚, 潛以屨置之鹽中。乙弗不知, 負而上道。嫗追索之, 誣以瘦屨, 告鴨淥宰。宰以屨直取鹽與嫗, 決笞放之。於是形容枯槁, 衣裳藍縷。人見之, 不知其爲王孫也。

미천왕일왈 호양왕의 이름은 을불혹왈 우불이고 서천왕의 아들 고추가 돌고의 아들이다. 당초 봉상왕이 동생 돌고가 딴 마음을 품었다며 죽일 때 아들 을불은 해칠까 두려워 도망했었다. 처음에는 수실촌 사람 음모의 집에서 머슴을 하였다. 음모는 그가 어떤 사람인지 알지 못하고 일을 매우 힘들게 시켰다. 그의 집 옆 늪에서 개구리가 우니 을불을 시켜 소리가 나지 않도록 밤마다 기와와 돌을 던지게 하였다. 낮이면 땔 나무를 해 오라고 독촉하며 잠시도 쉬지 못하게 했다. 고생을 이기지

---

75) 將鹽下: 중앙본 '소금을 내려놓고'. '將', 동사, 가지고…. 下: 강을 따라 내려오다.

못하고 일 년 만에 떠나 동촌 사람 재모와 같이 소금 장사를 하였다. 배를 타고 압록에 가서 소금을 가지고 내려오다가 강 동쪽 사수촌 사람의 집에 기숙했다. 그 집 노파가 소금을 요구하여 한 말 가량 주었다. 또 달라 할 때 주지 않았더니 노파는 그를 미워하며 몰래 신발을 소금 속에 넣어두었다. 을불은 모르고 소금을 지고 길에 나섰다. 노파가 쫓아와 신발을 찾아내고 을불이 신발을 감추었다고 무함하며 압록재에게 고발하였다. 압록재는 신발값으로 소금을 꺼내 노파에게 주고 회초리로 을불을 때린 후 놓아주었다. 이리하여 얼굴이 야위고 의복이 남루하여 사람들은 그가 왕손임을 알아보지 못하였다.

是時國相倉助利將廢王,先遣北部祖弗﹑東部蕭友等物色,訪乙弗於山野。至沸流河邊見一丈夫在船上,雖形貌憔悴,而動止非常。蕭友等疑是乙弗,就而拜之曰:"今國王無道,國相與群臣陰謀廢之。以王孫操行儉約,仁慈愛人,可以嗣祖業,故遣臣等奉迎。"乙弗疑曰:"予野人,非王孫也,請更審之。"蕭友等曰:"今上失人心(女英)[久矣],固不足爲國主。故群臣望王孫甚勤,請無疑。"遂奉引以歸。助利喜,致於鳥陌南家,不令人知。秋九月王獵於侯山之陰,國相助利從之,謂衆人曰:"與我同心者效我。"乃以蘆(△)[葉]揷冠,衆人皆揷之。助利知衆心皆同,遂其廢王,幽之別室,以兵周衛。遂迎王孫上璽綬,即王位。冬十月黃霧四塞。十一月風從西北來,飛砂走石六日。十二月星孛于東方。

이때 국상 창조리가 왕을 폐하려고 먼저 북부 조불과 동부 소우 등을 파견하여 을불을 수소문하여 시골 민가로 찾아갔다. 비류하 강변에 이르렀을 때 한 사나이가 배에 있었는데 용모는 비록 초췌하나 행동거지가 보통 사람과 달랐다. 소우 등은 을불이 아닌가 짐작하고 다가가 절하며 말했다: "지금 국왕이 무도하므로 국상이 군신들과 함께 은밀히 왕을 폐하려고 꾀하고 있습니다. 왕손은 행실이 검소하고 인자하며 사람을 사랑하므로 조상의 유업을 이을 수 있다하며 저희들을 보내 맞아오게 하였습니다." 을불이 의심하여 말했다: "나는 상놈이지 왕손

이 아닙니다. 다시 알아보시오." 소우 등이 말했다: "지금 왕이 인심을
잃은 지 오래므로 실로 나라의 주인이 되기에 부족합니다. 이로 인하여
대신들이 왕손을 간절하게 기다리고 있으니 의심하지 말기 바랍니다."
곧 받들어 데리고 왔다. 조리가 기뻐하며 조맥 남쪽 인가에 머물게
하고 사람들이 모르도록 하였다. 가을 9월 왕이 후산 북쪽에서 사냥할
때 국상 조리가 따라가며 사람들에게 말했다: "나와 마음이 같은 자는
나를 따라 하시오." 곧 갈대 잎을 모자에 꽂았다. 사람들은 모두 꽂았다.
조리는 사람들의 마음이 모두 같다는 것을 알고 이내 그들과 함께 왕을
폐하여 별실에 가두고 군사로 주위를 지켰다. 곧 왕손을 맞아 옥새를
바치고 왕위에 오르게 하였다. 겨울 10월 누런 안개가 사방에 끼었다.
11월 바람이 서북에서 불어와 6일간 모래를 날리고 돌을 굴렸다. 12월
살별이 동쪽에 나타났다.

三年 秋九月王率兵三萬侵玄菟郡,虜獲八千人,移之平壤。

3년. 가을 9월 왕이 3만 병력을 거느리고 현도군을 침범하여 8천 명을
노획하여 평양으로 옮겼다.

十二年 秋八月遣將襲取遼東 西安平。

12년. 가을 8월 장수를 보내 요동 서안평을 습격하여 빼앗았다.

十四年 冬十月侵樂浪郡,虜獲男女二千餘口。

14년. 겨울 10월 낙랑군을 침공하여 남녀 2천여 명을 노획했다.

十五年 春正月立王子斯由爲太子。秋九月南侵帶方郡。

15년. 봄 정월 왕자 사유를 태자로 세웠다. 가을 9월 대방군을 남침하였다.

十六年 春二月攻破玄菟城,殺獲其衆。秋八月星孛于東北。

16년. 봄 2월 현도성을 격파하여 많은 사람을 죽이고 포로 하였다. 가을
8월 살별이 동북쪽에 나타났다.

二十年 冬十二月晉 平州刺史崔毖來奔。初崔毖陰說我及段氏、宇文
氏,使共攻慕容廆,三國進攻棘城。廆閉門自守,獨以牛酒犒宇文氏。
㈜[二]國疑宇文氏與廆有謀,各引兵歸。宇文大人悉獨官曰:"二國雖

歸,吾當獨取之。"廆使其子皝與長史裴嶷將精銳爲前鋒,自將大兵繼之。悉獨官大敗,僅以身免。崔毖聞之,使其兄子燾詣棘城僞賀。廆臨之以兵,燾懼,首服。廆遣燾歸,謂毖曰:"降者上策,走者下策也。"引兵隨之。毖與數十騎棄家來奔,其衆悉降於廆。廆以其子仁鎭遼東官府,市里案堵如故。我將如孥據于河城,廆遣將軍張統掩擊擒之,俘其衆千餘家歸于棘城。王數遣兵寇遼東,慕容廆遣慕容翰、慕容仁伐之。王求盟,翰、仁乃還。

20년. 겨울 12월 진 평주 자사 최비가 도망해 왔다. 당초 최비는 비밀리에 우리나라와 단씨, 우문씨를 설득시켜 같이 모용외를 공격하였으며세 나라는 극성을 진공하였다. 모용외는 성문을 닫고 수비하면서 우문씨만 쇠고기와 술로 대접하였다. 두 나라는 우문씨와 모용외가 모의한다고 의심되어 각기 군사를 이끌고 돌아왔다. 우문의 대인 실독관이말했다: "두 나라는 비록 돌아갔으나 내가 홀로 빼앗겠습니다." 모용외는 그의 아들 황과 장사 배의를 시켜 정예군을 이끌고 선봉에 서게하고 자신은 대군으로 뒤를 이었다. 실독관은 대패하고 홀몸만 살렸다.최비가 이 말을 듣고 형의 아들 도를 시켜 극성에 가서 거짓으로 승리를치하하였다. 모용외가 군사를 거느리고 다가가니 도는 겁에 질려 자수,항복하였다. 모용외는 도를 돌려보내며 최비에게 "항복은 상책이고 도주는 하책이다"라며 군사를 이끌고 도의 뒤를 따랐다. 최비는 기병 수십 명을 데리고 집을 버리고 우리에게 도망해 왔고 그의 무리는 모두모용외에게 항복하였다. 모용외는 그의 아들 모용인을 시켜 요동 관부를 진무하니 저잣거리가 예전과 같이 평안해졌다. 우리 장수 여노가하성에 주둔하고 있었는데 모용외가 장군 장통을 보내 엄습하여 사로잡고 주민 천여 호를 극성으로 잡아갔다. 왕은 여러 번 군사를 파견하여요동을 침공하였고 모용외는 모용한과 모용인을 시켜 우리를 정벌하였다. 왕이 맹약을 요구해서야 한과 인은 돌아갔다.

二十一年 冬十二月遣兵寇遼東。慕容仁拒戰,破之。

21년. 겨울 12월 군사를 보내 요동을 침공하였다. 모용인이 항전하여
아군을 패배시켰다.

三十一年 遣使後趙 石勒,致其楛矢。

31년. 후조의 석륵에게 사신을 보내 호시를 주었다.

三十二年 春二月王薨,葬於美川之原,號曰美川王。

32년. 봄 2월 왕이 사망하여 미천의 벌에 장사지내고 호를 미천왕이라
하였다.

三國史記卷第十八

(삼국사기 권제18)

高句麗本紀第六(고구려본기 제6)

故國原王、小獸林王、故國壤王、廣開土王、長壽王
　　고국원왕, 소수림왕, 고국양왕, 광개토왕, 장수왕

○**故國原王**一云國[ㅅ][罡]上王諱斯由或云[釗][釗]。美川王十五年立爲太子，三
十二年春王薨，即位。
　　고국원왕일왈 국강상왕의 이름은 사유혹왈 쇠다. 미천왕 15년에 태자로 세
　　웠다가 32년 봄 왕이 사망하자 즉위하였다.
二年 春二月王如卒本祀始祖廟，巡問百姓，老病賑給。三月至自卒本。
　　2년. 봄 2월 졸본에 가서 시조사당에 제사지내고 순행하면서 백성들을
　　위로하고 늙고 병든 자들을 구제하였다. 3월 졸본으로부터 돌아왔다.
四年 秋八月增築平壤城。冬十二月無雪。
　　4년. 가을 8월 평양성을 증축하였다. 겨울 12월 눈이 내리지 않았다.
五年 春正月築國北新城。秋七月隕霜殺穀。
　　5년. 봄 정월 나라 북쪽에 신성을 쌓았다. 가을 7월 서리가 내려 곡식을

해쳤다.

六年 春三月大星流西北。遣使如晉貢方物。

6년. 봄 3월 큰 별이 서북쪽으로 흘러갔다. 사신을 진에 보내 토산물을
바쳤다.

九年 燕王皝來侵,兵及新城。王乞盟,乃還。

9년. 연왕 모용황이 침입하여 신성에 이르렀다. 왕이 맹약을 요청하자
돌아갔다.

十年 王遣世子朝於燕王皝。

10년. 왕이 연왕 황에게 세자를 보내 조회하였다.

十二年 春二月修葺(△)[丸]都城,又築國內城。秋八月移居丸都城。冬
十月燕王皝遷都龍城。(立)[建]76)威將軍翰請先取高句麗,後滅宇文,
然後中原可圖。高句麗有二道,其北道平闊,南道險狹,衆欲從北道。翰
曰:"虜以常情料之,必謂大軍從北道,當重北而輕南。王宜帥銳兵從
南道擊之,出其不意,(北)[丸]都不足取也。別遣偏師出北道,縱有蹉跌,
其腹心已潰,四支無能爲也。"皝從之。十一月皝自將勁兵四萬出南道。
以慕容翰、慕容覇爲前鋒,別遣長史王寓等將兵萬五千,出北道以來
侵。王遣弟武帥精兵五萬拒北道,自帥羸兵以備南道。慕容翰等先至
戰,皝以大衆繼之,我兵大敗。

12년. 봄 2월 환도성을 수리하고 또 국내성을 쌓았다. 가을 8월 환도성
으로 옮겨 거처했다. 겨울 10월 연왕 모용황이 용성으로 도읍을 옮겼다.
건위 장군 모용한이 먼저 고구려를 탈취하고 다음 우문씨를 소멸한
후에 중원을 도모할 수 있다고 청하였다. 고구려로 가는 길이 두 갈래인
데 북쪽 길은 평탄하고 넓으며 남쪽 길은 험하고 좁은데 사람들은 북쪽
길로 가려고 하였다. 모용한 왈:"적은 상례적으로 짐작하여 대군이
반드시 북쪽 길로 오리라고 생각하고 당연 북쪽 길을 중시하고 남쪽

---

76) (立)[建]: 고려 태조 王建의 휘를 피하여 '立'으로 고쳐 쓴 것이므로 본자로 회복.

길을 소홀히 할 것입니다. 왕께서 마땅히 정예 군사를 이끌고 남쪽
길로 가서 불의의 공격을 하면 환도는 공격할 나위도 없습니다. 별도로
소군사를 북쪽 길로 보내면 다소 차질이 있더라도 그들의 심장부가
이미 무너졌으므로 사지를 쓰지 못하게 될 것입니다." 모용황은 이 말
을 따랐다. 11월 모용황이 직접 강병 4만을 거느리고 남쪽 길로 출발하
였다. 모용한과 모용패를 선봉으로 하고 별도로 장사 왕우 등을 시켜
1만 5천의 병력을 거느리고 북쪽 길로 진군하여 침범하여 왔다. 왕은
동생 무를 시켜 정예군 5만을 이끌고 북쪽 길을 방어하고 자신은 약한
군사를 거느리고 남쪽 길을 방어하였다. 모용한 등이 먼저 와서 전투를
벌였고 모용황의 대군이 이었으며 아군은 크게 패하였다.

左長史韓壽斬我將阿佛和度加,諸軍乘勝,遂入丸都。王單騎走入斷
熊谷,將軍慕輿泥追獲王母周氏及王妃而歸。會王(寅)[宇]等戰於北
道,皆敗沒。由是皝不復窮追,遣使招王,王不出。皝將還,韓壽曰:"高句
麗之地不可戍守。今其主亡民散,潛伏山谷,大軍既去,必復鳩聚,收其
餘燼,猶足爲患。請載其父尸,囚其生母而歸,俟其束身自歸,然後返之,
撫以恩信,策之上也。"皝從之,發美川王(廟)[墓],載其尸,收其府庫累世
之寶,虜男女五萬餘口,燒其宮室,毀丸都城而還。

좌장사 한수가 우리 장수 아불화도가를 참수하자 적들이 승세를 타고
환도로 들어왔다. 왕은 단기로 단웅곡으로 도주하였고 장군 모여니가
추격해 왕의 모친 주씨와 왕비를 잡아 돌아갔다. 마침 왕우 등은 북쪽
길에서 싸우다가 모두 패하고 죽었다. 이에 모용황은 더 이상 끝까지
추격하지 않고 사신을 보내 왕을 불렀으나 왕이 나가지 않았다. 황이
돌아가려 할 때 한수가 말했다: "고구려 땅은 지킬 수 없습니다. 지금은
그들의 임금이 도주하고 백성들이 흩어져 산골짜기에 잠복하였으나
대군이 철수한 뒤에 반드시 다시 모여 나머지 사람을 거두면 큰 근심
꺼리가 될 것입니다. 그 부친의 시체를 싣고 생모를 가두어 돌아갔다가
그가 몸을 묶고 제 발로 귀순해 온 후 돌려주며 은혜와 신의로써 무마하

는 것이 상책입니다." 황이 그 말에 따라 미천왕의 무덤을 파서 시체를
싣고 궁궐 창고의 여러 세대의 보물을 탈취하고 남녀 5만여 명을 사로
잡고 궁실을 불태우고 환도성을 헐어버리고 돌아갔다.

十三年 春二月王遣其弟稱臣,入朝於燕,貢珍異以千數。燕王皝乃還
其父尸,猶留其母爲質。秋七月移居平壤 東黃城,城在今西京東木覓
山中。遣使如晉朝貢。冬十一月雪五尺。

13년. 봄 2월 왕이 동생을 신하로 자칭하면서 연에 보내 조회하고 1천여
점을 헤아리는 진귀한 예물을 바쳤다. 연왕 모용황이 곧 왕 부친의
시체를 돌려보내고 왕모는 여전히 인질로 남겨두었다. 가을 7월 왕이
평양의 동황성으로 옮겨 거처하였는데 그 성은 지금의 서경 동쪽 목멱산
중에 있다. 진에 사신을 보내 조공하였다. 겨울 11월 눈이 5자 내렸다.

十五年 冬十月燕王皝使慕(客)[容]恪來攻,拔南蘇,置戍而還。

15년. 겨울 10월 연왕 모용황이 모용각을 시켜 침공하여 남소를 함락시
킨 후 수비군을 두고 돌아갔다.

十九年 王送前東夷護軍宋晃于燕。燕王儁赦之,更名曰活,拜爲中尉。

19년. 왕이 이전의 동이호군 송황을 연에 돌려보냈다. 연왕 준이 그를
사면하고 이름을 활이라고 고치고 중위로 모셨다.

二十五年 春正月立王子丘夫爲王太子。冬十二月王遣使詣燕,納質
修貢,以請其母。燕王 儁許之,遣殿中將軍(刀)[刁]龕送王母周氏歸國。
以王爲征東大將軍、營州刺使,封樂浪公,王如故。

25년. 봄 정월 왕자 구부를 왕태자로 세웠다. 겨울 12월 왕이 연에 사신
을 보내 인질과 공물을 바치며 모친을 돌려보내기를 요청하였다. 연왕
모용준이 허락하고 전중 장군 조감을 시켜 왕의 모친 주씨를 돌려보냈
다. 왕에게 정동대장군, 영주자사의 작호를 주고 낙랑공으로 봉하였으
며 왕호는 이전과 같게 했다.

三十九年 秋九月王以兵二萬南伐百濟,戰於雉壤,敗(續)[績]。

39년. 가을 9월 왕이 2만 병력을 보내 남쪽으로 백제를 정벌하여 치양

에서 싸웠으나 패배하였다.

四十年 秦王猛伐燕,破之。燕太傅慕容評來奔,王執送於秦。

40년. 진 왕맹이 연을 정벌하여 격파하였다. 연 태부 모용평이 도망쳐
왔으나 왕이 붙잡아 진에 보냈다.

四十一年 冬十月百濟王(△)[率]兵三萬來攻平壤城。王出師拒之,爲流
矢所中,是月二十三日薨,葬于故國之原。百濟 蓋鹵王表魏曰“梟斬釗首”,過辭也。

41년. 겨울 10월 백제왕이 3만 병력을 거느리고 평양성을 공격해 왔다.
왕이 출사하여 방어하다가 유시流矢에 맞았고 이달 23일 사망하였으며
고국의 벌에 장사지냈다백제 개로왕이 위에 보낸 표문에 '소의 머리를 베어 매달았
다'고 한 것은 과장된 말이다.

○**小獸林王**一云小解朱留王諱丘夫,故國原王之子也。身長大,有雄略。故
國原王二十五年立爲太子。四十一年王薨,太子即位。

소수림왕일왈 소해주류왕의 이름은 구부고 고국원왕의 아들이다. 키가 장
대하고 웅대한 지략이 있다. 고국원왕 25년에 태자로 세웠었다. 41년에
왕이 사망하자 태자로서 즉위하였다.

二年 夏六月秦王(符)[苻]堅遣使及浮屠順道送佛像、經文。王遣使廻
謝,以貢方物。立大學,教育子弟。

2년. 여름 6월 진왕 부견이 사신과 승려 순도를 파견하여 불상과 경문을
보내왔다. 왕이 사신을 보내 답례하고 토산물을 바쳤다. 대학을 세워
자제들을 교육하였다.

三年 始頒律令。

3년. 율령을 반포하기 시작했다.

四年 僧阿道來。

4년. 승려 아도가 왔다.

五年 春二月始創肖門寺,以置順道;又創伊弗蘭寺,以置阿道。此海東
佛法之始。秋七月攻百濟水谷城。

5년. 봄 2월 초문사를 창설하고 순도를 거기에 두었고 또 이불란사를 창설하고 아도를 거기에 두었다. 이것이 해동 불법의 시작이다. 가을 7월 백제의 수곡성을 공격하였다.

六年 冬十一月侵百濟北鄙。

6년. 겨울 11월 백제의 북쪽 변경을 침공하였다.

七年 冬十月無雪,雷,民疫。百濟將兵三萬來侵平壤城。十一月南伐百濟。遣使入㈜[苻]秦朝貢。

7년. 겨울 10월 눈이 오지 않고 우레가 울렸으며 민간에 역병이 돌았다. 백제가 3 만 병력을 거느리고 평양성을 침공하였다. 11월 남쪽으로 백제를 정벌하였다. 부견의 진에 사신을 보내 조공하였다.

八年 旱,民饑相食。秋九月契丹犯北邊,陷八部落。

8년. 가물어 백성들이 굶주려 서로 잡아먹었다. 가을 9월 거란이 북쪽 변경을 침범하여 8개 부락을 함락시켰다.

十三年 秋九月星孛于西北。

13년. 가을 9월 살별이 서북쪽에 나타났다.

十四年 冬十一月王薨,葬於小獸林,號爲小獸林王。

14년. 겨울 11월 왕이 사망하여 소수림에 장사지내고 호를 소수림왕이라 하였다.

○**故國壤王**諱伊連或云於只支,小獸林王之弟也。小獸林王在位十四年薨,無嗣,弟伊連即位。

고국양왕의 이름은 이련혹왈 어지지이고 소수림왕의 동생이다. 소수림왕이 재위 14년에 사망했으나 아들이 없으므로 동생 이련이 즉위하였다.

二年 夏六月王出兵四萬襲遼東。先是燕王 垂命帶方王 佐鎭龍城。佐聞我軍襲遼東,遣司馬郝景將兵救之。我軍擊敗之,遂陷遼東、玄菟,虜男女一萬口而還。冬十一月燕 慕容農將兵來侵,復遼東、玄菟二郡。初幽、冀流民多來投,農以范陽 龐淵爲遼東太守,招撫之。十二月地震。

2년. 여름 6월 왕이 4만 병력을 출동하여 요동을 습격하였다. 이전에 연왕 수가 대방왕 좌에게 용성을 수비하도록 명령하였다. 좌는 아군이 요동을 습격한다는 소문을 듣고 사마 학경을 시켜 군사를 거느리고 구원하였다. 아군은 그를 격파하고 요동과 현도를 함락시켰으며 남녀 1만 명을 노획하여 돌아왔다. 겨울 11월 연의 모용농이 군사를 거느리고 침입하여 왔으며 요동과 현도 두 군을 회복하였다. 당초 유주, 기주의 유랑민이 많이 우리에게 귀순했는데 모용농이 범양의 방연을 요동 태수로 하고 그들을 불러 위무하였다. 12월 지진이 일어났다.

三年 春正月立王子談德爲太子。秋八月王發兵南伐百濟。冬十月桃李華,牛生馬,八足,二尾。

3년. 봄 정월 왕자 담덕을 태자로 세웠다. 가을 8월 왕이 군사를 풀어 남쪽으로 백제를 정벌하였다. 겨울 10월 복숭아나무와 오얏나무에 꽃이 피었고 소가 발이 여덟 개, 꼬리가 두 개인 말을 낳았다.

五年 夏四月大旱。秋八月蝗。

5년. 여름 4월 크게 가물었다. 가을 8월 황충해를 입었다.

六年 春饑,人相食,王發倉賑給。秋九月百濟來侵,掠南鄙部落而歸。

6년. 봄에 기근이 들어 사람들이 서로 잡아먹으므로 왕이 창고를 풀어 구제하였다. 가을 9월 백제가 침입하여 남쪽 변경의 부락을 약탈하고 돌아갔다.

七年 秋九月百濟遣達率眞嘉謨攻破都押城,虜二百人以歸。

7년. 가을 9월 백제가 달솔 진가모를 시켜 도압성을 함락하고 2백 명을 노략하여 돌아갔다.

(九)[八年 春遣使新羅修好,新羅王遣姪實聖爲質。三月下敎崇信佛法求福。命有司立國社,修宗廟。夏五月王薨,葬於故國壤,號爲故國壤王。

8년. 봄 신라에 사신을 보내 화친하였으며 신라왕이 조카 실성을 인질로 보냈다. 3월 불교를 숭배하여 복을 받으라는 교서를 내렸다. 관계부문에 명하여 나라의 사직을 세우고 종묘를 만들게 하였다. 여름 5월 왕이 사망하였으며 고국양에 장사지내고 호를 고국양왕이라 하였다.

○**廣開土王**諱談德,故國壤王之子。生而雄(△)[偉],有倜儻之志。故國壤王三年立爲太子,(九)[八]年王薨,太子卽位。秋七月南伐百濟,拔十城。九月北伐契丹,虜男女五百口,又招諭本國陷沒民口一萬而歸。冬十月攻陷百濟 關(△)[彌]城。其城四面峭絶,海水環繞。王分軍七道攻擊,二十日乃拔。

광개토왕의 이름은 담덕이며 고국양왕의 아들이다. 나서부터 체격이 크고 호방한 뜻이 있었다. 고국양왕 3년에 태자로 세워졌고 8년 왕이 사망하자 태자로서 즉위하였다. 가을 7월 남쪽 백제를 정벌하여 10개의 성을 점령하였다. 9월 북쪽 거란을 정벌하여 남녀 5백 명을 생포하고 또 거란으로 잡혀간 본국민 1만 명을 불러 달래어 데려왔다. 겨울 10월 백제의 관미성을 점령하였다. 그 성은 사면이 절벽이고 바다 물로 감싸여 있다. 왕은 일곱 갈래의 군사로 공격하여 20일 만에 점령하였다.

二年 秋八月百濟侵南邊,命將拒之。創九寺於平壤。

2년. 가을 8월 백제가 남쪽 변경을 침범하여 장령에게 명하여 항거하였다. 평양에 아홉 개의 절을 창설하였다.

三年 秋七月百濟來侵。王率精騎五千逆擊,敗之,餘寇夜走。八月築國南七城,以備百濟之寇。

3년. 가을 7월 백제가 침략하여 왔다. 왕은 정예기병 5천 명을 거느리고 반격하여 이기니 남은 적들이 밤에 도주하였다. 8월 나라 남쪽 지역에 일곱 개의 성을 쌓아 백제의 노략에 대비하였다.

四年 秋八月王與百濟戰於浿水之上,大敗之,虜獲八千餘級。

4년. 가을 8월 왕이 패수에서 백제와 싸워 대패시키고 8천여 명을 생포하였다.

九年 春正月王遣使入燕朝貢。二月燕王 盛以我王禮慢,自將兵三萬襲之。以驃騎大將軍慕容熙爲前鋒,拔新城、南蘇二城,拓地七百餘里,徙五千餘戶而還。

9년. 봄 정월 왕이 연에 사신을 보내 조공하였다. 2월 연왕 성이 우리 왕이 예절상 오만하다며 직접 3만 병력을 거느리고 습격해 왔다. 표기 대장군 모용희를 선봉으로 하여 신성, 남소 두 성을 함락시키고 7백여 리의 땅을 점령하였으며 5천여 호를 이주시키고 돌아갔다.

十一年 王遣兵攻宿軍,燕 平州刺史慕容歸棄城走。

11년. 왕이 군사를 보내 숙군성을 공격하였다. 연 평주 자사 모용귀가 성을 버리고 도주하였다.

十三年 冬十一月出師侵燕。

13년. 겨울 11월 군사를 풀어 연을 침공하였다.

十四年 春正月燕王 熙來攻遼東城,且陷,熙命將士："毋得先登,俟劃 平其城,朕與皇后乘轝而入。"由是城中得嚴備,卒不克而還。

14년. 봄 정월 연왕 모용희가 요동성을 공격하여 함락되려 할 즈음에 모용희가 장병들에게 명령하였다: "성에 먼저 오르지 말라. 성이 훼멸 된 후 짐이 황후와 함께 어련을 타고 들어가리라." 이로 말미암아 성 안에서는 삼엄한 대비를 할 수 있어 끝내 이기지 못하고 돌아갔다.

十五年 秋七月蝗旱。冬十二月燕王 熙襲契丹至陘北,畏契丹之衆,欲 還,遂棄輜重,輕兵襲我。燕軍行三千餘里,士馬疲凍,死者屬路。攻我 木底城,不克而還。

15년. 가을 7월 황충해와 한재를 입었다. 겨울 12월 연왕 모용희가 거란 을 습격하기 위해 형북에 도착하였다가 거란의 사람이 많은 것을 겁내 어 돌아가려 하다가 무거운 짐을 버리고 가볍게 무장하여 우리를 습격 하였다. 연군은 3천여 리를 행군하여 왔으므로 병사와 말이 피로하고 동상을 입어 죽은 자가 길에 이어졌다. 우리의 목저성을 공격하다가 이기지 못하고 돌아갔다.

十六年 春二月增修宮闕。

16년. 봄 2월 궁궐을 증축, 수리하였다.

十七年 春三月遣使北燕,且叙宗族。北燕王雲遣侍御史李拔報之。雲祖父高和,句麗之支[庶],自云高陽氏之苗裔,故以高爲氏焉。慕容寶之爲太子,雲以武藝侍東宮。寶子之,賜姓慕容氏。

17년. 봄 3월 북연에 사신을 보내 종족 이야기를 하였다. 북연왕 운이 시어사 이발을 보내 답례하였다. 운의 조부 고화는 고구려 방계 서자고 스스로 고양씨의 후손이므로 고를 성씨로 삼았다고 한다. 모용보가 태자일 때 운은 무예로 동궁을 모셨다. 모용보가 운을 아들로 삼으며 모용씨를 하사하였다.

十八年 夏四月立王子巨連爲太子。秋七月築國東禿山等六城,移平壤民戶。八月王南巡。

18년. 여름 4월 왕자 거련을 태자로 세웠다. 가을 7월 나라 동쪽에 독산 등 여섯 성을 쌓고 평양의 민호를 이주시켰다. 8월 왕이 남쪽 지방을 순행하였다.

二十二年 冬十月王薨,號爲廣開土王。

22년. 겨울 10월 왕이 사망하여 호를 광개토왕이라 하였다.

○長壽王 諱巨連一作璉,開土王之元子也。體貌魁傑,志氣豪邁。開土王十八年立爲太子,二十二年王薨,即位。

장수왕의 이름은 거련일왈 璉이며 광개토왕의 장자다. 체격이 장대하고 의기가 호방하다. 광개토왕 18년 태자로 세웠으며 22년 왕이 사망하자 즉위하였다.

元年 遣長史高翼入晉奉表,獻赭白馬。安帝封王高句麗王、樂(安)[浪]郡公。

원년, 장사 고익을 진에 보내 표문을 올리고 붉고 흰 말을 헌납했다. 진안제가 왕을 고구려왕, 낙랑군공으로 봉하였다.

二年 秋八月異鳥集王宮。冬十月王畋于蛇川之原,獲白獐。十二月王都雪五尺。

2년. 가을 8월 이상한 새가 왕궁에 모여 들었다. 겨울 10월 왕이 사천벌에서 사냥하다가 흰 노루를 잡았다. 12월 경성에 눈이 5자 내렸다.

七年 夏五月國東大(冰)[水],王遣使存問。

7년. 여름 5월 동쪽 지방에 홍수가 나서 왕이 사신을 보내 위문하였다.

十二年 春二月新羅遣使修聘,王勞慰之特厚。秋九月大有年,王宴群臣於宮。

12년. 봄 2월 신라에서 사신을 보내와 화친하였으며 왕이 매우 후하게 위로했다. 가을 9월 큰 풍년이 들어 왕이 궁중에서 신하들에게 잔치를 베풀어주었다.

十三年 遣使如魏[朝]貢。

13년. 위에 사신을 보내 조공하였다.

十五年 移都平壤。

15년. 평양으로 경성을 옮겼다.

二十三年 夏六月王遣使入魏朝貢,且請國諱。世祖嘉其誠款,使錄帝系及諱以與之。遣員外散騎侍郞李敖拜王爲都督遼海諸軍事、征東將軍、領護東夷中郞將、遼東郡開國公、高句麗王。秋王遣使入魏謝恩。魏人數伐燕,燕日危蹙。燕王馮弘曰:"若事(△)[急],且東依高句麗,以(國)[圖]後擧。"密遣尙書陽伊請迎於我。

23년. 여름 6월 왕이 위에 사신을 보내 조공하고 위왕실의 휘를 청하였다. 위세조가 그 정성을 가상히 여겨 왕실의 계보와 이름을 기록하여 주었다. 원외산기시랑 이오를 보내 왕을 도독요해제군사, 정동장군, 영호동이중랑장, 요동군개국공, 고구려왕으로 봉하였다. 가을에 왕이 위에 사신을 위에 보내 사은하였다. 위가 연을 자주 공격하였기 때문에 연은 나날이 위급해졌다. 연왕 풍홍이 "만일 사태가 위급하면 동쪽 고구려에 의탁하였다가 훗날을 도모하겠다."라고 말하고 비밀리에 상서 양이를 보내 우리나라가 받아주기를 청하였다.

二十四年 燕王遣使入貢于魏,請送侍子,魏主不許,將擧兵討之,遣使

來告諭。夏四月魏攻燕 白狼城,克之。王遣將葛盧、孟光將衆數萬,隨
陽伊至和龍迎燕王。葛盧、孟光入城,命軍脫弊褐,取燕武庫精仗以給
之,大掠城中。五月燕王率龍城見戶東徙,焚宮殿,火一旬不滅。令婦人
被甲居中,陽伊等勒精兵居外,葛盧、孟光帥殿兵後。方軌而進,前後八
十餘里。魏主聞之,遣散騎常侍封撥來,令送燕王。王遣使入魏奉表,稱
當(興)[與]馮弘俱奉王化。魏主以王違詔,議擊之,將發隴右騎卒。劉絜、
樂平王 丕等諫之,乃止。

24년. 연왕이 위에 사신을 보내 공물을 바치고 시자를 보내겠다고 요청
하였으나 위왕은 허락하지 않고 군사를 동원하여 공격하려면서 우리나
라에 사신을 보내 알려주었다. 여름 4월 위가 연의 백낭성을 공격하여
이겼다. 왕은 장수 갈로와 맹광을 시켜 수만 병력을 거느리고 양이를
따라 화룡에 가 연왕을 맞이하였다. 갈로와 맹광이 연의 성에 들어가
병사들더러 헌 옷을 벗게 하고 연의 무기고에 있는 좋은 무기를 발급하
였으며 대규모로 성을 약탈하였다. 5월 연왕이 용성의 현유 주민을
거느리고 동쪽으로 이동하면서 궁전에 불을 질렀고 불길은 열흘 동안
꺼지지 않았다. 부녀들에게 갑옷을 입혀 복판에 세우고 양이 등은 정예
군을 거느리고 바깥쪽에 섰으며 갈로와 맹광은 기병을 거느리고 맨
뒤에서 따랐다. 수레를 나란히 몰아 나아가는데 행렬의 길이가 80여
리에 이어졌다. 위왕이 이 소문을 듣고 산기상시 봉발을 보내 연왕을
보내라고 명하였다. 왕이 위에 사신을 보내 표문을 바쳐 연왕 풍홍과
함께 위왕의 교화를 받들겠다 하였다. 위왕은 고구려왕이 조칙을 어겼
다며 고구려를 공격할 것을 논의하여 농우의 기병을 출동시키려 하였
다. 유결, 낙평왕 비 등이 간하여 그만두었다.

二十五年 春二月遣使入魏朝貢。

25년. 봄 2월 위에 사신을 보내 조공하였다.

二十六年 春三月。初燕王 弘至遼東,王遣使勞之曰:"龍城王 馮君爰
適野次,士馬勞乎?"弘慙怒,稱制讓之。王處之平郭,尋徙北豊。弘素侮

我,政刑賞罰猶如其國。王乃奪其侍人,取其太子王仁爲質。弘怨之,遣
使如宋,上表求迎。宋太祖遣使者王白駒等迎之,幷令我資送。王不欲
使弘南來,遣將孫漱﹑高仇等殺弘于北豊幷其子孫十餘人。白駒等帥
所領七千餘人掩討漱﹑仇,殺仇,生擒漱。王以白駒等專殺,遣使執送之。
太祖以遠國,不欲違其意,下白駒等獄,已而原之。

26년. 봄 3월. 당초 연왕 풍홍이 요동에 이르렀을 때 왕이 사신을 보내
위로하여 말했다: "용성왕 풍군이 이곳에 와서 야숙을 하고 있으니
병사와 말이 피곤하지요?" 풍홍은 부끄럽고 분노하여 황제를 자칭하며
왕을 꾸짖었다. 왕은 풍홍을 평곽에 있게 하다가 얼마 후에 북풍으로
옮겼다. 풍홍은 원래 우리를 업신여기고 정치, 법제도와 상벌을 자기
나라에서처럼 하려고 하였다. 왕은 곧 그의 시종을 빼앗고 그의 태자
왕인을 인질로 잡았다. 풍홍이 이를 원망하여 송에 사신을 보내 표문을
올려 맞이할 것을 요청하였다. 송태조가 사신 왕백구 등을 보내 그를
맞이하며 우리더러 노자를 주어 보내라 명령하였다. 왕은 풍홍이 남으
로 가는 것을 원치 않으므로 장수 손수, 고구 등을 시켜 북풍에서 풍홍
과 그의 자손 10여 명을 죽였다. 왕백구 등은 통솔해 온 군사 7천여
명을 이끌고 손수와 고구를 습격하여 고구를 죽이고 손수를 생포하였
다. 왕은 왕백구 등이 마음대로 죽였다는 이유로 붙잡아 사신 편에
보냈다. 송태조는 고구려가 먼 곳에 있는 나라이므로 그들의 뜻을 어기
지 않기 위하여 왕백구 등을 옥에 가두었으나 얼마 후에 석방하였다.

二十七年 冬十一月遣使入魏朝貢。十二月遣使入魏朝貢。

27년. 겨울 11월 위에 사신을 보내 조공하였다. 12월 위에 사신을 보내
조공하였다.

㈡[三]十八年 新羅人襲殺邊將。王怒,將舉兵討之,羅王遣使謝罪,乃
止。

38년. 신라인이 변방 장수를 습격하여 죽였다. 왕이 노하여 군사를 출동
시켜 토벌하려 하였으나 신라왕이 사신을 보내 사죄하므로 그만두었다.

四十二年 秋七月遣兵侵新羅北邊。

42년. 가을 7월 군사를 보내 신라의 북쪽 변경을 침공하였다.

四十三年 遣使入宋朝貢。

43년. 송에 사신을 보내 조공하였다.

五十年 春三月遣使入魏朝貢。

50년. 봄 3월 위에 사신을 보내 조공하였다.

五十一年 宋世祖 孝武皇帝策王爲車騎大將軍、開府儀同三司。

51년. 송세조 효무황제가 왕을 거기대장군, 개부의동삼사로 책봉하였다.

五十三年 春二月遣使入魏朝貢。

53년. 봄 2월 위에 사신을 보내 조공하였다.

五十四年 春三月遣使入魏朝貢。魏文明太后以顯祖六宮未備,教王令薦其女。王奉表云女已出嫁,求以弟女應之,許焉。乃遣安樂王 眞、尙書李敷等至境送幣。或勸王曰:“魏昔與燕婚姻,旣而伐之,由行人具知其夷險故也。殷鑑不遠,宜以方便辭之。”王遂上書,稱女死。魏疑其矯詐,又遣假散騎常侍程駿切責之:“若女審死者,聽更選宗淑。”王云:“若天子恕其前愆,謹當奉詔。”會顯祖崩,乃止。

54년. 봄 3월 위에 사신을 보내 조공하였다. 위문명태후가 현조의 6궁이 미비하다며 교서를 내려 왕더러 딸을 바치라고 명하였다. 왕이 표문을 올려 딸은 이미 출가하였다며 동생의 딸로 응할 것을 청구하였으며 허락하였다. 곧 안락왕 진과 상서 이부 등을 국경으로 파견하며 폐백을 보냈다. 어떤 사람이 왕에게 권고하며 왈: “위는 이전에 연과 혼인한 후 얼마 안 되어 연을 쳤으니 사신을 통해 지형의 평탄함과 험함을 상세히 알았기 때문입니다. 멀지 않은 교훈이니 적당한 구실로 거절해야 합니다.” 왕은 곧 편지를 올려 딸이 죽었다고 하였다. 위는 거짓으로 의심 되어 다시 가산기상시 정준을 보내 엄중히 질책하였다: “만약 딸이 정말 죽었다면 종실의 다른 여자를 골라도 된다.” 왕은 말했다: “만약 천자가 나의 전일의 잘못을 용서한다면 삼가 조칙을 받들겠습니다." 마침 현조가 죽었으므로 그만두었다.

五十五年 春二月遣使入魏朝貢。

55년. 봄 2월 위에 사신을 보내 조공하였다.

五十六年 春二月王以靺鞨兵一萬攻取新羅 悉直州城。夏四月遣使
入魏朝貢。

56년. 봄 2월 왕이 말갈의 병력 1만 명으로 신라의 실직주성을 빼앗았
다. 여름 4월 위에 사신을 보내 조공하였다.

五十七年 春二月遣使入魏朝貢。秋八月百濟兵侵入南鄙。

57년. 봄 2월 위에 사신을 보내 조공하였다. 가을 8월 백제군이 남쪽
변경을 침입하였다.

五十八年 春二月遣使入魏朝貢。

58년. 봄 2월 위에 사신을 보내 조공하였다.

五十九年 秋九月民奴(各)[久]等奔降於魏,各賜田宅。是魏高祖 延興
元年也。

59년. 가을 9월 백성 노구 등이 위에 도망가 항복하니 위는 각각 토지와
주택을 주었다. 이때가 위고조 연흥 원년이었다.

六十年 春二月遣使入魏朝貢。秋七月遣使入魏朝貢。自此已後貢獻
倍前,其報賜亦稍加焉。

60년. 봄 2월 위에 사신을 보내 조공하였다. 가을 7월 위에 사신을 보내
조공하였다. 이때부터 공물 헌납량이 종전에 비하여 배로 늘렸으며
위의 답례도 점점 늘어났다.

六十一年 春二月遣使入魏朝貢。秋八月遣使入魏朝貢。

61년. 봄 2월 위에 사신을 보내 조공하였다. 가을 8월 위에 사신을 보내
조공하였다.

六十二年 春三月遣使入魏朝貢。秋七月遣使入魏朝貢,遣使入宋朝
貢。

62년. 봄 2월 위에 사신을 보내 조공하였다. 가을 7월 위에 사신을 보내

조공하고 송에 사신을 보내 조공하였다.

六十三年 春二月遣使入魏朝貢。秋八月遣使入魏朝貢。九月王帥兵三萬侵百濟,陷王所都漢城,殺其王扶餘慶,虜男女八千而歸。

63년. 봄 2월 위에 사신을 보내 조공하였다. 가을 8월 위에 사신을 보내 조공하였다. 9월 왕이 3만 병력을 거느리고 백제를 침공하여 백제의 도읍 한성을 점령한 후 왕 부여경을 죽이고 남녀 8천 명을 노획하여 돌아왔다.

六十四年 春二月遣使入魏朝貢。秋七月遣使入魏朝貢。九月遣使入魏朝貢。

64년. 봄 2월 위에 사신을 보내 조공하였다. 가을 7월 위에 사신을 보내 조공하였다. 9월 위에 사신을 보내 조공하였다.

六十五年 春二月遣使入魏朝貢。秋九月遣使入魏朝貢。

65년. 봄 2월 위에 사신을 보내 조공하였다. 가을 9월 위에 사신을 보내 조공하였다.

六十六年 遣使入宋朝貢。百濟燕信來投。

66년. 송에 사신을 보내 조공하였다. 백제의 연신이 투항하여 왔다.

六十七年 春三月遣使入魏朝貢。秋九月遣使入魏朝貢。

67년. 봄 3월 위에 사신을 보내 조공하였다. 가을 9월 위에 사신을 보내 조공하였다.

六十八年 夏四月南齊太祖蕭道成策王爲驃騎大將軍。王遣使餘奴等朝聘南齊,魏光州人於海中得餘奴等送闕。魏高祖詔責王曰:"道成親弒其君,竊位江左。朕方欲興滅國於舊邦,繼絶世於劉氏。而卿越境外交,遠通簒賊,豈是藩臣守節之義?今不以一過掩卿舊款,即送還藩,其感恕思愆,祗承明憲,輯寧所部,(勳)[勳]静以聞。"

68년. 여름 4월 남제태조 소도성이 왕을 표기대장군으로 책봉하였다. 왕은 남제에 사신 여노 등을 조빙하러 보냈는데 위의 광주인이 바다에서 여노 등을 붙잡아 위의 궁궐에 보냈다. 위고조가 조서를 보내 왕을

책망하였다: '도성은 손수 임금을 시해하고 강동에서 황위를 찬탈하였소. 짐은 지금 멸망한 나라를 옛 터에서 다시 일으키고 끊어진 대를 유씨에게 이어주려 하고 있소. 그런데 그대는 국경을 넘어서 외교하고 찬탈한 역적과 멀리 내통하니 어찌 번신의 절개를 지키는 도의겠소? 지금 한 가지 과오 때문에 그대의 옛 정성을 매몰하지 않고 여노를 즉시 돌려보내니 용서에 감사하고 과오를 반성하며 법도를 받들고 관할지를 편안하게 하며 동정을 보고하시오.'

六十九年 遣使南齊朝貢。

69년. 남제에 사신을 보내 조공하였다.

七十二年 冬十月遣使入魏朝貢。時魏人謂我方强,置諸國使邸,齊使第一,我使者次之。

72년. 겨울 10월 위에 사신을 보내 조공하였다. 이때 위는 우리가 막 강해진다고 여기고 각 나라 사신의 관저를 둘 때 제의 사신을 첫째로 두고 우리의 사신을 버금으로 두었다.

七十三年 夏五月遣使入魏朝貢。冬十月遣使入魏朝貢。

73년. 여름 5월 위에 사신을 보내 조공하였다. 겨울 10월 위에 사신을 보내 조공하였다.

七十四年 夏四月遣使入魏朝貢。

74년. 여름 4월 위에 사신을 보내 조공하였다.

七十五年 夏五月遣使入魏朝貢。

75년. 여름 5월 위에 사신을 보내 조공하였다.

七十六年 春二月遣使入魏朝貢。夏四月遣使入魏朝貢。秋閏八月遣使入魏朝貢。

76년. 봄 2월 위에 사신을 보내 조공하였다. 여름 4월 위에 사신을 보내 조공하였다. 가을 윤 8월 위에 사신을 보내 조공하였다.

七十七年 春二月遣使入魏朝貢。夏六月遣使入魏朝貢。秋九月遣兵侵新羅北邊,陷狐山城。冬十月遣使入魏朝貢。

77년. 봄 2월 위에 사신을 보내 조공하였다. 여름 6월 위에 사신을 보내 조공하였다. 가을 9월 군사를 보내 신라의 북쪽 변경을 침공하여 호산성을 함락하였다. 겨울 10월 위에 사신을 보내 조공하였다.

七十八年 秋七月遣使入魏朝貢。九月遣使入魏朝貢。

78년. 가을 7월 위에 사신을 보내 조공하였다. 9월 위에 사신을 보내 조공하였다.

七十九年 夏五月遣使入魏朝貢。秋九月遣使入魏朝貢。冬十二月王薨。年九十八歲,號長壽王。魏孝文聞之,制素委貌、布深衣,舉哀於東郊。遣謁者僕射李安上策贈車騎大將軍、太傅、遼東郡開國公、高句麗王。諡曰康。

79년. 여름 5월 위에 사신을 보내 조공하였다. 가을 9월 위에 사신을 보내 조공하였다. 겨울 12월 왕이 사망하였다. 나이 98세였으며 호를 장수왕이라 하였다. 위효문황제가 소식을 듣고 흰 위모관과 베로 만든 심의를 지어입고 동쪽 교외에서 애도식을 거행하였다. 알자 복야 이안상을 보내 왕을 거기대장군, 태부, 요동군개국공, 고구려왕으로 추증책봉하였다. 시호를 강이라 하였다.

三國史記卷第十九

(삼국사기 권제19)

高句麗本紀第七(고구려본기 제7)

文咨[明]王、安⒣[臧]王、安原王、陽原王、平原王

　문자명왕, 안장왕, 안원왕, 양원왕, 평원왕

○**文咨明王**一云明治好王諱羅雲, 長壽王之孫。父王子古鄒大加助多, 助多早死, 長壽王養於宮中, 以爲大孫。長壽在位七十九年薨, 繼立。

　문자명왕일왈 명치호왕의 이름은 나운이고 장수왕의 손자다. 부친은 장수왕의 아들 고추대가 조다고, 조다가 일찍 죽자 장수왕이 궁중에서 길러 장손으로 하였다. 장수왕 재위 79년에 사망하자 왕위를 이어 세웠다.

元年 春(正月)三月魏孝文帝遣使拜王爲使持節、都督遼海諸軍事、征東將軍、領護東夷中郎將、遼東郡開國公、高句麗王, 賜衣冠、服物、車旗之飾。又詔王遣世子入朝, 王辭以疾, 遣從叔升(干)[王]隨使者詣闕。夏六月遣使入魏朝貢。秋八月遣使入魏朝貢。冬十月遣使入魏朝貢。

　원년. 봄 3월 위효문제가 사신을 보내 왕을 사지절, 도독요해제군사, 정동장군, 영호동이중랑장, 요동군개국공, 고구려왕으로 모시고 왕에게 의관, 복물, 거기의 장식을 주었다. 또 왕에게 조칙으로 세자를 입조케 하였으나 왕은 병으로 거절하고 종숙 승간을 사신 따라 입궐시켰다.
여름 6월 위에 사신을 보내 조공하였다. 가을 8월 위에 사신을 보내
조공하였다. 겨울 10월 위에 사신을 보내 조공하였다.

二年 冬十月地震。

2년. 겨울 10월 지진이 일어났다.

三年 春正月遣使入魏朝貢。二月扶餘王及妻孥以國來降。秋七月我
軍與新羅人戰於(△)[薩]水之原。羅人敗,保犬牙城,我兵圍之。百濟遣
兵三千(△)[援]新羅,我兵引退。齊帝策王爲使持節、散騎常侍、都督營
平二州、征東大將軍、樂浪公。遣使入魏朝貢。冬十月桃李華。

3년. 봄 정월 위에 사신을 보내 조공하였다. 2월 부여왕과 처자가 나라를
바치며 항복하여 왔다. 가을 7월 아군이 신라인과 살수의 벌에서 싸웠다.
신라군이 패배하여 견아성을 지키므로 아군이 포위하였다. 백제가 3천
병력을 보내 신라를 지원하자 아군이 퇴각하였다. 제황제가 왕을 사지
절, 산기상시, 도독영평이주, 정동대장군, 낙랑공으로 책봉하였다. 위에
사신을 보내 조공하였다. 겨울 10월 복숭아나무와 오얏나무에 꽃이
피었다.

四年 春二月遣使入魏朝貢。大旱。夏五月遣使入魏朝貢。秋七月南巡
狩,望海而還。八月遣兵圍百濟 雉壤城,百濟請救於新羅,羅王命將軍
德智率兵來援,我軍退還。

4년. 봄 2월 위에 사신을 보내 조공하였다. 크게 가물었다. 여름 5월
위에 사신을 보내 조공하였다. 가을 7월 남쪽을 돌며 망해제를 지내고
돌아왔다. 8월 왕이 군사를 보내 백제의 치양성을 포위하자 백제가
신라에 구원을 청하여 신라왕이 장군 덕지를 보내 병사를 거느리고
구원하므로 아군이 퇴각하여 돌아왔다.

五年 齊帝進王爲車騎將軍。遣使入齊朝貢。秋七月遣兵攻新羅 牛山
城,新羅兵出擊泥河上,我軍敗北。

5년. 제황제가 왕을 거기장군으로 승진시켰다. 제에 사신을 보내 조공

하였다. 가을 7월 군사를 보내 신라의 우산성을 공격하였는데 신라군이 이하에서 반격하여 아군이 패배하였다.

六年 秋八月遣兵攻新羅牛山城,取之。

6년. 가을 8월 파병하여 신라의 우산성을 공격하여 **빼앗았다.**

七年 春正月立王子興安爲太子。秋七月創金剛寺。八月遣使入魏朝貢。

7년. 봄 정월 왕자 흥안을 태자로 세웠다. 가을 7월 금강사를 창설하였다. 8월 위에 사신을 보내 조공하였다.

八年 百濟民饑,二千人來投。

8년. 백제 백성 2천 명이 기근으로 귀순해 왔다.

九年 秋八月遣使入魏朝貢。

9년. 가을 8월 위에 사신을 보내 조공하였다.

十年 春正月遣使入魏朝貢。冬十二月遣使入魏朝貢。

10년. 봄 정월 위에 사신을 보내 조공하였다. 겨울 12월 위에 사신을 보내 조공하였다.

十一年 秋八月蝗。冬十月地震,民屋倒墮,有死者。梁高祖即位,夏四月進王爲車騎大將軍。冬十一月百濟犯境。十二月遣使入魏朝貢。

11년. 가을 8월 황충재를 입었다. 겨울 10월 지진으로 민옥이 무너지고 사망자가 생겼다. 양고조가 즉위하였으며 여름 4월 양고조가 왕을 거기 대장군으로 승진시켰다. 겨울 11월 백제가 변경을 침범하였다. 12월 위에 사신을 보내 조공하였다.

十二年 冬十一月百濟遣達率優永率兵五千來侵水谷城。

12년. 겨울 11월 백제가 달솔 우영을 시켜 5천 병력을 거느리고 수곡성을 침공하였다.

十三年 夏四月遣使入魏朝貢,世宗引見其使芮悉弗於東堂。悉弗進曰：“小國係誠天極,累葉純誠,地産土毛無愆王貢。但黃金出自扶餘,珂則涉羅所産。扶餘爲勿吉所逐,涉羅爲百濟所幷,二品所以不登王府,實兩賊是爲。"世宗曰:"高句麗世荷上獎,專制海外,九夷黠虜悉得征之。[77]瓶磬罍恥,誰之咎也?昔方貢之愆責在連率。卿宜宣朕志於卿主,務盡威懷之略,揃披害群,輯寧東裔,使二邑還復舊墟,土毛無失常貢也。"

13년. 여름 4월 위에 사신을 보내 조공하였고 위세종이 사신 예실불을 동당에서 접견하였다. 예실불이 진언했다: "소국은 황제에게 마음 붙이고 누대에 걸쳐 성실했으며 토산물을 바치는 조공을 어기지 않았습니다. 다만 황금은 부여에서 나고 옥은 섭라에서 출산합니다. 부여는 물길에게 쫓기고 섭라는 백제에게 병합되었으니 두 가지 물품이 왕궁으로 들어오지 못함은 실로 두 적국의 탓입니다." 세종이 말했다: "고구려는 대대로 상국의 장려를 받으며 해외를 다스림에 전념하여 교활한 구이들을 모두 정복하였다. 술병이 비는 것은 술독의 수치라지만 이는 누구의 잘못인가? 지난날 조공의 차실은 책임이 지방관에게 있다. 그대는 나의 뜻을 그대의 왕에게 전달하여 위엄과 회유의 책략을 힘껏 써 나쁜 무리를 없애고 동방의 백성들을 편안케 하여 부여와 섭라로 하여금 옛 땅으로 돌아오게 하여 토산물의 정상적인 공납을 어기지 말라."

十五年 秋八月王獵於龍山之陽,五日而還。九月遣使入魏朝貢。冬十一月遣將伐百濟,大雪,士卒凍䫻而還。

15년. 가을 8월 왕이 용산 남쪽에서 사냥하고 5일 만에 돌아왔다. 9월 위에 사신을 보내 조공하였다. 겨울 11월 장수를 파견하여 백제를 공격했으나 큰 눈으로 병사들에게 동상이 걸려 돌아왔다.

十六年 冬十月遣使入魏朝貢。王遣將高老(興)[與]鞨鞨謀,欲攻百濟漢城,進屯於橫岳下。百濟出師逆戰,乃退。

---

77) 高句麗世荷上獎,專制海外,九夷黠虜悉得征之: 중앙본 '고구려는 세세토록 상국의 도움을 입어 해외에서 제멋대로 다스려 구이의 교활한 오랑캐들을 모두 정벌하였다'. 정본이 '獎'을 '將'으로 교정한 데서부터 오역이 시작되었다.

16년. 겨울 10월 위에 사신을 보내 조공하였다. 왕이 장수 고로를 파견하여 말갈과 모의하여 백제의 한성을 치려고 횡악 아래에 주둔하였다. 백제가 군사를 출동시켜 맞받아 싸우자 퇴각하였다.

十七年 梁高祖下詔曰:"高句麗王 樂浪郡公某乃誠款著,貢驛相尋,宜(豊)[隆]秩命,[78]式弘朝典,可撫軍─作東大將軍、開府儀同三司。"夏五月遣使入魏朝貢。冬十二月遣使入魏朝貢。

17년. 양고조가 조서를 내렸다: '고구려왕 낙랑군공 아무개는 정성이 뚜렷하고 조공이 끊어지지 않았으므로 관작을 높이고 조정의 의전을 넓혀 무군軍 일왈 東대장군, 개부의동삼사로 한다.' 여름 5월 위에 사신을 보내 조공하였다. 겨울 12월 위에 사신을 보내 조공하였다.

十八年 夏五月遣使入魏朝貢。

18년. 여름 5월 위에 사신을 보내 조공하였다.

十九年 夏閏六月遣使入魏朝貢。冬十(一)[二]月遣使入魏朝貢。

19년. 여름 윤 6월 위에 사신을 보내 조공하였다. 겨울 12월 위에 사신을 보내 조공하였다.

二十一年 春三月遣使入梁朝貢。夏五月遣使入魏朝貢。秋九月侵百濟,陷加弗、圓山二城,虜獲(一)男女一千餘口。

21년. 봄 3월 양에 사신을 보내 조공하였다. 여름 5월 위에 사신을 보내 조공하였다. 가을 9월 백제를 침공하여 가불, 원산 두 성을 함락시키고 남녀 1천여 명을 노획하였다.

二十二年 春正月遣使入魏朝貢。夏五月遣使入魏朝貢。冬十二月遣使入魏朝貢。

22년. 봄 정월 위에 사신을 보내 조공하였다. 여름 5월 위에 사신을 보내 조공하였다. 겨울 12월 위에 사신을 보내 조공하였다.

二十三年 冬十一月遣使入魏朝貢。

---

78) (豊)[隆]: 고려 태조 부친의 이름자 '隆'을 피휘하여 '豊'자로 고쳐 쓴 것임. '隆'이 본자.

23년. 겨울 11월 위에 사신을 보내 조공하였다.

二十四年 冬十月遣使入魏朝貢。

24년. 겨울 10월 위에 사신을 보내 조공하였다.

二十五年 夏四月遣使入梁朝貢。

25년. 여름 4월 양에 사신을 보내 조공하였다.

二十六年 夏四月遣使入魏朝貢。

26년. 여름 4월 위에 사신을 보내 조공하였다.

二十七年 春二月遣使入魏朝貢。三月暴風拔木，王宮南門自毀。夏四月遣使入魏朝貢。五月遣使入魏朝貢。

27년. 봄 2월 위에 사신을 보내 조공하였다. 3월 폭풍에 나무가 뽑혔으며 왕궁의 남문이 저절로 무너졌다. 여름 4월 위에 사신을 보내 조공하였다. 5월 위에 사신을 보내 조공하였다.

二十八年 王薨，號爲文咨明王。魏靈太后擧哀於東堂，遣使策贈車騎大將軍。時魏肅宗年十歲，太后臨朝稱制。

28년. 왕이 사망하여 호를 '문자명왕'이라 하였다. 위영태후가 동당에서 애도의식을 거행하고 사신을 보내 거기대장군을 추증하였다. 이때 위숙종의 나이가 10세였으므로 태후가 조정에 나와 권력을 행사하였다.

○安臧王諱興安，文咨明王之長子。文咨在位七年立爲太子，二十八年王薨，太子卽位。

안장왕의 이름은 흥안이고 문자명왕의 장자다. 문자명왕 재위 7년에 태자로 세웠고 28년에 왕이 사망하자 태자로서 즉위하였다.

二年 春正月遣使入梁朝貢。二月梁高祖封王爲寧東將軍、都督營平二州諸軍事、高句麗王，遣使者江注盛賜王衣、冠、劍、佩，魏兵就海中執之，送洛陽。魏封王爲安東將軍、領護東夷校尉、遼東郡開國公、高句麗王。秋九月入梁朝貢。

2년. 봄 정월 양에 사신을 보내 조공하였다. 2월 양고조가 왕을 영동장

군, 도독영평이주제군사, 고구려왕으로 봉하고 사신 강주성을 시켜 왕
에게 의관, 검, 패물을 전하였는데 위군이 바다에서 붙잡아 낙양으로
보냈다. 위가 왕을 안동장군, 영호동이교위, 요동군개국공, 고구려왕으
로 봉하였다. 가을 9월 양에 가서 조공하였다.

三年 夏四月王幸(△△△△)[卒本, 祀始]祖廟。五月王至自卒本, 所經州
邑貧乏者賜(△△△△)[穀人三斛]。

3년. 여름 4월 왕이 졸본에 행차하여 시조사당에 제사지냈다. 5월 왕이
졸본으로부터 돌아올 때 경과한 주읍의 가난한 자들에게 사람마다 곡
식 세 섬씩 주었다.

五年 春旱。秋八月遣(△)[兵]侵百濟。冬十月饑, 發倉賑救。十一月遣
使朝魏, 進良馬十匹。

5년. 봄에 가물었다. 가을 8월 군사를 보내 백제를 침공하였다. 겨울10
월 기근이 들어 창고를 풀어 구제하였다. 11월 위에 사신을 보내 조회하
고 좋은 말 10필을 진상하였다.

八年 春三月遣使入梁朝貢。

8년. 봄 3월 양에 사신을 보내 조공하였다.

九年 冬十一月遣使入梁朝貢。

9년. 겨울 11월 양에 사신을 보내 조공하였다.

十一年 春三月王畋於(△)[黃]城之東。冬十月王與百濟戰於五谷, 克
之, 殺獲二千餘級。

11년. 봄 3월 왕이 황성 동쪽에서 사냥하였다. 겨울 10월 왕이 백제와
오곡에서 싸워 이기고 2천여 명을 죽이거나 생포했다.

十三年 夏五月王薨, 號爲安臧王。是梁 中大通三年、魏 普泰元年也。梁書云“安臧王
在位第八年、普通七年卒”, 誤也。

13년. 여름 5월 왕이 사망하여 호를 안장왕이라 하였다. 이때는 양 중대통
3년, 위 보태 원년이다. 『양서』의 '안장왕은 재위 여덟 번째 해인 보통 7년 졸'은 오류다.

○**安原王**諱寶延,安臧王之弟也。身長七尺五寸,有大量,安臧愛友之。安臧在位十三年薨,無嗣子,故即位。梁高祖下詔襲爵。

안원왕의 이름은 보연이고 안장왕의 동생이다. 키가 7자 5치이고 도량이 크므로 안장왕은 그를 사랑하였다. 안장왕이 재위 13년에 사망하였으나 이을 아들이 없으므로 즉위하였다. 양고조가 조서를 내려 작위를 세습케 하였다.

二年 春三月魏帝詔策使持節、散騎常侍、領護東夷校尉、遼東郡開國公、高句麗王,賜衣冠、車旗之飾。夏四月遣使入梁朝貢。六月遣使入魏朝貢。冬十一月遣使入梁朝貢。

2년. 봄 3월 위황제가 조서를 내려 왕을 사지절, 산기상시, 영호동이교위, 요동군개국공, 고구려왕으로 책봉하고 의관, 거기의 장식품을 하사하였다. 여름 4월 양에 사신을 보내 조공하였다. 6월 위에 사신을 보내 조공하였다. 겨울 11월 양에 사신을 보내 조공하였다.

三年 春正月立王子平成爲太子。二月遣使入魏朝貢。

3년. 봄 정월 왕의 아들 평성을 태자로 세웠다. 2월 위에 사신을 보내 조공하였다.

四年 東魏詔加王驃騎大將軍,餘悉如故。遣使入魏朝貢。

4년. 동위가 조서를 보내 왕에게 표기대장군의 작위를 더하고 나머지는 모두 종전과 같게 하였다. 위에 사신을 보내 조공하였다.

五年 春二月遣使入梁朝貢。夏五月國南大水,漂沒民屋,死者二百餘人。冬十月地震。十二月雷,大疫。

5년. 봄 2월 양에 사신을 보내 조공하였다. 여름 5월 나라 남쪽에 홍수가 나서 민옥이 떠내려가거나 침몰되고 사망자가 2백여 명이었다. 겨울 10월 지진이 일어났다. 12월 우레가 울렸고 역병이 크게 돌았다.

六年 春夏大旱,發使撫恤饑民。秋八月蝗。遣使入東魏朝貢。

6년. 봄과 여름에 크게 가물어 사신을 보내 기근민을 구제하였다. 가을 8월 황충해를 입었다. 동위에 사신을 보내 조공하였다.

七年 春三月民饑,王巡撫賑救。冬十二月遣使入東魏朝貢。

7년. 봄 3월 백성이 굶주려 왕이 순행하며 위로하고 구제하였다. 겨울 12월 동위에 사신을 보내 조공하였다.

九年 夏五月遣使入東魏朝貢。

9년. 여름 5월 동위에 사신을 보내 조공하였다.

十年 秋九月百濟圍牛山城,王遣精騎五千擊走之。冬十月桃李華。十二月遣使入東魏朝貢。

10년. 가을 9월 백제가 우산성을 포위하자 왕이 정예 기병 5천 명을 보내 공격하여 쫓아냈다. 겨울 10월 복숭아나무와 오얏나무에 꽃이 피었다. 12월 동위에 사신을 보내 조공하였다.

十一年 春三月遣使入梁朝貢。

11년. 봄 3월 양에 사신을 보내 조공하였다.

十二年 春三月大風拔木飛瓦。夏四月雹。冬十二月遣使入東魏朝貢。

12년. 봄 3월 큰 바람이 나무를 뽑고 기와를 날렸다. 여름 4월 우박이 내렸다. 겨울 12월 동위에 사신을 보내 조공하였다.

十三年 冬十一月遣使入東魏朝貢。

13년. 겨울 11월 동위에 사신을 보내 조공하였다.

十四年 冬十一月遣使入東魏朝貢。

14년. 겨울 11월 동위에 사신을 보내 조공하였다.

十五年 春三月王薨,號爲安原王。是梁大同十一年、東魏武定三年也。梁書云:"安原以大清二年卒,以其子爲寧東將軍、高句麗王、樂浪公",誤也。

15년. 봄 3월 왕이 사망하여 호를 안원왕이라 하였다. 이때가 양 대동 11년, 동위 무정 3년이다. 『양서』의 '안원왕이 태청 2년 졸, 그의 아들을 영동장군, 고구려왕, 낙랑공으로 하였다.'는 오류다.

○陽原王或云陽崗上好王諱平成,安原王長子。生而聰慧,及壯,雄豪過人。以安原在位三年立爲太子,至十五年王薨,太子即位。冬十二月遣使入東魏朝貢。

양원왕혹왈 양강상호왕의 이름은 평성이고 안원왕의 장자다. 나면서부터 총명하였고 장성해서는 뛰어나게 호탕하였다. 안원왕 재위 3년에 태자가 되었다가 15년에 왕이 사망하자 태자로서 즉위하였다. 겨울 12월 동위에 사신을 보내 조공하였다.

㈠[二]年 春二月王都梨樹連理。夏四月雹。冬十一月遣使入東魏朝貢。

2년. 봄 2월 경성의 배나무 가지가 서로 붙었다. 여름 4월 우박이 내렸다. 겨울 11월 동위에 사신을 보내 조공하였다.

三年 秋七月改築白巖城, 茸新城。遣使入東魏朝貢。

3년. 가을 7월 백암성을 개축하고 신성을 수리하였다. 동위에 사신을 보내 조공하였다.

四年 春正月以濊兵六千攻百濟 獨山城。新羅將軍朱珍來援, 故不克而退。秋九月丸都進嘉禾。遣使入東魏朝貢。

4년. 봄 정월 예군 6천 명으로 백제의 독산성을 공격하였다. 신라 장군 주진이 지원하였기 때문에 이기지 못하고 퇴각하였다. 가을 9월 환도에서 상서로운 벼를 바쳤다. 동위에 사신을 보내 조공하였다.

五年 遣使入東魏朝貢。

5년. 동위에 사신을 보내 조공하였다.

六年 春正月百濟來侵, 陷道(△)[薩]城。三月攻百濟 金峴城。新羅人乘間取二城。夏六月遣使入北齊朝貢。秋九月北齊封王爲使持節、侍中、驃騎大將軍、領護東夷校尉、遼東郡開國公、高句麗王。

6년. 봄 정월 백제가 침입하여 도살성을 함락하였다. 3월 백제의 금현성을 공격하였다. 신라가 이 기회에 두 성을 빼앗았다. 여름 6월 북제에 사신을 보내 조공하였다. 가을 9월 북제가 왕을 사지절, 시중, 표기대장군, 영호동이교위, 요동군개국공, 고구려왕으로 봉하였다.

七年 夏五月遣使入北齊朝貢。秋九月突厥來圍新城, 不克, 移攻白巖城。王遣將軍高紇領兵一萬拒克之,殺獲一千餘級。新羅來攻取十城。

7년. 여름 5월 북제에 사신을 보내 조공하였다. 가을 9월 돌궐이 와서 신성을 포위하였다가 이기지 못하자 옮겨 백암성을 공격하였다. 왕이 장군 고흘에게 1만 명의 병력을 주어 막아 이기고 1천여 명을 죽이거나 생포했다. 신라가 와서 침범하여 10개의 성을 빼앗았다.

八年 築長安城。

8년. 장안성을 건축하였다.

十年 冬攻百濟 熊川城,不克。十二月晦日有食之。無冰。

10년. 겨울에 백제의 웅천성을 공격하였으나 이기지 못했다. 12월 그믐 일식이 있었다. 얼음이 얼지 않았다.

十一年 冬十月虎入王都,擒之。十一月太白晝見。遣使入北齊朝貢。

11년. 겨울 10월 범이 경성 안에 들어와 붙잡았다. 11월 낮에 금성이 나타났다. 북제에 사신을 보내 조공하였다.

十三年 夏四月立王子陽成爲太子,遂宴群臣於內殿。冬十月丸都城干朱理叛,伏誅。

13년. 여름 4월 왕의 아들 양성을 태자로 세우고 내전에서 대신들에게 잔치를 베풀었다. 겨울 10월 환도성의 간주리가 반역하다가 처형당했다.

十五年 春三月王薨,號爲陽原王。

15년. 봄 3월 왕이 사망하여 호를 양원왕이라 하였다.

○平原王或云平崗上好王諱陽成隋唐書作湯,陽原王長子。有膽力,善騎射。陽原王在位十三年立爲太子,十五年王薨,太子即位。

평원왕혹왈 평강상호왕의 이름은 양성『수서』,『당서』왈 탕이고 양원왕의 장자다. 담력이 있고 말 타기와 활쏘기를 잘하였다. 양원왕 재위 13년에 태자로 세웠고 15년에 왕이 사망하자 태자로서 즉위하였다.

二年 春二月北齊廢帝封王爲使持節、領東夷校尉、遼東郡公、高句麗王。王幸卒本,祀始祖廟。三月王至自卒本,所經州郡獄囚除二死皆原之。

2년. 봄 2월 북제폐제가 왕을 사지절, 영동이교위, 요동군공, 고구려왕으로 책봉하였다. 왕이 졸본에 행차하여 시조사당에 제사지냈다. 3월 왕이 졸본으로부터 돌아오며 경과한 주군의 옥중 죄수 중 두 가지 사형수를 제외하고 모두 풀어주었다.

三年 夏四月異鳥集宮庭。六月大水。冬十一月遣使入陳朝貢。

3년. 여름 4월 이상한 새가 궁궐 뜰에 모여들었다. 6월 큰물이 났다. 겨울 11월 진에 사신을 보내 조공하였다.

四年 春二月陳文帝詔授王寧東將軍。

4년. 봄 2월 진문제가 조서를 보내 왕에게 영동장군을 제수하였다.

五年 夏大旱,王減常膳,祈禱山川。

5년. 여름에 크게 가물어 왕이 평시의 음식을 줄이고 산천에 기도하였다.

六年 遣使入北齊朝貢。

6년. 북제에 사신을 보내 조공하였다.

七年 春正月立王子元爲太子。遣使入北齊朝貢。

7년. 봄 정월 왕자 원을 태자로 세웠다. 북제에 사신을 보내 조공하였다.

八年 冬十二月遣使入陳朝貢。

8년. 겨울 12월 진에 사신을 보내 조공하였다.

十二年 冬十一月遣使入陳朝貢。

12년. 겨울 11월 진에 사신을 보내 조공하였다.

十三年 春二月遣使入陳朝貢。秋七月王畋於浿河之原,五旬而返。八月重修宮室,蝗、旱,罷役。

13년. 봄 2월 진에 사신을 보내 조공하였다. 가을 7월 왕이 패하의 벌에서 사냥하고 50일 만에 돌아왔다. 8월 궁실을 다시 수리하다가 황충해와 한재가 들어 역사役事를 그만두었다.

十五年 遣使入北齊朝貢。

15년. 북제에 사신을 보내 조공하였다.

十六年 春正月遣使入陳朝貢。

16년. 봄 정월 진에 사신을 보내 조공하였다.

十九年 王遣使入周朝貢。周高祖拜王爲開府儀同三司、大將軍、遼東郡開國公、高句麗王。

19년. 왕이 주에 사신을 보내 조공하였다. 주고조가 왕을 개부의동삼사, 대장군, 요동군개국공, 고구려왕으로 모셨다.

二十三年 春二月晦星隕如雨。秋七月霜雹殺穀。冬十月民饑, 王巡行撫恤。十二月遣使入隋朝貢。高祖授王大將軍、遼東郡公。

23년. 봄 2월 그믐에 별이 비 오듯 떨어졌다. 가을 7월 서리와 우박이 곡식을 죽였다. 겨울 10월 백성이 굶주리므로 왕이 순행하면서 위로하고 구제하였다. 12월 수에 사신을 보내 조공하였다. 수고조가 왕에게 대장군, 요동군공을 제수하였다.

二十四年 春正月遣使入隋朝貢。冬十一月遣使入隋朝貢。

24년. 봄 정월 수에 사신을 보내 조공하였다. 겨울 11월 수에 사신을 보내 조공하였다.

二十五年 春正月遣使入隋朝貢。二月下令減不急之事, 發使郡邑勸農(△)[桑]。夏四月遣使入隋朝貢。冬遣使入隋朝貢。

25년. 봄 정월 수에 사신을 보내 조공하였다. 2월 명령을 내려 급하지 않은 일을 줄이고 군읍에 사신을 보내 농사와 양잠을 권장하였다. 여름 4월 수에 사신을 보내 조공하였다. 겨울 수에 사신을 보내 조공하였다.

二十六年 春遣使入隋朝貢。夏四月隋文帝宴我使者於大興殿。

26년. 봄 수에 사신을 보내 조공하였다. 여름 4월 수문제가 우리의 사신에게 대흥전에서 잔치를 베풀어주었다.

二十七年 冬十二月遣使入陳朝貢。

27년. 겨울 12월 진에 사신을 보내 조공하였다.

二十八年 移都長安城。

28년. 장안성으로 도읍을 옮겼다.

三十二年 王聞陳亡,大懼,⒀[治]兵積穀爲拒守之策。隋高祖賜王璽書,責以“雖稱藩附,誠節未盡”。且曰:“彼之一方雖地狹人少,今若黜王,不可虛置,終須更選官屬,就彼安撫。王若洒心易行,率由憲章,即是朕之良臣,何勞別遣才彦?王謂遼水之廣,何如長江;高句麗之人多少陳國?朕若不存含育,責王前愆,命一將軍,何待多力?慇勤曉⒁[示],許王自新耳。”王得書惶恐,將奉表陳謝而未果。王在位三十二年,冬十月薨,號曰平原王。是開皇十年。隋書及通鑑書“高祖賜璽書於開皇十七年”,誤也。

32년. 진이 멸망하였다는 소식을 듣고 왕은 크게 두려워하며 군사를 훈련하고 군량을 비축하는 것을 방어의 대책으로 하였다. 수고조는 왕에게 조서를 보내 ‘번방이라고 하면서도 성의와 예절을 다하지 않는다’라고 문책하였다. 또 왈: ‘그대의 그곳은 비록 국토가 좁고 인구도 적지만 지금 왕을 파출시키면 그대로 비워둘 수는 없고 결국은 다시 관리를 선택하여 그곳을 안정시켜야 하오. 왕이 만약 마음을 씻고 행실을 고쳐 법도를 따르면 바로 짐의 좋은 신하인데 무엇 때문에 수고스레 별도로 인재를 보내겠소? 왕은 요수가 넓다고 하겠지만 어찌 장강과 비교할 수 있으며 고구려 인구가 진과 비교될 수 있겠소? 짐이 왕을 수용하고 기르려는 마음을 두지 않고 왕의 과거의 잘못을 문책하려 하면 장군 한 사람을 시키면 되는데 큰 힘이 필요하겠소? 간곡히 타이르니 왕이 스스로 새로워지길 바랄 뿐이요.’ 왕이 칙서를 보고 황공하여 표문을 올려 사과하려 하였지만 이루지 못했다. 왕은 재위 32년 만인 겨울 10월 사망하였다. 호를 ‘평원왕’이라 하였다. 이때는 개황 10년이다. 『수서』와 『통감』의 ‘고조가 개황 17년에 조서를 내렸다’는 오류다.

三國史記卷第二十

(삼국사기 권제20)

高句麗本紀第八(고구려본기 제8)

嬰陽王、(建武)[榮留]王

  영양왕, 영류왕

○嬰陽王一云平陽諱元一云大元,平原王長子也。[79]風神俊爽,以濟世安民
自任。平原王在位七年立爲太子,三十二年王薨,太子即位。隋文帝遣
使拜王爲上開府儀同三司,襲爵遼東郡公,賜衣一襲。

  영양왕일왈 평양의 이름은 원일왈 대원이고 평원왕의 장자다. 풍채가 준수
하고 시원하며 세상을 구제하고 백성을 안정시킴을 자신의 임무로 생
각한다. 평원왕 재위 7년에 태자로 세웠다가 32년에 왕이 사망하자
태자로서 즉위하였다. 수문제가 사신을 보내 왕을 상개부의동삼사로
모시고 요동군공의 작위를 세습케 하였으며 의상 한 벌을 하사하였다.

二年 春正月遣使入隋奉表謝恩進奉,因請封王。帝許之。三月策封爲
高句麗王,仍賜車服。夏五月遣使謝恩。

---

79) 嬰陽王: '목록'에는 건무왕(健武王)으로 되어 있다.

2년. 봄 정월 수에 사신을 보내 표문을 올려 사은하고 물품을 진상한 다음 왕으로 책봉해줄 것을 청구하였다. 황제가 이를 허락하였다. 3월 왕을 고구려왕으로 책봉하고 수레와 의복을 하사하였다. 여름 5월 사신을 보내 사은하였다.

三年 春正月遣使入<u>隋</u>朝貢。

3년. 봄 정월 수에 사신을 보내 조공하였다.

八年 夏五月遣使入<u>隋</u>朝貢。

8년. 여름 5월 수에 사신을 보내 조공하였다.

九年 王率<u>靺鞨</u>之衆萬餘侵<u>遼西</u>,<u>營州</u>總管<u>韋沖</u>擊退之。<u>隋文帝</u>聞而大怒,命<u>漢王諒</u>、<u>王世</u>(續)[積]并爲元帥,將水陸三十萬來伐。夏六月帝下詔黜王官爵。<u>漢王諒</u>軍出臨渝關,値水潦,餽轉不繼,軍中乏食,復遇疾疫。<u>周羅睺</u>自<u>東萊</u>泛海,趣<u>平壤城</u>,亦遭風,船多漂沒。秋九月還師,死者十八九。王亦恐懼,遣使謝罪,上表稱<u>遼東</u>糞土臣某。帝於是罷兵,待之如初。<u>百濟</u>王<u>昌</u>遣使奉表,請爲軍導。帝下詔,諭以<u>高句麗</u>服罪,朕已赦之,不可致伐,厚其使而遣之。王知其事,侵掠<u>百濟</u>之境。

9년. 왕이 말갈군 1만여 명을 거느리고 요서를 침공하였으나 영주총관 위충이 아군을 물리쳤다. 수문제가 듣고 대노하여 한왕 양과 왕세적을 함께 원수로 하여 수륙군 30만을 거느리고 징벌하러 왔다. 여름 6월 수문제가 조서를 내려 왕의 관작을 파출하였다. 한왕 양의 군사가 임유관을 나왔을 때 진탕에 빠지고 군량미의 수송을 잇지 못하여 군중에 식량이 부족하고 또한 역병이 돌았다. 주라후는 동래에서 바다를 건너 평양성으로 접근하다가 역시 바람을 만나 선박의 대부분이 표류하거나 침몰되었다. 가을 9월 군사가 돌아갔으나 심상팔구는 죽었다. 왕도 두려워 사신을 보내 사죄하고 올린 표문에 요동의 더러운 소신 아무개라고 자칭하였다. 황제는 군사를 철수하고 이전처럼 대우하였다. 백제왕 창이 사신을 보내 표문을 올려 군사의 길잡이가 되기를 자청하였다. 황제가 조서를 내려 고구려가 죄를 자복하여 짐이 이미 용서하였으므

로 정벌할 수 없다고 말하고, 사신을 후하게 대접하고 돌려보냈다. 왕이
이 사실을 알고 백제의 변경을 침범, 노략하였다.

十一年 春正月遣使入隋朝貢。詔大學博士李文眞約古史爲新集五
卷。國初始用文字時,有人記事一百卷,名曰留記,至是刪修。

11년. 봄 정월 수에 사신을 보내 조공하였다. 대학박사 이문진에게 조
칙을 내려 옛 역사책을 요약하여 『신집』5권을 만들었다. 건국 초기
문자를 사용하기 시작할 때 어떤 사람이 사적事跡 100권을 쓰고 『유기』
라 하였는데 이때 삭제, 수정하였다.

十四年 王遣將軍高勝攻新羅 北漢山城。羅王率兵過漢水,城中鼓噪
相應。勝以彼衆我寡,恐不克而退。

14년. 왕이 장군 고승을 보내 신라의 북한산성을 공격하였다. 신라왕이
직접 군사를 거느리고 한수를 건너니 성 안에서 북을 치고 함성을 지르
며 호응하였다. 고승은 적군이 많고 아군은 적어 이기지 못할 것 같아
퇴각하였다.

十八年 初煬帝之幸啓民帳也,我使者在啓民所。啓民不敢隱,與之見
帝。黃門侍郞裴矩說帝曰:"高句麗本箕子所封之地,漢、晉皆爲郡縣。
今乃不臣,別爲異城,先帝欲征之久矣。但楊諒不肖,師出無功。當陛下
之時安可不取,使冠帶之境遂爲蠻貊之鄉乎?今其使者親見啓民擧
國從化,可因其恐懼,脅使入朝。"帝從之,敕牛弘宣旨曰:"朕以啓民誠
心奉國,故親至其帳,明年當往涿郡。爾還日語爾王,宜早來朝,勿自疑
懼,存育之禮當如啓民。苟或不朝,將帥啓民往巡彼土。"王懼藩禮頗
闕,帝將討之。啓民,突厥可汗也。夏五月遣師攻百濟 松山城,不下,移
襲石頭城,虜男女三千而還。

18년. 당초 수양제가 동돌궐 두목 계민의 막부에 행차하였을 때 우리
사신이 계민의 처소에 있었다. 계민이 감히 숨기지 못하여 함께 황제를
배알하였다. 황문시랑 배구가 황제를 설득하여 왈: "고구려는 원래 기
자에게 봉해졌던 땅이고 한과 진 때 모두 군현이었습니다. 지금 신하노

릇을 하지 않고 별도의 지역으로 되어 있기 때문에 선제께서 정벌하려 한지 오래됩니다. 그러나 양량이 불초하여 출사하여 공을 세우지 못하였습니다. 폐하의 세대에 어찌 탈취하지 않고 예의의 땅이 야만의 지역으로 되도록 하겠습니까? 지금 고구려 사신은 계민이 나라를 바쳐 교화에 순종하는 것을 직접 보았으니 그들이 두려워하는 기회를 이용하여 조정으로 찾아 들어오게끔 위협합시다." 황제가 수긍하고 우홍을 시켜 칙서를 선포하였다: "계민은 성심으로 조정을 받들었기 때문에 짐이 직접 계민의 막부에 가보았으며 명년에는 응당 탁군으로 가련다. 자네는 돌아가는 날로 당신의 왕에게 말하여 스스로 의심하거나 두려워하지 말고 빠른 시일 내에 입조하면 살려주고 기르는 예의를 계민과 같이 해주겠다. 만약 입조하지 않으면 계민을 거느리고 너의 땅에 순행하리라." 왕은 번방의 예의가 결여돼 있으므로 황제가 앞으로 토벌하러 올 것이 두려웠다. 계민은 돌궐의 가한이다. 여름 5월 군사를 보내 백제의 송산성을 공격하다가 함락하지 못하고 석두성을 옮겨 습격하고 남녀 3천 명을 노획하여 돌아왔다.

十九年 春二月命將襲新羅北境,虜獲八千人。夏四月拔新羅 牛鳴山城。

19년. 봄 2월 장수에게 명하여 신라의 북쪽 변경을 습격하여 8천 명을 노획하였다. 여름 4월 신라의 우명산성을 함락했다.

二十二年 春二月煬帝下詔討高句麗。夏四月車蓋至涿郡之臨朔宮, 四方兵皆集涿郡。

22년. 봄 2월 양제가 고구려를 토벌하는 조서를 내렸다. 여름 4월 황제의 수레가 탁군의 임삭궁에 도착하니 사방의 군사가 모두 탁군으로 모였다.

二十三年 春正月(壬)[壬]午帝下詔曰:"高句麗小醜迷昏不恭,崇聚(勃) [渤]、碣之間,荐食遼、濊之境。雖復漢、魏誅戮,巢穴暫傾,亂離多阻,種落遷集。萃川藪於往代,播寔繁以訖今,眷彼華壤,翦爲夷類。歷年永

久,惡稔既盈;天道禍淫,亡徵已兆。亂常敗德,非可勝圖;掩慝懷姦,唯
囗[日]不足。80)移告之嚴未嘗面受,朝覲之禮莫肯躬親。誘納亡叛,不
知紀極;充斥邊垂,亟勞烽候。關柝以之不静,生人爲之廢業。在昔薄
伐,已漏天網。既緩前禽之戮,未即後服之誅。曾不懷恩,翻爲長惡。乃
兼契丹之黨,(△)[虔]劉海戍。習鞨鞨之服,侵軼遼西。81)又青丘之表咸
修職貢,碧海之濱同稟正朔,遂復敓攘琛(責)[賣],遏絶往來。虐及弗辜,
誠而遇禍。輶車奉使爰暨海東,旌節所次途經藩境,而擁塞道路,拒絶
王人。無事君之心,豈爲臣之禮!此而可忍,孰不可容?

23년. 봄 정월 임오에 황제가 조서를 내렸다: '고구려 하찮은 인간들이
어리석고 불손하게 발해와 갈석 사이에 모여 요동과 예맥의 땅을 끊임
없이 잠식하고 있다. 비록 한과 위의 거듭된 주살로 소굴이 점점 허물어
졌으나 난리와 험한 지형으로 족속의 부락이 모였다. 지난날 냇물처럼
모였으며 오늘날 퍼지고 번식하여 중하의 강토를 살펴보니 잘리어 야
만으로 변하였다. 세월이 오래되니 죄악이 가득찼고 천도는 악한 자에
게 화를 입히나니 망할 징조가 이미 나타났다. 덕을 손상시킴은 그
탐욕을 이기지 못하고,사악한 마음을 숨기고 품는 데는 오직 날이 모자
란다. 조칙의 엄명을 직접 받은 적이 없고 조회의 예의도 직접 실행하지
않는다. 반역자를 유혹하여 끌어들임에 끝이 없고 변방에 모여 봉후를
괴롭힌다. 관문은 안정할 수 없고 백성은 생업을 폐하였다. 지난날 정벌
때 그물에서 빠져 나갔다. 이전에 잡혔을 때 죽임에서 놓여났으며 뒷날
의 죽임을 아직 당하지 않게 해주었다. 은혜를 생각한 적은 없고 도리어
악을 쌓는다. 거란의 무리와 합세하여 바다의 수비병을 살육하였다.
말갈을 순복시켜 요서를 침략하였다. 또한 바깥 동방이 모두 공직하며

---

80) '亂常敗德,非可勝圖;掩慝懷姦,唯日不足: 중앙본 '떳떳한 도를 어지럽히고 덕을 무너
뜨림이 이루 헤아릴 수 없으며, 악을 가리고 간사함을 품은 것은 헤아리기에 날이
오히려 부족할 정도'.

81) 習鞨鞨之服,侵軼遼西: 중앙본 '말갈의 습관을 익혀 요서를 침범하였다'.

해변 지역이 함께 정삭을 쓰는데 거듭 보물을 탈취하고 내왕하는 길을
막는다. 무고한 자를 학대하고 정성을 들이는 자를 해친다. 수레 탄
사신이 해동에 가 정절이 도착하려면 번국의 국경을 통과하게 되는데
도로를 차단하고 왕의 사신을 거절한다. 임금을 섬기는 마음이 없으니
신하의 예의인가. 이것도 참을 수 있다면 무엇을 용납하지 못하랴!

"且法令苛酷,賦斂煩重,强臣豪族咸執國鈞,朋黨比周以之成俗,賄貨
如市,寃枉莫申。重以仍歲災凶,比屋饑饉,兵戈不息,徭役無期,力竭轉
輸,身塡溝壑。百姓愁苦,爰誰適從?境內哀惶,不勝其弊。廻首面內,各
懷性命之圖,黃髮稚齒咸興酷毒之歎。省俗觀風,爰屆幽朔,弔人問罪,
無俟再駕。於是親總六師,用申九伐,拯厥阽危,協從天意,殄玆逋穢,剋
嗣先謨。今宜授律啓行,分麾屆路。掩渤海而雷震,歷扶餘以電掃。比
⏍[戈]按甲,誓旅而後行;82) 三令五申,必勝而後戰。左十二軍出鏤方、
長岑、溟海、蓋馬、建安、南蘇、遼東、玄菟、扶餘、朝鮮、沃沮、樂浪等道,
右十二軍出黏蟬、含資、渾彌、臨屯、候城、提奚、踏頓、肅愼、碣石、東
暆、(△)[帶]方、襄平等道。絡(驛)[繹]引途,總集平壤。"

'또한 법령이 가혹하고 부세가 과중하며 권신과 호족이 모두 나라의
권력을 쥐고 당파 간의 결탁이 풍기로 되어 있고 뇌물수수가 시장의
매매처럼 되었고 억울함을 신고할 곳이 없다. 게다가 해마다 재변과
흉년이 들어 집집마다 굶주리고 전쟁은 그치지 않으며 부역은 기한
없고 운수에 힘을 다하며 몸이 구덩이를 메운다. 근심과 고통에 심한
백성은 누구를 따르랴? 경내는 슬픔과 공포의 폐단에 견딜 수 없다.
머리를 돌려 안으로 보면 제각기 생명의 보존이나 도모하며 늙은이나
어린이나 모두 혹독함을 한탄한다. 풍속을 살피고 유주, 삭주의 백성들
을 위로하고 죄행을 문책하러 다시 올 수가 없구나. 이에 친히 육사를

82) 比戈按甲,誓旅而後行: 중앙본 '방패를 가지런히 하고 갑옷을 살피고 군사들에게 경계
하여 일러둔 후에 출행하며'.

거느리고, 구별을 펴서 위급한 자를 구해주며 하늘의 뜻에 따라 도피하는 역적을 소멸하여 선조의 뜻을 이어갈 것이다. 지금 마땅히 군율에 따라 출발하여 대오를 나누어 길에 이르련다. 발해를 뒤덮어 우레같이 진동하고 부여를 지나며 번개처럼 휩쓸련다. 병기를 갖추고 군사를 주둔시키고 선서한 후에 행동하며 반복 훈계하여 필승을 기한 후에 싸운다. 좌12군은 누방, 장잠, 명해, 개마, 건안, 남소, 요동, 현도, 부여, 조선, 옥저, 낙랑 등 방면으로 출병하고 우12군은 점선, 함자, 혼미, 임둔, 후성, 제해, 답돈, 숙신, 갈석, 동이, 대방, 양평 등 방면으로 출병한다. 서로 연락하여 이으며 평양에서 총집합하라.'

凡一百十三萬三千八百人,號二百萬,其餽輸者倍之。宜(杜)[社]於南<u>桑乾水上</u>,類上帝於臨朔宮南,83) 祭馬祖於薊城北。帝親授節度,每軍上將、亞將各一人,騎兵四十隊。隊百人,十隊爲團。步卒八十隊,分爲四團,團各有偏將一人。其鎧胄纓(拂)[綍]、旗旛每團異色。日遣一軍,相去四十里,連營漸進,終四十日發乃盡。首尾相繼,鼓角相聞,旌旗亘九百六十里。御營内合十二衛、三臺、五省、九寺,分隷内外、前後、左右六軍次後發,又亘八十里。近古出師之盛,未之有也。

총 1,133,800명인데 2백만 명이라 호통 치고 군수품 운수 일꾼은 그의 배이다. 남쪽 상건수에서 사제지내고 임삭궁 남쪽에서 상제에 제사지내며 계성 북쪽에서 마조성馬祖星에 제사 지냈다. 황제가 직접 조절을 하여 군마다 상장, 아장 각각 1명과 기병 40대를 두었다. 각 대는 100명이고 10대가 1단이다. 보졸은 80대인데 4단으로 나누어 단마다 각각 편장 1명을 두었다. 단의 갑옷, 투구의 끈과 깃발의 빛깔을 단별로 다르게 하였다. 매일 1군씩 보내되 상호 40리의 거리를 두고 군영이 점차 출발하니 40일에 출발이 비로소 끝났다. 앞뒤가 서로 연결되고 북과 나팔 소리가 서로 들리며 깃발은 960리나 이어졌다. 어영 안에는 12위, 3대,

---

83) 類: 옛 제사의 명칭. 특수한 행사 때 하늘에 고하는 제사.

5성, 9시로 합쳐져 있는데 내외, 전후, 좌우의 6군을 뒤따라 출발시켰으며 또 80리나 뻗쳤다. 근고에 군사의 출동이 이와 같이 성대한 적이 없었다.

二月帝御師進至遼水,衆軍總會,臨水爲大陣。我兵阻水拒守,隋兵不得濟。帝命工部尙書宇文愷造浮橋三道於遼水西岸。既成,引橋趣東岸,短,不及岸丈餘。我兵大至,隋兵驍勇者爭赴水接戰,我兵乘高擊之,隋兵不得登岸,死者甚衆。麥鐵杖躍登岸,與錢士雄、孟(乂)[叉]等皆戰死,乃斂兵引橋,復就西岸。更命少府監何稠接橋,二日而成。諸軍相次繼進,大戰于東岸。我兵大敗,死者萬計。諸軍乘勝進圍遼東城,則漢之襄平城也。車駕到遼,下詔赦天下,命刑部尙書衛文昇等撫遼左之民,給復十年,建置郡縣,以相統攝。

2월 황제가 군사를 이끌고 요수에 도착하자 군사들이 모두 모여 강가에 큰 진을 쳤다. 아군이 강으로 막고 방어하니 수군이 건너오지 못하였다. 황제는 공부상서 우문개에게 명하여 요수의 서쪽 언덕에 세 개의 부교를 만들도록 하였다. 완성된 후 부교를 끌어 동쪽 언덕으로 갔으나 짧아서한 한 길 정도 언덕까지 닿지 못하였다. 아군이 크게 닥치자 수군 중 날래고 용맹한 자들이 다투어 물로 뛰어들어 접전을 하였으나 아군이 높은 곳에서 공격하므로 수군은 언덕에 오르지 못하고 죽은 자가 매우 많았다. 맥철장이 언덕으로 뛰어올랐다가 전사웅, 맹차 등과 함께 모두 전사하여 군사를 거두고 부교를 끌고 다시 서쪽 언덕으로 돌아갔다. 다시 소부감 하조에게 명하여 부교를 잇게 하여 이틀 만에 완성되었다. 군사들이 차례로 건너와 동쪽 언덕에서 큰 전투가 벌어졌다. 아군은 크게 패하여 죽은 자가 1만 명을 헤아렸다. 군사들은 승세를 타고 진격하여 요동성, 즉 한의 양평성을 포위하였다. 황제의 수레가 요동에 이르러 조서를 내려 천하에 사면령을 내리고 형부상서 위문승 등을 시켜 요수 동쪽 백성을 위무하였으며 10년간의 조세를 면제시키고 군현을 설치하여 통치하게 하였다.

夏五月。初諸將之東下也,帝戒之曰:"凡軍士進止,皆須奏聞待報,無得專擅。"遼東數出戰不利,乃嬰城固守。帝命諸軍攻之,又敕諸將,高句麗若降,則宜撫納,不得縱兵。遼東城將陷,城中人輒言請降。諸將奉旨,不敢赴期,先令馳奏。比報至,城中守禦亦備,(隋)[隨]出拒戰,如此再三。帝終不悟,既而城久不下。六月己未帝幸遼東城南,觀其城池形勢,因召諸將詰責之曰:"公等自以官高,又恃家世,欲以暗懦待我邪?在都之日公等皆不願我來,恐見病敗耳。我今來此,正欲觀公等所爲,斬公輩爾。公今畏死,莫肯盡力,謂我不能殺公邪?"

여름 5월. 당초 장수들이 동쪽으로 내려올 때 황제는 경계하여 왈: "무릇 군사의 진퇴는 반드시 나에게 알리고 회답을 기다릴 것이며 제멋대로 행동하지 못한다." 요동에서 아군이 여러 번 출전하여 불리해지자 성문을 닫고 굳게 수비하였다. 황제는 군사들에게 명령하여 공격하게 하고 또 장수들에게 고구려가 만일 항복하면 즉시 무마하여 받아들이되 병사들을 방종하면 안 된다고 명령하였다. 요동성이 함락 되려 하면 성안 사람들은 곧 항복하겠다고 한다. 장수들은 황제의 명령을 받았으므로 적시에 항복받으러 가지 못하고 먼저 달려가 상주한다. 회답이 올 때면 성의 방비도 갖추어져 수시로 나와 항거하기를 두세 번 하였다. 황제는 줄곧 알지 못하였으며 따라서 성을 오랫동안 함락시키지 못했다. 6월 기미에 황제가 요동성 남쪽으로 행차하여 성의 형세를 살피고 곧 여러 장수들을 불러 꾸짖으며 왈: "그대들은 관직이 높다 여기고 또 가문을 믿고 나를 어리석고 나약한 자로 대하려는가? 경성에 있을 때 그대들이 내가 이곳에 오는 것을 원하지 않은 것은 패배한 허점이 들어날까 두려워한 것이로구나. 지금 내가 여기에 옴은 바로 그대들의 행동을 보다가 그대들을 참수하려는 거다. 그대들은 지금 죽는 것이 무서워 힘을 다하는 자가 없는데 내가 그대들을 죽일 수 없다고 여기는가?"

諸將咸戰懼失色。帝因留止城西數里,御六合城,我諸城堅守,不下。左翊衛大將軍來護兒帥江、淮水軍舳艫數百里,浮海先進,入自浿水,去

平壤六十里,與我軍相遇,進擊,大破之。護兒欲乘勝趣其城,副總管周
法尚止之,請俟諸軍至俱進。護兒不聽,簡精甲數萬,直造城下。我將伏
兵於羅郭內空寺中,出兵與護兒戰而偽敗。護兒逐之入城,縱兵俘掠,
無復部伍。伏兵發,護兒大敗,僅而獲免,士卒還者不過數千人。我軍追
至船所,周法尚整陣待之,我軍乃退。護兒引兵還屯海浦,不敢復留應
接諸軍。

　　장수들은 모두 무서워 떨며 실색하였다. 황제는 성의 서쪽 몇 리 떨어진
곳 육합성에 거처하였고 우리 성들이 굳게 지키므로 함락되지 않았다.
좌익위대장군 내호아가 장강, 회하의 수군을 실은 수백 리의 배를 이끌
고 바다를 건너 먼저 패수로부터 들어가 평양과 60리 떨어진 곳에서
아군과 조우, 진격하여 아군을 대패시켰다. 내호아는 승세를 타고 성으
로 진격하려 하자 부총관 주법상이 만류하며 여러 군사가 오기를 기다
려 함께 진격하자고 하였다. 내호아가 듣지 않고 정예병 수만 명을
선발하여 곧장 성 밑까지 왔다. 아군 장수는 외성의 빈 절에 병사를
숨겨 놓고 군사를 출동시켜 내호아와 싸우다가 거짓으로 패하는 척
하였다. 내호아가 성 안으로 쫓아들어와 방종하여 백성을 사로잡고
재물을 약탈하며 다시 대오를 정비하지 못하였다. 복병이 출동하니
내호아가 대패하고 간신히 생포를 면하였고 살아서 돌아간 병사는 수
천 명에 불과하였다. 아군은 배까지 추격하였으나 주법상이 진을 정비
하여 대비하므로 아군은 곧 철퇴하였다. 내호아는 군사를 데리고 포구
로 돌아가 주둔하며 다시는 감히 머무르며 군사들에 호응하지 못했다.
左翊衛大將軍宇文述出扶餘道,右翊衛大將軍于仲文出樂浪道,左驍
衛大將軍荊元恒出遼東道,右翊衛大將軍薛世雄出沃沮道,右屯衛將
軍辛世雄出玄菟道,右禦衛將軍張瑾出襄平道,右武侯將軍趙孝才出
碣石道,涿郡太守、檢校左武衛將軍崔弘昇出遂城道,檢校右禦衛虎
賁郎將衛文昇出增地道,皆會於鴨淥水西。述等兵自瀘河、懷遠二鎮,
人馬皆給百日糧,又給排甲、槍槊幷衣資、戎具、火幕,人別三石已上,

重莫能勝致。下令軍中遺棄米粟者斬,士卒皆於幕下掘坑埋之。纔行及中路,糧已將盡。

좌익위대장군 우문술은 부여도로, 우익위대장군 우중문은 낙랑도로, 좌효위대장군 형원항은 요동도로, 우익위대장군 설세웅은 옥저도로, 우둔위장군 신세웅은 현도도로, 우어위장군 장근은 양평도로, 우무후장군 조효재는 갈석도로, 탁군태수·검교좌무위장군 최홍승은 수성도로, 검교우어위호분낭장 위문승은 증지도로 출동하여 모두 압록수 서쪽에 집결하였다. 우문술 등의 군사는 노하, 회원 두 진에서 병사와 말이 각각 백일분의 식량을 받고 또한 방패, 갑옷, 창, 옷감, 전투무기, 화막 등을 받아 병사당 3섬 이상의 짐을 지게 되어 무거워 운반해낼 자가 없었다. 군에 도중에 양식을 버리는 자는 참수한다는 명령을 내렸으므로 군졸들은 모두 막사 밑에 구덩이를 파고 묻었다. 겨우 중간쯤 행군하였을 때 군량은 이미 거의 떨어졌다.

王遣大臣乙支文德詣其營詐降,實欲觀虛實。(子)[于]仲文先奉密旨,若遇王及文德來者必擒之。仲文將執之,尙書右丞劉士龍爲慰撫使,固止之。仲文遂聽文德還,既而悔之,遣人紿文德曰:"更欲有言,可復來。"文德不顧,濟鴨渌水而去。仲文與述等既失文德,內不自安。述以糧盡欲還。仲文議以精銳追文德可以有功,述固止之。仲文怒曰:"將軍仗十萬之衆,不能破小賊,何顏以見帝?且仲文此行固知無功,何則?古之良將能成功者,軍中之事決在一人,今人各有心,何以勝敵?"

왕이 대신 을지문덕을 적의 군영으로 보내 거짓 항복한 것은 사실은 그들의 허실을 알아보고자 한 것이었다. 앞서 우중문은 황제로부터 만일 왕이나 을지문덕이 오면 꼭 사로잡으라는 비밀 지시를 받고 있었다. 우중문이 을지문덕을 잡으려 하니 상서우승 유사룡이 위무사로 있으며 기어코 말렸다. 우중문은 을지문덕을 돌려보내고 이내 후회하여 사람을 보내 을지문덕에게 거짓으로 왈: "또 할 말이 있으니 다시 오라." 을지문덕은 돌아보지도 않고 압록수를 건너갔다. 우중문과 우문술 등은 을지문덕을 놓치고 내심 불안하였다. 우문술은 군량이 떨어져 돌아가려 하였다. 우중문은 정예 군사로 문덕을 추격하면 공로를 세울 수 있을 것이라고 제의하나 우문술이 굳이 말렸다. 우중문이 성을 내어 왈: "장군이 십만 대군에 의지하면서도 작은 도적을 격파하지 못하고 무슨 낯으로 황제를 보겠소? 그리고 나는 이번의 정벌에 공이 없을 줄 번연히 짐작하였소. 왜냐 하면 옛날 명장들이 공을 이룬 것은 군중의 일이 한 사람에 의하여 결정되었기 때문인데 지금 사람마다 각각 다른 마음을 가지고 있으니 어떻게 적을 이길 수 있겠소?"

時帝以<u>仲文</u>有計劃,令諸軍諮稟節度,故有此言。由是<u>述</u>等不得已而從之,與諸將渡水追<u>文德</u>。<u>文德</u>見<u>述</u>軍士有饑色,故欲疲之,每戰輒走。<u>述</u>一日之中七戰皆捷,既恃驟勝,又逼群議,於是遂進,東濟<u>薩水</u>,去<u>平壤城</u>三十里,因山爲營。<u>文德</u>復遣使詐降,請於<u>述</u>曰:"若旋師者,當奉<u>王</u>朝行在所。"<u>述</u>見士卒疲弊,不可復戰,又<u>平壤城</u>險固,度難猝拔,遂因其詐而還。<u>述</u>等爲方陣而行,我軍四面鈔擊,<u>述</u>等且戰且行。

당시 황제는 우중문이 계교와 모략이 있다고 여겨 군사들로 하여금 지휘 사항을 그에게 자문하게 하였으므로 이런 말을 하였던 것이다. 이로 말미암아 우문술 등은 마지못하여 우중문의 말을 따라 장수들과 함께 강을 건너 을지문덕을 추격하였다. 을지문덕은 우문술의 병사에 굶주린 기색이 있는 것을 보았기 때문에 그들을 피로하게 하기 위하여 싸울 때마다 걸핏하면 도주하군 하였다. 우문술은 하루에 일곱 번 싸워 모두 이겨 여러 번 이긴 것을 믿고 또한 여러 사람들의 의견에 밀려서 진군하여 동쪽으로 살수를 건너 평양성에서 30리 떨어진 곳에 이르러 산을 의지하고 진을 쳤다. 을지문덕이 다시 사신을 보내 거짓 항복하는 체하고 우문술에게 청하여 왈: "만약 군사를 거두어 돌아간다면 왕을 모시고 황제가 계신 곳으로 가서 조회하겠소." 우문술은 병사들이 피로하여 다시 싸울 수 없음을 알았고 또한 평양성이 험하고 견고하여 재빨리 함락시킬 수 없다고 짐작하여 마침내 거짓말에 말려들어 군사를 돌렸다. 우문술 등은 방진을 치면서 행군하였고 아군이 사방에서 습격하였으며 우문술 등은 싸우며 행군하였다.

秋七月至薩水,軍半濟,我軍自後擊其後軍,右屯衛將軍辛世雄戰死。於是諸軍俱潰,不可禁止。將士奔還,一日一夜至鴨淥水,行四百五十里。將軍天水 王仁恭爲殿,擊我軍却之。來護兒聞述等敗,亦引還。唯衛文昇一軍獨全。初九軍到遼,凡三十萬五千,及還至遼東城,唯二千七百人,資儲器械巨萬計失亡蕩盡。帝大怒,鎖(擊)[繫]述等,癸卯引還。初,百濟王 璋遣使請討高句麗,帝使之覘我動静,璋內與我潛通。隋軍將出,璋使其臣國(知)[智]牟入(唐)[隋]請師期。帝大悅,厚加賞賜,遣尙書起部郞席律詣百濟告以期會。及隋軍渡遼,百濟亦嚴兵境上,聲言助隋,實持兩端。是行也,唯於遼水西拔我武厲邏,置遼東郡及通定鎭而已。

가을 7월 살수에 이르러 군사가 반쯤 건넜을 때 아군이 뒤에서 그들의 후군을 공격하여 우둔위장군 신세웅이 전사하였다. 이때 군사들이 모두 무너져 걷잡을 수가 없었다. 장병들은 뛰어 도주하여 하루 낮 하룻밤 사이에 압록수까지 4백 5십 리를 행군하였다. 장군 천수인 왕인공이 후군이 되어 아군을 막아 물리쳤다. 내호아는 우문술 등이 패했다는 소문을 듣고 역시 군사를 끌고 퇴각하였다. 다만 위문승의 군사만 온전하였다. 당초 9군이 요하에 도착하였을 때 총 30만 5천의 병력이었는데 요동성으로 돌아왔을 때는 다만 2천 7백 명뿐이었고 만을 헤아리는 군수물자를 모두 탕진해 버렸다. 황제가 크게 노하여 우문술 등을 쇠사슬로 묶어가지고 계묘에 돌아갔다. 당초 백제왕 장이 수에 사신을 보내 고구려를 치자고 청했을 때 황제는 백제로 하여금 우리의 동정을 엿보게 하였으나 장은 비밀리에 우리와 내통하였다. 수군이 출동하려 할 때 장이 그의 신하 국지모로 하여금 수에 가서 군의 행동기일을 알려 줄 것을 요청하였다. 황제는 크게 기뻐하며 후하게 상을 주고 상서기부랑 석률을 백제에 보내 양국 군사가 만날 기일을 알려 주었다. 수군이 요수를 건널 때 백제도 역시 국경에 군사를 엄히 배치하고 수에 협조한다고 떠벌였으나 실은 양다리를 걸치었다. 이번 전쟁에서 다만 우리의 요수 서쪽 무려라를 빼앗아 요동군과 통정진을 설치하였을 뿐이다.

二十四年 春正月帝詔徵天下兵集涿郡, 募民爲驍果, 修遼東古城, 以貯軍糧。二月帝謂侍臣曰: "高句麗小虜侮慢上國。今拔海移山, 猶望克果, 況此虜乎?" 乃復議(代)[伐]。左光祿大夫郭榮諫曰: "戎狄失禮, 臣下之事。千鈞之弩不爲鼷鼠發機, 奈何親辱萬乘, 以敵小寇乎?" 帝不聽。夏四月車駕度遼, 遣宇文述與楊義臣趣平壤。王仁恭出扶餘道, 進軍至新城。我兵數萬拒戰, 仁恭帥勁騎一千擊破之。我軍嬰城固守。帝命諸將攻遼東, 聽以便宜從事。飛樓、橦、雲梯、地道四面俱進, 晝夜不息。我應變拒之, 二十餘日不拔, 主客死者甚衆。衝梯竿長十五丈, 驍果沈光升其端, 臨城與我軍戰, 短兵接殺十數人。我軍競擊之, 而墜未及地, 適遇竿有垂絙, 光接而復上。帝望見壯之, 即拜朝散大夫。

24년. 봄 정월 황제가 조서를 내려 전국의 군사를 징발하여 탁군으로 집결시키고 백성들을 모집하여 결사대를 만들었으며 요동의 옛 성을 수리하고 군량을 저장하였다. 2월 황제가 근신들에게 왈: "고구려와 같이 하찮은 야만인이 상국을 무시한다. 지금 바다 물을 빨아내고 산을 옮길 수도 있거늘 하물며 이런 야만인이랴?" 다시 정벌할 것을 의논하였다. 좌광록대부 곽영이 간하였다: "야만인이 예의를 지키지 못하는 것은 신하로서의 일입니다. 천근 무게의 활은 생쥐를 잡기 위하여 쏘지 않으련만 어찌하여 천자의 자리를 직접 욕보이며 작은 도적을 대적하려 합니까?" 황제는 듣지 않았다. 여름 4월 황제는 요수를 건너며 우문술과 양의신을 시켜 평양에 근접하였다. 왕인공은 부여도로 나와 신성까지 진군하였다. 아군 수만 명이 항전하니 인공이 강한 기병 1천 명을 거느려 아군을 패배시켰다. 아군은 성문을 닫고 굳게 지켰다. 황제는 장수들에게 명령하여 요동을 치되 각자가 알아서 처사하도록 하였다. 비루, 충차, 운제, 땅굴을 이용하여 사면으로 동시에 진공하며 밤낮

쉬지 않았다. 아군도 임기응변으로 항거하므로 20여 일이 지나도록 성이 빼앗기지 않았으며 양 편은 모두 죽은 자가 매우 많았다. 열댓 길 되는 사다리를 세우고 결사대 심광이 그 끝에 올라서서 성을 내려다 보며 아군과 가까운 거리로 접전하여 10여 명을 죽였다. 아군 병사가 앞 다투어 그를 반격하였는데 그는 땅에 채 닿기 전에 사다리에 매달려 있던 줄을 잡고 다시 올라갔다. 황제는 그를 바라보고 장하게 여겨 즉시 조산대부로 모셨다.

遼東城久不下,帝遣造布囊百餘萬口,滿貯(±)[土],欲積爲魚梁大道, 闊三十步,高與城齊,使戰士登而攻之。又作八輪樓車,高出於城,夾魚 梁道,欲俯射城內。指期將攻,城內危懾。會楊玄感叛書至,帝大懼。又 聞達官子弟皆在玄感所,益憂之。兵部侍郎斛斯政素與玄感善,內不 自安,來奔。帝夜密召諸將,使引軍還。軍資器械攻具積如丘山,營壘帳 幕案堵不動,衆心恟懼,無復部分,諸道分散。我軍即時覺之,然不敢出, 但於城內鼓噪。至來日午時,方漸出外,猶疑隋軍詐之。經二日,乃出數 千兵追躡,畏隋軍之衆,不敢逼,常相去八九十里。將至遼水,知御營畢 度,乃敢逼後軍。時後軍猶數萬人,我軍隨而鈔擊,殺略數千人。

요동성이 오래도록 함락되지 않자 황제는 1백여만 개의 베주머니를 만들어 흙을 가득 채운 후 넓이 30보이며 성과 높이가 같은 뚝 길 비슷 한 어량대도를 만들어 병사들이 그 위에 올라서서 성 안을 공격하게 하였다. 또 성보다 높은 팔륜누거를 만들어 어량대도를 끼고 성 안을 내려다보며 활을 쏘려 하였다. 기일을 정하여 공격하므로 성 안은 위급 하였다. 마침 양현감이 반역 하였다는 편지가 와 황제는 크게 두려웠다. 또 고관들의 자제가 모두 현감의 곳에 있다는 소식을 듣고 더욱 걱정하 였다. 병부시랑 곡사정이 본래부터 현감과 친한 사이이므로 내심 불안 하여 우리에게로 도망쳤다. 황제는 밤에 장수들을 몰래 불러 군사를 인솔하여 돌아가도록 하였다. 군수 기재와 공격용 도구들이 산더미처 럼 쌓였고 병영과 보루, 장막들도 제 자리에 둔 채 그대로 있었으나 병사들의 마음이 흉흉하여 부서를 편제대로 회복하지 못하고 여러 길로 흩어졌다. 아군은 이내 알았으나 감히 나가지 못하고 성 안에서 북을 울리며 떠들기만 하였다. 이튿날 오시에야 비로소 조금씩 밖으로 나가기 시작하였으나 수군의 속임수일까 의심하였다. 이틀이 지나서야 수천 명의 병력을 출동하여 추적해 갔으나 수군의 수가 많음이 두려워 근접하지 못하고 항상 80~90리의 거리를 두었다. 거의 요수에 이르러 황제의 친병이 모두 건너간 것을 안 후에야 감히 후군을 핍박하였다. 이때에도 후군의 수가 수만 명이었는데 아군이 따라 가면서 공격하여 수천 명을 죽였다.

二十五年 春二月帝詔百寮議伐高句麗,數日無敢言者。詔復徵天下兵,百道俱進。秋七月車駕次懷遠鎭。時天下已亂,所徵兵多失期不至,吾國亦困弊。來護兒至卑奢城,我兵逆戰,護兒擊克之,將趣平壤。王懼,遣使乞降,㈎[囚]送斛斯政。帝大悅,遣使持節召護兒還。八月帝自懷遠鎭班師。冬十月帝還西京,以我使者及斛斯政告太廟,仍徵王入朝,王竟不從。勅將帥嚴裝,更圖後擧,竟不果行。

25년. 봄 2월 황제가 백관들에게 조서를 내려 고구려를 정벌하는 문제를 의논하였으나 수일 동안 감히 말하는 자가 없었다. 조서를 내려 다시 전국 군사를 징집하여 여러 길로 함께 진공하였다. 가을 7월 황제가 회원진에 행차하였다. 이때 천하는 이미 혼란하여 징집한 병사의 대부분이 기일을 어기고 도착하지 않았고 우리나라도 역시 피폐되었다. 내호아가 비사성에 이르자 아군이 나가 싸웠으나 호아가 이기고 곧 평양을 근접하려 하였다. 왕이 두려워 사신을 보내 항복을 청하고 곡사정을 잡아 보냈다. 황제가 크게 기뻐하며 지절사를 보내 내호아를 소환하였다. 8월 황제가 회원진에서 군사를 거두어 돌아갔다. 겨울 10월 황제가 서경에 돌아가서 우리의 사신과 곡사정에 대한 일을 태묘에 고하고 또한 우리 왕에게 조정에 들어오라고 하였으나 왕이 끝내 응하지 않았다. 장수들에게 엄하게 무장할 것을 명하고 훗날의 거사를 시도

하였으나 끝내 성사하지 못하였다.

二十九年 秋九月王薨,號曰嬰陽王。

29년. 가을 9월 왕이 사망하여 호를 영양왕이라 하였다.

○榮留王諱建武一云成,嬰陽王異母弟也。嬰陽在位二十九年薨,即位。

영류왕의 이름은 건무일왈 성이고 영양왕의 이복동생이다. 영양왕이 재위 29년 만에 사망하자 즉위하였다.

二年 春二月遣使如唐朝貢。夏四月王幸卒本祀始祖廟。五月王至自卒本。

2년. 봄 2월 당에 사신을 보내 조공하였다. 여름 4월 왕이 졸본에 행차하여 시조사당에 제사지냈다. 5월 왕이 졸본으로부터 돌아왔다.

四年 秋七月遣使如唐朝貢。

4년. 가을 7월 당에 사신을 보내 조공하였다.

五年 遣使如唐朝貢。唐高祖感隋末戰士多陷於此,賜王詔書曰:'朕恭膺寶命,君臨率土,祇順三靈,懷柔萬國。普天之下,情均撫字,日月所照,咸使乂安。王統攝遼左,世居藩服,思稟正朔,遠循職貢。故遣使者跋涉山川,申布誠懇,朕甚嘉(撝)[焉]。方今六合寧晏,四海清平,玉帛既通,道路無壅。方申緝睦,永敦聘好,各保疆場,豈非盛美?但隋氏季年連兵構難,攻戰之所各失其(泯)[氓],遂使骨肉乖離,室家分(柝)[析],多歷年歲,怨曠不申。今二國通和,義無阻異。在此所有高句麗人等已令追(拮)[括],尋即遣送。彼處所有此國人者,王可放還,務盡綏育之方,共弘仁恕之道。'於是悉搜括華人以送之,數至萬餘。高祖大喜。

5년. 당에 사신을 보내 조공하였다. 당고조가 수 말 전사들이 우리나라에 많이 붙잡혀 있는 것에 감회하여 왕에게 조서를 보냈다: "짐은 삼가 천명을 받아 천하에 군림하여 천, 지, 인 삼령에 순응하여 만국을 회유하고 있다. 천하 백성들을 골고루 어루만지고 해와 달이 비치는 곳은 모두 편안하게 한다. 왕은 요동을 통치하면서 대대로 번방에 거처하며

정삭을 받들고 멀리서 술직과 조공의 직무를 수행하여 왔다. 사신을
보내 산천을 넘으며 정성을 나타냈으니 짐은 매우 가상히 여긴다. 지금
은 천지사방이 편안하며 사해가 청평하다. 예물이 통하며 길 막힘이
없다. 곧 화목하고 우호의 정을 돈독히 하며 각자 영토를 보유하고
있으니 어찌 성대하고 아름답지 않겠나? 다만 수말에 연이어 전쟁을
하였으니 전쟁터에는 각각 백성을 잃어 골육이 헤어지고 가족이 갈라져
긴 세월이 지나도록 원한을 풀지 못하고 있다. 지금 두 나라가 화친을
맺으니 의리상 막힘이 없게 되었다. 이곳에 있는 고구려인을 이미 전부
조사하여 모아 즉시 돌려보내기로 하였다. 그곳에 있는 우리나라 사람
도 왕이 돌려보내어 편하게 하는 정책에 힘을 다하여 인자하고 너그러
운 도리를 함께 넓혀 나가기 바란다.” 하여 그 수가 1만여 명에 달하는
중국인들을 전부 찾아 모아 돌려보냈다. 고조가 크게 기뻐하였다.

六年 冬十二月遣使如唐朝貢。

6년. 겨울 12월 당에 사신을 보내 조공하였다.

七年 春二月王遣使如唐,請班曆。遣刑部尙書沈叔安,策王爲上柱國、
遼東郡公、高句麗國王。命道士以天尊像及道法往,爲之講老子,王及
國人聽之。冬十二月遣使入唐朝貢。

7년. 봄 2월 왕이 당에 사신을 보내 책력을 반포하여 줄 것을 요청하였
다. 형부상서 심숙안을 보내 왕을 상주국, 요동군공, 고구려왕으로 책봉
하였다. 도사에게 명하여 천존의 화상과 도법을 가지고 고구려에 와서
『노자』를 강의하였으며 왕과 백성이 들었다. 겨울 12월 당에 사신을
보내 조공하였다.

八年 王遣使入唐求學佛、老敎法,帝許之。

8년. 왕이 당에 사신을 보내 불교와 노자의 교리 배우기를 요청하니
황제가 허락하였다.

九年 新羅、百濟遣使於唐,上言:“高句麗閉道,使不得朝,又屢相侵掠。”
帝遣散騎侍郎(朱)[朱]子奢持節諭和。王奉表謝罪,請與二國平。

9년. 신라와 백제가 당에 사신을 보내 '고구려가 길을 막고 조회하지 못하게 하며 또한 자주 침략, 약탈한다.'고 상주하였다. 황제가 산기시랑 주자사를 지절사로 보내 화친을 권하였다. 왕이 표문을 올려 사죄하고 두 나라와의 화평을 청하였다.

十一年 秋九月遣使入唐賀太宗擒突厥頡利可汗,兼上封域圖。

11년. 가을 9월 당에 사신을 보내 태종이 돌궐의 힐리가한을 사로잡음을 축하하고 겸하여 봉역도를 올렸다.

十二年 秋八月新羅將軍金庾信來侵東邊,破娘臂城。九月遣使入唐朝貢。

12년. 가을 8월 신라 장군 김유신이 동쪽 변경을 침범하여 낭비성을 함락하였다. 9월 당에 사신을 보내 조공하였다.

十四年 唐遣廣州司馬長孫師臨瘞隋戰士骸骨,祭之,毀當時所立京觀。春二月王動衆築長城,東北自扶餘城東南至海千有餘里,凡一十六年畢功。

14년. 당이 광주사마 장손사를 보내 수 전사들의 해골을 묻은 곳에 임하여 제사지내고, 당시에 세웠던 경관을 헐어버렸다. 봄 2월 왕은 많은 사람을 동원하여 동북쪽 부여성에서 시작하여 동남쪽 바다까지 1천여 리나 되는 장성을 쌓았으며 모두 16년 걸려 준공되었다.

二十一年 冬十月侵新羅北邊七重城。新羅將軍閼川逆之,戰於七重城外,我兵敗衄。

21년. 겨울 10월 신라 북쪽 변경의 칠중성을 침공하였다. 신라 장군 알천이 영전하여 칠중성 밖에서 싸워 아군이 패배하였다.

二十三年 春二月遣世子桓權入唐朝貢。太宗勞(尉)[慰],賜賚之特厚。遣王子弟入唐請入國學。秋九月日無光,經三日復明。

23년. 봄 2월 당에 세자 환권을 보내 조공하였다. 태종이 위로하고 특별히 후하게 예물을 하사하였다. 왕의 자제들을 당에 보내 국학에 입학시켜줄 것을 청하였다. 가을 9월 해의 빛이 없어졌다가 사흘 후에 다시 밝아졌다.

二十四年 帝以我太子入朝,遣職方郎中陳大德答勞。大德入境,所至城邑以綾綺厚餉官守者,曰:"吾雅好山水,此有勝處,吾欲觀之。"守者喜導之,遊歷無所不至。由是悉得其纖曲。見華人隋末從軍沒留者,爲道親戚存亡,人人垂涕。故所至士女夾道觀之,王盛陳兵衛引見使者。大德(回)[因]奉使覘國虛實,吾人不知。大德還奏,帝悅。大德言於帝曰:"其國聞高昌亡,大懼,館候之勤加於常數。"帝曰:"高句麗本四郡地耳。吾發卒數萬攻遼東,彼必傾國救之。別遣舟師出東萊,自海道趨平壤,水陸合勢,取之不難。但山東州縣凋瘵未復,吾不欲勞之耳。"

24년. 황제는 우리 태자가 입조하였으므로 직방낭중 진대덕을 보내 노고에 답례하였다. 진대덕은 우리 경내에 들어오면서 이르는 성읍마다 수비하는 관리들에게 비단을 후하게 주면서 왈: "나는 산수를 좋아하며 여기에 승지가 있으니 보련다." 수비자들은 기꺼이 안내하였고 유람에 발걸음이 닿지 않은 곳이 없었다. 이로써 그는 상세하게 알 수 있었다. 중국인으로서 수 말기에 종군하여 왔다가 남아 묻힌 자를 만나면 친척들의 생사를 전하여 주니 사람마다 눈물을 흘렸다. 하여 가는 곳마다 도로 양편에서는 남녀들이 그를 보았으며 왕도 호위병을 장황하게 세우고 사신을 접견하여 주었다. 진대덕은 사신으로 온 기회에 허실을 살폈으나 우리는 알지 못하였다. 대덕이 돌아가 상주하니 황제가 기뻐하였다. 대덕은 황제에게 왈: "고구려는 고창이 망하였다는 소문을 듣고 크게 두려워하며 객관의 접대 범절이 평시보다 더 친근하였습니다." 황제 왈: "고구려는 본래 4군의 땅일 뿐이다. 우리가 병사 수만을 출동시켜 요동을 공격하면 그들은 반드시 온 국력을 기울여 구원하러 나올 것이다. 별도로 수군을 동래에서 출발시켜 바다로부터 평양을 향하게 하여 수륙군이 합세하면 빼앗기 어렵지 않을 것이다. 다만 산동의 여러 현에 전쟁의 상처가 아직 회복되지 않았으니 내가 그들을 수고시키기 않으려 할 뿐이다."

二十五年 春正月遣使入唐朝貢。王命西部大人蓋蘇文監長城之役。
冬十月蓋蘇文弑王。十一月太宗聞王死,擧哀於苑中,詔贈物三百段,
遣使持節吊祭。

25년. 봄 정월 당에 사신을 보내 조공하였다. 왕이 서부 대인 개소문에
게 명하여 장성을 쌓는 역사를 감독하였다. 겨울 10월 개소문이 왕을
시해했다. 11월 당태종은 왕이 죽었다는 소식을 듣고 원중에서 애도의
식을 거행하고 조칙을 내려 3백 단의 선물을 하사했으며 지절사를 보내
조문하고 제사지냈다.

三國史記卷第二十一

(삼국사기 권제21)

高句麗本紀第九(고구려본기 제9)

寶(臧)[臧]王上(보장왕 상)

○[寶臧]王諱臧或云寶臧,以失國,故無謚。建武王弟大陽王之子也。建武王在位第二十五年蓋蘇文弒之,立臧繼位。新羅謀伐百濟,遣金春秋乞師,不從。

보장왕의 이름은 장혹왈 보장이고 나라를 잃은 까닭에 시호가 없다. 건무왕의 동생 대양왕의 아들이다. 건무왕 재위 25년에 개소문이 시해하고 장을 세워 왕위를 계승하게 하였다. 신라가 백제의 정벌을 모의하며 김춘추를 보내 구원병을 청하였으나 따르지 않았다.

二年 春正月封父爲王。遣使入唐朝貢。三月蘇文告王曰:"三敎譬如鼎足,闕一不可。今儒釋幷興,而道敎未盛,非所謂備天下之道術者也。伏請遣使於唐,求道敎以訓國人。"大王深然之,奉表陳請。太宗遣道士叔達等八人,兼賜老子道德經。王喜,取僧寺館之。閏六月唐太宗曰:"蓋蘇文弒其君,而專國政,誠不可忍。以今日兵力,取之不難,但欲勞百姓。吾欲使契丹、靺鞨擾之,何如?"長孫無忌曰:"蘇文自知罪

大, 畏大國之討, 嚴設守備。陛下姑爲之隱忍, 彼得以自安, 必更驕惰, 愈
肆其惡。然後討之, 未晚也。"

2년. 봄 정월 부친을 왕으로 봉하였다. 당에 사신을 보내 조공하였다.
3월 개소문이 왕에게 고했다: "세 가지 종교는 솥의 발에 비유되므로
하나도 없을 수 없습니다. 지금 유교와 불교는 같이 흥하고 있으나
도교가 성하지 않으니 천하의 도술을 갖추었다고 할 수 없습니다. 당에
사신을 보내 도교를 구하여 백성을 다스립시다." 대왕은 십분 그렇다고
생각되어 당에 표문을 올려 청구를 진술했다. 당태종은 도사 숙달 등
여덟 명을 보냄과 동시에 노자 『도덕경』을 하사하였다. 왕은 기뻐하며
사찰을 취하여 그들의 숙소로 하였다. 윤6월 당태종 왈: "개소문은 그
의 임금을 시해하고 국정을 독단하니 실로 참을 수 없다. 지금의 병력으
로 고구려를 빼앗기 어렵지 않으나 다만 백성을 힘들게 하고 싶지 않다.
나는 거란과 말갈을 시켜 괴롭히려는데 어떨까?" 장손무기가 대답하였
다: "개소문은 스스로 죄가 큼을 알고 대국이 토벌할까 두려워 엄한
수비를 할 겁니다. 폐하께서 잠시 속으로 참고 있으면 그가 안심되어
반드시 더욱 교만하고 나태해지며 죄악을 더욱 방자하게 범할 것입니
다. 그런 연후에 토벌하여도 늦지 않습니다."

帝曰"善", 遣使持節備禮冊命, 詔曰: "懷遠之規前王令典, 繼世之義列
代舊章。<u>高句麗</u> <u>國王</u> <u>臧</u>器懷(詔)[昭]敏, 識宇詳正, 早習禮教, 德義有聞。
肇承藩業, 誠款先著, 宜加爵命。允玆故實, 可上柱國、<u>遼東郡公</u>、<u>高句</u>
<u>麗王</u>。"秋九月<u>新羅</u>遣使於<u>唐</u>, 言: "<u>百濟</u>攻取我四十餘城, 復與<u>高句麗</u>
連兵, 謀絶入朝之路。"乞兵救援。十五日夜明不見月, 衆星西流。

황제는 "옳다"라고 대답하고 지절사를 보내 예의를 갖추어 왕을 책봉
하는 조칙을 내렸다: '먼 나라를 회유함은 선왕의 훌륭한 법도이고 세
대를 계승케 하는 것은 역대의 오랜 규칙이다. 고구려국왕 장은 기질과
생각이 명민하고 식견과 도량이 면밀하고 바르며 일찍부터 예교를 배
워 덕망과 의리로 알려졌다. 번방의 왕위를 계승하기 시작하여 성실과

정성이 이미 드러났으니 마땅히 작위를 주어야 한다. 전례에 의하여
상주국, 요동군공, 고구려왕으로 할 수 있다.' 가을 9월 신라가 당에
사신을 보내 "백제가 우리의 40여 성을 점령하고 또 고구려군과 연합하
여 조공하는 길을 막으려 꾀합니다."라고 말하고 군사를 보내 구원해
달라고 하였다. 15일에 밤이 밝으나 달이 보이지 않으며 별들이 서쪽으
로 흘러갔다.

三年 春正月遣使入唐朝貢。帝命司農丞相里玄奬賫璽書賜王,曰:
"新羅委質國家,朝貢不乏,爾與百濟各宜戢兵。若更攻之,明年發兵擊
爾國矣。"玄奬入境,蓋蘇文已將兵擊新羅,破其兩城。王使召之,乃還。
玄奬諭以勿侵新羅,蓋蘇文謂玄奬曰:"我與新羅怨隙已久。往者隋人
入寇,新羅乘釁奪我地五百里,其城邑皆據有之。自非歸我侵地,兵恐
未能已。"玄奬曰:"既往之事,焉可追論?今遼東諸城本皆中國郡縣,中
國尚且不言,高句麗豈得必求故地?"莫離支竟不從。玄奬還,具言其
狀。太宗曰:"蓋蘇文弑其君,賊其大臣,殘虐其民,今又違我詔命,不可
以不討。"

3년. 봄 정월 당에 사신을 보내 조공하였다. 황제가 사농승 상리현장에
게 명하여 조서를 가져와 왕에게 하사하며 왈: '신라는 당에 헌신하며
조공을 끊지 않으니 그대와 백제는 전쟁을 그만두어야 한다. 만약 다시
신라를 공격하면 내년에는 군사를 출동시켜 그대의 나라를 칠 것이다.'
현장이 입국할 때 개소문은 이미 군사를 거느리고 신라를 공격하여
두 성을 점령하였다. 왕이 사람을 시켜 소환하여서야 돌아왔다. 현장이
신라를 침공하지 말 것을 권유하니 개소문이 현장에게 말했다: "우리
와 신라는 원한으로 사이가 벌어진지 이미 오래됩니다. 지난날 수나라
가 침입할 때 신라는 그 기회를 노려 우리 땅 5백 리를 빼앗았고 그
성읍을 모두 점거하고 있습니다. 스스로 우리의 빼앗긴 땅을 돌려주지
않으면 아마 싸움은 끝나지 않을 것입니다." 현장이 말했다: "지난 일을
어찌 추궁할 수 있겠소? 지금 요동의 성들은 본래 중국의 군현이었지만

중국이 따지지 않는데 고구려가 어찌 기어코 옛 땅을 찾으려 하오?"
막리지는 결국 당의 말을 따르지 않았다. 현장이 귀국하여 실정을 모두
보고하니 태종 왈: "개소문이 임금을 시해하고 대신들을 해치고 백성
들을 잔혹하게 학대하며 지금은 또 나의 조령을 어기니 토벌하지 않을
수 없소."

秋七月帝將出兵,救洪、饒、江三州造船四百艘,以載軍糧。遣營州都
督張儉等帥幽、營二都督兵及契丹、奚、靺鞨,先擊遼東,以觀其勢。以
大理(鄕)[卿]韋挺爲饋輸使,自河北諸州皆受挺節度,聽以便宜從事。
又命小卿蕭銳轉河南諸州糧入海。九月莫離支貢白金於唐。(楮)[褚]
遂良曰: "莫離支弑其君,九夷所不容。今將討之,而納其金,此郜鼎[84]
之類也,臣謂不可受。"帝從之。使者又言: "莫(媿)[離]支遣官五十入宿
衛。"帝怒謂使者曰: "汝曹皆事高武有官爵。莫(媿)[離]支弑逆,汝曹不
能復讐,今更爲之遊說,以欺大國,罪孰大焉?"悉以屬大理。

가을 7월 황제가 출병하려고 홍주, 요주, 강주 3주에 명령하여 배 4백
척을 만들어 군량을 싣게 하였다. 영주도독 장검 등을 파견하여 유주,
영주 두 도독의 병사와 거란, 해, 말갈 등을 거느리고 먼저 요동을 공격
한 후 정세를 관찰하였다. 대리경 위정韋挺을 궤수사로 하고 하북의
주들을 모두 위정의 지휘 하에 두어 편리에 따라 하도록 하였다. 또
소경 소예에게 명령하여 하남 주들의 양곡을 운반하여 바다로 들여오
게 하였다. 9월 막리지가 당에 백금을 바쳤다. 저수량 왈: "막리지가
자기 임금을 시해한 죄는 구이도 용납하지 못합니다. 지금 그를 토벌하
려면서 그의 금을 받는다면 이는 곡정과 같으므로 받으면 안 된다고
소신은 생각합니다." 황제가 그의 말을 따랐다. 사신은 또 왈: "막리지
가 관리 50명을 궁중 숙위로 보내려 합니다." 황제가 노하여 사신에게
왈: "너희들은 모두 영류왕 고무를 섬겨 관작을 받았다. 막리지가 시해

---

84) 郜鼎: 춘추시대 송의 大宰가 임금 殤公을 죽이고 魯桓公에게 郜鼎을 뇌물로 보냈다.

하고 반역해도 너희들은 복수하지 않고 지금 또한 그를 위하여 유세하여 대국을 속이려 하니 이보다 더 큰 죄가 있겠는가?" 모두 형관에게 맡겨 처벌하였다.

冬十月平壤雪色赤。帝欲自將討之,召長安耆老,勞曰:"遼東故中國地,而莫(姓)[離]支賊殺其主,朕將自行經略之。故與父老(納)[約],子若孫從我行者,我能拊循之,無容恤也。"則厚賜布粟。群臣皆勸帝毋行。帝曰:"吾知之矣,去本以趣末,捨高以取下,釋近而之遠,三者爲不祥,伐高句麗是也。然蓋蘇文弑君,又戮大臣以逞。一國之人延頸待救,議者顧未亮耳。"於是北輸粟營州,東儲粟古大人城。十一月帝至洛陽。前宜州刺史鄭天璹已致仕,帝以其嘗從隋煬帝伐高句麗,召詣行在問之。對曰:"遼東道遠,糧轉艱阻。東夷善守城,不可猝下。"帝曰:"今日非隋之比,公但聽之。"以刑部尙書張亮爲平壤道行軍大總管,帥江淮、嶺硤兵四萬、長安、洛陽募士三千,戰艦五百艘,自萊州泛海,趣平壤。又以太子詹事左衛率李世勣爲遼東道行軍大總管,帥步騎六萬及蘭、河二州降胡,趣遼東。

겨울 10월 평양에 붉은 색의 눈이 내렸다. 황제는 직접 군사를 이끌고 토벌하기 위하여 장안의 노인들을 초청하여 위로하며 "요동은 옛날 중국의 땅이었고 막리지가 그의 임금을 시해했으므로 짐이 직접 가서 그들을 다스리려 하오. 따라서 어르신들과 약속하건대 나를 따라 종군하는 아들 또는 손자를 내가 잘 위무할 것이니 근심하지 마오."라고 말하며 베와 조를 후하게 하사하였다. 대신들은 모두 황제가 가지 말 것을 권하였으나 황제 왈: "나는 알고 있다. 근본을 버리고 말단을 취하며 높은 곳을 버리고 낮은 곳으로 가며 가까운 곳을 버리고 먼 곳으로 가는 이 세 가지는 상서롭지 못한 것이며 고구려를 정벌하는 것이 바로 이것이요. 그러나 개소문이 임금을 시해했고 또한 대신들을 함부로 도륙하고도 혼들대오. 온 나라 백성들이 고개를 들고 구원을 기다리는데 의논하는 자들은 도리어 이를 모르고 있을 뿐이오." 이리하여 북쪽 영주로 조를 수송하고 동쪽 고대인성에 조를 비축하였다. 11월 황제가 낙양에 이르렀다. 전 의주 자사 정천숙은 이미 은퇴하였으나 황제는 그가 수양제를 따라 고구려 정벌에 참가한 적이 있으므로 머무는 곳으로 불러 상황을 물었다. 그가 대답하였다: "요동은 길이 멀어서 군량의 수송이 어려우며 동이 사람들은 성을 잘 수비하기 때문에 재빨리 함락할 수 없습니다." 황제가 말했다: "지금은 수에 비할 바가 아니오. 그대는 나의 말만 듣소." 형부상서 장량을 평양도 행군대총관으로 하고 강회, 영협의 병력 4만 명과 장안, 낙양에서 모집한 병사 3천 명, 함대 5백 척을 거느리고 내주로부터 바다를 건너 평양으로 근접하였다. 또 태자 첨사좌위솔 이세적을 요동도행군대총관으로 하고 보병과 기병 6만 명과 난주, 하주 두 주의 항복한 호인을 거느리고 요동으로 근접하였다. 兩軍合勢, 大集於幽州。遣行軍總管(江)[姜]行本、少監丘行淹, 先督衆 (土)[工]造梯衝於安羅山。時遠近勇士應募及獻攻城器械者不可勝數。 帝皆親加損益, 取其便易。又手詔諭天下: "以高句麗蓋蘇文弑主虐 民, 情何可忍? 今欲巡幸幽、薊, 問罪遼、碣, 所過營頓無爲勞費。"且言: "昔隋煬帝殘暴其下, 高句麗王仁愛其民。以思亂之軍, 擊安和之衆, 故 不能成功。今略言必勝之道有五: 一曰以大擊小, 二曰以順討逆, 三曰 以(理)[治]乘亂, 四曰以逸敵勞, 五曰以悅當怨。何憂不克? 布告元元, 勿 爲疑懼。"於是凡頓舍供備之具減者大半。詔諸軍及新羅、百濟、奚、契 丹分道擊之。

두 군사는 합세하여 유주에 대집합하였다. 행군총관 강행본과 소감 구행엄을 시켜 우선 공병대들을 감독하여 안라산에서 운제와 충거를 만들었다. 이때 모집에 응한 원근의 용사들과 성곽 공격용 기자재를 바친 자들이 헤아릴 수 없이 많았다. 황제는 기자재들을 직접 가감하고 편리한 것을 골랐다. 그리고 친필로 천하에 조서를 발표하였다: '고구려 개소문이 임금을 시해하고 백성을 학대하니 인정상 어찌 참을 수 있으랴? 지금 유주, 계주 등지를 순행하며 요동과 갈석에 문죄하려가니 도중의 군영이나 숙소에서는 노력과 비용을 들이지 말라.' 또 왈: '이전에 수양제는 부하에 잔포하였고 고구려왕은 백성을 사랑하였다. 반란을 도모하는 군사를 거느려 평화로운 백성을 공격하였으므로 성공할 수 없었다. 지금 필승의 도리를 요약해 말하면 다섯 가지다: 첫째 큰 것이 작은 것을 치고, 둘째 순리로 반역을 토벌하며, 셋째 다스린 나라로 어지러운 틈을 이용하고, 넷째 편안한 군사로 피로한 군사를 대적하며, 다섯째 기쁨으로 원한에 맞선다. 이기지 못할 걱정이 어디 있겠는가? 백성께 포고하노니 의심하거나 두려워하지 말라!' 모든 숙소, 공급과 설비에 따르는 도구를 태반 삭감하였다. 여러 군단과 신라, 백제, 해, 거란 등에 명하여 길을 나누어 치게 하였다.

四年 春正月<u>李世勣</u>軍至<u>幽州</u>。三月帝至<u>定州</u>,謂侍臣曰:"<u>遼東</u>本<u>中國</u>之地,<u>隋</u>氏四出師而不能得。朕今東征,欲爲<u>中國</u>報子弟之讐,<u>高句麗</u>雪君父之恥耳。且方隅大定,唯此未平,故及朕之未老,用士大夫餘力以取之。"帝發<u>定州</u>,親佩弓矢,手結雨衣於鞍後。<u>李世勣</u>軍發<u>柳城</u>,多張形勢,若出<u>懷遠鎭</u>者,而潛師<u>北趣甬道</u>,[85]出我不意。夏四月<u>世勣</u>自<u>通定</u>濟<u>遼水</u>,至<u>玄菟</u>。我城邑大駭,皆閉門自守。副大總管<u>江夏王 道宗</u>將兵數千至<u>新城</u>,折衝都尉<u>曹三良</u>引十餘騎直壓城門,城中驚,無敢出者。<u>營州</u>都督<u>張儉</u>將胡兵爲前鋒,進度<u>遼水</u>,趨<u>建安城</u>破我兵,殺數千人。<u>李世勣</u>、<u>江夏王 道宗</u>攻<u>蓋牟城</u>,(△)[拔]之,獲一萬人、糧十萬石,以其地爲<u>蓋州</u>。<u>張亮</u>帥舟師自<u>東萊</u>度海,襲<u>卑沙城</u>。城四面懸絶,惟西門可上。<u>程名振</u>引兵夜至,副總管<u>王大度</u>先登。

4년. 봄 정월 이세적의 군사가 유주에 이르렀다. 3월 황제가 정주에 도착하여 시중하는 대신들에게 말했다: "요동은 본래 중국의 땅인데 수가 네 번이나 군사를 출동하였으나 취득하지 못하였다. 짐이 지금 동쪽을 정벌하는 것은 중국을 위해 자제들의 원수를 갚으려는 것이며

---

85) 北趣甬道: 중앙본 '북쪽 양쪽에 담이 있는 길로 몰아'. 협곡에 담이 있을 수 없다.

고구려를 위해 임금의 치욕을 씻어줄 뿐이다. 또한 사방이 대체로 평정
되었는데 오직 이곳만 평정되지 못했으니 짐이 늙기 전에 사대부의
여력으로 빼앗는 것이다." 황제가 정주를 떠날 때 직접 활과 화살을
메고 안장 뒤에 비옷을 손수 매달았다. 이세적의 군사는 유성을 떠날
때 마치 회원진을 출발하는 것처럼 허장성세하며 비밀리에 우리가 생
각지 못하는 북쪽 협곡 길로 향하였다. 여름 4월 이세적이 통정으로부
터 요수를 건너 현도에 이르렀다. 우리 성읍은 크게 놀라 모두 성문을
닫고 수비하였다. 부대총관 강하왕 도종은 수천 병력을 거느리고 신성
에 이르렀고 절충도위 조삼량은 기병 10여 명을 데리고 바로 성문을
위압하므로 성 안 사람들이 놀라며 감히 나오려는 자가 없었다. 영주도
독 장검이 호군을 거느리고 선봉이 되어 요수를 건너 건안성으로 접근
해 아군을 격파하고 수천 명을 죽였다. 이세적과 강하왕 도종이 개모성
을 함락하고 1만 명과 양곡 10만 섬을 노획하였으며 그 땅을 개주로
하였다. 장량은 수군을 거느리고 동래로부터 바다를 건너 비사성을
습격하였다. 성은 사면이 절벽이고 다만 서문으로만 오를 수 있었다.
정명진이 군사를 거느리고 밤에 도착하였고 부총관 왕대도가 먼저 성
에 올랐다.

五月城陷, 男女八千口沒焉。李世勣進至遼東城下。帝至遼澤, 泥淖二
百餘里, 人馬不可通, 將作大匠閻立德布土作橋, 軍不留行, 度澤東。王
發新城·國內城步騎四萬救遼東。江夏王 道宗將四千騎逆之, 軍中皆
以爲衆寡懸絶, 不若深溝高壘, 以待車駕之至。道宗曰:"賊恃衆, 有輕
我心, 遠來疲頓, 擊之必敗。當淸路以待乘輿, 乃更以賊遺君父乎?"都
尉馬文擧曰:"不遇勁敵, 何以顯壯士?"策馬奔擊, 所向皆靡, 衆心稍安。
旣合戰, 行軍總管張君(乂)[乂]退走, 唐兵敗衄。道宗收散卒, 登高而望,
見我軍陣亂, 與驍騎數千衝之, 李世勣引兵助之。我軍大敗, 死者千餘
人。帝度遼水, 撤橋以堅(上)[士]卒之心, 軍於馬首山。勞賜江夏王 道宗,
超拜馬文擧中郎將, 斬張君乂。

5월 성이 함락되고 남녀 8천 명이 소멸되었다. 이세적은 요동성 밑에까지 진격하였다. 황제는 요의 소택지에 이르렀는데 진흙탕이 2백여 리나 펼쳐져 인마가 통과할 수 없어 장작대장 염립덕이 흙을 펴 다리를 만들었으며 군사는 멈추지 않고 소택지 동쪽에 건너갔다. 왕이 신성과 국내성의 보병과 기병 4만 명을 동원하여 요동을 구원하였다. 강하왕 도종은 4천 기병으로 대항하려 하자 당군은 모두 병력의 차이가 현저하므로 도랑을 깊이 파고 보루를 높이 쌓고 황제가 올 때까지 기다리는 것만 못하다고 하였다. 도종 왈: "적은 숫자가 많음을 믿고 우리를 경시하고 있으나 멀리서 왔기 때문에 피곤한 상태이므로 공격하면 반드시 이길 것이오. 길을 깨끗이 닦아놓고 황제의 수레를 기다려야 오히려 황제에게 적을 남겨드리려 하오?" 도위 마문거가 "강한 적을 만나지 않고서야 어떻게 장사의 능력을 드러낼 수 있겠소?"라고 말하고 채찍질하며 달려가 공격하니 가는 곳마다 적군이 쓰러져 병사들의 마음이 점점 안정되었다. 전투가 시작되자 행군총관 장군예가 퇴각하고 당군이 패배하였다. 도종이 흩어진 병졸들을 수습하여 높은 곳에 올라서서 아군의 진영이 혼란스러운 것을 보고 날랜 기병 수천 명을 이끌어 충격하였으며 이세적이 병사를 이끌고 협조하였다. 아군은 크게 패배하고 사망자가 1천여 명이었다. 황제는 요수를 건넌 다음 다리를 철거하여 병사들의 결심을 굳게 하고 마수산에 진을 쳤다. 강하왕 도종을 위로하고 상을 주었으며 마문거를 월등하여 중랑장으로 모시고 장군예를 참수했다.

帝自將數百騎至遼東城下, 見士卒負土塡塹, 帝分其尤重者, 於馬上持之, 從官爭負土置城下。李世勣攻遼東城晝夜不息, 旬有二日。帝引精兵會之, 圍其城數百重, 鼓噪聲振天地。城有朱蒙祠, 祠有鎖甲銛矛, 妄言前燕世天所降。方圍急, 飾美女以婦神, 巫言:"朱蒙悅, 城必完。" 勣列砲車飛大石過三百步, 所當輒潰。吾人積木爲樓, 結絙(罔)[網], 不能拒, 以衝車撞陴屋碎之。時百濟上金髤鎧, (仗)[又]以玄金爲文鎧, 士被以從。帝與勣會, 甲光炫日。南風急, 帝遣銳卒登衝竿之(未)[末], 爇其西南樓。火延燒城中,因揮將士登城。我軍力戰不克,死者萬餘人,見捉勝兵萬餘人、男女四萬口、糧五十萬石。以其城爲遼州。

황제는 직접 수백 명의 기병을 거느리고 요동성 밑에 가서 사졸들이 흙을 지고 참호를 메우는 것을 보고 제일 무거운 짐을 자기 말에 실으니 시종관료들도 다투어 흙을 운반하여 성 밑에 부렸다. 이세적은 밤낮없이 12일간 요동성을 공격하였다. 황제가 정예군을 이끌고 합류시켜 요동성을 수백 겹으로 포위하였으며 북소리와 함성이 천지를 진동시켰다. 성 안에는 주몽의 사당이 있었고 사당에는 쇠사슬 갑옷과 날카로운 창이 있는데 망령되게 전연 시대에 하늘이 내려준 거라고 하였다. 바야흐로 포위 태세가 긴박해지자 미녀를 여신으로 분장시켜 놓고 무당 왈: "주몽이 기뻐하니 성은 반드시 보전될 것이다." 이세적이 줄지은 포차로 큰 돌을 3백 보 이상 날려 보내니 맞는 대로 허물어졌다. 우리가 나무를 쌓아 누대를 만들고 밧줄그물을 쳤으나 막을 수 없으며 충거로 성 위의 집을 부수었다. 이때 백제가 당에게 칠을 먹인 쇠 갑옷을 바치고 또 검은 쇠로 만든 무늬 있는 갑옷을 병사들에게 입혀 나서게 하였다. 황제가 이세적과 만날 때 갑옷의 광채가 햇빛에 번쩍거렸다. 남풍이 거세자 황제가 민첩한 병사를 시켜 충거 장대의 꼭대기에 올라가서 서남루를 불살랐다. 불이 성안으로 이어지는 기회에 장병들을 지휘하여 성에 올랐다. 아군은 힘껏 싸웠으나 이기지 못했고 죽은 자가 1만여 명, 붙잡힌 정예군이 1만여 명, 남녀 주민이 4만 명이고 양곡 50만 섬을 탈취 당했다. 요동성을 요주로 하였다.

李世勣進攻白巖城西南,帝臨其西北。城主孫代音潛遣腹心請降,臨城(捉)[投]刀鉞爲信,(△)[曰]:"奴願降,城中有不從者。"帝以唐幟與其使曰:"必降者,宜立之城上。"代音立幟,城中人以爲唐兵已登城,皆從之。帝之克遼東也,白巖城請降,既而中悔。帝怒其反覆,令軍中曰:"得城,當悉以人物賞戰士。"李世勣見帝將受其降,帥甲士數十人請曰:"士卒所以爭冒矢石、不顧其死者,貪虜獲耳。今城垂拔,奈何更受其降,孤戰士之心?"帝下馬謝曰:"將軍言是也,然縱兵殺人,而虜其妻孥,朕所不忍。將軍麾下有功者,朕以庫物賞之,庶因將軍贖此一城。"世勣乃退。得城中男女萬餘口,臨水設幄,受其降。仍賜之食,八十已上賜帛有差。他城之兵在白巖者,悉慰諭給糧仗,任其所之。

이세적은 백암성 서남쪽을 공격하고 황제는 그 서북쪽으로 갔다. 성주 손대음이 비밀리에 심복을 보내 항복을 청하고 성에 나와 칼과 도끼를 던짐을 신호로 삼겠다고 하며 왈: "저는 항복을 원하지만 성 안에 따르지 않는 자가 있습니다." 황제는 당 깃발을 사절에게 주면서 왈: "필히 항복하겠으면 이것을 성 위에 세워라." 대음이 깃발을 세우니 성 안 사람들은 당군이 이미 성에 올랐다고 생각하며 모두 따랐다. 황제가 요동을 함락했을 때 백암성이 항복을 청했다가 이윽고 후회하였다. 황제는 그들의 번복에 노하여 군중에 명령하였다: "성을 빼앗으면 당연 빼앗은 사람과 물건을 모두 전사들에게 포상하리라." 이세적은 황제가 항복을 받으려는 것을 알아채고 병사 수십 명을 데리고 와서 청원했다: "사졸들이 화살과 돌을 무릅쓰며 목숨을 돌보지 않고 싸우는 것은 노획한 포로를 탐내기 때문입니다. 지금 성이 거의 함락되는데 어째 바꾸어 항복을 받음으로써 전사들의 마음을 저버리려 합니까?" 황제가 말에서 내려와 사과하며 왈: "장군의 말이 맞소. 그러나 병사를 함부로 풀어 사람을 죽이고 처자를 빼앗는 것은 짐이 차마 저지를 수 없소. 장군의 휘하로서 공로가 있는 자에게는 내가 국고로 상 줄 것이오. 장군의 도움으로 이 성을 속죄시키려 하오." 세적은 비로소 물러났다. 성 안의 남녀 1만여 명을 잡아 물가에 장막을 치고 항복을 받았다. 그들에게 먹을 것을 주고 80세 이상에게는 차등을 두어 비단을 주었다. 다른 성의 병사로서 백암성에 와 있던 자들은 전부 위로하여 타이르고 양식과 무기를 주어 원하는 곳으로 가게 하였다.

先是,遼東城長史爲部下所殺,其省事奉其妻子奔白巖。帝憐其有義,賜帛五匹,爲長史造靈輿歸之平壤。以白巖城爲巖州,以孫代音爲刺

史。初莫離支遣加尸城七百人戍蓋牟城,李世勣盡虜之。其人清從軍
自效。帝曰:"汝家皆在加尸,汝爲我戰,莫離支必殺汝妻子。得一人之
力而滅一家,吾不忍也。"皆禀賜遣之。以蓋牟城爲蓋州。帝至安市城,
進兵攻之。北部耨薩高延壽、南部耨薩高惠眞帥我軍及靺鞨兵十五
萬救安市。帝謂侍臣曰:"今爲延壽策有三。引兵直前,連安市城爲壘,
據高山之險,食城中之粟,縱靺鞨掠吾牛馬。攻之不可猝下,欲歸則泥
潦爲阻,坐困吾軍,上策也;拔城中之衆,與之宵遁,中策也;不度智能,
來與吾戰,下策也。卿曹觀之,彼必出下策。成(△)[擒]在吾目中矣。"

이전에 요동성 장사가 부하에게 피살되어 장사의 부하 성사가 장사의
처자들을 모시고 백암성으로 도망했었다. 황제는 그의 의리를 가상히
여겨 비단 다섯 필을 주고 장사의 상여를 만들어 평양으로 보냈다.
백암성을 암주라 하고 손대음을 자사로 하였다. 당초 막리지는 가시성
의 7백 명을 파견하여 개모성을 수비하게 하였으나 이세적이 그들을
모두 생포하였다. 그들은 당군에 종군하여 공 세우기를 요청하였다.
황제 왈:"그대들의 집은 모두 가시성에 있소. 그대들이 우리를 위하여
싸우면 막리지가 반드시 그대들의 처자를 죽일 것이요. 한 사람의 힘을
얻기 위하여 한 집안을 멸망시키는 일을 나는 차마 할 수 없소." 그들
모두에게 곡식을 주어 돌려보냈다. 개모성을 개주로 하였다. 황제가
안시성에 도착하여 진공하였다. 북부 욕살 고연수와 남부 욕살 고혜진
은 아군과 말갈군 15만을 거느리고 안시성을 구원하였다. 황제가 근신
들에게 말했다:"지금 연수에게 세 가지 책략이 있을 것이요: 군사를
이끌고 앞으로 나가 안시성과 연결되는 보루를 만들고 높은 산의 험한
지세에 의지하여 성 안의 곡식을 먹으면서 말갈군을 풀어 우리의 마소
를 약탈할 것이다. 우리는 공격해도 빨리 항복받을 수 없고 돌아가려고
해도 소택지가 장애되므로 앉아서 곤경에 처하게 되오. 이것이 상책이
요. 성 안의 군사를 끌어내 함께 야간도주하는 것, 이것이 중책이요.
자기의 지혜와 능력을 가늠하지 못하고 우리와 싸우는 것, 이것이 하책

이요. 그대들은 두고 보시오. 그가 필히 하책을 쓸 것이니 사로잡힘이
내 눈 앞에서 벌어질 것이요.”

時對盧高正義年老習事,謂延壽曰：“秦王[86]內芟群雄,外服戎狄,獨立
爲帝,此命世之才。今據海內之衆而來,不可敵也。爲吾計者,莫若頓兵
不戰,曠日持久,分遣奇兵,斷其糧道。糧食旣盡,求戰不得,欲歸無路,
乃可勝。”延壽不從,引軍直進,去安市城四十里。帝恐其低徊不至,命
大將軍阿史那(杜)[社]尒將突厥千騎以誘之。兵始交而僞走,延壽(日)
[曰]：“易與耳。”競進乘之,至安市城東南八里,依山而陣。帝悉,召諸將
問計,長孫無忌對曰：“臣聞‘臨敵將戰,必先觀士卒之情。’臣適行經諸
營,見士卒聞高句麗至,皆拔刀結旆,喜形於色。此必勝之兵也。陛下未
冠,身親行陣。凡出奇制勝,皆上稟聖謀,諸將奉成算耳。今日之事乞陛
下指蹤。”帝笑曰：“諸公以此見讓,朕當爲諸公商度。”乃與無忌等從
數百騎乘高望之,觀山川形勢可以伏兵及出入之所。

이때 나이 많고 경험이 풍부한 대로 고정의가 연수에게 말했다：“진왕
은 안으로는 여러 영웅들을 제거하고 밖으로는 야만인들을 굴복시켜
독립한 황제가 되었으니 이는 세상에 이름난 인재요. 지금 천하의 군사
에 의지하여 왔으므로 대적할 수 없소. 우리의 계책은 군사를 주둔시키
고 싸우지 말고 시간을 오래 끌며 기습병을 분할해 보내 군량 수송로를
차단하는 것만 못하오. 군량이 떨어지면 싸울 수도 없고 돌아가려도
길이 없으니 승리할 수 있소.” 연수는 듣지 않고 군사를 거느려 안시성
밖 40리까지 곧바로 진군하였다. 황제는 연수가 주저하고 오지 않을까
염려하여 대장군 아사나사이를 시켜 돌궐기병 1천 명으로 유인하였다.
첫 교전에서 거짓으로 도주하는 척하자 연수는 “다루기 쉽구만”라며
앞을 다투어 진격하여 안시성 동남쪽 8리쯤에 이르러 산에 의지하여
진을 쳤다. 황제가 알고 장수들을 불러놓고 계책을 묻자 장손무기가

---

86) 秦王: 당태종. 당태종은 당나라가 건립되기 전 秦王이었다.

대답하였다: "소신은 '적을 만나 싸우려 할 때는 반드시 먼저 병사들의 심정을 살펴야 한다'고 들었습니다. 소신이 마침 병영들을 지나다가 병사들이 고구려 군사가 왔다는 말을 듣고 모두 칼을 뽑아 들고 깃발을 달면서 얼굴에 희색이 도는 것을 보았습니다. 이는 필승의 병사들입니다. 폐하께서는 약관하기 전에 직접 진지에 나섰었습니다. 무릇 기묘한 전술로 승리를 취득한 것은 모두 위로 폐하의 책략을 받들어 장수들이 승산을 이룩한 것뿐입니다. 오늘의 일도 폐하께서 직접 시키기 바랍니다." 황제가 웃으며: "제공이 이렇게 사양하니 짐이 제공을 위해 구상하지"라고 말하며 곧 장손무기 등과 함께 수백 명의 기병을 따라 고지에 올라 산천의 형세 가운데 복병시킬 수 있는 곳과 병력의 출입이 가능한 곳을 관찰하였다.

我軍與靺鞨合兵爲陣,長四十里。帝望之,有懼色。江夏王道宗曰:"高句麗傾國以拒王師,平壤之守必弱。願假臣精卒五千,覆其本根,則數十萬之衆可不戰而降。"帝不應,遣使紿延壽曰:"我以爾國强臣弑其主,故來問罪,至於交戰,非吾本心。入爾境,蒭粟不給,故取爾數城,俟爾國修臣禮,則所失必復矣。"延壽信之,不復設備。帝夜召文武計事,命李世勣將步騎萬五千陣於西嶺,長孫無忌、牛進達將精兵萬一千爲奇兵,自山北出於狹谷,以衝其後,帝自將步騎四千,挾鼓角、偃旗幟登山。帝敕諸軍,聞鼓角齊出奮擊。因命有司張受降幕於朝堂之側。是夜流星墜延壽營。

아군과 말갈군은 연합하여 40리에 달하는 진을 쳤다. 황제가 바라보며 두려워하는 기색이었다. 강하왕 도종이 말했다: "고구려는 나라의 전력을 기울여 천자의 군사를 방어하고 있으니 틀림없이 평양의 수비는 약할 것입니다. 소신에게 정예군 5천을 주어 그들의 근본을 뒤엎으면 싸우지 않고도 수십만을 항복시킬 수 있습니다." 황제는 응하지 않고 사신을 보내 연수에게 거짓으로 말했다: "나는 그대 나라의 권력 있는 신하가 임금을 시해한 죄를 문책하러 온 것이지 교전은 나의 본심이

아니요. 그대 나라 경내에 들어오니 꼴과 양식이 공급되지 않아 그대의
성 몇 개를 빼앗기는 하였으나 그대 나라가 신하의 예절을 지킨다면
잃었던 성을 반드시 돌려줄 것이요." 연수는 믿고 다시 수비하지 않았
다. 황제가 밤에 문무관을 불러 계책을 의논한 다음 이세적에게 보병과
기병 1만 5천을 주어 서쪽 산마루에 진을 치게 하고 장손무기와 우진달
에게 정예군 1만 1천을 주어 기습병을 조직해 산의 북쪽에서 협곡으로
나와 아군의 후면을 공격하게 하고 황제는 직접 보병과 기병 4천을
이끌고 북과 나팔을 끼고 깃발을 눕혀 잦히고 산으로 올라갔다. 황제는
모든 군사에게 북과 나팔 소리가 들리면 일제히 맹공하라고 명하였다.
또한 관계부문에 항복받을 장막을 조당 옆에 설치하도록 명하였다.
이날 밤 유성이 연수의 병영에 떨어졌다.

⒂[旦日]延壽等獨見李世勣軍⒃[少],勒兵欲戰。帝望見無忌軍
塵起,命作鼓角,擧旗幟,諸軍鼓噪并進。延壽等懼,欲分兵禦之,而其陣
已亂。會有雷電,龍門人薛仁貴著奇服,大呼陷陣,所向無敵,我軍披靡。
大軍乘之,我軍大潰,死者⒄[二]萬餘人。帝望見仁貴,拜游擊將軍。延
壽等將餘衆,依山自固,帝命諸軍圍之,長孫無忌悉撤橋梁,斷其歸路。
延壽、惠眞帥其衆三萬六千八百人淸降,入軍門拜伏淸命。帝簡耨薩
已下官長三千五百人,遷之內地,餘皆縱之,使還平壤。收靺鞨三千三
百人,悉坑之。獲馬五萬匹、牛五萬頭、明光鎧萬領,它器械稱是。更名
所幸山曰駐驆山。以高延壽爲鴻臚卿,高惠眞爲司農卿。

이튿날 연수 등은 이세적의 병력이 적은 것만 보고 군사를 풀어 싸우려
하였다. 황제는 장손무기의 군사에서 먼지가 일어나는 것을 보고 북치
고 나팔 불며 깃발을 들게 하니 군사들이 북을 치고 함성을 지르며
진격하였다. 연수 등은 두려워하며 군사를 나누어 방어하려 하였으나
진영은 이미 혼란에 빠지고 말았다. 마침 우레와 번개가 쳤는데 용문인
설인귀가 기이한 복장을 입고 진격의 고함을 지르며 적진으로 들어가
니 향하는 곳마다 대적할 자가 없고 아군이 쓰러졌다. 대군이 승세를

타니 아군은 크게 붕괴되고 2만여 명이 죽었다. 황제는 인귀를 바라보며 그를 유격 장군으로 모셨다. 연수 등은 남은 군사를 거느리고 산에 의지하여 스스로 지켰으나 황제는 군사들에 명령하여 포위하게 하고 장손무기는 교량을 전부 철거하고 귀로를 차단하였다. 연수와 혜진은 36,800명을 이끌고 항복을 청구하며 당군의 문에 들어가 엎드려 절하며 목숨을 살려달라고 빌었다. 황제는 욕살 이하의 장관 3,500명을 골라 내지로 보내고 나머지는 모두 놓아주어 평양으로 돌아가게 하였다. 말갈인 3,300명은 전부 생매장하였다. 말 5만 필, 소 5만 두, 명광 갑옷 1만 벌을 노획하였으며 기타의 기자재도 그에 상응하였다. 황제가 행차했던 산을 주필산으로 개명하였다. 고연수를 홍려경으로, 고혜진을 사농경으로 제수하였다.

帝之克白巖也,謂李世勣曰:“吾聞安市城險而兵精,其城主(△)[材]勇,莫離支之亂,城守不服,莫離支擊之,不能下,因而與之。建安兵弱而糧(小)[少],若出其不意,攻之必克。公可先攻建安,建安下,則安市在吾腹中。此兵法所謂‘城有所不攻者’也。”對曰:“建安在南,安市在北,吾軍糧皆在遼東。今踰安市而攻建安,若麗人斷吾糧道,將若之何?不如先攻安市,安市下,則鼓行而取建安耳。”帝曰:“以公爲將,安得不用公策?勿誤吾事!”世勣遂攻安市。安市人望見帝旗蓋,輒乘城鼓噪,帝怒。世勣請克城之日男子皆坑之。安市人聞之,益堅守,攻久不下。高延壽、高惠眞請於帝曰:“奴旣委身大國,不敢不獻其誠。欲天子早成大功,奴得與妻子相見。安市人顧惜其家,人自爲戰,未易猝拔。今奴以高句麗十餘萬衆望旗沮潰,國人膽破。烏骨城耨薩老耄不能堅守,移兵臨之,朝至夕克,其餘當道小城必望風奔潰。然後收其資糧,鼓行而前,平壤必不守矣。”

　황제가 백암성을 이겼을 때 이세적에게 말했다: “나는 안시성이 험하고 군사가 정예로우며 성주도 재능 있고 용맹하므로 막리지의 난에도 성을 지키고 항복하지 않았으며 막리지가 공격하였으나 굴복시킬 수 없기 때문에 성을 그에게 주었다고 들었소. 건안성은 병력이 약하고 군량미도 적으므로 만약 불의의 공격을 가하면 반드시 이길 것이요. 그대는 먼저 건안을 공격하고 건안이 함락되면 안시는 내 배 안에 들어오오. 이것이 병법의 '공격할 필요가 없는 성도 있다'는 말이요." 답왈: "건안은 남쪽에 있고 안시는 북쪽에 있으며 아군의 군량은 전부 요동에 있습니다. 지금 안시를 지나쳐 건안을 공격하다가 고구려인이 우리의 군량 수송로를 차단하면 어찌하겠습니까? 먼저 안시를 공격하는 것만 못합니다. 안시가 함락되면 북을 울리며 행군하여 건안을 빼앗을 수 있습니다." 황제 왈: "그대를 장군으로 하였으니 어찌 그대의 계책을 따르지 않겠소? 나의 일을 그르치지는 마오." 세적은 드디어 안시를 공격하였다. 안시 사람들이 황제의 깃발과 수레의 덮개를 바라보고 즉시 성에 올라 북을 두드리고 함성을 지르니 황제가 분노하였다. 세적은 성이 함락되는 날 성안의 남자를 모두 생매장하자고 청구하였다. 안시 사람들은 이 말을 듣고 더욱 굳게 수비하여 오랫동안 공격하였으나 함락시킬 수 없었다. 고연수, 고혜진이 황제에게 말했다: "저희들이 이미 대국에 몸을 맡겼으니 정성을 바치지 않을 수 없습니다. 천자께서 빨리 큰 공을 이루어 우리가 처자와 만나게 해주었으면 합니다. 안시 사람들은 그의 가족을 생각하여 사람마다 자진하여 싸우고 있기 때문에 빨리 함락시키기 쉽지 않습니다. 저희들은 고구려 10여 만 병력을 가지고 있었음에도 불구하고 황제의 깃발을 보고도 사기가 꺾여 붕궤됐으며 백성들의 간담이 서늘합니다. 오골성의 욕살은 늙어서 수비가 견실할 수 없으니 군사를 그곳으로 옮기면 하루 사이에 이길 것이며 도중에 있는 여타의 작은 성들은 반드시 위풍만 보고도 도망치어 허물어질 것입니다. 그 후 자재와 군량을 거두어 북을 울리며 전진하면 틀림없이 평양을 지켜내지 못할 것입니다."

群臣亦言:"張亮兵在沙城, 召之, 信宿可至。乘高句麗恼懼, 并力拔烏骨城, 度鴨(綠)[淥]水, 直取平壤, 在此擧矣。"帝將從之, 獨長孫無忌以爲

"天子親征,異於諸將,不可乘危徼幸。今建安、新城之虜衆,猶十萬,若(回)[向]烏骨,皆躡吾後。不如先破安市,取建安,然後長驅而進。此萬全之策也"。帝乃止。諸將急攻安市。帝聞城中雞彘聲,謂世勣曰:"圍城積久,城中(△)[烟火日微]。今雞彘甚喧,此必饗士,欲夜出襲我,宜嚴兵備之。"是夜我軍數百人縋城而下。帝聞之,自至城下,召兵急擊,我軍死者數十人,餘軍退走。

신하들도 말했다: "장량의 군사가 사성에 있으니 부르면 이틀이면 올수 있습니다. 고구려가 두려워하는 틈을 타 힘을 합하여 오골성을 함락시키고 압록수를 건너 곧바로 평양을 빼앗는 것, 승패는 여기에 달렸습니다." 황제가 이 말을 따르려 하자 유독 장손무기가 말했다: "천자의정벌은 보통 장수들과 달라서 위험한 요행을 바랄 수 없습니다. 지금건안과 신성의 무리가 많으며 아직 10만이나 되는데 만약 오골로 가면그들은 모두 우리의 뒤를 밟을 것입니다. 먼저 안시를 점령하고 건안을취한 후에 먼 곳으로 진군함만 못합니다. 이것이 만전의 계책입니다."황제는 곧 중지하였다. 장수들은 안시를 급히 공격하였다. 황제가 성안의 닭과 돼지 소리를 듣고 세적에게 말했다: "성을 포위한지 오래되어 성 안에는 밥 짓는 연기가 나날이 줄어들었습니다. 지금 닭과 돼지소리가 요란하니 틀림없이 병사들을 대접한 후에 밤에 나와 우리를습격하려는 것이니 군사를 엄격히 단속하여 대비합시다." 이날 밤 아군수백 명이 성에서 줄을 타고 내려왔다. 황제가 듣고 직접 성 밑에 와서병사를 소집해 재빨리 공격하여 아군 수십 명이 죽고 나머지는 퇴각하였다.

江夏王 道宗督衆(△)[築]土山於城東南隅,浸逼其城。城中亦增高其城以拒之,士卒分番交戰日六七合。衝車、炮石壞其樓堞,城中隨立木柵以塞其缺。道宗傷足,帝親爲之針。築山晝夜不息,凡六旬,用功五十萬。山頂去城數丈,[87] 下臨城中。道宗使果毅傳伏愛將兵屯山頂以備敵。山頹壓城,城崩。會伏愛私離所部。我軍數百人從城缺出戰,遂奪據土山,(△)[塹]而守之。帝怒,斬伏愛以徇,命諸將攻之,三日不能克。
道宗徒跣詣旗下請罪。帝曰:"汝罪當死,但朕以漢武殺王恢,不如秦
穆用孟明,[88]且有破蓋牟、遼東之功,故特赦汝耳。"帝以遼左早寒,草
枯水凍,士馬難久留,且糧食將盡,敕班師。

　　강하왕 도종이 무리를 독려하여 성의 동남쪽 구석에 토산을 쌓아 점점
성으로 접근해 왔다. 성 안에서도 역시 성을 더욱 높게 쌓아 방어하였으
며 사졸들은 당번을 나누어 하루에 6~7회씩 교전하였다. 충거와 포석
이 누대와 성위의 작은 담을 허물었으나 성 안에서는 수시로 목책을
세워 무너진 곳을 막았다. 도종이 발을 다치자 황제가 직접 침을 놓아주
었다. 밤낮을 쉬지 않고 60일 동안 토산을 쌓았으며 인력이 누계 50만
명 동원되었다. 토산의 꼭대기가 성보다 몇 길 높기 때문에 성 안을
내려다 볼 수 있었다. 도종이 과의 부복애를 시켜 군사를 거느리고
토산 꼭대기에 주둔하여 적을 대비하였다. 토산이 허물어지면서 성을
덮치는 바람에 성이 무너졌다. 마침 복애는 사사로이 부대를 떠났다.
아군 수백 명이 허물어진 성으로 나가 싸워서 토산을 탈취하여 참호를
파고 수비하였다. 황제가 노하여 복애를 참수하고 시체를 돌리며 장수
들에게 명령하여 성을 공격하였으나 사흘 지나도 이길 수 없었다. 도종
이 맨발로 깃발 아래 가서 문죄를 청했다. 황제 왈: "그대의 죄는 죽어
마땅하지만 짐은 한무제가 왕회를 죽인 것이 진목공이 맹명을 등용한
것만 못하다고 생각하고, 또한 개모성과 요동을 점령한 공로가 있기
때문에 자네를 특히 용서할 뿐이오." 황제는 요동은 일찍 추워지고 풀

---

87) 山頂去城數丈: 중앙본 '산꼭대기는 성에서 몇 길 떨어졌으므로'. 산꼭대기가 성에서
　　몇 길 떨어졌으면 산꼭대기에서 성 안을 내려다볼 수 없고 산이 허물어져도 성을
　　덮칠 수 없다.

88) 漢 때 왕회가 주장하여 흉노를 정벌하다가 패하여 한무제에게 죽임을 당하였고,
　　춘추 때 秦의 맹명이 晉을 정벌하다가 패하였지만 秦穆公은 맹명을 죽이지 않고
　　등용하였다.

이 마르고 물이 얼어 병사와 말이 오래 머무르기 어렵고 또한 군량이
곧 떨어져가므로 군사의 철수를 명령하였다.

先拔遼、蓋二州戶口度遼, 乃耀兵於安市城下而旋。城中皆屛跡不出,
城主登城拜辭。帝嘉其固守, 賜縑百疋, 以勵事君。命世勣、道宗將步
騎四萬爲殿, 至遼東度遼水。遼澤泥潦, 車馬不通。命無忌將萬人翦草
塡道, 水深處以車爲梁, 帝自繫薪於馬鞘以助役。冬十月帝至蒲(蒲)
[溝]駐馬, 督塡道。諸軍度渤錯水, 暴風雪, 士卒沾濕多死者。敕燃火於
道以待之。凡(抄)[拔]玄菟、橫山、蓋牟、磨米、遼東、白巖、卑沙、夾谷、
銀山、後黃十城, 徙遼、蓋、巖三州戶口入中國者七萬人。高延壽自降
後常憤歎, 尋以憂死, 惠眞竟至長安。新城、建安、駐蹕三大戰我軍及
唐兵馬死亡者甚衆。帝以不能成功深悔之, 嘆曰: "魏徵若在, 不使我
有是行也。"

먼저 요주, 개주 두 주의 주민을 뽑아 요수를 건너게 하고 안시성 밑에
서 병력을 과시하고 발길을 돌렸다. 성 안은 모두 자취를 감추고 나오지
않았으며 성주가 성에 올라가 절하며 작별하였다. 황제는 그가 성을
굳게 지킨 것을 가상히 여겨 비단 백 필을 주어 임금의 섬김을 격려하였
다. 세적과 도종에게 명령하여 보병과 기병 4만을 이끌고 후군으로
서게 하고 요동에 이르러 요수를 건넜다. 요수 소택지의 진탕 때문에
수레와 말이 통과할 수 없었다. 장손무기에게 명령하여 1만 명의 인력
으로 풀을 베어 길을 메우고 물이 깊은 곳은 수레를 다리로 하였고
황제가 직접 말채찍 끈으로 섶을 묶어 일을 도왔다. 겨울 10월 황제가
포구에 이르러 말을 멈추고 길 메우는 작업을 독려하였다. 군사들은
발착수를 건너니 폭풍과 폭설 때문에 병사들이 습기에 젖어 죽은 자가
많았다. 칙명으로 길가에 불을 피워놓고 군사를 기다리도록 하였다.
현도, 횡산, 개모, 마미, 요동, 백암, 비사, 협곡, 은산, 후황 무릇 10개
성을 함락하고, 요주, 개주, 암주 3개 주의 7만 주민을 중국으로 들여갔
다. 고연수는 항복한 뒤 늘 분개하고 한탄하다가 얼마 후에 화병으로

죽었고 고혜진은 끝내 장안에 도착하였다. 신성, 건안, 주필 세 차례의
큰 싸움에서 아군과 당군의 죽은 병마가 많았다. 황제는 성공하지 못한
것을 깊이 후회하고 탄식하면서 왈: "만일 위징이 있었다면 나로 하여
금 이번 걸음을 못하게 하였으리라."

論曰:唐太宗聖明不世出之君。除亂比於湯、武,致理幾於成、康。至於
用兵之際出奇無窮,所向無敵。而東征之功敗於安市,則其城主可謂豪
傑非常者矣。而史失其姓名,與揚子所云"齊、魯大臣史失其名"無
異,[89]其可惜也。

논평하여 왈: 당태종은 총명한 불세출의 임금이다. 난을 제거하는 데는
상탕왕과 주무왕에 견줄 만하고 다스림에는 성왕, 강왕과 비슷하다.
군사를 다룰 때는 기묘한 전술이 무궁하여 향하는 곳마다 적수가 없었
다. 그러나 동방정벌의 업이 안시성에서 패배했으니 그 성주는 가히
비상한 호걸이라고 말할 수 있다. 그러나 사료에 그의 성명을 전하지
않고 있으며 이는 양자가 말한 '제, 노의 대신은 사료에 그 이름이 전해
지지 않는다'와 다름이 없으니 매우 애석하다.

五年 春二月太宗還京師,謂李靖曰:"吾以天下之衆困於小夷,何也?"
靖曰:"此道宗所解。"帝顧問,道宗具陳,在駐蹕時乘虛取平壤之言。帝
悵然曰:"當時匆匆,吾不憶也。"夏五月王及莫離支蓋金遣使謝罪,并
獻二美女。帝還之,謂使者曰:"色者人所重,然憫其去親戚以傷乃心,
我不取也。"東明王母塑像泣血三日。初帝將還,帝以弓服賜蓋蘇文,
受之不謝,而又益驕恣。雖遣使奉表,其言率皆詭誕,又待唐使者倨傲,
常窺伺邊隙。屢敕令不攻新羅,而侵凌不止。太宗詔勿受其朝貢,更議
討之。

5년. 봄 2월 태종이 경성에 돌아가서 이정에게 왈: "내가 천하의 많은

---

89) 揚子: 동한의 저명한 학자 揚雄이다. 그의 저술로『방언(方言)』『태현경(太玄經)』
    등이 있다.

무리로 작은 야만인에게 곤욕을 치름은 무엇 때문인가?" 이정왈: "이는 도종이 풀어드릴 일입니다." 황제는 도종을 돌아보며 물었다. 도종은 주필에 있을 때 허점을 타 평양을 점령하자고 한 말을 상세하게 진술하였다. 황제가 실망하고 한탄하며 말했다: "그때 일이 너무 바빴으므로 생각나지 않소." 여름 5월 왕과 막리지 개금이 사신을 보내 사죄하며 두 미인을 바쳤다. 황제가 돌려보내며 사신에게 왈: "여색은 사람이 중히 여기지만 그들이 친척과 떨어져 애태울 것이므로 나는 받아들이지 않겠다." 동명왕 모친의 소상이 사흘 동안 피를 흘리며 울었다. 당초에 당태종이 돌아가려 할 때 개소문에게 활과 의복을 주었는데 받고도 고맙다는 말을 하지 않고 더욱 교만하고 방자해졌다. 비록 사신을 보내 표문을 올렸으나 그의 말은 거의 궤변적이고 황당하였으며 또한 당 사신을 거만하게 대하였고 항상 변경의 허점을 엿보고 있었다. 여러 번 칙령을 내려 신라를 공격하지 말라 하였으나 침공을 그치지 않았다. 태종이 조서를 내려 고구려 조공을 받지 못하게 하고 다시 토벌할 것을 의논하였다.

三國史記卷第二十二

(삼국사기 권제22)

高句麗本紀第十(고구려본기 제10)

寶(藏)[臧]王下(보장왕 하)

○六年 太宗將復行師,朝議以爲："高句麗依山爲城,不可猝拔。前大駕親征,國人不得耕種,所克之城實收其穀,繼以旱災,民大半乏食。今若數遣偏師,更迭擾其疆場,使彼疲於奔命,釋耒入堡,數年之間千里蕭條,則人心自離,鴨渌之北可不戰而取矣。"帝從之,以左武衛大將軍牛進達爲靑丘道行軍大總管,右武衛將軍李海岸副之,發兵萬餘人,乘樓船,自萊州泛海而入。又以太子詹事李世勣爲遼東道行軍大總管,右武衛將軍孫貳郎等副之,將兵三千人,因營州都督府兵,自新城道入。兩軍皆選習水善戰者配之。李世勣軍既度遼,歷南蘇等數城,皆背城拒戰。世勣擊破之,焚其羅郭而還。秋七月牛進達、李海岸入我境,凡百餘戰,攻石城,拔之,進至積利城下。我兵萬餘人出戰,李海岸擊克之,我軍死者三千。太宗敕宋州刺史王波利等發江南十二州工人造大船數百艘,欲以伐我。冬十二月王使第二子莫離支任武入謝罪,帝許之。

6년. 태종이 다시 군사를 풀려 하니 조정에서 논의가 이러하였다: "고구려는 산에 의지하여 성을 만들었기 때문에 졸지에 함락시킬 수 없습니다. 앞서 황제가 직접 정벌할 때 그 나라 백성들은 농사를 짓지 못했으며 정복한 성에서는 곡물을 수확하였으나 한재가 계속되어 백성 태반이 먹이가 부족합니다. 지금 만약 적은 군사를 자주 보내 영토를 번갈아 교란하여 그들로 하여금 생존에 지치게 하여 쟁기를 놓고 보루로 들어가면 수년간에 천리가 스산해지고 민심은 저절로 해이해지면 압록 이북은 싸우지 않고도 빼앗을 수 있습니다." 황제는 수긍하고 좌무위대장군 우진달을 청구도행군대총관으로, 우무위장군 이해안을 부관으로 하여 군사 1만여 명을 출동시켜 누선을 타고 내주로부터 해로로 들어갔다. 또한 태자첨사 이세적을 요동도행군사총관으로, 우무위장군 손이랑 등을 부관으로 하여 3천 명을 거느리고 영주도독부 군사의 도움으로 신성도로부터 들어갔다. 두 군사에는 모두 수전에 익숙한 능자를 골라 배치하였다. 이세적의 군사가 요수를 건넌 후 남소 등 몇 성을 지날 때 아군은 모두 성을 등지고 싸웠다. 세적이 격파하고 외성에 불 지르고 돌아갔다. 가을 7월 우진달, 이해안이 우리 국경에 들어와 모두 백여 차례 싸워 석성을 격파하고 적리성 아래까지 진격해 왔다. 아군 1만여 명이 출전하였으나 이해안에게 격파당하여 3천명이 죽었다. 태종은 송주 자사 왕파리 등에게 명령하여 강남 12주의 수공업자를 징발하여 큰 배 수백 척을 만들어 우리를 정벌하려 하였다. 겨울 12월 왕의 차자 막리지 임무를 시켜 들어가 사죄하니 황제가 허락하였다.

七年 春正月遣使入唐朝貢。帝詔右武衛大將軍薛萬徹爲靑丘道行軍大總管,右衛將軍裴行方副之,將兵三萬餘人及樓船、戰艦,自萊州泛海來擊。夏四月烏胡鎭將古神感將兵浮海來擊,遇我步騎五千,戰於易山,破之。其夜我軍萬餘人襲神感船,神感伏發,乃敗。帝謂我困弊,議以明年發三十萬衆,一擧滅之。或以爲"大軍東征,須備經歲之糧,非畜乘所能載,宜具(是)[舟]艦,爲水轉。隋末劍南獨無寇盜屬者,遼

東之役,劍南復不預及。其百姓富庶,宜使之造舟艦"。帝從之。秋七月
王都女産子,一身兩頭。

7년. 봄 정월 당에 사신을 보내 조공하였다. 황제가 조서를 내려 우무위
대장군 설만철을 청구도 행군사총관으로, 우위장군 배행방을 부관으
로 하여 3만여 병력과 누선 및 군함을 거느리고 내주로부터 바다를
건너 공격하여 왔다. 여름 4월 오호진 장수 고신감이 군사를 거느리고
바다를 건너와 공격하여 우리의 보병, 기병 5천 명과 역산에서 조우하
여 아군을 이겼다. 그날 밤 아군 1만여 명이 고신감의 배를 습격하다가
고신감의 복병이 출동하여 패배 당하였다. 황제는 우리가 피폐되었다
고 여기고 다음 해에 30만 대군을 출동시켜 일거에 멸망시킬 것을 논의
했다. 어떤 자가 말했다: "대군이 동방으로 원정하려면 반드시 해를
넘길 수 있는 군량을 갖추어야 하는데 성축의 수레에 실을 수는 없습니
다. 마땅히 선박을 준비하여 수로로 운반해야 합니다. 수 말기에 검남
지방만이 도적 침입에 속하지 않았고 요동 부역에도 또한 검남이 참여
하지 않았습니다. 그곳 백성이 부유하니 그들로 하여금 선박을 만들게
해야 합니다." 황제가 그 말을 따랐다. 가을 7월 경성 여자가 몸 하나에
머리 둘인 아들을 낳았다.

太宗遣左領左右府長史强偉於劍南道,伐木造舟艦。大者或長百尺,
其廣半之。別遣使行水道,自巫峽抵江、(楊)[揚],趣萊州。九月群獐渡河
西走,群狼向西行,三日不絶。太宗遣將軍薛萬徹等來伐,(度)[渡]海入
鴨渌,至泊灼城南四十里止營。泊灼城主所夫孫帥步騎萬餘拒之。萬
徹遣右衛將軍裴行方領步卒及諸軍乘之,我兵潰。行方等進兵圍之,
泊灼城因山設險,阻鴨渌水以爲固,攻之不拔。我將高文率烏骨、安地
諸城兵三萬餘人來援,分置兩陣。萬徹分軍以當之,我軍敗潰。帝又詔
萊州刺史李道裕,轉糧及器械,(△)[貯]於烏胡島,將欲大擧。

태종이 좌령좌우부장사 강위를 검남도에 보내 나무를 베어 선박을 만
들게 하였다. 큰 배는 혹은 길이가 백 자이고 넓이는 그의 반이다. 별도

로 사신을 보내 수로로 무협으로부터 강주와 양주를 거쳐 내주로 가게
하였다. 9월 노루와 승냥이가 떼를 지어 서쪽으로 갔으며 3일 동안
끊이지 않았다. 태종이 장군 설만철 등을 시켜 토벌하려 왔으며 바다를
건너 압록으로 들어와 박작성 남쪽 40리에 군영을 쳤다. 박작성주 소부
손이 보병과 기병 1만여 명을 거느리고 방어하였다. 만철이 우위장군
배행방을 시켜 보병과 군사들을 거느리고 누르자 아군이 붕괴됐다.
배행방 등이 진격하여 포위하였으나 박작성이 산을 의지하여 요새로
만들고 압록의 물에 막혀 튼튼하므로 함락시키지 못하였다. 우리 장수
고문이 오골,안지 여러 성의 3만여 병력을 거느리고 와서 구원하며
두 개의 진을 쳤다. 만철이 군사를 나누어 대응하여 아군이 패배하여
무너졌다. 황제는 또한 내주 자사 이도유를 시켜 군량과 기계를 운반하
여 오호도에 비축하고 대 거사를 시도하였다.

八年 夏四月唐太宗崩。遺詔罷遼東之役。

8년. 여름 4월 당태종이 가붕하였다. 요동 정벌을 중지하라는 조칙을
남겼다.

論曰:初太宗有事於遼東也,諫者非一。又自安市旋軍之後,自以不能
成功,深悔之,歎曰:"若使魏徵在,不使我有此行也。"及其將復伐也,司
空房玄齡病中上表諫,以爲:"老子曰:'知足不辱,知止不殆。'陛下威名
功德既云足矣,拓地開疆亦可止矣。且陛下每決一重囚,必令三復五
奏,進素膳,止音樂者,重人命也。今驅無罪之士卒,委之鋒刃之下,使肝
腦塗地,獨不足憫乎?嚮使高句麗違失臣節,誅之可也;侵擾百姓,滅之
可也;他日能爲中國患,除之可也。今無此三條,而坐煩中國,內爲前代
雪恥,外爲新羅報讎,豈非所存者小,所損者大乎?願陛下許高句麗自
新,焚凌波之船,罷應募之衆,自然華夷(△)[慶]賴,遠肅邇安。"

논평하여 왈: 처음 태종이 요동의 일을 일으킬 때 간하는 자가 한 사람
뿐이 아니었다. 또한 안시로부터 군사를 철수한 뒤에 성공하지 못함을
깊이 후회하고 한탄하며 왈: "만약 위징이 있었다면 나로 하여금 이번

행차를 못하게 하였을 것이다." 그가 다시 고구려를 정벌하려 할 때 사공 방현령이 병중에 표문을 올려 간했다: "노자 왈: '만족할 줄 알면 욕되지 않고 멈출 줄 알면 위태롭지 않다.' 폐하의 위명과 공덕은 이미 만족할 만합니다. 국토를 넓히는 일도 역시 멈출만합니다. 그리고 폐하께서 한 명의 중죄인을 판결할 때마다 필히 세 번 복심하고 다섯 번 상주할 기회를 주었으며 검소한 반찬을 올리게 하고 풍류를 중지하게 하였으니 인명을 소중히 여기기 때문입니다. 지금 무죄한 사졸들을 몰아다가 칼날 밑에 맡겨 참혹히 죽게 하는데 그것만은 불쌍히 여기지 않아도 됩니까? 지난날 고구려가 신하의 예절을 어겼다면 처형해 마땅하고 백성을 못살게 굴었다면 없애버려 마땅하며 후일 중국의 우환거리가 된다면 제거해 마땅합니다. 지금은 이 세 가지가 없어졌는데 앉아서 중국을 괴롭히면서 안으로는 선대의 치욕을 씻고 밖으로는 신라를 위해 복수한다니 그야말로 어찌 얻은 것은 작고 잃은 것이 크지 않겠습니까? 원컨대 폐하는 고구려가 스스로 고치도록 맡기시고 창파에 띄운 선박을 불태우며 징발해 온 자들을 돌려보내면 자연히 중국과 야만인이 이를 빌어 행복해지고 원근이 평안해질 것입니다."

梁公將死之言諄諄若此,而帝不從,思欲丘墟東域而自快,死而後已。史論曰"好大喜功,勤兵於遠"者,非此之謂乎?柳公權小說曰:"(住)[駐]蹕之役高句麗與靺鞨合軍方四十里,太宗望之有懼色。"又曰:"六軍爲高句麗所乘,殆將不振。候者告英公之麾黑旗被圍,帝大恐。"雖終於自脫,而危懼如彼。而新舊書及司馬公通鑑不言者,豈非爲國諱之者乎?

양국공 방현령이 죽음을 앞두고 한 말이 이와 같이 간곡하였으나 황제는 따르지 않고 동방을 폐허로 만드는 것을 쾌락으로 삼으려다가 죽은 뒤에야 그만두었다. 사론에서 말 하는 바 '허풍을 떨며 공명을 추구하고 군사를 먼 곳에 힘쓰게 하다'는 이를 두고 한 말이 아닐까? 유공권의 소설에 '주필 전쟁에서 고구려는 말갈과 병력을 합쳐 사방 40리나 뻗쳐

니 태종이 보고 두려워하는 기색이었다.'고 하였으며 또 '6군이 고구려
에게 제압되어 거의 기세가 꺾였다. 영공 휘하의 검은 깃발이 포위되었
다고 척후병이 보고하니 황제가 크게 두려워하였다'라고 하였다. 비록
나중에 몸은 탈출했으나 위와 같이 위구했었다. 그러나 신구『당서』와
사마광의 『통감』에 이를 기록하지 않은 것은 나라의 명예를 위해 숨긴
것이 아닌지?

九年 夏六月盤龍寺普德和尙以國家奉道,不信佛法,南移完山﹑孤大
山。秋七月霜雹害穀,民饑。

9년. 여름 6월 반룡사의 보덕승려는 나라에서 도교를 받들고 불교를
믿지 않는다며 남쪽 완산, 고대산으로 옮겨갔다. 가을 7월 서리와 우박
이 곡식을 해쳐 백성들이 굶주렸다.

十一年 春正月遣使入唐朝貢。

11년. 봄 정월 당에 사신을 보내 조공하였다.

十三年 夏四月人或言:"於馬嶺上見神人,曰:'汝君臣奢侈無度,敗亡
無日。'"冬十月王遣將安固出師,及靺鞨兵擊契丹。松漠都督李窟哥
禦之,大敗我軍於新城。

13년. 여름 4월 사람들이 혹 말하곤 했다: "마령에서 신인을 보았는데
'너의 임금과 대신이 사치함이 한이 없으니 패망할 날이 얼마 남지
않았다'고 말하였다." 겨울 10월 왕이 장수 안고를 시켜 말갈군과 함께
거란을 공격하였다. 송막 도독 이굴가가 대항하여 신성에서 아군을
대패시켰다.

十四年 春正月。先是我與百濟﹑靺鞨侵新羅北境,取三十三城,新羅王
金春秋遣使於唐求援。二月高宗遣營州都督程名振﹑左衛中郞將蘇
定方將兵來擊。夏五月程名振等渡遼水,吾人見其兵少,開門度貴(湍)
[端]水逆戰。名振等奮擊,大克之,殺獲千餘人,焚其外郭及村落而歸。

14년. 봄 정월. 앞서 아군이 백제, 말갈과 더불어 신라의 북쪽 변경을
침공하여 33개 성을 점령하였을 때 신라왕 김춘추가 당에 사신을 보내

구원을 요청하였었다. 2월 당고종이 영주도독 정명진과 좌위중랑장
소정방을 시켜 군사를 거느리고 와서 공격하였다. 여름 5월 정명진
등이 요수를 건너오자 우리는 병력이 적은 것을 보고 성문을 열고 귀단
수를 건너가 영전하였다. 명진 등은 분발하여 아군을 크게 이기고 천여
명을 죽이고 사로잡았으며 외성과 촌락에 불을 지르고 돌아갔다.

十五年 夏五月王都雨鐵。冬十二月遣使入唐賀冊皇太子。

15년. 여름 5월 경성에 쇠비가 내렸다. 겨울 12월 당에 사신을 보내
황태자의 책봉을 축하하였다.

十七年 夏六月唐 營州都督兼東夷都護程名振、右領軍中郎將薛仁
貴將兵來攻,不能克。

17년. 여름 6월 당 영주도독 겸 동이도호 정명진과 우령군중랑장 설인
귀가 군사를 거느리고 와서 공격하였으나 이기지 못했다.

十八年 秋九月九虎一時入城食人,捕之不獲。冬十一月唐右領軍中
郎將薛仁貴等與我將溫沙門戰於橫山,破之。

18년. 가을 9월 범 아홉 마리가 한꺼번에 성안으로 들어와서 사람을
잡아먹었으나 붙잡지 못했다. 겨울 11월 당 우령군중랑장 설인귀 등이
아군 장수 온사문과 횡산에서 싸워 패배시켰다.

十九年 秋七月平壤河水血色凡三日。冬十一月唐左驍衛大將軍契
苾何力爲浿江道行軍大總管,左武衛大將軍蘇定方爲遼東道行軍大
總管,左驍衛將軍劉伯英爲平壤道行軍大總管,蒲州刺史程名振爲鏤
方道總管,將兵分道來擊。

19년. 가을 7월 평양의 강물이 3일 동안 핏빛이었다. 겨울 11월 당은
좌효위대장군 글필하력을 패강도행군사총관으로, 좌무위대장군 소정
방을 요동도행군사총관으로, 좌효위장군 유백영을 평양도 행군사총관
으로, 포주자사 정명진을 누방도 총관으로 하여 군사를 거느리고 각각
다른 길로 공격해 왔다.

二十年 春正月唐募河南·北、淮南六十七州兵,得四萬四千餘人,詣平

壤、鏤方行營,又以鴻臚卿蕭嗣業爲扶餘道行軍總管,帥回紇等諸部
兵,詣平壤。夏四月以任雅相爲浿江道行軍總管,契苾何力爲遼東道
行軍總管,蘇定方爲平壤道行軍總管,與蕭嗣業及諸胡兵凡三十五軍,
水陸分道并進。帝欲自將大軍,蔚州刺史李君球(立)[建]言:"高句麗小
國,何至傾中國事之有?如高句麗既滅,必發兵以守,小發則威不振,多
發則人不安,是天下疲於轉戍。臣謂'征之未如勿征,滅之未如勿滅。'"
亦會武后諫,帝乃止。

20년. 봄 정월 당이 하남, 하북, 회남 67개 주에서 44,000여 병력을 모집
하여 평양, 누방 군영으로 가고 또 홍려경 소사업을 부여도 행군총관으
로 하여 회흘 등 여러 부대의 병력을 거느리고 평양으로 갔다. 여름
4월 임아상을 패강도 행군총관으로, 글필하력을 요동도 행군총관으로,
소정방을 평양도 행군총관으로 하여 소사업과 호인의 병력 무릇 35개
군력을 거느리고 수륙으로 길을 나누어 같이 진군하였다. 황제가 직접
대군을 통솔하려 하였으나 울주 자사 이군구가 건의했다: "고구려는
소국인데 어찌 온 중국을 기울일 일이 있겠습니까? 만약 고구려가 망하
면 반드시 군사를 보내 지켜야 하는데 적게 보내면 위엄이 서지 않고
많이 보내면 사람들이 평안하지 못하므로 온 나라 사람이 수자리에
끌려 피곤해집니다. 소신이 보건대 정벌하는 것이 정벌하지 않느니만
못하고 멸망시키는 것이 멸망시키지 않느니만 못합니다." 마침 무후도
간하였으므로 황제가 그만두었다.

夏五月王遣將軍惱音信領靺鞨衆圍新羅 北漢山城,浹旬不解。新羅
餉道絶,城中危懼。忽有大星落於我營,又雷雨震擊,惱音信等疑駭(別)
[引]退。秋八月蘇定方破我軍於浿江,奪馬邑山,遂圍平壤城。九月蓋
蘇文遣其子男生,以精兵數萬守鴨淥,諸軍不得渡。契苾何力至,值冰
大合。何力引衆乘冰度水,鼓噪而進,我軍潰奔。何力追數十里,殺三萬
人。餘衆悉降,男生僅以身免。會有詔班師,乃還。

여름 5월 왕이 장군 뇌음신을 시켜 말갈군을 거느리고 신라의 북한산성

을 포위하여 열흘이 되도록 풀지 않았다. 신라는 군량 수송로가 차단되어 성안에서는 위험과 공포를 느꼈다. 갑자기 큰 별이 우리의 병영에 떨어지고 또 우레가 치고 비가 오며 벼락이 치니 뇌음신 등은 의심하고 놀라며 군사를 이끌고 퇴각하였다. 가을 8월 소정방이 패강에서 아군을 격파하여 마읍산을 탈취하고 평양성을 포위하였다. 9월 연개소문이 아들 남생을 파견하여 정예병 수만 명으로 압록을 수비하여 여러 군사가 건너지 못하였다. 글필하력이 도착하였을 때는 마침 강에 얼음이 완전히 얼어 봉합되었다. 하력은 군사를 이끌고 얼음 위로 강을 건너 북을 두드리고 함성을 지르며 진군하여 아군이 패하고 도주하였다. 하력이 수십 리를 추격하며 3만 명을 죽였다. 남은 병사는 모두 항복하였고 남생은 간신히 죽음을 면하였다. 마침 군사를 철수하라는 조서가 내려 곧 돌아갔다.

二十一年 春正月左驍衛將軍、<u>白州</u>刺史、(△)[沃]<u>沮</u>道總管龐孝泰與<u>蓋蘇文</u>戰於蛇水之上,擧軍沒,與其子十三人皆戰死。<u>蘇定方</u>圍平壤,會大雪,解而退。凡前後之行皆無大功而退。

21년. 봄 정월 당 좌효위장군, 백주자사, 옥저도 총관 방효태가 개소문과 사수에서 싸우다가 전멸하고 그의 아들 13명과 함께 모두 전사하였다. 소정방은 평양을 포위했으나 마침 큰 눈이 내렸으므로 포위를 풀고 물러갔다. 전후의 정벌에서 모두 큰 성과 없이 물러갔다.

二十五年 王遣太子<u>福男</u>新唐書云男福入<u>唐</u>侍祠<u>泰山</u>。<u>蓋蘇文</u>死,長子<u>男生</u>代爲莫離支。初知國政,出巡諸城,使其弟<u>男建</u>、<u>男産</u>留知後事。或謂二弟曰:"<u>男生</u>惡二弟之逼,意欲除之,不如先爲計。"二弟初未之信。又有告<u>男生</u>者曰:"二弟恐兄還奪其權,欲拒兄不納。"<u>男生</u>潛遣所親往<u>平壤</u>伺之。二弟收掩得之,乃以王命召<u>男生</u>,<u>男生</u>不敢歸。<u>男建</u>自爲莫離支,發兵討之。<u>男生</u>走據<u>國內城</u>,使其子<u>獻誠</u>詣<u>唐</u>求哀。六月<u>高宗</u>命左驍衛大將軍<u>契苾何力</u>帥兵應接之,<u>男生</u>脫身奔<u>唐</u>。

25년. 왕이 태자 복남『신당서』 왈 남복을 당에 보내 태산제사에 참가하였다. 개소문이 죽고 장자 남생이 대신 막리지가 되었다. 처음 나라 정사를 맡자 성들을 순행하면서 동생 남건과 남산을 남겨 뒷일을 보게 하였다. 어떤 자가 두 동생에게 왈: "남생은 두 동생이 자기를 핍박하는 것이 미워 제거하려 하니 선손 쓰는 것이 좋겠습니다." 두 동생은 처음에는 믿지 않았다. 또 어떤 자가 남생에게 고했다: "두 동생은 형이 돌아오면 자기들의 권력을 빼앗을까 두려워 형을 거절하며 들여놓지 않으려 합니다." 남생은 몰래 심복을 평양으로 보내 탐지하였다. 두 동생은 그를 붙잡고 왕명으로 남생을 불렀으나 남생은 감히 돌아오지 못하였다. 남건은 스스로 막리지가 되어 군사를 풀어 남생을 토벌하였다. 남생은 국내성으로 도주하여 웅거하며 아들 헌성을 당에 보내 애걸하였다. 6월 고종이 좌효위대장군 글필하력을 시켜 군사로 그를 맞이하였다. 남생은 탈출하여 당으로 도주하였다.

秋八月王以男建爲莫離支, 兼知內外兵馬事。九月帝詔男生授特進、遼東都督兼平壤道安撫大使, 封玄菟郡公。冬十二月高宗以李勣爲遼東道行軍大總管兼安撫大使, 以司列、少常伯安陸、郝(△)[處]俊副之, 龐同善、契苾何力并爲遼東道行軍副大總管兼安撫大使。其水陸諸軍總管、并轉糧使竇義積、獨孤卿雲、郭待封等受勣處分。河北諸州租賦悉詣遼東給軍用。

가을 8월 왕이 남건을 막리지로 하고 중앙과 지방의 군사 업무를 겸직토록 하였다. 9월 황제가 조서를 내려 남생에게 특진, 요동도독 겸 평양도안무대사로 제수하고 현도군공으로 책봉하였다. 겨울 12월 고종이 이적을 요동도행군대총관 겸 안무대사로 하고 사열, 소상백 안륙과 학처준을 부관으로 하였으며 방동선과 글필하력을 함께 요동도행군부대총관 겸 안무대사로 하였다. 수륙제군총관과 병전량사 두의적, 독고경운, 곽대봉 등은 모두 이적의 지휘를 받게 하였다. 하북 주들의 조세와 부역은 모두 요동으로 보내 군용으로 공급하였다.

二十六年 秋九月李勣拔新城, 使契苾何力守之。勣初渡遼, 謂諸將

曰:"新城,高句麗西邊要害,不先得之,餘城未易取也。"遂攻之。城人
師夫仇等縛城主開門降。勣引兵進擊,一十六城皆下。龐同善、高侃尚
在新城,(泉)[淵]男建遣兵襲其營,左武衛將軍薛仁貴擊破之。侃進至
金山,與我軍戰,敗。我軍乘勝逐北,薛仁貴引兵橫擊之,殺我軍五萬餘
人,拔南蘇、木氏、蒼巖三城,與(泉)[淵]男生軍合。郭待封以水軍自別道
趣平壤。勣遣別將馮師本載糧仗以資之,師本船破失期,待封軍中飢
窘。

　　26년. 가을 9월 이적이 신성을 함락하고 글필하력더러 수비하게 하였
다. 이적이 처음 요수를 건널 때 장수들에게 "신성은 고구려 서쪽 변경
의 요충지이기 때문에 먼저 빼앗지 않으면 다른 성을 쉽게 빼앗을 수
없다"라고 말하고 신성을 공격하였다. 신성 사람 사부구 등이 성주를
결박하여 성문을 열고 나와 항복하였다. 이적이 군사를 이끌고 진격하
여 16개 성을 모두 항복시켰다. 방동선과 고간이 아직 신성에 있으므로
연남건이 군사를 보내 그들의 군영을 습격하였으며 좌무위장군 설인귀
가 격파하였다. 고간이 금산으로 가 아군과 싸워 패배하였다. 아군이
승세를 타고 패군을 추격할 때 설인귀가 군사를 끌고 측면을 공격하여
아군 5만여 명을 죽이고 남소, 목저, 창암 세 성을 함락시킨 후 연남생의
군사와 합하였다. 곽대봉은 수군을 이끌고 다른 길로 평양으로 갔다.
이적은 별장 풍사본을 파견하여 곽대봉에게 군량과 병기를 공급케 하
였는데 사본은 배가 파괴되어 기일을 어겨 대봉 진영의 병사들이 굶주
리고 궁핍해졌다.

欲作書與勣,恐爲他所得,知其虛實,乃作離合詩以與勣。勣怒曰:"軍
事方急,何以詩爲?必斬之。"行軍管記通事舍人元萬頃爲釋其義,勣
乃更遣糧仗赴之。萬頃作檄文曰:"不知守鴨淥之險。"(泉)[淵]男建報
曰:"謹聞命矣。"即移兵(△)[據]鴨淥津,唐兵不得度。高宗聞之,流萬頃
於嶺南。郝處俊在安市城下未及成列,我軍三萬掩至,軍中大駭。處俊
據胡床方食乾糒,簡精銳擊敗之。

곽대봉이 이적에게 편지를 보내려다가 적의 손에 들어가 허실이 알려질 까 두려워 이합시를 지어 이적에게 보냈다. 이적이 노하여 "군사 일이 막 위급한데 무슨 시냐? 필히 참수하겠다"고 하였다. 행군관기통 사사인 원만경이 그 시의 뜻을 해석하여 주었다. 이적은 그제야 다시 군량과 병기를 보냈다. 만경이 격문을 써서 말하기를 '압록 요충지도 지킬 줄 모르다'고 하니 연남건이 '삼가 명령을 듣겠다.'라 회답하고 즉시 군사를 압록 나루로 옮겼으므로 당군이 건너지 못하였다. 고종은 이 말을 듣고 만경을 영남으로 유배 보냈다. 학처준은 안시성 아래에 있으며 미처 대열을 짓지 못하였을 때 아군 3만 명이 엄습하니 군사는 크게 당황하였다. 처준이 호상에 앉아서 막 건량을 먹다가 정예 군사를 선발하여 아군을 격파하였다.

二十七年 春正月以右相劉仁軌爲遼東道副大總管,郝處俊、金仁問 副之。二月李勣等拔我扶餘城。薛仁貴既破我軍於金山,乘勝將三千 人將攻扶餘城。諸將以其兵少止之,仁貴曰:"兵不必多,顧用之何如 耳。"遂爲前鋒以進,與我軍戰,勝之,殺獲我軍,遂拔扶餘城。扶餘(川) [州]中四十餘城皆請服。侍御史賈言忠奉使自遼東還。帝問:"軍中云 何?"對曰:"必克。昔先帝問罪所以不得志者,虜未有釁也。諺曰:'軍無 媒,中道回。'今男生(元)[兄]弟鬩狠,爲我嚮導,虜之情僞我盡知之;將忠 士力,臣故曰必克。且高句麗秘記曰:'不及九百年,當有八十大將滅之。' 高氏自漢有國今九百年,勣年八十矣。虜仍荐饑,人(常)[相]掠賣,地震 裂,狼狐入城,蚡穴於門,人心危駭,是行不再擧矣。"

27년. 봄 정월 우상 유인궤를 요동도부대총관으로 하고 학처준과 김인 문을 부관으로 하였다. 2월 이적 등이 우리의 부여성을 점령하였다. 설인귀는 금산에서 아군을 격파한 후 승세를 타고 3천 병력을 이끌고 부여성을 치려하였다. 장수들은 그의 병력이 적다며 말렸으나 인귀가 "병력은 꼭 많아야 하는 법이 아니라 다만 어떻게 쓰는가에 달렸을 뿐이다"라며 선봉이 되어 진격하여 아군과 싸워 이기고 아군을 죽이고 사로잡았으며 마침내 부여성을 점령하였다. 부여주의 40여 성이 모두 항복을 청하였다. 시어사 가언충이 요동으로부터 사절로 돌아갔다. 고종의 "군사 상황이 어떠한가?"라는 물음에 그가 답하였다: "반드시 이 깁니다. 이전에 선제가 문죄할 때 뜻대로 되지 않은 원인은 적에게 허점이 없었기 때문입니다. 속담에 '적군에 향도자向導者가 없으면 중도에 돌아오라'는 말이 있습니다. 지금 남생형제가 서로 싸워 우리의 향도가 되었으므로 적 사정의 진위를 우리가 모두 알고 있고 장수들은 충성하고 병사들은 힘을 다하기 때문에 소신은 반드시 이긴다고 말씀드립니다. 그리고 『고구려비기』에는 '9백 년이 되기 전에 80대 대장이 멸망시킨다.'라는 말이 있는데 고씨가 한대 때 나라를 세워 지금 9백 년이 되었고 이적의 나이가 80입니다. 적 쪽은 연이어 기근이 들고 사람들은 서로 빼앗아 팔며 지진으로 땅이 갈라지고 승냥이와 여우가 성 안에 들어가며 두더지가 문에 구멍을 뚫고 인심이 위태하고 놀라니 이번 걸음으로 다시 거사하지 않아도 될 것입니다."

㈜[淵]男建復遣兵五萬人救扶餘城,與李勣等遇於薛賀水合戰,敗死者三萬餘人。勣進㈎[攻]大行城。夏四月彗星見於畢、昴之間。唐許㈜[敬]宗曰:"彗見東北,高句麗將滅之兆也。"秋九月李勣拔平壤。勣旣克大行城,諸軍出他道者,皆與勣會,進至鴨淥柵。我軍拒戰,勣等敗之,追奔二百餘里,拔辱夷城,諸城遁逃及降者相繼。契苾何力先引兵至平壤城下,勣軍繼之,圍平壤月餘。王臧遣㈜[淵]男産,帥首領九十八人持白幡詣勣降,勣以禮接之。㈜[淵]男建猶閉門拒守,頻遣兵出戰,皆敗。男建以軍事委浮圖信誠。信誠與小將烏沙、饒苗等密遣人詣勣,請爲內應。後五日信誠開門,勣縱兵登城,鼓噪焚城。男㈜[建]自刺不死,執王及男建等。

연남건이 부여성을 구원하기 위하여 다시 5만 병력을 보냈는데 설하수에서 이적 등과 조우하여 싸우다가 패하여 죽은 자가 3만여 명이나 된다. 이적은 대행성으로 진격하였다. 여름 4월 혜성이 필성과 묘성

사이에 나타났다. 당 허경종이 말했다: "혜성이 동북방에 보이는 것은 고구려가 곧 망할 징조입니다." 가을 9월 이적이 평양을 점령하였다. 이적이 대행성을 이기자 다른 길로 출동하였던 군사들이 모두 이적과 만나 압록책에 이르렀다. 대적하여 싸우는 아군을 이적 등이 패배시키고 2백여 리를 추격해 욕이성을 함락시켰으며 많은 성에서 도망하고 항복하는 자가 연이었다. 글필하력이 먼저 군사를 이끌고 평양성 밑에 이르고 이적의 군사가 뒤따라 와 한 달이 넘도록 평양을 포위하였다. 보장왕은 연남산을 시켜 수령 98명을 거느리고 백기를 들고 이적에게 항복하였으며 이적은 예의로 접대하였다. 연남건은 여전히 성문을 닫고 수비하며 자주 병사를 출동시켜 싸웠으나 모두 패배하였다. 남건은 승려 신성에게 군사의 일을 맡겼다. 신성은 소장 오사, 요묘 등과 함께 이적에게 비밀리에 사람을 보내 내응하려는 뜻을 전했다. 닷새 후 신성이 성문을 여니 이적이 군사를 풀어 성위에 올라가 북을 치고 함성을 지르며 성에 불을 질렀다. 남건은 스스로 자기 몸을 찔렀으나 죽지 못했고 왕과 남건 등은 붙잡았다.

冬十月<u>李勣</u>將還,<u>高宗</u>命先以王等獻于<u>昭陵</u>,具軍容奏凱歌入京師,獻于大廟。十二月帝受俘于<u>含元殿</u>。以王政非己出,赦以爲司平太常伯、員外同正。以(<u>泉</u>)[<u>淵</u>]男産爲司宰少卿,僧信誠爲銀青光祿大夫,(<u>泉</u>)[<u>淵</u>]男生爲右衛大將軍。<u>李勣</u>已下封賞有差。(<u>泉</u>)[<u>淵</u>]男建流黔州。分五部、百七十六城、六十九萬餘戶爲九都督府、四十二州、百縣,置安東都護府於<u>平壤</u>以統之。擢我將帥有功者爲都督、刺史、縣令,與華人叅理。以右威衛大將軍<u>薛仁貴</u>檢校<u>安東都護</u>,總兵二萬人,以鎮撫之。是<u>高宗</u>總章元年戊辰歲也。

겨울 10월 이적이 귀국하려 하자 고종이 먼저 고구려 왕 등을 소릉에 헌납하고 군용을 갖추고 개선가를 부르며 경성으로 들어와 대묘에 헌납하도록 명령하였다. 12월 고종이 함원전에서 포로를 접수했다. 왕은 정치를 자행한 것이 아니므로 사면하여 왕을 사평태상백, 원외동정으

로 하였다. 연남산은 사재소경으로, 승려 신성은 은청광록대부로, 연남
생은 우위대장군으로 하였다. 이적 이하는 차등을 두어 포상하였다.
연남건을 검주로 유배시켰다. 고구려 5부, 176성, 69만여 호를 나누어
9도독부, 42주, 100현으로 하고 평양에 안동도호부를 설치하여 통치하
였다. 우리 장수들 중에 공로가 있는 자들을 발탁하여 도독, 자사, 현령
으로 하여 화인들과 함께 다스리게 하였다. 우위위대장군 설인귀로
하여금 검교안동도호부를 하며 2만 병력을 거느리고 진무케 하였다.
당고종 총장 원년 무진의 일이다.

二年己巳二月王之庶子安勝率四千餘戶投新羅。夏四月高宗移三萬
八千三百戶於江、淮之南及山南、京西諸州空曠之地。至咸亨元年庚
午歲夏四月，劍牟岑欲興復國家叛唐,立王外孫安舜羅紀作勝爲主。唐高
宗遣大將軍高侃爲東州道行軍總管,發兵討之。安舜殺劍牟岑奔新羅。
二年辛未歲秋七月高侃破餘衆於安市城。三年壬申歲十二月高侃與
我餘衆戰于白(冰)[水]山,破之。新羅遣兵救我,高侃擊克之,虜獲二千
人。四年癸酉歲夏閏五月,燕山道總管大將軍李謹行破我人於瓠瀘
河,俘獲數千人。餘衆皆奔新羅。

총장 2년 기사 2월 왕의 서자 안승이 4천여 호를 인솔하여 신라에 투항
하였다. 여름 4월 고종이 38,300호를 강회의 남쪽과 산남, 경서 주들의
빈 땅으로 이주시켰다. 함형 원년 경오 여름 4월 검모잠이 나라를 다시
일으키려 당을 배반하고 왕의 외손자 안순『신라본기』왈 승을 임금으로
세웠다. 당고종이 대장군 고간을 동주도행군총관으로 하고 출병하여
토벌하였다. 안순은 검모잠을 죽이고 신라로 도주하였다. 함형 2년 신
미 가을 7월 고간이 안시성에서 남은 무리를 격파하였다. 3년 임신
12월 고간이 우리의 남은 무리와 백수산에서 싸워 이겼다. 신라가 군사
를 보내 우리를 구원하였으나 고간이 이를 격파하여 2천 명을 사로잡았
다. 4년 계유 여름 윤5월 연산도 총관 대장군 이근행이 호로하에서
아군을 격파하고 수천 명을 포로했다. 남은 무리들은 모두 신라로 도주

하였다.

儀鳳二年丁丑歲春二月,以降王爲遼東州都督,封朝鮮王,遣歸遼東,安輯餘衆。東人先在諸州者皆遣與王俱歸,仍移安東都護府於新城以統之。王至遼東謀叛,潛與靺鞨通,開(曜)[耀]元年召還(卬)[邛]州,以永淳初死,贈衛尉卿。詔送至京師,葬頡利墓左,樹碑其阡。散徙其人於(何)[河]南、隴右諸州。貧者留安東城傍舊城,往往沒於新羅,餘衆散入靺鞨及突厥,高氏君長遂絶。垂拱二年以降王孫寶元爲朝鮮郡王,至聖曆初進左鷹揚衛、大將軍,更封忠誠國王,賜統安東舊部,不行。明年以降王子德武爲安東都督,後稍自國,至元和十三年遣使入唐獻樂工。

의봉 2년 정축 봄 2월 항복한 왕을 요동주 도독으로 하고 조선왕으로 봉하였으며 요동으로 돌려보내 남은 무리를 수습하여 안정시키게 하였다. 동쪽 사람으로서 이전에 여러 주에 있던 자들을 모두 왕과 함께 돌려보내고 안동도호부를 신성으로 옮겨 통솔하게 하였다. 왕은 요동에 도착하자 반역을 모의하려 비밀리에 말갈과 내통하다가 개요 원년에 공주로 소환되었다가 영순 초에 죽었으며 위위경을 추증하였다. 조서를 내려 경성으로 보내 힐리의 무덤 왼편에 장사지내고 무덤 앞에 비석을 세웠다. 그의 백성은 하남, 농우의 여러 주들에 분산 거주케 하였다. 가난한 자들은 안동성 부근의 옛 성에 머무르게 하였으며 때때로 신라로 도주하고 나머지는 말갈과 돌궐로 흩어져 들어갔으므로 고씨의 왕통은 이렇게 끊어졌다. 수공 2년에 항복한 왕의 손자 보원을 조선군왕으로 하였다가 성력 초에 좌응양위, 대장군으로 승진시키고 다시 충성국왕으로 봉하여 안동 옛 부의 통치권을 하사하였으나 부임하지 않았다. 이듬해에 항복한 왕의 아들 덕무를 안동 도독으로 하였는데 후에 점점 나라처럼 됐으며 원화 13년에 이르러 당에 사신을 보내 악공을 헌납했다.

論曰:玄菟、樂浪本朝鮮之地,箕子所封。箕子敎其民以禮義、田蠶、織作,設禁八條。是以其民不相盜,無門戶之閉,婦人貞信不淫,飮食以籩

豆,此仁賢之化也。而又天性柔順,異於三方。故孔子悼道不行,欲浮桴
於海以居之,有以也夫。然而易之爻:"二多譽,四多懼,近也。"高句麗
自秦、漢之後,介在中國東北隅。其北隣皆天者有司,亂世則英雄特起,
僭竊名位者也,可謂居多懼之地。而無謙巽之意,侵其封場以讐之,入
其郡縣以居之。是故兵連禍結,略無寧歲。及其東遷,値隋、唐之一統,
而猶拒詔命以不順,囚王人於土室。其頑然不畏如此,故屢致問罪之
師。雖或有時設奇以陷大軍,而終於王降國滅而後止。

논평하여 왈: 현도와 낙랑은 원래 조선의 땅으로서 기자에게 봉해졌던
곳이다. 기자는 백성에게 예의, 농사, 양잠, 방직을 가르치고 8조의 금
법을 만들었다. 이리하여 이곳 백성들은 도둑질하지 않고 문을 걸지
않으며 부녀들은 정조를 지켜 음란하지 않고 음식을 예기禮器에 담았으
니 이는 어질고 현명한 사람의 교화 때문이다. 또한 천성이 유순하여
서융, 남만, 북적과 다르다. 때문에 공자는 도가 행하여지지 않음을
슬퍼하고 배를 띄워 바다를 건너 살고자 하였으니 이유가 있었던 것이
겠다. 그러나 『주역』의 효 중 '두 번째는 영예가 많고 네 번째는 두려움
이 많으며 가깝기 때문이다'라고 하였다. 고구려는 진, 한 이후로 중국
동북의 한 쪽에 끼어 있었다. 북쪽 인근 지역은 모두 천자의 관아로서
난세에는 영웅이 일떠서 명예와 지위를 도둑질하는 곳이므로 두려움이
많은 지역에 거처했다고 할 수 있다. 겸양할 생각 없이 영역을 침범하여
원수를 맺었으며 군현에 들어가 차지하기도 하였다. 그러므로 전쟁과
화가 이어져 평안한 해가 거의 없었다. 동쪽으로 도읍을 옮긴 때는
수, 당이 중국의 통일을 이루었던 시기인데도 여전히 불손하게 조칙을
거역했으며 천자의 사신을 토굴에 가두기도 하였다. 이와 같이 완고하
고 겁이 없었기 때문에 여러 번 문죄의 정벌을 초래했다. 비록 어떤
때는 기묘한 계책으로 대군을 이긴 적도 있었으나 결국은 왕이 항복하
고 나라가 멸망하는 끝장을 보았다.

然觀始末,當其上下和,衆庶睦,雖大國不能以取之。及其不義於國,不

仁於民,以興衆怨,則崩潰而不自振。故孟子曰:"天時、地利不如人和。"
左氏曰:"國之興也以福,其亡也以禍。國之興也,視民如傷,是其福也;
其亡也,以民爲土芥,是其禍也。"有味哉,斯言也!夫然則凡有國家者,
縱暴吏之驅迫,强宗之聚斂,以失人心,雖欲理而不亂,存而不亡,又何
異强酒而惡醉[90]者乎?

그러나 시말을 살펴보면 상하가 화합하고 무리가 화목했을 때는 비록
대국일지라도 빼앗지 못하였다. 나라에게 불의하고 백성에게 어질지
못하여 많은 사람의 원성을 일으키면 붕괴되어 스스로 일어나지 못했
다. 그러므로『맹자』왈: '천시와 지리는 인화만 못하다.' 좌씨 왈: '나라
는 복으로 흥하고 화로 망한다. 나라가 흥하려면 군주가 자기 몸에
난 상처를 보듯이 백성을 보살피나니 이것이 복이다. 나라가 망할 때는
백성을 흙과 풀같이 여기나니 이것이 화이다.' 이 말은 음미할 만하다.
그렇다면 무릇 나라를 맡은 자들이 폭리의 구박을 방종하고 권문세가
가 수탈함을 방종하여 인심을 잃으면서 잘 다스려 혼란을 모면하고
나라를 유지하여 망하지 않으려는 것은 억지로 술을 마시며 취하기를
싫어하는 것과 무엇이 다르겠는가?

---

90) 强酒而惡醉: 중앙본 '독한 술을 마시고 취하기를 싫어하다'. 强酒: 억지로 술을 마시
다. 마지못해 술을 마시다. 독한 술이 아니다.

三國史記卷第二十三~二十八
百濟本紀

(삼국사기 권제23~28 백제본기)

三國史記卷第二十三

(삼국사기 권제23)

百濟本紀第一(백제본기 제1)

始祖溫祚王、多婁王、己婁王、盖婁王、肖古王

　시조 온조왕, 다루왕, 기루왕, 개루왕, 초고왕

○**百濟始祖溫祚王**,其父鄒牟或云朱蒙。自北扶餘逃難,至卒本扶餘。扶
餘王無子,只有三女子,見朱蒙知非常人,以第二女妻之。未幾扶餘王
薨,朱蒙嗣位。生二子,長曰沸流,次曰溫祚或云朱蒙到卒本娶越郡女生二子。及
朱蒙在北扶餘所生子來爲太子,沸流、溫祚恐爲太子所不容,遂與烏
干、馬黎等十臣南行,百姓從之者多。遂至漢山,登負兒嶽,望可居之
地,沸流欲居於海濱。十臣諫曰:"惟此河南之地北帶漢水,東據高岳,
南望沃澤,西阻大海。其天險地利難得之勢,作都於斯,不亦宜乎?"沸
流不聽,分其民歸彌鄒忽以居之。溫祚都河南慰禮城,以十臣爲輔翼,
國號十濟。是前漢 成帝 鴻嘉三年也。

　백제의 시조 온조왕의 부친은 추모다혹왈 주몽. 북부여로부터 난을 피하
여 졸본부여에 왔다. 부여왕은 아들이 없고 딸만 셋이었는데 주몽을
본 후 비상한 사람임을 알고 둘째 딸을 시집보냈다. 얼마 안 되어 부여

왕이 사망하고 주몽이 왕위를 이었다. 두 아들을 낳았는데 장자는 비류, 차자는 온조라고 한다혹왈 주몽이 졸본에서 월군 여자를 얻어 두 아들을 낳았다고도 함. 주몽이 북부여에서 낳았던 아들이 와서 태자로 되자 비류와 온조는 태자에게 받아들여지지 않을까 걱정되어 오간, 마려 등 열 명의 신하와 함께 남쪽으로 갔으며 따라간 백성도 많았다. 한산에 도착하여 부아악에 올라가 거주할 만한 곳을 바라볼 때 비류는 바닷가에 거주하기를 원하였다. 열 명의 신하가 간하였다: "이 강 남쪽의 땅만이 북쪽에는 한수가 에워싸였고 동쪽은 높은 산에 의지하며 남쪽은 비옥한 벌이 보이고 서쪽은 큰 바다로 막혀 있습니다. 이러한 천험의 이로운 지세는 얻기 어려우니 이곳에 도읍을 정하는 것이 좋지 않겠습니까?" 비류는 듣지 않고 백성을 나누어 미추홀로 돌아가 거처하였다. 온조는 강 남쪽 위례성에 도읍을 정하고 열 명의 대신을 보좌관으로 하고 국호를 '십제'라고 하였다. 이때가 서한 성제 홍가 3년이었다.

沸流以彌鄒土濕水鹹, 不得安居, 歸見慰禮, 都邑鼎定, 人民安泰, 遂慙悔而死。其臣民皆歸於慰禮。後以來時百姓樂從, 改號百濟。其世系與高句麗同出扶餘, 故以扶餘爲氏。一云始祖沸流王, 其父優台, 北扶餘王 解扶婁庶孫。母召西奴, 卒本人延陁勃之女。始歸於優台, 生子二人, 長曰沸流, 次曰溫祚。優台死, 寡居于卒本。後朱蒙不容於扶餘, 以前漢 建昭二年春二月南奔至卒本立都, 號高句麗, 娶召西奴爲妃。其於囲[開]基創業⟨△⟩[頗]有內助, 故朱蒙寵, 接之特厚, 待沸流等如己子。及朱蒙在扶餘所生禮氏子孺留來, 立之爲太子, 以至嗣位焉。於是沸流謂弟溫祚曰: "始大王避扶餘之難, 逃歸至此, 我母氏傾家財助成邦業, 其勤勞多矣。及大王厭世, 國家屬於孺留, 吾等徒在此鬱鬱如疣贅, 不如奉母氏南遊卜地, 別立國都。"遂與弟率黨類渡浿、帶二水, 至弥鄒忽以居之。北史及[隋]書皆云:'東明之後有仇台, 篤於仁信。初立國于帶方故地, 漢 遼東太守公孫度以女妻之, 遂爲東夷强國。'未知孰是。

비류는 미추 토지의 습기와 물의 소금기 때문에 편히 살 수가 없어 위례로 돌아와 보니 도읍이 안정되고 백성들이 태평하므로 부끄러워하고 후회하다가 죽었다. 그의 신하와 백성들이 모두 위례에게 귀순하였다. 그 후 올 때 백성들이 기꺼이 따랐다는 의미로 국호를 백제로 고쳤다. 그 계보가 고구려와 함께 부여에서 나왔기 때문에 부여를 씨로 삼았다. 일왈 '시조 비류왕의 부친 우태는 북부여왕 해부루의 서손이다. 모친 소서노는 졸본인 연타발의 딸이다. 처음 우태에게 시집와서 두 아들을 낳았는데 맏이는 비류, 둘째는 온조다. 모친은 우태가 죽은 뒤 졸본에서 혼자 살았다. 후에 주몽이 부여에서 받아들여지지 않자 전한 건소 2년 봄 2월 남쪽으로 도망하여 졸본에 이르러 도읍을 세우고 국호를 '고구려'라 하였으며 소서노를 왕비로 삼았다. 창업에 소서노의 내조가 자못 있었으므로 주몽은 소서노를 총애하고 특별히 후하게 접대했으며 비류 등도 자기의 소생과 같이 대하였다. 주몽이 부여에서 낳았던 예씨의 아들 유류가 오자 그를 태자로 세웠고 왕위를 잇는데 이르렀다. 이때 비류가 동생 온조에게 왈: "처음 대왕께서 부여의 난을 피하여 이곳으로 도망하여 왔을 때 우리 모친 가족이 가산을 털어 나라의 기틀을 세우는 위업을 도와주었으니 애씀이 많았소. 대왕께서 돌아가자 나라가 유류에게 돌아갔고 우리가 공연히 여기에 있으면서 혹처럼 붙어 우울하게 지내는 것보다는 차라리 모친을 모시고 남쪽으로 가서 땅을 선택하여 별도로 도읍을 세우는 것이 좋겠소." 동생과 함께 무리를 이끌고 패수와 대수를 건너 미추홀에 와서 살았다. 『북사』와 『수서』는 모두 왈: '동명의 후손 중에 구태라는 사람이 있는데 어질고 신의가 두터웠다. 처음에는 대방 옛 땅에 나라를 세웠는데 한 요동 태수 공손도가 자기의 딸을 시집보냈고 마침내 동이의 강국이 되었다.' 어느 주장이 옳은지 알 수 없다.

元年 夏五月立東明王廟。

원년. 여름 5월 동명왕사당을 세웠다.

二年 春正月王謂群臣曰: "靺鞨連我北境,其人勇而多詐,宜繕兵積穀,爲拒守之計。"三月王以族父乙音有智識膽力,拜爲右輔,委以兵馬之事。

2년. 봄 정월 왕이 군신들에게 말했다: "말갈이 우리의 북부 국경과 인접하여 있고 그 사람들은 용맹하면서도 사기가 많으므로 마땅히 병기를 수리하고 곡식을 비축하여 방어할 계획을 세워야 한다." 3월 왕이 그의 재종숙부 을음이 지혜와 담력이 있다며 우보로 모시고 군사 업무를 맡겼다.

三年 秋九月靺鞨侵北境,王帥勁兵急擊,大敗之,賊生還者十一二。冬十月雷,桃李華。

3년. 가을 9월 말갈이 북쪽 변경을 침범하여 왕이 정예군을 이끌고 재빨리 공격하여 크게 격파하여 적군 중에 살아 돌아간 자가 열에 한둘이었다. 겨울 10월 우레가 치고 복숭아나무와 오얏나무에 꽃이 피었다.

四年 春夏旱、饑、疫。秋八月遣使樂浪修好。

4년. 봄과 여름에 가물고 기근이 들었으며 온역이 돌았다. 가을 8월 낙랑에 사신을 보내 우호관계를 맺었다.

五年 冬十月巡撫北邊,獵獲神鹿。

5년. 겨울 10월 북쪽 변경을 순행, 위무하고 사냥하여 신기한 사슴을 잡았다.

六年 秋七月辛未晦日有食之。

6년. 가을 7월 그믐 신미에 일식이 있었다.

八年 春二月靺鞨賊三千來圍慰禮城,王閉城門不出。經旬,賊糧盡而歸。王簡銳卒追及大斧峴,一戰克之,殺虜五百餘人。秋七月築馬首城,竪瓶山柵。樂浪太守使告曰:"頃者聘問結好,意同一家,今逼我疆,造立城柵,或者其有蠶食之謀乎?若不渝舊好,墮城破柵,則無所猜疑。苟或不然,請一戰以決勝負。"王報曰:"設險守國,古今常道,豈敢以此有渝於和好?宜若執事之所不疑也。若執事恃强出師,則小國亦有以待之耳。"由是與樂浪失和。

8년. 봄 2월 말갈 적 3천 명이 와서 위례성을 포위하니 왕은 성문을 닫고 나가지 않았다. 열흘이 지나자 적은 군량이 떨어져 돌아갔다. 왕은 정예군을 선발하여 대부현까지 추격하여 단번에 이기고, 적 500여 명을 죽이고 사로잡았다. 가을 7월 마수성을 쌓고 병산책을 세웠다. 낙랑 태수의 사신이 알렸다: "근래 서로 우호관계를 맺어 한 집처럼 됐는데 지금 우리의 변방에 근접하여 성책을 세우니 혹시 우리 땅을 잠식하려는 모략이 있어서인지요? 만일 이전의 우호관계에 변함이 없어 성을 허물고 목책을 제거하면 의심할 바가 없겠소. 만약 그렇지 않으면 전쟁 한판으로 승부를 결정하기오." 왕이 답하였다: "요새를 설치하여 나라를 수비함은 고금의 상도인데 어찌 이로 하여 우호관계에 변함이 있겠소? 이는 당연히 그대가 의심할 일이 아니오. 만일 당신이 강함을 믿고 병력을 출동시킨다면 소국도 대응할 자세가 돼 있을 뿐이오." 이로부터 낙랑과 화친관계가 없어졌다.

十年 秋九月王出獵, 獲神鹿, 以送馬韓。冬十月靺鞨寇北境, 王遣兵二百拒戰於昆彌川上。我軍敗績, 依靑木山自保。王親帥精騎一百, 出烽峴救之。賊見之即退。

10년. 가을 9월 왕이 사냥 나가 신기한 사슴을 잡아 마한에 보냈다. 겨울 10월 말갈이 북부 국경을 노략하여 왕이 200명의 병력을 보내 곤미천에서 싸웠다. 아군이 패하여 청목산에 의지하며 스스로 지켰다. 왕은 직접 100명의 정예 기병을 거느리고 봉현으로 나가 구원하였다. 적이 보고 즉시 퇴각하였다.

十一年 夏四月樂浪使靺鞨襲破瓶山柵, 殺掠一百餘人。秋七月設禿山、狗川兩柵, 以塞樂浪之路。

11년. 여름 4월 낙랑이 말갈을 시켜 병산책을 격파하고 100여 명을 죽이거나 잡아갔다. 가을 7월 독산과 구천의 두 목책을 설치하여 낙랑의 통로를 막았다.

十三年 春二月王都老嫗化爲男, 五虎入城。王母薨, 年六十一歲。夏五月王謂臣下曰: "國家東有樂浪, 北有靺鞨。侵軼疆境, 少有寧(日)[日]。今妖祥屢見, 國母棄養, 勢不自安, 必將遷國。予昨出巡, 觀漢水之南土壤膏腴, 宜都於彼, 以圖久安之計。"秋七月就漢山下立柵, 移慰禮城民戶。八月遣使馬韓告遷都。遂畫定疆場, 北至浿河, 南限熊川, 西窮大海, 東極走壤。九月立城闕。

13년. 봄 2월 경성의 노파가 남자로 변했고 다섯 마리의 범이 성 안으로 들어왔다. 왕의 모친이 61세에 사망하였다. 여름 5월 왕이 신하들에게

왈: "나라 동쪽에는 낙랑이, 북쪽에는 말갈이 있다. 변경을 침공하여 편안한 날이 적다. 요즘은 요사한 징조가 자주 보이고 국모가 돌아가니 불안한 조짐이므로 반드시 도읍을 옮겨야겠다. 내가 어제 순행하다 한수 남쪽의 비옥한 땅을 보았는데 그곳에 도읍을 세워 영원히 평안할 계획을 도모해야겠다." 가을 7월 한산 아래에 목책을 세우고 위례성의 민호를 이주시켰다. 8월 마한에 사신을 보내 도읍 옮김을 알렸다. 마침내 국토의 영역을 확정하여 북으로는 패하에 이르고 남으로는 웅천이 한계이며 서로는 바다에 막혔고 동으로는 주양이 끝이다. 9월 성과 궁궐을 세웠다.

十四年 春正月遷都。二月王巡撫部落,務勸農事。秋七月築城漢江西北,分漢城民。

14년. 봄 정월 도읍을 옮겼다. 2월 왕이 부락을 순회, 위로하면서 농사에 힘쓸 것을 고무하였다. 가을 7월 한강서북에 성을 쌓고 한성 주민을 나누어 이주시켰다.

十五年 春正月作新宮室,儉而不陋,華而不侈。

15년. 봄 정월 검소하면서도 누추하지 않고 화려하면서도 사치스럽지 않은 새 궁실을 지었다.

十七年 春樂浪來侵,焚慰禮城。夏四月立廟以祀國母。

17년. 봄에 낙랑이 침입하여 위례성을 불태웠다. 여름 4월 사당을 세우고 국모에게 제사지냈다.

十八年 冬十月靺鞨掩至,王帥兵逆戰於七重河,虜獲酋長素牟,送馬韓,其餘賊盡坑之。十一月王欲襲樂浪牛頭山城,至臼谷,遇大雪乃還。

18년. 겨울 10월 말갈이 엄습해와 왕이 군사를 거느리고 칠중하에서 싸워 추장 소모를 생포하여 마한에 보내고 나머지 적은 모두 생매장하였다. 11월 왕이 낙랑의 우두산성을 습격하려 구곡까지 갔으나 눈이 크게 내렸으므로 되돌아왔다.

二十年 春二月王設大壇親祠天地,異鳥五來翔。

20년. 봄 2월 왕이 큰 제단을 설치하고 천지에 직접 제사지냈다. 이상한 새 다섯 마리가 날아왔다.

二十二年 秋八月築<u>石頭</u>、<u>高木</u>二城。九月王帥騎兵一千獵<u>斧峴</u>東, 遇<u>靺鞨</u>賊, 一戰破之。虜獲生口分賜將士。

22년. 가을 8월 석두, 고목 두 성을 쌓았다. 9월 왕이 1천 명의 기병을 거느리고 부현 동쪽에서 사냥 하다가 말갈 적을 만나 단번에 격파하였다. 생포한 포로는 장병에게 나누어주었다.

二十四年 秋七月王作<u>熊川</u>柵。<u>馬韓王</u>遣使責讓曰:"王初渡河, 無所容足, 吾割東北一百里之地安之, 其待王不爲不厚, 宜思有以報之。今以國完民聚, 謂莫與我敵, 大設城池, 侵犯我封疆, 其如義何?"王慙, 遂壞其柵。

24년. 가을 7월 왕이 웅천책을 세웠다. 마한왕이 사신을 보내 책망하였다: "왕이 당초 강을 건너와 발붙일 곳이 없을 때 우리가 동북쪽의 100리 땅을 주어 안착케 하였으니 왕을 대우함이 후하지 않다고 할 수 없으므로 마땅히 보답할 생각을 해야 할 터이다. 지금 나라가 안정되고 백성들이 모여들어 대적할 자가 없다고 생각하여 성과 못을 크게 만들고 우리의 강토를 침범하니 의리를 어떻게 할 것인가?" 왕이 부끄러워하며 목책을 헐어버렸다.

二十五年 春二月王宮井水暴溢。<u>漢城</u>人家馬生牛, 一首二身。日者曰:"井水暴溢者, 大王勃興之兆也;牛一首二身者, 大王幷鄰國之應也。"王聞之喜, 遂有幷呑<u>辰</u>、<u>馬</u>之心。

25년. 봄 2월 왕궁의 우물물이 갑자기 넘쳤다. 한성의 민가에서 말이 머리 하나에 몸 둘인 소를 낳았다. 점쟁이가 말했다: "우물물이 갑자기 넘쳐흐름은 대왕이 융성할 징조고 머리 하나에 몸 둘인 소가 태어남은 대왕이 이웃 나라를 합병할 징조입니다." 왕이 듣고 기뻐하며 진한과 마한을 삼킬 생각이 들었다.

二十六年 秋七月王曰:"馬韓漸弱,上下離心,<u>其勢不能(又)[久]</u>[91]。爲
他所幷,則脣亡齒寒,悔不可及。不如先人而取之,以免後艱。"冬十月
王出師,陽言田獵,潛襲馬韓。遂幷其國邑,唯圓山、錦峴二城固守不下。

　26년. 가을 7월 왕이 말했다: "마한이 점점 약해지고 위와 아래의 민심
이 갈라지니 오래 가지 못할 것이다. 다른 나라에 합병되면 순망치한이
되며 후회막급이다. 차라리 남보다 먼저 차지해 후환을 없애야겠다."
겨울 10월 왕이 출사하여 사냥 간다고 떠벌이며 마한을 몰래 습격하였
다. 마침내 마한 국읍을 합병하였는데 오직 원산과 금현 두 성만은
굳게 수비하여 항복시키지 못했다.

二十七年 夏四月二城降,移其民於<u>漢山</u>之北,<u>馬韓</u>遂滅。秋七月築<u>大
豆山城</u>。

　27년. 여름 4월 두 성이 항복하여 백성을 한산 북쪽으로 이주시켰고
마한이 마침내 멸망하였다. 가을 7월 대두산성을 쌓았다.

二十八年 春二月立元子<u>多婁</u>爲太子,委以內外兵事。夏四月隕霜害
麥。

　28년. 봄 2월 장자 다루를 태자로 세우고 중앙과 지방의 군사 일을
맡겼다. 여름 4월 서리가 내려 보리를 해쳤다.

三十一年 春正月分國內民戶爲南北部。夏四月雹。五月地震。六月又
震。

　31년. 봄 정월 국내의 민가를 남북부로 나누었다. 여름 4월 우박이 내렸
다. 5월 지진이 일어났다. 6월 지진이 또 일어났다.

三十三年 春夏大旱,民饑相食,盜賊大起,王撫安之。秋八月加置東西
二部。

　33년. 봄과 여름에 크게 가물어 백성들이 굶주려 서로 잡아먹었으며

---

91) 其勢不能久: 중앙본 '그 형세가…' '勢'는 원 뜻이 증발되어 '형세'로 번역할 필요가
　　없다.

도적이 많이 생겨 왕이 위무하여 안정시켰다. 가을 8월 동부와 서부 2부를 더 설치하였다.

三十四年 冬十月馬韓舊將周勤據牛谷城叛。王躬帥兵五千討之,周勤自經。腰斬其尸,并誅其妻子。

34년. 겨울 10월 마한의 옛 장수 주근이 우곡성을 거점으로 반란을 일으켰다. 왕이 직접 5천 병력을 거느리고 토벌하니 주근은 목매어 자결하였다. 그 시체의 허리를 자르고 처와 자식들도 처형하였다.

三十六年 秋七月築湯井城,分大豆城民戶居之。八月修葺圓山、錦峴二城,築古沙夫里城。

36년. 가을 7월 탕정성을 쌓고 대두성의 주민을 나누어 이주시켰다. 8월 원산, 금현 두 성을 수리하고 고사부리성을 쌓았다.

三十七年 春三月雹大如鷄子,鳥雀遇者死。夏四月旱,至六月乃雨。漢水東北部落饑荒,亡入高句麗者一千餘戶,浿、帶之間空無居人。

37년. 봄 3월 계란 크기의 우박에 참새가 맞아 죽었다. 여름 4월 가물었으며 6월에 이르러서야 비가 내렸다. 한수 동북 부락에 흉년과 기근이 들어 고구려로 도망간 자가 1천여 호에 달하였고 패수와 대수 사이에는 사는 사람이 없이 텅 비었다.

三十八年 春二月王巡撫,東至走壤,北至浿河,五旬而返。三月發使勸農桑,其以不急之事擾民者皆除之。冬十月王築大壇祠天地。

38년. 봄 2월 왕이 순회하여 동으로 주양, 북으로 패하까지 갔다가 50일 만에 돌아왔다. 3월 사신을 보내 농업과 양잠을 권장하고 급하지 않은 일로 백성을 괴롭히는 일을 모두 없앴다. 겨울 10월 왕이 큰 제단을 쌓고 천지제를 지냈다.

四十年 秋九月靺鞨來攻述川城。冬十一月又襲釜峴城,殺掠百餘人。王命勁騎二百拒擊之。

40년. 가을 9월 말갈이 와서 술천성을 공격하였다. 겨울 11월 또 부현성을 습격하여 백여 명을 죽이고 약탈하였다. 왕이 2백 명의 정예 기병을 보내 반격하였다.

四十一年 春正月右輔乙音卒,拜北部<u>解婁</u>爲右輔。<u>解婁</u>本<u>扶餘</u>人也,神識淵(㼿)[奧],年過七十,(旅)[膂]力不愆,故用之。二月發<u>漢水</u>東北諸部落人年十五歲以上,修營<u>慰禮城</u>。

41년. 봄 정월 우보 을음이 죽어 북부의 해루를 우보로 모셨다. 해루는 본래 부여인인데 신격적으로 식견이 깊으며 70세가 넘었으나 체력을 잃지 않았으므로 등용했다. 2월 한수 동북 부락의 15세 이상 사람을 징발하여 위례성을 수리하였다.

四十三年 秋八月王田<u>牙山</u>之原五日。九月鴻雁百餘集王宮。日者曰:"鴻雁,民之象也,將有遠人來投者乎!"冬十月<u>南沃沮</u> <u>仇頗解</u>等二十餘家至<u>斧壤</u>納款。王納之,安置<u>漢山</u>之西。

43년. 가을 8월 왕이 5일 동안 아산 벌에서 사냥하였다. 9월 백여 마리의 기러기가 왕궁에 모였다. 점쟁이가 말했다: "기러기는 백성의 상징이니 먼 곳에서 귀순 오는 자가 있을 것입니다." 겨울 10월 남옥저의 구파해 등 20여 가구가 부양에 와서 귀순하였다. 왕은 받아들여 한산 서쪽에 거주시켰다.

四十五年 春夏大旱,草木焦枯。冬十月地震,傾倒人屋。

45년. 봄과 여름 크게 가물어 초목이 말랐다. 겨울 10월 지진이 일어나 가옥이 허물어졌다.

四十六年 春二月王薨。

46년. 봄 2월 왕이 사망하였다.

○**<u>多婁王</u>**,<u>溫祚王</u>之元子。器宇寬厚,有威望。<u>溫祚王</u>在位第二十八年立爲太子,至四十六年王薨,繼位。

다루왕은 온조왕의 장자다. 도량이 넓고 위망이 있다. 온조왕 재위 28년에 태자로 세웠고 46년에 이르러 왕이 사망하자 왕위를 계승하였다.

二年 春正月謁始祖<u>東明廟</u>。二月王祀天地於南壇。

2년. 봄 정월 시조 동명사당을 배알하였다. 2월 왕이 남제단에서 천지
제를 지냈다.

三年 冬十月東部<u>屹于</u>與<u>靺鞨</u>戰於<u>馬首山</u>西,克之,殺獲甚衆。王喜,賞
<u>屹于</u>馬十匹、租五百石。

3년. 겨울 10월 동부 흘우가 마수산 서쪽에서 말갈과 싸워 이기고 죽이
거나 생포한 자가 매우 많았다. 왕이 기뻐하며 흘우에게 말 열 필과
벼 5백 섬을 포상했다.

四年 秋八月<u>高木城</u><u>昆優</u>與<u>靺鞨</u>戰,大克,斬首二百餘級。九月王田於
<u>橫岳</u>下,連中雙鹿,衆人歎美之。

4년. 가을 8월 고목성 곤우가 말갈과 싸워 크게 이기고 2백여 명을
참수했다. 9월 왕이 횡악 밑에서 사냥하며 사슴 두 마리를 연이어 적중
했다. 사람들이 감탄하고 칭찬하였다.

六年 春正月立元子<u>己婁</u>爲太子,大赦。二月下令國南州郡始作稻田。

6년. 봄 정월 장자 기루를 태자로 세우고 대사면을 행하였다. 2월 나라
남쪽 주군에 명령하여 논을 만들기 시작하였다.

七年 春二月右輔<u>解婁</u>卒,年九十歲,以東部<u>屹于</u>爲右輔。夏四月東方
有赤氣。秋九月<u>靺鞨</u>攻陷<u>馬首城</u>,放火,燒百姓廬屋。冬十月又襲<u>甁山</u>
柵。

7년. 봄 2월 우보 해루가 90세로 죽어 동부 흘우를 우보로 하였다. 여름
4월 동방에 붉은 기운이 나타났다. 가을 9월 말갈이 마수성을 함락하고
불을 질러 백성들의 집을 태웠다. 겨울 10월 또 병산책을 습격하였다.

十年 冬十月右輔<u>屹于</u>爲左輔,北部<u>眞會</u>爲右輔。十一月地震,聲如雷。

10년. 겨울 10월 우보 흘우를 좌보로 하고 북부의 진회를 우보로 하였
다. 11월 지진이 일어났는데 소리가 우레 같았다.

十一年 秋穀不成,禁百姓私釀酒。冬十月王巡撫東西兩部,貧不能自
存者給穀,人二石。

11년. 가을에 곡식이 익지 않았으므로 백성들이 사사로이 술 빚는 것을

금하였다. 겨울 10월 왕이 동서 양부를 순회, 위문하며 가난하여 자력으로 살 수 없는 자들에게 일인당 곡식 두 섬씩 주었다.

二十一年 春二月宮中大槐樹自枯。三月左輔屹于卒,王哭之哀。

21년. 봄 2월 궁궐의 큰 홰나무가 저절로 말랐다. 3월 좌보 흘우가 죽어 왕이 슬프게 울었다.

二十八年 春夏旱。慮囚,赦死罪。秋八月靺鞨侵北鄙。

28년. 봄과 여름에 가물었다. 죄수들을 심사하고 사형수들을 사면하였다. 가을 8월 말갈이 북쪽 변경을 침범하였다.

二十九年 春二月王命東部築牛谷城,以備靺鞨。

29년. 봄 2월 왕이 동부에 명령하여 우곡성을 쌓아 말갈을 대비하게 하였다.

三十六年 冬十月王拓地至娘子谷城。仍遣使新羅請會,不從。

36년. 겨울 10월 왕이 낭자곡성까지 영토를 개척하였다. 신라에 사신을 보내 만나기를 청하였으나 거절당하였다.

三十七年 王遣兵攻新羅 蛙山城,不克,移兵狗壤城。新羅發騎兵二千逆擊,走之。

37년. 왕이 군사를 보내 신라의 와산성을 공격하였으나 이기지 못하고 군사를 구양성으로 옮겼다. 신라가 기병 2천 명을 풀어 대적하여 아군을 쫓아냈다.

三十九年 攻取蛙山城,留二百人守之,尋爲新羅所敗。

39년. 와산성을 공격하여 빼앗고 200인을 두어 수비하였으나 얼마 되지 않아 신라에게 패배하였다.

四十三年 遣兵侵新羅。

43년. 군사를 보내 신라를 침공하였다.

四十六年 夏五月戊午晦日有食之。

46년. 여름 5월 그믐 무오에 일식이 있었다.

四十七年 秋八月遣將侵新羅。

47년. 가을 8월 장수를 보내 신라를 침공하였다.

四十八年 冬十月又攻蛙山城,拔之。

48년. 겨울 10월 또 와산성을 공격하여 함락시켰다.

四十九年 秋九月蛙山城爲新羅所復。

49년. 가을 9월 와산성이 신라에게 회복되었다.

五十年 秋九月王薨。

50년. 가을 9월 왕이 사망하였다.

○**己婁王**,多婁王之元子。志識宏遠,不留心細事。多婁王在位第六年立爲太子,至五十年王薨,繼位。

기루왕은 다루왕의 장자다. 뜻이 원대하고 식견이 넓으며 사소한 일에 신경을 쓰지 않는다. 다루왕 재위 6년에 태자로 세웠고 50년에 이르러 왕이 사망하자 왕위를 계승하였다.

九年 春正月遣兵侵新羅邊境。夏四月乙巳客星入紫微。

9년. 봄 정월 군사를 보내 신라의 변경을 침공하였다. 여름 4월 을사에 객성이 자미성좌로 들어갔다.

十一年 秋八月乙未晦日有食之。

11년. 가을 8월 그믐 을미에 일식이 있었다.

十三年 夏六月地震,裂陷民屋,死者多。

13년. 여름 6월 지진이 일어나 땅이 갈라져 민옥이 함몰했으며 죽은 자가 많았다.

十四年 春三月大旱,無(麥)[麥]。夏六月大風拔木。

14년. 봄 3월 크게 가물어 보리가 나지 않았다. 여름 6월 큰 바람에 나무가 뽑혔다.

十六年 夏六月戊戌朔日有食之。

16년. 여름 6월 초하루 병술에 일식이 있었다.

十七年 秋八月橫岳大石五一時隕落。

17년. 가을 8월 횡악의 큰 돌 다섯 개가 한꺼번에 떨어졌다.

二十一年 夏四月二龍見漢江。

21년. 여름 4월 용 두 마리가 한강에 나타났다.

二十三年 秋八月隕霜殺菽。冬十月雨雹。

23년. 가을 8월 서리가 내려 콩을 죽였다. 겨울 10월 우박이 내렸다.

二十七年 王獵漢山,獲神鹿。

27년. 왕이 한산에서 사냥하다가 신기한 사슴을 잡았다.

二十九年 遣使新羅請和。

29년. 신라에 사신을 보내 화친을 요청하였다.

三十一年 冬無冰。

31년. 겨울에 얼음이 얼지 않았다.

三十二年 春夏旱,年饑,民相食。秋七月靺鞨入牛谷,奪掠民口而歸。

32년. 봄과 여름에 가물어 흉년이 들어 백성이 서로 잡아먹었다. 가을 7월 말갈이 우곡에 들어와 주민들을 약탈해 갔다.

三十五年 春三月地震。冬十月又震。

35년. 봄 3월 지진이 일어났다. 겨울 10월 또 지진이 일어났다.

三十七年 遣使聘新羅。

37년. 신라에 사신을 보내 예방하였다.

四十年 夏四月鸛巢于都城門上。六月大雨浹旬,漢江水漲,漂毀民屋。秋七月命有司補水(△)[損]之田。

40년. 여름 4월 경성 성문 위에 황새가 둥지를 틀었다. 6월 열흘 동안 큰 비가 내려 한강물이 불어 민옥이 떠내려갔거나 무너졌다. 가을 7월 관계 부문에 명령하여 수해를 당한 농토를 복구하게 하였다.

四十九年 新羅爲靺鞨所侵掠,移書請兵,王遣五將軍救之。

49년. 신라가 말갈에게 침범과 약탈을 당하자 서신을 보내와 구원병을 요청하여 왕이 다섯 명의 장수를 보내 구원해주었다.

五十二年 冬十一月王薨。

52년. 겨울 11월 왕이 사망하였다.

○**蓋婁王**,己婁王之子,性恭順,有操行。己婁在位五十二年薨,即位。

개루왕은 기루왕의 아들이고 성격이 온순하며 품행이 단정하다. 기루왕이 재위 52년에 사망하자 즉위하였다.

四年 夏四月王獵漢山。

4년. 여름 4월 왕이 한산에서 사냥하였다.

五年 春二月築北漢山城。

5년. 봄 2월 북한산성을 쌓았다.

十年 秋八月庚子熒惑犯(斗一)[南斗]。

10년. 가을 8월 경자에 형혹성이 남두성좌를 범하였다.

二十八年 春正月丙申晦日有食之。冬十月新羅阿飡吉宣謀叛,事露來奔。羅王移書請之,不送。羅王怒,出師來伐,諸城堅壁自守不出,羅兵絶糧而歸。

28년. 봄 정월 그믐 병신에 일식이 있었다. 겨울 10월 신라의 아찬 길선이 반역을 도모하다가 발각되어 도망해 왔다. 신라왕이 편지를 보내 요청하였으나 보내주지 않았다. 신라왕이 노하여 군사를 출동시켜 토벌해 왔으나 여러 성이 성벽을 굳게 방어하고 나아가지 않으니 신라군은 군량이 떨어져 돌아갔다.

論曰:春秋時莒僕來奔魯,季文子曰:"見有禮於其君者事之,如孝子之養父母也;見無禮於其君者誅之,如鷹鸇之逐鳥雀也。觀莒僕,不度於善而在於凶德,[92]是以去之。"今吉宣亦姦賊之人,百濟王納而匿之,是謂掩賊爲藏者也。由是失鄰國之和,使民困於兵革之役。其不明甚矣。

논평하여 왈: 춘추시대에 거복이 노로 도망해 왔을 때 계문자 왈: "자기

---

92) 不度於善: 착한 것을 본받지 않다. 『춘추좌전』 "不度於善", 杜預注:"度,居也。言如此行爲不屬吉德之類。"

임금에게 예의가 있는 자를 효자가 부모를 봉양하는 것처럼 섬기고
자기 임금에게 예의가 없는 자는 매가 새를 쫓는 것처럼 죽인다. 거복은
착한 것은 본받지 않고 악한 짓만 하므로 쫓아버렸다." 지금의 길선도
역시 간사한 역적인데 백제왕이 받아들여 숨겨주었으니 이를 두고 역
적을 감추어준다고 한다. 이로 하여 이웃 나라와 화친을 잃고 백성들을
병역에 시달리게 하였다. 그는 대단히 명철하지 못하다.

三十九年 王薨。

39년. 왕이 사망하였다.

○肖古王一云素古,蓋婁王之子。蓋婁在位三十九年薨,嗣位。

초고왕일왈 소고은 개루왕의 아들이다. 개루왕 재위 39년에 사망하자
왕위를 이었다.

二年 秋七月潛師襲破新羅西鄙二城,虜獲男女一千而還。八月羅王
遣一吉湌興宣領兵二萬來侵國東諸(△)[城]。羅王又親帥精騎八千繼
之,掩至漢水。王度羅兵衆不可敵,乃還前所掠。

2년. 가을 7월 군사를 몰래 보내 신라 서쪽 변경의 두 성을 격파하고
남녀 1천 명을 사로잡아 돌아왔다. 8월 신라왕이 일길찬 홍선을 시켜
2만 병력을 거느리고 와서 나라 동쪽의 성들을 침범하였다. 신라왕은
또 직접 정예기병 8천 명을 거느리고 뒤를 이어 한수까지 엄습해 왔다.
왕은 신라군이 많아서 대적할 수 없다고 생각하여 이전에 빼앗았던
것을 돌려주었다.

五年 春三月丙寅晦日有食之。冬十月出兵侵新羅邊鄙。

5년. 봄 3월 그믐 병신에 일식이 있었다. 겨울 10월 군사를 출동시켜
신라의 변경을 침공하였다.

二十一年 冬十月無雲而雷。星孛于西北,二十日而滅。

21년. 겨울 10월 구름 없이 우레가 쳤다. 살별이 서북쪽에 나타났다가
20일 만에 사라졌다.

二十二年 夏五月王都井及漢水皆竭。

22년. 여름 5월 경성의 우물과 한수가 모두 말랐다.

二十三年 春二月重修宮室。出師攻新羅 母山城。

23년. 봄 2월 궁실을 다시 수리했다. 군사를 출동하여 신라의 모산성을
공격했다.

二十四年 夏四月丙午朔日有食之。秋七月我軍與新羅戰於狗壤,敗
北,死者五百餘人。

24년. 여름 4월 초하루 병오에 일식이 있었다. 가을 7월 아군이 신라와
구양에서 싸워 패배하여 5백여 명이 죽었다.

二十五年 秋八月出兵襲新羅西境圓山鄕,進圍缶谷城。新羅將軍仇
道帥馬兵五百拒之。我兵佯退,仇道追至蛙山。我兵反擊之,大克。

25년. 가을 8월 출병하여 신라 서쪽 변경에 있는 원산향을 습격하고
진격하여 부곡성을 포위했다. 신라 장군 구도가 기병 5백 명을 거느리
고 저항하였다. 아군이 퇴각하는 척하자 구도는 와산까지 추격해 왔다.
아군이 반격하여 크게 이겼다.

二十六年 秋九月蚩尤旗見于角、亢。

26년. 가을 9월 치우기별이 각성과 항성 성좌에 나타났다.

三十四年 秋七月地震。遣兵侵新羅邊境。

34년. 가을 7월 지진이 일어났다. 군사를 보내 신라의 변경을 침공하
였다.

三十九年 秋七月出兵攻新羅 腰車城,拔之,殺其城主薛夫。羅王 奈解
怒,命伊伐湌利音爲將,帥六部精兵來攻我沙峴城。冬十月星孛于東
井。

39년. 가을 7월 출병하여 신라의 요거성을 함락하고 성주 설부를 죽였
다. 신라왕 나해가 분개하여 이벌찬 이음을 장수로 하여 6부의 정예군
을 거느리고 와서 우리의 사현성을 공격하였다. 겨울 10월 살별이 동정
성좌에 나타났다.

四十年 秋七月太白犯月。

40년. 가을 7월 태백성이 달을 범하였다.

四十三年 秋蝗、旱，穀不順成，盜賊多起，王撫安之。

43년. 가을에 황충재와 한재를 입어 곡식이 잘 자라지 못했고 도적이 많이 생겨 왕이 위무하여 안정시켰다.

四十四年 冬十月大風拔木。

44년. 겨울 10월 큰 바람에 나무가 뽑혔다.

四十五年 春二月築赤峴、沙道二城，移東部民戶。冬十月靺鞨來攻沙道城，不克，焚燒城門而遁。

45년. 봄 2월 적현, 사도 두 성을 쌓고 동부의 민호를 옮겼다. 겨울 10월 말갈이 사도성을 공격하다가 이기지 못하자 성문에 불 지르고 도망하였다.

四十六年 秋八月國南蝗害穀，民饑。冬十一月無冰。

46년. 가을 8월 나라 남쪽에 황충이 곡식을 해쳐 백성이 굶주렸다. 겨울 11월 얼음이 얼지 않았다.

四十七年 夏六月庚寅晦(日)[日]有食之。

47년. 여름 6월 그믐 경인에 일식이 있었다.

四十八年 秋七月西部人茴會獲白鹿獻之。王以爲瑞，賜穀一百石。

48년. 가을 7월 서부인 회회가 흰 사슴을 잡아 헌납했다. 왕이 상서롭다며 곡식 100섬을 하사하였다.

四十九年 秋九月命北部眞果領兵一千襲取靺鞨石門城。冬十月靺鞨以勁騎來侵，至于述川。王薨。

49년. 가을 9월 북부의 진과를 시켜 병력 1천 명을 거느리고 말갈의 석문성을 습격하여 빼앗았다. 겨울 10월 말갈이 강한 기병을 거느리고 침입하여 우술천에 이르렀다. 왕이 사망하였다.

三國史記卷第二十四

(삼국사기 권제24)

百濟本紀第二(백제본기 제2)

仇首王、沙伴王、古尒王、責稽王、汾西王、比(㳫)[流]王、契王、近肖古王、近仇首王、枕流王

구수왕, 사반왕, 고이왕, 책계왕, 분서왕, 비류왕, 계왕, 근초고왕, 근구수왕, 침류왕

○**仇首王**或云貴須、肖古王之長子。身長七尺,威儀秀異。肖古在位四十九年薨,即位。

구수왕혹왈 귀수은 초고왕의 장자다. 키가 7자고 위엄과 풍채가 특이하다. 초고왕이 재위 49년에 사망하자 즉위하였다.

三年 秋八月靺鞨來圍赤峴城,城主固拒,賊退歸。王帥勁騎八百追之,戰沙道城下,破之,殺獲甚衆。

3년. 가을 8월 말갈이 적현성을 포위했으나 성주가 굳게 수비하였으므로 적이 퇴각하여 돌아갔다. 왕이 강한 기병 8백 명을 거느리고 추격하여 사도성 아래에서 격파하고 죽이거나 사로잡은 것이 매우 많다.

四年 春二月設二柵於沙道城側,東西相去十里,分赤峴城卒戍之。

4년. 봄 2월 사도성 옆에 두 목책을 세웠는데 동서의 거리가 10리였으며 적현성의 병졸을 갈라 수비하게 하였다.

五年 王遣兵(△)[圍]新羅 獐山城,羅王親帥兵擊之,我軍敗績。

5년. 왕이 군사를 보내 신라의 장산성을 포위했다. 신라왕이 직접 군사를 거느리고 공격하여 아군이 패배하였다.

七年 冬十月王城西門火。靺鞨寇北邊,遣兵拒之。

7년. 겨울 10월 왕성 서문에 불이 났다. 말갈이 북쪽 변경을 노략하므로 군사를 보내 항거하였다.

八年 夏五月國東大水,山崩四十餘所。六月戊辰晦日有食之。秋八月大閱於漢水之西。

8년. 여름 5월 나라 동쪽에 난물이 나서 40여 곳의 산이 무너졌다. 6월 그믐 무진에 일식이 있었다. 가을 8월 한수 서쪽에서 큰 열병식을 거행했다.

九年 春二月命有司修隄防。三月下令勸農事。夏六月王都雨魚。冬十月遣兵入新羅 牛頭鎭,抄掠民戶。羅將忠萱領兵五千逆戰於熊谷,大敗,單騎而遁。十一月庚申晦日有食之。

9년. 봄 2월 관계부문에 명령하여 제방을 수축하였다. 3월 명령을 내려 농사를 권장하였다. 여름 6월 경성에 물고기비가 내렸다. 겨울 10월 신라의 우두진으로 군사를 보내 민가를 노략하였다. 신라 장수 충훤이 5천 병력을 거느리고 웅곡에서 싸우다가 대패하고 단기로 도망갔다. 11월 그믐 경신에 일식이 있었다.

十一年 秋七月新羅一吉餐連珍來侵,我軍逆戰於烽山下,不克。冬十月太白晝見。

11년. 가을 7월 신라의 일길찬 연진이 침입해 와 아군은 봉산 아래에서 반격했으나 이기지 못했다. 겨울 10월 태백성이 낮에 나타났다.

十四年 春三月雨雹。夏四月大旱,王祈東明廟,乃雨。

14년. 봄 3월 우박이 내렸다. 여름 4월 크게 가물어 왕이 동명사당에서 제사지내니 곧 비가 내렸다.

十六年 冬十月王田於<u>寒泉</u>。十一月大疫。<u>靺鞨</u>入<u>牛谷</u>界奪掠人物,王遣精兵三百拒之,賊伏兵夾擊,我軍大敗。

16년. 겨울 10월 왕이 한천에서 사냥하였다. 11월 역병이 크게 돌았다. 말갈이 우곡 지역에 들어와 사람과 재물을 노략하여 왕이 정예군 3백 명을 보내 항거하였으나 적의 복병이 협공하여 아군이 대패하였다.

十八年 夏四月雨雹,大如栗,鳥雀中者死。

18년. 여름 4월 밤알만한 우박이 내려 새들이 맞으면 죽었다.

二十一年 王薨。

21년. 왕이 사망하였다.

○<u>古尒王</u>,蓋<u>婁王</u>之第二子也。<u>仇首王</u>在位二十一年薨,長子<u>沙伴</u>嗣位,而幼少不能爲政,<u>肖古王</u>母弟<u>古尒</u>即位。

고이왕은 개루왕의 차자다. 구수왕이 재위 21년에 사망하여 장자 사반이었으나 어려서 정사를 처리하지 못하므로 초고왕의 동생 고이가 즉위하였다.

三年 冬十月王獵<u>西海大島</u>,手射四十鹿。

3년. 겨울 10월 왕이 서해의 큰 섬에서 사냥하여 직접 사슴 40마리를 쏘았다.

五年 春正月祭天地,用鼓吹。二月田於<u>釜山</u>,五旬乃返。夏四月震王宮門柱,黃龍自其門飛出。

5년. 봄 정월 북과 피리를 사용하며 천지제를 지냈다. 2월 부산에서 사냥하고 50일 만에 돌아왔다. 여름 4월 궁문 기둥에 벼락이 치자 황룡이 그 문에서 날아갔다.

六年 春正月不雨,至夏五月乃雨。

6년. 봄 정월 비가 내리지 않다가 여름 5월에 이르러서야 비가 내렸다.

七年 遣兵侵<u>新羅</u>。夏四月拜<u>眞忠</u>爲左將,委以內外兵馬事。秋七月大閱於石川。雙雁起於川上,王射之,皆中。

7년. 군사를 보내 신라를 침공하였다. 여름 4월 진충을 좌장으로 모시고 중앙과 지방의 군사 업무를 맡겼다. 가을 7월 석천에서 큰 열병식을 가졌다. 냇가에서 기러기 한 쌍이 날아가는 것을 왕이 쏘아서 모두 맞혔다.

九年 春二月命國人開稻田於南澤。夏四月以叔父質爲右輔。質性(△) [忠]毅,謀事無失。秋七月出西門觀射。

9년. 봄 2월 나라사람들에게 남쪽 소택지에 논을 풀라는 명령을 내렸다. 여름 4월 왕의 숙부 질을 우보로 하였다. 질은 충실하고 강익하며 일을 꾀함에 실수가 없다. 가을 7월 서문으로 나가 활쏘기를 관람하였다.

十年 春正月設大壇祀天地山川。

10년. 봄 정월 큰 제단을 만들고 천지, 산천에 제사지냈다.

十三年 夏大旱,無麥。秋八月魏幽州刺史毌丘儉與樂浪太守劉茂、朔方太守王遵伐高句麗,王乘虛遣左將眞忠襲取樂浪邊民。茂聞之怒。王恐見侵討,還其民口。

13년. 여름에 크게 가물어 보리가 나지 않았다. 가을 8월 위 유주 자사 관구검이 낙랑 태수 유무, 삭방 태수 왕준과 함께 고구려를 정벌하자 왕은 그 틈을 타 좌장 진충을 보내 낙랑을 습격하여 변방 주민들을 잡아왔다. 유무가 듣고 분노하였다. 왕은 토벌당할까 걱정되어 잡아온 사람들을 돌려보냈다.

十四年 春正月祭天地於南壇。二月拜眞忠爲右輔,眞勿爲左將,委以兵馬事。

14년. 봄 정월 남쪽 제단에서 천지제를 지냈다. 2월 진충을 우보로, 진물을 좌장으로 모시고 군사 업무를 맡겼다.

十五年 春夏旱。冬民饑,發倉賑恤,又復一年租調。

15년. 봄과 여름에 가물었다. 겨울에 백성이 굶주리므로 창고를 풀어 진휼하고 또 1년의 조세를 면제해주었다.

十六年 春正月甲午太白襲月。

16년. 봄 정월 갑오에 태백성이 달을 범했다.

二十二年 秋九月出師侵新羅,與羅兵戰於槐谷西,敗之,殺其將翊宗。冬十月遣兵攻新羅 烽山城,不克。

22년. 가을 9월 군사를 출동시켜 신라를 침범하여 괴곡 서쪽에서 싸워 패배시키고 장수 익종을 죽였다. 겨울 10월 신라의 봉산성을 침공했으나 이기지 못했다.

二十四年 春正月大旱,樹木皆枯。

24년. 봄 정월 크게 가물어 나무가 모두 말랐다.

二十五年 春靺鞨長羅渴獻良馬十匹,王優勞使者以還之。

25년. 봄에 말갈의 추장 나갈이 좋은 말 열 필을 헌납했다. 왕이 사신을 우대하여 돌려보냈다.

二十六年 秋九月青紫雲起宮東,如樓閣。

26년. 가을 9월 청자색 구름이 누각 모양으로 궁궐 동쪽에 떠올랐다.

二十七年 春正月置內臣佐平,掌宣納事;內頭佐平,掌庫藏事;內法佐平,掌禮儀事;衛士佐平,掌宿衛兵事;朝廷佐平,掌刑獄事;兵官佐平,掌外兵馬事。又置達率、恩率、德率、扞率、奈率及將德、施德、固德、季德、對德、文督、武督、佐軍、振武、克虞。六佐平并一品,達率二品,恩率三品,德率四品,扞率五品,奈率六品,將德七品,施德八品,固德九品,季德十品,對德十一品,文督十二品,武督十三品,佐軍十四品,振武十五品,克虞十六品。二月下令六品已上服紫,以銀花飾冠;十一品已上服緋,十六品已上服青。三月以王弟優壽爲內臣佐平。

27년. 봄 정월 내신좌평을 두어 왕명 출납업무를, 내두좌평을 두어 창고업무를, 내법좌평을 두어 예의업무를, 위사좌평을 두어 경호군사업무를, 조정좌평을 두어 형옥업무를, 병관좌평을 두어 지방 군사업무를 맡게 하였다. 또 달솔, 은솔, 덕솔, 한솔, 나솔 및 장덕, 시덕, 고덕, 계덕, 대덕, 문독, 무독, 좌군, 진무, 극우를 두었다. 6개 좌평은 모두 1품,

달솔은 2품, 은솔은 3품, 덕솔은 4품, 한솔은 5품, 나솔은 6품, 장덕은 7품, 시덕은 8품, 고덕은 9품, 계덕은 10품, 대덕은 11품, 문독은 12품, 무독은 13품, 좌군은 14품, 진무는 15품, 극우는 16품으로 하였다. 2월 6품 이상은 자줏빛 옷을 입고 은꽃으로 관을 장식하며 11품 이상은 붉은 옷을, 16품 이상은 청색 옷을 입으라는 명령을 내렸다. 3월 왕의 동생 우수를 내신좌평으로 하였다.

二十八年 春正月初吉王服紫大袖袍、青錦袴、金花飾烏羅冠、素皮帶、烏韋履坐南堂聽事。二月拜<u>眞可</u>爲内頭佐平,<u>優豆</u>爲内法佐平,<u>高壽</u>爲衛士佐平,<u>昆奴</u>爲朝廷佐平,惟(ㄹ)[己]爲兵官佐平。三月遣使<u>新羅</u>請和,不從。

28년. 봄 정월 초하루 왕이 자줏빛으로 된 큰 소매의 두루마기와 청색 비단바지를 입고 금꽃으로 장식한 오라관을 쓰고 흰 가죽 띠를 두르고 검은 가죽신을 신고 남당에 앉아서 정사를 보았다. 2월 진가를 내두좌평, 우두를 내법좌평, 고수를 위사좌평, 곤노를 조정좌평, 유기를 병관좌평으로 하였다. 3월 신라에 사신을 보내 화친을 요청하였으나 수긍하지 않았다.

二十九年 春正月下令,凡官人受財及盜者,三倍徵贓,禁錮終身。

29년. 봄 정월 관리로서 뇌물을 받거나 도적질한 자는 그 세 배를 배상하며 종신 금고하라는 명령을 내렸다.

㈡[三]**十三年** 秋八月遣兵攻<u>新羅</u> <u>烽山城</u>。城主<u>直宣</u>率壯士二百人出擊,敗之。

33년. 가을 8월 군사를 보내 신라의 봉산성을 공격하였다. 성주 직선이 장사 200명을 거느리고 반격하여 아군을 패배시켰다.

三十六年 秋九月星孛于紫宮。

36년. 가을 9월 살별이 자궁성좌에 나타났다.

三十九年 冬十一月遣兵侵<u>新羅</u>。

39년. 겨울 11월 군사를 보내 신라를 침공하였다.

四十五年 冬十月出兵攻新羅,圍槐谷城。

45년. 겨울 10월 출병하여 신라를 공격하여 괴곡성을 포위했다.

五十年 秋九月遣兵侵新羅邊境。

50년. 가을 9월 군사를 보내 신라의 변경을 침공하였다.

五十三年 春正月遣使新羅請和。冬十一月王薨。

53년. 봄 정월 신라에 사신을 보내 화친을 청하였다. 겨울 11월 왕이 사망하였다.

○**責稽王**或云青稽,古爾王子。身長大,志氣雄傑,仐爾薨即位。王徵發丁夫葺慰禮城。高句麗伐帶方,帶方請救於我。先是王娶帶方王女寶菓爲夫人,故曰:"帶方我舅甥之國,不可不副其請。"遂出師救之。高句麗怨,王慮其侵寇,修阿且城、蛇城備之。

책계왕혹왈 청계은 고이왕의 아들이다. 체격이 장대하고 의지와 기품이 걸출하며 고이가 사망하자 즉위하였다. 왕이 장정을 징발하여 위례성을 보수하였다. 고구려가 대방을 정벌하자 대방은 우리에게 구원을 청하였다. 이전에 왕이 대방왕의 딸 보과를 부인으로 맞이하였기 때문에 "대방은 우리와 장인과 사위 관계의 나라이니 청을 들어주지 않을 수 없다"고 말하고 군사를 풀어 구원하였다. 고구려가 원망하므로 왕은 침략을 염려하여 아차성과 사성을 수축하여 방비하였다.

二年 春正月謁東明廟。

2년. 봄 정월 동명사당을 배알하였다.

十三年 秋九月漢與貊人來侵。王出禦,爲敵兵所害,薨。

13년. 가을 9월 한인과 맥인이 침범하여 왔다. 왕이 나아가 방어하다가 적병에게 살해되어 사망하였다.

○**汾西王**,責稽王長子。幼而聰惠,儀表英挺,王愛之,不離左右。及王薨,繼而即位。冬十月大赦。

분서왕은 책계왕의 맏아들이다. 어려서부터 총명하고 지혜로우며 풍채가 뛰어나 왕이 아껴 곁을 떠나지 못하게 하였다. 왕이 사망하자 이어 즉위하였다. 겨울 10월 크게 사면하였다.

분서왕은 책계왕의 장자다. 어려서부터 총명하고 풍채가 특출하였기에 왕이 사랑하여 곁에 두었다. 왕이 사망하자 이어서 즉위하였다. 겨울 10월 대사면을 행하였다.

二年 春正月謁東明廟。

2년. 봄 정월 동명사당을 배알하였다.

五年 夏四月彗星晝見。

5년. 여름 4월 낮에 혜성이 나타났다.

七年 春二月潛師襲取樂浪西縣。冬十月王爲樂浪太守所遣刺客賊害,薨。

7년. 봄 2월 낙랑의 서쪽 현을 몰래 습격하여 빼앗았다. 겨울 10월 왕이 낙랑 태수가 파견한 자객에게 살해되어 사망하였다.

○**比流王**,仇首王第二子。性寬慈愛人。又强力善射。久在民間,令譽流(闢)[聞]。及汾西之終,雖有子,皆幼不得立,是以爲臣民推戴即位。

비류왕은 구수왕의 차자다. 성격이 너그럽고 인자하며 남을 사랑한다. 또 힘이 세고 활을 잘 쏘았다. 오랫동안 민간에서 살면서 좋은 명성을 떨쳐 소문이 났다. 분서왕이 임종할 때 비록 아들이 있으나 모두 어리므로 왕으로 세울 수 없기 때문에 대신과 백성에게 추대되어 즉위하였다.

五年 春正月丙子朔日有食之。

5년. 봄 정월 초하루 병자에 일식이 있었다.

九年 春二月發使巡問百姓疾苦,其鰥寡孤獨不能自存者,賜穀人三石。夏四月謁東明廟。拜解仇爲兵官佐平。

9년. 봄 2월 사신을 파견하여 순회하면서 백성들의 질고를 위문하고 홀아비, 과부, 고아, 독고노인 등 자력으로 살 수 없는 자들에게 일인당 곡식 3섬씩 주었다. 여름 4월 동명사당을 배알하였다. 해구를 병관좌평으로 모셨다.

十年 春正月祀天地於南郊,王親割牲。

10년. 봄 정월 남쪽 교외에서 천지제를 지냈다. 왕이 직접 제물의 희생을 베었다.

十三年 春旱。大星西流。夏四月王都井水溢,黑龍見其中。

13년. 봄에 가물었다. 큰 별이 서쪽으로 흘러갔다. 여름 4월 경성의 우물물이 넘치고 그 속에서 흑룡이 나타났다.

十七年 秋八月築射臺於宮西,每以朔望習射。

17년. 가을 8월 궁궐 서쪽에 활 쏘는 누대를 쌓아놓고 초하루와 보름마다 활쏘기를 연습하였다.

十八年 春正月以王庶弟優福爲内臣佐平。秋七月太白晝見。國南蝗害穀。

18년. 봄 정월 왕의 서제 우복을 내신좌평으로 하였다. 가을 7월 태백성이 낮에 나타났다. 나라 남쪽에 황충이 곡식을 해쳤다.

二十二年 冬十月天有聲,如風浪相激。十一月王獵於狗原北,手射鹿。

22년. 겨울 10월 하늘에서 풍랑이 서로 부딪치는 듯한 소리가 났다. 11월 왕이 구원 북쪽에서 사냥하며 손수 사슴을 쏘았다.

二十四年 秋七月有雲如赤烏夾日。九月内臣佐平優福據北漢城叛,王發兵討之。

24년. 가을 7월 붉은 까마귀와 같은 구름이 해를 꼈다. 9월 내신좌평 우복이 북한성을 거점으로 반란을 일으켰으며 왕이 군사를 출동시켜 토벌하였다.

二十八年 春夏大旱,草木枯,江水竭,至秋七(△)[月]乃雨。年饑,人相食。

28년. 봄과 여름에 크게 가물어 풀과 나무와 강물이 말랐으며 가을 7월에 이르러서야 비가 내렸다. 흉년이 들어 사람들이 서로 잡아먹었다.

三十年 夏五月星隕。王宮火,連燒民戸。秋(+)[七]月修宮室。拜眞義爲内臣佐平。冬十二月雷。

30년. 여름 5월 별이 떨어졌다. 왕궁에 불이 났으며 민가에도 파급돼 탔다. 가을 7월 궁실을 수리하였다. 진의를 내신좌평으로 모셨다. 겨울

12월 우레가 쳤다.

三十二年 冬十月乙未朔日有食之。

32년. 겨울 10월 초하루 을미에 일식이 있었다.

三十三年 春正月辛巳彗星見于奎。

33년. 봄 정월 신사에 혜성이 규성성좌에 나타났다.

三十四年 春二月新羅遣使來聘。

34년. 봄 2월 신라에서 사신을 보내와 예방하였다.

四十一年 冬十月王薨。

41년. 겨울 10월 왕이 사망하였다.

○契王,汾西王之長子也。天資剛勇,善騎射。初汾西之薨也,契王幼不得立,比流王在位四十一年薨,即位。

계왕은 분서왕의 장자다. 천성이 강직하고 용맹하며 말 타고 활쏘기를 잘한다. 이전에 분서가 사망할 때 계왕이 어려서 세울 수 없었는데 비류왕이 재위 41년에 사망하자 즉위하였다.

三年 秋九月王薨。

3년. 가을 9월 왕이 사망하였다.

○近肖古王,比流王第二子也。體貌奇偉,有遠識。契王薨,繼位。

근초고왕은 비류왕의 차자다. 체모가 기이하고 장대하며 원대한 식견이 있다. 계왕이 사망하자 왕위를 이었다.

二年 春正月祭天地神(祇)[祇]。拜眞淨爲朝廷佐平。淨,王后親戚,性狠戾不仁,臨事苛細,恃勢自用,國人疾之。

2년. 봄 정월 천지신에 제사지냈다. 진정을 조정좌평으로 모셨다. 진정은 왕후의 친척이고 성질이 독하고 사나우며 어질지 못하고 처사에 각박하고 까다로우며 권세를 믿고 제멋대로 행동하므로 백성들이 미워한다.

二十一年 春三月遣使聘新羅。

21년. 봄 3월 신라에 사신을 보내 예방하였다.

二十三年 春三月丁巳朔日有食之。遣使新羅送良馬二匹。

23년. 봄 3월 초하루 정사에 일식이 있었다. 신라에 사신을 파견하여 좋은 말 두 필을 보냈다.

二十四年 秋九月高句麗王斯由帥步騎二萬來屯雉壤,分兵侵奪民戶。王遣太子以兵徑至雉壤,急擊破之,獲五千餘級,其虜獲分賜將士。冬十一月大閱於漢水南,旗幟皆用黃。

24년. 가을 9월 고구려왕 사유가 보병과 기병 2만 명을 거느리고 치양에 와 주둔하며 군사를 분산시켜 민가를 약탈하였다. 왕이 태자를 시켜 군사를 거느리고 지름길로 치양에 이르러 급히 격파하고 5천여 명을 죽이거나 포로 하였으며 포로는 장병들에게 나누어주었다. 겨울 11월 한수 남쪽에서 큰 열병식을 가졌는데 깃발은 모두 황색을 사용하였다.

二十六年 高句麗舉兵來。王聞之,伏兵於浿河上,俟其至,急擊之,高句麗兵敗北。冬王與太子帥精兵三萬侵高句麗,攻平壤城。麗王斯由力戰拒之,中流矢死,王引軍退。移都漢山。

26년. 고구려가 군사를 거느리고 왔다. 왕이 듣고 패하 강가에 복병을 배치하고 오기를 기다렸다가 재빠르게 공격하여 고구려군이 패배하였다. 겨울에 왕이 태자와 함께 정예군 3만 명을 거느리고 고구려를 침공하여 평양성을 공격하였다. 고구려왕 사유가 힘껏 항거하다가 유실에 맞아 죽으니 왕이 병사를 이끌고 퇴각하였다. 도읍을 한산으로 옮겼다.

二十七年 春正月遣使入晉朝貢。秋七月地震。

27년. 봄 정월 진에 사신을 보내 조공하였다. 가을 7월 지진이 일어났다.

二十八年 春二月遣使入晉朝貢。秋七月築城於青木嶺。禿山城主率三百人奔新羅。

28년. 봄 2월 진에 사신을 보내 조공하였다. 가을 7월 청목령에 성을 쌓았다. 독산 성주가 3백 명을 거느리고 신라로 도망갔다.

三十年 秋七月高句麗來攻北鄙水谷城,陷之。王遣將拒之,不克。王又
將大舉兵報之,以年荒不果。冬十一月王薨。古記云:"百濟開國已來
未有以文字記事,至是得博士高興,始有書記。"然高興未嘗顯於他書,
不知其何許人也。

30년. 가을 7월 고구려가 북쪽 변방의 수곡성을 공격하여 함락시켰다.
왕이 장수를 보내 항거하였으나 이기지 못했다. 왕이 또 군사를 크게
동원하여 보복하려 했으나 흉년이 들어 성사하지 못했다. 겨울 11월
왕이 사망하였다. 고기 왈: '백제는 개국 이래 문자로 사적을 기록한
적이 없다가 이때에 와서야 박사 고흥을 얻어 처음 『서기』가 있게 되었
다.' 그러나 고흥이 다른 서적에 나타난 적이 없어 그가 어떤 사람인지
는 알 수 없다.

○近仇首王一云諱須,近肖古王之子。先是高句麗 國岡王 斯由親來侵,
近肖古王遣太子拒之,至半乞壤將戰。高句麗人斯紀本百濟人,誤傷
國馬蹄,懼罪奔於彼。至是還來,告太子曰:"彼師雖多,皆備數疑兵而
已。其驍勇唯赤旗,若先破之,其餘不攻自潰。"太子從之,進擊,大敗之,
追奔逐北,至於水谷城之西北。將軍莫古解諫曰:"嘗聞道家之言:'知
足不辱,知止不殆。'今所得多矣,何必求多?"太子善之,止焉。乃積石
爲表,登其上,顧左右曰:"今日之後疇克再至於此(手)[乎]?"[93]其地有
巖石,罅若馬蹄者,他人至今呼爲太子馬迹。近肖古在位三十年薨,即
位。

근구수왕일왈 휘수은 근초고왕의 아들이다. 앞서 고구려 국강왕 사유가
직접 침범하여 왔으므로 근초고왕은 태자를 보내 반격하여 반걸양에
이르러 싸우려 하였다. 고구려인 사기는 원래 백제인이었는데 실수로
왕의 말발굽을 상처 입혀 죄를 받을까 두려워 고구려로 도망갔다.

---

93) 疇: 누구. 『書經·說命上』:"疇敢不祇若王之休命?" 孔傳:"誰敢…(누가 감히…)"

이때 백제로 돌아와서 태자에게 말했다: "저쪽 군사가 비록 많으나 모두 숫자만 채운 속임수의 병사에 불과합니다. 용감한 군사는 붉은 깃발의 군사뿐이니 먼저 그를 격파하면 나머지는 치지 않아도 저절로 무너집니다." 태자가 이 말에 따라 진격하여 대패시키고 추격하여 수곡 성 서북에 도착하였다. 장수 막고해가 간하였다: "도가의 '만족할 줄 알면 욕보지 않고 그칠 줄 알면 위태롭지 않다'는 말을 들은 적이 있습 니다. 지금 얻은 것이 많은데 어찌 더 많은 것을 바라겠습니까?" 태자가 옳게 여기고 중단하였다. 돌을 쌓아 표적을 만들고 그 위에 올라가 좌우를 돌아보면서 왈: "오늘 이후로 누가 다시 이곳에 올 수 있을까?" 그곳에는 말발굽 같이 생긴 바윗돌 틈이 있는데 사람들은 지금까지도 그것을 태자의 말발자국이라고 부른다. 근초고왕이 재위 30년에 사망 하자 즉위하였다.

二年 以王舅眞高道爲內臣佐平,委以政事。冬十一月高句麗來侵北 鄙。

2년. 왕의 외숙부 진고도를 내신좌평으로 하여 정사를 맡겼다. 겨울 11월 고구려가 북쪽 변경을 침범하여왔다.

三年 冬十月王將兵三萬侵高句麗 平壤城。十一月高句麗來侵。

3년. 겨울 10월 왕이 3만 병력을 거느리고 고구려 평양성을 침공하였다. 11월 고구려가 침범해 왔다.

五年 春三月遣使朝晉,其使海上遇惡風,不達而還。夏四月雨土竟日。

5년. 봄 3월 조회하려 진에 사신을 보냈으나 사신은 바다에서 사나운 바람을 만나 도착하지 못하고 돌아왔다. 여름 4월 흙비가 종일 내렸다.

六年 大疫。夏五月地裂,深五丈,橫廣三丈,三日乃合。

6년. 역병이 크게 돌았다. 여름 5월 땅이 깊이 다섯 길, 넓이 세 길이나 되게 갈라졌다가 3일 만에 붙었다.

八年 春不雨至六月。民饑,至有鬻子者,王出官穀贖之。

8년. 봄부터 6월까지 비가 내리지 않았다. 백성이 굶주려 자식을 파는 자까지 나타나 왕이 관곡을 내여 판 자식을 속회해주었다.

十年 春二月日有暈三重,宮中大樹自拔。夏四月王薨。

10년. 봄 2월 햇무리가 세 겹으로 둘러졌고 궁 안의 큰 나무가 저절로 뽑혔다. 여름 4월 왕이 사망하였다.

○**枕流王**,近仇首王之元子,母曰阿(△)[尒]夫人,繼父即位。秋七月遣使入晉朝貢。九月胡僧摩羅難陁自晉至,王(△)[迎]之致宮內,禮敬焉。佛法始於此。

침류왕은 근구수왕의 장자고 모친은 아이부인이며 부친의 뒤를 이어 즉위하였다. 가을 7월 진에 사신을 보내 조공하였다. 9월 호인 승려 마라난타가 진으로부터 오자 왕이 궁 안으로 맞아들여 예우하고 공경하였다. 불교가 이때부터 시작되었다.

二年 春二月創佛寺於漢山,度僧十人。冬十一月王薨。

2년. 봄 2월 한산에 절을 창건하고 승려 10명에게 도첩을 주었다. 겨울 11월 왕이 사망하였다.

三國史記卷第二十五

(삼국사기 권제25)

百濟本紀第三(백제본기 제3)

辰斯王、阿莘王、腆支王、(父木)[久尒]辛王、毗有王、盖鹵王

　진사왕, 아신왕, 전지왕, 구이신왕, 비유왕, 개로왕

○<u>辰斯王</u>、<u>近仇首王</u>之仲子、<u>枕流</u>之弟。爲人强勇,聰惠,多智略。<u>枕流</u>
之薨也,太子少,故叔父<u>辰斯</u>即位。

　진사왕은 근구수왕의 차자 침류의 동생이다. 사람됨이 용맹하며 총명
하고 지략이 많다. 침류가 사망할 때 태자가 어리므로 숙부 진사가
즉위하였다.

二年 春發國内人年十五歲已上設關防,自<u>青木嶺</u>北距<u>八坤城</u>,西至
於海。秋七月隕霜害穀。八月<u>高句麗</u>來侵。

　2년. 봄에 국내의 15세 이상 되는 사람들을 징발하여 방어 관문을 설치
하였다. 청목령으로부터 북쪽으로는 팔곤성, 서쪽로는 바다에 닿았다.
가을 7월 서리가 내려 곡식을 해쳤다. 8월 고구려가 침입하여 왔다.

三年 春正月拜<u>眞嘉謨</u>爲達率,<u>豆知</u>爲恩率。秋九月與<u>靺鞨</u>戰<u>關彌嶺</u>,
不捷。

3년. 봄 정월 진가모를 달솔로, 두지를 은솔로 모셨다. 가을 9월 관미령에서 말갈과 싸웠으나 이기지 못했다.

五年 秋九月王遺兵侵掠高句麗南鄙。

5년. 가을 9월 왕이 군사를 보내 고구려 남쪽 변경을 침범, 노략하였다.

六年 秋七月星孛于北河。九月王命達率眞嘉謨伐高句麗,拔都坤城,虜得二百人。王拜嘉謨爲兵官佐平。冬十月獵於狗原,七日乃返。

6년. 가을 7월 살별이 북하성좌에 나타났다. 9월 왕이 달솔 진가모를 시켜 고구려를 정벌하여 도곤성을 함락시키고 200명을 노획했다. 왕이 가모를 병관좌평으로 모셨다. 겨울 10월 구원에서 사냥하다가 7일 만에 돌아왔다.

七年 春正月重修宮室,穿池造山,以養奇禽異卉。夏四月靺鞨攻陷北鄙赤峴城。秋七月獵國西大島,王親射鹿。八月又獵橫岳之西。

7년. 봄 정월 궁실을 다시 수리하여 못을 파고 산을 만들고 기이한 새와 화초를 길렀다. 여름 4월 말갈이 북쪽 변경의 적현성을 함락시켰다. 가을 7월 나라 서쪽의 큰 섬에서 사냥할 때 왕이 직접 사슴을 쏘았다. 8월 또 횡악 서쪽에서 사냥하였다.

八年 夏五月丁卯朔日有食之。秋七月高句麗王談德帥兵四萬來攻北鄙,陷石峴等十餘城。王聞談德能用兵,不得出拒,漢水北諸部落多沒焉。冬十月高句麗攻拔關彌城。王田於狗原,經旬不返。十一月薨於狗原行宮。

8년. 여름 5월 초하루 정묘에 일식이 있었다. 가을 7월 고구려왕 담덕이 4만 병력을 거느리고 와서 북쪽 변경을 침공하여 석현 등 10여 개 성을 함락시켰다. 왕은 담덕이 용병에 능통하다는 말을 듣고 나가 대항하지 못했으며 한수 북쪽의 부락들이 많이 함락됐다. 겨울 10월 고구려가 관미성을 함락시켰다. 왕이 구원에서 사냥하며 열흘 동안 돌아오지 않았다. 11월 구원의 행궁에서 사망하였다.

○阿莘王或云阿芳枕流王之元子。初生於漢城別宮,神光照夜。及壯,志氣豪邁,好鷹馬。王薨時年少,故叔父辰斯繼位。八年薨,即位。

아신왕혹왈 아방은 침류왕의 장자다. 당초 한성의 별궁에서 태어날 때 신비로운 광채가 밤을 비췄다. 장성하자 의지와 기풍이 호방하며 사냥을 좋아하였다. 왕이 사망할 때 나이가 어렸으므로 숙부 진사가 왕위를 이었다. 재위 8년에 사망하자 즉위하였다.

二年 春正月謁東明廟,又祭天地於南壇。拜眞武爲左將,委以兵馬事。武,王之親舅,沈毅有大略,時人服之。秋八月王謂武曰:"關彌城者,我北鄙之(樳)[襟]要也,今爲高句麗所有。此寡人之所痛惜,而卿之所宜用心而雪恥也。"遂謀將兵一萬伐高句麗南鄙。武身先士卒,以冒矢石,意復石峴等五城,先圍關彌城,麗人嬰城固守。武以糧道不繼引而歸。

2년. 봄 정월 동명왕사당을 배알하고 또 남쪽 제단에서 천지제를 지냈다. 진무를 좌장으로 모시고 군사업무를 맡겼다. 진무는 왕의 외숙부로서 침착하고 강익하며 큰 지략이 있어 사람들이 복종하였다. 가을 8월 왕이 진무에게 왈: "관미성은 우리나라 북쪽 변경의 요새인데 지금은 고구려 소유로 되어 있소. 이는 과인이 통탄하고 애석해하는 바이니 그대가 응당 마음을 기울여 치욕을 씻어야 할 바이요." 그러면서 1만명의 군사를 동원하여 고구려 남쪽 변경을 칠 것을 모의하였다. 진무는 사졸의 앞장에 서서 화살과 돌을 무릅쓰고 석현 등 다섯 성 회복의 뜻을 품고 먼저 관미성을 포위했으며 고구려인은 성을 둘러싸고 굳게 방어하였다. 진무는 군량 수송이 이어지지 못하여 군사를 이끌고 돌아왔다.

三年 春二月立元子腆支爲太子,大赦。拜庶弟洪爲內臣佐平。秋七月與高句麗戰於水谷城下,敗績。太白晝見。

3년. 봄 2월 장자 전지를 태자로 세우고 대사면을 행하였다. 서제 홍을 내신좌평으로 모셨다. 가을 7월 고구려와 수곡성 아래에서 싸워 패배하였다. 태백성이 낮에 나타났다.

四年 春二月星孛于西北,二十日而滅。秋八月王命左將<u>眞武</u>等伐<u>高句麗</u>。<u>麗王</u> <u>談德</u>親帥兵七千陣於<u>浿水</u>之上拒戰。我軍大敗,死者八千人。冬十一月王欲報<u>浿水</u>之役,親帥兵七千人過<u>漢水</u>,次於<u>青木嶺下</u>。會大雪,士卒多凍死,廻軍至<u>漢山城</u>,勞軍士。

4년. 봄 2월 살별이 서북쪽에 나타났다가 20일 만에 사라졌다. 가을 8월 왕이 좌장 진무 등에게 명하여 고구려를 정벌하였다. 고구려왕 담덕이 직접 7천 병력을 거느리고 패수에 진을 치고 대항하였다. 아군이 크게 패하여 8천 명이 죽었다. 겨울 11월 왕이 패수 싸움의 패배를 보복하려 직접 7천 병력을 거느리고 한수를 건너 청목령 아래에 주둔했다. 마침 큰 눈을 만나 동사한 병졸이 많이 생겨 한산성에 돌아와 병사들을 위로하였다.

六年 夏五月王與<u>倭國</u>結好,以太子<u>腆支</u>爲質。秋七月大閱於<u>漢水</u>之南。

6년. 여름 5월 왕이 왜국과 우호 관계를 맺고 태자 전지를 인질로 보냈다. 가을 7월 한수 남쪽에서 큰 열병식을 거행했다.

七年 春二月以<u>眞武</u>爲兵官佐平,<u>沙豆</u>爲左將。三月築<u>雙峴城</u>。秋八月王將伐<u>高句麗</u>,出(帥)[師]至<u>漢山</u>北柵。其夜大星落營中有聲。王深惡之,乃止。九月集都人習射於西臺。

7년. 봄 2월 진무를 병관좌평으로, 사두를 좌장으로 하였다. 3월 쌍현성을 쌓았다. 가을 8월 왕은 고구려를 정벌하려고 출사하여 한산 북쪽 목책에 이르렀다. 그날 밤에 큰 별이 진영에 떨어지며 소리가 났다. 왕은 매우 꺼려하며 그만두었다. 9월 경성 사람들을 모아 서대에서 활쏘기를 연습했다.

八年 秋八月王欲侵<u>高句麗</u>大徵兵馬,民苦於役,多奔<u>新羅</u>,戶口(襄)[衰]滅。

8년. 가을 8월 왕이 고구려를 침공하려고 군사와 말을 대대적으로 징발하니 백성들이 병역에 못 이겨 신라로 많이 도망하여 호구가 줄었다.

九年 春二月星孛于奎婁。夏六月庚辰朔日有食之。

9년. 봄 2월 살별이 규성과 누성 성좌에 나타났다. 여름 6월 초하루 경신에 일식이 있었다.

十一年 夏大旱,禾苗焦枯,王親祭橫岳,乃雨。五月遣使倭國求大珠。

11년. 여름에 크게 가물어 볏모가 말라 왕이 직접 횡악에서 제사지내니 곧 비가 내렸다. 5월 왜국에 사신을 보내 큰 구슬을 요구하였다.

十二年 春二月倭國使者至,王迎勞之特厚。秋七月遣兵侵新羅邊境。

12년. 봄 2월 왜국에서 사신이 오자 왕이 아주 후하게 맞이하고 위로하였다. 가을 7월 군사를 보내 신라 변경을 침공하였다.

十四年 春三月白氣自王宮西起如匹練。秋九月王薨。

14년. 봄 3월 흰 기운이 왕궁 서쪽에서 마치 비단을 펼쳐 놓은 것 같이 일어났다. 가을 9월 왕이 사망하였다.

○腆支王或(士)[云]直支,梁書名映,阿莘之元子。阿莘在位第三年立爲太子,六年出質於倭國。十四年王薨,王仲弟訓解攝政,以待太子還國。季弟碟禮殺訓解,自立爲王。腆支在倭聞訃,哭泣請歸,倭王以兵士百人衛送。既至國界,漢城人解忠來告曰:"大王棄世,王弟碟禮殺兄自王,願太子無輕入。"腆支留倭人自衛,依海島以待之,國人殺碟禮迎腆支即位。妃八須夫人生子久尒辛。

전지왕혹왈 직지은 『양서』에서 이름을 영이라고 하였으며 아신의 장자다. 아신왕 재위 3년 태자로 세워졌고 6년 왜국에 인질로 보냈다. 14년에 아신왕이 사망하자 왕의 둘째 동생 훈해가 섭정하며 태자의 귀국을 기다렸다. 막내 동생 접례가 훈해를 죽이고 스스로 왕이 되었다. 전지가 왜국에서 부고를 듣고 흐느껴 울면서 귀국을 요청하니 왜왕이 100명의 병사로 그를 호송했다. 국경에 이르자 한성인 해충이 와서 고하기를 "대왕이 죽은 후에 왕의 동생 접례가 형을 죽이고 왕으로 자처했으니

태자께서는 경솔히 들어오지 마십시오."라고 하였다. 전지가 왜인을
체류시켜 자위하면서 섬에 의지하고 기다리는 데 나라 사람들이 접례
를 죽이고 전지를 맞이하여 즉위시켰다. 왕비 팔수부인은 아들 구이신
을 낳았다.

二年 春正月王謁東明廟,祭天地於南壇。大赦。二月遣使入晉朝貢。
秋九月以解忠爲達率,賜漢城租一千石。

2년. 봄 정월 왕이 동명왕사당을 배알하고 남쪽 제단에서 천지제를
지냈다. 대사면을 행하였다. 2월 진에 사신을 보내 조공하였다. 가을
9월 해충을 달솔로 하고 한성의 벼 1천 섬을 하사하였다.

三年 春二月拜庶弟餘信爲內臣佐平,解須爲內法佐平,解丘爲兵官
佐平。皆王戚也。

3년. 봄 2월 서제 여신을 내신좌평으로, 해수를 내법좌평으로, 해구를
병관좌평으로 모셨다. 모두 왕의 친척이다.

四年 春正月拜餘信爲上佐平,委以軍國政事。上佐平之職始於此,若
今之冢宰。

4년. 봄 정월 여신을 상좌평으로 모시고 나라의 군사와 정사를 맡겼다.
상좌평 직은 이때부터 시작됐으며 지금의 총재와 같다.

五年 倭國遣使送夜明珠,王優禮待之。

5년. 왜국이 사신을 파견하여 야명주를 보내왔으며 왕이 특별히 예우하
였다.

十一年 夏五月甲申彗星見。

11년. 여름 5월 갑신에 혜성이 나타났다.

十二年 東晉安帝遣使冊命王爲使持節、都督百濟諸軍事、鎭東將軍、
百濟王。

12년. 동진안제가 사신을 보내 왕을 사지절, 도독백제제군사, 진동장
군, 백제왕으로 책봉하였다.

十三年 春正月甲戌朔日有食之。夏四月旱,民饑。秋七月徵東北二部

人年十五已上,築沙口城,使兵官佐平解丘監役。

13년. 봄 정월 초하루 병술에 일식이 있었다. 여름 4월 가물어 백성이 굶주렸다. 가을 7월 동부와 북부 두 부의 15세 이상 되는 사람들을 징발하여 사구성을 쌓으며 병관좌평 해구를 시켜 역사를 감독하게 하였다.

十四年 夏遣使倭國送白綿十匹。

14년. 여름 왜국에 사신을 보내 흰 포목 열 필을 보냈다.

十五年 春正月戊戌星孛于太微。冬十一月丁亥朔日有食之。

15년. 봄 정월 무술에 살별이 태미성좌에 나타났다. 겨울 11월 초하루 정해에 일식이 있었다.

十六年 春三月王薨。

16년. 봄 3월 왕이 사망하였다.

〇久爾辛王,腆支王長子。腆支王薨,即位。

구이신왕은 전지왕의 장자다. 전지왕이 사망하자 즉위하였다.

(△)[八]年 冬十二月王薨。

8년. 겨울 12월 왕이 사망하였다.

〇毗有王 久尒辛王之長子或云腆支王庶子,未知孰是。美姿貌,有口辯,人所推重。久爾辛王薨,即位。

비유왕은 구이신왕의 장자다혹왈 전지왕의 서자. 어느 말이 옳은지 알 수 없다. 용모가 예쁘고 말재주가 좋으며 사람들이 받들며 중히 여겼다. 구이신왕이 사망하자 즉위했다.

二年 春二月王巡撫四部,賜貧乏穀有差。倭國使至,從者五十人。

2년. 봄 2월 왕이 4부를 순행하며 위무하고 가난한 자들에게 차등을 두어 곡식을 하사하였다. 왜국 사신이 왔는데 수행자가 50명이었다.

三年 秋遣使入宋朝貢。冬十月上佐平餘信卒,以解須爲上佐平。十一月地震,大風飛瓦。十二月無冰。

3년. 가을 송에 사신을 보내 조공하였다. 겨울 10월 상좌평 여신이 죽어 해수를 상좌평으로 하였다. 11월 지진이 일어나고 큰 바람에 기와가 날렸다. 12월 얼음이 얼지 않았다.

四年 夏四月宋文皇帝以王復修職貢,降使冊授先王映爵號_{腆支王十二年}東晉冊命爲使持節、都督百濟諸軍事、鎮東將軍、百濟王。

4년. 여름 4월 송문황제는 왕이 다시 조공을 수복하였기 때문에 사신을 내려 보내 선왕 영의 작호로 책봉했다. 전지왕 12년에 동진은 사지절, 도독백제 제군사, 진동장군, 백제왕으로 책봉했었다.

七年 春夏不雨。秋七月遣使入新羅請和。

7년. 봄, 여름에 비가 오지 않았다. 가을 7월 신라에 사신을 보내 화친을 청하였다.

八年 春二月遣使新羅送良馬二匹。秋九月又送白鷹。冬十月新羅報聘以良金、明珠。

8년. 봄 2월 신라에 사신을 보내 좋은 말 두 필을 보냈다. 가을 9월 또 흰 매를 보냈다. 겨울 10월 신라에서 좋은 금과 명주로 답례하였다.

十四年 夏四月戊午朔日有食之。冬十月遣使入宋朝貢。

14년. 여름 4월 초하루 무오에 일식이 있었다. 겨울 10월 송에 사신을 보내 조공하였다.

二十一年 夏五月宮南池中有火,焰如車輪,終夜而滅。秋七月旱,穀不熟,民饑,流入新羅者多。

21년. 여름 5월 궁궐 남쪽 못에서 불길이 일어났는데 불꽃이 수레바퀴 같았고 밤이 새어 꺼졌다. 가을 7월 가물어 곡식이 여물지 않았으며 백성들이 굶주려 신라로 유입한 자가 많았다.

二十八年 星隕如雨,星孛于西北,長二丈許。秋八月蝗害穀,年饑。

28년. 별이 비처럼 떨어지고 길이 두 발 쯤의 살별이 서북쪽에 나타났다. 가을 8월 황충이 곡식을 해쳐 기근이 들었다.

二十九年 春三月王獵于漢山。秋九月黑龍(△)[見]漢江，須臾雲霧晦冥
飛去。王薨。

29년. 봄 3월 왕이 한산에서 사냥하였다. 가을 9월 검은 용이 한강에
나타났는데 잠깐 사이에 구름과 안개가 끼어 어두워지자 날아갔다.
왕이 사망하였다.

○**蓋鹵王**或云近蓋婁諱慶司，毗有王之長子。毗有在位二十九年薨，嗣。

개로왕혹왈 근개루의 이름은 경사이고 비유왕의 장자다. 비유왕 재위 29
년에 사망하자 왕위를 이었다.

十四年 冬十月癸酉朔日有食之。

14년. 겨울 10월 초하루 계유에 일식이 있었다.

十五年 秋八月遣將侵高句麗南鄙。冬十月葺雙峴城，設大柵於青木
嶺，分北漢山城士卒戌之。

15년. 가을 8월 장수를 파견하여 고구려 남쪽 변경을 침공하였다. 겨울
10월 쌍현성을 수리하고 청목령에 큰 목책을 설치하였으며 북한산성
의 사졸들을 나누어 수비하였다.

十八年 遣使朝魏，上表曰：“臣立國東極，豺狼隔路，雖世承靈化，莫由
奉藩。(△)[瞻]望雲闕，馳情罔極。涼風微應，伏惟皇帝陛下協和天休，不
勝係仰之情。謹遣私署冠軍將軍、駙馬都尉、弗斯侯、長史餘禮、龍驤
將軍、帶方太守、司馬張茂等，投舫波阻，搜徑玄津，託命自然之(俥)
[運]，遣進萬一之誠。(△)[冀]神(秖)[祇]垂感，皇靈洪覆，克達天庭，宣暢
臣志，雖旦聞夕沒，永無餘恨。”

18년. 위에 사신을 보내 조회하며 표문을 올렸다: '소신이 동쪽 끝에
나라를 세웠으나 이리와 승냥이가 길을 막아 비록 대대로 신령의 교화
를 받았으나 번방의 예의를 바칠 수 없습니다. 멀리 천자의 궁궐을
바라보면서 달려가고 싶은 심정은 끝없습니다. 서늘한 바람이 가볍게
불 때 삼가 생각하건대 황제폐하께서는 천복에 조화를 이루시니 사모

하는 심정을 이길 수 없습니다. 삼가 사사로이 임명한 관군장군, 부마도
위, 불사후, 장사 여례와 용양장군, 대방 태수, 사마 장무 등을 보내어
험한 파도에 배를 띄워 아득한 나루를 찾아 목숨을 자연의 운에 맡기면
서 만분의 일의 성의라도 보내고자 합니다. 바라건대 천지신명의 감응
을 내리시고 황제의 신령으로 크게 덮어주시어 궁궐에 도달할 수 있어
소신의 뜻을 전하게 할 수 있다면 비록 아침에 전달되고 저녁에 죽더라
도 영원히 유감이 없을 것입니다.'

又云:"臣與高句麗源出扶餘,先世之時篤崇舊款。其祖釗輕廢鄰好,
親率士衆凌踐臣境。臣祖須整旅電邁,應機馳擊,矢石暫交,[94] 梟斬釗
首。自爾已來莫敢南顧。自馮氏數終,[95] 餘燼奔竄,醜類漸盛。遂見凌
逼,構怨連禍三十餘載,財殫力竭,轉自孱踤。若天慈曲(△)[矜],遠及無
外,速遣一將,來救臣國,當奉送(△)[鄙]女,執[箒]後宮,并遣子弟牧圉
外廐。尺壤匹夫不敢自有。"

또 말했다: '소신과 고구려의 근원은 부여이므로 조상 때는 옛 정이
돈독했습니다. 그의 조부 소가 경솔하게 이웃의 우호 관계를 깨뜨리
고 직접 군사를 거느려 우리의 국경을 마구 짓밟았습니다. 소신의 조부
수가 군사를 정비하여 번개같이 달려가 기회를 타서 공격하여 화살과
돌이 갑자기 날려들었지만 소의 머리를 베어 효시하였습니다. 이로부
터 감히 남쪽을 넘겨보지 못했습니다. 풍씨의 운수가 끝나 잔적이 도망
해 오더니 추악한 무리가 차츰 흥성해졌습니다. 드디어 능욕과 핍박을
당하게 되었고 원한을 맺고 전화가 이어진지 30여 년이 되어 재력과
힘이 쇠약하고 궁핍해졌습니다. 만일 폐하께서 인자한 마음으로 가련
히 여기시고 보살핌이 먼 곳까지 미치셔 속히 장수 한 사람을 보내셔
소신의 나라를 구해주신다면 저의 딸을 보내 후궁을 청소하고 더불어

---

94) 矢石暫交: 중앙본 '화살과 돌로 잠시 싸운 끝에'.

95) 自馮氏數終: 北燕 왕 馮弘이 北魏의 공격을 받아 고구려로 망명한 사건을 말함.

자제를 보내 외양간 일을 하여 드리렵니다. 한 치의 땅,한 명의 백성도
감히 차지하지 않겠습니다."

又云:"今璉有罪,國自魚肉,[96]大臣彊族戮殺無已,罪盈惡積,民庶崩
離。是滅[亡]之期,假手之秋也。且(馬)[馮]族士馬有鳥畜之戀,[97]樂浪
諸郡懷首丘之心,天威一擧,有征無戰。臣雖不敏,志效畢力,當率所統,
承風響應。且高句麗不義,逆詐非一,外慕隗囂藩卑之辭,[98]內懷凶禍
豕突之行。或南通劉氏,或北約蠕蠕,共相脣(齒)[齒],謀凌王略。昔唐堯
至聖,致罰丹水,孟嘗稱仁,不捨塗詈。涓流之水宜早壅塞,今若不取,將
貽後悔。

또 말했다: '지금 장수왕 연은 죄를 지어 나라 사람들이 서로 상잔하고
대신과 호족들의 살육이 끝없으며 죄악이 넘쳐나서 백성들은 뿔뿔이
흩어졌습니다. 이는 멸망할 시기, 손쓸 때입니다. 또한 풍족의 군마는
짐승이 주인을 따르는 심정을 가지고 있고 낙랑의 군들은 고향으로
돌아가고자 하니 황제의 위엄이 한번 떨치시면 싸움 없이도 정벌을
이루게 됩니다. 소신은 비록 명민하지 못하나 뜻과 힘을 다하여 휘하의
군사를 거느리고 위풍을 받들어 호응하렵니다. 또한 고구려는 의롭지
못하여 반역과 사기가 하나만이 아니며 밖으로는 외효가 번국으로 자신
을 낮추는 말을 쓰며 속으로는 흉악하고 저돌적인 행위를 품고 있습니
다. 혹은 남쪽의 유씨와 내통하고 혹은 북쪽의 연연과 맹약을 맺어
내외로 결탁하여 왕법을 능멸하고자 모의합니다. 옛날 요임금은 지극한
성인이었으나 단수에서 묘만을 처벌하셨고 맹상군은 어질다고 칭송받
았으나 길가에서 꾸짖는 자를 가만 두지 않았습니다. 작게 흐르는 물도
일찍 막아야 하듯 지금 취하지 않으면 앞날의 후회로 남을 것입니다.

---

96) 國自魚肉: 나라가 고기처럼 칼질 당하다. 중앙본 '나라가 스스로 으깨어지고'.

97) 馮族: 고구려로 망명해 온 馮弘의 무리를 일컬음.

98) 隗囂: 왕망 말에 선후로 劉玄, 광무제, 공손술을 섬겼다. 反覆無常한 인물을 비유한다.

去庚辰年後, 臣西界小石山北國海中見屍十餘, 并得衣器鞍勒, 視之, 非高句麗之物。後聞乃是王人來降臣國, 長蛇隔路, 以沉于海。雖未委當, 深懷憤恚。昔宋戮申舟, 楚莊徒跣, 鴟攝放鳩, 信陵不食。克敵立名, (△)[美]隆無已。夫以區區偏鄙, 猶慕萬代之信, 況陛下合气天地, 勢傾山海, 豈令小豎跨塞天(達)[遠]? 今上所得鞍, 一以實驗。"顯祖以其僻遠冒險朝獻, 禮遇尤厚, 遣使者邵安與其使俱還。

지난 경진년 후에 우리나라 서쪽 경계의 소석산북국 바다에서 10여구의 시체를 보았고 동시에 의복, 기물, 안장, 굴레 등을 얻었는데 살펴보니 고구려 물건이 아니었습니다. 후에 들으니 바로 황제의 사신이 소신의 나라로 내려오다가 큰 뱀인 고구려가 길을 막아 바다에 빠진 것이라 합니다. 비록 자세히 알 수는 없으나 매우 분하게 생각합니다. 옛날 송이 신주를 죽이니 초장왕이 맨발로 뛰어나왔고 새매가 풀어준 비둘기를 잡으니 신릉군이 식사를 하지 않았다고 합니다. 적을 이기고 이름을 날리면 아름답고 훌륭하기 그지없습니다. 작은 변방도 만대의 신의를 생각하는데 하물며 폐하께서는 천지의 기를 모으시고 세력이 산과 바다를 기울일 수 있는데 어찌 풋내기로 하여금 천제의 길을 막게 하겠습니까? 지금 얻은 안장도 올리니 이 하나로라도 검증해 보시기 바랍니다.' 현조가 백제의 사신이 멀리 떨어진 곳에서 위험을 무릅쓰고 조회하고 헌납하였으므로 후히 예우하고 사신 소안을 파견해 같이 돌아가게 하였다.

詔曰: "得表聞之無恙, (共)[甚]善。卿在東隅, 處五服之外, 不遠山海, 歸誠魏闕, 欣嘉至意, 用气戢于懷。朕承萬世之業, 君臨四海, 統御群生。今宇內清一, 八表歸義, 襁負而至者不可稱數。風俗之和、士馬之盛, 皆餘禮等親所聞見。卿與高句麗不穆, 屢致凌犯, 苟能順義, 守之以仁, 亦何憂於寇讎也? 前所遣使, 浮海以撫荒外之國, 從來積年, 往而不返, 存亡達否, 未能審悉。卿所送鞍比校舊乘, 非中國之物。不可以疑似之事, 以生必然之過。經略權要以具別旨。"

조칙을 내렸다: '표문을 받고 탈 없이 지낸다니 매우 좋도다. 그대가 동쪽 한 구석 5복의 밖에 있으면서 산과 바다를 멀다 하지 않고 위의 조정에 정성을 바치니 지극한 뜻을 가상히 여겨 가슴속에 기억해둔다. 짐은 만대에 위업을 받고 사해에 군림하여 백성들을 다스린다. 지금 천하는 깨끗이 통일되고 팔방이 의로 귀하니 짐을 지고 찾아오는 자들이 헤아릴 수 없이 많다. 풍속이 어울리고 군마가 성대함은 여례 등이 직접 듣고 본 바이다. 그대는 고구려와 불화하여 여러 번 능욕과 침범을 당하였지만 만일 의리에 순응하고 인으로 지킨다면 원수에 대하여 무엇을 걱정하겠는가? 전번에 사신을 파견하여 바다를 건너 국경 밖의 먼 나라를 위무하였으나 지금까지 여러 해가 되도록 돌아오지 않으니 살았는지, 죽었는지, 도착했는지 못했는지를 상세히 알 수가 없다. 그대가 보낸 안장을 예전 것과 비교하여 보니 중국의 물품이 아니다. 비슷한 것으로 반드시 그렇다고 단정하는 과오가 생기면 안 된다. 경략의 계획은 별지에 상세히 밝혔다.'

又詔曰:"知高句麗阻彊,99)侵軼卿(上)[土],修先君之舊怨,棄息民之大德。兵交累載,難結荒邊,使兼申胥之誠,100)國有楚、越之急。乃應展義扶微,乘機電擧。但以高句麗稱藩先朝,供職日久。於彼雖有自昔之釁,於國未有犯令之愆。卿使命始通,便求致伐,尋討事會,理亦未周。故往年遣禮等至平壤,欲驗其由狀,然高句麗奏請頻煩,辭理俱詣。行人不能抑其請,司法無以成其責。故聽其所啓,詔禮等還。

또 조칙을 내렸다: 고구려가 변강을 막고 그대의 국토를 침범하며 선대 임금의 오랜 원수를 갚으려고 백성을 편안케 하는 큰 덕을 버렸음을 알았다. 전쟁이 여러 해 이어져 난이 변경에 맺혀졌으므로 사신은

---

99) 高句麗阻彊: 중앙본 '고구려가 강함을 믿고'. '疆'을 '彊'으로 착각해서 생긴 오류.
100) 申胥之誠: 초나라의 사신 申包胥의 성의. 吳가 楚를 침공하자 申은 秦에 구원병을 청하러 갔는데 7일 동안이나 哭하며 한 모금의 물도 마시지 않았다.

신포서의 정성을 나타냈고 나라는 초, 월의 관계와 같이 위급해졌다. 마땅히 정의를 펴고 약자를 구하기 위해 기회를 보아 번개처럼 공격해야 한다. 그러나 고구려는 선대 때 번방을 자처하며 오랫동안 조공과 술직을 하여왔다. 그들은 비록 이전부터 흠집은 있었으나 조정의 명령을 범한 잘못은 없다. 그대는 사신이 보내는 시작부터 곧 토벌하기를 요청하였으나 문제의 계기를 검토해보면 이유가 또한 충분하지 못하다. 그러므로 지난해에 예 등을 평양에 보내 상황을 검증하려 하였으나 고구려 빈번한 주청에는 이유가 구전하였다. 사신은 그들의 요청을 억누를 수 없었고 사법상 그들에게 죄책을 씌울 만한 거리가 없었다. 그러므로 그들이 말하는 바를 들어주고 조직으로 예 등을 소환하였다.

"若今復違旨,則過(名)[咎]益露,後雖自陳,無所逃罪。然後興師討之,於義爲得。九夷之國世居海外,道暢則奉藩,惠戢則保境。故羈縻著於前典,楛貢曠於歲時。卿備陳彊弱之形,具列往代之迹,俗殊事異,擬況乖衷。洪規大略其致猶在。今中夏平一,宇內無虞。每欲陵威東極,懸旌域表,拯荒黎於偏方,舒皇風於遠服。良由高句麗即叙,未及卜征。今若不從詔旨,則卿之來謀載(恊)[協]朕意,元戎啓行,將不云遠。便可豫率同興,具以待事,時遣報使,速究彼情。師擧之日卿爲鄉導之首,大捷之後又受元功之賞,不亦善乎?所獻錦布海物雖不悉達,明卿至心。今賜雜物如別。"

'만약 이제 다시 명령을 어기면 과오가 더욱 드러날 것이므로 뒷날 변명을 하더라도 죄명을 회피할 길이 없다. 그런 후에 군사를 풀어 토벌해야 이치상 타당하다. 구이의 나라들은 대대로 바다 밖에 살면서 왕도가 창달되면 번국의 예절로 받들고 은혜가 중단되면 자기의 영토를 지킨다. 그러므로 종속 관계를 유지하는 것은 예전 법전에 있으나 토산물을 바치는 일 또한 때때로 비었었다. 그대가 강약에 대한 형세를 구구히 말하였으며 지난 세대의 사실을 일일이 열거하였지만 풍속이 다르고 사정이 변하여 비교한 상황이 합당치가 않다. 우리의 너그러운 규범과 관대한 정책은 아직 그대로이다. 지금 중국은 평안하고 통일되어 나라 안에 근심이 없다. 매양 동쪽 끝까지 위엄을 떨치고 국경 밖에 깃발을 휘날려 외딴 나라의 백성을 구원하며 먼 지방까지 황제의 위풍을 보이고 싶었다. 사실은 고구려가 그때마다 진정을 토로하였기 때문에 미처 토벌을 도모하지 못했다. 지금 그들이 나의 조칙에 순종하지 않는다면 그대의 계책이 나의 뜻과 맞으니 큰 군사가 토벌의 길을 떠나는 일도 멀다고 할 수 없다. 그때면 그대도 참여하여 우리를 따라 군사를 출동할 것이니 만반의 준비를 갖추고 기다리다가 수시로 소식을 전하는 사신을 보내 속히 그쪽의 사정을 구명하라. 군사가 출동하는 날 그대가 향도의 우두머리가 되고 대승한 후에는 역시 큰 공로로 상을 받게 될 것이니 또한 좋지 않은가? 바친 금포와 해산물은 비록 모두 도착하지는 않았으나 그대의 지극한 성의는 잘 알겠다. 지금 다른 조칙에 씌어 있듯이 여러 가지 물품을 하사한다.'

又詔璉護送安等。安等至高句麗,璉稱昔與餘慶有讎,不令東過,安等於是皆還,乃下詔切責之。後使安等從東萊浮海,賜餘慶璽書,褒其誠節。安等至海濱,遇風飄蕩,竟不達而還。王以麗人屢犯邊鄙,上表乞師於魏,不從。王怨之,遂絶朝貢。

또 고구려 장수왕 연에게 조서를 보내 소안 등을 백제로 호송토록 하였다. 소안 등이 고구려에 이르자 연이 예전에 여경과 원수진 일이 있다며 동쪽으로 건너가지 못하게 하여 소안 등이 모두 돌아왔으므로 곧 조서를 내려 엄하게 꾸짖었다. 후에 소안 등이 동래에서 바다로 건너가서 여경에게 조서를 주어 그의 정성과 절조를 표창하였다. 소안 등이 바다에서 바람을 만나 표류하다가 끝내 도달하지 못하고 돌아갔다. 왕은 고구려가 자주 변경을 침범한다며 위에 표문을 올려 군사를 요청하였으나 듣지 않았다. 왕은 원망하여 조공을 끊었다.

二十一年 秋九月麗王巨璉帥兵三萬來圍王都漢城。王閉城門不能出戰。麗人分兵爲四道夾攻,又乘風縱火,焚燒城門。人心危懼,或有欲出降者。王窘,不知所圖,領數十騎出門西走。麗人追而害之。先是,<u>高句麗</u> <u>長壽王</u>陰謀<u>百濟</u>,求可以間諜於彼者。時浮屠<u>道琳</u>應募曰:"愚僧既不能知道,思有以報國恩。願大王不以臣不肖指使之,期不辱命。"王悅,密使譎<u>百濟</u>。於是<u>道琳</u>佯逃罪,奔入<u>百濟</u>。時<u>百濟王</u> <u>近蓋婁</u>好 ⑴[博]奕。<u>道琳</u>詣王門,告曰:"臣少而學棋,頗入妙,願有聞於左右。"王召入對棋,果國手也。遂尊之爲上客,甚親昵之,恨相見之晚。

21년. 가을 9월 고구려왕 거련이 3만 병력을 거느리고 와서 경성 한성을 포위했다. 왕은 성문을 닫고 출전하지 못했다. 고구려군은 네 갈래로 나누어 협공하고 또한 바람을 이용해서 불을 질러 성문을 태웠다. 인심은 겁에 질려 나가 항복 하려는 자도 혹 있었다. 왕은 궁핍하여 어쩔 바를 몰라 기병 수십 명을 거느리고 성문을 나가 서쪽으로 도주하였으며 고구려군이 추격하여 살해했다. 당초 고구려 장수왕이 백제를 은밀히 도모하려고 백제에 가서 첩자 노릇을 할 만 한 자를 구하였다. 그때 승려 도림이 응모하여 왈: "소승은 도는 알지 못하지만 나라의 은혜에 보답코자 생각합니다. 원컨대 대왕께서 소신을 불초하다 여기지 않고 써준다면 왕명을 욕되게 하지 않음을 기약합니다." 왕이 기뻐하여 비밀리에 백제를 속이도록 하였다. 이에 도림은 거짓으로 죄 지고 도망하는 체하며 백제로 들어갔다. 당시 백제왕 근개루는 바둑을 즐겼다. 도림이 대궐 문에 이르러 고하여 왈: "소신은 어려서부터 바둑을 배워 묘수를 꾀나 알고 있으니 곁에서 알려 드리고자 합니다." 왕이 불러 들여 바둑을 두어보니 과연 국수였다. 그를 상객으로 존대하고 매우 친하게 여기며 서로 늦게 만난 것을 한탄하였다.

<u>道琳</u>一日侍坐,從容曰:"臣異國人也,上不我疏外,恩私甚渥,而惟一技之是效,未嘗有分毫之益。今願獻一言,不知上意如何耳。"王曰:"第言之,若有利於國,此所望於師也。"<u>道琳</u>曰:"大王之國四方皆山丘河海,是天設之險,非人爲之形也。是以四鄰之國莫敢有覬心,但願奉事之不暇。則王當以崇高之勢、富有之業,竦人之視聽,而城郭不葺,宮室

不修。先王之骸骨權攢於露地,百姓之屋廬屢壞於河流,臣竊爲大王不取也。"王曰:"諾!吾將爲之。"於是盡發國人,烝土築城,即於其內作宮樓閣臺榭,無不壯麗。又取大石於郁里河作槨,以葬父骨,緣河樹堰,[101]自蛇城之東至崇山之北。

도림이 하루는 왕을 모시고 앉아 있다가 조용히 왈: "소신은 다른 나라 사람인데 왕께서 저를 소외시키지 않고 많은 은혜를 베풀어주셨으나 다만 한 가지 재주만 헌납했을 뿐이고 아직 털끝만한 이익도 드린 적이 없습니다. 지금 한 마디 말씀 올리려하나 왕의 뜻이 어떠한지 알 수 없습니다." 왕 왈: "일단 말해 봐라. 만일 나라에 이롭다면 이는 선생에게 바라는 바이다." 도림 왈: "대왕의 나라는 사방이 모두 산,언덕,강,바다이니 이는 하늘이 만든 요새이지 사람의 힘으로 된 지형이 아닙니다. 그러므로 사방의 이웃 나라들이 감히 엿볼 마음을 갖지 못하고 다만 받들어 섬기는 기회를 찾지 못하여 헤맵니다. 그러므로 왕께서는 마땅히 숭고한 위세와 부유한 업적으로 사람들의 이목을 두렵게 해야 할 것인데 성곽과 궁실이 수리 되지 않았습니다. 선왕의 해골은 들판에 대충 쌓여 있으며 백성의 가옥은 자주 강물에 허물어지니 이는 대왕이 취할 바가 아니라고 소신은 생각합니다." 왕 왈: "좋다! 내가 그렇게 하겠다." 이에 나라 사람들을 모조리 징발하여 흙을 쪄서 성을 쌓고 그 안에 궁실, 누각, 사대를 지으니 웅장하고 화려하지 않을 수 없었다. 또한 욱리하에서 큰 돌을 가져다 곽을 만들어 부친의 해골을 장사하고 사성 동쪽으로부터 숭산 북쪽까지 강을 따라 둑에 나무 심었다.

是以倉庾虛竭,人民窮困,邦之阽杌甚於累卵,於是道琳逃還以告之。長壽王喜,將伐之,乃授兵於帥臣。近蓋婁聞之,謂子文周曰:"予愚而不明,信用姦人之言,以至於此。民殘而兵弱,雖有危事,誰肯爲我力戰?吾當死於社稷,汝在此俱死,無益也。盍避難以續國系焉?"文周乃

---

101) 緣河樹堰: 중앙본 '강을 따라 둑을 쌓았는데'. '樹', 명사 동사화, 나무를 심다.

與木劦滿致、祖彌桀取 木劦、祖彌皆複姓。隋書以木、劦爲二姓，未知孰是 南行焉。至是高句麗對盧齊于、再曾桀婁、古尒萬年 再曾、古尒皆複姓 等帥兵來攻北城，七日而拔之，移攻南城，城中危恐，王出(△)[逃]。麗將桀婁等見王下馬拜已，向王面三唾之，乃數其罪，縛送於阿且城下戕之。桀婁、萬年本國人，也獲罪逃竄高句麗。

이로 하여 창고가 텅 비고 백성들이 곤궁하여져서 나라는 누란의 위기를 맞게 되었고 이때 도림이 도망해 돌아와서 보고하였다. 장수왕이 기뻐하며 백제를 치려고 장수들에게 군사를 주었다. 근개루가 이 말을 듣고 아들 문주에게 말했다: "내가 어리석고 밝지 못하여 간사한 사람의 말을 믿다가 이 지경이 되었구나. 백성들은 쇠잔하고 군사는 약하니 위급한 일을 당하여도 누가 나를 위하여 힘써 싸우려 하겠는가? 나는 당연히 나라를 위해 죽어야 하지만 네가 여기에서 함께 죽는 것은 유익할 것이 없다. 어찌 난리를 피하고 있다가 나라의 왕통을 잇지 않을 수 있으랴?" 문주가 곧 목협만치와 조미걸취목협, 조미는 모두 복성인데 『수서』는 목과 협을 두 개의 성으로 보았으니 어느 것이 옳은지 알 수 없다와 같이 남쪽으로 갔다. 이때 이르러 고구려 대로 제우, 재증걸루, 고이만년재증, 고이는 모두 복성이다 등이 군사를 거느리고 와서 북쪽 성을 공격한지 7일 만에 함락시키고 남쪽 성으로 옮겨 공격하자 성 안이 위험과 두려움에 빠지고 왕은 도망쳐 나갔다. 고구려 장수 걸루 등이 왕을 보고 말에서 내려 절을 하고 왕의 낯에 침을 세 번 뱉고 죄목을 따진 다음 묶어서 아차성 밑으로 보내 죽였다. 걸루와 만년은 백제인인데 역시 죄를 짓고 고구려로 도망간 사람이다.

論曰：楚(明)[昭]王之亡也，鄖公辛之弟懷將弒王，曰："平王殺吾父，我殺其子，不亦可乎？"辛曰："君討臣，誰敢仇之？君命，天也。若死天命，將誰仇？"桀婁等自以罪不見容於國，而導敵兵，縛前君而害之，其不義也，甚矣。曰："然則伍子胥之入郢鞭尸，何也？"曰："楊子法言評此以爲不由德。所謂德者，仁與義而已，則子胥之狠，不如鄖公之仁。以此論之。

桀紂等之爲不義也,明矣。"

논평하여 왈: 초나라 소왕이 운으로 도망갔을 때 운공신의 동생 회가 소왕을 시해하려 하면서 왈: "평왕이 나의 부친을 죽였으니 내가 그의 아들을 죽이는 것 또한 옳지 않은가?" 운공신이 말했다: "임금이 신하를 문죄하는 것을 누가 감히 원수로 생각하겠는가? 임금의 명령은 하늘이다. 천명으로 죽었는데 누구를 원수로 하려는가?" 결루 등은 자신의 죄 때문에 나라에서 용납되지 못했는데 적병을 인도하여 자기의 이전 임금을 묶어 죽였으니 너무나 의롭지 못하다. 왈: "그렇다면 오자서가 초의 경성 영에 들어가 평왕의 시체에 매질한 것을 어떻게 볼 것인가?" 왈: "양자『법언』에는 이를 덕에 기인된다고 할 수 없다고 평하였다. 이른바 덕이란 인과 의만 있을 뿐이니 오자서의 매서움은 운공의 어진 행위만 못하다." 이렇게 평한다면 결루 등이 의롭지 못함은 자명하다.

三國史記卷第二十六

(삼국사기 권제26)

百濟本紀第四(백제본기 제4)

文周王、三斤王、東城王、武寧王、聖王

　　문주왕, 삼근왕, 동성왕, 무령왕, 성왕

○文周王或作汶州,蓋鹵王之子也。初毗有王薨,蓋鹵嗣位,文周輔之,位至上佐平。蓋鹵在位二十一年高句麗來侵,圍漢城。蓋鹵嬰城自固,使文周求救於新羅,得兵一萬廻。麗兵雖退,城破王死,遂即位。性柔不斷,而亦愛民,百姓愛之。冬十月(△)[移]都於熊津。

　　문주왕혹왈 汶州은 개로왕의 아들이다. 당초 비유왕이 사망하고 개로가 왕위를 이었을 때 문주가 보좌하며 직위가 상좌평에 이르렀다. 개로왕 재위 21년에 고구려가 침입하여 한성을 포위하였다. 개로왕은 성문을 닫고 굳게 수비하면서 문주를 신라에 보내 구원을 요청토록 하여 구원병 1만 명을 얻고 돌아왔다. 고구려군은 비록 물러갔으나 성이 파괴되고 왕이 죽어서 문주가 즉위하였다. 성격은 우유부단하나 백성을 사랑하므로 백성도 그를 사랑하였다. 겨울10월 웅진으로 도읍을 옮겼다.

二年 春二月修茸大豆山城,移漢北民戶。三月遣使朝宋,高句麗塞路,不達而還。夏四月耽羅國獻方物,王喜,拜使者爲恩率。秋八月拜<u>解仇</u>爲兵官佐平。

2년. 봄 2월 대두산성을 수축하고 한강 북쪽의 민가를 이주시켰다. 3월 송에 사신을 보내 조회하려 하였으나 고구려가 길을 막아 가지 못하고 되돌아왔다. 여름 4월 탐라국에서 토산물을 바쳐오자 왕이 기뻐하여 사신을 은솔로 모셨다. 가을 8월 해구를 병관좌평으로 모셨다.

<u>三年</u> 春二月重修宮室。夏四月拜王弟<u>昆支</u>爲內臣佐平,封長子<u>三斤</u>爲太子。五月黑龍見<u>熊津</u>。秋七月內臣佐平<u>昆支</u>卒。

3년. 봄 2월 궁실을 다시 수리하였다. 여름 4월 왕의 동생 곤지를 내신좌평으로 모시고 장자 삼근을 태자로 책봉하였다. 5월 검은 용이 웅진에 나타났다. 가을 7월 내신좌평 곤지가 죽었다.

<u>四年</u> 秋八月兵官佐平<u>解仇</u>擅權亂法,有無君之心,王不能制。九月王出獵,宿於外,<u>解仇</u>使盜害之,遂薨。

4년. 가을 8월 병관좌평 해구가 마음대로 권력을 행사하고 법을 문란하게 하며 임금을 무시하는 마음이 있었으나 왕이 제어하지 못하였다. 9월 왕이 사냥하러 나가 밖에서 묵었는데 해구가 도적을 시켜 해쳐 왕이 사망하였다.

〇<u>三斤王</u>或云壬乞,<u>文周王</u>之長子。王薨繼位,年十三歲,軍國政事一切委於佐平<u>解仇</u>。

삼근왕혹왈 임걸은 문주왕의 장자다. 왕이 사망하자 왕위를 이었으나 나이 13세이므로 군사와 정사를 모두 좌평 해구에게 맡겼다.

<u>二年</u> 春佐平<u>解仇</u>與恩率<u>燕信</u>聚衆據<u>大豆城</u>叛。王命佐平<u>眞男</u>以兵二千討之,不克。更命德率<u>眞老</u>帥精兵五百擊殺<u>解仇</u>。<u>燕信</u>奔<u>高句麗</u>,收其妻子斬於熊(建)[津]市。

2년. 봄에 좌평 해구가 은솔 연신과 함께 무리를 모아 대두성을 거점으로 반란을 일으켰다. 왕이 좌평 진남을 시켜 2천 병력으로 토벌하였으

나 이기지 못했다. 다시 덕솔 진로를 시켜 정예군 5백 명을 거느리고 해구를 공격하여 죽였다. 연신이 고구려로 달아나자 그의 처자들을 잡아 웅진시장에서 참수했다.

論曰:春秋之法,君弑而賊不討,則深責之,以爲無臣子也。解仇賊害文周,其子三斤繼位,非徒不能誅之,又委之以國政。至於據一城以叛,然後再興大兵以克之。所謂"履霜不戒,馴致堅冰;熒熒不滅,至于炎炎"。其所由來漸矣。唐憲宗之弑,三世後僅能殺其賊,況海隅之荒僻、三斤之童蒙,又烏足道哉!

논평하여 왈: 춘추의 법에 임금을 시해했는데 역적을 토벌하지 않으면 신하다운 신하가 없다며 엄격히 문책한다. 해구가 문주왕을 시해하였는데 그의 아들 삼근이 왕위를 계승하며 죽이지 않았을 뿐만 아니라 도리어 국정을 맡겼다. 한 개의 성을 거점으로 반란을 일으킨 후에야 두 번이나 대군을 출동시켜 이겼다. 이른바 '서리를 밟으면서도 경계하지 않으면 점점 변해 굳은 얼음이 되고, 불똥을 끄지 않으면 큰 불이 되'는 격이다. 이러한 일이 일어나는 연유는 점차 먹히기 때문이다. 당헌종이 시해되었을 때도 3대 후에야 겨우 그 역적을 죽였는데 황차 바다 모퉁이에 있는 외진 땅의 삼근과 같은 애송이는 어찌 말할 나위가 있으랴!

三月己酉朔日有食之。

3월 초하루 기유에 일식이 있었다.

三年 春夏大旱。秋九月移大(旦)[豆]城於斗谷。冬十一月王薨。

3년. 봄과 여름에 크게 가물었다. 가을 9월 대두성을 두곡으로 옮겼다. 겨울 11월 왕이 사망하였다.

○**東城王** 諱牟大 或作摩牟,文周王弟昆支之子。膽力過人,善射,百發百中。三斤王薨,即位。

동성왕의 이름은 모대혹왈 마모며 문주왕의 동생 곤지의 아들이다. 담력이 뛰어나고 활을 백발백중으로 잘 쏜다. 삼근왕이 사망하자 즉위하였다.

四年 春正月拜<u>眞老</u>爲兵官佐平,兼知內外兵馬事。秋九月<u>靺鞨</u>襲破<u>漢山城</u>,虜三百餘戶以歸。冬十月大雪丈餘。

4년. 봄 정월 진로를 병관좌평으로 모시고 내외 군사업무를 겸하여 맡겼다. 가을 9월 말갈이 한산성을 습격하여 함락시키고 3백여 호를 잡아갔다. 겨울 10월 큰 눈이 한 길 넘게 내렸다.

五年 春王以獵出至<u>漢山城</u>,撫問軍民,浹旬乃還。夏四月獵於<u>熊津</u>北,獲神鹿。

5년. 봄에 왕이 사냥하러 한산성에 이르러 병사와 백성을 위무하고 열흘 만에 돌아왔다. 여름 4월 웅진 북쪽에서 사냥하다가 신기한 사슴을 잡았다.

六年 春二月王聞<u>南齊祖 蕭道成</u>冊<u>高句麗 巨璉</u>爲驃騎大將軍,遣使上表請內屬,許之。秋七月遣內法佐平<u>沙若思</u>如<u>南齊</u>朝貢,<u>若思</u>至西海中遇<u>高句麗</u>兵,不進。

6년. 봄 2월 남제태조 소도성이 고구려 거련을 표기대장군으로 책봉하였다는 말을 듣고 왕이 남제에 사신을 보내 표문을 올려 속국이 되기를 요청하니 승낙하였다. 가을 7월 내법좌평 사약사를 남제에 보내 조공하려 했으나 약사가 서해에서 고구려군과 조우하여 가지 못하였다.

七年 夏五月遣使聘<u>新羅</u>。

7년. 여름 5월 신라에 사신을 보내 예방하였다.

八年 春二月拜<u>苩加</u>爲衛士佐平。三月遣使<u>南齊</u>朝貢。秋七月重修宮室,築<u>牛頭城</u>。冬十月大閱於宮南。

8년. 봄 2월 백가를 위사좌평으로 모셨다. 3월 남제에 사신을 보내 조공하였다. 가을 7월 궁실을 다시 수리하고 우두성을 쌓았다. 겨울 10월 궁궐 남쪽에서 대열병식을 가졌다.

十年 <u>魏</u>遣兵來伐,爲我所敗。

10년. 위가 군사를 풀어 침공해 왔으나 아군에게 패배 당하였다.

十一年 秋大有年。國南海村人獻合穎禾。冬十月王設壇祭天地。十一月宴群臣於南堂。

11년. 가을에 대 풍년이 들었다. 나라 남쪽 해변 촌이 두 이삭이 합쳐진 벼를 헌납했다. 겨울 10월 왕이 제단을 만들어 천지제를 지냈다. 11월 남당에서 대신들에게 잔치를 베풀어주었다.

十二年 秋七月徵(比)[北]部人年十五歲已上築沙峴、耳山二城。九月王田於國西泗(沘)[沘]原。拜燕突爲達率。冬十一月無冰。

12년. 가을 7월 나이 15세 이상인 북부 사람들을 징발하여 사현과 이산 두 성을 쌓았다. 9월 왕이 나라 서쪽 사비 벌에서 사냥하였다. 연돌을 달솔로 모셨다. 겨울 11월 얼음이 얼지 않았다.

十三年 夏六月熊川水漲,漂沒王都二百餘家。秋七月民饑,亡入新羅者六百餘家。

13년. 여름 6월 웅천 물이 불어 경성의 2백여 호가 떠내려가거나 물에 잠겼다. 가을 7월 백성이 굶주려 신라로 도망간 자가 6백여 호나 된다.

十四年 春三月雪。夏四月大風拔木。冬十月王獵牛鳴谷,親射鹿。

14년. 봄 3월 눈이 내렸다. 여름 4월 큰 바람에 나무가 뽑혔다. 겨울 10월 왕이 우명곡에서 사냥하면서 직접 사슴을 쏘았다.

十五年 春三月王遣使新羅請婚,羅王以伊餐比智女歸之。

15년. 봄 3월 왕이 신라에 사신을 보내 청혼하니 이찬 비지의 딸을 시집보냈다.

十六年 秋七月高句麗與新羅戰薩水之原,新羅不克,退保犬牙城。高句麗圍之,王遣兵三千救,解圍。

16년. 가을 7월 고구려와 신라가 살수 벌에서 싸워 신라가 이기지 못하고 견아성으로 물러나 방어하였다. 고구려군이 포위하니 백제왕이 3천 병력을 보내 구원하여 포위가 풀렸다.

十七年 夏五月甲戌朔日有食之。秋八月高句麗來圍雉壤城。王遣使新羅請救,羅王命將軍德智帥兵救之,麗兵退歸。

17년. 여름 5월 초하루 갑술에 일식이 있었다. 가을 8월 고구려가 와서 치양성을 포위하였다. 왕이 신라에 사신을 보내 구원을 요청하니 신라 왕이 장군 덕지를 시켜 군사를 거느리고 구원하자 고구려군이 물러갔다.

十九年 夏五月兵官佐平眞老卒,拜達率燕突爲兵官佐平。夏六月大雨。漂毁民屋。

19년. 여름 5월 병관좌평 진로가 죽자 달솔 연돌을 병관좌평으로 모셨다. 여름 6월 큰 비에 민옥이 떠내려가거나 무너졌다.

二十年 設熊津橋。秋七月築沙井城,以扞率毗陁鎭之。八月王以耽羅不修貢賦親征,至武珍州。耽羅聞之,遣使乞罪,乃止耽羅即耽牟羅。

20년. 웅진교를 가설하였다. 가을 7월 사정성을 쌓고 한솔 비타를 시켜 진수하였다. 8월 왕이 탐라에서 공납과 조세를 바치지 않는다며 치려고 무진주에 이르렀다. 탐라가 듣고 사신을 보내 사죄하므로 그만두었다탐라는 곧 탐모라다.

二十一年 夏大旱,民饑相食,盜賊多起。臣寮請發倉賑救,王不聽。漢山人亡入高句麗者二千。冬十月大疫。

21년. 여름에 크게 가물어 백성이 굶주려 서로 잡아먹고 도적이 많이 생겼다. 관료들이 창고를 풀어 구제하자고 하였으나 왕이 듣지 않았다. 한산인 2천 명이나 고구려로 도망갔다. 겨울 10월 큰 역병이 돌았다.

二十二年 春起臨流閣於宮東,高五丈,又穿池養奇禽。諫臣抗疏,不報,恐有復諫者,閉宮門。

22년. 봄에 궁궐 동쪽에 다섯 길 높이의 임류각을 세우고 또 못을 파고 기이한 새를 길렀다. 간언하는 대신들이 항의의 상소문을 올렸으나 응답하지 않았으며 다시 간하는 자가 있을까 봐 궁문을 닫아버렸다.

論曰:良藥苦口利於病,忠言逆耳利於行。是以古之明君虛己問政,和顔受諫。猶恐人之不言,懸敢諫之鼓,立誹謗之木而不已。今牟大王諫書上而不省,復閉門以拒之。莊子曰:"見過不更,聞諫愈甚,謂之狠。"其牟大王之謂乎?

논평하여 왈: 좋은 약은 입에 쓰지만 병에 이롭고 바른 말은 귀에 거슬리지만 품행에 이롭다. 하여 옛 명군은 겸허한 자세로 정사를 물었으며 부드러운 얼굴로 간을 수용하였다. 오히려 사람들이 말하지 않을까 염려하여 감히 간할 수 있는 북을 달고 비방하는 나무를 세우기를 마지 않았다. 지금 모대왕은 간하는 글이 올라가도 보지 않고 또 궁문을 닫고 거절하였다. 『장자』 왈: '잘못을 알고도 고치지 않으며 간언을 듣고도 더욱 심해지는 것을 사납다고 한다.' 모대왕을 두고 한 말인가.

夏四月田於<u>牛頭城</u>,遇雨雹乃止。五月旱。王與左右宴<u>臨流閣</u>,終夜極歡。

여름 4월 우두성에서 사냥하다가 우박을 만나 그만두었다. 5월 가물었다. 왕이 측근들과 함께 임류각에서 잔치를 베풀며 밤새도록 실컷 즐겼다.

二十三<u>年</u> 春正月王都老嫗化狐而去。二虎鬥於<u>南山</u>,捕之不得。三月降霜害麥。夏五月不雨至秋。七月設柵於<u>炭峴</u>,以備<u>新羅</u>。八月築<u>加林城</u>,以衛士佐平(苗)[<u>苩</u>]<u>加</u>鎮之。冬十月王獵於<u>泗沘東原</u>。十一月獵於<u>熊川北原</u>,又田於<u>泗沘西原</u>,阻大雪,宿於<u>馬浦村</u>。初王以<u>苩加</u>鎮<u>加林城</u>,<u>加</u>不欲往,辭以疾,王不許,是以怨王。至是使人刺王,至十二月乃薨。諡曰<u>東城王</u>。《冊府元龜》云:"<u>南</u>(濟沖)[<u>齊建</u>]元二年<u>百濟王</u> 牟都遣使貢獻。"詔曰:"寶命惟新,澤被絶域。牟都世蕃東表,守職遐外,可即授使持節、都督百濟諸軍事、鎮東大將軍。"又<u>永明八年百濟王</u> <u>牟大</u>遣使上表,遣謁者僕射<u>孫副</u>,策命大襲亡祖父<u>牟都</u>爲<u>百濟王</u>,曰:"於戱!惟爾世襲忠勤,誠著遐表。海路肅澄,要貢無替。式循彝典,用纂顯命,往敬哉。其敬膺休業,可不愼歟。行都督<u>百濟</u>諸軍事、鎮東大將軍、<u>百濟王</u>。"而<u>三韓古記</u>無<u>牟都</u>爲王之事。又按<u>牟大</u>,<u>盖鹵王</u>之孫、<u>盖鹵</u>第二子<u>昆支</u>之子,不言其祖<u>牟都</u>,則<u>齊書</u>所載不可不疑。

23년. 봄 정월 경성의 노파가 여우로 변해 사라졌다. 남산에서 범 두 마리가 싸웠는데 잡지 못하였다. 3월 서리가 내려 보리를 해쳤다. 여름 5월부터 가을까지 비가 내리지 않았다. 7월 탄현에 목책을 세워 신라를 대비하였다. 8월 가림성을 쌓고 위사좌평 백가를 시켜 지켰다. 겨울

10월 왕이 사비 동쪽 벌에서 사냥하였다. 11월 웅천 북쪽 벌과 또 사비 서쪽 벌에서 사냥하다가 큰 눈에 막혀 마포촌에 묵었다. 당초 왕이 백가를 시켜 가림성을 지키게 할 때 백가는 가기 싫어 꾀병으로 사절하였으나 왕은 허가하지 않았고 이로 말미암아 백가는 왕에게 원한을 품고 있었다. 이때에 이르러 사람을 시켜 왕을 찔렀으며 12월에 이르러 왕이 사망하였다. 시호를 동성왕이라 하였다. 『책부원귀』 왈: '남제 건원 2년 백제왕 모도가 사신을 보내 공헌하였다.' 조서 왈: '보배로운 명령이 새로우니 은혜가 먼 곳까지 미친다. 모도는 대대로 동방의 번신으로 있으면서 멀리 떨어진 곳에서 직무를 다하고 있으므로 사지절, 도독백제제군사, 진동대장군으로 바로 제수할 수 있다.' 또 영명 8년 백제왕 모대가 사신을 파견하여 표문을 올리자 알자복야 손부를 보내 모대에게 그의 사망한 조부 모도의 관작을 계승하여 백제왕으로 하는 책명을 내리면서 왈: '아하! 그대는 대대로 충성과 근면을 계승하였으며 정성이 멀리까지 드러났다. 해로가 잠잠하고 조공에 변함 없었다. 법전을 따르며 천명을 이어 받음에 행위에 조심하라. 국가의 위업을 잇는 것이니 어찌 조심하지 않을 수 있으랴! 행도독백제제군사, 진동대장군, 백제왕으로 한다.' 그러나 삼한고기에는 모도가 왕이 되었다는 사실이 없다. 또한 따져보면 모대는 개로왕의 손자고 개로왕의 차자인 곤지의 아들로서 그의 조부를 모도라고는 하지 않았다. 『제서』에 기록되어 있는 내용은 의심하지 않을 수 없다.

○**武寧王**諱斯摩或云隆, 牟大王之第二子也。身長八尺, 眉目如畵, 仁慈寬厚, 民心歸附。牟大在位二十三年薨, 即位。春正月佐平苩加據加林城叛, 王帥兵馬至牛頭城, 命(扞)[扞]率解明討之。苩加出降, 王斬之, 投於白江。

무령왕의 이름은 사마혹왈 융이며 모대왕의 차자다. 키가 8자고 눈썹, 눈매가 그림 같으며 인자하고 너그러워 민심이 따랐다. 모대왕이 재위 23년에 사망하자 즉위하였다. 봄 정월 좌평 백가가 가림성을 거점으로 반란을 일으키니 왕이 군사를 거느리고 우두성에 가서 한솔 해명을 시켜 공격하였다. 백가가 항복하자 참수하고 백강에 던졌다.

論曰: 春秋曰:"人臣無將,將而必誅。[102]"若苩加之元惡大憝,則天地所不容。不卽罪之,至是自知難免,謀叛而後誅之,晩也。

논평하여 왈:『춘추』왈: '신하는 반역해서는 안 된다. 반역하면 반드시 죽여야 한다.' 백가와 같은 극악한 역적은 천하에 용납될 수 없다. 즉시 처단하지 않고 이때에 와서 스스로 문죄를 면하지 못할 것을 알고 반역한 후에 처단했으니 늦었다.

冬十一月遣達率優永帥兵五千襲高句麗 水谷城。

겨울 11월 달솔 우영을 시켜 5천 병력을 거느리고 고구려 수곡성을 습격하였다.

二年 春民饑且疫。冬十一月遣兵侵高句麗邊(△)[境]。

2년. 봄에 백성이 굶주렸고 역병이 돌았다. 겨울 11월 군사를 보내 고구려 변경을 침공하였다.

三年 秋九月靺鞨燒馬首柵,進攻高木城。王遣兵五千擊退之。冬無冰。

3년. 가을 9월 말갈이 마수책을 태우고 고목성을 진공하였다. 왕이 5천 병력으로 물리쳤다. 겨울에 얼음이 얼지 않았다.

六年 春大疫。三月至五月不雨,川澤竭,民饑,發倉賑救。秋七月靺鞨來侵,破高木城,殺虜六百餘人。

6년. 봄에 대역병이 돌았다. 3월부터 5월까지 비가 내리지 않아 시내와 못이 말랐고 백성이 굶주리므로 창고를 열어 구제하였다. 가을 7월 말갈이 침입하여 고목성을 격파하고 6백여 명을 죽이거나 사로잡아갔다.

七年 夏五月立二柵於高木城南,又築長嶺城,以備靺鞨。冬十月高句麗將高老與靺鞨謀,欲攻漢城,進屯於橫岳下,王出師戰退之。

7년. 여름 5월 고목성 남쪽에 두 개의 목책을 세우고 또 장령성을 쌓아 말갈을 대비하였다. 겨울 10월 고구려 장수 고로가 말갈과 모의하여 한성을 치려고 횡악 아래에 들어와 주둔하니 왕이 출병하여 싸워 물리

---

102) 將: 반역하다.『公羊傳·莊公三十二年』'君親無將,將而誅焉', '將'은 '將爲亂'의 준말.

쳤다.

十年 春正月下令,完固隄防,驅內外游食者歸農。

10년. 봄 정월 명령을 내려 제방을 튼튼히 하고 경성과 지방의 떠돌며 놀고먹는 자들을 쫓아 보내 농사짓게 하였다.

十二年 夏四月遣使入梁朝貢。秋九月<u>高句麗</u>襲取<u>加弗城</u>,移兵破<u>圓山城</u>,殺掠甚衆。王帥勇騎三千戰於<u>葦川</u>之北。麗人見王軍(小)[少],易之,不設陣。王出奇急擊,大破之。

12년. 여름 4월 양에 사신을 보내 조공하였다. 가을 9월 고구려가 가불성을 습격하여 빼앗고 군사를 옮겨 원산성을 격파하고 많은 사람을 죽이거나 약탈하였다. 왕이 용감한 기병 3천 명을 거느리고 위천 북쪽에서 싸웠다. 고구려 사람은 왕의 병력이 적어 업수이여기고 진을 치지 않았다. 왕이 급히 기습하여 크게 격파하였다.

十六年 春三月戊辰朔日有食之。

16년. 봄 3월 초하루 무진에 일식이 있었다.

二十一年 夏五月大水。秋八月蝗害穀,民饑,亡入<u>新羅</u>者九百戶。冬十一月遣使入梁朝貢。先是爲<u>高句麗</u>所破,(△)[衰]弱累年。至是上表稱:"累破<u>高句麗</u>,始與通好,而更爲强國。"十二月高祖詔冊王曰:"行都督<u>百濟</u>諸軍事、鎭東大將軍、<u>百濟王</u>餘隆守藩海外,遠修貢職,乃誠款到,朕有嘉焉。宜率舊章,授玆榮命,可使持節、都督<u>百濟</u>諸軍事、<u>寧東大將軍</u>。"

21년. 여름 5월 홍수가 났다. 가을 8월 황충이 곡식을 해쳐 백성이 굶주려 신라로 도망간 자가 9백 호였다. 겨울 11월 양에 사신을 보내 조공하였다. 이에 앞서 고구려에게 격파당하여 쇠약하여진지 여러 해 되었다. 이번에 표문을 올려 왈: '여러 번 고구려를 격파하여 양과 우호의 길이 소통되기 시작했으며 다시 강국이 되었습니다.' 12월 양고조가 조서로 왕을 책명하며 왈: '행도독백제제군사, 진동대장군, 백제왕 여륭은 해외 번방을 지키고 멀리서 조공을 바치며 정성이 이르니 짐은 가상히 여긴다. 마땅히 옛 법에 따라 영광스러운 책명을 주어 사지절, 도독백제제군사, 영동대장군으로 할 수 있다."

二十二年 秋九月王獵于<u>狐山</u>之原。冬十月地震。

22년. 가을 9월 왕이 호산 벌에서 사냥하였다. 겨울 10월 지진이 일어났다.

二十三年 春二月王幸<u>漢城</u>,命佐平<u>因友</u>、達率<u>沙烏</u>等徵<u>漢</u>北州郡民年十五歲已上築<u>雙峴城</u>。三月至自<u>漢城</u>。夏五月王薨,諡曰<u>武寧</u>。

23년. 봄 2월 왕이 한성에 행차하여 좌평 인우와 달솔 사오 등에게 명령하여 15세 이상 되는 한강 북쪽 주군의 백성들을 징발하여 쌍현성을 쌓았다. 3월 왕이 한성으로부터 돌아왔다. 여름 5월 왕이 사망하였다. 시호를 '무령'이라 하였다.

○<u>聖王</u>諱<u>明禮</u>,<u>武寧王</u>之子也。智識英邁,能斷事。<u>武寧</u>薨,繼位,國人稱爲<u>聖王</u>。秋八月<u>高句麗</u>兵至<u>浿水</u>,王命左將<u>志忠</u>帥步騎一萬出戰,退之。

성왕의 이름은 명농이고 무령왕의 아들이다. 지혜와 식견이 뛰어나고 결단성이 있다. 무령왕이 사망하자 왕위를 이었으며 나라 사삼들이 성왕이라 불렀다. 가을 8월 고구려군이 패수에 이르자 왕이 좌장 지충에게 명령하여 보병과 기병 1만 명을 거느리고 출전하여 물리쳤다.

二年 <u>梁高祖</u>詔冊王爲持節、都督<u>百濟</u>諸軍事、綏東將軍、<u>百濟王</u>。

2년. 양고조가 조책으로 왕을 지절, 도독백제제군사, 수동장군, 백제왕으로 봉하였다.

三年 春二月與<u>新羅</u>交聘。

3년. 봄 2월 신라와 서로 예방하였다.

四年 冬十月修茸<u>熊津城</u>,立沙井柵。

4년. 겨울 10월 웅진성을 수축하고 사정책을 세웠다.

七年 冬十月<u>高句麗王</u> 興安躬帥兵馬來侵,拔北鄙<u>穴城</u>。命佐平<u>燕謨</u>領步騎三萬拒戰於<u>五谷</u>之原,不克,死者二千餘人。

7년. 겨울 10월 고구려왕 흥안이 직접 군사를 거느리고 침입하여 북쪽 변경 혈성을 함락시켰다. 좌평 연모에게 명령하여 보병과 기병 3만 명을 거느리고 오곡 벌에서 항거하였으나 이기지 못했으며 사망자가 2천여 명이었다.

十年 秋七月甲辰星隕如雨。

10년. 가을 7월 갑진에 별이 비 오듯 떨어졌다.

十二年 春三月遣使入梁朝貢。夏四月丁卯熒惑犯南斗。

12년. 봄 3월 양에 사신을 보내 조공하였다. 여름 4월 정묘에 형혹성이 남두성좌를 범하였다.

十六年 春移都於泗沘一名所夫里,國號南扶餘。

16년. 봄에 도읍을 사비일왈 소부리로 옮기고 국호를 남부여라고 하였다.

十八年 秋九月王命將軍燕會攻高句麗牛山城,不克。

18년. 가을 9월 왕이 장군 연회에게 명하여 고구려 우산성을 공격했으나 못이겼다.

十九年 王遣使入梁朝貢,兼表請毛詩博士、涅槃等經義,幷工匠、畫師等,從之。

19년. 왕이 양에 사신을 보내 조공하고 아울러 표문을 올려『모시박사』『열반』등의 경의, 그리고 공장과 화사 등을 청하니 들어주었다.

二十五年 春正月己亥朔日有食之。

25년. 봄 정월 초하루 기해에 일식이 있었다.

二十六年 春正月高句麗王 平成與濊謀,攻漢北獨山城。王遣使請救於新羅。羅王命將軍朱珍領甲卒三千發之。朱珍日夜兼程至獨山城下,與麗兵一戰,大破之。

26년. 봄 정월 고구려왕 평성이 예와 모의하여 한강 북쪽의 독산성을 공격했다. 왕이 신라에 사신을 보내 구원을 요청하였다. 신라왕이 장군 주진을 시켜 병사 3천 명을 거느려 보냈다. 주진은 밤낮으로 행군하여 독산성 밑에 이르러 고구려군과 단판 싸워 크게 이겼다.

二十七年 春正月庚申白虹貫日。冬十月王(△)[不]知梁京師有寇賊，
遣使朝貢。使人既至，見城闕荒毀，并號泣於端門外。行路見者，莫不灑
淚。侯景聞之，大怒，執囚之。及景平，方得還國。

27년. 봄 정월 경신에 흰 무지개가 해를 가로질렀다. 겨울 10월 왕은
양 경성에 역적이 생긴 줄 모르고 조공하러 사신을 보냈다. 사신이
이르니 성과 궁궐이 황폐하고 모두 단문 밖에서 흐느껴 울고 있었다.
보이는 행인들은 눈물을 흘리지 않는 자가 없었다. 후경이 이 소식을
듣고 크게 노하여 그들을 붙잡아 투옥시켰다. 후경의 난이 평정된 뒤에
야 비로소 귀국할 수 있었다.

二十八年 春(五)[正]月王遣將軍達己領兵一萬，攻取高句麗道薩城。
三月高句麗兵圍金峴城。

28년. 봄 정월 왕이 장군 달기를 보내 1만 명의 병력을 거느리고 고구려
도살성을 탈취하였다. 3월 고구려군이 금현성을 포위했다.

三十一年 秋七月新羅取東北鄙置新州。冬十月王女歸于新羅。

31년. 가을 7월 신라가 동북 변경을 빼앗아 새 주를 설치하였다. 겨울
10월 왕의 딸이 신라에 시집갔다.

三十二年 秋七月王欲襲新羅，親帥步騎五十，夜至狗川。新羅伏兵發，
與戰，爲亂兵所害，薨。諡曰聖。

32년. 가을 7월 왕이 신라를 습격하려 보병과 기병 50명을 거느리고
밤에 구천에 이르렀다. 신라의 복병과 싸우다가 난병에게 살해되었다.
시호를 성이라 하였다.

三國史記卷第二十七

(삼국사기 권제27)

百濟本紀第五(백제본기 제5)

威德王﹑惠王﹑法王﹑武王

위덕왕, 혜왕, 법왕, 무왕

○**威德王**諱昌,聖王之元子也。聖王在位三十二年薨,繼位。

위덕왕은 이름이 창이고 성왕의 장자다. 성왕 재위 32년에 사망하자
왕위를 이었다.

元年 冬十月高句麗大擧兵來攻熊川城,敗衄而歸。

원년. 겨울 10월 고구려가 대거 군사를 동원하여 웅천성을 침공 하다가
패하고 돌아갔다.

六年 夏五月丙辰朔日有食之。

6년. 여름 5월 초하루 병진에 일식이 있었다.

八年 秋七月遣兵侵掠新羅邊境,羅兵出擊,敗之,死者一千餘人。

8년. 가을 7월 군사를 보내 신라의 변경을 노략하다가 신라군의 출격으
로 패배당하여 죽은 자가 1천여 명이다.

十四年 秋九月遣使入陳朝貢。

14년. 가을 9월 진에 사신을 보내 조공하였다.

十七年 高齊後主拜王爲使持節、侍中、車騎大將軍、帶方郡公、百濟
王。

17년. 고씨 제후주가 왕을 사지절, 시중, 거기대장군, 대방군공, 백제왕
으로 모셨다.

十八年 高齊後主又以王爲使持節、都督東青州諸軍事、東青州刺史。

18년. 고씨 제후주가 또 왕을 사지절, 도독동청주제군사, 동청주자사로
모셨다.

十九年 遣使入齊朝貢。秋九月庚子朔日有食之。

19년. 제에 사신을 보내 조공하였다. 가을 9월 초하루 경자에 일식이
있었다.

二十四年 秋七月遣使入陳朝貢。冬十月侵新羅西邊州郡,新羅伊餐
世宗帥兵擊破之。十一月遣使入宇文周朝貢。

24년. 가을 7월 진에 사신을 보내 조공하였다. 겨울 10월 신라 서부
변경의 주군을 침공하니 신라의 이찬 세종이 군사를 거느리고 아군을
격파시켰다. 11월 우문씨가 세운 주에 사신을 보내 조공하였다.

二十五年 遣使入宇文周朝貢。

25년. 우문주에 사신을 보내 조공하였다.

二十六年 冬十月長星竟天,二十日而滅。地震。

26년. 겨울 10월 살별이 하늘에 뻗었다가 20일 만에 사라졌다. 지진이
일어났다.

二十八年 王遣使入隋朝貢,隋高祖詔拜王爲上開府儀同三司、帶方
郡公。

28년. 왕이 수에 사신을 보내 조공하니 수고조가 조칙을 내려 왕을
상개부의동삼사, 대방군공으로 모셨다.

二十九年 春正月遣使入隋朝貢。

29년. 봄 정월 수에 사신을 보내 조공하였다.

三十一年 冬十一月遣使入陳朝貢。

　31년. 겨울 11월 진에 사신을 보내 조공하였다.

三十三年 遣使入陳朝貢。

　33년. 진에 사신을 보내 조공하였다.

三十六年 隋平陳。有一戰船漂至耽牟羅國，其船得還，經于國界，王資送之甚厚，幷遣使奉表，賀平陳。高祖善之，下詔曰：“百濟王旣聞平陳，(達)[遠]令奉表。往復至難，若逢風浪，便致傷損。百濟王心迹淳至，朕已委知。相去雖遠，事同言面，何必數遣使來相體悉？自今已後不須年別入貢，朕亦不遣使往，王宜知之。”

　36년. 수가 진을 평정하였다. 전함 한 척이 탐모라국으로 표류하여 왔다가 돌아가며 백제의 국경을 통과할 때 왕이 물자를 풍성하게 주고 아울러 사신을 보내 진의 평정을 축하하는 표문을 올렸다. 고조가 좋게 여기며 조서를 내렸다: ‘백제왕이 진을 평정하였다는 말을 듣자 멀리서 표문을 바치게 하였다. 왕래가 지극히 어려운 지역이어서 만약 풍랑이라도 만나면 상하고 파손을 당한다. 백제왕의 마음이 순박하고 지극함을 짐은 이미 소상히 알고 있다. 비록 멀리 떨어져 있지만 얼굴을 대하고 말하는 것과 같은데 하필 자주 사신을 보내어 서로 이해해줄 필요가 있겠는가? 앞으로는 해마다 조공하지 말고 짐도 사신을 보내지 않으려 하니 왕은 그렇게 알라.’

三十九年 秋七月壬申晦日有食之。

　39년. 가을 7월 그믐 임신에 일식이 있었다.

四十一年 冬十一月癸未星孛于角、亢。

　41년. 겨울 11월 계미에 살별이 각성성좌와 항성성좌에 나타났다.

四十五年 秋九月王使長史王辯那入隋朝獻。王聞隋興遼東之役，遣使奉表，請爲軍道。帝下詔曰：“往歲高句麗不供職貢，無人臣禮，故命將討之。高元君臣恐懼畏服歸罪，朕已赦之，不可致伐。”厚我使者而還之。高句麗頗知其事，以兵侵掠國境。冬十二月王薨，群臣議謚曰威

<u>德</u>。

　45년. 가을 9월 왕이 장사 왕변나를 수에 보내 조회하며 헌납하였다. 왕은 수가 요동 전쟁을 일으킨다는 소문을 듣고 사신을 파견하여 표문을 올려 군사의 향도가 되기를 요청하였다. 황제가 조서를 내렸다: '왕년에 고구려가 술직과 조공을 하지 않고 신하로서의 예절을 갖추지 않았기에 장군을 시켜 토벌하려 하였다. 고원의 군신들이 겁먹고 복종하고 죄를 승인하기에 짐이 이미 용서하였으니 그들을 정벌할 수는 없다.' 우리 사신을 후대하여 돌려보냈다. 고구려가 그 일을 자못 알고 군사를 보내 우리 국경을 침범하고 노략하였다. 겨울 12월 왕이 사망하였다. 대신들이 의논하여 시호를 위덕이라 하였다.

○<u>惠王</u>諱<u>季</u>,明王第二子。<u>昌王</u>薨,即位。

　혜왕의 이름은 계고 명왕의 차자다. 창왕이 죽자 즉위하였다.

二年 王薨,諡曰<u>惠</u>。

　2년. 왕이 사망하여 시호를 혜라고 하였다.

○<u>法王</u>諱<u>宣</u>或云孝順,<u>惠王</u>之長子。<u>惠王</u>薨,子<u>宣</u>繼位隋書以宣爲<u>昌王</u>之子。冬十二月下令禁殺生,收民家所養鷹鷂放之,漁獵之具焚之。

　법왕의 이름은 선혹왈 효순이고 혜왕의 장자다. 혜왕이 사망하자 아들 선이 왕위를 이었다『수서』에 선을 창왕의 아들이라고 하였다. 겨울 12월 살생을 금하고 민가에서 기르는 매와 새매를 거두어 놓아주고 어렵의 기구를 태우라는 명령을 내렸다.

二年 春正月創<u>王興寺</u>,度僧三十人。大旱,王幸<u>漆岳寺</u>(祈)[祈]雨。夏五月薨,上諡曰<u>法</u>。

　2년. 봄 정월 왕흥사를 세우고 승려 30명에게 도첩을 주었다. 크게 가물어 왕이 칠악사에 행차하여 기우를 하였다. 여름 5월 왕이 사망하였다. 시호를 법이라 올렸다.

○**武王**諱璋,**法王**之子。風儀英偉,志氣豪傑。**法王**即位翌年薨,子嗣
位。

무왕의 이름은 장이고 법왕의 아들이다. 풍채가 **빼**어났고 기질이 호방
하며 걸출하다. 법왕이 즉위한 이듬해에 사망하여 아들로서 왕위를
이었다.

三年 秋八月王出兵圍**新羅** **阿莫山城**一名母山城。**羅王** **眞平**遣精騎數千
拒戰之,我兵失利而還。**新羅**築**小陁**、**畏石**、**泉山**、**甕岑**四城,侵逼我疆
境。王怒,令佐平**解讎**帥步騎四萬進攻其四城。**新羅**將軍**乾品**、**武殷**帥
衆拒戰。**解讎**不利,引軍退於**泉山**西大澤中,伏兵以待之。**武殷**乘勝,領
甲卒一千追至大澤,伏兵發,急擊之。**武殷**墜馬,士卒驚駭不知所爲。**武**
殷子**貴山**大言曰:"吾嘗受教於師,曰:'士當軍,無退。'豈敢奔退,以墜
師教乎?"以馬授父,即與小將**箒項**揮戈力鬥以死。餘兵見此益奮,我
軍敗績,**解讎**僅免,單馬以歸。

3년. 가을 8월 왕이 출병하여 신라의 아막산성일왈 모산성을 포위했다.
신라왕 진평이 정예 기병 수천 명을 보내 항거하자 아군이 불리하여져
돌아왔다. 신라가 소타, 외석, 천산, 옹잠 네 성을 쌓고 우리의 변경에
침입, 핍박해 왔다. 왕이 노하여 좌평 해수에게 명령하여 보병과 기병
4만 명을 거느리고 네 성을 공격하였다. 신라 장군 건품과 무은이 무리
를 거느리고 항거하였다. 해수가 불리해지자 군사를 이끌고 천산 서쪽
소택지로 퇴각하여 매복하고 기다렸다. 무은이 승세를 타고 갑병 1천
명을 거느리고 큰 진펄까지 추격하여 오자 복병이 발동하여 급히 공격
하였다. 무은은 말에서 떨어지고 병사들은 질겁하여 어쩔 바를 몰랐다.
무은의 아들 귀산이 큰 소리로 말했다: "내가 스승에게서 배운 적이
있다: '사병은 적군에 부딪쳐서 퇴각하면 안 된다.' 어찌 감히 도망하여
스승의 가르침을 저버리겠는가!" 말을 부친에게 주고 즉시 소장 추항과
함께 창을 휘두르며 힘껏 싸우다가 죽었다. 나머지 병사들이 이를 보고
더욱 분발하여 아군이 패배하고 해수는 겨우 죽음을 면하고 홀몸으로

말 타고 돌아왔다.

六年 春二月築角山城。秋八月新羅侵東鄙。

6년. 봄 2월 각산성을 쌓았다. 가을 8월 신라가 동쪽 변경을 침범하였다.

七年 春三月王都雨土,晝暗。夏四月大旱,年饑。

7년. 봄 3월 경성에 흙비가 내리고 낮에 어두웠다. 여름 4월 크게 가물어 기근이 들었다.

八年 春三月遣(扦)[扞]率燕文進入隋朝貢。又遣佐平王孝隣入貢,兼請討高句麗。煬帝許之,令覘高句麗動静。夏五月高句麗來攻松山城,不下,移襲石頭城,虜男女三千而歸。

8년. 봄 3월 한솔 연문진을 수에 보내 조공하였다. 또 좌평 왕효린을 보내 공물을 바치면서 아울러 고구려를 토벌하자고 청하였다. 수양제가 허락하고 고구려 동정을 살피라고 하였다. 여름 5월 고구려가 송산성을 공격하다가 함락하지 못하고 석두성을 옮겨 습격하여 남녀 3천명을 잡아갔다.

九年 春三月遣使入隋朝貢。隋文林郎裴清奉使倭國,經我國南路。

9년. 봄 3월 수에 사신을 보내 조공하였다. 수의 문림랑 배청이 왜국에 사신으로 가면서 우리나라 남쪽 길을 통과하였다.

十二年 春二月遣使入隋朝貢。隋煬帝將征高句麗,王使國智牟入請軍期。帝悅,厚加賞錫,遣尙書起部郞席律來,與王相謀。秋八月築赤嵒城。冬十月圍新羅 椵岑城,殺城主贊德,滅其城。

12년. 봄 2월 수에 사신을 보내 조공하였다. 수양제가 고구려를 치려하므로 왕이 국지모를 수에 보내 군사 일정을 물었다. 황제가 기뻐하며 후하게 상을 내리고 상서기부랑 석률을 보내 왕과 모의하였다. 가을 8월 적암성을 쌓았다. 겨울 10월 신라의 가잠성을 포위하여 성주 찬덕을 죽이고 그 성을 없애버렸다.

十三年 隋六軍度遼,王嚴兵於境,聲言助隋,實持兩端。夏四月震宮南門。五月大水,漂沒人家。

13년. 수의 6군이 요수를 건너자 왕이 국경에서 경비를 엄하게 하며 수에 협조한다고 떠벌였으나 실은 양단 책을 썼다. 여름 4월 궁궐 남문에 벼락이 쳤다. 5월 홍수가 나서 인가가 떠내려갔거나 잠겼다.

十七年 冬十月命達率苩奇領兵八千,攻新羅 母山城。十一月王都地震。

17년. 겨울 10월 달솔 백기에게 명령하여 8천 명의 병력을 거느리고 신라의 모산성을 공격하였다. 11월 경성에 지진이 일어났다.

十九年 新羅將軍邊品等來攻椵岑城,復之。奚論戰死。

19년. 신라의 장군 변품 등이 가잠성을 공격하여 되찾았다. 해론이 전사하였다.

二十二年 冬十月遣使入唐獻果下馬。

22년. 겨울 10월 당에 사신을 보내 과하마를 바쳤다.

二十四年 秋遣兵侵新羅 勒弩縣。

24년. 가을에 군사를 보내 신라의 늑노현을 침공하였다.

二十五年 春正月遣大臣入唐朝貢。高祖嘉其誠款,遣使就冊爲帶方郡王、百濟王。秋七月遣使入唐朝貢。冬十月攻新羅速含、櫻岑、歧岑、烽岑、旗懸、冗柵等六城,取之。

25년. 봄 정월 당에 대신을 보내 조공하였다. 고조가 그 정성을 가상히 여겨 사신을 보내 왕을 대방군왕, 백제왕으로 책봉하였다. 가을 7월 당에 사신을 보내 조공하였다. 겨울 10월 신라의 속함, 앵잠, 기잠, 봉잠, 기현, 용책 등 6개 성을 공격하여 빼앗았다.

二十六年 冬十一月遣使入唐朝貢。

26년. 겨울 11월 당에 사신을 보내 조공하였다.

二十七年 遣使入唐獻明光鎧,因訟高句麗梗道路,不許來朝上國。高祖遣散騎常侍朱子奢來,詔諭我及高句麗平其怨。秋八月遣兵攻新羅王在城,執城主東所殺之。冬十二月遣使入唐朝貢。

27년. 당에 사신을 보내 명광개를 헌납하면서 고구려가 길을 막고 상국에 조회하러 오지 못하게 한다고 고발하였다. 고조는 산기상시 주자사를 보내 조서로 우리와 고구려가 원한을 풀도록 타일렀다. 가을 8월 군사를 보내 신라의 왕재성을 공격하여 성주 동소를 잡아 죽였다. 겨울 12월 당에 사신을 보내 조공하였다.

二十八年 秋七月王命將軍沙乞拔新羅西鄙二城,虜男女三百餘口。王欲復新羅侵奪地分,大擧兵出屯於熊津。羅王 眞平聞之,遣使告急於唐,王聞之乃止。秋八月遣王姪福信入唐朝貢,太宗謂與新羅世讎,數相侵伐,賜王璽書曰:"王世爲君長,撫有東蕃。海隅遐曠,風濤艱阻。忠款之至,職貢相尋。尙想嘉猷,甚以欣慰。朕祇承寵命,君臨區宇。思弘正道,愛育黎元。舟車所通、風雨所及,期之遂性,咸使乂安。新羅王金眞平朕之蕃臣,王之鄰國。每聞遣師征討不息,阻兵安忍,殊乖所望。朕已對王姪福信及高句麗、新羅使人具敕通和,咸許輯睦。[103]王必須忘彼前怨,識朕本懷,共篤鄰情,即停兵革。"王因遣使奉表陳謝,外稱順命,內實相(△)[仇]如故。

28년. 가을 7월 왕이 장군 사걸에게 명하여 신라 서부 변경의 두 성을 함락시키고 남녀 3백여 명을 노획하였다. 왕이 신라에 빼앗긴 땅을 회복하려고 군사를 대거 출동하여 웅진에 주둔하였다. 신라왕 진평이 듣고 당에 사신을 보내 위급함을 고하니 왕이 알고 그만두었다. 가을 8월 당에 왕의 조카 복신을 보내 조공하니 태종이 백제가 신라와 대대로 원수가 되어 서로 자주 침공한다면서 왕에게 조서를 보내 왈: '왕은 대대로 군장이 되어 동쪽 번방을 진무하고 있다. 바다 모퉁이의 먼 곳은 바람과 파도가 험하다. 지극한 충성으로 술직과 조공을 이어왔다. 좋은 생각과 계책은 짐을 기쁘게 한다. 짐은 삼가 영광스러운 대명을 이어받아 이 땅에 군림하였다. 정도를 넓히고 백성들을 아껴 양육하고 있다. 배와 수레가 통하는 곳과 바람과 비가 미치는 곳마다 천성에

---

103) 咸許輯睦: 중앙본 '모두 화목하게끔 하였다'.

따르며 모두가 편안하게 살게 한다. 신라왕 김진평은 짐의 번신이고 왕의 이웃 나라이다. 그대가 군사를 풀어 끊임없이 침범하며 병력을 믿고 잔인하다는 소식을 들을 때마다 기대에 매우 어긋난다. 짐은 이미 왕의 조카 복신과 고구려, 신라 사신들에게 서로 화친하도록 명령하였고 모두 화목하겠다고 동의하였다. 왕은 반드시 이전의 원한을 잊고 짐의 본뜻을 알고 모두 이웃의 정을 두터이 하여 즉시 전쟁을 중지하라.' 왕은 사신을 보내 표문을 바쳐 사과하였으나 겉으로는 비록 명령에 순종한다 하였으나 실상은 이전처럼 서로 원수로 대하였다.

二十九年 春二月遣兵攻新羅椵峰城,不克而還。

29년. 봄 2월 군사를 파견하여 신라의 가봉성을 공격하였으나 이기지 못하고 돌아왔다.

三十年 秋九月遣使入唐朝貢。

30년. 가을 9월 당에 사신을 보내 조공하였다.

三十一年 春二月重修泗沘之宮。王幸熊津城。夏旱,停泗沘之役。秋七月王至自熊津。

31년. 봄 2월 사비의 궁전을 다시 수리하였다. 왕이 웅진성에 행차하였다. 여름에 가물어 사비의 공사를 중단하였다. 가을 7월 왕이 웅진으로부터 돌아왔다.

三十二年 秋九月遣使入唐朝貢。

32년. 가을 9월 당에 사신을 보내 조공하였다.

三十三年 春正月封元子義慈爲太子。二月改築馬川城。秋七月發兵伐新羅,不利。王田于生草之原。冬十二月遣使入唐朝貢。

33년. 봄 정월 장자 의자를 태자로 책봉하였다. 2월 마천성을 개축하였다. 가을 7월 군사를 풀어 신라를 공격하였으나 불리하였다. 왕이 생초의 벌에서 사냥하였다. 겨울 12월 당에 사신을 보내 조공하였다.

三十四年 秋八月遣將攻新羅西谷城,十三日拔之。

34년. 가을 8월 장수를 보내 신라의 서곡성을 공격하여 13일 만에 함락시켰다.

三十五年 春二月王興寺成。其寺臨水,彩飾壯麗。王每乘舟入寺行香。三月穿池於宮南,引水二十餘里,四岸植以楊柳,水中築島嶼,擬方丈仙山。

35년. 봄 2월 왕흥사가 낙성되었다. 그 절은 강가에 있으며 채색 장식이 웅장하고 화려하였다. 왕을 매번 배를 타고 들어가 절에 행향하였다. 3월 궁궐 남쪽에 못을 파고 20여 리 밖에서 물을 끌어 들였으며 사면 언덕에 버드나무를 심고 물 가운데 방장선산을 모방하는 섬을 만들었다.

三十七年 春二月遣使入唐朝貢。三月王率左右臣寮遊燕於泗沘河北浦。兩岸奇巖怪石錯立,間以奇花異草,如畫圖。王飮酒極歡,鼓琴自歌,從者屢舞,時人謂其地爲大王浦。夏五月王命將軍于召,帥甲士五百往襲新羅獨山城。于召至玉門谷,日暮,解鞍休士。新羅將軍閼川將兵掩至鏖擊之。于召登大石上,彎弓拒戰,矢盡,爲所擒。六月旱。秋八月燕群臣於望海樓。

37년. 봄 2월 당에 사신을 보내 조공하였다. 3월 왕이 측근 관리들을 데리고 사비하 북쪽 포구에서 놀며 잔치를 베풀었다. 양쪽 언덕에 기암 괴석이 들쭉날쭉 서 있고 진기한 화초가 끼어 있어 그림 같았다. 왕이 술을 마시고 몹시 즐거워하며 북과 악기에 맞춰 스스로 노래 부르자 수행한 자들도 여러 번 춤을 추었으며 당시 사람들이 그곳을 대왕포라 불렀다. 여름 5월 왕이 장군 우소에게 명령하여 병력 5백 명을 거느리고 신라의 독산성을 습격하였다. 우소가 옥문곡에 이르렀을 때 해가 저물어 안장을 풀고 병사를 쉬웠다. 신라 장군 알천이 군사를 거느리고 엄습하여 가열한 공격을 가했다. 우소가 큰 돌 위에 올라서서 활을 쏘면서 대항하여 싸우다가 화살이 떨어지자 사로 잡혔다. 6월 가물었다. 가을 8월 왕이 망해루에서 대신들을 위하여 잔치를 베풀었다.

三十八年 春二月王都地震。三月又震。冬十二月遣使入唐獻鐵甲雕斧。太宗優勞之,賜錦(枹)[袍]幷彩帛三千段。

38년. 봄 2월 경성에 지진이 일어났다. 3월 또 지진이 일어났다. 겨울 12월 당에 사신을 보내 철갑옷과 조각한 도끼를 헌납했다. 태종이 우대하여 위로하고 비단 두루마기와 채색 비단 3천 단을 하사했다.

三十九年 春三月王與嬪御, 泛舟大池。

39년. 봄 3월 왕이 궁녀들과 놀며 큰 못에 배를 띄웠다.

四十年 冬十月又遣使於唐, 獻金甲雕斧。

40년. 겨울 10월 또 당에 사신을 보내 철갑옷과 조각한 도끼를 헌납했다.

四十一年 春正月星孛于西北。二月遣子弟於唐請入國學。

41년. 봄 정월 살별이 서북쪽에 나타났다. 2월 자제들을 당에 보내 국학에 입학시켜 줄 것을 요청하였다.

四十二年 春三月王薨, 諡曰武。使者入唐, 素服奉表, 曰:"君外臣扶餘璋卒。"帝擧哀玄武門, 詔曰:"懷遠之道莫先於寵命, 飾終之義無隔於遐方。故柱國、帶方郡王、百濟王扶餘璋, 棧山(△)[航]海, 遠稟正朔。獻琛奉牘, 克固始終。奄致薨殞, 追深愍悼。宜加常數, 式表哀榮。"贈光祿大夫, 賻賜甚厚。

42년. 봄 3월 왕이 사망하였으며 시호를 무라 하였다. 사신이 당에 가서 소복을 입고 표문을 바쳤다: '임금의 외신 부여장이 죽었습니다.' 황제는 현무문에서 애도식을 거행하고 조서를 내렸다: '먼 나라를 품에 안는 도의는 총애의 칙명보다 나은 것이 없고 죽은 자를 미화하는 의리는 먼 곳이라 하여 막혀 있지 않다. 고인이 된 주국, 대방군왕, 백제왕 부여장은 험한 산을 넘고 바다를 건너 멀리까지 와서 정삭을 받았다. 보물을 바치고 조칙 받들기가 시종일관하였다. 갑자기 사망하니 깊이 슬퍼하며 추도한다. 마땅히 상례 이상으로 애도의 영예를 표하여야 하겠다.' 광록대부를 추증하고 부의를 매우 후하게 하사했다.

三國史記卷第二十八
(삼국사기 권제28)

百濟本紀第六(백제본기 제6)

義慈王

의자왕

〇**義慈王**,武王之元子。雄勇膽決。武王在位三十三年立爲太子。事親以孝,與兄弟以友,時號海東曾子。武王薨,太子嗣位。太宗遣祠部郎中鄭文表冊命爲柱國、帶方郡王、百濟王。秋八月遣使入唐表謝,兼獻方物。

의자왕은 무왕의 장자다. 용감하고 대담하며 결단성 있다. 무왕 재위 33년에 태자로 세웠었다. 부모를 효성으로 섬기고 형제간에 우애가 있어서 당시에 해동증자라 불렸다. 무왕이 사망하자 태자로서 왕위를 이었다. 당태종이 사부랑중 정문표를 보내 왕을 주국, 대방군왕, 백제왕으로 책봉하였다. 가을 8월 당에 사신을 보내 사의를 표하고 아울러 토산물을 헌납했다.

二年 春正月遣使入唐朝貢。二月王巡撫州郡,慮囚,除死罪皆原之。秋七月王親帥兵侵新羅,下獼猴等四十餘城。八月遣將軍允忠領兵一萬

攻新羅 大耶城。城主品釋與妻子出降。允忠盡殺之,斬其首,傳之王都。
生獲男女一千餘人,分居國西州縣,留兵守其城。王賞允忠功馬二十
匹、穀一千石。

2년. 봄 정월 당에 사신을 보내 조공하였다. 2월 왕이 주군을 순행,
위무하면서 죄수를 심사하여 사형수를 제외하고 모두 풀어주었다. 가
을 7월 왕이 직접 군사를 거느리고 신라를 침공하여 미후 등 40여 성을
함락하였다. 8월 장군 윤충을 보내 군사 1만 명을 거느리고 신라의
대야성을 공격하였다. 성주 품석이 처자를 데리고 나와 항복하였다.
윤충이 모두 죽이고 목을 베어 경성에 보냈다. 남녀 1천여 명을 사로잡
아 서쪽 지방의 주현에 나누어 살게 하고 군사를 남겨 성을 지켰다.
왕이 윤충의 공로를 포상하여 말 20필과 곡식 1천 섬을 주었다.

三年 春正月遣使入唐朝貢。冬十一月王與高句麗和親,謀欲取新羅
党項城,[104]以塞入朝之路,遂發兵攻之。羅王 德曼遣使請救於唐,王
聞之,罷兵。

3년. 봄 정월 당에 사신을 보내 조공하였다. 겨울 11월 왕이 고구려와
화친을 맺고 신라의 당항성을 빼앗아 조공하러 가는 길을 막으려는
모의를 하고 군사를 풀어 공격하였다. 신라왕 덕만이 당에 사신을 보내
구원을 요청하니 왕이 이 소식을 듣고 군사를 철수하였다.

四年 春正月遣使入唐朝貢。太宗遣司農丞相里玄奬告諭兩國,王奉
表陳謝。立王子隆爲太子,大赦。秋九月新羅將軍庾信領兵來侵,取七
城。

4년. 봄 정월 당에 사신을 보내 조공하였다. 태종이 사농승 상리현장을
보내 두 나라를 타이르자 왕이 표문을 올려 사과하였다. 왕자 융을
태자로 세우고 대사면을 행하였다. 가을 9월 신라 장군 유신이 군사를
거느리고 침입하여 일곱 성을 빼앗았다.

---

104) 党: 중앙본이 '黨'으로 교정하였다. 지명은 '黨'이 아니라 '党'을 쓴 저본이 맞다.

五年 夏五月王(△)[聞]太宗親征高句麗,徵兵新羅,乘其間襲取新羅七城。新羅遣將軍庾信來侵。

5년. 여름 5월 왕은 태종이 직접 고구려를 정벌하면서 신라군을 징발하였다는 소식을 듣고 그 틈을 노려 신라를 습격하여 7개 성을 빼앗았다. 신라는 장군 유신을 보내 침공해 왔다.

七年 冬十月將軍義直帥步騎三千進屯新羅 茂山城下,分兵攻甘勿、桐岑二城。新羅將軍庾信親勵士卒,決死而戰,大破之,義直匹馬而還。

7년. 겨울 10월 장군 의직이 보병과 기병 3천 명을 거느리고 신라의 무산성 아래에 주둔하고 병력을 나누어 감물과 동잠 두 성을 공격하였다. 신라 장군 유신이 직접 병사들을 격려하며 결사적으로 싸워 아군을 크게 격파하여 의직이 홀로 말 타고 돌아왔다.

八年 春三月義直襲取新羅西鄙腰車等一十餘城。夏四月進軍於玉門谷,新羅將軍庾信逆之,再戰,大敗之。

8년. 봄 3월 의직이 신라 서부 변경의 요거 등 10여 성을 습격하여 빼앗았다. 여름 4월 옥문곡으로 진군하니 신라 장군 유신이 맞받아 두 번 싸워 크게 패배시켰다.

九年 秋八月王遣左將殷相,帥精兵七千攻取新羅 石吐等七城。新羅將庾信、陳春、天存、竹旨等逆擊之,不利,收散卒屯於道薩城下,再戰,我軍敗北。冬十一月雷,無冰。

9년. 가을 8월 왕이 좌장 은상을 보내 정예 병력 7천을 거느리고 신라를 공격하여 석토 등 일곱 성을 빼앗았다. 신라장수 유신, 진춘, 천존, 죽지 등이 맞받아 공격하여 아군에게 불리해지자 흩어진 병사들을 모아 도살성 아래에 진을 치고 재차 싸웠는데 아군이 패배하였다. 겨울 11월 우레가 치고 얼음이 얼지 않았다.

十一年 遣使入唐朝貢。使還,高宗降璽書諭王曰:"海東三國開基日久,并列疆界,地實犬牙。近代以來,遂構嫌隙,戰爭交起,略無寧歲。遂令三韓之氓命懸刀(殂)[俎],(△)[尋]戈肆憤,朝夕相仍。朕代天理物,載深矜憫。去歲高句麗、新羅等使并來入朝,朕命釋玆讎怨,更敦款睦。新羅使金法敏奏言:'高句麗、百濟脣齒相依,竟擧干戈,侵逼交至。大城重鎮并爲百濟所倂,疆宇日蹙,威力并謝。乞詔百濟令歸所侵之城。若不奉詔,即自興兵打取。但得古地,即請交和。'朕以其言既順,不可不許。

11년. 당에 사신을 보내 조공하였다. 사신이 돌아올 때 고종이 조서를 보내 왕을 타일렀다: '해동의 세 나라는 개국의 역사가 오래되고 변경이 붙었고 국토가 서로 얽혀 있다. 근대 이래 사이가 벌어져 전쟁이 연이어 일어나니 거의 편안한 해가 없었다. 따라서 삼한 백성들은 목숨이 칼도마에 놓여 있으며 무기를 찾아 분풀이하는 일이 아침저녁으로 이어졌다. 짐은 하늘을 대신하여 다스리므로 매우 가엾게 여긴다. 지난해에 고구려, 신라 등의 사신이 함께 조정에 왔을 때 짐은 이와 같은 원한을 풀고 다시 화목을 돈독히 하도록 명하였었다. 신라사신 김법민이 상주하였다: "고구려와 백제는 순치와 같이 붙어 있으며 전쟁을 일으켜 번갈아 침략합니다. 큰 성과 중요한 읍은 모두 백제에게 먹혀 국토는 날로 줄어들고 위력이 쇠약해집니다. 원컨대 백제에 조칙을 내려 빼앗은 성을 돌려주게 하소서. 만일 조칙을 받들지 않으면 즉시 스스로 군사를 풀어 싸워 빼앗겠습니다. 잃었던 옛 땅만 되찾고 즉시 화친을 맺겠습니다." 짐은 그의 말이 순리에 맞으므로 승낙하지 않을 수 없다.

"昔齊桓列(士)[土]諸侯,尙存亡國,況朕萬國之主,豈可不恤危藩?王所兼新羅之城并宜還其本國,新羅所獲百濟俘虜,亦遣還王。然後解患釋紛,韜戈偃革。百姓獲息肩之願,三蕃無戰爭之勞。比夫流血邊亭,積屍疆埸,耕織并廢,士女無聊,豈可同年而語哉?王若不從進止,朕已依法敏所請,任其與王決戰。亦令約束高句麗,[105]不許遠相救恤。高句

---

105) 중앙본 '약속하여…'. 約束: 단속하다. 한국어의 '約束'과 뜻이 전혀 다르다.

麗若不承命,即令<u>契丹</u>諸藩<u>度遼</u>,深入抄掠。王可深思朕言,自求多福,審圖良策,無貽後悔。"

'옛날 제환공은 제후의 반열에 있으면서 망한 나라를 존속 시켰는데 하물며 짐은 만국의 군주로서 어찌 위급하게 된 번방을 구제하지 않으랴! 왕은 겸병한 신라의 성을 모두 본국에 돌려주어야 하고 신라도 사로잡은 백제의 포로를 역시 왕에게 돌려보내야 한다. 그렇게 한 후에야 환난이 풀리고 분규가 해결되며 무기를 거두고 전쟁이 끝난다. 백성들은 쉬고자 하는 소망을 이루고 세 번방은 전쟁의 피로가 없어진다. 변경에서 피 흘리고 강토에 시체가 쌓이며 농사와 길쌈을 모두 폐한 채 남녀가 어쩔 수 없게 되는 것과 비해 어찌 같다고 말할 수 있으랴? 왕이 만일 이 분부를 따르지 않으면 짐은 법민의 요청대로 왕과 결전하도록 맡길 것이다. 또 고구려가 먼 거리에서 백제를 구원하지 못하도록 <u>단속할 것이다.</u> 고구려가 만일 명령을 만들지 않으면 즉시 거란 등 번방들을 시켜 요수를 건너 깊이 쳐들어가 노략할 것이다. 왕은 짐의 말을 심사숙고하고 스스로 많은 복을 얻으며 좋은 방책을 찾아 후회가 없도록 하라.'

十二年 春正月遣使入<u>唐</u>朝貢。

12년. 봄 정월 당에 사신을 보내 조공하였다.

十三年 春大旱,民饑。秋八月王與<u>倭國</u>通好。

13년. 봄에 크게 가물었고 백성이 굶주렸다. 가을 8월 왕이 왜국과 우호 관계를 맺었다.

十五年 春二月修<u>太子宮</u>極侈麗。立<u>望海亭</u>於王宮南。夏五月騂馬入<u>北岳</u> <u>烏含寺</u>鳴,匝佛宇數日死。秋七月重修<u>馬川城</u>。八月王與<u>高句麗</u>、<u>靺鞨</u>攻破<u>新羅</u>三十餘城。<u>新羅王</u> <u>金春秋</u>遣使朝唐,表稱:"<u>百濟與高句麗</u>、靺鞨侵我北界,沒三十餘城。"

15년. 봄 2월 태자궁을 대단히 사치스럽고 화려하게 수리하였다. 왕궁 남쪽에 망해정을 세웠다. 여름 5월 붉은 말이 북악 오함사에 들어와 불당을 돌며 며칠간 울다가 죽었다. 가을 7월 마천성을 다시 수리하였다. 8월 왕이 고구려, 말갈과 함께 신라의 30여 성을 함락시켰다. 신라왕 김춘추가 당에 사신을 보내 조회하고 '백제와 고구려, 말갈이 우리의 북쪽 변경에 침입하여 30여 성을 함락시켰다'는 표문을 올렸다.

十六年 春三月王與宮人淫荒耽樂, 飮酒不止。佐平成忠或云淨忠極諫, 王怒, 囚之獄中, 由是無敢言者。成忠瘐死。臨終上書曰:"忠臣死不忘君, 願一言而死。臣常觀時察變, 必有兵革之事。凡用兵必審擇其地, 處上流以延敵, 然後可以保全。若異國兵來, 陸路不使過沉(△)[峴], 水軍不使入伎伐浦之岸。舉其險隘以禦之, 然後可也。"王不省焉。

16년. 봄 3월 왕이 궁인들과 음란과 향락에 빠져 술을 끊임없이 마셨다. 좌평 성충혹왈 淨忠이 극력 간언하니 왕이 노하여 옥에 가두었으므로 이로부터 감히 말하는 자가 없었다. 성충은 병으로 죽었다. 임종 때 편지를 올려 왈: "충신은 죽어도 임금을 잊지 않으니 한 말씀하고 죽겠습니다. 소신이 항상 시세와 변화를 관찰하였는데 전쟁이 틀림없이 일어날 것입니다. 무릇 용병에는 반드시 지형을 선택해야 하는데 상류에 있으며 적을 맞이하여야 보전할 수 있습니다. 만일 다른 나라 군사가 오거든 육로로는 침현을 넘지 못하게 하고 수군은 기벌포 언덕으로 들어오지 못하게 하십시오. 험준하고 좁은 곳에 의거하여 방어해야만 됩니다." 왕은 살피지 않았다.

十七年 春正月拜王庶子四十一人爲佐平, 各賜食邑。夏四月大(旱)[旱]赤地。

17년. 봄 정월 왕의 서자 41명을 좌평으로 모시고 각각 식읍을 주었다. 여름 4월 크게 가물어 경작지가 비었다.

十九年 春二月衆狐入宮中, 一白狐坐上佐平書案。夏四月太子宮雌鷄與小雀交。遣將侵攻新羅 獨山、桐岑二城。五月王都西南泗沘河大魚出死, 長三丈。秋八月有女屍浮生草津, 長十八尺。九月宮中槐樹鳴, 如人哭聲。夜鬼哭於宮南路。

19년. 봄 2월 여우 무리가 궁중에 들어왔으며 흰 여우 한 마리는 상좌평의 책상위에 앉았다. 여름 4월 태자궁의 암탉이 참새와 교미하였다. 장수를 보내 신라의 독산, 동잠 두 성을 침공하였다. 5월 경성 서남쪽 사비하에서 세 발 길이의 큰 고기가 나와 죽었다. 가을 8월 길이 18자의 여자 시체가 생초진에 떠올랐다. 9월 궁중의 홰나무가 사람이 곡하는 소리처럼 울었다. 밤에 궁궐 남쪽 길에서 귀신이 곡하였다.

二十年 春二月王都井水血色。西海濱小魚出死,百姓食之不能盡。泗沘河水赤如血色。夏四月蝦蟆數萬集於樹上。王都市人無故驚走,如有捕(提)[捉]者,僵仆而死百餘人,(立)[亡]失財物不可數。五月風雨暴至,震天王、道讓二寺塔,又震白石寺講堂。玄雲如龍,東西相鬪於空中。六月王興寺衆僧皆見若有船、楫隨大水入寺門。有一犬狀如野鹿,自西至泗沘河岸,向王宮吠之,俄而不知所去。王都群犬集於路上,或吠或哭,移時即散。有一鬼入宮中,大呼:"百濟亡,百濟亡!"即入地。王怪之,使人掘地,深三尺許有一龜。其背有文曰:"百濟同月輪,新羅如月新。"王問之,巫者曰:"同月輪者滿也,滿則虧。如月新者未滿也,未滿則漸盈。"王怒殺之。或曰:"同月輪者盛也,如月新者微也。意者國家盛,而新羅(寢)[寢]微者乎?"王喜。

20년. 봄 2월 경성의 우물물이 핏빛이었다. 서해 가의 조그만 물고기들이 나와 죽었는데 백성들이 다 먹을 수 없었다. 사비하의 물이 핏빛처럼 붉었다. 여름 4월 두꺼비와 개구리 수만 마리가 나무 위에 모였다. 경성의 저자 사람들이 까닭 없이 누가 잡으러 오는 것처럼 놀래 달아났으며 쓰러져 죽은 자가 백여 명이나 되고 헤아릴 수 없이 재물을 잃었다. 5월 비바람이 갑자기 불었으며 천왕사와 도양사의 탑에 벼락이 쳤고 또 백석사 강당에도 벼락이 쳤다. 검은 구름이 용처럼 공중에서 동서로 나뉘어 서로 싸웠다. 6월 왕흥사의 승려들이 모두 배와 노 같은 것이 큰물을 따라 절문으로 들어오는 것을 보았다. 야생 사슴 같이 생긴 개 한 마리가 서쪽으로부터 사비하 언덕에 와서 왕궁을 향하여 짖더니 잠시 후 어디론지 사라졌다. 경성의 개들이 길에 모여서 짖고 울다가 얼마 후에 곧 흩어졌다. 귀신 하나가 궁궐 안에 들어와 "백제가 망한다. 백제가 망한다"고 크게 외치다가 곧 땅 속으로 들어갔다. 왕이 이상히 여기고 사람을 시켜 땅을 파니 석자 가량의 깊이에 거북 한 마리가 있었다. 그의 등에 '백제는 둥근 달 같고 신라는 초생달 같다'라는 글이 있었다. 왕이 물으니 무당이 말했다: "둥근 달 같으면 가득 찬 것이니 차면 줄고 초승달 같으면 차지 못한 것이니 차지 못했으면 점점 차게 됩니다." 왕이 노하여 죽여 버렸다. 어떤 자가 말했다: "둥근 달 같으면 왕성하다는 것이고 초승달 같으면 미약한 것입니다. 우리나라는 왕성 하여지고 신라는 차츰 쇠약하여 간다는 뜻일지요." 왕이 기뻐하였다.

高宗詔左[武]衛大將軍蘇定方爲神丘道行軍大總管,率左[驍]衛將軍 劉伯英、右武衛將軍馮士貴、左(△)[驍]衛將軍龐孝公,統兵十三萬以 來征。兼以新羅王金春秋爲嵎夷道行軍總管,將其國兵與之合勢。蘇 定方引軍自城山濟海,至國西德物島。新羅王遣將軍金庾信領精兵五 萬以赴之。王聞之,會群臣問戰守之宜,佐平義直進曰:"唐兵遠涉溟 海,不習水者在船必困。當其初下陸,士氣未平,急擊之,可以得志。羅 人恃大國之援,故有輕我之心。若見唐人失利,則必疑懼而不敢銳進。 故知先與唐人決戰可也。"達率常永等曰:"不然。唐兵遠來,意欲速戰, 其鋒不可當也。羅人前屢見敗於我軍,今望我兵勢,不得不恐。今日之 計,宜塞唐人之路,以待其師老,先使偏師擊羅軍,折其銳氣,然後伺其 便而合戰,則可得以全軍而保國矣。"

고종의 조서에 따라 좌무위대장군 소정방을 신구도행군대총관으로 하고 좌효위장군 유백영과 우무위장군 풍사귀, 좌효위장군 방효공을 거느리고 13만 병력을 통솔하여 정벌하러 왔다. 아울러 신라왕 김춘추를 우이도행군총관으로 하여 신라군을 거느리고 당군과 합세하였다. 소정방은 군사를 이끌고 성산에서 바다를 건너 우리나라 서쪽 덕물도에 이르렀다. 신라왕은 장군 김유신을 보내 정예 군사 5만 명을 거느리고 갔다. 왕이 듣고 대신들을 모아 공격과 수비의 마땅한 편을 물으니 좌평 의직이 진언하여 왈: "당군은 멀리서 바다를 건너 왔으므로 물에 익숙하지 못한 자는 배에서 꼭 피곤해졌을 것입니다. 금방 하륙하여 사기가 안정되지 못했을 때 급히 공격하면 뜻을 이룰 수 있습니다. 신라인은 대국의 도움을 믿기 때문에 우리를 깔보는 마음일 것입니다. 만일 당인의 불리해짐을 보면 반드시 의심하고 두려워하며 감히 세차게 진격하지 못합니다. 하여 우선 당군과 결전하여야 됨을 압니다." 달솔 상영 등 왈: "그렇지 않습니다. 당군은 멀리서 왔으므로 속전하려 할 것이니 그 예봉을 당할 수 없습니다. 신라군은 이전에 여러 번 아군에게 패하였기 때문에 아군의 기세를 보고 겁을 내지 않을 수 없습니다. 오늘의 계책은 당군이 들어오는 길을 막고 그들이 피곤하여지기를 기다리면서 먼저 일부 병력으로 신라군을 쳐서 사기를 꺾은 후 형편을 보아 합세하여 싸우면 군대와 나라를 보전할 수 있습니다."

王猶豫不知所從。時佐平興首得罪, 流竄古馬彌知之縣, 遣人問之, 曰: "事急矣, 如之何而可乎?" 興首曰: "唐兵旣衆, 師律嚴明, 況與新羅共謀掎角。若對陣於平原廣野, 勝敗未可知也。白江或云伎伐浦、炭峴或云沈峴, 我國之要路也, 一夫單槍, 萬人莫當。宜簡勇士往守之, 使唐兵不得入白江, 羅人未得過炭峴。大王重閉固守, 待其資粮盡, 士卒疲, 然後奮擊之, 破之必矣。" 於時大臣等不信, 曰: "興首久在縲絏之中, 怨君而不愛國, 其言不可用也。莫若使唐兵入白江, 沿流而不得方舟; 羅軍升炭峴, 由徑而不得幷馬。當此之時縱兵擊之, 譬如殺在籠之鷄、離網之魚也。" 王然之。

왕이 주저하면서 어느 말을 따를지 몰랐다. 이때 좌평 흥수는 죄 지고 고마미지현에 유배돼 있었는데 사람을 보내 물었다: "사태가 위급한데 어떻게 하면 되겠는가?" 흥수가 말했다: "당군은 수도 많고 군기도 엄하며 게다가 신라와 공모하여 협공하고 있습니다. 만일 넓은 평야에서 마주 하고 힘을 겨루면 승패를 가늠할 수 없습니다. 백강혹왈 기벌포과 탄현혹왈 침현은 우리나라의 요충지이므로 병사 한 사람, 창 한 자루를 1만 명도 당할 사람이 없습니다. 마땅히 용사를 골라 그곳을 지켜 당군이 백강으로 들어오지 못하게, 신라군이 탄현을 지나지 못하게 하여야 합니다. 대왕은 성문을 굳게 닫고 든든히 지키면서 그들의 물자와 군량이 떨어지고 사졸들이 피곤하기를 기다린 후에 분발하여 공격하면 반드시 이길 수 있습니다." 그때 대신들은 믿지 않았다: "홍수는 오랫동안 갇혀 있으면서 임금을 원망하고 나라를 사랑하지 않을 것이니 그의 말은 쓸 수가 없습니다. 차라리 당군이 백강으로 들어와 강의 흐름에 따르며 배를 나란히 하지 못하게, 신라군이 탄현에 올라가며 오솔길에서 말을 나란히 할 수 없게 하는 것만 못합니다. 이때 군사를 풀어 공격하면 마치 닭장에든 닭, 그물에 걸린 고기를 죽이는 것과 같을 것입니다." 왕은 그 말을 따랐다.

又聞唐羅兵已過白江、炭峴, 遣將軍階伯帥死士五千, 出黃山, 與羅兵戰。四合皆勝之, 兵寡力屈, 竟敗, 階伯死之。於是合兵禦熊津口, 瀕江屯兵。定方出左涯, 乘山而陣。與之戰, 我軍大敗。王(△)[師]乘潮, 舳艫銜尾進, 鼓而噪。定方將步、騎, 直趍(眞)[其]都城一舍止。我軍悉衆拒之, 又敗, 死者萬餘人。唐兵乘勝薄城。王知不免, 嘆曰: "悔不用成忠之言, 以至於此。" 遂與太子孝走北鄙, 定方圍其城。王次子泰自立爲王, 率衆固守。太子子文思謂王子隆曰: "王與太子出, 而叔擅爲王。若唐兵解去, 我等安得全?" 遂率左右縋而出, 民皆從之, 泰不能止。定方令士超堞, 立唐旗幟, 泰窘迫 開門請命。[106]於是王及太子孝與諸城皆降。定方以王及太子孝、王子泰、隆、演及大臣、將士八十八人、百姓一萬二千八百七人送京師。

또 당군이 이미 백강과 탄현을 지났다는 소식을 듣고 장군 계백을 시켜 결사대 5천 명을 거느리고 황산을 나와 신라군과 싸웠다. 네 번 싸워

---

106) 開門請命: 중앙본 '문을 열고 명령대로 따를 것을 요청하였다'.

모두 이겼으나 병력이 적고 힘이 꺾이어 끝내 패하고 계백이 죽었다. 하여 병력을 모아 웅진강 입구를 막으며 강가에 주둔하였다. 소정방이 강 왼쪽 언덕으로 나와 산에 올라가 진을 쳤다. 그와 싸워 아군이 크게 패하였다. 당군은 조수를 타고 배가 꼬리에 꼬리를 물고 진격하여 북을 치며 소리쳤다. 소정방은 보병과 기병을 거느리고 곧장 경성으로 다가가 30리 밖에서 멈추었다. 아군이 병력을 모두 모아 항거했으나 또 패배하여 1만여 명이 죽었으며 당군은 승세를 타고 성으로 육박하였다. 왕이 패망을 면할 수 없음을 알고 탄식하여 왈: "성충의 말을 듣지 않다가 이 지경에 이르니 후회 되누나." 태자 효를 데리고 북쪽 변경으로 도주하고 소정방은 성을 포위하였다. 왕의 차자 태가 스스로 왕이 되어 무리를 거느리고 굳게 지켰다. 태자의 아들 문사가 왕자 융에게 말했다: "왕께서 태자와 함께 나가 버렸고 숙부는 자기 마음대로 왕 노릇을 하고 있습니다. 당군이 포위를 풀고 가버리면 우리들은 어떻게 온전할 수 있습니까?" 이내 측근들을 데리고 밧줄에 매달려 성을 빠져 나가니 백성들도 모두 뒤따랐으며 태는 말리지 못하였다. 소정방이 병사를 시켜 성에 뛰어 올라 당 깃발을 세우자 태는 궁핍해져 성문을 열고 살려 달라고 빌었다. 따라서 왕과 태자 효가 여러 성과 함께 모두 항복하였다. 소정방이 왕과 태자 효,왕자 태·융·연 및 대신과 장병 88명과 주민 12,807명을 당 경성으로 보냈다.

國本有五部、三十七郡、二百城、七十六萬戶。至是析置熊津、馬韓、東明、金漣、德安五都督府,各統州縣。(欋)[擢]渠長爲都督、刺史、縣令以(理)[治]之。命郞將劉仁願守都城,又以左衛郞將王文度爲熊津都督,撫其餘衆。定方以所俘見,上責而宥之。王病死,贈金紫光祿大夫、衛尉卿,許舊臣赴臨。詔葬孫皓、陳叔寶墓側,幷爲竪碑。授隆司稼卿。文度濟海卒,以劉仁軌代之。武王從子福信嘗將兵,乃與浮屠道琛據周留城叛,迎古王子扶餘豊嘗質於倭國者,立之爲王。西北部皆應,引兵圍仁願於都城。詔起劉仁軌檢校帶方州刺史,將王文度之衆,便道發新羅兵,以救仁願。仁軌喜曰:"天將富貴此翁矣。"請唐曆及廟諱而行,曰:"吾欲掃平東夷,頒大唐正朔於海表。"

백제는 원래 5부, 37군, 200성, 76만 호였다. 이때에 와서 웅진, 마한, 동명, 금련, 덕안 등 5개의 도독부로 나누고 각각 주현을 통치하였다. 우두머리를 뽑아 도독, 자사, 현령으로 하여 다스렸다. 낭장 유인원에게 명령하여 경성을 지키고 또 좌위낭장 왕문도를 웅진도독으로 하여 유민들을 위무하였다. 정방이 포로를 바치니 고종이 의자왕을 꾸짖고 용서하였다. 왕이 병으로 죽자 금자광록대부, 위위경을 추증하고 옛 신하들의 문상을 허락하였다. 조서를 내려 삼국 손권의 손자 손호, 남조 진(陳)의 마지막 황제 진숙보의 묘 옆에 장사하고 따라서 비석을 세우게 하였다. 융에게 사가경을 제수하였다. 왕문도가 바다를 건너다가 죽자 유인궤로 대신하였다. 무왕의 조카 복신은 군사를 거느린 적이 있는데 이때 승려 도침과 함께 주류성을 거점으로 반란을 일으켜 옛 왕자로서 왜국에 인질로 갔던 적이 있은 부여풍을 맞아 왕으로 세웠다. 서북부가 모두 호응하여 군사를 이끌고 유인원을 경성에서 포위했다. 조서를 내려 유인궤를 검교대방주자사로 기용하여 왕문도의 무리를 거느리고 지름길로 신라군을 출동시켜 유인원을 구원하게 하였다. 유인궤가 기뻐하며 "하늘이 이 늙은이를 부귀하게 하려는 것이다"라고 말하며 당의 책력과 묘휘를 청하여 가지고 떠나면서 "내가 동이를 평정하고 대당의 정삭을 해외에 반포하려다"고 말하였다.

仁軌御軍嚴整,轉鬥而前。福信等立兩柵於熊津江口以拒之。仁軌與新羅兵合擊之,我軍退走入柵,阻水橋狹,墮溺及戰死者萬餘人。福信等乃釋都城之圍,退保任存城,新羅人以粮盡引還。時龍朔元年三月也。於是道琛自稱領(車)[軍]將軍,福信自稱霜岑將軍,招集徒衆,其勢益張。使告仁軌曰:"聞大唐與新羅約誓,百濟無問老少一切殺之,然後以國付新羅,與其受死,豈若戰亡?所以聚結,自固守耳。"

인궤가 군사를 엄하게 통솔하여 싸우며 이동하였다. 복신 등이 웅진강 어귀에 두 개의 목책을 세워 방어하였다. 인궤가 신라군과 합세하여 공격하니 아군이 퇴각하여 목책 안으로 들어가다가 강에 막히고 다리가 좁아서 물에 빠지고 전사한 자가 1만여 명이었다. 복신 등은 경성의 포위를 풀고 물러와서 임존성을 지켰고 신라인은 군량이 떨어져서 군사를 끌고 돌아갔다. 이때가 용삭 원년 3월이었다. 이때 도침은 영군장군으로, 복신은 상잠장군으로 자칭하여 무리를 불러 모으니 그 세력이 더욱 확장되었다. 사신을 보내 인궤에게 알렸다: "듣자니 당이 신라와 서약하기를 백제 사람은 노소를 막론하고 모두 죽이고 그 후에 우리나라를 신라에 넘겨주기로 하였다니 죽음을 당할 바엔 차라리 전사하는 편이 낫지 않은가? 이것이 응집되어 고수하는 원인이다."

仁軌作書, 具陳禍福, 遣使諭之。道琛等恃衆驕倨, 置仁軌之使於外館, 嫚報曰:"使人官小。我是一國大將, 不合參。"不答書, 徒遣之。仁軌以衆(小)[少], 與仁願合軍, 休息士卒, 上表請合新羅圖之。羅王 春秋奉詔, 遣其將金欽, 將兵救仁軌等。至古泗, 福信邀擊, 敗之。欽自葛嶺道遁還, 新羅不敢復出。尋而福信殺道琛, 幷其(還)[衆]。豊不能制, (△)[但]主祭而已。福信等以仁願等孤城無援, 遣使慰之曰:"大使等何時西還? 當遣相送。"

인궤는 편지로 화와 복에 대하여 자세히 진술하고 사신을 보내 타일렀다. 도침 등은 사람이 많은 것을 믿고 교만한 태도로 인궤의 사신을 바깥 숙소에 재우고 업신여기며 왈: '사신의 관직이 낮다. 나는 일국의 대장이므로 함께 말할 수 없다.' 답장을 하지 않고 그냥 돌려보냈다. 인궤는 병력이 적었으므로 인원과 합세하고 사졸들을 휴식시키면서 표문을 올려 신라와 협력하여 도모하기를 청하였다. 신라왕 춘추가 조서를 받고 그의 장수 김흠을 시켜 군사를 거느리고 인궤 등을 구원하게 하였다. 고사에 이르자 복신이 그를 진공하여 패배시켰다. 김흠이 갈령도로부터 도망하여 돌아간 후 신라군은 감히 다시 출동하지 못하였다. 얼마 후 복신이 도침을 죽이고 도침의 무리를 자기에게 합쳤다.

풍은 제어하지 못하고 제사만 주관하였다. 복신 등은 인원 등의 성이
고립되어 구원을 받을 수 없다고 여기고 사람을 보내 '위로'하면서 말했
다: '대사 등은 언제 서쪽으로 돌아가려 하는가? 사람을 보내 전송하여
줘야지.'

二年七月仁願、仁軌等大破福信餘衆於熊津之東,拔支羅城及尹城、
大山、沙井等柵,殺獲甚衆,仍令分兵以鎭守之。福信等以眞峴城臨江
高險,當衝要,加兵守之。仁軌夜督新羅兵,薄城板堞,比明而入城,斬殺
八百人,遂通新羅餉道。仁願奏請益兵,詔發淄、青、萊、海之兵七千人,
遣左威衛將軍孫仁師,統衆浮海,以益仁願之衆。時福信旣專權,與扶
餘豊寖相猜忌。福信稱疾,臥於窟室,欲俟豊問疾執殺之。豊知之,帥親
信掩殺福信。遣使高句麗、倭國乞師,以拒唐兵,孫仁師中路迎,擊破
之,遂與仁願之衆相合,士氣大振。於是諸將議所向,或曰:"加林城水
陸之衝,合先擊之。"仁軌曰:"兵法'避實擊虛'。加林嶮而固,攻則傷士,
守則曠日。周留城百濟巢穴,群聚焉,若克之,諸城自下。"

용삭 2년 7월 인원, 인궤 등이 웅진 동쪽에서 복신의 남은 군사를 대파하
고 지라성과 윤성, 대산, 사정 등 목책을 함락 하였으며 죽이고 사로잡은
것이 매우 많았고 병력을 나누어 여전히 그곳에 주둔하며 수비하였다.
복신 등은 진현성이 강가에 있으며 높고 험하여 요충지로 하여 병력을
증가하여 지켰다. 인궤가 밤에 신라군을 독려하여 성가퀴에 근접하였다
가 새벽녘에 입성하여 8백 명을 참수하고 마침내 신라의 군량 수송로를
소통시켰다. 인원이 상주하여 증원병을 요청하니 조칙을 내려 치주,
청주, 내주, 해주의 7천 병력을 발동하여 좌위위장군 손인사에게 통솔시
켜 무리를 거느리고 바다를 건너 인원의 병력을 보충해주었다. 이때
복신은 이미 권력을 독차지하여 부여 풍과 점차 서로 의심하고 시기하였
다. 복신은 앓는다며 굴속 방에 누어 부여풍이 문병하러 오기를 기다려
잡아 죽이려 하였다. 부여풍이 이를 알고 심복을 거느리고 복신을 엄습
하여 죽였다. 고구려와 왜국에 사신을 보내 군사를 요청하여 당군을

막으려 하였으나 손인사가 중도에서 격파하고 인원의 군사와 합세하니 사기가 크게 떨쳐졌다. 이때 장수들이 공격의 방향을 의논하였는데 어떤 자가 "가림성이 수륙의 요충이므로 먼저 치는 것이 합당하다"고 말하니 인궤 왈: "병법에는 '실을 피하고 허를 쳐라'고 하였다. 가림성은 험하고 튼튼하므로 공격하면 병사가 상할 것이고 지키자면 시일이 오래 걸린다. 주류성은 백제의 소굴로서 무리들이 모여 있으니 만일 이곳을 이기면 여러 성은 스스로 무너질 것이다."

於是仁師、仁願及羅王金法敏帥陸軍進,劉仁軌及別帥杜爽、扶餘隆帥水軍及粮船自熊津江往白江,以會陸軍,同趍周留城。遇倭人白江口,四戰皆克,焚其舟四百艘,煙炎灼天,海水爲丹。王扶餘豊脱身而走,不知所在,或云奔高句麗。獲其寶劍。王子扶餘忠勝、忠志等帥其衆與倭人并降,獨遲受信據任存城,未下。初黑齒常之嘯聚亡散,旬日間歸附者三萬餘人。定方遣兵攻之,常之拒戰,敗之,復取二百餘城,定方不能克。常之與別部將沙吒相如據嶮以應福信,至是皆降。仁軌以赤心示之,俾取任存自效,即給鎧、仗、粮糒。仁師曰:"野心難信。若受甲濟粟,資寇便也。"仁軌曰:"吾觀相如、常之忠而謀,因機立功,尙何疑?"二人訖取其城,遲受信委妻子,奔高句麗,餘黨悉平。

이에 인사, 인원과 신라왕 김법민은 육군을 거느리고 진격하고, 유인궤와 별장 두상·부여융은 수군과 군량선을 거느리고 웅진강으로부터 백강에 가서 육군과 합세하여 같이 주류성으로 다가갔다. 백강 어귀에서 왜군을 만나 네 번 싸워서 모두 이기고 그들의 배 4백 척을 불사르니 연기와 화염이 하늘로 치솟고 바닷물도 붉어졌다. 왕 부여풍은 몸을 빼어 도주하였는데 거처지를 알 수 없었으며 어떤 사람은 고구려로 달아났다고 하였다. 그의 보검을 노획하였다. 왕자 부여충승과 충지 등이 무리를 거느리고 왜군과 함께 항복하고 지수신 혼자만 임존성에 의거하는데 함락시키지 못했다. 당초 흑치상지가 도망하여 흩어진 무리를 불러 모으니 열흘 사이에 귀의한 자가 3만여 명이었다. 소정방이

군사로 공격하였으나 상지가 싸워서 패배시키고 다시 2백여 성을 빼앗
았으며 정방은 이길 수 없었다. 상지는 별부장 사타상여와 같이 험준한
곳에 웅거하며 복신에 호응하다가 이때에 이르러 모두 항복하였다.
인궤가 진심을 보이면서 그들에게 임존성을 빼앗는 것으로 성의를 나
타내는 기회를 주려고 갑옷, 병기, 군량 등을 주었다. 인사가 말했다:
"야심을 믿기 어렵다. 만일 무기와 곡식을 주면 도적에게 편리를 제공
하는 것이다." 인궤가 말했다: "내가 상여와 상지를 보니 충성심과 지모
가 있다. 기회가 생겨 공을 세운다면 무엇을 의심할 것인가?" 두 사람이
성을 빼앗으니 지수신은 처자를 버리고 고구려로 달아났고 잔당들은
모두 평정되었다.

仁師等振旅還,詔留仁軌統兵鎭守。兵火之餘比屋凋殘,殭屍如莽。仁
軌始命瘞骸骨,籍戶口,理村聚,署官長。通道塗,立橋梁,補堤堰,復坡
塘,課農桑。賑貧乏,養孤老。立唐社稷,頒正朔及廟諱。民皆悅,各安其
所。帝以扶餘隆爲熊津都督,俾歸國,平新羅古憾,招還遺人。麟德二年
與新羅王會熊津城,刑白馬以盟。仁軌爲盟辭,乃作金書鐵契,藏新羅
廟中,盟辭見新羅紀中。仁願等還,隆畏衆携散,亦歸京師。儀鳳中以隆
爲熊津都督、帶方郡王,遣歸國,安輯餘衆,仍移安東都護府於新城以
統之。時新羅强,隆不敢入舊國,寄(理)[治]高句麗死。武后又以其孫敬
襲王,而其地已爲新羅、渤海、靺鞨所分,國系遂絶。

인사 등은 군위를 떨치며 돌아갔고 당고종은 조칙을 내려 인궤를 남겨
군사를 통솔하여 진수하게 하였다. 전쟁이 남긴 것은 연이은 가옥이
황폐해지고 시체가 풀 더미 같았다. 인궤가 이로부터 명령을 내려 해골
을 묻고 호구를 등록하고 촌락을 정리하고 관리들을 임명하였다. 길을
개통하고 다리를 놓고 제방을 보수하고 저수지를 복구 하고 농사와
양잠을 장려하였다. 가난한 자를 진휼하고 고아와 노인을 양육하였다.
당의 사직을 세우고 정삭과 사당의 명칭을 반포하였다. 백성들이 모두
기뻐하여 각각 제자리에 안주하였다. 황제는 부여융을 웅진도독으로

하고 귀국시켜 신라와의 오래된 유감을 풀고 유민을 소환하였다. 인덕
2년 신라왕과 웅진성에서 만나 백마를 잡아 맹약하였다. 인궤가 맹약의
글을 지었으며 금서 철계를 만들어 신라의 사당 안에 간직해 두었다.
맹약의 글은『신라본기』에 보인다. 인원 등이 귀국하니 융은 무리가
흩어질 것을 염려하여 역시 당 경성으로 돌아갔다. 의봉 연간에 융을
웅진도독, 대방군왕으로 하여 귀국시켜 남은 백성들을 안정시키고 안
동도호부를 신성으로 옮겨 통할하였다. 이때 신라가 강성하여지니 융
이 감히 고국으로 들어오지 못하고 고구려에 의탁하고 다스리다가 죽
었다. 무후가 또 그의 손자 경으로 하여금 왕위를 세습케 하려 했으나
그 지역은 이미 신라, 발해, 말갈에 의하여 분할되고 나라의 계통이
드디어 단절되고 말았다.

論曰:新羅古事云:"天降金樻,故姓金氏。"其言可怪而不可信。臣修
史,以其傳之舊,不得刪落其辭。然而又聞:"新羅人自以小昊金天氏
之後,故姓金氏。見新羅國子博士薛因宣撰金庾信碑,及朴居勿撰姚克一書三郎寺碑文。高
句麗亦以高辛氏之後,姓高氏。"見晉書載記。古史曰:"百濟與高句麗同出
扶餘。"又云:"秦、漢亂離之時中國人多竄海東。"則三國祖先豈其古
聖人之苗裔耶?何其享國之長也?至於百濟之季所行多非道。又世仇
新羅,與高句麗連和以侵軼之,因利乘便,割取新羅重城、巨鎮不已。非
所謂親仁善鄰,國之寶也。於是唐天子再下詔,平其怨,陽從而陰違之,
以獲罪於大國,其亡也亦宜矣。

논평하여 왈: 신라 고사 왈: '하늘이 금궤를 내려 보냈기에 성을 김씨로
한다.' 그 말은 괴이하여 믿을 수 없다. 소신이 역사를 편찬할 때 전해
내려온 지 오래되므로 이 말을 삭제해 버릴 수 없었다. 그러나 또 듣건
대 "신라 사람들은 스스로 소호금천씨의 후손이므로 성을 김씨로 하고
신라 국자박사 설인선이 지은『김유신비』와 박거물이 지었고 요극일이 베낀『삼랑사비』
문에 보인다, 고구려도 고신씨의 후손이므로 성을 고씨로 한다."『진서』의
기록에 보인다. 고사 왈: '백제와 고구려는 모두 부여에서 나왔다.' 또 왈:

'진, 한의 난리 때 중국인이 해동으로 많이 도망 왔다.' 그렇다면 삼국의 조상은 옛 성인의 후예가 아닌가? 어찌하여 그렇게 오래도록 나라를 향유할 수 있었는가? 백제 말기에 와서는 도에 어긋나는 행위가 많았다. 또한 대대로 신라와 원수가 되고 고구려와 연합하여 침범하며 유리한 조건과 적당한 기회만 있으면 신라의 중요한 성과 큰 읍을 빼앗기를 그치지 않았다. 이는 이른바 어진 사람을 가까이 하고 이웃과 잘 사귀는 것이 나라의 보배라는 말과 다르다. 이에 당 천자가 두 번이나 조서를 내려 원한을 풀려 했으나 겉으로는 순종하는 척하면서 속으로는 명령을 어겨 대국에 죄를 졌으니 그의 패망도 또한 당연하다.

三國史記卷第二十九~三十一 年表

(삼국사기 권제29~31 연표)

三國史記卷第二十九~三十一

(삼국사기 권제29~31)

年表 上中下(연표 상중하)107)

海東有國家久矣。自箕子受封於周室, 衛滿僭號於漢初, 年代綿邈, 文
字疏略, 固莫得而詳(△)[焉]。至於三國鼎峙, 則傳世尤多。新羅五十六
王九百九十二年, 高句麗二十八王七百五年, 百濟三十一王六百七十
八年, 其始終可得而考焉。作三國年表唐(罒)[賈]言忠云, 高(△)[麗], 自漢有國今九百
年, 誤也。

　해동에 나라가 있은 지 오래되었다. 기자가 주나라 왕실에서 봉해지고
위만이 한 초기에 왕호를 참람하게 칭한 일은 연대가 아득히 멀고 문헌
이 소략하여 실로 자세히 알 수 없다. 삼국이 솥발처럼 대치한 때에
이르러서는 세대를 이어 내려온 햇수가 아주 길다. 신라는 56왕 992년
이고, 고구려는 28왕 705년이며 백제는 31왕 678년이다. 그의 처음부터
끝까지는 고증이 가능하다. 『삼국연표』를 만든다당 가언충이 고구려는 한나
라 때부터 나라를 가져서 지금까지 900년이 되었다고 한 것은 오류이다.

---

107) 『연표』는 삼국 각 왕의 갱체(更遞) 원년만 수록한다. 번역은 거의 필요 없으므로
할애한다.

서력	간지	중국	신라	고구려	백제
BC 57	甲子	**前漢** 孝宣帝 詢十七年 <u>五鳳</u>元年。	始祖 朴赫居世 居西干卽位元年。從此至眞德爲聖骨。		
37	甲申	[孝元帝 奭 <u>建昭</u>]二。	[赫居世]二十一。	始祖東明聖王姓高氏諱朱蒙卽位元年。	
19	壬寅	[成帝 驁 <u>鴻嘉</u>]二。	[赫居世]三十九。	十九東明王昇遐。瑠璃明王 類利卽位元年。	
18	癸卯	[<u>鴻嘉</u>]三。	[赫居世]四十。	[瑠璃明王]二。	始祖溫(祖)[祚]王卽位元年。
AD 4	甲子	[孝平帝 衎 <u>元始</u>]四。	六十一始祖赫居世薨。<u>南解次次雄</u>卽位元年。	[瑠璃明王]二十三。	[溫祚王]二十二。
18	戊寅	[**新室** <u>天鳳</u>]五。	[南解次次雄]十五。	三十七瑠璃明王薨。大武神王 無恤卽位元年。	[溫祚王]三十六。
24	甲申	[劉聖公 <u>更始</u>]二。	二十一南解次次雄薨。儒理尼師今卽位元年。	[大武神王]七。	[溫祚王]四十二。
28	戊子	[**後漢** 光武帝 秀 <u>建武</u>]四。	[儒理尼師今]五。	[大武神王]十一。	四十六溫祚王薨。<u>多婁王</u>卽位元年
44	甲辰	[<u>建武</u>]二十。	[儒理尼師今]二十一。	二十七大武神王薨。閔中王 解色朱卽位元年。	[多婁王]十七。
48	戊申	[<u>建武</u>]二十四。	[儒理尼師今]二十五。	五閔中王薨。慕本王解憂卽位元年。	[多婁王]二十一。
53	癸丑	[<u>建武</u>]二十九。	[儒理尼師今]三十。	六慕本王薨。<u>國祖王</u>宮卽位元年。	[多婁王]二十六。
57	丁巳	[<u>建武 中元</u>]二。孝明帝 莊。	三十四儒理尼師今薨。脫解尼師今卽位元年。	[國祖王]五。	[多婁王]三十。
77	丁丑	[孝章皇帝 炟(律)[建]初]二。	[脫解尼師今]二十一。	[國祖王]二十五。	五十多婁王薨。<u>己婁王</u>卽位元年。
80	庚辰	[建初]五。	二十四脫解尼師今薨。婆娑尼師今卽位元年。	[國祖王]二十八。	[己婁王]四。
112	壬子	[孝安帝 祐 <u>永初</u>]六。	三十三婆娑尼師今薨。(祗)[祇]摩尼師今卽位元年。	[國祖王]六十。	[己婁王]三十六。
128	戊辰	[孝順帝 保 <u>永建</u>]三。	[祇]摩尼師今十七。	[國祖王]七十六。	五十二己婁王薨。蓋婁王卽位元年。

서력	간지	중국	신라	고구려	백제
134	甲戌	[陽嘉]三。	二十三祇摩尼師今薨。逸聖尼師今卽位元年。	[國祖王]八十二。	[蓋婁王]七。
146	丙戌	[孝質帝 纘]本初元年。孝桓帝 志。	[逸聖尼師今]十三。	九十四國祖王遜位退居後宮。次大王 遂成卽位元年。	[蓋婁王]十九。
154	甲午	[孝桓帝 志 永興]二。	二十一逸聖尼師今薨。阿達羅尼師今卽位元年。	[次大王]九。	[蓋婁王]二十七。
165	乙巳	[延熹]八。	[阿達羅尼師今]十二。	(□)[二]十國祖王三月薨。次大王(□)[十]月薨。新大王 伯固卽位元年。	[蓋婁王](□)[三]十八。
166	丙午	[延熹]九。	[阿達羅尼師今]十三。	[新大王]二。	三十九蓋婁王薨。肖古王卽位元年。
179	己未	[孝靈帝 宏 光和]二。	[阿達羅尼師今]二十六。	十五新大王薨。故國川(貴)王[男武](元年)卽位[元年]。	[肖古王]十四。
184	甲子	中平元年。	三十一(伺)[阿達羅]尼師今薨。伐休尼師今卽位元年。	[故國川王]六。	[肖古王]十九。
196	丙子	[孝獻帝 協]建安元年。	十三伐休尼師今薨。奈解尼師今卽位元年。	[故國川王]十八。	[肖古王]三十一。
197	丁丑	[建安]二。	[奈解尼師今]二。	十九故國川王薨。山上王 延優卽位元年。	[肖古王]三十二。
214	甲午	[建安]十九。	[奈解尼師今]十九。	[山上王]十八。	四十九肖古王薨。仇首王卽位元年。
227	丁未	[三國 魏 明皇帝 叡]太和元年。	[奈解尼師今]三十二。	三十一山上王薨。東川王 憂位居卽位元年。	[仇首王]十四。
230	庚戌	[太和]四。	三十五奈解尼師今薨。助賁尼師今卽位元年。	[東川王]四。	[仇首王]十七。
234	甲寅	[青龍]二。	[助賁尼師今]五。	[東川王]八。	二十一仇首王薨。長子沙伴嗣位而幼少見廢。古尒王卽位元年。
247	丁卯	[齊王 芳 正始]八。	十八助賁尼師今薨。沾解尼師今卽位元年。	[東川王]二十一。	[古尒王]十四。
248	戊辰	[正始]九。	[沾解尼師今]二。	二十二東川王薨。中川王 然弗卽位元年。	[古尒王]十五。

서력	간지	중국	신라	고구려	백제
261	辛巳	[陳留王 奐 景元]二。	十五沾解尼師今薨。	[中川王]十四。	[古尒王]二十八。
262	壬午	[景元]三。	味鄒尼師今卽位元年。	[中川王]十五。	[古尒王]二十九。
270	庚寅	[西晉 世祖 武皇帝 炎 泰始]六。	[味鄒尼師今]九。	二十三中川王薨。西川王 藥盧卽位元年。	[古尒王]三十七。
284	甲辰	[太康]五。	二十三味鄒尼師今薨。儒禮尼師今卽位元年。	[西川王]十五。	[古尒王]五十一。
286	丙午	[太康]七。	[儒禮尼師今]三。	[西川王]十七。	五十三古爾王薨。責稽王卽位元年。
292	壬子	[孝惠帝 衷 元康]二。	[儒禮尼師今]九。	二十三西川王薨。烽上王 相夫卽位元年。	[責稽王]七。
298	戊午	[元康]八。	十五儒禮尼師今薨。基臨尼師今卽位元年。	[烽上王]七。	十三責稽王薨。汾西王卽位元年。
300	庚申	永康元年。	[基臨尼師今]三。	九(△)[烽]上王薨。美川王[乙弗]卽位元年。	[汾西王]三。
304	甲子	永安元年。建武元年。永興元年。	[基臨尼師今]七。	[美川王]五。	汾西王薨。比流王卽位元年。
310	庚午	[孝懷帝 熾 永嘉]四。	十三基臨尼師今薨。訖解尼師今[卽]位元年。	[美川王]十一。	[比流王]七。
331	辛卯	[東晉 顯宗皇帝 衍 咸和]六。	[訖解尼師今]二十二。	三十二美川王薨。故國原王 斯由卽位元年。	[比流王]二十八。
344	甲辰	[康皇帝 岳 建元]二。孝宗(△)[穆]皇帝[聃]。	[訖解尼師今]三十五。	[故國原王]十四。	四十一比流王薨。契王卽位元年。
346	丙午	[永和]二。	[訖解尼師今]三十七。	[故國原王]十六。	三契王薨。近肖古王卽位元年。
356	丙辰	[永和]十二。	四十七訖解尼師今薨。奈勿尼師今卽位元年。	[故國原王]二十六。	[近肖古王]十一。
371	辛未	簡文皇帝[昱]咸安元年。	[奈勿尼師今]十六。	四十一故國原王薨。小獸林王 丘夫卽位元年。	[近肖古王]二十六。
375	乙亥	[孝武皇帝 曜 寧康]三。	[奈勿尼師今]二十。	[小獸林王]五。	三十近肖古王薨。近仇首王卽位元年。
384	甲申	[太元]九。	[奈勿尼師今]二十九。	十四小獸林王薨。故國壤王 伊連卽位元年。	十近仇首王薨。枕流王卽位元年。

서력	간지	중국	신라	고구려	백제
385	乙酉	[太元]十。	[奈勿尼師今]三十。	[故國壤王]二。	二(枕)[枕]流王薨。辰斯王卽位元年。
391	辛卯	[太元]十六年。	[奈勿尼師今]三十六。	八故國壤王薨。廣開土王 談德卽位元年。108)	[辰斯王]七。
392	壬辰	[太元]十七年。	[奈勿尼師今]三十七。	[廣開土王](九)[二]。	八辰斯王薨。阿莘王卽位元年。
402	壬寅	[德宗 安皇帝]元興元年。	四十七奈勿尼師今薨。實聖尼師今卽位元年。	[廣開土王]十(一)[二]。	[阿莘王]十一。
405	乙巳	義熙元年。	[實聖尼師今]四。	[廣開土王]十(四)[五]。	[十四]阿莘王薨。腆支王卽位元年。
413	癸丑	[義熙]九。	[實聖尼師今]十二。	二十(二)[三廣]開土王薨。長壽王 巨連卽位元年。	[腆支王]九。
417	丁巳	[義熙]十三。	十六實聖尼師今薨。訥(祇)[祇]麻立干卽位元年。	[長壽王]五。	[腆支王]十三。
420	庚申	[南北朝] 宋 高祖 武帝 劉裕 永初元年。	[訥祇麻立干]四。	[長壽王]八。	十六腆支王(薨)[薨]。久(△)[尒]辛王卽位元年。
427	丁卯	[太宗 文皇帝 義隆 元嘉]四。	[訥祇麻立干]十一。	[長壽王]十五。	八久尒辛王薨。毗有王卽位元年。
455	乙未	[世祖 孝武皇帝 駿孝建]二。	[訥祇麻立干]三十九。	[長壽王]四十三。	二十九毗有王薨。蓋鹵王 慶司卽位元年。
458	戊戌	[大明](一)[二]。	四十二訥祇麻立干薨。慈悲麻立干卽位元年。	[長壽王]四十六。	[蓋鹵王]四。
475	乙卯	[後廢帝 昱 元徽]三。	[慈悲麻立干]十八。	[長壽王]六十三。	二十一蓋鹵王薨。文周王卽位元年。
477	丁巳	[元徽]五。順皇帝 準(△)[昇]明元年。	[慈悲麻立干]二十。	[長壽王]六十五。	三文周王薨。(王)[三]斤王卽位元年。
479	己未	[昇明]三。 齊 太祖 高皇帝 道成 建元元年。	二十二慈悲麻立干薨。炤知麻立干卽位元年。	[長壽王]六十七。	三三斤王薨。東城王(牟)[牟大]卽位元年。
491	辛未	[世祖 武皇帝 順 永明]九。	[炤知麻立干]十三。	七十九長壽王薨。	[東城王]十三。
492	壬申	[永明]十。	[炤知麻立干]十四。	文咨明王 羅雲卽位元年。	[東城王]十四。
500	庚辰	[廢帝 [鬱卷] 永元]二。	二十二(昭)[炤][知](摩王)[麻立干]薨。智證(祖摩王)[麻立干]卽位元年。	[文咨明王]九。	[東城王]二十二。

서력	간지	중국	신라	고구려	백제
501	辛巳	[永之]三。和帝 寶融 中興元年。	[智證麻立干]二。	[文咨明王]十。	二十三東城王薨。武寧王 斯摩卽位元年。
514	甲午	[梁 高祖 武皇帝 衍 天監]十三。	十五智證麻立干薨。法興王 原(?)[宗]卽位元年。	[文咨明王]二十三。	[武寧王]十四。
519	己亥	[天監]十八。	[法興王]六。	二十八文咨明王薨。安臧王 興安卽位元年。	[武寧王]十九。
523	癸卯	[普通]四。	[法興王]十。	[安臧王]五。	二十三武寧王薨。聖王 明(△)[穠]卽位元年。
531	辛亥	[中大通]三。	[法興王]十八。	十三安臧王薨。安原王 寶延卽位元年。	[聖王]九。
540	庚申	[大同]六。	二十七法興王薨。眞興王[彡]麥(原)[宗]卽位元年。	[安原王]十。	[聖王]十八。
545	乙丑	[大同]十一。	[眞興王]六。	十五安原王薨。陽原王 平成卽(世)[位]元年。	[聖王]二十三。
554	甲戌	[世祖 孝(宗)[元]帝 繹 承聖]三。敬皇[帝]方智。	[眞興王]十五。	[陽原王]十。	三十二聖王薨。威德王 昌卽位元年。
559	己卯	[陳 高祖 武皇帝 覇先 永定]三。世祖 文皇帝[蒨]。	[眞興王]二十。	十五陽原王薨。平原王 陽成卽位元年。	[威德王]六。
576	丙申	[高宗 孝宣皇帝 頊 太建]八。	三十七眞興王薨。眞智王 金輪卽位元年。	[平原王]十八。	[威德王]二十三。
579	己亥	[太建]十一。	四眞智王薨。眞平王(日甫)[白淨]卽位元年。	[平原王]二十一。	[威德王]二十六。
590	庚戌	隋 開皇十年。	[眞平王]十二。	三十二平原王薨。嬰陽王 元卽位元年。	[威德王]三十七。
598	戊午	[開皇]十八。	[眞平王]二十。	[嬰陽王]九。	四十五(輪)[威](德)[惠]王薨。(德)[惠]王 季卽位元年。
599	己未	[開皇]十九。	[眞平王]二十一。	[嬰陽王]十。	二(德)[惠]王薨。法王 宣卽位元年。
600	庚申	[開皇]二十。	[眞平王]二十二。	[嬰陽王]十一。	二法王薨。武王 璋卽位元年。
618	戊寅	唐 高祖 神堯皇帝 淵 武德元年。	[眞平王]四十。(要留)	二十九嬰陽王薨。榮留王 建武卽位元年。	[武王]十九。

서력	간지	중국	신라	고구려	백제
632	壬辰	[太宗 文武大聖皇帝 世民 貞觀]六。	五十四眞平王薨。善 德王 德曼卽位元年。 (德曼卽位)	[榮留王]十五。	[武王]三十三。
641	辛丑	[貞觀]十五。	[善德王]十。	[榮留王]二十四。	四十二武王薨。義慈 王卽位元年。
642	壬寅	[貞觀]十六。	[善德王]十一。	二十五榮留王薨。寶 藏王卽位元年。	[義慈王]二。
647	丁未	[貞觀]二十一。	十六善德王薨。(貞) [眞]德王 勝曼卽位元 年。	[寶藏王]六。	[義慈王]七。
654	甲寅	[高宗 大聖孝皇帝 治 永徽]五。	八眞德王薨。太宗王 春秋卽位元年。從此 (△)[已]下眞骨。	[寶藏王]十三。	[義慈王]十四。
660	庚申	[顯慶]五。	[太宗王]七。	[寶藏王]十九。	二十(二)唐將蘇定方 與羅人討之。王 義慈 (除)[降]。百濟三十一 王六百七十八年而 滅。
661		龍朔元年。	[八]太宗[薨]。文武王 (武)[法]敏卽位元年。	[寶藏王]二十。	
668	戊辰	總章元年。	[文武王]八。	二十七唐將李勣行 軍(△)[與]羅人攻破擒 王以歸。高氏二十八 王七百(二)[五]年而滅。	
681	辛巳	開耀元年。	二十一文武王薨。神 文王 政明卽位元年。		
692	壬辰	周如意元年。長壽元 年。	十二神文王薨。孝昭 王 理洪卽位元年。		
702	壬寅	[長壽]二。	十一孝昭王薨。聖德 王 興(元)[光]卽位元 年。		
737	丁丑	[玄宗 大聖皇帝 隆基 開元]二十五。	三十六聖德王薨。孝 成王(永)[承]慶卽位元 年。		
742	壬午	天寶元年。	六孝成王薨。景(△) [德]王 憲英卽位元年。		
765	乙巳	[代宗皇帝 預]永泰 元年。	二十四景德王薨。惠 恭王乾(運)卽位元年。		
780	庚申	[德宗皇帝 适]建中 元年。	十六惠恭王薨。宣德 王 良相卽位元年。		
785	乙丑	貞元元年。	六宣德王薨。元聖王 敬信卽位元年。		

서력	간지	중국	신라	고구려	백제
798	戊寅	[貞元]十四。	十四元聖王薨。		
799	己卯	[貞元]十五。	昭聖王 俊邕卽位元年。		
800	庚辰	[貞元]十六。	(二)[一]昭聖王薨。哀莊王 重熙卽位元年。		
809	己丑	[憲宗皇帝 純 元和]四。	十哀莊王薨。憲德王 彦昇卽位元年。		
826	丙午	[敬宋皇帝 湛 寶曆]二。文宗皇帝 昻。	十八憲德王薨。興德王 景[徽]卽位元年。		
836	丙辰	開成元年。	十一興德王薨。僖康王(△)[悌]隆卽位元年。		
838	戊午	[開成]三。	三僖康王薨。閔哀王 明卽位元年。		
839	己未	[開成]四。	二閔哀王薨。神武王 祐(△)[徵]卽位。不踰年而薨。文聖[王]慶膺卽位元年。		
857	丁丑	[宣宗皇帝 忱 大中]十一。	十九文聖王薨。憲安王(△)[誼]靖卽位元年。		
861	辛巳	[懿宗皇帝(淮)[漼]咸通]二。	五憲安王薨。景文王(△△)[膺廉]卽位元年。		
875	乙未	[僖宗皇帝 儇 乾符]二。	十五景文王薨。憲康王 晸卽位元年。		
886	丙午	[光啟]二。	十二憲康王薨。定康王 晃卽位元年。		
887	丁未	[光啟]三。	二定康王薨。眞聖王 曼卽位元年。		
891	辛亥	[昭宗皇帝 曄 大順]二。		弓裔始起投賊。	
892	壬子	景福元年。			後百濟 甄萱(白)[自]稱王。
897	丁巳	[乾寧]四。	十一眞聖王禪位太子。薨于後宮。孝恭王 嶢卽位元年。		[甄萱]六。
898	戊午	光化元年。	[孝恭王]二。	弓裔都松嶽郡。	[甄萱]七。
901	辛酉	天復元年。	[孝恭王]五。	弓裔自稱王。	[甄萱]十。
904	甲子	天(德)[祐]元年。哀皇帝(△)[祝]	[孝恭王]八。	四國號摩震。年號武泰。	[甄萱]十三。
905	乙丑	[天祐]二。	[孝恭王]九。	五弓裔移都鐵圓。改武泰爲聖冊元年。	[甄萱]十四。

서력	간지	중국	신라	고구려	백제
911	辛未	[五代後梁 太祖皇帝 朱晃] 乾化元年。	[孝恭王]十五。	十一改國號爲泰封。改元水德萬歲。	[甄萱]二十。
912	壬申	[乾化]二。郢王 友珪。	十六孝恭王薨。神德王 景暉卽位元年。	[弓裔]十二。	[甄萱]二十一。
914	甲戌	[乾化]四。	[神德王]三。	十四改元政開。太祖 爲百船將軍。	[甄萱]二十三。
917	丁丑	[末帝 瑱 貞明]三。	六神德王薨。景明王 昇英卽位元年。	[弓裔]十七。	[甄萱]二十六。
918	戊寅	[貞明]四。	[景明王]二。	十八弓裔麾下人心 忽變。推戴太祖爲王。弓裔爲下所殺。太祖 卽位稱元。	[甄萱]二十七。
924	甲申	[後唐 同光]二。	八景明王薨。景哀王 魏膺卽位元年。	[高麗 太祖]七。	[甄萱]三十三。
927	丁亥	[明宗皇帝 亶 天成]二。	四景哀王薨。敬順王 傅卽位元年。	[高麗 太祖]十。	[甄萱]三十六。
935	乙未	[末帝 從珂 淸泰]二。	九王移書我太祖。自 降納土。新羅五十六 王九百九十二年而 滅。	[高麗 太祖]十八。	[甄萱]四十四。
936	丙申	[淸泰]三。[後]晉高祖 石敬瑭 天福元年。		[高麗 太祖]十九。	四十五甄萱子神劍 囚父(萱)[簒]位。自稱 將軍。甄萱出奔錦城 投太祖。

---

108) 원문에는 다음해 서기 192년으로 돼 있으나 광개토왕비에 의하여 수정한다. 그
아래의 햇수도 따라서 변경시킨다.

三國史記卷第三十二~四十
雜志

(삼국사기 권제32~40 잡지)

三國史記卷第三十二

(삼국사기 권제32)

雜志第一(잡지 제1)

祭祀、樂(제사, 악)

○**祭祀**。按新羅宗廟之制,第二代南解王三年春始立始祖赫居世廟,四時祭之,以親妹阿老主祭。第二十二代智證(主)[王]於始祖誕降之地奈乙創立神宮以享之。至第三十六代惠恭王始定五廟,以味鄒王爲金姓始祖,以太宗大王、文武大王平百濟、高句麗有大功德,并爲世世不毁之宗,兼親廟二爲五廟。至第三十七代宣德王立社稷壇。又見於祀典,皆境內山川而不及天地者。蓋以王制曰:"天子七廟,諸侯五廟,二昭、二穆與太祖之廟而五。"又曰:"天子祭天地、天下名山大川,諸侯祭社稷、名山大川之在其地者。"是故不敢越禮而行之者歟?然其壇堂之高下、壇門之內外、次位之尊卑、陳設登降之節、尊爵、籩豆、牲牢、冊祝之禮,不可得而推也,但粗記其大略云爾。

　　제사. 신라 종묘제도를 살펴보면 제2대 남해왕 3년 봄에 시조 혁거세의 사당을 세우기 시작하여 네 철에 제사지냈는데 친여동생 아로가 제주祭主였다. 제22대 지증왕은 시조의 탄생지인 나을에 신궁을 창립하여 제향 하였다. 제36대 혜공왕 때에 이르러 5묘를 제정하기 시작하였는데 미추왕을 김씨의 시조로 하고 태종대왕과 문무대왕은 백제와 고구려를 평정한 큰 공덕이 있으므로 모두 대대로 제사를 철거하지 않는 조상으로 삼고 조부, 부친의 사당 둘을 합하여 5묘로 하였다. 제37대 선덕왕 때에 이르러 사직단을 세웠다. 또 제사의 문헌에 나타난 것으로 보면 모두 국내의 산천이지 천지에 미치지 않았다. 아마『왕제』에 '천자는 7묘, 제후는 5묘이며 2소 2목과 태조의 사당을 합하여 5묘이다'라는 것과 또 '천자는 천지 및 천하 명산대천에 제사지내고 제후는 사직과 그의 땅에 있는 명산대천에 제사지낸다'라고 하였으므로 감히 예의의 분수를 벗어나는 행위를 하지 못하여서인가? 그러나 사직단 및 사당의 높이, 담과 문의 안팎, 신 순서의 존비, 제물 진설과 오르내리는 절차, 술잔·제기·희생·축문 등 예법은 추측 불가능이므로 그 대략만 기록할 뿐이다.

一年六祭五廟,謂正月二日·五日、五月五日、七月上旬、八月一日·十五日。十二月寅日新城北門祭八(楷)[褅],豊年用大牢,凶年用小牢。立春後亥日明活城南熊殺谷祭先農,立夏後亥日新城北門祭中農,立秋後亥日蒜園祭後農。立春後丑日犬首谷門祭風伯,立夏後申日卓渚祭雨師,立秋後辰日本彼遊村祭靈星檢諸禮典,只祭先農,無中農、後農。三山、五岳已下名山大川分爲大、中、小祀。

해마다 5묘에 여섯 번 제사지낸다. 이른바 정월 2일·5일, 5월 5일, 7월 상순, 8월 1일·15일이다. 12월 인일에는 신성 북문에서 팔자에 제사지내는데 풍년에는 대뢰로, 흉년에는 소뢰로 지낸다. 입춘 후 해일에는 명활성 남쪽 웅살곡에서 선농에게 제사 지내고 입하 후 해일에는 신성 북문에서 중농에 제사지내며 입추 후 해일에는 산원에서 후농에 제사 지낸다. 입춘 후 축일에는 견수곡문에서 풍백에 제사지내고 입하 후 신일에는 탁저에서 우사에 제사지내며 입추 후 진일에는 본피유촌에서 영성에 제사지낸다. 여러『예전』에서 점검하면 선농에만 지냈고 중농, 후농은 없다.

삼산, 오악 이하의 명산대천에는 대, 중, 소 세 가지 제사로 구분된다.

大祀。三山:一奈歷 習比部,二骨火 切也火郡,三穴禮 大城郡。

대사. 삼산: 첫째 나력습비부, 둘째 골화절야화군, 셋째 혈례대성군다.

中祀。五岳:東吐含山 大城郡、南地理山 菁州、西鷄龍山 熊川州、北太伯山 奈已郡、中父岳一云公山,押督郡。四鎮:東溫沫懃 牙谷停、南海恥也里一云悉帝,推⒳[火]郡、西加耶岬岳 馬尸山郡、北熊谷岳 比烈忽郡。四海:東阿等邊一云斤烏兄邊,退火郡、南兄邊 居柒山郡、西未陵邊 屎山郡、北非禮山 悉直郡。四瀆:東吐只河一云槧浦,退火郡、南黃山河 歃良州、西熊川河 熊川州、北漢山河 漢山州。俗離岳 三年山郡、推心⒳[大]加耶郡、上助音居西 西林郡、烏西岳 結已郡、北兄山城 大城郡、淸海鎭 助音島。

중사. 오악: 동쪽 토함산대성군, 남쪽 지리산청주, 서쪽 계룡산웅천주, 북쪽 태백산나이군, 중앙 부악일왈 공산, 압독군이다. 사진은 동쪽 온말근아곡정, 남쪽 해치야리일왈 추화군의 실제, 서쪽 가야압악마시산군, 북쪽 웅곡악비열홀군이다. 사해: 동쪽 아등변일왈 퇴화군의 근오형변, 남쪽 형변거칠산군, 서쪽 미릉변시산군, 북쪽 비례산실직군이다. 사독: 동쪽 토지하일왈 퇴화군의 참포, 남쪽 황산하삽량주, 서쪽 웅천하웅천주, 북쪽 한산하한산주다. 이 외에 속리악삼년산군, 추심대가야군, 상조음거서서림군, 오서악결이군, 북형산성대성군, 청해진조음도에서도 중사를 지낸다.

小(祀)[祀]。霜岳高城郡、雪岳迊城郡、花岳斤平郡、鉗岳七重城、負兒岳北漢山州、月奈岳月奈郡、武珍岳武珍州、西多山伯海郡 難知可縣、月兄山奈吐郡 沙熱伊縣、道西城萬弩郡、冬老岳進禮郡 丹川縣、竹旨及伐山郡、熊只屈自郡 熊只縣、岳髮一云髮岳,于珍也郡、于火生西良郡 于⒳[火]縣、三岐大城郡、卉黃牟梁、高墟沙梁、嘉阿岳三年山郡、波只谷原岳阿支縣、非藥岳退火郡、加林城加林縣,一本有靈嵒山、虞風山,無加林城、加良岳菁州、西述牟梁。

소사. 상악고성군, 설악수성군, 화악근평군, 겸악칠중성, 부아악북한산주, 월나악월나군, 무진악무진주, 서다산백해군 난지가현, 월형산나토군 사열이현, 도서성만노군, 동로악진례군 단천현, 죽지급벌산군, 웅지굴자군 웅지현, 악발일왈 우진

야군의 발악, 우화생서량군 우화현, 삼기대성군, 훼황모량, 고허사량, 가아악삼년
산군, 파지곡원악아지현, 비약악퇴화군, 가림성가림현 혹 판본에는 영암산, 우풍산
이 있고 가림성이 없음, 가량악청주, 서술모량.

四城門祭,一大井門、二吐山良門、三習比門、四王后梯門。**部庭祭**,梁
部。**四川上祭**,一犬首、二文熱林、三青淵、四樸樹。**文熱林**行日月祭,靈
廟寺南行五星祭,惠樹行祈雨祭。**四大道祭**,東古里、南簷幷樹、西渚樹、
北活幷岐。**壓丘祭**、**辟氣祭**。上件或因別制,或因水旱而行之者也。

사성문제는 첫째 대정문, 둘째 토산량문, 셋째 습비문, 넷째 왕후제문에
지낸다. 부정제는 양부에 지낸다. 사천상제는 첫째 견수, 둘째 문열림,
셋째 청연, 넷째 박수에 지낸다. 문열림에서는 일월제를, 영묘사 남쪽에
서는 오성제를, 혜수에서는 기우제를 지낸다. 사대도제는 동쪽은 고리
에, 남쪽은 첨병수에, 서쪽은 저수에, 북쪽은 활병기에 지낸다. 압구제,
벽기제. 위 제사들은 혹은 별도의 제도로 인하여, 혹은 수재와 한재로
인하여 지내는 것들이다.

○**高句麗**、**百濟祀禮**不明,但考古記及中國史書所載者以記云爾。後
漢書云:"高句麗好祀鬼神、社稷、零星。以十月祭天大會,名曰東盟。
其國東有大穴,號禭神,亦以十月迎而祭之。"北史云:"高句麗常以十
月祭天,多淫祠。有神廟二所,一曰夫餘神,刻木作婦人像;二曰高登
神,云是始祖夫餘神之子。并置官司,遣人守護,蓋河伯女、朱蒙云。"梁
書云:"高句麗於所居之左立大屋,祭鬼神,(冬)[又]祠零星、社稷。"唐書
云:"高句麗俗多淫祠,祀靈星及日、箕子、可汗等神。國左有大穴,[109]
曰神隧,每十月王皆自祭。"

고구려와 백제의 제례는 명확하지 않으므로 다만 고기와 중국 사서에
실린 내용으로 고증하여 운운할 뿐이다. 『후한서』왈: '고구려는 귀신,

---

109) 國左: 중앙본 '나라 왼쪽'. 고서에서 '左'는 동쪽을 의미한다.

사직과 영성제 지내기를 좋아한다. 10월 하늘에 제사 지내기 위하여 많이 모이는데 동맹이라 한다. 그 나라 동쪽에 큰 굴이 있는데 수신이라 부르며 역시 10월에 맞이하여 제사지낸다.'『북사』왈: '고구려는 항상 10월 하늘 제를 지내는데 음사가 많다. 신묘가 두 곳인데 하나는 부여신 이라 하고 나무를 새겨 부인상을 만들었고 다른 하나는 고등신이라 하며 시조 부여신의 아들이라고 한다. 관청을 설치하고 사람을 시켜 지키는데 아마하백녀와 주몽일 것이다.'『양서』왈: '고구려는 거주지 동쪽에 큰 집을 짓고 귀신에게 제사를 지내며 또한 영성과 사직에도 제사지낸다.'『당서』왈: '고구려 풍속에 음사가 많으며 영성과 해, 기 자, 가한 등 신에 제사지낸다. 나라 동쪽에 큰 굴이 있는데 신수라 하며 매년 10월 왕이 모두 친히 제사지낸다.'

古記云:"東明王十四年秋八月王母柳花薨於東扶餘。其王金蛙以太后禮葬之,遂立神廟。太祖王六十九年冬十月幸扶餘,祀太后廟。新大王四年秋九月,如卒本祀始祖廟。故國川王元年秋九月、東川王二年春二月、中川王十三年秋九月、故國原王二年春二月、安臧王三年夏四月、平原王二年春二月、建武王二年夏四月并如上行。故國壤王九年春三月立國社。'又云:'高句麗常以三月三日會獵樂浪之丘,獲猪、鹿,祭天及山川。'

고기 왈: '동명왕 14년 가을 8월 왕모 유화가 동부여에서 사망하였다. 왕 금와가 태후의 예절로 장사지내고 사당을 세웠다. 태조왕 69년 겨울 10월 부여에 행차하여 태후사당에 제사지냈다. 신대왕 4년 가을 9월 졸본에 가서 시조사당에 제사지냈다. 고국천왕 원년 가을 9월, 동천왕 2년 봄 2월, 중천왕 13년 가을 9월, 고국원왕 2년 봄 2월, 안장왕 3년 여름 4월, 평원왕 2년 봄 2월, 건무왕 2년 여름 4월 모두 위와 같이 행하였다. 고국양왕 9년 봄 3월 국가 사당을 세웠다.' 또 왈: '고구려는 항상 3월 3일에 낙랑의 언덕에 모여 사냥을 하여 돼지와 사슴을 잡아 하늘과 산천에 제사지냈다.'

冊府元龜云:"百濟每以四仲之月王祭天及五帝之神,立其始祖仇台廟於國城,歲四祠之。"按海東古記或云始祖東明、或云始祖優台,北史及隋書皆云:"東明之後有仇台立國於帶方。"此云始祖仇台,然東明爲始祖,事迹明白,其餘不可信也。古記云:"溫祚王二十年春二月設壇祠天地。三十八年冬十月、多婁王二年春二月、古尒王五年春正月·十年春正月·十四年春正月、近肖古王二年春正月、阿莘王二年春正月、腆支王二年春正月、牟大王十一年冬十月并如上行。多婁王二年春正月謁始祖東明廟。責稽王二年春正月、汾西王二年春正月、契王二年夏四月、阿莘王二年春正月、腆支王二年春正月并如上行。"

『책부원귀』왈: '백제는 사계절의 가운데 달마다 왕이 하늘과 5제신에게 제사지냈으며 경성에 시조 구태의 사당을 세우고 해마다 네 번 제사지냈다.' 해동고기에 의하면 혹왈 시조 동명, 시조우태. 『북사』와 『수서』에는 모두 '동명의 후손 구태가 대방에 나라를 세웠다'라고 말했다. 여기서 '시조 구태'라 하였으나 동명이 시조임이 사적에 명백하므로 나머지는 믿을 수 없다. 고기에 말했다: '온조왕 20년 봄 2월 제단을 설치하고 천지에 지사 지냈다. 온조왕 38년 겨울 10월, 다루왕 2년 봄 2월, 고이왕 5년 봄 정월·10년 봄 정월·14년 봄 정월, 근초고왕 2년 봄 정월, 아신왕 2년 봄 정월, 전지왕 2년 봄 정월, 모대왕 11년 겨울 10월 모두 위와 같이 행했다. 다루왕 2년 봄 정월 시조 동명왕 사당을 배알했다. 책계왕 2년 봄 정월, 분서왕 2년 봄 정월, 계왕 2년 여름 4월, 아신왕 2년 봄 정월, 전지왕 2년 봄 정월 모두 위와 같이 행했다.'

○樂·新羅樂,三竹、三絃、拍板、大鼓。歌舞舞二人,放角幞頭,紫大袖公襴,紅鞓、鍍金銙腰帶,烏皮靴。三絃,一玄琴、二加耶琴、三琵琶。三竹,一大笒、二中笒、三小笒。

신라의 음악은 삼죽, 삼현, 박판, 대고다. 가무는 두 사람이 추는데, 방각복두를 쓰고, 자주색의 큰 소매의 공란을 입고, 붉은 가죽 띠·도금한

띠 고리를 두르고, 검은 가죽장화를 신었다. 삼현은 첫째 거문고, 둘째 가야금, 셋째 비파이다. 삼죽은 첫째 대금, 둘째는 중금, 셋째는 소금이다.

玄琴,(衆)[象]中國樂部琴而爲之。按琴操曰:"伏犧作琴,以修身理性,反其天眞也。"又曰:"琴長三尺六寸六分,象三百六十六日;廣六寸,象六合;文上曰池,池者水也,言其平,下曰濱110)濱者服也,前廣後狹,象尊卑也;上圓下方,法天地也;五絃象五行。大(賢)[絃]爲君,(十)[小絃爲臣,文王、武王加二絃。"又風俗通曰:"琴長四尺五寸者,法四時五行;七絃,法七星。"

거문고는 중국 악부의 금을 모방하여 만들었다. 『금조』 왈: '복희가 금을 만들어 몸을 닦고 정신을 수양하여 천진한 본성으로 돌아가게 하였다.' 또 왈: '금의 길이 석 자 여섯 치 여섯 푼은 366일을 상징했고 넓이 여섯 치는 육합을 상징했으며 위에는 "지池"자를 썼고池는 물이니 평평하다는 말이다 밑에는 "빈濱"자를 썼다濱은 복을 의미한다. 앞이 넓고 뒤가 좁음은 존귀와 비천을 상징했고, 위가 둥글고 아래가 네모남은 하늘과 땅을 본 땄으며, 다섯줄은 오행을 상징했다. 긴 줄은 임금이고 짧은 줄은 대신이며 문왕과 무왕이 두 줄을 더하였다.' 또 『풍속통』 왈: '금의 길이 넉 자 다섯 치는 사계절과 오행을 본 땄고 일곱 줄은 칠성을 본 땄다.'

玄琴之作也,新羅古記云:"初晋人以七絃琴送高句麗。麗人雖知其爲樂器,而不知其聲音及鼓之之法,購國人能識其音而鼓之者厚賞。時第二相王山岳存其本樣,頗改易其法制而造之,兼製一百餘曲以奏之。於時玄鶴來舞,遂名玄鶴琴,後但云玄琴。羅人沙湌(△)[恭]永子玉寶高入地理山 雲上院學琴五十年,自製新調三十曲,傳之續命得,得傳之貴金先生,先生亦入地理山不出。

---

110) 文上曰池,下曰濱: '文'은 동사, '글을 쓰다'. 중앙본 '文의 위를 池…라 하고 아래를… 빈이라 하였으니'.

거문고의 제작에 대하여 신라 고기 왈: '당초 진나라 사람이 칠현금을
고구려에 보냈다. 고구려인은 비록 악기인 줄은 알았으나 그 음률과
연주법을 알지 못하여 나라 사람들 중에 그 음률을 알아서 연주할 수
있는 자를 후한 상으로 찾았다. 이때 제2상 왕산악이 원 형태를 그대로
두고 방법을 꽤나 고쳐서 다시 만들고 동시에 백여 곡을 지어 연주하였
다. 이때 검은 학이 와서 춤추었으므로 현학금이라 이름 짓고 그 후
다만 현금이라고 하였다. 신라인 사찬 공영의 아들 옥보고가 지리산
운상원에 들어가서 50년 동안 검은고를 배우고 스스로 30곡을 새로
지어 속명득에게 전수하였고 속명득은 귀금선생에게 전수하니 선생
역시 지리산에 들어가 나오지 않았다.

'羅王恐琴道斷絶,謂伊湌允興方便傳得其音,遂委南原公事。允興到
官,簡聰明少年二人曰安長、清長,使詣山中傳學。先生敎之,而其隱微
不以傳。允興與婦偕進,曰:"吾王遣我南原者無他,欲傳先生之技,于
今三年矣。先生有所(秘)[秘]而不傳,吾無以復命。"允興捧酒,其婦執盞
膝行,致禮盡誠,然後傳其所(秘)[秘]飄風等三曲。安長傳其子克相、克
宗,克宗(制)[製]七曲。克宗之後以琴自業者非一二。'

'신라왕이 거문고의 문화가 단절될까 염려하여 이찬 윤흥에게 명령하
여 방법을 대서 그 음을 전수받아 오라 하며 그에게 남원의 공무를
맡겼다. 윤흥이 임직한 후 안장과 청장이라는 총명한 두 소년을 선발하
여 지리산에 가서 배우게 하였다. 선생이 가르쳐 주었으나 그 미묘한
부분은 전해주지 않았다. 윤흥이 처와 함께 가서 말했다: "우리 왕이
나를 남원으로 보낸 것은 다름이 아니라 선생의 기술을 전하려는 것인
데 지금까지 3년이 되었습니다. 선생이 숨기면서 알려주지 않는 것이
있으니 내가 왕에게 복명할 수 없습니다." 윤흥은 술을 들고 그의 처는
잔을 잡고 무릎으로 기어 예의의 정성을 다하니 그제야 숨겼던 『표풍』
등 세 곡을 전수해주었다. 안장은 그의 아들 극상과 극종에게 전수했고
극종이 일곱 곡을 지었다. 극종의 뒤에는 거문고를 자업으로 삼은 자가

한둘이 아니었다.'

所製音曲有二調,一平調、二羽調,共一百八十七曲。其餘聲遺曲流傳
可記者無幾,餘悉散逸,不得具載。<u>玉寶高</u>所㈖[製]三十曲:<u>上院曲</u>一、
<u>中院曲</u>一、<u>下院曲</u>一、<u>南海曲</u>二、<u>倚巖曲</u>一、<u>老人曲</u>七、<u>竹庵曲</u>二、<u>玄合</u>
<u>曲</u>一、<u>春朝曲</u>一、<u>秋夕曲</u>一、<u>吾沙息曲</u>一、<u>鴛鴦曲</u>一、<u>遠岵曲</u>六、<u>比目曲</u>
一、<u>入實相曲</u>一、<u>幽谷淸聲曲</u>一、<u>降天聲曲</u>一。<u>克宗</u>所製七曲今亡。

지은 곡에는 평조와 우조 두 가지 조에 도합 187곡이다. 나머지의 곡이
세상에 남아 유행되어 기록할 만한 것이 얼마 없으며 기타의 것은 모두
흩어 없어졌으므로 다 게재하지 못한다. 옥보고가 지은 30곡은 『상원
곡』 하나, 『중원곡』 하나, 『하원곡』 하나, 『남해곡』 둘, 『의암곡』 하나,
『노인곡』 일곱, 『죽암곡』 둘, 『현합곡』 하나, 『춘조곡』 하나, 『추석곡』
하나, 『오사식곡』 하나, 『원앙곡』 하나, 『원호곡』 여섯, 『비목곡』 하나,
『입실상곡』 하나, 『유곡청성곡』 하나, 『강천성곡』이 하나다. 극종이
지은 일곱 곡은 지금 없어졌다.

加耶琴亦法<u>中國</u>樂部箏而爲之。<u>風俗通</u>曰:"箏,<u>秦</u>聲也。"<u>釋名</u>曰:"箏,
施絃高,箏箏然,<u>幷</u>、<u>梁</u>二州箏形如瑟。"<u>傅玄</u>曰:"上圓象天,下平象地,
中空准六合,絃,柱擬十二月,斯乃仁智之器。"<u>阮</u>(△)[瑀]曰:"箏長六尺,
以應律數;絃有十二,象四時;柱高三寸,象三才。"加耶琴雖與箏制度
小異,而大槪似之。

가야금도 중국 악부의 쟁을 본떠 만들었다. 『풍속통』 왈: '쟁은 진의
음악이다.' 『석명』 왈: '쟁은 줄을 높이 걸었기 때문에 소리가 쟁쟁하며
병, 양 두 주의 쟁은 모양이 슬과 같다.' 부현 왈: "위가 둥금은 하늘을
상징했고 아래가 평평함은 땅을 상징했으며 가운데가 빔은 육합을 모
방했고 줄과 기둥은 열두 달을 모의한 것이니 그야말로 어질고 슬기로
움의 기물이다." 완우 왈: "쟁의 길이는 6자이니 율의 수에 맞췄고 12줄
이니 사계절을 상징한 것이며 기둥의 높이는 3치이니 천·지·인 삼재를
상징했다." 가야금이 비록 쟁의 규격과 조금 다르기는 하나 거의 유사

하다.

羅古記云:"加耶國 嘉實王見唐之樂器而造之。王以謂'諸國方言各
異,聲音豈可一哉?'乃命樂師省熱縣人于勒造十二曲。後于勒以其國
將亂,携樂器投新羅 眞興王。王受之,安置國原,乃遣大奈麻注知、階
古、大舍萬德傳其業。三人旣傳十(一)[二]曲,相謂曰:'此繁且淫,不可
以爲雅正。'遂約爲五曲。于勒始聞焉而怒,及聽其五種之音,流淚歎
曰:'樂而不流,哀而不悲,可謂正也,爾其奏之王前。'王聞之,大悅。諫
臣獻議:'加耶,亡國之音,不足取也。'王曰:'加耶王淫亂自滅,樂何罪
乎?蓋聖人制樂,緣人情以爲(△)[撙]節,國之理亂,不由音調。'遂行之,
以爲大樂。"

신라 고기 왈: '가야국 가실왕이 당나라 악기를 보고 만들었다. 가실왕
이 "나라들 간의 방언은 각각 다른데 음악이 어찌 같을 수 있으랴?"라
고 말하며 악사 성열현인 우륵에게 명하여 12곡을 창작하였다. 그 후
우륵은 그의 나라가 혼란하게 될 것 같아 악기를 가지고 신라 진흥왕에
게 귀순하였다. 왕이 받아들여 국원에 정착 시키고 곧 대나마 주지·계
고, 대사 만덕을 보내 그에게서 수업 받게 하였다. 세 사람이 열두 곡을
전수 받고 나서 서로 "이 음악이 번잡하고 음탕하여 우아하고 바른
음악이 될 수 없다"라며 다섯 곡으로 줄였다. 우륵이 이 말을 듣자 성을
내었으나 그 다섯 가지 곡을 듣고는 눈물을 흘리며 감탄하여 왈: "즐겁
고도 흐트러지지 않았고 애절 하면서도 슬프지 않으니 바르다고 할
만하니 너희들이 왕의 앞에서 연주해 보아라." 왕이 듣고 크게 기뻐하
였다. 간언하는 관료가 이논을 상납하여 왈: "가야국이 망한 음악이니
취할 것이 못됩니다." 왕 왈: "가야왕이 음란하여 자멸한 것이지 음악에
무슨 죄가 있는가? 대체로 성인이 음악을 제정함에는 인정에 따라 조절
한 것이므로 나라의 다스림과 어지러움은 음악의 곡조로 인한 것은
아니다." 마침내 유행시켜 대악으로 삼았다.'

加耶琴有二調,一河臨調,二嫩竹調,共一百八十五曲。(千)[于]勒所製

十二曲：一曰下加羅都、二曰上加羅都、三曰寶伎、四曰達己、五曰思勿、六曰勿慧、七曰下奇物、八曰師子伎、九曰居烈、十曰沙八兮、十一曰爾赦、十二曰上奇物。泥文所製三曲：一曰烏、二曰鼠、三曰鶉赦字未詳。

가야금에는 하림조와 눈죽조 두 가지 조가 있으며 모두 185곡이다. 우륵이 지은 12곡은 첫째『하가라도』, 둘째『상가라도』, 셋째『보기』, 넷째『달기』, 다섯째『사물』, 여섯째『물혜』, 일곱째『하기물』, 여덟째 『사자기』, 아홉째『거열』, 열째『사팔혜』, 열한째『이사』, 열둘째『상기물』이다. 이문이 지은 세 곡은 첫째『오』, 둘째『서』, 셋째『순』이다赦자는 미상이다.

琵琶。風俗通曰："近代樂家所作,不知所起。長三尺五寸,法天地人與五行；四絃,象四時也。"釋名曰："琵琶本胡中馬上所鼓。推手前曰琵,引手却曰琶,因以爲名。"鄉琵琶與唐制度大同而少異,亦始於新羅,但不知何人所造。其音有三調：一宮調、二七賢調、三鳳(皇)[凰]調,共二百一十二曲。

비파.『풍속통』왈：'근대 음악가가 만든 것으로서 그 기원은 알 수 없다. 길이 석 자 다섯 치는 하늘, 땅, 사람과 오행을 모방한 것이고 네 줄은 사계절을 상징한 것이다.'『석명』왈：'비파는 원래 호족이 말 위에서 연주하던 것이다. 손을 앞으로 튕기는 것을 비라 하고 뒤로 튕기는 것을 파라고 하기 때문에 이름으로 삼았다.' 향비파는 당 비파 규격과 대체로 같으나 약간 다르며 역시 신라에서 시작되었지만 누가 만들었는지 알 수 없다. 그 음은 세 가지 조가 있는바, 첫째『궁조』, 둘째『칠현조』, 셋째『봉황조』이고 모두 212곡이다.

三竹,亦模仿唐笛而爲之者也。風俗通曰："笛漢武帝時丘仲所作也。又按宋玉有笛賦,玉在漢前,恐此說非也。馬融云：'近代雙笛從羌(△)[起]。'又笛,滌也,所以滌邪穢而納之於雅正也。長(一)[二]尺四(十)[寸]、七孔。"鄉三竹,此亦起於新羅,不知何人所作。古記云："神(女)[文]王時

東海中忽有一小山,形如龜頭,其上有一竿竹,晝分爲二,夜合爲一。王
使斫之作笛,名萬波息。"雖有此說,怪不可信。三竹笛有七調:一平調、
二黄鐘調、三二雅調、四越調、五般涉調、六出調、七俊調。大笒三百二
十四曲,中笒二百四十五曲,小笒二百九十八曲。

삼죽은 역시 당의 적을 모방하여 만든 것이다.『풍속통』왈: '적은 한무
제 때 구중이 만든 것이다. 또 송옥의 작품에『적부』가 있으며 송옥은
한 이전 사람이니 이 설은 아마 옳지 않은 듯하다. 마융 왈:"근대의
쌍저는 강에서 기원했다." 또 적은 척, 세척의 뜻이며 그것으로 간사하
고 더러운 것을 씻어 버리고 우아하고 바른 데로 들게 하기 때문이다.
길이는 두 자 네 치이고 7개의 구멍이 있다.' 향삼죽은 역시 신라에서
시작되었는데 누가 만들었는지 알 수 없다. 고기 왈: '신문왕 때 동해
가운데에 갑자기 작은 산이 나타났는데 모양이 거북의 머리와 같고
그 위에 대나무 한 대가 있으며 낮에는 갈라져 둘로 되고 밤에는 합쳐져
하나로 된다. 왕이 사람을 시켜 찍어다 적을 만들고 이름을 만파식이라
하였다.' 비록 이런 설이 있으나 괴이하여 믿을 수는 없다. 삼죽적에는
일곱 가지 조가 있는바 첫째『평조』, 둘째『황종조』, 셋째『이아조』,
넷째『월조』, 다섯째『반섭조』, 여섯째『출조』, 일곱째『준조』다. 대금
은 324 곡, 중금은 245곡, 소금은 298곡이다.

會樂、辛熱樂儒理王時作也,突阿樂脫解王時作也,枝兒樂婆娑王時
作也,思內一作詩惱樂奈解王時作也,茄舞奈密王時作也,憂息樂訥祇王
時作也。碓樂慈悲王時人百結先生作也。笒引智大路王時人川上郁
皆子作也。美知樂法興王時作也,徒領歌眞興王時作也。捺絃引眞平
王時人淡水作也,思內奇物樂原郎徒作也。內知日上郡樂也,白實(坤)
[押]梁郡樂也,德思內河西郡樂也,石南思內道同伐郡樂也,祀中北隈
郡樂也。此皆鄉人喜樂之所由作也。而聲器之數、歌舞之容不傳於後
世。

『회악』과『신열악』은 유리왕 때,『돌아악』은 탈해왕 때,『지아악』은 파

사왕 때, 『사내일왈 시뇌악』은 나해왕 때, 『가무』는 나밀왕 때, 『우식악』은 눌지왕 때, 『대악』은 자비왕 때의 백결 선생이, 『우인』은 지대로왕 때의 천상욱개자가, 『미지악』은 법흥왕 때, 『도령가』는 진흥왕 때, 『날현인』은 진평왕 때 담수가, 『사내기물악』은 원랑도가 지은 것이다. 『내지』는 일상군, 『백실』은 압량군, 『덕사내』는 하서군, 『석남사내』는 도동벌군, 『사중』은 북외군의 음악이다. 이들은 모두 향인들이 기쁘고 즐거운 까닭에 만들어진 것이다. 그러나 악기의 수, 가무의 형태는 후세에 전해지지 않는다.

但古記云:"政明王九年幸新村,設酺奏樂。笳舞監六人、笳尺二人、舞尺一人。下辛熱舞監四人、琴尺一人、舞尺二人、歌尺三人。思内舞監三人、琴尺一人、舞尺二人、歌尺二人。韓岐舞監三人、琴尺一人、舞尺二人。上辛熱舞監三人、琴尺一人、舞尺二人、歌尺二人。小京舞監三人、琴尺一人、舞尺一人、歌尺三人。美知舞監四人、琴尺一人、舞尺二人。哀莊王八年奏樂,始奏思内琴,舞尺四人青衣,琴尺一人赤衣,歌尺五人彩衣,繡扇并金鏤帶。次奏碓琴舞,舞尺赤衣,琴尺青衣。"如此而已,則不可言其詳也。羅時樂工皆謂之尺。

다만 고기 왈: '정명왕 9년 왕이 신촌에 행차하여 잔치를 베풀고 음악을 연주하였다. 『가무』는 감 6명, 가척 2명, 무척 1명이다. 『하신열무』는 감 4명, 금척 1명, 무척 2명, 가척 3명이다. 『사내무』는 감 3명, 금척 1명, 무척 2명, 가척 2명이다. 『한기무』는 감 3명, 금척 1명, 무척 2명이다. 『상신열무』는 감 3명, 금척 1명, 무척 2명, 가척 2명이다. 『소경무』는 감 3명, 금척 1명, 무척 1명, 가척 3명이다. 『미지무』는 감 4명, 금척 1명, 무척 2명이다. 애장왕 8년의 음악 연주에 처음으로 『사내금』을 연주하였으며 무척 4명은 청색 옷, 금척 1명은 붉은 옷, 가척 5명은 채색 옷을 입은 데다 수놓은 부채에 금실 띠를 띠었다. 다음은 『대금무』를 연주하였는데 무척은 붉은 옷, 금척은 청색 옷을 입었다.' 이러할 뿐 자세한 것을 말할 수 없다. 신라시대의 악공은 모두 척이라고 불렀다.

崔致遠詩有鄕樂雜詠五首,今錄于此。

金丸:廻身掉臂弄金丸,月轉星浮滿眼看。縱有<u>宜僚</u>那勝此,[111]定知鯨
海息波瀾。

月顚:肩高項縮髮崔嵬,攘臂群儒鬥酒盃。聽得歌聲人盡笑,夜頭旗幟
曉頭催。

大面:黃金面色是其人,手抱珠鞭役鬼神。疾步徐趨呈雅舞,宛如丹鳳
舞堯春。

束毒:蓮頭藍面異人間,押隊來庭學舞鸞。打鼓冬冬風瑟瑟,南奔北躍
也無端。

狻猊:遠涉流沙萬里來,毛衣破盡着塵埃。搖頭掉尾馴仁德,(△)[雄]氣
寧同百獸才?

　최치원의 시에 『향악잡영』 다섯 수가 있으므로 지금 여기에 기록한다.

　금환: 몸 돌리고 팔 휘두르며 금구슬 놀리고, 달 돌고 별 떠 눈에 가득
　　　　보인다. 의료인들 어찌 이보다 낳으랴? 큰 바다 파도 잠잠해진
　　　　이유 알겠다.

　월전: 어깨 높고 목 움츠리고 머리카락 솟아, 팔뚝 걷은 뭇 선비들 술잔
　　　　다툰다. 노래 듣는 사람들 모두 웃는데, 밤에 세운 깃발 새벽 재촉
　　　　한다.

　대면: 황금빛 탈 쓴 바로 그 사람이, 구슬 채찍 손에 들고 귀신 부린다.
　　　　빠른 걸음 느린 거동의 우아한 춤은, 붉은 봉황 요임금의 봄 춤인 듯.

　속독: 엉킨 머리 남색 얼굴 사람 아닌 듯, 떼지어 뜰에 나와 난새춤
　　　　배운다. 북소리는 둥둥 바람은 솔솔, 남으로 북으로 뛰며 끝없어라.

　산예: 만리 길 걸어 유사 지나느라, 가죽 옷 헤어지고 먼지 썼는데,
　　　　머리와 꼬리 흔들어 어질게 질들어, 웅장한 그 기상 짐승들이
　　　　비길 소냐?

---

111) 宜僚: 춘추시대 弄丸을 잘 하는 초나라의 용사.

〇**高句麗樂**。通典云:"樂工人紫羅帽,飾以鳥羽,黃大袖,紫羅帶,大口袴,赤皮鞾,五色緝繩。舞者四人,椎髻於後,以絳抹額,飾以金璫。二人黃裙襦、赤黃袴,二人赤黃裙襦、袴,極長其袖,烏皮鞾,雙雙併立而舞。樂用彈箏一、(搊)[搊]箏一、臥箜篌一、竪箜篌一、琵琶一、五絃一、義觜笛一、笙一、橫笛一、簫一、小篳篥一、大篳篥一、桃皮篳篥一、腰鼓一、(齋)[齊]鼓一、擔鼓一、(唄)[貝]一。大唐武太后時尙二十五曲,今唯能習一曲,衣服亦(寢)[寢]衰敗,失其本風。"冊府元龜云:"樂有五絃、琴、箏、篳篥、橫吹、簫、鼓之屬,吹蘆以和曲。"

고구려의 음악。『통전』왈: '악공들은 자라모자에 새깃으로 장식하고 황색 큰 소매에 자라띠를 둘렀으며 통 넓은 바지 입고 붉은 가죽장화를 신었으며 오색 치성을 매었다. 춤추는 자 네 명은 상투를 뒤에 틀고 붉은 색을 이마에 칠하고 금귀고리로 장식하였다. 두 명은 황색 치마저고리에 적황색 바지를 입고, 두 명은 적황색 치마저고리에 바지를 입었는데 소매를 매우 길게 하였으며, 검은 가죽 장화를 신고 쌍쌍이 나란히 서서 춤을 춘다. 음악은 탄쟁, 추쟁, 와공후, 수공후, 비파, 오현, 의취저, 생, 횡적, 통소, 소필률, 대필률, 도피필률, 요고, 제고, 담고, 패를 각각 하나씩 쓴다. 당무태후 때 25곡을 숭상하였는데 지금은 한 곡만을 익힐 수 있고 의상마저 점점 쇠패됐으며 원래 풍습을 상실하였다.' 『책부원귀』왈: '음악에 오현, 금, 쟁, 필률, 횡취, 통소, 북 등속이 있고 갈대를 불어 곡조에 조화시켰다.'

〇**百濟樂**。通典云:"百濟樂,中宗之代工人死散,開元中岐王範爲太常卿,112)復奏置之,是以音伎多闕。舞者二人,紫大袖、裙襦、章甫冠、皮履。樂之存者,箏、笛、桃皮篳篥、箜篌。"樂器之屬多同於內地。北史

---

112) 岐王範: 唐 睿宗의 넷째 아들로, 玄宗의 동생이다. 본명은 隆範인데 玄宗의 이름(隆基)을 피휘하여 範으로 칭한다. 학문을 좋아한다.

云:"有鼓、角、箜篌、箏、竽、箎、笛之樂。"

백제의 음악.『통전』왈: '백제의 음악은 당중종 때에 악공들이 죽고 흩어져 개원 연간에 기왕범이 태상경이 되어서야 다시 주문을 올려 설치하였으므로 음악의 인재가 많이 결여되었다. 춤추는 자 두 명은 자주색 큰 소매에 치마저고리를 입고 장보관을 썼으며 가죽신을 신었다. 음악으로서 남아 있는 것은 쟁, 적, 도피필률, 공후다.' 악기의 등속은 내지와 같은 것이 많다.『북사』왈: "북, 각, 공후, 쟁, 우, 지, 적과 같은 악기가 있다."

雜志第二(잡지 제2)

色服、車騎、器用、屋舍(색복, 차기, 기용, 옥사)

○[色服]。新羅之初衣服之制不可考色。至第二十三葉法興王始定
六部人服色尊卑之制,猶是夷俗。至眞德在位二年金春秋入唐,請襲
唐儀,(玄)[太]宗皇帝詔可之,(△)[兼]賜衣帶,遂還來施行,以夷易華。文
武王在位四年,又革婦人之服,自此已後,衣冠同於中國。我太祖受命,
凡國(△)[家]法度多因羅舊,則至今朝廷士女之衣裳蓋亦春秋請來之
遺制歟?臣三奉使上國,一行衣冠與宋人無異。嘗入朝尙早,立紫宸殿
門,一閤門員來問:"何者是高麗人使?"應曰:"我是。"則笑而去。又宋
使臣劉逵、吳拭來聘在館,宴次見鄕粧倡女,召來上階,指闊袖衣、色絲
帶、大裙,(漢)[嘆]曰:"此皆三代之服,不擬尙行。"於此知今之婦人禮服
蓋亦唐之舊歟?新羅年代綿遠,文史缺落,其制不可僂數,但粗記其可
見云爾。

　　색복. 신라 초기 의복 제도의 색깔은 고증할 수 없다. 23대 법흥왕 때에
이르러 6부인 복색의 존비 제도를 정하기 시작했지만 여전히 동이의

풍속이었다. 진덕왕 재위 2년에 이르러 김춘추가 당에 들어가 당의 의례를 따를 것을 청하니 태종황제가 조서로 허락함과 동시에 의복과 띠를 주어 돌아와 시행하여 동이의 것을 중화로 바꾸었다. 문무왕 재위 4년 또 부인의 의복을 개혁하니 이로부터 의관이 중국과 같아졌다. 우리 태조가 천명을 받은 후에 모든 국가 법도는 신라의 옛 것을 많이 따랐으므로 지금까지 조정사녀의 의복도 대개 춘추가 청해 온 유제일 까? 소신이 세 번 상국에 사신으로 갔었는데 일행의 의관이 송인과 다른 것 없었다. 너무 일찍이 조회하러 간 적이 있는데 자신전 문에 서있으니 합문원 한 분이 와서 "누가 고려 사신이요?"라고 묻기에 "나 요"라고 답하니 웃으면서 간 적이 있다. 또 송 사신 유규, 오식이 와서 객관에 있을 때 연회차 우리 옷차림을 한 창녀를 보고 계단 위로 불러 올려 소매 넓은 옷, 색실 띠, 긴 치마를 가리키면서 감탄하며 "이것이 모두 삼대의 의복인데 아직 여기에서 유행될 줄 몰랐다" 하였다. 하여 지금 부녀의 예복도 당의 옛 제도라고 할 수 있을까? 신라는 연대가 오래 되어 문헌과 사서가 결여돼 그 제도를 헤아릴 수 없지만 그 중에서 찾아볼 만한 것을 대강 기록할 뿐이다.

<u>法興王</u>制,自太大角干至大阿飡紫衣,阿飡至級飡緋衣並牙笏,大奈麻、奈麻青衣,大舍至先沮知黄衣。伊飡、迊飡錦冠,波珍飡、大阿飡、衿荷緋冠,上堂大奈麻、赤位大舍組纓。<u>興德王</u>卽位九年—<u>太和</u>八年下教曰:"人有上下,位有尊卑,名例不同,衣服亦異。俗漸澆薄,民競奢華,只尚異物之珍寄,却嫌土産之鄙野,禮數失於逼僭,風俗至於陵夷。敢率舊章,以申明命。苟或故犯,(△)[固]有常刑。"

법흥왕 제도에 태대각간부터 대아찬까지는 자주색 옷, 아찬부터 급찬 까지는 다홍색 옷에 상아홀, 대나마와 나마는 청색 옷, 대사부터 선저지 까지는 누런 옷을 입었다. 이찬과 잡찬은 비단관, 파진찬·대아찬과 금 하는 다홍관을 썼고 상당 대나마와 적위 대사는 갓끈을 매었다. 흥덕왕 즉위 9년(태화 8년)에 교지를 내렸다: '사람은 상하가 있고 지위는 존비

가 있어 명분에 따라 의복도 다르다. 풍속이 점점 경박해지고 백성이 사치와 호화를 다투며 진기한 외래품만을 숭상하고 토산품의 촌스러움을 싫어하니 예의는 곧 분수를 참월하여 없어지고 풍속이 무너지는 지경에 이르렀다. 감히 옛 법에 따라 분명히 명한다. 만일 고의로 어기면 당연 일정한 형벌이 있다.'

眞骨大等,幞頭任意,表衣、半臂、袴并禁罽繡錦羅,腰帶禁硏文白玉,靴禁紫皮,靴帶禁隱文白玉,襪任用綾已下,履任用皮、絲、麻,布用二十六升已下。

진골 대등. 복두는 임의로 쓰고 겉옷, 반팔소매와 바지는 모두 계수금라를 금하며 허리띠는 연문백옥을 금하고 장화는 자주색 가죽을 금하며 장화끈은 은문백옥을 금하고 버선은 능직 이하를 임의로 사용하며 신은 가죽, 실, 삼을 임의로 사용하고 포는 26새 이하를 사용한다.

眞骨女,表衣禁罽繡錦羅,內衣、半臂、袴、襪、履并禁罽繡羅。褙禁罽及繡用金銀絲、孔雀尾、翡翠毛者。梳禁瑟瑟鈿、玳瑁,釵禁刻鏤及綴珠,冠禁瑟瑟鈿,布用二十八升已下,(△)[凡]色禁赭黃。

진골 여인. 겉옷은 계수금라를 금하고 내의, 반팔소매, 바지, 버선, 신은 모두 계수라를 금한다. 목도리는 계 및 금은실 수놓이에 공작 꼬리, 비취털을 금한다. 빗은 슬슬전·대모를 금하고 비녀는 무늬 새긴 것과 구슬 달린 것을 금하고 관은 슬슬전을 금하며 포는 28새 이하를 사용하고 무릇 자황색은 금한다.

六頭品,幞頭用繐羅、絁、絹、布,表衣只用綿紬、紬、布,內衣只用小文綾、絁、絹、布,袴只用絁、絹、綿紬、布,帶只用烏(△)[犀]、鍮、鐵、銅,襪只用絁、綿紬、布。靴禁烏(△)[麚]皺文紫皮,靴帶用烏(△)[犀]、鍮、鐵、銅,履只用皮、麻,布用十八升已下。

6두품. 복두는 세라·시·견·포, 겉옷은 면주·주·포만, 내의는 소문릉·시·견·포만, 바지는 시·견·면주·포만, 띠는 검은 무소뿔·놋·쇠·구리만, 버선은 시·면주·포만을 쓴다. 장화는 순록 주름무늬의 자주색 가죽을 금하고, 장화끈은 검은 무소뿔·놋·쇠·구리, 신은 가죽과 삼만, 포는 18세 이하를 쓴다.

六頭品女,表衣只用中小文綾、絁、絹。內衣禁罽繡繡錦、野草羅,半臂禁罽繡繡羅、繐羅,袴禁罽繡錦羅、繐羅、金泥。裱禁罽繡錦羅、金銀泥,褙襠、短衣并禁罽繡錦羅、布紡羅、野草羅、金銀泥,表裳禁罽繡錦羅、繐羅、野草羅、金銀泥、纈纘,褄襈禁罽繡,內裳禁罽繡錦羅、野草羅,帶禁以金銀絲、孔雀尾、翡翠毛爲組,襪袎禁罽羅、繐羅,襪禁罽繡錦羅、繐羅、野草羅,履禁罽繡錦羅、繐羅,梳禁瑟瑟鈿,釵禁純金、以銀刻鏤及綴珠。冠用繐羅、紗絹,布用二十五升已下。色禁赭黃、紫、紫粉、金屑、紅。

6두품 여인. 겉옷은 중소문릉·시·견만 쓴다. 속옷은 계수금·야초라, 반팔소매는 계수라·세라, 바지는 계수금라·세라·금니를 금한다. 목도리는 계수금라·금은니, 배자와 저고리는 다 계수금라·포방라·야초라·금은니, 겉치마는 계수금라·세라·야초라·금은니·협힐, 허리끈과 옷고름은 계수를 금하며, 속치마는 계수금라·야초라, 띠는 금은실·공작꼬리·비취털끈, 버선목은 계라·세라, 버선은 계수금라·세라·야초라, 신은 계수금라·세라, 빗은 슬슬전, 비녀는 순금에 은을 새겨 넣거나 구슬을 다는 것을 금한다. 관은 세라·사견을 쓰고, 포는 25새 이하를 쓴다. 색은 자황·자·자분·금설·홍을 금한다.

五頭品。幞頭用羅、絁、絹布,表衣只用布,內衣、半臂只用小文綾、絁、絹布,袴只用綿紬、布,腰帶只用鐵,襪只用綿紬。靴禁烏麖皺文紫皮,靴帶只用鍮、鐵、銅,履用皮、麻,布用十五升已下。

5두품. 복두는 나·시·견·포, 겉옷은 포만, 속옷과 반팔소매는 소문릉·시·견포만, 바지는 면주, 포만, 허리띠는 쇠만, 버선은 면주만을 쓴다. 장화는 검은 순록의 주름무늬 자주색 가죽을 금한다. 장화 끈은 놋·쇠·구리만 쓰며, 신은 가죽과 삼을 쓰고, 포는 15새 이하를 쓴다.

五頭品女。表衣只用無文獨織,內衣只用小文綾。半臂禁罽繡繡錦、野草

羅、繐羅，袴禁罽繡錦羅、繐羅、野草羅、金泥。裌用綾、絹已下。⑁（褙）[褙]
禁罽繡錦、野草羅、布紡羅、金銀泥、纈纈，短衣禁罽繡錦、野草羅、布
紡羅、繐羅、金銀泥、纈纈，表裳禁罽繡錦、野草羅、繐羅、金銀泥、纈纈，
襦襻禁罽繡錦羅，內裳禁罽繡綿、野草羅、金銀泥、纈纈，帶禁以金銀
絲、孔雀尾、翡翠毛爲組，襪袎禁罽繡錦羅、繐羅，襪禁罽繡錦羅、繐羅、
野草羅。履但用皮已下，梳用素玳瑁已下，釵用白銀已下。無冠。布用
二十升已下。色禁赭黃、紫、紫粉黃、屑紅、緋。

　　5두품 여인. 겉옷은 무늬 없는 독직만, 속옷은 소룡문만을 쓴다. 반팔소
매는 계수금·야초라·세라, 바지는 계수금라·세라·야초라·금니를 금한
다. 목도리는 능·견 이하를 쓴다. 배자는 계수금·야초라·포방라·금은
니·협힐, 저고리는 계수금·야초라·포방라·세라·금은니·협힐, 겉치마
는 계수금·야초라·세라·금은니·협힐, 옷고름과 옷끈은 계수금라, 속치
마는 계수금·야초라·금은니·협힐, 띠는 금은실·공작 꼬리·비취털 끈,
버선목은 계수금라·세라를 금하며, 버선은 계수금라·세라·야초라를
금한다. 신은 가죽 이하만, 빗은 소대모 이하, 비녀는 백은 이하를 쓴다.
관은 없다. 포는 20새 이하를 쓴다. 색은 자황·자·자분황·설홍·다홍색
을 금한다.

四頭品。 幞頭只用紗、絁、絹、布，表衣、袴只用布，內衣、半臂只用絁、絹、
綿紬布，腰帶只用鐵、銅。靴禁烏麋皺文紫皮。靴帶只用鐵、銅，履用牛
皮、麻已下，布用十三升已下。

　　4두품. 복두는 사·시·견·포만, 겉옷과 바지는 포만, 속옷과 반팔소매는
시·견·면주포만, 허리띠는 쇠·구리만 쓴다. 장화는 검은 사슴 주름무늬
자주색 가죽을 금한다. 장화 끈은 쇠·구리만을, 신은 소가죽·삼 이하를,
포는 13새 이하를 쓴다.

四頭品女。 表衣只用綿紬已下，內衣只用小文綾已下，半臂、袴只用小
文綾、絁、絹已下，裌、短衣只用絹已下，褙襦只用綾已下，表裳只用絁、
絹已下。襦與裳同，襻用越羅，無內裳，帶禁繡組及野草羅、乘天羅、越

羅,只用㈜[綿]紬已下。襪袹只用小文綾已下,襪只用小文綾、絁、綿紬、布,履用皮已下。梳用素牙、角、木,釵禁刻鏤、綴珠及純金,無冠,布用十八升,色禁赭黃、紫、紫粉黃屑緋紅、滅紫。

4두품 여인. 겉옷은 면주 이하만, 속옷은 소문릉 이하만, 반팔소매와 바지는 소문릉·시·견 이하만, 목도리와 저고리는 견 이하만, 배자는 능 이하만, 겉치마는 시·견 이하만 쓴다. 옷고름은 치마와 같고, 옷끈은 월라를 쓰며, 속치마는 없고, 띠는 수놓은 끈과 야초라·승천라·월라를 금하고 면주 이하만 쓴다. 버선목은 소문릉 이하만, 버선은 소문릉·시·면주·포만, 신은 가죽 이하만 쓴다. 빗은 소아·뿔·나무를 쓰고, 비녀는 금실을 새겨 넣거나 구슬을 달지 못하며 순금을 금하고, 관은 없으며, 포는 18새 이하를 쓰고, 색은 자황·자·자분황·설비홍·멸자를 금한다.

平人。幞頭只用絹、布,表衣、袴只用布,內衣只用絹、布,帶只用銅、鐵。靴禁烏麖皺文紫皮,靴帶只用鐵、銅,履用麻已下,布用十二升已下。

평민. 복두는 견·포만, 겉옷과 바지는 포만, 속옷은 견·포만, 띠는 구리·쇠만 쓴다. 장화는 검은 사슴 주름무늬 자주색 가죽을 금하고 장화띠는 쇠·구리만, 신발은 삼 이하, 포는 12새 이하를 쓴다.

平人女。表衣只用綿紬、布,內衣只用絁、絹、綿紬、布,袴用絁已下,表裳用絹已下,襻只用綾已下,帶只用綾、絹已下,襪袹用無文,襪用絁、綿紬已下,梳用素牙、角已下,釵用鍮石已下,布用十五升已下。色與四頭品女同。

평민 여인. 겉옷은 면주·포만, 속옷은 시·견·면주·포만, 바지는 시 이하, 겉치마는 견 이하, 옷끈은 능 이하만, 띠는 능·견 이하만, 버선목은 무늬 없는 것, 버선은 시·면주 이하, 빗은 소아·뿔 이하, 비녀는 유석 이하, 포는 15새 이하를 쓴다. 색깔은 4두품 여인과 같다.

○高句麗、百濟服之制。不可得而考,今但記見於中國歷代史書者。

고구려와 백제의 의복제도. 자세히 알 수 없으므로 이제 중국의 역대사서에 보이는 것만을 기록한다.

北史云:"高句麗人皆頭着折風,形如弁,士人加挿二鳥羽。貴者其冠曰蘇骨,多用紫羅爲之,飾以金銀,服大(㭒)[袖]衫、大口袴、素皮帶、黃革履。婦人裙襦加襈。"新唐書云:"高句麗王服五采,以白羅製冠,革帶皆金釦。大臣青羅冠,次絳羅,珥兩鳥羽,金銀雜釦。衫筩褒,袴大口,白韋帶,黃革履。庶人衣褐,戴弁,女子首巾幗。"冊府元龜云:"高句麗,其公會皆錦繡、金銀以自飾。大加、主薄皆着幘,如冠幘而無後,其小加着折風,形如弁。"

『북사』왈: '고구려인은 모두 머리에 절풍을 쓰는데 모양이 고깔과 같고 사인은 2개의 새 깃을 꽂는다. 귀한 자의 관을 소골이라 하고 흔히 자주 비단으로 만들고 금은으로 장식하며 소매가 큰 저고리와 가랑이 넓은 바지를 입고 흰 가죽띠를 띠며 누런 가죽신을 신는다. 부녀들은 치마, 저고리에 가선한다.' 『신당서』왈: '고구려왕은 오색 무늬의 옷을 입고 흰 비단으로 관을 만들며 가죽 띠는 모두 금테로 장식한다. 대신은 청 비단 관을 쓰고, 그 다음은 진홍의 비단 관을 쓰는데 2개의 새깃을 귀에 꽂으며 금은으로 알록달록 장식한다. 저고리는 통소매고 바지는 가랑이가 넓으며 흰 가죽 띠에 누런 가죽신을 신는다. 평민은 거친 옷을 입고 고깔을 쓰며 여자는 수건을 쓴다.' 『책부원귀』왈: '고구려는 공중모임 때 모두 금수와 금은으로 차림을 한다. 대가와 주부는 모두 책을 쓰되 관책 같으나 뒤가 없으며 소가는 절풍을 쓰는데 모양이 고깔과 같다.'

北史云:"百濟衣服與高麗略同。若朝拜、祭祀,其冠兩廂加翅,戎事則不。奈率已(下)[上]冠飾銀花,將德紫帶,施德皂帶,固德赤帶,季德青帶,對德、文督皆黃帶,自武督至剋虞皆白帶。"隋書云:"百濟自左平至將德服紫帶,施德皂帶,固德赤帶,季德青帶,對德以下皆黃帶,自文督至剋虞皆白帶。冠制并同,唯奈率以上飾以銀花。"唐書云:"百濟其王服大袖紫袍,青錦袴,烏羅冠,金花爲飾,素皮帶,烏革履。官人盡緋爲衣,銀花飾冠。庶人不得衣緋、紫。"通典云："百濟其衣服男子略同於高麗,婦人衣似袍而袖微大。"

『북사』왈: '백제의 의복은 고구려와 대략 같다. 조회와 제사 때는 그 관의 양쪽에 날개를 붙이나 전쟁 때는 그렇지 않다. 나솔 이상은 관에 은꽃을 장식하고 장덕은 자주 띠, 시덕은 검은 띠, 고덕은 붉은 띠, 계덕은 청 띠, 대덕과 문독은 모두 누런 띠, 무독부터 극우까지는 모두 흰 띠를 두른다.' 『수서』왈: '백제는 좌평부터 장덕까지는 자주 띠, 시덕은 검은 띠, 고덕은 붉은 띠, 계덕은 청 띠, 대덕 이하는 모두 누런 띠, 문독부터 극우까지는 모두 흰 띠를 쓴다. 관의 제도는 모두 같은데 나솔 이상만 은화로 장식 한다.' 『당서』왈: '백제왕은 소매가 큰 자주 두루마기와 청 비단 바지를 입고 검은 비단 관에 금화 장식을 하며 흰 가죽띠에 검은 가죽신을 신는다. 관인들은 모두 다홍 옷을 입고 은화로 관을 장식한다. 평민은 다홍과 자주 옷을 입지 못한다.' 『통전』왈: '백제의 의복은 남자는 고구려와 대략 같고 부녀의 옷은 두루마기 같으며 소매가 약간 크다.'

○車騎新羅(거기 신라)

眞骨。車(材)[材]不用紫檀、沈香,不得帖玳瑁,亦不敢飾以金、銀、玉。褥子用綾、絹已下,不過二重。坐子用鈿、錦、二色綾已下,緣用錦已下,前後幰用小文綾、紗、絁已下,色以深靑、碧、紫、紫粉,絡網用(系)[糸]、麻,色以紅緋、翠碧,粧表(旦)[但]用絹、布,色以紅緋、靑,牛勒及鞦用絁、絹、布,環禁金、銀、鍮石,步搖亦禁金、銀、鍮石。

진골. 수레 재목은 자단과 침향을 쓰지 않고 대모를 붙이지 못하며 또한 감히 금, 은, 옥으로 장식하지 못한다. 방석은 능, 견 이하를 쓰되 두 겹을 넘지 못한다. 자리는 전, 금, 이색릉 이하를 쓰되 그 변두리는 금 이하를 쓰고 앞뒤 휘장은 소문릉, 사, 시 이하를 쓰되 그 색깔은 짙은 청색, 녹색, 자색, 자색 분말을 쓰며 말굴레는 명주 실, 삼을 쓰되

색깔은 홍비, 취벽으로 하며 장표는 견, 포만 쓰되 색깔은 홍비, 청으로
하고 소 굴레와 멍에끈은 시, 견, 포를 쓰며 고리는 금, 은, 유석을 금하
고 방울도 금, 은, 유석을 금한다.

六頭品。褥子用絁、絹已下,坐子用絁、絹、布,無緣。前後幰若隨眞骨已
上貴人行則不設,但自行則用竹簾若莞席,緣以絁、絹已下。絡網用布,
色以赤、青,牛勒及靷用布,環用鍮、銅、鐵。

6두품. 깔개는 시, 견 이하를 쓰고 방석은 시, 견, 포를 쓰되 가장자리테
를 꾸미지 못한다. 앞뒤 휘장은 진골 이상의 귀인을 수행할 때는 치지
않고 혼자 다닐 때만 대발이나 완골자리를 치며 가장자리테는 시, 견
이하로 꾸민다. 말굴레는 포를 쓰되 색깔은 적, 청으로 하고 소굴레와
멍에끈은 포를 쓰며 고리는 놋, 구리, 철을 쓴다.

五頭品。褥子只用氎若布,前後幰只用竹簾、莞席,緣以皮、布。無勒,靷
用麻,環用木、鐵。

5두품. 깔개는 모전 또는 포만 쓰고 앞 뒤 휘장은 대발과 완골자리만
쓰되 가장자리테는 가죽, 포로 꾸민다. 굴레는 없고 멍에끈은 삼을 쓰며
고리는 나무, 쇠를 쓴다.

眞骨。鞍橋禁紫檀、沈香,鞍韉禁罽繡錦羅,鞍坐子禁罽繡羅。障泥但
用麻油染,銜鐙禁金、鍮石、鍍金、綴玉,靷鞦禁組及紫條。

진골. 안장틀은 자단과 침향, 안장언치는 계수금라, 안장방석은 계수
라를 금한다. 다래는 마유염만 쓰고 재갈과 발디디개는 금, 유석, 도금,
구슬꿰을 금하고 가슴걸이, 후걸이는 땋은 줄과 자주 줄을 금한다.

眞骨女。鞍橋禁寶鈿,鞍韉、鞍坐子禁罽羅,脊雜一云韉脊禁罽繡羅,銜、鐙
禁裹金、綴玉,靷鞦禁雜金、銀絲組。

진골 여인. 안장틀은 보전을, 안장언치와 안장방석은 계라를, 등덮개일
왈 체척는 계수라를, 재갈과 발디디개는 금으로 싸거나 구슬로 꿰는 것
을, 가슴걸이·후걸이는 금·은실을 섞어 땋은 줄을 금한다.

六頭品。鞍橋禁紫檀、沈香、黃楊、槐、柘及金、銀、綴玉,鞍韉用皮,鞍坐

子用綿紬、絁、布、皮,障泥用麻油染。銜、鐙禁金、銀、鍮石及鍍金銀、
綴玉,靮鞦用皮、麻。

6두품. 안장틀은 자단, 침향, 회양목, 회나무, 산뽕나무 및 금, 은과 구슬
을 금한다. 안장 언치는 가죽, 안장방석은 면주·시·포·가죽, 다래는
마유염을 쓴다. 재갈, 발디디개는 금, 은, 유석 및 금, 은 도금과 구슬을
금하고 가슴걸이, 후걸이는 삼을 쓴다.

六頭品女。鞍橋禁紫檀、沈香及裹金、綴玉,鞍韂、鞍坐子禁罽繡(绵)[錦]
羅、繐羅,替脊用綾、絁、絹,銜、鐙禁金、銀、鍮石及鍍金銀、綴玉,障泥
用皮,靮鞦不用組。

6두품 여인. 안장틀은 자단, 침향 및 금으로 싸는 것, 구슬 다는 것을
금하고 안장언치, 안장방석은 계수금라, 세라를 금하고 등덮개는 능,
시, 견을 쓰며 재갈, 발디디개는 금, 은, 유석 및 금은 도금과 구슬을
금하고 다래는 가죽을 쓰며 가슴걸이와 후걸이는 실로 짠 것을 금한다.

五頭品。鞍橋禁紫檀、沈香、黃楊、槐、柘,亦不得用金銀、綴(王)[玉],鞍
韂用皮,障泥用麻油染,銜、鐙禁金、銀、鍮石,又不得鍍鏤金、銀,靮鞦
用麻。

5두품. 안장틀은 자단, 침향, 회양목, 홰나무, 산뽕나무를 금하고 또한
금은과 꿴 옥도 금하며 안장언치는 가죽을 쓰고 다래는 마유염을 쓰며
재갈과 발디디개는 금은, 유석을 금하고 또한 금은으로 도금을 하거나
새겨 넣지도 못하며 가슴걸이와 후걸이는 삼을 쓴다.

五頭品女。鞍橋禁紫檀、沈香,又禁飾以金銀、玉,鞍韂、鞍坐子禁罽繡
錦、綾羅、虎皮,銜、鐙禁金銀、鍮石,又禁飾以金銀,障泥用皮,靮鞦禁
組及紫、紫粉暈條。

5두품 여인. 안장은 자단, 침향을 금하고 또한 금은, 옥 장식을 금하며
안장언치와 안장방석은 계수금, 능라, 호피를 금하고 재갈과 발디디개
는 금은, 유석을 금하며 또한 금은의 장식도 금하고 다래는 가죽을
쓰며 가슴걸이와 후걸이는 줄, 자주, 자주 분말의 사용을 금한다.

四頭品至百姓。鞍橋禁紫檀、沈香、黃楊、槐杻,又禁飾以金銀、玉,鞍韉用牛、馬皮,鞍褥用皮,障泥用楊、竹,銜用鐵,鐙用木、鐵,鞦鞙用筋若麻爲絞。

4두품부터 백성까지. 안장틀은 자단, 침향, 회양목, 홰나무, 산뽕나무를 금하고 또한 금은, 옥의 장식도 금하며 안장언치는 소, 말 가죽을 쓰고 안장깔개는 가죽을 쓰며 다래는 버들과 대나무를 쓰고 재갈은 쇠를 쓰며 발디디개는 나무, 쇠를 쓰고 가슴걸이와 후걸이는 힘줄 혹은 삼으로 꼰다.

四頭品女至百姓女。鞍橋禁紫檀、沈香、黃楊、槐,又禁飾金銀、玉,鞍韉、鞍坐子禁罽繡錦羅、繐羅、綾、虎皮,銜、鐙禁金、銀、鍮石,又禁飾金銀,障泥但用皮,鞦鞙禁組及紫紫粉暈絛。

4두품 여인에서 백성 여인까지. 안장틀은 자단, 침향, 회양목, 홰나무를 금하고, 또한 금은, 옥 장식도 금하며 안장언치와 안장방석은 계수금라, 세라, 능, 호피를 금하고 재갈과 발디디개는 금은, 유석을 금하며 또한 금은 장식도 금하고 다래는 가죽만 쓰며 가슴걸이와 후걸이는 땋은 줄과 자자분으로 한 끈을 금한다.

○器用(기용)

眞骨。禁金、銀及鍍金。

진골. 금, 은과 도금을 금한다.

六頭、五頭品。禁金、銀及鍍金、銀,又不用虎皮、毺毿、氍毹。

6두 및 5두품. 금, 은과 금은 도금, 또 호피와 구수, 탑등을 금한다.

四頭品至百姓。禁金、銀、鍮石、朱裏平文物,又禁毺毿、氍毹、虎皮、大唐毯等。

4두품에서 백성까지. 금, 은, 유석과 주리평문물을 금하고 또한 구수, 탑등, 호피, 당담요를 금한다.

○屋舍(옥사)

眞骨。室長廣不得過二十四尺,不覆唐瓦,不施飛簷,不雕懸魚,不飾以金、銀、鍮石、五彩,不磨階石,不置三重階,垣墻不施梁棟,不塗石灰,簾緣禁錦罽繡、野草羅,屛風禁繡,床不飾玳(△)[瑁]、沈香。

진골. 가옥의 길이와 너비가 24자 넘지 못하고 당기와를 덮지 못하며 부연을 달지 못하고 현어를 조각하지 못하며 금, 은, 유석, 오채의 장식을 못하고 계단 돌을 갈아 만들지 못하며 3중 계단을 놓지 못하고 담에 보와 도리를 설치하거나 석회를 바르지 못하며 발의 가장자리 테는 금계수, 야초라를 금하며 병풍에 수를 못 놓고 침대는 대모, 침향으로 장식하지 못한다.

六頭品。室長廣不過二十一尺,不覆唐瓦,不施飛簷、重栿、栱牙、懸魚。不飾以金、銀、鍮石、白鑞、五彩。不置(巾)[中]階及二重階,階石不磨。垣墻不過八尺,又不施梁棟,不塗石灰。簾緣禁罽繡、綾,屛風禁繡。床不得飾玳瑁、紫檀、沈香、黃楊,又禁錦薦。不置重門及四方門。廏容五馬。

6두품. 가옥의 길이와 너비는 21자를 넘지 못하고 당기와를 덮지 못하며 부연, 중보, 공아, 현어를 설치하지 못한다. 금, 은, 유석, 백랍, 오채로 장식하지 못한다. 중간 층계와 이중 층계를 설치하지 못하고 계단돌은 갈아 만들지 못한다. 담은 8자 높이를 넘지 못하고 또한 보와 도리를 설치하지 못하며 석회를 바르지 못한다. 발가장자리테는 계수, 능을 금하고 병풍은 수놓이를 금한다. 침대는 대모, 자단, 침향, 회양목으로 장식하지 못하고 또한 비단보료를 금한다. 겹문과 사방문을 설치하지 못한다. 마구간은 말 5필을 둘 정도다.

五頭品。室長廣不過十八尺,不用山楡木,不覆唐瓦,不置獸頭,不施飛簷、重栿、花斗牙、懸魚。不以金、銀、鍮石、銅鑞、五彩爲飾,不磨階石。垣墻不過七尺,不架以梁,不塗石灰。簾緣禁錦、罽、綾、絹、絁。不作大門、四方門。廏容三馬。

5두품. 집의 길이와 넓이는 18자를 넘지 못하고 느릅나무를 쓰지 못하며 당기와를 덮지 않고 줏개를 설치하지 못하며 부연, 덧보, 화두아, 현어를 설치하지 못한다. 금, 은, 유석, 동랍, 오채로 장식하지 못하고 계단을 갈아 만들지 못한다. 담은 높이가 7자를 넘지 않고 보를 설치하거나 석회를 바르지 못한다. 발가장자리테는 금, 계, 능, 견, 시를 금한다. 대문과 사방문을 내지 못한다. 마구간은 말 3필을 둘 정도다.

四頭品至百姓。室長廣不過十五尺,不用山楡木,不施藻井,不覆唐瓦,不置獸頭、飛簷、栱牙、懸魚。不以金、銀、鍮石、銅鑞爲飾。階砌不用山石。垣墻不過六尺,又不架梁,不塗石灰。不作大門、四方門。廐容二馬。

4두품에서 백성까지. 집의 길이와 너비는 15자를 넘지 못하고 느릅나무를 쓰지 못하며 무늬 있는 천정을 설치하지 못하고 당기와를 덮지 못하며 줏개, 부연, 공아, 현어를 설치하지 못한다. 금, 은, 유석, 동랍으로 장식하지 못한다. 층계는 산돌을 쓰지 못한다. 담의 높이는 6자를 넘지 못하고 보를 설치하지 못하며 석회를 바르지 못한다. 대문과 사방문을 내지 못한다. 마구간은 말 2필을 둘 정도다.

外眞村主。與五品同。

외진촌주. 5품과 같다.

次村主。與四品同。

차촌주. 4품과 같다.

雜志第三(잡지 제3)

地理一新羅(지리 1 신라)

○**疆界**。古傳記不同。杜佑通典云：“其先本辰韓種,其國在百濟、高句
麗二國東南,東濱大海。”劉煦唐書云：“東、南俱限大海。”宋祁新書
云：“東南日本,西百濟,北高句麗,南濱海。”賈耽四夷述曰：“辰韓在馬
韓東,東抵海,北與濊接。”新羅 崔致遠曰：“馬韓則高句麗,卞韓則百
濟,辰韓則新羅也。”此諸說可謂近似焉。若新舊唐書皆云“卞韓苗裔
在樂浪之地”,新[唐]書又云“東距長人,長人者,人長三丈,鋸牙鉤爪,搏
人以食,新羅常屯弩士數千守之”,此皆傳聞懸說,非實錄也。

강역의 경계. 옛날 전하는 기록이 같지 않다. 두우『통전』왈：“그 선조
는 본래 진한의 종족이고 그 나라는 백제,고구려 두 나라의 동남쪽에
있으며 동쪽은 큰 바다에 닿았다.” 유후『당서』왈：“동과 남은 모두
큰 바다에 막혔다.” 송기『신당서』왈：“동남쪽은 일본, 서쪽은 백제,
북쪽은 고구려, 남쪽은 바다에 닿았다.” 가탐『사이술』왈：“진한은
마한 동쪽에 있고 동쪽은 바다에 닿았으며 북쪽은 예와 접한다.” 신라

의 최치원 왈: "마한은 고구려, 변한은 백제, 진한은 신라다." 이 여러 설은 서로 유사하다고 할 수 있다. 신구 『당서』 같은데서 모두 '변한의 후예가 낙랑 지방에 있었다'고 하였으며 『신당서』에서는 또 '동쪽으로 장인과 간격을 두고 있는데 장인은 키가 세 길이며 톱 같은 이빨과 갈구리 같은 손톱으로 사람을 잡아먹으므로 신라는 항상 활군사 수천 명을 주둔시켜 수비하였다'라고 하였으나 이는 모두 전하는 떠도는 소문이지 실록이 아니다.

按兩漢志"樂浪郡距洛陽東北五千里"注曰: "屬幽州, 故朝鮮國也。"則似與雞林地分隔絶。又相傳"東海絶島上有大人國", 而人無見者, 豈有弩士守之者? 今按新羅始祖赫居世, 前漢 五鳳元年甲子開國, 王都長三千七十五步, 廣三千一十八步, 三十五里, 六部。國號曰徐耶伐, 或云斯羅, 或云斯盧, 或云新羅。脫解王九年始林有雞怪, 更名雞林, 因以爲國號, 基臨王十年復號新羅。

두 『한지』 왈: '낙랑군은 낙양 동북 5천리에 있다'라고 하였고 주석문에 '유주에 속하며 옛 조선국이다'. 그렇다면 계림 지역과 떨어진 듯하다. 또한 전하는 말로 "동해의 동떨어진 섬에 대인국이 있다"고 하지만 사람을 보지 못했으니 어찌 활 쏘는 군사를 두어 수비 했겠는가? 지금 언급하건대 신라시조 혁거세는 서한 오봉 원년 갑자에 개국했으며 경성은 길이 3,075보, 넓이 3,018보이며 35리 6부로 되어 있다. 국호는 서야벌 혹은 사라, 사로, 신라라고 하였다. 탈해왕 9년에 시림에서 닭의 괴이한 일이 있어 계림으로 이름을 바꾸고 국호로 삼았다가 기림왕 10년에 다시 신라라고 하였다.

初, 赫居世二十一年築宮城, 號金城。婆娑王二十二年於金城東南築城, 號月城, 或號在城, 周一千二十三步。新月城北有滿月城, 周一千八百三十八步。又新月城東有明活城, 周一千九百六步。又新月城南有南山城, 周二千八百四步。始祖已來處金城, 至後世多處兩月城。始與高句麗、百濟地錯犬牙, 或相和親, 或相寇鈔。

당초 혁거세 21년에 궁성을 쌓아 금성이라 하였다. 파사왕 22년에 금성 동남쪽에 성을 쌓아 월성 혹은 재성이라 불렀으며 그 둘레가 1,023보였다. 신월성 북쪽에 만월성이 있는데 둘레가 1,838보다. 또 신월성 동쪽에 명활성이 있는데 둘레가 1,906보다. 또 신월성 남쪽에 남산성이 있는데 둘레가 2,804보다. 시조 이래로 금성에 거처하다가 후세에 이르러서는 두 월성에 많이 거처했다. 처음에는 고구려, 백제와 땅이 들쭉날쭉하여 혹은 서로 화친하고 혹은 서로 노략하였다.

後與大唐侵滅二邦,平其土地,遂置九州。本國界內置三州:王城東北當唐恩浦路曰尙州,王城南曰良州,西曰康州。於故百濟國界置三州:百濟故城北熊津口曰熊州,次西南曰全州,次南曰武州。於故高句麗南界置三州:從西第一曰漢州,次東曰朔州,又次東曰溟州。九州所管郡縣無慮四百五十方言所謂鄕、部曲等雜所不復具錄。新羅地理之廣袤斯爲極矣。及其衰也,政荒民散,疆土日蹙。末王金傅以國歸我太祖,以其國爲慶州。

후일 당과 함께 두 나라를 침공하여 멸망시키고 그 영토를 평정한 다음 9주를 설치하였다. 본국 경내에 세 주를 설치하였는데 경성 동북쪽의 당은포로에 해당되는 곳을 상주라 하고 경성 남쪽을 양주, 서쪽을 강주라 하였다. 옛 백제 경내에 세 주를 설치하였는데 백제의 옛 성 북쪽 웅진구를 웅주라 하고 다음 서남쪽을 전주, 그 다음 남쪽을 무주라 하였다. 옛 고구려 남쪽 경계에 세 주를 설치하였는데 서쪽으로부터 첫째를 한주, 다음 동쪽을 삭주, 그 다음 동쪽을 명주라고 하였다. 9주가 관할하던 군현은 무려 4백 50개 소다방언으로 말하는 향, 부곡 등 잡다한 곳은 구태여 적지 않는다. 신라 지역의 광활함은 이때가 극도이다. 쇠약해져 정사가 황폐해지자 백성이 흩어지고 강토가 날로 줄었다. 마지막 임금 김부가 나라를 바치며 우리 태조에게 귀순하니 그 나라를 경주로 하였다.

○尙州:(沽)[沽]解王時取沙伐國爲州,法興王十一年—梁普通六年初
置軍主,爲上州。眞興王十八年州廢,神文王七年—唐垂拱三年復置
築城,周一千一百九步。景德王十六年改名尙州,今因之。領縣三:靑
驍縣,本(普)[音]里火縣,景德王改名,今靑理縣;多仁縣,本達(巳)[已]縣或
云多(巳)[已],景德王改名,今因之;化昌縣,本知乃彌知縣,景德王改名,今
未詳。

상주는 첨해왕 때 사벌국을 빼앗아 주로 하였고 법흥왕 11년(양 보통
6년)에 군주를 두기 시작하여 상주라고 하였다. 진흥왕 18년에 주를
폐지하고 신문왕 7년(당 수공 3년)에 다시 설치하고 둘레가 1,109보인
성을 쌓았다. 경덕왕 16년에 상주로 개명하고 지금도 그대로 부른다.
거느린 현은 셋이다: 청효현은 본래 음리화현을 경덕왕이 개명했으며
지금의 청리현이다. 다인현은 본래 달이현혹왈 다이을 경덕왕이 개명했
으며 지금도 그대로 부른다. 화창현은 본래 지내미지현을 경덕왕이
개명했으며 지금은 미상이다.

醴泉郡:本水酒郡,景德王改名,今甫州。領縣四:永安縣,本下枝縣,景
德王改名,今豐山縣;安仁縣,本蘭山縣,景德王改名,今未詳;嘉猷縣,
本近一作巾品縣,景德王改名,今山陽縣;殷正縣,本赤牙縣,景德王改名,
今殷豐縣。

예천군은 본래 수주군을 경덕왕이 개명했으며 지금의 보주다. 거느린
현은 넷이다: 영안현은 본래 하지현을 경덕왕이 개명했으며 지금의
풍산현이다. 안인현은 본래 난산현을 경덕 왕이 개명했으며 지금은
미상이다. 가유현은 본래 근일왈 巾품현을 경덕왕이 개명했으며 지금의
산양현이다. 은정현은 본래 적아현을 경덕왕이 개명했으며 지금의 은
풍현이다.

古昌郡:本古陁耶郡,景德王改名,今安東府。領縣三:直寧縣,本一直
縣,景德王改名,今復故;日谿縣,本熱兮縣或云泥兮,景德王改名,今未詳;
高丘縣,本仇火縣或云高近,景德王改名,今合屬義城府。

고창군은 본래 고타야군을 경덕왕이 개명했으며 지금의 안동부이다.
거느린 현은 셋이다: 직녕현은 본래 일직현을 경덕왕이 개명했으며
지금은 옛 이름을 회복하였다. 일계현은 본래 열혜현흑왈 니혜을 경덕왕
이 개명했으며 지금은 미상이다. 고구현은 본래 구화현흑왈 고근을 경덕
왕이 개명했으며 지금은 의성부에 합쳐졌다.

聞韶郡:本召文國,景德王改名,(今)[今]義城府。領縣四:眞寶縣,本(△)
[柒]巴火縣,景德王改名,今甫城;比屋縣,本阿火屋縣一云幷屋,景德王
改名,今因之;安賢縣,本阿尸兮縣一云阿乙兮,景德王改名,今安定縣;單
密縣,本武冬彌知一云(△)[曷]冬彌知,景德王改名,今因之。

문소군은 본래 소문국을 경덕왕이 개명했으며 지금의 의성부다. 거느
린 현은 넷이다: 진보현은 본래 칠파화현을 경덕왕이 개명했으며 지금
의 보성이다. 비옥현은 본래 아화옥현일왈 병옥을 경덕왕이 개명했으며
지금도 그대로 부른다. 안현현은 본래 아시혜현일왈 아을혜을 경덕왕이
개명했으며 지금의 안정현이다. 단밀현은 본래 무동미지일왈 갈동미지를
경덕왕이 개명했으며 지금도 그대로 부른다.

嵩(△)[善]郡:本一(△那)[善郡],眞平(主)[王]三十六年爲一善州置軍主。
神文王七年州廢,景德王改名,今善州。領縣三:孝靈縣,本芼兮縣,景
德王改名,今因之;尒同兮縣,今未詳;軍威縣,本奴同覓縣一云如(△)[豆]覓,
景德王改名,今因之。

숭선군은 본래 일선군을 진평왕 36년에 일선주라 하고 군주를 두었다.
신문왕 7년에 주가 폐지되었다가 경덕왕이 개명했으며 지금의 선주다.
거느린 현은 셋이다: 효령현은 본래 모혜현을 경덕왕이 개명했으며
지금도 그대로 부른다. 이동혜현은 지금 미상이다. 군위현은 본래 노동
멱현일왈 여두멱을 경덕왕이 개명했으며 지금도 그대로 부른다.

開寧郡:古甘文小國也。眞興王十八年—梁 永定元年置軍主,爲靑州,
眞平王時州廢。文武王元年置甘文郡,景德王改名,今因之。領縣四:
禦侮縣,本今勿縣一云陰達,景德王改名,今因之;金山縣,景德王改州縣

名,及(今)[今]并因之:知禮縣,本知品川縣,景德王改名,(今)[今]因之;茂
豐縣,本茂山縣,景德王改名,今因之。

개령군은 옛 감문소국이었다. 진흥왕 18년(양 영정 원년)에 군주를 두며
청주라 하였으나 진평왕 때 주를 폐지하였다. 문무왕 원년에 감문군을
설치하였고 경덕왕이 개명한 것을 지금도 그대로 부른다. 거느린 현은
넷이다: 어모현은 원 금물현일왈 음달을 경덕왕이 개명했으며 지금도
그대로 부른다. 금산현은 경덕왕이 주현의 명칭을 개명했으며 지금까
지 모두 그대로 부른다. 지례현은 원 지품천현을 경덕왕이 개명했으며
지금도 그대로 부른다. 무풍현은 원 무산현을 경덕왕이 개명했으며
지금도 그대로 부른다.

永同郡:本吉同郡,景德王改名,今因之。領縣二:陽山縣,本助比川縣,
景德王改名,今因之;黃潤縣,本召羅縣,景德王改名,今因之。

영동군은 본래 길동군을 경덕왕이 개명했으며 지금도 그대로 부른다.
거느린 현은 둘이다: 양산현은 본래 조비천현을 경덕왕이 개명했으며
지금도 그대로 부른다. 황간현은 본래 소라현을 경덕왕이 개명했으며
지금도 그대로 부른다.

管城郡:本古尸山郡,景德王改名,今因之。領縣二:利山縣,本所利山
縣,景德王改名,今因之;(縣眞)[安貞]縣,本阿冬(号)[兮]縣,景德王改名,
今安邑縣。

관성군은 본래 고시산군을 경덕왕이 개명했으며 지금도 그대로 부른
다. 거느린 현은 둘이다: 이산현은 본래 소리산현을 경덕왕이 개명했으
며 지금도 그대로 부른다. 안진현은 본래 아동혜현을 경덕왕이 개명
했으며 지금의 안읍현이다.

(二)[三]年郡:本三年山郡,景德王改名,今保齡郡。領縣二:淸川縣,本
(△)[薩]買縣,景德王改名,今因之;耆山縣,本屈縣,景德王改名,今靑山
縣。

삼년군은 본래 삼년산군을 경덕왕이 개명했으며 지금의 보령군이다.

거느린 현은 둘이다: 청천현은 본래 살매현을 경덕왕이 개명했으며 지금도 그대로 부른다. 기산현은 본래 굴현을 경덕왕이 개명했으며 지금의 청산현이다.

古寧郡:本古寧加耶國,新羅取之,爲古冬攬郡一云古陵縣。景德王改名,今咸寧郡。領縣三:嘉善縣,本加害縣,景德王改名,今加恩縣;冠山縣,本冠縣一云冠文縣,景德王改名,今聞慶縣;虎溪縣,本虎側縣,景德王改名,今因之。

고령군은 본래 고령가야국을 신라가 빼앗아 고동람군일왈 고릉현으로 했다. 경덕왕이 개명했으며 지금의 함녕군이다. 거느린 현은 셋이다: 가선현은 본래 가해현을 경덕왕이 개명했으며 지금의 가은현이다. 관산현은 본래 관현일왈 관문현을 경덕왕이 개명했으며 지금의 문경현이다. 호계현은 본래 호측현을 경덕왕이 개명했으며 지금도 그대로 부른다.

化寧郡:本荅達匕郡一云[沓]達,景德王改名,今因之。領縣一:道安縣,本刀良縣,景德王改名,今中牟縣。

화령군은 본래 답달비군일왈 沓達을 경덕왕이 개명했으며 지금도 그대로 부른다. 거느린 현은 하나다: 도안현은 본래 도량현을 경덕왕이 개명했으며 지금의 중모현이다.

○**良州**:文武王五年—麟德二年割上州、下州地置歃良州。神文王七年築城,周一千二百六十步,景德王改名良州,今梁州。領縣一:巘陽縣,本居知火縣,景德王改名,今因之。

양주는 문무왕 5년(인덕 2년)에 상주와 하주의 땅을 분할하여 삽량주를 설치했다. 신문왕 7년에 둘레가 1,260보의 성을 쌓았으며 경덕왕이 양주로 개명했고 지금의 양주다. 거느린 현은 하나다: 헌양현은 본래 거지화현을 경덕왕이 개명했고 지금도 그대로 부른다.

金海小京,古金官國一云伽落國,一云伽耶,自始祖首露王至十世仇亥王。以梁 中大通四年—新羅 法興王十九年率百姓來降,以其地爲金官郡。

<u>文武王</u>二十年—<u>永隆</u>元年爲<u>小京</u>,<u>景德王</u>改名<u>金海京</u>,今<u>金州</u>。

김해소경은 옛 금관국일왈 가락국, 가야이고 시조 수로왕부터 10대 구해왕까지였다. 양 중대통 4년(신라 법흥왕 19년)에 백성들을 거느리고 와서 항복했으므로 그 지역을 금관군으로 하였다. 문무왕 20년(영륭 원년)에 소경으로 했으며 경덕왕이 김해경으로 개명했고 지금의 금주다.

<u>義安郡</u>:本<u>屈自郡</u>,<u>景德王</u>改名,今因之。領縣三:<u>漆隄縣</u>,本<u>漆吐縣</u>,<u>景德王</u>改名,(今)[今]<u>漆園縣</u>;<u>合浦縣</u>,本<u>骨浦縣</u>,<u>景德王</u>改名,今因之;<u>熊神縣</u>,本<u>熊只縣</u>,<u>景德王</u>改名,今因之。

의안군은 본래 굴자군을 경덕왕이 개명했으며 지금도 그대로 부른다. 거느린 현은 셋이다: 칠제현은 본래 칠토현을 경덕왕이 개명했으며 지금의 칠원현이다. 합포현은 본래 골포현을 경덕왕이 개명했으며 지금도 그대로 부른다. 웅신현은 본래 웅지현을 경덕왕이 개명했으며 지금도 그대로 부른다.

<u>密城郡</u>:本<u>推火郡</u>,<u>景德王</u>改名,今因之。領縣五:<u>尙藥縣</u>,本<u>西火縣</u>,<u>景德王</u>改名,今<u>靈山縣</u>;<u>密津縣</u>,本<u>推浦縣</u>—云竹山,<u>景德王</u>改名,今未詳;<u>烏丘山</u>(絲)[縣],本<u>烏也山縣</u>—云仇道,一云烏禮山,<u>景德王</u>改名,今合屬<u>淸道郡</u>;<u>荊山縣</u>,本<u>驚山縣</u>,<u>景德王</u>改名,今合屬<u>淸道郡</u>;<u>蘇山縣</u>,本<u>率已山縣</u>,<u>景德王</u>改名,今合屬<u>淸道郡</u>。

밀성군은 본래 추화군을 경덕왕이 개명했으며 지금도 그대로 부른다. 거느린 현은 다섯이다: 상약현은 본래 서화현을 경덕왕이 개명했으며 지금의 영산현이다. 밀진현은 본래 추포현일왈 죽산을 경덕왕이 개명했으며 지금은 미상이다. 오구산현은 본래 오야산현일왈 구도, 오례산을 경덕왕이 개명했으며 지금은 청도군에 병합되었다. 형산현은 본래 경산현을 경덕왕이 개명했으며 지금은 청도군에 병합되었다. 소산현은 본래 솔이산현을 경덕왕이 개명했으며 지금은 청도군에 병합되었다.

<u>火王郡</u>:本<u>比自火郡</u>—云比斯伐,<u>眞興王</u>十六年置州,名<u>下州</u>,二十六年州廢,<u>景德王</u>改名,今<u>昌寧郡</u>。領縣一:<u>玄驍縣</u>,本<u>推良火縣</u>—云三良火,<u>景德</u>

王改名,今玄豐縣。

　　화왕군은 본래 비자화군일왈 비사벌이며 진흥왕 16년에 주를 설치하여
하주라고 부르다가 26년에 주를 폐지했고 경덕왕이 개명했으며 지금
의 창녕군이다. 거느린 현은 하나다: 현효현은 본래 추량화현일왈 삼량화
을 경덕왕이 개명했으며 지금의 현풍현이다.

壽昌郡:壽一作嘉本喟火郡,景德王改名,今壽城郡。領縣四;大丘縣,本達
句火縣,景德王改名,今因之;八里縣,本八居里縣一云北耻長里,一云仁里,景
德王改名,今八居縣;河濱縣,本多斯只縣一云畓只,景德王改名,今因之;
花(圖)[園]縣,本舌火縣,景德王改名,今因之。

　　수창군壽 일왈 嘉은 본래 위화군을 경덕왕이 개명했으며 지금의 수성군
이다. 거느린 현은 넷이다: 대구현은 본래 달구화현을 경덕왕이 개명했
으며 지금도 그대로 부른다. 팔리현은 본래 팔거리현일왈 북치장리, 인리을
경덕왕이 개명했으며 지금의 팔거현이다. 하빈현은 본래 다사지현일왈
답지을 경덕왕이 개명했으며 지금도 그대로 부른다. 화원현은 본래 설
화현을 경덕왕이 개명했으며 지금도 그대로 부른다.

獐山郡:祇味王時伐取押梁一作督小國置郡。景德王改名,今章山郡。領
縣三:解顏縣,本雉省火縣一云美里,景德王改名,今因之;餘糧縣,本麻珍
一作彌良縣,景德王改名,今仇史部曲;慈仁縣,本奴斯火縣,景德王改名,
今因之。

　　장산군은 지미왕 때 압량일왈 독이란 작은 나라를 빼앗아 설치한 군이다.
덕왕이 개명했으며 지금의 장산군이다. 거느린 현은 셋이다: 해안현은
본래 치성화현일왈 미리을 경덕왕이 개명했으며 지금도 그대로 부른다.
여량현은 본래 마진일왈 미량현을 경덕왕이 개명했으며 지금의 구사부
곡이다. 자인현은 본래 노사화현을 경덕왕이 개명했으며 지금도 그대
로 부른다.

臨皐郡:本切也火郡,景德王改名,今永州。領縣五:長鎭縣,今竹長伊
部曲;臨川縣,助(貴)[賁]王時伐(溥)[得]骨(火)[火]小國置縣,景德王改名,

今合屬永州;道同縣,本刀冬火縣,景德王改名,今合屬永州;新寧縣,
本史丁火縣,景德王改名,今因之;匹白縣,本買熱次縣,景德王改名,今
合屬新寧縣。

　임고군은 본래 절야화군을 경덕왕이 개명했으며 지금의 영주다. 거느
린 현은 다섯이다: 장진현은 지금의 죽장이부곡이다. 임천현은 조분왕
때 골화라는 작은 나라를 얻어 설치했던 현을 경덕왕이 개명했으며
지금은 영주에 병합되었다. 도동현은 본래 도동화현을 경덕왕이 개명
했으며 지금은 영주에 병합되었다. 신녕현은 본래 사정화현을 경덕왕
이 개명했으며 지금도 그대로 부른다. 맹백현은 본래 매열차현을 경덕
왕이 개명했으며 지금은 신녕현에 병합되었다.

東萊郡:本居柴山郡,景德王改名,今因之。領縣二:東平縣,本大甑縣,
景德王改名,今因之;機張縣,本甲火良谷縣,景德王改名,今因之。

　동래군은 본래 거칠산군을 경덕왕이 개명했으며 지금도 그대로 부른
다. 거느린 현은 둘이다: 동평현은 본래 대증현을 경덕왕이 개명했으며
지금도 그대로 부른다. 기장현은 본래 갑화량곡현을 경덕왕이 개명했
으며 지금도 그대로 부른다.

東安郡:本生西良郡,景德王改名,今合屬慶州。領縣一:虞風縣,本于
火縣,景德王改名,今合屬蔚州。

　동안군은 본래 생서량군을 경덕왕이 개명했으며 지금은 경주에 병합되
었다. 거느린 현은 하나다: 우풍현은 본래 우화현을 경덕왕이 개명했으
며 지금은 울주에 병합되었다.

臨關郡:本毛火一作蚊化郡,聖德王築城,以遮日本賊路。景德王改名,今
合屬慶州。領縣二:東津縣,本栗浦縣,景德王改名,今合屬蔚州;河曲一
作西縣,婆娑王時取屈阿火村置縣,景德王改名,今蔚州。

　임관군은 본래 모화일왈 문화군이고 성덕왕이 성을 쌓아 일본적의 길을
막았다. 경덕왕이 개명했으며 지금은 경주에 병합되었다. 거느린 현은
둘이다: 동진현은 본래 율포현을 경덕왕이 개명했으며 지금은 울주에

병합되었다. 하곡일왈 서현은 파사왕 때 굴아화촌을 빼앗아 설치한 현을 경덕왕이 개명했으며 지금의 울주다.

義昌郡:本退火郡,景德王改名,今興海郡。領縣六:安康縣,本比火縣,景德王改名,今因之;鬐立縣,本只沓縣,景德王改名,今長鬐縣;神光縣,本東仍音縣,景德王改名,今因之;臨汀縣,本斤烏支縣,景德王改名,今迎日縣;杞溪縣,本芼兮縣一云化鷄,景德王改名,今因之;音汁火縣,婆娑王時取音汁伐國置縣,今合屬安康縣(△△△鷩)。

의창군은 본래 퇴화군을 경덕왕이 개명했으며 지금의 흥해군이다. 거느린 현은 여섯이다: 안강현은 본래 비화현을 경덕왕이 개명했으며 지금도 그대로 부른다. 기립현은 본래 지답현을 경덕왕이 개명했으며 지금의 장기현이다. 신광현은 본래 동잉음현을 경덕왕이 개명했으며 지금도 그대로 부른다. 임정현은 본래 근오지현을 경덕왕이 개명했으며 지금의 영일현이다. 기계현은 본래 모혜현일왈 화계을 경덕왕이 개명했으며 지금도 그대로 부른다. 음즙화현은 파사왕 때 음즙벌국을 빼앗아 만든 현이며 지금은 안강현에 병합되었다.

大城郡:本仇刀城,境內率伊山城、茄山縣一云驚山城、烏刀山城等三城,今合屬淸道郡。約章縣,本惡支縣,景德王改名,今合屬慶州;東畿停,本毛只停,景德王改名,今合屬慶州。

대성군은 본래 구도성이고 경내의 솔이산성, 가산현일왈 경산성, 오도산성 등 세 성이 지금은 청도군에 병합되었다. 약장현은 본래 악지현을 경덕왕이 개명했으며 지금은 경주에 병합되었다. 동기정은 본래 모지정을 경덕왕이 개명했으며 지금은 경주에 병합되었다.

商城郡:本西兄山郡,景德王改名,今合屬慶州;南畿停,本道品兮停,景德王改名,今合屬慶州;中畿停,本根乃停,景德王改名,今合屬慶州;西畿停,本豆良彌知停,景德王改名,今合屬慶州;北畿停,本雨谷停,景德王改名,今合屬慶州;莫耶停,本官阿良支停一云北阿良,景德王改名,今合屬慶州。

상성군은 본래 서형산군을 경덕왕이 개명했으며 지금은 경주에 병합되었다. 남기정은 본래 도품혜정을 경덕왕이 개명했으며 지금은 경주에 병합되었다. 중기정은 본래 근내정을 경덕왕이 개명했으며 지금은 경주에 병합되었다. 서기정은 본래 두량미지정을 경덕왕이 개명 했으며 지금은 경주에 병합되었다. 북기정은 본래 우곡정을 경덕왕이 개명했으며 지금은 경주에 병합되었다. 막야정은 본래 관아량지정일왈 북아량을 경덕왕이 개명했으며 지금은 경주에 병합되었다.

○**康州**:神文王五年—唐垂拱元年分居陁州置菁州,景德王改名,(△)[今]晉州。領縣二:嘉壽縣,本加主火縣,景德王改名,今因之;屈(材)[村]縣,今未詳。

강주는 신문왕 5년(당 수공 원년)에 거타주를 분할하여 설치한 청주를 경덕왕이 개명했으며 지금의 진주이다. 거느린 현은 둘이다: 가수현은 본래 가주화현을 경덕왕이 개명했으며 지금도 그대로 부른다. 굴촌현은 지금 미상이다.

南海郡:神文王初置轉也山郡,海中島也。景德王改名,今因之。領縣二:蘭浦縣,本內浦縣,景德王改名,今因之;平山縣,本平西山縣—云西平,景德王改名,今因之。

남해군은 신문왕이 처음 설치한 전야산군이고 바다 속의 섬이다. 경덕왕이 개명했으며 지금도 그대로 부른다. 거느린 현은 둘이다: 난포현은 본래 내포현을 경덕왕이 개명했으며 지금도 그대로 부른다. 평산현은 본래 평서산현일왈 서평을 경덕왕이 개명했으며 지금도 그대로 부른다.

河東郡:本韓多沙郡,景德王改名,今因之。領縣三:省良縣,今金良部曲;嶽陽縣,本小多沙縣,景德王改名,今因之;河邑縣,本浦村縣,景德王改名,今未詳。

하동군은 본래 한다사군을 경덕왕이 개명했으며 지금도 그대로 부른다. 거느린 현은 셋이다: 성량현은 지금의 금량부곡이다. 악양현은 본

래 소다사현을 경덕왕이 개명했으며 지금도 그대로 부른다. 하읍현은
본래 포촌현을 경덕왕이 개명했으나 지금은 미상이다.

固城郡:本古自郡,景德王改名,今因之。領縣三:蚊火良縣,今未詳;泗
水縣,本史勿縣,景德王改名,今泗州;尙善縣,本一善縣,景德王改名,
今永善縣。

고성군은 본래 고자군을 경덕왕이 개명했으며 지금도 그대로 부른다.
거느린 현은 셋이다: 문화량현은 지금 미상이다. 사수현은 본래 사물현
을 경덕왕이 개명했으며 지금의 사주다. 상선현은 본래 일선현을 경덕
왕이 개명했으며 지금의 영선현이다.

咸安郡:法興王以大兵滅阿尸良國一云阿(郡)那加耶,以其地爲郡。景德王
改名,今因之。領縣二:玄武縣,本召彡縣,景德王改名,今召彡部曲;宜
寧縣,本獐含縣,景德王改名,今因之。

함안군은 법흥왕이 대군으로 아시량국일왈 아나가야을 멸하고 그 지역을
군으로 한 것이다. 경덕왕이 개명했으며 지금도 그대로 부른다. 거느린
현은 둘이다: 현무현은 본래 소삼현을 경덕왕이 개명했으며 지금의
소삼부곡이다. 의령현은 본래 장함현을 경덕왕이 개명했으며 지금도
그대로 부른다.

巨濟郡:文武王初置裳郡,海中島也。景德王改名,今因之。領縣三:鵝
洲縣,本巨老縣,景德王改名,今因之;溟珍縣,本買珍伊縣,景德王改
名,今因之;南垂縣,本松邊縣,景德王改名,今復故。

거제군은 문무왕이 처음으로 설치한 상군이고 바다 속의 섬이다. 경덕
왕이 개명했으며 지금도 그대로 부른다. 거느린 현은 셋이다: 아주현은
본래 거로현을 경덕왕이 개명했으며 지금도 그대로 부른다. 명진현은
본래 매진이현을 경덕왕이 개명했으며 지금도 그대로 부른다. 남수현
은 본래 송변현을 경덕왕이 개명했으며 지금은 다시 옛 이름으로 회복
되었다.

闕城郡:本闕支郡,景德王改名,今江城縣。領縣二:丹邑縣,本赤村縣,

景德王改名,今丹溪縣;山陰縣,本知品川縣,景德王改名,今因之。

　궐성군은 본래 궐지군을 경덕왕이 개명했으며 지금의 강성현이다. 거느린 현은 둘이다: 단읍현은 본래 적촌현을 경덕왕이 개명했으며 지금의 단계현이다. 산음현은 본래 지품천현을 경덕왕이 개명했으며 지금도 그대로 부른다.

天嶺郡:本速含郡,景德王改名,今咸陽郡。領縣二:雲峰縣,本(冊)[母]山縣或云阿英城,或云阿莫城,景德王改名,今因之;利安縣,本馬利縣,景德王改名,今因之。

　천령군은 본래 속함군을 경덕왕이 개명했으며 지금의 함양군이다. 거느린 현은 둘이다: 운봉현은 본래 모산현혹왈 아영성, 아막성을 경덕왕이 개명했으며 지금도 그대로 부른다. 이안현은 본래 마리현을 경덕왕이 개명했으며 지금도 그대로 부른다.

居昌郡:本居烈郡或云居陁,景德王改名,今因之。領縣二:餘善縣,本南內縣,景德王改名,今感陰縣;咸陰縣,本加召縣,景德王改名,今復故。

　거창군은 본래 거열군혹왈 거타을 경덕왕이 개명했으며 지금도 그대로 부른다. 거느린 현은 둘이다: 여선현은 본래 남내현을 경덕왕이 개명했으며 지금의 감음현이다. 함음현은 본래 가소현을 경덕왕이 개명했으며 지금은 옛 이름으로 회복되었다.

高靈郡:本大加耶國,自始祖伊珍阿豉王一云內珍朱智至道設智王凡十六世,五百二十年。眞興大王侵滅之,以其地爲大加耶郡。景德王改名,今因之。領縣二:冶爐縣,本赤火縣,景德王改名,今因之;新復縣,本加尸兮縣,景德王改名,今未詳。

　고령군은 본래 대가야국이며 시조 이진아시왕일왈 내진주지부터 도설지왕까지 16세 520년이었다. 진흥대왕이 침공하여 멸하고 그 지역을 대가야군이라 하였다. 경덕왕이 개명했으며 지금도 그대로 부른다. 거느린 현은 둘이다: 야로현은 본래 적화현을 경덕왕이 개명했으며 지금도 그대로 부른다. 신복현은 본래 가시혜현을 경덕왕이 개명했으며 지금은 미상이다.

江陽郡:本大良一作耶 州郡,景德王改名,今陜州。領縣三:三岐縣,本三支縣一云麻杖,景德王改名,今因之;八谿縣,本草八兮縣,景德王改名,今草谿縣;宜桑縣,本辛尒縣一云朱烏村,一云泉州縣,景德王改名,今新繁縣。

강양군은 본래 대량일왈 야주군을 경덕왕이 개명했으며 지금의 합주다. 거느린 현은 셋이다: 삼기현은 본래 삼지현일왈 마장을 경덕왕이 개명했으며 지금도 그대로 부른다. 팔계현은 본래 초팔혜현을 경덕왕이 개명했으며 지금의 초계현이다. 의상현은 본래 신이현일왈 주오촌, 천주현을 경덕왕이 개명했으며 지금의 신번현이다.

星山郡:本一利郡一云里山郡,景德王改名,今加利縣。領縣四:壽同縣,本斯同火縣,景德王改名,今未詳;谿子縣,本大木縣,景德王改名,今若木縣;新安縣,本本彼縣,景德王改名,今京山府;都山縣,本狄山縣,景德王改名,今未詳。

성산군은 본래 일리군일왈 이산군을 경덕왕이 개명했으며 지금의 가리현이다. 거느린 현은 넷이다: 수동현은 본래 사동화현을 경덕왕이 개명했으며 지금은 미상이다. 계자현은 본래 대목현을 경덕왕이 개명했으며 지금의 약목현이다. 신안현은 본래 본피현을 경덕왕이 개명했으며 지금의 경산부이다. 도산현은 본래 적산현을 경덕왕이 개명했으며 지금은 미상이다.

三國史記卷第三十五

(삼국사기 권제35)

雜志第四(잡지 제4)

地理二[新羅](지리 2 신라)

○**漢州**:本**高句麗 漢山郡**,**新羅**取之,**景德王**改爲**漢州**,今**廣州**。領縣
二:**黃武縣**本**高句麗 南川縣**,**新羅**幷之,**眞興王**爲州,置軍主,**景德王**改
名,今**利川縣**;巨(△)[黍]**縣**本**高句麗 駒城縣**,**景德王**改名,今**龍駒縣**。

　한주는 본래 고구려 한산군을 신라가 빼앗았고 경덕왕이 한주로 개명
했으며 지금의 광주다. 거느린 현은 둘이다: 황무현은 본래 고구려 남
천현을 신라가 병합하였고 진흥왕이 주로 하고 군주를 두었으며 경덕
왕이 한주로 개명했고 지금의 이천현이다. 거서현은 본래 고구려 구성
현을 경덕왕이 개명했으며 지금의 용구현이다.

中原京:本**高句麗 國原城**,**新羅**平之,**眞興王**置小京。**文武王**時築城,周
二千五百九十二步。**景德王**改爲**中原京**,今**忠州**。

　중원경은 본래 고구려 국원성을 신라가 평정했으며 진흥왕이 소경을
설치했다. 문무왕 때 둘레 2,592보의 성을 쌓았다. 경덕왕이 중원경으
로 개명했으며 지금의 충주다.

槐壤郡:本高句麗 仍斤內郡,景德王改名,今槐州。

　괴양군은 본래 고구려 잉근내군을 경덕왕이 개명했으며 지금의 괴주다.

沂一作沂**川郡**:本高句麗 述川郡,景德王改名,今川寧郡。領縣二:黃驍縣本高句麗 骨乃斤縣,景德王改名,今黃驪縣;濱陽縣本高句麗 楊根縣,景德王改名,今復故。

　소일왈 沂천군은 본래 고구려 술천군을 경덕왕이 개명했으며 지금의 천녕군이다. 거느린 현은 둘이다: 황효현은 본래 고구려 골내근현을 경덕왕이 개명했으며 지금의 황려현이다. 빈양현은 본래 고구려 양근현을 경덕왕이 개명했으며 지금은 옛 이름으로 회복되었다.

黑壤郡:一云黃壤郡,本高句麗 今勿奴郡,景德王改名,今鎭州。領縣二:都西縣本高句麗 道西縣,景德王改名,今道安縣;陰城縣,本高句麗 仍忽縣,景德王改名,今因之。

　흑양군일왈 황양군은 본래 고구려 금물노군을 경덕왕이 개명했으며 지금의 진주다. 거느린 현은 둘이다: 도서현은 본래 고구려 도서현을 경덕왕이 개명했으며 지금의 도안현이다. 음성현은 본래 고구려 잉홀현을 경덕왕이 개명했으며 지금도 그대로 부른다.

介山郡:本高句麗 皆次山郡,景德王改名,今竹州。領縣一:陰竹縣本高句麗 奴音竹縣,景德王改名,今因之。

　개산군은 본래 고구려 개차산군을 경덕왕이 개명했으며 지금의 죽주다. 거느린 현은 하나다: 음죽현은 본래 고구려 노음죽현을 경덕왕이 개명했으며 지금도 그대로 부른다.

白城郡:本高句麗 奈兮忽,景德王改名,今安城郡。領縣二:赤城縣本高句麗 沙伏忽,景德王改名,今陽城縣;蛇山縣本高句麗縣,景德王因之,今稷山縣。

　백성군은 본래 고구려 나혜홀을 경덕왕이 개명했으며 지금의 안성군이다. 거느린 현은 둘이다: 적성현은 본래 고구려 사복홀을 경덕왕이 개명했으며 지금의 양성현이다. 사산현은 본래 고구려의 현을 경덕왕이 그 이름을 따랐으며 지금의 직산현이다.

水城郡:本<u>高句麗</u> 買忽郡,<u>景德王</u>改名,今<u>水州</u>。

수성군은 본래 고구려 매홀군을 경덕왕이 개명했으며 지금의 수주다.

唐恩郡:本<u>高句麗</u> 唐城郡,<u>景德王</u>改名,今復故。領縣二:<u>車城縣</u>本<u>高</u><u>句麗</u>上一作車忽縣,<u>景德王</u>改名,今<u>龍城縣</u>;<u>振威縣</u>本<u>高句麗</u> 釜山縣,<u>景</u><u>德王</u>改名,今因之。

당은군은 본래 고구려 당성군을 경덕왕이 개명했으며 지금은 옛 이름으로 회복되었다. 거느린 현은 둘이다: 차성현은 본래 고구려 상홀왈 車홀현을 경덕왕이 개명했으며 지금의 용성현이다. 진위현은 본래 고구려 부산현을 경덕왕이 개명했으며 지금도 그대로 부른다.

栗津郡:本<u>高句麗</u> 栗木郡,<u>景德王</u>改名,今<u>菓州</u>。領縣三:<u>穀壤縣</u>本<u>高</u><u>句麗</u> 仍伐奴縣,<u>景德王</u>改名,今<u>黔州</u>;<u>孔巖縣</u>本<u>高句麗</u> 濟次巴衣縣,<u>景</u><u>德王</u>改名,今因之;<u>邵城縣</u>本<u>高句麗</u> 買召忽縣,<u>景德王</u>改名,今<u>仁州</u>一云慶原,買召一作彌鄒。

율진군은 본래 고구려 율목군을 경덕왕이 개명했으며 지금의 과주다. 거느린 현은 셋이다: 곡양현은 본래 고구려 잉벌노현을 경덕왕이 개명했으며 지금의 검주다. 공암현은 본래 고구려 제차파의현을 경덕왕이 개명했으며 지금도 그대로 부른다. 소성현은 본래 고구려 매소홀현을 경덕왕이 개명했으며 지금의 인주다일왈 경원, 매소 일왈 미추.

獐口郡:本<u>高句麗</u> 獐項口縣,<u>景德王</u>改名,今<u>安山縣</u>。

장구군은 본래 고구려 장항구현을 경덕왕이 개명했으며 지금의 안산현이다.

長堤郡:本<u>高句麗</u> 主夫吐郡,<u>景德王</u>改名,今<u>樹州</u>。領縣四:<u>戍城縣</u>本<u>高</u><u>句麗</u> 首尒忽,<u>景德王</u>改名,今<u>守安縣</u>;<u>金浦縣</u>本<u>高句麗</u> 黔浦縣,<u>景德王</u>改名,今因之;<u>童城縣</u>本<u>高句麗</u> 童子忽一云幢山縣,<u>景德王</u>改名,今因之;<u>分津縣</u>本<u>高句麗</u>(乎)[平]唯押縣,<u>景德王</u>改名,今<u>通津縣</u>。

장제군은 본래 고구려 주부토군을 경덕왕이 개명했으며 지금의 수주

다. 거느린 현은 넷이다. 수성현은 본래 고구려 수이홀을 경덕왕이 개명
했으며 지금의 수안현이다. 김포현은 본래 고구려 검포현을 경덕왕이
개명했으며 지금도 그대로 부른다. 동성현은 본래 고구려 동자홀^{일왈}
_{동산현}을 경덕왕이 개명했으며 지금도 그대로 부른다. 분진현은 본래
고구려 평유압현을 경덕왕이 개명했으며 지금의 통진현이다.

漢陽郡:本高句麗 北漢山郡_{一云平壤},眞興王爲州,置軍主。景德王改名,
今楊州舊墟。領縣二:荒壤縣,本高句麗 骨衣奴縣,景德王改名,今豐
壤縣;遇王縣,本高句麗 皆伯縣,景德王改名,今幸州。

한양군은 본래 고구려 북한산군^{일왈 평양}을 진흥왕이 주로 하고 군주를
두었다. 경덕왕이 개명했으며 지금 양주의 옛 터이다. 거느린 현은 둘이
다: 황양현은 본래 고구려 골의노현을 경덕왕이 개명했으며 지금의
풍양현이다. 우왕현은 본래 고구려 개백현을 경덕왕이 개명했으며 지
금의 행주다.

來蘇郡:本高句麗 買省縣,景德王改名,今見州。領縣二:重城縣本高
句麗 七重縣,景德王改名,今積城縣;波平縣本高句麗 波害平_(吏)[史]
縣,景德王改名,今因之。

내소군은 본래 고구려 매성현을 경덕왕이 개명했으며 지금의 견주다.
거느린 현은 둘이다: 중성현은 본래 고구려 칠중현을 경덕왕이 개명했
으며 지금의 적성현이다. 파평현은 본래 고구려 파해평사현을 경덕왕
이 개명했으며 지금도 그대로 부른다.

交河郡:本高句麗 泉井口縣,景德王改名,今因之。領縣二:峯城縣本高
句麗 述尒忽縣,景德王改名,今因之:高烽縣本高句麗 達乙省縣,景德
王改名,今因之。

교하군은 본래 고구려 천정구현을 경덕왕이 개명했으며 지금도 그대로
부른다. 거느린 현은 둘이다: 봉성현은 본래 고구려 술이홀현을 경덕왕
이 개명했으며 지금도 그대로 부른다. 고봉현은 본래 고구려 달을성현
을 경덕왕이 개명했으며 지금도 그대로 부른다.

堅城郡:本高句麗 馬忽郡,景德王改名,今抱州。領縣二:沙川縣本高句麗 內乙買縣,景德王改名,今因之;洞陰縣本高句麗 梁骨縣,景德王改名,今因之。

견성군은 본래 고구려 마홀군을 경덕왕이 개명했으며 지금의 포주다. 거느린 현은 둘이다: 사천현은 본래 고구려 내을매현을 경덕왕이 개명했으며 지금도 그대로 부른다. 동음현은 본래 고구려 양골현을 경덕왕이 개명했으며 지금도 그대로 부른다.

鐵城郡:本高句麗 鐵圓郡,景德王改名,今東州。領縣二:㡽梁縣本高句麗 僧梁縣,景德王改名,今僧嶺縣;功成縣本高句麗 功木達縣,景德王改名,今獐州。

철성군은 본래 고구려 철원군을 경덕왕이 개명했으며 지금의 동주다. 거느린 현은 둘이다: 동량현은 본래 고구려 승량현을 경덕왕이 개명했으며 지금의 승령현이다. 공성현은 본래 고구려 공목달현을 경덕왕이 개명했으며 지금의 장주다.

富平郡:本高句麗 夫如郡,景德王改名,今金化縣。領縣一:廣平縣本高句麗 斧壤縣,景德王改名,今平康縣。

부평군은 본래 고구려 부여군을 경덕왕이 개명했으며 지금의 금화현이다. 거느린 현은 하나다: 광평현은 본래 고구려 부양현을 경덕왕이 개명했으며 지금의 평강현이다.

兎山郡:本高句麗 烏斯含達縣,景德王改名,今因之。領縣三:安峽縣本高句麗 阿(珍)[珍]押縣,景德王改名,今因之;朔邑縣本高句麗 所邑豆縣,景德王改名,今朔寧縣;伊川縣本高句麗(△)[伊]珍買縣,景德王改名,今因之。

토산군은 본래 고구려 오사함달현을 경덕왕이 개명했으며 지금도 그대로 부른다. 거느린 현은 셋이다: 안협현은 본래 고구려 아진압현을 경덕왕이 개명했으며 지금도 그대로 부른다. 삭읍현은 본래 고구려 소읍두현을 경덕왕이 개명했으며 지금의 삭녕현이다. 이천현은 본래 고구려 이진매현을 경덕왕이 개명했으며 지금도 그대로 부른다.

牛峯郡:本高句麗 牛岑郡,景德王改名,今因之。領縣三:臨江縣本高句麗 獐項縣,景德王改名,今因之;長湍縣本高句麗 長淺城縣,景德王改名,今因之;臨端縣本高句麗 麻田淺縣,景德王改名,今麻田縣。

우봉군은 본래 고구려 우잠군을 경덕왕이 개명했으며 지금도 그대로 부른다. 거느린 현은 셋이다: 임강현은 본래 고구려 장항현을 경덕왕이 개명했으며 지금도 그대로 부른다. 장단현은 본래 고구려 장천성현을 경덕왕이 개명했으며 지금도 그대로 부른다. 임단현은 본래 고구려 마전천현을 경덕왕이 개명했으며 지금의 마전현이다.

松岳郡:本高句麗 扶蘇岬,孝昭王三年築城,景德王因之,我太祖開國爲王畿。領縣二:如羆縣本高句麗 若豆恥縣,景德王改名,今松林縣。第四(△)[葉]光宗創置佛(日)[日]寺於其地,移其縣於東北。江陰縣本高句麗 屈押縣,景德王改名,今因之。

송악군은 본래 고구려 부소갑이며 효소왕 3년 성을 쌓았고 경덕왕이 이름을 그대로 썼으며 우리 태조가 개국하여 왕기로 하였다. 거느린 현은 둘이다: 여비현은 본래 고구려 약두치현을 경덕왕이 개명했으며 지금의 송림현이다. 제4세 광종이 그곳에 불일사를 창건하고 그 현을 동북쪽으로 옮겼다. 강음현은 본래 고구려 굴압현을 경덕왕이 개명했으며 지금도 그대로 부른다.

開城郡:本高句麗 冬比忽,景德王改名,今開城府。領縣二:德水縣本高句麗 德勿縣,景德王改名,今因之。第十一葉文宗代創置興王寺於其地,移其縣於南。臨津縣本高句麗 津臨城,景德王改名,今因之。

개성군은 본래 고구려 동비홀을 경덕왕이 개명했으며 지금의 개성부다. 거느린 현은 둘이다. 덕수현은 본래 고구려 덕물현을 경덕왕이 개명했으며 지금도 그대로 부른다. 제11세 문종 대에 그곳에 흥왕사를 창립하고 현을 남쪽으로 옮겼다. 임진현은 본래 고구려 진림성을 경덕왕이 개명했으며 지금도 그대로 부른다.

海口郡:本高句麗 穴口郡,在海中,景德王改名,今江華縣。領縣三:(△)
[沍]陰縣本高句麗 冬音奈縣,景德王改名,在穴口島內,今河陰縣;喬
桐縣本高句麗 高木根縣,海島也,景德王改名,今因之;守鎮縣本高句
麗 首知縣,景德王改名,今鎮江縣。

해구군은 본래 고구려 혈구군이고 바다 속에 있었는데 경덕왕이 개명
했으며 지금의 강화현이다. 거느린 현은 셋이다: 호음현은 본래 고구려
동음나현을 경덕왕이 개명했고 혈구도에 있으며 지금의 하음현이다.
바다 속의 섬 교동현은 본래 고구려 고목근현을 경덕왕이 개명했으며
지금도 그대로 부른다. 수진현은 본래 고구려 수지현을 경덕왕이 개명
했으며 지금의 진강현이다.

永豊郡:本高句麗 大谷郡,景德王改名,今平州。領縣二:檀溪縣本高
句麗 水谷城縣,景德王改名,今俠溪縣;鎮湍縣本高句麗 十谷城縣,景
德王改名,今谷州。

영풍군은 본래 고구려 대곡군을 경덕왕이 개명했으며 지금의 평주다.
거느린 현은 둘이다: 단계현은 본래 고구려 수곡성현을 경덕왕이 개명
했으며 지금의 협계현이다. 진단현은 본래 고구려 십곡성현을 경덕왕
이 개명했으며 지금의 곡주다.

海臯郡:本高句麗 冬彡一作音忽郡,景德王改名,今鹽州。領縣一:雊澤
縣本高句麗 刀臘縣,景德王改名,今白州。

해고군은 본래 고구려 동삼일왈 음홀군을 경덕왕이 개명했으며 지금의
염주다. 거느린 현은 하나다. 구택현은 본래 고구려 도랍현을 경덕왕이
개명했으며 지금의 백주다.

瀑池郡:本高句麗 內米忽郡,景德王改名,今海州。

폭지군은 본래 고구려 내미홀군을 경덕왕이 개명했으며 지금의 해주다.

重盤郡:本高句麗 息城郡,景德王改名,今安州。

중반군은 본래 고구려 식성군을 경덕왕이 개명했으며 지금의 안주다.

栖嵒郡:本高句麗 鵂嵒郡,景德王改名,今鳳州。

서암군은 본래 고구려 휴암군을 경덕왕이 개명했으며 지금의 봉주다.

五關郡:本高句麗 五谷郡,景德王改名,今洞州。領縣一:獐塞縣本高句麗縣,景德王因之,今遂安郡。

오관군은 본래 고구려 오곡군을 경덕왕이 개명했으며 지금의 동주다. 거느린 현은 하나다: 장새현은 본래 고구려의 현을 경덕왕이 그대로 따랐으며 지금의 수안군이다.

取城郡:本高句麗 冬忽,憲德王改名,今黃州。領縣三:土山縣本高句麗 息達,憲德王改名,今因之;唐嶽縣本高句麗 加火押,憲德王置縣改名,今中和縣;松峴縣本高句麗 夫斯波衣縣,憲德王改名,今屬中和縣。

취성군은 본래 고구려 동홀을 헌덕왕 때 개명했으며 지금의 황주다. 거느린 현은 셋이다. 토산현은 본래 고구려 식달을 헌덕왕 때 개명했으며 지금도 그대로 부른다. 당악현은 본래 고구려 가화압을 헌덕왕이 현을 설치하고 개명했으며 지금의 중화현이다. 송현현은 본래 고구려 부사파의현을 헌덕왕이 개명했으며 지금은 중화현에 속한다.

○**朔州**:賈耽古今郡國志云:"句麗之東南、濊之西,古貊地,盖今新羅北朔州。"善德王六年—唐貞觀十一年,爲(中)[牛]首州,置軍主。一云文武王十三年—唐咸亨四年置首若州。景德王改爲朔州,今春州。領縣三:綠驍縣,本高句麗 伐力川縣,景德王改名,今洪川縣;潢川縣,本高句麗 橫川縣,景德王改名,今復故;(△)[砥]平縣,本高句麗(△)[砥]峴縣,景德王改名,今因之。

삭주. 가탐의 『고금군국지』 왈: '고구려 동남쪽, 예의 서쪽은 옛 맥의 땅이며 아마 지금의 신라 북쪽 삭주다.' 선덕왕 6년(당 정관 11년)에 우수주로 하고 군주를 두었다. 일왈 문무왕 13년(당 함형 4년)에 설치한 수약주다. 경덕왕이 삭주로 개명했으며 지금의 춘주다. 거느린 현은 셋이다: 녹효현은 본래 고구려 벌력천현을 경덕왕이 개명했으며 지금의 홍천현이다. 황천현은 본래 고구려 횡천현을 경덕왕이 개명했으며 지금은 옛

이름으로 회복되었다. 지평현은 본래 고구려 지현현을 경덕왕이 개명
했으며 지금도 그대로 부른다.

北原京:本高句麗 平原郡,文武王置北原小京,神文王五年築城,周一
千三十一步。景德王因之,今原州。

북원경은 본래 고구려 평원군을 문무왕이 북원소경을 설치하였고 신문
왕 5년에 둘레가 1,031보인 성을 쌓았다. 경덕왕이 그대로 따랐으며
지금의 원주다.

奈隄郡:本高句麗 奈吐郡,景德王改名,今㳘[堤]州。領縣二:清風縣本
高句麗 沙熱伊縣,景德王改名,今因之;赤山縣本高句麗縣,景德王因
之,今丹山縣。

나제군은 본래 고구려 나토군을 경덕왕이 개명했으며 지금의 제주다.
거느린 현은 둘이다: 청풍현은 본래 고구려 사열이현을 경덕왕이 개명
했으며 지금도 그대로 부른다. 적산현은 본래 고구려 현을 경덕왕이
따랐으며 지금의 단산현이다.

奈靈郡:本百濟 奈已郡,婆娑王取之。景德王改名,今剛州。領縣二:善
谷縣本高句麗 買谷縣,景德王改名,今未詳;玉馬縣本高句麗 古斯馬
縣,景德王改名,今奉化縣。

나령군은 본래 백제 나이군을 파사왕이 빼앗았다. 경덕왕이 개명했으
며 지금의 강주다. 거느린 현은 둘이다: 선곡현은 본래 고구려 매곡현
을 경덕왕이 개명했으며 지금은 미상이다. 옥마현은 본래 고구려 고사
마현을 경덕왕이 개명했으며 지금의 봉화현이다.

㟄[岌]山郡:本高句麗 及伐山郡,景德王改名,今興州。領縣一:隣豐縣
本高句麗 伊伐支縣,景德王改名,今未詳。

급산군은 본래 고구려 급벌산군을 경덕왕이 개명했으며 지금의 흥주
다. 거느린 현은 하나다: 인풍현은 본래 고구려 이벌지현을 경덕왕이
개명했으며 지금은 미상이다.

嘉平郡:本高句麗 斤平郡,景德王改名,今因之。領縣一:浚水縣本高

句麗 深川縣,景德王改名,今朝宗縣。

가평군은 본래 고구려 근평군을 경덕왕이 개명했으며 지금도 그대로 부른다. 거느린 현은 하나다: 준수현은 본래 고구려 심천현을 경덕왕이 개명했으며 지금의 조종현이다.

楊麓郡:本高句麗 楊口郡,景德王改名,今陽溝縣。領縣三:狶蹄縣本高句麗 猪足縣,景德王改名,今麟蹄縣;馳道縣本高句麗 玉岐縣,景德王改名,今瑞禾縣;三嶺縣本高句麗 三峴縣,景德王改名,今方山縣。

양록군은 본래 고구려 양구군을 경덕왕이 개명했으며 지금의 양구현이다. 거느린 현은 셋이다: 희제현은 본래 고구려 저족현을 경덕왕이 개명했으며 지금의 인제현이다. 치도현은 본래 고구려 옥기현을 경덕왕이 개명했으며 지금의 서화현이다. 삼령현은 본래 고구려 삼현현을 경덕왕이 개명했으며 지금의 방산현이다.

狼川郡:本高句麗 狌川郡,景德王改名,今因之。

낭천군은 본래 고구려 성천군을 경덕왕이 개명했으며 지금도 그대로 부른다.

大楊郡:本高句麗 大楊菅郡,景德王改名,今長楊郡。領縣二:藪川縣本高句麗 藪狌川縣,景德王改名,今和川縣;文登縣本高句麗 文峴縣,景德王改名,今因之。

대양군은 본래 고구려 대양관군을 경덕왕이 개명했으며 지금의 장양군이다. 거느린 현은 둘이다: 수천현은 본래 고구려 수성천현을 경덕왕이 개명했으며 지금의 화천현이다. 문등현은 본래 고구려 문현현을 경덕왕이 개명했으며 지금도 그대로 부른다.

益城郡:本高句麗(夘)[母]城郡,景德王改名,今金城郡。

익성군은 본래 고구려 모성군을 경덕왕이 개명했으며 지금의 금성군이다.

岐城郡:本高句麗 冬斯忽郡,景德王改名,今因之。領縣一:通溝縣本高句麗(木)[水]入縣,景德王改名,今因之。

기성군은 본래 고구려 동사홀군을 경덕왕이 개명했으며 지금도 그대로 부른다. 거느린 현은 하나다. 통구현은 본래 고구려 수입현을 경덕왕이 개명했으며 지금도 그대로 부른다.

連城郡:本高句麗 各一作客連城郡,景德王改名,今交州。領縣三:丹松縣本高句麗 赤(本)[木]鎭,景德王改名,今嵐谷縣;軼雲縣本高句麗 管述縣,景德王改名,今未詳;狶嶺縣本高句麗 猪守峴縣,景德王改名,今未詳。

연성군은 본래 고구려 각혹왈 객련성을 경덕왕이 개명했으며 지금의 교주다. 거느린 현은 셋이다: 단송현은 본래 고구려 적목진을 경덕왕이 개명했으며 지금의 남곡현이다. 일운현은 본래 고구려 관술현을 경덕왕이 개명했으며 지금은 미상이다. 희령현은 본래 고구려 저수현현을 경덕왕이 개명했으며 지금은 미상이다.

朔庭郡:本高句麗 比列忽郡,眞興王十七年—梁太平元年爲比列州,置軍主。孝昭王時築城,周一千一百八十步,景德王改名,今登州。領縣五:瑞谷縣本高句麗 原谷縣,景德王改名,今因之;蘭山縣本高句麗 昔達縣,景德王改名,今未詳;霜陰縣本高句麗 薩寒縣,景德王改名,今因之;菁山縣本高句麗 加支達縣,景德王改名,今汶山縣;翊溪縣本高句麗 翼谷縣,景德王改名,今因之。

삭정군은 본래 고구려 비열홀군이며 진흥왕 17년(양 태평 원년)에 비열주로 하고 군주를 두었다. 효소왕 때 둘레가 1,180보인 성을 쌓았고 경덕왕이 개명했으며 지금의 등주다. 거느린 현은 다섯이다: 서곡현은 본래 고구려 경곡현을 경덕왕이 개명했으며 지금도 그대로 부른다. 난산현은 본래 고구려 석달현을 경덕왕이 개명했으며 지금은 미상이다. 상음현은 본래 고구려 살한현을 경덕왕이 개명했으며 지금도 그대로 부른다. 청산현은 본래 고구려 가지달현을 경덕왕이 개명했으며 지금의 문산현이다. 익계현은 본래 고구려 익곡현을 경덕왕이 개명했으며 지금도 그대로 부른다.

井泉郡:本高句麗 泉井郡,文武王二十一年取之。景德王改名,築炭項
關門,今湧州。領縣三:蒜山縣本高句麗 買尸達縣,景德王改名,今未
詳;松山縣本高句麗 夫斯達縣,景德王改名,今未詳;幽居縣本高句麗
東墟縣,景德王改名,今未詳。

정천군은 본래 고구려 천정군을 문무왕 21년에 빼앗았다. 경덕왕이
개명했고 탄항 관문을 쌓았으며 지금의 용주다. 거느린 현은 셋이다:
산산현은 본래 고구려 매시달현을 경덕왕이 개명했으며 지금은 미상이
다. 송산현은 본래 고구려 부사달현을 경덕왕이 개명했으며 지금은
미상이다. 유거현은 본래 고구려 동허현을 경덕왕이 개명했으며 지금
은 미상이다.

○溟州:本高句麗 河西良一作何瑟羅,後屬新羅。賈耽古今郡國志云:"今
新羅北界溟州,蓋濊之古國。"前史以扶餘爲濊地,蓋誤。善德王時爲小
京,置仕臣。太宗王五年一唐 顯慶三年以何瑟羅地連靺鞨,罷京爲州,
置軍主以鎮之。景德王十六年改爲溟州,今因之。領縣四:旌善縣,本
高句麗 仍買縣,景德王改名,今因之;棟一作楝隄縣,本高句麗束吐縣,景
德王改名,今未詳;支山縣,本高句麗縣,景德王因之,今連谷縣;洞山
縣,本高句麗 穴山縣,景德王改名,今因之。

명주는 본래 고구려 하서량일왈 하슬라이고 뒷날 신라에 속하였다. 가탐
의 『고금군국지』왈: '현 신라의 북부 경계의 명주는 아마 예의 옛 나라
다.' 이전의 사서에 부여를 예의 땅이라고 하였는데 잘못인 듯하다.
선덕왕 때 소경을 만들고 관리를 배치하였다. 태종왕 5년(당현경 3년)에
하슬라 지역이 말갈과 연결되어 있으므로 소경을 폐지하고 주로 했으
며 군주를 두어 진무했다. 경덕왕 16년에 명주로 개명했으며 지금도
그대로 부른다. 거느린 현은 넷이다: 정선현은 본래 고구려 잉매현을
경덕왕이 개명했으며 지금도 그대로 부른다. 속일왈 동제현은 본래 고구
려 속토현을 경덕왕이 개명했으며 지금은 미상이다. 지산현은 본래

고구려 현을 경덕왕이 따랐으며 지금의 연곡현이다. 동산현은 본래
고구려 혈산현을 경덕왕이 개명했으며 지금도 그대로 부른다.

曲城郡:本高句麗 屈火郡,景德王改名,今臨河郡。領縣一:緣一作(△)[椽]
武縣,本高句麗 伊火兮縣,景德王改名,今安德縣。

곡성군은 본래 고구려 굴화군을 경덕왕이 개명했으며 지금의 임하군이
다. 거느린 현은 하나다. 연일왈 椽무현은 본래 고구려 이화혜현을 경덕
왕이 개명했으며 지금의 안덕현이다.

野城郡:本高句麗也尸忽郡,景德王改名,今盈德郡。領縣二:眞安縣,
本高句麗助欖縣,景德王改名,今甫城府;積善縣,本高句麗青已縣,景
德王改名,今青鳧縣。

야성군은 본래 고구려 야시홀군을 경덕왕이 개명했으며 지금의 영덕군
이다. 거느린 현은 둘이다: 진안현은 본래 고구려 조람현을 경덕왕이
개명했으며 지금의 보성부다. 적선현은 본래 고구려 청이현을 경덕왕
이 개명했으며 지금의 청부현이다.

有隣郡:本高句麗 于尸郡,景德王改名,(今)[今]禮州。領縣一:海阿縣,
本高句麗 阿兮縣,景德王改名,今清河縣。

유린군은 본래 고구려 우시군을 경덕왕이 개명했으며 지금의 예주다.
거느린 현은 하나다: 해아현은 본래 고구려 아혜현을 경덕왕이 개명했
으며 지금의 청하현이다.

蔚珍郡:本高句麗 于珍也縣,景德王改名,今因之。領縣一:海曲一作西
縣,本高句麗 波(日)[旦]縣,景德王改名,今未詳。

울진군은 본래 고구려 우진야현을 경덕왕이 개명했으며 지금도 그대로
부른다. 거느린 현은 하나다: 해곡일왈 西현은 본래 고구려 파단현을
경덕왕이 개명했으며 지금은 미상이다.

奈城郡:本高句麗 奈生郡,景德王改名,今寧越郡。領縣三:子春縣,本
高句麗 乙阿旦縣,景德王(玫)[改]名,今永春縣;白烏縣,本高句麗 郁烏
縣,景德王(玫)[改]名,今平昌縣;酒泉縣,本高句麗 酒淵縣,景德王(玫)

[改]名,今因之。

나성군은 본래 고구려 나생군을 경덕왕이 개명했으며 지금의 영월군이다. 거느린 현은 셋이다: 자춘현은 본래 고구려 을아단현을 경덕왕이 개명했으며 지금의 영춘현이다. 백오현은 본래 고구려 욱오현을 경덕왕이 개명했으며 지금의 평창현이다. 주천현은 본래 고구려 주연현을 경덕왕이 개명했으며 지금도 그대로 부른다.

三陟郡:本悉直國,婆娑王世來降。智證王六年—梁 天監四年爲州,以異斯夫爲軍主。景德王改名,今因之。領縣四:竹嶺縣,本高句麗 竹峴縣,景德王改名,今未詳;滿卿一作鄕 縣,本高句麗 滿若縣,景德王改名,今未詳;羽谿縣,本高句麗 羽谷縣,景德王改名,今因之;海利縣,本高句麗 波利縣,景德王改名,今未詳。

삼척군은 본래 실직국인데 파사왕 때 항복하여 왔다. 지증왕 6년(양 천감 4년)에 주로 하고 이사부를 군주로 하였다. 경덕왕이 개명했으며 지금도 그대로 부른다. 거느린 현은 넷이다: 죽령현은 본래 고구려 죽현현을 경덕왕이 개명했으며 지금은 미상이다. 만경일왈 鄕현은 본래 고구려 만약현을 경덕왕이 개명했으며 지금은 미상이다. 우계현은 본래 고구려 우곡현을 경덕왕이 개명했으며 지금도 그대로 부른다. 해리현은 본래 고구려 파리현을 경덕왕이 개명했으며 지금은 미상이다.

守城郡:本高句麗 㠞城郡,景德王改名,今杆城縣。領縣二:童山縣,本高句麗 僧山縣,景德王改名,今烈山縣;翼嶺縣,本高句麗 翼峴縣,景德王改名,今因之。

수성군은 본래 고구려 수성군을 경덕왕이 개명했으며 지금의 간성현이다. 거느린 현은 둘이다: 동산현은 본래 고구려 승산현을 경덕왕이 개명했으며 지금의 열산현이다. 익령현은 본래 고구려 익현현을 경덕왕이 개명했으며 지금도 그대로 부른다.

高城郡:本高句麗 達忽,眞興王二十九年爲州,置軍主。景德王改名,今因之。領縣二:豢猏縣,本高句麗 猪㢋穴縣,景德王改名,今因之;偏嶮縣,本高句麗 平珍峴縣,景德王改名,今雲巖縣。

고성군은 본래 고구려 달홀을 진흥왕 29년에 주로 하고 군주를 두었다. 경덕왕이 개명했으며 지금도 그대로 부른다. 거느린 현은 둘이다: 환가현은 본래 고구려 저수혈현을 경덕왕이 개명했으며 지금도 그대로 부른다. 편험현은 본래 고구려 평진현현을 경덕왕이 개명했으며 지금의 운암현이다.

金壤郡:本高句麗 休壤郡,景德王改名,今因之。領縣五:習谿縣,本高句麗 習比谷縣,景德王改名,今歙谷縣;隄上縣,本高句麗 吐上縣,景德王改名,今碧山縣;臨道縣,本高句麗 道臨縣,景德王改名,今因之;派川縣,本高句麗 改淵縣,景德王改名,今因之;鶴浦縣,本高句麗 鵠浦縣,景德王改名,今因之。

금양군은 본래 고구려 휴양군을 경덕왕이 개명했으며 지금도 그대로 부른다. 거느린 현은 다섯이다: 습계현은 본래 고구려 습비곡현을 경덕왕이 개명했으며 지금의 흡곡현이다. 제상현은 본래 고구려 토상현을 경덕왕이 개명했으며 지금의 벽산현이다. 임도현은 본래 고구려 도림현을 경덕왕이 개명했으며 지금도 그대로 부른다. 파천현은 본래 고구려 개연현을 경덕왕이 개명했으며 지금도 그대로 부른다. 학포현은 본래 고구려 곡포현을 경덕왕이 개명했으며 지금도 그대로 부른다.

三國史記卷第三十六
(삼국사기 권제36)

雜志第五(잡지 제5)

地理三[新羅](지리 3 신라)

○**熊州**:本<u>百濟</u>舊都,<u>唐高宗</u>遣<u>蘇定方</u>平之,置<u>熊津都督府</u>。[新]<u>羅文</u><u>武王</u>取其地有之,<u>神文王</u>改爲<u>熊川州</u>,置都督。<u>景德王</u>十六年改名<u>熊</u><u>州</u>,今(分)[<u>公</u>]<u>州</u>。領縣二:<u>尼山縣</u>,本<u>百濟</u> <u>熱也山縣</u>,<u>景德王</u>改名,今因之;<u>清音縣</u>,本<u>百濟</u> <u>伐音支縣</u>,<u>景德王</u>改名,今<u>新豐縣</u>。

웅주는 본래 백제의 옛 경성인데 당고종이 소정방을 보내 평정하고 웅진도독부를 설치하였다. 신라 문무왕이 그 지역을 빼앗아 차지하였고 신문왕이 웅천주로 고치고 도독을 두었다. 경덕왕 16년에 웅주로 개명했으며 지금의 공주다. 거느린 현은 둘이다: 니산현은 본래 백제 열야산현을 경덕왕이 개명했으며 지금도 그대로 부른다. 청음현은 본래 백제 벌음지현을 경덕왕이 개명했으며 지금의 신풍현이다.

<u>西原京</u>:<u>神文王</u>五年初置<u>西原小京</u>,<u>景德王</u>改名<u>西原京</u>,今<u>清州</u>。

서원경은 신문왕 5년에 처음으로 서원소경을 설치하였고 경덕왕이 서원경으로 개명했으며 지금의 청주다.

大麓郡:本百濟 大木岳郡,景德王改名,今木州。領縣二:馴雉縣,本百濟 甘買縣,景德王改名,今豐歲縣;金池縣,本百濟 仇知縣,景德王改名,今全義縣。

대록군은 본래 백제 대목악군을 경덕왕이 개명했으며 지금의 목주다. 거느린 현은 둘이다: 순치현은 본래 백제 감매현을 경덕왕이 개명했으며 지금의 풍세현이다. 금지현은 본래 백제 구지현을 경덕왕이 개명했으며 지금의 전의현이다.

嘉林郡:本百濟 加林郡,景德[王]改加爲嘉,今因之。領縣二:馬山縣,本百濟縣,景德王改州郡名及今并因之;翰山縣,本百濟 大山縣,景德王改名,今鴻山縣。

가림군은 본래 백제 가림군을 경덕왕이 '加'를 '嘉'로 고쳤고 지금도 그대로 쓴다. 거느린 현은 둘이다: 마산현은 본래 백제의 현으로서 경덕왕이 주군의 명칭을 고쳐 지금까지 왔으며 지금도 그대로 부른다. 한산현은 본래 백제 대산현을 경덕왕이 개명했으며 지금의 홍산현이다.

西林郡:本百濟 舌林郡,景德王改名,今因之。領縣二:藍浦縣,本百濟 寺浦縣,景德王改名,今因之;庇仁縣,本百濟 比衆縣,景德王改名,今因之。

서림군은 본래 백제 설림군을 경덕왕이 개명했으며 지금도 그대로 부른다. 거느린 현은 둘이다: 남포현은 본래 백제 사포현을 경덕왕이 개명했으며 지금도 그대로 부른다. 비인현은 본래 백제 비중현을 경덕왕이 개명했으며 지금도 그대로 부른다.

伊山郡:本百濟 馬尸山郡,景德王改名,今因之。領縣二;目牛縣,本百濟 牛見縣,景德王改名,今未詳;今武縣,本百濟 今勿縣,景德王改名,今德豐縣。

이산군은 본래 백제 마시산군을 경덕왕이 개명했으며 지금도 그대로 부른다. 거느린 현은 둘이다: 목우현은 본래 백제 우견현을 경덕왕이 개명했으며 지금은 미상이다. 금무현은 본래 백제 금물현을 경덕왕이 개명했으며 지금의 덕풍현이다.

槥城郡:本<u>百濟</u> <u>槥郡</u>,景德王改名,今因之。領縣三:<u>唐津縣</u>,本<u>百濟</u> <u>伐首只縣</u>,景德王改名,今因之;<u>餘邑縣</u>,本<u>百濟</u> <u>餘村縣</u>,景德王改名,今<u>餘美縣</u>;<u>新平縣</u>,本<u>百濟</u> <u>沙平縣</u>,景德王改名,今因之。

혜성군은 본래 백제 혜군을 경덕왕이 개명했으며 지금도 그대로 부른다. 거느린 현은 셋이다: 당진현은 본래 백제 벌수지현을 경덕왕이 개명했으며 지금도 그대로 부른다. 여읍현은 본래 백제 여촌현을 경덕왕이 개명했으며 지금의 여미현이다. 신평현은 본래 백제 사평현을 경덕왕이 개명했으며 지금도 그대로 부른다.

扶餘郡:本<u>百濟</u> <u>所夫里郡</u>,<u>唐</u>將<u>蘇定方</u>與<u>庾信</u>平之。<u>文武王</u>十二年置總管,景德王改名,今因之。領縣二:<u>石山縣</u>,本<u>百濟</u> <u>珍惡山縣</u>,景德王改名,今<u>石城縣</u>;<u>悅城縣</u>,本<u>百濟</u> <u>悅</u>(巳)[己]<u>縣</u>,景德王改名,今<u>定山縣</u>。

부여군은 본래 백제 소부리군을 당 장군 소정방과 유신이 평정하였다. 문무왕 12년에 총관을 두었고 경덕왕이 개명했으며 지금도 그대로 부른다. 거느린 현은 둘이다. 석산현은 본래 백제 진악산현을 경덕왕이 개명했으며 지금의 석성현이다. 열성현은 본래 백제 열기현을 경덕왕이 개명했으며 지금의 정산현이다.

任城郡:本<u>百濟</u> <u>任存城</u>,景德王改名,今<u>大興郡</u>。領縣二:<u>青正縣</u>,本<u>百濟</u> <u>古良夫里縣</u>,景德王改名,今<u>青陽縣</u>;<u>孤山縣</u>,本<u>百濟</u> <u>烏山縣</u>,景德王改名,今<u>禮山縣</u>。

임성군은 본래 백제 임존성을 경덕왕이 개명했으며 지금의 대흥군이다. 거느린 현은 둘이다: 청정현은 본래 백제 고량부리현을 경덕왕이 개명했으며 지금의 청양현이다. 고산현은 본래 백제 오산현을 경덕왕이 개명했으며 지금의 예산현이다.

黃山郡:本<u>百濟</u> <u>黃等也山郡</u>,景德王改名,今<u>連山縣</u>。領縣二:<u>鎭嶺縣</u>,本<u>百濟</u> <u>眞峴縣</u>眞—作貞,景德王改名,今<u>鎭岑縣</u>;<u>珍同縣</u>,本<u>百濟縣</u>,景德王改州郡名及今幷因之。

황산군은 본래 백제 황등야산군을 경덕왕이 개명했으며 지금의 연산현이다. 거느린 현은 둘이다: 진령현은 본래 백제 진현현眞일왈 貞을 경덕왕이 개명했으며 지금의 진잠현이다. 진동현은 본래 백제의 현을 경덕왕이 주군으로 개명했으며 지금까지 그대로 부른다.

比豐郡:本百濟 雨述郡,景德王改名,今懷德郡。領縣二:儒城縣,本百濟 奴斯只縣,景德王改名,今因之;赤鳥縣,本百濟 所比浦縣,景德王改名,今德津縣。

비풍군은 본래 백제 우술군을 경덕왕이 개명했으며 지금의 회덕군이다. 거느린 현은 둘이다: 유성현은 본래 백제 노사지현을 경덕왕이 개명했으며 지금도 그대로 부른다. 적조현은 본래 백제 소비포현을 경덕왕이 개명했으며 지금의 덕진현이다.

潔城郡:本百濟 結已郡,景德王改名,今因之。領縣二:新邑縣,本百濟 新村縣,景德王改名,今保寧縣;新良縣,本百濟 沙尸良縣,景德王改名,今黎陽縣。

결성군은 본래 백제 결이군을 경덕왕이 개명했으며 지금도 그대로 부른다. 거느린 현은 둘이다: 신읍현은 본래 백제 신촌현을 경덕왕이 개명했으며 지금의 보령현이다. 신량현은 본래 백제 사시량현을 경덕왕이 개명했으며 지금의 여양현이다.

燕山郡:本百濟 一牟山郡,景德王改名,今因之。領縣二:燕岐縣本百濟 豆仍只縣,景德王改名,今因之;昧谷縣本百濟 未谷縣,景德王改名,今懷仁縣。

연산군은 본래 백제 일모산군을 경덕왕이 개명했으며 지금도 그대로 부른다. 거느린 현은 둘이다: 연기현은 본래 백제 두잉지현을 경덕왕이 개명했으며 지금도 그대로 부른다. 매곡현은 본래 백제 미곡현을 경덕왕이 개명했으며 지금의 회인현이다.

富城郡:本百濟 基郡,景德王改名,今因之。領縣二:蘇泰縣,本百濟 省大(号)[今]縣,景德王改名,今因之;地育縣,本百濟 知六縣,景德王改名,今北谷縣。

　부성군은 본래 백제 기군을 경덕왕이 개명했으며 지금도 그대로 부른다. 거느린 현은 둘이다: 소태현은 본래 백제 성대혜현을 경덕왕이 개명했으며 지금도 그대로 부른다. 지육현은 본래 백제 지륙현을 경덕왕이 개명했으며 지금의 북곡현이다.

湯井郡:本百濟郡,文武王十一年—唐咸亨二年爲州,(實)[置]總管。咸亨十二年廢州爲郡。景德王因之,今溫水郡。領縣二:陰峯一云陰岑縣,本百濟牙述縣,景德王改名,今牙州;祁梁縣,本百濟屈直縣,景德王改名,今新昌縣。

　탕정군은 본래 백제의 군을 문무왕 11년(당 함형 2년)에 주로 하고 총관을 설치하였다. 함형 12년에 주를 폐지하고 군으로 하였다. 경덕왕이 따랐으며 지금의 온수군이다. 거느린 현은 둘이다: 음봉일왈 음잠현은 본래 백제 아술현을 경덕왕이 개명했으며 지금의 아주다. 기량현은 본래 백제 굴직현을 경덕왕이 개명했으며 지금의 신창현이다.

○全州:本百濟完山,眞興王十六年爲州,二十六年州廢。神文王五年復置完山州,景德王十六年改名,今因之。領縣三:杜城縣,本百濟豆伊縣,景德王改名,今伊城縣;金溝縣,本百濟仇知只山縣,景德王改名,今因之;高山縣,本百濟縣,景德王改州郡名,及今因之。

　전주는 본래 백제 완산을 진흥왕 16년에 주로 하였고 26년에 주를 폐지하였다. 신문왕 5년에 다시 완산주를 설치하였고 경덕왕 16년에 전주로 개명했으며 지금도 그대로 부른다. 거느린 현은 셋이다: 두성현은 본래 백제의 두이현을 경덕왕이 개명했으며 지금의 이성현이다. 금구현은 본래 백제의 구지지산현을 경덕왕이 개명했으며 지금도 그대로 부른다. 고산현은 본래 백제의 현으로서 경덕왕이 주군의 명칭을 고쳤으며 지금도 그대로 부른다.

南原小京:本百濟古龍郡,新羅幷之。神文王五年初置小京,景德王十六年置南原小京,今南原府。

남원소경은 본래 백제 고룡군을 신라가 병합하였다. 신문왕 5년에 처음
으로 소경을 설치하였고 경덕왕 16년에 남원소경을 설치하였으며 지
금의 남원부다.

大山郡:本百濟 大尸山郡,景德王改名,今泰山郡。領縣三:井邑縣,本
百濟 井村,景德王改名,今因之;斌城縣,本百濟 賓屈縣,景德王改名,
今仁義縣;野西縣,本百濟 也西伊縣,景德王改名,今(臣)[巨]野縣。

대산군은 본래 백제 대시산군을 경덕왕이 개명했으며 지금의 태산군이
다. 거느린 현은 셋이다: 정읍현은 본래 백제 정촌을 경덕왕이 개명했
으며 지금도 그대로 부른다. 빈성현은 본래 백제 빈굴현을 경덕왕이
개명했으며 지금의 인의현이다. 야서현은 본래 백제 야서이현을 경덕
왕이 개명했으며 지금의 거야현이다.

古阜郡:本百濟 古(眇)[沙]夫里郡,景德王改名,今因之。領縣三:扶寧
縣,本百濟 皆火縣,景德王改名,今因之;喜安縣,本百濟 欣良買縣,景
德王改名,今保安縣;尙質縣,本百濟 上柒縣,景德王改名,今因之。

고부군은 본래 백제 고사부리군을 경덕왕이 개명했으며 지금도 그대로
부른다. 거느린 현은 셋이다: 부령현은 본래 백제 개화현을 경덕왕이
개명했으며 지금도 그대로 부른다. 희안현은 본래 백제 흔량매현을
경덕왕이 개명했으며 지금의 보안현이다. 상질현은 본래 백제 상칠현을
경덕왕이 개명했으며 지금도 그대로 부른다.

進禮郡:本百濟 進仍乙郡,景德王改名,今因之。領縣三:伊城縣,本百
濟 豆尸伊縣,景德王改名,今富利縣;清渠縣,本百濟 勿居縣,景德王
改名,今因之;丹川縣,本百濟赤川縣,景德王改名,今朱溪縣。

진례군은 본래 백제 진잉을군을 경덕왕이 개명했으며 지금도 그대로
부른다. 거느린 현은 셋이다: 이성현은 본래 백제 두시이현을 경덕왕이
개명했으며 지금의 부리현이다. 청거현은 본래 백제 물거현을 경덕왕이
개명했으며 지금도 그대로 부른다. 단천현은 본래 백제 적천현을 경덕

왕이 개명했으며 지금의 주계현이다.

德殷郡:本<u>百濟</u> <u>德近郡</u>。<u>景德王</u>改名,今<u>德恩郡</u>。領縣三:<u>市津縣</u>,本<u>百濟</u> <u>加知奈縣</u>,<u>景德王</u>改名,今因之;<u>礪良縣</u>,本<u>百濟</u> <u>只良肖縣</u>,<u>景德王</u>改名,今因之;<u>雲梯縣</u>,本<u>百濟</u><u>只伐只縣</u>,<u>景德王</u>改名,今因之。

덕은군은 본래 백제 덕근군을 경덕왕이 개명했으며 지금의 덕은군이다. 거느린 현은 셋이다: 시진현은 본래 백제 가지나현을 경덕왕이 개명했으며 지금도 그대로 부른다. 여량현은 본래 백제 지량초현을 경덕왕이 개명했으며 지금도 그대로 부른다. 운제현은 본래 백제 지벌지현을 경덕왕이 개명했으며 지금도 그대로 부른다.

臨陂郡:本<u>百濟</u> <u>屎山郡</u>,<u>景德王</u>改名,今因之。領縣三:<u>咸悅縣</u>,本<u>百濟</u> <u>甘勿阿縣</u>,<u>景德王</u>改名,今因之;沃溝縣,本<u>百濟</u> <u>馬西良縣</u>,<u>景德王</u>改名,今因之;澮尾縣,本<u>百濟</u> <u>夫夫里縣</u>,<u>景德王</u>改名,今因之。

임피군은 본래 백제 시산군을 경덕왕이 개명했으며 지금도 그대로 부른다. 거느린 현은 셋이다: 함열현은 본래 백제 감물아현을 경덕왕이 개명했으며 지금도 그대로 부른다. 옥구현은 본래 백제 마서량현을 경덕왕이 개명했으며 지금도 그대로 부른다. 회미현은 본래 백제 부부리현을 경덕왕이 개명했으며 지금도 그대로 부른다.

金堤郡:本<u>百濟</u> <u>碧骨縣</u>,<u>景德王</u>改名,今因之。領縣四:<u>萬</u>(項)[頃]<u>縣</u>,本<u>百濟</u> <u>豆乃山縣</u>,<u>景德王</u>改名,今因之;<u>平皋縣</u>,本<u>百濟</u> <u>首冬山縣</u>,<u>景德王</u>改名,今因之;<u>利城縣</u>,本<u>百濟乃利阿縣</u>,<u>景德王</u>改名,今因之;<u>武邑縣</u>,本<u>百濟</u> <u>武斤村縣</u>,<u>景德王</u>改名,今富潤縣。

김제군은 본래 백제 벽골현을 경덕왕이 개명했으며 지금도 그대로 부른다. 거느린 현은 넷이다: 만경현은 본래 백제 두내산현을 경덕왕이 개명했으며 지금도 그대로 부른다. 평고현은 본래 백제 수동산현을 경덕왕이 개명했으며 지금도 그대로 부른다. 이성현은 본래 백제 내리아현을 경덕왕이 개명했으며 지금도 그대로 부른다. 무읍현은 본래 백제 무근촌현을 경덕왕이 개명했으며 지금의 부윤현이다.

淳化郡:^{淳一作淳},本<u>百濟</u> 道實郡,<u>景德王</u>改名,今<u>淳昌縣</u>。領縣二:<u>磧城</u>
<u>縣</u>,本<u>百濟</u> 礫坪縣,<u>景德王</u>改名,今因之;<u>九皐縣</u>,本<u>百濟</u>[埃]坪縣,<u>景德</u>
<u>王</u>改名,今因之。

순화군^{淳 일왈 淳}은 본래 백제 도실군을 경덕왕이 개명했으며 지금의
순창현이다. 거느린 현은 둘이다: 적성현은 본래 백제 역평현을 경덕왕
이 개명했으며 지금도 그대로 부른다. 구고현은 본래 백제 돌평현을
경덕왕이 개명했으며 지금도 그대로 부른다.

金馬郡:本<u>百濟</u> 金馬渚郡,<u>景德王</u>改名,今因之。領縣三:<u>沃野縣</u>,本<u>百</u>
<u>濟</u> 所力只縣,<u>景德王</u>改名,今因之;<u>野山縣</u>,本<u>百濟</u> 閼也山縣,<u>景德王</u>
改名,今<u>朗山縣</u>;<u>紆洲縣</u>,本<u>百濟</u> 于召渚縣,<u>景德王</u>改名,今<u>紆州</u>。

금마군은 본래 백제 금마저군을 경덕왕이 개명했으며 지금도 그대로
부른다. 거느린 현은 셋이다. 옥야현은 본래 백제 소력지현을 경덕왕이
개명했으며 지금도 그대로 부른다. 야산현은 본래 백제 알야산현을
경덕왕이 개명했으며 지금의 낭산현이다. 우주현은 본래 백제 우소저
현을 경덕왕이 개명했으며 지금의 우주다.

壁谿郡:本<u>百濟</u> 伯伊^{一作海}郡,<u>景德王</u>改名,今<u>長溪縣</u>。領縣二:<u>鎭安縣</u>,本
<u>百濟</u> 難珍阿縣,<u>景德王</u>改名,今因之;<u>高澤縣</u>,本<u>百濟</u> 雨坪縣,<u>景德王</u>
改名,今<u>長</u>(水)[水]縣。

벽계군은 본래 백제 백이일왈 ^海군을 경덕왕이 개명했으며 지금의 장계
현이다. 거느린 현은 둘이다: 진안현은 본래 백제 난진아현을 경덕왕이
개명했으며 지금도 그대로 부른다. 고택현은 본래 백제 우평현을 경덕
왕이 개명했으며 지금의 장수현이다.

任實郡:本<u>百濟郡</u>,<u>景德王</u>改州郡名,及今并因之。領縣二:<u>馬靈縣</u>,本
<u>百濟</u> 馬突縣,<u>景德王</u>改名,今因之;<u>青雄縣</u>,本<u>百濟</u> 居斯勿縣,<u>景德王</u>
改名,今<u>巨寧縣</u>。

임실군은 본래 백제의 군을 경덕왕이 주군의 이름을 고쳤으나 지금도
그대로 부른다. 거느린 현은 둘이다: 마령현은 본래 백제 마돌현을 경

덕왕이 개명했으며 지금도 그대로 부른다. 청웅현은 본래 백제 거사물현을 경덕왕이 개명했으며 지금의 거령현이다.

○**武州**:本百濟地,神文王六年爲武珍州。景德王改爲武州,今光州。領縣三:玄雄縣,本百濟 未冬夫(△)[里]縣,景德王改名,今南平郡;龍山縣,本百濟 伏龍縣,景德王改名,今復故;祁陽縣,本百濟 屈支縣,景德王改名,今昌平縣。

무주는 본래 백제의 땅인데 신문왕 6년에 무진주로 하였다. 경덕왕이 무주로 개명했으며 지금의 광주다. 거느린 현은 셋이다: 현웅현은 본래 백제 미동부리현을 경덕왕이 개명했으며 지금의 남평군이다. 용산현은 본래 백제 복룡현을 경덕왕이 개명했으며 지금은 옛 명칭으로 회복되었다. 기양현은 본래 백제 굴지현을 경덕왕이 개명했으며 지금의 창평현이다.

分嶺郡,本百濟 分嵯郡,景德王改名,今樂安郡。領縣四:忠烈縣,本百濟 助助禮縣,景德王改名,今南陽縣;兆陽縣,本百濟 冬老賢,景德王改名,今因之;薑原縣,本百濟 豆肹縣,景德王改名,今荳原縣;栢舟縣,本百濟 比史縣,景德王改名,今泰江縣。

분령현은 본래 백제 분차군을 경덕왕이 개명했으며 지금의 낙안군이다. 거느린 현은 넷이다: 충렬현은 본래 백제 조조례현을 경덕왕이 개명했으며 지금의 남양현이다. 조양현은 본래 백제 동로현을 경덕왕이 개명했으며 지금도 그대로 부른다. 강원현은 본래 백제 두힐현을을 경덕왕이 개명했으며 지금의 두원현이다. 백주현은 본래 백제 비사현을 경덕왕이 개명했으며 지금의 태강현이다.

寶城郡:本百濟 伏忽郡,景德王改名,今因之。領縣四:代勞縣,本百濟 馬斯良縣,景德王改名,今會寧縣;季水縣,本百濟 季川縣,景德王改名,今長澤縣;烏兒縣,本百濟 烏次縣,景德王改名,今定安縣;馬邑縣,本百濟 古馬於知縣,景德王改名,今遂寧縣。

보성군은 본래 백제 복홀군을 경덕왕이 개명했으며 지금도 그대로 부른다. 거느린 현은 넷이다: 대로현은 본래 백제 마사량현을 경덕왕이 개명했으며 지금의 회령현이다. 계수현은 본래 백제 계천현을 경덕왕이 개명했으며 지금의 장택현이다. 오아현은 본래 백제 오차현을 경덕왕이 개명했으며 지금의 정안현이다. 마읍현은 본래 백제 고마미지현을 경덕왕이 개명했으며 지금의 수령현이다.

秋成郡:本<u>百濟</u> <u>秋子兮郡</u>,<u>景德王</u>改名,今<u>潭陽郡</u>。領縣二:(王)[玉]<u>菓縣</u>,本<u>百濟</u> <u>菓支縣</u>,<u>景德王</u>改名,今因之;<u>栗原縣</u>,本<u>百濟</u> <u>栗支縣</u>,<u>景德王</u>改名,今<u>原栗縣</u>。

추성군은 본래 백제 추자혜군을 경덕왕이 개명했으며 지금의 담양군이다. 거느린 현은 둘이다: 옥과현은 본래 백제 과지현을 경덕왕이 개명했으며 지금도 그대로 부른다. 율원현은 본래 백제 율지현을 경덕왕이 개명했으며 지금의 원률현이다.

靈巖郡:本<u>百濟</u> <u>月奈郡</u>,<u>景德王</u>改名,今因之。

영암군은 본래 백제 월나군을 경덕왕이 개명했으며 지금도 그대로 부른다.

潘南郡:本<u>百濟</u> <u>半奈夫里縣</u>,<u>景德王</u>改名,今因之。領縣二:<u>野老縣</u>,本<u>百濟</u> <u>阿老谷縣</u>,<u>景德王</u>改名,今<u>安老縣</u>;<u>昆湄縣</u>,本<u>百濟</u> <u>古彌縣</u>,<u>景德王</u>改名,今因之。

반남군은 본래 백제 반나부리현을 경덕왕이 개명했으며 지금도 그대로 부른다. 거느린 현은 둘이다: 야로현은 본래 백제 아로곡현을 경덕왕이 개명했으며 지금의 안로현이다. 곤미현은 본래 백제 고미현을 경덕왕이 개명했으며 지금도 그대로 부른다.

岬城郡:本<u>百濟</u> <u>古尸伊縣</u>,<u>景德王</u>改名,今<u>長城郡</u>。領縣二:<u>珍原縣</u>,本<u>百濟</u> <u>丘斯珍</u>(芳)[兮]<u>縣</u>,<u>景德王</u>改名,今因之;<u>森溪縣</u>,本<u>百濟</u> <u>所非</u>(芳)[兮]<u>縣</u>,<u>景德王</u>改名,今因之。

갑성군은 본래 백제 고시이현을 경덕왕이 개명했으며 지금의 장성군이다. 거느린 현은 둘이다: 진원현은 본래 백제 구사진혜현을 경덕왕이 개명했으며 지금도 그대로 부른다. 삼계현은 본래 백제 소비혜현을 경덕왕이 개명했으며 지금도 그대로 부른다.

武靈郡:本<u>百濟</u> <u>武尸伊郡</u>,景德王改名,今靈光郡。領縣三:<u>長沙縣</u>,本 <u>百濟</u> <u>上老縣</u>,景德王改名,今因之:<u>高敞縣</u>,本<u>百濟</u> <u>毛良夫里縣</u>,景德 王改名,今因之;<u>茂松縣</u>,本<u>百濟</u> <u>松彌知縣</u>,景德王改名,今因之。

무령군은 본래 백제 무시이군을 경덕왕이 개명했으며 지금의 영광군이 다. 거느린 현은 셋이다: 장사현은 본래 백제 상로현을 경덕왕이 개명 했으며 지금도 그대로 부른다. 고창현은 본래 백제 모량부리현을 경덕 왕이 개명했으며 지금도 그대로 부른다. 무송현은 본래 백제 송미지현 을 경덕왕이 개명했으며 지금도 그대로 부른다.

昇平郡:本<u>百濟</u> <u>欸</u>(平)[平]郡,景德王改名,今因之一云昇州。領縣三:<u>海邑</u> <u>縣</u>,本<u>百濟</u> <u>猿村縣</u>,景德王改名,今麗水縣;<u>晞陽縣</u>,本<u>百濟</u> <u>馬老縣</u>,景 德王改名,今光陽縣;<u>廬山縣</u>,本<u>百濟</u> <u>突山縣</u>,景德王改名,今復故。

승평군은 본래 백제 감평군을 경덕왕이 개명했으며 지금도 그대로 부 른다일왈 승주. 거느린 현은 셋이다: 해읍현은 본래 백제 원촌현을 경덕 왕이 개명했으며 지금 여수현이다. 희양현은 본래 백제 마로현을 경덕 왕이 개명했으며 지금 광양현이다. 여산현은 본래 백제 돌산현을 경덕 왕이 개명했으며 지금은 옛 명칭으로 회복되었다.

谷城郡:本<u>百濟</u> <u>欲乃郡</u>,景德王改名,今因之。領縣三:<u>富有縣</u>,本<u>百濟</u> <u>遯支縣</u>,景德王改名,今因之;<u>求禮縣</u>,本<u>百濟</u> <u>仇次禮縣</u>,景德王改名, 今因之;<u>同福縣</u>,本<u>百濟</u> <u>豆夫只縣</u>,景德王改名,今因之。

곡성군은 본래 백제 욕내군을 경덕왕이 개명했으며 지금도 그대로 부 른다. 거느린 현은 셋이다: 부유현은 본래 백제 둔지현을 경덕왕이 개 명했으며 지금도 그대로 부른다. 구례현은 본래 백제 구차례현을 경덕 왕이 개명했으며 지금도 그대로 부른다. 동복현은 본래 백제 두부지현 을 경덕왕이 개명했으며 지금도 그대로 부른다.

陵城郡:本<u>百濟</u> <u>尒陵夫里郡</u>,<u>景德王改名</u>,今因之。領縣二:<u>富里縣</u>,本<u>百濟</u> <u>波夫里郡</u>,<u>景德王改名</u>,今<u>福城縣</u>;<u>汝湄縣</u>,本<u>百濟</u> <u>仍利阿縣</u>,<u>景德王改名</u>,今<u>和順縣</u>。

능성군은 본래 백제 이릉부리군을 경덕왕이 개명했으며 지금도 그대로 부른다. 거느린 현은 둘이다: 부리현은 본래 백제 파부리군을 경덕왕이 개명했으며 지금 복성현이다. 여미현은 본래 백제 잉리아현을 경덕왕이 개명했으며 지금 화순현이다.

錦山郡:本<u>百濟</u> <u>發羅郡</u>,<u>景德王改名</u>,今<u>羅州牧</u>。領縣三:<u>會津縣</u>,本<u>百濟</u> <u>豆肹縣</u>,<u>景德王改名</u>,今因之;<u>鐵冶縣</u>,本<u>百濟</u> <u>實於山縣</u>,<u>景德王改名</u>,今因之;<u>艅艎縣</u>,本<u>百濟</u> <u>水川縣</u>,<u>景德王改名</u>,今因之。

금산군은 본래 백제 발라군을 경덕왕이 개명했으며 지금의 나주목이다. 거느린 현은 셋이다. 회진현은 본래 백제 두힐현을 경덕왕이 개명했으며 지금도 그대로 부른다. 철야현은 본래 백제 실어산현을 경덕왕이 개명했으며 지금도 그대로 부른다. 여황현은 본래 백제 수천현을 경덕왕이 개명했으며 지금도 그대로 부른다.

陽武郡:本<u>百濟</u> <u>道武郡</u>,<u>景德王改名</u>,今<u>道康郡</u>。領縣四:<u>固</u>一作同<u>安縣</u>,本<u>百濟</u> <u>古西伊縣</u>,<u>景德王改名</u>,今<u>竹山縣</u>;<u>耽津縣</u>,本<u>百濟</u> <u>冬音縣</u>,<u>景德王改名</u>,今因之;<u>浸溟縣</u>,本<u>百濟</u> <u>塞琴縣</u>,<u>景德王改名</u>,今<u>海南縣</u>;<u>黃原縣</u>,本<u>百濟</u> <u>黃述縣</u>,<u>景德王改名</u>,今因之。

양무군은 본래 백제 도무군을 경덕왕이 개명했으며 지금의 도강군이다. 거느린 현은 넷이다. 고일왈 동안현은 본래 백제 고서이현을 경덕왕이 개명했으며 지금의 죽산현이다. 탐진현은 본래 백제 동음현을 경덕왕이 개명했으며 지금도 그대로 부른다. 침명현은 본래 백제 새금현을 경덕왕이 개명했으며 지금의 해남현이다. 황원현은 본래 백제 황술현을 경덕왕이 개명했으며 지금도 그대로 부른다.

務安郡:本<u>百濟</u> <u>勿阿兮郡</u>,<u>景德王改名</u>,今因之。領縣四:<u>咸豊縣</u>,本<u>百濟</u> <u>屈乃縣</u>,<u>景德王改名</u>,今因之;<u>多岐縣</u>,本<u>百濟</u> <u>多只縣</u>,<u>景德王改名</u>,

今牟平縣;海際縣,本百濟 道際縣,景德王改名,今因之;珍島縣,本百濟 因珍(鳥)[島]郡,景德王改名,今因之。

무안군은 본래 백제 물아혜군을 경덕왕이 개명했으며 지금도 그대로 부른다. 거느린 현은 넷이다. 함풍현은 본래 백제 굴내현을 경덕왕이 개명했으며 지금도 그대로 부른다. 다기현은 본래 백제 다지현을 경덕왕이 개명했으며 지금의 모평현이다. 해제현은 본래 백제 도제현을 경덕왕이 개명했으며 지금도 그대로 부른다. 진도현은 본래 백제 인진도군을 경덕왕이 개명했으며 지금도 그대로 부른다.

牟山郡:本百濟 徒山縣,景德王改名,今嘉興縣。領縣一:瞻耽縣,本百濟 買仇里縣,景德王改名,今臨淮縣。

뇌산군은 본래 백제 도산현을 경덕왕이 개명했으며 지금의 가흥현이다. 거느린 현은 하나다. 첨탐현은 본래 백제 매구리현을 경덕왕이 개명했으며 지금 임회현이다.

壓海郡:本百濟 阿次山縣,景德王改名,今因之。領縣三:碣島縣,本百濟 阿老縣,景德王改名,今六昌縣;鹽海縣,本百濟 古祿只縣,景德王改名,今臨淄縣;安波縣,本百濟 居知山縣居一作屈,景德王改名,今長山縣。

압해군은 본래 백제 아차산현을 경덕왕이 개명했으며 지금도 그대로 부른다. 거느린 현은 셋이다: 갈도현은 본래 백제 아로현을 경덕왕이 개명했으며 지금의 육창현이다. 염해현은 본래 백제 고록지현을 경덕왕이 개명했으며 지금의 임치현이다. 안파현은 본래 백제 거지산현거일왈 굴을 경덕왕이 개명했으며 지금의 장산현이다.

雜志第六(잡지 제6)

地理四:高句麗、百濟(지리 4: 고구려, 백제)

○[高句麗]。按通典云:"朱蒙以漢 建昭二年自北扶餘東南行,渡普述水,至紇升骨城居焉,號曰句麗,以高爲氏。"古記云:"朱蒙自扶餘逃難,至卒本。"則紇升骨城、卒本似一處也。漢書志云"遼東郡距洛陽三千六百里",屬縣有無慮,則周禮北鎭 醫巫閭山也。大遼於其下置醫州。"玄菟郡距洛陽東北四千里,所屬三縣,高句麗是其一焉"。則所謂朱蒙所都紇升骨城、卒本者,蓋漢 玄菟郡之界,大遼國 東京之西,漢志所謂玄菟屬縣高句麗是歟?昔大遼未亡時,遼帝在燕(景)[京],則吾人朝聘者,過東京,涉遼水,一兩日行至醫州,以向燕 薊,故知其然也。自朱蒙立都紇升骨城,歷四十年,孺留王二十二年移都國內城或云尉(耶)[那]巖城,或云不而城。

　　고구려. 『통전』 왈: '주몽이 한 건소 2년에 북부여로부터 동남으로 보술수를 건너 흘승골성에 이르러 머물며 국호를 구려라 하고 고를 성씨로 하였다.' 고기 왈: '주몽이 부여로부터 난을 피하여 졸본에 이르렀다.'

그러면 흘승골성과 졸본은 같은 지방인 듯하다. 『한지』에 '요동군은 낙양에서 3,600리다'고 했으며 거느린 현에 무려가 있으니 바로 『주례』 북진의 의무려산이다. 요가 그 밑에 의주를 두었을 것이다. '현도군은 낙양에서 동북 4천리에 있고 이에 속한 현은 셋이며 고구려가 그 중의 하나다.' 그러면 주몽이 도읍을 정한 곳이라는 흘승골성과 졸본이란 지방은 아마 한 현도군의 경내이고 요 동경의 서쪽, 『한지』에 일컬은 현도군의 속현인 고구려가 아닌가 싶다. 옛날 요가 멸망하기 전에 요제가 연경에 있었으므로 우리 사신들이 동경을 지나 요수를 건너 하루 이틀 사이에 의주에 당도하여 연나라의 계주로 향하였기 때문에 이러함을 알 수 있다. 주몽이 흘승골성에 도읍을 정한 때로부터 40년이 지나서 유류왕 22년에 도읍을 국내성혹왈 위나암성, 불이성으로 옮겼다.

按漢書樂浪郡屬縣有<u>不而</u>。又總章二年<u>英國公</u> <u>李勣</u>奉敕以高句麗諸城置都督府及州縣目錄云:"<u>鴨緣</u>以北已降城十一,其一<u>國内城</u>,從<u>平壤</u>至此十七驛。"則此城亦在北朝境内,但不知其何所耳。都<u>國内</u>歷四百二十五年,<u>長壽王</u>十五年移都<u>平壤</u>,歷一百五十六年;<u>平原王</u>二十八年移都<u>長安城</u>,歷八十三年;<u>寶藏王</u>二十七年而滅。古人記錄,自始祖<u>朱蒙</u>㊂[至]<u>寶藏王</u>,歷年丁寧織悉若此。而或云:"<u>故國原王</u>十三年移居<u>平壤東黄城</u>,城在今西京東<u>木覓山</u>中。"不可知其然否。<u>平壤城</u>似今西京,而<u>浿水</u>則<u>大同江</u>是也。何以知之?<u>唐書</u>云:"<u>平壤城</u>,<u>漢</u> <u>樂浪郡</u>也,隨山屈繚爲郭,南涯<u>浿水</u>。"

『한서』에 낙랑군이 거느린 현에 불이가 있다. 또한 총장 2년에 영국공 이적이 칙명을 받들고 고구려성들에 도독부와 주현을 설치한 목록 왈: '압록강 이북에 이미 항복한 성이 열하나인데 그 중 하나가 국내성이고 평양에서 거기까지 17개의 역이다.' 그러면 이 성도 역시 북조 경내에 있었으나 다만 어느 곳인지를 알 수 없을 뿐이다. 국내성에 도읍한지 425년이 지난 장수왕 15년에 평양으로 경성을 옮겼고 156년이 지났다. 평원왕 28년에 장안성으로 경성을 옮겼으며 83년이 지났다. 보장왕 27년에 멸망하였다. 옛 사람들의 기록에는 시조 주몽으로부터 보장왕에 이르기까지

지낸 햇수가 이렇듯 분명하고 상세하다. 그러나 혹자는 '고국원왕 13년에 평양 동쪽 황성으로 옮겨 거처했으며 그 성은 지금 서경의 동쪽 목멱산 중에 있다'고 말하나 그 말이 옳은지를 알 수 없다. 평양성은 지금의 서경인 듯하고 패수는 바로 대동강이다. 어떻게 알 수 있는가?『당서』왈: '평양성은 한의 낙랑군이다. 산굽이를 따라 성을 둘러쌓았고 남으로 패수에 닿았다.'

又志云:"登州東北海行,南傍海壖過浿江口椒島,得新羅西北。"又隋煬帝東征詔曰:"滄海道軍舟艫千里,高帆電逝,巨艦雲飛,橫絶浿江,遙造平壤。"以此言之,今大同江爲浿水明矣。則西京之爲平壤亦可知矣。唐書云:"平壤城亦謂長安。"而古記云:"自平壤移長安。"則二城同異遠近則不可知矣。高句麗始居中國北地,則漸東遷于浿水之側。渤海人武藝曰:"昔高麗盛時士三十萬,抗唐爲敵。"則可謂地(△)[勝]而兵强。至于季(末)[末],君臣昏(△)[虐]失道,大唐再出師,新羅援(肋)[助],討平之。其地多入(敎)[渤]海、靺鞨,新羅亦得其南境,以置漢、朔、溟三州及其郡縣,以備九州焉。

또『당서·지리지』왈: '등주에서 동북쪽 바다로 가서 남쪽으로 해변을 끼고 패강 어귀의 초도를 지나면 신라의 서북에 이른다.' 또 수양제의 동방 정벌 조서 왈: '창해도의 군사는 선박이 천 리를 이었고 높은 돛은 번개같이 달리고 큰 군함은 구름같이 날아서 패강을 횡단하며 먼 평양에 닿는다.' 이렇게 보면 지금의 대동강이 패수임은 명백하다. 서경이 평양이라는 것도 또한 알 수 있다.『당서』왈: '평양성을 또한 장안이라고도 부른다.' 그러나 고기에 '평양으로부터 장안으로 옮겼다'고 되어 있으니 두 성이 같은지, 다른지, 먼지, 가까운지를 알 수 없다. 고구려는 처음에 중국 북부에 있다가 점점 동쪽의 패수 옆으로 이동하였다. 발해인 무예 왈: '옛날 고구려 전성기에 병력 30만으로 당과 대적하였다.' 지세가 유리하고 군력이 강성하였다고 할 수 있다. 말기에 이르러 군신이 혼란스럽고 포학하며 도를 잃어 당이 군사를 두 번 출동하고 신라가 도와 정벌하여 평정했다. 그 지역의 대부분 발해와 말갈로 편입되었고

신라도 그 남쪽 지방을 차지하여 한주, 삭주, 명주 3주와 군현을 두어
아홉 주를 갖추게 되었다.

○漢山州:國原城一云未乙省,一云託長城、南川縣一云南買、駒城一云滅烏;**仍斤
內郡**;**述川郡**一云省知買:骨乃斤縣、楊(△)[根]縣一云去斯斬;**今勿內郡**一云萬
(△)[弩]:道西縣一云都(△)[盖]、仍忽;**皆次山郡**:奴音竹縣、奈兮忽、(△)[沙]伏
忽、蛇山縣、買忽一云水城;**唐城郡**:上忽一云車忽、**釜山縣**一云松村活達、**栗木郡**
一云冬斯肹:仍伐奴縣、齊次巴衣縣、買召忽縣一云彌鄒忽、獐項口縣一云古斯
也忽次;**主夫吐郡**:首尒忽、黔浦縣、童子忽縣一云仇斯波衣、平淮押縣一云別
史波衣,淮一作唯;**北漢山郡**一云平(隶)[壤]:骨衣內縣、王逢縣一云皆伯。漢氏美女迎安
臧王之地,故名王(△)[逢];**買省郡**一云馬忽:七重縣一云難隱別、波害(△)[平]史縣一云
領[蓬]泉井口縣一云於乙買串、述尒忽縣一云首泥忽、達乙省縣漢氏美女於高山頭(默)
[點]烽火迎安臧王之處,故後名高烽;**臂城郡**一云馬忽:內乙買一云內尒米;**鐵圓郡**一云毛
乙冬非:梁骨縣、僧梁縣一云非勿、功木達一云熊閃山;**夫如郡**:於斯內縣一云斧
壤、烏斯含達、阿珍押縣一云窮嶽、所邑豆縣、伊珍買縣。

한산주:국원성일왈 미을성, 탁장성: 남천현일왈 남매, 구성일왈 멸오. **잉근내군**,
술천군일왈 성지매: 골내근현, 양근현일왈 거사참. **금물내군**일왈 만노: 도서현
일왈 도개, 잉홀. **개차산군**: 노음죽현, 나혜홀, 사복홀, 사산현, 매홀일왈
수성. **당성군**: 상홀일왈 차홀, 부산현일왈 송촌활달. **율목군**일왈 동사힐: 잉벌노
현, 제차파의현, 매소홀현일왈 미추홀, 장항구현일왈 고사야홀차. **주부토군**:
수이홀, 검포현, 동자홀현일왈 구사파의, 평회압현일왈 별사파의, 淮 일왈 唯.
북한산군일왈 평양: 골의내현, 왕봉현일왈 개백. 한씨 미녀가 안장왕을 맞던 곳이므
로 왕봉으로 불림. **매성군**일왈 마홀: 칠중현일왈 난은별, 파해평사현일왈 액봉,
천정구현일왈 어을매곳, 술이홀현일왈 수니홀, 달을성현한씨 미녀가 높은 산마루
에서 봉화를 피워 안장왕을 맞이한 곳이므로 후에 고봉이라고 부름. **비성군**일왈 마홀:
내을매일왈 내이미. **철원군**일왈 모을동비: 양골현, 승량현일왈 비물, 공목달일
왈 웅섬산. **부여군**: 어사내현일왈 부양, 오사함달, 아진압현일왈 궁악, 소읍두

현, 이진매현.

牛岑郡一云牛嶺,一云首知衣:獐項縣一云古斯也忽次、長淺城縣一云耶耶,一云夜牙、
麻田淺縣一云泥沙波忽;扶蘇岬:若只頭恥縣一云朔頭,一云衣頭:屈於押一云(紅)
[江]西;冬比忽:德勿縣、津臨城縣一云烏阿忽;穴口郡一云甲比古次:冬音奈縣一
云休陰、高木根縣一云達乙斬、首知縣一云新知;大谷郡一云多知忽:水谷城縣一云
買(旦)[旦]忽、十谷縣一云德頓忽、冬音忽一云豉鹽城、刀臘縣一云雉嶽城;五谷郡一云
(弓)[于]次(云)[吞]忽;內米忽一云池城,一云長池;漢城郡一云漢忽,一云息城,一云乃忽;鵂鶹
城一云租波衣,一云鵂巖郡、獐塞縣一云古所於、冬忽一云于冬於忽:今達一云薪達,一云息
達、仇乙峴一云屈遷,今豐州、闕口今儒州、栗口[一]云栗川,今殷栗縣、長淵今因之、麻耕
伊今青松縣;楊岳今安嶽郡:板麻串今嘉禾縣、熊閑伊今水寧縣、甕遷今甕津縣、付珍
伊今永康縣、鵠島今白嶺鎭、升山今信州、加火押、夫斯波衣縣一云仇史峴。

우잠군일왈우령, 수지의: 장항현일왈 고사야홀차, 장천성현일왈 야야, 야아, 마전
천현일왈 이사파홀. 부소압: 약지두치현일왈 삭두, 의두, 굴어갑일왈 강서. 동비
홀: 덕물현, 진림성현일왈 오아홀. 혈구군일왈 갑비고차: 동음나현일왈 휴음,
고목근현일왈 달을참, 수지현일왈 신지. 대곡군일왈 다지홀: 수곡성현일왈 매단
홀, 십곡현일왈 덕돈홀, 동음홀일왈 시염성, 도랍현일왈 치악성. 오곡군일왈 우차
탄홀: 내미홀일왈 지성, 장지. 한성군일왈 한홀, 식성, 내홀: 휴류성일왈 조파의,
휴암군: 장새현일왈 고소어, 동홀일왈 우동어홀: 금달일왈 신달, 식달, 구을현일왈
굴천, 지금의 풍주임, 궐구지금의 유주, 율구일왈 율천, 지금의 은률현, 장연지금도
그대로 부름, 마경이지금의 청송현. 양악지금의 안악군: 판마곶지금의 가화현, 웅한
이지금의 수령현, 옹천지금의 옹진현, 부진이지금의 영강현, 곡도지금의 백령진.
승산지금의 신주. 가화압, 부사파의현일왈 구사현.

○牛首州首一作頭,一云首次若,一云烏根乃:伐力川縣、橫川縣一云於斯買、砥峴
縣;(乎)[平]原郡北原;奈吐郡一云大(隄)[堤]:沙熱伊縣、赤山縣、斤平郡一云並平、
深川縣一云伏斯買;楊口郡一云要隱忽次:猪足縣一云烏斯逈、(壬)[玉]岐縣一云皆次
丁、三峴縣一云密波兮、狌川郡一云也尸買;大楊管郡一云馬斤押:買谷縣、古斯馬

縣;及伐山郡:伊伐支縣—云自伐支、藪犾川縣—云藪川、文峴縣—云斤尸波兮;
母城郡—云也次忽;冬斯忽:水入縣—云買伊縣;客連郡客—作各,—云加兮牙、赤木
縣—云沙非斤乙、管述縣、猪闌峴縣—云烏生波衣,—云猪守;淺城郡—云比烈忽:唐谷
縣—云首乙吞、菁達縣—云昔達、薩寒縣、加支達縣、於支吞—云翼谷、買尸達;
泉井郡—云於買:夫斯達縣、東墟縣—云加知斤;奈生郡:乙阿(日)[旦]縣、于
烏縣—云郁烏、酒淵縣。

우수주首 일왈 頭, 수차약, 오근내: 벌력천현, 횡천현일왈 어사매, 지현현. 평원
군북원. 나토군일왈 대제: 사열이현, 적산현, 근평군일왈 병평, 심천현일왈
복사매. 양구군일왈 요은홀차: 저족현일왈 오사회, 옥기현일왈 개차정, 삼현현일
왈 밀파혜, 성천군일왈 야시매. 대양관군일왈 마근압: 매곡현, 고사마현. 급벌
산군: 이벌지현일왈 자벌지, 수성천현일왈 수천, 문현현일왈 근시파혜. 모성군
일왈 야차홀. 동사홀: 수입현일왈 매이현. 객련군客 일왈 各, 일왈 가혜아: 적목현
일왈 사비근을, 관술현, 저란현현일왈 오생파의, 저수. 천성군일왈 비열홀: 경곡
현일왈 수을탄, 청달현일왈 석달, 살한현, 가지달현, 어지탄일왈 익곡, 매시달.
천정군일왈 어을매: 부사달현, 동허현일왈 가지근. 나생군: 을아단현, 우오현
일왈 욱오, 주연현.

○何瑟羅州—云河西良,—云河西:乃買縣、東吐縣、支山縣、穴山縣;迺城郡
—云加阿忽:僧山縣—云所勿達、翼峴縣—云伊文縣;達忽:猪迺穴縣—云烏斯押、平
珍峴縣—云平珍波衣、道臨縣—云助乙浦;休壤郡—云金惱:習比谷—作吞、吐上
縣、岐淵縣、鵠浦縣—云古衣浦、竹峴縣—云(㮈)[奈]生於、滿若縣—云漢兮、波利
縣;于珍也郡:波(日)[旦]縣—云波豐;也尸忽郡、助攬郡—云才攬:青(巳)[已]縣、
屈火縣、伊火兮縣;于尸郡:阿兮縣;悉直郡—云史直:羽谷縣。右高句麗
州郡縣,共一百六十四,其新羅改名及今名,見新羅志。

하슬라주일왈 하서량, 하서: 내매현, 동토현, 지산현, 혈산현. 수성군일왈
가아홀: 승산현일왈 소물달, 익현현일왈 이문현. 달홀: 저수혈현일왈 오사압, 평
진현현일왈 평진파의, 도림현일왈 조을포. 휴양군일왈 금뇌: 습비곡일왈 탄, 토

상현, 기연현, 곡포현일왈 고의포, 죽현현일왈 나생어, 만약현일왈 만혜, 파리현. **우진야군**: 파단현일왈 파풍. **야시홀군**, **조람군**일왈 재람: 청이현, 굴화현, 이화혜현. **우시군**: 아혜현. **실직군**일왈 사직: 우곡현.

이상은 고구려 주군현인데 모두 164개고 신라에서 개명한 것과 지금의 명칭은 『신라지』를 보라.

○<u>百濟</u>。後漢書云:"三韓,凡七十八國,<u>百濟</u>是其一國焉。"北史云:"<u>百濟</u>,東極<u>新羅</u>,西南俱限大海,北際<u>漢江</u>,其都曰居拔城,又云固麻城,其外更有<u>五方城</u>。"通典云:"<u>百濟</u>,南接<u>新羅</u>,北距<u>高句麗</u>,西限大海。"舊唐書云:"<u>百濟</u>,<u>扶餘</u>之別種,東北<u>新羅</u>,西渡海至<u>越州</u>,南渡海至<u>倭</u>,北<u>高句麗</u>,其王所居有東西兩城。"新唐書云:"<u>百濟</u>西界<u>越州</u>,南<u>倭</u>,皆踰海,北<u>高句麗</u>。"按古典記,<u>東明王</u>第三子<u>溫祚</u>以前漢鴻嘉三年癸卯自(△)[卒]本<u>扶餘</u>至<u>慰禮城</u>,立都稱王,歷三百八十九年。至十三世<u>近肖古王</u>,取<u>高句麗</u>南<u>平壤</u>,都<u>漢城</u>,歷一百五年。至二十二世<u>文周王</u>移都<u>熊川</u>,歷六十三年。至二十六世<u>聖王</u>移都<u>所夫里</u>,國號<u>南扶餘</u>。至三十一世<u>義慈王</u>,歷年一百二十二。至<u>唐</u>顯慶五年,是<u>義慈王</u>在位二十年,<u>新羅</u> 庾信與<u>唐</u> 蘇定方討平之。舊有五部,分統三十七郡、二百城、七十六萬戶。<u>唐</u>以其地分置<u>熊津</u>、<u>馬韓</u>、<u>東明</u>等五都督府,仍以其酋長爲都督府刺史。未幾,<u>新羅</u>盡幷其地,置<u>熊</u>、<u>全</u>、<u>武</u>三州及諸郡縣,與<u>高句麗</u>南境及<u>新羅</u>舊地爲九州。

백제.『후한서』왈: '삼한은 무릇 78개 나라고 백제는 그 중의 한 나라다.'『북사』왈: '백제는 동은 신라까지가 끝이고 서남은 모두 큰 바다가 한계이며 북은 한강이 변이고 경성은 거발성 또는 고마성이며 그밖에 또 오방성이 있다.'『통전』왈: '백제는 남은 신라와 접하고 북은 고구려와 사이 두며 서는 큰 바다가 끝이다.'『구당서』왈: '백제는 부여의 별종으로서 동북에 신라가 있고 서로 바다를 건너면 월주에 이르며 남으로 바다를 건너면 왜에 이르고 북은 고구려며 왕이 있는 곳은 동,서

두 성이다.'『신당서』왈: '백제의 서쪽 경계는 월주고 남쪽은 왜인데 모두 바다를 사이에 두고 있으며 북은 고구려다.' 고전의 기재에 따르면 동명왕의 셋째 아들 온조가 서한 홍가 3년 계묘에 졸본 부여로부터 위례성에 이르러 도읍을 세우고 왕이라 칭하고 389년이 지났다. 13세 근초고왕에 이르러 고구려 남쪽 평양을 빼앗고 한성에 도읍을 정하여 105년을 지냈다. 22세 문주왕에 이르러 도읍을 웅천으로 옮겨 63년을 지냈다. 26세 성왕에 이르러 도읍을 소부리로 옮기고 국호를 남부여라 하였다. 31세 의자왕에 이르기까지 122년을 지냈다. 당 현경 5년은 바로 의자왕 재위 20년이며 이때 신라의 유신이 당의 소정방과 함께 백제를 토벌하여 평정하였다. 옛날에는 다섯 개 부를 37개 군, 2백 개 성, 76만호로 나누어 통치했었다. 당은 그 지역에 웅진, 마한, 동명 등 5도 독부를 설치하고 여전히 그곳 추장들을 도독부 자사로 하였다. 얼마 되지 않아 신라가 그 지역을 모두 차지하여 웅주, 전주, 무주 3개 주와 군현들을 설치하였으니 고구려 남쪽 지역, 그리고 신라의 본토를 합하여 9주가 되었다.

〇**熊川州**一云熊津:**熱也山縣**、**伐音支縣**;**西原**一云[娘]臂城,一云[娘]子谷;**大木岳郡**:(其)[甘]**買縣**一云林川、**仇知縣**;**加林郡**:**馬山縣**、**大山縣**;**舌林郡**:寺浦縣、比衆縣;**馬尸山郡**:**牛見縣**、**今勿縣**;(△)[槥]**郡**:**伐首只縣**、**餘村縣**、**沙平縣**;**所夫里郡**一云泗沘:**珍惡山縣**、**悅**(巳)[己]**縣**一云豆陵尹城,一云豆串城,一云尹城;**任存城**:**古良夫里縣**、**烏山縣**;**黃等也山郡**:**眞峴縣**一云貞峴、**珍洞縣**;**雨述郡**:**奴斯只縣**、**所比浦縣**;**結**(巳)[己]**郡**:**新**(材)[村]**縣**、**沙尸良縣**;**一牟山郡**:**豆仍只縣**、**未谷縣**;**基郡**:**省大兮縣**、**知六縣**;**湯井郡**:**牙述縣**、**屈旨縣**一云屈直。

웅천주일왈 웅진: 열야산현, 벌음지현. **서원**일왈 낭비성, 낭자곡. **대목악군**: 감매현일왈 임천, 구지현. **가림군**: 마산현, 대산현. **설림군**: 사포현, 비중현. **마시산군**: 우견현, 금물현. **혜군**: 벌수지현, 여촌현, 사평현. 소부리

군일왈 사비: 진악산현, 열기현일왈 두릉윤성, 두곶성, 윤성. **임존성:** 고량부리현, 오산현. **황등야산군:** 진현현일왈 정현, 진동현. **우술군:** 노사지현, 소비포현. **결이군:** 신촌현, 사시량현. **일모산군:** 두잉지현, 미곡현. **기군:** 성대혜현, 지류현. **탕정군:** 아술현, 굴지현일왈 굴직.

○**完山**一云比斯伐, 一云比自火:<u>豆伊縣</u>一云往武、<u>仇智山縣</u>、<u>高山縣</u>;<u>南原</u>一云古龍郡;<u>大尸山郡</u>:井村縣、賓屈縣、也西伊縣;<u>古沙夫里郡</u>:皆火縣、欣良買縣、上(△)[柒]縣;<u>進乃郡</u>一云進仍乙:<u>豆尸伊縣</u>一云富尸(△)[伊]、勿居縣、赤川縣;<u>德近郡</u>:加知奈縣一云加乙乃、只良肖縣、共伐共縣;<u>屎山郡</u>一云(△)[忻]文:甘勿阿縣、馬西良縣、夫夫(△)[里]縣;<u>碧骨郡</u>:豆乃山縣、首冬山縣、乃利阿縣、武斤縣;<u>道實郡</u>:礫坪縣、埃坪縣;<u>金馬渚郡</u>:所力只縣、闕也山縣、(干)[于]召渚縣;<u>伯海郡</u>一云伯伊:難珍阿縣、雨坪縣;<u>任實郡</u>:馬突縣一云馬珍、居斯勿縣。

완산일왈 비사벌, 비자화: 두이현일왈 왕무, 구지산현, 고산현. **남원**일왈 고룡군. **대시산군:** 정촌현, 빈굴현, 야서이현. **고사부리군:** 개화현, 혼량매현, 상칠현. **진내군**일왈 진잉을: 두시이현일왈 부시이, 물거현, 적천현. **덕근군:** 가지나현일왈 가을내, 지량초현, 지벌지현. **시산군**일왈 혼문: 감물아현, 마서량현, 부부리현. **벽골군:** 두내산현, 수동산현, 내리아현, 무근현. **도실군:** 역평현, 돌평현. **금마저군:** 소력지현, 알야산현, 우소저현. **백해군**일왈백이: 난진아현, 우평현. **임실군:** 마돌현일왈 마진, 거사물현.

○**武珍州**一云奴只:<u>未冬夫里縣</u>、<u>伏龍縣</u>、<u>屈支縣</u>;<u>分嵯郡</u>一云夫沙:<u>助助禮縣</u>、冬老縣、豆肹縣、比史縣;(△)[伏]<u>忽郡</u>:馬斯良縣、季川縣、烏次縣、古馬彌知縣;<u>秋子兮郡</u>:菓支縣一云菓兮、栗支縣;<u>月奈郡</u>:半奈夫里縣、阿老谷縣、古彌縣、古尸伊縣、丘斯珍兮縣、所非兮縣;<u>武尸伊郡</u>:上老縣、毛良夫里縣、松彌知縣;<u>欲平郡</u>一云武平:猿村縣、馬老縣、突山縣;<u>欲乃郡</u>:遁支縣、仇次禮縣、豆夫只縣;<u>爾陵夫里郡</u>一云竹樹夫里:一云仁夫里;<u>波</u>

夫里郡:仍利阿縣—云海濱;發羅郡:豆肹縣、實於山縣、水川縣—云水入伊;
道武郡:古西伊縣、冬音縣、塞琴縣—云(△)[投]濱、黃述縣;勿阿兮郡:屈乃
縣、多只縣、道(睽)[際]縣—云陰海;因珍島郡海島也;徒山縣海島也,或云猿山、買
仇里縣海島也;阿次山郡:葛草縣—云何老,一云谷野、古祿只縣—云開要、居知
山縣—云安陵;奈已郡。

右百濟州郡縣,共一百四十七,其新羅改名及今名見新羅志。

　　무진주일왈 노지: 미동부리현, 복룡현, 굴지현. **분차군**일왈 부사: 조조례현,
동로현, 두힐현, 비사현. **복홀군**: 마사량현, 계천현, 오차현, 고마미지
현. **추자혜군**: 과지현일왈 과혜, 율지현. **월나군**: 반나부리현, 아로곡현,
고미현, 고시이현, 구사진혜현, 소비혜현. **무시이군**: 상로현, 모량부리
현, 송미지현. **삽평군**일왈 무평: 원촌현, 마로현, 돌산현. **욕내군**: 둔지현,
구차례현, 두부지현. **이릉부리군**일왈 죽수부리, 인부리. **파부리군**: 잉리아현
일왈 해빈. **발라군**: 두힐현, 실어산현, 수천현일왈 수입이. **도무군**: 고서이현,
동음현, 새금현일왈 투빈, 황술현. **물아혜군**: 굴내현, 다지현, 도제현일왈
음해. **인진도군**바다섬임: 도산현바다섬임, 일왈 원산, 매구리현바다섬임. **아차산
군**: 갈초현일왈 하로, 곡야, 고록지현일왈 개요, 거지산현일왈 안릉. **나이군**.
이상 백제의 주군현은 모두 147개소다. 신라에서 개명한 것과 지금의
명칭들은『신라지』를 보라.

○三國有名未詳地分
　　삼국의 유명 미상 지방

調駿鄕 조준향	神鶴村 신학촌	翔鸞村 상란촌	對仙宮 대선궁
鳳庭村 봉정촌	飛龍村 비룡촌	飼龍鄕 사룡향	接仙鄕 접선향
敬仁鄕 경인향	好禮鄕 호례향	積善鄕 적선향	守義鄕 수의향
斷金鄕 단금향	海豊鄕 해례향	北溟鄕 북명향	麗金成 여금성
接靈鄕 접령향	河淸鄕 하청향	江寧鄕 강녕향	咸寧鄕 함녕향

馴雉鄉 순치향	建節鄉 건절향	救民鄉 구민향	鐵山鄉 철산향
金川鄉 금천향	睦仁鄉 목인향	靈池鄉 영지향	永安鄉 영안향
缶安鄉 부안향	富平鄉 부평향	穀成鄉 곡성향	密雲鄉 밀운향
宜祿鄉 의록향	利人鄉 이인향	賞仁鄉 상인향	封德鄉 봉덕향
歸德鄉 귀덕향	永豊鄉 영풍향	律功鄉 율공향	龍橋鄉 용교향
臨川鄉 임천향	海洲成 해주성	江陵鄉 강릉향	鐵求鄉 철구향
江南鄉 강남향	河東鄉 하동향	激瀾鄉 격란향	露均成 노균성
永壽成 영수성	寶劍成 보검성	岳陽成 악양성	萬壽成 만수성
濯錦成 탁금성	河曲成 하곡성	岳南成 악남성	推畔成 추반성
進錦成 진금성	澗水成 간수성	傍海成 방해성	萬年鄉 만년향
飲仁鄉 음인향	通路鄉 통로향	懷信鄉 회신향	江西鄉 강서향
利上鄉 이상향	抱忠鄉 포충향	連嘉鄉 연가향	天露鄉 천로향
漢寧成 한녕성	會昌宮 회창궁	邀仙宮 요선궁	北海通 북해통
鹽池通 염지통	東海通 동해통	海南通 해남통	北傜通 북요통
末康成 말강성	脣氣成 순기성	奉天成 봉천성	[安]定成 안정성
萊遠城 내원성	萊津成 내진성	乾門驛 건문역	坤門驛 곤문역
坎門驛 감문역	艮門驛 간문역	兌門驛 태문역	大岵城 대호성
岱山郡 대산군	枯彌縣 고미현	北隈郡 북외군	非惱城 비뇌성
瓢川縣 표천현	皐夷島 고이도	泉 州 천 주	冷井縣 냉정현
慰禮城 위례성	比只國 비지국	南新縣 남신현	腰車城 요거성
沙道城 사도성	骨火國 골화국	馬頭柵 마두책	槐谷城 괴곡성
長峰鎭 장봉진	獨山城 독산성	活開城 활개성	芼老城 모로성
廣石城 광석성	坐羅城 좌라성	狐鳴城 호명성	刀耶城 도야성
狐山城 호산성	臨海鎭 임해진	長嶺鎭 장령진	牛山城 우산성
波里彌城 파리미성	實珍城 실진성	德骨城 덕골성	大林城 대림성

伐音城 벌음성　　株山城 주산성　　多伐國 다벌국　　近嵒城 근암성

靳弩城근노성　　椵岑城 가잠성　　党項城 당항성　　石吐城 석토성

富山城 부산성　　阿旦城 아단성　　缶羅城 부라성　　耳山城 이산성

甘勿城 감물성　　桐岑城 동잠성　　骨平城—云骨爭 골평성일왈골쟁

達咸城 달함성　　西谷城 서곡성　　勿伐城 물벌성　　小陀城 소타성

畏石城 외석성　　泉山城 천산성　　雍岑城 옹잠성　　獨母城 독모성

缶谷城 부곡성　　西單城 서단성　　[獼]猴城미후성　　櫻岑城 앵잠성

岐岑城 기잠성　　旗懸城 기현성　　[穴柵]城혈책성　　蛙山城 와산성

濕水 습수　　龍馬 용마　　猪岳 저악　　[瓶]山 병산

直[明] 직명　　達伐 달벌　　[朶]山 타산　　木出島 목출도

狗[壤] 구양　　大丘 대구　　沙峴 사현　　[熊]谷 웅곡

風島 풍도　　斧峴 부현　　狼山 낭산　　叢山 총산

安北河 안북하　　泊灼城 박작성　　蓋馬國 개마국　　句茶國 구다국

華麗城 화려성　　藻[那]國조나국　　[赤烽]鎭적봉진　　檀盧城 단려성

加尸城 가시성　　石城 석성　　水口城 수구성　　卑[奢]城비사성

蓋牟城 개모성　　沙卑城 사비성　　牛山城 우산성　　道薩城 도살성

白椎城 백암성　　建安城 건안성　　蒼椎城 창암성　　辱夷城 욕이성

松讓國 송양국　　荇人國 행인국　　橫山 횡산　　白水山 백수산

迦葉原 가섭원　　東牟河 동모하　　優[渤]水우발수

淹㴲水或云蓋斯水 엄호수일왈 개사수　　沸流水 비류수　　薩水 살수

毛屯谷 모둔곡　　鵠嶺 골령　　龍山 용산　　鵠川 골천

凉谷 양곡　　箕山 기산　　長屋澤 장옥택　　易山 역산

礪津 여진　　尉中林 위중림　　烏骨 오골　　沙勿澤 사물택

貴湍水 귀단수　　安地 안지　　薩賀水 살하수　　矛川 모천

馬嶺 마령　　鶴盤嶺 학반령　　馬邑山 마읍산　　王骨嶺 왕골령

豆谷 두곡　　骨句川 골구천　　理勿林 이물림　　車廻谷 거회곡

曷思水 갈사수　　椽[那]部 연나부　　北溟山 북명산　　閔中原 민중원

慕本 모본　　罽山 계산　　倭山 왜산　　蠶支落 잠지락

平儒原 평유원　　狗山瀨 구산뢰　　坐原 좌원　　質山 질산

故國谷 고국곡　　左勿村 좌물촌　　故國原 고국원　　裴嶺 배령

酒桶村 주통촌　　巨谷 거곡　　青木谷 청목곡　　杜訥河 두눌하

柴原 시원　　箕丘 기구　　中川 중천　　海谷 해곡

西川 서천　　鵠林 곡림　　烏川 오천　　水室村 수실촌

思收村 사수촌　　[烽]山 봉산　　[候]山 후산　　美川 미천

斷熊谷 단웅곡　　馬首山 마수산　　長城 장성　　磨米山 마미산

銀山 은산　　後黃 후황　　嬰留山 영류산　　小獸林 소수림

禿山 독산　　武厲邏 무려라　　大斧峴 대부현　　馬首城 마수성

瓶山柵 병산책　　普述水 보술수　　烽峴 봉현　　禿山柵 독산책

狗川柵 구천책　　走壤城 주양성　　石頭城 석두성　　高木城 고목성

圓山城 원산성　　錦峴城 금현성　　大豆山城 대두산성　　牛谷城 우곡성

橫岳 횡악　　犬牙城 견아성　　赤峴城 적현성　　沙道城 사도성

德安城 덕안성　　寒泉 한천　　釜山 부산　　石川 석천

狗原 구원　　八[押]城 팔압성　　關彌城 관미성　　石峴城 석현성

雙峴城 쌍현성　　沙口城 사구성　　斗谷 두곡　　耳山城 이산성

牛鳴谷 우명곡　　沙井城 사정성　　馬浦村 마포촌　　長嶺城 장령성

加弗城 가불성　　葦川 위천　　狐山 호산　　穴城 혈성

獨山城 독산성　　金峴城 금현성　　角山城 각산성　　松山城 송산성

赤嵯城 적암성　　生草原 생초원　　馬川城 마천성　　沈峴 침현

眞都城 진도성　　高鬱府 고울부　　葛嶺 갈령

支羅城或云周留城 지라성일왈주류성　　大山柵 대산책　　郁里[河] 욱리하

崇　山 숭　산	張吐野 장토야	絶影山 절영산	清　津 청　진
遺鳳島 유봉도	大　陆 대　거	汧　隴 견　롱	鳬栖島 부서도
鳳　澤 봉　택	龍　丘 용　구	連城原 연성원	浮雲島 부운도
天馬山 천마산	海濱島 해빈도	壑中島 학중도	玉　塞 옥　새
連　峯 연　봉	叢　林 총　림	升天島 승천도	乘黃島 승황도
八駿山 괄준산	絶群山 절군산	求麟島 구린도	負圖島 부도도
吐景山 토경산	河精島 하정도	遊氣山 유기산	平　原 평　원
大　澤 대　택	騏驎澤 기린택	躡景山 섭경산	金　穴 금　혈
蘭　池 난　지	西極山 서극산	浦陽丘 포양구	鐵伽山 철가산
桃　林 도　림	石礫山 석력산	[瑞]驎苑 서린원	麓　苑 녹　원
沙　苑 사　원	風達郡 풍달군	日上郡 일상군	

[이 부분은 교정한 한자를 [　] 안에 넣는 것만으로 표시한다. 또한 모두 고유명사이기 때문에 밑줄을 긋지 않는다.]

總章二年二月,前司空兼太子太師英國公李勣等奏稱:“奉敕:高麗諸城堪置都督府及州郡者,宜共男生商量准擬,奏聞(件)[件]狀如前。”勅:“依奏,其州郡應須隷屬,宜委遼東道安撫使兼右相劉仁軌。”遂便穩分割,仍總(△)[隷]安東都護府。

총장 2년 2월 전 사공 겸 태자태사 영국공 이적 등이 상주했다: ‘도독부 및 주군을 설치할 수 있는 고구려 성들은 마땅히 남생과 함께 토의하여 작성하라는 칙령을 받들고 이상과 같은 서류로 상주합니다.’ 이에 칙령을 내렸다: ‘상주문을 따른다. 그 주군은 마땅히 예속시켜야 할 텐데 요동도안무사 겸 우상 유인궤에게 위임하라.’ 하여 적당히 분할하여 안동도호부에 일괄적으로 예속시켰다.

鴨淥水以北未降十一城:北扶餘城州本助利非西,節城本蕪子忽,豐夫城本肖(己)[巴]忽,新城州本仇次忽或云敦城,(桃)[桃]城本波尸忽,大豆山

城本非達忽,遼東城州本烏列忽,屋城州、白石城、多伐嶽州、安市城
舊安寸忽或云丸都城。

압록수 이북의 항복하지 않은 11성: 북부여 성주는 본래 조리비서였고
절성은 본래 무자홀이었으며 풍부성은 본래 초파홀이었고 신성주는
본래 구차홀혹왈 돈성이었으며 도성은 본래 파시홀이었고 대두산성은
본래 비달홀이었으며 요동성주는 본래 오렬홀이었고 옥성주, 백석성,
다벌악주, 안시성은 옛 안촌홀혹왈 환도성이었다.

鴨淥水以北已降城十一:椋嵒城、木底城、藪口城、南蘇城。甘勿主城
本甘勿伊忽。麥田谷城、心岳城本居尸(坤)[押]、國內州一云不耐、或云尉(△)
[那]嵒城;屑夫婁城本肖利巴利忽。朽岳城本骨尸(坤)[押]、橴木城。

압록수 이북의 이미 항복한 11성: 양암성. 목저성. 수구성. 남소성. 감물
주성은 본래 감물이홀이었다. 능전곡성. 심악성은 본래 거시압이었다.
국내주일왈 불내, 혹왈 위나암성. 설부루성은 본래 초리파리홀이었고 후악
성은 본래 골시압이었다. 자목성.

鴨淥水以北逃城七:鈆城本乃勿忽。面岳城。牙岳城本皆尸押忽。鷲岳
城本甘彌忽,積利城本赤里忽,木銀城本召尸忽,(△)[犁]山城本加尸達
忽。

압록수 이북의 도망한 7성: 연성은 본래 내물홀이었다. 면악성. 아악성
은 본래 개시압홀이었다. 취악성은 본래 감미홀이었고 적리성은 본래
적리홀이었으며 목은성은 본래 소시홀이었고 이산성은 본래 가시달홀
이었다.

鴨淥以北打得城三:穴城本甲忽,銀城本折忽,似城本史忽。

압록 이북의 쳐서 얻은 3성: 혈성은 본래 갑홀이었고 은성은 본래 절홀
이었으며 사성은 본래 사홀이었다.

都督府一十三縣:嵎夷縣、神丘縣。尹城縣本悅己,麟德縣本古良夫里,
散昆縣本新村,安遠縣本仇尸波知,賓汶縣本比勿,歸化縣本麻斯良。
邁羅縣。甘蓋縣本古莫夫里,奈西縣本奈西兮,得安縣本德近支,龍山

縣本古麻山。

도독부 13현: 우이현. 신구현. 윤성현은 본래 열기였고 인덕현은 본래 고량부리였으며 산곤현은 본래 신촌이였고 안원현은 본래 구시파지였으며 빈문현은 본래 비물이였고 귀화현은 본래 마사량이였다. 매라현. 감개현은 본래 고막부리였고 나서현은 본래 나서혜였으며 득안현은 본래 덕근지였고 용산현은 본래 고마산이였다.

東明州四縣:熊津縣本熊津村,鹵辛縣本阿老谷,久遲縣本仇知,富林縣本伐音村。

동명주 4현: 웅진현은 본래 웅진촌이였고 노신현은 본래 아로곡이였으며 구지현은 본래 구지였고 부림현은 본래 벌음촌이였다.

支潯州九縣:㈜[己]汶縣本今勿,支潯縣本只彡村,馬津縣本孤山,子來縣本夫首只,解禮縣本皆利伊,古魯縣本古麻只,平夷縣本知留,珊瑚縣本沙好薩,隆化縣本居斯勿。

지심주 9현: 기문현은 본래 금물이였고 지심현은 본래 지삼촌이었으며 마진현은 본래 고산이였고 자래현은 본래 부수지였으며 해례현은 본래 개리이였고 고로현은 본래 고마지였으며 평이현은 본래 지류였고 산호현은 본래 사호살이였으며 융화현은 본래 거사물이였다.

魯山州六縣:魯山縣本甘勿阿,唐山縣本仇知只山,淳遲縣本豆尸,支牟縣本只馬馬知,烏蠶縣本馬知沙,阿錯縣本源村。

노산주 6현: 노산현은 본래 감물아였고 당산현은 본래 구지지산이였으며 순지현은 본래 두시였고 지모현은 본래 지마마지였으며 오잠현은 본래 마지사였고 아착현은 본래 원촌이였다.

古四州本古沙夫里五縣:平倭縣本古沙夫村,帶山縣本大尸山,辟城縣本辟骨,佐贊縣本上杜,淳牟縣本豆奈只。

고사주는 본래 고사부리 5현: 평왜현은 본래 고사부촌이였고 대산현은 본래 대시산이였으며 벽성현은 본래 벽골이였고 좌찬현은 본래 상두였으며 순모현은 본래 두나지다.

沙泮州本(号)[**另**]**尸伊城四縣**:牟支縣本(号)[**另**]尸伊村,無割縣本毛良夫里,佐魯縣本上(△)[**老**],多支縣本夫只。

사반주는 본래 령시이성 4현: 모지현은 본래 영시이 촌이였고 무할현은 본래 모량부리였으며 좌로현은 본래 상로였고 다지현은 본래 부지였다.

帶方州本竹軍城六縣:至留縣本知留,軍奈縣本屈奈,徒山縣本抽山,半那縣本半奈夫里,竹軍縣本豆肹,布賢縣本巴老彌。

대방주는 본래 죽군성 6현: 지류현은 본래 지류였고 군나현은 본래 굴나였으며 도산현은 본래 추산이었고 반나현은 본래 반나부리였으며 죽군현은 본래 두힐이였고 포현현은 본래 파로미였다.

分嵯州本波知城四縣:貴旦縣本仇斯珍兮,首原縣本買省坪,(皐)[**皐**]西縣本秋子兮。軍支縣。

분차주는 본래 파지성 4현: 귀단현은 본래 구사진혜였고 수원현은 본래 매성평이었으며 고서현은 본래 추자혜였다. 군지현.

賈耽古今郡國志云:"(△)[**渤**]海國南海、鴨淥、扶餘、柵城四府,并是高句麗舊地也,自新羅 泉井郡至柵城府,凡三十九驛。"

가탐의『고금군국지』왈: '발해국의 남해, 압록, 부여, 책성 등 4개 부는 모두 고구려 옛 땅이었으며 신라의 천정군으로부터 책성부까지 모두 39역이었다.'

三國史記卷第三十八

雜志第七(잡지 제7)

職官上(직관 상)

○**新羅官號**因時沿革,不同其名言,<u>唐</u>夷相雜。其曰侍中、郎中等者,
皆唐(宫)[官]名,其義若可考;曰伊伐飡、伊飡等者,皆夷言,不知所以言
之之意。當初之施設,必也職有常守,位有定員,所以辨其尊卑,待其人
才之大小。世久,文記缺落,不可得核考而周詳。觀其第二<u>南解王</u>,以國
事委任大臣,謂之大輔,第三<u>儒理王</u>,設位十七等。自是之後,其名目繁
多。今採其可考者,以著于篇。

　신라 관직의 호칭은 시대에 따라 바뀌고 그 명칭과 말이 같지 않으며
당의 것과 우리 것이 섞여 있다. 시중, 낭중 등은 모두 당 관직명으로서
그 의미를 알 것 같으나 이벌찬, 이찬 등은 모두 우리말로서 그렇게
말한 뜻을 알 수 없다. 처음 설치할 때는 틀림없이 관직마다 일상의
업무가 있고 관등마다 정원이 있었을 것이며 직책의 존비를 구별하고
인재의 대소에 따라 대우했을 것이다. 세월이 흐르고 기록이 사라져
그 상세한 내용을 고증할 바가 없다. 2세 남해왕 때를 보면 나라 일을

대신에게 위임하고 그를 대보라 하였으며 3세 유리왕이 17등급을 두었다. 그 이후는 관직명이 복잡하게 많아졌다. 지금 고증할 수 있는 부분을 모아 본 편에 적는다.

大輔,南解王七年以脫解爲之。儒理王九年置十七等:一曰伊伐飡或云伊罰干,或云[于]伐飡,或云角干,或云角[粲],或云舒發翰,或云舒弗[邯],二曰伊尺飡或云伊飡,三曰迊飡或云迊判,或云蘇判,四曰波珍飡或云海干,或云破彌干,五曰大阿飡。從此至伊伐飡唯眞骨受之,他宗則否。六曰阿飡或云阿尺干,或云阿粲,自重阿飡至四重阿飡。七曰一吉飡或云乙吉干,八曰沙飡或云薩飡,或云沙咄干,九曰級伐飡或云級飡,或云及伏[干],十曰大奈麻或云大奈末,自重奈麻至九重奈麻。十一曰奈麻或云奈末,自重奈麻至七重奈麻。十二曰大舍或云韓舍,十三曰舍知或云小舍,十四曰吉士或云稽知,吉[次],十五曰大烏或云大烏知,十六曰小烏或云小烏知,十七曰造位或云先沮知。

대보는 남해왕 7년에 탈해를 위임했다. 유리왕 9년에 17등급을 설치하였다: 제1등은 이벌찬혹왈 이벌간, 우벌찬, 각간, 각찬, 서발한, 서불한, 제2등은 이척찬혹왈 이찬, 제3등은 잡찬혹왈 잡판, 소판, 제4등은 파진찬혹왈 해간, 파미간, 제5등은 대아찬이다. 이로부터 이벌찬까지는 오직 진골만이 제수받을 수 있고 다른 종족은 안 된다. 제6등은 아찬혹왈 아척간, 아찬이다. 중아찬부터 사중아찬까지다. 제7등은 일길찬혹왈 을길간, 제8등은 사찬혹왈 살찬, 사돌간, 제9등은 급벌찬혹왈 급찬, 급복간, 제10 등은 대나마혹왈 대나말다. 중나마부터 구중나마까지다. 제11등은 나마혹왈 나말, 중나마부터 칠중나마까지다. 제12등은 대사혹왈 한사, 제13등은 사지혹왈 소사, 제14등은 길사혹왈 계지, 길차, 제15등은 대오혹왈 대오지, 제16등은 소오혹왈 소오지, 제17등은 조위혹왈 선저지다.

上大等或云上臣法興王十八年始置。

상대등혹왈 상신은 법흥왕 18년에 설치하기 시작하였다.

大角干或云大舒發翰太宗王七年滅百濟論功,授大將軍金庾信大角干,於前十七位之上加之,非常位也。

대각간혹왈 대서발한은 태종왕 7년 백제를 멸하고 공로를 평가하여 대장
군 김유신에게 대각간을 임명했다. 이전 17등급 위에 더한 것이니 정상
적인 관등이 아니다.

太大角干或云太大舒發翰文武王八年滅高句麗, 授留守金庾信以太大角
干, 賞其元謀也。於前十七位及大角干之上加此位, 以示殊尤之禮。

태대각간혹왈 태대서발한은 문무왕 8년에 고구려를 멸하고 유수 김유신에
게 태대각간을 임명하였으며 으뜸의 모략에 대한 포상이다. 이전 17등
급 및 대각간 위에 이 등급을 더한 것이니 특별히 우대한 예이다.

執事省本名稟主或云祖主, 眞德王五年改爲執事部, 興德王四年又改爲
省。中侍一(ㅅ)[人]眞德王五年置, 景德王六年改爲侍中, 位自大阿飡
至伊飡爲之。典大等二人眞興王二十六年置。景德王六年改爲侍郎,
位自奈麻至阿飡爲之。大舍二人眞平王十一年置。景德王十八年改
爲郎中一云眞德王五年改, 位自舍知至奈麻爲之。舍知二人神文王五年置,
景德王十八年改爲員外郎。惠恭王十二年復稱舍知, 位自舍知至大舍
爲之。史十四人, 文武王十□年加六人。景德(土)[王]改爲郎, 惠恭王復
稱史, 位自先沮知至大舍爲之。

집사성의 본래 이름은 품주혹왈 조주라 했는데 진덕왕 5년에 집사부로
고쳤고 흥덕왕 4년에 다시 성으로 고쳤다. 중시 1명은 진덕왕 5년에
설치하였고 경덕왕 6년에 시중으로 고쳤으며 관등은 대아찬부터 이찬
까지 할 수 있다. 전대등 2명은 진흥왕 26년에 설치하였다. 경덕왕 6년
에 시랑으로 고치고 관등은 나마부터 아찬까지 할 수 있다. 대사 2명을
진평왕 11년에 설치하였다. 경덕왕 18년에 낭중으로 고치고일왈 진덕왕
5년에 고쳤음 관등은 사지부터 나마까지 할 수 있다. 사지 2명을 신문왕
5년에 설치하였고 경덕왕 18년에 원외랑으로 고쳤다. 혜공왕 12년에
다시 사지라 부르고 사지부터 대사까지 할 수 있다. 사 14명을 문무왕
십□년에 6명 더하였다. 경덕왕이 낭으로 고쳤다가 혜공왕이 다시 사라
불렀으며 관등은 선저지부터 대사까지 할 수 있다.

兵部,令一人法興王三年始置,眞興王五年加一人,太宗王六年又加一
人,位自大阿湌至太大角干爲之。又得兼宰相、私臣。大監二人眞平王
四十五年初置,(太宗)[文武]王十五年加一人,景德王改爲侍郎,惠恭王
復稱大監,位自(△△△)[級湌至]阿(食)[湌]爲之。弟監二人眞平王十一
年置,太宗王五年改爲大舍,景德(△)[王]改爲郎中,惠恭王復稱大舍,
位自舍知(主)[至]奈麻爲之。弩舍知一人文武王十二年始置,景德王改
爲司(△)[兵],惠恭王復稱弩舍知,位自舍知至大舍爲之。(△)[史]十二人
文武王十一年加二人,十二年加三人,位自先沮知至大舍爲之。弩幢
一人文武王十一年置,景德王改爲小司兵,惠恭王復故,位與史同。

병부의 영 1명은 법흥왕 3년에 설치하기 시작하였고 진흥왕 5년에 1명
을 더하였으며 태종왕 6년에 또 1명을 더하였고 관등은 대아찬부터
태대각간까지 할 수 있다. 또한 재상과 사신을 겸할 수 있다. 대감 2명은
진평왕 45년에 설치하기 시작하였고 문무왕 15년에 1명을 더하였으며
경덕왕이 시랑으로 고쳤다가 혜공왕이 다시 대감이라 불렀으며 급찬부
터 아찬까지 할 수 있다. 제감 2명은 진평왕 11년에 설치하였고 태종왕
5년에 대사로 고쳤으며 경덕왕이 낭중으로 고쳤고 혜공왕이 다시 대사
라 불렀으며 관등은 사지부터 나마까지 할 수 있다. 노사지 1명은 문무
왕 12년에 설치하기 시작하였고 경덕왕이 사병으로 고쳤으며 혜공왕
이 다시 노사지라 불렀고 관등은 사지부터 대사까지 할 수 있다. 사
12명은 문무왕 11년에 2명을 더하였고 12년에 3명을 더하였으며 선저
지부터 대사까지 할 수 있다. 노당 1명은 문무왕 11년에 설치하였고
경덕왕이 소사병으로 고쳤다가 혜공왕이 다시 원래대로 불렀으며 관등
은 사와 같다.

調府,眞平王六年置,景德王改爲大府,惠恭王復故。令二人眞德王五
年置,位自衿荷至太大角干爲之。卿二人文武王十五年加一人,位與
兵部大監同。大舍二人眞德王置,景德王改爲主簿,惠恭王復稱大舍,
位自舍知至奈麻爲之。舍知一人神文王五年置,景德王改爲司庫,惠

恭王復稱舍知,位自舍知至大舍爲之。史八人孝昭四年加二人,位與兵部史同。

조부는 진평왕 6년에 설치하였고 경덕왕이 대부로 고쳤다가 혜공왕이 다시 이전대로 불렀다. 영 2명은 진덕왕 5년에 설치하였으며 관등은 금하부터 태대각간까지 할 수 있다. 경 2명은 문무왕 15년에 1명 더하였고 관등은 병부의 대감과 같다. 대사 2명은 진덕왕이 설치하였고 경덕왕이 주부로 고쳤으며 혜공왕이 다시 대사라 불렀고 관등은 사지부터 나마까지 할 수 있다. 사지 1명은 신문왕 5년에 설치하였고 경덕왕이 사고로 고쳤으며 혜공왕이 다시 사지라 불렀고 관등은 사지부터 대사까지 할 수 있다. 사 8명은 효소왕 4년에 2명을 더하였으며 관등은 병부의 사와 같다.

京城周作典,景德王改爲修城府,惠恭王復故。令五人聖德王三十一年置,位自大阿湌至大角干爲之。卿六人聖德王三十二年置,位與執事侍郎同。大舍六人景德王改爲主簿,惠恭王復稱大舍,位自舍知至大奈麻爲之。舍知一人景德王改爲司功,惠恭王復稱舍知,位自舍知至大舍爲之。史八人位與調府史同。

경성주작전은 경덕왕이 수성부로 고쳤다가 혜공왕이 다시 이전대로 불렀다. 영 5명은 성덕왕 31년에 설치하였으며 관등은 대아찬부터 대각간까지 할 수 있다. 경 6명은 성덕왕 32년에 설치하였고 관등은 집사시랑과 같다. 대사 6명은 경덕왕이 주부로 고쳤다가 혜공왕이 다시 대사라 불렀고 관등은 사지부터 대나마까지 할 수 있다. 사지 1명은 경덕왕이 사공으로 고쳤으나 혜공왕이 다시 사지라 불렀고 관등은 사지부터 대사까지 할 수 있다. 사 8명의 관등은 조부의 사와 같다.

四天王寺成典,景德王改爲監四天王寺府,惠恭王復故。衿荷臣一人景德王改爲監令,惠恭王復稱衿荷臣,哀莊王又改爲(令)[令],位自大阿湌至角干爲之。上堂一人景德王改爲卿,惠恭王復稱上堂,哀莊王又改爲卿,位自奈麻至阿湌爲之。赤位一人景德王改爲監,惠恭王復稱

赤位。青位二人景德王改爲主簿,惠恭王復稱青位,哀莊王改爲大舍,
省一人。位自舍知至奈麻爲之。史二人。

사천왕사성전은 경덕왕이 감사천왕사부로 고쳤다가 혜공왕이 다시 이
전대로 불렀다. 금하신 1명은 경덕왕이 감령으로 고쳤다가 혜공왕이
다시 금하신이라 불렀고 애장왕이 또 영으로 고쳤으며 관등은 대아찬
부터 각간까지 할 수 있다. 상당 1명은 경덕왕이 경으로 고쳤다가 혜공
왕이 다시 상당이라 고쳤으며 애장왕이 또 경이라 고쳤고 관등은 나마
부터 아찬까지 할 수 있다. 적위 1명은 경덕왕이 감으로 고쳤다가 혜공
왕이 다시 적위라 불렀다. 청위 2명은 경덕왕이 주부로 고쳤다가 혜공
왕이 다시 청위라 불렀고 애장왕이 대사로 고쳤으며 1명을 줄였다.
관등은 사지부터 나마까지 할 수 있다. 사는 2명이다.

奉聖寺成典,景德王改爲修營奉聖寺使院,後復故。衿荷臣一人景德
王改爲檢校使,惠恭王復稱衿荷臣,哀莊王改爲令。上堂一人景德王
改爲副使,後復稱上堂。赤位一人景德王改爲判官,後復稱赤位。青位
一人景德王改爲錄事,後復稱青位。史二人景德王改爲典,後復稱史。

봉성사성전은 경덕왕이 수영봉성사사원으로 고쳤다가 후에 다시 이전
대로 불렀다. 금하신 1명은 경덕왕이 검교사로 고쳤다가 혜공왕이 다시
금하신이라 불렀고 애장왕이 영으로 고쳤다. 상당 1명은 경덕왕이 부사
로 고쳤다가 후에 다시 상당이라 불렀다. 적위 1명은 경덕왕이 판관으
로 고쳤다가 후에 다시 적위라 불렀다. 청위 1명은 경덕왕이 녹사로
고쳤다가 후에 다시 청위라 불렀다. 사 2명은 경덕왕이 전으로 고쳤다
가 후에 다시 사라 불렀다.

感恩寺成典,景德王改爲修營感恩寺使院,後復故。衿荷臣一人景德
王改爲檢校使,惠恭王復稱衿荷臣,哀莊王改爲(令)[令]。上堂一人景
德王改爲副使,惠恭王復稱上堂,哀莊王改爲卿一云省卿置赤位。赤位一人
景德王改爲判官,後復稱赤位。青位一人景德王改爲錄事,後復稱青
位。史二人景德王改爲典,後復稱史。

감은사성전은 경덕왕이 수영감은사사원으로 고쳤다가 후에 다시 이전
대로 불렀다. 금하신 1명은 경덕왕이 검교사로 고쳤다가 혜공왕이 다시
금하신이라 불렀고 애장왕이 영으로 고쳤다. 상당 1명은 경덕왕이 부사
로 고쳤다가 혜공왕이 다시 상당이라 불렀고 애장왕이 경으로 고쳤다일왈
경을 없애고 적위를 두었음. 적위 1명은 경덕왕이 판관으로 고쳤다가 후에
다시 적위라 불렀다. 청위 1명은 경덕왕이 녹사로 고쳤다가 후에 다시
청위라 불렀다. 사 2명은 경덕왕이 전으로 고쳤다가 후에 다시 사라
불렀다.

奉德寺成典,景德王十八年改爲修營奉德寺使院,後復故。衿荷臣一
人景德王改爲檢校使,惠恭王復稱衿荷臣,哀莊王又改爲卿。上堂一
人景德王改爲副使,惠恭王復稱上堂,哀莊王又改爲卿。赤位一人景
德王改爲判官,惠恭王復稱赤位。青位二人景德王改爲錄事,惠恭王
復稱青位。史六人後省四人,景德王改爲典,惠恭王復稱史。

봉덕사성전은 경덕왕 18년에 수영봉덕사사원으로 고쳤다가 후에 이전
대로 불렀다. 금하신 1명을 경덕왕이 검교사로 고쳤다가 혜공왕이 다시
금하신이라 불렀고 애장왕이 다시 경으로 고쳤다. 상당 1명을 경덕왕이
부사로 고쳤다가 혜공왕이 다시 상당이라 불렀고 애장왕이 또 경으로
고쳤다. 적위 1명을 경덕왕이 판관으로 고쳤다가 혜공왕이 다시 적위라
불렀다. 청위 2명을 경덕왕이 녹사로 고쳤다가 혜공왕이 다시 청위라
불렀다. 사 6명을 후에 4명 줄였고 경덕왕이 전으로 고쳤다가 혜공왕이
다시 사라 불렀다.

奉(恩)[恩]**寺成典**,衿荷臣一人惠恭王始置,哀莊王改爲令。副使一人惠
恭王始置,尋改爲上堂,哀莊王又改爲卿。大舍二人,史二人。

봉은사성전의 금하신 1명은 혜공왕이 설치하기 시작하였고 애장왕이
영으로 고쳤다. 부사 1명은 혜공왕이 설치하기 시작하였고 곧 상당으로
고쳤으며 애장왕이 또 경으로 고쳤다. 대사는 2명이고 사는 2명이다.

靈廟寺成典,景德王十八年改爲修營靈廟寺使院,後復故。上堂一人

景德王改爲判官,後復稱上堂。青位一人景德王改爲錄事,後又改爲
大舍。史二人。

영묘사성전은 경덕왕 18년에 수영영묘사사원으로 고쳤다가 후에 다시
이전대로 불렀다. 상당 1명은 경덕왕이 판관으로 고쳤다가 후에 다시
상당이라 불렀다. 청위 1명은 경덕왕이 녹사로 고쳤다가 후에 또 대사
로 고쳤다. 사는 2명이다.

永興寺成典,神文王四年始置,景德王十八年改爲監永興寺館。大奈
麻一人景德王改爲監。史三人。

영흥사성전은 신문왕 4년에 설치하기 시작하였고 경덕왕 18년에 감영
흥사관으로 고쳤다. 대나마는 1명인데 경덕왕이 감으로 고쳤다. 사는
3명이다.

倉部 昔者倉部之事兼於稟主。至眞德王五年分置此司。令二人位自
大阿飡至大角干爲之。卿二人眞德王五年置,文武王十五年加一人,
景德王改爲侍郎,惠恭王復稱卿,位與兵部大監同。大舍二人眞德王
置,景德王改爲郎中,惠恭王復稱大舍,位與兵部大舍同。租舍知一人
孝昭王八年置,景德王改爲司倉,惠恭王復故,位與弩舍知同。史八人
眞德王置,文武王十一年加三人,十二年加八人,孝昭王八年加一人,
景德王十一年加三人,惠恭王加八人。

창부. 옛날 창부의 일을 품주에게 겸임시켰다. 진덕왕 5년에 이르러
이 관아를 나누어 설치하였다. 영 2명의 관등은 대아찬부터 대각간까지
할 수 있다. 경 2명은 진덕왕 5년에 설치하였고 문무왕 15년에 1명
더하였으며 경덕왕이 시랑으로 고쳤고 혜공왕이 다시 경이라 불렀으며
관등은 병부의 대감과 같다. 대사 2명은 진덕왕이 설치하였고 경덕왕이
낭중으로 고쳤으며 혜공왕이 다시 대사라 불렀고 관등은 병부의 대사
와 같다. 조사지 1명은 효소왕 8년에 설치하였고 경덕왕이 사창으로
고쳤다가 혜공왕이 다시 이전대로 불렀으며 관등은 노사지와 같다.
사 8명은 진덕왕이 설치하였고 문무왕 11년에 3명, 12년에 7명, 효소왕

8년에 1명, 경덕왕 11년에 3명, 혜공왕이 8명을 더하였다.

禮部,令二人眞平王八年置,位與兵部令同。卿二人眞德王二年一云五年置,文武王十五年加一人,位與調府卿同。大舍二人眞德王五年置,景德王改爲主簿,後復稱大舍,位與調府大舍同。舍知一人景德王改爲司禮,後復稱舍知,位與調府舍知同。史八人眞德王五年加三人,位與調府史同。

예부의 영 2명은 진평왕 8년에 설치하였으며 관등은 병부의 영과 같다. 경 2명은 진덕왕 2년일월 5년에 설치하였고 문무왕 15년에 1명을 더하였으며 관등은 조부의 경과 같다. 대사 2명은 진덕왕 5년에 설치하였고 경덕왕이 주부로 고쳤다가 후에 다시 대사라 불렀으며 관등은 조부의 대사와 같다. 사지 1명은 경덕왕이 사례로 고쳤다가 후에 다시 사지라 불렀으며 관등은 조부의 사지와 같다. 사 8명을 진덕왕 5년에 3명 더하였으며 관등은 조부의 사와 같다.

乘府,景德王改爲司馭府,惠恭王復故。令二人眞平王六年置,位自大阿湌至角干爲之。卿二人文武王十五年加一人,位與調府卿同。大舍二人景德王改爲主簿,後復稱大舍,位與兵部大舍同。舍知一人景德王改爲司牧,(△)[後]復稱舍知,位與調府舍知同。史九人文武王十一年加三人,位與調府史同。

승부는 경덕왕이 사어부로 고쳤다가 혜공왕이 이전대로 회복시켰다. 영 2명은 진평왕 6년에 설치하였으며 관등은 대아찬부터 각간까지 할 수 있다. 경 2명은 문무왕 15년에 1명 더하였으며 관등은 조부의 경과 같다. 대사 2명은 경덕왕이 주부로 고쳤다가 후에 다시 대사라 불렀으며 관등은 병부의 대사와 같다. 사지 1명은 경덕왕이 사목으로 고쳤다가 후에 다시 사지라 불렀으며 관등은 조부의 사지와 같다. 사 9명은 문무왕 11년에 3명을 더하였으며 관등은 조부의 사와 같다.

司正府,太宗王六年置,景德王改爲肅正臺,惠恭王復故。令一人位自大阿湌至角干爲之。卿二人眞興王五年置,文武王十五年加一人,位與乘府卿同。佐二人。孝成王元年爲犯大王(△)[諱],凡丞皆稱佐,景德王改爲評事,後復稱佐,位自奈麻至(天)[大]奈麻爲之。大舍二人位自舍知至奈麻爲之。史十人文武王十一年加五人。

사정부는 태종왕 6년에 설치하였고 경덕왕이 숙정대로 고쳤다가 혜공왕이 다시 이전대로 하였다. 영 1명은 대아찬부터 각간까지 할 수 있다. 경 2명은 진흥왕 5년에 설치하였고 문무왕 15년에 1명을 더하였으며 관등은 승부의 경과 같다. 좌는 2명이다. 효성왕 원년에 대왕의 휘를 범한다며 무릇 승은 모두 좌로 불렀고 경덕왕이 평사로 고쳤다가 후에 다시 좌라 불렀으며 관등은 나마부터 대나마까지 할 수 있다. 대사 2명의 관등은 사지부터 나마까지 할 수 있다. 사 10명은 문무왕 11년에 5명을 더하였다.

例作府一云例作典,景德王改爲修例府,惠恭王復故。令一人神文王六年置,位自大阿湌至角干爲之。卿二人神文王置,位與司正卿同。大舍四人哀莊王六年省二人,景德王改爲主簿,後復稱大舍,位與兵部大舍同。舍知二人景德王改爲司例,後復稱舍知,位與弩舍知同。史八人。

예작부일왈 예작전는 경덕왕이 수례부로 고쳤다가 혜공왕이 이전대로 회복시켰다. 영 1명은 신문왕 6년에 설치하였으며 관등은 대아찬부터 각간까지 할 수 있다. 경 2명은 신문왕이 설치하였으며 관등은 사정부의 경과 같다. 대사 4명은 애장왕 6년에 2명 줄였고 경덕왕이 주부로 고쳤다가 후에 다시 대사라 불렀으며 관등은 병부의 대사와 같다. 사지 2명은 경덕왕이 사례로 고쳤다가 후에 다시 사지라 불렀으며 관등은 노사지와 같다. 사는 8명이다.

船府 舊以兵部大監、弟監掌舟楫之事,文武王十八年別置,景德王改爲利濟府,惠恭王復故。令一人位自大阿湌至角(干)[干]爲之。卿二人文武王三年置,神文王八年加一人,位與調府卿同。大舍二人景德王改爲主簿,惠恭王復稱大舍,位與調府大舍同。舍知一人景德王改爲司舟,惠恭王復稱舍知,位與調府舍知同。史八人神文王元年加二人,哀莊王六年省二人。

선부. 예전에는 병부의 대감과 제감이 선박에 관한 일을 담당하였으나 문무왕 18년에 별도로 설치하였고 경덕왕이 이제부로 고쳤다가 혜공왕이 이전대로 회복시켰다. 영 1명의 관등은 대아찬부터 각간까지 할 수 있다. 경 2명은 문무왕 3년에 설치하였고 신문왕 8년에 1명을 더하였으며 관등은 조부의 경과 같다. 대사 2명은 경덕왕이 주부로 고쳤다가 혜공왕이 다시 대사라 불렀으며 관등은 조부의 대사와 같다. 사지 1명은 경덕왕이 사주로 고쳤다가 혜공왕이 다시 사지라 불렀으며 관등은 조부의 사지와 같다. 사 8명은 신문왕 원년에 2명을 더하였고 애장왕 6년에 2명을 줄였다.

領客府,本名倭典,眞平王四十三年改爲領客典後又別置倭典,景德王又改爲司賓府,惠恭王復故。令二人眞德王五年置,位自大阿湌至角干爲之。卿二人文武王十五年加一人,位與調府卿同。大舍二人景德王改爲主簿,惠恭王復稱大舍,位與調府大舍同。舍知一人景德王改爲司儀,惠恭王復稱舍知,位與調府舍知同。史八人。

영객부의 본래 명칭은 왜전이며 진평왕 43년에 영객전으로 고치고후에 다시 왜전을 별도로 두었음 경덕왕이 또 사빈부로 고쳤다가 혜공왕이 이전대로 회복시켰다. 영 2명은 진덕왕 5년에 설치하였으며 관등은 대아찬부터 각간까지 할 수 있다. 경 2명은 문무왕 15년에 1명을 더하였고 관등은 조부의 경과 같다. 대사 2명은 경덕왕이 주부로 고쳤다가 혜공왕이 다시 대사라 불렀으며 관등은 조부의 대사와 같다. 사지 1명은 경덕왕이 사의로 고쳤다가 혜공왕이 다시 사지라 불렀으며 관등은 조부의 사지와 같다. 사는 8명이다.

位和府,眞平王三年始置,景德王改爲司位府,惠恭王復故。衿荷臣二人神文王二年始置,五年加一人,哀莊王六年改爲令,位自伊湌至大角干爲之。上堂二人神文王置,聖德王二年加一人,哀莊王改爲卿,位自級湌至阿湌爲之。大舍二人景德王改爲主(△)[簿],後復稱大舍,位與調府大舍同。史八人。

　위화부는 진평왕 3년에 설치하기 시작했으며 경덕왕이 사위부로 고쳤
다가 혜공왕이 이전대로 회복시켰다. 금하신 2명은 신문왕 2년에 설치
하기 시작했으며 5년에 1명을 더하였고 애장왕 6년에 영으로 고쳤으며
관등은 이찬부터 대각간까지 할 수 있다. 상당 2명은 신문왕이 설치하
였고 성덕왕 2년에 1명을 더하였으며 애장왕이 경으로 고쳤고 관등은
급찬부터 아찬까지 할 수 있다. 대사 2명은 경덕왕이 주부로 고쳤다가
후에 다시 대사라 불렀고 관등은 조부의 대사와 같다. 사는 8명이다.

左理方府，眞德王五年置，孝昭王元年避大王諱改爲議方府。令二人
位自級湌至迊湌爲之。卿二人眞德王置，文武王十八年加一人，位與
他卿同。佐二人眞德王置，景德王改爲評事，惠恭王復稱佐，位與司正
佐同。大舍二人位與兵部大舍同。史十五人元聖王十三年省五人。

　좌이방부는 진덕왕 5년에 설치하였고 효소왕 원년에 대왕의 휘를 피하
여 의방부로 고쳤다. 영 2명의 관등은 급찬부터 잡찬까지 할 수 있다.
경 2명은 진덕왕이 설치하였고 문무왕 18년에 1명을 더하였으며 관등은
다른 경과 같다. 좌 2명은 진덕왕이 설치하였고 경덕왕이 평사로 고쳤으
며 혜공왕이 다시 좌라 불렀고 관등은 사정의 좌와 같다. 대사 2명의
관등은 병부의 대사와 같다. 사 15명은 원성왕 13년에 5명 줄였다.

右理方府，文武王七年置。令二人、卿二人、佐二人、大舍二人、史十人。

　우리방부는 문무왕 7년에 설치하였다. 영 2명, 경 2명, 좌 2명, 대사
2명, 사 10명이다.

賞賜署屬倉部，景德王改爲司勳監，惠恭王復故。大正一人眞平王四
十六年置，景德王改爲正，後復稱大正，位自級湌至阿湌爲之。佐一人
位自大奈麻至級湌爲之。大舍二人眞德王五年置，景德王改爲主書，
惠恭王復稱大舍，位自舍知至奈麻爲之。史六人文武王二十年加二
人，哀莊王六年省二人。

　상사서는 창부에 속하고 경덕왕이 사훈감으로 고쳤다가 혜공왕이 이전

대로 회복시켰다. 대정 1명은 진평왕 46년에 설치하였고 경덕왕이 정으로 고쳤으며 후에 다시 대정이라 불렀으며 관등은 급찬부터 아찬까지 할 수 있다. 좌 1명의 관등은 대나마부터 급찬까지 할 수 있다. 대사 2명은 진덕왕 5년에 설치하였고 경덕왕이 주서로 고쳤으며 혜공왕이 다시 대사라 불렀고 관등은 사지부터 나마까지 할 수 있다. 사 6명은 문무왕 20년에 2명을 더하였고 애장왕 6년에 2명을 줄였다.

大道署或云寺典,或云(△)[內]道監**屬禮部**。大正一人**眞平王**四十六年置,**景德王**改爲正,後復稱大正,位自級湌至阿湌爲之一云大正下有大舍二人。主書二人**景德王**改爲主事,位自舍知至奈麻爲之。史八人。

대도서혹왈 사전, 내도감는 예부에 속한다. 대정 1명은 진평왕 46년에 설치하였고 경덕왕이 정으로 고쳤다가 후에 다시 대정이라 불렀으며 관등은 급찬부터 아찬까지 할 수 있다일왈 대정밑에 대사 2명을 두었음. 주서 2명은 경덕왕이 주사로 고쳤으며 관등은 사지부터 나마까지 할 수 있다. 사는 8명이다.

典邑署,**景德王**改爲典京府,**惠恭王**復設。卿二人本置監六人,分領六部,**元聖王**六年升二人爲卿位自奈麻至沙湌爲之,監四人位自奈麻至大奈麻爲之,大司邑六人位自舍知至奈麻爲之,中司邑六人位自舍知至大舍爲之。小司邑九人位與弩舍知同。史十六人,木尺七十人。

전읍서는 경덕왕이 전경부로 고쳤다가 혜공왕이 다시 설치하였다. 관등은 경 2명본래는 감 6명을 두어 6부를 각각 통솔케 했는데 원성왕 6년에 2명을 경으로 승격하였음은 나마부터 사찬까지, 감 4명은 나마부터 대나마까지, 대사읍 6명은 사지부터 나마까지, 중사읍 6명은 사지부터 대사까지 할 수 있다. 소사읍 9명의 관등은 노사지와 같다. 사는 16명이고 목척은 70명이다.

永昌宮成典,**文武王**十七年置。上堂一人**景德王**置,又改爲卿,**惠恭王**復稱上堂,**哀莊王**六年又改爲卿,位自級湌至阿湌爲之。大舍二人**景德王**改爲主簿,**惠恭王**復稱大舍,位自舍知至奈麻爲之。史四人。

영창궁성전은 문무왕 17년에 설치하였다. 상당 1명은 경덕왕이 설치하

였고 또 경으로 고쳤다가 혜공왕이 다시 상당이라 불렀으며 애장왕
6년에 또 경으로 고쳤고 관등은 급찬부터 아찬까지 할 수 있다. 대사
2명은 경덕왕이 주부로 고쳤다가 혜공왕이 다시 대사라 불렀으며 관등
은 사지부터 나마까지 할 수 있다. 사는 4명이다.

國學屬禮部。神文王二年置,景德王改爲大學監,惠恭王復故。卿一人
景德王改爲司業,惠恭王復稱卿,位與他卿同。博士若干人,數不定、助教若
干人,數不定、大舍二人眞德王五年置、景德王改爲主簿,惠恭王復稱大
舍,位自舍知至奈麻爲之。史二人惠恭王元年加二人。教授之法以周
易、尙書、毛詩、禮記、春秋左氏傳、文選分而爲之業。博士若助教一
人,或以禮記、周易、論語、孝經,或以春秋左傳、毛詩、論語、孝經,或以
尙書、論語、孝經、文選教授之。

국학은 예부에 속한다. 신문왕 2년에 설치하였고 경덕왕이 대학감으로
고쳤다가 혜공왕이 이전대로 회복시켰다. 경 1명은 경덕왕이 사업으로
고쳤고 혜공왕이 다시 경이라 불렀으며 관등은 다른 경과 같다. 박사약
간명이며 수는 정하지 않았음와 조교약간명이며 수는 정하지 않았음, 대사 2명은
진덕왕 5년에 설치하였고 경덕왕이 주부로 고쳤다가 혜공왕이 다시
대사로 고쳤으며 관등은 사지부터 나마까지 할 수 있다. 사 2명은 혜공
왕 원년에 2명을 더하였다. 교수법은 『주역』『상서』『모시』『예기』
『춘추좌씨전』『문선』으로 구분하여 학업으로 하였다. 박사 또는 조교
1명이 혹은 『예기』『주역』『논어』『효경』을, 혹은 『춘추좌전』『모시』
『논어』『효경』을, 혹은 『상서』『논어』『효경』『문선』을 가르쳤다.

諸生讀書以三品出身,讀春秋左氏傳,若禮記,若文選而能通其義,兼
明論語、孝經者爲上;讀曲禮、論語、孝經者爲中;讀曲禮、孝經者爲下。
若能兼通五經、三史、諸子百家書者,超擢用之。或差算學博士若助教
一人,以綴經、三開、九章、六章教授之。凡學生,位自大舍已下至無位、
年自十五至三十皆充之。限九年,若朴魯不化者罷。若才器可成而
未熟者,雖踰九年,許在學,位至大奈麻、奈麻而後出學。

학생들은 공부하여 3등급으로 출세하는데,『춘추좌씨전』을 배우고 혹
은『예기』나『문선』의 뜻에 통하며 동시에『논어』『효경』에 밝은 자는
상류가 되고,『곡례』『논어』『효경』을 배운 자는 중류가 되며,『곡례』
『효경』을 읽은 자는 하류가 된다. 5경, 3사, 제자백가서에 전부 능통한
자는 등급을 초월하여 발탁한다. 혹은 산학박사 또는 조교 1명을 시켜
『철경』『삼개』『구장』『육장』을 가르치기도 한다. 무릇 대사 이하의
작위부터 작위가 없는 자에 이르기까지 나이 15세에서 30세 된 자들은
모두 학생이 될 수 있다. 9년을 한도로 하되 재질이 노둔하여 교화될
수 없는 자는 퇴학시킨다. 재주와 도량은 가능하지만 아직 성숙되지
못한 자는 비록 9년을 초과하더라도 재학케 하고 관등이 대나마와 나마
에 이른 뒤에 국학에서 나가게 한다.

音聲署屬禮部,景德王改爲大樂監,惠恭王復故。長二人神文王七年
改爲卿,景德王又改爲司樂,惠恭王復稱卿,位與他卿同。大舍二人眞
德王五年置,景德王改爲主簿,後復稱大舍,位自舍知至奈麻爲之。史
四人。

음성서는 예부에 속하고 경덕왕이 대악감으로 고쳤다가 혜공왕이 이전
대로 회복시켰다. 장 2명은 신문왕 7년에 경으로 고쳤다가 경덕왕이
또 사악으로 고쳤고 혜공왕이 다시 경이라 불렀으며 관등은 다른 경과
같다. 대사 2명은 진덕왕 5년에 설치하였고 경덕왕이 주부로 고쳤다가
후에 다시 대사라 불렀으며 관등은 사지부터 나마까지 할 수 있다.
사는 4명이다.

大日任典,太宗王四年置,景德王合典京府。大都司六人景德王改爲
大典儀,後復故,位自舍知至奈麻爲之。小都司二人景德王改爲小典
儀,後復故,位自舍知至大舍爲之。都事大舍二人景德王改爲大典事,
後復故,位自舍知至奈麻爲之。都事舍知四人景德王改爲中典事,後
復故,位自舍知至大舍爲之。都謁舍知八人景德王改爲典謁,後復故,
位自舍知至大舍爲之。都引舍知一人景德王改爲典引,後復故,位與

弩舍知同。幢六人景德王改爲小典事,後復故,位與調府史同。都事稽
知六人、都謁稽知六人、都引稽知五人或云都引幢,或云少典引,比伐首十人。

대일임전은 태종왕 4년에 설치하였고 경덕왕이 전경부에 합쳤다. 대
도사 6명은 경덕왕이 대전의로 고쳤다가 후에 이전대로 회복시켰으며
관등은 사지부터 나마까지 할 수 있다. 소도사 2명은 경덕왕이 소전의
로 고쳤다가 후에 이전대로 회복시켰으며 관등은 사지부터 대사까지
할 수 있다. 도사대사 2명은 경덕왕이 대전사로 고쳤다가 후에 이전대
로 회복시켰으며 관등은 사지부터 나마까지 할 수 있다. 도사사지 4명
은 경덕왕이 중전사로 고쳤다가 후에 이전대로 회복시켰으며 관등은
사지부터 대사까지 할 수 있다. 도알사지 8명은 경덕왕이 전알로 고쳤
다가 후에 이전대로 회복시켰으며 관등은 사지부터 대사까지 할 수
있다. 도인사지 1명은 경덕왕이 전인으로 고쳤다가 후에 이전대로 회
복시켰으며 관등은 노사지와 같다. 당 6명은 경덕왕이 소전사로 고쳤
다가 후에 이전대로 회복시켰으며 관등은 조부의 사와 같다. 도사계지
는 6명, 도알계지는 6명, 도인계지는 5명혹왈 도인당, 소전인, 비벌수는 10
명이다.

工匠府,景德王改爲典祀署,後復故。監一人神文王二年置,位自大奈
麻至級湌爲之。主書二人或云主事,或云大舍眞德王五年置,位自舍知至奈
麻爲之。史四人。

공장부는 경덕왕이 전사서로 고쳤다가 후에 이전대로 회복시켰다. 감
1명은 신문왕 2년에 설치하였으며 관등은 대나마부터 급찬까지 할 수
있다. 주서 2명혹왈 주사, 대사은 진덕왕 5년에 설치하였으며 관등은 사지
부터 나마까지 할 수 있다. 사는 4명이다.

彩典,景德王改爲典彩署,後復故。監一人神文王二年置,位自奈麻至
大奈麻爲之。主書二人眞德王五年置,位自舍知至奈麻爲之。史三人
一云四人。

채전은 경덕왕이 전채서로 고쳤다가 후에 이전대로 회복시켰다. 감

1명은 신문왕 2년에 설치하였으며 관등은 나마부터 대나마까지 할 수 있다. 주서 2명은 진덕왕 5년에 설치하였으며 관등은 사지부터 나마까지 할 수 있다. 사는 3명일왈 4명이다.

左司祿館,文武王十七年置。監一人位自奈麻至大奈麻爲之。主書二人或云主事位自舍知至奈麻爲之。史四人。

좌사록관은 문무왕 17년에 설치하였다. 감 1명의 관등은 나마부터 대나마까지 할 수 있다. 주서혹왈 주사 2명의 관등은 사지부터 나마까지 할 수 있다. 사는 4명이다.

右司祿館,文武王二十一年置。監一人、主書二人、史四人。

우사록관은 문무왕 21년에 설치하였다. 감 1명, 주서 2명, 사 4명이다.

典祀署屬禮部,聖德王十二年置。監一人位自奈麻至大奈麻爲之。大舍二人眞德王五年置,位自舍知至奈麻爲之。史四人。

전사서는 예부에 속하며 성덕왕 12년에 설치하였다. 감 1명의 관등은 나마부터 대나마까지 할 수 있다. 대사 2명은 진덕왕 5년에 설치하였으며 관등은 사지부터 나마까지 할 수 있다. 사는 4명이다.

新宮,聖德王十六年置,景德王改爲典設館,後復故。監一人位與典祀署監同。主書二人位與典祀署大舍同。史三人。

신궁은 성덕왕 16년에 설치하였고 경덕왕이 전설관으로 고쳤다가 후에 이전대로 회복시켰다. 감 1명의 관등은 전사서의 감과 같다. 주서 2명의 관등은 전사서의 대사와 같다. 사는 3명이다.

東市典,智證王九年置。監二人位自奈麻至大奈麻爲之。大舍二人景德王改爲主事,後復稱大舍,位自舍知至奈麻爲之。書生二人,景德王改爲司直,後復稱書生,位與調府史同。史四人。

동시전은 지증왕 9년에 설치하였다. 감 2명의 관등은 나마부터 대나마까지 할 수 있다. 대사 2명은 경덕왕이 주사로 고쳤다가 후에 다시 대사라 불렀으며 사지부터 나마까지 할 수 있다. 서생 2명은 경덕왕이 사직으로 고쳤다가 후에 다시 서생이라 불렀으며 관등은 조부의 사와 같다. 사는 4명이다.

西市典,孝昭王四年置,監二人。大舍二人景德王改爲主事,後復稱大舍。書生二人景德王改爲司直,後復稱書生。史四人。

서시전은 효소왕 4년에 설치하였고 감 2명이다. 대사 2명은 경덕왕이 주사로 고쳤다가 후에 다시 대사라 불렀다. 서생 2명은 경덕왕이 사직으로 고쳤다가 후에 다시 서생이라 불렀다. 사는 4명이다.

南市典,亦孝昭王四年置,監二人。大舍二人景德王改爲主事,後復稱大舍。書生二人景德王改爲司直,後復稱書生。史四人。

남시전은 역시 효소왕 4년에 설치하였으며 감 2명이다. 대사 2명은 경덕왕이 주사로 고쳤다가 후에 다시 대사라 불렀다. 서생 2명은 경덕왕이 사직으로 고쳤다가 후에 다시 서생이라 불렀다. 사는 4명이다.

司範署屬禮部。大舍二人或云主書景德王改爲主事,後復稱大舍,位與調府舍知同。史四人。

사범서는 예부에 속한다. 대사 2명혹왈 주서은 경덕왕이 주사로 고쳤다가 후에 다시 대사라 불렀고 관등은 조부의 사지와 같다. 사는 4명이다.

京都驛,景德王改爲都亭驛,後復故。大舍二人位自舍知至奈麻爲之。史二人。

경도역은 경덕왕이 도정역으로 고쳤다가 후에 이전대로 회복시켰다. 대사 2명의 관등은 사지부터 나마까지 할 수 있다. 사는 2명이다.

漏刻典,聖德王十七年始置。博士六人、史一人。

누각전은 성덕왕 17년에 설치하였다. 박사 6명, 사 1명이다.

六部少監典一云六部監典,梁部、沙梁部監郎各一人、大奈麻各一人、大舍各二人、舍知各一人。梁部史六人,沙梁部史五人。本彼部監郎一人、監大舍一人、舍知一人、監幢五人、史一人。牟梁部監臣一人、大舍一人、舍知一人、監幢五人、史一人。漢㖳[祇]部、習比部監臣各一人、大舍各一人、舍知各一人、監幢各三人、史各一人。

6부소감전일왈 6부감전은 양부와 사량부에 감랑 각각 1명, 대나마 각각

1명, 대사 각각 2명, 사지 각각 1명이다. 양부에 사가 6명, 사량부에
사가 5명이다. 본피부에 감랑 1명, 감대사 1명, 사지 1명, 감당 5명,
사 1명이다. 모량부에 감신 1명, 대사 1명, 사지 1명, 감당 5명, 사 1명이
다. 한기부와 습비부에 감신 각각 1명, 대사 각각 1명, 사지 각각 1명,
감당 각각 3명, 사 각각 1명이다.

食尺典,大舍六人、史六人。

식척전은 대사 6명, 사 6명이다.

直徒典,大舍六人、舍知八人、史二十六人。

직도전은 대사 6명, 사지 8명, 사 26명이다.

古官家典,幢一云稽知四人、鉤尺六人、水主六人、禾主十五人。

고관가전은 당일왈 계지 4명, 구척 6명, 수주 6명, 화주 15명이다.

三國史記卷第三十九
(삼국사기 권제39)

雜志第八(잡지 제8)

職官中(직관 중)

○內省,景德王十八年改爲殿中省,後復故。(△)[私]臣一人,眞平王七年三宮各置私臣。大宮 和文大阿湌,梁宮 首肸夫阿湌,沙梁宮 弩知伊湌。至四十四年以一員兼掌三(△)[宮],位自衿荷至太大角干,惟其人則授之,亦無年限。景德王又改爲殿中令,後復稱私臣。卿二人位自奈麻至阿湌爲之。監二人位自奈麻至沙湌爲之。大舍一人,舍知一人。

내성은 경덕왕 18년에 전중성으로 고쳤다가 후에 다시 이전대로 회복시켰다. 사신은 1명이고 진평왕 7년에 3궁에 각각 사신을 두었다. 대궁에는 대아찬 화문, 양궁에는 아찬 수힐부, 사량궁에는 이찬 노지다. 44년에 이르러 한 사람이 3궁을 겸직 관장하였고 관등은 금하부터 태대각간까지 적임자면 임명하며 연한도 없다. 경덕왕이 또 전중령으로 고쳤다가 후에 다시 사신이라 불렀다. 경 2명의 관등은 나마부터 아찬까지 할 수 있다. 감 2명의 관등은 나마부터 사찬까지 할 수 있다. 대사는 1명이고 사지는 1명이다.

內司正典,景德王五年置,十八年改爲建平省,後復故。議(△)[決]一人,貞察二人,史四人。

　　내사정전은 경덕왕 5년에 설치하였고 18년에 건평성으로 고쳤다가 후에 이전대로 회복시켰다. 의결 1명, 정찰 2명, 사 4명이다.

典大舍典,典大舍一人,典翁一人,史四人。

　　전대사전은 전대사 1명, 전옹 1명, 사 4명이다.

上大舍典,上大舍一人,上翁一人。

　　상대사전은 상대사 1명, 상옹 1명이다.

黑鎧監,景德王改爲衛武監,後復故。大舍一人,史四人。

　　흑개감은 경덕왕이 위무감으로 고쳤다가 후에 이전대로 회복시켰다. 대사 1명, 사 4명이다.

本彼宮,神文王元年置。虞一人,私母一人,工翁二人,典翁一人,史二人。

　　본피궁은 신문왕 원년에 설치하였다. 우 1명, 사모 1명, 공옹 2명, 전옹 1명, 사 2명이다.

引道典,景德王改爲禮成典,後復故。上引道二人,□位引道三人,官引道四人。

　　인도전은 경덕왕이 예성전으로 고쳤다가 후에 이전대로 회복시켰다. 상인도 2명, □위인도 3명, 관인도 4명이다.

村徒典,文武王十年置。(干)[干]一人,宮翁一人,大尺一人,史二人。

　　촌도전은 문무왕 10년에 설치하였다. 간 1명, 궁옹 1명, 대척 1명, 사 2명이다.

尻驛典,看翁一人,宮翁一人。

　　구역전은 간옹 1명, 궁옹 1명이다.

平珍音典,景德王改爲掃宮,後復故。看翁一人,筵翁一人,典翁二人。

　　평진음전은 경덕왕이 소궁으로 고쳤다가 후에 이전대로 회복시켰다. 간옹 1명, 연옹 1명, 전옹 2명이다.

煙舍典,聖德王十七年置。看翁一人。

연사전은 성덕왕 17년에 설치하였다. 간옹 1명이다.

詳文師,聖德王十三年改爲通文博士,景德王又改爲翰林,後置學士。

상문사는 성덕왕 13년에 통문박사로 고쳤고 경덕왕이 또 한림으로 고쳤으며 후에 학사를 설치하였다.

所內學生,聖德王二十年置。

소내학생은 성덕왕 20년에 설치하였다.

天文博士,後改爲司天博士。

천문박사는 후에 사천박사로 고쳤다.

醫學,孝昭王元年初置,教授學生以本草經、甲乙經、素問經、針經、脈經、明堂經、難經爲之業,博士二人。

의학은 효소왕 원년에 설치하기 시작하였고 학생에게 『본초경』『갑을경』『소문경』『침경』『맥경』『명당경』『난경』을 가르쳐 학업으로 하였으며 박사는 2명이다.

供奉乘師,闕。

공봉승사는 결문이다.

律令典,博士六人。

율령전은 박사 6명이다.

藪宮典,大舍二人,史二人。

수궁전은 대사 2명, 사 2명이다.

青淵宮典,景德王改爲造秋亭,後復故。大舍二人,史二人,宮翁一人。

청연궁전은 경덕왕이 조추정으로 고쳤다가 후에 이전대로 회복시켰다. 대사 2명, 사 2명, 궁옹 1명이다.

夫泉宮典,大舍二人,史二人,宮翁一人。

부천궁전은 대사 2명, 사 2명, 궁옹 1명이다.

且熱音宮典,大舍二人,史四人,宮翁一人。

차열음궁전은 대사 2명, 사 4명, 궁옹 1명이다.

坐山典,大舍二人,史三人,宮翁一人。

좌산전은 대사 2명, 사 3명, 궁옹 1명이다.

屛村宮典,<u>景德王改爲玄龍亭</u>,後復故。大舍二人,史二人,宮翁一人。

병촌궁전은 경덕왕이 현룡정으로 고쳤다가 후에 이전대로 회복시켰다.

대사 2명, 사 2명, 궁옹 1명이다.

北吐只宮典,大舍二人,史二人。

북토지궁전은 대사 2명, 사 2명이다.

弘峴宮己下五宮通謂之古奈宮**典**,大舍二人,史二人。

홍현궁전이하 다섯 궁을 고나궁전으로 통칭함은 대사 2명, 사 2명이다.

葛川宮典,大舍二人,史二人。

갈천궁전은 대사 2명, 사 2명이다.

善坪宮典,大舍二人,史二人。

선평궁전은 대사 2명, 사 2명이다.

伊同宮典,大舍二人,史二人。

이동궁전은 대사 2명, 사 2명이다.

平立宮典,大舍二人,史二人。

평립궁전은 대사 2명, 사 2명이다.

明活典,<u>景暉王二年置</u>。大舍一人,看翁一人。

명활전은 경휘왕 2년에 설치하였다. 대사 1명, 간옹 1명이다.

源谷羊典,<u>興德王四年置</u>。大舍一人,看翁一人。

원곡양전은 흥덕왕 4년에 설치하였다. 대사 1명, 간옹 1명이다.

染谷典,看翁一人。

염곡전은 간옹 1명이다.

壁典,看翁一人,下典四人。

벽전은 간옹 1명, 하전 4명이다.

菥園典,看翁一人,下典二人。

자원전은 간옹 1명, 하전 2명이다.

豆△炭典,看翁一人。

두△탄전은 간옹 1명이다.

少年監典,景德王改爲釣天省,後復故。大舍二人,史二人。

소년감전은 경덕왕이 조천성으로 고쳤다가 후에 이전대로 회복시켰다. 대사 2명, 사 2명이다.

會宮典,景德王改爲北司設,後復故。宮翁一人,助舍知四人。

회궁전은 경덕왕이 북사설로 고쳤다가 후에 이전대로 회복시켰다. 궁옹 1명, 조사지 4명이다.

上新謀典,大舍一人,史二人。

상신모전은 대사 1명, 사 2명이다.

下新謀典,大舍一人,史二人。

하신모전은 대사 1명, 사 2명이다.

左新謀典大舍一人,史二人。

좌신모전은 대사 1명, 사 2명이다.

右新謀典,大舍一人,史二人。

우신모전은 대사 1명, 사 2명이다.

租典,大舍一人,史一人。

조전은 대사 1명, 사 1명이다.

新園典,大舍一人,史一人。

신원전은 대사 1명, 사 1명이다.

冰庫典,大舍一人,史一人。

빙고전은 대사 1명, 사 1명이다.

白川苜蓿典,大舍一人,史一人。

백천목숙전은 대사 1명, 사 1명이다.

漢秖苜蓿典,大舍一人,史一人。

한지목숙전은 대사 1명, 사 1명이다.

蚊川苜蓿典,大舍一人,史一人。

문천목숙전은 대사 1명, 사 1명이다.

本彼首蒵典,大舍一人,史一人。

본피목숙전은 대사 1명, 사 1명이다.

陵色典,大舍一人,史一人。

능색전은 대사 1명, 사 1명이다.

稜宮典,景德王改爲珍閣省,後復故。稚省十人,宮翁一人,助舍知四人,從舍知二人。

예궁전은 경덕왕이 진각성으로 고쳤다가 후에 이전대로 회복시켰다. 치성 10명, 궁옹 1명, 조사지 4명, 종사지 2명이다.

朝霞房,母二十三人。

조하방은 모 23명이다.

染宮,母十一人。

염궁은 모 11명이다.

疏典,母六人。

소전은 모 6명이다.

紅典,母六人。

홍전은 모 6명이다.

蘇芳典,母六人。

소방전은 모 6명이다.

攢染典,母六人。

찬염전은 모 6명이다.

漂典,母十人。

표전은 모 10명이다.

倭典已下十四官員數闕。

왜전 이하 14관청의 관원수는 결문이다.

錦典,景德王改爲織錦房,後復故。

금전은 경덕왕이 직금방으로 고쳤다가 후에 이전대로 회복시켰다.

鐵鍮典,景德王改爲築冶房,後復故。

철유전은 경덕왕이 축야방으로 고쳤다가 후에 이전대로 회복시켰다.

寺典。

사전.

漆典,景德王改爲(歸)[飾]器房,後復故。

칠전은 경덕왕이 식기방으로 고쳤다가 후에 이전대로 회복시켰다.

毛典,景德王改爲聚毳房,後復故。

모전은 경덕왕이 취취방으로 고쳤다가 후에 이전대로 회복시켰다.

皮典,景德王改爲鞄人房,後復故。

피전은 경덕왕이 포인방으로 고쳤다가 후에 이전대로 회복시켰다.

鞦典。

추전.

皮打典,景德王改爲鞞工房,後復故。

피타전은 경덕왕이 운공방으로 고쳤다가 후에 이전대로 회복시켰다.

磨典,景德王改爲梓人房,後復故。

마전은 경덕왕이 재인방으로 고쳤다가 후에 이전대로 회복시켰다.

(△)[鞜]**典。**

탑전.

靴典。

화전.

打典。

타전.

麻履典。

마리전.

御龍省,私臣一人哀莊王二年置。御伯郎二人景德王九年改爲奉御,
宣德王元年又改爲卿,尋改爲監。稚省十四人。

어룡성의 사신 1명은 애장왕 2년에 설치하였다. 어백랑 2명은 경덕왕
9년에 봉어로 고쳤다가 선덕왕 원년에 또 경으로 고쳤고 얼마 지나지

않아 감으로 고쳤다. 치성 14명이다.

洗宅,景德王改爲中事省,後復故。大舍八人,從舍知二人。

세택은 경덕왕이 중사성으로 고쳤다가 후에 이전대로 회복시켰다. 대사 8명, 종사지 2명이다.

崇文臺,郎二人,史四人,從舍知二人。

숭문대는 낭 2명, 사 4명, 종사지 2명이다.

嶽典,大舍二人,史四人,從舍知二人。

악전은 대사 2명, 사 4명, 종사지 2명이다.

監典,大舍二人,舍知二人,史四人,都官四人,從舍知二人。樂子無定數。

감전은 대사 2명, 사지 2명, 사 4명, 도관 4명, 종사지 2명이다. 악자는 정원이 없다.

廩典,景德王改爲天祿司,後復故。大舍二人,舍知二人,史八人,廩翁四人,從舍知二人。

늠전은 경덕왕이 천록사로 고쳤다가 후에 이전대로 회복시켰다. 대사 2명, 사지 2명, 사 8명, 늠옹 4명, 종사지 2명이다.

₍春₎[春]**典**,舍知二人,史八人。

용전은 사지 2명, 사 8명이다.

祭典,舍知二人,史六人。

제전은 사지 2명, 사 6명이다.

藥典,景德王改爲保命司,後復故。舍知二人,史六人,從舍知二人。

약전은 경덕왕이 보명사로 고쳤다가 후에 이전대로 회복시켰다. 사지 2명, 사 6명, 종사지 2명이다.

供奉醫師,無定數。

공봉의사는 정원이 없다.

供奉卜師,無定數。

공봉복사는 정원이 없다.

麻典,景德王十八年改爲織紡局,後復故。₍干₎[干]一人,史八人,從舍知四人。

마전은 경덕왕 18년에 직방국으로 고쳤다가 후에 이전대로 회복시켰다. 간 1명, 사 8명, 종사지 4명이다.

曝典,屬縣三。

포전은 속현이 셋이다.

肉典,景德王改爲尙膳局,後復故。(丰)[干]二人。

육전은 경덕왕이 상선국으로 고쳤다가 후에 이전대로 회복시켰다. 간 2명이다.

滓典,干一人,史四人。

재전은 간 1명, 사 4명이다.

阿尼典,母六人。

아니전은 모 6명이다.

綺典,景德王改爲別錦房,後復故。母八人。

기전은 경덕왕이 별금방으로 고쳤다가 후에 이전대로 회복시켰다. 모 8명이다.

席典,景德王改爲奉座局,後復故。干一 人,史二人。

석전은 경덕왕이 봉좌국으로 고쳤다가 후에 이전대로 회복시켰다. 간 1명, 사 2명이다.

机槪典,景德王改爲机盤局,後復故。干一人,史六人。

궤개전은 경덕왕이 궤반국으로 고쳤다가 후에 이전대로 회복시켰다. 간 1명, 사 6명이다.

楊典,景德王改爲司篚局,後復故。干一人,史六人。

양전은 경덕왕이 사비국으로 고쳤다가 후에 이전대로 회복시켰다. 간 1명, 사 6명이다.

瓦器典,景德王改爲陶登局,後復故。干一人,史六人。

와기전은 경덕왕이 도등국으로 고쳤다가 후에 이전대로 회복시켰다. 간 1명, 사 6명이다.

監夫大典,大舍二人,史二人,從舍知二人。

　감부대전은 대사 2명, 사 2명, 종사지 2명이다.

大傅典,大舍二人,史二人,從舍知二人。

　대부전은 대사 2명, 사 2명, 종사지 2명이다.

行軍典,大舍二人,史四人,從舍知二人。

　행군전은 대사 2명, 사 4명, 종사지 2명이다.

永昌典,大舍二人,史二人。

　영창전은 대사 2명, 사 2명이다.

古昌典,大舍二人,史四人。

　고창전은 대사 2명, 사 4명이다.

(△)[番]監,大舍二人,史二人。

　번감은 대사 2명, 사 2명이다.

願堂典,大舍二人,從舍知二人。

　원당전은 대사 2명, 종사지 2명이다.

物藏典,大舍四人,史二人。

　물장전은 대사 4명, 사 2명이다.

北廂典,大舍二人,史四人。

　북상전은 대사 2명, 사 4명이다.

南下所宮,<u>景德王</u>改爲雜工司,後復故。翁一人,助四人。

　남하소궁은 경덕왕이 잡공사로 고쳤다가 후에 이전대로 회복시켰다.
　옹 1명, 조 4명이다.

南桃園宮,翁一人。

　남도원궁은 옹 1명이다.

北園宮,翁一人。

　북원궁은 옹 1명이다.

新青淵宮,翁一人。

　신청연궁은 옹 1명이다.

針房,女子十六人。

침방은 여자 16명이다.

東宮官。

동궁관.

東宮衙,<u>景德王</u>十一年置。上大舍一人,次大舍一人。

동궁아는 경덕왕 11년에 설치하였다. 상대사 1명, 차대사 1명이다.

御龍省,大舍二人,稚省六人。

어룡성은 대사 2명, 치성 6명이다.

洗宅,大舍四人,從舍知二人。

세택은 대사 4명, 종사지 2명이다.

給帳典一云□典,典四人,稚四人。

급장전일왈 □전은 전 4명, 치 4명이다.

月池典,闕。

월지전은 결문이다.

僧房典,大舍二人,從舍知二人。

승방전은 대사 2명, 종사지 2명이다.

庖典,大舍二人,史二人,從舍知二人。

포전은 대사 2명, 사 2명, 종사지 2명이다.

月池嶽典,大舍二人,水主一人。

월지악전은 대사 2명, 수주 1명이다.

龍王典,大舍二人,史二人。

용왕전은 대사 2명, 사 2명이다.

雜志第九(잡지 제9)

職官下(직관 하)

○武官

侍衛府有三徒,<u>眞德王五年</u>置。將軍六人,<u>神文王</u>元年罷監置將軍,位自級湌至阿湌爲之。大監六人,位自奈麻至阿湌爲之。隊頭十五人,位自舍知至沙湌爲之。項三十六人,位自舍知至大奈麻爲之。卒百十七人,位自先沮知至大舍爲之。

　무관.

　시위부에는 삼도가 있으며 진덕왕 5년에 설치하였다. 장군은 6명이고 신문왕 원년에 감을 폐지하고 장군을 설치하였으며 관등은 급찬부터 아찬까지 할 수 있다. 대감은 6명이고 관등은 나마부터 아찬까지 할 수 있다. 대두는 15명이고 관등은 사지부터 사찬까지 할 수 있다. 항은 36명이고 관등은 사지부터 대나마까지 할 수 있다. 졸은 117명이고 관등은 선저지부터 대사까지 할 수 있다.

諸軍官、**將軍**共三十六人,掌大幢四人、貴幢四人。<u>漢山停</u>羅人謂營爲停三人、完山停三人、河西停二人、牛首停二人、位自眞骨上堂至上臣爲之。綠衿幢二人、紫衿幢二人、白衿幢二人、緋衿幢二人、黃衿幢二人、黑衿幢二人、碧衿幢二人、赤衿幢二人、青衿幢二人、位自眞骨級湌至角干爲之。至景德王時熊川州停加置三人。

군관, 장군은 모두 36명이고 대당을 맡은 자는 4명이고 귀당 4명이다. 한산정신라 사람은 영을 정이라 함에 3명, 완산정에 3명, 하서정에 2명, 우수정에 2명이고 관등은 진골상당부터 상신까지 할 수 있다. 녹금당, 자금당, 백금당, 비금당, 황금당, 흑금당, 벽금당, 적금당, 청금당에 각각 2명씩이고 관등은 진골 급찬부터 각간까지 할 수 있다. 경덕왕 때에 이르러 웅천주정에 3명을 더 두었다.

大官大監眞興王十年置。掌大幢五人、貴幢五人、漢山停四人、牛首停四人、河西停四人、完山停四人、無衿[113]。綠衿幢四人、紫衿幢四人、白衿幢四人、緋衿幢四人、黃衿幢四人、黑衿幢四人、碧衿幢四人、赤衿幢四人、青衿幢四人。共六十二人、着衿。眞骨位自舍知至阿湌爲之，次品自奈麻至四重阿湌爲之。

대관대감은 진흥왕 10년에 설치하였다. 맡은 자는 대당 5명, 귀당 5명, 한산정 4명, 우수정 4명, 하서정 4명, 완산정 4명이며 금이 없다. 녹금당, 자금당, 백금당, 비금당, 황금당, 흑금당, 벽금당, 적금당, 청금당에 각각 4명씩이다. 도합 62명이며 금을 붙인다. 진골의 관등은 사지부터 아찬까지 할 수 있고 차품의 관등은 나마부터 사중아찬까지 할 수 있다.

隊大監，領馬兵闕衿一人、音里火停一人、古良夫里停一人、居斯勿停一人、參良火停一人、召參停一人、未多夫里停一人、南川停一人、骨乃斤停一人、伐力川停一人、伊火兮停一人、綠衿幢三人、紫衿幢三人、白衿幢三人、黃衿幢三人、黑衿幢三人、碧衿幢三人、赤衿幢三人、青衿幢三人、菁州誓一人、漢山州誓一人、完山州誓一人。領步兵：大

---

113) 無衿: 새의 무늬 등을 짜서 장군과 군사의 옷에 붙여 부대를 구별하는 작용을 한다.

幢三人、漢山停三人、貴幢二人、牛首停二人、完山停二人、碧衿幢二
人、綠衿幢二人、白衿幢二人、黃衿幢二人、黑衿幢二人、紫衿幢二人、
赤衿幢二人、青衿幢二人、緋衿幢四人。共七十人，并着衿。位自奈麻
至阿湌爲之。

대대감은 기병을 영술하는 계금, 음리화정, 고량부리정, 거사물정, 삼
량화정, 소삼정, 미다부리정, 남천정, 골내근정, 벌력천정, 이화혜정에
각각 1명씩이다. 녹금당, 자금당, 백금당, 황금당, 흑금당, 벽금당, 적금
당, 청금당에 각각 3명이다. 청주서, 한산주서, 완산주서에 각각 1명씩
이다. 보병을 영술하 자는 대당에 3명, 한산정 3명이다. 귀당, 우수정,
완산정, 벽금당, 녹금당, 백금당, 황금당, 흑금당, 자금당, 적금당, 청금
당에 각각 2명이다. 비금당에 4명이다. 도합 70명이며 모두 금을 붙인
다. 관등은 나마부터 아찬까지 할 수 있다.

弟監，眞興王二十三年置。領大幢五人、貴幢五人、漢山停四人、牛首
停四人、河西停四人、完山停四人，無衿。碧衿幢四人、綠衿幢四人、白
衿幢四人、緋衿幢四人、黃衿幢四人、黑衿幢四人、紫衿幢四人、赤衿
幢四人、青衿幢四人、罽衿一人，共六十三人。位自舍知至大奈麻爲之。

제감은 진흥왕 23년에 설치하였다. 거느린 자는 대당 5명, 귀당 5명이
다. 한산정, 우수정, 하서정, 완산정에 각각 4명씩이며 금이 없다. 벽금
당, 녹금당, 백금당, 비금당, 황금당, 흑금당, 자금당, 적금당, 청금당에
각각 4명씩이다. 계금당은 1명이다. 도합 63명이다. 관등은 사지부터
대나마까지 할 수 있다.

監舍知 共十九人，法興王十年置。大幢一人、上州停一人、漢山停一
人、牛首停一人、河西停一人、完山停一人、碧衿幢一人、綠衿幢一人、
白衿幢一人、緋衿幢一人、黃衿幢一人、黑衿幢一人、紫衿幢一人、赤
衿幢一人、青衿幢一人、罽衿幢一人、白衿武幢一人、赤衿武幢一人、
黃衿武幢一人，無衿。位自舍知至大舍爲之。

감사지는 도합 19명이며 법흥왕 10년에 설치하였다. 대당, 상주정, 한

산정, 우수정, 하서정, 완산정, 벽금당, 녹금당, 백금당, 비금당, 황금당, 흑금당, 자금당, 적금당, 청금당, 계금당, 백금무당, 적금무당, 황금무당에 각각 1명씩이며 금이 없다. 관등은 사지부터 대사까지 할 수 있다.

少監,眞興王二十三年置。大幢十五人、貴幢十五人、漢山停十五人、河西[停十]二人、牛首停十三人、完山停十三人、碧衿幢十三人、綠衿幢十三人、白衿幢十三人、緋衿幢十三人、黃衿幢十三人、黑衿幢十三人、紫衿幢十三人、赤衿幢十三人、青衿幢十三人。領騎兵：音里火停二人、(舌)[古]良夫里停二人、居斯勿停二人、參良火停二人、召參停二人、未多夫里停二人、南川停二人、骨乃斤停二人、伐力川停二人、伊火兮停二人、緋衿幢三人、碧衿幢六人、綠衿幢六人、白衿幢六人、黃衿幢六人、黑衿幢六人、紫衿幢六人、赤衿幢六人、青衿幢六人、罽衿(一)[六]人、菁州誓三人、漢山州誓三人、完山州誓三人。領步兵：大幢六人、漢山停六人、貴幢四人、牛首停四人、完山停四人、碧衿幢四人、綠衿幢四人、白菁衿幢四人、黃衿幢四人、黑衿幢四人、紫衿幢四人、赤衿幢四人、青衿幢四人、緋衿幢八人、州誓九人、漢山州誓九人、完山州誓九人,共三百七十二人。六停無衿,此外皆著衿。位自大舍已下爲之。

소감은 진흥왕 23년에 설치하였다. 대당, 귀당, 한산정에 각각 15명이고 하서정에 12명이며, 우수정, 완산정, 벽금당, 녹금당, 백금당, 비금당, 황금당, 흑금당, 자금당, 적금당, 청금당에 각각 13명씩이다. 기병을 영솔하는 자는 음리화정, 고량부리정, 거사물정, 삼량화정, 소삼정, 미다부리정, 남천정, 골내근정, 벌력천정, 이화혜정에 각각 2명이며, 비금당 3명, 벽금당, 녹금당, 백금당, 황금당, 흑금당, 자금당, 적금당, 청금당, 계금당에 각각 6명이고, 청주서, 한산주서, 완산주서에 각각 3명씩이다. 보병을 영솔하는 자는 대당, 한산정에 각각 6명이며, 귀당, 우수정, 완산정, 벽금당, 녹금당, 백금당, 황금당, 흑금당, 자금당, 적금당, 청금당에 각각 4명이고, 비금당에 8명이고, 청주서, 한산주서, 완산주서에 각각 9명씩이다. 도합 372명이며 여섯 가지 정에는 금이 없고 이외에는 모두 금을 붙인다. 관등은 대사 이하가 할 수 있다.

火尺。大幢十五人、貴幢十人、漢山停十人、牛首停十人、河西停十人、完山停十人、綠衿幢十人、緋衿幢十人、紫衿幢十人、白衿幢十三人、黃衿幢十三人、黑衿幢十三人、碧衿幢十三人、赤衿幢十三人、青衿幢十三人，屬大官。罽衿七人、音里火停二人、古良夫里停二人、居斯勿停二人、參良火停二人、召參停二人、未多夫里停二人、南川停二人、骨乃斤停二人、伐力川停二人、伊火兮停二人、碧衿幢六人、綠衿幢六人、白衿幢六人、黃衿幢六人、黑衿幢六人、紫衿幢六人、赤衿幢六人、青衿幢六人、菁州誓二人、漢山州誓二人、完山州誓二人，領騎兵。大幢六人、漢山停六人、貴幢四人、牛首停四人、完山停四人、碧衿幢四人、綠衿幢四人、白衿幢四人、黃衿幢四人、黑衿幢四人、紫衿幢四人、赤衿幢四人、青衿幢四人、緋衿幢八人、白衿武幢八人、赤衿武幢八人、黃衿武幢八人，領步兵。共三百四十二人。位與少監同。

화척. 대당은 15명이고, 귀당, 한산정, 우수정, 하서정, 완산정, 녹금당, 비금당, 자금당에 각각 10명이고, 백금당, 황금당, 흑금당, 벽금당, 적금당, 청금당에 각각 13명씩이며 대관에 속한다. 계금은 7명이고, 음리화정, 고량부리정, 거사물정, 삼량화정, 소삼정, 미다부리정, 남천정, 골내근정, 벌력천정, 이화혜정에 각각 2명씩이며, 벽금당, 녹금당, 백금당, 황금당, 흑금당, 자금당, 적금당, 청금당에 각각 6명씩이고, 청주서, 한산주서, 완산주서에 각각 2명씩이며 기병을 영솔한다. 대당은 6명이고, 한산정은 6명이다. 귀당, 우수정, 완산정, 벽금당, 녹금당, 백금당, 황금당, 흑금당, 자금당, 적금당, 청금당에 각각 4명씩이고, 비금당, 백금무당, 적금무당, 황금무당에 각각 8명씩이며 보병을 영솔한다. 도합 342명이다. 관등은 소감과 같다.

軍師幢(王)[主]，法興王十一年置。王都一人，無衿。大幢一人、上州停一人、漢山停一人、牛首停一人、河西停一人、完山停一人、碧衿幢一人、

綠衿幢一人、緋衿幢一人、白衿幢一人、黃衿幢一人、黑衿幢一人、紫
衿幢一人、赤衿幢一人、青衿幢一人、白衿武幢一人、赤衿武幢一人、
黃衿武幢一人,共十九人。著衿。位自奈麻至一吉湌爲之(六)。

군사당주는 법흥왕 11년에 설치하였다. 경성은 1명을 두었으며 금이
없다. 대당, 상주정, 한산정, 우수정, 하서정, 완산정, 벽금당, 녹금당,
비금당, 백금당, 황금당, 흑금당, 자금당, 적금당, 청금당, 백금무당, 적
금무당, 황금무당에 각각 1명씩이며 도합 19명이다. 금을 붙인다. 관등
은 나마부터 일길찬까지 할 수 있다.

大匠尺幢主,大幢一人、<u>上州停</u>一人、(△)[漢]<u>山停</u>一人、<u>牛首停</u>一人、<u>河
西停</u>一人、<u>完山停</u>一人、碧衿幢一人、綠衿幢一人、緋衿幢一人、白衿
幢一人、黃衿幢一人、黑衿幢一人、紫衿幢一人、赤衿幢一人、青衿幢
一人,共十五人。無衿。位與軍師幢主同。

대장척당주는 대당, 상주정, 한산정, 우수정, 하서정, 완산정, 벽금당,
녹금당, 비금당, 백금당, 황금당, 흑금당, 자금당, 적금당, 청금당에 각
각 1명씩이고 도합 15명이다. 금이 없다. 관등은 군사당주와 같다.

步騎幢主,王都一人,無衿。大幢六人、<u>漢山</u>六人、貴幢四人、<u>牛首州</u>四
人、<u>完山州</u>四人、碧衿幢四人、綠衿幢四人、白衿幢四人、黃衿幢四人、
黑衿幢四人、紫衿幢四人、赤衿幢四人、青衿幢四人、白衿武幢二人、
赤衿武幢二人、黃衿武幢(一)[二]人,共六十三人。位自奈麻至沙湌爲
之。

보기당주는 경성은 1명이고 금이 없다. 대당, 한산에 각각 6명씩이다.
귀당, 우수주, 완산주, 벽금당, 녹금당, 백금당, 황금당, 흑금당, 자금당,
적금당, 청금당에 각각 4명씩이고, 백금무당, 적금무당, 황금무당에 각
각 2명씩이며 도합 63명이다. 관등은 나마부터 사찬까지 할 수 있다.

三千幢主,<u>音里</u>(水)[火]<u>停</u>六人、<u>古良夫里停</u>六人、<u>居斯勿停</u>六人、<u>參良
火停</u>六人、<u>召參停</u>六人、<u>未多夫里停</u>六人、<u>南</u>(州)[川]<u>停</u>六人、<u>骨乃斤停</u>
六人、<u>伐力川停</u>六人、<u>伊伐今停</u>六人,共六十人,著衿。位自舍知至沙

滄爲之。

　　삼천당주는 음리화정, 고량부리정, 거사물정, 삼량화정, 소삼정, 미다부리정, 남천정, 골내근정, 벌력천정, 이벌혜정에 각각 6명씩이고 도합 60명이며 금을 붙인다. 관등은 사지부터 사찬까지 할 수 있다.

著衿騎幢主、碧衿幢十八人、綠衿幢十八人、白衿幢十八人、黃衿幢十八人、黑衿幢十八人、紫衿幢十八人、赤衿幢十八人、青衿幢十八人、罽(△)[衿]六人、菁州六人、完山州六人、漢山州六人、河西州四人、牛首幢三人、四千幢三人、共一百七十八人。位與三千幢主同。

　　착금기당주는 벽금당, 녹금당, 백금당, 황금당, 흑금당, 자금당, 적금당, 청금당에 각각 18명씩이고, 계금, 청주, 완산주, 한산주에 각각 6명씩이다. 하서주 4명, 우수당 3명, 사천당 3명이고, 도합 178명이다. 관등은 삼천당주와 같다.

緋衿幢主、四十人。沙伐州三人、歃良州三人、菁州三人、漢山州二人、牛首州六人、河西州六人、熊川州五人、完山州四人、武珍州八人、共四十人。著衿。位自舍知至沙滄爲之。

　　비금당주는 40명이다. 사벌주, 삽량주, 청주에 각각 3명씩이고, 한산주 2명, 우수주 6명, 하서주 6명, 웅천주 5명, 완산주 4명, 무진주 8명이며, 도합 40명이다. 금을 붙인다. 관등은 사지부터 사찬까지 할 수 있다.

師子衿幢主、王都三人、沙伐州三人、歃良州三人、菁州三人、漢山州三人、牛首州三人、河西州三人、熊川州三人、完山州三人、武珍州三人、共三十人。著衿。位自舍知至一吉滄爲之。

　　사자금당주는 경성, 사벌주, 삽량주, 청주, 한산주, 우수주, 하서주, 웅천주, 완산주, 무진주에 각각 3명씩이며, 도합 30명이다. 금을 붙인다. 관등은 사지부터 일길찬까지 할 수 있다.

法幢主、百官幢主三十人、京餘甲幢主十五人、小京餘甲幢主十六人、外餘甲幢主五十二人、弩幢主十五人、雲梯幢主六人、衝幢主十二人、石投幢主十二人、共一百五十八人、無衿。

법당주는 백관당주 30명, 경여갑당주 15명, 소경여갑당주 16명, 외여갑
당주 52명, 노당주 15명, 운제당주 6명, 충당주 12명, 석투당주 12명이
고, 도합 158명이다. 금이 없다.

黑衣長槍末步幢主,大幢三十人、貴幢二十二人、<u>漢山</u>二十八人、<u>牛首</u>
二十人、<u>完山</u>二十人、紫衿二十人、黄衿二十人、黑衿二十人、碧衿二
十人、赤衿二十人、青衿二十人、綠衿二十四人,共二百六十四人。位
自舍知至級湌爲之。

흑의장창말보당주는 대당 30명, 귀당 22명, 한산 28명이고, 우수, 완산,
자금, 황금, 흑금, 벽금, 적금, 청금에 각각 20명씩이며, 녹금에 24명,
도합 264명이다. 관등은 사지부터 급찬까지 할 수 있다.

三武幢主,白衿武幢十六人、赤衿武幢十六人、黄衿武幢十六人,共四
十八人。位與末步幢主同。

삼무당주는 백금무당, 적금무당, 황금무당에 각각 16명씩이며, 도합
48명이다. 관등은 말보당주와 같다.

萬步幢主,京五種幢主十五人、節末幢主四人、九州萬步幢主十八人,
共三十七人。無衿。位自舍知至大奈麻爲之。

만보당주는 경오종당주 15명, 절말당주 4명, 구주만보당주 18명, 도합
37명이다. 금이 없다. 관등은 사지부터 대나마까지 할 수 있다.

軍師監,王都二人,無衿。大幢二人、<u>上州停</u>二人、<u>漢山停</u>二人、<u>牛首停</u>
二人、<u>河西停</u>二人、<u>完山停</u>二人、碧衿幢二人、綠衿幢二人、緋衿幢二
人、白衿幢二人、黄衿幢二人、黑衿幢二人、紫衿幢二人、赤衿幢二人、
青衿幢二人,共三十二人,著衿。位自舍知至奈麻爲之。

군사감은 경성에 2명이고 금이 없다. 대당, 상주정, 한산정, 우수정,
하서정, 완산정, 벽금당, 녹금당, 비금당, 백금당, 황금당, 흑금당, 자금
당, 적금당, 청금당에 각각 2명씩이며, 도합 32명이다. 금을 붙인다.
관등은 사지부터 나마까지 할 수 있다.

大匠(大)[尺]監,大幢一人、<u>上州停</u>一人、<u>漢山停</u>一人、<u>牛首停</u>一人、<u>河</u>

西停一人、完山停一人、碧衿幢一人、綠衿幢一人、緋衿幢一人、白衿
幢一人、黃衿幢一人、黑衿幢一人、紫衿幢一人、赤衿幢一人、青衿幢
一人,共十五人。無衿。位自舍知至大奈麻爲之。

대장척감은 대당, 상주정, 한산정, 우수정, 하서정, 완산정, 벽금당, 녹
금당, 비금당, 백금당, 황금당, 흑금당, 자금당, 적금당, 청금당에 각각
1명씩이며, 도합 15명이다. 금이 없다. 관등은 사지부터 대나마까지
할 수 있다.

步騎監(六十三人)。王都一人、大幢六人、漢山六人、貴幢四人、牛首四人、
完山四人、碧衿幢四人、綠衿幢四人、白衿幢四人、黃衿幢四人、黑衿
幢四人、紫衿幢四人、赤衿幢四人、青衿幢四人、白衿武幢二人、赤衿
武幢二人、黃衿武幢二人,著衿。共六十三人。位與軍師監同。

보기감. 경성 1명, 대당 6명, 한산 6명이고, 귀당, 우수, 완산, 벽금당,
녹금당, 백금당, 황금당, 흑금당, 자금당, 적금당, 청금당에 각각 4명씩
이며, 백금무당, 적금무당, 황금무당에 각각 2명씩이고 금을 붙인다.
도합 63명이다. 관등은 군사감과 같다.

三千監,音里水停六人、古良夫里停六人、居斯勿停六人、參良火停六
人、召參停六人、未多夫里停六人、南川停六人、骨乃斤停六人、伐力
川停六人、伊火兮停六人,共六十人。著衿。位自舍知至大奈麻爲之。

삼천감은 음리화정, 고량부리정, 거사물정, 삼량화정, 소삼정, 미다부
리정, 남천정, 골내근정, 벌력천정, 이화혜정에 각각 6명씩이며, 도합
60명이다. 금을 붙인다. 관등은 사지부터 대나마까지 할 수 있다.

師子衿幢監三十人。位自幢至奈麻爲之。

사자금당감은 30명이다. 관등은 당부터 나마까지 할 수 있다.

法幢監,百官幢三十人、京餘甲幢十五人、外餘甲幢六十八人、石投幢
十二人、衝幢十二人、弩幢四十五人、雲梯幢十二人,共一百九十四人。
無衿。位自舍知至奈麻爲之。

법당감은 백관당 30명, 경여갑당 15명, 외여갑당 68명, 석투당 12명,

충당 12명, 노당 45명, 운제당 12명, 도합 194명이다. 금이 없다. 관등은
사지부터 나마까지 할 수 있다.

緋衿監四十八人。領幢四十人、領馬兵八人。

비금감은 48명이다. 영당 40명, 영마병 8명이다.

著衿監,碧衿幢十八人、綠衿幢十八人、白衿幢十八人、黃衿幢十八人、
黑衿幢十八人、紫衿幢十八人、赤衿幢十八人、靑衿幢十八人、罽衿
六人、(靑)[菁]州六人、漢山六人、完山六人、河西三人、牛首幢三人、四
(子)[千]幢三人,共一百七十五人。位自幢至奈麻爲之。

착금감은 벽금당, 녹금당, 백금당, 황금당, 흑금당, 자금당, 적금당, 청
금당에 각각 18명씩이고, 계금, 청주, 한산, 완산에 각각 6명씩이며,
하서, 우수당, 사천당에 각각 3명씩이고, 도합 175명이다. 관등은 당부
터 나마까지 할 수 있다.

皆知戟幢監,四人,并王都。位自舍知至奈麻爲之。

개지극당감은 4명이고 모두 경성에 있다. 관등은 사지부터 나마까지
할 수 있다.

法幢頭上百九十二人。餘甲幢四十五人、外法幢百二人、弩幢四十五
人。

법당두상은 192명이다. 여갑당 45명, 외법당 102명, 노당 45명이다.

法幢火尺,軍師幢三十人、師子衿幢二十人、京餘甲幢十五人、外餘甲
幢百二人、弩幢四十五人、雲梯幢十一人、衝幢十八人、石投幢十八
人,共二百五十九人。

법당화척은 군사당 30명, 사자금당 20명, 경여갑당 15명, 외여갑당 102
명, 노당 45명, 운제당 11명, 충당 18명, 석투당 18명, 도합 259명이다.

法幢辟主,餘甲幢四十五人、外法幢三百六人、弩幢百三十五人,共四
百八十六人。

법당벽주는 여갑당 45명, 외법당 306명, 노당 135명, 도합 486명이다.

三千卒,百五十人。位自大奈麻已下爲之。

삼천졸은 150명이다. 관등은 대나마이하가 할 수 있다.

凡軍號二十三。一曰六停,二曰九誓幢,三曰十幢,四曰五州誓,五曰三武幢,六曰罽衿幢,七曰急幢,八曰四千幢,九曰京五種幢,十曰二節末幢,十一曰萬步幢,十二曰大匠尺幢,十三曰軍師幢,十四曰仲幢,十五曰百官幢,十六曰四設幢,十七曰皆知戟幢,十八曰三十九餘甲幢,十九曰仇七幢,二十曰二罽,二十一曰二弓,二十二曰三邊守,二十三曰新三千幢。

군사의 칭호는 모두 23종이다. 첫째 육정, 둘째 구서당, 셋째 십당, 넷째 오주서, 다섯째 삼무당, 여섯째 계금당, 일곱째 급당, 여덟째 사천당, 아홉째 경오종당, 열째 이절말당, 열한째 만보당, 열두째 대장척당, 열셋째 군사당, 열넷째 중당, 열다섯째 백관당, 열여섯째 사설당, 열일곱째 개지극당, 열여덟째 39여갑당, 열아홉째 구칠당, 스무째 이계, 스물한째 이궁, 스물둘째 삼변수, 스물셋째 신삼천당이다.

六停,一曰大幢,眞興王五年始置,衿色紫白;二曰上州停,眞興王十三年置,至文武王十三年改爲貴幢,衿色靑赤;三曰漢山停,本新州停,眞興王二十九年罷新州停置南川停,眞平王二十六年罷南川停,置漢山停,衿色黃靑;四曰牛首停,本比烈忽停,文武王十三年罷比烈忽停置牛首停,衿色綠白;五曰河西停,本悉直停,太宗王五年罷悉直停置河西停,衿色綠白;六曰(兒)[完]山停,本下州停,神文王五年罷下州停,置(兒)[完]山停,衿色白紫。

6정은 첫째 대당이고 진흥왕 5년에 설치하기 시작했으며 금색은 자백이다. 둘째 상주정이고 진흥왕 13년에 설치했으며 문무왕 13년에 이르러 귀당으로 고쳤고 금색은 청적이다. 셋째 한산정이고 본래는 신주정인데 진흥왕 29년에 신주정을 폐지하고 남천정을 설치했다가 진평왕 26년에 남천정을 폐지하고 한산정을 설치했으며 금색은 황청이다. 넷째 우수정이고 본래는 비열홀정이었으며 문무왕 13년에 비열홀정을 폐지하고 우수정을 설치했으며 금색은 녹백이다. 다섯째 하서정이고 본래는 실직정이며 태종왕 5년에 실직정을 폐지하고 하서정을 설치했으며 금색은 녹백이다. 여섯째 완산정이고 본래는 하주정이며 신문왕 5년에 하주정을 폐지하고 완산정을 설치했으며 금색은 백자다.

九誓幢, 一曰綠衿誓幢, 眞平王五年始置, (△)[但]名誓幢, 三十五年改爲綠衿誓幢, 衿色綠紫; 二曰紫衿誓幢, 眞平王四十七年始置郎幢, 文武王十七年改爲紫衿誓幢, 衿色紫綠; 三曰白衿誓幢, 文武王十二年以百濟民爲幢, 衿色白靑; 四曰緋衿誓幢, 文武王十二年始置長(槍)[槍]幢, 孝昭王二年改爲緋衿誓幢; 五曰黃衿誓幢, 神文王三年以高句麗民爲幢, 衿色黃赤; 六曰黑衿誓幢, 神文王三年以靺鞨國民爲幢, 衿色黑赤; 七曰碧衿誓幢, 神文王六年以報德城民爲幢, 衿色碧黃; 八曰赤衿誓幢, 神文王六年又以報德城民爲幢, 衿色赤黑; 九曰靑衿誓幢, 神文王七年以百濟殘民爲幢, 衿色靑白。

구서당은 첫째 녹금서당이고 진평왕 5년에 설치하기 시작하여 서당으로만 부르다가 35년에 녹금서당으로 고쳤고 금색은 녹자다. 둘째 자금서당이고 진평왕 47년에 낭당으로 설치하기 시작했다가 문무왕 17년에 자금서당으로 고쳤으며 금색은 자록이다. 셋째 백금서당이고 문무왕 12년에 백제인으로 만들었으며 금색은 백청이다. 넷째 비금서당이고 문무왕 12년에 장창당으로 설치하기 시작했다가 효소왕 2년에 비금서당으로 고쳤다. 다섯째는 황금서당이고 신문왕 3년에 고구려인으로 만들었으며 금색은 황적이다. 여섯째 흑금서당이고 신문왕 3년에 말갈국민으로 만들었으며 금색은 흑적이다. 일곱째 벽금서당이고 신문왕 6년에 보덕성민으로 만들었으며 금색은 벽황이다. 여덟째 적금서당이고 신문왕 6년에 또 보덕성민으로 만들었으며 금색은 적흑이다. 아홉째 청금서당이고 신문왕 7년에 백제의 잔민으로 만들었으며 금색은 청백이다.

十停或云三千幢, 一曰音里火停, 二曰古良夫里停, 三曰居斯勿停, 衿色靑; 四曰參良火停, 五曰召參停, 六曰未多夫里停, 衿色黑; 七曰南川停, 八

曰骨乃斤停, 衿色黃;九曰伐力川停, 十曰伊火兮停, 衿色綠。并眞興王
五年置。

십정혹왈 삼천당은 첫째 음리화정, 둘째 고량부리정, 셋째 거사물정이고
금색은 청이다. 넷째 삼량화정, 다섯째 소삼정, 여섯째 미다부리정이며
금색은 흑이다. 일곱째 남천정, 여덟째 골내근정이고 금색은 황이다.
아홉째 벌력천정, 열째 이화혜정이며 금색은 녹이다. 모두 진흥왕 5년
에 설치한 것이다.

五州誓, 一曰菁州誓, 二曰完山州誓, 三曰漢山州誓, 衿色紫綠;四曰生
首州誓, 五曰河西州誓, 衿色綠紫。并文武王十二年置。

오주서는 첫째 청주서, 둘째 완산서, 셋째 한산주서고 금색은 자록이다.
넷째 우수주서, 다섯째 하서주서며 금색은 녹자다. 모두 문무왕 12년에
설치한 것이다.

三武幢, 一曰白衿武幢, 文武王十五年置;二曰赤衿武幢, 神文王七年
置;三曰黃衿武幢, 九年置。

삼무당은 첫째 백금무당이고 문무왕 15년에 설치했으며 둘째 적금무
당이고 신문왕 7년에 설치했으며 셋째 황금무당이고 신문왕 9년에 설
치한 것이다.

罽衿幢, 太宗王元年置, 衿色罽。

계금당은 태종왕 원년에 설치하였고 금은 계색이다.

急幢, 眞平王二十七年置, 衿色黃綠。

급당은 진평왕 27년에 설치하였고 금색은 황록이다.

四千幢, 眞平王十三年置, 衿色黃黑。

사천당은 진평왕 13년에 설치하였고 금색은 황흑이다.

京五種幢衿色:一靑綠、二赤紫、三黃白、四白黑、五黑靑。

경오종당의 금색은 첫째 청록, 둘째 적자, 셋째 황백, 넷째 백흑, 다섯째
흑청이다.

二節末幢衿色:一綠紫、二紫綠。

이절말당의 금색은 첫째 녹자, 둘째 자록이다.

萬步幢,九州各二。衿色:<u>沙伐州</u>青黃、青紫、<u>歃良州</u>赤青、赤白,<u>菁州</u>赤黃、赤綠,<u>漢山州</u>黃黑、黃綠,<u>牛首州</u>黑綠、黑白,<u>熊川州</u>黃紫、黃青,<u>河西州</u>青黑、青赤,<u>武珍州</u>白赤、白黃。

만보당은 9주에 각각 2가지씩 있다. 금색: 사벌주 청황과 청자, 삽량주 적청과 적백, 청주 적황과 적록, 한산주 황흑과 황록, 우수주 흑록과 흑백, 웅천주 황자와 황청, 하서주 청흑과 청적, 무진주 백적과 백황이다.

大匠尺幢,無衿。

대장척당은 금이 없다.

軍師幢,<u>眞平王</u>二十六年始置,衿色白。

군사당은 진평왕 26년에 설치하기 시작하였고 금색은 백색이다.

仲幢,<u>文武王</u>十一年始置,衿色白。

중당은 문무왕 11년에 설치하기 시작하였고 금은 백색이다.

百官幢無衿。

백관당은 금이 없다.

四設幢,一曰弩幢,二曰雲梯幢,三曰衝幢,四曰石投幢,無衿。

사설당은 첫째 노당, 둘째 운제당, 셋째 충당, 넷째 석투당이다. 금이 없다.

皆知戟幢,<u>神文王</u>十年始置,衿色黑赤白。

개지극당은 신문왕 10년에 설치하기 시작했고 금의 색깔은 흑적백이다.

三十九餘甲幢,無衿。謂京餘甲、小京餘甲、外餘甲等也,其數未詳。

삼십구여갑당은 금이 없다. 경여갑, 소경여갑, 외여갑 등이고 그 숫자는 미상이다.

仇七幢,<u>文武王</u>十六年始置,衿色白。

구칠당은 문무왕 16년에 설치하기 시작하였고 금은 백색이다.

二罽幢或云外罽,一曰<u>漢山州</u>罽幢,<u>太宗王</u>(十七)[元]年置。二曰<u>牛首州</u>罽幢,<u>文武王</u>十二年置。衿色皆罽。

이계당혹왈 외계은 첫째 한산주계당이고 태종왕 원년에 설치했다. 둘째 우수주계당이고 문무왕 12년에 설치했다. 금은 모두 계색이다.

二弓或云外弓, 一曰漢山州弓尺, 眞德王六年置。二曰河西州弓尺, 眞平 王二十年置。無衿。

이궁혹왈 외궁은 첫째 한산주궁척이고 진덕왕 6년에 설치했다. 둘째 하 서주궁척이고 진평왕 20년에 설치했다. 금은 없다.

三邊守幢一云邊守, 神文王十年置。一曰漢山邊, 二曰牛首邊, 三曰河西 邊。無衿。

삼변수당일왈 변수은 신문왕 10년에 설치하였다. 첫째 한산변이고 둘째 우수변이며 셋째 하서변이다. 금은 없다.

新三千幢一云外三千, 一曰牛首州三千幢; 二曰奈吐郡三千幢, 文武王十 二年置; 三曰奈生郡三千幢, 十六年置。衿色未詳。

신삼천당일왈 외삼천은 첫째 우수주삼천당이다. 둘째 나토군삼천당이며 문무왕 12년에 설치하였다. 셋째 나생군삼천당이며 문무왕 16년에 설 치하였다. 금색은 미상이다.

衿, 蓋書傳所謂徽織。詩云: "織文鳥章。"箋云: "織, 徽織也; 鳥章, 鳥隼之 文章。將帥以下衣皆著焉。"史記、漢書謂之旗幟。幟與織字異音同。周 禮·司常九旗所畫異物者, 徽織所以相別。在國以表朝位, 在軍又象其 制而爲之, (柀)[被]之以備死事。羅人徽織以靑赤等色爲別者, 其形象 半月。闕亦著於衣上, 其長短之制未詳。

금은 대개 서전에서 말하는 휘지다. 『시경』 "織文鳥章"의 주석에 '織는 휘지다. 鳥章은 새나 매의 무늬다. 장수 이하의 옷에 모두 붙인다.'고 하였다. 『사기』와 『한서』에는 旗幟기치라고 하였다. '幟'와 '織'는 글은 다르지만 음이 같다. 『주례·사상司常』: 아홉 가지 깃발로 같지 않은 물 건을 그린 것은 徽織휘직으로 서로 구별하기 위함이다. 나라에서 이것으 로 조정의 지위를 나타냈고 군에서는 그 제도를 상징하여 만들어 입고 죽음에 대비하였다. 신라인은 청색, 적색의 휘지로 구별하였으며 모양은 반달의 형상이다. 계도 옷에 붙였으나 길이의 제도는 미상이다.
大將軍花,三副,長九寸,廣三寸三分。上將軍花四副,長九寸五分。下
將軍花五副,長一尺。大監花大虎頰皮,長九寸,廣二寸五分,鈴黃金,圓
一尺二寸。弟監花熊頰皮,長八寸五分,鈴白銀,圓九寸。少監花鷲尾,
鈴白銅,圓六寸。大尺花與少監同,鈴鐵,圓二寸。軍師幢主花大虎尾,
長一尺八寸。軍師監花熊胸皮,長八寸五分。大匠尺幢主花熊臂皮,長
七寸一云中虎額皮。長八寸五分,鈴黃金,圓九寸。三千幢主花大虎尾,長一尺
八寸。三千監花鷲尾。諸著衿幢主花大虎尾,長一尺八寸五分。花以猛
獸皮若鷲鳥羽作之,置杠上,若所謂豹尾者,今人謂之面槍將軍花,不
言物名,其數或多或少,其義未詳。鈴,行路置馱馬上,或云鐸。

대장군화는 세 쪽이고 길이는 9치, 너비 3치 3푼이다. 상장군화는 네
쪽이고 길이는 9치 5푼이다. 하장군화는 다섯 쪽이고 길이는 1자다.
대감화는 큰 범의 낯가죽이고 길이 9치, 너비 2치 5푼이며 방울은 황금
이고 둘레는 1자 2치다. 제감화는 곰의 낯가죽이고 길이는 8치 5푼이며
방울은 백은이고 둘레는 9치다. 소감화는 독수리 꼬리고 방울은 백동이
며 둘레는 6치다. 대척화는 소감과 같고 방울은 철이며 둘레는 2치다.
군사당주화는 큰 범의 꼬리고 길이 1자 8치다. 군사감화는 곰의 가슴
가죽이고 길이는 8치 5푼이다. 대장척당주화는 곰의 앞다리 가죽이고
길이는 7치이며일왈 중범의 이마 가죽, 길이 8치 5푼, 방울은 황금이고 둘레는
9치다. 삼천당주화는 큰 범의 꼬리고 길이 1자 8치다. 삼천감화는 독수
리 꼬리다. 제착금당주화는 큰 범의 꼬리고 길이 1자 8치 5푼이다. 화는
맹수의 가죽 또는 독수리의 깃으로 만들어 깃대 위에 달아 소위 표범의
꼬리 같으며 지금 사람들은 면창장군화라고 하며 명칭은 말하지 않고
그 수도 혹은 많고 혹은 적으며 그 뜻도 미상이다. 방울은 길 갈 때
짐 실은 말에 다되 탁이라고도 한다.

政官或云政法典,始以大舍一人、史二人爲司。至元聖王元年初置僧官,簡
僧中有才行者充之,有故則(遞)[遞],無定年限。

정관혹왈 정법전은 처음에는 대사 1명과 사 2명으로 사를 만들었다. 원성왕 원년에 이르러 처음으로 승관을 두고 승려 중에서 재주와 덕행이 있는 자를 선발하여 충당시켰으며 연고가 있으면 교체하였고 연한은 정하지 않았다.

國統一人一云寺主,**眞興王**十二年以**高句麗 惠亮法師**爲寺主。都唯那娘一人阿尼。大都唯那一人。**眞興王**始以**寶良法師**爲之,**眞德王**元年加一人。大書省一人,**眞興王**以**安臧法師**爲之,**眞德王**元年加一人。少年書省二人,**元聖王**三年以**惠英**、**梵如**二法師爲之。

국통일왈 사주 1명은 진흥왕 12년에 고구려 혜량 법사를 사주로 하였다. 도유나랑 1명은 비구니다. 대도유나는 1명이다. 진흥왕이 보량법사를 쓰기 시작하였으며 진덕왕 원년에 1명 더하였다. 대서성은 1명이고 진흥왕이 안장법사를 썼고 진덕왕 원년에 1명 더하였다. 소년서성은 2명이고 원성왕 3년에 혜영과 범여 두 법사를 썼다.

州統九人,**郡統**十八人。

주통은 9명이고 군통은 18명이다.

○外官

都督九人。**智證王**六年以<u>異斯夫</u>爲<u>悉直州</u>軍主,<u>文武王</u>元年改爲總管,<u>元聖王</u>元年稱都督。位自級湌至伊湌爲之。仕臣或云仕大等五人**眞興王**二十五年始置,位自級湌至波珍湌爲之。州助或云州輔九人,位自奈麻至重阿湌爲之。郡太守百十五人,位自舍知至重阿湌爲之。長史或云司馬九人,位自舍知至大奈麻爲之。仕大舍或云少尹五人,位自舍知至大奈麻爲之。外司正百三十三人<u>文武王</u>十三年置,位未詳。少守或云制守八十五人,位自幢至大奈麻爲之。縣令二百一人,位自先沮知至沙湌爲之。

외관

도독은 9명이다. 지증왕 6년에 이사부를 실직주 군주로 하였고 문무왕 원년에 총관으로 고쳤다가 원성왕 원년에 도독이라 불렀다. 관등은 급찬부터 이찬까지 할 수 있다. 사신혹왈 사대등 5명을 진흥왕 25년에 설치하기 시작하였고 관등은 급찬으로부터 파진찬까지 할 수 있다. 주조혹왈 주보는 9명이고 관등은 나마부터 중아찬까지 할 수 있다. 군 태수는 115명이고 관등은 사지부터 중아찬까지 할 수 있다. 장사혹왈 사마는 9명이고 관등은 사지부터 대나마까지 할 수 있다. 사대사혹왈 소윤은 5명이고 관등은 사지부터 대나마까지 할 수 있다. 외사정133명 은 문무왕 13년에 설치하였고 관등은 미상이다. 소수혹왈 제수는 85명이 고 관등은 당부터 대나마까지 할 수 있다. 현령은 201명이고 관등은 선저지부터 사찬까지 할 수 있다.

○浿江鎭典

頭上大監一人宣德王三年始置大谷城頭上, 位(白)[自]級湌至四重阿
湌爲之。大監七人位與太守同。頭上弟監一人位自舍知至大奈麻爲
之。弟監一人位自幢至奈麻爲之。步監一人位與縣令同。少監六人位
自先沮知至大舍爲之。

패강진전

두상대감 1명은 선덕왕 3년에 처음으로 대곡성두상을 두었고 관등은 급찬부터 사중아찬까지 할 수 있다. 대감 7명의 관등은 태수와 같다. 두상제감 1명의 관등은 사지부터 대나마까지 할 수 있다. 제감 1명의 관등은 당부터 나마까지 할 수 있다. 보감 1명의 관등은 현령과 같다. 소감 6명의 관등은 선저지부터 대사까지 할 수 있다.

外位, 文武王十四年以六徒眞骨出居(△)[於]五京 九州, 別稱官名, 其位
視京位。嶽干視一吉湌, 述干視沙湌, 高干視級湌, 貴(干)[干]視大奈麻。
選(工)[干]一作撰干視奈麻, 上干視大舍, 干視舍知, 一伐視吉次, 彼日視小
烏, 阿尺視先沮知。

외위는 문무왕 14년에 육도의 진골로 5경과 9주에 나가 있는 자에 대한 관직의 별칭이었고 관등은 경성의 관등에 견주었다. 악간은 일길찬에, 술간은 사찬에, 고간은 급찬에, 귀간은 대나마에, 선간일왈 찬간은 나마에, 상간은 대사에, 간은 사지에, 일벌은 길차에, 피일은 소오에, 아척은 선저지에 견주었다.

高句麗人位.高句麗人位,神文王六年以高句麗人授京官,量本國官品授之。一吉湌本主簿,沙湌本大相,級湌本位頭大兄、從大相,奈麻本小相、狄相,大舍本小兄,舍知本諸兄,吉次本先人,烏知本自位。

고구려인의 관등은 신문왕 6년에 고구려인에게 경관을 수여할 때 본국의 관품에 견주어 제수했다. 일길찬은 본국의 주부에, 사찬은 본국의 대상에, 급찬은 본국의 위두대형과 종대상에, 나마는 본국의 소상과 적상에, 대사는 본국의 소형에, 사지는 본국의 제형에, 길차는 본국의 선인에, 오지는 본국의 자위에 견주었다.

百濟人位.百濟人位,文武王十三年以百濟來人授内外官,其位次視在本國官銜。京官大奈麻本達率,奈麻本恩率,大舍本德率,舍知本扞率,幢本奈率,大烏本將德。外官貴干本達率,選干本恩率,上干本德率,干本扞率,一伐本奈率,一尺本將德。

백제인의 관등은 문무왕 13년에 백제에서 온 사람에게 경성와 지방의 관직을 제수했으며 그의 관등은 본국의 관품에 견주었다. 경관 대나마는 본국의 달솔에, 나마는 본국의 은솔에, 대사는 본국의 덕솔에, 사지는 본국의 한솔에, 당은 본국의 나솔에, 대오는 본국의 장덕에 견주었다. 외관 귀간은 본국의 달솔에, 선간은 본국의 은솔에, 상간은 본국의 덕솔에, 간은 본국의 한솔에, 일벌은 본국의 나솔에, 일척은 본국의 장덕에 견주었다.

其官銜見於雜傳記,而未詳其設官之始及位之高下者,書之於後。

관직이 잡다한 전기에 보이나 그 관직을 설치의 시작과 관등 고하가 미상인 것을 아래에 기록한다.

葛文王、檢校、尙書、左僕射、上柱國、知元鳳省事、興文監卿、太子侍書學士、元鳳省待詔、記室郎、瑞書郎、孔子廟堂大舍、錄事、參軍、右衛將軍、功德司、節度使、安撫諸軍事、州都令、佐、丞、上舍人、下舍人、中事省、南邊第一。

갈문왕, 검교, 상서, 좌복야, 상주국, 지원봉성사, 홍문감경, 태자시서학사, 원봉성대조, 기실랑, 서서랑, 공자묘당대사, 녹사, 참군, 우위장군, 공덕사, 절도사, 안무제군사, 주도령, 좌, 승, 상사인, 하사인, 중사성, 남변제일.

○**高句麗**、**百濟職官**,年代久遠,文墨晦昧,是故不得詳悉。今但以其著於古記及中國史書者爲之志。隋書云："高句麗官有太大兄。次大兄、次小兄、次對盧、次意侯奢、次烏拙、次太大使者、次大使者、次小使者、次褥奢、次翳屬、次仙人,凡十二(木)[等]。復有內評、外評、五部褥薩。"

고구려와 백제의 관직은 연대가 오래 되었고 기록이 애매하므로 자세히 알 수 없다. 지금 다만 고기와 중국의 사서에 나타난 것만을 기록한다. 『수서』왈: '고구려 관직에 태대형이 있다. 다음은 대형, 다음은 소형, 다음은 대로, 다음은 의후사, 다음은 오졸, 다음은 태대사자, 다음은 대사자, 다음은 소사자, 다음은 욕사, 다음은 예속, 다음은 선인, 모두 12등급이다. 또 내평, 외평과 5부욕살이 있다.'

新唐書云："高句麗官凡十二級:曰大對盧或曰吐[捽]。曰鬱折,主圖簿者。曰太大使者。曰皂衣頭大兄。所謂皂衣者,仙人也,(△)[秉]國政,三歲一易,善職則否。凡代日有不服,則相攻。王爲閉宮守,勝者聽爲之。曰大使者,曰大兄,曰上位使者,曰諸兄,曰小使者,曰過節,曰先人,曰古鄒大加。"又云："莫離支、大莫離支、中裏小兄、中裏大兄。"

『신당서』왈: '고구려 관직은 모두 12등급이다: 대대로혹왈 토졸. 울절은 도서와 서류를 주관한다. 태대사자. 조의두대형. 이른바 조의라는 것은 선인이며 국정을 장악하고 3년에 한 번씩 갈며 잘하면 갈지 않는다. 무릇 교체하는 날 복종하지 않는 자가 있으면 서로 공격한다. 왕은 궁문을 닫고 지키다가 이긴 자의 말을 듣고 행한다. 대사자, 대형, 상위사자, 제형, 소사자, 과절, 선인, 고추대가 등이다.' 또 왈: '막리지, 대막리지, 중리소형, 중리대형이 있다.'

(△)[冊]府元龜云:"高句麗 後漢時其國置官。有相加、對盧、沛者、古鄒(犬)[大]加古鄒大加高句麗掌賓客之官,如大鴻臚也、主簿、優一作于(合)[台]、使者、皂衣、先人。一說大官有大對盧,次有太大兄、大兄、小兄、意俟奢、烏拙、太大使者、小使者、褥奢、翳屬、仙人,并褥(△)[薩],凡十(三)[二]等。復有內評、外評,分掌內外事焉。"

『책부원귀』 왈: '고구려는 후한 때 나라에 관직을 설치하였다. 상가, 대로, 패자, 고추대가고추대가는 고구려에서 빈객 접대를 맡는 관리로서 대홍려와 같다, 주부, 우于로도 쓿태, 사자, 조의, 선인 등이 있다. 일설에는 큰 관료로서 대대로가 있고, 다음은 태대형, 대형, 소형, 의사사, 오졸, 태대사자, 소사자, 욕사, 예속, 선인 및 욕살을 합하여 모두 12등이다. 또 내평, 외평을 두어, 중앙과 지방의 사무를 나눠 맡는다.'

右見中國歷代史。

이상은 중국 역대 사서에 보인다.

左輔、右輔、大主簿、國相、九使者、中畏大夫。

좌보, 우보, 대주부, 국상, 구사자, 중외대부.

右見本國古記。

이상은 본국 고기에 보인다.

廣評省、匡治奈今侍中、徐事今侍郎、外書今員外郎、兵部、大龍部謂倉部、壽春部今禮部、奉賓部今禮賓省、義刑臺今刑部、納貨府今大府寺、調位府今三司、內奉省今都省、禁書省今秘書省、南廂壇今將作監、水壇今水部、元鳳省今翰林院、飛龍省今太僕寺、物藏省今少府監、史臺掌習諸譯語、植貨府掌栽植菓樹、障繕府掌修理城隍、珠淘省掌造成器物、正匡、元輔、大相、元尹、佐尹、正朝、甫尹、軍尹、中尹。

광평성, 광치나지금의 시중, 서사지금의 사랑, 외서지금의 원외랑, 병부, 대룡부

창부를 말함, 수춘부지금의 예부, 봉빈부지금의 예빈성, 의형대지금의 형부, 납화부지금의 대부시, 조위부지금의 삼사, 내봉성지금의 도성, 금서성지금의 비서성, 남상단지금의 장작감, 수단지금의 수부, 원봉성지금의 한림원, 비룡성지금의 태복시, 물장성지금의 소부감, 사대여러 외국어 학습 번역, 식화부과수 재배 관장, 장선부성황의 수리 관장, 주도성 기물 제작 관장, 정광, 원보, 대상, 원윤, 좌윤, 정조, 보윤, 군윤, 중윤 등이다.

右弓裔所制官號。

이상은 궁예가 제정한 관직명이다.

北史云："百濟官有十六品：佐平五人一品, 達率三十人二品, 恩率三品, 德率四品, 扞率五品, 奈率六品, 將德七品, 施德八品, 固德九品, 季德十品, 對德十一品, 文督十二品, 武督十三品, 佐軍十四品, 振武十五品, 剋虞十六品。自恩率以下官無常員, 各有部、司, 分掌衆務。內官有前內部、穀內部、內椋部、外椋部、馬部、刀部、功德部、藥部、木部、法部、後宮部, 外官有司軍部、司徒部、司空部、司寇部、點口部、外舍部、綢部、日官部、市部。長吏三年一交代。都下有方, 各爲五部：曰上部、前部、中部、下部、後部。部有五巷, 士庶居焉。部統兵五百人。五方各有方(鎭)[領]一人, 以達率爲之, 方佐貳之。方有十郡, 郡有將三人, 以德率爲之, 統兵一千一百人以下七百人以上。"

『북사』왈：'백제의 관직에는 16품이 있다. 좌평 5명은 1품, 달솔 30명은 2품, 은솔은 3품, 덕솔은 4품, 한솔은 5품, 나솔은 6품, 장덕은 7품, 시덕은 8품, 고덕은 9품, 계덕은 10품, 대덕은 11품, 문독은 12품, 무독은 13품, 좌군은 14품, 진무는 15품, 극우는 16품이다. 은솔 이하의 관직은 정원이 없고 각각 부와 사를 두어 여러 가지 사무를 분담한다. 내관에는 전내부, 곡내부, 내경부, 외경부, 마부, 도부, 공덕부, 약부, 목부, 법부, 후궁부가 있으며 외관에는 사군부, 사도부, 사공부, 사구부, 점구부, 외사부, 주부, 일관부, 시부가 있다. 장리는 3년에 한 번씩 교체한다. 경성은 방을 두어 각각 5부로 나뉘었는데 상부, 전부, 중부, 하부, 후부라 한다. 부에는 5항이 있으며 이곳에 평민들이 거주한다. 부는 500병력을 통솔한다. 5방에 방령을 각각 1명씩 두었으며 달솔로 임명하고 방좌는 2명이다. 방에는 10개 군이 있고 군에는 장수 3명을 두었으며 덕솔을 이에 임명하여 1,100 이하 700 이상의 병력을 통솔케 한다.'

隋書云："百濟官有十六品。長曰左平,次大率,次恩率,次德率,次扞率,次奈率,次將德,次施德,次固德,次季德,次對德,次文督,次武督,次佐軍,次振武,次剋虞。五方各有方領(二)[一]人,方佐貳之。方有十郡,郡有將。"

『수서』왈: '백제의 관직에는 16품이 있다. 장은 좌평이고 다음은 대솔, 다음은 은솔, 다음은 덕솔, 다음은 한솔, 다음은 나솔, 다음은 장덕, 다음은 시덕, 다음은 고덕, 다음은 계덕, 다음은 대덕, 다음은 문독, 다음은 무독, 다음은 좌군, 다음은 진무, 다음은 극우라 한다. 5방에 각각 방령 1명을 두고, 2명의 방좌를 둔다. 방에는 10개 군이 있고, 군에는 장령이 있다.'

唐書云："百濟所置內官,曰內臣佐平掌宣納事,內頭佐平掌庫藏事,內法佐平掌禮儀事,衛士佐平掌宿衛兵事,朝廷佐平掌刑獄事,兵官佐平掌外兵馬事。"

『당서』왈: '백제가 설치한 내관은, 내신좌평은 명령의 출납을 맡고, 내두좌평은 창고의 저장을 맡으며, 내법좌평은 예의를 맡고, 위사좌평은 경호의 군사를 맡으며, 조정좌평은 형사·옥사를 맡고, 병관좌평은 지방의 군사를 맡는다.'

右見中國歷代史

이상은 중국 역대의 사서에 보인다

左輔、右輔、左將、上佐平、北門頭。

좌보, 우보, 좌장, 상좌평, 북문두.

右見本國古記

이상은 본국의 고기에 보인다.

三國史記卷第四十一~五十
列傳

(삼국사기 권제41~50 열전)

三國史記卷第四十一

(삼국사기 권제41)

列傳第一(열전 제1)

金庾信上(김유신 상)

○金庾信, 王京人也。十二世祖首露不知何許人也。以後漢(△)[建]武十八年壬寅登龜峰, 望駕洛九村, 遂至其地開國, 號曰加耶, 後改金官國。其子孫相承, 至九世孫仇亥或云仇次休, 於庾信爲曾祖。羅人自謂少昊金天氏之後, 故姓金。庾信碑亦云: "軒轅之裔、少昊之胤。" 則南加耶始祖首露與新羅同姓也。祖武力爲新州道行軍總管, 嘗領兵獲百濟王及其將四人, 斬首一萬餘級。父舒玄官至蘇判、大梁州都督、安撫大梁州諸軍事。按庾信碑云: "考蘇判金逍衍。" 不知舒玄或更名耶, 或逍衍是字耶? 疑, 故兩存之。初舒玄路見葛文王立宗之子肅訖宗之女萬明, 心悅而目挑之, 不待媒妁而合。舒玄爲萬弩郡太守, 將與俱行, 肅訖宗始知女子與玄野合, 疾之, 因於別第, 使人守之。忽雷震屋門, 守者驚亂, 萬明從竇而出, 遂與舒玄赴萬弩郡。

　김유신은 경성 사람이다. 12대조 수로는 어느 곳 사람인지 모른다. 후한 건무 18년 임인에 구봉에 올라가 가락의 구촌을 바라보고 그곳으로 가서 국가를 세우고 국호를 가야라 하였다가 후에 금관국으로 고쳤다. 그 자손이 이어 9세손 구해혹왈 구차휴가 유신의 증조부다. 신라인들은 스스로 소호 금천씨의 후예라고 하므로 성을 김이라 한다. 『유신비문』 에도 '헌원의 후예이며 소호의 자손'이라 하였다. 그러면 남가야 시조 수로는 신라와 동성이다. 조부 무력은 신주도 행군총관을 하며 군사를 거느리고 백제왕과 그 장수 네 명을 사로잡고 만여 명을 참수한 적이 있다. 부친 서현은 관작이 소판, 대량주 도독, 안무대량주 제군사에 이르렀다. 『유신비문』 왈: '부친은 소판 김소연이다.' 서현이 고친 이름 인지, 혹은 소연이 그의 자인지 알 수 없다. 의심스러우므로 둘 다 보존 해둔다. 당초 서현이 길에서 갈문왕 입종의 아들 숙흘종의 딸 만명을 보았을 때 내심으로 기뻐하여 추파를 던지고 중매도 없이 결합하였다. 서현이 만노군 태수가 되어 만명과 함께 가려 할 때 숙흘종이 비로소 딸이 서현과 야합한 사실을 알고 미워하며 별채에 가두고 사람을 시켜 지키도록 하였다. 갑자기 대문에 벼락이 쳐서 지키던 사람이 놀라 정신 이 혼란해졌을 때 만명이 창문구멍으로 나와 마침내 서현과 함께 만노 군으로 갔다.

舒玄庚辰之夜夢熒(或)[惑]鎭二星降於己,萬明亦以辛丑之夜夢見童 子衣金甲乘雲入堂中。尋而有娠,二十月而生庚信。是眞平王 建福十 二年、隋文帝 開皇十五年乙卯也。及欲定名,謂夫人曰:"吾以庚辰夜 吉夢得此兒,宜以爲名,然禮不以日月爲名、今庚與庚字相似,辰與信 聲相近,況古之賢人有名庚信,盍以命之?"遂名庚信焉萬弩郡今之鎭州,初以 庚信胎藏之高山,至今謂之胎靈山。

서현은 경진일 밤에 화성과 토성 두 별이 자기에게 내려오는 꿈을 꾸었 고 만명도 역시 신축일 밤에 한 어린이가 금 갑옷을 입고 구름을 타고 집안으로 들어오는 꿈을 꾸었다. 얼마 지나지 않아 잉태하여 스무 달 만에 유신을 낳았다. 이해가 진평왕 건복 12년, 수문제 개황 15년 을묘 였다. 이름을 지으려 할 때 부인에게 말했다: "내가 경진일 밤에 길몽을

꾸어 이 아이를 얻었으니 마땅히 이로 이름을 지어야 할 것이다. 그러나 『예기』에 날이나 달의 이름으로 이름을 짓지 않는다고 하니 지금 '庚'은 '庚'와 글자가 비슷하고 '辰'은 '信'과 발음이 비슷하며 하물며 옛날의 현인 중에도 유신이라는 이름을 가진 사람이 있었으니 어찌 이를 이름으로 삼지 않을까?" 마침내 이름을 유신이라 하였다 만노군은 지금의 진주인데 당초에 유신의 태를 높은 산에 묻었으므로 지금도 그 산을 태령산이라고 한다.

公年十五歲爲花郎。時人洽然服從,號龍華香徒。眞平王 建福二十八年辛未公年十七歲,見高句麗、百濟、靺鞨侵軼國疆,慷慨有平寇賊之志,獨行入中嶽石崛齊戒,告天盟誓曰："敵國無道爲豺虎,以擾我封場,略無寧歲。(催)[僕]是一介微臣,不量材力,志淸禍亂。惟天降監,假手於我。"居四日,忽有一老人被褐而來,曰："此處多毒蟲猛獸,可畏之地,貴少年爰來獨處何也?"[114]答曰："長者從何許來?尊名可得聞乎?"老人曰："吾無所住,行止隨緣,名則難勝也。"公聞之,知非常人,再拜進曰："僕新羅人也,見國之讐,痛心疾首,故來此,冀有所遇耳。伏乞長者,憫我精誠,(愛)[授]之方術。"

공은 15세 때 화랑이 되었다. 당시 사람들은 기꺼이 따르며 그들을 용화향도라고 불렀다. 진평왕 건복 28년 신미 공의 나이 17세 때 고구려, 백제, 말갈이 국경을 침범하는 것을 보고 격양되어 외적을 평정하려는 뜻을 품고 혼자 중악석굴에 들어가 재계하고 하늘에 고하여 맹세했다："적국이 무도하여 짐승 같고 우리의 영역을 소란케 하니 편안한 해가 거의 없습니다. 저는 일개 미약한 신하로서 재간과 힘을 마다하고 나라의 환란을 없애기로 뜻을 세웠습니다. 하늘은 굽어 살펴 저에게 수단을 빌려주소서!" 나흘이 되자 갑자기 한 노인이 베옷을 입고 와서 왈："여기는 독사와 맹수가 많아서 무서운 곳인데 귀 소년이 와서 혼자 거처하니 무슨 일인가?" 답 왈："어르신은 어디서 왔습니까? 존함을

---

114) 貴少年: 중앙본 '귀하게 생긴 소년'. '貴'는 상대방을 존칭하는 접두사다.

알려줄 수 없습니까?" 노인 왈: "나는 주거지가 없고 인연 닿는 대로 가고 머무나니 이름은 난승이다." 공이 이 말을 듣고 평범한 사람이 아님을 알고 두 번 절하고 말했다: "저는 신라인입니다. 나라의 원수를 보니 가슴이 아파 여기에 와서 뭔가 만나기를 바라고 있습니다. 삼가 비옵건대 어르신께서 저의 정성을 불쌍히 여기시고 방술을 가르쳐 주십시오."

老人默然無言。公涕淚懇請不倦,至于六七。老人乃言曰:"子幼而有 并三國之心,不亦壯乎?"㈥[乃]授以秘法,曰:"愼勿妄傳。若用之不義, 反受其殃。"言訖而辭。行二里許,追而望之,不見,唯山上有光,爛然若 五色焉。建福二十九年隣賊轉迫,公愈激壯心,獨携寶劍入咽薄山深 壑之中,燒香告天祈祝,若在中嶽誓辭,仍禱:"天官垂光,降靈於寶劍。" 三日夜虛角二星光芒赫然下垂,劍若動搖然。建福四十六年己丑秋八 月,王遣伊湌任㈜[末]里、波珍湌龍春、白龍、蘇判大因、舒玄等,率兵 攻高句麗 娘臂城。麗人出兵逆擊之,吾人失利,死者衆多,衆心折衂,無 復鬪心。

노인은 묵묵히 말이 없었다. 공은 눈물을 흘리면서 지칠 줄 모르며 예닐곱 번이나 거듭 열심히 간청하였다. 노인은 그제야 말했다: "그대 가 어린 나이로 삼국을 병합하려는 뜻을 품었으니 또한 장하지 않은 가!" 곧 비법을 가르쳐 주고 "부디 함부로 전하지 말라! 만약 의롭게 쓰지 않으면 도리어 재앙을 받으리라"라고 말하였다. 말이 끝나자 작별 을 했다. 2리쯤 갔을 때 뒤를 쫓아가 보았으나 보이지 않고 오직 산 위에 오색찬란한 빛이 서려 있었다. 건복 29년에 인접한 적국의 침략이 더욱 긴박하여지자 공은 장한 뜻을 더욱 일으켜 보검을 차고 홀로 열박 산 깊은 골짜기에 들어가 향을 피워 놓고 하늘에 고하며 중악에서처럼 맹세하면서 기도하였다: "천관께서는 빛을 내려 보검에 신령을 내려주 소서." 3일째 되는 날 밤에 허수와 각수 두 별자리의 빛이 환하게 내려 오자 검이 흔들리는 것 같았다. 건복 46년 기축 가을 8월 왕이 이찬

임말리, 파진찬 용춘·백룡, 소판 대인·서현 등을 시켜 군사를 거느리고 고구려 낭비성을 공격하였다. 고구려인이 군사를 출동하여 공격하자 우리 측이 불리하여 죽은 자가 많고 병사들의 사기가 꺾여 다시 싸울 마음이 없어졌다.

庚信時爲中幢幢主, 進於父前, 脫冑而告曰: "我兵敗北。吾平生以忠孝自期, 臨戰不可不勇。盖聞'振領而裘正, 提綱而網張', 吾其爲綱領乎。"乃跨馬拔劍跳坑, 出入賊陣, 斬將軍, 提其首而來。我軍見之, 乘勝奮擊, 斬殺五千餘級, 生擒一千人。城中兇懼, 無敢抗, 皆出降。善德大王十一年壬寅百濟敗大梁州, 春秋公女子古陁炤娘從夫品釋死焉。春秋恨之, 欲請高句麗兵, 以報百濟之怨, 王許之。將行, 謂庾信曰: "吾與公同體爲國股肱。今我若入彼見害, 則公其無心乎?"庾信曰: "公若往而不還, 則僕之馬跡必踐於麗, 濟兩王之庭。苟不如此, 將何面目以見國人乎?"春秋感悅, 與公互噬手指, 血以盟曰: "吾計日六旬乃還。若過此不來, 則無再見之期矣。"遂相別。

유신은 당시 중당당주로서 부친 앞으로 다가가 투구를 벗고 고했다: "아군은 패배하였습니다. 저는 평생 충효 하겠다고 기약하였으니 전쟁에 임하여 용감하지 않을 수 없습니다. '옷깃을 들면 옷이 퍼지고 벼리를 당기면 그물이 퍼진다.'고 들었으니 제가 옷깃과 벼리가 되겠습니다." 곧 말에 올라 칼을 뽑아들고 참호를 뛰어넘어 적진을 드나들며 적장을 참수하여 머리를 들고 돌아왔다. 아군이 이를 보고 승세를 타고 분발하여 5천여 명을 참수하고 1천 명을 생포하였다. 성 안 사람들은 공포에 질려 감히 대항하는 자가 없이 모두 나와 항복하였다. 선덕대왕 11년 임인에 백제가 대량주를 격파하였을 때 춘추공의 딸 고타소랑이 남편 품석을 따라 죽었다. 춘추는 한탄하며 고구려에 청병하여 백제의 원한을 갚고자 하였고 왕은 이를 허락하였다. 길을 떠나려 할 때 유신에게 말했다: "나와 공은 한 몸과 같은 나라의 팔과 다리이다. 이번에 내가 만약 그곳에 들어가 피해를 당하면 공이 무심할 수 있겠는가?"

유신이 대답하였다: "공이 만일 갔다가 돌아오지 못한다면 저의 말발굽이 반드시 고구려, 백제 두 왕의 궁정을 짓밟을 것입니다. 만약 이렇게 하지 못하면 무슨 면목으로 나라 사람을 대하겠습니까?" 춘추가 감격하고 기뻐하여 공과 함께 서로 손가락을 깨물어 피를 마시며 맹세하였다: "내가 날짜를 따져보니 60일이면 돌아올 것이다. 만일 이 기한이 지나도록 오지 못하면 다시 만날 날이 없을 것이다." 그들은 드디어 작별하였다.

後庾信爲押梁州軍主。春秋與訓信沙(于)[干]聘高句麗,行至代買縣,縣人豆斯支沙干贈青布三百步。既入彼境,麗王遣太大對盧盖金館之,燕饗有加。或告麗王曰:"新羅使者非庸人也。今來殆欲觀我形勢也,王其圖之,俾無後患。"王欲橫問,因其難對而辱之,謂曰:"麻木峴與竹嶺本我國地,若不我還,則不得歸。"春秋答曰:"國家土地非臣子所專,臣不敢聞命。"王怒,囚之欲戮,未果。

후에 유신은 압량주군주가 되었다. 춘추가 사간 훈신과 함께 고구려에 방문 가는 도중 대매현에 도착했을 때 해당 현의 사간 두사지가 청포 3백 보를 그에게 주었다. 고구려 경내에 들어가니 고구려 왕이 태대대로 개금을 보내 객관을 정해주고 또한 잔치를 베풀어 우대해주었다. 어떤 사람이 고구려왕에게 말했다: "신라 사자는 보통 사람이 아닙니다. 이번에 그가 온 것은 아마 우리의 형세를 정탐하려는 것 같은데 왕께서는 잘 처리하시어 후환이 없게 하소서." 왕은 무리한 질문으로 대답하기 어렵게 하여 그를 욕보이게 하려고 물었다: "마목현과 죽령은 본래 우리나라 땅이니 만약 우리에게 돌려주지 않으면 돌아가지 못한다." 춘추 답 왈: "국가의 영토는 신하가 마음대로 할 수 있는 것이 아니므로 소신은 감히 명령을 따를 수 없습니다." 왕이 분노하여 그를 가두고 죽이려 하였으나 미처 죽이지 않고 있었다.

春秋以青布三百步密贈王之寵臣先道解。道解以饌具來相飲,酒酣,戲語曰:"子亦嘗聞龜兎之說乎?昔東海龍女病心,醫言'得兎肝合藥,

則可療也.'然海中無兔,不奈之何。有一龜白龍王言:'吾能得之.'遂
登陸見(兎)[兔],言:'海中有一島,清泉白石,茂林佳菓,寒暑不能到,鷹
隼不能侵。爾若得至,可以安居無患.'因負兔背上,游行二三里許,龜
顧謂兔曰:'今龍女被病,須兔肝爲藥,故不憚勞,負爾來耳.'兔曰:'噫,
吾神明之後,能出五藏洗而納之。日者小覺心煩,遂出肝心洗之,暫置
巖石之底。聞爾甘言徑來,肝尙在彼,何不廻歸取肝?則汝得所求,吾雖
無肝尙活,豈不兩相宜哉?'龜信之而還。纔上岸,兔脫入草中,(請)[謂]
龜曰:'愚哉,汝也,豈有無肝而生者乎?'龜憫默而退。"

춘추는 청포 3백 보를 왕의 총신 선도해에게 몰래 주었다. 도해가 음식
을 가지고 와서 함께 술을 마시고 얼근해지자 농담조로 말했다: "그대
도 거북이와 토끼의 이야기를 들은 적이 있겠지? 옛날 동해 용왕의
딸이 심장병으로 앓았는데 의사가 '토끼의 간을 얻어 합제한 약이면
병을 고칠 수 있다'고 하였다. 그러나 바다에는 토끼가 없으니 어찌할
수 없었다. 거북 한 마리가 용왕에게 아뢰었다: '제가 그것을 구할 수
있습니다.' 이윽고 거북이는 육지로 나와서 토끼를 보고 말했다: '바다
에 섬이 하나 있는데 맑은 샘에 흰 돌, 무성한 숲에 맛있는 과일, 추위와
더위도 없고, 맹금의 침범도 없다. 네가 갈 수만 있다면 근심 없이 편안
히 살 수 있을 것이다.' 그리고 토끼를 등에 업고 2~3리쯤 헤엄쳐 간
후 거북이는 토끼를 돌아보며 말했다: '지금 용왕의 딸이 병에 걸렸는
데 토끼 간으로 약을 지어야 하기 때문에 이렇게 수고를 마다않고 너를
업고 오는 것이다.' 토끼가 말했다: '아차! 나는 신명의 후예인지라 오
장을 꺼내어 씻어서 넣을 수 있다. 일전에 속이 약간 답답해 간과 심장
을 꺼내 씻은 후에 잠시 바위 밑에 두었다. 당신의 달콤한 말을 듣고
바로 오는 바람에 간이 아직도 거기에 있다. 어찌 돌아가서 간을 가지고
오지 않는담? 그러면 당신도 구하려는 것을 얻게 되고 나는 간이 없더
라도 살 수 있으니 둘 다 좋은 일이 아닌가?'거북이는 그 말을 곧이듣고
돌아갔다. 언덕에 오르자마자 토끼가 풀 속으로 뛰어 들어가면서 거북

에게 말했다: '어리석기도 하구나. 네놈은! 어찌 간이 없이 사는 놈이
있겠느냐?'거북은 이 말을 듣고 멍청하여 묵묵히 물러갔다."

春秋聞其言, 喻其意, 移書於王曰: "二嶺本大國地分。臣歸國, 請吾王
還。謂予不信, 有如曒日。"王乃悅焉。春秋入高句麗過六旬未還, 庾
信揀得國內勇士三千人, 相語曰: "吾聞見危致命、臨難忘身者, 烈士
之志也。夫一人致死當百人, 百人致死當千人, 千人致死當萬人, 則可
以橫行天下。今國之賢相被他國之拘執, 其可畏不犯難乎?"於是衆人
曰: "雖出萬死一生之中, 敢不從將軍之令乎?"遂請王以定行期。時高
句麗諜者浮屠德昌使告於王。王前聞春秋盟辭, 又聞諜者之言, 不敢
復留, 厚禮而歸之。及出境, 謂送者曰: "吾欲釋憾於百濟, 故來請師。大
王不許之而反求土地, 此非臣所得專。嚮與大王書者, 圖逭死耳。"此與
本(司)[紀]眞平王十二年所書一事而小異。以皆古記所傳, 故兩存之。

춘추는 이 말을 듣고 그의 뜻을 알아차렸으며 왕에게 편지를 보내 말했
다: "두 고개는 대국의 땅입니다. 소신이 귀국하면 우리 왕에게 돌려
드리도록 말하겠습니다. 제 말이 미덥지 못하면 밝은 태양이 보고 있습
니다." 왕은 기뻐하였다. 춘추가 고구려에 간지 60일이 지나도록 못
돌아오자 유신은 국내의 용사 3천 명을 선발하여 놓고 말했다: "위기를
당하면 목숨을 내놓고 어려움을 당하면 한 몸을 잊는 것이 열사의 뜻이
라고 나는 들었다. 한 사람이 목숨을 바쳐서 백 사람을 대적하고 백
사람이 목숨을 바쳐서 천 사람을 대적하며 천 사람이 목숨을 바쳐서
만 사람을 대적한다면 천하를 횡행할 수 있다. 지금 이 나라의 어진
재상이 타국에 구금되어 있는데 어찌 두려워하며 모험하지 않을 수
있겠는가?" 이에 뭇 사람들 왈: "비록 만 번 죽고 한 번 사는 일에
나간다 하여도 감히 장군의 명령에 따르지 않겠습니까?" 유신은 왕에
게 떠날 날짜를 정해주기를 요청하였다. 이때 고구려 간첩 승려 덕창이
사람을 보내 왕에게 알렸다. 왕은 전날 춘추의 맹서를 들었고 또한
첩자의 말을 들은 지라 감히 더 남겨두지 못하고 후한 예우로 춘추를

귀국시켰다. 국경을 벗어나자 춘추가 전송하러 나온 자에게 말했다: "내가 백제에 대한 유감을 풀기 위하여 고구려에 와서 군사를 요청하였는데 대왕은 이를 허락하지 않고 도리어 땅을 요구하였고, 이것은 소신이 마음대로 할 수 있는 일이 아니다. 전번에 대왕에게 보낸 글은 죽음을 면하려는 것뿐이다." 이는 『본기』 선덕왕 11년의 기록과 같은 사건인데 내용이 약간 다르다. 모두 고기에 기록된 것이기 때문에 두 가지를 그대로 남긴다.

庾信爲押梁州軍主, 十三年爲蘇判。秋九月王命爲上將軍, 使領兵伐百濟 加兮城、省熱城、同(大)[火]城等七城。大克之, 因開加兮之(律)[津]。乙(丑)[巳]正月歸, 未見王, 封人急報百濟大軍來攻我買利浦城。王又拜庾信爲上州將軍, 令拒之。庾信聞命即駕, 不見妻子, 逆擊百濟軍, 走之, 斬首二千級。三月還命王宮, 未歸家, 又急告百濟兵出屯于其國界, 將大擧兵侵我。王復告庾信曰: "請公不憚勞遄行, 及其未至備之。"庾信又不入家, 練軍繕兵, 向西行。于時其家人皆出門外待來。庾信過門, 不顧而行。至五十步許, 駐馬, 令取漿水於宅, 啜之曰: "吾家之水, 尙有舊味。"於是軍衆皆云: "大將軍猶如此, 我輩豈以離別骨肉爲恨乎?"及至疆場, 百濟人望我兵衛, 不敢迫, 乃退。大王聞之甚喜, 加爵賞。

유신은 압량주 군주로 있다가 13년에 소판이 되었다. 가을 9월 왕은 유신을 상장군으로 임명하고 군사를 이끌고 백제의 가혜성, 성열성, 동화성 등 일곱 성을 정벌하게 하였다. 크게 이기고 이로서 가혜에 나루를 개설하였다. 을사 정월 돌아와 왕을 만나지 못했는데 백제의 대군이 와서 우리의 매리포성을 공격한다는 소식을 봉인이 급히 알렸다. 왕은 다시 유신을 상주 장군으로 모시고 방어하게 하였다. 유신은 명을 받자 즉시 말을 타고 처와 자식도 만나지 못하고 백제군을 공격하여 쫓아내고 2천 명을 참수하였다. 3월 돌아와 왕궁에 복명하고 아직 집으로 돌아가기도 전에 또 백제군이 출동하여 국경에 주둔하였으며 군사를 대거 풀어 우리를 침략하려한다는 급보가 왔다. 왕은 다시 유신에게 말했다: "공은 수고를 꺼려하지 말고 빨리 가서 적들이 도착하기

전에 대비하라." 유신은 또 집에 들르지도 못하고 군사를 훈련하고 병기를 정비하여 서쪽으로 떠났다. 그때 유신의 가족들은 모두 문 밖에서 오기를 기다리고 있었다. 유신은 문을 지나면서 뒤를 돌아보지 않고 갔다. 50보 가량 떨어진 곳에 이르러 말을 멈추고 집의 감주를 떠오게 하고 마시면서 말했다: "우리 집의 감주 맛이 아직도 옛 맛 그대로구나." 그때 병사들이 모두 "대장군도 이러한데 우리가 어찌 골육과 헤어짐을 유감스럽게 여길 것인가"라고 하였다. 국경에 이르자 백제인들이 아군의 방비 진영을 보고 감히 접근하지 못하고 물러갔다. 왕은 이 소식을 듣고 매우 기뻐하며 그에게 관작과 상을 주었다.

十六年丁未是善德王末年、眞德王元年也。大臣毗曇、廉宗謂女主不能善理, 擧兵欲廢之, 王自內禦之。毗曇等屯於明活城, 王師營於月城, 攻守十日不解。丙夜大星落於月城, 毗曇等謂士卒曰:"吾聞落星之下必有流血, 此殆女主敗績之兆也。"士卒呼吼聲振地。大王聞之, 恐懼失次。庾信見王曰:"吉凶無常, 惟人所召。故紂以赤雀(△)[亡], 魯以獲麟衰, 高宗以雉雊興, 鄭公以龍鬥昌。故知德勝於妖, 則星辰變異不足畏也, 請王勿憂。"乃造偶人抱(大)[火], 載於風鳶而颺之, 若上天然。翌日使人傳言於路曰:"昨夜落星還上。"使賊軍疑焉。又刑白馬祭於落星之地, 祝曰:"天道則陽剛而陰柔, 人道則君尊而臣(△)[卑]。苟或易之, 即爲大亂。今毗曇等以臣而謀君, 自下而犯上。此所謂亂臣賊子, 人神所同疾, 天地所不容。今天若無意於此, 而反見星怪於王城, 此臣之所疑惑而不喻者也。惟天之威, 從人之欲, 善善惡惡, 無作神羞。"於是督諸將卒奮擊之, 毗曇等敗走。追斬之, 夷九族。

16년 정미는 선덕왕 말년이자 진덕왕 원년이다. 대신 비담, 염종 등은 여왕이 잘 다스리지 못한다며 군사를 동원하여 폐위시키려 하였으며 왕은 궁 안에서 방어하였다. 비담 등은 명활성에 주둔하고 왕의 군사는 월성에 진을 친 채 공방전이 10일이 지나도 해결을 보지 못했다. 한밤중에 큰 별이 월성에 떨어지자 비담 등은 사졸들에게 왈: "나는 별이 떨어진 자리에는 반드시 피가 흐른다는 말을 들었으니 이는 아마 여왕이 패전할 징조다." 반란군 병졸들의 함성이 대지를 흔들었다. 왕은 듣고 두려워하며 정신이 흩어졌다. 유신이 왕을 뵙고 말했다: "길흉에는 일정한 법칙이 없으며 오직 사람이 부르는 것입니다. 그러므로 붉은 새가 모여 들었어도 상주왕은 망하였고 기린을 얻었어도 노는 쇠약해졌으며 수꿩이 울었지만 은고종은 흥기했고 용이 싸웠지만 노나라 정공이 창성했습니다. 이로써 덕은 요귀를 이김을 알 수 있고 별의 변괴는 두려워할 것이 못되니 왕께서는 근심하지 마십시오." 허수아비로 불을 싸서 연에 실어 띄워 보내 마치 하늘로 올라가는 것처럼 하였다. 다음날 길가는 사람들에게 "어제 밤 별이 떨어졌다가 다시 올라갔다"는 소문을 내어 적들로 하여금 의심을 품게 했다. 또 백마를 잡아 별이 떨어진 자리에서 제사를 지내면서 기원하였다: "천도에는 양이 강하고 음이 부드러우며 인도에는 임금이 존귀하고 신하가 비천하다. 만일 이 순서를 바꾸면 큰 변란이 일어난다. 지금 비담 등이 신하로서 임금을 모해하며 아랫사람으로서 윗사람을 범하니 이는 이른바 난신적자로서 사람과 신령이 함께 미워하고 하늘과 땅이 용납하지 못할 일이다. 지금 하늘이 이에 무심하고 도리어 별의 변괴를 경성에 나타낸 것이라면 이는 소신이 의심스럽고 알 수 없는 바이다. 하늘의 위엄으로 인간의 소망대로 선을 좋아하고 악을 미워하여 신령으로서 부끄럽게 행하지 말라." 그리고 나서 장졸들을 독려하여 분연히 돌격하였다. 비담 등은 패주하였다. 추격하여 참수하고 구족을 멸하였다.

冬十月百濟兵來圍茂山、甘勿、桐岑等三城, 王遣庾信率步騎一萬拒之。苦戰氣竭, 庾信謂丕寧子曰:"今日之事急矣, 非子誰能激衆心乎?" 丕寧子拜曰:"敢不惟命之從?"遂赴敵。子擧眞及家奴合節隨之, 突釰戟, 力戰死之。軍士望之, 感勵爭進, 大敗賊兵, 斬首三千餘級。眞德王太和元年戊申, 春秋以不得請於高句麗, 遂入唐乞師。太宗皇帝曰: "聞爾國庾信之名, 其爲人也如何?" 對曰:"庾信雖少有才智, 若不籍天威,豈易除隣患?"帝曰:"誠君子之國也。"乃詔許,敕將軍蘇定方以師二十萬征百濟。時庾信爲押梁州軍主,若無意於軍事,飮酒作樂,屢經旬月。州人以庾信爲庸將,譏謗之曰:"衆人安居日久,力有餘,可以一戰,而將軍慵惰,如之何?"

겨울 10월 백제군이 무산, 감물, 동잠 등 세 성을 포위하여 왕은 유신에게 보병과 기병 1만 명을 주어 항거하였다. 고전 끝에 기진맥진하여져 유신은 비령자에게 말했다: "오늘의 사태가 위급한데 당신이 아니면 누가 병사들의 마음을 격려할 수 있겠는가?" 비령자가 절을 하며 "어찌 감히 명령을 따르지 않겠습니까?"고 말하며 적진으로 달려갔다. 아들 거진과 집종 합절이 그를 따라 칼, 창 속으로 돌진하여 힘껏 싸우다가 죽었다. 병사들이 이를 보고 감격하여 앞을 다투어 진격하여 적병을 대파하고 3천여 명을 참수했다. 진덕왕 태화 원년 무신에 춘추는 고구려를 청하지 못하여 당에 들어가 군사를 청하였다. 태종황제 왈: "너희 나라의 유신에 대한 명성을 들었는데 그의 사람됨이 어떠한가?" 춘추 왈: "유신이 비록 재능과 지혜가 조금 있지만 천제의 위력을 빌지 않고 어떻게 쉽사리 인국의 우환을 없앨 수 있겠습니까?" 황제는 "참으로 군자의 나라로다"라며 허락의 조서를 내려 장군 소정방에게 20만 병력을 주어 백제를 정벌하도록 하였다. 이때 유신은 압량주 군주로 있으며 군무에는 아무런 뜻도 없는 것처럼 술을 마시고 낙을 누리며 몇 달가량 지냈다. 주 사람들은 유신을 용렬한 장수라고 여기면서 "백성들은 편하게 생활한지 오래 되었으므로 힘의 여유가 있어 한바탕 싸울 만한데 장군이 저렇게 용렬하고 나태하니 어찌할까?"라고 비방하였다.

庾信聞之,知民可用,告大王曰:"今觀民心,可以有事。請伐百濟,以報大梁州之役。"王曰:"以小觸大,危,將奈何?"對曰:"兵之勝否不在大小,顧其人心何如耳。故紂有億兆人,離心離德,不如周家十亂同心同德。[115]今吾人一意,可與同死生,彼百濟者不足畏也。"王乃許之。遂簡練州兵赴敵。至大梁城外,百濟逆拒之。佯北不勝,至玉門谷,百濟輕之,大率衆來。伏發擊其前後,大敗之,獲<u>百濟</u>將軍八人,斬獲一千級。
於是使告<u>百濟</u>將軍曰:"我軍主品釋及其妻<u>金氏</u>之骨埋於爾國獄中。
今爾(裨)[神]將八人見捉於我,匍匐請命。我以狐豹首丘山之意,未忍
殺之。今爾送死二人之骨,易生八人,可乎?"

유신은 이 말을 듣고 백성들이 쓸 만함을 알고 왕에게 고했다: "지금
민심을 살펴보니 일을 치를 만합니다. 백제를 쳐서 대량주 싸움의 원수
를 갚읍시다." 왕이 말했다: "작은 힘으로 큰 세력을 건드리다간 위험한
데 어쩔 건가?" 유신이 답하였다: "전쟁의 승부는 힘의 대소에 있는
것이 아니라 민심이 어떤가에 달렸을 뿐입니다. 그러므로 하주왕은
수많은 인구가 있었으나 인심과 덕이 흩어져 주의 올바른 대신 열 명이
한 마음 한 뜻을 가진 것만 못하였습니다. 지금 우리는 한 뜻이 되어
생사를 같이할 수 있으니 백제를 두려워할 것 없습니다." 왕이 허락하
였다. 유신은 주의 병사를 선발 훈련하여 적을 치러 갔다. 대량성 밖에
이르니 백제가 맞아 대항하였다. 패배하는 척하고 옥문곡에 이르니
백제는 얕잡아 보고 군사를 크게 동원하여 왔다. 매복한 병사가 출동하
여 백제군의 앞뒤를 공격하여 대파하고 백제 장수 8명을 생포 했으며
1천 명을 참수했다. 사신을 보내 백제 장군에게 말했다: "우리의 군주
품석과 그의 아내 김씨의 뼈가 너희 나라 옥중에 묻혀 있다. 지금 너희
들의 비장 8명이 우리에게 잡혀서 꿇어 엎드려 살려달라고 한다. 나는
여우와 표범이 죽을 때 머리를 제 고향으로 향하는 뜻을 생각하여 차마
죽이지 않았다. 지금 너희가 죽은 두 사람의 유골을 보내와 여덟 명의
산사람과 바꾸면 될까?"

<u>百濟</u> <u>仲常</u>一作忠常<u>佐平</u>言於王曰:"<u>羅</u>人骸骨留之無益,可以送之。若<u>羅</u>
人失信,不還我八人,則曲在彼,直在我,何患之有?"乃掘<u>品釋</u>夫妻之
骨而送之。<u>庾信</u>曰:"一葉落,茂林無所損;一塵集,大山無所增。"許八

---

115) 十亂: '亂'은 '治'의 뜻이다. 주무왕의 훌륭한 대신 <u>周公旦</u> 등 10인을 일컫는다.

人生還。遂乘勝入百濟之境,攻拔嶽城等十二城,斬首二萬餘級,生獲
九千人。論功,增秩伊湌,爲上州行軍大總管。又入賊境,屠進禮等九
城,斬首九千餘級,虜得六百人。春秋入唐請得兵二十萬來,見庾信
曰:"死生有命,故得生還,復與公相見,何幸如焉?"庾信對曰:"下臣仗
國威靈,再與百濟大戰,拔城二十,斬獲三萬餘人,又使品釋公及夫人
之骨得反鄉里。此皆天幸所致也,吾何力焉。"

백제의 중상일왈 忠常좌평이 왕에게 왈: "신라인의 해골을 남겨두어 유익
할 것 없으니 보낼 수 있습니다. 만일 신라인이 신의를 저버리고 우리
여덟을 돌려보내지 않으면 잘못이 그들에게 있고 옳음이 우리에게 있으
니 무슨 걱정이 있겠습니까?" 곧 품석 부처의 유골을 파서 보내왔다.
유신은 "잎 하나 떨어진다고 하여 무성한 숲이 줄지 않고 티끌 하나
쌓인다 하여 큰 산이 보태지는 것이 아니다."라고 말하고 여덟을 산
채로 보냄을 허락하였다. 이내 승세를 타고 백제 경내에 들어가 악성
등 12성을 함락시키고 2만을 참수하였으며 9천을 생포했다. 공을 논하여
이찬으로 승진시키고 상주 행군대총관으로 하였다. 또 적국에 들어가
진례 등 아홉 성을 도륙하고 9천여 명을 참수하였으며 6백 명을 생포했다.
춘추가 당에 들어가 병력 20만을 얻기로 하고 돌아와 유신을 만나 말했
다: "생사는 천명에 달려서인지 살아와 다시 공과 만나게 되니 얼마나
다행입니까?" 유신이 대답했다: "소신이 나라의 힘과 영령의 위세를
빌어 백제와 두 번 크게 싸워 성20개를 빼앗고 3만여 명을 참수하거나
생포했으며 또 품석공과 부인의 유골을 향리로 돌아올 수 있게 하였습니
다. 이는 모두 하늘이 준 행운이지 내게 무슨 힘이 있었겠습니까?"

三國史記卷第四十二

(삼국사기 권제42)

列傳第二(열전 제2)

[金庾信中](김유신 중)

〇[太和]二年秋八月百濟將軍殷相來攻石吐等七城。王命庾信及竹
旨、陳春、天存等將軍出禦之。分三軍爲五道擊之，互相勝負，經旬不
解，至於僵屍滿野，流血浮杵。116)於是屯於道薩城下，歇馬餉，以圖再
擧。時有水鳥東飛，過庾信之幕。將士見之，以爲不祥。庾信曰："此不足
怪也。"謂衆曰："今日必有百濟人來諜。汝等佯不知，勿敢誰何。"又使
徇于軍中曰："堅壁不動，待明日援軍至，然後決戰。"諜者聞之，歸報殷
相。殷相等謂有加兵，不能不疑懼。於是，庾信等一時奮擊，大克之。生
獲將軍達率正仲、士卒一百人，斬佐平殷相、達率自堅等十人及卒八
千九百八十人，獲馬一萬匹、鎧一千八百領，其他器械稱是。及歸還，路
見百濟佐平正福與卒一千人來降，皆放之，任其所往。至京城，大王迎

---

116) 流血浮杵: 杵: 방패. 중앙본 '흐르는 피가 내를 이루어 공이를 띄울 정도에 이르렀
다'. 허허벌판에 절구공이가 있을 수 없다.

門,勞慰優厚。

태화 2년 가을 8월 백제 장군 은상이 석토 등 일곱 성을 공격하였다. 왕은 유신과 죽지, 진춘, 천존 등 장군에게 명하여 나가 방어하도록 하였다. 삼군을 다섯 갈래로 나누어 공격하였으나 승패를 서로 주고받으며 열흘이 지나도록 끝나지 않고 쓰러진 시체는 들에 차고 흔른 피에 방패가 떴다. 하여 도살성 아래에 주둔해 말을 쉬우고 병사를 먹여 다시 공격하려 하였다. 이때 물새가 동쪽으로 날아가며 유신의 군막을 지나갔다. 장병들은 이를 보고 상서롭지 못하다 여겼다. 유신이 "이상할 것 없다. 오늘 반드시 백제인이 정탐하러 올 것이다. 너희들은 모르는 체 하며 누구냐고 묻지 말라!"고 하고 또 진영을 돌며 명령하였다: "성벽을 굳게 지키고 움직이지 말라. 내일 지원군이 도착한 다음 결전을 하리라." 첩자는 듣고 돌아가 은상에게 보고하였다. 은상 등은 병력이 증가 된다 하므로 두려움을 갖지 않을 수 없었다. 이때 유신 등이 일시에 공격하여 대승을 거두었다. 장군 달솔 정중과 사졸 100명을 생포했으며 좌평 은상과 달솔 자견 등 10명과 병졸 8,980명을 참수했고 말 1만 필과 갑옷 1,800벌을 노획하였으며 이 외에 노획한 각종 기구도 이와 맞물린다. 돌아올 때 길에서 백제의 좌평 정복이 병사 1천 명을 데리고 항복하여 왔다. 그들을 모두 풀어주어 가고 싶은 대로 가게 맡겼다. 경성에 이르니 대왕이 문까지 나와서 맞이하여 위로하고 후대하였다.

永徽五年眞德大王薨,無嗣,庚信與宰相閼川伊飡謀迎春秋伊飡即位,是爲太宗大王。永徽六年乙卯秋九月庚信入百濟,攻刀比川城,克之。是時百濟君臣奢泰淫逸,不恤國事,民怨神怒,災怪屢見。庚信告於王曰:"百濟無道,其罪過於桀、紂,此誠順天弔民伐罪之秋也。"先是租未坤級飡爲夫山縣令被虜於百濟,爲佐平任子之家奴。從事勤恪,曾無懈慢,任子憐之不疑,[117]縱其出入。乃逃歸,以百濟之事告庚信。庚信知租未坤忠正而可用,乃語曰:"吾聞任子專百濟之事,思有以與謀而未由。子其爲我再歸言之。"答曰:"公不以僕爲不肖,而指使之,雖死無悔。"

영휘 5년에 진덕대왕이 사망하였으나 이을 사람이 없어 유신은 재상 이찬 알천과 상의하여 이찬 춘추를 맞아 즉위시켰는데 그가 곧 태종대왕이다. 영휘 6년 을묘 가을 9월 유신은 백제에 들어가 도비천성을 공격하여 이겼다. 이때 백제는 군신이 사치하고 음란하며 국사를 돌보지 않으므로 백성들은 원망하고 신령이 노하며 재앙과 괴변이 자주 일어났다. 유신이 왕에게 고하였다: "백제가 무도하여 죄악이 걸,주보다 심하니 이는 실로 하늘의 뜻에 따라 백성을 불쌍히 여기어 그 죄를 다스릴 때입니다." 당초에 급찬 조미갑이 부산현령으로 있다가 백제로 잡혀가서 좌평 임자의 가노가 되었다. 그는 부지런하고 태만한 적이 없었으므로 임자는 그를 좋아하며 의심하지 않았고 마음대로 출입하게 하였다. 그는 탈출하여 돌아와 백제의 사정을 유신에게 보고하였다. 유신은 조미갑이 충직하여 쓸 만함을 알고 그에게 왈: "나는 임자가 백제의 국사를 전담한다고 들었는데 그와 꾀하려 하였으나 기회를 얻지 못하고 있었다. 그대가 나를 위하여 다시 돌아가서 이야기해 달라." 조미갑 답 왈: "공이 저를 불초하다고 여기지 않고 일을 맡기니 비록 죽더라도 후회가 없습니다."

遂復入於百濟,告任子曰:"奴自以謂既爲國民,宜知國俗,是以出遊累旬不返。不勝犬馬戀主之誠,故此來耳。"任子信之不責。租未坤伺間報曰:"前者畏罪不敢直言,其實往新羅還來。庾信諭我來告於君曰:'邦國興亡,不可先知,若君國亡,則君依於我國;我國亡,則吾依於君國。'"任子聞之,默然無言。租未坤惶懼而退,待罪數月。任子喚而問之曰:"汝前說庾信之言若何?"租未坤驚恐而對如前所言。任子曰:"爾所傳

---

117) 任子憐之不疑: '憐', 사랑하다, 좋아하다. 중앙본 '임자가 불쌍히 여기고 의심치 않아'.

我已悉知,可歸告之。"遂來說,兼及中外之事,丁寧詳悉。於是愈急幷
吞之謀。

　　다시 백제로 가서 임자에게 말했다: "제가 기왕 백제의 백성이 되었으
니 이 나라 풍습을 알아야 했기에 수십 일 동안 다니면서 돌아오지
못했습니다. 개와 말이 주인을 그리는 정성을 이기지 못하고 이렇게
돌아 왔습니다." 임자는 그 말을 믿고 책망하지 않았다. 조미갑이 기회
를 타서 말했다: "전번에는 죄를 받을까 두려워서 감히 바른 말을 하지
못하였는데 사실은 신라에 갔다가 돌아왔습니다. 유신이 임께 전하라
하면서 저에게 말했습니다: '나라의 흥망은 예측할 수 없으니 만일 그
대의 나라가 망하면 그대는 저의 나라에 의탁하고 저의 나라라 망하면
저는 그대의 나라에 의탁하기로 하자.'" 임자는 듣고 묵묵히 말이 없었
다. 조미갑은 황송해하며 물러나와 여러 달 동안 문죄를 기다렸다. 임자
가 그를 불러서 물었다: "네가 지난번에 이야기한 유신의 말이 어떠했
던가?" 조미갑은 놀라고 두려워하며 지난번에 말한 것과 똑같이 대답
하였다. 임자가 말했다: "네가 전한 말을 내가 이미 잘 알았다고 돌아가
서 알려라." 조미갑이 돌아와 말을 전하고 백제의 중앙과 지방의 사정
도 언급하며 상세하게 이야기 하였다. 그러므로 더욱 서둘러 병탄할
모의를 하였다.

太宗大王七年庚申夏六月大王與太子法敏將伐百濟,大發兵,至南川
而營。時入唐請師波珍湌金仁問與唐大將軍蘇定方、劉伯英領兵十
三萬過海到德物島,先遣從者文泉來告。王命太子與將軍庾信、眞珠、
天存等以大船一百艘載兵士會之。太子見將軍蘇定方,定方謂太子
曰:"吾由海路,太子登陸行,以七月十日會于百濟王都泗沘之城。"太
子來告,大王率將士行至沙羅之停。將軍蘇定方、金仁問等沿海入(依)
[技]伐浦,海岸泥濘,陷不可行。乃布柳席以出師,唐、羅合擊百濟滅之。
此役也,庾信之功爲多,於是唐皇帝聞之,遣使(裵)[襃]嘉之。將軍定方
謂庾信、仁問、良圖三人曰:"吾受命以便宜從事,今以所得百濟之地

分錫公等爲食邑, 以酬厥功, 如何?" 庾信對曰: "大將軍以天兵來, 副寡君之望, 雪小國之讐, 寡君及一國臣民喜抃之不暇, 而吾等獨受賜以自利, 其如義何?" 遂不受。

태종대왕 7년 경신 여름 6월 대왕은 태자 법민과 같이 백제를 공격하려 군사를 크게 동원하여 남천에 이르러 진을 쳤다. 이때 당에 원군을 청하러 갔던 파진찬 김인문이 당 대장군 소정방, 유백영과 함께 13만 병력을 거느리고 바다를 건너 덕물도까지 와서 먼저 부하 문천을 보내 알렸다. 왕이 태자와 장군 유신, 진주, 천존 등에게 명하여 큰 배 100척에 병사를 태우고 가서 회합하였다. 태자가 장군 소정방을 만나자 정방이 태자에게 왈: "나는 해로로 가고 태자는 육로로 가서 7월 10일 백제의 경성 사비성에서 만나자." 태자가 돌아와서 전하자 대왕은 장병을 거느리고 사라의 정에 이르렀다. 장군 소정방, 김인문 등은 해안을 따라 기벌포에 이르렀으나 해안 갯벌에 빠져 지날 수가 없었다. 버들자리로 깔고 군사를 출동시켰으며 당, 나 군이 연합 공격하여 백제를 멸망시켰다. 이 전쟁에서 유신의 공로가 크므로 당황제가 듣고 사신을 보내 표창하였다. 장군 정방이 유신, 인문, 양도 세 사람에게 말했다: "내가 현지의 형편에 따라 알아서 처사하라는 명을 받았으니 이번에 빼앗은 백제 땅을 공들의 식읍으로 나누어줌으로써 공에 보답코자 하는데 어떤가?" 유신이 "대장군이 천병을 거느리고 와서 우리임금의 소망에 부응하고 소국의 원수를 갚았으니 우리임금과 국민들이 기뻐할 겨를도 없는데 유독 우리만이 하사받아 자신의 이익을 챙긴다면 이 어찌 의로운 일이겠습니까?"라며 받지 않았다.

唐人既滅百濟, 營於泗沘之丘, 陰謀侵新羅。我王知之, 召群臣問策。多美公進曰: "令我民詐爲百濟之人, 服其服, 若欲爲賊者, [118] 唐人必擊之, 因與之戰, 可以得志矣。" 庾信曰: "斯言可取, 請從之。" 王曰: "唐軍

---

118) 若欲爲賊者: 若: 처럼 …하다. 중앙본 '만약 반역하게 하면'.

爲我滅敵,而反與之戰,天其祐我耶?"庾信曰:"犬畏其主,而主踏其脚,則咬之。豈可遇難而不自救乎?請大王許之。"唐人諜知我有備,虜百濟王及臣寮九十三人,卒二萬人,以九月三日自泗沘泛船而歸,留郎將劉仁願等鎭守之。定方旣獻俘,天子慰藉之,曰:"何不因而伐新羅?"定方曰:"新羅其君仁而愛民,其臣忠以事國,下之人事其上如父兄,雖小不可謀也。"

당은 백제를 멸망시키자 사비의 언덕에 진영을 치고 신라 침략을 음모하였다. 우리 왕이 알고 신하들을 불러 대책을 물었다. 다미공이 진언했다: "우리 백성을 백제인으로 가장시켜 백제의 옷을 입히고 반역하는 것처럼 하면 당군이 반드시 이를 공격할 것이며 이때 그들과 싸우면 뜻을 이룰 수 있습니다." 유신이 말했다: "이 말을 들을 만하니 따릅시다." 왕이 말했다: "당군이 우리의 적을 소멸해주었는데 도리어 그들과 싸우면 하늘이 우리를 도와주겠는가?" 유신이 말했다: "개가 주인을 두려워하지만 주인이 개의 다리를 밟으면 무는 법입니다. 조난당한 자가 어찌 스스로 구하지 않겠습니까? 대왕께서 허락하여 주십시오." 당은 우리의 대비책을 정탐하여 알고 백제왕과 관료 93명, 병졸 2만 명을 사로잡아 9월 3일 사비로부터 배를 타고 돌아가면서 낭장 유인원 등을 남겨두어 수비하게 하였다. 정방이 포로를 바치니 천자가 위로하며 말했다: "어찌하여 내친 김에 신라를 치지 않았는가?" 정방이 말했다: "신라왕은 인자한 마음으로 백성을 사랑하고 신하들은 충성으로 나라를 받들며 아랫사람들은 윗사람을 부형과 같이 섬기고 있으므로 비록 작은 나라지만 도모할 수가 없습니다."

龍朔元年春王謂百濟餘燼尚在,不可不滅,以伊湌品日、蘇判文王、大阿湌良圖等爲將軍,往伐之,不克。又遣伊湌欽純─作欽春、眞欽、天存、蘇判竹旨等濟師。[119]高句麗、靺鞨謂新羅銳兵皆在百濟,內虛可擣,

---

119) 濟師: 군사를 보태다. 중앙본 '군사를 인솔하게 하였다'.

發兵,水陸并進,圍北漢山城。高句麗營其西,靺鞨屯其東,攻擊浹旬,城
中危懼。忽有大星落於賊營,又雷雨震擊。賊等疑駭,解圍而遁。初庚
信聞賊圍城,曰:"人力既竭,陰助可資。"詣佛寺設壇祈禱。會有天變,
皆謂至誠所感也。庚信嘗以中秋夜領子弟立大門外,忽有人從西來。
庚信知高句麗諜者,呼使之前,曰:"而國有底事乎?"其人俯而不敢對。
庚信曰:"無畏也,但以實告。"又不言。庚信告之曰:"吾國王上不違天
意,下不失人心,百姓欣然皆樂其業。今爾見之,往告而國人。"遂慰送
之。麗人聞之,曰:"新羅雖小國,庚信爲相,不可輕也。"

용삭 원년 봄 왕은 백제의 잔적이 아직 남아 있어 소멸하지 않으면
안 된다며 이찬 품일, 소판 문왕, 대아찬 양도 등을 장군으로 하여 정벌
하였으나 이기지 못하였다. 또 이찬 흠순일왈 흠춘진흠, 천존, 소판 죽지
등을 보내 병력을 증가하였다. 고구려와 말갈은 신라의 정예군이 모두
백제에 있어 국내가 비었으므로 공격할 수 있다고 여겨져 군사를 출동
시켜 수로와 육로로 동시에 진격하여 북한산성을 포위하였다. 고구려
는 서쪽에, 말갈은 동쪽에 주둔하여 10일 동안 공격하자 성 안은 위험하
여 두려움에 싸였다. 갑자기 큰 별이 적의 진지에 떨어지고 또한 우레가
울리고 비가 오며 벼락이 쳤다. 적들은 당혹하고 놀라 포위를 풀고
도주하였다. 당초 유신은 적이 성을 포위했다는 소문을 듣고 "사람의
힘은 다하였으니 하늘의 도움을 얻을 수밖에 없다"라며 사찰로 가서
제단을 쌓고 기도를 하였다. 마침 천변이 일어나자 사람들은 지성에
감동된 거라고 말하였다. 유신이 추석날 밤에 자제들을 데리고 대문
밖에 서 있은 적이 있는데 갑자기 어떤 사람이 서쪽으로부터 왔다.
유신은 그가 고구려 첩자인 것을 알고 불러 앞으로 오게 하고 말했다:
"너희 나라에 무슨 일이 있느냐?" 그는 고개를 숙이고 감히 대답을
못하였다. 유신이 "겁내지 말고 사실대로 말하라"고 하였으나 역시 대
답이 없었다. 유신이 "우리나라 임금은 위로는 하늘의 뜻을 어기지 않
고 아래로는 인심을 잃지 않았기 때문에 백성들이 흔쾌히 각자의 생업

을 즐기고 있다. 지금 네가 보았으니 가서 너희 나라 사람에게 알려라!"
하고는 곧 그를 위로하여 돌려보냈다. 고구려인들은 이 말을 듣고 말했다: "신라는 비록 작은 나라지만 유신이 재상인 한 소홀히 할 수 없다."

六月,唐高宗皇帝遣將軍蘇定方等征高句麗,入唐宿衛金仁問受命來告兵期,兼諭出兵會伐。於是文武大王率庾信、仁問、文訓等發大兵向高句麗,行次南川州。鎮守劉仁願以所領兵自泗沘泛船,至鞋浦下陸,亦營於南川州。時有司報:"前路有百濟殘賊,屯聚瓮山城遮路,不可直前。"於是庾信以兵進而圍城。使人近城下,與賊將語曰:"而國不襲,致大國之討。順命者賞,不順命者戮。今汝等獨守孤城,欲何爲乎?終必塗地,不如出降。非獨存命,富貴可期也。"賊高聲唱曰:"雖蕞爾小城,兵食俱足,120)士卒義勇,寧爲死戰,誓不生降。"庾信笑曰:"窮鳥困獸猶知自救,此之謂也。"乃揮旗鳴鼓攻之。大王登高見戰士,涙語激勵之,士皆奮突,鋒刃不顧。九月二十七日城陷,捉賊將戮之,放其民。論功賞賚將士,劉仁願亦分絹有差。於是饗士秣馬,欲往會唐兵。

6월 당고종황제가 장군 소정방 등을 보내 고구려를 정벌하자 당에 가서 숙위하던 김인문이 명을 받고 와서 출병 기일을 알리고 출병하여 함께 치자 하였다. 이에 따라 문무대왕이 유신, 인문, 문훈 등을 거느리고 대군을 풀어 고구려로 가다가 남천주에 주둔했다. 진수 유인원이 거느린 병사도 사비에서 배를 타고 혜포에 내려 역시 남천주에 진을 쳤다. 이때 관계자가 와서 알렸다: "앞에 백제의 잔적이 옹산성에 뭉쳐 길을 막고 있어 곧바로 전진할 수 없다." 이에 유신이 군사를 끌고 진격하여 옹산성을 포위하였다. 사람을 보내 성 아래로 접근하여 적장에게 말했다: "네 나라가 공손치 않았기 때문에 대국의 토벌을 초래한 것이다. 명에 따르는 자는 상을 받고 불순자는 죽인다. 지금 너희들이 홀로 고립된 성을 지키며 어찌하려는가? 결국 패망할 것이니 나와서 항복하

---

120) 兵食俱足: 兵, 병기. 중앙본 '군사와 식량이 모두 족하며'.

는 것만 못하다. 목숨을 보존할 뿐 아니라 부귀도 기대할 수 있으리라."
적은 큰 소리로 외쳤다: "비록 보잘것없는 성이지만 병기와 식량이
모두 충족하며 사졸들이 의롭고 용감하니 싸우다 죽을지언정 항복하는
것으로 살지 않겠다." 유신이 웃으며 말했다: "궁지의 새와 짐승도 자신
을 위하여 싸울 줄 안다가 이를 두고 하는 말이로구나." 곧 깃발을 휘두
르고 북을 울리며 공격하였다. 대왕이 높은 곳에 올라 전사들을 보며
눈물로 격려하니 병사들이 모두 분격 돌진하며 창과 칼을 두려워하지
않았다. 9월 27일 성이 함락되자 적장을 잡아 처형하고 백성들은 놓아주
었다. 공에 따라 장병들에게 상을 주었으며 유인원도 역시 차등을 두어
비단을 나누어주었다. 이에 병사들을 대접하고 말을 배불리 먹인 다음
당군과 합세하고자 하였다.

大王前遣大監文泉移書蘇將軍,至是復命,遂傳定方之言曰:"受命萬
里,涉滄海而討賊,艤舟海岸,既踰月矣。大王軍士不至,糧道不繼,其危
殆甚矣,王其圖之。"大王問群臣如之何而可,皆言深入敵境輸糧,勢不
得達矣。大王患之咨嗟,庚信前對曰:"臣過叨恩遇,忝辱重寄,國家之
事雖死不避,今日是老臣盡節之日也。當向敵國,以副蘇將軍之意。"
大王前席執其手,下淚曰:"得公賢弼,可以無憂。若今玆之役罔愆于
素,則公之功德曷日可忘?"庚信既受命,至懸鼓岑之岫寺齊戒,即靈室
閉戶獨坐,焚香累日,夜而後出,私自喜曰:"吾今之行得不死矣。"將行,
王以手書告庚信:"出疆之後,賞罰專之可也。"

대왕은 이에 앞서 대감 문천을 소장군에게 파견하여 편지를 보냈는데
이때 돌아와 보고하고 소정방의 말을 전했다: "내가 만 리 밖에서 명을
받고 창해를 건너 적을 토벌하러 해안에 배를 정박한지 한 달이 넘었소.
대왕의 군사가 오지 않고 군량수송을 잇지 못해 심히 위태로우니 왕께
서는 선처하오." 왕이 대신들에게 어찌하면 될까 물으니 모두 적의 경
내에 깊이 들어가 군량을 운반하면 송달될 수 없다고 말하였다. 대왕이
걱정하며 한탄하자 유신이 앞으로 나아가 대답하였다: "소신이 과분한

은총을 받아 외람되게 중책을 지니고 있으니 나라의 일이라면 죽더라도 외면할 수 없으며 지금이야말로 이 늙은 몸이 절의를 다할 때입니다. 당연히 적국으로 들어가 소장군의 뜻에 부응하렵니다." 대왕은 자리 앞으로 나가 유신의 손을 잡고 눈물을 흘리면서 말했다: "공 같은 어진 보필을 얻었으니 걱정할 일이 없구나. 만약 이번 일이 진심에 틀림없으면 그대의 공덕을 어느 날인들 잊을 수 있겠소." 유신은 명령을 받은 후 현고잠 동굴 안의 절에 가서 재계하고 영실로 들어가 문 닫고 홀로 앉아 향을 피운지 며칠이 지나 밤에 나와 스스로 기뻐하며 말했다: "나는 이번 걸음에 죽지 않는다." 떠나려 할 때 왕이 손수 글을 써 주었다: "국경을 나선 뒤에는 상벌권을 마음대로 행사할 수 있소."

十二月十日,與副將軍仁問、眞服、良圖等九將軍率兵載糧,入高句麗之界。壬戌正月二十三日至七重河,人皆恐懼,不敢先登,庚信曰:"諸君若怕死,豈合來此?"遂先自上船而濟,諸將卒相隨渡河。入高句麗之境,慮麗人要於大路,遂自險隘以行,至於蒜壤。庚信與諸將士曰:"麗、濟二國侵凌我疆場,賊害我人民,或虜丁壯以斬戮之,或俘幼少以奴使之者久矣。其可不痛乎?吾今所以不畏死赴難者,欲藉大國之力滅二城,以雪國讐。誓心告天,以期陰助,而未知衆心如何,故言及之。若輕敵者,必成功而歸;若畏敵,則豈免其禽獲乎?宜同心協力,無不以一當百,是所望於諸公者也。"諸將卒皆曰:"願奉將軍之命,不敢有偸生之心。"乃鼓行向平壤。

12월 10일 부장군 인문, 진복, 양도 등 아홉 장군과 함께 병사를 거느리고 양곡을 싣고 고구려경계로 들어갔다. 임술년 정월 23일 칠중하에 이르니 사람들은 모두 겁에 질려 감히 먼저 승선하지 않자 유신이 "그대들이 죽음을 두려워한다면 왜 여기에 왔는가?"라며 먼저 배를 타고 건너가니 장졸들이 뒤를 따라 강을 건넜다. 고구려경내에 들어가서는 큰 길에서는 고구려인에게 요격당할 것을 염려하여 험하고 좁은 길로 행군하여 산양에 도착하였다. 유신이 장령들에게 말했다: "고구려, 백제 두 나라가 우리 강토를 침범하고 우리 인민을 해쳐 혹은 장정들을 잡아다 죽이고 혹은 어린이들을 잡아다 노비로 부린지 오래 되었다. 어찌 통탄하지 않으랴. 내가 지금 죽음을 두려워하지 않고 어려운 일에 뛰어든 것은 대국의 힘을 빌려 두 경성을 멸망시켜 나라의 원수를 갚으려는 것이다. 결심을 하늘에 고하고 영령의 도움을 바라나 여러분의 심정이 어떠한가를 알 수 없기에 언급한다. 만약 적을 가벼이 여긴다면 꼭 성공하고 돌아갈 수 있으나 두려워하면 사로잡힘을 면할 수 없다. 마땅히 한 마음으로 협력하여 누구나 일당백의 용기를 가지는 것이 여러분께 바라는 바이다." 장졸들이 모두 말했다: "장군의 명령을 받들어 구차하게 살 마음을 감히 갖지 않겠습니다." 곧 북을 치며 평양으로 향하였다.

路逢賊兵, 逆擊克之, 所得甲兵甚多。至障塞之險, 會天寒烈, 人馬疲憊, 往往僵仆。庚信露肩執鞭, 策馬以前驅。衆人見之, 努力奔走出汗, 不敢言寒。遂過險, 距平壤不遠。庚信曰: "唐軍乏食窘迫, 宜先報之。"乃喚步騎監裂起曰: "吾少與爾遊, 知爾志節。今欲致意於蘇將軍而難其人, 汝可行否?"裂起曰: "吾雖不肖, 濫中軍職, 況辱將軍(便)[使]令, 雖死之日, 猶生之年。"遂與壯士仇近等十五人詣平壤, 見蘇將軍曰: "庚信等領兵致資糧, 已達近境。"定方喜, 以書謝之。庚信等行抵楊隩, 見一老人問之, 其悉敵國消息。賜之布帛, 辭, 不受而去。

도중에 적병을 만나 공격하여 이기고 많은 갑옷과 무기를 노획하였다. 험준한 장새에 이르자 날씨가 몹시 추워 사람과 말이 지쳐서 많이 쓰러졌다. 유신은 어깨를 드러내고 말에 채찍질하며 앞으로 달려갔다. 사람들은 이를 보고 힘껏 달려 땀을 흘리면서 감히 춥다는 말을 하지 못하였다. 이윽고 험한 곳을 지나니 평양에서 멀지 않았다. 유신은 "당군이 식량 부족으로 궁색하여졌으니 먼저 소식을 알려야 한다"며 보기감 열기를 불러 말했다: "나는 어려서부터 당신과 활동했으므로 당신의 지조와 절개를 안다. 지금 소장군에게 상황을 전하려 하나 적임자를 구하기 어려운데 그대가 갈 수 있겠는가?" 열기가 말했다: "나는 비록 불초하나 외람되게 중군 직에 있는데 장군의 명령을 욕보게 할 수 있겠습니까? 죽는 날이 새롭게 태어나는 해입니다." 이내 장사 구근 등 15명과 평양으로 가서 소장군을 만나 말했다: "유신 등이 군사를 거느리고 군량을 운반하여 이미 가까운 곳에 도달하였습니다." 소정방이 기뻐하며 편지로 사례하였다. 유신 등이 양오에 이르렀을 때 한 노인을 만나 물어 적국의 소식을 자세히 알았다. 베와 비단을 주니 사양하며 받지 않고 가버렸다.

庚信營楊隩,遣解漢語者仁問、良圖及子軍勝等達唐營,以王旨餽軍糧。定方以食盡兵疲,不能力戰,及得糧,便廻唐。良圖以兵八百人泛海還國。時麗人伏兵,欲要擊我軍於歸路。庚信以鼓及桴繫群牛腰尾,使揮擊有聲。又積柴草燃之,使煙火不絶,夜半潛行至瓢河,急渡岸休兵。麗人知之來追,庚信使萬弩俱發。麗軍且退,率勵諸幢將士分發,拒擊敗之,生禽將軍一人,斬首一萬餘級。王聞之,遣使勞之。及至,賞賜封邑爵位有差。

유신이 양오에 진을 치고 한어를 아는 인문, 양도와 그의 아들 군승 등을 당영으로 파견하여 왕의 명령으로 군량을 주었다. 소정방은 식량이 떨어지고 병사들이 피곤하여 힘껏 싸우지 못하다가 식량을 얻자 곧 당으로 돌아갔다. 양도도 8백 병력을 거느리고 바다로 귀국하였다. 이때 고구려 복병이 아군을 귀로에서 요격하려 하였다. 유신은 북과 북채를 소 무리의 허리와 꼬리에 매달아서 휘둘러 소리 나게 하였다. 또 섶에 불을 질러 연기와 불이 끊이지 않게 한 다음 밤중에 몰래 표하에 이르러 급히 강을 건너 휴식하였다. 고구려인이 알고 추격하자 유신은 만노를 일시에 쏘도록 하였다. 고구려 군이 퇴각할 무렵 여러 당(幢)의 장병들을 지휘하고 격려하며 나누어 출동시켜 격파하고 장군 한 명을 생포하고 1만 명을 참수했다. 왕이 듣고 사신을 보내 위로하였다. 돌아오자 차등을 두어 봉읍과 작위로 포상하였다.

龍朔三年癸亥,百濟諸城潛圖興復,其渠帥據豆率城,乞師於倭爲援助。大王親率庾信、仁問、天存、竹旨等將軍以七月十七日征討,次熊津州,與鎮守劉仁願合兵,八月十三日至于豆率城。百濟人與倭人出陣,我軍力戰,大敗之,百濟與倭人皆降。大王謂倭人曰:"惟我與爾國隔海分疆,未嘗交構,但結好講和,聘問交通,何故今日與百濟同惡,以謀我國?今爾軍卒在我掌握之中,不忍殺之,爾其歸告爾王。"任其所之。分兵擊諸城,降之。唯任存城地險城固,而又粮多,是以攻之三旬不能下。士卒疲困(朕)[厭]兵。大王曰:"今雖一城未下,而諸餘城保皆降,不可謂無功。"乃振旅而還。冬十一月二十日至京,賜庾信田五百結,其餘將卒賞賜有差。

용삭 3년 계해에 백제의 성들에서 비밀리에 부흥을 시도하여 두목들이 두솔성에 웅거하면서 왜에 병력원조를 요청하였다. 대왕이 직접 유신, 인문, 천존, 죽지 등 장군을 거느리고 7월 17일 토벌을 감행하러 웅진주에서 진수관 유인원과 군사를 합친 후 8월 13일 두솔성에 이르렀다. 백제인은 왜인과 함께 출전하였지만 아군이 힘껏 싸워 대파시켜 백제와 왜인은 모두 투항하였다. 대왕이 왜인들에게 "우리와 너희 나라가 바다를 경계로 하고 싸운 적도 없으며 우호 관계를 맺고 서로 예방하며 교류하였을 뿐인데 무슨 이유로 오늘날 백제와 악행을 저지르며 우리 나라를 모해하는가? 지금 너희 군졸들이 나의 손 안에 있으나 차마 죽이지 않으니 너희들은 돌아가서 너의 왕에게 알려라!"라고 말하며 마음대로 돌아가게 하였다. 군사를 나누어 성들을 공격하여 항복시켰다. 임존성만은 지세가 험준하고 성이 견고하며 또한 양식이 많기 때문에 공격한지 30일이 되어도 항복을 받지 못했다. 병사들은 피로해지고 염전 하였다. 대왕은 "지금 성 하나가 함락되지 않았으나 다른 성들과 보루가 모두 항복하였으니 공이 없다고 할 수 없다"고 말하고 군사를 정비하여 돌아왔다. 겨울 11월 20일 경성에 도착하여 유신에게 밭 5백 결을 하사하고 기타 장졸들에게는 차등을 두어 포상하였다.

三國史記卷第四十三

(삼국사기 권제43)

列傳第三(열전 제3)

[金]庾信下[子三光、元述、孫允中、允文、玄孫巖附](김유신 하)부록: 아들 삼광, 원술, 손자 윤중, 윤문, 현손 암

麟德元年[甲子三]月百濟餘衆又聚泗沘城反叛。熊州都督發所管兵士攻之, 累日霧塞, 不辨人物, 是故不能戰。使伯山來告之, 庾信授之陰謀以克之。麟德二年高宗遣使梁冬碧、任智高等來聘, 兼冊庾信奉常正卿、平壤郡開國公, 食邑二千戶。乾封元年皇帝敕召庾信長子大阿湌三光爲左武衛翊府中郎將, 仍令宿衛。總章元年戊辰唐高宗皇帝遣英國公李勣興師伐高句麗, 遂徵兵於我。文武大王欲出兵應之, 遂命欽純、仁問爲將軍。欽純告王曰: "若不與庾信同行, 恐有後悔。"王曰: "公等三臣國之寶也。若總向敵場, 儻有不虞之事而不得歸, 則其如國何?故欲留庾信守國, 則隱然若長城, 終無憂矣。"欽純, 庾信之弟; 仁問, 庾信之外甥, 故尊事之, 不敢抗。

　인덕 원년 갑자 3월 백제의 남은 무리가 또 사비성에 모여 반란을 일으켰다. 웅주 도독 소관의 병력으로 공격했으나 여러 날 안개가 끼어서 사람과 물건을 분간할 수 없기 때문에 싸울 수 없었다. 백산을 시켜 보고하자 유신이 은밀한 계책을 알려주어 격파하였다. 인덕 2년 당고종 이 사신 양동벽과 임지고 등을 보내 방문하고 겸하여 유신을 봉상정경, 평양군, 개국공으로 책봉하고 식읍 2천 호를 주었다. 건봉 원년에 황제 가 칙명으로 유신의 장자 대아찬 삼광을 불러 좌무위익부중랑장으로 하고 여전히 숙위하게 하였다. 총장 원년 무진에 당고종황제가 영국공 이적을 모내 군사를 일으켜 고구려를 정벌할 때 아군도 징발되었다. 문무대왕이 출병하여 응하고자 흠순과 인문을 장군으로 하였다. 흠순 이 왕에게 고했다: "만일 유신과 함께 가지 않는다면 아마 후회될 것입 니다." 왕 왈: "공 등 세 대신은 국가의 보배다. 만약 한 몫에 적진으로 갔다가 불의의 일이 있어 돌아오지 못한다면 나라 일을 어떻게 하겠는 가. 그러므로 유신을 남겨두어 나라를 지키면 은연중 장성과 같이 결국 근심이 없으리라." 흠순은 유신의 동생이며 인문은 유신의 생질이므로 유신을 높이 섬기며 감히 거역하지 못하였다.

至是告庚信曰:"吾等不材, 今從大王就不測之地。爲之奈何? 願有所 指誨。"答曰:"夫爲將者, 作國之干城, 君之爪牙。決勝否於矢石之間, 必上得天道, 下得地理, 中得人心, 然後可得成功。今我國以忠信而存, 百濟以傲慢而亡, 高句麗以驕滿而殆。今若以我之直擊彼之曲, 可以 得志。況憑大國, 明天子之威稜哉? 往矣, 勉焉, 無墮乃事!"二公拜曰: "奉以周旋, 不敢失墮。"文武大王既與英公破平壤, 還到南漢州, 謂群 臣曰:"昔者百濟 明禮王在古利山謀侵我國, 庚信之祖武力角干爲將, 逆擊之, 乘勝俘其王及宰相四人與士卒, 以折其衝。又其父舒玄爲良 州總管, 屢與百濟戰, 挫其銳, 使不得犯境。故邊民安農桑之業, 君臣無 宵旰之憂。今庚信承祖考之業, 爲社稷之臣, 出將入相, 功績茂焉。若不 倚賴公之一門, 國之興亡未可知也。其於職賞, 宜如何也?"群臣曰:"誠 如王旨。"於是授太大舒發翰之職, 食邑五百戶。仍賜輿杖, 上殿不趨,121)其諸(察)[寮]佐各賜位一級。

이때에 이르러 그들은 유신에게 왈: "자질이 부족한 우리가 지금 대왕의 뜻에 따라 예측할 수 없는 땅으로 가는데 어떻게 하면 좋을지 가르쳐주십시오." 답 왈: "장수란 나라의 간성과 임금의 손발이 되는 것이다. 전쟁에서 승부를 결정내려면 반드시 위로는 천도를 얻고 아래로는 지리를 얻으며 중간으로는 민심을 얻은 뒤에야 성공할 수 있다. 지금 우리나라는 충성과 신임으로 생존하고 백제는 오만하여 멸망했으며 고구려는 교만하여 위태롭다. 지금 우리의 올바름으로 저 편의 그릇됨을 친다면 뜻대로 될 것이다. 하물며 큰 나라에 의지하고 천자의 위력을 나타냄이랴! 가거라, 힘내거라, 너희들의 일을 그르치지 않도록 하라!" 둘은 절하면서 말했다: "받들어 잘 하며 차실이 없도록 하겠습니다." 문무대왕이 영공과 함께 평양을 격파하고 남한주에 돌아와서 군신들에게 말했다: "옛날 백제의 명농왕이 고리산에서 우리나라를 침략하려 꾀할 때 유신의 조부 무력 각간이 장수가 되어 그들과 싸워 이겼으며 승세를 타고 왕과 재상 네 명, 사졸들을 사로잡아 그들의 기세를 좌절시켰다. 또 유신의 부친 서현은 양주 총관을 하며 여러 차례 백제와 싸워서 예봉을 꺾음으로써 우리 변경을 침범하지 못하게 하였다. 이로써 변경의 백성들은 편안히 농상에 종사하였고 임금과 신하는 근심 없게 되었다. 지금은 유신이 조부와 부친의 유업을 계승한 사직의 대신으로서 나가면 장수의 일을 하였고 들어오면 재상의 일을 하였으니 그 공적이 매우 크다. 만일 공의 한 가문에 의지하지 않았더라면 나라의 흥망을 알 수 없다. 그의 직위와 상을 어떻게 해야 좋겠는가?" 신하들이 말했다: "실로 대왕의 뜻과 같아야 합니다." 이에 태대서발한 직위에 식읍5백 호를 주었다. 또한 수레와 지팡이를 하사하고 대전에 오를 때 빠르고 잰 걸음을 하지 않아도 되게 하였고 그의 속관들도 각각 한 급씩 올려주

---

121) 上殿不趨: 趨: 빠르고 재게 걷다. 중앙본 '대궐에 오를 때 몸을 굽히지 않도록'.

었다.

總章元年唐皇帝既策英公之功,遂遣使宣慰,濟師助戰,兼賜金帛。亦授詔書於庾信,以褒奬之,且諭入朝,而不果行。其詔書傳於家,至五世孫丟焉。咸寧四年癸酉는文武大王十三年。春妖星見,地震,大王憂之。庾信進曰:"今之變異厄在老臣,非國家之災也,王請勿憂。"大王曰:"若此則寡人所深憂也。"命有司祈禳之。夏六月人或見戎服持兵器數十人自庾信宅泣而去,俄而不見。庾信聞之,曰:"此必陰兵護我者見我福盡,是以去,吾其死矣。"後旬有餘日,寢疾,大王親臨慰問,庾信曰:"臣願竭股肱之力,以奉元首,而犬馬之疾至此,今日之後,不復再見龍顏矣。"大王泣曰:"寡人之有卿,如魚有水,若有不可諱,其如人民何,其如社稷何?"

총장 원년에 당황제가 영공의 공로를 책명하고 사신을 보내 위로하는 동시에 군사를 보태고 싸움을 도왔으며 더불어 황금과 비단을 하사하였다. 유신에게도 조서를 내려 표창하고 또한 입조하라고 알렸으나 행차를 이행하지는 못하였다. 그 조서는 가문에서 전해 오다가 5세손 때 잃어버렸다. 함녕 4년 계유는 문무대왕 13년이다. 봄에 요성이 나타나고 지진이 일어나자 대왕이 걱정하였다. 유신이 진언했다: "지금의 변괴는 그 재액이 소신에게 있지 국가의 재난이 않으니 왕께서는 걱정 말기 바랍니다." 대왕이 "그렇다면 과인에게 더 큰 걱정거리다"라며 관계부문에 명령하여 기도하여 재액을 제거하도록 하였다. 여름 6월 군복을 입고 병기를 든 수십 명이 유신의 집을 나와 울며 갑자기 사라지는 것을 어떤 사람이 보았다고 한다. 유신은 듣고 말했다: "이는 필시 나를 보호하던 음병이 나의 복이 끝났으므로 떠난 것이니 나는 죽을 것이다." 그 후 십여 일 지나 병들어 눕게 되자 왕이 직접 행차하여 위문하니 유신이 말했다: "소신이 보필의 힘을 다하여 원수를 모시려 하였으나 천한 몸에 병들어 여기까지 왔으니 앞으로 다시는 용안을 뵙지 못할 것입니다." 대왕은 흐느끼며 말했다: "과인에게 경이 있음

은 마치 물고기에게 물이 있는 것과 같았소. 만일 피치 못할 일이 생긴
다면 백성들을 어떻게 하며 사직을 어떻게 해야 좋겠소?”

庾信對曰:"臣愚不肖, 豈能有益於國家? 所幸者, 明上用之不疑, 任之
勿貳, 故得攀附王明, 成尺寸功。三韓爲一家, 百姓無二心, 雖未至太平,
亦可謂小康。臣觀自古繼體之君靡不有初, 鮮克有終。累世功績一朝
墜廢, 甚可痛也。伏願殿下知成功之不易, 念守成之亦難, 疏遠小人, 親
近君子, 使朝廷和於上, 民物安於下, 禍亂不作, 基業無窮, 則臣死且無
憾。"王泣而受之。至秋七月一日薨于私第之正寢, 享年七十有九。大
王聞訃震慟, 贈賻彩帛一千匹、租二千石, 以供喪事, 給軍樂鼓吹一百
人。出葬于金山原, 命有司立碑, 以紀功名。又定入民戶, 以守墓焉。

유신 답 왈: "이 어리석고 불초한 소신이 어찌 국가에 도움이 되었겠습
니까? 다행히 현명하신 임금께서 의심 없이 등용하였고 일심으로 일을
맡겼기에 대왕의 밝은 덕에 붙어 약간의 공로를 이루었습니다. 삼한이
한 집이 되었고 백성이 한 마음이니 비록 태평하다고 할 수 없으나
소강을 이루었다고 할 수 있습니다. 소신이 보건대 예로부터 대통을
잇는 임금들이 처음에는 잘못하는 일이 없지만 끝을 잘 보는 이는 드뭅
니다. 여러 세대의 공적이 일조에 무너지니 심히 통탄할 일입니다. 바라
옵건대 전하께서 공을 이루기 쉽지 않음을 아시며 수성하는 것 또한
어려움을 염두에 두시고 소인배를 멀리하시고 군자를 가까이 하시며
위로는 조정이 화목하고 아래로는 백성이 편안하여 화란이 일어나지
않고 나라의 기틀이 무궁하게 된다면 소신은 죽어도 한이 없겠습니다."
왕이 흐느끼며 그 말을 받아 들였다. 가을 7월 1일에 이르러 자기 집의
침실에서 향년 79세로 사망하였다. 대왕이 부음을 듣고 매우 애통하게
생각하시어 채색 비단 1천 필과 벼 2천 섬을 부의로 보내 장사에 쓰게
하였으며 군악의 고취수 100명을 보내주었다. 금산의 벌에 장사하고
관계부문에게 명하여 묘비를 세워 그의 공명을 기록하였다. 또한 민호
를 지정하여 묘를 지키게 하였다.

妻<u>智炤夫人</u>,<u>太宗大王</u>第三女也。生子五人,長曰<u>三光</u>伊湌,次<u>元述</u>蘇
判,次<u>元貞</u>海干,次<u>長耳</u>大阿湌,次<u>元望</u>大阿湌。女子四人。又庶子<u>軍勝</u>
阿湌,失其母姓氏。後<u>智炤夫人</u>落髮衣褐爲比丘尼。時大王謂夫人
曰:"今中外平安,君臣高枕而無憂者,是太大角干之賜也。惟夫人宜
其室家,徼誠相成,陰功茂焉。寡人欲報之德未嘗一日忘于心,其餽<u>南
城</u>租每年一千石。"後<u>興德大王</u>封公爲<u>興武大王</u>。初<u>法敏王</u>納<u>高句麗</u>
叛衆,又據<u>百濟</u>故地有之。<u>唐高宗</u>大怒,遣師來討,<u>唐</u>軍與<u>靺鞨</u>營於<u>石
門</u>之野。王遣將軍<u>義福</u>、<u>春長</u>等禦之,營於<u>帶方</u>之野。時長槍幢獨別營,
遇<u>唐</u>兵三千餘人,捉送大將軍之營。於是諸幢共言:"長槍營獨處成功,
必得厚賞,吾等不宜屯聚,徒自勞耳。"遂各別兵分散。<u>唐</u>兵與<u>靺鞨</u>乘
其未陣擊之,吾人大敗,將軍<u>曉川</u>、<u>義文</u>等死之。

아내 지소부인은 태종대왕의 셋째 딸이다. 아들 다섯을 낳았는데 장자
는 이찬 삼광, 다음은 소판 원술, 다음은 해간 원정, 다음은 대아찬
장이, 다음은 대아찬 원망이다. 딸이 넷이다. 또 서자 아찬 군승이 있는
데 모친의 성씨는 전해지지 않는다. 후에 지소부인은 머리 깎고 거친
옷을 입고 비구니가 되었다. 이때 대왕이 부인에게 왈: "지금 경성과
지방이 편안하고 임금과 신하가 베개를 높이 베고 근심이 없는 것은
바로 태대각간이 준 것이요. 부인이 집안을 잘 다스리고 경계를 잘
한 숨은 공로가 크오. 과인은 이러한 덕에 보답하려는 생각을 하루도
잊어본 적이 없소. 남성의 벼를 해마다 1천 섬씩 드리겠소." 그 뒤에
흥덕대왕이 유신공을 흥무대왕으로 추봉했다. 당초 법민왕이 고구려
반군의 무리를 받아들이고 또 백제의 옛 땅을 차지하였다. 당고종은
크게 노하여 군사를 파견하여 토벌하려고 당군과 말갈은 함께 석문
벌에 진을 쳤다. 왕은 장군 의복, 춘장 등을 보내 방어하며 대방 벌에
진을 쳤다. 이때 장창당만은 별도로 진을 치고 있다가 당병 3천과 조우
하여 붙잡아 대장군의 진영으로 보냈다. 이에 여러 당들이 함께 말하기
를 "장창영은 홀로 있다가 공을 세웠으니 반드시 큰 상을 받을 것이다.

우리가 한데 모여서 헛되이 수고만 할 필요가 없다"라고 하면서 각자
군사를 나누어 분산하였다. 당병이 말갈과 함께 아직 진을 치지 못한
틈을 타서 공격해 오자 아군이 대패하여 장군 효천, 의문 등이 죽었다.

庚信子元述爲裨將,亦欲戰死,其佐淡凌止之,曰:"大丈夫非死之難,處
死之爲難也。若死而無成,不若生而圖後效。"答(田)[曰]:"男兒不苟生,
將何面目以見吾父乎?"便欲策馬而走,淡凌攬轡不放,遂不能死,隨上
將軍出蕪荑嶺。唐兵追及之;居烈州大監阿珍含一吉干謂上將軍曰:
"公等努力速去。吾年已七十,能得幾時活也?此時是吾死日也。"便橫
戟突陣而死,其子亦隨而死。大將軍等微行入京。大王聞之,問庚信
曰:"軍敗如此,奈何?"對曰:"唐人之謀不可測也。宜使將卒各守要害。
但元述不惟辱王命,而亦負家訓,可斬也。"大王曰:"元述裨將,不可獨
施重刑。"乃赦之。元述慙懼,不敢見父,隱遁於田園,至父薨後,求見母
氏。母氏曰:"婦人有三從之義,今既寡矣,宜從於子。若元述者,既不得
爲子於先君,吾焉得爲其母乎?"遂不見之。元述慟哭擗踊而不能去,
夫人終不見焉。元述嘆曰:"爲淡凌所誤,至於此極。"乃入太伯山。至
乙亥年唐兵來,攻買蘇川城。元述聞之,欲死之,以雪前恥,遂力戰有功
賞,以不容於父母,憤恨不仕,以終其身。

유신의 아들 원술이 비장으로서 역시 나아가 전사하려고 하니 보좌관
담릉이 만류하며 왈: "대장부는 죽기가 어려운 것이 아니라 죽을 경우
를 택하는 것이 어렵습니다. 죽어서 성과를 얻지 못할 바에는 차라리
살아서 뒷날의 공적을 도모하느니만 못합니다." 원술이 "남아는 구차
하게 살지 않는 법이거늘 무슨 면목으로 부친을 뵙겠는가?"라며 말을
채찍질하여 달려가려 하였으나 담릉이 고삐를 붙잡고 놓지 않는 바람
에 죽지 못하고 상장군을 따라 무이령으로 나왔다. 당병이 뒤를 추격하
여 오자 거열주 대감 일길간 아진함이 상장군에게 "공들은 힘을 다하여
빨리 가라! 내 나이 이미 70이니 앞으로 얼마나 더 살겠는가? 지금이야
말로 내가 죽을 날이다"라고 말하며 창을 비껴들고 돌진하다가 죽고

그의 아들도 따라서 죽었다. 대장군 등은 오솔길로 경성에 들어왔다. 대왕이 듣고 유신에게 물었다: "군사가 이렇게 패하였으니 어찌 하겠는가?" 유신 왈: "당인의 모략을 예측할 수 없어 장졸들로 하여금 제각기 요충지대를 지키게 해야 합니다. 다만 원술은 왕명을 욕되게 하였을 뿐만 아니라 가훈까지도 저버렸으니 참수해야 합니다." 대왕은 "원술은 비장이므로 홀로 중형을 줄 수 없다"라며 용서해주었다. 원술은 부끄럽고 두려워 감히 부친을 만나지 못하고 시골 전원에 은둔해 살다가 부친이 사망한 뒤에야 모친을 만나려 하였다. 모친은 "부인에게는 세 가지를 따라야 하는 예의가 있다. 지금 과부가 되었으니 응당 아들을 따라야 하겠으나 원술과 같은 자는 돌아간 부친의 아들 노릇을 못하였으니 내가 어찌 그의 어미가 될 수 있겠느냐?"라 말하며 만나주지 않았다. 원술이 통곡하며 가슴을 치고 발을 구르면서 떠나지 못하였으나 부인은 끝내 만나주지 않았다. 원술이 탄식하여 "담릉 때문에 그르친 것이 이 지경에 이르렀구나" 하고 곧 태백산으로 들어갔다. 을해년에 당병이 와서 매소천성을 공격할 때 원술이 소문을 듣고 죽음으로써 이전의 치욕을 씻고자 힘껏 싸워 공을 세우고 상을 받았으나 부모에게 용납되지 못한 것이 한스러워 벼슬을 하지 않고 일생을 마쳤다.

嫡孫允中, 仕聖德大王, 爲大阿湌, 屢承恩顧, 王之親屬頗嫉妬之。時屬仲秋之望, 王登月城岑頭眺望, 乃與侍從官置酒以娛, 命喚允中。有諫者曰:"今宗室戚里豈無好人, 而獨召疎遠之臣? 豈所謂親親者乎?"王曰:"今寡人與卿等安平無事者, 允中祖之德也。若如公言忘棄之, 則非善善及子孫之義也。"遂賜允中密坐, 言及其祖平生。日晚告退, 賜絶影山馬一匹, 群臣觖望而已。開元二十一年大唐遣使敎(翰)[諭]曰:"靺鞨、渤海外稱蕃翰, 內懷狡猾。今欲出兵問罪, 卿亦發兵, 相爲掎角。聞有舊將金庾信孫允中在, 須差此人爲將。"仍賜允中金帛若干。於是大王命允中、弟允文等四將軍率兵會唐兵, 伐渤海。

적손 윤중은 성덕대왕 때 벼슬을 하여 대아찬이 되었고 여러 차례 은총을 입게 되자 왕의 친족들이 그를 꾀나 질투하였다. 때는 8월 보름이었는데 왕이 월성 산꼭대기에 올라가 경치를 바라보며 시종관들과 함께 주연을 베풀고 즐기면서 윤중을 불러오라 하였다. 어떤 자가 간언하였다." 지금 종실과 외척들 중에 좋은 사람이 없지 않은데 어찌하여 유독 먼 신하를 부르십니까? 이것이 그래 가까운 사람을 친하게 여긴다는 것입니까?" 왕이 말했다: "지금 과인이 경들과 함께 평안무사하게 지내는 것은 윤중 조상의 덕이다. 만일 공의 말대로 그를 잊어버린다면 착한 이를 좋게 대우하여 그의 자손에게까지 미친다는 도리에 어긋난다." 윤중을 가까운 자리에 앉히고 그 조부의 평생에 대하여 담론하였다. 밤이 늦어 작별을 고할 때 절영산의 말 한 필을 하사하였으며 신하들은 실망할 뿐이었다. 개원 21년 당에서 사신을 보내 일렀다: "말갈과 발해가 겉으로는 번신이라 하면서 속으로는 교활하다. 지금 군사를 출동시켜 문죄하려 하니 경도 군사를 출동시켜 서로 협공하자. 듣건대 옛 장수 김유신의 손자 윤중이 있다고 하니 반드시 이 사람을 장수로 차출하라!" 동시에 윤중에게 약간의 금과 비단을 하사하였다. 이에 대왕이 윤중과 동생 윤문 등 네 장군에게 명령하여 군사를 거느리고 당군과 합세하여 발해를 정벌하였다.

允中庶孫巖,性聰敏,好習方術。少壯爲伊湌,入唐宿衛,間就師學陰陽家法,聞一隅,則反之以三隅。自述遁甲立成之法,呈於其師,師(撫)[憮]然曰:"不圖吾子之明達至於此也。"從是而後不敢以弟子待之。大曆中還國,爲司天大博士,歷良、康、漢三州太守,復爲執事侍郎、浿江鎮頭上。所至盡心撫字,三務之餘敎之以六陣兵法,人皆便之。嘗有蝗蟲自西入浿江之界,蠢然蔽野,百姓憂懼。巖登山頂焚香(祈)[祈]天,忽風雨大作,蝗蟲盡死。大曆十四年己未受命聘日本國。其國王知其賢,欲勒留。會大唐使臣高鶴林來,相見甚歡。倭人認巖爲大國所知,故不敢留,乃還。夏四月旋風夋起,自庾信墓至始祖大王之陵,塵霧暗冥,不辨人物。守陵人聞其中若有哭泣悲嘆之聲。惠恭大王聞之,恐懼,遣大

臣致祭謝過,仍於鷲仙寺納田三十結,以資冥福。是寺庾信平麗、濟二
國所營立也。庾信玄孫新羅執事郎長清作行錄十卷,行於世。頗多釀
辭,故刪落之,取其可書者爲之傳。

윤중의 서손 암은 천성이 총민하고 방술을 좋아하였다. 젊을 때 이찬이
되어 당에 들어가 숙위하면서 이따금 스승을 찾아 음양가의 술법을
배웠는데 하나를 배우면 세 개를 이해하였다. 스스로 둔갑입성법을
지어 스승에게 바치니 스승이 놀라며 "그대의 명철함이 여기에까지
이른 줄은 생각하지 못하였다"고 하면서 이로부터는 감히 제자로 대하
지 못하였다. 대력 연간에 귀국하여 사천대박사가 되었고, 양주, 강주,
한주 세 주의 태수를 역임하고 다시 집사시랑, 패강진두상이 되었다.
가는 곳마다 진심으로 백성을 사랑하고 농번기 세 계절 외에 육진병법
을 가르치니 사람마다 편하게 여겼다. 황충이 서쪽으로부터 패강 지역
으로 만연되어 평야를 덮자 백성들이 근심하고 두려워한 적이 있었다.
암이 산꼭대기에 올라가 향을 피우고 하늘에 기도하니 갑자기 모질게
바람이 불고 비가 내려 황충이 모두 죽었다. 대력 14년 기미에 명을
받고 일본국에 사신으로 갔었다. 국왕이 그의 현명함을 알고 억류하려
하였다. 마침 당나라 사신 고학림이 와서 서로 만나 매우 기뻐하니
왜인은 암이 대국에 알려진 인물임을 알고 감히 억류하지 못하였으므
로 돌아왔다. 여름 4월 회오리바람이 뭉쳐 일어나 유신의 묘소로부터
시조대왕의 능에 이르렀는데 먼지와 안개가 자욱하여 사람과 물건을
분간할 수 없었다. 능지기가 들으니 그 속에서 울면서 슬피 탄식하는
소리가 나는 듯하였다. 혜공대왕이 이 말을 듣고 두려워서 대신을 보내
제사를 드려 사과하고 이어서 취선사에 밭 30결을 주어 명복을 비는
밑천으로 삼게 하였다. 취선사는 유신이 고구려, 백제 두 나라를 평정한
뒤에 세운 절이다. 유신의 현손으로서 신라의 집사랑인 김장청이 『행록』
10권을 지어 세상에 전해지고 있다. 무잡한 말이 많기 때문에 삭제해
버리고 쓸 만한 것만 골라 전을 만들었다.

論曰:唐 李絳對憲宗曰:"遠邪佞,進忠直,與大臣言,敬而信,無使小人參焉;與賢者遊,親而禮,無使不肖預焉。"誠哉斯言也,實爲君之要道也。故書曰:"任賢勿貳,去邪勿疑。"觀夫新羅之待庾信也,親近而無間,委任而不貳。謀行言聽,不使怨乎不以,可謂得六五童蒙之吉。故庾信得以行其志,與上國協謀,合三土爲一家,能以功名終焉。雖有乙支文德之智略、張保皐之義勇,微中國之書,則泯滅而無聞。若庾信,則鄉人稱頌之,至今不亡。士大夫知之,可也;至於芻童牧竪亦能知之,則其爲人也,必有以異於人矣。

논평하여 왈: 당의 이강이 헌종에게 왈: "간사하고 아첨하는 자를 멀리하고 충성하고 정직한 자를 들여오며 대신과 말할 때는 공경하고 믿음직하게 하여 소인이 끼어들지 못하게 하며 어진 사람과 어울릴 때는 친하고 예절을 갖추어 불초한 자가 끼어들지 못하게 하십시오." 참되도다, 이 말은. 실로 임금이 갖추어야 할 중요한 도리다. 그러므로 『상서』왈: '어진 자를 임용할 때 의심하지 말고 간사한 자를 버릴 때도 의심하지 말라.' 신라가 유신을 대한 것을 보면 간격 없이 친근하였고 의심없이 임용하였다. 계책은 실행하고 말은 채용하여 그로 하여금 받아들여지지 않았다는 원망을 품지 않게 하였으니 가히 『주역』의 육오동몽지길을 얻었다고 할 만하다. 그러므로 유신은 자신의 뜻을 행할 수 있어 중국과 협력하여 삼국을 합쳐서 한 나라로 만들었고 능히 공명으로써 일생을 마칠 수 있었다. 비록 을지문덕의 지략과 장보고의 의용이 있지만 중국의 서적이 아니면 없어져서 알려지지 못하였을 것이다. 유신과 같은 사람은 나라 사람들이 칭송하여 지금까지 없어지지 않는다. 사대부가 아는 것은 그럴 만하지만 꼴 베고 소몰이 하는 아이에 이르기까지도 능히 그를 알고 있으니 그 위인이 틀림없이 보통 사람과 다른 점이 있었을 것이다.

三國史記卷第四十四

(삼국사기 권제44)

列傳第四(열전 제4)

乙支文德、居柒夫、居道、異斯夫、金仁問[良圖附]、金陽[金昕附]、黑齒常
之、張保皐[鄭年附]、斯多含

　　을지문덕, 거칠부, 거도, 이사부, 김인문부록: 양도, 김양부록: 김흔, 흑치상
　　지, 장보고부록: 정년, 사다함

○乙支文德, 未詳其世系。資沉鷙, 有智數, 兼解屬文。隋(開皇)[大業]中
煬帝下詔征高句麗。於是左翊衛大將軍宇文述出扶餘道, 右翊衛大將
軍于仲文出樂浪道, 與九軍至鴨渌水。文德受王命詣其營詐降, 實欲
觀其虛實。述與仲文先奉密旨, 若遇王及文德來, 則執之。仲文等將留
之, 尙書右丞劉士龍爲慰撫使, 固止之, 遂聽文德歸。深悔之, 遣人紿文
德曰:“更欲有議, 可復來。”文德不顧, 遂濟鴨渌而歸。述與仲文既失文
德, 內自不安。述以粮盡欲還, 仲文謂:“以精銳追文德, 可以有功。”述
止之, 仲文怒曰:“將軍仗十萬兵, 不能破小賊, 何顏以見帝?”述等不得
已而從之, 度鴨渌水追之。文德見隋軍士有饑色, 欲疲之, 每戰輒北, 述
等一日之中七戰皆捷。既恃驟勝, 又逼群議, 遂進東, 濟薩水, 去平壤城

三十里,因山爲營。

을지문덕은 가문의 계보가 상세하지 않다. 침착하고 용맹하며 지략과 술수가 있고 겸하여 글도 지을 줄 안다. 수 대업 연간에 수양제가 조서를 내려 고구려를 정벌하였다. 그때 좌익위대장군 우문술은 부여도로 나오고 우익위대장군 우중문은 낙랑도로 나와서 9개 군부대가 함께 압록수에 이르렀다. 문덕이 왕의 명을 받들고 적영에 들어가 거짓 항복을 하였으나 사실은 그들의 허실을 엿보려 하였다. 우문술과 우중문은 이보다 앞서 고구려왕과 문덕을 만나면 체포하라는 황제의 비밀 교지를 받았었다. 중문 등은 문덕을 억류하려 하였는데 상서우승 유사룡이 위무사를 하며 굳이 말리는 바람에 문덕이 돌아가게 내버려 두었다. 깊이 후회되어 사람을 보내 문덕을 속여서 "또 의논할 일이 있으니 다시 오라"고 하였으나 문덕은 돌아보지도 않은 채 압록을 건너 돌아왔다. 우문술과 우중문은 문덕을 놓친 뒤에 속이 불안하였다. 우문술은 군량이 떨어진 이유로 돌아가려 하였는데 우중문은 "정예 군사로 문덕을 추격하면 공을 이룰 수 있다"고 하였다. 우문술이 말리니 우중문이 화를 내어 왈: "장군은 10만의 병력으로 조그마한 적을 격파하지 못하면 무슨 낯으로 황제를 뵈겠는가?" 우문술 등은 마지못하여 따라 압록강을 건너 추격하였다. 문덕은 수군에게 굶주린 기색이 있음을 보고 그들을 피로케 하기 위하여 싸울 때마다 걸핏하면 패배하니 문술 등은 하루에 일곱 번을 싸워 모두 이겼다. 여러 번의 승리를 믿고 또한 뭇 사람의 의논에 몰리어 마침내 동쪽으로 나아가 살수를 건너 평양성 30리 밖의 산에 의지하여 진을 쳤다.

文德遺仲文詩曰:"神策究天文,妙(△)[算]窮地理。戰勝功既高,知足願云止。"仲文答書諭之。文德又遺使詐降,請於述曰:"若旋師者,當奉王朝行在所。"述見士卒疲弊,不可復戰,又平壤城險固,難以猝拔,遂因其詐而還,爲方陣而行。文德出軍,四面鈔擊之,述等且戰且行。至薩水,軍半濟,文德進軍,擊其後軍,殺右屯衛將軍辛世雄。於是諸軍俱潰,

不可禁止。九軍將士奔還一日一夜,至鴨渌水行四百五十里。初度遼
九軍三十萬五千人,及還至遼東城,唯二千七百人。

문덕이 중문에게 시를 보냈다: "신기한 계책은 천문을 파악했고, 기묘
한 계산은 지리에 정통했다. 전투에 이기어 공로가 높으니 만족을 안다
면 그만둬라." 중문도 답서를 보내 달랬다. 문덕이 또 사신을 보내 거짓
항복을 하며 문술에게 요청하였다: "만일 군사를 철수하면 틀림없이
왕을 모시고 행재소로 가서 조회하겠습니다." 문술은 병사들이 피곤하
고 다시 싸울 수 없으며 또한 평양성은 험하고 견고하여 삽시에 함락시
키기 어려우므로 거짓 항복이라도 받아 돌아가려고 방진을 만들며 이
동하였다. 문덕이 군사를 출동시켜 사면으로 공격하고 문술 등은 싸우
면서 물러갔다. 살수에 이르러 군사가 반쯤 건넜을 때 문덕이 진군하여
후군을 공격하여 우둔위장군 신세웅을 죽였다. 이에 적군이 단번에
무너져 걷잡을 수가 없었다. 9개 군부대의 장병이 하루 낮 하루 밤
쫓겨 압록수에 이르니 450리를 걸은 셈이다. 요수를 건너기 시작할
때 9개 군사가 305,000명이었는데 요동성에 돌아갔을 때는 단 2,700명
뿐이었다.

論曰:煬帝 遼東之役,出師之盛前古未之有也。高句麗一偏方小國,而
能拒之,不唯自保而已,滅其軍幾盡者,文德一人之力也。傳曰:"不有
君子,其能國乎?"信哉!

논평하여 왈: 수양제의 요동전은 출동 병력이 전례 없이 성대했다. 고
구려가 한 모퉁이에 있는 조그마한 나라로서 능히 이를 방어하고 스스
로를 보전하였을 뿐만 아니라 그 병력을 거의 섬멸해 버릴 수 있었던
것은 문덕 한 사람의 힘이었다. 『춘추 좌전』 왈: '군자가 없으면 어찌
나라가 있으랴?' 옳은 말이다!

○居柒夫或云荒宗姓金氏,奈勿王五世孫,祖仍宿角干,父勿力伊湌。居
柒夫少跅弛有遠志。祝髮爲僧,遊觀四方。便欲覘高句麗,入其境,聞法

師惠亮開堂說經,遂詣聽講經。一日惠亮問曰:"沙彌從何來?"對曰:
"某新羅人也。"其夕法師招來相見,握手密言曰:"吾閱人多矣,見汝容
貌定非常流,其殆有異心乎?"答曰:"某生於偏方,未聞道理,聞師之德
譽,來伏下風[122],願師不拒,以卒發蒙。"師曰:"老僧不敏,亦能識子。此
國雖小,不可謂無知人者。恐子見執,故密告之,宜疾其歸。"居柒夫欲
還,師又語曰:"相汝燕頷鷹視,將來必爲將(師)[帥]。若以兵行,無貽我
害。"居柒夫曰:"若如師言,所不與師同好者,有如皦日。"遂還國,返本
從仕[123],職(△)[至]大阿湌。

거칠부혹왈 황종의 성은 김씨고 나물왕의 5세손이며 조부는 각간 잉숙이
고 부친은 이찬 물력이다. 거칠부는 어릴 때 구속을 받지 않고 제멋대로
행동하였으며 원대한 뜻을 품었었다. 머리를 깎고 승려가 되어 사방을
다니며 유람하였다. 고구려를 정탐하고 싶은 생각이 들어 그 나라 경내
로 들어갔다가 법사 혜량이 강당을 열고 불경을 강설한다는 말을 듣고
가서 불경 강설을 들었다. 하루는 혜량 문:"사미는 어디서 왔는가?"
답 왈:"저는 신라인입니다." 그 날 밤 법사가 불러 만나 손을 잡으며
은밀히 말했다:"내가 많은 사람을 보았는데 당신의 용모를 보니 분명
보통 사람이 아니니 아마 다른 마음을 품고 있을 테지?" 답 왈:"저는
외딴 지방에서 성장하여 불교의 도리를 듣지 못하였는데 스님의 높은
덕망을 듣고 와서 말석에 앉아 있으니 스승께서 거절하지 마시고 끝까
지 어리석음을 깨우치게 해주소서." 법사 왈:"노승은 불민하지만 그대
를 알아볼 수 있다. 이 나라는 비록 작지만 사람을 알아볼 줄 아는
자가 없다고 할 수 없다. 그대가 잡힐까 염려되어 은밀히 일러 주니
빨리 돌아가는 것이 좋으리라." 거칠부가 돌아가려 하니 법사가 또 왈:
"그대의 상을 보니 제비턱에 매눈이다. 앞으로 반드시 장수가 될 것이

---

122) 伏下風: 말석(末席)에 앉다. 중앙본의 '왔으니'.

123) 返本從仕: 중앙본 '환국하여 관직에 나아갔는데'.

다. 만일 군사를 거느리고 오거든 나에게 해를 끼치지 말라!" 거칠부
왈: "만일 스님의 말씀과 같이 스님과의 친분을 저버린다면 밝은 해가
내려다봅니다." 그는 귀국하여 환속하고 벼슬길에 나아가 직위가 대아
찬에 이르렀다.

眞興大王六年乙丑承朝旨,集諸文士修撰國史,加官波珍湌。十二年
辛未王命居柒夫及仇珍大角湌、比台角湌、耽知迊湌、非西迊湌、奴
夫波珍湌、西力夫波珍湌、比次夫大阿湌、未珍夫阿湌等八將軍與百
濟侵高句麗。百濟人先攻破平壤,居柒夫等乘勝取竹嶺以外高峴以內
十郡。至是惠亮法師領其徒出路上,居柒夫下馬,以軍禮揖拜,進曰:
"昔遊學之日蒙法師之恩,得保性命,今邂逅相遇,不知何以爲報。"對
曰:"今我國政亂,滅亡無日,願致之貴域。"於是居柒夫同載以歸,見之
於王。王以爲僧統,始置百座講會及八關之法。眞智王元年丙申居柒
夫爲上大等,以軍國事務自任,至老終於家,享年七十八。

진흥대왕 6년 을축에 조정의 명을 받들어 문사들을 소집하여 국사를
편찬하였고 파진찬 관작을 더 받았다. 12년 신미에 왕이 거칠부와 대각
찬 구진, 각찬 비태, 잡찬 탐지, 잡찬 비서, 파진찬 노부, 파진찬 서력부,
대아찬 비차부, 아찬 미진부 등 여덟 장군을 시켜 백제와 같이 고구려를
침범하였다. 백제인이 먼저 평양을 격파하고 거칠부 등은 승세를 몰아
죽령 바깥, 고현 안쪽 10개 군을 빼앗았다. 이때 혜량 법사가 무리를
이끌고 길가에 나와 있었고 거칠부가 말에서 내려 군례로써 읍배하며
왈: "옛날 유학할 때 법사님의 은혜를 입어 생명을 보전하였는데 오늘
만나게 되니 무엇으로 은혜를 갚아야 할지 모르겠습니다." 답 왈: "지금
우리나라는 정사가 어지러워 멸망할 날이 얼마 남지 않았으니 당신의
나라로 데려가기 바란다." 이에 거칠부가 수레에 태워 함께 돌아와서
왕에게 배알시켰다. 왕은 그를 승통으로 하고 이로부터 백좌강회와
팔관의 법을 실시하였다. 진지왕 원년 병신에 거칠부가 상대등이 되어
군국사무를 담당 하다가 향년 78세에 자기 집에서 늙어 죽었다.

○居道,失其族姓,不知何所人也。仕脫解尼師今爲干。時于尸山國、居柒山國介居隣境,頗爲國患。居道爲邊官,潛懷幷吞之志,每年一度集群馬於張吐之野,使兵士騎之,馳走以爲戲樂,時人稱爲馬(叔)[技]。兩國人習見之,以爲新羅常事,不以爲怪。於是起兵馬,擊其不意,以滅二國。

거도는 가족의 성씨가 전해지지 않고 어디 사람인지도 알 수 없다. 탈해이사금 때 간이 되었다. 이때 우시산국과 거칠산국이 이웃 국경에 끼어 있으면서 꾀나 나라의 우환 꺼리었다. 거도가 변경 자방관으로서 은근히 그 나라들을 병합하려는 뜻을 품고 매년 한 차례씩 장토라는 지방의 벌에 말 떼를 모아놓고 병사들로 하여금 말을 타고 달리면서 즐기게 하니 당시 사람들이 '마기'라고 불렀다. 두 나라 사람들은 이를 습관적으로, 신라인들의 의례적인 행사라고 여기고 이상하게 여기지 않았다. 이에 병마를 출동시켜 불의에 공격하여 두 나라를 멸망시켰다.

○異斯夫或云苔宗,姓金氏,奈勿王四世孫。智度路王時爲沿邊官,襲居道權謀,以馬戲誤加耶或云加羅國取之。至十三年壬辰爲阿瑟羅州軍主,謀幷于山國。謂其國人愚悍,難以威降,可以(討)[計]服。乃多造木偶師子,分載戰船,抵其國海岸,詐告曰:"汝若不服,則放此猛獸踏殺之。"其人恐懼,則降。眞興王在位十一年一太寶元年,百濟拔高句麗道薩城,高句麗陷百濟金(△)[峴]城。(主)[王]乘兩國兵疲,命異斯夫出兵擊之,取二城增築,留(申)[甲]士戍之。時高句麗遣兵來攻金峴城,不克而還,異斯夫追擊之,大勝。

이사부혹왈 태종는 성이 김씨고 나물왕의 4대손이다. 지도로왕 때 변경의 지방관이 되어 거도의 권모술수를 답습하여 마희로써 가야혹왈 가라국을 속여서 빼앗았다. 지증왕 13년 임진에 아슬라주의 군주가 되어 우산국을 병합하려는 모의를 하였다. 그 나라 사람들이 미련하고 사나워 위력으로 항복 받기는 어려우나 계략으로 항복시킬 수는 있다고 생각하였다. 이에 나무 사자를 많이 만들어 배에 나누어 싣고 그 나라 해안으로 가서 거짓으로 고했다: "너희들이 만일 항복하지 않으면 이 맹수들을 풀어놓아 밟아 죽이겠다." 그곳 사람들이 두려워하며 곧 항복 하였다. 진흥왕 재위 11년(대보 원년)에 백제는 고구려 도살성을 빼앗았 고 고구려는 백제의 금현성을 함락시켰다. 왕은 두 나라 군이 피로한 틈을 타 이사부를 시켜 군사를 출동시켜 쳐서 성 둘을 빼앗아 증축하고 병사를 남겨 수비하였다. 이때 고구려가 군사를 보내 금현성을 치다가 이기지 못하고 돌아가자 이사부가 추격하여 대승하였다.

○金仁問,字仁壽,太宗大王第二子也。幼而就學,多讀儒家之書,兼涉 莊、老、浮屠之說。又善隷書、射、御、鄕樂,行藝純熟,識量宏弘,時人推 許。永徽二年仁問年二十三歲,受王命[入]大唐宿衛。高宗謂涉海來 朝,忠誠可尙,特授左領軍衛將軍。四年詔許歸國觀省,太宗大王授以 押督州(援)[總]管。於是築獐山城以設險,太宗錄其功,授食邑三百戶。 新羅屢爲百濟所侵,願得唐兵爲援助,以雪(着)[羞]恥,擬諭宿衛仁問乞 師。會高宗以蘇定方爲神丘道大總管率師討百濟。帝徵仁問問道路 險易、去就便宜。仁問應對尤詳,帝悅,制授神丘道副大總管,赴軍中。 遂與定方濟海,到德物島。主命太子與將軍庾信、眞珠、天存等以巨艦 一百艘載兵迎延之。至熊津口,賊瀕江屯兵,戰破之,乘勝入其都城滅 之。定方俘王義慈及太子孝、王子泰等廻唐。

김인문의 자는 인수고 태종대왕의 차자다. 어려서 공부하여 유가의 서적을 많이 읽었으며 겸사로 장자, 노자 및 불교 서적도 섭렵하였다. 또한 예서, 활쏘기, 말타기, 향악을 잘 하였으며 덕행이 순진하고 예술 에 숙달하며 식견과 도량이 넓어 당시 사람들의 추대와 인정을 받았다. 영휘 2년 인문의 나이 23세 때 왕의 명을 받들고 당에 가서 숙위하였다. 당고종은 그가 바다를 건너와 내조했고 충성이 가상하다 하여 좌령군 위장군을 특별히 제수하였다. 영휘 4년 조칙으로 귀국하여 부모를 뵐 때 태종대왕이 압독주 총관을 제수하였다. 이때 그가 장산성을 쌓아 요새를 설치하였으므로 태종이 그의 공로를 기록하고 식읍 3백 호를 주었다. 신라가 여러 번 백제의 침공을 받게 되자 당군의 원조를 얻어 수치를 씻으려고 숙위 인문에게 알려 원군을 청하려 하였다. 마침 고종이 소정방을 신구도대총관으로 하여 군사를 거느리고 백제를 토벌하도록 하였다. 황제가 인문을 불러 도로의 험하거나 평탄한 사정과 행동상의 편의에 대하여 물었다. 인문이 소상하게 대답하니 황제가 기뻐하며 조칙을 내려 인문에게 신구도부대총관을 주어 종군하라고 하였다. 곧 정방과 함께 바다를 건너 덕물도에 이르렀다. 왕은 태자와 장군 유신, 진주, 천존 등에게 명령하여 큰 군함 백 척에 병사를 싣고 당군을 맞이하였다. 웅진 어귀에 이르니 적이 강가에 집결하여 있었는데 격파하고 승세를 몰아 백제의 경성에 들어가 함락시켰다. 정방은 왕 의자와 태자 효, 왕자 태 등을 사로잡아 당으로 돌아갔다.

大王嘉尙仁問功業,授波珍湌,又加角干。尋入唐宿衛如前。龍朔元年,高宗召謂曰:"朕旣滅百濟,除爾國患。今高句麗負固,與穢貊同惡,違事大之禮,棄善隣之義,朕欲遣兵致討。爾歸告國王,出師同伐,以殲垂亡之虜。"仁問便歸國,以致帝命。國王使仁問與庾信等練兵以待。皇帝命邢國公蘇定方爲遼東道行軍大總管,以六軍長驅萬里,迮麗人於(須)[浿]江,擊破之,遂圍平壤。麗人固守,故不能克。士馬多死傷,糧道不繼。仁問與留鎭劉仁願率兵兼輸米四千石、租二萬餘斛赴之。唐人得食,以大雪解圍還。

대왕이 인문의 공적을 가상히 여겨 파진찬을 제수하고 각간을 더 주었다. 이윽고 당에 들어가 전과 같이 숙위하였다. 용삭 원년에 고종이 불러 말했다: "짐은 이미 백제를 멸망시켜 너희 국환을 제거하였다. 지금 고구려가 견고함을 믿고 예맥과 더불어 같이 악한 짓을 하며 사대의 예의를 어기고 선린의 의리를 저버리므로 짐은 군사를 파견하여 토벌하려 한다. 그대는 돌아가서 국왕에게 고하여 군사를 출동시켜 우리와 함께 정벌하여 거의 망하게 된 적을 섬멸하자." 인문은 즉시 귀국하여 황제의 명령을 전달하였다. 국왕은 인문으로 하여금 유신 등과 함께 군사를 훈련하며 기다리게 하였다. 황제는 형국공 소정방을 요동도행군대총관으로 하여 6군을 거느리고 먼 만 리 길을 달려 패강에서 고구려 군사와 조우하여 격파하고 이내 평양을 포위하였다. 고구려 인이 굳게 수비하므로 이기지 못하였다. 많은 병사와 말이 부상당하거나 죽었고 군량미 운송로도 잇지 못하였다. 인문은 진을 유수하는 유인원과 함께 군사를 거느리고 쌀 4천 섬과 벼 2만여 곡을 가지고 갔다. 당군은 식량을 얻었으나 대설로 포위를 풀고 돌아갔다.

羅人將歸,高句麗謀要擊於半塗,仁問與庾信詭謀夜遁。麗人翌日覺而追之,仁問等廻擊,大敗之,斬首一萬餘級,獲人五千餘口而歸。仁問又入唐。以乾封元年扈駕登封泰山,加授右驍衛大將軍、食邑四百戶。總章元年戊辰高宗皇帝遣英國公李勣,帥師伐高句麗,又遣仁問徵兵於我。文武大王與仁問出兵二十萬,行至北漢山城。王住此,先遣仁問等領兵會唐兵,擊平壤。月餘執王臧。仁問使(主)[王]跪於英公前,數其罪,王再拜,英公禮答之。即以王及男産、男(律)[建]、男生等還。文武大王以仁問英略勇功,特異常倫,賜故大(琢)角干朴紐食邑五百戶。高宗亦聞仁問屢有戰功,制曰:"爪牙良將,文武英材。制爵疏封,尤宜嘉命。"仍加爵秩、食邑二千戶。自後侍衛宮禁,多歷年所。

신라군이 돌아오려 할 때 고구려가 길목에서 요격하려 하자 인문은 유신과 함께 꾀를 내어 밤에 도망하였다. 고구려인이 다음 날에야 알고 추격해 오자 인문 등이 반격하여 대파하고 만여 명을 참수하고 5천여 명을 생포하여 돌아왔다. 인문은 또 당에 갔다. 건봉 원년에 어련을 따라 태산에 올라가 봉선에 참여한 후 우효위대장군 직과 식읍 4백 호를 받았다. 총장 원년 무진에 고종황제가 영국공 이적을 시켜 군사를 거느리고 고구려를 정벌할 때 또 인문을 보내 아군을 징발하였다. 문무 대왕은 인문과 같이 20만 병력을 출동시켜 북한산성으로 갔다. 왕은 그곳에 머무르며 먼저 인문 등을 시켜 군사를 거느리고 당군과 회합하여 평양을 공격하였다. 한달 남짓하여 보장왕을 붙잡았다. 인문이 고구려왕을 영공 앞에 꿇어앉히고 그의 죄를 헤아리니 고구려왕이 두 번 절하고 영공이 그에 답례하였다. 영공은 곧 왕과 남산,남건,남생 등을 데리고 돌아갔다. 문무대왕은 인문의 영특한 지략과 용감한 공로가 일반 사람보다 특이하므로 죽은 대각간 박뉴의 식읍 5백 호를 하사하였다. 고종도 인문이 여러 차례 전공을 세웠다는 말을 듣고 내린 조서왈: "호위의 훌륭한 장군, 문무의 영재다. 작위와 봉읍을 주고 좋은 명성을 하사한다." 작위를 더하고 식읍 2천호를 주었다. 그 뒤로 여러해 궁궐에서 황제를 시위하였다.

上元元年文武王納高句麗叛衆,又據百濟故地。唐皇帝大怒,以劉仁軌爲鷄林道大總管,發兵來討,詔削王官爵。時仁問爲右驍衛、員外大將軍、臨海郡公,在京師,立以爲王,令歸國以代其兄,仍策爲鷄林州大都督、開府儀同三司。仁問懇辭不得命,遂上道。會王遣使入貢且謝罪,皇帝赦之,復王官爵。仁問中路而還,亦復前銜。調露元年轉鎭軍大將軍、行右武威衛大將軍。載初元年授輔國大將軍、上柱國、臨海郡開國公、左羽林軍將軍。延載元年四月二十九日寢疾,薨於帝都,享年六十六。訃聞,上震悼,贈襚、加等。命朝散大夫・行司禮寺・大醫署令陸元景、判官・朝散郎・直司禮寺某等押送靈柩。孝昭大王追贈太大角干,命有司以延載二年十月二十七日窆于京西原。仁問七入大唐,在朝宿衛,計月日凡二十二年。時亦有良圖海湌,六入唐,死(干)[于]西京,失其行事始末。

상원 원년에 문무왕은 고구려 반란무리를 받아들이고 또 백제의 옛땅을 차지하였다. 당황제는 대노하여 유인궤를 계림도대총관으로 하여 군사를 출동시켜 토벌해 오며 조서를 내려 왕의 관작을 삭탈하였다. 이때 인문은 우효위, 원외대장군, 임해군공의 신분으로 당의 경성에 있었다. 그를 왕으로 세우고 귀국하여 형을 대체하게 하고 계림주대도

독, 개부의동삼사로 책봉하였다. 인문은 간곡히 사양하였으나 허락 명
령을 얻지 못하고 귀국의 길에 올랐다. 마침 왕이 사신을 보내 공물을
바치며 사죄하였으므로 황제는 용서하고 왕의 관작을 회복시켜 주었
다. 인문도 중도에서 돌아가 역시 이전의 관직을 회복했다. 조로 원년에
진군대장군, 행우무위위대장군에 전임되었다. 재초 원년에는 보국 대
장군, 상주국, 임해군 개국공, 좌우림군 장군에 제수되었다. 연재 원년
4월 29일 않아 누어 당의 경성에서 향년 66세로 사망하였다. 부음을
듣고 황제가 놀라고 슬퍼하며 수의를 주고 관등을 높여주었다. 조산대
부, 행사례시, 대의서령 육원경과 판관, 조산랑, 직사례시 모 등에게
명하여 영구를 호송하게 하였다. 효소대왕은 그에게 태대각간을 추증
하고 관계부문에 명령하여 연재 2년 10월 27일 경서의 벌에 장사지냈
다. 인문은 일곱 번이나 당에 들어갔으며 조정에서 숙위한 월일을 계산
하면 누계 22년이나 된다. 그 당시 해찬 양도도 여섯 번 당에 들어갔다
가 장안에서 죽었는데 그 사적의 시말은 전해지지 않는다.

○**金陽**, 字**魏昕**, **太宗大王**九世孫也。曾祖**周元**伊飡, 祖**宗基**蘇判, 考**貞
茹波**珍飡, 皆以世家爲將相。**陽**生而英傑。**太和**二年—**興德王**三年爲
固城郡太(△)[守], 尋拜**中原**大尹, 俄轉**武州**都督, 所臨有政響。**開成**元
年丙辰**興德王**薨, 無嫡嗣, 王之堂弟**均貞**、堂弟之子**悌隆**爭嗣位。**陽**與
均貞之子阿飡**祐徵**、**均貞**妹婿**禮徵**奉**均貞**爲王, 入**積板宮**, 以族兵宿
衛。**悌隆**之黨**金明**、**利弘**等來圍, **陽**陳兵宮門以拒之, 曰: "新君在此, 爾
等何敢兇逆如此?" 遂引弓射殺十數人。**悌隆**下**裴萱伯**射**陽**中股。**均貞**
曰: "彼衆我寡, 勢不可遏, 公其佯退, 以爲後圖。" **陽**於是突圍而出, 至**韓
歧**—作(濱祗)[漢祗]市, **均貞**沒於亂兵。**陽**號泣旻天, 誓心白日, 潛藏山野, 以
俟時來。

김양의 자는 위혼이고 태종대왕의 9세손이다. 증조부는 이찬 주원, 조
부는 소판 종기, 부친은 파진찬 정여고 모두 세가로서 장수와 재상을

하였다. 김양은 태어날 때부터 영특하고 걸출하였다. 태화 2년(흥덕왕 3년)에 고성군 태수를 하였고 이윽고 중원 대윤으로 모셔졌다가 곧 무주 도독으로 전직되었으며 가는 곳마다 치적이 있었다. 개성 원년 병진에 흥덕왕이 사망하고 계승할 적자가 없자 왕의 4촌 동생 균정과 사촌동생의 아들 제륭 간에 왕위를 다투었다. 김양은 균정의 아들 아찬 우징, 균정의 매부 예징과 함께 균정을 왕으로 받들어 적판궁에 들여보내고 족병으로 숙위하였다. 제륭의 당파 김명, 이홍 등이 적판궁을 포위하자 김양은 병사들을 궁문에 배치하여 막으면서: "새 임금이 여기 계시는데 너희들이 어찌 이토록 흉악하게 거역할 수 있느냐?"며 활을 당겨 10여 명을 쏘아 죽였다. 제륭의 부하 배훤백이 활을 쏘아 김양의 허벅다리를 적중하였다. 균정이 말했다: "저쪽은 많고 우리는 적으므로 막을 수 없다. 공은 패한 척하며 물러나 후일을 도모하라!" 김양은 포위를 뚫고 나와서 한기일왈 한지 저자에 이르렀고 균정은 난군에게 살해되었다. 김양은 하늘을 향하여 통곡하면서 해를 향해 결심을 다진 후 산야에 숨어서 때가 오기를 기다렸다.

至開成二年八月前侍中祐徵收殘兵入淸海鎭,結大使弓福,謀報不同天之讐。陽聞之,募集謀士兵卒,以三年二月入海,見祐徵,與謀擧事。三月以勁卒五千人襲武州,至城下,州人悉降。進次南原迁新羅兵,與戰,克之。祐徵以士卒久勞,且歸海鎭養兵秣馬。冬彗孛見西方,芒角指東。衆賀曰:"此除舊布新、報寃雪恥之祥也。"陽號爲(乎)[平]東將軍,十二月再出。金亮(詢)[詢]以鵶洲軍來,祐徵又遣驍勇閻長、張弁、鄭年、駱金、張(△)[建]榮、李順行六將統兵,軍容甚盛。鼓行至武州 鐵冶縣北(州)[川],新羅大監金敏周以兵逆之。將軍駱金、李順行以馬兵三千突入彼軍,殺傷殆盡。

개성 2년 8월에 이르러 전 시중 우징이 잔병을 수습하여 청해진으로 가서 대사 궁복과 손잡고 불공대천의 원수를 갚고자 모의하였다. 김양은 이 말을 듣고 모사와 병졸들을 모집하여 3년 2월 바다로 들어가

우징을 만나 그와 함께 거사할 것을 모의하였다. 3월 강한 군사 5천
명을 거느리고 무주를 습격하려 성 밑에 이르니 고을 사람들이 모두
항복하였다. 남원에 들어가 신라군과 조우하여 싸워 이겼다. 우징은
병사들이 오랫동안 피로해졌다며 다시 청해진으로 돌아가서 병마를
휴양시켰다. 겨울에 혜성이 서쪽에 나타났으며 광채의 꼬리가 동쪽을
가리켰다. 사람들이 축하하며 말했다: "이는 낡은 것을 없애고 새 것을
펴며 원수를 갚고 치욕을 씻을 좋은 징조다." 김양은 평동 장군이라
하며 12월 재차 출사하였다. 김양순이 무주군을 거느리고 왔으며 우징
이 또 용사 염장, 장변, 정년, 낙금, 장건영, 이순행 등 여섯 장수를
보내 군사를 거느리자 위풍이 매우 성대해졌다. 북을 치며 행군하여
무주 철야현 북천에 도착하자 신라 대감 김민주가 군사로 맞아 싸웠다.
장군 낙금과 이순행이 3천 기병으로 적군으로 돌입하여 거의 다 살상시
켰다.

四年正月十九日軍至大丘,王以兵迎拒。逆擊之,王軍敗北,生擒斬獲
莫之能計。時王顚沛逃(人)[入]離宮,兵士尋害之。陽於是命左右將軍
領騎(士)[士]徇曰:"本爲報讐,今渠魁就戮,衣冠士女、百姓宜各安居,
勿妄動。"遂(牧)[收]復王城,人民案堵。陽召萱伯曰:"犬各吠非其主,爾
以其主射我,義士也。我勿校,爾安無恐。"衆聞之,曰:"萱伯如此,其他
何憂?"無不感悅。四月清宮,奉迎侍中祐徵即位,是爲神武王。至七月
二十三日大王薨,太子嗣位,是爲文聖王。(迫)[追]錄功,授蘇判兼倉部
令,轉侍中兼兵部令。[入]唐聘問,兼授公檢校衛尉卿。大中十一年八
月十三日薨于私第,享年五十。訃聞,大王哀慟,追贈舒發翰,其贈賻殮
葬一依金庾信舊例。以其年十二月八日陪葬于太宗大王之陵。

4년 정월 19일 군사가 대구에 도착하자 왕이 군사로 항거하였다. 반격
하여 왕의 군사를 패배시켜 생포하거나 죽인 자가 헤아릴 수 없었다.
이때 왕은 갈팡질팡하며 이궁으로 도망쳤으나 병사들이 찾아 살해하였
다. 김양이 좌우 장군에게 명하여 기병을 인솔하여 돌며 말했다: "본래

원수를 갚기 위한 것인데 지금 그 괴수가 죽었으니 귀족 남녀와 백성들
은 각자 안심하고 살며 망동하지 말라!" 드디어 경성은 수습됐고 백성
이 안정됐다. 김양이 훤백을 불러 말했다: "개는 저마다 제 주인이 아닌
자에게 짖는다. 네가 주인 때문에 나를 쏘았으니 의사로다. 내가 탓하지
않으니 너는 안심하고 두려워하지 말라!" 사람들은 듣고 "훤백도 저렇
게 대하니 다른 사람이야 무엇을 근심하랴?"라며 감탄하며 기뻐하지
않는 자가 없었다. 4월 왕궁을 깨끗이 정리하고 시중 우징을 맞아 왕위
에 받들어 즉위시키니 그이가 신무왕이다. 7월 23일에 왕이 사망하고
태자가 왕위를 이으니 그이가 문성왕이다. 김양의 공로를 추가로 기록
하여 소판 겸 창부령을 제수하고 다시 시중 겸 병부령으로 전임시켰다.
당을 방문할 때 공에게 검교위위경을 겸하여 제수하였다. 대중 11년
8월 13일에 자택에서 향년 50세로 사망하였다. 부음이 알려지자 왕이
슬퍼하며 서발한을 추증하고 부의와 염장을 김유신의 장례 때와 같게
하였다. 그해 12월 8일 태종대왕의 능에 배장하였다.

從父兄<u>昕</u>字泰, 父璋如仕至侍中﹑波珍湌。昕幼而聰悟, 好學問。長慶
二年憲德王將遣人入唐, 難其人。或薦昕一<u>太宗</u>之裔, 精神朗秀, 器宇
深沈, 可以當選。遂令入朝宿衛。歲餘請還, 皇帝詔授金紫光祿大夫﹑
試太常卿。及歸, 國王以不辱命,(△)[擢]授<u>南原</u>太守, 累遷至<u>康州</u>大都
督, 尋加伊湌兼相國。<u>開成</u>(巳)[己]未閏正月爲大將軍, 領軍十萬, 禦<u>清
海</u>兵於<u>大丘</u>, 敗績。自以敗軍, 又不能死綏, 不復仕官。入<u>小白山</u>葛衣蔬
食, 與浮圖遊。至<u>大中</u>三年八月二十七日感疾終於山齋, 享年四十七
歲, 以其年九月十日葬於<u>奈靈郡</u>之南原。無嗣子, 夫人主喪事, 後爲比
丘尼。

　사촌형 흔의 자는 태고 부친 장여는 관작이 시중, 파진찬에 이르렀다.
흔은 어릴 때 총명하고 학문을 좋아하였다. 장경 2년 헌덕왕이 당에
사신을 보내려 했으나 적임자를 찾기 어려웠다. 어떤 사람이 흔을 추천
하면서 태종의 후예고 정신이 밝으며 생김이 빼어났으며 도량이 깊고

침착하므로 뽑을 만하다 하였다. 드디어 그를 당에 들어가 숙위하게 하였다. 한 해 남짓해서 귀국을 청하니 황제가 조서로써 금자광록대부, 시태상경을 제수하였다. 귀국하자 국왕은 왕명을 욕되게 하지 않았다 며 남원 태수를 제수하였고 여러 번 자리를 옮겨 강주 대도독에 이르렀 으며 이윽고 이찬 겸 상국의 관작을 더 주었다. 개성 기미 윤정월 대장 군이 되어 10만 병력을 거느리고 대구에서 청해진의 군을 방어하다가 패전하였다. 자신이 패전하였고 또한 전사하지도 못하였다 하여 다시 는 벼슬을 하지 않았다. 소백산에 들어가 갈포를 입고 나물을 먹으며 승려들과 함께 지냈다. 대중 3년 8월 27일 병들어 향년 47세로 산골 집에서 인생을 마감하였고 그 해 9월 10일 나령군 남쪽 벌에 장사지냈 다. 아들이 없어서 부인이 상주를 한 후 비구니가 되었다.

○黑齒常之,百濟西部人。長七尺餘,驍毅有謀略。爲百濟達率兼風達 郡將,猶唐刺史云。蘇定方平百濟,常之以所部降。而定方因老王,縱兵 大掠。常之懼,與左右酋長十餘人遁去,嘯合逋亡,依任存山自固,不旬 日歸者三萬。定方勒兵攻之,不克,遂復二百餘城。龍朔中高宗遣使招 諭,乃詣劉仁軌降,入唐爲左領軍、員外將軍、[沙](佯)[洋]州刺史。累從 征伐積功,授爵賞殊等。久之爲燕然道大總管,與李多祚等擊突厥,破 之。左監門衛、中郎將寶璧欲窮追邀功,詔與常之共討,寶璧獨進,爲虜 所覆,舉軍沒。寶璧下吏誅,常之坐無功。會周興等誣其與鷹揚將軍趙 懷節叛,捕繫詔獄,投繯死。[124]常之御下有恩。所乘馬爲士所箠,或請 罪之。答曰:"何遽以私馬鞭官兵乎?"前後賞賜分麾下,無留皆。及死, 人皆哀其枉。

흑치상지는 백제 서부 사람이다. 키가 7자 넘고 날쌔고 강익하며 모략 이 있다. 백제의 달솔로서 풍달군의 장수를 겸하였는데 당의 자사와

---

124) 投繯死: 중앙본 '교수형을 당하였다'.

비슷하다고 한다. 소정방이 백제를 평정할 때 그는 자기 무리와 함께 항복하였다. 정방은 늙은 백제왕을 가두고 병사를 방종하여 크게 노략하였다. 상지는 겁을 먹고 좌우우두머리 10여 명과 함께 도주하여 도망한 사람들을 불러 모아 임존산에 의존하며 굳게 수비하니 열흘이 못되어 귀의한 자가 3만 명이나 되었다. 정방이 군사를 진열하여 공격하였으나 이기지 못했고 이윽고 2백여 성을 회복하였다. 용삭 연간에 고종이 사신을 보내 권유하자 유인궤에게 가 항복하였고 당에 들어가 좌령군, 원외장군, 사양주 자사가 되었다. 수차례의 정벌에 종사한 공이 누적되어 특등 작위와 상을 받았다. 오랜 후에 연연도 대총관이 되었고 이다조 등과 함께 돌궐을 격파했다. 좌감문위, 중랑장 찬보벽이 돌궐을 끝까지 추격하여 공을 세우려 하였고 내린 조칙은 상지와 함께 공격하라고 하였으나 찬보벽이 혼자 진공하다가 적에게 패하여 전군이 몰살하였다. 보벽은 옥리에 보내져 처형되고 상지도 공로가 없다고 연좌되었다. 주흥 등의 그가 응양 장군 조회절과 함께 반란을 음모했다는 무고에 걸려 붙잡혀 옥에 갇혔다가 스스로 목매어 죽는 형을 당했다. 상지는 아랫사람들을 은덕으로 다스렸다. 병졸이 그의 말을 때린 적이 있어 어떤 자가 그 병졸을 벌하자고 하자 왈: "어찌 개인의 말 때문에 관병을 때릴 수 있겠는가?" 여러 차례 받은 상을 부하들에게 나누어주어 남겨둔 재물이 없다. 죽게 되자 사람들은 모두 그의 억울함을 슬퍼하였다.

○張保皐羅紀作弓福、鄭年年或作連皆新羅人,但不知鄕邑父祖。皆善鬪戰, 年復能沒海底,行五十里不噎。角其勇壯,保皐(△)[差]不及也,年以兄呼保皐。保皐以齒,年以藝,常齟齬不相下。二人如唐爲武寧軍小將,騎而用槍,無能敵者。後保皐還國,謁大王曰:"遍中國以吾人爲奴婢,願得鎭淸海,使賊不得掠人西去。"淸海,新羅海路之要,今謂之莞島。大王與保皐萬人,此後海上無鬻鄕人者,保皐旣貴。年去職,饑寒,在泗之漣(水)[水]縣。一日言於戍將馮元規曰:"我欲東歸,乞食於張保皐。"元規曰:"若與保皐所負如何?[125]奈何去取死其手?"年曰:"饑寒死,不如兵死快,況死故鄕耶?"遂去謁保皐,飮之極歡。飮未卒,聞王弒國亂,無主。保皐分兵五千人與年,持年手泣曰:"非子不能平禍難。"年入國,誅叛者,立王。王召保皐爲相,以年代守淸海此與新羅傳記頗異。以杜牧立傳,故兩存之。

장보고『신라본기』왈 궁복와 정년年 혹왈 連은 모두 신라인이나 그들의 고향과 부친, 조부는 알 수 없다. 모두 싸움을 잘하였고 정년은 또한 바닷물 밑으로 들어가 50리를 가도 숨이 막히지 않는다. 용맹과 장함을 비교하면 보고가 연에게 약간 모자라나 연은 보고를 형이라 불렀다. 보고는 나이로, 연은 기예로 항상 맞수가 되어 서로 지려고 하지 않았다. 두 사람이 당에 가서 무녕군 소장이 되어 말 타고 창 쓰는 데 대적할 자가 없었다. 그 뒤에 보고가 귀국하여 대왕을 알현하며 왈: "중국 어디서나 우리를 노비로 여기고 있습니다. 청해에 진영을 설치하여 도적들이 사람들을 노략하여 서쪽으로 데려가지 못하게 하고 싶습니다." 청해는 신라 해로의 요충지로서 지금은 완도라고 부른다. 대왕이 보고에게 1만 명을 주니 이 뒤로는 해상에서 우리나라 사람을 파는 자가 없어졌고 보고는 이미 귀해졌다. 정년은 관직을 잃고 굶주림과 추위로 당唐 사수의 연수현에 있었다. 하루는 수비 장수 풍원규에게 "내가 동쪽으로 돌아가서 장보고에게 걸식하려 한다" 하니 원규 왈: "그대와 장보고가 서로 어떻게 등졌는가? 어찌하여 가서 그의 손에 죽으려 하는가?" 정년 왈: "추위와 굶주림으로 죽는 것은 싸우다가 죽느니만 통쾌하지 못하다. 하물며 고향에서 죽는데?" 정년은 곧 장보고를 만났으며 매우 기쁘게 술을 마셨다. 술자리가 끝나기 전에 왕이 시해되고 나라가 어지러워졌으며 임금이 없어졌다는 소식이 왔다. 보고가 5천 병력을 나누어 정년에게 주면서 정년의 손을 잡고 흐느끼며 말했다: "당신이 아니면

---

125) 所負如何?: 중앙본 '사이가 어떠한가?'는 오역. 負: 등지다.

나라의 화란을 평정할 수 없다.” 정년이 경성에 들어가 반역자를 죽이고 왕을 세웠다. 왕은 보고를 불러 재상으로 하고 정년을 부려 대신 청해를 지켰다. 이것은 신라의 전기와는 자못 다르지만 두목이 전기를 지었으므로 두 가지를 남겨 둔다.

論曰:杜牧言:“天寶, 安祿山亂, 朔方節度使安思順以祿山從弟賜死, 詔郭汾陽代之。後旬日, 復詔李臨淮, 持節分朔方半兵, 東出趙、魏。當思順時, 汾陽、臨淮俱爲牙門都將, 二人不相能, 雖同盤飲食, 常睥相視, 不交一言。及汾陽代思順, 臨淮欲亡去, 計未決, 詔臨淮分汾陽半兵東討。臨淮入請曰:“一死固甘, 乞免妻子。”汾陽趨下, 持手上堂, 偶坐曰:“今國亂主遷, 非公不能東伐, 豈懷私忿時耶?”及別, 執手泣涕, 相勉以忠義。訖平巨盜, 實二公之力。知其心不叛, 知其材可任, 然後心不疑, 兵可分。平生積憤, 知其心, 難也。忿必見短, 知其材, 益難也。此保臯與汾陽之賢等耳。年投保臯, 必曰:“彼貴我賤, 我降下之, 不宜以舊忿殺我。”保臯果不殺, 人之常情也;臨淮請死於汾陽, 亦人之常情也。

논평하여 왈: 두목 왈: ‘천보 연간 안녹산의 난 때 삭방 절도사 안사순에게 안록산의 종제라는 이유로 죽음을 하사하고 조서를 내려 곽분양으로 그를 대신하였다. 열흘 후에는 다시 이임회에게 조서를 내려 부절을 가지고 가서 삭방 군사의 절반을 나누어 동으로 조, 위 지방에 나가게 하였다. 안사순 때 곽분양과 이임회가 모두 아문도장으로 있었는데 두 사람은 사이가 좋지 않아 한 자리에서 음식을 먹으면서도 항상 서로 눈을 흘기며 한 마디 말도 주고받지 않았었다. 곽분양이 안사순의 직무를 대신하게 되자 이임회는 도망하려 하였으나 미처 결행하지 못하고 있던 차 이임회에게 곽분양의 병력 절반을 나누어주며 동쪽을 정벌하라는 조칙이 내렸다. 이임회가 청하였다:“나의 죽음은 실로 달가우나 처자만은 살려주시오.” 곽분양은 아래로 빨리 다가가 이임회의 손을 잡고 마루 위로 올라와 마주 앉히며 말했다:“지금 나라가 어지러워 임금이 파천하였는데 그대가 아니면 동쪽의 적을 평정할 수 없소. 어찌

사사로운 원한을 생각할 때겠소?" 작별할 때 손을 잡고 눈물을 흘리면서 충성과 의리로써 서로 격려하였다. 큰 역적을 평정하게 된 것은 실로 두 사람의 힘이었다. 배반할 마음이 없음을 알고 일을 맡길 만한 재능이 있음을 안 뒤에야 서로 의심하지 않고 군사를 나누어줄 수 있다. 평생토록 원한을 쌓은 상대방의 마음을 알아주기는 어렵다. 원한의 상대는 결점만 보일 터인데 그의 재능을 알아주기는 더욱 어렵다. 이 점에서 장보고와 곽분양의 현명한 정도는 같다. 정년이 장보고에게 갈 때 틀림없이 "저 사람은 귀하고 나는 천하니 내가 자신을 낮춘다면 응당 옛날의 원한으로 나를 죽이지는 않으리라"라고 생각 하였을 것이다. 장보고는 과연 그를 죽이지 않았으니 인간의 상정이다. 이임회가 곽분양에게 죽기를 청한 것도 역시 인간의 상정이었다.

保皐任年事, 出於己。年且饑寒, 易爲感動。汾陽、臨淮平生抗立, 臨淮之命, 出於天子, 推於保皐, 汾陽爲優, 此乃聖賢遲疑成敗之際也。彼無他也, 仁義之心與雜情并植, 雜情勝則仁義滅, 仁義勝則雜情消。彼二人仁義之心旣勝, 復資之以明, 故卒成功。(△)[世]稱周、召爲百代之師, 周公擁孺子, 而召公疑之。以周公之聖、召公之賢, 少事文王, 老佐武王, 能平天下, 周公之心, 召公亦且不知之。苟有仁義之心, 不資以明, 雖召公尙爾, 况其下哉。語曰：'國有一人, 其國不亡。'夫亡國, 非無人也, 丁其亡時賢人不用。苟能用之, 一人足矣。"宋祈曰："嗟乎, 不以怨毒相(㦧)[慸], 而先國家之憂, 晉有祁奚,126) 唐有汾陽、保皐, 孰謂夷無人哉?"

장보고가 정년에게 일을 맡긴 것은 자신이 결정한 것이다. 정년은 또한 굶주림과 추위에 시달렸으므로 감동되기도 쉬웠다. 곽분양과 이임회는 평생 대립하였지만 이임회에 대한 명령은 천자에게서 내렸으므로 장보고와 비교하면 곽분양의 결단은 더욱 쉬웠고 이것이 바로 성현들이 주저하다가 성패를 결정하는 분기점이다. 그것은 다름이 아니라

---

126) 祁奚: 춘추시대 晉의 大夫로서 진조공의 후임자에 자기의 원수 解狐를 추천하였다.

인의의 마음과 잡생각은 함께 존재하여 잡생각이 이기면 인의가 사라지고 인의가 이기면 잡생각이 사라진다. 이 두 사람은 인의의 마음이 이긴데다가 또한 총명이 받들어줬기 때문에 끝내 성공하였다. 세상 사람들은 주공과 소공을 백대의 스승으로 칭송하지만 주공이 어린 임금을 보좌할 때 소공도 의심했었다. 주공의 성스러움과 소공의 현명으로 젊어서 문왕을 섬겼고 늙어서는 무왕을 보좌하여 천하를 평정할 수 있었지만 주공의 마음을 소공도 이해하지 못하였다. 비록 인의의 마음이 있다할지라도 총명이 받들어주지 않는다면 소공일지라도 그러하거늘 하물며 그보다 못한 사람이랴? "나라에 한 사람만 있어도 그 나라는 망하지 않는다"는 말이 있다. 나라가 망하는 것은 사람이 없어서가 아니라 망할 때를 당하여 어진 사람을 쓰지 않기 때문이다. 만약 쓸 줄 안다면 한 사람으로도 족하다.' 송기 왈: '아하! 개인적인 원망으로 서로 해치지 않고 나라의 우환을 앞세우는 사람으로는 진에 기해가 있었고 당에는 곽분양과 장보고가 있었으니 누가 동이에 인재가 없다고 할 것인가?'

○斯多含, 系出眞骨, 奈密王七世孫也, 父仇梨知級湌。本高門華胄, 風標淸秀, 志氣方正, 時人請奉爲花郎, 不得已爲之。其徒無慮一千人, 盡得其歡心。眞興王命伊湌異斯夫襲加羅一作加耶國, 時斯多含年十五六, 請從軍, 王以幼少不許。其請勤而志確, 遂命爲貴幢裨將, 其徒從之者亦衆。及抵其國界, 請於元帥, 領麾下兵先入旃檀梁旃檀梁城門名。加羅語謂門爲梁云。其國人不意兵猝至, 驚動不能禦, 大兵乘之, 遂滅其國。泊師還, 王策功, 賜加羅人口三百, 受已, 皆放, 無一留者。又賜田, 固辭, 王强之, 請賜閼川不毛之地而已。含始與武官郎約爲死友, 及武官病卒, 哭之慟甚, 七日亦卒。時年十七歲。

사다함은 진골 출신으로 나밀왕의 7세손이고 부친은 급찬 구리지다. 본래 높은 가문의 귀한 자손으로서 풍채가 청수하고 지기가 바르며 당시 사람들이 그를 화랑으로 받들어 마지못하여 되었다. 그를 따르는 무리가 무려 1천 명이나 되었는데 그들 모두의 환심을 얻었다. 진흥왕이 이찬 이사부를 시켜 가라^{일왈 가야국}을 습격할 때 사다함은 나이 십오륙 세로서 종군하기를 청하였으나 왕은 나이가 어리다며 허락하지 않았다. 그의 요청이 간절하고 의지가 확고하므로 귀당비장으로 임명하니 따라 그의 낭도 중에 따라나서는 자가 많았다. 그 나라 국경에 이르자 원수에게 청하여 휘하의 병사를 거느리고 먼저 전단량^{전단량은 성문 이름, 가라 말로 門을 粱이라 함}으로 들어갔다. 그 나라 사람들은 뜻밖에 병사들이 갑자기 들이닥치자 놀라 막지 못했으며 대군이 틈 타 그 나라를 멸하였다. 군사가 돌아오자 왕은 전공을 책정하여 가라 인구 3백 명을 하사하였는데 그는 받은 후 한 명도 남겨두지 않고 전부 석방하였다. 또 토지를 하사했으나 군이 사양하므로 왕이 강권하니 알천의 불모지만을 요청할 뿐이었다. 사다함은 애초에 무관랑과 목숨을 같이 하는 벗이 되기를 약속하였는데 무관랑이 병들어 죽자 너무나 슬프게 울다가 7일 만에 역시 죽었다. 그때 나이가 17세였다.

三國史記卷第四十五

(삼국사기 권제45)

列傳第五(열전 제5)

乙巴素、金后稷、禄眞、密友、紐由、明臨答夫、昔于(者)[老]、朴堤上、貴
山、溫達

　　을파소, 김후직, 녹진, 밀우, 유유, 명림답부, 석우로, 박제상, 귀산, 온달

○乙巴素,高句麗人也。國川王時沛者於卑留、評者左可慮等皆以外
戚擅權,多行不義,國人怨憤。王怒,欲誅之,左可慮等謀反,王誅竄之,
遂下令曰:"近者,官以寵授,位非德進,毒流百姓,動我王家,此寡人不
明所致也。今汝四部,各擧賢良在下者。"於是四部共擧東部晏留,王
徵之,委以國政。晏留言於王曰:"微臣庸愚,固不足以參大政。西鴨淥
谷左勿村 乙巴素者,琉璃王大臣乙素之孫也。性質剛毅,智慮淵深,不
見用於世,力田自給。大王若欲理國,非此人則不可。"王遣使以卑辭
重禮聘之,拜中畏大夫,加爵爲于台。謂曰:"孤叨承先業,處臣民之上,
德薄材短,未濟於理。先生藏用晦明,窮處草澤者久矣。今不我棄,幡然
而來,非獨孤之喜幸,社稷生民之福也。請安承敎,公其盡心。"

　　을파소는 고구려인이다. 국천왕 때 패자 어비류와 평자 좌가려 등은

모두 외척으로서 권세를 농단하며 의에 어긋나는 행동을 많이 하여 백성들이 원망하고 분개하였다. 왕이 노하여 죽이려 하자 좌가려 등이 반란을 일으켜 처형하기도, 내쫓기도 하고 명을 내렸다: '최근 관작이 총애로 제수되고 지위가 덕행에 따라 승진하지 못하므로 그 해독이 백성에게 미치고 나의 왕실을 동요시켰으며 이는 과인이 명철하지 못한 탓에 초래되었다. 지금 너희들 4부에서는 각기 아래에 있는 현량을 천거하라.' 이에 4부에서 모두 동부의 안류를 천거하자 왕이 징용하여 국정을 맡겼다. 안류가 왕에게 왈: "소신은 용렬하고 어리석어 본래 중대한 정사에 참여할 수 없습니다. 서쪽 압록곡 좌물촌의 을파소는 유리왕의 대신 을소의 후손입니다. 성질이 강익하고 지혜와 생각이 깊은데 세상에 쓰이지 못하여 농사를 지으며 스스로 살고 있습니다. 대왕께서 나라를 다스리려면 이 사람이 아니면 안 될 것입니다." 왕이 사신을 보내 겸손한 말과 정중한 예로 그를 초빙하여 중외대부로 모시고 작위를 더하여 우태로 하며 왈: "내가 외람되게 선대의 왕업을 계승하여 신민의 위에 처하게 되었으나 덕과 자질이 부족하여 잘 다스리지 못하고 있소. 선생은 능력을 감추고 고명함을 드러내지 않은 채 초야에 묻힌 지 오래되었소. 지금 나를 버리지 않고 마음을 바꾸고 와주니 비단 나의 기쁨과 다행일 뿐만 아니라 사직과 백성의 복이오. 가르침을 받으려 청하오니 공께서 마음을 다하여 주시오."

巴素意雖許國,謂所受職不足以濟事,乃對曰:"臣之駑蹇,不敢當嚴命,願大王選賢良授高官,以成大業。"王知其意,乃除爲國相,令知政事。於是朝臣國戚謂巴素以新間舊,疾之。王有教曰:"無貴賤,苟不從國相者,族之。"巴素退而告人曰:"不逢時則隱,逢時則仕,士之常也。今上待我以厚意,其可復念舊隱乎?"乃以至誠奉國,明政敎,愼賞罰,人民以安,內外無事。王謂晏留曰:"若無子之一言,孤不能得巴素以共理。今庶績之凝,子之功也。"乃拜爲大使者。至山上王七年秋八月巴素卒,國人哭之慟。

파소는 비록 나라에 바치고 싶은 마음이었으나 맡은 바 직위가 일을 성사시키기에 부족하다고 여겨져 말했다: "소신의 노둔함은 감히 엄명을 감당할 수 없으니 원컨대 대왕께서 현량을 찾아 높은 관직을 줌으로써 위업을 이룩하십시오." 왕은 그의 뜻을 알고 곧 국상을 제수하며 정사를 맡겼다. 이때 조정의 대신과 국척들은 새 사람이 낡은 사람을 소원시킨다 하며 미워하였다. 왕은 교서를 내렸다: '귀천을 막론하고 국상에게 복종하지 않으면 멸족할 것이다.' 파소가 물러나 사람들에게 말했다: "때를 만나지 못하면 숨어 살고 때를 만나면 벼슬을 함은 선비의 상례이다. 지금 임금께서 나를 후의로 대우하는데 어찌 다시 예전의 은거를 생각하랴?" 그는 곧 지성으로 나라를 받들어 정교를 밝게 하고 상벌을 신중히 하니 백성들이 안정되고 중앙과 지방이 무사해졌다. 왕이 안류에게 "그대의 한 마디 말이 없었다면 내가 을파소를 얻어서 함께 다스리지 못하였을 것이다. 지금 모든 업적이 이루어진 것은 그대의 공로이다"라며 대사자로 모셨다. 산상왕 7년 가을 8월에 이르러 파소가 죽자 백성들이 비통하게 울었다.

○<u>金后稷</u>,<u>智證王</u>之曾孫,事<u>眞平大王</u>爲伊湌,轉兵部令。大王頗好田獵,<u>后稷</u>諫曰:"古之王者必一日萬機,深思遠慮,左右正士容受直諫。孳孳矻矻,不敢逸豫。然後德政醇美,國家可保。今殿下日與狂夫獵士放鷹犬,逐雉兔,奔馳山野,不能自止。<u>老子</u>曰:'馳騁(日)[田]獵,令人心[發]狂。127)'<u>書</u>曰:'內作色荒,外作禽荒,有一于此,未或不亡。'由是觀之,內則蕩心,外則亡國,不可不省也,殿下其念之。"王不從,又切諫,不見聽。後<u>后稷</u>疾病將死,謂其三子曰:"吾爲人臣,不能匡救君惡,恐大王遊娛不已,以至於亡敗,是吾所憂也。雖死,必思有以悟君,須瘞吾骨於大王遊畋之路側。"子等皆從之。他日王出行,半路有遠聲,若曰:"莫

---

127) 저본은 '馳騁日獵,令人心狂'.『老子』'馳騁田獵,令人心發狂'에 근거하여 교정함.

去"。王顧問:"聲何從來?"從者告云:"彼后稷伊湌之墓也。"遂陳后稷臨死之言。大王潛然流涕曰:"夫子忠諫,死而不忘,其愛我也深矣。若終不改,其何顏於幽明之間耶?"遂終身不復獵。

김후직은 지증왕의 증손이고 진평대왕을 섬겨 이찬을 하다가 병부령으로 전직하였다. 대왕이 사냥을 꾀나 좋아하여 후직이 간하였다: "옛날 임금은 반드시 하루에도 많은 정사를 보고 깊이 생각하고 멀리 내다보며 좌우 바른 선비의 직간을 얼굴을 맞대고 받아 들였습니다. 부지런하고 꾸준히 노력하며 감히 안일을 도모하지 못했습니다. 그래야 덕정이 순미하여 국가를 보전할 수 있습니다. 지금 전하께서는 매일 방탕한 사람, 포수와 더불어 매와 개를 풀어 꿩과 토끼를 쫓아 산과 들로 달리며 자제하지 못하고 있습니다. 노자 왈: '말달리며 사냥하면 사람의 마음을 미치게 한다.' 『상서』 왈: '안팎으로 여색과 사냥에 빠지면 그중 한 가지만 저질러도 망하지 않는 자가 없다.' 이렇게 볼 때 안으로 마음이 방탕해지면 밖으로 나라를 망칠 수 있으므로 성찰하지 않을 수 없으니 전하께서는 유의하시기 바랍니다." 왕이 듣지 않자 다시 간절하게 간하였으나 받아들여지지 않았다. 그 후 후직이 병들어 죽게 되었을 때 세 아들에게 말했다: "나는 신하로서 임금의 잘못을 바로잡아 주지 못하였으니 아마 대왕은 놀고 즐기는 일을 그만 두지 않다가 패망하게 될 것이니 이것이 내가 근심하는 바이다. 죽어서라도 꼭 임금을 깨우쳐 줄 생각이니 나의 뼈를 대왕이 사냥 다니는 길옆에 묻어라." 아들들은 모두 이를 따랐다. 후일 왕이 출행할 때 도중에 "가지 말라!"라는 듯한 소리가 멀리서 들려왔다. 왕이 돌아보며 "소리가 어디서 나지?" 물으니 시종이 "저것은 이찬 후직의 무덤입니다"라고 하며 후직이 임종 때 한 말을 외웠다. 대왕이 눈물을 줄줄 흘리면서 말했다: "그대는 충성으로 간언하고 죽어서도 잊지 않으니 나에 대한 사랑이 깊도다. 기어코 잘못을 고치지 않는다면 살아서나 죽어서나 무슨 낯으로 대하겠는가!" 왕은 다시는 사냥을 하지 않았다.

○<u>祿眞</u>,姓與字未詳,父<u>秀奉</u>一吉湌。<u>祿眞</u>二十三歲始仕,屢經内外官,至<u>憲德大王</u>十年戊戌爲執事侍郎。十四年國王無嗣子,以母弟<u>秀宗</u>爲儲貳,入<u>月池宮</u>。時<u>忠恭</u>角干爲上大等,坐政事堂,注擬内外官,退,公感疾。召國醫診脈,曰:“病在心臟,須服龍齒湯。”遂告暇三七日,杜門不見賓客。於是<u>祿眞</u>造而請見,門者拒焉。<u>祿眞</u>曰:“下官非不知相公移疾謝客,須獻一言於左右,以開鬱悒之慮,故此來耳。若不見,則不敢退也。”門者再三復之,於是引見。<u>祿眞</u>進曰:“伏聞寶體不調,得非早朝晚罷,蒙犯風露,傷榮衛之和,失支體之安乎?”曰:“未至是也,但昏昏默默,精神不快耳。”<u>祿眞</u>曰:“然則公之病不須藥石,不須針砭,可以至言高論一攻而破之也。公將聞之乎?”曰:“吾子不我遐遺,惠然光臨,願聽玉音,洗我胸臆。”

녹진의 성과 자는 미상이고 부친은 일길찬 수봉이다. 녹진은 23세에 벼슬을 하기 시작하여 여러 차례 중앙과 지방의 관직을 역임하다가 헌덕대왕 10년 무술에 집사시랑이 되었다. 14년에 국왕이 대를 이을 아들이 없으므로 동생 수종을 태자로 삼아 월지궁에 들게 하였다. 이때 각간 충공이 상대등을 하며 정사당에 앉아서 중앙과 지방 관리의 후선인을 면접, 결정한 다음 퇴근 후 병에 걸렸다. 국의를 불러 진맥하니 왈: “병이 심장에 있으니 용치탕을 복용해야 한다.” 그는 곧 21일간 청가하고 문을 닫고 손님을 만나지 않았다. 이때 녹진이 가서 만나기를 청하였으나 문지기가 거절하였다. 녹진 왈: “하관은 상공께서 병으로 청가서를 바치고 빈객을 사절함을 모르는 바 아니나 꼭 한 마디 말씀을 드려서 답답한 근심을 풀어 드려야겠기에 이렇게 온 것입니다. 뵙지 않고는 감히 물러날 수 없습니다.” 문지기가 재삼 전하자 불러들여 만나주었다. 녹진이 진언했다: “소인이 듣건대 귀체가 불편하다고 하니 아침 일찍 조회 하고 늦게 퇴근하느라 바람맞아 혈기의 조화를 손상시켜 몸이 불편 해진 것이 아닌지요?” 충공 왈: “그렇게까지 되지는 않았고 다만 머리가 멍하고 정신이 상쾌하지 못할 뿐이다.” 녹진 왈: “그렇다면 공의 병은 약이나 침은 필요 없고 지당한 말과 높은 담론으로 단번에 고칠 수 있을 것입니다. 공께서 이를 들어주겠습니까?" 충공 왈: "그대가 나를 멀리 버리지 않고 생각하고 와주었으니 옥음을 듣겠으니 내 가슴속을 씻어주시오."

祿眞曰: "彼梓人之爲室也, 材大者爲梁柱, 小者爲椽榱, 偃者植者各安所施, 然後大廈成焉。古者賢宰相之爲政也, 又何異焉? 才巨者置之高位, 小者授之薄任。內則六官、百執事, 外則方伯、連率、郡守、縣令, 朝無闕位, 位無非人。上下定矣, 賢不肖分矣, 然後王政成焉。今則不然。徇私而滅公, 爲人而擇官。愛之則雖不材擬送於雲霄, 憎之則雖有能圖陷於溝壑。取捨混其心, 是非亂其志, 則不獨國事溷濁, 而爲之者亦勞且病矣。若其當官淸白, 蒞事恪恭, 杜貨賂之門, 遠請託之累, 黜陟只以幽明, 予奪不以愛憎, 如衡焉, 不可枉以輕重; 如繩焉, 不可欺以曲直。如是則刑政允穆, 國家和平, 雖曰開孫弘之閤, 置曹參之酒, 與朋友故舊談笑自樂可也。又何必區區於服餌之間, 徒自費日廢事爲哉?"

녹진 왈: "목수가 집 지을 때 큰 재목은 들보와 기둥으로 쓰고 작은 것은 서까래로 쓰며 굽은 것, 곧은 것이 각각 쓸 자리에 들어간 후에야 큰 집이 지어집니다. 옛날 현명한 재상이 정치를 하는 것도 또한 무엇이 다르겠습니까? 재능이 많은 자는 높은 자리에 앉히고 적은 자는 가벼운 임직에 앉힙니다. 안으로 6관, 백집사와 밖으로 방백, 연솔, 군수, 현령에 이르기까지 조정에 빈자리가 없고 자리마다 부당한 자가 없습니다. 상하가 정해지고 현명함과 불초함이 구별된 뒤에야 왕정이 이루어집니다. 지금은 그렇지 않습니다. 사심 때문에 공리가 없어지고 사람을 위하여 관직을 고릅니다. 총애하면 재능이 없어도 높은 자리에 올려놓고 미워하면 유능해도 구렁텅이에 처넣으려 합니다. 취하고 버림에 마음이 엇갈리고 시와 비에 뜻이 어지러워지며 나라 일이 혼탁해질 뿐만 아니라 일하는 사람도 피곤하고 병이 납니다. 만일 관직에 있으면서 청백하고 일 처리에 신중하며 뇌물의 거래를 막고 청탁의 시끄러움을

멀리하며 승진과 강등을 오직 그 사람의 명암에 따르고 관직을 주고 빼앗음을 애증에 의하지 않으면 저울처럼 경중을 잘못 재지 않고 먹줄처럼 곡직을 속이지 못할 것입니다. 그러면 형정이 엄숙해지고 국가가 평화로우며 비록 공손홍 같이 문을 활짝 열어 놓고 조참 같이 술상을 차리고 친구들과 한담하며 즐겨도 됩니다. 어찌 구차하게 약 먹기에 몰두하고 공연히 시일을 소비하며 사무를 폐지하겠습니까?"

角干於是謝遣醫官,命駕朝王室。王曰:"謂卿剋日服藥,何以來朝?"答曰:"臣聞祿眞之言,同於藥石,豈止飮龍齒湯而已哉?"因爲王一一陳之。王曰:"寡人爲君,卿爲相。而有人直言如此,何喜如焉?不可使儲君不知,宜往月池宮。"儲君聞之,入賀曰:"嘗聞君明則臣直,此亦國家之美事也。"後熊川州都督憲昌反叛,王擧兵討之,祿眞從事有功,王授位大阿湌,辭不受。

각간은 이에 의관을 내보내고 수레를 타고 왕궁으로 조회하러 갔다. 왕이 말했다: "경이 날짜를 약정하고 약 먹는다 해놓고 왜 조회하러 왔는가?" 충공이 "소신은 녹진의 말을 들으니 약 먹고 침 맞은 것과 같았습니다. 어찌 용치탕을 마시는 정도뿐이겠습니까?"라며 왕에게 녹진의 말을 낱낱이 고하였다. 왕이 "과인은 임금이고 경은 재상이다. 그런데 이와 같이 바른 말하는 사람이 있으니 얼마나 기쁜가? 태자에게 알리지 않을 수 없으니 월지궁으로 가야 되겠다"고 하였다. 태자가 듣고 들어와서 "임금이 명철하면 신하가 바르다고 들은 적이 있습니다. 이 역시 나라의 아름다운 일입니다"라며 치하하였다. 그 뒤에 웅천주 도독 헌창이 반란을 일으키자 왕이 군사를 발동하여 토벌하는데 녹진이 참여하여 공을 세웠으므로 왕이 대아찬 관작을 주었다. 그는 사양하며 받지 않았다.

○密友、紐由者,并高句麗人也。東川王二十年魏幽州刺史冊丘儉將兵來侵,陷丸都城,王出奔。將軍王頎追之,王欲奔南沃沮,至于竹嶺,軍士奔散殆盡,唯東部密友獨在側,謂王曰:"今追兵甚迫,勢不可脫。臣請決死而禦之,王可遁矣。"遂募死士,與之赴敵力戰。王僅得脫而去,依山谷聚散卒自衛。謂曰:"若有能取密友者,厚賞之。"下部劉屋句前,對曰:"臣試往焉。"遂於戰地見密友伏地,乃負而至。王枕之以股,久而乃蘇。王間行轉輾,至南沃沮,魏軍追不止。王計窮勢屈,不知所爲。

밀우와 유유는 모두 고구려인이다. 동천왕 20년 위 유주 자사 관구검이 군사를 거느리고 침입하여 환도성을 함락하여 왕이 도주하였다. 장군 왕흔이 추격하여 왕이 남옥저로 달아나려고 죽령에 이르렀을 때 병사들은 모두 흩어지고 다만 동부의 밀우 혼자 옆에 있다가 왕에게 말했다: "지금 추격병이 박두해 오므로 탈출할 수 없게 되었습니다. 소신이 결사적으로 막으면 왕께서 도망할 수 있습니다." 곧 결사대를 모집하여 함께 적진으로 달려가 힘껏 싸웠다. 왕은 겨우 탈출하여 산골짜기에 의지하여 흩어진 군졸을 모아 방어하면서 말했다: "밀우를 찾아오는 자면 후한 상을 주겠다." 하부의 유옥구가 나와 "소신이 가보겠습니다"라며 곧 싸움터에서 땅에 쓰러져 있는 밀우를 발견하고 업어왔다. 왕이 허벅다리를 베어주고 한참 지나니 깨여났다. 왕은 숨어서 전전하다가 남옥저에 이르렀으나 위군은 추격을 멈추지 않았다. 왕은 방법도 궁핍하고 기력도 꺾이어 어쩔 바를 몰랐다.

東部人紐由進曰:"勢甚危迫,不可徒死。臣有愚計,請以飮食往犒魏軍,因伺隙刺殺彼將。若臣計得成,則王可奮擊決勝。"王曰:"諾。"紐由入魏軍詐降,曰:"寡君獲罪於大國,逃至海濱,措躬無地矣。將以請降於陣前,歸死司寇。先遣小臣致不腆之物,爲從者羞。"魏將聞之,將受其降。紐由隱刀食器,進前拔刀,刺魏將胸,與之俱死,魏軍遂亂。王分軍爲三道,急擊之,魏軍擾亂不能陳,遂自樂浪而退。王復國論功,以密友、紐由爲第一。賜密友巨谷、青木谷,賜屋句鴨綠豆訥河原,以爲食邑。追贈紐由爲九使者,又以其子多優爲大使者。

동부인 유유가 진언했다: "형세가 매우 위급하나 공연히 죽을 수는 없습니다. 소신에게 어리석은 계책이 있는바 음식을 차려가지고 위군을 한턱 먹이다가 틈을 타서 적장을 찔러 죽이겠습니다. 만일 소신의 계책이 성사되면 왕께서 힘껏 공격하여 승부를 결판내십시오." 왕 왈: "그러자." 유유가 위군에 들어가서 항복하는 체하며 말했다: "우리 임금이 대국에 죄 지고 도망하여 바닷가에 이르렀으나 몸 둘 곳이 없습니다. 진 앞에 나아가 항복하고 형리의 처벌에 따라 죽으려 합니다. 먼저 소신을 보내 변변치 않은 물건으로 종군자들에게 음식을 대접하려 합니다." 위의 장수가 이 말을 듣고 항복을 받으려 하였다. 유유가 칼을 식기에 숨겼다가 앞으로 다가가 칼을 뽑아 위장의 가슴을 찌르고 그와 함께 죽었다. 위군이 이내 혼란에 빠졌다. 왕은 군사를 세 갈래로 나누어 급히 공격하니 위군이 혼란해져 진을 정비하지 못하고 곧 낙랑으로부터 퇴출하였다. 왕이 경성에 돌아와서 전공을 평정할 때 밀우와 유유의 공로를 으뜸으로 하였다. 밀우에게 거곡과 청목곡을 하사하고 옥구에게 압록의 두눌하원을 하사하여 식읍으로 하였다. 유유에게는 관작을 추증하여 구사자로 하고 또한 그의 아들 다우를 대사자로 하였다.

○**明臨荅夫**,高句麗人也,新大王時爲國相。漢 玄菟郡太守 耿臨發大兵欲攻我,王問群臣戰守(執)[孰]便。衆議曰:"漢兵恃衆輕我,若不出戰,彼以我爲怯,數來。且我國山險而路隘,此所謂一夫當關,萬夫莫當者也。漢兵雖衆,無如我何,請出師禦之。"荅夫曰:"不然,漢國大民衆,(△)[今]以强兵遠鬬,其鋒不可當也。而又兵衆者宜戰,兵(小)[少]者宜守,兵家之常也。今漢人千里轉糧,不能持久。若我深溝高壘淸野以待之,彼必不過旬月,饑困而歸。我以勁卒追之,可以得志。"王然之,嬰城固守。漢人攻之不克,士卒饑餓,引還。荅夫帥師數千騎追之,戰於坐原,漢軍大敗,匹馬不反。王大悅,賜荅夫 坐原及質山爲食邑。十五年秋九月卒,年百十三歲。王自臨慟,罷朝七日。以禮葬於質山,置守墓二十家。

명림답부는 고구려인이고 신대왕 때의 국상이었다. 한 현도 태수 경림이 대군을 발동하여 우리를 공격하려 하자 왕이 신하에게 공격과 방어 중 어느 쪽이 편한가 물었다. 사람들이 의논하여 왈: "한군은 병사 수가 많은 것을 믿고 우리를 업신여기는데 만약 출전하지 않으면 저들은 우리를 비겁하다 하며 자주 올 것입니다. 그리고 우리나라는 산이 험하고 길이 좁으니 이야말로 한 명이 관문을 지켜도 1만 명도 당할 자가 없습니다. 한군은 많지만 우리를 어찌하지 못할 것이니 군사를 출동시켜 막읍시다." 답부 왈: "그렇지 않습니다. 한은 나라가 크고 인구가 많으며 이번에 강한 병력으로 멀리 와서 싸우니 그 예봉을 당해낼 수 없습니다. 또한 병력이 강하면 진공하고 병력이 약하면 지켜야 함이 병가의 상식입니다. 지금 한인은 천 리 길에 군량을 운반해야 하므로 오랫동안 버티지는 못합니다. 만약 우리가 전호를 깊이 파고 보루를 높이 쌓고 들판을 비워 놓고 기다리면 저들은 틀림없이 한 달을 넘기지 못하고 굶주리고 피곤하여 돌아갈 것입니다. 우리가 강병으로 압박하면 뜻을 이룰 수 있습니다." 왕이 그렇게 여겨 성문을 닫고 굳게 지켰다. 한인이 공격했으나 이기지 못하고 사졸들이 굶주렸으므로 돌아갔다. 답부가 수천의 기병을 거느리고 추격하여 좌원에서 싸워 한군이 대패하여 한 필의 말도 돌아가지 못하였다. 왕이 크게 기뻐하여 답부에게 좌원과 질산을 하사하여 식읍으로 하였다. 15년 가을 9월 답부는 나이 113세로 죽었다. 왕이 직접 가서 애통해하며 7일간 조회를 금하였다. 예를 갖추어 질산에 장사하고 묘지기 20집을 두었다.

○昔于老,奈解尼師今之子或云角干水老之子也。助賁王二年七月以伊湌爲大將軍,出討甘文國,破之,以其地爲郡縣。四年七月倭人來侵,于老逆戰於沙道,乘風縱(水)[火],焚賊戰艦,賊溺死且盡。十五年正月進爲舒弗(耶)[邯],兼知兵馬事。十六年高句麗侵北邊,出擊之,不克,退保馬頭柵。至夜,士卒寒苦,于老躬行勞問,手燒薪(△)[樵]暖熱之,群心感喜,如夾纊。(沽)[沾]解王在位,沙梁伐國舊屬我,忽背而歸百濟,于老將兵往討滅之。

석우로는 나해이사금의 아들이다혹왈 각간 수로의 아들임. 조분왕 2년 7월 이찬으로서 대장군이 되어 감문국을 토벌하여 격파하고 그 지역을 군현으로 만들었다. 4년 7월 왜인이 침범해 오자 우로가 사도에서 맞아 싸워 바람을 이용하여 불을 질러 적의 전함을 불태우자 적들은 모두 물에 빠져죽었다. 15년 정월 서불한으로 승급되고 군사업무를 겸하였다. 16년 고구려가 북쪽 변경을 침범하자 출격하여 이기지 못하고 물러나 마두책을 지켰다. 밤에 사졸들이 몹시 추워하므로 우로가 직접 다니면서 위로하고 나무에 불을 피워 따뜻하게 해주니 사람들이 마음으로 기쁘게 느껴 마치 솜옷을 두른 것 같이 느껴졌다. 첨해왕 재위 때 우리에게 속해 있던 사량벌국이 갑자기 배반하여 백제로 귀순하므로 우로가 군사를 거느리고 토벌해 멸망시켰다.

七年癸酉倭國使臣葛那古在館, 于老主之, 與客戲言:"早晚以汝王爲鹽奴, 王妃爲爨婦。"倭王聞之, 怒, 遣將軍于道朱君討我, 大王出居于柚村。于老曰:"今玆之患由吾言之不愼, 我其當之。"遂抵倭軍, 謂曰:"前日之言戲之耳, 豈意興師至於此耶?"倭人不答, 執之, 積柴, 置其上燒殺之, 乃去。于老子幼弱, 不能步, 人抱以騎而歸。後爲訖解尼師今。(未)[味]鄒王時倭國大臣來聘, 于老妻請於國王, 私饗倭使臣。及其泥醉, 使壯士曳下庭焚之, 以報前怨。倭人忿, 來攻金城, 不克, 引歸。

7년 계유에 왜국 사신 갈나고가 객관에 와 있었는데 석우로가 주인 노릇하며 손님에게 농담을 건넸다: "조만간에 너의 국왕을 염전의 노비로 하고 왕비를 취사부로 하겠다." 왜왕이 이 말을 듣고 노하여 장군 우도주군을 보내 우리를 토벌하자 대왕이 유촌에 나가 있었다. 석우로가 "지금의 환란은 내가 말을 조심하지 않은 데서 초래된 것이니 내가 당해내겠다."고 말하며 이내 왜군에게 가서 "전일에 한 말은 농담일 뿐인데 이렇게 군사를 풀 줄 어찌 알았으랴?"라고 하니 왜인이 대답도 하지 않고 그를 붙잡아 쌓아놓은 장작 위에 얹어 놓고 불태워 죽인

다음 가버렸다. 석우로의 아들은 어려서 걷지 못하였으므로 다른 사람
이 안아 말에 태워 집으로 돌아왔는데 후에 흘해이사금이 되었다. 미추
왕 때 왜국 대신이 예방하여 왔었는데 석우로의 처는 국왕에게 왜국
사신을 사적으로 대접하겠다고 요청하였다. 사신이 흠뻑 술에 취하였
을 때 장사를 시켜 뜰에 끌어다 놓고 불에 태워 이전의 원수를 갚았다.
왜인들이 분개하여 금성에 침공하여 왔으나 이기지 못하고 돌아갔다.

論曰:于老爲當時大臣,掌軍國事,戰必克,雖不克,亦不敗,則其謀策必
有過人者。然以一言之悖,以自取死,又令兩國交兵。其妻能報怨,亦變
而非正也。若不爾者,其功業亦可錄也。

논평하여 왈: 우로가 당시의 대신으로서 군국의 사무를 맡아 싸우면
반드시 이기고 이기지 못하더라도 패하지는 않았으니 그의 모략이 틀
림없이 남보다 뛰어난 점이 있었을 것이다. 그러나 말 한 마디를 잘못함
으로써 스스로 죽음을 취했고 또한 두 나라 사이에 전쟁까지 일어나게
하였다. 그의 아내가 원수를 갚을 수 있었으나 변칙이지 정도가 아니다.
만약 이렇지 않았다면 그의 공적도 기록에 남길 만하다.

○朴堤上或云毛末。始祖赫居世之後,婆娑尼師今五世孫。祖阿道葛文
王,父勿品 波珍湌。堤上仕爲歃良州干。先是,實聖王元年壬寅與倭國
講和,倭王請以奈勿王之子未斯欣爲質。王嘗恨奈勿王使己質於高句
麗,思有以釋憾於其子,故不拒而遣之。又十一年(王)[壬]子,高句麗亦
欲得未斯欣之兄卜好爲質,大王又遣之。及訥祇王即位,思得辯士往
迎之。聞水酒村(干)[干]伐寶靺、一利村干仇里迺、利伊村干波老三人
有賢智,召問曰:"吾弟二人質於倭、麗二國,多年不還。兄弟之故,思念
不能自止。願使生還,若之何而可?"三人同對曰:"臣等聞良州(干)[干]
堤上,剛勇而有謀,可得以解殿下之憂。"

박제상혹왈 모말은 시조 혁거세의 후손이고 파사 이사금의 5세손이다.
조부는 갈문왕 아도고 부친은 파진찬 물품이다. 제상은 삽량주의 간

벼슬을 하였다. 당초 실성왕 원년 임인에 왜국과 화친을 맺을 때 왜왕이 나물왕의 아들 미사흔을 인질로 요구하였다. 실성왕은 나물왕이 자기를 고구려에 인질로 가게 한 일을 원망한 적이 있으므로 그 아들에게 분풀이를 하고자 생각하며 거절하지 않고 보냈다. 그리고 11년 임자에 고구려에서도 미사흔의 형 복호를 인질로 요구하여 왕이 또 그를 보냈다. 눌지왕이 즉위하자 변사를 구하여 그들을 데려 오려는 생각을 하였다. 대왕은 수주촌의 간 벌보말, 일리촌의 간 구리내와 이이촌의 간 파로 세 사람이 어질고 지혜롭다는 말을 듣고 불러 물었다: "나의 동생 둘이 왜국과 고구려 두 나라에 인질로 가서 수년간 돌아오지 못하고 있다. 형제인 까닭에 그리움을 억제할 수 없다. 살아서 돌아오게 하고 싶은데 어떻게 하면 될까?" 세 사람이 이구동성으로 답하였다: "소신들이 듣건대 삽량주의 간 제상은 강직하고 용감하며 모략이 있다 하니 전하의 근심을 풀어드릴 수 있을 것입니다."

於是徵堤上, 使前告三臣之言而請行, 堤上對曰: "臣雖愚不肖, 敢不唯命(祇)[祗]承?" 遂以聘禮入高句麗, 語王曰: "臣聞交隣國之道, 誠信而已。若交質子, 則不及五覇, 誠(未)[末]世之事也。今寡君之愛(第)[弟]在此, 殆將十年。寡君以鶺鴒在原之意,128) 永懷不已。若大王惠然歸之, 則若九牛之落一毛, 無所損也。而寡君之德大王也, 不可量也, 王其念之。" 王曰: "諾。" 許與同歸。及歸國, 大王喜慰曰: "我念二弟, 如左右臂, 今只得一臂, 奈何?"

이에 제상을 불러와 사절로 보내기 전에 세 신하의 말을 전하며 가주기를 요청하니 제상 왈: "소신은 비록 어리석고 불초하나 어찌 감히 명을 받들지 않겠습니까?" 제상은 드디어 빙례를 갖추고 고구려로 들어가서 왕에게 말했다: "소신이 듣건대 이웃 나라와 교제하는 도는 성실과

---

128) 鶺鴒在原之意: 물새 척령이 들에 가 있으면 한상 물에 있는 형제를 생각한다는 뜻으로 형제의 우애가 깊음을 비유한다.

신의뿐입니다. 인질을 주고받는다면 오패만도 못한 것이니 실로 말세의 일입니다. 지금 우리 임금의 사랑하는 동생이 여기에 있은 지 거의 10년이 되어 갑니다. 우리 임금은 들에 있는 척령이 물을 그리듯이 항상 그리움을 버리지 못하고 있습니다. 대왕께서 은혜로이 그를 돌려보내주어도 마치 아홉 마리의 소에서 털 한 오리 떨어지는 격으로 손해될 것이 없습니다. 그러나 우리 임금은 대왕의 은덕을 한량없게 생각할 것입니다. 왕께서는 유념하여 주소서." 왕은 "좋다"고 하면서 함께 돌아가게 허락하였다. 귀국하자 대왕은 기뻐하고 위로하면서 말했다: "나는 두 동생을 좌우의 두 팔과 같이 생각하는데 지금 한 팔만 얻었으니 어찌 해야 하는가?"

<u>堤上</u>報曰:"臣雖奴才,既以身許國,終不辱命。然<u>高句麗</u>大國,王亦賢君,是故臣得以一言悟之。若<u>倭人</u>,不可以口舌諭,當以詐謀,可使王子歸來。臣適彼,則請以背國論,使彼聞之。"乃以死自誓,不見妻子,抵_(栗)[栗]浦,汎舟向<u>倭</u>。其妻聞之,奔至浦口,望舟大哭曰:"好歸來。"<u>堤上</u>回顧曰:"我將命入敵國,爾莫作再見期。"遂徑入<u>倭國</u>,若叛來者,<u>倭王</u>疑之。<u>百濟</u>人前入<u>倭</u>,讒言<u>新羅</u>與<u>高句麗</u>謀侵王國。<u>倭</u>遂遣兵,邏戍<u>新羅</u>境外。會<u>高句麗</u>來侵,幷擒殺<u>倭</u>邏人,<u>倭王</u>乃以<u>百濟</u>人言爲實。又聞<u>羅</u>王囚<u>未斯欣</u>、<u>堤上</u>之家人,謂<u>堤上</u>實叛者。

제상 답 왈: "소신은 비록 노둔하오나 이미 몸을 나라에 바쳤으니 끝까지 명을 욕되게 하지 않겠습니다. 그러나 고구려는 대국이고 왕도 역시 어진 임금이기 때문에 소신이 한 마디 말로써 그를 깨우칠 수 있었습니다. 왜인 같은 것들은 말로써 달랠 수 없으니 속임수로써 왕자를 돌아오게 할 수 있습니다. 소신이 저곳에 가거든 반역의 죄명을 씌우고 그들이 듣게 하십시오." 죽음으로 맹서하고 처자도 만나지 않은 채 율포로 가서 배를 타고 왜로 향하였다. 그의 아내가 듣고 포구로 달려가 배를 향해 대성통곡하며 말했다: "잘 다녀오시오!" 제상이 돌아보면서 왈: "내가 명을 걸고 적국으로 들어가니 그대는 다시 만날 것을 기대하지

말라." 곧장 반역한 사람처럼 들어갔으나 왜왕은 그를 의심하였다. 앞서 백제인이 왜국에 가서 신라와 고구려가 모의하여 왕의 나라를 침공하려 한다고 참소한 적이 있었다. 왜국은 이내 군사를 보내 신라 국경 밖에서 순회하며 지켰다. 마침 고구려가 침입하여 왜의 순라군을 잡아 죽였으므로 왜왕은 백제인의 말을 사실로 여겼다. 또한 신라왕이 미사혼과 제상의 가족을 가두었다는 소식을 접하게 되어 제상이 정말 배반자임을 믿었다.

於是出師將襲新羅,兼差堤上與未斯欣爲將,兼使之鄕導。行至海中山島,倭諸將密議,滅新羅後,執堤上、未斯欣妻孥以還。堤上知之,與未斯欣乘舟遊,若捉魚鴨者,倭人見之,以謂無心,喜焉。於是堤上勸未斯欣潛歸本國。未斯欣曰:"僕奉將軍如父,豈可獨歸?"堤上曰:"若二人俱發,則恐謀不成。"未斯欣抱堤上項泣,辭而歸。堤上獨眠室內,晏起,欲使未斯欣遠行。諸人問:"將軍何起之晩?"答曰:"前日行舟勞困,不得夙興。"及出,知未斯欣之逃,遂縛堤上,行船追之。適煙霧晦冥,望不及焉。歸堤上於王所,則流於木島。未幾使人以薪火燒爛支體,然後斬。大王聞之,哀慟,追贈大阿湌,厚賜其家,使未斯欣娶其堤上之第二女爲妻,以報之。初未斯欣之來也,命六部遠迎之,及見,握手相泣。會兄弟置酒極娛,王自作歌舞,以宣其意。今鄕樂憂息曲是也。

이에 출사하여 신라를 습격하려고 제상과 미사혼을 장수 겸 향도로 하려 하였다. 바다 속의 섬에 이르자 왜의 장수들이 신라를 멸한 뒤에 제상과 미사혼의 처자를 잡아 오자고 은밀히 의논하였다. 제상이 알고 미사혼과 함께 배를 타고 놀면서 마치 물고기와 오리를 잡는 것같이 행동하니 왜인들은 보고 무심히 논다며 기뻐하였다. 이때 제상이 미사혼에게 몰래 본국으로 돌아갈 것을 권했다. 미사혼은 "내가 장군을 부친처럼 받드는 데 어찌 혼자 돌아가겠습니까?" 하니 제상이 말했다: "만약 두 사람이 함께 떠나면 모의가 성사되지 못할까 염려됩니다." 미사혼은 제상의 목을 안고 흐느끼며 작별하고 돌아왔다. 제상은 방안에서 혼자 자며 미사흔이 멀리 가도록 하기 위해 늦게야 일어났다. 사람들이 "장군은 왜 늦게 일어났느냐"고 물으니 제상은 "전 날 배를 탔더니 피곤하여 일찍 일어날 수가 없었다"고 하였다. 그가 밖으로 나오자 왜인들은 미사흔이 도망간 것을 알고 제상을 결박하고 배로 추격하였다. 마침 안개가 짙게 끼어서 앞이 보이지 않았다. 제상을 왜왕의 처소로 보냈다가 목도로 유배시켰다. 얼마 지나지 않아 사람을 시켜 장작불로 몸을 태운 후 참수하였다. 대왕은 소문을 듣고 애통해하며 대아찬을 추증하고 그의 가족에게 후하게 하사하고 제상의 둘째 딸을 미사흔의 아내로 삼게 함으로써 은혜에 보답하였다. 당초 미사흔이 돌아올 때 대왕은 6부에 명령하여 멀리 나가 맞이하게 하였으며 만나자 손을 잡고 다 울었다. 형제들이 모여 술자리를 마련하고 마음껏 즐겼으며 왕이 가무를 스스로 지어 자신의 뜻을 나타냈는데 지금 향악 가운데의 『우식곡』이 그것이다.

○**貴山**,沙梁部人也,父**武殷**阿干。**貴山**少與部人**箒項**爲友。二人相謂曰:"我等期與士君子遊,而不先正心修身,則恐不免於招辱。盍聞道於賢者之側乎?"時**圓光法師**入**隋**遊學還,居**加悉寺**,爲時人所尊禮。**貴山**等詣門,摳衣進告曰:"俗士顓蒙,無所知識,願賜一言,以爲終身之誡。"法師曰:"佛戒有菩薩戒,其別有十,若等爲人臣子,恐不能堪。今有世俗五戒,一曰事君以忠,二曰事親以孝,三曰交友以信,四曰臨戰無退,五曰殺生有擇。若等行之無忽!"**貴山**等曰:"他則旣受命矣,所謂殺生有擇,獨未曉也。"師曰:"六齋日、春夏月不殺,是擇時也。不殺使畜,謂馬牛鷄犬;不殺細物,謂肉不足一臠,是擇物也。如此唯其所用,不求多殺,此可謂世俗之善戒也。"**貴山**等曰:"自今已後奉以周旋,不敢失墜。"

귀산은 사량부 사람이고 부친은 아간 무은이다. 귀산은 젊어서 같은 부의 추항을 벗으로 삼았다. 두 사람은 서로 말했다: "우리가 선비나

군자와 함께 교유하기를 기대하면서 먼저 마음을 바르게 하고 몸을 수련하지 않으면 아마 욕을 당하지 않을 수 없을 것이다. 어진 사람 옆에서 도를 배우지 않을 수 있겠는가?" 당시에 원광법사가 수에 들어가 유학하고 돌아와 가실사에 있었는데 그때 사람들의 존경과 예우를 받았다. 귀산 등이 그의 거처에 가서 옷자락을 걷어잡고 다가가며 왈: "속세의 선비가 무지 몽매하여 아는 것이 없으니 평생의 계명으로 삼을 만한 말씀 한 마디를 해주시오." 법사 왈: "불가의 계율에 보살계가 있는데 그것은 열 가지로 구별되어 있으나 그대들이 남의 신하로서는 아마 감당할 수 없을 것이다. 지금 세속 오계가 있으니 첫째 임금을 충성으로 섬길 것, 둘째 부모를 효성으로 섬길 것, 셋째 벗을 신의로 사귈 것, 넷째 전쟁판에서 물러서지 말 것, 다섯째 살생을 가려서 할 것이다. 그대들은 이를 실행함에 소홀치 말라!" 귀산 등 왈: "다른 것은 말씀대로 하겠다만 이른바 가려서 살생한다는 말만은 잘 모르겠습니다." 법사 왈: "육재일과 봄, 여름에 살생 하지 않으니 이는 철을 선택하는 것이다. 가축은 죽이지 않으니 말, 소, 닭, 개를 말한다. 하찮은 것을 죽여서는 안 되니 고기 한 점도 못되는 것을 말한다. 이는 물건을 선택하는 것이다. 이와 같이 오직 필요한 경우만 죽이고 많이 죽이지 말 것이다. 이는 세속의 좋은 계율이라고 할 만하다." 귀산 등이 말했다: "지금부터는 받들고 따르며 감히 실추시키지 않겠습니다."

眞平王(△)[建]福十九年壬戌秋八月百濟大發兵,來圍阿莫一作(莫)[英]城。王使將軍波珍干乾品、武梨屈、伊梨伐、級干武殷、比梨耶等領兵拒之,貴山、箒項幷以少監赴焉。百濟敗退於泉山之澤,伏兵以待之,我軍進擊,力困引還。時武殷爲殿,立於軍尾,伏猝出,鉤而下之。貴山大言曰:"吾嘗聞之師曰:'士當軍無退',豈敢奔北乎?"擊殺賊數十人,以(曰)[己]馬出父,與項揮戈力鬪。諸軍見之奮擊,橫尸滿野,匹馬隻輪無反者。貴山等金瘡滿身,半路而卒。王與群臣迎於阿那之野。臨尸痛哭,以禮殯葬。追賜位貴山奈麻,箒項大舍。

진평왕 건복 19년 임술 가을 8월 백제가 대대적으로 군사를 발동하여 아막일왈 英성을 포위했다. 왕은 장군 파진간 건품, 무리굴, 이리벌, 급간 무은, 비리야 등을 시켜 군사를 인솔하여 방어하였으며 귀산과 추항은 함께 소감의 신분으로 전선에 나아갔다. 백제가 패하여 천산의 못으로 물러가 군사를 매복시킨 채 기다리고 있었고 아군은 진격하다가 힘이 진하여 돌아오고 있었다. 이때 무은은 후군이 되어 군사의 맨 뒤에 있었는데 복병이 갑자기 튀어나와 갈고리로 당겨 떨어뜨렸다. 귀산이 크게 외쳤다: "내가 스승에게서 들은 적이 있는데 '선비는 적군을 만나 물러서지 않는다'고 하였다. 어찌 감히 패하여 달아날 수 있으랴?" 적을 쳐서 수십 명을 죽인 다음 자기 말에 부친을 태워 내보내고 추항과 함께 창을 휘두르며 힘껏 싸웠다. 병사들이 이를 보고 분발하여 진격하니 쓰러진 시체가 들판을 메우고 말 한 필, 수레 한 채도 돌아간 것이 없었다. 귀산 등은 온 몸이 창칼에 찔려 돌아오는 도중에 죽었다. 왕은 신하들과 함께 아나의 들판에서 그들을 맞이하며 시체에 다가가 통곡하고 예를 갖추어 장사지냈다. 귀산에게는 나마를, 추항에게는 대사를 추증하였다.

○溫達, 高句麗 平岡王時人也。容貌龍鐘可笑, 中心則(△△蒙)[曉然。家]甚貧, 常乞食以養母。破衫弊履, 往來於市井間, 時人目之爲愚溫達。平岡王少女兒好啼, 王戲曰: "汝常啼聒我耳, 長必不得爲士大夫妻, 當歸之愚溫達。"王每言之。及女年二八, 欲下嫁於上部高氏, 公主對曰: "大王常語汝必爲溫達之婦, 今何故改前言乎? 匹夫猶不欲食言, 況至尊乎? 故曰: '王者無戲言'。今大王之命謬矣, 妾不敢祇承。"王怒曰: "汝不從我教, 則固不得爲吾女也, 安用同居? 宜從汝所適矣。"於是公主以(實)[寶]釧數十枚繫肘後出宮獨行。路遇一人, 問溫達之家, 乃行至其家。見盲老母, 近前拜, 問其子所在。老母對曰: "吾子貧(具)[且]陋, 非貴人之所可近。今聞子之臭, 芬馥異常; 接子之手, 柔滑如綿, 必天下之貴人也。

因誰之俤以至於此乎?惟我息不忍饑,取楡皮於山林,久而未還。"

온달은 고구려 평강왕 때 사람이다. 얼굴이 겉늙고 우습게 생겼지만 마음씨는 밝았다. 집안이 몹시 가난하여 항상 밥을 빌어 모친을 봉양하였다. 떨어진 옷과 신발을 걸치고 저자 거리를 다니니 당시 사람들이 그를 바보온달로 보았다. 평강왕의 어린 딸이 곧잘 울므로 왕이 농담으로 왈: "네가 항상 울어서 내 귀를 시끄럽게 구니 커서 틀림없이 사대부의 아내가 못되고 바보온달에게 시집가야 되겠다." 울 때마다 왕은 이 말을 하였다. 딸의 나이 16세가 되어 상부 고씨에게 내리 시집보내려 하니 공주가 말했다: "대왕께서 항상 너는 반드시 온달의 아내가 되리라고 하였는데 지금 무슨 까닭으로 이전의 말을 바꾸나이까? 필부도 식언하지 않으려는데 하물며 지존한 사람이 말입니까? 그러므로 '임금은 실없는 말을 하지 않는다'고 합니다. 지금 대왕의 명령이 잘못되었으므로 소녀는 감히 받들지 못하겠습니다." 왕이 화를 내어 말했다: "네가 내 말을 듣지 않는다면 당연 내 딸이 될 수 없다. 어찌 함께 살 수 있겠나? 너는 너 갈대로 가거라." 이에 공주는 보물 팔찌 수십 개를 팔꿈치에 걸고 궁궐을 나와 혼자 길을 떠났다. 길에서 한 사람을 만나 온달의 집을 물어 그의 집까지 찾아갔다. 눈 먼 노모를 보고 가까이 다가가서 절을 하며 아들이 있는 곳을 물었다. 노모가 대답하였다: "내 아들은 가난하고 추하여 귀인이 가까이 할 만하지 못하오. 지금 그대의 냄새를 맡으니 향기가 보통이 아니고 그대의 손을 만지니 부드럽기가 솜과 같으니 천하 귀인에 틀림없는데 누구의 속임수로 여기까지 오게 되었소? 내 자식은 굶주림을 참다못하여 산에 느릅나무 껍질을 벗기러 간지 오래되며 돌아오지 않고 있소."

公主出行至山下,見溫達負楡皮而來。公主與之言懷,溫達悖然曰 : "此非幼女子所宜行。必非人也,狐鬼也,勿迫我也!"遂行不顧。公主獨歸,宿柴門下,明朝更入,與母子備言之。溫達依違未決,其母曰:"吾息至陋,不足爲貴人匹;吾家至窶,固不宜貴人居。"公主對曰:"古人言:

'一斗粟猶可舂, 一尺布猶可縫', 則苟爲同心, 何必富貴然後可共乎?"
乃賣金(釧)[釧], 買得田宅、奴婢、牛馬、器物, 資用完具。初買馬, 公主語
溫達曰: "愼勿買市人馬, 須擇國馬病瘦而見放者, 而後換之。"溫達如
其言。公主養飼甚勤, 馬日肥且壯。高句麗常以春三月三日會獵樂浪
之丘, 以所獲猪、鹿祭天及山川神。至其日王出獵, 群臣及五部兵士皆
從。於是溫達以所養之馬隨行, 其馳騁常在前, 所獲亦多, 他無若者。王
召來, 問姓名, 驚且異之。

공주는 나와 걸어 산 밑에 이르러 느릅나무 껍질을 지고 오는 온달과
만났다. 공주가 그에게 자기의 속마음을 이야기하니 온달이 불끈 화를
내며: "이는 어린 여자가 취할 행동이 아니다. 필시 사람이 아니라 여우
귀신일 것이니 나를 가까이 하지 말라!"라며 돌아보지도 않고 걸었다.
공주는 혼자 돌아와 사립문 밖에서 자고 이튿날 아침에 다시 들어가
모자에게 자세한 사정을 이야기하였다. 온달이 우물쭈물 결단을 내리
지 못하는데 모친이 말했다: "내 자식은 추하기 그지없어 귀인의 짝이
될 수 없고 내 집은 몹시 가난하여 정말 귀인이 거처할 수 없소." 공주가
대답하였다: "옛 사람의 말에 '한 말의 조도 방아를 찧을 수 있고 한
자의 베도 바느질할 수 있다'고 하였으니 마음만 맞는다면 어찌 꼭
부귀해야만 같이 살겠습니까?" 이내 금팔찌를 팔아서 땅, 집, 노비, 우
마, 기물 등을 사들이니 용품이 구비되었다. 처음 말을 살 때 공주가
온달에게 "부디 시장의 말을 사지 말고 병들고 수척하여 내보내는 나라
의 말을 골라 사다 후에 바꾸라"고 하니 온달이 그대로 하였다. 공주가
부지런히 말을 기르니 날로 살찌고 건장해졌다. 고구려에서는 언제나
춘 3월 3일을 기하여 낙랑 언덕에 모여서 사냥해 온 멧돼지와 사슴으로
하늘과 산천의 신에 제사를 지낸다. 그 날이 되어 왕이 사냥을 나가는데
신하들과 5부의 병사들이 모두 수행하였다. 이때 온달도 기른 말을
타고 수행하였는데 항상 앞장서서 달리고 또한 잡은 짐승도 다른 사람
이 비길 수 없이 많았다. 왕이 불러서 성명을 묻고 놀라며 기이하게

여겼다.

時後周 武帝出師伐遼東, 王領軍逆戰於㈲[肄]山之野。溫達爲先鋒, 疾
鬥, 斬數十餘級, 諸軍乘勝奮擊, 大克。及論功, 無不以溫達爲㈱[第]一。
王嘉歎之, 曰: "是吾女壻也。" 備禮迎之, 賜爵爲大兄。由此寵榮尤渥, 威
權日盛。及(陽岡)[嬰陽]王卽位, 溫達奏曰: "惟新羅割我漢北之地爲郡
縣, 百姓痛恨, 未嘗忘父母之國。願大王不以愚不肖, 授之以兵, 一往必
還吾地。" 王許焉。臨行誓曰: "鷄立峴、竹嶺已西不歸於我, 則不返也。"
遂行, 與羅軍戰於阿旦城之下, 爲流矢所中, (路)[踣]而死。欲葬, 柩不肯
動, 公主來撫棺曰: "死生決矣, 於乎歸矣。" 遂擧而窆。大王聞之悲慟。

이때 후주의 무제가 군사를 풀어 요동을 정벌하자 왕은 군사를 거느리
고 이산 벌에서 맞아 싸웠다. 온달이 선봉이 되어 날래게 싸워 수십여
명을 참수하자 병사들이 승세를 타고 공격 하여 대승하였다. 공을 논의
할 때 온달을 제일이라고 하지 않는 사람이 없었다. 왕이 그를 가상히
여기어 감탄하기를 "이 사람은 나의 사위다"라 말하고 예를 갖추어
영접하여 대형 작위를 주었다. 이로부터 그에 대한 은총이 더욱 두터워
졌으며 위풍과 권세가 날로 성하여졌다. 영양왕이 즉위하자 온달이
상주하여 왈: "지금 신라가 우리의 한북 지역을 차지하여 군현으로
만들었으며 백성들은 통탄하며 부모의 나라를 잊은 적이 없습니다.
바라건대 대왕께서 저를 어리석고 불초하다고 여기지 말고 군사를 준
다면 단번에 반드시 우리 땅을 찾겠습니다." 왕이 허락하였다. 떠날
때 맹세하였다: "계립현과 죽령 서쪽을 우리에게 귀속시키지 못하면
돌아오지 않겠다." 곧 출발하여 아단성 밑에서 신라군과 싸우다가 유실
에 맞아 넘어져 죽었다. 장사지내려 하였으나 영구가 움직이지 않자
공주가 와서 관을 어루만지면서 "죽고 사는 것이 이미 결정되었으니
아하! 돌아가자!"라 말하고 영구를 들어 하관하였다. 대왕이 이 소식을
듣고 비통해하였다.

三國史記卷第四十六

(삼국사기 권제46)

列傳第六(열전 제6)

强首、崔致遠、薛聰[崔承祐、崔彦撝、金大問、朴仁範、元傑、巨仁、金雲卿、金垂訓附]

　강수, 최치원, 설총부록: 최승우, 최언위, 김대문, 박인범, 월걸, 거인, 김운경, 김수훈

○**强首**,中原京 沙梁人也,父昔諦奈麻。其母夢見人有角而妊身,(反)
[及]生,頭後有高骨。昔諦以(△)[兒]就當時所謂賢者,問曰:"此兒頭骨
如此,何也?"答曰:"吾聞之,伏羲虎形,女媧蛇身,神農牛頭,(皇)[皐]陶
馬口。則聖賢同類,而其相亦有不凡者。又觀兒首有黶子,於相法面黶
無好,頭黶無惡,則此必奇物乎?"父還,謂其(△)[妻]曰:"爾子非常兒也,
好養育之,當作將來之國士也。"及壯,自知讀書,通曉義理。父欲觀其
志,問曰:"爾學佛乎,學儒乎?"對曰:"愚聞之,佛,世外敎也,愚人、間
人129),安用學佛爲?願學儒者之道。"父曰:"從爾所好。"遂就師讀孝經、
曲禮、爾雅、文選。所(間)[聞]雖淺近,而所得愈高遠,魁然爲一時之傑。

---

129) 愚人.間人: 중앙본 '저(愚)는 인간세계의 사람으로서 어찌 부처가 하는 것을 배우겠
　　습니까?' '愚', 어리석다. '間', '閑'자의 차자, 한가하다.

遂入仕歷官,爲時聞人。

강수는 중원경 사량인이고 부친은 나마 석체다. 모친이 꿈에 뿔 달린
사람을 보고 임신하였는데 낳으니 머리 뒤에 뼈가 불쑥 나와 있었다.
석체가 아이를 데리고 당시의 현자라고 알려진 사람에게 가서 물었다:
"이 아이의 두골이 이런데 어떻습니까?" 답 왈: "내가 듣건대 복희는
범 형상이고 여와는 뱀 몸이며 신농은 소머리고 고요는 말 입이라 한다.
성현은 동류지만 그 관상이 역시 심상치 않은 바가 있다. 또 이 아이를
보니 머리에 검은 사마귀가 있는데 관상 법에 얼굴의 사마귀는 좋지
않지만 머리의 사마귀는 나쁘지 않다고 했으니 이 아이는 반드시 기이
한 것일까?" 부친이 돌아와 아내에게 "당신 아들이 보통 아이가 아니니
잘 길러서 장차 나라의 인재가 되게 하자"라고 하였다. 아이가 장성하자
저절로 책 읽을 줄 알고 뜻도 통달한다. 부친은 그의 뜻을 알아보려고
"너는 불교를 배우겠느냐, 유가를 배우겠느냐?"라고 물었다. 그가 대답
했다: "제가 듣기로 불교는 세속 밖의 교리이므로 인간을 어리석게,
한가롭게 한답니다. 불교를 배워서 무엇하겠습니까? 유가의 도의를 배
우고 싶습니다." 부친은 "네가 좋아하는 대로 하라"고 말하였다. 스승에
게 『효경』『곡례』『이아』『문선』을 배웠다. 배운 것은 비록 얕은 것이지
만 터득한 것은 점점 깊어져 엄연히 그때의 걸출한 인물이 되었다. 마침
내 벼슬길에 나아가 관직을 역임하여 당시에 소문난 사람이 되었다.

强首(常)[嘗]與釜谷冶家之女野合,情好頗篤。及年二十歲,父母媒邑
中之女有容行者,將妻之,强首辭不可以再娶。父怒曰:"爾有時名,國
人無不知,而以微者爲偶,不亦可恥乎?"强首再拜曰:"貧且賤非所羞
也,學道而不行之誠所羞也。嘗聞古人之言曰:'糟糠之妻不下堂,130)
貧賤之交不可忘。'則賤妾所不忍棄者也。"及太宗大王即位,唐使者
至,傳詔書。其中有難讀處,王召問之,在王前一見,說釋無疑滯。王驚

---

130) 不下堂: 중앙본의 '뜰 아래에 내려오지 않게 하며'.

喜,恨相見之晚,問其姓名。對曰:"臣本任那 加良人,名(字)[生]頭。"王曰:"見卿頭骨,可稱强首先生。"使製廻謝唐皇帝詔書表。文工而意盡,王益奇之,不稱名,言任生而已。

강수는 부곡의 대장장이의 딸과 야합한 적이 있으며 정이 자못 돈독하였다. 20세가 되자 부모가 고을의 여자 가운데 용모와 행실이 좋은 자에게 중매를 통하여 장가보내려 했다. 강수는 두 번 장가들 수 없다며 사절하였다. 부친이 노하여 왈: "너는 이름이 나서 나라에 모르는 사람이 없는데 미천한 자를 배필로 삼는다면 또한 수치스럽지 않은가?" 강수가 두 번 절하며 왈: "가난하고 천한 것은 부끄러운 일이 아니지만 도를 배우고도 실행하지 않는 것이 정말 부끄러운 일입니다. 옛 사람의 '조강지처는 쫓아내지 않고 빈천할 때의 친구는 잊어서는 안 된다'는 말을 들은 적이 있습니다. 그래서 천한 아내를 차마 버릴 수 없습니다." 태종대왕이 즉위하자 당의 사신이 와서 조서를 전하였다. 그 가운데 이해하기 어려운 곳이 있어서 왕이 그를 불러 물으니 그가 왕 앞에서 보자마자 의심스럽거나 막히는 데 없이 설명하고 해석하였다. 왕이 놀라며 기뻐하고 서로 만남이 늦은 것을 한탄하며 성명을 물었다. "소신은 본래 임나 가량인이며 이름은 우두입니다"라고 하니 왕이 "경의 두골을 보니 강수선생이라고 부를 만하다"라 하고 당 황제의 조서에 감사하는 회답의 표문을 짓게 하였다. 문장이 세련되고 뜻이 제대로 되었으므로 왕이 더욱 기특히 여겨 이름을 부르지 않고 임생이라고만 하였다.

强首未嘗謀生,家貧怡如也。王命有司歲賜新城租一百石。文武王曰:"强首文章自任,能以書翰致意於中國及麗、濟二邦,故能結好成功。我先王請兵於唐以平麗、濟者,雖曰武功,亦由文章之助焉。則强首之功豈可忽也?"授位沙湌,增俸歲租二百石。至神文大王時卒,葬事官供其賻。贈衣物匹段尤多,家人無所私,皆歸之佛事。其妻(之)[乏]於食,欲還鄉里,大臣聞之,請王賜租百石。妻辭曰:"妾,賤者也,衣食從夫,受國恩多矣。今旣獨矣,豈敢再辱厚賜乎?"遂不受而歸。新羅古記

曰:"文章則强首、帝文、守眞、良圖、風訓、骨(△)[沓]。"帝文已下事逸,
不得立傳。

강수는 생계를 도모한 적이 없어 집이 가난하지만 즐거워하였다. 왕이
관계부문에 명하여 해마다 신성의 벼 100섬을 주었다. 문무왕 왈: "강
수는 문장 짓기를 자임하며 중국 및 고구려, 백제 두 나라에 의사를
전하므로 우호를 맺는데 성공할 수 있다. 우리 선왕이 당에 청병하여
고구려와 백제를 평정한 것이 비록 무공이기는 하지만 문장의 도움도
있었다. 그러니 강수의 공을 어찌 소홀히 하겠는가?" 그에게 사찬의
작위를 주고 봉록을 매년 벼 200섬으로 올려 주었다. 신문대왕 때에
이르러 죽어 장사지낼 때 관청에서 부의를 주었다. 준 옷과 물품이
아주 많았으나 집사람이 사사로이 가지지 않고 모두 불사에 주었다.
그의 처가 먹을 것이 없어서 귀향하려 하므로 대신들이 알고 왕에게
벼 100섬을 하사케 청하였다. 처는 사양하며 "저는 천한 몸으로 의식은
남편을 따랐으므로 나라의 은혜를 많이 입었습니다. 지금은 이미 홀몸
이 되었는데 어찌 감히 다시 나라의 후한 하사를 받을 수 있겠습니까?"
라며 받지 않고 귀향하였다. 신라고기에 "문장은 강수, 제문, 수진, 양
도, 풍훈, 골답이다"라고 하였지만 제문 이하의 사적이 유실되어 전기
를 세울 수 없다.

○崔致遠,字孤雲或云海雲,王京沙梁部人也。史傳泯滅,不知其世系。致
遠少精敏好學,至年十二將隨海舶入唐求學,其父謂曰:"十年不第,即
非吾子也。行矣,勉之!"致遠至唐,追師學問無怠。乾符元年甲午禮部
侍郎裴瓚下一舉及第,調授宣州溧水縣尉。考績爲承(△)[務]郎、侍御
史內供奉,賜紫金魚袋。時黃巢叛,高騈爲諸道行營兵馬都統以討之,
辟致遠爲從事,以(姿)[委]書記之任,其表狀書啓傳之至今。及年二十
八歲有歸寧之志。僖宗知之,光啓元年使將詔書來聘。留爲侍讀兼翰
林學士、守兵部侍郎、知瑞書監。致遠自以西學多所得,及來,將行己

志,而衰季多疑忌,不能容,出爲太山郡太守。

최치원은 자가 고운혹왈 해운이고 경성 사량부인이다. 사료가 민멸되어 가문 계통은 알 수 없다. 치원은 어릴 때 영리하고 민첩하며 배우기를 좋아하였고 12세에 이르러 배를 타고 바다 길로 당에 들어가 유학하려 할 때 부친 왈: "10년에 급제하지 못하면 내 아들이 아니다. 가거라! 힘써라!" 치원은 당에 도착하여 스승을 따라 학문에 게으르지 않았다. 건부 원년 갑오에 예부시랑 배찬 아래에서 단번에 급제하여 선주 율수 현위에 제수되었다. 치적의 평가에 의해 승무랑, 시어사내공봉이 되었으며 자금어대를 하사받았다. 이때 황소가 반란을 일으켜 고병이 제도 행영병마도통이 되어 토벌하며 치원을 종사로 천거하여 서기의 일을 맡겼으며 그가 쓴 표, 장, 서, 계가 지금까지 전해 오고 있다. 28세가 되자 귀국할 뜻이 있었다. 희종이 알고 광계 원년에 그를 시켜 조서를 가지고 사신으로 보냈다. 본국에 머물며 시독 겸 한림학사, 수병부시랑, 지서서감을 시켰다. 치원은 스스로 서쪽에 유학하여 얻은 바가 많다고 생각하여 돌아온 뒤에 자기의 뜻을 실행하려 하였으나 말세를 당하여 의심과 시기가 많아 용납되지 못하고 나아가 태산군 태수를 하였다.

唐昭宗景福二年納旌節使、兵部侍郎金處誨沒於海,即差枉城郡太守金峻爲告奏使。時致遠爲富城郡太守,祗召爲賀正使,以比歲饑荒,因之盜賊交午,道梗不果行。其後致遠亦嘗奉使如唐,但不知其歲月耳。故其文集有上太師侍中狀云:"伏聞東海之外有三國,其名馬韓、卞韓、辰韓。馬韓則高麗,卞韓則百濟,辰韓則新羅也。高麗、百濟全盛之時强兵百萬,南侵吳、越,北撓幽燕、齊、魯,爲中國巨蠹。隋皇失馭,由於征遼。貞觀中我唐太宗皇帝親統六軍渡海,恭行天罰,高麗畏威請和,文皇受降廻蹕。此際我武(列)[烈]大王請以犬馬之誠,助定一方之難,入唐朝謁,自此而始。後以高麗、百濟踵前造惡,武烈(七)[入]朝請爲鄉導。至高宗皇帝顯慶五年敕蘇定方統十道强兵、樓船萬隻,大破百濟。乃於其地置扶餘都督府,招緝遺氓,莅以漢官。以臭味不同,屢聞離叛,遂徙其人於河南。

당소종 경복 2년 납정절사, 병부시랑 김처회가 바다에서 익사하자 곧 추성군 태수 김준을 차출하여 고주사로 하였다. 이때 치원은 부성군 태수로 있다가 부름을 받아 하정사가 되었는데 해마다 흉년이 들고 이로 인하여 도적이 횡행하여 길이 막혔기 때문에 행차를 이룩하지 못하였다. 그 뒤에도 치원은 당에 사신으로 간 적이 있었으나 간 시일은 알 수가 없다. 그러므로 그의 문집에는 당의 태사시중에게 보내는 편지가 있다: '듣건대 동해 밖에 삼국이 있었으니 그 명칭이 마한, 진한, 변한입니다. 마한은 고구려, 변한은 백제, 진한은 신라입니다. 고구려와 백제의 전성기에는 강한 병력 1백 만이나 되어 남으로 오, 월을 침범하고 북으로 유주의 연과 제, 노를 시끄럽게 하여 중국의 커다란 해독이 되었습니다. 수황제가 통제력을 잃은 것도 요동 정벌에 기인됩니다. 정관 연간에 우리 당태종황제가 직접 6군을 거느리고 바다를 건너 천벌을 가하니 고구려가 그 위엄이 두려워 화친을 청하므로 문황제가 항복을 받고 돌아왔습니다. 이 무렵 우리 무열대왕이 견마의 정성으로 한 쪽 혼란의 평정에 도움을 청하였습니다. 이것이 바로 당 조정에 들어가 배알하는 일의 시작이었습니다. 그 뒤에 고구려와 백제가 이전과 같이 흉악한 행위를 계속하므로 무열왕이 당 조정으로 들어가 향도가 될 것을 청하였습니다. 고종황제 현경 5년에 이르러 소정방에게 칙령을 내려 10도의 강병과 누선 1만 척을 이끌고 백제를 대파하였습니다. 그 땅에 부여도독부를 설치하여 유민을 모으고 한인 관리를 배치했습니다. 기질이 달라 반란을 일으킨다는 소문이 여러 번 들리자 그 사람들을 하남으로 옮겼습니다.

"總章元年命英公徐勣破高句麗,置安東都督府。至儀鳳三年,徙其人於河南、隴右。高句麗殘孽類聚,北依太白山下,國號爲渤海。開元二十年怨恨天朝,將兵掩襲登州,殺刺史韋俊。於是明皇帝大怒,命內史高品、何行成、太(△)[僕]卿金思蘭,發兵過海攻討,仍就加我王金某爲

㊣太尉、持節、充寧海軍事、<u>鷄林州</u>大都督。以冬深雪厚，蕃、漢苦寒，敕命廻軍。至今三百餘年，一方無事，滄海晏然，此乃我<u>武烈大王</u>之功也。今某儒門㊟[末]學、海外凡㊟[材]，謬奉表章，來朝樂土，凡有誠懇禮合披陳。伏見<u>元和</u>十二年本國王子<u>金張廉</u>風飄，至<u>明州</u>下岸，浙東某官發送入京。<u>中和</u>二年入朝使<u>金直諒</u>爲叛臣作亂，道路不通，遂於<u>楚州</u>下岸，邐迤至<u>楊州</u>，得知聖駕幸<u>蜀</u>，<u>高太尉</u>差都頭<u>張儉</u>，監押送至<u>西川</u>。已前事例分明。伏乞太師侍中俯降台恩，特賜水陸券牒，令所在供給舟船、熟食及長行驢馬草料，并差軍將，監送至駕前。"此所謂太師侍中，姓名亦不可知也。

'총장 원년에 영공 서적을 시켜 고구려를 격파하고 안동도독부를 설치하였습니다. 의봉 3년에 이르러 그 사람들을 하남과 농우로 옮겼습니다. 고구려 잔민이 모여 북쪽 태백산 아래에 의지하여 국호를 발해라고 하였습니다. 개원 20년 조정에 원한을 품고 군사를 거느리고 등주를 엄습하여 자사 위준을 죽였습니다. 이에 명황제가 대노하여 내사 고품, 하행성과 태복경 김사란을 시켜 군사를 풀어 바다를 건너 토벌하고 우리 임금 김 아무개에게 관작을 더하여 태위, 지절, 충녕해군사, 계림주대도독으로 하였습니다. 깊은 겨울에 눈이 많이 쌓인 바람에 번, 한 양군이 혹한 때문에 칙명을 내려 회군했습니다. 지금까지 3백여 년 동안 이 지역이 무사하고 창해가 편안하니 이는 곧 우리 무열대왕의 공로입니다. 지금 저는 유림의 말단 학자, 해외의 평범한 사람으로서 외람되게 표장을 받들고 낙토에 조회하러 왔으며 모든 간곡한 정성을 예의에 맞게 진술합니다. 살펴본 바로는 원화 12년 본국의 왕자 김장렴이 풍랑에 표류하다가 명주에 상륙하였을 때 절동의 어떤 관리가 경성까지 보내 주었습니다. 중화 2년에는 입조사 김직량이 반란군이 일어나 길이 막혔기에 초주에 상륙하여 전전하다 양주에 이르러 황제의 행차가 촉으로 간 것을 알고 고태위가 도두 장검을 차출하여 서천까지 호송하였습니다. 이상의 사례는 분명합니다. 바라옵건대 태사시중부에서

큰 은혜를 베풀어 특별히 수륙의 권첩을 주시고 저희들의 소재지에
명령하여 선박, 식사 및 장거리 여행을 할 수 있는 말과 사료를 공급해
주시고 아울러 장졸을 보내 어가 앞까지 호송하여 주십시오.' 여기서
말한 태사시중도 그 성명을 알 수 없다.

致遠自西事大唐,東歸故國,皆遭亂世,屯邅塞連,動輒得咎。自傷不
(偶)[遇],無復仕進意。逍遙自放山林之下、江海之濱,營臺樹,植松竹,
枕藉書史,嘯詠風月。若慶州 南山、剛州 氷山、陝州 淸涼寺、智異山
雙溪寺、合浦縣別墅,此皆遊焉之所。最後帶家隱伽耶山 海(△)[印]寺,
與母兄浮圖賢俊及定玄師結爲道友,棲遲偃仰,以終老焉。始西遊時與
江東詩人羅隱相知。隱負才自高,不輕許可人,示致遠所製歌詩五軸。

치원은 서쪽에서 대당을 섬길 때부터 동쪽 고국에 돌아올 때까지 모두
난세를 만나 발이 묶이어 처신하기 어려웠고 걸핏하면 비난을 받았다.
스스로 불우함을 한탄하고 다시 관작에 오를 뜻이 없었다. 그는 산
아래,강이나 해변 가에서 스스로 소일, 방랑하며 누대와 정자를 짓고
소나무와 대나무를 심으며 책을 베고 누어 풍월을 읊었다. 경주의 남산,
강주의 빙산, 합주의 청양사, 지리산의 쌍계사 및 합포현의 별장 같은
것들이 모두 거닐던 곳들이다. 마지막에 가족을 데리고 가야산 해인사
에 은거하면서 친형 승려 현준 및 정현사와 도우를 맺고 한가로이 살다
가 늙어죽었다. 처음 서쪽으로 가서 유학할 때 강동 시인 나은과 알게
되었다. 나은은 자기의 재능을 믿고 도고하여 쉽사리 다른 사람을 인정
해주지 않지만 치원에게 지은 시 다섯 축을 보여주었다.

又與同年顧雲友善,將歸,顧雲以詩送別,略曰:"我聞海上三金鼇,金
鼇頭戴山高高。山之上兮,珠宮貝闕黃金殿;山之下兮,千里萬里之洪
濤。傍邊一點鷄林碧,鼇山孕秀生奇特。十二乘船渡海來,文章感動中
華國。十八橫行戰詞苑,一箭射破金門策。"新唐書·藝文志云:"崔致
遠四六集一卷、桂苑筆耕二十卷。"注云:"崔致遠,高句麗人,賓貢及
第,爲高騈從事。"其名聞上國如此。又有文集三十卷行於世。初我太

祖作興,致遠知非常人,必受命開國。因致書問,有"鷄林黃葉,鵠嶺青松"之句。其門人等至國初來朝,仕至達官者非一。顯宗在位,爲致遠密贊祖業,功不可忘,下教贈内史令,至十四歲太平二年壬戌五月贈諡文昌侯。

또한 같은 해에 급제한 고운과 친하게 지냈는데 돌아오려 할 때 고운은 시를 지어 송별하였다. 내용은 대략 이러하다:

들건대 바다에 금자라 세 마리

금자라 머리 이은 산 높고 높아

산 위는 구슬, 보배, 황금의 궁전

산 밑은 천리, 만리의 큰 파도

곁의 점은 푸르른 계림 땅

자라산 잉태한 수재 기특해

열두 살에 배 타고 바다 건너

그의 문장 중화 감동시켰다

열여덟에 문단에서 횡행하더니

화살로 단번에 금문책을 뚫었다

『신당서·예문지』왈: '최치원의 『사륙집』 1권, 『계원필경』 20권.' 주왈: '최치원은 고구려인으로서 빈공과에 급제하여 고병의 종사관이 되었다.' 그의 이름이 이와 같이 중국에 알려져 있다. 또한 문집 30권이 세상에 전해지고 있다. 당초 우리 태조가 흥기할 때 치원은 태조가 비상한 인물이므로 그가 반드시 천명을 받아 개국할 것임을 알았다. 이로 인하여 그는 태조에게 편지를 보내 문안을 하였는데 그 중에 '계림은 황엽, 곡령은 청송'이라는 구절이 있었다. 그의 문객 중에는 국초에 내조하여 높은 관직에 이른 자가 한둘이 아니었다. 현종이 왕위에 있을 때 치원이 조상의 왕업을 은연히 찬양하였으므로 공을 잊을 수 없다며 교시를 내려 내사령을 추증했고 14년 즉 태평 2년 임술 5월 문창후라는 시호를 추증하였다.

○薛聰,字聰智,祖談捺奈麻,父元曉。初爲桑門,(掩)[淹]該佛書,既而返本,自號小性居士。聰性明銳,生知道(待)[術]。以方言讀九經,訓導後生,至今學者宗之。又能屬文,而世無傳者。但今南地或有聰所製碑銘,文字(△)[缺]落不可讀,竟不知其何如也。神文大王以仲夏之月,處高明之室,顧謂聰曰:"今日宿雨初歇,薰風微凉,雖有珍饌哀音,不如高談善謔,以舒伊鬱。吾子必有異聞,盍爲我陳之?"

설총은 자가 총지고 조부는 나마 담날이며 부친은 원효다. 처음에 승려가 되어 불서에 통달하였으나 후에 환속하여 소성거사라 자칭하였다. 설총은 총명하고 예민하며 배우지 않고도 도술을 알았다. 우리말로 9경을 읽었고 후생을 가르쳤으므로 지금까지도 학자들이 그를 받든다. 또 글을 잘 지었으나 세상에 전해진 것은 없다. 다만 지금 남방에 설총이 지은 비명이 간혹 있으나 글자가 마멸되어 읽을 수 없으므로 결국 어떠한 것인지 알 수 없다. 신문대왕이 한 여름에 높고 밝은 방에서 설총을 돌아보며 왈: "오늘은 오래 내리던 비가 처음으로 멎고 훈풍에 시원하니 비록 맛있는 음식과 애절한 음악이 있다 할지라도 고상한 담론과 좋은 웃음거리로 울적한 마음을 푸는 것만 못하겠구나. 그대는 반드시 색다른 이야기를 알고 있을 터인데 나에게 털어놓을 수 없는가?"

聰曰:"唯。臣聞昔花王之始來也,植之以香園,護之翠幕。當三春而發艷,凌百花而獨出。於是自邇及遐,艷艷之靈、夭夭之英,無不奔走上謁,唯恐不及。忽有一佳人,朱顏玉齒,鮮粧靚服,伶俜而來,綽約而前,曰:'妾履雪白之沙汀,對鏡清之海(而)[面]沐春雨以去(△)[垢],快清風而自適,其名曰薔薇。聞王之令德,期薦枕於香帷,王其容我乎?'又有一丈夫,布衣韋帶,戴白持杖,[131]龍鍾而步,傴僂而來,曰:'僕在京城之外,居大道之旁。下臨蒼茫之野景,上倚嵯峨之山色,其名曰白頭翁。竊謂左右供給雖足,膏粱以充腸,茶酒以清神,巾衍儲藏須有良藥以補

---

131) 戴白: 중앙본 '흰 모자를 쓰고'.

氣,惡石以蠲毒。故曰雖有絲麻,無棄菅蒯,凡百君子,無不代匱。不識王亦有意乎?'

설총 왈: "네! 소신이 들은 바 옛날 화왕이 처음 왔을 때 향기로운 정원에 심고 푸른 장막으로 보호했습니다. 춘삼월을 맞아 피니 온갖 꽃들을 능가하여 홀로 뛰어났습니다. 이에 원근의 곱고 어여쁜 꽃들이 뒤질까 걱정하며 달려가 배알하지 않은 자가 없습니다. 문득 한 가인이 붉은 얼굴, 옥 이에 곱게 화장하고 멋진 옷을 입고 한들한들 와 얌전하게 왈: '소첩은 백설 같은 모래밭을 밟고 거울 같이 맑은 바다를 마주보며 봄비로 목욕하여 때를 씻고 청풍에 상쾌하며 유유자적하는 장미라 부릅니다. 왕의 아름다운 덕망을 듣고 향기로운 휘장 속에서 베개를 같이 하고자 하는데 왕께서는 저를 받아주겠습니까?' 또 한 남자가 베옷에 가죽 띠를 매고 허연 머리에 지팡이를 짚고 지척거리며 허리를 굽히고 와서 왈: '소인은 경성 밖의 큰 길 가에 살고 있습니다. 아래로는 창망한 들판의 경치를 보고, 위로는 우뚝 솟은 산에 의지하고 있는데 이름은 할미꽃이라고 합니다. 비록 좌우의 공급이 풍족하여 기름진 음식으로 배를 채우고 차와 술로 정신을 맑게 하지만 상자 속 저장품에는 반드시 좋은 약이 있어 기운을 돋우고 사나운 침으로 병독을 제거하여야 한다고 여깁니다. 그러므로 비록 삼실이 있다 해도 초신을 버리지 못하고 무릇 군자는 결핍의 대비품이 없어서는 안 됩니다. 왕께서도 이런 뜻이 있는지요?'

或曰:'二者之來,何取何捨?'花王曰:'丈夫之言亦有道理,而佳人難得,將如之何?'丈夫進而言曰:'吾謂王聰明,識理義,故來焉耳,今則非也。凡爲君者,鮮不親近邪(△)[佞],疏遠正直。是以孟軻不遇以終身,馮唐郞潛而皓首。[132] 自古如此,吾其奈何?'花王曰:'吾過矣,吾過矣!'"於是王愀然作色曰:"子之寓言誠有深志,請書之,以(謂)[爲]王者之戒。"

---

132) 馮唐: 한무제 때의 중랑서장인데 직언하기로 유명하며 나이 90이 되도록 승급되지 못했다.

遂擢聰以高秩。

　　누군가가 왈: '둘이 왔는데 누구를 취하고 누구를 버리겠습니까?' 화왕
왈: '사나이의 말도 일리가 있지만 어여쁜 여자는 얻기가 어려우니 어
떻게 하겠습니까?' 사나이가 진일보 왈: '저는 대왕이 총명하여 사리를
잘 알 것이라고 왔을 뿐인데 지금 보니 그렇지 않네요. 무릇 임금 된
사람치고 간사한 자를 가까이 하지 않고 정직한 자를 멀리 하지 않는
자가 적습니다. 때문에 맹자는 불우하게 일생을 마쳤고 낭중 풍당은
매몰되어 흰 머리가 되었습니다. 옛날부터 이러하였거늘 저인들 어찌
하겠습니까?' 화왕 왈: '내가 잘못했다, 내가 잘못했다.'" 이에 왕이 근
심스런 안색을 하며 왈: "그대의 우화는 진실로 깊은 뜻이 담겨 있으니
기록해두어 왕 된 사람의 경계로 하자." 드디어 설총을 높은 관직에
발탁하였다.

世傳日本國眞人贈新羅使薛判官詩序云:"嘗覽元曉居士所著金剛
三昧論,深恨不見其人。聞新羅國使薛,卽是居士之抱孫,雖不見其祖,
而喜遇其孫,乃作詩贈之。"其詩至今存焉,但不知其子孫名字耳。至
我顯宗在位十三歲一天禧五年辛酉追贈爲弘儒侯。或云薛聰嘗入唐
學,未知然不。

　　전하는데 의하면 일본국의 진인이 신라 사신 설 판관에게 준 시 서문
왈: '원효거사가 지은 『금강삼매론』을 본 적이 있으나 본인을 보지 못
했음을 심히 한스럽게 여긴다. 듣자니 신라국 사신 설이 바로 거사의
손자라니 그의 조부는 보지 못하였으나 손자를 만난 것이 기뻐 시를
지어준다.' 그 시는 지금도 남아 있으나 그 자손의 이름은 모를 뿐이다.
우리 현종 재위 13년(천희 5년) 신유에 설총에게 홍유후를 추증하였다.
설총이 당에 가 유학한 적이 있다고 하나 사실 여부는 알 수 없다.

崔承祐以唐昭宗龍紀二年入唐,至景福二年侍郎楊涉下及第。有四
六五卷,自序爲餬本集。後爲甄萱作檄書移我太祖。

최승우는 당소종 용기 2년 당에 가서 경복 2년에 이르러 시랑 양섭의 아래에서 급제하였다. 사륙문 5권이 있는데 자신이 쓴 서문에서 『호본집』이라 하였다. 그 뒤에 견훤을 위하여 격문을 지어 우리 태조에게 보냈다.

崔彦撝,年十八入唐遊學,禮部侍郎薛廷珪下及第。四十二還國,爲執事侍郎、瑞書院學士。及太祖開國,入朝,仕至翰林院太學士、平章事。卒諡文英。

최언위는 18세에 당에서 유학하여 예부시랑 설정규의 아래에서 급제하였다. 42세에 귀국하여 집사시랑, 서서원학사가 되었다. 태조가 개국하자 조정에 들어와 한림원태학사, 평장사에 이르렀다. 죽을 때 시호를 문영이라 하였다.

金大問,本新羅貴門子弟。聖德王三年爲漢山州都督,作傳記若干卷。其高僧傳、花郎世記、樂本、漢山記猶存。

김대문은 원래 신라귀족가문의 자제다. 성덕왕 3년에 한산주 도독이 되었으며 전기 몇 권을 지었다. 그중 『고승전』『화랑세기』『악본』『한산기』는 아직 남아 있다.

朴仁範、**元傑**、**巨仁**、**金雲卿**、**金垂訓**輩雖僅有文字傳者,而史失行事,不得立傳。

박인범, 원걸, 거인, 김운경, 김수훈 등은 글로 전하는 것은 조금 있으나 사료에 행적이 유실되었으므로 전기를 세울 수 없다.

列傳第七(열전 제7)

奚論[父讚德附]、素那[父沈那附]、驟徒[兄夫果、弟逼實附]、訥催、薛罽頭、金令胤[祖欽春、父盤屈附]官昌、金歆運、裂起[仇近附]、丕寧子[子擧眞、奴合節附]、竹竹、匹夫、階伯

> 해론부록: 부친 찬덕, 소나부록: 부친 심나, 취도부록: 형 부과, 동생 핍실, 눌최,
> 설계두, 김영윤부록: 조부 흠춘, 부친 반굴, 관창, 김흠운, 열기부록: 구근, 비령
> 자부록: 아들 거진, 노복 합절, 죽죽, 필부, 계백

○奚論,牟梁人也,其父讚德。有勇志英節,名高一時。建福二十七年庚午眞平大王選爲椵岑城縣令。明年辛未冬十月百濟大發兵來攻椵岑城一百餘日。眞平王命將,以上州、下州、新州之兵救之,遂往與百濟人戰,不克,引還。讚德憤恨之,謂士卒曰:“三州軍帥見敵强,不進,城危不救,是無義也。與其無義而生,不若有義而死。”乃激昂奮勵,且戰且守,以至粮盡水竭,而猶食屍飮尿,力戰不怠。至春正月,人既疲,城將破,勢不可復完。乃仰天大呼曰:“吾王委我以一城,而不能全,爲敵所敗。願死爲大厲,喫盡百濟人,以復此城。”遂攘臂瞋目,走觸槐樹而死。

於是城陷,軍士皆降。

해론은 모량인이고 부친은 찬덕이다. 용감한 뜻과 영특한 절개가 있어 한 때 명망이 높았다. 건복 27년 경오에 진평대왕이 가잠성현령으로 발탁하였다. 이듬해 신미 겨울 10월 백제가 군사를 대거 발동하여 백여 일 동안 가잠성을 공격하였다. 진평왕이 장수들을 시켜 상주, 하주, 신주의 군사로 구원하려 백제인과 싸웠으나 이기지 못한 채 돌아갔다. 찬덕이 분해하고 한탄하며 사졸들에게 "세 주의 장수들이 적의 강함을 보고는 진격하지 않고 성이 위급한데도 구원하지 않았으니 의리가 없다. 의리 없이 사는 것보다는 의리 있게 죽는 편이 나으리라"라며 격앙되고 분발하여 싸우기도 하고 방어도 하다가 양식과 물이 떨어져 시체를 먹고 오줌도 마시며 힘써 싸우며 맥을 놓지 않았다. 봄 정월에 이르러 사람이 지쳐 성이 곧 함락되려 하고 대세는 회복될 수 없게 되었다. 그는 하늘을 우러러 크게 "우리 왕이 나에게 이 성을 맡겼는데 지키지 못하고 적에게 패하였다. 죽어서도 큰 귀신이 되어 백제인들을 모조리 잡아먹고 이 성을 회복하련다"고 외치며 팔소매를 걷고 팔뚝을 추켜들며 눈을 부릅뜨고 달려 나가 느티나무에 부딪혀 죽었다. 곧 성은 함락되고 병사들은 모두 항복하였다.

奚論年二十餘歲以父功爲大奈麻。至建福三十五年戊寅,王命奚論爲金山幢主,與漢山州都督邊品興師襲椵岑城取之。百濟聞之,擧兵來,奚論等逆之。兵既相交,奚論謂諸將曰:"昔吾父殞身於此,我今亦與百濟人戰於此,是我死日也。"遂以短兵赴敵,殺數人而死。王聞之,爲流涕,贈恤其家甚厚。時人無不哀悼,爲作長歌弔之。

해론은 나이 20여 세 때 부친의 공으로 대나마가 되었다. 건복 35년 무인에 왕이 해론을 금산당주로 하고 한산주 도독 변품과 함께 군사를 일으켜 가잠성을 습격하여 빼앗으려 하였다. 백제가 듣고 군사를 일으켜 오자 해론 등이 맞받아 싸웠다. 교전이 시작되자 해론이 장수들에게 "옛날 나의 부친이 여기서 전사하였는데 나도 지금 여기서 백제인과 싸우니 내가 죽을 날이다"라며 짧은 칼을 들고 적진으로 달려가 여러 사람을 죽이고 죽었다. 왕이 듣고 눈물을 흘리며 그의 가족을 후하게 무휼하였다. 당시 사람들이 애도하지 않은 자가 없으며 장가를 지어 조문하였다.

○素那或云金川, 白城郡 蛇山人也。其父沈那或云(傷)[熄]川, (旅)[膂]力過人, 身輕且捷。蛇山境與百濟相錯, 故互相寇擊, 無虛月。沈那每出戰, 所向無堅陣。仁平中白城郡出兵, 往抄百濟邊邑, 百濟出精兵急擊之, 我士卒亂退。沈那獨立拔劍, 怒目大叱, 斬殺數十餘人, 賊懼, 不敢當, 遂引兵而走。百濟人指沈那曰新羅飛將, 因相謂曰: "沈那尙生, 莫近白城。"

소나혹왈 금천는 백성군 사산인이다. 부친 심나혹왈 식천는 힘이 남보다 세고 몸이 가볍고 날래었다. 사산은 경계가 백제와 맞물려 있기 때문에 상호간 공격과 노략이 없는 달이 없었다. 심나는 출전할 때마다 그의 앞에는 대항할 견고한 적진이 없었다. 인평 연간에 백성군이 출병하여 백제의 변경을 습격하자 백제도 정예군을 보내 급히 공격해 왔으므로 아군은 혼란스럽게 퇴각하였다. 심나는 홀로 서서 칼을 뽑아들고 성난 눈으로 크게 소리치며 수십여 명을 참수하니 적이 두려워서 감히 당해 내지 못하고 군사를 이끌고 도주하였다. 백제인들은 심나를 신라비장이라 하고 서로 "심나가 아직 살아 있으니 백성에 근접하지 말자"고 하였다.

素那雄豪有父風。百濟滅後, 漢州都督都儒公請大王遷素那於阿達城, 禦北鄙。上元二年乙亥春阿達城太守級湌漢宣教民以某日齊出種麻, 不得違令。靺鞨諜者認之, 歸告(宋)[其]酋長。至其日百姓皆出城在田。靺鞨潛師猝入城, 剽掠一城, 老幼狼狽, 不知所爲。素那奮刃向賊, 大呼曰: "爾等知新羅有沈那之子素那乎?固不畏死以圖生, 欲鬪者曷不來耶?"遂憤怒突賊。賊不敢迫, 但向射之。素那亦射, 飛矢如蜂。自辰至酉, 素那身矢如猬, 遂倒而死。

소나는 영웅호걸스러움이 부친의 풍격을 닮았다. 백제가 망한 뒤 한주 도독 도유공이 대왕에게 소나를 아달성으로 보내 북쪽 변방을 방어케 간청하였다. 상원 2년 을해 봄 아달성 태수 급찬 한선이 백성에게 아무 날 함께 나가 삼을 심돼 명령을 어기지 못하도록 하였다. 말갈의 첩자가 알고 돌아가 추장에게 보고하였다. 그날 백성이 모두 성 밖의 밭에 나가 있었다. 말갈군이 몰래 갑자기 성으로 들어와 온 성을 노략하니 늙은이와 어린이가 낭패하여 어쩔 바를 몰랐다. 소나가 칼을 휘두르며 적을 향하여 "너희들은 신라에 심나의 아들 소나가 있는 줄을 아느냐? 워낙 죽기를 두려워하며 살기를 도모하지 않으니 싸우려는 자가 왜 나오지 않느냐?"라고 크게 외치며 분노하여 적에게 돌진하였다. 적들 은 감히 근접하지 못하고 다만 그를 향하여 활을 쏠 뿐이었다. 소나도 활을 쏘았으며 화살이 마치 벌떼처럼 날렸다. 진시로부터 유시까지 소나 몸의 화살은 고슴도치 같았으며 끝내 쓰러져 죽었다.

素那妻加林郡良家女子。初素那以阿達城隣敵國,獨行,留其妻而在家。郡人聞素那死,弔之。妻哭而對曰:"吾夫常曰:'丈夫固當兵死,豈可臥牀席,死家人之手乎?'其平昔之言如此,今死如其志也。"大王聞之,涕泣沾襟,曰:"父子勇於國事,可謂世濟忠義矣。"贈官迊湌。

소나의 처는 가림군 양가집 딸이다. 당초 소나는 아달성이 적국에 인접 하여 있기 때문에 홀로 가고 아내는 집에 머물게 하였다. 고을 사람들이 소나가 죽었다는 말을 듣고 조문하니 처가 울면서 대답하였다: "나의 남편이 항상 '사내는 마땅히 싸우다 죽어야 한다. 어찌 침상에 누워서 집 사람의 손에서 죽으랴?' 하였다. 그의 평소의 말이 이러하였으니 지금의 죽음은 뜻대로 된 것이다." 대왕이 듣고 눈물을 흘려 옷깃을 적시면서 "부자가 모두 국사에 용감하였으니 가히 대대로 충의를 이루 었다고 하겠다"라고 말하고 잡찬 관직을 추증하였다.

○**驟徒**,沙梁人,奈麻聚福之子,史失其姓。兄弟三人,長夫果,仲驟徒,季逼實。驟徒嘗出家,名道玉,居實際寺。太宗大王時百濟來伐助川城,大王興師出戰,未決。於是道玉語其徒曰:"吾聞爲僧者,上則精術業以復性,次則起道用以益他。我形似桑門而已,無一善可取,不如從軍殺身以報國。"脫法衣,著戎服,改名曰驟徒,意謂馳驟而爲徒也。乃詣兵部,請屬三千幢,遂隨軍赴敵場。及旗鼓相當[133],持槍劍,突陣力鬪,殺賊數人而死。

취도는 사량인이고 나마 취복의 아들이며 그의 성씨는 사료에 없다. 형제 셋인데 맏이 부과, 둘째 취도, 막내 핍실이다. 취도는 출가하여 이름을 도옥이라 하고 실제사에 거주한 적이 있다. 태종대왕 때 백제가 와서 조천성을 공격하자 대왕은 군사를 풀어 출전하였으나 결판내지 못했다. 이때 도옥이 자기 무리에게 왈: "내가 든건대 승려로서 상등은 불법에 정통하여 본성을 회복하고 다음은 도의 실효를 발휘하여 남을 이롭게 한다더라. 나는 외형만 중일 뿐 한 가지도 취할 만한 선행이 없으니 차라리 종군하여 몸을 바쳐 나라에 보답 하느니만 못하다." 법의를 벗고 군복을 입은 다음 이름을 취도로 고쳤으니 날 센 병도가 된다는 뜻이겠다. 곧 병부로 가서 삼천당에 속하기를 청하고 군사를 따라 전선으로 갔다. 적아가 맞붙자 창과 검을 들고 돌진하여 힘껏 싸우다가 적군 여러 명을 죽인 다음 죽었다.

後咸享二年辛未,文武大王發兵,使踐百濟邊地之禾,遂與百濟人戰於熊津之南。時夫果以幢主戰死,論功第一。文明元年甲申高句麗殘賊據報德城而叛。神文大王命將討之,以逼實爲貴幢弟監。臨行謂其婦曰:"吾二兄旣死於王事,名垂不朽。吾雖不肖,何得畏死而苟存乎?今日與爾生離,終是死別也,好住無傷。"及對陣,獨出奮擊,斬殺數十人而死。大王聞之,流涕嘆曰:"驟徒知死所,而激昆弟之心。未果、逼實亦能勇於義,不顧其身,不其壯歟!"皆追贈官沙滄。

---

133) 旗鼓相當: 적아가 맞붙자. 중앙본 '깃발과 북소리의 진격명령에 따라'.

그 후 함형 2년 신미에 문무대왕이 군사를 발동시켜 백제 변경의 벼를 짓밟다가 드디어 백제인과 웅진 남쪽에서 싸웠다. 이때 부과가 당주로서 전사하여 전공이 으뜸이었다. 문명 원년 갑신에 고구려잔적이 보덕성에 의지하여 반란을 일으켰다. 신문대왕이 장수에게 명하여 토벌하였으며 핍실이 귀당제감을 하였다. 떠날 때 처에게 말했다: "나의 두 형이 이미 임금의 일로 죽어서 이름이 영원히 남아 있소. 내 비록 불초하나 어찌 죽기를 두려워하며 구차하게 살겠소? 오늘 그대와 생이별이니 결국은 사별이요. 상심하지 말고 잘 사시오!" 적과 대진하게 되자 홀로 나가 공격하여 수십 명을 참수하고 죽었다. 대왕이 듣고 눈물을 흘리면서 탄식하였다: "취도가 죽을 자리를 알았고 형제의 마음을 격려시켰으며 부과와 핍실도 의리를 위해 용감히 자기의 몸을 돌보지 않았으니 장한 일이 아닌가?" 모두에게 사찬 관작을 추증하였다.

○**訥催**,沙梁人,大奈麻都非之子也。眞平王 建福四十一年甲申冬十月百濟大擧來侵,分兵圍攻速含、櫻岑、岐岑、烽岑、旗懸、㝹[穴]柵等六城,王命上州、下州、貴幢、法幢、誓幢五軍往救之。旣到,見百濟兵陣堂堂,鋒不可當,盤桓不進。或立議曰:"大王以五軍委之諸將,國之存亡在此一役。兵家之言曰:'見可而進,知難而退。'今强敵在前,不以好謀而直進,萬一有不如意,則悔不可追。"將佐皆以爲然,而業已受命出師,不得徒還。先是國家欲築奴珍等六城而未遑,遂於其地築畢而歸。

눌최는 사량인이고 대나마 도비의 아들이다. 진평왕 건복 41년 갑신 겨울 10월 백제가 대거 침입하면서 병력을 나누어 속함, 앵잠, 기잠, 봉잠, 기현, 혈책 등 여섯 성을 포위 공격하였다. 왕은 상주, 하주, 귀당, 법당, 서당 등 5군에 명하여 구원하게 하였다. 전장에 이르러 백제군 진영이 당당하여 예봉을 당할 수가 없음을 보고는 머뭇거리며 진격하지 못했다. 어떤 자가 건의하였다: "대왕이 5군을 장수들에게 맡겼으니 국가의 존망이 이 한 번의 전역에 달려 있습니다. 병가에 '가능하면 진격하고 어려우면 물러선다'고 하였습니다. 지금 강한 적이 앞에 있는데 좋은 계책을 쓰지 않고 앞으로 내밀기만 하다가 만일 뜻대로 되지 않을 경우 후회막급입니다." 장수와 보좌관들도 모두 그렇다고 하면서도 이미 명령을 받고 출사한 이상 그냥 돌아갈 수가 없었다. 당초 나라에서는 노진 등의 여섯 성을 쌓으려다가 미처 겨를이 없었는데 마침 그곳의 성 쌓기를 마치고 돌아왔다.

於是百濟侵攻愈急,速含、岐岑、(元)[穴]柵三城或滅或降。訥催以三城固守,及聞五軍不救而還,慷慨流涕,謂士卒曰:"陽春和氣,草木皆華,至於歲寒,獨松栢後彫。今孤城無援,日益阽危。此誠志士義夫盡節揚名之秋,汝等將若之何?"士卒揮淚曰:"不敢惜死,唯命是從。"及城將隕,軍士死亡無幾,人皆殊死戰,無苟免之心。訥催有一奴,强力善射。或嘗語曰:"小人而有異才,鮮不爲害,此奴宜遠之。"訥催不聽。至是城陷賊(人)[入],奴張弓挾矢,在訥催前射不虛發,賊懼不能前。有一賊出後,以斧擊訥催,乃仆,奴反與鬪俱死。王聞之悲慟,追贈訥催職級湌。

이때 백제의 침공이 더욱 위급하여져 속함, 기잠, 혈책 등 세 성이 함락되거나 항복하였다. 눌최는 세 성을 고수하고 있으며 5군이 구원하지 않고 돌아갔다는 말을 듣고 강개하여 눈물을 흘리면서 사졸들에게 말했다: "봄철의 온화한 기운에 초목이 모두 번성하지만 추위가 깃들면 유독 송백만이 후에 낙엽 한다. 지금 외로운 성에 구원은 없고 날로 더욱 위급해진다. 이는 실로 지조와 의리 있는 사나이가 절개를 다하고 이름을 날릴 때이니 너희들은 어떻게 하려는가?" 사졸들은 눈물을 뿌리면서 말했다: "감히 목숨을 아끼지 않고 오직 명령을 따르겠습니다." 성이 함락될 무렵 병사들은 죽고 몇 명 남지 않았는데도 모두 결사적으로 싸웠으며 구차하게 죽음을 모면할 생각을 하지 않았다. 눌최에게는 종이 하나 있었는데 힘이 세고 활을 잘 쏘았다. 어떤 자가 "소인배가 특이한 재주를 가지고 있으면 해를 끼치지 않는 경우가 드므니 이 종을 멀리해야 한다."고 한 적이 있으나 눌최는 듣지 않았다. 그때 성이 함락되고 적이 들어오자 종이 활을 당기고 화살을 끼워 눌최의 앞에 버티고 서서 하나도 빗나가는 것이 없이 쏘았으며 적들이 무서워하며 앞으로 근접하지 못했다. 한 적병이 뒤에 나타나 눌최를 도끼로 쳐서 쓰러지자 종은 돌아서서 그와 싸우다가 함께 죽었다. 왕이 듣고 비통해하며 눌최에게 급찬 관직을 추증하였다.

○薛一本作[薜][薩]罽頭亦新羅衣冠子孫也。嘗與親友四人同會燕飲, 各言其志。頭曰: "新羅用人論骨品, 苟非其族, 雖有鴻才傑功, 不能踰越。我願[西]遊中華國, 奮不世之略, 立非常之功, 自致榮路, 備簪紳劍佩, 出入天子之側, 足矣。" 武德四年辛巳潛隨海舶入唐。會太宗文皇帝親征高句麗, 自薦爲左武衛果毅。至遼東, 與麗人戰駐蹕山下, 深入疾鬪而死, 功一等。皇帝問: "是何許人?" 左右奏新羅人薛罽頭也。皇帝泫然曰: "吾人尙畏死, 顧望不前, 而外國人爲吾死事, 何以報其功乎?" 問從者聞其平生之願, 脫御衣覆之, 授職爲大將軍, 以禮葬之。

설혹본 왈 薩계두도 역시 신라의 사대부집 자손이다. 그는 네 친구와 같이 술을 마시며 각각 자신의 뜻을 말한 적이 있다. 계두 왈: "신라는 사람을 쓸 때 골품을 따지므로 해당 족속이 아니면 큰 재능과 걸출한 공로가 있다 해도 쓰는 한계를 넘지 못한다. 나는 서쪽 중화국에 가서 분발하여 불세출의 비상한 공을 세워 스스로 영화의 길을 열고 의관에 칼 차고 천자의 곁을 드나들면 만족하겠다." 무덕 4년 신사에 몰래 배따라 당에 갔다. 마침 태종문황제가 직접 고구려를 정벌할 때라 자천하여 좌무위 과의가 되었다. 요동에 이르러 주필산 밑에서 고구려인과 싸우며 적진 깊이 들어가 날쌔게 싸우다가 죽어 1등공을 세웠다. 황제 문: "이는 어디 사람이냐?" 측근이 신라인 설계두라고 답하였다. 황제가 눈물을 흘리면서 왈: "우리나라 사람도 죽음이 두려워 뒤로 돌아보며 앞으로 나아가지 않는데 외국인이 우리 일을 위해 죽었으니 무엇으로 그의 공을 갚으랴?" 종자에게 그의 평생소원을 듣고 어의를 벗어 덮어주며 대장군의 관직을 추증 제수하고 예의를 갖추어 장사지내 주었다.

○**金令胤**,沙梁人,級湌**盤屈**之子。(相)[祖]欽春或云欽純角干 **眞平王**時爲花郞,仁深信厚,能得衆心。及壯,**文武大王**陟爲冢宰。事上以忠,臨民以恕,國人翕然稱爲賢相。**太宗大王**七年庚申**唐高宗**命大將軍**蘇定方**伐**百濟**,**欽春**受王命,與將軍**庾信**等率精兵五萬以應之。秋七月至**黃山**之原,値**百濟**將軍**階伯**戰,不利。**欽春**召子**盤屈**曰:"爲臣莫若忠,爲子莫若孝。見危致命,忠孝兩全。"**盤屈**曰:"唯。"乃入賊陣,力戰死。

김영윤은 사량인이고 급찬 반굴의 아들이다. 조부 각간 흠춘혹왈 欽純은 진평왕 때의 화랑이며 인덕이 많고 신의가 두터워 인심을 크게 얻었다. 어른이 되자 문무대왕이 총재로 올려주었다. 임금을 충심으로 섬기고 백성을 너그럽게 대하니 나라 사람들이 모두 어진 재상이라고 일컬었다. 태종대왕 7년 경신에 당고종이 대장군 소정방에게 명하여 백제를 정벌할 때 흠춘은 왕명을 받들어 장군 유신 등과 함께 정예병 5만을 거느리고 호응하였다. 가을 7월 황산의 벌에 이르러 백제 장군 계백을 만나 싸워 불리하게 되었다. 흠춘은 아들 반굴을 불러 말했다: "신하로서는 충성 이상이 없고 아들로서는 효성 이상이 없다. 위급 할 때 목숨을 바치면 충과 효를 모두 한 셈이다." 반굴은 "네" 하고 적진으로 돌입하여 힘껏 싸우다가 죽었다.

令胤生長世家,以名節自許。**神文大王**時**高句麗**殘賊**悉伏**以**報德城**叛,王命討之,以**令胤**爲黃衿誓幢步騎監。將行,謂人曰:"吾此行也,不使宗族朋友聞其惡聲。"及見**悉伏**出**椵岑城**南七里結陣以待之,或告曰:"今此凶黨,譬如燕巢幕上,魚戲鼎中,出萬死以爭一日之命耳。語曰:'窮寇勿迫。'宜左次以待疲極而擊之,可不血刃而擒也。"諸將然其言,暫退,獨**令胤**不肯之而欲戰。從者告曰:"今諸將豈盡偸生之人,惜死之輩哉?而以向者之言爲然者,將俟其隙而得其便者也。而子獨直前,其不可乎!"**令胤**曰:"臨陣無勇,禮經之所(識)[誡];有進無退,士卒之常分也。丈夫臨事自決,何必從衆?"遂赴敵陣,格鬥而死。王聞之,悽慟流涕曰:"無是父,無是子,其義烈可嘉者也。"追贈爵賞尤厚。

영윤은 세가에 태어나고 성장하였으며 명예와 절개로 자부하였다. 신문대왕 때 고구려 잔적 실복이 보덕성에서 모반하자 왕이 토벌을 명령하고 영윤을 황금서당의 보기감으로 하였다. 떠날 때 사람들에게 말했다: "내가 이번에 가면 가족이나 친구들에게 악명을 듣지 않도록 하겠다." 실복이 가잠성 남쪽 7리에 진을 치고 기다리는 것을 보고 어떤 사람이 말했다: "지금 이 흉악한 무리들은 제비가 천막 위에 집 짓고 물고기가 솥 안에서 노는 격으로 하루라도 더 살겠다고 만 번 죽을 모험을 하는 자들이다. '궁지에 몰린 도둑은 핍박하지 말라'는 말이 있듯이 후퇴하여 적이 극도로 피로해짐을 기다려 공격하면 칼날에 피도 묻히지 않고 사로잡을 수 있다." 장수들은 그 말을 옳게 여겨 잠시 후퇴하였으나 유독 영윤만은 이를 수긍하지 않고 싸우려 하자 영윤을 따르는 자가 말했다: "지금 장수들이 다 구차하게 살려고 하거나 죽기를 싫어하는 무리입니까? 조금 전의 의견이 옳다고 여겨져 기회를 보아 편리를 도모하려는 것입니다. 그대 혼자만이 앞으로 나가는 것은 옳지 않습니다." 영윤이 말했다: "적진에 임하여 용기가 없는 것은 『예경』에서 경계하였다. 진격하고 후퇴가 없는 것이 사졸이 지켜야 할 본분이다. 사내가 일에 부딪혀 스스로 결단하여야지 어찌 다른 사람들을 따르겠는가?" 드디어 적진으로 달려가서 싸우다가 죽었다. 왕이 듣고 슬피 눈물을 흘리면서 왈: "그 부친이 아니면 그 자식이 있을 수 없다. 그의 의롭고 장렬함은 가상하다." 상과 작위를 후하게 추증하였다.

○官昌一云官狀,新羅將軍品日之子。儀表都雅,少而爲花郎,善與人交。年十六能騎馬彎弓,大監某薦之太宗大王。至唐顯慶五年庚申,王出師與唐將軍侵百濟,以官昌爲副將。至黃山之野,兩兵相對。父品日謂曰:"爾雖幼年,有志氣。今日是立功名取富貴之時,其可無勇乎?"官昌

曰:"唯。"即上馬橫槍,直擣敵陣,馳殺數人。而彼衆我寡,爲賊所虜,生
致百濟元帥階伯前。階伯俾脫冑,愛其少且勇,不忍加害,乃嘆曰:"新
羅多奇士,少年尙如此,況壯士乎?"乃許生還。官昌曰:"向吾入賊中,
不能斬將搴旗,深所恨也。再入必能成功。"以手掬井水飮訖,再突賊
陣疾鬥。階伯擒,斬首,繫馬鞍送之。品日執其首,袖拭血曰:"吾兒面目
如生,能死於王事,無所悔矣。"三軍見之,慷慨有立志,鼓噪進擊,百濟
大敗。大王贈位級湌,以禮葬之,賻其家唐絹三十匹、二十升布三十匹、
穀一百石。

관창일왈 관장은 신라 장군 품일의 아들이다. 용모가 우아하여 젊어서
화랑이 되었고 다른 사람과 곧잘 사귀었다. 16세에 말 타기와 활쏘기에
능숙하여 어느 대감이 태종대왕에게 천거하였다. 당 현경 5년 경신에
이르러 왕이 군사를 출동시켜 당 장군과 함께 백제를 침공하는데 관창
을 부장으로 하였다. 황산의 벌에 이르러 양군이 대치하였다. 부친 품일
이 말했다: "너는 비록 나이는 어리지만 의기가 있다. 오늘이야말로
공을 세우고 이름을 날려 부귀를 얻을 때인데 용기를 내지 않을 소냐?"
관창은 "네!" 하고 곧 말에 올라 창을 빗겨들고 바로 적진으로 달려
들어가 여러 사람을 죽였다. 그러나 적은 많고 관창은 혼자이므로 적에
게 사로잡혀 산 채로 백제 원수 계백의 앞으로 보내졌다. 계백이 투구를
벗긴 후 그의 어리고 용감함이 아까워 차마 죽이지 못하고 탄식하며
"신라에는 기특한 사람이 많구나. 소년도 이러하거늘 하물며 장년들이
랴"라고 하며 살려 보내기를 허락하였다. 관창 왈: "아까 내가 적진에
들어가서 장수를 참수하고 깃발을 뽑지 못한 것이 깊이 한스럽습니다.
두 번째 들어가면 반드시 성공할 겁니다." 손으로 우물물을 움켜 마시
고는 두 번째로 적진에 돌입하여 날래게 싸웠다. 계백이 사로잡아 참수
하고는 말안장에 매어 돌려보냈다. 품일은 머리를 붙들고 소매로 피를
닦으며 말했다: "내 아들의 면목이 살아있는 것 같구나. 능히 임금을
위하여 죽었으니 후회할 것이 없다." 3군이 보고 강개하여 의지를 다진

다음 북 울리고 고함치면서 공격하여 백제를 크게 패배시켰다. 대왕이 관창에게 급찬의 직위를 추증하고 예의를 갖추어 장사지냈으며 그 가족에게 당견 30필과 20승포 30필, 곡식 백 섬을 부의로 주었다.

○金歆運, 奈密王八世孫也, 父達福迊湌。歆運少遊花郎文努之門時, 徒衆言及某戰死留名至今, 歆運慨然流涕, 有激勵思齊之貌。同門僧轉密曰: "此人若赴敵, 必不還也。"永徽六年太宗大王慎百濟與高句麗梗邊, 謀伐之, 及出師, 以歆運爲郎幢大監。於是不宿於家, 風梳雨沐, 與士卒同甘苦。抵百濟之地營陽山下, 欲進攻助川城, 百濟人乘夜疾驅, 黎明緣壘而入。我軍驚(駥)[駭], 顚沛不能定, 賊因亂急擊, 飛矢雨集。歆運橫馬握槊待敵, 大舍詮知說曰: "今賊起暗中, 咫尺不相辨。公雖死, 人無識者。況公新羅之貴骨, 大王之半子, 若死賊人手, 則百濟所誇詫, 而吾人之所深羞者矣。"

김흠운은 나밀왕의 8세 손이고 부친은 잡찬 달복이다. 흠운은 소년시절 화랑 문노의 문하에 있을 때 낭도들이 아무개가 전사하여 지금까지 이름을 남기고 있다고 말하자 흠운은 개연히 눈물을 흘리고 감동되어 자기도 그와 같이 되려는 자세를 보였다. 동문 승려 전밀이 말했다: "이 사람은 만일 적과 싸우면 틀림없이 돌아오지 못할 것이다." 영휘 6년 태종대왕이 백제와 고구려가 변경을 막고 있음을 분하게 여겨 정벌을 계획하고 출사할 때 흠운을 낭당대감으로 하였다. 이에 흠운은 집에서 자지 않고 비바람을 맞으며 사졸들과 고락을 같이 하였다. 백제지역에 도달하여 양산 밑에 진을 치고 조천성을 진공하려 할 때 백제인이 밤에 급히 달려와 이른 새벽에 성루를 따라 들어왔다. 아군은 놀라 엎어지고 자빠지며 진정하지 못하였고 적군은 혼란한 틈을 타 급히 공격하여 화살이 비처럼 날아왔다. 흠운이 말을 비껴 탄 채 창을 잡고 적을 기다리고 있는데 대사 전지가 설득시키며 왈: "지금 적이 어둠속에서 움직이니 지척도 분간할 수 없습니다. 공이 죽더라도 알아줄 사람이 없습니다. 하물며 공은 신라의 진골이며 대왕의 반자식이므로 만약 적의 손에 죽으면 백제의 자랑거리고 우리의 대단한 수치거리입니다.”

歆運曰：“大丈夫既以身許國，人知之與不知一也，豈敢求名乎？”强立不動。從者握轡勸還，歆運拔劍揮之，與賊鬥殺數人而死。於是大監穢破、少監狄得相與戰死。步騎幢主寶用那聞歆運死，曰：“彼骨貴而勢榮，人所愛惜，而猶守節以死，況寶用那生而無益，死而無損乎？”遂赴敵，殺三數人而死。大王聞之傷慟，贈歆運、穢破位一吉湌，寶用那、狄得位大奈麻。時人聞之，作陽山歌以傷之。

흠운은 “대장부가 이미 몸을 나라에 바친 이상 남이 알아주던 알아주지 않던 마찬가지다. 어찌 감히 명예를 추구하겠는가?”라며 꿋꿋이 서서 움직이지 않았다. 따르는 자가 말고삐를 잡고 돌아가자고 권하였으나 흠운은 칼을 뽑아 휘두르며 적과 싸워 여러 명을 죽이고 죽었다. 이때 대감 예파와 소감 적득도 함께 전사하였다. 보기당주 보용나는 흠운이 죽었다는 말을 듣고 “그는 귀족에 권세 있고 영화로우므로 사람들이 아끼는데도 절개를 지켜 죽었다. 황차 이 보용나는 살아도 이익 될 것이 없고 죽어도 손실될 것 없다”라며 곧 적진으로 달려가 적병 서너 명을 죽이고 죽었다. 대왕이 듣고 슬퍼하며 흠운과 예파에게 일길찬의 관작을 주고 보용나와 적득에게 대나마의 관작을 주었다. 당시 사람들이 이 소문을 듣고 『양산가』를 지어 애도하였다.

論曰：羅人患無以知人，欲使類聚群遊，以觀其行義，然後舉用之。遂取美貌男子飾之，名花郎以奉之。徒衆雲集，或相磨以道義，或相悅以歌樂，遊娛山水，無遠不至。因此知其邪正，擇而薦之於朝。故大問曰“賢佐、忠臣從此而秀，良將、勇卒由是而生”者，此也。三代花郎無慮二百餘人，而芳名美事具如傳記。若歆運者，亦郎徒也。能致命於王事，可謂不辱其名者也。

논평하여 왈: 신라인은 사람을 알아볼 방법이 없음을 꺼려 같은 부류의

사람들로 무리를 지어서 놀게 해놓고 그 행실과 의리를 살펴서 등용하였다. 그리고 미남을 뽑아 단장시켜서 화랑이라 부르며 받들었다. 무리가 운집하여 혹은 도의로 서로 갈고 닦고 혹은 음악으로 서로 즐기며 산놀이, 물놀이를 하고 멀어도 가지 않은 곳이 없었다. 이로서 그들의 옳고 그름을 살펴 선발하여 조정에 천거하였다. 그러므로 김대문의 '어진 보좌와 충신이 여기서 나타나고 훌륭한 장수와 용감한 병졸이 여기에서 생긴다'고 한 말이 바로 이것이다. 3대의 화랑이 무려 2백여 명이나 되며 그 방명과 사적은 모두 전기에 기재된 바와 같다. 흠운과 같은 사람도 역시 낭도였다. 왕사에 목숨을 바쳤으니 그 이름을 욕되게 하지 않았다고 할 만하다.

○**裂起**,史失族姓。文武王元年唐皇帝遣蘇定方討高句麗,圍平壤城。含資道總管劉德敏傳宣國王,送軍資平壤。王命大角干金庾信輸米四千石、租二萬二千二百五十石。到獐塞,風雪沍寒,人馬多凍死。麗人知兵疲,欲要擊之。距唐營三萬餘步而不能前,欲移書而難其人。時裂起以步騎監輔行,進而言曰:"某雖駑蹇,願備行人之數。"遂與軍師仇近等十五人持弓劍走馬,麗人望之,不能遮閼。凡兩日致命於蘇將軍,唐人聞之,喜慰廻書。

열기는 사료에 가족과 성씨가 전해지지 않는다. 문무왕 원년에 당황제가 소정방을 보내 고구려를 토벌하려고 평양성을 포위하였다. 함자도 총관 유덕민이 국왕에게 소식을 전하며 군수물자를 평양으로 보내라고 하였다. 왕이 대각간 김유신을 시켜 쌀 4천 섬과 벼 22,250섬을 수송하였다. 장새에 이르렀을 때 풍설의 추위에 사람과 말이 많이 얼어 죽었다. 고구려인은 병사가 지쳐 있음을 알고 요격하려 하였다. 당 진영까지 3만여 보의 거리에서 앞으로 나아가지도 못하고 편지를 보내려 해도 적절한 사람을 구하기가 어려웠다. 이때 열기는 보기감으로 행렬에 가담하였는데 앞에 나아가 "제가 비록 노둔하나 가는 사람의 수를 채우고 싶습니다"고 말하고 마침내 군사 구근 등 15명과 함께 활과 칼을 가지고 말로 달려갔다. 고구려인은 바라만 보고 막지 못하였다. 이틀이 나 달려 소장군에게 명을 전하니 당인이 듣고 기뻐하여 위로하고 회신 를 보냈다.

裂起又兩日廻, 庾信嘉其勇, 與級湌位。及軍還, 庾信告王曰: "裂起、仇近天下之勇士也。臣以便宜許位級湌, 而未副功勞, 願加位沙湌。"王曰: "沙湌之秩不亦過乎?"庾信再拜曰: "爵祿, 公器, 所以酬功, 何謂過乎?"王允之。後庾信之子三光執政, 裂起就求郡守, 不許。裂起與祇園寺僧順憬曰: "我之功大, 請郡不得。三光殆以父死而忘我乎?"順憬說三光, 三光授以三年山郡太守。

열기는 또 이틀이 지나서 돌아오니 유신이 그의 용맹을 가상히 여겨 급찬의 관작을 주었다. 군사가 돌아오자 유신이 왕에게 알렸다: "열기 와 구근은 천하의 용사입니다. 소신이 편리차 급찬의 관작을 허락하였 으나 공로에 미흡하니 사찬의 관작을 더해주고 싶습니다." 왕은 "사찬 의 관작은 너무 과분하지 않은가?" 하니 유신이 두 번 절하며 말했다: "작록은 공기이고 공로에 보답하는 명예에 불과한데 어찌 과분하다 하겠습니까?" 왕이 허락하였다. 그 후 유신의 아들 삼광이 집권하였을 때 열기가 찾아가 군수를 요구하였으나 허락하지 않았다. 열기가 지원 사의 승려 순경에게 말했다: "나의 공로가 큰 데도 군수 자리를 청하였 으나 얻지 못하였다. 삼광은 부친이 죽었으니 아마 나를 잊어버린 것이 리라." 순경이 삼광을 설득시키니 삼광이 삼년산군 태수 직을 제수하여 주었다.

仇近從元貞公築西原述城, 元貞公聞人言, 謂怠於事, 杖之。仇近曰: "僕嘗與裂起入不測之地, 不辱大角干之命。大角干不以僕爲無能, 待以國士, 今以浮言罪之, 平生之辱無大此焉。"元貞聞之, 終身羞悔。

구근이 원정공을 따라가 서원술성을 쌓을 때 원정공은 구근이 일에 태만하다는 다른 사람의 말을 듣고 곤장을 쳤다. 구근 왈: "나는 열기와 함께 예측할 수 없는 위험한 지역에 들어가 대각간의 명을 욕되지 않게 한 적이 있다. 대각간도 나를 무능하다고 여기지 않고 국사로 대우하였는데 지금 떠도는 말로 나에게 죄를 주니 평생의 치욕 중에 이보다 더 큰 것이 없다." 원정은 이 말을 듣고 평생 부끄러워하며 후회하였다.

○**丕寧子**,不知鄕邑族姓。**眞德王元年丁未百濟**以大兵來攻**茂山**、**甘勿**、**桐岑**等城,**庾信**率步騎一萬拒之。**百濟**兵甚銳,苦戰不能克,士氣索而力憊。**庾信**知**丕寧子**有力戰深入之志,召謂曰:"歲寒然後知松栢之後彫。今日之事急矣,非子誰能奮勵出奇,以激衆心乎?"因與之飮酒,以示殷勤。**丕寧子**再拜云:"今於稠人廣衆之中,獨以事屬我,可謂知己矣,固當以死報之。"出謂奴合節曰:"吾今日上爲國家、下爲知己死之。吾子**擧眞**雖幼年,有壯志,必欲與之俱死,若父子并命,則家人其將疇依?汝其與**擧眞**好收吾骸骨,歸以慰母心。"

비령자는 그의 향리 및 성씨를 알 수 없다. 진덕왕 원년 정미에 백제가 대군을 거느리고 무산, 감물, 동잠 등 성을 공격하므로 유신이 보병과 기병 1만 명을 거느리고 대항하였다. 백제군은 매우 날쌔어 고전 하였어도 이기지 못하고 사기는 꺾이고 힘이 빠졌다. 유신은 비령자가 힘껏 싸워 적진 깊이 들어갈 뜻이 있음을 알고 불러 말했다: "계절이 추운 뒤에야 소나무 잎이 나중에 떨어짐을 안다. 오늘의 사태가 위급하게 되었으니 그대가 아니면 누가 용맹하고도 기발한 공격을 가해 사람들의 마음을 격려하겠는가?" 그와 함께 술을 마시면서 친절을 표시하였다. 비령자가 두 번 절하며 말했다: "지금 많은 사람 가운데 유독 저에게 일을 부탁하니 가히 지기라 할 만하며 정녕 죽음으로써 보답하여야 마땅합니다." 나서며 종 합절에게 이르기를 "내가 오늘 위로는 나라를, 아래로는 지기를 위하여 죽는다. 나의 아들 거진이 비록 어리나 장한 뜻이 있어서 틀림없이 나를 따라 함께 죽으려 할 것인데 만일 부자가 함께 죽는다면 집 안 사람은 누구에게 의지하겠는가? 너는 거진과 함께 나의 해골을 잘 수습하여 돌아가 그 어미의 마음을 위로하라” 하였다.

言畢,即鞭馬橫槊(△△)[突賊]陣,格殺數人而死。舉眞望之欲去,合節請曰:“大人有言,令合節與阿郎還家,安慰夫人。今子負父命,棄母慈,可謂孝乎?”執馬鞚不放。舉眞曰:“見父死而苟存,豈所謂孝子乎?”即以劍擊折合節臂,奔入敵中戰死。合節曰:“私天崩矣,不死何爲?”亦交鋒而死。軍士見三人之死,感激爭進,所向挫鋒陷陣,大敗賊兵,斬首三千餘級。庾信收三屍,脫衣覆之,哭甚哀。大王聞之涕淚,以禮合葬於反知山,恩賞妻子、九族尤渥。

말을 마치자 곧 말에 채찍질하며 창을 비껴들고 적진으로 돌입하여 여러 사람을 죽이고 죽었다. 거진이 바라보다가 나가려 하니 합절이 “대인께서 저더러 도련님과 함께 집으로 돌아가서 부인을 위로하라고 하였습니다. 아들로서 부친의 명령을 어기고 모친의 자애를 저버리면 효도라고 할 수 있겠습니까?”고 말하며 말고삐를 잡고 놓지 않았다. 거진은 “부친이 죽는 것을 보고도 구차하게 산다면 그래 효자라고 할 수 있겠는가?”라며 곧 칼로 합절의 팔을 쳐 꺾고 적진으로 달려가 전사하였다. 합절은 “나의 하늘이 무너졌다. 죽지 않고 뭘 하겠는가?”라고 하며 역시 싸우다가 죽었다. 병사들은 셋의 죽음을 보고 감격하여 다투어 진격하니 향하는 곳마다 예봉을 꺾고 진지를 함락시켰으며 적군을 대파하여 3천여 명을 참수하였다. 유신이 세 사람의 시체를 거두어서 자기의 옷을 벗어 덮어주고 매우 슬프게 울었다. 대왕이 듣고 눈물을 흘리며 예의로써 반지산에 합장하고 처자와 구족에게 은혜로운 상을 매우 후하게 주었다.

○竹竹,大耶州人也,父郝熱爲撰干,善德王時爲舍知,佐大耶城都督金品釋幢下。王十一年壬寅秋八月百濟將軍允忠領兵來攻其城。先是都督品釋見幕客舍知黔日之妻有色,奪之,黔日恨之。至是爲內應,燒其倉庫,故城中兇懼,恐不能固守。品釋之佐阿湌西川一云[汸][沙]湌祗[之][彡]那登城謂允忠曰:"若將軍不殺我,願以城降。"允忠曰:"若如是,所不與公同好者,有如白日。"西川勸品釋及諸將士欲出城,竹竹止之曰:"百濟,反覆之國,不可信也。而允忠之言甘,必誘我也。若出城,必爲賊之所虜。與其鼠伏而求生,不若虎鬪而至死。"

죽죽은 대야주인이고 부친 학열은 찬간이며 선덕왕 때 사지를 하고 대야성 도독 김품석 휘하에서 보좌를 하였다. 선덕왕 11년 임인 가을 8월 백제 장군 윤충이 군사를 거느리고 와서 대야성을 공격하였다. 당초 도독 품석이 막객 사지 검일의 부인이 예뻐서 빼앗은 일이 있어 검일은 한스럽게 여기고 있던 참이었다. 이때 와서 그가 적과 내통하여 창고에 불을 질렀으므로 성 안의 민심이 흉흉하고 두려워하여 아마 성을 고수하지 못할 것 같았다. 품석의 보좌관 아찬 서천일왈 사찬 지삼나 이 성에 올라가 윤충에게 말했다: "만약 장군이 우리를 죽이지 않는다면 성을 바치며 항복하겠다." 윤충이 답했다: "그렇게 한다면 공과 내가 좋지 않은 일이 생길까 봐 밝은 해를 두고 맹세하자." 서천이 품석과 장병들을 권고하여 성 밖으로 나가려 하자 죽죽이 제지시키면서 말했다: "백제는 번복하는 나라이므로 믿을 수 없습니다. 윤충의 달콤한 말은 필시 우리를 유인하는 것입니다. 만약 성 밖으로 나간다면 틀림없이 적들의 포로가 될 것입니다. 숨어서 사는 것보다는 차라리 범처럼 싸우다가 죽는 편이 낫습니다."

品釋不聽,開門。士卒先出,百濟發伏兵盡殺之。品釋將出,聞將士死,先殺妻子而自刎。竹竹收殘卒,閉城門自拒,舍知龍石謂竹竹曰:"今兵勢如此,必不得全,不若生降以圖後效。"答曰:"君言當矣,而吾父名我以竹竹者,使我歲寒不凋,可折而不可屈,豈可畏死而生降乎?"遂力戰至城陷,與龍石同死。王聞之,哀傷,贈竹竹以級湌,龍石以大奈麻,賞其妻子,遷之王都。

품석은 듣지 않고 성문을 열었다. 사졸들이 먼저 나가자 백제가 복병을 출동시켜 모조리 죽여 버렸다. 품석이 나가려 하다가 장병들이 죽었다는 말을 듣고 먼저 자기의 처자를 죽인 다음 목을 베어 자살하였다. 죽죽이 남은 병사를 수습하여 성문을 닫은 채 방위하고 있는데 사지 용석이 죽죽에게 말했다: "지금 싸움의 형세가 이러하니 틀림없이 보전할 수 없으니 차라리 항복하고 살아서 후일을 도모하는 것이 낫겠습니다." 죽죽이 "그대의 말도 당연하지만 나의 부친이 나를 죽죽이라고 이름 지은 것은 나로 하여금 계절이 추워도 시들지 말고 꺾일지언정 굽히지 말라는 것인데 어찌 죽기가 두렵다 하여 항복하며 살겠습니까?"라 대답하고 힘껏 싸우다가 성이 함락되자 용석과 함께 죽었다. 왕이 듣고 슬퍼하며 죽죽에게는 급찬을, 용석에게는 대나마를 추증하고 그들의 처자에게 상을 주어 경성에 이사시켰다.

○匹夫, 沙梁人也, 父尊臺阿湌。太宗大王以百濟、高句麗、靺鞨轉相親比爲脣齒, 同謀侵奪, 求忠勇材堪綏禦者, 以匹夫爲七重城下縣令。其明年庚申秋七月, 王與唐師滅百濟。於是高句麗疾我, 以冬十月發兵來圍七重城, 匹夫守且戰二十餘日。賊將見我士卒盡誠鬪, 不內顧, 謂不可猝拔, 便欲引還。逆臣大奈麻比歃密遣人告賊, 以城內食盡力窮, 若攻之必降, 賊遂復戰。匹夫知之, 拔劍斬比歃首, 投之城外, 乃告軍士曰: "忠臣義士死且不屈, 勉哉努力! 城之存亡, 在此一戰。" 乃奮拳一呼, 病者皆起, 爭先登, 而士氣疲乏, 死傷過半。賊乘風縱火, 攻城突入。匹夫與上干本宿、謨支、美齊等向賊對射。飛矢如雨, 支體穿破, 血流至踵, 乃仆而死。大王聞之, 哭甚痛, 追贈級湌。

필부는 사량인이고 부친은 아찬 존대다. 백제, 고구려, 말갈이 순치의 관계로 친해져 함께 침탈을 도모하자 태종대왕이 충성스럽고 용감한 인재로서 능히 적을 방어할 만한 사람을 구하여 필부를 칠중성 산하 현령으로 하였다. 그 이듬해 경신 가을 7월 왕이 당군과 함께 백제를 멸망시켰다. 이에 고구려가 우리를 미워하여 겨울 10월 군사를 발동하여 칠중성을 포위하였는데 필부가 지키고 싸우기를 20여 일간 하였다. 적장은 우리 사졸이 성의를 다하여 뒤를 돌아보지도 않고 싸우므로 쉽게 함락시킬 수 없다고 판단하여 곧 군사를 이끌고 돌아가려 하였다. 역신 대나마 비삽이 비밀리에 사람을 보내 적에게 성 안에는 양식이 떨어지고 힘이 진하여 만약 친다면 반드시 항복할 것이라고 알려주어 적은 다시 공격해 왔다. 필부가 알고 칼을 뽑아 비삽의 머리를 베어 성 밖으로 던지고 병사들에게 "충신과 의사는 죽어도 굽히지 않는다. 힘써 노력하자! 이 성의 존망이 이 싸움에 달려 있다"라며 주먹을 휘두르며 고함치니 병든 자들도 모두 일어나 앞을 다투어 성에 올랐으나 사기가 피로해지고 사상자가 반이 넘었다. 적은 바람을 타고 불을 지르고 성안으로 돌입했다. 필부는 상간 본숙, 모지, 미제 등과 함께 적을 맞대고 활을 쏘았다. 그러나 빗발같이 날아오는 화살에 맞아 온 몸에 상처를 입어 피가 발꿈치까지 흘러내리자 쓰러져 죽었다. 대왕이 듣고 매우 슬프게 울며 급찬을 추증하였다.

○階伯, 百濟人, 仕爲達率。唐顯慶五年庚申高宗以蘇定方爲神丘道大總管, 率師濟海, 與新羅伐百濟。階伯爲將軍, 簡死士五千人拒之, 曰: "以一國之人, 當唐、羅之大兵, 國之存亡, 未可知也。恐吾妻拏沒爲奴婢, 與其生辱, 不如死快。"遂盡殺之。至黃山之野, 設三營, 遇新羅兵將戰, 誓衆曰: "昔句踐以五千人破兵七十萬衆。今之日宜各奮勵決勝, 以報國恩。"遂麾戰, 無不以一當千, 羅兵乃却。如是進退至四合, 力屈以死。

계백은 백제인이고 관직은 달솔이다. 당 현경 5년 경신에 고종이 소정방을 신구도 대총관으로 하여 군사를 거느리고 바다를 건너 신라와 함께 백제를 정벌했다. 계백은 장군이 되어 결사대 5천 명을 선발하여 방어하며 "한 나라의 인력으로 당, 나의 대군을 당하자니 나라의 존망을 알 수 없다. 나의 처자가 붙잡혀 노비가 될지도 모르니 살아서 치욕을 당하는 것보다 차라리 통쾌하게 죽는 편이 낫겠다.”라며 처자를 모두 죽였다. 황산벌에 이르러 세 개의 진영을 치고 신라 군사를 만나면 곧 전투를 시작하게 될 때 사람들을 맹서 시켰다: “옛날 구천은 5천 병력으로 70만을 격파하였다. 오늘 우리는 마땅히 각자 분발, 결승하여 나라의 은혜에 보답해야 한다.” 이윽고 치열하게 싸워 일당천의 전과를 올리자 신라군이 퇴각하였다. 이렇게 진퇴를 네 번이나 하다가 힘이 꺾이어 죽었다.

三國史記卷第四十八

(삼국사기 권제48)

列傳第八(열전 제8)

向德、聖覺、實兮、勿稽子、百結先生、劍君、金生[姚克一附]、率居、孝女
知恩、薛氏女、都彌

향덕, 성각, 실혜, 물계자, 백결선생, 검군, 김생[부록 요극일], 솔거, 효녀
지은, 설씨녀, 도미

〇**向德**,熊川州 板積鄕人也。父名善字潘吉。天資溫良,鄕里推其行。
母則失其名。向德亦以孝順爲時所稱。天寶十四年乙未年荒民饑,加
之以疫癘,父母飢且病,母又發癰,皆濱於死。向德日夜不解衣,盡誠安
慰,而無以爲養,乃剖髀肉以食之。又吮母癰,皆致之平安。鄕司報之
州,州報於王。王下敎,賜租三百斛、宅一區、口分田若干。命有司立石
紀事,以標之。至今人號其地云孝家[里]。

향덕은 웅천주 판적향인이다. 부친의 이름은 선이고 자는 반길이다.
천성이 온순하고 선량하므로 향리에서 그의 품행을 추대하였다. 모친
의 이름은 전해지지 않는다. 향덕도 효하고 온순하여 당시에 이름났다.
천보 14년 을미에 흉년이 들어 백성이 굶주렸고 게다가 역병까지 겹치

는 바람에 부모가 굶주리고 병들었으며 모친은 또한 종기가 나서 모두 거의 죽게 됐다. 향덕은 밤낮 옷을 벗지 못하고 정성을 다하여 위로하였으나 봉양할 거리가 없어 자기의 넓적다리의 살을 베어 먹였다. 또 모친의 종기를 입으로 빨아내어 모두 편안하게 하였다. 향리에서 이 일을 주에 알리고 주에서는 임금에게 알렸다. 왕이 교서를 내려 벼 3백 섬, 집 한 채와 구분전 약간을 하사하였다. 관계부문에 명령하여 비석을 세우고 사적을 기록하여 표적을 남겼다. 지금도 사람들이 그곳을 효가리라고 부른다.

○**聖覺**, 菁州人, 史失其氏族。不樂世間名官, 自號爲居士, 依止一利縣法定寺。後歸家養母, 以老病難於蔬食, 割股肉以食之。及死, 至誠爲佛事資薦。大臣角干敬信、伊湌周元等聞之國王, 以熊川州 向德故事賞近縣(△)[租]三百石。

성각은 청주인이고 사료에 그의 가문에 대해 전해지지 않는다. 사회의 명예와 관작을 좋아하지 않고 거사라고 자칭하며 일리현 법정사에 머물렀다. 후에 집으로 돌아가 모친을 봉양하였는데 늙고 병든 모친에게 채소만을 대접하기 난처하여 허벅다리 살을 베어서 대접하였다. 모친이 돌아가자 지성으로 불공을 드렸다. 대신 각간 경신과 이찬 주원 등이 국왕에게 알려 웅천주 향덕의 고사에 따라 가까운 고을의 벼 3백 섬을 상으로 주었다.

論曰:宋祁唐書云:"善乎, 韓愈之論也!曰:'父母疾, (△)[烹]藥餌, 以是爲孝, 未聞毁支體者也。苟不傷義, 則聖賢先衆而爲之。是不幸因而且死, 則毁傷滅絶之罪有歸矣。安可旌其門以表異之?'雖然, 委巷之陋非有學術禮義之資, 能忘身以及其親, 出於誠心, 亦足稱者, 故列焉。"則若向德者, 亦可書者乎?

논평하여 왈: 송기의 『당서』 왈: '훌륭하도다! 한유의 논이여! "부모의 병에 약을 달여서 드리는 것이 효인데, 몸까지 훼손하였다는 말은 듣지

못했다. 만약 의리에 어긋나지 않는다면 성현이 뭇 사람들보다 먼저 행했을 것이다. 이런 불행으로 죽으면 몸이 상하고 후손이 끊어지는 죄로 돌아간다. 어찌 정절문을 세워 표창할 수 있으랴?" 비록 그러하나 누추한 마을에서 학술과 예의의 자질을 갖추지 못했지만 능히 자기의 몸을 희생하며 부모를 생각함은 성심에서 나온 것이고 또한 칭찬할 만하기 때문에 열전에 올린다.' 그런즉 향덕과 같은 이도 기록해둘 만한 것일까?

○實兮, 大舍純德之子也。性剛直, 不可屈以非義。眞平王時爲上舍人, 時下舍人珍堤其爲人便佞, 爲王所嬖。雖與實兮同寮, 臨事互相是非, 實兮守正不苟且。珍堤嫉恨, 屢讒於王曰: "實兮無智慧, 多膽氣, 急於喜怒, 雖大王之言, 非其意則憤不能已。若不懲艾, 其將爲亂, 盍黜退之? 待其屈服, 而後用之, 非晩也。" 王然之, 謫官泠林。或謂實兮曰: "君自祖考以忠誠公材聞於時, 今爲佞臣之讒毁, 遠宦於竹嶺之外荒僻之地, 不亦痛乎? 何不直言自辨?" 實兮答曰: "昔屈原孤直, 爲楚擯黜; 李斯盡忠, 爲秦極刑。故知佞臣(或)[惑]主, 忠士被斥, 古亦然也, 何足悲乎?" 遂不言而往, 作長歌見意。

실혜는 대사 순덕의 아들이다. 성품이 강직하여 불의로써 꺾을 수 없다. 진평왕 때 상사인인데 당시 하사인인 진제는 됨됨이가 아첨을 잘하여 왕의 총애를 받았다. 비록 실혜와 동료이지만 일을 처리할 때는 서로 시비가 붙곤 하였으며 실혜는 정도를 지키고 구차하지 않았다. 진제가 시기하고 원망하며 누차 왕에게 참소 왈: "실혜는 지혜는 없고 담기만 많아서 성급히 기뻐하거나 화를 내며 비록 대왕의 말이라도 자기의 뜻에 맞지 않으면 분을 참지 못합니다. 만약 징계하지 않는다면 장차 난을 일으킬 것인데 왜 파출하지 않습니까? 그가 굴복하기를 기다렸다가 후에 써도 늦지 않습니다." 왕이 옳게 여기고 영림으로 좌천시켰다. 어떤 사람이 실혜에게 말했다: "그대는 조부, 부친 때부터 충성과 삼공의 자질로 세상에 이름났었는데 지금 아첨장이 신하의 참소와 훼방을 입어 멀리 죽령 밖의 황폐하고 궁벽한 곳에서 벼슬살이를 하게 되었으니 통탄할 일이 아닌가? 왜 직언하여 변명하지 않는가?" 실혜가 답하였다: "옛날 굴원은 외롭고 충직하여 초에서 쫓겨났고 이사는 충성을 다하다가 진의 극형을 받았다. 그러므로 아첨장이 신하가 임금을 미혹케 하여 충신이 배척당하는 것은 옛날에도 그랬는데 슬퍼할 일이 뭔가?" 아무 말 없이 갔으며 긴 노래를 지어 자신의 뜻을 나타냈다.

○**勿稽子**,奈解尼師今時人也。家世平微,爲人倜儻,少有壯志。時八浦上國同謀伐阿羅國,阿羅使來請救。尼師今使王孫捺音率近郡及六部軍往救,遂敗八國兵。是役也,勿稽子有大功,以見憎於王孫,故不記其功。或謂勿稽子曰:"子之功莫大,而不見錄,怨乎?"曰:"何怨之有?"或曰:"盍聞之於王?"勿稽子曰:"矜功求名,志士所不爲也。但當勵志,以待後時而已。"後三年骨浦、柒浦、古史浦三國人來攻竭火城,王率兵出救,大敗三國之師。勿稽子斬獲數十餘級,及其論功又無所得。乃語其婦曰:"嘗聞爲臣之道,見危則致命,臨難則(志)[忘]身。前日浦上、竭火之役可謂危且難矣,不能以致命忘身聞於人,將何面目以出市朝乎?"遂被髮携琴入師(△)[嶢]山不反。

물계자는 나해 이사금 때의 사람이다. 가문은 미미하였으나 사람됨이 호방하고 어릴 때부터 큰 뜻을 품었었다. 그때 포상의 8개 나라가 아라국을 정벌하기로 모의하자 아라국의 사신이 와서 구원을 청하였다. 이사금이 왕손 날음에게 부근의 군 및 6부의 군사를 주어 구원하여 여덟 나라의 군을 격파하였다. 이 전쟁에서 물계자는 큰 공을 세웠으나 왕손에게 미움을 샀기 때문에 그 공을 인정받지 못했다. 혹자 물계자에게 왈: "그대의 공이 막대한데도 인정받지 못했으니 원망스럽지?" 왈: "무슨 원망이 있겠는가?" 혹자 왈: "왜 왕에게 아뢰지 않는가?" 물계자왈: "공을 자랑하고 명예를 추구하는 것은 지사가 할 일이 아니다. 다만 마음을 갈고 닦아 후일을 기다릴 따름이다." 그 뒤 3년이 지나 골포, 칠포, 고사포 등 세 나라 사람이 와서 갈화성을 침공하자 왕은 군사를 거느리고 나가 구원하여 세 나라의 군사를 대파하였다. 물계자가 수십 여 명을 참수했으나 공을 논할 때 또 차려지는 것이 없었다. 부인에게 왈: "신하된 도리를 들은 적이 있는데 위급함을 보면 목숨을 바치고 어려움을 당하면 자기를 잊는다. 전 날의 포상, 갈화의 싸움은 위급하고 도 어려웠다고 할 수 있다. 목숨을 바치거나 자기를 잊으며 싸워 이름을 날리지 못했으니 무슨 면목으로 거리와 조정에 나가겠는가?" 머리를 풀고 거문고를 지닌 채 사체산으로 들어간 후 돌아오지 않았다.

○**百結先生**,不知何許人。居**狼山**下,家極貧,衣百結若懸鶉,時人號爲 **東里百結先生**。嘗慕**榮啓期**之爲人,以琴自隨。凡喜怒悲歡不平之事, 皆以琴宣之。歲將暮,隣里春粟,其妻聞杵聲曰:"人皆有粟春之,我獨 無焉,何以卒歲?"先生仰天嘆曰:"夫死生有命,富貴在天。其來也不可 拒,其往也不可追。汝何傷乎?吾爲汝作杵聲以慰之。"乃鼓琴作杵聲。 世傳之,名爲碓樂。

백결선생은 어느 고장 사람인지 알 수 없다. 낭산 밑에 살았는데 아주 가난하여 옷을 수없이 기워 마치 메추리를 달아맨 것 같아 사람들은 그를 동리백결선생이라고 불렀다. 영계기의 사람됨을 흠모하여 거문 고를 가지고 다닌 적이 있다. 무릇 희로애락과 불평을 모두 거문고로써 풀었다. 한 해가 저물어 갈 무렵 이웃에서 곡식을 찧으니 그의 아내가 절구 찧는 소리를 듣고 "남들은 모두 찧을 곡식이 있는데 우리만 없으 니 어떻게 해를 넘기나?" 하니 선생은 하늘을 우러러 한탄하기를 "죽고 사는 것은 운명이고 부귀는 하늘에 달려 있다. 운명은 와도 막을 수 없고 가도 따를 수 없거늘, 그대는 어찌하여 속상한가? 내가 그대를 위하여 절구 찧는 소리를 내어 위로하리라"라 하고 거문고로 절구 찧는 소리를 내었다. 세상에 그것이 전하여 『방아타령(대악)』이라 부른다.

○劍君,仇文大舍之子,爲沙梁宮舍人。建福四十四年丁亥秋八月,隕
霜殺諸穀,明年春夏大飢,民賣子而食。於時宮中諸舍人同謀,盜唱瞖
倉穀分之,劍君獨不受。諸舍人曰:"衆人皆受,君獨却之,何也?若嫌小,
請更加之。"劍君笑曰:"僕編名於近郎之徒,修行於風月之庭,苟非其
義,雖千金之利不動心焉。"時大日伊湌之子爲花郎,號近郎,故云爾。
劍君出至近郎之門。舍人等密議不殺此人,必有漏言,遂召之。劍君知
其謀殺,辭近郎曰:"今日之後,不復相見。"郎問之,劍君不言,再三問
之,乃略言其由。郎曰:"胡不言於有司?"劍君曰:"畏己死,使衆人入罪,
情所不忍也。""然則盍逃乎?"曰:"彼曲我直,而反自逃,非丈夫也。"遂
往。諸舍人置酒謝之,密以藥置食,劍君知而强食,134)乃死。君子曰:
"劍君死非其所,可謂輕泰山於鴻毛者也。"

　검군은 대사 구문의 아들이며 사량궁의 사인이다. 건복 44년 정해 가을
8월 서리가 내려 곡식들이 죽는 바람에 이듬해 봄과 여름에 큰 기근이
들어 백성들이 자식을 팔아 잡아먹었다. 이때 궁중의 사인들이 공모하
여 창예창의 곡식을 훔쳐서 나누어 가졌는데 검군만은 받지 않았다.
사인들 왈: "뭇 사람이 모두 받는데 왜 그대만 거절하는가? 적다고
탓하면 더 줄게." 검군이 웃으며 왈: "나는 근랑의 문도에 이름을 두고
풍월의 마당에서 수행을 하니 의롭지 않으면 천금의 이익에도 마음을
움직이지 않는다." 이때 이찬 대일의 아들이 화랑이며 '근랑'이라 불렸
기 때문에 이렇게 말한 것이다. 검군은 나와 근랑의 문 앞에 갔다. 사인
들이 은밀히 이 사람을 죽이지 않으면 틀림없이 말이 누설될 것이라
의논하고 그를 불렀다. 검군은 모해당할 것을 알면서도 근랑과 작별하
며 왈: "오늘 이후로는 다시 뵙지 못하겠다." 근랑이 이유를 물었으나
검군이 말하지 않다가 재삼 묻자 그 이유를 대략 이야기하였다. 근랑

---

134) 强食: 중앙본 '꿋꿋하게 먹다'. 强은 중국어로 qiáng/qiǎng 두 가지 음이 있는데
　　전자는 '강하다'의 뜻이고 후자는 '억지로'라는 뜻이다.

왈: "왜 관계부문에 말하지 않는가?" 검군 왈: "자기가 죽는 것이 두려워 여러 사람이 죄에 걸리게 하는 것은 인정상 차마 할 수 없는 일이다." "그러면 왜 도망하지 않느냐?" 검군이 "저들이 잘못됐고 내가 바른데 도리어 내가 도망치면 대장부가 아니다"라고 하고 사인들에게 갔다. 사인들이 술을 대접하며 사죄하면서 몰래 음식에 독약을 넣었다. 검군은 눈치 채고도 억지로 먹고 죽었다. 군자 왈: "검군은 죽지 않을 데 죽었다. 이는 태산은 목숨을 기러기 털보다 가벼이 여긴 것이다."

○金生, 父母微, 不知其世系。生於景雲二年。自幼能書, 平生不攻他藝, 年踰八十, 猶操筆不休。隸書、行、草皆入神, 至今往往有眞蹟, 學者傳寶之。崇寧中學士洪灌隨進奉使入宋, 館於卞京。時翰林待詔楊球、李革奉帝敕至館書圖蔟。洪灌以金生行草一卷示之, 二人大駭, 曰: "不圖今日得見王右軍手書。" 洪灌曰: "非是, 此乃新羅人金生所書也。" 二人笑曰: "天下除右軍, 焉有妙筆如此哉?" 洪灌屢言之, 終不信。又有姚克一者, 仕至侍中兼侍書學士, 筆力遒勁, 得歐陽率更法。雖不及生, 亦奇品也。

김생은 부모가 미천하여 가문의 계보를 알 수 없다. 경운 2년에 태어났다. 어려서부터 글씨를 잘 썼으며 평생 다른 기예는 닦지 않았고 나이 80이 넘도록 붓을 놀리며 쉬지 않았다. 예서, 행서, 초서가 모두 신격의 경지여서 지금까지도 흔히 진필이 남아 있고 학자들이 보배로 여기며 전하고 있다. 숭녕 연간에 학사 홍관이 진봉사를 따라 송에 들어가서 변경에 묵었다. 이때 한림 대조 양구, 이혁이 황제의 칙서를 받들고 숙소에 와서 그림 족자에 글을 썼다. 홍관이 김생이 쓴 행초 한 권을 보이니 두 사람이 크게 놀라 "오늘 왕우군―왕희지의 친필을 보게 될 줄 몰랐다"고 하였다. 홍관이 "아니다. 이것은 신라인 김생이 쓴 것이다" 하니 두 사람이 웃으면서 "천하에 왕우군 말고 어찌 이런 묘필이 있겠나?"라고 하였다. 홍관이 여러 번 말하였지만 끝내 믿지 않았다.

또 요극일이라는 사람은 관작이 시중 겸 시서학사에 이르렀는데 필력이 강경剛勁하며 구양순 솔경의 필법을 터득하였다. 비록 김생에게는 못 미쳤지만 역시 기특한 진품이다.

○率居,新羅人,所出微,故不記其族系。生而善畫。嘗於皇龍寺壁畫老松,體幹鱗皴,枝葉盤屈,烏鳶燕雀往往望之飛入,及到蹭蹬而落。歲久色暗,寺僧以丹青補之,烏雀不復至。又慶州 芬皇寺觀音菩薩、晉州斷俗寺 維摩像,皆其筆蹟,世傳爲神畫。

솔거는 신라인인데 출신이 미천하여 가문의 계보가 기록돼 있지 않다. 선천적으로 그림을 잘 그렸다. 황룡사 벽에 늙은 소나무를 그린 적이 있는데 줄기는 비늘처럼 터졌고 가지와 잎이 구불구불하여 까마귀, 솔개, 제비, 참새 등이 가끔 멀리서 바라보고 날아들다가 부딪혀 푸드득 떨어지곤 하였다. 오래 되어 색깔이 바래자 절의 승려들이 단청으로 덧칠을 하니 까마귀, 참새가 다시는 오지 않는다. 또한 경주 분황사의 관음보살과 진주 단속사의 유마 화상이 모두 그의 필적인데 세상에 신화로 전해진다.

○孝女知恩,韓歧部百姓連權女(丁)[子]也。性至孝,少喪父,獨養其母。年三十二猶不從人,定省不離左右。而無以爲養,或傭作或行乞,得食以飼之。日久不勝困憊,就富家請賣身爲婢,得米十餘石。窮日行役於其家,暮則作食歸養之。如是三四日,其母謂女子曰:"向食而甘,今則食雖好,味不如昔,而肝心若以刀刃刺之者,是何意耶?"女子以實告之。母曰:"以我故使爾爲婢,不如死之速也。"乃放聲大哭,女子亦哭,哀感行路。時孝宗郎出遊見之,歸請父母,輸家(△)[粟]百石及衣物予之。又償買主以從良。郎徒幾千人各出粟一石爲贈。大王聞之,亦賜租五百石、家一區,復除(征)[徭]役。以粟多恐有剽竊者,命所司差兵番守。標榜其里曰孝養坊,仍奉表歸美於唐室。孝宗時第三宰相舒發翰仁慶子,少名化達。王謂雖當幼齒,便見老成,即以其兄憲康王之女妻之。

효녀 지은은 한기부 백성 연권의 딸이다. 지극히 효성스럽고 어려서 부친을 여의고 홀로 모친을 모셨다. 나이 32세가 되어도 시집가지 않고 조석으로 모친에게 문안드리며 곁을 떠나지 않았다. 봉양할 거리가 없어 품팔이도 하고 구걸도 하여 먹여 살렸다. 오래되어 고달픔을 이기지 못하여 부잣집에 몸을 팔며 종이 되어 쌀 10여 섬을 얻었다. 하루 종일 그 집에서 일하고 날이 저물면 밥을 지어와 모친을 봉양하였다. 이렇게 3~4일 지나자 모친이 딸에게 왈: "전에는 밥이 맛있었는데 지금은 밥이 좋은데도 맛이 이전만 못하고 마치 간과 마음을 칼날로 찌르는 듯하니 웬일이냐?" 딸이 사실대로 고하니 모친이 "나 때문에 너를 종이 되게 하였으니 빨리 죽는 편이 낫겠다."고 하면서 소리를 내어 크게 우니 딸도 따라 울어서 길 가는 사람들을 감동시켰다. 이때 효종랑이 지나가다가 보고 돌아와서 부모에게 청하여 자기 집 곡식 백 섬과 옷가지를 실어다 주었다. 또 종으로 산 사람에게 몸값을 보상하고 양민으로 만들어주었다. 낭도 몇 천 명도 각각 곡식 한 섬씩 주었다. 대왕이 듣고 또한 벼 5백 섬과 집 한 채를 하사하고 부역을 면제하여 주었다. 곡식이 많아서 도둑이 들까 봐 관계부문에 명하여 병사를 보내 교대로 지켜주었다. 그 마을을 효양방이라 하고 또한 표문을 올려 당 왕실에도 미덕을 알렸다. 효종은 당시 제3재상 서발한 인경의 아들로서 아명은 화달이다. 왕이 비록 나이는 어리지만 어른스러운 면이 있다고 여겨 즉시 형 헌강왕의 딸을 주어 아내로 삼게 하였다.

○薛氏女,栗里民家女子也。雖寒門單族,而顏色端正,志行脩整,見者無不歆艶,而不敢犯。眞平王時其父年老,番當防秋於正谷。女以父衰病,不忍遠別,又恨女身不得(待)[代]行,徒自愁悶。沙梁部少年嘉實雖貧且窶,而其養志貞男子也。嘗悦美薛氏,而不敢言。聞薛氏憂父老而從軍,遂(請)[詣]薛氏曰:"(△)[僕]雖一懦夫,而嘗以志氣自許,願以不肖

之身代嚴君之役。"薛氏甚喜,入告於父。父引見曰:"聞公欲代老人之
行,不勝喜懼,思所以報之。若公不以愚陋見棄,願薦幼女子以奉箕帚。"
嘉實再拜曰:"非敢望也,是所願焉。"於是嘉實退而請期。薛氏曰:"婚
姻,人之大倫,不可以倉猝。妾既以心許,有死無易,願君赴防。交代而
歸,然後卜日成禮,未晚也。"乃取鏡分半,各執一片,云:"此所以爲信,
後日當合之。"嘉實有一馬。謂薛氏曰:"此天下良馬,後必有用。今我徒
行,無人爲養,請留之,以爲用耳。"遂辭而行。

설씨녀는 율리 백성 민가의 딸이다. 비록 빈한하고 외로운 집안이나
용모가 단정하고 의지와 품행이 곧았다. 보는 사람마다 부러워하지
않은 자가 없지만 감히 집적거리지 못하였다. 진평왕 때 그의 부친은
연로하지만 정곡에서 변방을 지키는 수자리 당번을 가게 되었다. 딸은
부친이 노쇠하고 병들어 차마 멀리 보낼 수 없고 또한 여자의 몸으로
대신 갈 수도 없고 하여 헛되이 근심에 고민만 하고 있었다. 사량부
소년 가실은 비록 가난하나 의지를 곧게 기른 남자다. 예쁜 설씨를
좋아한 적이 있지만 감히 말을 못 꺼내었다. 설씨가 늙은 부친이 종군하
게 되어 걱정한다는 말을 듣고 설씨에게 청하였다: "나는 비록 일개
나약한 자이지만 의지와 기개로 자부한 적이 있으며 불초의 몸으로
엄친의 부역을 대신하고자 합니다." 설씨가 매우 기뻐하며 부친에게
알렸다. 부친이 그를 불러 왈: "공이 이 늙은이의 부역을 대신하고자
한다는 말을 들으니 기쁘고도 송구스러움을 이기지 못하겠으며 보답할
생각을 하고 있고. 만약 공이 어리석고 누추하다며 버리지 않는다면
어린 딸을 그대의 수발로 삼고 싶소." 가실은 두 번 절하고 왈: "감히
바랄 수는 없으나 원하는 바입니다." 이에 가실이 물러나와 기일을 청하
였다. 설씨 왈: "혼인은 인륜의 대사이므로 급히 서두를 필요는 없습니
다. 제가 이미 마음을 맡겼으니 죽어도 변하지 않을 것이고 그대는
방위에 가시오. 교대하고 돌아온 뒤에 날을 받아 혼례를 치러도 늦지
않습니다." 거울을 절반으로 나누어 각각 한 쪽씩 가지며 왈: "이것을

신표로 삼아 뒷날 맞춰져야 합니다." 가실에게는 말 한 필 있었다. 설씨에게 "이것은 천하의 좋은 말이니 훗날 반드시 쓸 모 있을 것입니다. 지금 내가 빈 몸으로 가고 나면 기를 사람이 없으니 여기에 두고 쓰기 바랍니다."라고 말하며 설씨와 작별하고 떠났다.

會國有故, 不使人交代, 淹六年未還。父謂女曰: "始以三年爲期, 今既踰矣, 可歸于他族矣。"薛氏曰: "向以安親, 故强與嘉實約。135) 嘉實信之, 故從軍累年, 飢寒辛(若)[苦]。况迫賊境, 手不釋兵, 如近虎口, 恒恐見咥。而棄信食言, 豈人情乎? 終不敢從父之命, 請無復言。"其父老且耄, 136) 以其女壯而無伉儷, 欲强嫁之, 潛約婚於里人, 既定日, 引其人。薛氏固拒, 密圖遁去而未果。至廐, 見嘉實所留馬, 太息流淚。於是嘉實代來, 形骸枯槁, 衣裳藍縷, 室人不知, 謂爲別人。嘉實直前, 以破鏡投之, 薛氏得之呼泣, 父(反)[及]室人失喜。遂約異日相會, 與之偕老。

마침 나라에 일이 생겨 교대를 시켜주지 않아 6년이 지나도 돌아오지 못하였다. 부친은 딸에게 "당초에 3년을 기한으로 하였는데 지금 지났으니 다른 가문으로 시집갈 수 있겠다"고 하니 설씨 왈: "이전에 아버지를 편안하게 하려고 무리하게 가실과 약속하였습니다. 가실은 믿기 때문에 여러 해 동안 종군하여 굶주리고 추움에 고생하고 있습니다. 게다가 적의 국경에 접근하여 손에 병기를 놓지 않고 범의 아가리에 가까이 한 것처럼 항상 물릴까 봐 염려될 것입니다. 그런데 신의를 버리고 한 말을 지키지 않으면 인간의 정에 맞습니까? 아무래도 아버님의 시킴을 따를 수가 없으니 다시는 말하지 마십시오." 부친은 늙은데 노망까지 들었고 딸이 나이 들도록 짝이 없어 억지로 시집을 보내려고 몰래 마을 사람과 혼인을 약속하여 날을 정해 놓고 그 사람을 맞아 들였다. 설씨는 굳이 거절하고 몰래 도망하려다가 성사하지 못했다.

---

135) 强: '억지로', '무리하게'. 중앙본 '굳게'.

136) 父老且耄: 중앙본 '그 아버지는 늙고 늙어'.

마구간에 가서 가실이 두고 간 말을 보고 한숨하며 눈물을 흘렸다. 이때 가실이 교대되어 돌아 왔는데 모양이 수척하고 의복이 남루하여 집안사람들도 알아보지 못하고 다른 사람이라고 하였다. 가실이 바로 다가가 깨어진 거울을 내밀었고 설씨가 그것을 받아들고 소리 내어 울고 부친과 집안사람들은 기쁜 심정을 억제하지 못하였다. 마침내 다른 날로 약정하여 서로 합쳐 해로하였다.

○**都彌**,百濟人也。雖編戶小民,而頗知義理。其妻美麗,亦有節行,爲時人所稱。蓋婁王聞之,召**都彌**與語曰:"凡婦人之德雖以貞潔爲先,若在幽昏無人之處,誘之以巧言,則能不動心者鮮矣乎!"對曰:"人之情不可測也,而若臣之妻者,雖死無貳者也。"王欲試之,留**都彌**以事,使一近臣假王衣服、馬、從,夜抵其家,使人先報王來。謂其婦曰:"我久聞爾好,與**都彌**博得之。來日入爾爲宮人,自此後爾身吾所有也。"

도미는 백제인이다. 비록 소민에 편입되어 있었으나 의리에 자못 밝았다. 그의 처는 예쁘기도 하고 행실에 절조가 있어 당시 사람들의 칭찬을 받았다. 개루왕이 듣고 도미를 불러 왈: "무릇 부인의 덕행은 정조를 으뜸으로 치지만 만일 어둡고 사람이 없는 곳에서 교묘한 말로 유혹하면 마음이 흔들리지 않는 사람이 드물다." 답 왈: "사람의 정은 가늠할 수 없지만 소신의 아내라면 죽어도 딴 마음이 없을 사람입니다." 왕이 시험해 보기 위하여 일을 핑계로 도미를 잡아 두고 가까운 신하 한 사람에게 왕의 의복, 말과 시중을 빌려주어 밤에 도미의 집으로 가게하고 사람을 미리 보내 왕이 온다고 알렸다. 부인에게 왈: "내가 오래 전부터 그대가 예쁘다는 말을 듣고 도미와 내기를 하여 이겼다. 내일 그대를 궁인으로 데려갈 것이니 지금부터 그대의 몸은 내 소유다."

遂將亂之,婦曰:"國王無妄語,吾敢不順?請大王先(人)[入]室,吾更衣乃進。"退而雜餙一婢子薦之。王後知見欺,大怒,誣**都彌**以罪,矐其兩眸子,使人牽出之,置小船泛之河上。遂引其婦,强欲淫之。婦曰:"今良

人已失,單獨一身,不能自持。況爲王御,豈敢相違?今以月經渾身汚
穢,請俟他日,薰浴而後來。"王信而許之。婦便逃至江口,不能渡,呼天
慟哭。忽見孤舟隨波而至,乘至泉城島,遇其夫未死,掘草根以喫。遂與
同舟,至高句麗蒜山之下。麗人哀之以衣食。遂苟活,終於羈旅。

간음하려 할 때 부인 왈: "국왕은 망언하지 않을 것이니 제가 감히
순종하지 않겠습니까? 대왕께서 먼저 방으로 들어가십시오! 제가 옷을
갈아입고 들어가겠습니다." 하고 물러 나와 여종 하나를 단장시켜 들여
보냈다. 왕이 나중에 속은 줄 알고 대노하여 도미를 무함하여 죄를
씌워서 두 눈을 뽑아 버리고 끌어내어 조그마한 배에 싣고 강 위에
띄워 보냈다. 그리고는 부인을 끌어들여 억지로 간음하려 하니 부인이
말했다: "이젠 이미 남편을 잃어 홀몸으로 부지할 수 없게 됐습니다.
더구나 왕을 모시게 되었으니 어찌 감히 어기겠습니까? 지금은 월경으
로 온 몸이 더러우니 다른 날 목욕한 뒤에 오겠습니다." 왕이 믿고 허락
하였다. 그녀는 곧 도망하여 강 어구에 이르러 건널 수 없어 하늘을
바라보며 통곡하였다. 갑자기 배 한 척이 물결을 따라 다가오자 타고
천성도에 이르러 아직 죽지 않고 풀뿌리를 캐 먹는 남편을 만났다.
이내 함께 배를 타고 고구려 산산 밑에 이르렀다. 고구려인이 불쌍히
여겨 옷과 밥을 주었다. 구차스럽게 살다가 객지에서 일생을 마쳤다.

三國史記卷第四十九

(삼국사기 권제49)

列傳第九(열전 제9)

倉助利、蓋蘇文[子男生、男建、男山、孫獻誠附]

　창조리, 개소문부록: 아들 남생, 남건, 남산, 손자 헌성

○**倉助利**,高句麗人也,烽上王時爲國相。時慕容廆爲邊患,王謂群臣
曰:"慕容氏兵强,屢犯我疆場,爲之奈何?"倉助利對曰:"北部大兄高
奴子賢且勇,大王若欲禦寇安民,非高奴子無可用者。"王以爲新城太
守,慕容廆不復來。九年秋八月王發國內丁男年十五已上修理宮室。
民乏於食,困於役,因之以流亡。倉助利諫曰:"天災荐至,年穀不登,黎
民失所,壯者流離四方,老幼轉乎溝壑。此誠畏天憂民、恐懼修省之時
也。大王曾是不思,驅飢餓之人,困木石之役,甚乖爲民父母之意。而况
比隣有强梗之敵,若乘吾弊以來,其如社稷生民何?願大王熟計之。"

　　창조리는 고구려인이고 봉상왕 때 국상이었다. 그때 모용외가 변경의
우환 거리었으므로 왕이 신하들에게 "모용씨는 병력이 강하여 누차
우리의 강역을 침범하니 이를 어찌할 것인가?" 하니 창조리가 대답했
다: "북부 대형 고노자가 현명하고도 용감하니 대왕께서 외적을 막고

백성을 편안하게 하려면 고노자가 아니고는 쓸 만한 자가 없습니다."
왕이 그를 신성 태수로 삼으니 모용외가 다시는 오지 못했다. 9년 가을
8월 왕이 15세 이상 되는 전국의 장정을 징발하여 궁실을 수리하였다.
백성들은 식량이 부족하고 노역에 시달리어 유랑하였다. 창조리가 간
하였다: "천재가 거듭 닥치고 흉년이 들어 백성은 살 곳을 잃고 장정들
은 사방으로 유랑하고 노인과 아이들은 구렁텅이에 빠져 있습니다.
지금은 참으로 하늘을 두려워하고 백성을 걱정하며 두려운 마음가짐으
로 반성할 때입니다. 대왕께서 이것을 생각한 적이 없고 굶주린 백성들
을 부려 토목공사에 시달리게 하니 백성의 부모 된 사람이 할 일과는
크게 어긋납니다. 더구나 이웃에 강한 적이 있는데 만약 우리가 피폐해
진 틈을 타 온다면 사직과 생민을 어떻게 하렵니까? 대왕께서 깊이
생각하십시오."

王慍曰:"君者百姓之所瞻望也。宮室不壯麗,無以示威重。今相國蓋欲
謗寡人,以干百姓之譽也。"助利曰:"君不恤民,非仁也;臣不諫君,非忠
也。臣既承乏國相,不敢不言,豈敢干譽乎?"王笑曰:"國相欲爲百姓死
耶?冀無後言。"<u>助利知王之不悛,退與群臣謀廢之。王知不免,自縊。</u>

왕이 노하여 왈: "임금이란 백성들이 우러러보는 존재다. 궁실이 웅장
하고 화려하지 않으면 위엄을 보일 수 없다. 이제 상국은 아마 과인을
비방함으로써 백성의 칭송을 얻으려는 모양이구만." 조리 왈: "임금이
백성을 무휼하지 않으면 인이 아니며, 신하가 임금에게 간언하지 않으
면 충이 아닙니다. 소신은 이미 국상의 빈자리를 이어받고 있으므로
감히 말하지 않을 수 없는 것이지 어찌 감히 칭송을 구하겠습니까?"
왕이 웃으며 왈: "국상은 백성을 위하여 죽으려는가? 다시 말하지 말
라." 조리는 왕에게 회개의 뜻이 없음을 알고 물러나와 신하들과 함께
폐위시킬 것을 모의했다. 왕은 모면할 수 없음을 알고 스스로 목매어
죽었다.

○**蓋蘇文**或云蓋金, 姓(泉)[淵]氏。自云生(氷)[水]中, 以惑衆。儀表雄偉, 意氣豪逸。其父東部或云西部大人大對盧死, **蓋蘇文**當嗣, 而國人以性忍暴, 惡之, 不得立。**蘇文**頓首謝衆, 請攝職, 如有不可, 雖廢無悔。衆哀之, 遂許嗣位。而凶殘不道, 諸大人與王密議欲誅, 事洩。**蘇文**悉集部兵, 若將校閱者, 并盛陳酒饌於城南, 召諸大臣共臨視。賓至, 盡殺之, 凡百餘人。馳入宮弑王, 斷爲數段, 棄之溝中。立王弟之子**臧**爲王, 自爲莫離支。其官如**唐**兵部尙書兼中書令職也。

개소문蓋蘇文혹왈 개금은 성이 연씨다. 스스로 물속에서 났다고 하며 사람들을 미혹시켰다. 의표가 웅장하고 의기가 호방하다. 부친 동부혹왈 서부 대인 대대로가 죽자 개소문이 마땅히 뒤를 이어야 할 것이지만 사람들이 성품이 잔인하고 포악하여 미워하므로 자리에 오를 수 없었다. 소문이 머리를 조아리며 사죄하고 직위를 서리하다가 만약 잘못하면 폐하여도 후회하지 않겠다고 간청하였다. 사람들은 불쌍히 여기고 계승을 허락하였다. 그러나 흉포하고 잔인무도하여 대인들은 왕과 은밀히 모의하여 죽이려 하였으나 비밀이 누설되었다. 소문은 마치 열병식을 하는 것처럼 자기 부의 군사를 전부 모으고 성 남쪽에 술과 음식을 성대히 차려놓고 대신들을 불러 함께 보자고 하였다. 손님들이 오자 백여 명이나 모조리 죽여 버렸다. 궁중으로 달려가 왕을 시해하여 몇 토막으로 잘라서 도랑에 버렸다. 왕 동생의 아들 장을 왕으로 세우고 스스로 막리지가 되었다. 이 관직은 당의 병부상서 겸 중서령의 직위에 해당된다.

於是號令遠近, 專制國事, 甚有威嚴。身佩五刀, 左右莫敢仰視。每上下馬常令貴人、武將伏地而履之。出行必布隊伍, 前導者長呼, 則人皆奔迸, 不避坑谷, 國人甚苦之。**唐**(穆)[太]宗聞蓋**蘇文**弑君而專國, 欲伐之。**長孫無忌**曰: "**蘇文**自知罪大, 畏大國之討, 設其守備。陛下姑爲之隱忍, 彼得以自安, 愈肆其惡, 然後取之未晚也。"帝從之。**蘇文**告王曰: "聞中國三敎并行, 而國家道敎尙缺, 請遣使於**唐**求之。"王遂表請。**唐**遣道士**叔達**等八人, 兼賜道德經, 於是取浮屠寺館之。會**新羅**入**唐**, 告百濟攻取我四十餘城,復與高句麗連兵,謀絶入朝之路,小國不得已出師,伏乞天兵救援。

이에 원근에 호령하고 국사를 농단하며 위엄이 대단했다. 몸에 칼을 다섯 자루나 찼고 옆에서 감히 쳐다보지는 자가 없었다. 귀인과 장수를 엎드리게 하고 밟고 말에 오르내리곤 하였다. 출행할 때는 반드시 대오를 벌려 세우고 앞에서 인도하는 자가 길게 외치면 사람들이 구덩이나 골짜기도 피하지 못하며 모두 도망쳐야 했으니 사람들은 몹시 고통스럽게 여겼다. 당태종은 개소문이 임금을 시해하고 국사를 농단한다는 말을 듣고 징벌하려 하였다. 장손무기 왈: "소문은 자신의 죄가 큰 줄을 스스로 알고 대국의 토벌이 두려워 수비를 해놓았을 겁니다. 폐하께서는 조금 참고 있다가 그가 스스로 안심하여 나쁜 일을 더욱 제멋대로 한 후 잡아도 늦지 않습니다." 황제가 그의 말을 따랐다. 소문은 왕에게 왈: "듣건대 중국에는 삼교가 병행한다는데 나라에 도교가 아직 결여돼 있으니 당에 사신을 보내 구해옵시다." 왕이 표문을 보내 이를 청하였다. 당은 도사 숙달 등 8명을 보내고 겸하여 『도덕경』을 보내 주었으며 그들을 사찰에 묵게 하였다. 마침 신라가 당에 가서 백제가 신라의 40여 성을 빼앗았고 또 고구려군과 연합하여 조정으로 들어오는 길을 차단하려 하므로 소국이 부득이 출병할 것이니 삼가 당군의 구원을 빈다고 하였다.

於是太宗命司農丞相(聖)[里]玄奬資璽書敕王曰:"新羅委(眞)[質]國家,朝貢不闕。爾與百濟宜各戢兵。若更攻之,明年發兵討爾國矣。"初玄奬入境,蘇文已將兵擊新羅,王使召之,乃還。玄奬宣敕,蘇文曰:"往者隋人侵我,新羅乘釁奪我城邑五百里。自此怨隙已久,若非還我侵地,兵不能已。"玄奬曰:"既往之事焉可追論?今遼東本皆中國郡縣,中國尚不言,[高]句麗豈得必求故地?"蘇文不從。玄奬還,具言之,太宗曰:"蓋蘇文弑其君,賊其大臣,殘(△)[虐]其民,今又違我詔命,不可以不討。"又遣使蔣儼諭旨,蘇文竟不奉詔,乃以兵脅。使者不屈,遂囚之窟室中。

於是太宗大擧兵親征之,事具[高]句麗本紀。蘇文至乾封元年死。

이에 태종이 사농승 상리현장을 시켜 새서를 가지고 고구려에 와서 왕에게 칙명을 내렸다: "신라는 우리에게 헌신하는 나라로서 조공에 빠짐없다. 그대와 백제는 각각 군사를 거두어야 한다. 만약 다시 공격하면 명년에는 출병하여 그대의 나라를 토벌하겠다." 처음 현장이 국경에 들어왔을 때 소문은 이미 군사를 거느리고 신라를 공격하고 있었으며 왕이 불러 돌아왔다. 현장이 칙서를 선포 하자 소문이 말했다: "옛날 수가 우리를 침범할 때 신라가 틈을 타 우리의 성읍 5백 리를 빼앗았다. 이로부터 원한과 간극이 이미 오래되었으니 만일 침범한 우리 땅을 돌려주지 않는다면 전쟁을 그만 둘 수 없다." 현장이 말했다: "기왕의 일을 어찌 추론하겠는가? 지금의 요동은 본래 모두 중국의 군현이었으나 중국이 이를 따지지 않는데 고구려가 어찌 반드시 옛 땅을 찾으려 하는가?" 소문은 그의 말을 듣지 않았다. 현장이 돌아가서 모두 고하니 태종 왈: "개소문은 임금을 시해하고 대신들을 죽였으며 백성들을 잔학하게 대하고 지금 또 나의 명령을 어기니 토벌하지 않을 수 없다." 다시 사신 장엄을 보내 타일렀으나 소문은 끝내 조서를 받지 않고 무력으로 위협하였다. 사신이 굴하지 않자 굴실에 가두었다. 이에 태종이 크게 군사를 일으켜 직접 정벌하였다. 이 사실은 모두 『고구려 본기』에 기재되어 있다. 소문은 건봉 원년에 죽었다.

子男生字元德。九歲以父任爲先人,遷中裏小兄,猶唐謁者也。又爲中裏大兄,知國政,凡辭令皆男生主之。進中裏位頭大兄,久之,爲莫離支兼三軍大將軍,加大莫離支。出按諸部,而弟男建、男産知國事。或曰:"男生惡君等逼己,將除之。"建、産未之信。又有謂男生:"將不納君。"男生遣諜往,男建捕得。即矯王命召之,男生懼,不敢入。男建殺其子獻忠,男生走保國内城,率其衆與契丹、靺鞨兵附唐,遣子獻誠訴之。高宗拜獻誠右武衛將軍,賜乘輿、馬、瑞錦、寶刀,使還報。詔契苾何力率兵援之,男生乃免。

아들 남생은 자가 원덕이다. 9세에 부친의 직임으로 선인이 되었다가 중리소형으로 옮겨졌으며 이는 당의 관직 알자와 비슷하다. 또 중리대형이 되어 국정을 맡았으며 모든 문서를 남생이 주관하였다. 중리위두대형으로 승진되었다가 오랜 뒤에 막리지 겸 3군 대장군이 되었으며 대막리지 관직이 더해졌다. 여러 부에 나가서 순찰하므로 동생 남건과 남산이 국사를 맡았다. 혹자 왈: "남생은 그대들이 자신을 핍박하는 것이 싫어 없애버리려 한다." 남건과 남산은 믿지 않았다. 또 어떤 자가 남생에게 남건과 남산이 "그대를 받아들이지 않을 것"이라고 말하였다. 남생이 첩자를 보냈는데 남건이 그를 체포하였다. 그리고 즉시 왕명을 위조하여 남생을 소환하니 남생은 두려워서 감히 들어가지 못하였다. 남건이 남생의 아들 헌충을 죽였고 남생은 도주하여 국내성을 지키며 무리를 거느리고 거란, 말갈병과 함께 당에 귀순하려고 아들 헌성을 보내 하소하였다. 고종은 헌성을 우무위장군으로 모시고 수레, 말, 비단, 보검을 주어 돌아가 남생에게 보고하게 하였다. 설필하력에게 조서를 내려 군사를 거느리고 지원하니 남생이 비로소 화를 면할 수 있었다.

授平壤道行軍大總管,兼持節安撫大使,擧哥勿、南蘇、倉巖等城以降。帝又命西臺舍人李虔繹就軍慰勞,賜(袍)[袍]、帶、金釦七事。明季召入朝,遷遼東大都督、玄菟郡公,賜第京師。因詔還軍,與李勣攻平壤,入禽王。帝詔遣子,即遼水勞賜。還,進右衛大將軍、卞國公。年四十六卒。男生純厚有禮,奏對敏辯,善射藝。其初至,伏斧鑕待罪,世以此稱焉。

남생에게 평양도행군사총관 겸 지절안무대사를 제수하자 남생은 가물, 남소, 창암 등의 성을 바치며 항복하였다. 황제가 또한 서대사인 이건역에게 명하여 남생의 군사를 찾아가 위로하고 도포, 띠, 금그릇 등 일곱 가지 선물을 하사하였다. 이듬해에 불러 입조케 하여 요동 대도독, 현도군공으로 승진시키고 경성의 사저를 하사하였다. 조서를 내려 군사로 돌아가 이적과 함께 평양을 공격하고 성 안으로 들어가 왕을 사로잡았다. 황제는 아들에게 조서를 주어 요수로 가서 위로하고 상을 주었다.

돌아온 후 우위대장군, 변국공으로 승진시켰다. 46세에 죽었다. 남생은 순후하고 예의가 있으며 상주하고 대답함에 민첩하고 또한 활을 잘 쏘았다. 처음 당에 갔을 때 작두에 엎드려 문죄 받으려 하였으므로 세상 사람들이 이로써 칭찬하였다.

獻誠,天授中以右衛大將軍兼羽林衛。武后嘗出金幣於文武官內,擇善射者五人,中者以賜之。內史張光輔先<u>讓獻誠爲第一</u>[137],獻誠後讓右王鈐衛大將軍<u>薛吐摩支</u>,摩支又讓獻誠。既而獻誠奏曰:"陛下擇善射者,然多非華人。臣恐<u>唐</u>官以射爲恥,不如罷之。"后嘉納。<u>來俊臣</u>嘗求貨,<u>獻誠</u>不答,乃誣其謀叛,縊殺之。<u>后</u>後知其冤,贈右羽林衛大將軍,以禮改葬。

헌성은 천수 연간에 우위대장군에 우림위를 겸하였다. 무후가 문무관 중에서 활 잘 쏘는 자 다섯을 골라 맞춘 자에게 금폐를 주기로 한 적이 있다. 내사 장광보가 먼저 헌성에게 양보하여 첫 번째로 쏘게 하였고 헌성은 다시 우왕검위대장군 설토마지에게 양보하니 마지는 또 헌성에게 양보하였다. 이어 헌성이 상주했다: "폐하께서 활 잘 쏘는 사람을 뽑지만 대부분 중국 사람이 아닙니다. 소신은 당의 관리들이 활 쏘는 일로 수치를 당할까 염려되니 그만 두는 것이 낫겠습니다." 무후가 옳다고 여겨 받아들였다. 내준신이 재물을 요구한 적이 있는데 헌성이 응하지 않자 반역을 모의한다고 무함하고 목매어 죽였다. 무후가 후에 억울함을 알고 우우림위대장군을 추증하고 예를 갖추어 개장하여 주었다.

論曰:<u>宋神宗</u>與<u>王介甫</u>論事,曰:"太宗伐高句麗,何以不克?"<u>介甫</u>曰:"蓋蘇文非常人也。"然則<u>蘇文</u>亦才士也,而不能以直道奉國,殘暴自肆,以至大逆。<u>春秋</u>"君弑賊不討,謂之國無人"。而<u>蘇文</u>保腰領,以死於家,可謂幸而免者。<u>男生</u>、<u>獻誠</u>雖有聞於唐室,而以本國言之,未免爲叛

---

137) 讓獻誠爲第一: 중앙본 '…헌성에게 제1등을 양보하였고'. 첫 번째로 쏘라고 양보한 것이다.

人者矣。

논평하여 왈: 송신종이 왕개보와 일을 의논하며 왈: "태종이 고구려를 쳐 왜 이기지 못하였는가?" 개보 왈: "개소문은 비상한 인물이었습니다." 그런즉 소문도 역시 인재였으나 정도로써 나라를 받들지 못하고 제멋대로 잔포하게 행동하다가 대역적에 이른 것이다. 『춘추』 왈: '임금이 시해되었는데도 역적을 토벌하지 못하면 나라에 사람이 없다고 한다.' 그러나 소문이 허리와 몸이 동강나지 않고 집에서 죽었으니 요행화를 면한 것이라고 할 수 있겠다. 남생과 헌성은 비록 당 황실에 이름이 알려졌지만 본국의 입장에서 말하면 반역자라 함을 면할 수 없다.

三國史記卷第五十
(삼국사기 권제50)

列傳第(一)[十](열전 제10)

弓裔(궁예)、甄萱[子神劍 龍瞼 良瞼 婿英規附]**(견훤**부록: 아들 신검, 용검, 양검, 사위 영규)

○弓裔,新羅人,姓金氏。考第四十七憲安王 誼靖,母憲安王嬪御,失
其姓名。或云四十八景文王 膺廉之子。以五月五日生於外家。其時屋
上有素光,若長虹上屬天。日官奏曰:"此兒以重午日生,生而有齒,且
光焰異常,恐將來不利於國家,宜勿養之。"王勑中使抵其家殺之。使
者取於襁褓中,投之樓下,乳婢竊捧之,誤以手觸,眇其一目。抱而逃竄,
劬勞養育。年十餘歲遊戲不止,其婢告之曰:"子之生也,見棄於國。(子)
[予]不忍,竊養,以至今日。而子之狂如此,必爲人所知。則予與子俱不
免,爲之奈何?"弓裔泣曰:"若然則吾逝矣,無爲母憂。"便去世達寺,今
之興敎寺是也。祝髮爲僧,自號善宗。

　궁예는 신라인이고 성은 김씨다. 부친은 47대 헌안왕 의정이고 모친은
헌안왕의 후궁이며 성명은 전해지지 않는다. 혹왈 48대 경문왕 응렴의
아들이라고도 한다. 5월 5일 외가에서 태어났다. 그때 지붕위에 흰빛이
긴 무지개처럼 위로 하늘에 닿았었다. 일관 상주 왈: "이 아이는 중오일

에 태어났고 날 때 이빨이 있었으며 또한 이상한 빛이 있었으니 아마 장래 나라에 이롭지 못할 듯하므로 기르지 말아야 합니다." 왕이 궁중의 사람을 시켜 그 집에 가서 죽이도록 하였다. 심부름꾼이 아이를 포대기 속에서 꺼내어 다락 밑으로 던졌는데 유모 여종이 몰래 받다가 손으로 잘못 다쳐 한 쪽 눈이 멀었다. 그는 아이를 안고 도망하여 고생스럽게 길렀다. 나이 10여 세가 되어도 장난만 치자 종이 그에게 알려줬다: "너는 태어날 때 나라의 버림을 받았다. 나는 차마 못 이겨 몰래 길러 오늘까지 왔다. 그러나 너의 광기가 이와 같으니 반드시 남들에게 알려질 것이다. 그렇게 되면 나와 너는 함께 화를 면치 못 할 것이니 이를 어찌 할까?" 궁예가 울면서 "만일 그렇다면 내가 이곳을 떠나 어머니의 근심거리가 되지 않도록 하겠습니다."며 곧 세달사로 떠나갔으니 지금의 흥교사이다. 머리를 깎고 중이 되어 스스로 선종이라 이름 지었다.

及壯,不拘檢僧律,軒輊有膽氣。嘗赴齋行次,有烏鳥銜物,落所持鉢中。視之,牙籤,書"王"字。則祕而不言,頗自負。見新羅衰季,政荒民散,王畿外州縣叛附相半,遠近群盜蜂起蟻聚,善宗謂乘亂聚衆可以得志。以眞聖王即位五年—大順二年辛亥,投竹州賊魁箕萱。箕萱侮慢不禮,善宗鬱悒不自安。潛結箕萱麾下元會、申煊等爲友。景福元年壬子投北原賊梁吉,吉善遇之,委任以事。遂分兵使東略地,於是出宿雉岳山石南寺,行襲酒泉、奈城、鬱烏、御珍等縣,皆降之。乾寧元年入溟州。有衆三千五百人,分爲十四隊,金大、黔毛、昕長、貴平、張一等爲舍上舍上謂部長也,與士卒同甘苦勞逸,至於予奪公而不私。是以衆心畏愛,推爲將軍。於是擊破猪足、狌川、夫若、金城、鐵圓等城,軍聲甚盛,(現)[溟]西賊寇來降者衆多。善宗自以爲衆大,可以開國稱君,始設內外官職。

장년이 되자 중의 계율에 구애받지 않고 기질이 비범했고 뱃심이 있었다. 재에 참석하러 가는 길에 까마귀가 물고 있던 것을 그가 들고 있는 바리에 떨어뜨린 적이 있다. 보니 점쾌의 상아였는데 "王"자가 쓰여 있었다. 이 일을 감추고 말하지 않았지만 자못 자부심에 벅찼다. 신라가 쇠약해진 말년에 정치가 황폐하고 민심이 흩어져 경기 밖의 주현들은 조정을 반대하거나 지지하는 숫자가 반반씩이었고 원근의 도적이 벌떼처럼 일어나며 개미처럼 모여들므로 선종은 혼란한 틈을 타 무리를 끌어 모으면 뜻을 이룰 수 있으리라고 여겼다. 진성왕 즉위 5년(대순 2년) 신해에 그는 죽주 도적 두목 기훤에게 투신했다. 기훤이 오만무례하므로 선종의 마음이 침울하여 편치 못하였다. 기훤 휘하의 원회, 신훤 등과 비밀리에 벗으로 사귀었다. 경복 원년 임자에 북원의 도적 양길의 휘하로 투신하니 양길은 그를 우대하고 일을 맡겼다. 군사를 나누어주어 동쪽을 공략하게 하여 치악산 석남사에 나와 묵으면서 주천, 나성, 울오, 어진 등 현을 습격하여 모두 항복시켰다. 건녕 원년에 명주로 들어갔다. 무리 3천 5백 명을 14개 대오로 편성하였으며 김대, 검모, 흔장, 귀평, 장일 등을 사상사상은 부장을 말한다으로 하고 사졸과 고락을 같이하며 주고 빼앗는 일에도 공정하고 사심이 없었다. 그러므로 사람들은 그를 두려워하면서도 좋아하며 장군으로 추대하였다. 이에 저족, 생천, 부약, 금성, 철원 등 성을 쳐부수니 성세가 커졌고 패서에 있는 적들이 선종에게 항복하는 자가 많았다. 선종은 세력이 크니 나라를 세우고 임금이라 칭해도 되겠다 생각하고 내외의 관직을 설치하기 시작하였다.

我太祖自松岳郡來投,便授鐵圓郡太守。三年丙辰攻取僧嶺、臨江兩縣,四年丁巳仁物縣降。善宗謂松岳郡漢北名郡,山水奇秀,遂定以爲都。擊破孔巖、黔浦、穴口等城。時梁吉猶在北原,取國原等三十餘城有之。聞善宗地廣民衆,大怒,欲以三十餘城勁兵襲之。善宗潛認,先擊,大敗之。光化元年戊午春二月葺松岳城,以我太祖爲精騎大監,伐楊州、見州。冬十一月始作八關會。三年庚申又命太祖伐廣州、忠州、唐城、青州或云青川、槐壤等,皆平之。以功授太祖阿飡之職。

우리 태조가 송악군으로부터 와서 투신하니 철원군 태수를 제수하였

다. 3년 병진에 승령, 임강 두 현을 쳐서 빼앗았으며 4년 정사에는 인물
현이 항복하였다. 선종은 송악군은 한강 북쪽의 이름난 고을이며 산수
가 아름답다고 여기며 그곳을 도읍으로 정하였다. 공암, 검포, 혈구
등 성을 격파하였다. 당시 양길은 아직 북원에 있으면서 국원 등 30여
성을 빼앗아 차지하였다. 선종의 지역이 넓고 백성이 많다는 말을 듣고
크게 노하여 30여 성의 강병으로 선종을 습격하려 하였다. 선종이 이를
비밀리에 알고 먼저 쳐서 대파하였다. 광화 원년 무오 봄 2월 송악성을
수축하고 우리 태조를 정기대감으로 하였으며 양주와 견주를 정벌하였
다. 겨울 11월 팔관회를 시작하였다. 3년 경신에 또 태조에게 명령을
내려 광주, 충주, 당성, 청주혹왈 청천, 괴양 등을 공격하여 모두 평정하였
다. 전공으로 태조에게 아찬의 직위를 주었다.

天復元年辛酉善宗自稱王,謂人曰:"往者新羅請兵於唐,以破高句麗,
故平壤舊都鞠爲茂草,吾必報其讐。"蓋怨生時見棄,故有此言。嘗南
巡,至興州浮石寺見壁畵新羅王像,發劍擊之,其刃(△)[迹]猶在。天祐
元年甲子立國,號爲摩震,年號爲武泰。始置廣評省,備員匡治奈今侍中、
徐事今侍郎、外書今員外郎。又置兵部、大龍部(劇)[今]倉部、壽春部今禮部、奉賓
部今禮賓省、義刑臺今刑部、納貨府今大府寺、調位府今三司、內奉省今都省、禁
書省今秘書省、南廂壇今將作監、水壇今水部、元鳳省今翰林院、飛龍省今(天)[太]僕
寺、物藏省今少府監。又置史臺掌習諸譯語、植貨府掌栽植菓樹、障繕府掌修理城隍、
珠淘省掌造成器物。又設正匡、元輔、大相、元尹、佐尹、正朝、甫尹、軍尹、
中尹等品職。秋七月移靑州人戶一千入鐵圓城爲京。伐取尙州等三
十餘州縣。公州將軍弘奇來降。

천복 원년 신유에 선종이 왕을 자칭하고 사람들에게 왈: "이전에 신라
가 당에 청병하여 고구려를 격파하였기 때문에 옛 도읍 평양이 궁핍하
여 풀만 무성하니 내가 반드시 그 원수를 갚겠다." 아마 태어날 때 버림
받은 일이 원망스러웠기 때문에 이러한 말을 했을 것이다. 남쪽 지방을
순회한 적이 있는데 흥주 부석사에 이르러 벽화 신라왕의 화상을 보고

칼을 뽑아 쳤는데 칼자국이 아직도 남아 있다. 천우 원년 갑자에 나라를 세우고 호를 마진이라 하고 연호를 무태라 하였다. 이때 처음으로 광평성을 설치하기 시작하였으며 광치나현 시중, 서사현 시랑, 외서현 원외랑 등 관원을 갖추었다. 또한 병부, 대룡부현 창부, 수춘부현 예부, 봉빈부현 예빈성, 의형대현 형부, 납화부현 대부시, 조위부현 삼사, 내봉성현 도성, 금서성현 비서성, 남상단현 장작감, 수단현 수부, 원봉성현 한림원, 비룡성현 태복시, 물장성현 소부감 등을 설치하였다. 또 사대여러 가지 통역을 배워주는 일 관장, 식화부과수 재배 관장, 장선부성곽 수리 관장, 주도성기물 제조 관장 등을 설치하였다. 또 정광, 원보, 대상, 원윤, 좌윤, 정조, 보윤, 군윤, 중윤 등의 품직을 설치하였다. 가을 7월 청주의 민가 1천 호를 철원성에 입주시켜 경성으로 하였다. 상주 등 30여 주현을 쳐서 빼앗았다. 공주 장군 홍기가 항복해 왔다.

天祐二年乙丑入新京,修葺觀闕、樓臺,窮奢極侈。改武泰爲聖冊元年,分定浿西十三鎭。平壤城主將軍黔用降,甑城赤衣、黃衣賊明貴等歸服。善宗以强盛自矜,意欲幷呑,令國人呼新羅爲滅都,凡自新羅來者盡誅殺之。朱梁乾化元年辛未改聖冊爲水德萬歲元年,改國號爲泰封。遣太祖率兵伐錦城等,以錦城爲羅州。論功,以太祖爲大阿飡將軍。善宗自稱彌勒佛,頭戴金幘,身被方袍,以長子爲靑光菩(△)[薩],季子爲神光菩(△)[薩]。出則常騎白馬,以綵飾其鬃尾,使童男童女奉幡蓋、香花前導。又命比丘二百餘人梵唄隨後。又自述經二十餘卷,其言妖妄,皆不經之事。時或正坐講說,僧釋聰謂曰:"皆邪說怪談,不可以訓。138)"善宗聞之怒,[以]鐵椎打殺之。三季癸酉以太祖爲波珍飡、侍中。四年甲戌改水德萬歲爲政開元年,以太祖爲百船將軍。

천우 2년 을축에 새로운 경성으로 입주하고 궁궐과 누대를 극히 사치스럽게 수축하였다. 무태를 성책 원년이라 고쳤고 패서 지역을 13진으로

---

138) 不可以訓: 정설이 될 수 없다. 중앙본 '교훈이 될 수 없다'.

나누었다. 평양 성주 장군 검용이 항복하였고 증성의 적의, 황의 적 명귀 등이 귀화하였다. 선종은 강대한 기세에 자긍하여 병탄하려는 뜻으로 사람들로 하여금 신라를 멸도라고 부르게 하였으며 무릇 신라 에서 오는 사람은 모조리 주살하였다. 주씨 양나라 건화 원년 신미에 성책을 수덕만세 원년이라 고치고 국호를 태봉이라 하였다. 태조를 시켜 군사를 거느리고 금성 등을 정벌하고 금성을 나주라 하였다. 전공 을 논하여 태조를 대아찬, 장군으로 하였다. 선종은 미륵불이라 자칭하 며 금두건을 쓰고 가사를 입었으며 장자를 청광보살, 막내아들을 신광 보살이라 하였다. 외출할 때는 항상 백마를 탔고 말갈기와 꼬리를 채색 비단으로 장식하였으며 동남동녀를 시켜 깃발, 일산과 꽃을 받쳐 들고 앞을 인도하였다. 또 비구니 2백여 명을 시켜 범패를 부르면서 뒤따랐 다. 또 스스로 불경 20여 권을 저술하였는데 내용이 요망스러웠으며 모두 이치에 맞지 않는다. 때로는 바로 앉아서 불법을 강설하였는데 스님 석총 왈 "모두 사설괴담으로서 정설이 될 수 없다." 선종이 이 말을 듣고 화를 내어 철퇴로 쳐 죽였다. 3년 계유에 태조를 파진찬, 시중으로 하였다. 4년 갑술에 수덕만세를 정개 원년이라 고쳤으며 태조 를 백선 장군으로 하였다.

貞明元年夫人康氏以王多行非法,正色諫之。王惡之曰:"汝與他人姦, 何耶?"康氏曰:"安有此事?"王曰:"我以神(迪)[通]觀之。"以烈火熱鐵 杵撞其陰殺之,及其兩兒。爾後多疑急怒,諸寮佐將吏、下至平民無辜 受(△)[戮]者頻頻有之,斧壤、鐵圓之人不勝其毒焉。先是,有(啇)[商]客 王昌瑾自唐來寓鐵圓市廛。至貞明四年戊寅於市中見一人。狀貌魁 偉,鬢髮盡白,着古衣冠,左手持瓷碗,右手持古鏡。謂昌瑾曰:"能買我 鏡乎?"昌瑾即以米換之。其人以米俵街巷乞兒,而後不知去處。昌瑾 懸其鏡於壁上,日映鏡面,有細字書,讀之若古詩。其略曰:"上帝降子 於辰馬,先操鷄、後搏鴨。於巳年中二龍見,一則藏身青木中,一則顯形 黑金東。"

정명 원년에 부인 강씨가 왕이 옳지 못한 일을 많이 한다며 정색하여 간하였다. 왕이 미워하며 "네가 다른 사람과 간통 한다니 웬일이냐?"고 하였다. 강씨가 "어찌 이런 일이 있겠습니까?" 하니 왕이 "내가 신통력으로 보아냈다"고 하면서 뜨거운 불로 쇠몽둥이를 달구어 음부를 쳐서 죽이고 그의 두 아이까지 죽였다. 그 뒤로 의심이 많고 급하게 성을 내므로 보좌관, 장수, 관리로부터 평민에 이르기까지 죄 없이 죽음을 당하는 일이 자주 일어났고 부양과 철원 사람들이 그 해독을 이길 수가 없었다. 이에 앞서 상인 왕창근이란 사람이 당에서 와서 철원 저자에 살았다. 정명 4년 무인에 그는 저자 거리에서 한 사람을 만났다. 생김새가 장대하고 머리카락이 모두 희며 옛날 의관을 입었고 왼 손에 자기 사발을 들었으며 오른 손에 옛 거울을 들었다. 창근에게 "내 거울을 살 수 있는가?" 하여 창근이 곧 쌀과 바꾸었다. 그는 쌀을 거리의 거지 아이들에게 나누어준 후에 어디론가 사라졌다. 창근이 거울을 벽에 걸어 두었는데 해가 거울에 비치자 가는 글씨가 씌어 있었으며 읽어 보니 옛 시 같았다. 내용이 대략 다음과 같았다: '상제가 아들을 진마에 내려 보내니 먼저 닭 잡고 후에 오리 잡는다. 사(巳)년에 용 두 마리가 나타나는데 한 마리는 청목에 몸 감추고 한 마리는 검은 쇠 동쪽에 나타난다.'

昌瑾(△)[初]不知有文, 及見之, 謂非常, 遂告于王。王命有司與昌瑾物色求其鏡主, 不見。唯於勃颯寺佛堂有鎭星塑像如其人焉。王嘆異久之, 命文人宋含弘、白卓、許原等解之。含弘等謂曰: "上帝降子於辰馬者, 謂辰韓、馬韓也。二龍見, 一藏身青木, 一顯形黑金者。青木, 松也, 松岳郡人以龍爲名者之孫, 今波珍湌侍中之謂歟? 黑金, 鐵也, 今所都鐵圓之謂也。今主上初興於此, 終滅於此之驗也。先操鷄、後搏鴨者, 波珍湌侍中先得鷄林、後收鴨綠之意也。"宋含[弘]等相謂曰: "今主上虐亂如此, 吾輩若以實言, 不獨吾輩爲菹醢, 波珍湌亦必遭害。"乃飾辭告之。王凶虐自肆, 臣寮震懼, 不知所措。夏六月將軍弘述、白玉、三能山、卜沙貴此洪儒、裴玄慶、申崇謙、卜知謙之少名也四人密謀,夜詣太祖私第言曰:"今主上淫刑以逞,殺妻戮子,誅夷臣寮,蒼生塗炭,不自聊生。自古廢昏立明,天下之大義也。請公行湯、武之事。"

창근은 처음에는 글이 있는 줄을 몰랐으나 발견한 뒤에는 심상한 것이 아니라고 생각되어 왕에게 고하였다. 왕이 관계부문에 명하여 창근과 함께 그 거울의 주인을 찾으려 하였으나 보이지 않는다. 다만 발삽사 불당에 있는 진성 소상의 모습이 그 사람 닮았다. 왕이 한참 감탄하며 이상히 여기다가 문인 송함홍, 백탁, 허원 등에게 그 뜻을 해석하게 하였다. 함홍 등 왈: "상제가 아들을 진마에 내려 보냈다는 것은 진한과 마한을 말한다. 두 마리 용이 나타났는데 한 마리는 청목에 몸을 감추고 한 마리는 검은 쇠에 몸을 나타낸다. 청목은 소나무를 말함이니 송악군 사람으로서 용으로 이름을 지은 사람의 자손을 뜻하나니 이는 지금의 파진찬 시중을 이른 것인지? 검은 쇠는 철이니 지금의 도읍지 철원을 뜻하는바, 이제 왕이 처음으로 여기에서 일어났다가 나중에는 여기에서 멸망할 징조이다. 먼저 닭 잡고 후에 오리 잡는다는 것은 파진찬 시중이 먼저 계림을 빼앗고 뒤에 압록강을 차지 한다는 뜻이다."

송함홍 등이 서로 왈: "지금 임금이 이렇게 잔학하고 난폭하니 우리들이 만일 사실대로 말한다면 우리가 소금에 절여지는 신세가 될 뿐만 아니라 파진찬도 반드시 해를 당할 것이다." 하여 꾸민 말로 보고하였다. 왕이 흉포한 일을 제멋대로 하니 신하들이 두려워 떨며 어찌할 바를 몰랐다. 여름 6월 장군 홍술, 백옥, 삼능산, 복사귀이들은 홍유洪儒, 배현경, 신숭겸, 복지겸 등의 아명이다 등 네 사람은 은밀히 모의하고 밤에 태조의 집에 가서 왈: "지금 임금이 음란한 형벌을 남용하여 아내와 아들을 죽이고 신하들을 살육하며 백성들이 도탄에 빠져서 도저히 살아갈 수가 없습니다. 예로부터 혼군을 폐하고 명군을 세우는 것이 천하의 대의입니다. 공께서 탕왕과 무왕의 일을 실행할 것을 바랍니다."

太祖作色拒之,曰:"吾以忠純自許,今雖暴(辭)[亂],不敢有二心。夫以臣替君,斯謂革命。予實否德,敢效殷、周之事乎?"諸將曰:"時乎不再來,難遭而易失。天與不取,反受其咎。今政亂國危,民皆疾視其上如仇讐。今之德望未有居公之右者。況王昌瑾所得鏡文如彼,豈可雌伏,取死獨夫之手乎?"夫人柳氏聞諸將之議,乃謂太祖曰:"以仁伐不仁,自古而然。今聞衆議,妾猶發憤,況大丈夫乎?今群心忽變,天命有歸矣。"手提甲領進太祖。諸將扶衛太祖出門,令前唱曰:"王公已舉義旗。"於是前後奔走來隨者不知其幾人。又有先至宮城門鼓噪以待者亦一萬餘人。王聞之,不知所圖,微服逃入山林,尋爲斧壤民所[害]。弓裔起自唐 大順二年,至朱梁 貞明四年,凡二十八年而滅。

　　태조가 얼굴빛을 바꾸며 거절하여 왈: "나는 충성스럽고 순직한 것으로 자처하여 왔으므로 임금이 비록 포악하다고 하지만 감히 딴 마음을 가질 수 없다. 신하로서 임금을 대체하는 것을 혁명이라 한다. 나는 실로 덕이 없는데 감히 탕왕과 무왕의 일을 본뜰 수가 있겠는가?" 장수들이 말했다: "때는 두 번 오지 않으며 만나기는 어렵지만 잃기는 쉽습니다. 하늘이 주어도 받지 않으면 도리어 재앙을 받을 것입니다. 지금 정치가 어지럽고 나라가 위태로워 백성들이 모두 자기 임금을 원수와 같이 봅니다. 오늘날 덕망이 공보다 훌륭한 사람이 없습니다. 하물며 왕창근이 얻은 거울의 글이 저와 같은데 어찌 밑에 엎드려 있다가 포악한 군주의 손에 죽겠습니까?" 부인 유씨가 장수들의 의논을 듣고 태조에게 왈: "어진 자가 어질지 못한 자를 치는 것은 예로부터 그러하였습니다. 지금 여러분의 의논을 듣고 저도 분노하는데 하물며 대장부겠습니까? 지금 사람들의 마음이 갑자기 변하였으니 천명이 찾아온 것입니다." 손수 갑옷을 들어 태조에게 드렸다. 장수들이 태조를 옹위하여 문밖으로 나가면서 앞장선 사람더러 "왕공이 이미 정의의 깃발을 들었다"고 외치게 하였다. 이에 앞뒤로 달려와서 따르는 자가 얼마인지 알 수 없다. 또 먼저 궁성 문에 와서 북을 치고 떠들면서 기다리는 자도 1만여 명이나 되었다. 왕이 이 말을 듣고 어찌할 줄 모르다가 평복 차림으로 산 속으로 달아나다가 이내 부양 주민들에게 살해되었다. 궁예는 당 대순 2년에 일어나 주량 정명 4년까지 도합 28년 만에 망하였다.

○甄萱,尙州 加恩縣人也。本姓李,後以甄爲氏。父阿慈介以農自活,後起家爲將軍。初萱生孺褓時父耕于野,母餉之,以兒置于林下,虎來乳之,鄕黨聞者異焉。及壯,體貌雄奇,志氣倜儻不凡。從軍入王京,赴西南海防戍,枕戈待敵,其勇氣恒爲士卒先,以勞爲裨將。唐昭宗 景福元年是新羅 眞聖王在位六年。嬖竪在側,竊弄政柄,綱紀紊弛。加之以饑饉,百姓流移,群盜蜂起。於是萱竊有覦心,嘯聚徒侶,行擊京西南州縣。所至響應,旬月之間衆至五千人。遂襲武珍州,自王,猶不敢公然稱王,自署爲新羅西面都統指揮兵馬制置、持節、都督全・武・公等州軍事、行全州刺史兼御史中丞、上柱國、漢南郡開國公、食邑二千戶。是時北原賊良吉雄强,弓裔自投爲麾下。萱聞之,遙授良吉職爲裨將。

견훤은 상주 가은현인이다. 본 성은 이씨인데 후에 '견'을 성씨로 하였다. 부친 아자개는 농사를 지으며 살다가 뒤에 가문이 출세하여 장군이 되었다. 당초 견훤이 출생하여 아기일 때 부친이 들에서 농사일을 하고 모친이 점심을 대접하면서 아기를 숲 속에 두었었는데 범이 와서 젖을 먹였으며 시골 사람들은 이 말을 듣고 기이하게 여겼다. 자라서는 체격과 용모가 웅장하고 기이하며 의지와 기풍이 호탕하며 심상치가 않았다. 종군하여 경성에 들어갔다가 서남쪽 해변에서 수자리하게 되었는데 창을 베고 대기하며 잤고 그의 용기는 항상 다른 사졸들보다 앞장섰고 공로로 비장이 되었다. 당소종 경복 원년은 바로 신라 진성왕 재위 6년이다. 왕의 총신 나부래기들이 임금의 가까이에서 정권을 농락하여 기강이 문란하고 해이해졌다. 게다가 기근이 들어 백성들은 유랑하고 도적이 벌떼처럼 일어났다. 이에 견훤은 저으기 욕심을 품고 무리를 모아 경성 서남쪽 주현들을 다니며 쳤다. 가는 곳마다 호응하여 한 달 사이에 무리가 5천 명에 달하였다. 이윽고 무진주를 습격하여 스스로 왕이 되었으나 아직 감히 공공연히 왕이라고 자칭하지 못하고 '신라 서면도통지휘병마제치, 지절, 도독전·무·공등주군사, 행전주자사 겸 어사중승, 상주국, 한남군개국공, 식읍2천호'라고 자칭하였다. 이때 북원의 도적 양길이 강성하자 궁예가 자진하여 그의 휘하로 들어갔다. 견훤은 이 말을 듣고 멀리 양길에게 관작을 주어 비장으로 하였다.

萱西巡至完山州,州民迎勞。萱喜得人心,謂左右曰:"吾原三國之始,馬韓先起,後赫世勃興,故辰、卞從之而興。於是百濟開國金馬山六百餘年。(△)[總]章中唐高宗以新羅之請,遣將軍蘇定方以船兵十三萬越海。新羅 金庾信卷土,[139] 歷黃山至泗(沘)[沘],與唐兵合攻百濟,滅之。今(子)[予]敢不立都於完山,以雪義慈宿憤乎?" 遂自稱後百濟王,設官分職,是唐 光化三年—新羅 孝恭王四年也。遣使朝吳越,吳越王報聘,仍加檢校太保,餘如故。天復元年萱攻大耶城,不下。開平四年萱怒錦城投(千)[于]弓裔,以步騎三千圍攻之,經旬不解。乾化二年萱與弓裔戰于德津浦。貞明四年戊寅鐵圓京衆心忽變,推戴我太祖即位。萱聞之,秋八月遣一吉湌閔(卻)[邯]稱賀,遂獻孔雀扇及地理山竹箭。又遣使入吳越進馬,吳越王報聘,加授中大夫,餘如故。

견훤이 서쪽으로 순행하여 완산주에 이르니 주내 백성들이 맞이하며 위로하였다. 견훤은 인심 얻음을 기뻐하며 좌우에게 왈: "내가 삼국의 기원을 거슬러 보니 마한이 먼저 일어났고 뒤에 혁거세가 흥기하였으며 진한과 변한이 뒤따라 일어났다. 이때 백제는 금마산에서 개국하여 6백여 년이 지났다. 총장 연간에 당고종이 신라의 요청에 의하여 장군 소정방을 보내 수군 13만을 거느리고 바다를 건너왔다. 신라의 김유신이 땅을 휩쓸며 황산을 지나 사비에 이르러 당군과 함께 백제를 협공하여 멸망시켰다. 지금 내가 어찌 감히 경성을 완산에 정하여 의자왕의 오랜 분노를 갚지 않겠는가?" 이윽고 후백제왕이라 자칭하였으며 관제

---

139) 卷土: 땅을 석권하다, 휩쓸다. 중앙본 '잃은 영토를 다시 찾기 위해'.

를 설정하고 직책을 분담시켰으니 이때가 당 광화 3년(신라 효공왕 4년)이다. 오월에 사신을 보내 조회하니 오월왕이 답례로 견훤에게 검교태보의 관작을 주고 나머지 직위는 전과 같게 하였다. 천복 원년에 견훤이 대야성을 쳤으나 함락시키지 못하였다. 개평 4년에 금성이 궁예에 귀순한 것을 분하게 여겨 견훤이 보병과 기병 3천 명으로 금성을 포위 공격하여 열흘이 지나도 해결을 보지 못했다. 건화 2년 견훤이 덕진포에서 궁예와 싸웠다. 정명 4년 무인에 경성 철원의 인심이 갑자기 변하여 우리 태조를 추대하여 즉위케 하였다. 견훤이 듣고 가을 8월 일길찬 민합을 보내 축하를 표하고 공작선과 지리산의 대나무 화살을 헌납했다. 또 오월에 사신을 보내 말을 진상하니 오월왕이 답례로 사신을 보내 견훤에게 중대부 관작을 첨가하여 주고 나머지 직위는 전과 같게 하였다.

六年萱率步騎一萬攻陷大耶城, 移軍於進禮城。新羅王遣阿湌金律求援於太祖, 太祖出師, 萱聞之引退。萱與我太祖陽和而陰剋。同光二年秋七月遣子須彌强發大耶、聞韶二城卒攻曹物城。城人爲太祖固守且戰, 須彌强失利而歸。八月遣使獻驄馬於太祖。三年冬十月萱率三千騎至曹物城, 太祖亦以精兵來與之确。時萱兵銳甚, 未決勝否。太祖欲權和, 以老其師,140) 移書乞和, 以堂弟王信爲質, 萱亦以外甥眞虎交質。十二月攻取居昌等二十餘城。遣使入後唐稱藩, 唐策授檢校太尉兼侍中、判百濟軍事, 依前持節、都督全・武・公等州軍事、行全州刺史、海東西面都統指揮兵馬制置等事、百濟王、食邑二千五百戶。四年眞虎暴卒, 萱聞之, 疑故殺, 卽囚王信獄中。又使人請還前年所送驄馬, 太祖笑還之。

6년에 견훤이 보병과 기병 1만 명을 거느리고 대야성을 함락시킨 다음 군사를 진례성으로 옮겼다. 신라왕은 아찬 김률을 보내 태조에게 원조

---

140) 老其師: 중앙본 '그 군사를 늙히고자'.

를 청하였으므로 태조가 출사하니 견훤이 듣고 물러갔다. 견훤은 우리 태조와 겉으로는 화친하는 것 같았지만 속으로는 대립이었다. 동광 2년 가을 7월 견훤이 아들 수미강을 보내 대야, 문소 두 성의 군졸을 동원하여 조물성을 공격하였다. 성안 사람들이 태조를 위하여 굳게 수비하면서 싸웠으므로 수미강이 손해를 보고 돌아갔다. 8월 사신을 보내 태조에게 청백색 얼룩말을 바쳤다. 3년 겨울 10월 견훤이 기병 3천 명을 거느리고 조물성에 이르렀으며 태조도 정예군을 거느리고 와서 그와 겨루었다. 당시 견훤군이 매우 날쌔어 승부를 내지 못하였다. 태조가 임시 화친하는 술책으로써 견훤군을 피곤케 하고자 편지를 보내 화친을 청하고 사촌 동생 왕신을 인질로 보냈고 견훤도 생질 진호를 인질로 교환하였다. 12월 견훤이 거창 등 20여 성을 쳐서 빼앗았다. 후당에 사신을 보내 속국이라 일컬으니 후당은 검교태위 겸 시중, 판백 제군사로 책봉하고 종전의 지절, 도독전·무·공등주 군사, 행전주자사, 해동서면도통지휘병마제치등사, 백제왕, 식읍 2천 5백호를 그대로 유지하게 하였다. 4년 진호가 갑자기 죽자 견훤은 듣고 일부러 죽인 것이라 의심하고 곧 왕신을 옥에 가두었다. 또 사람을 보내 재작년에 보낸 얼룩말을 돌려보내기를 요청하여 태조가 웃으면서 돌려주었다.

天成二年秋九月萱攻取近品城,燒之。進襲新羅 高鬱府,逼新羅郊圻,新羅王求救於太祖,冬十月太祖出師援助。萱猝入新羅王都。時王與夫人、嬪御出遊鮑石亭,置酒娛樂,賊至,狼狽不知所爲,與夫人歸城南離宮。諸侍從、臣寮及宮女、伶官皆陷沒於亂兵。萱縱兵大掠,使人捉王至前戕之。便入居宮中,强引夫人亂之。以王族弟金傅嗣立,然後虜王弟孝廉、宰相英景,又取國帑、珍寶、兵仗。子女百工之巧者,自隨以歸。太祖以精騎五千要萱於公山下大戰,太祖將金樂、崇謙死之,諸軍敗北,太祖僅以身免,萱乘勝取大木郡。契丹使裵姑、麻咄等三十五人來聘。萱差將軍崔堅伴送麻咄等,航海北行,遇風,至唐登州,悉被戮死。

천성 2년 가을 9월 견훤이 근품성을 함락시키고 불태웠다. 신라의 고울부를 습격하였으며 신라의 경성 근처에 접근하자 신라왕은 태조에게 구원을 청하였다. 겨울 10월 태조가 출사하여 원조하였다. 견훤이 갑자기 신라 도읍에 들어갔다. 이때 왕이 부인과 궁녀들을 데리고 포석정에 나가 술상을 차려놓고 즐겁게 놀다가 적이 쳐들어오자 낭패하여 어찌할 바를 모르다가 부인과 함께 성남 이궁으로 돌아갔다. 시종, 관료, 궁녀, 악사들은 모두 침략군에게 잡혔다. 견훤은 군사를 풀어 크게 약탈하고 사람을 시켜 왕을 앞에 잡아다가 죽였다. 곧 내궁으로 들어가 거처하며 강제로 왕비를 끌어다가 문란을 저질렀다. 왕의 친족 동생 김부로 왕위를 잇게 한 뒤 왕의 동생 효렴과 재상 영경을 포로로 잡고 또 국고의 재물과 귀중한 보배와 병기를 탈취하였다. 자녀와 백공 가운데 솜씨 있는 자들은 스스로 따라갔다. 태조가 정예 기병 5천 명으로 공산 밑에서 견훤을 요격하여 크게 싸웠는데 태조의 장수 김락과 숭겸이 죽고 군사가 패배하고 태조는 겨우 홀몸으로 빠져나왔으며 견훤은 승세를 몰아 대목군을 빼앗았다. 거란의 사절 사고, 마돌 등 35 명이 와서 예방하니 견훤이 장군 최견을 시켜 마돌 등을 동반, 전송하여 바닷길로 북행하다가 바람을 만나 당 등주에 도착하여 모두 학살되었다.

時新羅君臣以衰季難以復興,謀引我太祖結好爲援。甄萱自有盜國心,恐太祖先之,是故引兵入王都作惡。故十二月日寄書太祖曰:"昨者國相金雄廉等將召足下入京,有同鼈應黿聲,是欲鷃披隼翼,[141]必使生靈塗炭,宗社丘墟。(△)[僕]是用先着祖鞭,[142]獨揮韓鉞,[143]誓百寮如皦日,諭六部以義風。不意姦臣遁逃,邦君薨變,遂奉景明王之表弟、獻康王之外孫勸卽尊位,再造危邦,喪君有君—於是乎在。足下勿

---

141) 鷃披隼翼: 중앙본 '종달새가 날개를 헤친 것을 보고 새매의 날개로 착각한 것이니'.
142) 先着祖鞭: 조적(祖逖)보다 먼저 채찍을 잡는다. 진취를 위해 노력한다는 뜻. 조적은 동진(東晉)의 명장으로서 군사를 거느리고 중원을 회복하여 인민의 옹호를 받은 자다.
143) 韓鉞: 한금호(韓擒虎)의 도끼. 한금호는 강남을 평정한 수나라 초기의 장군.

詳忠告,徒聽流言,百計窺覦,(炎)[多]方侵擾,尙不能見僕馬首,拔僕牛毛。

이때 신라의 임금과 신하들은 쇠퇴한 말세에 이르러 부흥시키기 어려우므로 우리 태조와 우호 관계를 맺어 도움을 받고자 모의하였다. 견훤은 나라를 빼앗을 생각을 품고 태조가 선손 쓸까 걱정되어 군사를 이끌고 경성에 들어가 악행을 저지른 것이다. 그는 12월 어느 날 태조에게 편지를 보냈다: '전번에 신라의 국상 김웅렴 등이 그대를 경성으로 불러 들이려 한 것은 마치 작은 자라가 큰 자라의 소리에 응하고 메추라기가 매의 날개를 입으려 하므로 반드시 생령을 도탄에 빠지게 하고 종묘사직을 폐허로 만들게 할 것이요. 때문에 제가 먼저 조적祖逖의 채찍을 쥐고 홀로 한월韓鉞을 휘둘렀으며 관리들과 해를 두고 맹세하고 6부를 의리의 풍기로 타일렀소. 뜻밖에 간신들이 도망하고 임금이 죽는 변을 당했으므로 경명왕의 외종제, 헌강왕의 외손을 받들어 왕위에 오르도록 권하여 위험에 빠진 나라를 재건하였으니 없어진 임금이 이로써 있게 되었소. 그대는 충고를 자세히 살피지 않고 헛되이 떠도는 말을 들으며 온갖 술책으로 기회를 노리고 다방으로 침입하며 소란을 피우나 아직 나의 말 머리마저 보지 못하였고 내 소의 터럭도 뽑지 못하였소.

"冬初都頭索湘束手於星山陣下,月內左將金樂曝骸於美理寺前,殺獲居多,追擒不少,强羸若此,勝敗可知。所期者掛弓於平壤之樓,飮馬於浿江之水。然以前月七日吳越國使班尙書(主)[至],傳王詔旨:'知卿與高麗久通歡好,共契隣盟,比因質子之兩亡,遂失和親之舊好,互侵疆境,不戢干戈。今專發使臣,赴卿本道,又移文高麗,宜各相親比,永孚于休。'僕義篤尊王,情深事大。及聞詔諭,卽欲祗承,恒慮足下,欲罷不能,困而猶鬥。今錄詔書寄呈,請留心詳悉!且獢(獹)[獹]迭憊,終必貽譏;蚌鷸相持,亦爲所笑。宜迷復之爲戒,無後悔之自貽。"

'초겨울에는 도두 색상이 성산 밑에서 손발이 묶이었고 이 달에 좌장 김락이 미리사 앞에서 해골을 드러냈으며 죽고 잡힌 자가 많고 추격에

사로잡힌 자가 적지 않으며 강하고 약함이 이와 같으니 승패를 알만
합니다. 바라는 바는 평양의 다락에 활을 걸고 패강 물을 말에게 먹이는
것입니다. 그러나 지난달 7일 오월국 사신 반상서가 와서 왕의 조서를
전하였습니다: '경이 고려와 오랫동안 좋게 지내면서 서로 이웃 관계를
맺고 있던 것이 요사이 두 인질의 죽음으로 하여 마침내 화친하던 옛날
의 우호 관계를 끊고 서로 영역을 침범하여 전쟁을 그치지 않음을 알고
있다. 지금 전임 사신을 파견하여 그대의 본국으로 보내고 또한 고려에
도 문서를 보내니 각자가 마땅히 서로 친하게 지내어 길이 복을 누리도
록 하라.' 저는 신라 왕실을 높이는 의리를 두터이 하고 대국을 마음
깊이 섬기고 있습니다. 조칙을 보고 곧 공손히 따르려 하나 항상 그대가
염려돼 싸움을 그칠 수도 없고 곤경에 처하여 싸우게 됩니다. 지금
조서를 베껴 올리니 유의하여 자세히 보시오. 교활한 토끼와 날랜 개가
싸우다가 서로 피곤해지면 결국 남의 조롱을 받을 것이고 조개와 황새
가 버티고 있다가는 웃음거리가 될 것입니다. 마땅히 잘못을 고집하지
말고 후회를 자초하지 마시오.'

三年正月太祖答曰：“伏奉吳越國通和使班尚書所傳詔書一道,兼蒙
足下辱示長書叙事者。伏以華軺膚使爰致制書,尺素好音,[144)]兼承敎
誨。捧芝檢而雖增感激,(門)[闕]華牋而難遣嫌疑。今托廻軒,輒敷危
衷。[145)]僕承天假,俯迫人推,過叨將帥之權,獲赴經綸之會。頃以三韓
厄會,九土凶荒,黔黎多屬於黃巾,田野無非於赤土。庶幾弭風塵之警,
有以救邦國之災。爰自善隣,於焉結好,果見數千里農桑樂業,七八年
士卒閑眠。及至酉年維時陽月忽焉生事,至於交兵。足下始輕敵以直
前,若螳蜋之拒轍,終知難而勇退,如蚊子之負山。拱手陳辭,指天作誓,
今日之後永世歡和,苟或渝盟,神其殛矣。僕亦尙止戈之武,期不殺之

---

144) 尺素: 편지. 중앙본 '흰 비단에 쓴 편지'.

145) 輒敷危衷: 危衷: 사기성과 그릇됨. 危: '詭'의 차자. 중앙본 '제 뜻을 펴 전하려 하오'.

仁,遂解重圍,以休疲卒,不辭質子,但欲安民。此則我有大德於南人也。
豈謂歃血未乾,凶威復作,蜂蠆之毒侵害於生民,狼虎之狂爲梗於畿
甸,金城窘忽,黃屋震驚。

천성 3년 정월 태조가 회답하였다: '오월국 통화사 반상서가 전해준
조서 한 통과 귀하가 사정을 서술한 긴 편지를 받았소. 중국사신이
가지고 온 조서, 편지의 좋은 뜻을 통해 가르침을 받았소. 편지를 들고
비록 감격하였으나 뜯어보고는 혐의를 지울 수 없소. 지금 돌아가는
사절 편에 부탁하여 그대의 사기성과 그릇됨을 펴 보이오, 저는 위로는
천명을 받고 아래로는 사람들의 추대에 못 이겨 과분하게 장수의 권한
을 가지고 나라를 다스리는 기회를 얻었소. 근년에는 삼한에 액운이
닥치고 전국에 흉년이 들어서 많은 백성들이 반란에 가담하였고 농토
는 가물어 홍토가 되지 않은 데가 없소. 전쟁의 참화를 종식시키고
나라의 재난을 구원하기 바랐소. 선린 정책으로 우호 관계를 맺으니
과연 수천 리의 백성들이 농업에 힘쓰고 7~8년 동안 병사들이 편히
쉴 수 있었소. 을유년 10월 갑자기 사단이 생겨 서로 싸우게 됐소. 그대
는 처음에 나를 업신여겨 앞으로 내밀며 마치 버마재비가 수레바퀴를
막듯이 덤벼들다가 끝내 모기가 산을 진 것처럼 어려움을 알고 용퇴하
였소. 공손히 두 손을 모아 쥐고 하늘을 두고 지금부터 영원히 평화롭게
지내며 만일 맹약을 위반한다면 신명의 엄벌을 받겠다고 맹세하였소.
저도 역시 병기를 멈춘다는 '武'자를 숭상하고 사람을 죽이지 않는 인을
기약하며 마침내 겹겹으로 에워 쌓던 포위를 풀어주고 지친 병사를
쉬게 하며 인질의 교환도 마다하고 다만 백성을 편안케 하고자 하였소.
이는 저가 남쪽 사람들에게 큰 덕을 베푼 것이오. 삽혈의 피가 마르기도
전에 흉악한 위세를 다시 부려 벌과 독충 같은 해독이 백성들에게 미치
고 이리와 범과 같은 광기에 경기 지역이 막혔으며 금성이 곤궁에 빠지
고 임금을 놀라게 하였소.

"仗義尊周,誰似桓、文之霸?乘間謀漢,唯看莽、卓之姦。致使王之至

尊枉稱子於足下,尊卑失序。上下同憂,以爲非有元輔之忠純,豈得再安於社稷?以僕心無匿惡,志切尊王,將援置於朝廷,使扶危於邦國。足下見毫釐之小利,忘天地之厚恩,斬戮君王,焚燒宮闕,菹醢卿(七)[士],虔劉士民,姬姜則取以同車,珍寶則奪之(稛)[稛]載。元惡浮於桀,紂,不仁甚於(鏡)[獍]梟。僕怨極崩天,誠深却日,146)誓效鷹鸇之逐,以申犬馬之勤。再擧干戈,兩更槐柳,陸擊則雷馳電擊,水攻則虎搏龍騰,動必成功,擧無虛發。

'의리에 입각하여 주나라를 존대하는 일이라면 누가 제환공, 진문공의 패업과 같으며 기회를 타 한을 전복하려 한 것은 오직 왕망, 동탁의 간악함을 볼 뿐이오. 지존의 왕이 그대 앞에서 자식이라고 불리었으니 존비의 질서가 무너졌소. 상하가 같이 근심에 잠겨 임금을 보좌할 충신의 순정이 없이 어찌 다시 사직을 안정시킬 수 있겠소? 저는 마음에 숨긴 악이 없고 존왕의 뜻이 절실하므로 몸을 조정에 두고 국가의 위급한 처지를 구하려 하오. 그대는 털끝만한 작은 이익을 위하여 천지와 같이 두터운 은혜를 잊고 임금을 죽였으며 궁궐을 불살랐고 관리와 백성을 살육하였으며 궁실의 부녀를 잡아 수레에 같이 태우고 진귀한 보물을 빼앗아 동여매 수레에 실었소. 걸, 주보다 더욱 포악하고 부모도 잡아먹는 맹금수보다 더욱 불인하오. 저는 임금의 죽음에 원한이 사무치고 임금에게 잠시라도 깊은 성의를 바쳐 사냥하는 매를 본받고 견마처럼 부지런할 것을 맹서하오. 다시 무기를 들고 회나무와 버드나무 잎이 두 번 바뀌는 사이 육로의 공격은 번개같이, 수로의 공격은 범과 용처럼, 움직이면 반드시 성공하고 활을 들면 빗나가지 않을 거요.

"逐尹邠於海岸,積甲如山;擒鄒造於(城邊)[邊城],伏尸蔽野。燕山郡畔斬吉奐於軍前,馬利城邊戮隨晤於纛下,拔任存之日邢積等數百人捐

146) 却日: 중앙본 '해를 우러러'는. 却日=隙日=隙駒: 해가 빈틈을 지나는 눈 깜빡할 사이.

軀,破淸(川)[州]之時直心等四五輩授首,桐藪望旗而潰散,京山銜璧以投降,147)康州則自南而來[歸],羅府則自西移屬。侵攻若此,收復寧遙?必期泜水營中,雪張耳千般之恨148);烏江岸上,成漢王一捷之功。149)竟息風波,永淸寰海。天之所助,命欲何歸?況承吳越王殿下,德洽包荒,仁深字小,特出綸於丹禁,諭戢難於靑丘,旣奉訓謀,敢不尊奉?若足下(扺)[祇]承睿旨,悉戢凶機,不惟副上國之仁恩,抑可紹海東之絶緖。若不過而能改,其如悔不可追。"

'윤빈을 해안에서 쫓을 때 쌓인 갑옷이 산 같았고 추조를 변성에서 사로잡을 때 시체가 들을 덮었소. 연산군에서 반란을 일으킨 길환이 군대 앞에서 참수 당했고 마리성에서 수오를 군기 밑에서 죽였으며 임존성을 함락시키던 날 형적 등 수백 명이 몸을 잃었고 청주를 쳐부술 때 직심 등 네댓 명이 머리를 바쳤으며 동수에서는 깃발만 보고도 흩어 졌고 경산에서는 구슬을 물고 항복했으며 강주는 남쪽으로부터 찾아와 귀의했고 나부는 서쪽으로부터 귀순하였소. 공격이 이러한데 국토를 수복할 날이 어찌 멀겠소? 지수의 병영에서 장이의 깊은 원한을 씻었고 오강 가에서 한왕의 일대 공로가 성사되었소. 끝내 전쟁은 종식되고 천하가 맑아지오. 하늘이 돕는데 운명이 어디로 가겠소? 더구나 오월왕 전하의 덕화가 넘쳐 먼 외방에 이르고 인자함이 깊어 작은 나라를 사랑 하여 특별히 궁궐에서 조칙을 내려 동방에서 전란을 끝내라고 타일렀 으니 이미 훈시를 받고 어찌 감히 따르지 않겠소? 만일 그대가 공손히 지시를 받들어 흉심을 그친다면 이는 대국의 어진 은덕에 부응할 뿐만 아니라 이 땅의 끊어진 계통을 이을 수 있소. 만일 과오를 고치지 않는 다면 후회막급이오.'

---

147) 銜璧: 구슬을 물리다. 포로를 의미. 『春秋左傳·僖公六年』:'許男面縛銜璧.'

148) 雪張耳千般之恨: 유방과 항우가 대적할 때 장이가 원수 진여를 격파하고 목을 벤 고사.

149) 烏江⋯一捷之功: 오강은 항우가 자결한 곳. 이로써 태조 왕건의 승리를 비유했다.

夏五月萱潛師襲康州,殺三百餘人,將軍有文生降。秋八月萱命將軍官昕領衆築陽山。太祖命命旨城將軍王忠擊之,退保大耶城。冬十一月萱選勁卒攻拔缶谷城,殺守卒一千餘人,將軍楊志、明式等生降。四年秋七月,萱以甲兵五千人攻義城府,城主將軍洪術戰死。太祖哭之,慟曰:“吾失左右手矣。”萱大擧兵,次古昌郡 瓶山之下,與太祖戰,不克,死者八千餘人。翌日萱聚殘兵襲破順州城。將軍元逢不能禦,棄城夜遁,萱虜百姓移入全州。太祖以元逢前有功宥之。改順州號下枝縣。長興三年甄萱臣龔直勇而有智略,來降太祖。萱收龔直二子一女,烙斷股筋。秋九月萱遣一吉湌相貴以船兵入高麗 禮(城)[成]江留三日,取鹽、白、貞三州船一百艘焚之,捉猪山島牧馬三百匹而歸。清泰元年春正月萱聞太祖屯(渾)[運]州,遂簡甲士五千至。將軍黔弼及其未陣,以勁騎數千突擊之,斬獲三千餘級,熊津以北三十餘城聞風自降。萱麾下術士宗訓,醫者訓謙、勇將尙達、崔弼等降於太祖。

여름 5월 견훤이 비밀리에 군사를 보내 강주를 습격하여 3백여 명을 살해하였고 장군 유문이 항복하였다. 가을 8월 견훤이 장군 관흔을 시켜 무리를 거느리고 양산성을 쌓았다. 태조가 명지성 장군 왕충을 시켜 공격하니 물러가 대야성을 수비하였다. 겨울 11월 견훤이 강병을 선발하여 부곡성을 함락하고 수비군 1천여 명을 죽였으며 장군 양지, 명식 등이 항복하였다. 4년 가을 7월 견훤이 병사 5천 명을 거느리고 의성부를 공격하였으며 성주 장군 홍술이 전사하였다. 태조가 슬피 울면서 왈: “나는 좌우의 손을 잃었다.” 견훤이 대군을 동원하여 고창군의 병산 밑에 주둔하여 태조와 싸웠으나 이기지 못하고 8천여 명이 죽었다. 다음날 견훤이 패잔병을 모아 순주성을 격파하였다. 장군 원봉이 방어하지 못한 채 성을 버리고 밤에 도주하였고 견훤은 백성들을 사로잡아 전주로 이주시켰다. 태조는 예전의 공로를 참작하여 원봉을 용서하였다. 순주의 이름을 하지현으로 고쳤다. 장흥 3년 용감하고 지략이 있는 견훤의 부하 공직이 태조에게 항복하였다. 견훤은 공직의 아들 둘과 딸 하나를 잡아다 다리 힘줄을 불로 지져 끊었다. 가을 9월 견훤이 일길찬 상귀를 보내 수군을 거느리고 고려의 예성강에 들어와 3일간 머물면서 염주, 백주, 정주 세 주의 배 백 척을 빼앗아 불사르고 저산도에서 기르는 말 3백 필을 잡아갔다. 청태 원년 봄 정월 견훤이 태조가 운주에 주둔하고 있다는 말을 듣고 바로 갑병 5천 명을 선발하여 왔다. 미처 포진하지 못한 틈을 타서 장군 유검필이 정예 기병 수천 명을 거느리고 돌격하여 참수하고 포로한 것이 3천여 명이니 웅진 이북의 30여 성이 이 풍문을 듣고 자진 항복하였다. 견훤의 부하 술사 종훈과 의사 훈겸, 용장 상달, 최필 등이 태조에게 항복하였다.

甄萱多娶妻,有子十餘人。第四子金剛身長而多智,萱特愛之,意欲傳其位。其兄神劍、良劍、龍劍等知之,憂悶。時良劍爲康州都督,龍劍爲武州都督,獨神劍在側。伊湌能奐使人往康、武二州,與良劍等陰謀。至清泰二年春三月,與波珍湌新德、英順等勸神劍幽萱於金山佛宇,遣人殺金剛。神劍自稱大王,大赦境內。其教書曰:"如意特蒙寵愛,惠帝得以爲君;150)(律)[建]成濫處元良,太宗作而卽位,151)天命不易,神器有歸。恭惟大王神武超倫,英謀冠古;生丁衰季,自任經綸;徇地三韓,復邦百濟;廓淸塗炭,而黎元安集。鼓舞風雷,而邇遐駿奔,功業幾於重興。智慮忽其一失,幼子鍾愛,姦臣弄權,導大君於晉惠之昏,陷慈父於獻公之惑,擬以大寶授之頑童。152)所幸者上帝降衷,君子改過,命我元子尹茲一邦。顧非震長之才,豈有臨君之智?兢兢慄慄,若蹈冰淵。宜推不次之恩,以示惟新之政。可大赦境內,限淸泰二年十月十七日昧爽以前已發覺、未發覺、已結正、未結正大辟已下罪,咸赦除之,主者施行!"

---

150) 如意…惠帝: 한고조의 총애를 받은 여의가 혜제에 의하여 물러났다.

151) 建成…太宗: 당고조의 차자 이세민이 큰 아들 건성을 죽이고 황제가 되었다.

152) 獻公…頑童: 진헌공이 태자를 죽이고 애첩 여희가 난 아들을 태자로 세웠다.

견훤은 아내를 많이 얻어 아들이 10여 명이다. 넷째 아들 금강은 키가 크고 지혜가 많으므로 견훤이 특히 사랑해 그에게 왕위를 물려주려 하였다. 그의 형 신검, 양검, 용검 등이 알고 번민하였다. 이때 양검은 강주 도독, 용검은 무주 도독이었으며 신검만이 옆에 있었다. 이찬 능환이 사람을 시켜 강주와 무주에 가서 양검 등과 함께 모의하였다. 청태 2년 봄 3월에 이르러 파진찬 신덕, 영순 등과 함께 신검을 사주하여 견훤을 금산 불당에 가두고 사람을 보내 금강을 죽였다. 신검이 대왕이라 자칭하고 국내에 대사면을 행하였다. 그 교서 왈: '여의가 특별히 총애를 받았지만 혜제가 임금이 되었고 건성이 외람되게 태자의 자리에 있었으나 태종이 일어나 제위에 올랐으니 천명은 바뀌는 법이 없고 왕위는 정해진 데로 돌아간다. 생각하건대 대왕의 신격적인 무위는 출중하고 영명한 지혜는 만고에 으뜸이다. 말세에 태어나서 세상을 구하려는 책임을 스스로 떠맡고 삼한을 다니며 백제를 회복하였으며 도탄을 없애어 백성들이 편안히 살게 되었다. 고무된 사람들은 바람과 우뢰처럼 빨리 멀고 가까운 곳으로부터 달려왔으며 그 업적은 거의 중흥을 이루게 됐다. 지혜와 생각이 깜빡 실수하여 어린 아들이 사랑받고 간신이 권력을 농락하여 임금을 진혜공처럼 우매하게 하였으며 어진 부친을 헌공처럼 미혹에 빠지게 하여 대권을 철부지 아이에게 주려고 한다. 다행히 하늘이 내린 충정으로 임금께서 허물을 바로 잡고 장자 나에게 이 나라를 맡기였다. 다만 나는 뛰어난 재능이 없으니 어찌 임금이 될 지혜가 있겠는가? 조심하고 두려움이 살얼음을 밟고 깊은 물을 건너는 것 같다. 마땅히 파격적인 은혜를 베풀고 혁신된 정치를 보여야 한다. 국내에 대사면령을 내려 청태 2년 10월 17일 동트기 전에 이미 발각되었거나 발각되지 않았거나, 이미 처분됐거나 처분되지 않은 사형 이하의 죄를 모두 사면하니 주관자는 시행할지어다.'

萱在金山三朔,六月與季男能乂、女子(袞)[哀]福、嬖妾姑比等逃奔錦城,遣人請見於太祖。太祖喜,遣將軍黔弼、萬歲等由水路勞來之。及至,待以厚禮,以萱十年之長,尊爲尙父,授館以南宮,位在百官之上。賜楊州爲食邑,兼賜金帛蕃縟、奴婢各四十口、内廐馬十匹。甄萱壻將軍英規密語其妻曰:"大王勤勞四十餘年,功業垂成,一旦以家人之禍失地,投於高麗。夫貞女不事二夫,忠臣不事二主。若捨己君以事逆子,則何顏以見天下之義士乎?況聞高麗王公仁厚勤儉,以得民心,殆天啓也。必爲三韓之主,盍致書以安慰我王,兼殷勤於王公,以圖將來之福乎?"其妻曰:"子之言是吾意也。"於是天福元年二月遣人致意,遂告太祖曰:"若擧義旗,請爲内應,以迎王師。"太祖大喜,厚賜其使者而遣之,兼謝英規曰:"若蒙恩一合,無道路之梗,則先致謁於將軍,然後升堂拜夫人。兄事而姉尊之,必終有以厚報之。天地鬼神皆聞此言。"

견훤은 금산에서 석 달 동안 있다가 6월 막내아들 능예, 딸 애복, 첩고비 등과 함께 금성으로 도망하여 사람을 보내 태조가 만나주기를 청하였다. 태조는 기뻐하며 장군 검필, 만세 등을 파견하여 뱃길로 가서 위로하고 데려오게 하였다. 도착하자 후한 예로 대접하고 견훤이 10년 연장자이므로 높여 상보라 존대했으며 남궁을 숙소로 주고 직위를 백관의 상위로 하였다. 양주를 식읍으로 주고 겸하여 금, 비단, 병풍, 금침과 남녀 종 각각 40명씩과 궁중의 말 10필을 주었다. 견훤의 사위 장군 영규가 비밀리에 처에게 왈: "대왕이 40여 년 동안 노력하여 업적이 거의 성취되려다가 하루아침에 집안의 화를 입어 땅을 잃고 고려에 투신하였다. 정조 있는 여자는 두 남편을 섬기지 않으며 충신은 두 임금을 섬기지 않는다. 만일 제 임금을 버리고 역적인 자식을 섬긴다면 무슨 낯으로 천하의 의사들을 볼 것인가? 하물며 고려의 왕공은 인후하고 근검함으로써 민심을 얻었다는 말을 들었으니 이는 아마 하늘이 인도하여 주는 것이다. 반드시 삼한의 임금이 될 것이니 편지를 보내 우리 임금을 위로하고 동시에 왕공에게 잘 보여 장래의 복을 도모하지 않겠는가?" 아내 왈: "당신의 말씀이 바로 저의 뜻입니다." 이에 천복 원년 2월 사람을 보내 뜻을 전하며 태조에게 왈: "의거의 깃발을 들면 내응하여 왕의 군사를 맞이하겠습니다." 태조가 대단히 기뻐하며 사절에게 후한 상을 주어 보내며 겸하여 영규에게 감사를 표하였다: "만일 은혜를 입어 하나로 합쳐져 길이 막히지 않으면 먼저 장군을 배알하고 뒤에 집에 들려 부인을 배알하렵니다. 형님처럼 모시고 누님처럼 존대하며 나중에 후하게 보답하겠습니다. 이 말은 천지신명이 다 듣습니다."

夏六月萱告曰: "老臣所以投身於殿下者, 願仗殿下威稜, 以誅逆子耳。伏望大王借以神兵, 殲其賊亂, 則臣雖死無憾。" 太祖從之, 先遣太子武、將軍述希領步騎一萬, 趣天安府。秋九月太祖率三軍至天安, 合兵進次一善, 神劍以兵逆之, 甲午隔一利川相對布陣, 太祖與尙父甄萱觀兵。以大相堅權·述希·金山, 將軍龍吉·奇彦等領步騎三萬爲左翼, 大相金鐵·洪儒·守(△)[卿], 將軍王順·俊良等領步騎三萬爲右翼。大匡順式, 大相兢俊·王謙·王(乂)[乂]·黔弼, 將軍貞順·宗熙等以鐵騎二萬、步卒三千及黑水鐵利諸道勁騎九千五百爲中軍, 大將軍公萱、將軍王含允以兵一萬五千爲先鋒, 鼓行而進。

여름 6월 견훤이 고했다: "늙은 소신이 전하에게 귀순한 것은 전하의 위엄을 빌어 반역한 아들을 주살하기 위해서입니다. 바라옵건대 대왕께서 신병을 빌려주어 난신적자를 섬멸케 한신다면 소신은 죽어도 유감이 없습니다." 태조가 그 말에 따라 먼저 태자 무와 장군 술회에게 보병과 기병 1만 명을 주어 천안부로 가게 하였다. 가을 9월 태조가 삼군을 거느리고 천안에 도착하여 병력을 합쳐 일선에 진주하니 신검이 군사를 거느리고 대치하여 갑오일에 일리천을 사이에 두고 마주보며 진을 쳤고 태조가 상보 견훤과 함께 군사를 사열하였다. 대상 견권·술희·금산, 장군 용길·기언 등에게 보병과 기병 3만을 주어 좌익으로 하고, 대상 김철·홍유·수향, 장군 왕순·준량 등에게 보병과 기병 3만을 주어 우익으로 하며, 대광 순식·대상 궁준·왕겸·왕예·검필, 장군 정순·종회 등에게 정예 기병 2만과 보병 3천, 그리고 흑수철리 등 여러 도의 정예 기병 9천 5백 명을 주어 중군으로 하고, 대장군 공훤·장군

왕함윤에게 병력 1만 5천을 주어 선봉으로 하여 북을 치며 진군하였다.

百濟將軍孝奉、德述、明吉等望兵勢大而整,棄甲降於陣前,太祖勞慰之,問百濟將帥所在。孝奉等曰:"元帥神劍在中軍。"太祖命將軍公萱直擣中軍,一軍齊進挾擊,百濟軍潰北。神劍與二弟及將軍富達、小達、能奐等四十餘人生降。太祖受降,除能奐餘皆慰勞之,許令與妻孥上京。問能奐曰:"始與良劍等密謀,囚大王、立其子者,汝之謀也。爲臣之義當如是乎?"能奐俯首不能言,遂命誅之。以神劍僭位爲人所脅,非其本心,又且歸命乞罪,特原其死一云三兄弟皆伏誅。

백제 장군 효봉·덕술·명길 등이 군사의 기세가 웅장하며 잘 정비된 것을 보고 무기를 버린 채 진 앞에 와서 항복하였고 태조가 위로하며 백제의 장수가 있는 곳을 물었다. 효봉 등이 "원수 신검이 중군에 있다"고 하였다. 태조가 장군 공훤을 시켜 곧바로 중군을 공격하고 전군이 함께 협공하자 백제군이 무너져 패배하였다. 신검은 두 동생과 장군 부달·소달·능환 등 40여 명과 함께 항복하였다. 태조는 항복을 받아들이고 능환을 제외한 나머지는 모두 위로하였으며 처자와 함께 경성으로 올라오게 허락하였다. 능환에게 물었다: "처음에 양검 등과 밀모하여 대왕을 가두고 그 아들을 왕으로 세운 것이 너의 음모다. 신하된 도리로 이럴 수 있는가?" 능환은 머리를 숙이고 말을 하지 못하였다. 곧 명령하여 주살하였다. 신검이 왕위를 찬탈한 것은 타인의 협박에 의한 것으로서 본심이 아니었으며 또한 투항하며 문죄를 청했으므로 특별히 사형을 면하여 주었다일왈 삼형제는 모두 처형당했음.

甄萱憂懣發疽數日,卒於黃山佛舍。太祖軍令嚴明,士卒不犯秋毫,故州縣案堵,老幼皆呼萬歲。於是存問將士,量材任用,小民各安其所業。謂神劍之罪如前所言,乃賜官位。其二弟與能奐罪同,遂流於眞州,尋殺之。謂英規:"前王失國後,其臣子無一人慰藉者。獨卿夫妻千里嗣音,以致誠意,兼歸美於寡人,其義不可忘。"仍許(耳戈)[職]左丞,賜田一千頃。許借驛馬(三)[二]十五匹,以迎家人,賜其二子以官。甄萱起唐景福元年,至晉 天福元年,共四十五年而(△)[滅]。

견훤은 근심과 고뇌로 말미암아 등창이 나서 수일 만에 황산의 절에서 죽었다. 태조의 군령이 엄하고 군졸들이 추호도 범하지 않았기 때문에 주와 현은 모두 편안하였고 노소가 모두 만세를 불렀다. 이에 장수와 병졸을 위로하고 재능에 따라 임용하였으며 백성들은 각각 자신의 본업에 안착하였다. 신검의 죄는 앞에 말한 바와 같으므로 관작을 주었다. 두 동생은 능환과 죄가 같으므로 진주로 유배시켰다가 얼마 후에 처형하였다. 영규에게 말했다: "전 임금이 나라를 잃은 뒤에 그의 신하로서 하나도 위로하는 자가 없었다. 오직 그대 부부만이 천리 밖에서 소식을 전하고 성의를 보냈으며 또한 나를 찬미하였으니 그 의리를 잊을 수 없다." 그에게 좌승의 직위를 주고 밭 1천 경을 하사하였다. 또 역마 25필을 빌려주어 집안 사람들을 데려오게 하고 그의 두 아들에게도 관작을 주었다. 견훤은 당 경복 원년에 일어나 진 천복 원년까지 도합 45년 만에 멸망하였다.

論曰:新羅數窮道喪,天無所助,民無所歸。於是群盜投隙而作,若猬毛然。其劇者弓裔、甄萱二人而已。弓裔本新羅王子,而反以宗國爲讐,圖夷滅之,至斬先祖之畫像,其爲不仁甚矣。甄萱起自新羅之民,食新羅之祿,而包藏禍心。幸國之危,侵軼都邑,虔劉君臣若禽獼而草薙之,實天下之元惡大憝。故弓裔見棄於其臣,甄萱産禍於其子。皆自取之也,又誰咎也?雖項羽、李密之雄才,不能敵漢、唐之興,而况裔、萱之凶人豈可與我太祖相抗歟?但爲之歐民者也。

논평하여 왈: 신라는 운세를 다하고 도를 잃어 하늘이 돕지 않았고 백성은 돌아갈 곳이 없어졌다. 이에 도적들이 틈을 타 고슴도치의 털처럼 일어났다. 그 중에서 날 센 자는 궁예와 견훤 두 사람뿐이었다. 궁예는 본래 신라의 왕자로서 도리어 조국을 원수로 여기고 소멸하려 하였으며 심지어 조상의 화상을 베기까지 하였으니 그의 어질지 못함이 극심하였다. 견훤은 신라 백성으로 일어나 신라의 관록을 먹으면서도

나쁜 심보를 품었다. 나라의 위기를 다행으로 여기고 도성을 침범하였으며 임금과 대신을 짐승처럼 죽이고 풀 베듯 살육 하였으니 실로 천하의 원흉이다. 그러므로 궁예는 제 부하로부터 버림당하였고 견훤은 제 자식으로부터 화를 입었다. 모두 자업자득이니 또한 누구를 탓하겠는가? 항우, 이밀과 같이 뛰어난 재주로도 한과 당의 홍기를 막지 못하였거늘 하물며 궁예나 견훤과 같은 흉악한 사람이 어찌 우리 태조에게 대항할 수 있으랴? 그들은 다만 태조에게 백성들을 몰아주는 사람이다.

[三國史記編纂者名單(삼국사기 편찬자 명단)]

參考——寶文閣、修校、文林郎、禮賓丞、同正,臣金永溫;

參考——西(林)[材]場判官、儒林郎、尚衣直長、同正,臣崔祐甫;

參考——文林郎、國學學諭、禮賓丞、同正,臣李黃中;

參考——儒林郎、前國學學正,臣朴東(桂)[柱];

參考——儒林郎、金吾衛、錄事參軍事,臣徐安貞;

參考——文林郎、守宮署令兼直史館,臣許洪材;

參考——將仕郎分司、司宰、注簿,臣李溫文;

參考——文林郎、試掌(治)[冶]署令兼寶文閣校勘,臣崔山甫;

編修——輸忠定難靖國贊化同德功臣、開府儀同三司、檢校、太師、守
太保、門下侍中、判尚書吏禮部事、集賢殿(△)[大]學士、監修
國史、上柱國、致仕,臣金富軾;

同管句—內侍、寶文閣校勘、將仕郎、尚食直長、同正,臣金忠孝;

管句——右(丞)[承]宣、尚書工部侍郎、翰林侍講學士、知制誥,臣鄭襲
明。

　참고: 보문각, 수교, 문림랑, 예빈승, 동정, 신 김영온.

　참고: 서재장판관, 유림랑, 상의직장, 동정, 신 최우보.

　참고: 문림랑, 국학학유, 예빈승, 동정, 신 이황중.

　참고: 유림랑, 전 국학학정, 신 박동주.

　참고: 유림랑, 금오위, 녹사참군사, 신 서안정.

　참고: 문림랑, 수궁서령 겸 직사관, 신 허홍재.

　참고: 장사랑, 분사, 사재, 주부, 신 이온문.

　참고: 문시랑, 시장야서령 겸 보문각교감, 신 최산보.

　편수: 수충정난정국찬화동덕공신, 개부의동삼사, 검교, 태사, 수태보,
　　　문하시중, 판상서이예부사, 집현전대학사, 감수국사, 상주국, 치
　　　사, 신 김부식.

동관구: 내시, 보문각교감, 장사랑, 상식직장, 동정, 신 김충효.

관구: 우승선, 상서공부시랑, 한림시강학사, 지제고, 신 정습명.

[跋文一(발문 1)]

三國史印本之在<u>鷄林</u>者, 歲久而泯, 世以寫本行。按廉使<u>沈公孝生</u>得一本, 與前府使<u>陳公義貴</u>圖所以刊行, 於癸酉七月下牒于府。八月始鋟諸梓, 未幾二公見代。余以其年冬十月至府, 承觀察使<u>閔相公</u>之命, 因繼其志。乃助之施令, 工不斷手, 至甲戌夏四月告成。嗚呼!指揮能事, 以至於成, 惟三公是賴, 余何力之有焉?但具事之終始, 書于卷末耳。
府使嘉善大夫<u>金居斗</u>跋。
府使、嘉善大夫兼管内勸農防禦使, 臣<u>金居斗</u>;
權知經歷、前奉正大夫、三司左咨議, 臣<u>崔得冏</u>;
嘉靖大夫、<u>慶尚道</u>都觀察黜陟(事)[使]兼監倉安集轉輸勸農管學事提調刑獄兵馬公事、同知中樞院事, 臣<u>閔開</u>。

『삼국사』인쇄본으로서 계림에 있었던 것은 세월이 오래 지나 없어지고 세상에는 필사본이 행해지고 있다. 안렴사 심효생 공이 한 본을 얻어 이전의 부사 진의귀 공과 간행하고자 도모하여 계유년 7월 부에 공문을 내려 보냈다. 8월 각판을 시작하였으나 얼마 지나지 않아 두 분이 관직을 옮기게 되었다. 나는 그해 겨울 10월 부에 부임하여 관찰사 민상공의 명령을 받고 그 뜻을 계승하였다. 이 일을 도와 명령을 시행하였으며 중단 없이 진행하여 갑술년 여름 4월에 이르러 완성하였다. 아하! 지휘하고 책임지어 성사에 이른 데는 오직 세 분에게서 힘입은 것이며 내게 무슨 힘이 있었겠는가? 다만 일의 시종을 모아 이 책의 말미에 기록이나 할 뿐이다. 부사, 가선대부 김거두가 발문을 쓴다.

부사, 가선대부 겸 관내권농방어사, 신 김거두.
권지경력, 전 봉정대부, 삼사좌자의, 신 최득경.
가정대부, 경상도도관찰출척사 겸 감창안집전수권농관학사제조형옥병마공사, 동지중추원사, 신 민개.

[跋文二(발문 2)]

我東方三國本史、遺事兩本,他無所刊,而只在本府。歲久刓缺,一行可解四五字。余惟士生斯世,歷觀諸史,其於天下治亂興旺與諸異跡尚欲博識,況居是邦,不知其國事可乎?因欲改刊,廣求完本,閱數載不得焉。其曾罕行于世,人未易的見。可知若今不改刊,則將為失傳,東方往事後學竟莫聞知,可嘆也已。幸吾斯文星州牧使權公輗聞余之求,求得完本送余。余喜愛,具告監司安相國瑭、都事朴侯佺,僉曰"善!"於是分刊列邑,令還藏于本府。噫!物久則必有廢,廢則必有興,興而廢廢而興,是理之常。知理之常,而有時興,以永其傳,亦有望於後來之惠學者云。

皇明 正德壬申季冬。

府尹、推誠定難功臣、嘉善大夫、慶州鎮兵馬節制使全平君、李繼福謹跋。

生員:李山甫;

校正、生員崔起潼;

中訓大夫、慶州府判官、慶州鎮兵馬節制都尉李瑠;

奉直郎、守慶尚道都事朴佺;

推誠定難功臣、嘉靖大夫、慶尚道觀察使兼兵馬水軍節度使安瑭。

우리 동방 삼국의 『본사』『유사』 두 책은 다른 곳에서는 간행된 일이 없고 다만 본부에서만 간행됐다. 세월이 오래 지나 문드러져 한 줄에서 겨우 네댓 글자를 해독할 수 있다. 나는 선비로서 이 세상에 태어나서 여러 역사책을 두루 읽어 천하의 치란흥망과 여러 기이한 자취까지도 널리 알고자 생각하고 있는데 하물며 이 나라에 살면서 이 나라 일을 몰라서야 되겠는가? 그리하여 다시 간행하고자 하여 완본을 널리 구하였으나 몇 년이 지나도 얻지 못했다. 그 책이 세상에 드물게 행해진 적이 있지만 사람들이 쉽게 얻어 볼 수 없다. 만약 지금 다시 간행하지 않으면 앞으로 실전되어 후학들 중 우리나라의 옛 일을 아는 사람이 없게 될 것이니 한탄할 일이다. 다행히 우리 학자 성주목사 권주공께서 내가 이 책을 구하고 있다는 말을 듣고 완본을 구하여 나에게 보내주었다. 나는 기쁜 마음으로 이 사실을 감사 안당 대감, 도사 박전 후에게 알렸더니 모두 "좋다!"고 하였다. 이에 여러 읍에 나누어 새기어 본부에 바쳐 간직하게 하였다. 아! 물건이 오래되면 반드시 폐해지고, 폐해지면 반드시 흥해지며 흥했다 폐해지고 폐했다 흥해짐은 이치의 상도이다. 이치의 상도를 알고 때를 만나 흥하여져 영원히 전하려면 또한 후에 오는 지혜로운 학자에게 바라는 바라고 운운하련다.

황명 정덕 임신년 12월.

부윤 추성정난공신, 가선대부, 경주진병마절제사, 전평군 이계복이 삼가 발문을 쓴다.

생원: 이산보.

교정, 생원: 최기동.

중훈대부, 경주부판관, 경주진병마절제도위 이유.

봉직랑, 수경상도도사 박전.

추성정난공신, 가정대부, 경상도관찰사 겸 병마수군절도사 안당.

표점·번역 정인갑

출생: 1947년 8월, 중국 요녕성 무순시.

학력: 북경대학 중문학과 고전문헌 전공 졸.

직장: 중화서국 편집부장(1982년 1월~2008년 9월),
　　　청화대학 중문학과 객좌교수(1993년 9월~2008년 9월).

학술배경: 중국음운학(音韻學)연구회 6선 이사. 중국사서(辭書)학회 회원.

논문: 중국어 발달사에 관한 논문 십여 편(중문·국문).

저서: 중국어 사전(辭典), 자전(字典) 12종(獨著·合著·監修 포함, 중국: 중화서국, 중문).
　　　『古文觀止 譯註』(합작, 중국: 북경대학출판사, 중문), 『중국문화.COM』(한국: 다락원, 국
　　　문), 『영산신씨 서간문 선집』(한국: 황하문화원, 국문), 『한국 고서정리 오류 해제』(한국:
　　　한국학술정보, 국문), 『중국의 문화와 중국인의 기질』(한국: 한국학술정보, 국문).

책임편집(중국: 중화서국, 중문): 『速成古代漢語』(2004), 『古代漢語教程』(2002), 『現代漢語』
　　　(2005), 『古代漢語』(2006).

역서: 『백락천 논문집』(백낙천 저, 중국: 작가출판사, 중문), 『나의 부친 등소평』(등용 저, 삼문출판
　　　사, 국문), 『2천년 신한국』(김영삼 저, 중국: 인민출판사, 국문), 『일본에 말하다』(정몽준
　　　저, 중국: 북경대학출판사, 중문) 등 500여 만 자.

표점 번역 삼국사기

ⓒ정인갑, 2024

1판 1쇄 인쇄_2024년 05월 01일
1판 1쇄 발행_2024년 05월 10일

지은이_김부식
표점·번역_정인갑
펴낸이_양정섭

펴낸곳_경진출판
　　　등록_제2010-000004호
　　　이메일_mykyungjin@daum.net
　　　사업장주소_서울특별시 금천구 시흥대로 57길(시흥동) 영광빌딩 203호
　　　전화_070-7550-7776　**팩스**_02-806-7282

값 58,000원
ISBN 979-11-93985-15-1 93910